ISBN 978-0-365-69594-3
PIBN 11343212

Die Kolonialpolitik

Großbritanniens.

Erster Theil.

Von den Anfängen bis zum Abfall der Vereinigten Staaten

von

Dr. Alfred Zimmermann.

Mit drei farbigen Karten in Steindruck.

Berlin 1898.
Ernst Siegfried Mittler und Sohn
Königliche Hofbuchhandlung
Kochstraße 68—71.

Vorwort.

Der vorliegende Band ist unter denselben Gesichtspunkten abgefaßt wie der vor mehr als Jahresfrist erschienene erste Theil dieses Werkes. Er soll wie dieser gleichzeitig ein Lese- und ein Lehrbuch sein. Bei der unerreichten Stellung, welche gerade England heut auf kolonialem Gebiete einnimmt, dürfte die Darstellung der Maßnahmen, welche es getroffen hat, der auch von ihm begangenen Fehler wie der Umstände, welchen es seine Erfolge zu verdanken hat, von besonderem Interesse sein. Ueber das Wesen der englischen Kolonialpolitik, über die Männer, deren Wirken England seine Weltstellung verdankt, sind auch in gebildeten Kreisen sehr häufig irrige Auffassungen verbreitet. Es ist hier versucht worden, ohne alle Parteinahme, lediglich vom Standpunkt des unbetheiligten Beobachters die Wahrheit in allgemein verständlicher Weise darzustellen.

Berlin, Januar 1898.

Alfred Zimmermann.

Inhaltsverzeichniß.

Zweiter Theil.

Innere Kolonialpolitik der Stuarts. Kampf mit Holland um die Vormacht zur See.

Seite

Dritter Theil.

Kampf mit Frankreich und Spanien um die Weltherrschaft.

Seite

Berichtigung:

S. 63 in der Ueberschrift muß es heißen: **Innere Kolonialpolitik** statt Die Kolonialpolitik — und: **Kampf** statt Innerer Kampf.

Erster Theil.

Die Anfänge.

Erstes Kapitel.

Die Vorbereitung kolonialer Unternehmungen.

Nicht Kaufleute oder Forschungsreisende, sondern Fischer sind die Pioniere Englands auf dem Felde kolonialer Thätigkeit gewesen. Englische Fischer haben nach Ausweis der isländischen Annalen schon zu Anfang des 14. Jahrhunderts gelegentlich Island besucht. Von 1412 an scheinen sie in größerer Zahl regelmäßig in diesen nordischen Gewässern erschienen zu sein. Die englische Regierung versuchte damals sogar schon mit der Insel einen Handelsvertrag zu schließen. Diese Beziehungen wurden im Laufe des 15. Jahrhunderts durch Streitigkeiten mit Dänemark gelegentlich gestört, bis 1464 und 1490 Verträge mit Letzterem zustande kamen.

Schon früh gewann diese englische Fischerei im Norden des Atlantischen Meeres bedeutenden Umfang. Bristol, der Hauptmarkt für die getrockneten Fische in England, entwickelte sich rasch zu einem berühmten Hafen und versorgte ganz Südeuropa mit Stockfisch. Hierher kamen unternehmende Seeleute von allen Seiten; so 1477 Kolumbus, der auch, als er mit seinen Plänen in Spanien und Portugal keinen Anklang fand, seinen Bruder Bartolomeo nach England sandte, um Henry VII. für seine Absichten zu erwärmen. Ein anderer fremder Seefahrer, der in Bristol sein Glück versuchte, war Giovanni Cabotto. Er stammte angeblich aus Genua,*) war

*) Nach einem Aufsatze von H. Cabot Lodge im „Nineteenth Century", Mai 1897, stammen die Cabots ursprünglich aus Jersey.

später (1476) venetianischer Bürger geworden, kannte aus eigener Anschauung Mekka und scheint dann auch Fischerei in den isländischen Gewässern betrieben zu haben. Wenigstens ist er als Sachverständiger bei den Vertragsverhandlungen Englands mit Dänemark von der englischen Regierung zugezogen worden.

Es scheint nun, daß dieser Mann, der sich in England John Cabot nannte, entweder in Island Nachrichten von den alten normannischen Fahrten nach den Ländern im Westen des Atlantischen Meeres gehört oder selbst bei einer Reise, wie solche nach dem Berichte des spanischen Gesandten seit 1491 wiederholt von Bristol aus unternommen wurden, um Brasilien zu finden, die unbekannte Küste erblickt hat. Er nahm daraus Veranlassung, kurze Zeit, nachdem die Kunde von des Kolumbus Entdeckungen erschollen war, vom König Henry VII. einen Schutzbrief für sich und seine Söhne zu erbitten. Unterm 5. März 1496 erhielt er in der That ein Patent. Er wurde dadurch ermächtigt, nach allen östlichen, westlichen und nördlichen Meeren mit fünf Schiffen auf eigene Kosten unter königlicher Flagge zu fahren und dort neue Länder zu entdecken. Cabot, seine Söhne und ihre Erben erhielten das Recht, auf den neu entdeckten Ländern die königliche Flagge aufzupflanzen, sie zu unterwerfen, in Besitz zu nehmen und als Governors des Königs zu regieren. Von allen Waaren, Einnahmen, Gewinnen und Vortheilen sollten sie dafür dem König ein Fünftel beim jedesmaligen Besuche des Hafens von Bristol, an den sie bei ihrem Verkehr mit England gebunden wurden, zahlen, dafür aber Zollfreiheit bei der Einfuhr von Waaren aus der neuen Welt genießen. Endlich setzte das Patent fest, daß Niemand die von Cabot zu entdeckenden Länder ohne seine Erlaubniß besuchen dürfe, und wies alle Unterthanen an, ihm und seinen Söhnen jede mögliche Unterstützung zu gewähren.

Im Mai 1497 trat John Cabot von Bristol aus mit einem nur 50 Tons haltenden Schiffe „Matthew“ eine Entdeckungsfahrt an und erreichte bei günstigem Winde am Tage Johannes des Täufers die Küste Amerikas. Die neueste Forschung nimmt an, daß der erste von ihm berührte Punkt Kap Bonavista in Newfoundland gewesen ist. Schon Anfang August kehrte der „Matthew“ wohlbehalten nach Bristol zurück. Nach den erhaltenen gleichzeitigen Briefen italienischer Diplomaten und des spanischen Gesandten in London war schon damals in England die Ueberzeugung verbreitet, daß das von Cabot entdeckte Land den Norden des von Kolumbus gefundenen Gebiets bilde. Der König wollte es aber dem spanischen Gesandten gegenüber nicht Wort haben, da in diesem Falle die spanische Krone darauf Anspruch erhoben hätte. Das Volk jauchzte Cabot zu und nannte ihn den großen Admiral. Seine Begleiter betrachteten sich schon als Fürsten, weil er ihnen einige Inseln geschenkt hatte. Auf einer Karte und einem Globus legte Cabot das Resultat seiner Reise nieder und suchte nun Mittel zu einer größeren Expedition. Besonderen Anreiz zur Betheiligung scheint dabei in Bristol die Schilderung der Heimgekehrten von dem außerordentlichen Fischreichthum der durchsegelten Gewässer geübt zu haben, weil die Bristoler Fischer somit Aussicht gewannen, Island, wo man sie oft belästigte, nicht mehr zu brauchen und in eigenen Gewässern den Fang auszuüben.*)

König Henry VII. war in seinen Gunstbezeugungen gegen den Entdecker viel sparsamer, als die Monarchen Spaniens und Portugals sich in derartigen Fällen gezeigt haben. Der Entdecker der neuen Insel bekam nur 10 Pfund Sterling, eine jährliche Pension von 20 Pfund Sterling und am 3. Februar 1498 ein neues Privileg. Danach durfte Cabot auf seine Kosten sechs Schiffe zu einer weiteren Fahrt ausrüsten. Von Staats wegen wurde ihm dabei nur der Vortheil gewährt, daß ihm alles Erforderliche von den englischen Rhedern zu denselben Bedingungen gewährt werden sollte, die der König genoß, wenn er Schiffe für den Staat in Anspruch nahm. Die neue Reise Cabots hat 1498 stattgefunden. Einige Londoner Kaufleute haben ihm Bestände von Tauschwaaren mitgegeben, und von Bristol wurden drei bis vier kleine Schiffe ausgerüstet. Ob sein Sohn Sebastian den Entdecker auf der früheren oder dieser Fahrt begleitet hat, ist ungewiß und wird neuerdings bezweifelt. Ueber

*) Der Mailänder Geschäftsträger Raimondo di Soncino schrieb darüber an seinen Herzog: „Die genannten Engländer, seine Begleiter, sagen, daß sie so viele Fische fanden, daß das Königreich nicht länger Island braucht, von wo ein ungeheurer Handel mit sogenanntem Stockfisch hierher stattfindet. Aber Messer Zoanna (Giovanni Caboto) hat seinen Sinn auf höhere Ziele gerichtet, denn er gedenkt nach Besetzung dieses Platzes weiter nach Osten zu fahren, wo er zu einer Insel, genannt Cipango, unter dem Aequator kommt, in der, wie er glaubt, alle Gewürze der Welt und Edelsteine gefunden werden." Cabot hat sich zur Begründung seiner Ansicht auf die Kugelform der Erde berufen und hoffte in London einen größeren Markt für Gewürze als den in Alexandrien zu begründen.

den Ausgang der Reise und John Cabots Schicksal fehlt es an jeder Nachricht. Er scheint gestorben zu sein, denn 1501 wurde das ausschließliche Recht des Handels mit der neuen Welt für 40 Jahre vom König einer Gesellschaft englischer und portugiesischer Kaufleute übertragen.

Ein zweites diesen Unternehmern im Jahre 1502 ertheiltes Privileg sah schon die Bedingungen einer wirklichen Kolonisation der neuen Welt vor. Es bestimmte, daß englische Unterthanen sich in der neuen Welt ansiedeln dürfen. Regierung und Strafgewalt steht den Inhabern des Patents zu. Die letzteren genießen fünf Jahre lang Zollfreiheit für ihre aus der neuen Welt gebrachten Waaren. Der Kapitän jedes Schiffes hat vier, sein Unterkapitän zwei, jeder Matrose eine Tonne zollfrei. Die anderen Kaufleute müssen ein Zwanzigstel ihrer aus der neuen Welt gebrachten Waaren an die Patentinhaber abgeben. Die Kolonisten dürfen unter Aufsicht der letzteren ihre Lokal- und Justizbehörden wählen. Die Unternehmer erhielten den Titel Admiral.

1501 folgte den Spuren Cabots ein Portugiese Gaspar Cortereal, welcher Labrador besuchte. Seine Reise gab Veranlassung zur Entstehung portugiesischer Fischereien in diesem Theile Nordamerikas. 1504 begannen Franzosen dort ihre Thätigkeit; doch setzten auch die Bristoler Fischer ihre Unternehmungen in Newfoundland fort, wie verschiedene urkundliche Belege beweisen. Es kamen Eingeborene und allerlei Naturerzeugnisse von dort auf Bristoler Schiffen nach England. 1504 wurde schon ein Geistlicher nach Newfoundland gesandt. 1541 zählt eine Parlamentsakte die Fischerei in Nordamerika neben der altbekannten in Island, Orkney und Shetland auf, und 1548 wird in einer zweiten solchen Akte die Erhebung von Licenzgebühren für die Fischerei in Island und Newfoundland verboten.

Es unterliegt keinem Zweifel, daß diese Hochseefischerei, welche großen Gewinn*) abwarf, sehr wesentlich zur Entwickelung der englischen Schifffahrt beigetragen hat. Die Fischer trieben ihr Geschäft meist auf Theilung. Der Besitzer des Schiffes bekam zwei Drittel, die Mannschaft ein Drittel des Fanges. Ein Schiff von 80 Tonnen

*) 1512 kostete Island-Fisch 38 sh. 4 d. für 124 Stück; 1513: 53 sh. 9 1/2 d. für 100 Stück; 1580: 10 sh. für 100 Newfoundland-Fische = 50 sh. für 1 Ctr.

war im Stande, einen Gewinn von etwa 20 000 Mark zu machen. Es läßt sich daher begreifen, daß immer mehr Seeleute sich diesem gewinnbringenden Gewerbe zuwandten. Von wirklicher Kolonisation seitens dieser Fischer in Nordamerika war aber nicht die Rede. Sie gründeten keine festen größeren Ansiedelungen und verkehrten freundschaftlich mit den französischen, portugiesischen und baskischen Fischern in Nordamerika. Gelegentlich wurden einmal Bekehrungsversuche mit Eingeborenen gemacht, doch ohne besonderen Nachdruck. Newfoundland und Nachbarschaft*) erschienen wohl den Besuchern für dauernde Besiedelung zu arm und zu rauh.

Die englische Regierung hat ihrerseits in den ersten Jahren Henrys VIII. den überseeischen Fragen keine Aufmerksamkeit gewidmet. Zwar sollen gelegentlich einzelne Lords Unternehmungen in den indischen Ländern angeregt, und Kardinal Wolsey soll Sebastian Cabot die Führung einer Flotte nach Amerika angetragen haben. Die letztere Angabe stammt aber von Sebastian Cabot selbst, dessen Glaubwürdigkeit neuerdings mit guten Gründen angezweifelt wird.**) Sicher ist erst, daß der Kardinal 1521 die Londoner Kaufmannschaft zu einer größeren Expedition nach Newfoundland aufgefordert hat. Er fand bei ihr keine Neigung dazu. 1527 trat die Regierung selbst der Frage näher. Es tauchte damals der Gedanke auf, die von Portugal bestrittenen Ansprüche Spaniens auf die Molukken an England zu verkaufen. Gleichzeitig wandte sich der in Sevilla lebende Bristoler Kaufmann Robert Thorne durch Vermittelung des englischen Gesandten an den König und schlug ihm vor, auf dem Wege um die nördlichen Küsten Amerikas eine Fahrt nach den Gewürzinseln zu versuchen. Der Gedanke, einen eigenen und noch dazu, wie man annahm, kürzeren Weg nach den indischen Meeren aufzufinden, gewann für die englischen Kaufleute wie für den König, da sie Spaniens und Portugals Seemacht damals sich nicht gewachsen fühlten, einen großen Reiz. Das erklärt die vielen im Westen und Osten gemachten Versuche, solche Durchfahrten zu finden. Thornes Anregung hatte sogleich den Erfolg, daß Ende Mai 1527 der See-

*) Das ganze Gebiet wurde als das Land der Stockfische „Baccalaos“ bezeichnet.

**) Er ist z. B. nach der bestimmten Aussage der Drapers Company von 1521 trotz seiner Behauptungen niemals selbst in Amerika gewesen, sondern besaß sein Wissen nur von seinem Vater!

fahrer John Rut mit zwei Schiffen, denen sich noch zwei weitere anschlossen, nach den nordischen Gewässern geschickt wurde. Er kam bis zum 53. Grad, wo ihn zahlreiche Eisberge zur Umkehr nach dem Süden bewogen. Sein Mißerfolg schreckte für den Augenblick Andere von der Nachahmung ab.

Von privater Seite erfolgten 1530 und 1532 Fahrten nach Westafrika und Brasilien, welche William Hawkins leitete. Während sie Erfolg hatten und die Vorläufer weiterer Reisen auf diesem Wege waren, scheiterte eine vom König unterstützte Expedition des Geographen Hore. Das Unternehmen wurde 1536 mit zwei Schiffen veranstaltet. 30 Gentlemen, darunter Advokaten und Leute guter Lebensstellung, welche Abenteuer erleben wollten, nahmen theil. Sie kamen nicht weiter als Newfoundland und wären dort beinahe verhungert, wenn nicht gerade ein gut ausgerüstetes französisches Schiff erschienen wäre. Mit List bemächtigten sie sich dieses und traten damit den Heimweg an. Trotz dieses Mißgeschickes hat die englische Regierung fortgesetzt kolonialen Plänen ihre Aufmerksamkeit gewidmet. Es beweist das der Umstand, daß sie fortwährend mit dem inzwischen in spanische Dienste getretenen Sebastian Cabot in Fühlung blieb und ihn wieder nach London zog. Unter Cabots Einfluß entstand 1553 hier eine Gesellschaft von Kaufleuten, welche jetzt auf dem Wege um Nordasien herum China und Indien aufzusuchen plante. Die Company, welche von der Königin Mary eine Charter erhielt, sandte drei Schiffe unter Sir Hugh Willoughby ab, welche den Weg nach dem Nordkap einschlugen. Stürme zerstreuten das Geschwader. Zwei Schiffe geriethen an die lappländische Küste, wo ihre Besatzung umkam. Das dritte erreichte im Herbst 1553 die Mündung der nordischen Dwina, und sein Kapitän Chancellor besuchte von da aus Moskau und knüpfte mit dem Zaren Handelsverbindungen an, welche England vielen Vortheil gebracht haben. Der Versuch, auf dem nordöstlichen Wege nach China vorzudringen, wurde 1556 von Stephen Burrough erneuert, aber gleichfalls ohne Erfolg.

Die Königin Elizabeth widmete den überseeischen Dingen von Anfang an besondere Neigung. Schon 1562 förderte sie die Newfoundland-Fischerei, indem sie die frühere Verordnung gegen Ausbeutung der Fischer durch die Beamten der Admiralty neu einschärfte. Im Jahre darauf ordnete sie an, daß jeder Engländer Mittwochs und Sonnabends Fisch essen müsse. In der Akte hieß es: „Die Anordnung bezweckt lediglich Förderung der Fischer und Seeleute, der Häfen und der Schifffahrt." Dieses Gesetz war allerdings nicht vollständig und auf die Länge durchzuführen. Dafür verbot die Königin 1581 Einfuhr von Fischen, welche Ausländer gefangen hatten. Nur die von Engländern besonders bei Island, Shetland und New-foundland gefangenen Fische behielten die alte Zollfreiheit.

Mit Billigung der Königin nahmen auch die Fahrten nach Westafrika und Brasilien immer weiteren Fortgang. Von 1562 an, wo Sir John Hawkins den englischen Negerhandel von Afrika nach Südamerika einleitete, gewann dieser Verkehr besonderen Aufschwung. 1565 besuchte Hawkins Westindien und faßte schon Pläne auf Besetzung Floridas. 1567 griff er die spanische Niederlassung am Rio de la Hacha und Cartagena an und focht mit einer spanischen Flotte im mexikanischen Hafen San Juan d'Ulua. 1572 überfiel sein Begleiter Drake die spanischen Häfen Nombra de Dios und Cartagena und erblickte auf einem Marsche über den Isthmus von Panama als erster Engländer das Stille Meer.

Ein auf den afrikanischen Fahrten erprobter Seemann war es, welcher unter der Regierung der Königin auch wieder Versuche anstellte, China auf dem Wege durch das Polarmeer zu erreichen. Sir Martin Frobisher hat 1576, 1577 und 1578 dreimal die nordwestliche Durchfahrt gesucht und zu gleicher Zeit Anlage einer Ansiedelung in Labrador, wo man Gold gefunden zu haben glaubte, versucht. Aber ohne jeden Erfolg. Er ist dabei bis 63° 8' vorgedrungen.

Frobisher war bei diesen Fahrten nur der Beauftragte eines Günstlings Sir Robert Dudleys, des auch bei der Königin beliebten Parlamentsmitgliedes und Geographen Sir Humphrey Gilbert. Dieser hatte sich bei seinen Studien die bestimmte Ueberzeugung gebildet, daß Ostasien ohne besondere Schwierigkeiten auf dem Wege um Nordamerika, dessen Ausdehnung er sehr unterschätzte, zu erreichen sein müsse. Sein Gedanke übte, obwohl er nicht neu war und sich früher als nicht ausführbar erwiesen hatte, wiederum seinen Zauber auf den Hof wie auf die Geschäftswelt.*) Mit ihrer Hülfe konnten

*) Für die drei Fahrten Frobishers sind 20 000 £ aufgebracht worden. 4000 £ hat die Königin, den Rest haben der Hof und die Kaufleute beigesteuert!

daher die drei Reisen ausgeführt werden.*) Gilbert selbst unternahm 1578 eine Fahrt mit zwei Schiffen nach Newfoundland, um dort eine Kolonie zu gründen und die ihm begegnenden französischen, spanischen und portugiesischen Schiffe zu kapern.**) Er hatte dabei so wenig Glück wie bei den Nordpolfahrten. Ein spanisches Schiff nahm eines der seinen weg, und halb ruinirt kam er wieder nach Hause.

Während dieser Jahre war Francis Drake bereits auf seiner Reise um die Welt begriffen. Er war Ende 1577 aufgebrochen, hatte als erster Engländer die Magellanstraße befahren und dann die Küstenstädte Perus ausgeplündert. Im Juni erreichte er das Kap der guten Hoffnung und am 3. November 1580 lief er wohlbehalten mit reicher Beute wieder im Heimathhafen ein. Der Eindruck seiner Erfolge war in ganz Europa überaus groß. Die Königin beantwortete die Proteste Spaniens durch eine Erklärung, daß sie den spanischen Besitztitel auf die neue Welt, soweit er auf päpstlicher Bulle beruhe, nicht anerkenne und nur das wirklich besetzte Land als spanisch betrachte. Ueberall regte sich in England der Wunsch nach neuen überseeischen Unternehmungen.

Wieder tauchte der Sebastian Cabotsche Gedanke eines nordöstlichen Seewegs nach Ostasien auf, den der Geograph Gerhard Merkator 1569 und schon vorher der Reisende Jenkinson trotz der gemachten üblen Erfahrungen immer wieder warm empfohlen hatten. Man vergaß der verschiedenen erfolglosen Versuche, diesen Weg zu finden. In London trat eine Company zusammen, an deren Spitze die Aldermen Sir Rowland Hayward und George Barne standen. Sie beauftragten die Kapitäne Arthur Pet de Ratcliffe und Charles Jackman de Poplar, Beides Männer, welche schon Polarmeerfahrten gemacht hatten, mit der Aufgabe, China auf dem Wege um Asien zu besuchen. Ende Mai 1580 traten sie die Reise an, ausgerüstet mit eingehendsten Instruktionen. Aber die beiden Schiffe erreichten nur das Karische Meer. Auf der Heimfahrt ging das

---

*) Reste von Gegenständen, welche Frobisher mitgeführt hat, sind in den Polarländern 1863 gefunden und nach London gebracht worden.

**) Ein königliches Patent vom 11. Juni 1578 gab ihm das Eigenthum des von ihm zu entdeckenden amerikanischen Gebietes mit voller Gerichtsbarkeit und Handelsmonopol. Doch sollte er binnen sechs Jahren dort eine Kolonie anlegen.

kleinere verloren, das andere kehrte Ende Oktober 1580 erfolglos nach London zurück.

Nach dieser neuen Enttäuschung faßte man hier andere Pläne ins Auge. 1581 entstand die „Turkey and Levant Company“, welche den Handel mit China auf dem Wege über Aegypten in die Hand nehmen wollte. Schon 1582 war eine Flotte nach dem Kap der guten Hoffnung abgesandt worden, um nach Indien vorzudringen. Stürme hinderten sie daran. 1583 sandte nun die Company vier Leute über Syrien, Bagdad nach Indien. Einer starb, zwei blieben dort, aber der vierte kehrte mit genauen Auskünften über Land und Leute heim. In demselben Jahre rüstete der ruhelose Sir Humphrey Gilbert, um sein Privileg nicht verfallen zu lassen, eine Unternehmung, welche die Besitznahme und Kolonisation Newfoundlands und anderer Gebiete bezweckte. Er machte dazu fast seinen ganzen Landbesitz zu Geld, warb allerlei zur Auswanderung geneigtes Gesindel und rüstete fünf Schiffe aus. Um die Eingeborenen zu gewinnen, nahm er u. A. Steckenpferde und Puppen mit. Doch Sir Humphrey lächelte einmal kein Glück bei seinen Unternehmungen. Eines seiner Schiffe desertirte unterwegs, den anderen wollten die englischen Fischer in St. John das Einlaufen zuerst überhaupt nicht gestatten. Nachdem sie durch Vorweisung des Königlichen Patents dazu bewogen worden waren, ergriff Gilbert am 5. August 1583 feierlich Besitz von Newfoundland. Das Verlangen der englischen Fischer in St. John nach Ertheilung von Besitztiteln für ihre Fischereiplätze und größere Landstrecken lehnte er zu ihrem Mißvergnügen ab. Er fuhr nach anderen Küstenplätzen, während ein von ihm mitgebrachter sächsischer Bergmann im Innern nach Erzen suchte und Mineraladern fand, die er für sehr werthvoll hielt. Auf dem Heimwege ging er Ende September mit einem der Schiffe, das überladen war, unter. Sein Mißerfolg schreckte jedoch Niemand ab, so lebhaft war das Interesse für koloniale Dinge.

Der Stiefbruder des Verstorbenen, Sir Walter Raleigh, nahm die Pläne des unglücklichen Kolonisators auf. Er erhielt auf seine Bitte 1584 von der Königin ein Privileg zur Besitznahme aller von ihm in Amerika zu entdeckenden noch nicht im Besitze christlicher Fürsten befindlichen Länder. Nur die Einmischung in die Newfoundländer Fischerei wurde ihm auf Vorstellungen der betheiligten Kreise untersagt.*) Für die Fortsetzung der Kolonisation Newfoundlands wirkten außerdem in London verschiedene Männer, so Sir George Packham und die Schwiegersöhne Walsinghams, des einflußreichen Rathgebers der Königin, Sydney und Carlile.

Raleigh hat noch im Jahre 1584 eine Expedition nach Amerika gesandt. Zwei Schiffe unter Philip Amadas und Arthur Barlowe segelten in seinem Auftrage Ende April nach den Gebieten zwischen Newfoundland und Florida, um dort eine passende Stelle zu einer Niederlassung zu suchen. Sie fanden eine von friedlichen Eingeborenen bewohnte Insel Roanoke, an der Küste des heutigen Nordcarolina, welche durch üppige Vegetation ihnen als eine Art Paradies erschien. Mit zwei der dortigen Indianer kehrten sie noch in demselben Jahre nach England zurück und erstatteten ihren Bericht. Die Königin selbst soll das Gebiet, welches die Kapitäne als das „üppigste, süßeste, fruchtbarste und gesündeste der Welt“ schilderten, Virginia getauft haben. Unter ihrer Theilnahme traf ihr Günstling Raleigh sofort die Vorbereitungen zur Begründung einer Kolonie daselbst. Schon Anfang April 1585 konnte er sieben Schiffe mit 108 Ansiedlern unter Führung seines Vetters Sir Richard Grenville nach der Insel absenden. Die Leute erreichten ihr Ziel im Juli, schlugen ein Lager auf und richteten sich, so gut es ging, ein. Während die Schiffe heimkehrten, erforschte der Governor der Ansiedelung, Ralph Lane, das Land. Er fand dabei sehr bald, daß der gewählte Fleck ungeeignet war. Die anfangs freundlichen Eingeborenen wurden bei näherer Berührung mit den Weißen feindselig. Es fehlte nach kurzer Zeit an Lebensmitteln, die erhofften Goldadern und Perlen fanden sich nicht und unter den Kolonisten brach, zumal von Hause kein Schiff kam, große Unzufriedenheit aus.

---

*) Es hieß in dem Privileg ferner: The colonies have all the privileges of free denizens and persons native of England, in such ample manner as if they were born and personally resident in our said realm of England. They were to be governed according to such statutes as shall be by him or them established; so that the said statutes or laws conform as near as conveniently may be those of England and do not oppugn the Christian faith or any way withdraw the people of those lands from our allegiance. Von vornherein wurde also englischerseits für die politischen Rechte der Kolonisten gesorgt! Auch in Gilberts Privileg war schon eine ähnliche Klausel.

Während dieser Kolonisationsversuch gemacht wurde, hatte die politische Lage Englands einen Umschwung erfahren. Die englische Regierung hatte bis dahin trotz der Ansprüche, die sie auf Grund der Cabotschen Entdeckungen an Nordamerika geltend machte, einen völligen Bruch mit Spanien immer vermeiden wollen und deshalb dem mächtigen Spanien gegenüber gewisse Rücksichten beobachtet. 1585 ließ Königin Elizabeth diese fallen. Sie ertheilte Sir Francis Drake eine königliche Kommission, um die spanischen Kolonien und den spanischen Handel nach Kräften zu schädigen, und führte zugleich einen entscheidenden Schlag gegen die blühende baskische und portugiesische Fischerei im Nordatlantischen Meere. Auf den Rath Sir John Hawkins sandte sie, als Spanien eine Anzahl englischer Schiffe weggenommen hatte, eine Flotte nach Newfoundland und ließ dort auf alle spanischen und portugiesischen Schiffe Beschlag legen. Ihre Besatzung, nicht weniger als 600 Mann, wurde kriegsgefangen nach England geschafft und erhielt dort aus Rache für die schlechte Behandlung der Engländer in Spanien täglich nur drei Pence Verpflegungsgeld pro Mann. Mit einem Schlage war England dadurch Herr der nordischen Fischerei und deckte seinerseits den Stockfischbedarf der romanischen Länder. Gegen 60 000 Centner getrockneten Fisch schmuggelte es allein dort später alljährlich ein!

Als Sir Francis Drake nach Plünderung San Domingos, Cartagenas und San Augustins 1586 die Kolonie Roanoke anlief, fand er die Ansiedelung in so schlechter Lage, daß er den Leuten anbot, sie wieder mit nach England zu nehmen. Lane wünschte jedoch auszuharren und auch seine Leute faßten frischen Muth, als ihnen der Admiral neue Vorräthe und ein Schiff zur Verfügung stellte. Erst als ein großer Sturm dieses Schiff noch während der Anwesenheit der Flotte in See verschlug und Drake ihnen kein anderes passendes geben konnte, nahmen sie sein Anerbieten an und kehrten mit ihm nach England zurück. Nur vier aus ihrer Mitte waren gestorben. Einer, Thomas Hariot, hatte eine eingehende Schilderung des Landes entworfen, ein Anderer eine Menge Skizzen angefertigt. Unter den Naturprodukten, welche sie mit nach der Heimath nahmen, waren der den Spaniern schon bekannte Tabak und die Kartoffel, welche Raleigh sogleich auf seinen Gütern in Irland zu bauen begann!

Bald nach ihrer Abreise traf ein von Raleigh gesandtes Schiff mit Vorräthen in Roanoke ein, das bei den obwaltenden Umständen unverrichteter Sache heimkehrte. 15 Tage später erschien Sir Richard Grenville mit drei Schiffen. Er ließ 15 Leute in Roanoke, um das Besitzrecht des Auftraggebers nicht einschlafen zu lassen. Raleigh entschloß sich indessen auf Lanes Bericht hin, diesen Platz aufzugeben und eine Kolonie an der Chesapeakebay zu gründen. 19 Kaufleute und 2 andere Männer bildeten mit ihm hierzu eine Gesellschaft und schickten 1587 nicht weniger als 150 Personen, darunter 17 Frauen, in drei Schiffen ab. Der Governor John White lief zuerst Roanoke an, um dort die 15 Kolonisten aufzunehmen. Er fand, daß sie alle von den Indianern umgebracht waren, und daß die Verhältnisse auf der Insel sich sehr verschlechtert hatten. Trotz dessen mußte man dort bleiben, da der Pilot eine Weiterfahrt an der Küste verweigerte. White kehrte daher im Herbst nach England zurück, um Hülfe zu holen. Im Frühling 1588 gelang es ihm, von Raleigh zwei Schiffe zu bekommen. Unterwegs hatte er aber mit spanischen Kreuzern ein Gefecht zu bestehen und mußte wieder umkehren. Der Krieg mit Spanien verhinderte für die nächste Zeit ein neues Unternehmen. Als es White, dessen Tochter und Schwiegersohn unter den Kolonisten in Virginien waren, endlich 1590 glückte, nach Roanoke zu gelangen, fand er den Ort verlassen. An einem Baume war nur das Wort Croatoan eingeschnitten. Er nahm an, daß die Kolonisten nach dieser Insel übergesiedelt seien. Dorthin zu fahren, hinderte damals ein Sturm die Schiffe. Als es später gelang, fand man von den Leuten keine Spur. Man hat Genaues über ihr Schicksal nie gehört. Sie sollen zum Theil ermordet, zum Theil in den Indianern aufgegangen sein. Raleigh, der für seine Kolonisationsversuche in Virginien 40 000 Pfund Sterling geopfert hatte, fand sich nunmehr außer Lage, sie fortzusetzen.

In der Zwischenzeit haben neue Versuche, Indien auf dem nordwestlichen Wege zu erreichen, stattgefunden. Unter dem Einflusse Sir Francis Walsinghams, des Secretarys of the Privy Council, entstand 1585 eine Gesellschaft, welche John Davis, einen Jugendbekannten Gilberts und Raleighs, nach den polaren Gewässern Amerikas sandte. Mit zwei kleinen Schiffen fand er die Küsten Grönlands, die nach ihm benannte Wasserstraße und besuchte den Cumberland-Golf. Schon im folgenden Jahre gelang es ihm, neue Mittel aufzutreiben und mit vier Schiffen eine nochmalige Fahrt auszuführen, die ihn freilich über das schon Entdeckte nicht hinausführte. Trotz des geringen Erfolges stellten ihm seine Freunde 1587 nochmals drei Schiffe zur Verfügung. Damals ist er bis 72° 12' gelangt, also weiter nach Norden als irgend einer seiner Vorgänger, doch fand er eine Durchfahrt nach Westen auch auf dieser Reise nicht. Im nächsten Jahre machte der Krieg mit Spanien weiteren derartigen Entdeckungsreisen vor der Hand ein Ende. Später hat Davis sich Thomas Cavendish auf einer Fahrt angeschlossen, der 1586 bis 1588 eine neue Reise um die Welt ausgeführt und die spanischen Kolonien bekriegt hatte.

Die Vernichtung der spanischen Armada im Jahre 1588 gab England die Herrschaft in allen nordischen Meeren und erhöhte bedeutend den Unternehmungsgeist seiner Kaufleute, welche sich der Furcht vor der Seemacht Spaniens ledig fühlten. Koloniale Erwerbungen konnten von da an mit weit größerer Aussicht auf Erfolg unternommen werden. Man gab daher das Suchen nach nördlichen Wegen in die indischen Gewässer vor der Hand auf und ging daran, unbekümmert um Spanien und Portugal, auf demselben Wege wie deren Flotten nach Indien zu fahren. 1591 wurde ein starkes Geschwader unter Cavendish auf dem Wege um Südamerika nach den Molukken, ein anderes ums Kap der guten Hoffnung nach Indien, ein drittes nach Westindien gesandt. Alle waren von Privatleuten unter Beihülfe der Regierung ausgerüstet. Das ersterwähnte Unternehmen scheiterte. Das zweite von Raymond und Lancaster geführte Geschwader erreichte sein Ziel. Seine Schiffe gingen zwar nach vielen Abenteuern verloren und die meisten Leute starben, aber Kapitän Lancaster kam nach dem Besuche des Sultanats Atchin, des hartnäckigsten Feindes der Portugiesen, glücklich in England wieder an. Das westindische Geschwader hatte das Glück, ein großes spanisches Schiff, Madre de Dios, mit Edelmetallen im Werthe von zehn Millionen Mark zu erbeuten! Lancasters Erzählungen und dieser Fang haben nicht wenig dazu beigetragen, den Wunsch der Engländer nach Theilnahme an dem reichen indischen Handel zu verschärfen.

In dem Jahre 1594, in dem Lancaster England wieder erreichte, sandte Raleigh, welcher nach den erlittenen Enttäuschungen die Hoffnung auf Erfolge in Nordamerika verloren hatte und auf die spanischen Sagen vom Eldorado aufmerksam geworden war, einen Seemann Jakob Whiddon nach dem Orinokko. Auf seine Nachrichten hin fuhr er dann selbst im folgenden Jahre nach Trinidad, nahm die Stadt St. Joseph ein, setzte den spanischen Befehlshaber gefangen und ließ sich von ihm Alles, was er über Guyana zu wissen vorgab, erzählen. Der Gefangene berichtete ihm Wunderdinge von dem Gold und den Schätzen des Orinokkogebietes. Seine und die Angaben einiger Indianer bewogen Raleigh, in vier Booten den Orinokko zu befahren. Er erreichte dabei den Caroni, fand mancherlei Erze und goldene Schmucksachen und schloß Freundschaft mit den Eingeborenen. Als er im Herbst 1595 in England wieder eintraf, schilderte er das besuchte Land und seine Schätze, die er nur aus den Erzählungen Anderer kannte, in begeisterten Worten. Er selbst glaubte an das Vorhandensein des Eldorados, der Amazonen und sonderbarer Fabelwesen in jenen Gegenden. Je unwahrscheinlicher aber seine Schilderungen waren, um so mehr fanden sie beim Publikum Beifall. 1596 hat Raleigh zweimal Schiffe nach dem Orinokko gesandt und dort Ansiedelungsversuche gemacht. Sie scheiterten leider ebenso wie eine große Expedition, die er 1598 nach Guyana abgehen ließ.

Bei den geschilderten Unternehmungen zeigte sich, daß Spanien trotz des Verlustes der Armada noch immer entschlossen und in der Lage war, den englischen Kolonialversuchen in seinem überseeischen Reiche kräftig entgegenzutreten. Nochmals setzte daher England Alles daran, Spaniens Seemacht zu vernichten. 1595 ging eine von Kaufleuten und der Krone ausgerüstete starke Flotte unter Drake nach Mittelamerika ab, ein zweites Geschwader, geführt von Benjamin Wood, wurde 1596 nach Ostindien geschickt und in demselben Jahre segelte eine 190 Schiffe starke Seemacht unter dem Kommando von Essex nach Spanien selbst ab. Wood erreichte sein Ziel nicht; seine Schiffe wurden vom Sturm verschlagen und gingen zu Grunde. Aber Drake that Spaniens Kolonien schweren Schaden, und Essex gelang es, nicht nur die große spanische Flotte im Hafen von Cadiz zu vernichten, sondern auch diese Stadt auszuplündern. Im nächsten Jahre griff er die Spanier in den Azoren an und nahm einige reichbeladene Schiffe der Silberflotte weg. Mit der Rücksichtslosigkeit, welche England stets ausgezeichnet hat, verfolgte es Spanien gegenüber nach dem ersten Erfolge seine Ziele. Vergebens suchte dieses Frieden zu schließen. Die Königin Elizabeth setzte trotz der schweren Lasten, welche der Krieg ihren Kassen*) auferlegte, den Kampf gegen Spanien unmittelbar und durch Unterstützung der Niederlande fort, bis sie der Ueberlegenheit Englands zur See sicher zu sein glauben konnte. Als sie starb, war das der Fall. Der Friede wurde daher abgeschlossen, und allenthalben begannen nun in Amerika wie Afrika und Asien kaufmännische und kolonisatorische Unternehmungen von englischer Seite.

Zweites Kapitel.

Beginn der Kolonisation Nordamerikas.

Die ersten wirklichen englischen Ansiedelungen sind in Nordamerika gegründet worden. 1602 fand Bartholomew Gosnold, ein erprobter Seemann, einen näheren als den bisher benutzten Wasserweg dahin. Statt um die Kanarischen Inseln herum und über Westindien zu fahren, folgte er der direkten Richtung und ersparte dadurch gegen 1000 Meilen, eine sehr wichtige Entdeckung für die damaligen kleinen Segelschiffe. Schon sieben Wochen nach seiner Abreise erreichte er die Küste des heutigen Maine, segelte an ihr bis zu dem von ihm so benannten Cape Cod und legte auf einer Insel der Cuttyhunkgruppe eine Station an. Dauernd hier zu bleiben, zeigte aber Niemand Lust, und mit einer Ladung Sassafras**) und Cedernholz kehrte das Schiff schon im Sommer in fünfwöchentlicher Fahrt heim. Unterwegs begegnete Gosnold Sir Walter Raleigh, welcher, da die Reise ohne seine Zustimmung nach seinem Gebiet ausgeführt war, die Ladung des Schiffes wegnahm. Die Schilderungen Gosnolds und seiner Leute erweckten aber neue Hoffnungen in England.

Im Auftrage Raleighs suchte Bartholomew Gilbert 1603 bei der Rückkehr von einer Westindienfahrt nach den Resten der verunglückten Niederlassung in Virginien, und auf Kosten der Kaufleute Bristols und unter Mitwirkung des Geographen Hakluyt***)

---

*) 1592 schon hatte der Krieg 1 200 000 £ gekostet!

**) Damals geschätzte Arznei.

***) Richard Hakluyt, 1553 geboren und erzogen in Oxford, besaß von Jugend an großes Interesse für überseeische Dinge. Er war eine Zeit lang

segelte im selben Jahre Martin Pring mit zwei Schiffen nach Nordamerika. Die Expedition erfolgte mit ausdrücklicher Genehmigung Raleighs. Pring erreichte die Küste Maines, segelte an ihr auf der Suche nach Sassafras bis nach Massachusettsbay (Plymouth Harbour) und kehrte von dort wohlbehalten heim.

Weitere Unternehmungen erfolgten zunächst nicht, da Raleigh, welcher das ausschließliche Recht für die Kolonisation jener Küsten auf Grund seiner Charter noch immer besaß, damals des Hochverraths angeklagt und in den Tower geworfen wurde. Erst 1605 besuchte George Weymouth, welcher schon 1602 einen erneuten vergeblichen Versuch gemacht hatte, eine nordwestliche Durchfahrt zu finden, und zu demselben Zwecke wieder nach Amerika gesandt worden war, die Küsten Maines aufs Neue. Die Fruchtbarkeit des Landes und die Trefflichkeit seiner Häfen erregten seine Bewunderung. Er nahm fünf Indianer mit nach England und schilderte hier das Land und seine Hülfsmittel so günstig, daß das Interesse für Nordamerika immer weitere Kreise erfaßte. Ein 1605 in London aufgeführtes Stück Eastward Ho spiegelt die Eindrücke dieser Schilderungen der verschiedenen Seefahrer. Von Virginien heißt es darin, daß Gold dort häufiger sei wie Kupfer in England. Selbst die Chamber-pots seien aus eitel Gold. Die Gefangenen trügen goldene Fesseln. Rubinen und Diamanten läsen die Leute Sonntags am Meeresufer auf! Das Land sei von mildem Klima, es wimmele von Wildschweinen und anderem Wildpret. And than you shall live freely there, without sargeants or courtiers, or lawyers or intelligencers. You may be an alderman there, and never be a scavenger; you may be any other officer and never be a slave .... Besides there we shall have no more law than conscience and not too much of either! Man erhoffte von der neuen Welt also schon damals nicht allein Reichthum und Wohlleben, sondern auch Freiheit von politischem und religiösem Druck. Und die Lust, sie zu besiedeln, wuchs bei dem Wunsch vieler durch den Friedensschluß mit Spanien zur Unthätigkeit verdammter Seeleute und Soldaten, ein neues Thätigkeitsfeld für sich zu finden, und

Kaplan der englischen Gesandtschaft in Paris, veröffentlichte 1582, 1589, 1600 und 1609 größere Werke, besonders über die Reisen englischer Seefahrer, nahm lebhaften Antheil an den Unternehmungen in Amerika und Indien und starb 1616.

dem Interesse der Regierung und der ruhigen Bürger, diese unruhigen Elemente irgendwo zu beschäftigen und unschädlich zu machen.

Alle diese Umstände waren es, welche eine Anzahl angesehener Männer dazu bestimmten, die Gründung dauernder Ansiedelungen in Nordamerika ernstlich ins Auge zu fassen. Bartholomew Gosnold und Richard Hakluyt scheinen die leitenden Geister des Unternehmens gewesen zu sein. Ihnen schlossen sich Sir Ferdinando Gorges, der Governor von Plymouth, Sir John Popham, der Lord-Oberrichter, der Kaufmann Edward Maria Wingfield, der Geistliche Robert Hunt, die Seeleute Sir Thomas Gates, Sir George Somers und John Smith an. Da Raleighs Rechte durch die ihm zur Last gelegten Dinge verwirkt waren, wandten sie sich an den König James I. um Verleihung eines Patents für Kolonisation Nordamerikas. Der Monarch entsprach ihrer Bitte durch eine Charter vom 10. April 1606.

Dieses Aktenstück überwies den Antragstellern die Virginia benannte Küste Nordamerikas zwischen 34° und 45° nördlicher Breite, d. h. das Gebiet von Kap Fear bis Halifax. Der nördliche Theil von 42° bis 45° wurde den westenglischen Interessenten, der Company of Plymouth, zugetheilt, welche durch Thomas Hanham, Raleigh Gilbert, William Parker und George Popham vertreten war. Der südliche Theil von 34° bis 38° fiel der Company of London zu, welche Sir Thomas Gates, Sir George Somers, Richard Hakluyt und Wingfield bildeten. Das mittlere Stück von 39° bis 41° blieb beiden Gruppen gemeinsam mit der Maßgabe, daß ihre beiderseitigen Ansiedelungen dort stets wenigstens 100 Meilen voneinander entfernt sein müßten. — In ihren Gebieten erhielten die Gesellschaften bei Weitem nicht alle die Rechte, welche z. B. Spanien den kolonialen Unternehmungen zugestand und welche Gilbert und Raleigh versprochen worden waren. Die gesammte Leitung der Kolonien wurde vielmehr durch die Charter in die Hände eines vom König allein ernannten Councils gelegt und diesem in jeder Kolonie ein eigenes ebenfalls vom König ernanntes Council unterstellt. Der König behielt sich die Gerichtsbarkeit über Tod und Leben vor und ordnete genaue Uebereinstimmung der Rechtspflege in den Kolonien mit der heimischen an. Die Ansiedler erhielten keine andere Vergünstigung als das Versprechen, daß sie und ihre Kinder englische Bürger bleiben und alle Rechte solcher genießen, sieben Jahre lang ihre Bedürfnisse aus England zollfrei beziehen und an Abgaben nur den fünften Theil von allem gefundenen Gold und Silber oder den fünfzehnten vom Kupfer zahlen sollten. Die den Chartergesellschaften zugestandenen Vortheile bestanden in der Erlaubniß, Auswanderer in England zu werben und gewisse Landgebiete in Besitz zu nehmen, sowie das Monopol des Handels, des Suchens nach Edelmetallen und das Münzregal auszuüben. Von den ankommenden Schiffen sollte in den Kolonien eine Abgabe erhoben, aber ihr Ertrag einundzwanzig Jahre lang nur für sie verwendet werden.

Trotz dieser einschränkenden Bedingungen gingen die Gesellschaften sogleich daran, die nöthigen Schritte zur Festsetzung in ihren Gebieten zu thun. Die London=Company brachte 105 zur Auswanderung bereite Männer verschiedenen Berufs zusammen. Fast die Hälfte waren Leute gebildeten Standes, Gentlemen, dazu einige Handwerker, nur zwölf Ackerbauer. Am 19. Dezember 1606 traten sie auf drei Schiffen, deren größtes nur hundert Tonnen hatte, die Reise an. Die Kapitäne Christopher Newport, Bartholomew Gosnold und John Ratcliffe waren die Führer der Fahrzeuge. Sie hatten versiegelte Befehle mit, welche sie erst bei der Ankunft in Virginien öffnen sollten. Darin waren sieben Männer zu Mitgliedern des Councils der Kolonie ernannt, welche sich aus ihrer Mitte einen Präsidenten wählen sollten.

Die Führer der Expedition besaßen Weisung, zunächst zwei Monate lang die Küste zu untersuchen und dann zwei Schiffe mit Landesprodukten heimzusenden. Die Ansiedelung sollten sie an einem schiffbaren Flusse in gesunder und sicherer Lage gründen. Der Platz sollte landeinwärts aber an einer Stelle gewählt werden, wo Schiffe von wenigstens fünfzig Tonnen bequem laden könnten. An der Seeküste sollten die Kolonisten einen Posten anlegen, der sie vor Angriffen warnte, und Dörfer der Eingeborenen zwischen der Küste und ihrer Niederlassung nicht dulden. Sogleich nach Wahl des Flecks zur Ansiedelung war den Kolonisten vorgeschrieben, sich in Gruppen zu theilen, von denen der einen der Bau der Befestigungen und Vorrathschuppen, der zweiten das Bestellen des Landes mit Getreide und Gemüse, der dritten der Wachtdienst, der vierten die Erkundung des Landes zufallen sollte. In letzterer Hinsicht war den Kolonisten besonders ans Herz gelegt, darauf zu achten, ob etwa Flüsse Virginiens aus Seen im Innern kämen, von denen vielleicht andere Wasseradern nach dem Stillen Ocean führten. Sie waren ferner angewiesen, nach Mineralien zu suchen. Andere Punkte der Instruktion betrafen das Verhältniß zu den Eingeborenen und die Sicherheit der Niederlassung. Es war darin empfohlen, die Indianer niemals wenn möglich zu reizen und mit ihnen Handel zu treiben; ihnen aber auch nie zu trauen und sie jederzeit in Ehrfurcht vor den Weißen zu halten, daher auch die etwaige Tödtung einzelner Ansiedler zu verheimlichen. Die Ansiedelung sollte mit breiten geraden Straßen und so angelegt werden, daß man mit Kanonen vom Marktplatz aus jede Straße beherrschen könne.

Am 26. April 1607 fuhren die drei Schiffe in die Chesapeakebay ein. Die versiegelten Ordres wurden hier geöffnet, das Council gebildet und Wingfield zu seinem Vorsitzenden gewählt. Am 13. Mai wurde am Powhatan, den sie Jamesfluß nannten, funfzig Meilen von seiner Mündung, die Ansiedelung Jamestown gegründet. Ein Vorstoß ins Innere, um Edelmetalle zu suchen, blieb ergebnißlos. Ohne Gold und Silber trat Newport Ende Juni die Rückfahrt nach England an.

Der Beginn der Kolonie war nicht viel verheißend. Schon Ende Mai griffen Indianer sie an, und trotz ihrer blutigen Zurückwerfung machten sie keine Miene, mit den Fremden in nähere Beziehungen zu treten. Der gewählte Fleck war sumpfig und ungesund. Die Kolonisten erkrankten, Ende August lagen schon fünfzig von ihnen, darunter Gosnold, in der fremden Erde. Der Landbau, von dem ohnehin die meisten nichts verstanden, machte keine Fortschritte, und die Vorräthe schmolzen zusammen. Die vom König getroffene Bestimmung, daß die Kolonisten das Land gemeinsam bestellen und den Ertrag theilen sollten, reizte wohl auch die Einzelnen nicht zur Arbeit an. Die Ansiedler waren wüthend auf Wingfield, weil er die noch vorhandenen Vorräthe ängstlich sparte. Sie setzten ihn schließlich gewaltsam ab und ernannten Ratcliffe zum Präsidenten des zusammengeschmolzenen Council.

Newport, welcher am 8. Januar 1608 mit einigen neuen Kolonisten in Jamestown eintraf, befreite erst Wingfield aus seiner Haft. Er erforschte dann das Land weiter und knüpfte Beziehungen mit den Eingeborenen an. Mit einer Ladung Cedern- und Nußbaumholz, Eisenerz und Sassafras trat er die Rückfahrt an. Nach ihm brachte ein zweites Schiff ebenfalls Ansiedler. Leider waren wieder unter 120 Mann nur 23 Bauern. Der Rest waren Gentlemen, Apotheker, Schneider, Goldschmiede und dergleichen. Endlich führte Newport im Herbst 1608 nochmals Kolonisten, unter denen einige deutsche und polnische Handwerker und zwei Frauen sich befanden, nach Jamestown. Bei dieser Gelegenheit theilte er mit, daß die Company die Ansiedlung sich fortan selbst überlassen müsse, wenn er nicht wenigstens eine Ladung im Werthe von 2000 Pfund Sterling heimbringe. Die Kolonisten, welche ihre meiste Zeit fruchtlosem Suchen nach Gold und anderen Schätzen gewidmet hatten und oft Mangel litten, bemühten sich nun nach Kräften, Eisenerz, Holz, Theer und dergleichen für die Heimath zusammenzubringen. Sie begannen auch unter Leitung des energischen John Smith eifriger als bisher Getreide zu bauen und sich in Vertheidigungsstand zu setzen. Doch trotz aller Bemühungen sah es Ende 1608 mit der Kolonie sehr schlimm aus. Die heimische Leitung war mit dem geringen Gewinn aus der Niederlassung unzufrieden. Sie verlangte schleunigst Goldfunde oder Entdeckung des Wegs nach Indien. Eine Anzahl der Ansiedler war umgekommen, in England hatte der frühere Enthusiasmus des Volks größter Enttäuschung Platz gemacht. Man sprach von Virginien nur noch mit Spott.

Auch die Plymouth-Company war während dieser Jahre nicht unthätig gewesen. Aber ihre Erfolge waren noch geringer als die der Schwestergesellschaft. Das erste 1606 von Sir Ferdinando Gorges unter Kapitän Challons nach Nordamerika abgesandte Fahrzeug fiel unterwegs spanischen Kapern in die Hände. Ein zweites bald darauf abgefertigtes Schiff erreichte die nordamerikanische Küste, schuf aber keine Niederlassung. Ihm folgten Ende Mai 1607 die Schiffe „Gift of God“ und „Mary and John“, geführt von George Popham und Raleigh Gilbert, welche endlich eine feste Ansiedelung begründen sollten. Mitte August wurde eine solche an der Mündung des Kennebec, im heutigen Maine, angelegt. Nachdem eine Schanze, Kirche, Vorraths- und Wohnräume gebaut waren, in denen 120 Kolonisten unter George Popham, dem Bruder des Oberrichters, sich einrichteten, kehrten die Schiffe nach England zurück. In glänzenden Farben schilderten sie hier das neue Land und seine Natur. Aber während sie neue Ansiedler und Kapitalien für die Kolonie warben, herrschte dort größtes Elend. Ein unerwartet strenger Winter machte den Aufenthalt in den leicht gebauten

Schuppen unerträglich. Popham starb eines plötzlichen Todes; eine Feuersbrunst zerstörte das Vorrathshaus; Noth und Krankheit dezimirten die Kolonisten, Gold fand sich nirgends. Als im Frühjahr 1608 Schiffe aus der Heimath mit neuen Vorräthen kamen, waren die Leute so entmuthigt, daß sie ohne Weiteres das Fort und die Kanonen im Stich ließen und heimkehrten. Dieser Fehlschlag verbunden mit dem bald darauf erfolgenden Ableben des Oberrichters Popham, des leitenden Geistes der Gesellschaft, schreckte sie vor der Hand von weiteren Schritten ab. Sie begnügte sich, an der Küste ihres Gebietes Handel und Fischfang zu treiben.

Die London-Company gab trotz ihrer schlechten Erfahrungen ihr Unternehmen nicht so rasch verloren. Gestützt auf mächtige Gönner, beschloß sie, die Kolonisation Virginiens sogar noch in größerem Stil als bisher fortzusetzen. Nur wünschte sie dabei freiere Hand, als ihr die königliche Charter zugestand. Sie erbat demgemäß eine Abänderung der Akte und erhielt sie unterm 23. Mai 1609 zugestanden. Nach diesem neuen Privileg gingen die Rechte, welche der König sich 1606 vorbehalten hatte, auf die Gesellschaft über. Die Company sollte in Zukunft die leitende Körperschaft ernennen, welche die Regierungsgewalt übte. Ein ihr unterstellter Governor erhielt volle oberste Gewalt in Militär- wie Civilsachen. Außerdem wurde die Zahl der wirklichen Mitglieder der Company bedeutend vermehrt. Während in der ersten Charter nur vier aufgezählt waren, wurden diesmal einige Hundert in der Urkunde genannt, darunter 21 Pairs und Leute jedes Berufs. Man nimmt an, daß diese Maßnahme den Beitritt neuer Aktionäre gefördert hat. Endlich erhielt die Company in der neuen Charter eine erhebliche Erweiterung ihres Besitzes. Es wurde ihr alles Land zwischen den beiden Parallelkreisen, die je 200 Meilen nördlich und südlich vom Kap Comfort liefen, zugesprochen. Auch bekam die Gesellschaft das Recht der juristischen Person. Ihr leitendes Komitee wurde aus 52 Personen gebildet, von denen 49 dem Adel angehörten. Sir Thomas Smith wurde Schatzmeister.

Die Company ernannte einen ehrenwerthen Mann aus bekannter Familie, Thomas West (Lord Delaware), zum Captain-General und Governor Virginias. Ihm zur Seite wurden ein Admiral, ein Lieutenant-General und andere Würdenträger mit hohen Titeln, die in sonderbarem Kontrast zur Kleinheit der Niederlassung standen, gesetzt. Drei dieser Offiziere, Sir Thomas Gates, Sir George Somers und Admiral Newport, erhielten den Auftrag, vor dem Governor mit 500 Auswanderern und Vorräthen sich nach Amerika zu begeben und dort zunächst die Vorbereitungen zu treffen. — Am 1. Juni 1609 traten sie ihre Fahrt mit neun Schiffen an. Unterwegs geriethen sie in einen großen Sturm. Ein Fahrzeug ging unter, die anderen wurden beschädigt. Das Admiralschiff, auf dem die Leiter der Flotte mit 150 Kolonisten waren, wurde nach den Bermudas-Inseln verschlagen und scheiterte dort. Anfang August kamen nur Ueberbleibsel der Expedition in Jamestown an. Die neuen Kolonisten sollen theilweise aus recht bedenklichen Elementen bestanden haben, von denen selbst die Schiffsmannschaften nichts wissen wollten. — Bei ihrer Landung gedachten sie ohne Weiteres die Leitung der Kolonie nach eigenem Gutdünken in die Hand zu nehmen. Dagegen sträubten sich aber die Bewohner von Jamestown. Mit ihrer Hülfe und der der Seeleute konnte John Smith sich in seinem Amte als Präsident behaupten, bis ihn eine Verletzung, die er bei einem Unfall erlitt, zwang, nach England heimzukehren. Er übergab dann sein Amt an George Percy.

Jamestown zählte damals 50 bis 60 Häuser und war mit Pallisaden befestigt. Die etwa 50 Ansiedler besaßen 20 Kanonen, 300 Gewehre, 3 Schiffe, 7 Boote und allerlei Vorräthe und Vieh, so daß die Aussichten der Niederlassung nicht schlecht waren. Leider fehlte nach Smiths Abreise wieder der energische, umsichtige und sachkundige Leiter. Wieder brachen Feindseligkeiten mit den Indianern aus, bei denen viele Engländer umkamen. Man vernachlässigte aufs Neue den Feldbau, so daß Hunger und Krankheit ausbrachen und die Sterblichkeit furchtbar zunahm. Die Noth hatte ihren Höhepunkt erreicht, als auf zwei rohgezimmerten Fahrzeugen Ende Mai 1610 die auf den Bermudas-Inseln gestrandeten Leute in Jamestown ankamen. Sie hatten sich nach der Strandung aufs Land gerettet, dort, so gut es ging, ernährt und zwei Schiffe gezimmert, auf denen sie in 13tägiger Fahrt ihr Ziel erreichten! Sir Thomas Gates übernahm nun die Leitung der Kolonie. So elend schien jedoch ihre Lage, daß er schon nach wenigen Tagen schweren Herzens die Rückbeförderung der Ansiedler nach England beschloß. Anfang Juni trat er mit den 60 allein noch überlebenden Leuten die Fahrt von Jamestown auf dem Flusse zur Küste an.

Unterwegs trafen sie erst ein Boot, welches Kunde von der Ankunft Lord Delawares brachte und bald darauf diesen selbst. Der Governor hatte sich nämlich nach dem Eintreffen verschiedener Hiobsposten aus Virginien am 1. April 1610 mit mehreren Schiffen und einer Anzahl Auswanderer auf den Weg gemacht, um selbst zum Rechten zu sehen. Er bewog Sir Thomas Gates und seine Gefährten, wieder umzukehren und mit ihm nach Jamestown zu gehen, wo am 10. Juni ein feierlicher Gottesdienst abgehalten wurde. — Delaware ging mit Eifer und Ernst an die Ordnung der Verhältnisse. Kirche und Häuser wurden ausgebessert, ein Council ernannt, ein Schiff nach Lebensmitteln in den Süden geschickt und eine Reihe drakonischer Gesetze in Kraft gesetzt. Mit Todesstrafe wurden darin, um der eingerissenen Verwilderung zu steuern, Gotteslästerung, Majestätsbeleidigung und Fluchen bedroht. Fasten, Prügel, Ohrabschneiden waren für Vernachlässigung der religiösen Pflichten, Diebstahl und dergleichen in Aussicht gestellt. Der Governor hielt solche Härte für nöthig, da die Ansiedler größtentheils zuchtloses Gesindel waren. Sie wurden nun zu regelmäßiger Arbeit angehalten und unter der strengen, aber umsichtigen Leitung begann die Kolonie sich wieder zu erholen. Privates Eigenthum gab es in ihr nicht. Aller Gewinn kam der ganzen Ansiedelung zugute, welche ihrerseits die Kolonisten unterhielt! — Leider konnte Delaware nicht lange in Jamestown wirken. Er erkrankte und mußte im März 1611 nach England heimkehren. Zum Glück für die Kolonie hatten die Londoner Direktoren kurz vorher neue Ansiedler und Vorräthe nach Virginien abgesandt. Der Führer der Expedition Sir Thomas Dale übernahm die Regierung und führte die Geschäfte mit eiserner Strenge weiter. Bald erhielt er Nachschub. Auf die mündlichen Schilderungen von Lord Delaware hin entschloß man sich nämlich im Sommer zu London, noch sechs Schiffe mit 300 Ansiedlern unter Sir Thomas Gates nach Amerika zu senden. Die Kolonie wuchs damit auf etwa 700 Menschen. Es konnten zwei neue Städte „Henrico“ am Oberlauf der Powhatan und etwas davon entfernt „Bermuda“ sowie die Station „Hampton“ angelegt und die feindseligen Eingeborenen gezüchtigt werden. Jedem Ansiedler wurde nunmehr auch Land für Feld und Haus zugetheilt und damit ihre Betriebsamkeit bedeutend angestachelt. Schon 1612 wandten sie sich der Tabakkultur zu, welche bald die Grundlage des Aufblühens des Landes wurde.

Alle diese Erfolge nützten der Londoner Company vor der Hand wenig. Nennenswerther Gewinn floß ihr aus der Kolonie nicht zu, viele Theilhaber traten zurück, nicht wenige Ansiedler desertirten und erzählten allerlei Ungünstiges über die Gesellschaft. Dazu entstand infolge Entdeckung neuer Inseln an der amerikanischen Küste die Gefahr von Konkurrenzunternehmungen, die man um so mehr fürchtete, als die Kassen leer waren. Diese Umstände bewogen die Gesellschaft, eine neue Aenderung und Erweiterung ihrer Charter zu erbitten, die auch am 23. März 1612 erfolgte. Der König sprach ihr darin alle Inseln zwischen 41° und 30° nördlicher Breite, innerhalb einer Entfernung von 300 Meilen von der Küste zu und änderte ihre Verfassung in der Art, daß er die Oberleitung der Geschäfte dem obersten Council entzog und sie der ganzen Gesellschaft übertrug, die sich zur Ausübung ihres Rechts häufig versammeln sollte Um ihre Kassen zu füllen, erlaubte er der Company, Lotterien zu veranstalten. Es ist das eine Reihe von Jahren hindurch geschehen und die Company hat damit 29000 Pfund Sterling gewonnen, bis das Parlament gegen die Verführung des Publikums zum Spiel einschritt und 1621 das Verbot dieser Lotterien erwirkte.

Die Kolonie hat während dieser Jahre rasche Fortschritte gemacht. Wohl hatte König James I. selbst eine Schrift gegen den Tabakgenuß veröffentlicht und ihn überall bekämpft. Wohl hatte auch das Parlament gegen diese neu aufkommende Sitte Stellung genommen und die London-Company die zu große Ausdehnung dieser Kultur in Virginien verboten! Mächtiger als alle diese Schritte war doch die neu erwachte Leidenschaft im Volke. Immer stärker wurde die Nachfrage nach Tabak, immer gewinnreicher infolgedessen sein Anbau. In Virginien warf sich bald Alles auf Tabakpflanzungen. Von Jahr zu Jahr wuchs die Ausdehnung der Kulturen. 1619 wurden schon 20000 Pfund Blätter für 3000 Pfund Sterling exportirt. Gleichen Schritt damit hielt die Einwanderung. 1619 kamen 1260 neue Ansiedler auf zwölf Schiffen; 1620: 800; 1621: 1400. Die Leute brachten Massen von Vieh und Geräthen mit. Auch Frauen der besseren Stände wanderten jetzt nach Virginien aus. 1619 kamen 90, 1621: 60 Frauen dort an. 1620 wurde die Bevölkerung der Kolonie schon auf 4000 Weiße veranschlagt.

Verschiedene glückliche Umstände förderten diese Entwickelung. Erstlich gelang es, den mächtigsten benachbarten Indianerstamm auf lange Zeit zu Ruhe und Frieden durch die Verheirathung der Tochter seines Häuptlings mit einem jungen Kolonisten zu bewegen. Dann entschloß sich die Gesellschaft 1615, jedem Ansiedler 50 Acres Land zu freiem Eigenthum zu überlassen. Außerdem erhielt jeder Besitzer von 12½ Pfund Sterling Aktien 100 Acres Land und nach deren Bebauung nochmals dieselbe Fläche überwiesen. Endlich wurde 1619 in Virginien die englische Gesetzgebung eingeführt und gleichzeitig eine jährlich einmal zusammentretende gesetzgebende Versammlung der Bürger, bestehend aus 22 in den 11 Ansiedelungen gewählten Abgeordneten, ins Leben gerufen. Dieses Parlament hat in seiner ersten Tagung Beschlüsse wegen Regelung des Schulunterrichts, des Kirchenbesuchs, gegen den Luxus und betreffs der Zahlung aller Abgaben in Tabak gefaßt. — Zum Aufschwung Virginiens hat übrigens damals auch die Einfuhr von Negersklaven beigetragen, welche zum ersten Male 1619 von einem holländischen Schiff in die Kolonie gebracht und verkauft wurden. Sie ersetzten allmählich die aus England eingeführten Waisenkinder und Thunichtgute, die Jahre hindurch nach Amerika geschafft und dort zwangsweise zur Arbeit angehalten wurden.

Im Jahre 1621 war die Kolonie so weit fortgeschritten, daß es der Company angezeigt erschien, ihr eine eigene Verfassung zu geben. Dieses vom 24. Juli 1621 datirte Aktenstück, welches das Muster der meisten späteren englischen Kolonialverfassungen geworden ist, bestätigte im Wesentlichen die bestehenden Verhältnisse. Die Company behielt sich Wahl des Governors und eines permanenten Council vor. Die Kolonisten wurden durch eine Versammlung vertreten, in der außer dem Governor und Council zwei nach allgemeinem Stimmrecht gewählte Delegirte jeder Ansiedelung saßen. Beschlüsse dieses Parlaments bedurften der Genehmigung der Company. Dafür verpflichtete sich letztere, nur noch mit Zustimmung der Versammlung Anordnungen in der Kolonie zu treffen! Die Rechtsprechung sollte ganz nach englischem Recht erfolgen! — Diese Sicherstellung der Freiheiten und Rechte der Kolonisten übte auf die Gemüther eine gewaltige Wirkung aus. Von nun an strömten freiwillig immer größere Menschenmassen nach der neuen Welt, und der Wohlstand der Kolonie wuchs ununterbrochen. Gelegentliche Mißernten, ein plötzlicher Ueberfall der Indianer und Niedermetzelung von 347 Kolonisten im Jahre 1622, Epidemien u. dergl. vermochten dem jungen Pflanzstaate nichts Ernstliches mehr anzuhaben, wenn sie auch für den Augenblick großen Schrecken verbreiteten.

Inzwischen hatte sich aber das frühere gute Einvernehmen zwischen Krone und Company gelockert. Es waren in letzterer eine Anzahl Parlamentsmitglieder aus dem oppositionellen Lager, die immer lauter ihre Stimme gegen die Freunde des Königs erhoben. Wiederholt wurden Vorschläge des Königs bei Beamtenernennungen in Amerika unbeachtet gelassen. Beides verletzte James I. Er hatte der Company schon 1621 nicht allein aus finanziellen Gründen das Recht des Tabakhandels entzogen und diesen zum Monopol erklärt, für dessen Rückkauf er 20 000 Pfund Sterling forderte. Nun faßte er unter dem Einflusse einiger besonders lebhafter Feinde des Unternehmens die Vernichtung der Gesellschaft überhaupt ins Auge. Der blutige Indianeraufstand diente zum Anlaß. In London legte die öffentliche Meinung die Ermordung so vieler Personen der leichtsinnigen Wirthschaft der Company zur Last. James fand daher allgemeine Zustimmung, als er im Mai 1623 eine Kommission zur Untersuchung der Lage in England ernannte. Diese beschlagnahmte alle Akten der Gesellschaft, vernahm zahlreiche Zeugen und sammelte eine Menge allerdings zum Theil sehr zweifelhaften Anklagematerials. Die Company wurde u. A. beschuldigt, zu oft die Governors gewechselt, zu viel hochbezahlte Beamte gehalten sowie Handel und Besiedelung der Kolonie nicht genug gefördert zu haben. Angesichts des Berichtes der Kommission schlug der König der Company Verzicht auf ihre Charter von 1612 vor und Ueberlassung der obersten Leitung der Sache an die Regierung. Als die Gesellschaft erst zauderte und dann auf den Verzicht einzugehen sich weigerte, sandte er eine neue Untersuchungskommission nach Virginien selbst und ließ weitere Anklagepunkte sammeln. Gestützt darauf leitete er einen förmlichen Prozeß ein. Der Lord-Oberrichter erklärte in seinem Verlaufe am 16. Juni 1624 die Privilegien der Gesellschaft wegen Mißbrauchs und schlechter Regierung für verwirkt. Alle ihre Rechte gingen an die Krone über! Die Verfassung Virginiens ließ James stillschweigend bestehen, und er bestätigte auch den damaligen Governor Wyatt in seinem Amte.

Die London-Company, welche somit ihr Ende erreichte, hat für Virginien im Ganzen 150 000 Pfund Sterling aufgewendet und 9000 Kolonisten hinübergeschafft. Der Export der Kolonie betrug damals jährlich 20 000 Pfund Sterling im Werthe. Der Sturz der Gesellschaft ist im Publikum wenig beachtet worden. Sie war so unbeliebt, daß im Parlament sich keine Stimme für sie regte. Auch in Virginien schenkte man dem Wechsel kaum Beachtung, da sonst Alles beim Alten blieb!

Zum Sturze der Gesellschaft haben übrigens erwiesenermaßen auch Erwägungen der äußeren Politik beigetragen. Ihr Vorgehen hatte schon wiederholt den Einspruch Spaniens, Frankreichs und Hollands hervorgerufen. Ersteres bezeichnete von Anfang an die Ansiedler in Virginien als Räuber, die seine Schiffe abfingen, und protestirte gegen ihre Niederlassung. Frankreich und Holland hatten selbst in Nordamerika einige Ansiedelungen gegründet, über welche 1613 und 1614 Schiffe der englischen Kolonie herfielen. Wenngleich das englische Volk hierbei ganz auf letzterer Seite stand, so verfehlten die Schritte der verschiedenen Mächte bei James I. doch nicht ihren Eindruck. Ganz besonders thätig war an seinem Hofe Spanien, dessen Botschafter mit den mächtigsten Günstlingen des Königs und der Königin selbst nahe Beziehungen unterhielt. Seinen wiederholten Beschwerden gegenüber trat James niemals offen für Virginien ein, sondern meinte entweder, er sei nicht genau unterrichtet, oder er stellte Spanien anheim, sich selbst Recht gegen etwaige Missethäter zu schaffen. Die Bemühungen des spanischen Diplomaten wurden noch lebhafter, als James den Plan gefaßt hatte, seinen Sohn mit einer spanischen Prinzessin zu verheirathen. Er wies den König auf die Widerspenstigkeit vieler Aktionäre der Company hin und warnte ihn, daß sie geradezu eine Pflanzschule für ein ungehorsames Parlament sei. Daß diese Vorstellungen nicht ohne Einfluß auf das Vorgehen des Königs gewesen sind, ist begreiflich. Er hat wohl nicht zum wenigsten unter ihrem Eindruck Uebernahme der Leitung der Kolonie in die eigene Hand und Aufstellung einer eigenen Gesetzgebung für sie geplant. An der Ausführung der letzteren Absicht hinderte ihn zum Glück für Virginien sein plötzlicher Tod 1625.

Nach den ersten glücklichen Erfolgen der London-Company begannen auch einzelne der Unternehmer in Plymouth wieder Muth zu fassen. Aber es fehlte ihnen an Geld, da zahlungsfähige neue Theilhaber sich nicht fanden. Da führte der Kapitän John Smith, welcher mit der Virginia-Company sich entzweit hatte, 1614 eine private Fahrt nach den der Plymouth-Company gehörigen Küsten aus, um dort Walfische zu jagen und Minen zu suchen. Er fand das Land, welches er „New England“ taufte, so reich und zur Besiedelung geeignet, daß er einen begeisterten Bericht über seine Fahrt verfaßte und keine Mühe sparte, um in England Interesse für die von ihm besuchte Küste zu erwecken. Er versuchte die wohlhabende London-Company zu einer Vereinigung mit der von Plymouth zu bringen. Das scheiterte an der Eifersucht beider Gesellschaften. Der Leiter der letzteren, Sir Ferdinando Gorges, welcher schon auf eigene Faust Schritte zur Wiederaufnahme der Kolonisationsarbeit gethan hatte, entschloß sich endlich im Verein mit einigen Freunden, zwei kleine Schiffe auszurüsten und Smith damit auszusenden. — Diesem Unternehmen blühte kein Erfolg. Erst zwangen Stürme Smith zur Umkehr, dann fiel er bei einer neuen Fahrt französischen Piraten in die Hände. Die Plymouth-Kaufleute sandten nun 1615 Sir Richard Hawkins nach New England. Er vermochte nichts auszurichten, da dort gerade ein großer Indianerkrieg herrschte, und auch weitere Fahrten 1616 führten zu keiner Ansiedelung. Inzwischen war es John Smith geglückt, nach vielen Abenteuern den Franzosen zu entkommen, und mit verdoppeltem Eifer nahm er seine Bemühungen für New England wieder auf. Er bekam genügend Geldleute und Schiffe zusammen und setzte seine Ernennung zum Admiral für New England durch. Doch hinderten ihn wieder Stürme, selbst dort die erste Niederlassung zu gründen.

Ehe eine solche zu Stande kam, mußte die Company noch mannigfache Schwierigkeiten bestehen. Die Londoner Gesellschaft setzte alle Hebel an, um das Aufkommen einer zweiten großen Unternehmung in Amerika zu verhindern, die ihr um so gefährlicher erschien, als Gorges das Fischereimonopol in Nordamerika erstrebte. Aber Sir Ferdinando hatte gute Freunde, eine Menge Mitglieder des Königlichen Privy Council gehörten zu den Theilhabern seines Unternehmens. Trotz aller Anstrengungen der Gegner setzte er bei James I. unterm 3. November 1620 ein Patent für die Plymouth-Company durch, welches weit umfassender als die Charter der Virginia-Gesellschaft war.

Das Patent verlieh der aus 40 Edelleuten bestehenden Company das gesammte Nordamerika zwischen 40° und 48° nördlicher Breite und zwar mit der unrichtigen Begründung, daß sie dort unter großen Opfern bereits Ansiedelungen gegründet habe und mit stillschweigender Nichtberücksichtigung der auf diese Gegenden erhobenen Ansprüche Frankreichs.

Das ungeheure Gebiet sollte der Gesellschaft als volles Eigenthum mit dem Recht unbeschränkter Gesetzgebung und Rechtspflege sowie Monopol des Handels und der Fischerei gehören! Die Krone, welche sich in Virginien gewisse Abgaben vorbehalten hatte, verzichtete hier auf jedes Recht! Eine einzige Beschränkung war den Unternehmern auferlegt, ihre Gesetzgebung durfte nämlich nicht der englischen widersprechen. Es war der Company schließlich zwar empfohlen, Land an einzelne Ansiedler zu vergeben, auch war englischen Bürgern Erhaltung ihrer Rechte und Freiheiten zugesagt, doch viele andere Bestimmungen gaben die zukünftigen Kolonisten New Englands völlig in die Hand der Company. Kontraktbruch, Insubordination, Unhöflichkeit gegenüber den Beamten, Verbreitung falscher Gerüchte über die Kolonie seitens der Ansiedler waren mit schweren Strafen bedroht. Der Inhalt des Privilegs brachte nicht allein die London-Company, sondern auch alle Schiffer, die im nördlichen Amerika Fischfang trieben oder Holz holten, in Harnisch. Sie bestürmten den König mit Vorstellungen. Die Londoner wiesen nach, daß das Fischereimonopol der neuen Company ihren eigenen Rechten zuwiderlief. Als das nichts half, wandten sie sich an das 1621 endlich einmal wieder einberufene Parlament, und dies nahm sich des Anspruchs aller englischen Unterthanen auf freie Fischerei wärmstens an. Trotzdem der König einen der Wortführer verhaften ließ, bestand das Parlament auf Abänderung des Patents und rief Sir Ferdinando Gorges mit dem Aktenstück vor seine Schranken. Sein Privileg wurde als ein Schaden fürs Gemeinwohl bezeichnet und ein Gesetz betreffend freie Fischerei vorbereitet. Die Auflösung des Parlaments durch den erzürnten König hinderte es am weiteren Vorgehen, doch trug sein Auftreten immerhin dazu bei, daß die neue Company nicht recht zur Entfaltung gelangte. Sie vermochte für die Anlage einer Niederlassung am Kennebec River nicht die genügenden Geldmittel aufzubringen und mußte die angekauften Schiffe schließlich verpfänden. Handel und Fischerei allein, sowie die Erhebung von Steuern bei den Fischern in Nordamerika brachten etwas ein. Die Eintreibung der letzteren war aber sehr schwer oder gar unmöglich.

Wenn dennoch an der Küste New Englands schon damals

Niederlassungen entstanden, war das nicht das Verdienst der Gesellschaft. Die erste Ansiedelung in ihrem Gebiete wurde vielmehr zufällig von Leuten gegründet, die im nördlichen Virginien ein Stück Land erworben hatten. Es waren das Puritaner, Mitglieder einer der protestantischen Sekten Englands, welche vor den Verfolgungen der Hochkirche nach Holland geflüchtet waren, sich dort aber nicht wohl gefühlt hatten. Die Sitten und Bräuche der Holländer stießen sie ab, es fiel ihnen schwer, bei ihnen den Lebensunterhalt zu erwerben, und angesichts der Erfolge in Virginien tauchte bei den Sektirern in Leyden, die sich die „Pilgrims" nannten, der Gedanke auf, in Amerika eine neue Heimath zu gründen.

Zwei aus ihrer Mitte gingen 1617 nach London, um dort die Erlaubniß der Virginia-Company für ihren Plan zu erwirken. Durch den Einfluß eines Mitgliedes der letzteren, Sir Edwin Sandys, erreichten sie ihr Ziel. Sie versuchten nun, auch die ausdrückliche Genehmigung und Schutz des Königs zu bekommen. James billigte ihre Absicht, den englischen Kolonialbesitz zu erweitern, aber er legte ihre Bitte den Bischöfen von Canterbury und London vor, von denen keine Duldung zu erwarten war. Die Pilgrims mußten sich schließlich mit der Zusage der Regierung begnügen, nicht belästigt zu werden, solange sie sich ruhig verhielten.

Sie machten sich nun daran, das nöthige Geld aufzutreiben. 70 englische Kaufleute thaten sich mit ihnen zu einer Gesellschaft zusammen und schossen 7000 Pfund Sterling vor, welche binnen sieben Jahren von den Kolonisten mit Zinsen abgetragen werden sollten. Hiermit wurden zwei kleine Schiffe „Speedwell" von 60 und „Mayflower" von 180 Tons gekauft, die im Sommer 1620 mit 120 Ansiedlern die Fahrt antraten. Das erstere Schiff wurde bald leck; es mußte nach Plymouth umkehren und 20 Leute zurücklassen. Der Rest nahm die Fahrt auf der „Mayflower" wieder auf und landete nach vielen Beschwerden weiter nördlich, als beabsichtigt, am 11. November 1620 bei Cape Cod. Von hier aus suchten die Leute eine geeignete Stelle zur Niederlassung und erwählten hierzu den von John Smith New Plymouth getauften Hafen. Der Fleck lag zwar fern von dem ihnen durch die Virginia-Company zugestandenen Gebiet. Er befand sich im Lande der neuen Plymouth-Company und sah bei dem rauhen Winterwetter ungastlich genug aus, aber die Pilgrims entschlossen sich, hier zu bleiben. Die

New England-Company, welche froh war, Ansiedler zu finden, hat im nächsten Jahre ohne Schwierigkeiten den Puritanern eine Landkonzession ertheilt.

Die Schwierigkeiten, mit denen die Pilgrims in New Plymouth zu kämpfen hatten, waren ungeheuer. Mit einer ärmlichen Ausrüstung, des Landes und seiner Verhältnisse unkundig, mitten im harten Winter, mußten sie ihre Niederlassung gründen. Das Elend unter ihnen war so groß, daß, als das Frühjahr endlich kam, von den 100 nicht weniger als 51 den Strapazen erlegen waren. Aber mit Recht konnte einer aus ihrer Mitte sagen: „Wir sind keine Leute, welche Kleinigkeiten entmuthigen und denen Nichterfüllung einiger Wünsche Heimweh verursacht." Obwohl einmal alle bis auf sieben schwer krank danieder lagen und die Todten nicht mehr begraben konnten, hielten sie aus. Am Ende des ersten Sommers schon war eine feste Verschanzung errichtet, eine Straße, an der sieben fertige und andere im Bau befindliche Häuser lagen, führte zum Meer, 26 Acres waren urbar gemacht und reichliche Ernte füllte die Vorrathhäuser. Die Verwaltung der Ansiedelung war vollständig organisirt, die Bürger hielten regelmäßige Versammlungen ab und regierten sich selbst, wie sie es vor der Landung untereinander durch einen berühmt gewordenen Vertrag ausgemacht hatten. Mit den kurz zuvor durch eine Epidemie dezimirten Indianern war ein Frieden geschlossen worden.

Am 9. November 1621, ein Jahr nach der Landung, erschien das erste Schiff aus England, welches 50 neue Ansiedler brachte. Es wurden ihm Felle und Holz im Werth von 500 Pfund Sterling für die Londoner Kaufleute mitgegeben, die leider einem französischen Kaper in die Hände fielen. Unerwünscht war die 1622 erfolgende Ankunft einer Anzahl von dem Kaufmann Weston entsandter Leute, die bei Weymouth eine Pflanzung anlegen sollten, aber nichts vor sich brachten und durch allerlei Missethaten die Indianer erbitterten. Weiterer Nachschub von Puritanern blieb lange aus. Die kaufmännischen Theilhaber des Unternehmens sahen seine religiöse Seite nur mit Mißtrauen an und wollten ihm einen mehr geschäftlichen Charakter geben. Als sie damit nicht durchdrangen, stellten sie ihre Sendungen ein, forderten für alle Waaren enorme Preise und zwangen die Pilgrims, zu Wucherzinsen Geld aufzunehmen. 1627 kauften diese sich daher schließlich mit großen

Opfern von den Kaufherren frei und zahlten binnen sechs Jahren alle Schulden ab. Sie vertheilten dann den gemeinsamen Besitz und machten dadurch die Kolonie erst völlig lebensfähig. Die Ansiedelung erhielt nun auch feste Grenzen. Die New England-Company gab den Pilgrims 1630 ein neues Patent, wonach sie das Gebiet zwischen dem Cohasset-Fluß im Norden und Pokanoket im Westen, sowie einen Landstreifen von 15 Meilen Breite an beiden Ufern des Kennebec erhielten. Dafür behielt sich freilich die Company das Recht vor, die Regierung der Niederlassung einzusetzen. — Das Wachsthum der Kolonie war übrigens ein sehr langsames. Das Land war nicht sehr fruchtbar und oft faßte man andere Orte zur Ansiedelung ins Auge. Nach zehnjährigem Bestand zählte man erst 300 Seelen in der Niederlassung. Doch schon hatten die Pilgrims an verschiedenen Küstenpunkten Land erworben und weitere Unternehmungen vorbereitet. Sie regierten sich fortgesetzt selbst. An ihrer Spitze stand ein selbsterwählter Governor, dem ein Council von fünf, später sieben Beisitzern beigeordnet war. 1639 schufen sie schon eine Art Parlament, zu dem jede Ansiedelung zwei Abgeordnete schickte.

Die Pilgrims waren um jene Zeit nicht mehr die einzigen Ansiedler in New England. Es waren auch von verschiedenen anderen Seiten dort Niederlassungen begründet worden. 1622 erwarb ein gewisser John Mason mit Gorges zusammen einen Grant für das Gebiet zwischen Merrimac und Salem River, dazu nachher noch für das ganze Land zwischen dem Meere, dem St. Lawrence, dem Merrimac und Kennebec, das Laconia genannt wurde. Es wurden durch sie hier am Piscataqua-Flusse zwei kleine Ansiedelungen gegründet, aus denen später die Städte Portsmouth und Dover hervorgegangen sind. 1629 erhielt Mason ein neues Patent, diesmal nur für das Gebiet zwischen Merrimac und Piscataqua, welches nun den Namen New Hampshire erhielt. Die Ansprüche auf das südliche Gebiet bis zum Salem-Flusse hat Mason zwar auch aufrecht erhalten, doch hinderte ihn der Tod an ihrer Durchfechtung.

Weitere kleine Niederlassungen, die meist nur von Fischfang lebten, sind an der Küste nördlich von New Hampshire, dem jetzigen Maine, besonders auf Betrieb von Gorges entstanden. Er hat auch wesentlich dabei mitgewirkt, daß 1621 James I. dem schottischen Edelmann Sir William Alexander alles Land östlich vom St. Croix-

River und südlich vom St. Lawrence unter dem Namen Nova Scotia verlieh, obwohl es schon von Frankreich besetzt war.

Von Gorges veranlaßt waren ferner einige kleine Ansiedelungen in Nantasket, auf Noddles Island und auf der Halbinsel Shawmut, dem heutigen Boston. Weitere Niederlassungen zweier Seeleute, Morton und Wollaston, sind gescheitert. Von ganz anderer Bedeutung als alle diese Unternehmungen ist eine Fischereistation geworden, welche eine Gesellschaft von Dorchester Kaufleuten 1623 am Kap Ann ins Leben rief. Die kleine, 1626 von der Gesellschaft aufgegebene und von den wenigen Bewohnern nach Salem verlegte Kolonie ist der Kern von Massachusetts geworden.

Die Seele der Unternehmung war der puritanische Pfarrer John White von Dorchester, welcher, bewogen durch den Erfolg der Pilgrims in New Plymouth, den Gedanken gefaßt hatte, für seine hart verfolgte Sekte ebenfalls ein Asyl in der neuen Welt zu gründen. Nachdem ihn die Kaufleute in Dorchester, die er zuerst für seinen Plan interessirt hatte, wegen der zu großen Kosten im Stich gelassen hatten, sah er sich nach neuen Freunden um. Es gelang ihm, sechs wohlhabende Männer, Sir Henry Roswell, Sir John Young, Thomas Southcoat, John Humphrey, John Endicot und Simon Whetcomb, zu gewinnen. Sie erwarben 1628 von der New England-Company das Gebiet zwischen Merrimac und Charles-Fluß. Die Grenzlinien liefen drei Meilen südlich von letzterem und drei Meilen nördlich vom Merrimac. Die Company ließ es in der betreffenden Urkunde unerwähnt, daß sie die Strecke nördlich vom Merrimac schon an Gorges und einzelne Striche der Massachusetts-Bay an Söhne von Gorges vergeben hatte! Eine Reihe angesehener und reicher Leute trat auf Whites Betreiben sofort in das neue Unternehmen ein, und bald waren die nöthigen Gelder für die Anlage einer größeren Kolonie beisammen. Noch im Jahre 1628 trat Endicot im Auftrage der Gesellschaft mit seiner Familie und beinahe 100 Ansiedlern die Reise nach Salem an.

Während er dort geregelte Verhältnisse schuf und einen weiteren Ort Charlestown gründete, erwirkten White und seine Freunde vom König Charles I. mit Hülfe des Earl of Warwick und des Lord Dorchester eine Königliche Charter vom 4. März 1629. Die „Governor and Company of Massachusetts-Bay“ genannte Gesellschaft erhielt dadurch das Recht der Regierung ihrer Kolonie. Sie durfte nach Maßgabe der englischen Gesetzgebung Gesetze erlassen, den Governor, einen Deputy Governor und 18 Beisitzer ernennen. Der Governor und seine Beisitzer sollten jährlich wenigstens eine, die Glieder der Company jährlich zum mindesten vier Versammlungen abhalten. Den Ansiedlern waren nur ihre englischen Bürgerrechte gewahrt. Von religiöser Freiheit war in dem Aktenstück keine Rede. Es sollten vielmehr in der Kolonie dieselben Vorschriften wie in England gelten. Aber da ihre Durchführung ganz in die Hand der Gesellschaft gelegt war, bot sich die Möglichkeit, die Dinge anders als in der Heimath zu regeln. Und die Gesellschaft ging sofort daran, ihre Rechte zu Gunsten der Puritaner auszunutzen. Noch im Frühling 1629 wurden 300 Auswanderer, die eine Menge Waffen, Vorräthe und Vieh bei sich führten, mit 80 Frauen und 26 Kindern nach Salem gesandt. Weitere angesehene Leute erklärten sich angesichts der unerquicklichen inneren Verhältnisse Englands, wo es zum offenen Bruch zwischen Parlament und König gekommen war, zur Auswanderung bereit. Aber sie verlangten Verlegung der Regierung und Uebertragung der Charter nach der Kolonie. Nach eingehender Berathung entschloß man sich hierzu im August 1628. Die Haupttheilnehmer der Company begaben sich nach Massachusetts, das 1630 nicht weniger als 1500 neue Einwanderer empfing.

Die Kolonie hatte wie alle früheren mit dem Klima und den Eingeborenen Amerikas viel zu kämpfen. Auch hier starben viele Ansiedler, und dazu fehlte es nicht an allerlei Zwistigkeiten unter ihnen. Der religiöse Eifer dieser Kolonisten, die verschiedenen Sekten angehörten, führte sogar zur Ausstoßung einzelner Männer, die dann der Kolonie viele Schwierigkeiten bereiteten. Die Nachrichten hiervon und die Nichterfüllung übertriebener Hoffnungen wirkte eine Zeit lang abschreckend, so daß 1631 und 1632 nur wenig Nachschub kam. Doch unbekümmert darum gründeten die ersten Ankömmlinge verschiedene Orte. Jeder von ihnen, der der Company angehörte, erhielt je 200 Acres für 50 Pfund Sterling Aktien und dazu noch 50 Acres je für sich und jedes Familienglied. Die gewöhnlichen Einwanderer bekamen je 50 Acres unentgeltlich zugetheilt. Mit den Indianern wurde nach Kräften in Freundschaft zu leben und ihre Bekehrung zu fördern gesucht. Sehr bald schmolz aber ihre Zahl sehr durch Pockenepidemien zusammen. Da die Kolonisten Steuern, zu deren Erhebung sie nicht ihre Zustimmung gegeben, zu zahlen weigerten, wurde 1631 eine Art Parlament aus Deputirten der einzelnen Ansiedelungen gebildet. Als dessen Zusammentritt bei den schlechten Verbindungen sich als zu schwierig erwies, wurde ein General Court, bestehend aus Governor, Council und ständigen Delegirten eingerichtet. Mit den Nachbarkolonien, besonders New Plymouth, unterhielt man gute Beziehungen, auch mit den Holländern am Hudson. Gegen die Franzosen in Akadien wurden dagegen Kastelle in Boston und Nantasket begonnen.

Von 1633 an nahm die Einwanderung hierher aus England ganz erheblich zu. 1634 zählte man schon etwa 4000 Weiße in Massachusetts, die in etwa 20 Dörfern lebten. Es gab 4000 Ziegen, 1500 Rinder, unzählige Schweine ꝛc. 1636 wurde die erste Schule in Newton (später Cambridge genannt) gegründet, der 1638 der Kolonist John Harvard seine Bibliothek und sein halbes Vermögen vermachte.

Auswanderer aus Massachusetts legten 1635 und 1636 den Grund zu weiteren Staaten an der Küste New Englands. Zunächst legte ein wegen religiöser Streitigkeiten verbannter Geistlicher 1636 auf dem Festlande des heutigen Staates Rhode Island den Ort Providence an. Er wurde bald der Zufluchtsort aller des Glaubens wegen beschwerten Leute, und die neue Kolonie nahm unter dem Einflusse ihres Gründers die freisinnigsten Regierungsformen an.

Um dieselbe Zeit wanderten verschiedene Familien aus Massachusetts, geführt von einigen Predigern, noch weiter nach Süden bis an den Connecticut-River, wo sie verschiedene Orte gründeten. Das Gebiet war eigentlich Eigenthum des Earl of Warwick, dem es die New England-Company 1630 überlassen hatte. Aber er hat ebenso wenig wie die Männer, denen er es 1631 übertrug, oder der Marquis von Hamilton, der es 1635 von der Company übernahm, dort ernstliche Kolonisationsversuche gemacht. Die Puritaner behielten daher auch hier freie Hand. Sie vertrieben die Holländer, welche vom Hudson her Posten vorgeschoben hatten, aus dem Lande, warfen die Indianer mit Gewalt zurück und schufen schließlich die zwei Gemeinwesen Connecticut und New Haven. Die ganze Küste New Englands war somit durch weiße Niederlassungen besetzt. Sieben verschiedene Kolonien waren entstanden und in fröhlicher Entfaltung!

Die New England-Company hat, wie erwähnt, zu dieser ganzen

Entwickelung sehr wenig beigetragen. Nur einmal, 1622, hatte sie den Versuch gemacht, eine Art Regierung in ihrem großen Besitz zu schaffen, und zu diesem Zweck den Kapitän Robert Gorges, den Sohn von Sir Ferdinando, nach New Plymouth geschickt. Dieser Schritt blieb aber erfolglos, und da inzwischen die Mittel knapp wurden, neue Geldgeber sich nicht fanden und viele Theilhaber sich mit Rücksicht auf die feindselige Haltung des Parlaments gegen die Gesellschaft zurückzogen, wurde sie eigentlich thatsächlich schon 1623 aufgelöst. Das Gebiet New England wurde nämlich damals unter die Aktionäre verloost. Sir Ferdinando Gorges, von vornherein die Seele des Unternehmens, wollte auf eigene Faust vorgehen und persönlich eine Kolonie anlegen. Aber 1624 zog ihn das Parlament zur Verantwortung wegen der nach seiner Auffassung ungesetzlichen Besteuerung englischer Fischer an der Küste New Englands und erklärte das ohne Genehmigung des Parlaments ertheilte Patent der Company für ungültig. Obwohl das Parlament damals nicht die Macht besaß, seinen Beschluß durchzuführen, übte dieser die Wirkung, die New England-Company lahm zu legen. Sie begnügte sich jetzt mit der geschilderten Abtretung von Landrechten an andere Gesellschaften. Außerdem unternahm Sir Ferdinando die erwähnten ziemlich fruchtlosen eigenen Kolonisationsversuche. Angesichts des immer größeren Erfolges der Ansiedler in New England und der Nichtbeachtung der Company durch sie machte diese 1635 einen letzten Versuch, doch noch in den Besitz des Landes und aller Vortheile zu kommen. Sie entschloß sich, ihre Charter 1635 dem König zurückzugeben. Dafür erbat sie von ihm Aufhebung aller inzwischen ertheilten Landkonzessionen und Vertheilung ganz New Englands unter acht ihrer Mitglieder. Charles I. ging in der That auf den merkwürdigen Vorschlag wahrscheinlich nicht ohne klingende Vortheile ein. Ein Verfahren wurde eingeleitet, um die inzwischen ertheilten Patente, besonders das der Massachusetts-Company, außer Kraft zu setzen, und das ganze riesige Land wurde unter Gorges und seine Freunde vertheilt. Die Regierung des Landes entschloß sich der König in die eigene Hand zu nehmen und Sir Ferdinando Gorges als Governor-General hinauszusenden. — Die weitere freie Entwickelung der Kolonien schien damit ernstlich in Frage gestellt. In Massachusetts entstand Bestürzung. Die Bürger waren entschlossen, sich nicht in Abhängigkeit von Königlichen Beamten zu geben und ihre Gewissensfreiheit in Frage stellen zu lassen. Sie riefen sofort alle Milizen zusammen, befestigten den Hafen von Boston und waren bereit, ihre Freiheit mit Gewalt zu vertheidigen.

Indessen fiel bei der damaligen Lage der inneren Verhältnisse Englands der Plan von Gorges ins Wasser. Außer ihm und Mason that keiner der bei der Theilung Bedachten etwas zur Ausübung seiner Rechte. Er beschränkte sich, wie erwähnt, auf Maine, für das er 1639 noch eine besondere Charter erhielt, und John Mason auf New Hampshire. Das Fehlschlagen der Unternehmungen in Maine, der Tod von Mason und die religiöse und politische Unzufriedenheit, welche bald durch des Königs Maßnahmen in England und Schottland immer lebhafter wurde, ließen die amerikanischen Angelegenheiten hier bald in den Hintergrund treten. Die Kolonien New Englands konnten ungestört ihren eigenen Weg weiter gehen.

Während dieser Vorgänge in New England war die englische Kolonisation auch in anderen Theilen Nordamerikas fortgeschritten. Mitte der 20er Jahre hatte George Calvert, ein einflußreicher Sekretär des Königs, der mit einem Lehen in Irland und dem Titel Lord Baltimore belohnt worden war, einen Ansiedelungsversuch in Newfoundland unternommen. Der Beweggrund dazu scheint ebenso Interesse für koloniale Angelegenheiten, denen er als Mitglied der Virginia-Company und später als Mitglied des Councils for plantation affairs schon seine Arbeit gewidmet hatte, als sein Uebertritt zum Katholizismus gewesen zu sein, der ihm den Aufenthalt in England unbehaglich machte. Schon 1620 hatte er den südöstlichen Vorsprung Newfoundlands gekauft und sogleich dort eine Anzahl Kolonisten in Ferryland angesiedelt. 1623 hatte ihm James I. durch ein Patent den Avalon genannten Theil der Insel Newfoundland geschenkt. 1627 begab er sich nun persönlich dorthin, um durch seine Gegenwart das Gedeihen der Ansiedelung rascher zu fördern. Die Mehrzahl der von ihm mitgenommenen Kolonisten waren Protestanten. Im Herbste holte er seine Familie aus England und richtete sich häuslich in der Kolonie ein. Aber das Klima war zu rauh und die Niederlassung ungesund. Im Winter erkrankten die Leute häufig. Einmal lagen 50 gleichzeitig danieder. Der Lord entschloß sich daher, seine Kinder heimzusenden und vom König ein Stück Land im milderen Virginien zu erbitten. Charles I. lud ihn ein, nach England heimzukehren und die Kolonisation aufzugeben. „Männer seiner Stellung und Art seien geeigneter für andere Posten als die Bildung neuer Niederlassungen.“ Aber ehe dieser Brief ihn erreichte, war Baltimore mit einer Anzahl Begleiter im Oktober 1629 in Jamestown angelangt. Die Virginier fürchteten für ihre Unabhängigkeit und wollten keine Katholiken bei sich. Sie verlangten den Neuankömmlingen daher zunächst die beiden Eide of Allegiance und Supremacy ab, deren letzterer für Katholiken unannehmbar war. Als der Lord ihn ablehnte, forderte man ihn zur sofortigen Heimreise auf. Er fügte sich dem und erbat nun vom König einen noch unbesiedelten Streifen Land in Virginien. Zuerst richtete er seine Blicke auf das Gebiet, damals „Carolana“ genannt, südlich vom James-River, wo eben andere Unternehmungen geplant wurden. Hier hintertrieben aber verschiedene Virginia-Interessenten die Ertheilung eines Patentes an ihn. Baltimore erbat darauf Land mehr nördlich am Potomac. Charles I. verlieh es ihm unter dem von ihm selbst zu Ehren seiner Gattin, der Königin Henrietta Maria, gewählten Namen Terra Mariae. Bevor Baltimore die Charter ausgehändigt wurde, ereilte ihn am 15. April 1632 in London der Tod.

Unterm 20. Juni wurde die Charter für seinen Sohn Cecilius ausgefertigt. Dieser erhielt dadurch das Gebiet von Watkins Point am Potomac bis zu 40° nördlicher Breite, der Grenze New Englands, d. h. den heutigen Staat Delaware und einen großen Theil Pennsylvaniens. In diesem Gebiet sollten Lord Baltimore und seine Erben Eigenthümer alles Bodens, Inhaber der Königlichen Gewalt, Befehlshaber aller waffenfähigen Leute und Gerichtsherren sein. Zum Zeichen, daß sie ihre Macht nur als Lehensleute der Krone übten, war ihnen jährliche Abgabe zweier Indianerpfeile und des fünften Theils von allen Edelmetallfunden auferlegt. Auch volles Zoll- und Steuererhebungsrecht war den neuen Herren Marylands zugesprochen unter der einzigen Bedingung der Freiheit des Handels mit englischen Häfen, und endlich waren alle in England geltenden Beschränkungen der Auswanderung diesem Gebiet gegenüber außer Kraft gesetzt. Die Krone behielt sich keinerlei Recht vor, dagegen bedang sie eine Anzahl solcher für die Kolonisten aus. Die Charter verbürgte ihnen nämlich freien Handel, Freiheit von Kronabgaben, Erhaltung aller englischen Bürgerrechte und bestimmte, daß

Gesetze nur mit Zustimmung der Mehrzahl der Freisassen erlassen werden durften! Um die Kolonie vor etwaiger Einmischung Virginiens zu sichern, war sie ausdrücklich von ihm getrennt und der Krone direkt unterstellt. Eine besondere Klausel des Patents betraf die Religionsfrage. Es war darin ausdrücklich die Forderung des Allegiance-Eides von den Kolonisten zur Bedingung gemacht und bestimmt, daß Kirchen und Kapellen nur nach den kirchlichen Gesetzen Englands geweiht werden dürften! Während im Uebrigen das Aktenstück im Wesentlichen von Lord Baltimore selbst entworfen worden sein dürfte, scheint dieser direkt gegen den Katholizismus gerichtete Zusatz dem Attorney-General seinen Ursprung zu verdanken. Die Klausel hat indessen nicht hindern können, daß Maryland bald der Zufluchtsort der verfolgten Katholiken wurde, da sie verschiedener Auslegung fähig war.

Kaum wurde die Verleihung der Charter bekannt, so protestirten die Virginier und ihre Freunde dagegen. Doch sie erzielten keinen Erfolg, der König wies sie vielmehr an, Lord Baltimore nach Kräften Beistand zu gewähren. Letzterer ging sofort an die Auswahl von Kolonisten. Gegen 300 reisten im Oktober 1633 unter Führung seines Bruders Leonard Calvert mit zwei Jesuitenpatern nach Amerika ab. Im Februar 1634 erreichten sie Virginien, erhielten dort frische Labensmittel und landeten bald darauf am Potomac auf der Insel St. Clement. In Begleitung des Kapitäns Henry Fleet, der von Virginien aus diese Gegenden eingehend erforscht hatte, begab sich der Governor Calvert von hier ins Innere, um einen passenden Platz für die Niederlassung zu suchen und mit den Indianern freundliche Beziehungen anzuknüpfen. Er wählte als Ansiedelungsort einen Fleck an dem tiefen St. Mary, einem nahe der Mündung in den Potomac fließenden Gewässer, wo friedliche Indianer ihre Hütten und die Hälfte ihrer Ernte gutwillig abtraten. Der Ort erhielt den Namen St. Mary. Die ersten Gebäude waren ein kleines Kastell und ein Vorrathsschuppen. Von den Indianern ließen sich die Kolonisten die Jagd und den Gebrauch der dortigen Feldfrüchte lehren. Felder wurden sogleich angelegt, und schon im Herbst konnte man Getreide nach England schicken, um dafür Salz 2c. zu kaufen. Von Virginien wurden Schweine und Vieh bezogen. Nach wenigen Monaten stand die Kolonie in schönster Blüthe! Schon im Februar 1635 fand die erste gesetzgebende Versammlung der Kolonisten statt. Lord Baltimore blieb zwar in England, aber er verfolgte die Entwickelung der Dinge sehr aufmerksam und gab in den ersten Jahren mindestens 20 000 Pfund Sterling aus eigener Tasche für die Ansiedelung aus. Unternehmern verlieh er zu Anfang für je fünf Kolonisten 2000 Acres Land gegen eine jährliche Abgabe von 400 Pfund Weizen.

Schwierigkeiten wurden der Kolonie nur von Virginien bereitet, wo man mit Neid das Gedeihen der neuen Anlage sah. Es galt hier geradezu als Verbrechen, ein gutes Wort über Maryland zu sprechen. Als sich ein Mann fand, der guten Grund zu einer Beschwerde gegen die neue Kolonie zu haben glaubte, trat man in Virginien ohne Weiteres auf seine Seite. Es war ein Händler Clayborne, der auf der Insel Kent eine Pflanzung hatte. Als der Governor Calvert ihm mittheilte, daß Kent zu Maryland gehöre und er ihm somit unterstehe, protestirte Clayborne hiergegen lebhaft und verursachte zugleich große Empörung in Virginien, da die Insel von der früheren Virginia-Company besiedelt und bisher zu Virginien gerechnet worden war. Es wurde eine Petition gegen Marylands Ansprüche nach London abgesandt. Das Privy Council trat auf Baltimores Seite und der König ebenfalls. Aber ein vorläufiger Bescheid nach Virginien in dem Sinne, daß eine Beeinträchtigung privater Rechte nicht beabsichtigt sei, wurde von Clayborne so ausgelegt, als wenn die Regierung seine Auffassung theile. Er begann daher offene Feindseligkeiten. Zunächst hetzte er die Indianer gegen Maryland, indem er ihnen sagte, die dortigen Ansiedler seien Spanier, die gegen England und sie Böses im Schilde führten. Mit Mühe gelang es nur, die Leute wieder zu beruhigen. Als dann die Marylӓnder ihm ein Schiff wegnahmen, das ohne ihre Genehmigung an der Küste handelte, rüstete er ein bewaffnetes Fahrzeug aus, um die Schiffe St. Marys zu kapern. Das war dem Governor Calvert zu arg. Er schickte zwei Schiffe nach Kent Island und schlug dort Clayborne in förmlicher Schlacht. Mehrere fielen, Clayborne flüchtete nach Virginien und von dort nach England. Seine Beschwerden und Schadenersatzforderungen hatten keinen Erfolg. Er wurde 1638 damit abgewiesen. Seine Besitzungen Kent- und Palmers-Island wurden zu Maryland geschlagen.

Drittes Kapitel.

Erste englische Ansiedelungen in Akadien und Westindien.

Während die Engländer im mittleren Theil der Ostküste Nordamerikas festen Fuß faßten, waren höher im Norden Ansiedelungen französischer Fischer und Ackerbauer entstanden. Diese französische Kolonie war den Engländern von Anfang an ein Dorn im Auge. Schon 1613 wandte sich das kaum gegründete Virginien gegen sie. In vollem Frieden überfiel der Kapitän Argall den Ort St. Sauveur, zerstörte ihn und führte die Bewohner als Gefangene fort. Im Herbst desselben Jahres griff er den Hafen Port Royal an, verwüstete ihn ebenfalls und schleppte alles Werthvolle weg. Infolge von Vorstellungen der französischen Regierung in London unterblieben in den nächsten Jahren weitere solche Angriffe; die französischen Niederlassungen erholten sich wieder und breiteten sich weiter ins Innere aus. Doch in England wartete man fortgesetzt auf eine gute Gelegenheit, diesem Wettbewerb in Nordamerika den Garaus zu machen. 1621 ertheilte, wie erwähnt, der König auf Betreiben des Sir Ferdinando Gorges dem Grafen von Stirling Sir William Alexander ein Patent für das Nova Scotia genannte, von den Franzosen besetzte Akadien. Dem Belehnten fehlten indessen die Mittel zu ernstlichem Vorgehen. Ein paar von ihm nach Akadien entsandte Schiffe wagten angesichts der französischen Ansiedelungen nicht zu landen. Er kam daher auf den Gedanken, Geld und Hülfskräfte auf einem in England noch nicht versuchten Wege zu finden. Er wollte seinen Besitz in 150 Theile zerlegen und diese einzeln an Edelleute verkaufen. Jeder der Käufer sollte seinerseits eine bestimmte Anzahl Leute ansiedeln und dafür den Baronettitel erhalten. Obwohl die englische Regierung dem Plan geneigt war, kam er nicht zur Verwirklichung. Es haben sich trotz der lockenden Rangerhöhung anscheinend nicht genug Käufer gefunden.

Da schien sich plötzlich eine gute Gelegenheit zur gewaltsamen Besetzung Akadiens zu zeigen. England hatte Partei für die im offenen Kampfe mit der französischen Regierung liegenden Hugenotten ergriffen und war mit Frankreich in Krieg gerathen. Das benutzte Sir William Alexander. Er setzte durch, daß eine Flotte unter

David Kirke 1628 nach Akadien gesandt wurde. Es gelang diesem Mann, Port Royal ohne Anstrengung einzunehmen und die nach Amerika gesandten französischen Verstärkungen abzufangen. Er wandte sich alsdann gegen Quebec, die Hauptstadt der französischen Kolonie, und forderte den Kommandanten Champlain auf, sich zu ergeben. Der letztere lehnte das, trotzdem er Mangel an Waffen und Lebensmitteln litt, ab in der Erwartung einer Hülfsflotte. Kirke, der sich zu einem Kampf zu schwach fühlte, fuhr darauf ab. Unterwegs begegnete er der französischen Flotte. Es gelang ihm, sie zu schlagen; aber ohne den Sieg auszunutzen, kehrte er mit seiner reichen Beute nach England zurück. Sir William Alexander faßte neuen Muth. Er ließ sich ein neues Patent für das St. Lawrence-Thal ertheilen und rüstete eine Expedition zur Gründung einer Ansiedelung. Nachdem im Juli 1629 Kirke bei einer neuen Fahrt Quebec ohne Schwertstreich eingenommen und die Besatzung gefangen hatte, erhielt Alexander zu seinem Patent für Nova Scotia noch eine Charter für die „County and Lordship of Canada". Große Hoffnungen auf Entdeckung eines Wasserwegs nach dem Stillen Ocean in diesem Gebiete wurden in England rege, und Alexander sandte etwa 100 Kolonisten nach Port Royal, welche dort eine Ansiedelung gründeten. Sie wurden jedoch vom Glück nicht begünstigt. Klima und Mangel rafften bald die Hälfte weg. Der Rest war so entmuthigt, daß er mit den neu Nachkommenden bald nach den älteren Kolonien sich wandte. Schon vorher war Canada wieder in den Besitz Frankreichs gekommen. Noch vor dem Falle Quebecs hatte nämlich England mit Frankreich Frieden geschlossen und Rückgabe aller nach dem 24. April 1629 gemachten Eroberungen zugesagt. Nur Akadien verblieb somit noch England und Sir William Alexander. Im Frieden von St. Germain en Laye 1632 gab Charles I. aus Geldnoth auch dieses wieder auf, um damit Louis XIII. zur Zahlung der rückständigen Mitgift seiner 1625 mit Charles verheiratheten Schwester zu bewegen!

Dauerhafter war die Festsetzung Englands in Westindien. 1605 ergriff das nach Surinam bestimmte Schiff „Olive Blossom" von Barbados Besitz und errichtete zum Zeichen davon auf dem menschenleeren Eiland ein Kreuz mit Inschrift. Einige Jahre später kam ein von Brasilien heimkehrendes Schiff zufällig nach Barbados. Die Mannschaft war entzückt von seiner Schönheit und der Fruchtbarkeit. Auf ihre Schilderungen hin ließ sich Lord Ley, der spätere

Earl of Marlborough, von James I. den Besitz der Insel zusprechen. Mit seiner Zustimmung sandte der Londoner Kaufherr Sir William Courten Ende 1624 eine Anzahl Ansiedler nach Barbados, welche dort die Stadt Jamestown anlegten.

Kurz zuvor hatte ein Mr. Thomas Warner auf der Karaiben-Insel St. Christophers eine Ansiedelung gegründet und Tabak zu pflanzen begonnen. Ein schweres Unwetter vernichtete Ende 1623 diese Anlage und Warner kehrte nach England zurück, um dort Hülfe zu suchen. Er lernte dabei James Hay, den Earl of Carlisle, kennen und bewog ihn, ein Schiff mit Vorräthen und Auswanderern nach St. Christophers zu schicken. Es kam dort Mai 1624 an und verlieh der Niederlassung neue Lebenskraft. Warner selbst folgte ihm 1625 mit einer weiteren Ansiedlerschaar. An demselben Tage wie er landete auf der Insel ein französisches Kaperschiff, welches mit einem spanischen Kriegsfahrzeug gekämpft und Beschädigungen erlitten hatte. Die etwa 30 Mann der französischen Besatzung wurden von den Engländern freundlich willkommen geheißen, da diese einen Ueberfall der Eingeborenen, denen sie das Land weggenommen hatten, fürchteten. Vereint fielen beide Parteien bei Nacht über die Indianer der Insel her, tödteten gegen 100 der kräftigsten und trieben den Rest aufs Meer. Nur die Mädchen wurden festgehalten und als Sklavinnen vertheilt. Die geflüchteten Eingeborenen kamen bald mit Indianern der Nachbarinseln wieder und versuchten Rache zu nehmen. Es gelang ihnen auch, eine Menge Europäer zu tödten; schließlich behaupteten aber Letztere den Sieg. Warner und d'Esnambuc, der Führer der Franzosen, gingen nun nach Europa, um neue Ansiedler zu werben. Ersterer wurde durch den Einfluß des Earl of Carlisle zum Ritter geschlagen und 1626 als Governor wieder nach St. Christophers geschickt. d'Esnambuc seinerseits rief mit Hülfe des Kardinals Richelieu eine Handelsgesellschaft ins Leben. Aber es kam nur wenig Geld zusammen und die Schiffe der ersten französischen Expedition wurden so schlecht ausgerüstet, daß nur ein kleiner Theil der von d'Esnambuc nach der Insel geführten Kolonisten lebend dort ankam. 3. Mai 1627 einigte er sich mit Warner über eine Theilung St. Christophers zwischen beide Nationen, die darauf jahrelang friedlich nebeneinander hausten.

Der Earl of Carlisle setzte auf die Unternehmung in St. Christophers große Hoffnungen. Er ging, um die Früchte dieser Kolonien allein einzuheimsen, schon James I. um eine Charter für Westindien an. Der Tod hinderte diesen, seiner Bitte zu entsprechen; doch Charles I. ertheilte ihm in der That ein Patent für alle Inseln des Karaibenmeeres einschließlich Barbados. Gegen letzteren Punkt erhob natürlich Marlborough, dessen Rechte stillschweigend übergangen waren, Einspruch. Es kam zu einem langwierigen Streit, bis Carlisle sich entschloß, Marlborough seine Rechte gegen eine jährliche Rente von 300 Pfund Sterling abzukaufen. Das Patent Carlisles vom 2. Juni 1627 verlieh ihm und seinen Erben den Besitz der Inseln sowie die alleinige Befugniß der Verwaltung und Rechtsprechung. Gesetze sollte er aber nur nach Befragung und Zustimmung der Mehrzahl der freien Bewohner, denen Erhaltung ihrer Rechte als englische Bürger zugesichert war, erlassen.

Auf Courten, den eigentlichen Gründer und Leiter der Ansiedelung in Barbados, scheint Carlisle keinerlei Rücksicht genommen zu haben. Um seine Rechte zu wahren, kam Courten daher nach England zurück und erreichte es in der That durch Fürsprache des Earls of Pembroke, daß der König den Grant Carlisles für Barbados widerrief und 1628 Pembroke einen solchen für Courten ertheilte. Das geschah während einer Abwesenheit Carlisles als Gesandter von England. Als er heimkehrte und von der Sache hörte, beschwerte er sich beim König über das Verfahren, bei dem er nicht gehört worden war, und setzte ohne Weiteres Wiedereinsetzung in seine Rechte durch. Nunmehr verkaufte er Ländereien an eine Londoner Gesellschaft, welche 1628 einige 60 Kolonisten unter Führung von Woolferstone nach Barbados beförderte. Diese Leute, welche die Stadt St. Michaelstown, oder gewöhnlich Bridgetown genannt, anlegten, erklärten Courtens blühende Pflanzungen als zu Unrecht erworben und ihm nicht gehörig. Courten wollte sich dagegen zur Wehr setzen, aber die Ankunft eines von Carlisle 1629 geschickten Governors mit Truppen zwang ihn zur Unterwerfung. Von Courtens oder Marlboroughs Rechten war von da an nicht mehr die Rede. Noch im selben Jahre wurden 140 Landloose im Umfange von 15 872 Acres an Ansiedler auf Barbados vergeben. Die Zahl der Weißen belief sich damals auf 1500 bis 1600.

In St. Christophers war inzwischen der Gang der Dinge weniger glatt. Die Festsetzung der Engländer hier und auf der Insel Santa Cruz, wo sie 1625 mit den Holländern gemeinsam

Niederlassungen gegründet hatten, erbitterte die Spanier, welche sich als die alleinigen rechtmäßigen Herren des von ihnen entdeckten Westindiens fühlten, aufs höchste. 1629 beauftragten sie eine sehr starke, gegen die Holländer in Brasilien ausgerüstete Flotte, auch St. Christophers von den dort eingedrungenen Fremden zu säubern. Als diese Seemacht vor der Insel erschien, sahen die Engländer und Franzosen dort Widerstand als aussichtslos an. Die Letzteren flohen nach dem benachbarten Antigua, die Ersteren in die Berge. Von hier aus verhandelten sie mit dem spanischen Admiral. Aber dieser wollte von keinerlei Bedingungen hören. Er erzwang volle Unterwerfung, wählte 600 kräftige Leute zur Zwangsarbeit in den südamerikanischen Bergwerken aus, setzte den Rest auf einige gekaperte Schiffe und zerstörte alle Plantagen. Mit einem Schlage war diese Kolonie vernichtet! Ein 1630 mit Spanien geschlossener Friede sollte derartigen Vorkommnissen in Zukunft vorbeugen, doch da England fortfuhr, Gebiete zu besetzen, welche Spanien mit Recht als Eigenthum ansah, kam es bald zu neuen Konflikten in Westindien. Wiederholt fielen spanische Schiffe über Engländer, Franzosen und Holländer dort her und mordeten Alles, was ihnen in den Weg kam. Die Inseln Tortuga, Tobago, St. Martin, Providence, Santa Cruz erlitten nacheinander dieses Schicksal.

Auch die Bermudas-Inseln sind schon zu Anfang des 17. Jahrhunderts von Engländern besetzt worden, welche sie bei Virginia-Fahrten kennen gelernt hatten. Die ersten Ansiedler waren drei Matrosen von Sir George Somers. Sie begannen ihr Kolonisationswerk durch erbitterten Streit um die Herrschaft in den Inseln. Zwei waren nahe daran, sich gegenseitig umzubringen, und wurden nur durch den ruhigeren Dritten daran gehindert. 1612 sandte die Virginia-Company ein Schiff mit 600 Mann nach den Bermudas, deren Besitz ihr von James I. zugesprochen worden war. Es wurde eine Ansiedelung in St. George gegründet und ein Angriff der Spanier darauf glücklich abgeschlagen. In den ersten Jahren hatte die Kolonie furchtbar von Ratten zu leiden, die mit den Schiffen gekommen waren und sich hier ganz gewaltig vermehrt hatten. Die Thiere starben aber plötzlich von selbst aus. Bald erblühten die Niederlassungen auf diesen Inseln infolge ihres guten Klimas außerordentlich. Schon 1619 gab es gegen 1000 weiße Bewohner. Es wurde damals schon ein Parlament ins Leben gerufen.

In denselben Jahren geschahen von England aus auch wiederholte Schritte, um weiter im Süden Amerikas festen Fuß zu fassen. Trotz aller schlechten Erfahrungen hielten der im Tower unter der Beschuldigung des Hochverraths schmachtende Raleigh ebenso wie andere Seefahrer an dem Wunsche der Kolonisation des Orinoko-Gebietes, wo sie das Reich des fabelhaften Eldorado vermutheten, fest. 1604 landete der Kapitän Charles Leigh am Wiapoco, einem Nebenfluß des Orinoko, mit 46 Leuten und gründete eine Ansiedelung. Im nächsten Jahre wurde ihm von England eine neue Schaar Kolonisten nachgeschickt. Diese erreichte aber ihr Ziel nicht. Sie wurde von Stürmen nach Barbados und später nach Sta. Lucia verschlagen, wo sie meist den Eingeborenen zum Opfer fiel. Erst 1606 gelangte ein englisches Schiff zur Ansiedelung Leighs, die sich in trauriger Lage befand, da Klima und andere Schwierigkeiten den Siedlern schwer zugesetzt hatten. 35 der Neuankömmlinge blieben dennoch dort, aber auch sie erlitten bald solche Verluste durch Krankheit, daß der überlebende Rest nach Europa heimkehrte. — 1608 machten 30 Engländer unter Commander Harcourt einen neuen Niederlassungsversuch am Wiapoco. Von ihnen hat man nichts wieder gehört. 1616 nahm der aus der Haft entlassene Raleigh seine Pläne wieder auf. Er verkaufte, um das nöthige Geld aufzutreiben, seine und seiner Frau Habe und sammelte Schaaren von abenteuerlustigen Leuten um sich. James I. ernannte ihn zum Admiral der Expedition, ohne ihm jedoch volle Verzeihung für die ihm zur Last gelegten Vergehen zu gewähren. Mit nicht weniger als 14 Fahrzeugen trat Raleigh 1617 seine Fahrt an und erreichte am 12. November Guiana. Aber die Reise war von Glück nicht begünstigt. Es starben auf Raleighs Schiff allein 42 Personen, und viele Andere, darunter er selbst, kamen krank an. Das Geschwader sammelte sich am Caliana. Von dort sandte Raleigh fünf kleine Schiffe zum Orinoko, um die Goldminen, von denen er dunkle Kunde besaß und an deren Vorhandensein er nicht zweifelte, zu entdecken. Er selbst ging dann mit seiner Macht nach Trinidad, um die Nachrichten der Expedition, an welcher sein Sohn theilnahm, abzuwarten.

Was er hier zu hören bekam, war wenig erfreulich. Die Expedition hatte den spanischen Ort San Tomas am Orinoko angegriffen und genommen, aber viele Leute, darunter sein Sohn, waren dabei gefallen. Die Ueberlebenden fühlten sich zum weiteren

Vorgehen zu schwach und gaben bald das Suchen nach den Minen auf. Raleigh war entrüstet und empfing den rückkehrenden Offizier mit so harten Worten und Beschuldigungen, daß er Selbstmord verübte. Der Begleiter Raleighs bemächtigte sich nun tiefe Entmuthigung. Sie beschuldigten den Führer, sie betrogen und nie eine Goldmine gesehen zu haben. Dazu bekamen sie Angst vor den Folgen des eigenmächtigen Angriffs auf eine spanische Besitzung mitten im Frieden. Viele verließen Raleigh und schlugen eigene Wege ein. Die Anderen bestanden auf der Heimkehr. Völlig vermögenslos und ohne Freunde traf Raleigh wieder in England ein, wo er einst eine so glänzende Rolle gespielt hatte. Er wurde auf Drängen seiner Feinde bald vom Privy Council zur Verantwortung gezogen und hier der Hintergehung des Königs und des groben Friedensbruchs gegen eine befreundete Macht schuldig befunden. Da aber immerhin eine Bestrafung Raleighs durch eine Jury bei dem Haß gegen Spanien fraglich gewesen zu sein scheint, wurde, um Spanien, welches den englischen Hof mit Klagen und Vorstellungen überschüttete, zufrieden zu stellen, vom König das früher gegen ihn ergangene und nicht zurückgenommene Urtheil wegen Hochverraths in Kraft gesetzt und er 1618 öffentlich hingerichtet. Sein tragisches Ende führte die frühere Zuneigung des Volkes dem Todten wieder zu. Man vergaß bald seine Fehler und Mißerfolge und sah in ihm nur noch das glänzende Vorbild der englischen Kolonisatoren. Sein Schicksal trug nicht wenig dazu bei, die Stuarts immer unbeliebter zu machen.

Die Hoffnungen auf Südamerika schliefen nicht ein. Schon 1619 entstand ein neues Unternehmen, das eine Festsetzung daselbst bezweckte. Kapitän Roger North, einer der Begleiter Raleighs, erwarb mit einer Anzahl anderer Leute einen Grant für das Mündungsgebiet des Amazonenflusses und führte eine Expedition dahin aus. Nach seiner Rückkehr gewann er den Duke of Buckingham für seine Pläne und dieser setzte für sich und 55 andere Theilnehmer 1627 ein königliches Privileg durch. Vier Schiffe und 200 Kolonisten wurden nach Guiana geschickt, doch gelang es ihnen dort ebenso wenig wie ihren Vorgängern, vorwärts zu kommen. 1629 versuchte die Company ihr Gebiet unter direkte Königliche Verwaltung zu bringen. Als das nicht glückte, stellte sie ihre Thätigkeit ein. 1630 machte Kapitän Marshall den Versuch, mit 60 Engländern in Surinam eine Tabakpflanzung anzulegen. Auch dieses Unternehmen konnte sich nicht halten. Die Kolonisten zerstreuten sich nach wenigen Jahren.

Ebenso erfolglos wie die Vorstöße im Süden Amerikas waren die zu Anfang des 17. Jahrhunderts noch eifrig fortgesetzten Reisen in den Polarmeeren, welche die Auffindung eines näheren Seewegs nach Indien bezweckten. Die von George Waymouth im Auftrage der Ostindischen Company 1602 ausgeführte Fahrt nach dem Norden Amerikas blieb ganz fruchtlos, da ihn angeblich eine Meuterei auf seinem Schiff sehr bald zur Umkehr zwang. Ebenso wenig wurde die Kenntniß jener Gegenden durch drei in dänischem Auftrag von James Hall 1605 bis 1607 ausgeführte Expeditionen und eine für Londoner Gesellschaften 1606 unternommene Fahrt John Knights gefördert. 1612 fuhr James Hall im Namen Londoner Kaufleute nach Grönland und fiel in einem Gefecht an der Küste Labradors. Erfolgreicher waren die Reisen Henry Hudsons. 1607 befuhr er das Meer zwischen Grönland und Spitzbergen im Auftrage der Londoner Moskowitischen Company. Da diese Gewässer von Walen und Fischen wimmelten, nahm England 1608 Spitzbergen und die Insel Jan Mayen in Besitz. — 1608 versuchte Hudson vergebens im Norden Asiens eine Durchfahrt nach dem Stillen Ocean aufzufinden. Diese Reise bereicherte die geographischen Kenntnisse nicht unerheblich. Noch mehr geschah das durch seine 1609 für die holländisch-indische Company ausgeführte Fahrt. Er erreichte dabei den Norden Nowaja Semljas. Als dort das Eis die weitere Fahrt nach Osten unmöglich machte, segelte er nach Nordamerika und fand die Bay von New York.

Nach seiner Rückkehr beauftragten ihn drei reiche Engländer, Sir Thomas Smith, Sir Dudley Diggs und Sir John Wolstenholm, mit einer neuen Polarreise, die er 1610 antrat. Er ging dabei zunächst nach Frobishers Strait und gelangte bis 62° 9′ nördlicher Breite. Eine breite Wasserstraße führte ihn dann an neuen Küsten vorüber weit nach Westen. Aber am 2. August nahm sie ein Ende. Hudson, der die gesuchte Durchfahrt gefunden zu haben glaubte, segelte nun nach Süden und fand wirklich einen neuen Kanal, der in ein weites Meer mündete. Hier wurde nach längerer Küstenfahrt das Schiff der Entdecker am 10. November von Eis umschlossen. Erst im Juni 1611 schmolz die Eismauer wieder. Während dieser Zeit hatten Hudson und seine Begleiter furchtbare

Noth ausgestanden, und als sie endlich die Segel wieder lichten konnten, waren fast gar keine Lebensmittel mehr vorhanden. In der Noth meuterte ein Theil der Besatzung, da er den Führer beschuldigte, Lebensmittel auf dem Schiff versteckt zu halten und nicht auszuliefern. Hudson, sein Sohn und sieben Kranke wurden in einem Boote ausgesetzt und dem sicheren Tod preisgegeben. Die Verschwörer, welche wirklich auf dem Schiff eine Menge versteckter Vorräthe fanden, traten den Heimweg an. Unterwegs fielen sie zum Theil bei einem Angriff von Indianern an der Küste. Der Rest kam halbverhungert nach England zurück.

Die Berichte dieser Leute von dem neu entdeckten Meer und die Hoffnung, den ausgesetzten Hudson vielleicht noch retten zu können, gaben Veranlassung zur schleunigen Ausrüstung einer neuen Expedition. Unter Theilnahme des Prinzen Henry von Wales wurden 1612 zwei Schiffe abgesandt. Ihr Führer war ein erprobter Seemann, Thomas Button, dem zwei der amnestirten Leute Hudsons beigegeben wurden. Er segelte geradenwegs nach Hudson-Bay, setzte dort eine mitgeführte zerlegbare Pinasse zusammen und durchquerte das von Hudson entdeckte Meer. Nach der an seinem Ufer ausgeführten Ueberwinterung segelte er bis zu 65° nördlicher Breite, ohne die ersehnte weitere Straße nach dem Stillen Ocean oder Spuren von Hudson gefunden zu haben. Ende 1613 kehrte er unverrichteter Sache nach England zurück.

1615 setzte einer der Begleiter Hudsons auf seiner letzten Fahrt, Robert Bylot, mit William Baffins, der an Halls vierter Reise theilgenommen hatte, Hudsons Werk fort. Sir Thomas Smith, Sir Dudley Diggs und John Wolstenholm mit einigen Anderen brachten wieder die Mittel auf. Diese Expedition führte nur zur Entdeckung des Fox-Kanals, der Fortsetzung der Hudsonsstraße. Aber die kühnen Unternehmer verloren nicht den Muth. Schon 1616 wurde nochmals ein Schiff ausgerüstet und unter Baffins Kommando nach dem Nordwesten geschickt. Im Westen Grönlands gelang es ihm diesmal, zwischen den Eisbergen bis zu 78° nördlicher Breite vorzudringen. Das dortige Meer hat bis heute seinen Namen behalten. — So glänzend sein Erfolg vom geographischen Standpunkt aus war, das wirkliche Ziel hat Baffins auch nicht erreicht. Den Londoner Rhedern sank daher endlich der Muth. Sie rüsteten keine weiteren Schiffe für das Polarmeer aus. Erst 15 Jahre später, 1631, fanden noch zwei Expeditionen dahin statt. Die eine war von Luke Fox geführt, dem es gelang, durch den Fox-Kanal bis über den Polarkreis vorzudringen. Die zweite unter Kapitän Thomas James brachte keinerlei neue Ergebnisse, da das Schiff nicht über die Hudson-Bay hinaus kam.

Viertes Kapitel.

Die ersten Unternehmungen in Ostindien.

Außer in Amerika hat England im ersten Viertel des 17. Jahrhunderts auch in Asien bereits den Grund zu seiner Kolonialmacht gelegt. Die Schwierigkeiten, die sich ihm hierbei entgegenstellten, waren größer als die, welche es in Amerika zu besiegen hatte. Nicht allein galt es, die monatelange gefährliche Fahrt um Afrika herum durch das den englischen Seefahrern damals der Mehrzahl nach unbekannte Indische Meer auszuführen, sondern es mußte auch darauf Bedacht genommen werden, den starken spanischen und portugiesischen Kriegsschiffen aus dem Wege zu gehen und in Indien nicht in die Hände der dortigen Garnisonen und Verbündeten Portugals zu fallen. Dazu fehlte es noch sehr an Karten und Beschreibungen Indiens. — Der erste 1591 von Raymond und Lancaster ausgeführte Versuch, mit Indien in direkte Beziehungen zu treten, scheiterte, wie erwähnt, an diesen Schwierigkeiten. Eine zweite von Cornelius Houtman 1596 unternommene Fahrt nach Indien hatte ebenso wenig klingenden Erfolg. Aber diese Erfahrungen vermochten die englischen Kaufleute nicht abzuschrecken. Zu verlockend waren für sie die Schätze, welche sich auf den gelegentlich in englische Hände gefallenen portugiesischen Indienfahrern vorgefunden hatten, und zu groß der Neid, welchen der glückliche Erfolg der ersten Unternehmungen Hollands in Indien bei der englischen Handelswelt erweckte.

Im Herbst 1599 traten zu London eine Reihe von Kaufleuten mit dem Lordmayor und verschiedenen Aldermen zusammen, um gemeinsam einige Schiffe nach Indien zu senden. Sie zeichneten 30133 Pfund Sterling für die Kosten des Unternehmens, welches lediglich den Verkauf englischer und Einkauf indischer Landeserzeugnisse bezweckte. In der ersten Versammlung wurden 15 der Zeichner zu Leitern der Gesellschaft, sogenannten Committees, erwählt und ihnen der Einkauf von Schiffen und Waaren übertragen. Um nämlich keinen der Gesellschafter vor den anderen zu begünstigen, hatte man beschlossen, daß keiner etwa Waaren oder Schiffe zu dem Unternehmen stellen dürfe. Außerdem gingen die Direktoren daran, von der Königin das Recht des ausschließlichen Handels nach Indien, sowie Befreiung der Schiffe vom Marinedienst, Erlaß des Ausfuhrzolls und Erlaubniß zur Ausfuhr gemünzten Geldes zu erbitten.

Da gerade damals Friedensverhandlungen mit Spanien schwebten, und der Friede für den englischen Handel für vortheilhafter angesehen wurde als das geplante Unternehmen, lehnte das Privy Council den Antrag vorläufig ab. Wie sehr indessen die englische Regierung schon damals Verbindung mit Indien erstrebte, bewies sie durch die bald darauf erfolgende Absendung eines Botschafters John Mildenhall an den Hof des Großmoguls Kaiser Akbar.*) Im Laufe des Jahres 1600 erklärte das Privy Council den Kaufleuten auch die Geneigtheit der Königin, ihren Wünschen zu entsprechen. Mit größtem Eifer wurden darauf sofort die Vorbereitungen begonnen. Vier Schiffe wurden gekauft, Proviant und geprägtes Geld in England und Frankreich beschafft, die Mannschaft angeworben und 16 kaufmännische Faktoren ausgewählt. Wie vorsichtig man bei der Annahme des Personals vorging, beweist die Ablehnung eines vom Lord Schatzmeister der Gesellschaft empfohlenen Edelmanns. Sie hätten beschlossen, erklärten die Kaufleute, Edelleute überhaupt nicht anzustellen, da das viele Zeichner zum Rücktritt veranlassen würde! Die vier Schiffe, deren größtes nur 600 Tonnen hielt, wurden mit 50 Tonnen Eisen, 10 Tonnen Zinn, 100 Tonnen Blei, 80 Sorten Tüchern, Gläsern, Messern und dergleichen, englischem und spanischem gemünzten Geld und Proviant für 20 Monate beladen. Die Führung der Expedition sollte ursprünglich der Kapitän Davies übernehmen. Sie wurde aber endlich dem Kapitän James Lancaster, welcher bereits 1591 die Fahrt nach Indien ausgeführt hatte, anvertraut. Der Führer des zweitgrößten Schiffes wurde John Middleton. Die nöthigen Karten und geographischen Nachrichten bezog die Gesellschaft von Hakluyt, dem sie dafür 10 Pfund Sterling 30 Schilling zahlte.

*) Mildenhall führte seine Reise über Konstantinopel und Aleppo aus. Erst 1603 erreichte er Agra. 1606 bekam er einen Firman und 1607 kehrte er nach England zurück.

Unterm 31. Dezember 1600 ertheilte die Königin den Unternehmern den erbetenen Freibrief. „Zur Ehre der Nation, zur Bereicherung des Volkes, zur Ermunterung ihrer unternehmenden Unterthanen wie zur Vermehrung der Schifffahrt und des gesetzlichen Handels“ erhielten, wie es in der Urkunde*) hieß, der Governor and Company of the merchants of London trading into the East Indies für 15 Jahre das ausschließliche Recht des Handels mit den Ländern östlich vom Kap der guten Hoffnung bis zur Magellanstraße. Sie durften Länder, soweit sie nicht Eigenthum befreundeter Staaten seien, und anderen Besitz erwerben und in ihren Erwerbungen Gesetze erlassen, die nur dem englischen Recht nicht widersprechen sollten. Die Gesellschaft erhielt das Recht, bei den ersten vier Fahrten die englischen Waaren zollfrei aus- und während der Dauer des Privilegs die indischen Güter zollfrei einzuführen. Es ward ihr endlich gestattet, bei jeder Expedition Gold und Silber bis zum Werthe von 30 000 Pfund Sterling baar zu exportiren. Doch sollte sie dafür den gleichen Betrag in Edelmetallen wieder aus der Fremde einführen! Die Regierung behielt sich das Recht vor, das Privileg mit zweijähriger Frist jederzeit rückgängig zu machen. Die Leitung der Gesellschaft wurde einem Governor und 24 Direktoren, die von der Generalversammlung auf je ein Jahr gewählt werden sollten, übertragen. Der erste Governor war der Alderman Thomas Smyth.

Im Februar 1601 segelte das von Lancaster geführte Geschwader, bestehend aus vier größeren und zwei kleineren Schiffen, von England ab. Alle Theilnehmer der Fahrt bis zu den Matrosen herunter hatten das Recht erhalten, sich mit einem gewissen Geldbetrage an dem Unternehmen zu betheiligen, aller private Handel war ihnen aber strengstens verboten worden. Lancaster führte Briefe der Königin an die indischen Fürsten mit, worin diesen der Abschluß von Freundschafts- und Handelsverträgen angeboten und über die ungerechtfertigten Ansprüche Portugals und Spaniens Klage geführt wurde.**) Genaue Bestimmungen regelten die Vollmachten Lancasters und seine Nachfolge im Falle seines oder seiner Vertreter Todes.

*) Gedruckt im First letter book of the E. I. Company S. 163 ff.

**) „The said Portugalls pretended themselves to be the sovereigne Lords and Princes of all your Territories, and gave yt out, that the held your nacion and people as subjects to them.“

Die Fahrt verlief glücklich. Wie bei seiner früheren Reise begab sich Lancaster zunächst zu dem bittersten Feinde Portugals, dem Sultan von Atchin auf Sumatra. Hier fand er freudige Aufnahme, konnte einen Handelsvertrag abschließen und erhielt Erlaubniß zur Anlegung einer Faktorei sowie zu zollfreier Aus- und Einfuhr. Die Engländer durften im Sultanat nach ihrem Recht leben und frei ihre Religion ausüben. Denselben Erfolg hatte Lancaster in Bantam auf Java. Die Eingeborenen waren hier so entgegenkommend, daß Lancaster drei Faktoren und acht Leute zurückließ und die erste Niederlassung gründete. Mit den in Atchin und Bantam erstandenen Waaren und der Ladung eines gekaperten portugiesischen Schiffes wurde die Heimfahrt angetreten. Im September 1603 langte diese erste Expedition glücklich wieder in England an.

Hier war in der Zwischenzeit manchem der ersten Gründer des Unternehmens der Muth gesunken. Verschiedene Zeichner hatten ihre Zahlungen nicht geleistet und auf ihre Rechte verzichtet. Man hatte gegen sie beim Privy Council Klage geführt, aber schließlich nur Leistung der ersten Zeichnungen, nicht Deckung der vollen Kosten des Unternehmens erreicht. Diese hatten sich auf 68 373 Pfund Sterling belaufen, wovon 39 771 für Kauf und Bemannung der Schiffe, 6860 für Handelswaaren ausgegeben und 28 742 baar mitgegeben worden waren. Diese Summen hatten die wohlhabendsten der Theilhaber auf eigene Rechnung übernehmen müssen. So groß war ihr Vertrauen in ihr Unternehmen, daß sie ferner noch im Jahre 1601 Waymouth mit drei Schiffen zur Aufsuchung einer nordwestlichen Durchfahrt nach Indien ausschickten. Erst als diese Expedition kläglich scheiterte, lehnten sie weitere Ausgaben vor der Heimkehr Lancasters ab. Als diese aber glücklich erfolgte, und die Ladung seiner Schiffe einen reichlichen Gewinn ergab, zögerten sie nicht, eine zweite Expedition nach Indien abzusenden. Noch im Jahre 1603 wurden die vier heimgekehrten Schiffe unter dem Kommando Henry Middletons wieder nach Bantam geschickt. 60 450 Pfund Sterling wurden dafür aufgewendet.*) Auch diese Fahrt verlief glücklich. Die beiden ersten Expeditionen warfen nicht weniger als 95 pCt. der ursprünglich gezeichneten Gelder an Gewinn ab!

Dieser Erfolg erweckte der Company Neider und Feinde. Es wurde gegen die Fortsetzung ihrer Unternehmungen agitirt, besonders

*) 48 148 £ davon wurden Middleton baar mitgegeben.

weil sie durch Ausfuhr großer Massen baaren Geldes das Gleichgewicht des Handels zum Nachtheil Englands stören sollte. Diesen zum Theil in Flugschriften niedergelegten Angriffen widersprach indessen zu lebhaft der fortwährende Aufschwung des englischen Handels. Bedrohlicher für die Gesellschaft war die plötzliche Verletzung ihres Privilegs durch den König James I., welcher einem gewissen Sir Edward Michelborne das Recht zu einer Handelsexpedition nach Indien und Ostasien ertheilte. Sir Edward begab sich selbst mit einigen von seinen Freunden ausgerüsteten Schiffen auf die Reise und versuchte in Indien, wo und wie es eben ging, Geschäfte zu machen. Er nahm dabei auch Schiffe von Orten weg, wo die Company Verbindungen angeknüpft hatte, und brachte ihre Unternehmungen dort in Gefahr. Die Folge war, daß die Company sehr lebhafte Beschwerden bei Hofe erhob und mit Einstellung ihrer Fahrten drohte, falls wieder ihr Privileg verletzt werde. Michelborne scheint indessen weitere derartige Schritte nicht gethan zu haben, da er bei seiner Expedition sehr wenig Erfolg erzielt hatte. Ungestört konnte die Company 1606, 1607 und 1608 Schiffe nach Indien absenden.

Alle diese Reisen waren nach dem Indischen Archipel und den Molukken gerichtet, wo man damals weder von portugiesischer noch holländischer Seite ernstlichen Widerstand fand. Die einzigen englischen Faktoreien befanden sich in Bantam und den Molukken. 1608 meldeten nun die Geschäftsführer dieser Faktoreien, daß die in Ostindien fabrizirten Baumwollstoffe auf den Inseln sehr begehrt und mit Vortheil abzusetzen seien, und empfahlen Anknüpfungen von Handelsbeziehungen mit dem nördlichen Indien, insbesondere Cambaja, um von dort solche Stoffe direkt zu beziehen. Dieser Anregung wurde Folge gegeben und schon in demselben Jahre mehrere Kaufleute nach Surat geschickt. Nachdem die Company 1609 eine ausdrückliche Bestätigung ihres Privilegs durch König James für alle Zeiten erreicht hatte, ging sie 1609 an Ausrüstung dreier neuer, die früheren an Größe weit übertreffender Schiffe. Ihr Führer Sir Henry Middleton erhielt Auftrag, zunächst nach der Insel Socotra zu gehen, dort Erkundigungen über Guzerat und die in Surat befindlichen Faktoren der Company einzuziehen und dann je nach dem Stand des Windes erst nach Surat oder Aden und Mocha zu segeln. In letzteren Plätzen sollte er Gewürznelken, Macis und Muskatnuß einkaufen, in Surat aber erstlich Waaren für die Molukken zu beschaffen und englische Erzeugnisse abzusetzen suchen. Falls in Surat sich keine Aussichten böten, war Middleton aufgetragen, in Socotra, Aden oder Mocha Faktoreien anzulegen.

Diese Expedition hatte nicht den erwarteten Erfolg. Middleton war unvorsichtig und fiel in Mocha persönlich den Türken, mit denen er in Streit gerathen war, in die Hände. Erst nach monatelanger Haft gelang es ihm, zu entfliehen und wieder auf seine im Rothen Meer liegenden Schiffe zu gelangen. Er griff nun Mocha an und zwang den Kommandanten zur Zahlung einer Entschädigung, aber auch bei der Weiterreise erwies sich ihm das Glück nicht als günstig. Vor Surat traf er eine portugiesische Flotte, die ihm das Landen verbot. Nach langem Verhandeln mußte er den Portugiesen eine Schlacht liefern. Er siegte dabei, nahm ihnen ein Schiff weg und vermochte nun mit Surat in Beziehungen zu treten. Bald aber gerieth er dabei mit dem Großmogul, dem Herrscher des Landes, in Konflikt. Er wurde aus dem Hafen ausgewiesen, und wenn er sich auch durch Wegnahme von Schiffen Surats schadlos hielt, war doch seine Hauptaufgabe, Gründung einer Niederlassung hier, gescheitert.

Erst 1612 gelang es zwei englischen Schiffen, mit dem Großmogul freundschaftliche Beziehungen anzuknüpfen und die Erlaubniß zum Bau einer Faktorei in Surat zu erhalten. Der Kommandeur Kapitän Best setzte überdies das Recht zur Errichtung von englischen Faktoreien in Ahmedabad, Cambaja und Goga, sowie Ermäßigung des Zolls für englische Waaren auf 3½ pCt. durch. Ein Angriff der Portugiesen während der Dauer der Verhandlungen wurde trotz ihrer großen Uebermacht von den Engländern siegreich abgeschlagen. Der Sieg trug wesentlich dazu bei, ihr Ansehen zu heben.

Nicht weniger als neun Expeditionen hatte die Company bis zu diesem Zeitpunkte abgesandt. Alle verliefen bis auf die des Jahres 1607, wo die beiden ausgesandten Fahrzeuge verloren gingen, glücklich. Das auf sie verwendete Kapital hat im Durchschnitt sich mit 171 pCt. verzinst! Aber diese hohen Gewinne kamen nicht allen Theilhabern in gleichem Maße zu Nutzen. Das Unternehmen war nämlich keine eigentliche Aktiengesellschaft (Joint-Stock-Company), sondern jede Fahrt wurde von einigen Mitgliedern auf ihre Kosten und zu ihrem alleinigen Nutzen ausgerüstet. Die Direktion der Company vermochte demgemäß auf die einzelnen Unternehmungen nur wenig

Einfluß zu üben und es kam oft zu Mißhelligkeiten unter den Theilnehmern. Um dem ein Ende zu machen, wurde 1612 die Gesellschaft zu einer wirklichen Joint-Stock-Company verwandelt. Eine Summe von 429 000 Pfund Sterling wurde eingezahlt und aus diesem Vermögen zunächst vier Expeditionen in den vier nächsten Jahren ausgerüstet. Einheitlich und zielbewußt geleitet, förderten sie nicht wenig die Ausbreitung des englischen Einflusses in den indischen Gewässern. Kurz nacheinander wurden Faktoreien in Siam, auf Amboina und zu Firando in Japan errichtet. Außerdem gelang es, am Hofe des mächtigen Großmoguls festeren Fuß zu fassen.

Den Anlaß gab das Erscheinen einer portugiesischen Flotte bei Surat, welche ein indisches Schiff, das ohne portugiesischen Paß fuhr, wegnahm und einige Küstenplätze plünderte. Der Mogul, entrüstet darüber, wandte sich an die Engländer um Hülfe, und diese schlugen die Portugiesen gründlich aufs Haupt. Sie flohen mit einem Verlust von 350 Mann. Der englische Faktor Edwards wurde dafür am Hofe des Großmoguls 1614 sehr gut aufgenommen und sogar der Gemahlin des Fürsten Nur Mahal vorgestellt. Ein Firman des Moguls verbürgte der Gesellschaft ihre Rechte und Freiheiten für alle Zeiten. Nicht genug damit, bewirkte die Company, daß im selben Jahre ein eigener königlicher Gesandter Sir Thomas Roe an den Hof des Moguls abgesandt wurde. Dieser Schritt brachte indessen nicht so viel Nutzen, als erwartet wurde. Man wußte am Hofe zu wenig von europäischen Verhältnissen, um eine solche Mission zu würdigen. Roe selbst erklärte, daß ein Gesandter an einem solchen Hof nichts nütze. Entweder er genieße hohe Ehren, dann erwecke er den Neid der Gegner; oder er werde nicht seinem Range entsprechend behandelt, was auch schade. Für das Geld, was seine Sendung koste, hätte man den ganzen Hof bestechen können. Er rieth der Company, irgend einem Nabob jährlich 1000 Rupien zu zahlen und ihm die Wahrung ihrer Interessen am Hofe zu übertragen, der werde mehr als zehn Gesandte nützen. Am Hafenorte solle die Company für 500 Rupien einen anderen Nabob sich halten, der dort ihre Sache führe.

Die Gesellschaft scheint damals die Erlaubniß zur Anlage eines Kastells in Surat gewünscht und ihre Erwirkung durch Roe beabsichtigt zu haben. Der Gesandte that aber in dieser Hinsicht keine ernstlichen Schritte. Er überzeugte sich nämlich, daß der Besitz eines festen Platzes nicht den Interessen der Company entspreche. Wenn ihm der Kaiser zehn Forts anbiete, würde er, schrieb er, keines nehmen. Ein Kastell nütze dem Handel nicht nur nichts, sondern lege ihm unerschwingliche Kosten auf. Die Garnisonen würden allen Nutzen verzehren. Mit seiner Zustimmung dürfe die Company immer nur Handel treiben und sich auf Krieg nicht einlassen. Die Portugiesen seien trotz ihres reichen Besitzes Bettler infolge der Kosten ihrer noch dazu unzureichenden Garnisonen. Auch die Holländer begingen den Fehler, durch das Schwert Besitz zu erwerben, „it is an error to affect garrisons and land wars in India“. Roe rieth der Gesellschaft dringend, auf allen Landbesitz, Gesandte und dergleichen zu verzichten und nur Handel zu treiben. Nur müsse sie andere Waaren als Blei, Quecksilber, Tücher, die hier nicht gingen, nach Indien senden und ihren Angestellten allen privaten Handel untersagen. Es lohne weit mehr, ihnen hohe Gehälter zu zahlen.

Das praktische Ergebniß der Mission für die Gesellschaft war lediglich ein Vertrag, der ihr das Recht zu Handelsniederlassungen im ganzen Reiche gab, sowie Verbot aller Erpressungen durch die indischen Beamten zusagte. Indessen waren damals die Provinzen des Mogulreichs schon so selbständig, daß das wenig besagte. Mit dem Thronfolger, der die Provinz Surat verwaltete, schloß Roe daher einen besonderen Vertrag.

Im Ganzen war die Gesellschaft mit dem Ergebniß der Gesandtschaft unzufrieden. Sie war vielfach anderer Ansicht als Roe und klagte, daß er zu wenig die Handelsvortheile im Auge behalten habe. Auch das Resultat der vier Fahrten, welche aus dem 1612 gezeichneten Kapital bestritten worden waren, befriedigte nicht ganz. Sie ergaben im Durchschnitt nur 87½ pCt. Gewinn. Trotz dessen hatte ein solcher Ertrag begreiflicherweise für die Geschäftswelt immerhin noch Reiz genug, und 1618 wurde ein zweiter Joint-Stock von 1 600 000 Pfund Sterling gezeichnet. Die Zahl der Aktionäre betrug jetzt 954, die der Schiffe 36.*)

Der Rückgang des Gewinnes war nicht allein eine Folge des Sinkens der Gewürzpreise, sondern auch der erhöhten Kosten, welche durch die ewigen Kämpfe mit Holland und gelegentlich Portugal in

*) Ob das erst erhobene Kapital jetzt ganz oder theilweise zurückgezahlt wurde und ob die Schiffe dem ersten oder zweiten Joint-Stock gehörten, wissen wir nicht. Es scheint, daß jeder Joint-Stock besonders weiter verwaltet wurde!

Indien und die wachsende Gefahr durch Seeräuber entstanden. Vergebens versuchten die Engländer ihre holländischen Konkurrenten mit Gewalt und List aus Indien zu verdrängen. Roe berichtet, daß er alles Mögliche gethan habe, um sie beim Großmogul zu verdächtigen. Die Holländer waren damals geschickter als ihre Neider. Sie behaupteten in Java wie in den Molukken die Vorhand, vertrieben sie sogar aus letzteren 1618 und setzten sich in Surat neben den Engländern fest. — Es lag im Interesse der East India-Company dieser mächtigen Gegner ledig zu werden. Da Anwendung von Gewalt keinen Erfolg versprach, ließ man sich auf Verhandlungen ein. Die Holländer erklärten dabei, die einzigen Herren der Molukken zu sein, da sie die Portugiesen von dort verjagt hätten und von den Eingeborenen als Schutzmacht anerkannt seien. Da England seine Ansprüche auf fremde Länder gleichfalls nur auf solche Rechtstitel gründen konnte und in Indien weit schwächer als Holland war, mußte es die Rechte Hollands anerkennen. Am 17. Juli 1619 schloß es mit ihm einen Frieden, worin beide Theile sich Rückgabe aller beschlagnahmten Schiffe und Güter zusagten und ferner Folgendes ausmachten: Der Pfefferhandel auf Java wurde getheilt; England erhielt freien Handel in Pullicat an der Coromandelküste gegen Zahlung der halben Kosten der Garnison; es erhielt endlich ein Drittel des Handels der Molukken und Bandainseln gegen Zahlung eines Drittels der dortigen Garnisonkosten. Die Vertheilung des Handels und der Kosten wurden in die Hände eines obersten Council of Defence gelegt, in dem beide Staaten durch je vier Mitglieder vertreten waren. Diese Körperschaft erhielt ferner die Verfügung über 20 von beiden Nationen gestellte Kriegsschiffe. Beide Theile versprachen sich, dahin zu wirken, daß die von den einheimischen Fürsten erhobenen Zölle und Gebühren möglichst ermäßigt würden. Außerdem verabredeten sie, den Handel mit den Philippinen und China gemeinsam zu erschließen und zu betreiben.

Das Council of Defence wurde in Jacatra niedergesetzt und die 20 Schiffe ihm unterstellt. Aber nun begannen die damals in Indien weit stärkeren Holländer Schwierigkeiten bei der Ausführung der Vereinbarung zu machen. Sie wollten nur die gekaperten Schiffe, nicht die weggenommenen und an die Seeleute vertheilten Waaren rückerstatten. Vor der Zulassung zum Pfefferhandel forderten sie Entschädigung für gewisse Befestigungen und die Kosten der Belagerung Bantams. Die Ausgaben für Befestigungen auf den Molukken veranschlagten sie auf jährlich 60 000 Pfund Sterling und verlangten nun zunächst 20 000 Pfund Sterling von England, ehe sie es zum Handel zuließen. — Die Engländer in Jacatra überzeugten sich bald, daß unter solchen Umständen der Handel mit Java und den Molukken für sie unmöglich sei. Sie trösteten sich einstweilen mit den Erfolgen auf dem Festlande Ostindiens. Hier gelang es ihnen 1620, eine portugiesische Flotte in der Straße von Ormuz zu vernichten. Sie erwarben dadurch die Freundschaft Persiens, nach der sie schon lange getrachtet hatten. Auf den Vorschlag des Schahs griffen sie 1622 vereint mit ihm den Hauptstützpunkt der portugiesischen Macht am Persischen Meer, Ormuz, selbst an und eroberten es. Sie erhielten dafür einen Theil der reichen Beute und die Hälfte der Zolleinkünfte des Hafens Gombroon, der Bender Abbas genannt wurde.

Leider wurde die Freude bald getrübt durch den Anspruch des Königs und Lord High Admiral Duke of Buckingham auf einen Theil der in Ormuz gemachten Beute. Alle Proteste blieben vergebens. Die Gesellschaft mußte Buckingham 10 000 Pfund Sterling zahlen und sollte dem König denselben Betrag ausliefern. Dazu erwiesen sich die Beziehungen mit Persien als wenig fruchtbar. Die Erpressungen der persischen Beamten waren derartig, daß die Company schließlich Bender Abbas wieder aufzugeben sich veranlaßt sah.

Inzwischen war das Verhältniß zu Holland wieder schlimmer als je geworden. Das letztere begnügte sich bald nicht mehr, die Engländer durch Winkelzüge lahm zu legen, sondern ging mit Gewalt gegen sie vor. Unter der Beschuldigung, mit den Eingeborenen gegen Holland sich verschworen zu haben, wurden im Februar 1623 zehn Engländer und ihre Diener in Amboina gefoltert und hingerichtet. Dieses Vorgehen erregte ungeheuere Entrüstung in England. Man bedrohte die dort wohnenden Holländer, so daß diese sich an das Privy Council wendeten. Die East India-Company schürte die Entrüstung nach Kräften, da sie die Fortsetzung ihrer Thätigkeit überhaupt bedroht sah. James I. sah sich schließlich genöthigt, eine Untersuchungskommission niederzusetzen. Auf ihren Vorschlag wurde Abfangung aller holländischer Ostindienfahrer angeordnet. Holland antwortete darauf mit einer neuen Betonung seiner Souveränetät über die Molukken, Bandainseln und Amboina und stellte England anheim, seine Unterthanen aus den holländischen Besitzungen zurückzuziehen. Das Letztere geschah, Schritte gegen Holland gelangten nicht zur Ausführung. Die englische Company mußte sich von Java nach der ungesunden kleinen Insel Lagundy und auch von Pullicat an der Coromandelküste zurückziehen. Ihre Unternehmungen lagen tief danieder. Es wurden zwar 1624, 1625 und 1626 Flotten abgeschickt, aber die Gesellschaft hatte damals 200 000 Pfund Sterling Schulden und Shares von 100 Pfund Sterling fanden nur zu 80 Käufer! Von 1600 bis 1621 hatte die Company 86 Schiffe abgesandt, von denen neun verloren gingen, elf den Holländern in die Hände fielen, 36 beladen heimkehrten. Drei blieben im Küstenhandel thätig, 25 befanden sich 1620 auf der Reise. Der Export in jener Zeit betrug 932 892 Pfund Sterling, d. h. 45 000 im Jahr; der Import 2 004 600 Pfund Sterling. Die Frachtkosten betrugen 375 288 Pfund Sterling. 1620 bis 1623 wurden 26 Schiffe ausgesandt. Der Export betrug 264 516, der Import 1 255 444 Pfund Sterling.

1628 wandte sich die Company mit ihren Klagen gegen Holland an König Charles I., welcher darauf hin drei in Portsmouth anlegende holländische Indienfahrer beschlagnahmen ließ. Im Jahr darauf trug sie ihre Beschwerden auch dem Parlament vor, wobei sie zugleich anbot, sich gegen alle Anklagen zu rechtfertigen. Den Holländern erschien dieses Vorgehen doch bedenklich. Um ihre Schiffe frei zu bekommen, erklärten sie sich zu nochmaliger Untersuchung der Lage in Indien bereit und wiesen darauf hin, daß im Falle eines Krieges die englische Company noch viel mehr Schaden zu gewärtigen habe. Sie boten schließlich Sendung von Untersuchungskommissaren nach London an und erzielten dadurch Freigabe ihrer Schiffe. — Die englische Company durfte ihrerseits wieder eine Niederlassung in Bantam errichten, die allerdings jetzt nur klein und Surat untergeordnet war. Die Geschäfte in Indien freilich litten nach wie vor unter der Konkurrenz Hollands, das seine Waaren billiger verkaufte und höhere Preise für die indischen Erzeugnisse zahlte. Die Engländer sahen sich genöthigt, mehr und mehr baares Geld statt englischer Waaren nach Indien zu bringen. Sie erhielten daher vom König die Erlaubniß, bis auf 80 000 Pfund Sterling in Silber und 40 000 Pfund Sterling in Gold auf einmal auszuführen. Erfolge erzielte die Company nur den Portugiesen gegenüber. Während einige gegen die portugiesischen Stationen zusammen mit den Holländern gerichtete Angriffe fruchtlos geblieben waren, glückte es ihr allein, 1630 eine starke portugiesische Flotte bei Surat zurückzuschlagen.

1631 bis 1632 wurde ein dritter Joint-Stock von 420 700 Pfund Sterling gezeichnet und damit mehrere neue Expeditionen ausgerüstet. Die Company versuchte damals ihr Heil besonders an der Coromandelküste, wo sie bereits in Masulipatam und Armagaon Niederlassungen besessen hatte. Sie erwirkte 1632 vom Herrscher Golcondas einen Firman für Wiedererrichtung einer Faktorei in Masulipatam und vom Großmogul die Erlaubniß zum Handelsbetrieb zu Pipli in Orissa. Es gelang ihr, gleichzeitig durchzusetzen, daß den Portugiesen der Handel in Bengalen verboten wurde. Diese Stationen an der indischen Ostküste wurden Bantam unterstellt. Zusammenstöße mit Holland wurden vermieden, indem man sich von den diesem gehörenden Orten fernhielt. Mit Portugal endlich wurde Frieden geschlossen. Ein Abkommen von 1635 öffnete England die potugiesischen Häfen in Indien und umgekehrt. Der Vortheil lag dabei ganz auf Englands Seite, welches nun ungehindert an der Malabarküste seinen Pfeffer einkaufen konnte, da die Portugiesen überhaupt kaum noch Handel zu treiben in der Lage waren.

Aber dieser Erfolg erweckte der East India-Company eine neue unvermuthete Gefahr. Eine Anzahl Kaufleute, Spekulanten und Andere, an ihrer Spitze Sir William Courten, richtete ihr Augenmerk auf Indien, das nach ihrer Ansicht durch die Company nicht genügend ausgebeutet wurde. Es gelang ihnen, einen Kammerherrn, Endymion Porter, für ihre Pläne zu gewinnen und durch ihn auch König Charles I. selbst zu interessiren. Der König war sowieso gegen die East India-Company verstimmt wegen ihrer früheren Schritte beim Parlament und dazu brauchte er dringend Geld. Er ließ sich herbei, trotz des bestehenden Privilegs, dem Sir William Courten eine Licenz für Unternehmungen in Indien zu ertheilen, und betheiligte sich selbst daran! Als Begründung wurde in dem Schriftstück angeführt, daß die East India-Company ihre Aufgabe vernachlässigt und weder befestigte Faktoreien noch Handelsplätze angelegt, sowie nur ihren eigenen Vortheil ohne Rücksicht auf die königlichen Einkünfte im Auge gehabt habe. Man hätte erwarten sollen, daß diese neue Gründung auf die Company, welche schon über so große Mittel und Erfahrungen verfügte, wenig Eindruck gemacht hätte. Aber das Gegentheil war der Fall. Sie petitionirte beim König und suchte auch das Publikum für sich zu gewinnen. Beides ohne Erfolg. Die öffentliche Meinung war im Allgemeinen gegen die Monopolisirung so großer Handelszweige in einer Hand. Courten fand zahlreiche Betheiligung und konnte mehrere Schiffe nach Indien senden. Die noch unerfahrenen Leiter der Expeditionen gingen dort aber anscheinend unvorsichtig und rücksichtslos vor. Sie nahmen indische Schiffe weg und sollen dadurch Veranlassung gegeben haben, daß die Beamten der Faktorei in Surat vom Großmogul verhaftet wurden. Wieder wandte sich die East India-Company mit Klagen an den König. Aber wieder ohne Erfolg. 1637 kamen Courtens Schiffe reich beladen zurück. Die neue Gesellschaft erhielt eine Verlängerung ihres Patents für fünf Jahre, und den Klagen der alten wurde nur insoweit Rechnung getragen, daß Bestimmung getroffen wurde, daß keine Gesellschaft an Plätzen handeln dürfe, wo die andere schon festen Fuß gefaßt habe. Die East India-Company hörte indessen mit Beschwerden nicht auf. Um Ruhe zu schaffen, wurde endlich eine Kommission des Privy Councils damit betraut, eine Verschmelzung beider Gesellschaften anzubahnen und zugleich Mittel vorzuschlagen, um den lange gewünschten Schadenersatz von Holland wegen des Amboina-Gemetzels zu erlangen.

Die Kommission scheint sich mit ihren Arbeiten nicht beeilt zu haben. Die Courtensche Gesellschaft fuhr mit ihren Unternehmungen ruhig fort und gründete Faktoreien in Goa, Baticola, Karwar, Atchin und Rajapur. Die East India-Company setzte ihre Klagen und Beschwerden fort. Ihre Vertretung in Indien entschloß sich 1639 zum ersten Male, eine wirkliche Befestigung anzulegen. Sie gründete mit Erlaubniß des dortigen Herrschers 1639 das Fort St. George (Madraspatnam) und legte bald darauf Faktoreien in Bussorah und Karwar an.

In London mißbilligten die Direktoren die Anlage des Forts, da es die Gesellschaft in unabsehbare Kosten und Schwierigkeiten bringen könne, doch wurde es auf Rath der Vertretung in Surat behalten. Madras blieb aber trotz seiner erhöhten Bedeutung der Faktorei Bantam unterstellt.

Zweiter Theil.

Die Kolonialpolitik der Stuarts. Innerer Kampf mit Holland um die Vormacht zur See.

Erstes Kapitel.

Innere Entwickelung der Kolonien in Nordamerika.

James I. hatte nach der Aufhebung der Charter der Virginia-Company die Leitung der Verwaltung Virginiens einer Kommission übertragen. Als eine der ersten Maßnahmen faßte diese eine Art Monopolisirung des Tabakhandels der Kolonie ins Auge. Es wurde von dem Monopol eine Sicherung und Erhöhung der Einnahmen ohne übermäßige Belastung der Pflanzer erwartet. Die über die Thunlichkeit einer solchen Maßregel befragte frühere Company billigte den Plan aufs Wärmste. Die Theilhaber der Gesellschaft, welche großen Landbesitz in Virginien hatten, sahen darin offenbar eine Gelegenheit, mehr Nutzen aus Virginien zu ziehen, ohne irgend welches Risiko zu laufen. Sie empfahlen, zunächst die Einfuhr von Tabak aus Spanien, seinen Kolonien und anderen Ländern nach England, sowie den Tabakbau in England selbst zu verbieten und die Einfuhr des Tabaks zum alleinigen Recht Virginiens und der Somers-Inseln (Bermudas) zu erklären. Dafür sollten diese Kolonien drei Pence vom Pfund Tabak bei der Einfuhr in England Zoll und außerdem jährlich noch 10 000 Pfund Sterling aus dem Ertrag des verkauften Tabaks als feste Abgabe zahlen. Die Einfuhr und den Verkauf alles Virginia- und Bermudas-Tabaks erbot sich in diesem Falle die alte Company selbst zu übernehmen! Andere Kaufleute, mit denen die Kommission sich über die Frage berieth, waren ebenfalls das Tabakgeschäft in die Hand zu nehmen gewillt. Sie erklärten sich bereit, zwei Jahre lang 200 000 Pfund Tabak zu

2 Schilling 4 Pence für den besseren, 1 Schilling 4 Pence für den schlechteren von Virginien und Bermudas zu kaufen und dem König davon jährlich 10 000 Pfund Sterling zu zahlen. Für die folgenden fünf Jahre wollten sie 250 000 Pfund Tabak jährlich zu 3 und 2 Schilling kaufen und dem König 15 000 Pfund Sterling zahlen. Die gesammte Tabakernte der genannten Kolonien sollte nach London geschafft und der Ueberschuß nach Auswahl der für England festgesetzten Menge nach der Türkei versandt werden!

Anders als in England dachte man begreiflicherweise in Virginien über die Angelegenheit. Hier erregten die Monopolpläne lauten Widerspruch. So sehr man mit dem Verbot fremden Tabaks und des Tabakbaues in England einverstanden war, so wenig wollte man von der Beschränkung der Menge des nach England abzusetzenden Tabaks auf 200 000 bis 250 000 Pfund und von den gebotenen Preisen wissen. Die Pflanzer erklärten einstimmig, dabei nicht bestehen zu können. Schon die bloße Nachricht von der geplanten Maßregel habe der Kolonie Schaden gethan. Sie beschuldigten ohne Weiteres die Kommissare, selbst heimlich aus der Sache Nutzen ziehen zu wollen.

James I. kam nicht dazu, die Angelegenheit weiter zu verfolgen, da ihn der Tod ereilte. Sein Sohn Charles I. verbot zunächst 1625 die Einfuhr alles aus den spanischen Kolonien stammenden Tabaks und ordnete Ausfuhr der davon noch in England vorhandenen Vorräthe binnen 25 Tagen an. Dann schuf er ein dem Privy Council unterstehendes Committee für die Kolonien, das erste Kolonialamt Englands. Gleichzeitig traf er Bestimmung, daß der An- und Verkauf des Virginia-Tabaks nur noch durch die Krone erfolgen solle. Die letztere Anordnung ist infolge lebhaften neuen Einspruchs der Kolonie, die Druck der Preise fürchtete und einen Vertreter nach London schickte, nicht zur Ausführung gelangt. Der Ausschluß des fremden Tabaks scheint auch Klagen hervorgerufen zu haben, denn 1627 schon gestattete Charles I. wieder die jährliche Einfuhr von 50 000 Pfund spanischen Tabaks nach England und übertrug den Ein- und Verkauf des Virginia- und Bermudas-Tabaks, vermuthlich gegen angemessene Zahlung, einem Mr. Amis, mit dem die zwei Kolonien sich verständigen sollten. Die Vertreter der letzteren erklärten wieder die von Amis gebotenen Preise für zu niedrig und die Menge, welche er abnehmen wollte, für ungenügend. Virginia bezeichnete jeden solchen Vertrag für unannehmbar, der nicht wenigstens jährliche Abnahme von mindestens 300 000 Pfund Tabak zu 3 Schilling fürs Pfund verbürge. An diesem bestimmten Einspruch der Kolonie scheiterte auch dieser neue Plan.

Aber König Charles gab die Hoffnung nicht auf, aus der Kolonie höheren Nutzen als bisher zu ziehen. 1628 richtete er ein Schreiben an „Governor and Council“ von Virginien. Er sprach darin zuerst sein Mißfallen über die langsame Entwickelung des Landes aus und bedauerte, daß statt auf Theer, Seife, Potasche, Salz, Eisen, Holz und Wein sein Wohlstand ganz auf Rauch begründet sei. Eine Wiederzulassung spanischen Tabaks oder des Tabakbaues in England könne unter den obwaltenden Verhältnissen die Kolonie ruiniren. Es sei nöthig, den Tabakbau einzuschränken und zu ordnen. Um das zu erreichen, bot er dem Council an, von Staats wegen jährlich die ganze Tabakernte zu kaufen und zwar in London für 3 Schilling vom Pfund! Die Kolonie sollte die Pflanzer veranlassen, je nur eine bestimmte Menge Tabak zu bauen, und außerdem über die Güte des Erzeugnisses wachen.

Governor und Council gingen hierauf ein, aber sie verlangten, daß der König sieben Jahre lang zunächst jährlich mindestens 500 000 Pfund, und zwar zu 3 Schilling 6 Pence in Virginien oder 4 Schilling in London, abnehme und auf Zölle davon verzichte. Außerdem forderten sie Erlaubniß zum freien Verkauf des Ueberschusses der Produktion im Auslande und Zugeständniß einer Erweiterung des Tabakbaues. Diese Bedingungen erschienen dem König unannehmbar. Er ließ den Plan des Monopols fallen und begnügte sich mit Zöllen. Von spanischem Tabak wurden 2 Schilling fürs Pfund, von dem aus Barbados und anderen westindischen Kolonien 12 Pence, von dem Virginiens und der Bermudas-Inseln gar nur 9 Pence erhoben! Um den Ertrag dieser Zölle zu steigern, wurde 1627 und 1631 aufs Neue der Tabakbau in England streng verboten und die hier vorhandenen Felder zerstört. Außerdem geschahen mehrfache Schritte, um den immer noch stattfindenden direkten Export von Tabak aus Virginien nach Holland zu verhindern oder wenigstens zu erschweren. Eine Zeit lang wurde holländischen Schiffen die Ausfuhr von Tabak nach Zahlung des sonst in England erhobenen Zolls aus Virginien gestattet. Doch bald schritt man dagegen wieder ein, um nicht die holländische Schifffahrt zu fördern.

Die Kolonie machte inzwischen fortgesetzt Fortschritte. 1629 zählte sie 5000 weiße Bewohner. Der Tabakexport überschritt schon 500 000 Pfund. 1636 brachte der Virginia-Tabak in England nicht weniger als 20 000 Pfund Sterling Zoll. 1634 zerfiel Virginien in acht Bezirke, jeder unter einem Lieutenant. Die Regierung lag vollständig in den Händen des Councils, welches die Kolonisten wählten, und gegen dessen Willen der vom König ernannte Governor nichts thun durfte. Das Council legte die Steuern auf und trieb sie ein, förderte Gewerbe und Landbau und unterhielt die von der Kolonie geworbenen Truppen, welche die wenigen Forts besetzt hielten. Die von dem Council und der Vertretung der Kolonisten erlassenen Gesetze waren den Bedürfnissen des Landes angemessen. So wurde z. B. bei dem Mangel an Baargeld Tabak als gesetzmäßiges Zahlungsmittel anerkannt, und als sein Werth stieg, die in Tabak kontrahirten Schulden kurzer Hand gelegentlich entsprechend herabgesetzt. Die Gläubiger mußten mit 40 für 100 Pfund vorlieb nehmen. 1648 besaß Virginien 15 000 weiße Kolonisten und 300 Negersklaven. 15 verschiedene Fruchtarten, Wein, Getreide, Hanf, Flachs, Reis gediehen bestens. Man zählte wenigstens 20 000 Stück Rinder, 200 Pferde, 5000 Ziegen, 3000 Schafe im Lande. Der Tabakexport belief sich schon auf 1 500 000 Pfund!

Der Güte des Tabaks war anfangs trotz verschiedener königlicher Verordnungen wenig Sorgfalt gewidmet worden. Erst plötzlicher großer Preissturz lenkte die Aufmerksamkeit der Kolonisten dieser Frage zu. Schon 1619 war Vernichtung alles Tabaks, der weniger als 18 Pence fürs Pfund werth war, durch vier Inspektoren angeordnet und 1621 diese Vorschrift aufs Neue eingeschärft worden. Bei der großen Nachfrage nach Tabak und der Unkenntniß vieler Pflanzer über Bau und Behandlung der Blätter blieb die Verordnung aber meist undurchgeführt. 1630 fiel nun plötzlich der Preis von Virginia-Tabak wegen seiner Schlechtigkeit bis auf 1 Pence fürs Pfund! Das veranlaßte die gesetzgebende Versammlung der Kolonie, eine gegenseitige Kontrole der Pflanzer über die Güte ihres Tabaks einzuführen. Als sich die Maßnahme nicht recht bewährte, wurden 1632 fünf Inspektionsorte eingerichtet, wohin aller Tabak bis Ende Dezember jedes Jahres gebracht und einer Prüfung unterzogen werden sollte. Die schlechtesten Sorten wurden von den Schauämtern verbrannt. Der brauchbare Tabak wurde unter Aufsicht gelagert, bis er aufs Schiff gebracht war. Aller bei den Pflanzern nach dem 31. Dezember vorgefundene Tabak, soweit er nicht nach eidlicher Versicherung dem eigenen Gebrauch diente, wurde weggenommen. Später wurde die Zahl der Inspektionsorte auf sieben vermehrt. Abgesehen von dieser Einrichtung durfte ferner jeder Pflanzer nur eine bestimmte Menge Tabak bauen und an jeder Pflanze nur neun Blätter ernten. Die Folge dieser energischen Maßregel war wirklich Verbesserung des Tabakbaues und außerdem Vermehrung des Anbaues von Getreide und anderen Gewächsen. Doch mußten mit dem fortdauernden Sinken des Tabakpreises noch wiederholt Verschärfungen der geschilderten Gesetzgebung vorgenommen werden. 1639 wurden z. B. 213 Personen mit Prüfung des Tabaks und Vernichtung der schlechten Sorten betraut und die Menge des auszuführenden Tabaks auf 1 500 000 Pfund beschränkt. Kein Kolonist sollte mehr als 270 Pfund erzeugen. Der Preis des Virginia-Rauchtabaks hat in England 1633 fürs Pfund 12 Schilling 3 Pence, 1652: 7 Schilling, 1657: 10 Schilling, 1674: 8 Schilling, 1685: 6 Schilling, 1687: 7 Schilling betragen.

Die Indianer waren schon gegen 1627 aus dem Thale des unteren James-River völlig verdrängt. Um gegen etwaige Einfälle und Viehdiebstähle von ihrer Seite sicher zu sein, wurde in den 30er Jahren zwischen dem James-River und dem Charles-River eine sechs Meilen lange Palissade errichtet. Einige Kolonisten besorgten den Bau und hüteten ihn, wofür sie an beiden Seiten der Verschanzung einen Landstreifen erhielten. In diesem Grenzdistrikt wurde besonders Rindvieh gezüchtet. Die Viehzucht wurde überhaupt nach Kräften im Lande gefördert. Um den Thieren möglichste Weidefreiheit zu geben, wurde 1626 verboten, Zäune anderswo als um Felder und Gärten zu ziehen, und 1630/31 von der gesetzgebenden Versammlung verfügt, daß jeder Kolonist sein bebautes Land einzuzäunen habe, da Schaden durch Vieh nicht ersetzt werde. Nur in Beziehung auf die immer zahlreicher gezüchteten Schweine, gegen welche die gewöhnlichen Zäune nichts nützten, wurde 1639 eine Ausnahme gemacht und bestimmt, daß ihre Besitzer sie nachts einzusperren hätten und für Schaden verantwortlich wären. 1642 wurde diese Bestimmung wieder aufgehoben. Später wurde die Höhe und Beschaffenheit der Zäune gesetzlich geregelt und eine Verantwortlichkeit der Besitzer für Vieh, welches sie durchbrach, eingeführt.

Die englische Regierung hat, wie die vorstehende Schilderung ergiebt, in die inneren Angelegenheiten der Kolonie wenig eingegriffen. Die 1636 erfolgte Einführung einer Kontrole der Ausfuhr und einer kleinen statistischen Gebühr, sowie das häufige Drängen des Königs auf Minderung des Tabakbaues und Erzeugung anderer Nutzpflanzen lag im Interesse Virginiens. Und wenn England Versendung allen Tabaks zunächst nach seinen Häfen im Interesse seiner Zölle forderte und direkten Handel nach anderen Staaten verbot, war das billig, da es dafür seinerseits den spanischen Tabak ausschloß und das Verbot des Tabakbaues in England strenger durchführte. Trotzdem war die Bevölkerung aufgebracht gegen Charles I. hauptsächlich wegen der Loslösung Marylands und seiner Uebertragung an Lord Baltimore, sowie wegen der Aufzwingung einzelner unbeliebter Governors.

Doch nahm die Mehrzahl der Kolonisten während des Bürgerkrieges in England für den König Partei und verbannte 1643 alle nicht zur englischen Hochkirche sich bekennenden Leute und die Puritaner, welche man früher geduldet hatte.

In demselben Jahre faßte das Parlament Virginiens den Beschluß, mit den Indianern keinen Frieden mehr zu schließen und sie gewaltsam auszurotten. Die Eingeborenen kamen aber den Kolonisten zuvor. Bei Nacht fielen sie im April 1644 über die entfernteren Ansiedelungen her und tödteten einige Hundert Weiße. Sie flohen dann weit ins Innere, konnten sich der Rache der Ansiedler jedoch nicht entziehen. Viele wurden umgebracht und der Oberhäuptling selbst gefangen. Erst 1646 konnten die Indianer von den Virginiern Frieden durch große Landabtretungen erkaufen.

Die Hinrichtung Charles' I. erregte in Virginien große Entrüstung. Ungesäumt wurde hier sein Sohn Charles II. anerkannt und an seine Anhänger in England die Einladung gesandt, nach Virginien zu kommen. 1650 lud ein Abgesandter der Kolonie sogar den nach Breda geflüchteten Prinzen ein, nach der Kolonie zu kommen und ihre Regierung zu übernehmen. Doch die neuen englischen Machthaber waren nicht gewillt, Virginien so leichten Kaufs aufzugeben. Nach der Niederwerfung der Königlichen bei Worcester wurden von der englischen Republik vier Kommissare beauftragt, die widerspenstigen Kolonien zum Gehorsam zu bringen, und, bis das geschehen, aller Verkehr und Handel mit ihnen verboten. Als im März 1652 einer der Kommissare in Jamestown ankam, hatte man hier inzwischen den Muth verloren und zeigte sich zum Frieden mit der Republik bereit. Es wurden darauf der Kolonie alle bisherigen Rechte und Freiheiten bestätigt. Der Versammlung ihrer Bürger blieb das Recht der Gesetzgebung und Besteuerung ungeschmälert erhalten. Es wurde der Kolonie dieselbe Freiheit des Handels, wie sie England besaß, zugesichert und dazu volle Amnestie ertheilt. Die Kolonisten wählten dafür den Kommissar Richard Bennett, einen früheren Bewohner Virginiens, der als Puritaner einst von dort fortgezogen war, zum Governor und genossen unter Cromwell dasselbe Gedeihen wie bisher.

Die wichtigste Wirkung des politischen Wechsels in England für die Kolonie war die Einführung der Schifffahrtsakte von 1651. Bis dahin hatten holländische Schiffe einen großen Theil des Handels zwischen England und Amerika vermittelt, da sie billiger und zahlreicher als die englischen waren. Die neue Akte schrieb nun vor, daß Waaren aus Asien, Amerika und Afrika nur noch auf Fahrzeugen, deren Besitzer, Kapitän und Besatzung Engländer waren, nach England eingeführt und fremde Waaren nur direkt vom Ursprungsland nach englischen Häfen gebracht werden durften! Damit gingen die Virginier nicht nur der besten Schiffsgelegenheiten, sondern auch vieler Käufer für ihre Erzeugnisse verlustig. Die Frachtsätze stiegen und der Tabakpreis sank! Die Maßregel wurde indessen bald im Interesse der Kolonie nicht streng durchgeführt und selbst während des englisch-holländischen Krieges blieb sie mit Holland fortwährend in Beziehungen.

Virginien gewährte in diesen Jahren Bekennern aller Religionen außer den Quäkern volle Gewissensfreiheit. Seine Bürger besaßen schon damals allgemeines direktes Stimmrecht bei der Wahl zur gesetzgebenden Versammlung. Ihre großen politischen Freiheiten haben jedoch zu Beschwerden keinen Anlaß gegeben. Die Erschließung des Landes und sein Wohlstand machten ununterbrochene Fortschritte. Gegen 1660 wurde seine weiße Bewohnerschaft auf 30 000 Köpfe geschätzt. Viehzucht und Tabakbau, daneben Seidenzucht und Getreidebau waren die Hauptnahrungszweige der Kolonisten. Industrie war nicht vorhanden. Alle gewerblichen Erzeugnisse wurden aus England bezogen.

Die Wiedereinsetzung der Stuarts hatte weniger glückliche Folgen für Virginien als ihre Absetzung. Der erste Akt der Regierung Charles' II. war 1660 Verschärfung der Schifffahrtsakte durch zwei Artikel. Danach durften Zucker, Tabak, Indigo, Baumwolle und einige andere Waaren nur noch nach England exportirt werden, und es wurde verboten, daß sich irgend ein Fremder als Kaufmann oder Faktor in den Kolonien niederließ. 1663 trat hierzu noch die Bestimmung, daß europäische Waaren nur auf englischen Schiffen in die Kolonien eingeführt werden durften. Diese Verordnungen wurden auch auf Virginien in voller Strenge angewendet und damit sein Handel zu Gunsten Englands schwer geschädigt. 1672 wurde dazu der Handel in den wichtigsten Waaren zwischen den Kolonien Zöllen in der Höhe der englischen Accisen unterworfen und später den Kolonien die Fabrikation vieler gewerblicher Erzeugnisse untersagt. England sicherte sich so den vollen Markt der Kolonien und hielt durch Ausschließung fremden Mitbewerbs den Preis ihrer Produkte niedrig. Man empfand dies System um so härter, als die amerikanischen Kolonien nicht auf Kosten des englischen Staates gegründet waren. Ferner war es mit der religiösen Freiheit vorbei. Den nicht zur Staatskirche sich bekennenden Leuten wurden allerlei Beschränkungen auferlegt. — Und nicht genug damit, wurde auch die bisherige Selbstregierung der Kolonie bedroht. Der König vergab ein Drittel Virginiens kurzer Hand an einige seiner Günstlinge als Eigenthum. Der damalige Governor der Kolonie, Sir William Berkeley, welcher nach London gesandt war, um gegen die Schifffahrtsakte Vorstellungen zu erheben, war selbst unter den mit Theilen der Kolonie belehnten Männern. Wenn auch aus verschiedenen Gründen diese Landschenkung keine weiteren Folgen hatte, da die Belehnten ihr Recht nicht ausnutzen konnten, so war es doch für die Kolonie nicht unbedenklich, daß die Ernennung des Councils damals im Wesentlichen von der Krone in Anspruch genommen und vollzogen und damit auch die Rechtsprechung der Einwirkung der Bürger entzogen wurde, da die Richter vom Governor und Council eingesetzt wurden. Bald wurde auch durch eine gesetzgebende Versammlung, in der aristokratische Elemente vorherrschten, das allgemeine Stimmrecht abgeschafft und 1670 nur noch Haus- und Landbesitzern das Wahlrecht belassen.

Trotz alledem machte Virginiens Entwickelung Fortschritte. Nach einem 1670 erstatteten Berichte des Governors zählte es damals

38 000 weiße Bewohner und 2000 Negersklaven. 80 Schiffe kamen jährlich von England an. Die Kolonisten konnten gegen 8000 berittene Milizen aufstellen, die jeden Monat übten. Fünf Forts mit 30 Kanonen vertheidigten die Grenzen und die Küste des Landes, welches in 48 Kirchspiele zerfiel. Der kulturelle Zustand der Kolonie war allerdings noch sehr bescheiden. Es gab keine Straßen, keine Brücken, keine nennenswerthen Städte. Jamestown zählte 18 Häuser, eine Kirche und ein Staatshaus. Die gesetzgebende Versammlung hatte bis vor Kurzem im Gastzimmer eines Alehauses getagt. Der jährliche Tabakexport belief sich aber bereits auf 12 Millionen Pfund, von denen 30 000 Schilling Steuer zur Zahlung der Gehälter des Governors und der königlichen Beamten erhoben wurden. Außerdem mußten die Kolonisten von je 50 Acres Land jährlich einen Schilling Grundsteuer (Quit-rent) zahlen. Allerdings warf der Tabakbau damals bei Weitem nicht so viel Gewinn wie früher ab. Der Preis sank Anfang der 60er Jahre bis auf zwei Pence für das Pfund. Viel Tabak blieb unverkauft. Wiederholt erbaten die Pflanzer Verbot des Tabakbaues in Virginien und Maryland für die Dauer eines Jahres, Einschränkung der Größe der Pflanzungen und dergleichen. Um den Tabakpflanzern zu helfen, wurde immer aufs Neue in England gegen den dort trotz aller Verbote betriebenen Tabakbau und -schmuggel eingeschritten und in Virginien Seidenzucht durch Prämien gefördert. Das half aber wenig, und die Kolonisten, denen nur Export nach anderen Märkten nützen konnte, woran sie die Schifffahrtsakte hinderte, wurden immer unzufriedener mit der Regierung des Mutterlandes.

Gerade um jene Zeit that nun Charles II. einen Schritt, der ihm alle Sympathien rauben mußte. 1673 übertrug er dem Lord Culpeper, einem Mitglied der commission for trade and plantations, und dem Earl of Arlington, dem tiefverschuldeten Schwiegervater seines Sohnes, das volle Eigenthum an Land und Wasser Virginiens. Die Belehnten sollten das Recht haben, Landkonzessionen unter Vorbehalt der üblichen Quit-rent-Steuer zu verleihen und das Patronat der Kirche zu üben. Auf diese Weise wurden plötzlich alle Besitztitel der Kolonisten in Frage gestellt! Es ist begreiflich, daß diese sich zur Wehr setzten. Die gesetzgebende Versammlung gerieth in Aufregung und entsandte eine Deputation nach England. In ihrer Instruktion hieß es: „Wir wollen und dürfen uns unserem

Ermessen nach nicht den Leuten unterwerfen, welchen Seine Majestät auf falsche Informationen hin die Herrschaft über uns übertragen hat. Wir zahlen willig Seiner Majestät mehr, als wir selbst für unsere Arbeit haben. Da wir für den Vortheil der Krone arbeiten und wünschen, dem König und der Nation noch mehr nützen zu können, bitten wir demüthig, nicht unseren Mitunterthanen unterworfen zu werden, sondern für die Zukunft von der Furcht befreit zu werden, in Sklaverei zu kommen." Die Abordnung sollte für Virginien die Rechte einer Korporation verlangen und sie hat das Möglichste gethan, die Rechte und Freiheiten der Kolonie in England sicherzustellen. Aber obwohl verschiedene hochgestellte Männer für sie eintraten, erreichte sie den Günstlingen des Königs gegenüber nichts. Sie wurde Monat auf Monat hingezogen.

Inzwischen wurde die Bevölkerung in Virginien unruhig. Der Tabak erzielte schlechte Preise, der Handel lag danieder, die Steuerlast drückte schwer und nun wurde auch noch ihr Landbesitz und ihre Freiheit in Frage gestellt! Das war für die Leute zu viel. Sie begannen laut ihre Unzufriedenheit zu äußern. Anfangs gelang es den angeseheneren Männern, die Unzufriedenen zu beruhigen, bald aber wuchs ihnen unter dem Einfluß neuer Ereignisse die Bewegung über den Kopf. Es brach nämlich zu allem Anderen 1675 noch ein blutiger Krieg mit den Indianern aus. Die Kolonisten tödteten hinterlistigerweise sechs als Botschafter zu ihnen kommende Häuptlinge. Die Wilden übten dafür blutige Rache und ermordeten die Bewohner der einsamen Farmhäuser. Der Governor zeigte sich außer Stande, die Pflanzungen zu schützen. Die Kolonisten baten darauf um Erlaubniß, sich selbst zu vertheidigen. Der alte Governor Berkeley lehnte das ab. Da erhoben sich die Leute, wählten einen erst kürzlich eingewanderten Engländer, Nathaniel Bacon, zum Führer und marschirten 500 Mann stark ohne Erlaubniß gegen die Indianer. Der Governor erklärte sie Alle als Rebellen und hob Truppen gegen sie aus. Ein Theil der Leute ließ sich dadurch einschüchtern und kehrte nach Haus zurück. Aber Bacon mit einer kleinen Schaar führte seinen Vorsatz aus. Er erließ eine Erklärung, worin er Berkeley als Tyrannen und Verräther bezeichnete. Der Governor entschloß sich darauf, ihn mit den Waffen zum Gehorsam zu zwingen. Aber nun erhob sich die Bevölkerung der Küste und forderte Auflösung der seit Jahren herrschenden aristokratischen gesetzgebenden Versammlung. Berkeley war gegen die allgemeine Bewegung machtlos, er löste die Versammlung auf und schrieb Neuwahlen aus. Hierbei wurde Bacon, der inzwischen die Indianer geschlagen hatte, zum Abgeordneten gewählt. Er begab sich nach Jamestown. Unterwegs wurde er verhaftet, doch sogleich wieder freigelassen. Der Versammlung legte er eine Rechtfertigung seines Verhaltens vor und wurde von ihr unter dem Jubel der Bevölkerung zum Oberstbefehlshaber der Miliz ernannt. Die Versammlung ging gleichzeitig daran, alle Einrichtungen, die in den verflossenen Jahren zu Beschwerden Anlaß gegeben hatten, zu ändern. Die Beschränkung des Wahlrechts wurde aufgehoben, die Amtszeit der Sheriffs und ihrer Gehülfen auf ein Jahr beschränkt, alle unrechtmäßige Erhebung von Gebühren mit harten Strafen verfolgt, alle Amtsüberschreitungen ernstlich verboten, das Steuerrecht der Versammlung neu festgestellt, der Verkauf von Wein und Spirituosen untersagt.

Der Governor versuchte umsonst, diese Maßregeln zu hintertreiben. Erst als er sich überzeugte, daß er auf die Miliz nicht rechnen könne, fügte er sich und bestätigte auch den von der Versammlung an Bacon ertheilten Auftrag zur Fortführung des Indianerkrieges. Es begann nun ein Vernichtungskrieg gegen die Eingeborenen. Aber kaum war Bacon damit beschäftigt, so erklärte ihn der Governor wieder zum Rebellen. Bacon kehrte darauf um und rief das Volk zum Schiedsrichter zwischen sich und dem Governor auf. In Middle Plantation versammelten sich eine Menge der angesehensten Männer und traten auf seine Seite. Sie schworen, mit Bacon gegen die Indianer zu Felde ziehen zu wollen und Alles zu thun, um einen Bürgerkrieg zu verhindern. In jedem Falle wollten sie Bacon gegen den Governor beistehen und, falls Truppen von England kämen, so lange sich wehren, bis eine Vorstellung den König selbst erreicht habe. Gestützt auf diese Zusagen, zog Bacon wieder gegen die Indianer. Berkeley dagegen suchte Truppen zu sammeln. Nunmehr erklärten Bacon und seine Freunde, die Mitglieder des Council waren, den Governor, dessen Amtszeit abgelaufen war, für abgesetzt und beriefen einen Nationalkonvent zur Wahrnehmung der Regierungsgeschäfte. Berkeley antwortete dadurch, daß er mit einigen in den Häfen befindlichen englischen Schiffen und einer Anzahl angeworbener Söldner vor Jamestown erschien und die Stadt besetzte. Doch nicht lange dauerte sein Triumph. Bacon kam im September 1676 mit seinen Anhängern vor die Stadt. Die englischen Söldner flohen darauf und Berkeley mit den Royalisten that das Gleiche. Die Aufständischen besetzten Jamestown ohne Widerstand. Da sie sich jedoch außer Stand fühlten, es gegen einen ernstlichen Angriff zu halten, brannten sie es nieder. Die aristokratischen Parteigänger gaben bald den Widerstand auf, der Sieg der Kolonisten war gesichert, da erlag Anfang Oktober Bacon einem Fieber.

Mit dem Tod des Führers verloren die Aufständischen den nöthigen Zusammenhalt. Berkeley schlug mit Hülfe eines englischen Regiments ihre einzelnen Abtheilungen und hängte die Führer auf. Die gesammte Gesetzgebung der Versammlung von 1676 wurde aufgehoben. Eine wahre Schreckensherrschaft begann. Charles II. war entsetzt, als er davon hörte. Er rief aus: „Der alte Narr hat mehr Leben in dem nackten Lande vernichtet als ich für die Ermordung meines Vaters“ und bezeichnete Berkeleys Vorgehen als entgegen seinen Befehlen. Der alte Mann wurde Anfang 1677 abberufen und starb bald nach der Ankunft in England, verhaßt in der Kolonie und scharf verurtheilt in der Heimath. Doch seine gegen die Freiheiten Virginiens getroffenen Maßnahmen blieben in Kraft. Die politischen Rechte der Kolonisten beruhten nur noch auf dem guten Willen des Königs. Gesetzgebende Versammlungen wurden nur noch alle zwei Jahre einmal und da nur für 14 Tage berufen. Wahlrecht behielten nur die Grundbesitzer (Freeholder). Die Governors wurden ohne Rücksicht auf die Wünsche Virginiens vom König ernannt. 1680 übernahm Lord Culpeper als Governor die Regierung. 1677 führte das Land an die englischen Staatskassen 100 000 Pfund Sterling an Steuern ab. Aber die Lage der Pflanzer war sehr traurig. Sie konnten ihren Tabak in England zu lohnenden Preisen nicht unterbringen. Sie verlangten, um die Vorräthe zu mindern und den Preis zu heben, dringend Verbot des Tabakbaues in der Kolonie für ein Jahr und Erlaubniß zum Export wenigstens nach Madeira und den Kanarischen Inseln. Die englische Regierung lehnte das ab unter dem Hinweis, daß ein Verbot, wie das geforderte, nur den französischen und spanischen Tabakbau fördern und die englischen Kaufleute schädigen würde, ohne Virginien zu helfen. Nicht mit Unrecht fürchtete man außerdem den

Ausfall der Königlichen Kassen und die Schädigung der englischen Schifffahrt. Man versprach nur, mit Rußland Verhandlungen wegen Absatzes des virginischen Tabaks dorthin zu beginnen, und wollte umsonst Flachs- und Hanfsamen nach Virginien senden. Die Noth stieg immer mehr. Die Bevölkerung einzelner Gegenden der Kolonie erhob sich 1682 und zerstörte die Tabakfelder. Die Milizreiterei konnte nur mit Mühe der Bewegung Einhalt thun. Erst im Jahre 1683 besserte sich die Lage, als infolge der Schmälerung der Ernte des Vorjahres die Preise stiegen.

Culpeper hat ohne Rücksicht auf die Nothlage der Pflanzer nur für seinen Vortheil gesorgt. Die gesetzgebende Versammlung mußte sein Einkommen von 1000 Pfund Sterling auf das Doppelte erhöhen, dazu wußte er noch von den Pflanzern Geld zu erpressen. 1684 erwarb er auch noch Arlingtons Rechte auf die Kolonie. Aber im folgenden Jahre ließ der König sein Privileg wieder aufheben und stellte Virginien wieder unter direkte Verwaltung der Krone. Leider war der Nachfolger Lord Culpepers in Virginien, Lord Howard of Effingham, ebenso habsüchtig und geizig wie jener. Trotz aller Bedrückungen behielten die Pflanzer Virginiens ihren freien und unabhängigen Sinn und verfochten bei jeder Gelegenheit ihre Rechte. Der Aufstand von Monmouth führte der Kolonie viele neue Kräfte zu. Der König James II. ließ viele der damals Verhafteten nach Virginien zur Zwangsarbeit schaffen. Diese politischen Verbrecher wurden 1689 alle befreit und theilweise erfolgreiche Kolonisten.

Die Arbeit auf den Plantagen lag damals größtentheils in den Händen von Negersklaven, die zahlreich besonders durch holländische Schiffe eingeführt worden waren. Die Holländer bekamen dafür lange Zeit Vortheile bei der Tabakausfuhr. Erst die Navigation-Laws machten der holländischen Zufuhr ein Ende. Die Royal African Company erhielt 1662 das Monopol der Versorgung der englischen Kolonien mit Negern. Die Zahl der afrikanischen Sklaven betrug damals in Virginien etwa 1500, im Jahre 1671 gegen 2000. Die Gesetzgebung der Kolonie war ganz nach den Wünschen und Bedürfnissen der Sklavenbesitzer geordnet. 1662 wurde festgesetzt, daß Kinder von Sklavenfrauen jederzeit ebenfalls Sklaven würden; 1667, daß die Bekehrung zum Christenthum den Neger nicht frei mache. Tödtung eines Sklaven wurde nicht als Mord, sondern Felony beurtheilt. Freie Neger genossen keine Bürgerrechte. 1682 wurde für alle Neger Paßzwang, Verbot des Waffentragens und der Vertheidigung gegen Christen eingeführt. Entlaufene Sklaven durften ohne Weiteres erschossen werden. 1687 wurden, als ein Negeraufstand drohte, diese Gesetze noch verschärft und die Ehe von Weißen mit Schwarzen streng verboten. — Gegen Ende des 17. Jahrhunderts dürften etwa 6000 Sklaven in Virginien gelebt haben. Der Werth eines erwachsenen Negers war etwa 500 Mark. Geschlechtlicher Verkehr der Weißen mit Negerfrauen wurde in vielen Fällen öffentlich mit Kirchenstrafen belegt. Weiße Frauen, die mit Negern Kinder hatten, mußten 300 Mark Strafe zahlen oder fünf Jahre lang Sklavenarbeit thun und wurden außerdem öffentlich gepeitscht.

Indianer wurden anfangs selten zwangsweise als Arbeiter verwendet, da man sich den eingeborenen Stämmen gegenüber nicht stark genug fühlte und sie versöhnen wollte. Erst 1670 wurde Verwendung von Kriegsgefangenen als Sklaven gestattet und 1676 wurde diese Sklaverei auf die Lebenszeit ausgedehnt. 1682 wurde auch Ankauf kriegsgefangener Indianer von den Eingeborenen erlaubt. Sie wurden ebenso wie Neger behandelt und galten nur weniger. Man hatte damals schon die Furcht vor den Eingeborenen verloren. In den ersten Jahren der Kolonisation Virginiens beuteten die Einwanderer die Indianer nur durch Handel aus. Sie tauschten von ihnen besonders Felle, Häute und dergleichen gegen Waffen, Messer, Beile ein. Als die Beziehungen zu ihnen mit fortschreitender Siedelung sich verschlechterten, wurde 1631 bis 1632 dieser Handel verboten und bald darauf Abgabe von Waffen und Munition an die Indianer mit Vermögenskonfiskation bedroht. Erst 1656 wurde es wieder gesetzlich erlaubt, mit ihnen Handel zu treiben. Nur Gewehre und Munition blieben ausgeschlossen. Auch diese Ausnahme wurde zwei Jahre später beseitigt, da die Nachbarkolonien den Eingeborenen doch diese Gegenstände lieferten und man Virginien nur zu ihrem Nutzen schädigte. Etwas später wurde den Händlern Einholung besonderer Genehmigung des Governors auferlegt. Diese Vorschrift fand wenig Beachtung. Man entschloß sich daher, den Verkauf von Gewehren und Munition 1665 bei Strafe von 10 000 Pfund Tabak und von zwei Jahren Gefängniß im Wiederholungsfall zu untersagen. 1676 wurde sogar Todesstrafe dagegen angedroht. In den folgenden Jahren wurde jedoch der Handel mit den Eingeborenen wieder freigegeben und besondere Jahrmärkte für sie eingerichtet.

In Maryland bewiesen die von Lord Baltimore angesiedelten Kolonisten schon wenige Jahre nach der Begründung der Kolonie denselben Geist der Unabhängigkeit wie die Virginier. Als Lord Baltimore die Anerkennung der von ihrer ersten gesetzgebenden Versammlung 1635 gefaßten Beschlüsse verweigerte und dafür Annahme einer von ihm selbst verfaßten Gesetzgebung verlangte, wiesen die Kolonisten diese zurück und gaben sich 1638 nochmals eigene Gesetze. Der Lord erachtete es daher für angezeigt, den Streit nicht aufs Aeußerste zu treiben. 1639 durfte die Versammlung wenigstens die dringlichsten gesetzgeberischen Vorschriften treffen. Baltimore beförderte die Besiedelung durch Zutheilung von Land. Für je fünf Ansiedler überließ er 2000 Acres gegen eine jährliche Abgabe von 400 Pfund Weizen; einzelnen je 100 Acres für sich, ihr Weib und jeden Knecht oder Magd, sowie 50 Acres für jedes Kind. Von je 50 Acres sollten 10 Pfund Weizen Steuer gezahlt werden. Je 1000 Acres Land wurden zu einem Manor erklärt und erhielten die Rechte und Einrichtungen der englischen Manors. Nicht minder als diese Bestimmungen dürfte zur Hebung der Einwanderung die stete Gewährung religiöser Freiheit beigetragen haben, welche hier stattfand. — Die Kolonie blieb indessen lange ziemlich arm. Um nur eine Wassermühle zu bauen, mußten alle Ansiedeler zusammenschießen. Zu Beginn des vierten Jahrzehnts des Jahrhunderts war die Kolonisation immerhin schon so fortgeschritten, um den Indianern der Gegend beschwerlich zu fallen. Es kam zu Feindseligkeiten und den üblichen Ueberfällen. Die Lage wurde noch erschwert durch die Revolution in England. Der Governor Leonard Calvert begab sich daher selbst nach England, um seinen Bruder Lord Baltimore über die einzuschlagende Politik zu befragen. Charles I. ertheilte den Brüdern den Auftrag, alle Schiffe der Parlamentspartei zu beschlagnahmen. Das wurde 1644 auch gethan, als ein gewisser Richard Ingle mit einem Schiff in Maryland erschien. Ingle wurde verhaftet, entkam aber. Kurz darauf tauchte der seinerzeit seines Besitzes beraubte Clayborne mit Bewaffneten auf und nahm gewaltsam Kent Island weg. Als zu ihm der erwähnte Ingle mit einem neuen Parlamentsschiff stieß, waren Beide 1645 bald Herren des

Lands und der Governor mußte fliehen. Es begann eine Zeit der Unordnung und Mißwirthschaft. Erst 1646 gelang es Calvert mit Hülfe von virginischen Söldnern, die Eindringlinge zu verjagen und den Frieden wieder herzustellen.

Der Sieg des Parlaments und der Puritaner in England bedrohte Baltimores Rechte. Nur zu leicht konnte man ihn als Katholiken ihrer verlustig erklären. Um dem vorzubeugen, zog er 1648 noch mehr Protestanten als bis dahin in die Kolonie und ließ die schon bestehende Religionsfreiheit 1649 auch noch durch die Versammlung der Kolonisten gesetzlich festlegen. Es hieß in dieser Akte, der ersten derartigen, welche von einem Parlament beschlossen wurde: „Whereas, the inforcing of the conscience in matters of religion hath frequently fallen out to bee of dangerous consequence in those commonwealths where it hath beene practised, and for the more quiet and peaceable government of this province, and the better to preserve mutuall love and unity amongst the inhabitants here, it was enacted that no person professing to believe in Jesus Christ shall, from henceforth, be any waies troubled, molested, or discountenanced for or in respect of, his or her religion, nor in the free exercise thereof within this province, . . . nor any way compelled to the beleefe or exercise of any other religion against his or her consent." Schon in demselben Jahre wurden über 100 Puritaner, die von Virginien ihres Glaubens wegen verbannt waren, in Maryland angesiedelt.

Die friedliche Entwickelung des Landes wurde trotz der Gewandtheit des Besitzers bald durch Einwirkung der englischen politischen Lage gestört. Zuerst setzte der vertriebene Charles II. den Lord Baltimore wegen seines Liebäugelns mit dem Parlament ab und ernannte Sir William Davenant zum Governor. Der Letztere machte sich mit einigen französischen Schiffen auf den Weg, wurde aber im Kanal von englischen Kreuzern abgefangen. — Darauf ernannte 1650 das Parlament die erwähnte Kommission, um alle Kolonien zum Gehorsam zu bringen. Die Nachricht brachte sofort die Puritaner in Maryland, die Baltimore trotz seines Entgegenkommens als Katholiken haßten, in Bewegung. Baltimore wies zwar nach, daß seine Kolonie dem Parlament Gehorsam leiste, doch der für die Kolonien an der Chesapeakebay ernannte Kommissar

Clayborne, der alte Feind Baltimores, ließ diese Gelegenheit nicht ungenutzt. Er begab sich von Virginien nach St. Marys im März 1652 und verlangte, daß die Kolonisten dem Parlament den Treueeid leisten und in des Parlaments Namen die Gesetze erlassen sollten. Als der Governor das Letztere weigerte, da die Gesetze bisher auch nicht in des Königs Namen erlassen worden seien und Lord Baltimores Eigenthumsrecht bestehe, wurde er abgesetzt. Die Virginier gingen unter Claybornes Einfluß bald noch weiter. Sie erbaten vom Parlament Aufhebung des Baltimoreschen Privilegs und Wiederüberweisung Marylands, das ihnen früher gehört habe. Das Parlament übertrug die Sache einer Kommission. Diese fand eine Menge Gründe für Gewährung des Gesuchs Virginiens. Indessen ließ es das Parlament beim Alten auf den Nachweis Baltimores hin, daß die Trennung beider Kolonien im staatlichen Interesse liege.

1653 nach Auflösung des Parlaments versuchte Baltimore, wieder seine Eigenthumsrechte geltend zu machen, und ließ daneben Cromwell als Lord Protektor proklamiren. Aber die Puritaner riefen sofort Clayborne an und dieser rückte 1654 mit Soldaten aufs Neue in St. Marys ein. Eine puritanische Regierung wurde eingesetzt und den Katholiken aktives und passives Wahlrecht entzogen. Auf Anweisung Lord Baltimores griffen nun auch seine Anhänger zu den Waffen. Im März 1655 kam es zu einem Gefecht, bei dem die Puritaner siegten. Beide Parteien wandten sich jetzt an Cromwell. Dieser verhielt sich abwartend. Die Kommissioners of Trade sprachen sich zwar zu Gunsten Lord Baltimores aus, aber auf der anderen Seite sträubten sich die Puritaner lebhaft gegen seine Ansprüche. Baltimore ernannte schließlich wieder einen Governor. Doch übte dieser nur in St. Marys und Nachbarschaft Einfluß. Im anderen Land herrschten die Puritaner. Schließlich verzweifelten Letztere bei Cromwells Rücksichtnahme auf den Adel am Erfolg und einigten sich Ende 1657 mit Baltimore. Er versprach Verzeihung und Aufrechterhaltung der Toleranzakte.. Sein Agent, Josias Fendall, ein abtrünniger Puritaner, wurde als Governor anerkannt. — Die Ruhe war damit noch nicht völlig hergestellt. 1660 machte die gesetzgebende Versammlung mit Fendalls Zustimmung einen neuen Versuch, Baltimores Rechte zu beseitigen und sich als alleinige Herrin des Landes zu erklären. Aber inzwischen hatte Charles II. den Thron bestiegen und er befahl auf

Baltimores Bitte der Kolonie, auf der Stelle seiner Autorität sich zu fügen. Sein Bruder, Philip Calvert, übernahm, ohne Widerstand zu finden, das Government. Wegen des Vergangenen wurde Amnestie ertheilt. Die Bevölkerung zählte damals 12 000; 1665 war sie auf 16 000, zehn Jahre später auf 20 000 gestiegen.

Der Haupterwerbszweig der Kolonisten war auch hier Tabakbau. Seinetwegen wurde hier wie in Virginien der Getreidebau oft so vernachlässigt, daß Nahrungsmangel entstand. Auch hier mußte daher von 1639 ab der Tabakbau gesetzlich eingeschränkt werden. Das erste Tabakinspektionsgesetz erging 1640. Der zum Export bestimmte Tabak bedurfte danach des Siegels eines amtlichen Beschauers. Aller den Bedingungen nicht entsprechende Tabak wurde verbrannt. Diese Gesetzgebung hat hier ebenso wie in Virginien mit der Zeit immer weitere Ausbildung erfahren. Bei der Gleichartigkeit der Verhältnisse beider Kolonien ist es selbstverständlich, daß in Maryland der Tabak gleichfalls lange das Geld ersetzte. 1662 führte allerdings Baltimore eigene Münzen ein, doch vermochten sie den Tabak nicht zu verdrängen. 1666 schlossen Virginia, Maryland und Carolina einen Vertrag, wonach ein Jahr lang in diesen drei Ländern kein Tabak gebaut werden sollte. Lord Baltimore genehmigte indessen aus Rücksicht auf die ärmeren Pflanzer das Abkommen nicht, wenngleich er nicht verkannte, daß die Kolonie unter Ueberproduktion litt. Ihre Ursache war hier wie im sonstigen englischen Amerika die Schifffahrtsakte mit ihren Nachträgen, welche den Kolonien die fremden Märkte sperrte und sie England völlig auslieferte.

Gegen diese Gesetzgebung vermochte Lord Baltimore nichts zu thun. Im Uebrigen aber hat er Alles, was in seinen Kräften stand, zum Besten seines Besitzes gethan. Er zog Ansiedler, die ihres Glaubens wegen ihre Heimath verließen, von überallher ins Land. Hugenotten, Böhmen, Deutsche hieß er gleich willkommen. Auch die überall sonst verfolgten Quäker nahm er auf. Die Indianer gewann er durch freundliche und gerechte Behandlung. Seine Einnahmen flossen im Wesentlichen aus den meist in Weizen zahlbaren Quit-Renten von den Grundstücken. Seit 1671 wurde eine Tabakausfuhrsteuer erhoben, von welcher Baltimore die Hälfte gegen Herabsetzung der Quit-Rents erhielt. Die Steuererhebung geschah stets im Einvernehmen zwischen der gesetzgebenden Versammlung und

Baltimore. — Negersklaven wurden von Virginien zuerst eingeführt. Ihre Zufuhr wurde aber erst von 1671 an gefördert. Doch lag die Arbeit noch lange meist in den Händen kontraktlich verpflichteter Weißer. Diese von Rhedern und Unternehmern eingeführten, oft gewaltsam oder mit List gefangenen Arbeiter, welche auf fünf, später vier Jahre verpflichtet waren, wurden an die Höchstbietenden versteigert. Nach Ablauf ihres Kontrakts erhielten sie 50 Acres Land und Lebensbedarf für ein Jahr. Sträflinge sind dagegen hier nie verwendet worden.

1675 starb Lord Cecil Baltimore. Charles Calvert, der Maryland 14 Jahre verwaltet hatte, trat sein Erbe an. Bevor er nach England reiste, unterzog er 1676 mit der Kolonie die Gesetzgebung einer Revision. Die Toleranzakte wurde feierlich erneuert, die Einführung von Sträflingen verboten. Lord Charles blieb drei Jahre in England. Während dieser Zeit änderte sich in Maryland unter dem Einfluß schlechter Geschäftslage sowie des Bürgerkrieges in Virginien und unter dem Wirken verschiedener Agitatoren Manches. Die anglikanische Geistlichkeit verklagte die Kolonisten beim Erzbischof von Canterbury als gottlose Wüstlinge. Sie verlangte Bau von Kirchen und Besoldung hochkirchlicher Geistlicher von Staats wegen. Republikanische Gesinnungen wurden auch laut. Als Baltimore 1680 in Maryland wieder eintraf, hatte er bald mit einem förmlichen Aufstand der Protestanten zu kämpfen, den Fendall angestiftet hatte. Die englische Regierung verlangte Besetzung der Aemter lediglich mit Leuten, die der Hochkirche angehörten, und dazu wurde der Kolonie plötzlich der Besitz ihrer nördlichen Gebiete streitig gemacht. Hier hatten lange Schweden und Holländer kolonisirt, bis sie von England unterworfen worden waren. 1664 hatte Charles II. das Land zwischen den Flüssen Connecticut und Delaware dem Duke of York geschenkt, die Delaware-Mündung bildete die Grenze dieses Gebietes gegen Maryland. Da erbat William Penn 1680 ein Privileg für das Gebiet westlich von Delaware und nördlich von Maryland. Dank seinen Gönnern erhielt er im Jahre darauf das gewünschte Land mit der Bestimmung, daß ein Kreis von zwölf Meilen um New Castle bis zum Beginn des 40. Breitengrades die Südgrenze bilden solle. Diese Grenzlinie war auf ungenauen Karten gezogen. In Wirklichkeit verletzte sie stark die Grenzen Marylands, da sie weit über den 40. Grad hinausführte. Obwohl Penn das wußte, bestand er darauf und ließ sich nicht allein vom Duke of York Land geben, das diesem nicht gehörte, sondern focht auch Baltimores Rechte an. Umsonst verfocht Letzterer in London persönlich seine Ansprüche. Der Board of Trade stand auf Penns Seite und Baltimore fand es schließlich das Beste, die Sache unentschieden zu lassen.

Die Thronbesteigung James' II. brachte Maryland neue Lasten. Außer der Schädigung durch die Schifffahrtsakte, gegen die es vergeblich sich seit Langem wehrte, wurde ihm noch eine Steuer auf seine nach England gesandten Waaren auferlegt. Und nicht genug damit, ging der König 1687 daran, die Kolonie, deren freie Verfassung ihm ein Greuel war, in eigene Regierung zu nehmen. Gegen Lord Baltimore wurde ein Quo Warranto-Prozeß eingeleitet, und die Aufhebung seiner Rechte war bei der damaligen Justiz so gut wie sicher. Nur die Revolution von 1688 verhinderte den Abschluß des Verfahrens. Als William und Mary den englischen Thron bestiegen, sandte Baltimore sofort Anweisung nach der Kolonie, die neuen Monarchen anzuerkennen. Zufällig starb aber der Bote unterwegs und Maryland blieb so die einzige Kolonie, welche nicht sogleich huldigte. Die Regierung nahm das übel und zog Baltimore zur Verantwortung. Er legte den Sachverhalt dar und sandte neue Ordres ab. Ehe sie ankamen, war seiner Herrschaft durch die Kolonie selbst ein Ende gemacht. Die dortige protestantische Partei hatte sich aufs Neue empört und die Regierung übernommen.

Das Unternehmen der Pilgrims in New Plymouth hat sich, trotz der vielen natürlichen Schwierigkeiten, mit welchen es kämpfen mußte, unausgesetzt gedeihlich entwickelt. 1636 wurde das erste Gesetzbuch vom Governor und seinen Beisitzern verfaßt. Das, was bis dahin hier schon zu Recht bestand, wurde in dem Gesetz festgelegt. An der Spitze stand der Satz, daß kein Akt, Auflage, Gesetz oder Ordonnanz anders als mit Bewilligung der Bürgerschaft oder deren gesetzlich versammelten Vertretern gemacht werden solle. Alljährlich sollte ein Governor, Vicegovernor und Beisitzer gewählt werden. Als Strafen waren der Tod, Sitzen im Zwangsklotz, Ruthenschläge und Geldbußen vorgesehen. Todesstrafe wurde nur bei Rebellion, Mord und Hexerei verhängt. Ein Gefängniß wurde erst 1641 gebaut, von da an also erst Haftstrafe verhängt. Sehr weitgehende Befugnisse waren der Polizei zugetheilt. Sie mußte die

Sitten der Familien und besonders den regelmäßigen Kirchenbesuch überwachen. Auf Fluchen stand Sitzen im Klotz, auf Lügen ebenfalls. Auch Uebervortheilen im Handeln, Betrinken, Karten-, Würfelspiel und dergleichen wurden bestraft. Mit sehr strengen Strafen war Verletzung der Sabbathfeier bedroht. Die dessen Ueberführten wurden öffentlich mit Ruthen geschlagen oder in den Klotz gesetzt. Selbst Schreiben am Sonntag war verboten. — Das Oberhaupt der Kolonie, der Governor, erhielt keinerlei Gehalt. Erst 1665 wurde diesem obersten Beamten eine Besoldung von 50 Pfund Sterling ausgesetzt. Aehnlich stand es mit den anderen Aemtern. Man bewarb sich daher wohl auch nicht sehr um sie und ihre Uebernahme mußte sogar durch Geldstrafen erzwungen werden. Besondere Richter wurden erst spät ernannt. Entweder wurde ein Beisitzer des Governor von den Parteien zum Schiedsrichter genommen, oder der Governor entschied auf Grund der englischen Gesetze. Von 1634 ab bildeten der Governor und seine Beisitzer das oberste Gericht.

Bei der Schwierigkeit, mit Wachsen der Bevölkerung alle Bürger zu Beschlüssen zu versammeln, entschloß man sich von 1639 an, die allgemeine gesetzgebende Versammlung durch eine solche von gewählten Vertretern der einzelnen Orte zu ersetzen. Das Bürger- und Wahlrecht wurde den neuankommenden Kolonisten durch den Governor und seine Beisitzer verliehen. 1656 wurde, da bei der Zunahme der Bevölkerung nicht jeder Kolonist mehr den Behörden persönlich bekannt war, die Bestimmung getroffen, daß jeder Kandidat vorher auch von den Bürgern seines Bezirks des Bürgerrechts würdig erklärt sein mußte. 1658 wurden Quäker und andere Sektirer vom Bürgerrecht ausgeschlossen und 1671 bestimmt, daß nur Leute von mindestens 21 Jahren, orthodoxen Glaubens und mit einem Landbesitz von mindestens 20 Pfund Sterling Werth Bürger werden dürften.

1640 zählte die Kolonie New Plymouth acht Ansiedelungen. Sieben davon besaßen ordentliche Geistliche, die sich großen Einflusses erfreuten. Eine Schule war noch nirgends vorhanden. Die Leute waren zu arm, eine solche zu unterhalten. Auch die Geistlichen hatten große Mühe, ihren Lebensunterhalt zu gewinnen. Trotz ihrer Armuth kaufte die Kolonie 1641 die letzten Ansprüche der ursprünglichen englischen Unternehmer zurück und machte sich dadurch ganz selbständig. — Der Zuzug neuer Kolonisten war sehr gering, nicht

6*

allein infolge der geringen Aussichten dieser Niederlassung, als auch wegen der Abneigung der Pilgrims, Andere als Gleichdenkende bei sich zu dulden.

Massachusetts hat eine weit raschere und bedeutendere Entwickelung gehabt als New Plymouth, wohl ebenso infolge besserer natürlicher Verbindungen als vermöge steten Nachschubs aus England. 1635 wurde hier schon die erste Niederlassung tiefer im Lande gegründet. 1640 zählte man 3000 Schafe und 12 000 Rinder. Mais, Roggen und Weizen wurden in großen Mengen geerntet. Letzterer wurde sogar schon nach Westindien ausgeführt. Man begann Schiffe zu bauen und immer größeren Handel zu treiben. Bei der starken Einwanderung konnten die Farmer kaum genug Lebensmittel liefern und erzielten glänzende Preise. Man rechnet, daß zwischen 1630 und 1640 nicht weniger als 20 000 Menschen nach Massachusetts eingewandert sind. Von 1640 ließ dieser Zuzug plötzlich stark nach, nicht zum wenigsten infolge der religiösen Unduldsamkeit, die sich hier immer mehr äußerte.

Sie war wesentlich dem übermäßigen Einflusse entsprungen, den von Anfang an die puritanischen Geistlichen in dieser Kolonie genossen haben. Der angesehenste von ihnen, der Prediger Cotton, hat lange Zeit beinahe die Rolle eines Herrschers gespielt. Er war ursprünglich in der englischen Stadt Boston in Lincolnshire thätig gewesen und hatte schon dort großen Anhang besessen. Als er sich entschloß, nach Massachusetts zu gehen, folgte ihm ein großer Theil seiner Gemeinde und der Shawmut wurde ihm zu Ehren Boston getauft. Diese puritanischen Prediger übten eine große Gewalt dadurch, daß die weltliche Regierung in der Hand der Gemeinden lag, deren Mitglieder nichts ohne ihren Rath thaten. Sie konnten, gestützt auf die Gemeinde, lange Zeit ihren Willen unbedingt durchführen, indem sie Widerspenstige in den Kirchenbann thaten. 1638 setzten sie sogar ein Gesetz durch, daß Leute, die sechs Monate lang im Bann blieben, mit Geld gestraft, ins Gefängniß gesetzt oder verbannt werden sollten. Alle Kolonisten mußten zu ihrem Gehalt, das von 20 bis 100 Pfund Sterling schwankte, beisteuern. Die zur Gemeinde Gehörigen, welche allein Bürgerrechte genossen, zahlten freiwillig, den Anderen wurde ihr Antheil als Steuer abgenommen. — Diese allmächtige Geistlichkeit duldete keine abweichenden Ansichten und keinen Widerspruch. Im Winter 1635 wurde der Pastor Roger

Williams verbannt, weil er die Trennung von Kirche und Staat und volle Freiheit der ersteren predigte. 1637 wurde Mrs. Anne Hutchinson, die Frau eines Beisitzers und Freundin Cottons, wegen religiöser Irrlehren ausgewiesen und gleichzeitig festgesetzt, um dem Zuzug von Ketzern zu steuern, daß Niemand ohne obrigkeitliche Erlaubniß Fremde länger als drei Wochen beherbergen oder ihnen Land verkaufen dürfe.

Die Kirche beaufsichtigte in Massachusetts das ganze Leben. Wer in eine Schenkstube trat, wurde beobachtet, daß er nicht zu viel trank. Tanzen in Wirthshäusern, Karten- und Würfelspiel selbst in Privathäusern, Müßiggang und unnützes Umhertreiben, Kleiderputz waren bei strengen Strafen verboten. Wer Jemanden fluchen hörte und es nicht anzeigte, wurde mitbestraft. Besonders hart wurde Nichtheiligung des Sabbaths geahndet. Eine Zeit lang stand sogar Todesstrafe auf Sabbathschändung. Täglich wurden in den Familien mehrmals, desgleichen auch in den Kirchen Wochentags abends und Sonntags zwei- bis dreimal Andachten abgehalten. Das Zutrinken bei Tisch, das Tragen langen Haares, Tabakrauchen, das Kreuzzeichen, der Name Sonntag statt Sabbath, die Bezeichnung der Apostel und anderer Personen oder Orte mit Heilig (Saint) waren besonders verpönt.

Weit freiheitlicher war die bürgerliche Verfassung, welche die Kolonisten von Massachusetts sich gaben, wenngleich auch hier das religiöse Element mitsprach. Schon 1630 war das Bürgerrecht allen Geistlichen und angesehenen Leuten, 109 an der Zahl, ertheilt worden. Die Bürger wählten jährlich die Beisitzer des Governors, welche ihrerseits den Governor und seine Vertreter ernannten.*)

1632 nahmen die Bürger die unmittelbare Wahl auch des Governors in die eigene Hand. 1634, als die Kolonie schon 380 Bürger zählte, wurde, da die häufige Versammlung Aller zu schwierig war, beschlossen, jede Ortschaft fortan nur durch drei Abgeordnete vertreten zu lassen. Nur zu der Wahl des Governors sollten alle Bürger persönlich kommen oder besondere Vertreter schicken. Die Rechtsprechung, welche bis dahin die Beisitzer des Governors geübt hatten, wurde durch Geschworenengerichte ersetzt. Der Governor mit seinen Beisitzern sollte nur noch zweimal jährlich als Obergericht in Boston

*) 1631 wurde bestimmt, daß nur Mitglieder der puritanischen Gemeinden das Bürgerrecht erwerben könnten.

Sitzungen abhalten. Für außerordentliche Fälle war Berufung an die Generalversammlung offen gehalten. Ein Versuch der antirepublikanischen Geistlichen, neben der Generalversammlung eine Art Oberhaus mit lebenslänglichen Mitgliedern einzuführen, scheiterte an dem Widerstand der Bürgerschaft nach kurzer Zeit. Um aller Willkür der Behörden vorzubeugen, verlangten die Kolonisten auch schon früh Abfassung förmlicher Gesetze. Nach verschiedenen vergeblichen Berathungen wurden die Prediger Cotton und Ward zum Entwurf eines Gesetzbuchs aufgefordert. Die Arbeit des demokratisch gesinnten Ward fand 1639 den Beifall der Regierung und wurde die Grundlage von Berathungen der Deputirtenversammlungen. Nachdem auch noch sämmtliche Ortschaften sich über das Gesetzbuch geäußert hatten, wurde es probeweise als „body of liberties" drei Jahre lang eingeführt und 1648 nach nochmaliger Durchsicht gedruckt und in Kraft gesetzt. Diese Gesetzgebung war ebenso auf der Grundlage des englischen wie des altjüdischen Rechts, aber unter Berücksichtigung der örtlichen Bedürfnisse aufgestellt. Todesstrafe war auf Hochverrath, Aufstand, Mord, Todtschlag, Hexerei, Sodomiterei, Brandstiftung, Götzendienst, Gotteslästerung, Menschenraub, Ehebruch, Meineid, Mißhandlung der Eltern gesetzt. Einbruch und Straßenraub wurden mit Brandmarkung auf der Wange, beim zweiten Mal mit Auspeitschen oder auch Ohrabschneiden, beim dritten Mal mit dem Tode bedroht. Pranger, Klotz, Brandmarken, Auspeitschen standen auf viele Uebertretungen. Die kirchliche Eheschließung war verboten, da die Ehe ein rein bürgerlicher Vertrag sei; desgleichen die Feier des Weihnachtsfestes.

Die Ausgaben der Regierung wurden je nach dem Bedürfniß, anfänglich durch besondere Auflagen gedeckt. Regelmäßige Steuern sind erst 1645 eingeführt worden und zwar wurden damals eine jährliche Kopfsteuer von jedem über 16 Jahre alten Mann, sowie eine Vermögens- und Erwerbssteuer in Hebung gebracht. Sie konnten niedrig bemessen werden, da auch die Zölle und die gerichtlichen Strafen ansehnliche Summen abwarfen, und die jährlichen Ausgaben kaum 2000 Pfund Sterling überstiegen. Die höheren Beamten erhielten kein Gehalt, der Governor nur eine Beihülfe von 100 Pfund Sterling für besondere Ausgaben. Die Landesvertheidigung mußten die Kolonisten unentgeltlich besorgen. Jeder Mann über 16 Jahre außer den Geistlichen, Lehrern und Beamten mußte erst monatlich, später acht- oder viermal im Jahre sich zur Uebung einfinden. Die Offiziere wurden alle Jahre neu gewählt und erhielten ebenso wenig wie die Milizen Sold.

Eifersüchtig wachten die Bürger über ihrem Recht und suchten jeder zu großen Steigerung der Macht der Regierung vorzubeugen. Die Deputirten machten wiederholt sogar Versuche, die Beisitzer des Governors überhaupt zu beseitigen und ihre Geschäfte zu übernehmen. Nur der Mäßigung des jeweiligen Governors war es zuzuschreiben, wenn es nicht zu argen Zusammenstößen kam.

Viele Maßnahmen der Puritaner von Massachusetts erregten schon in den ersten Jahren der Kolonie Aufsehen in England. Nicht allein englische Ansiedler, die aus irgend welchen Gründen grausam bestraft worden waren, sondern auch Sir Ferdinando Gorges und andere Leute, die ihre Interessen verletzt erachteten, erhoben in London bittere Anklagen gegen die Machthaber von Massachusetts. Die Letzteren wußten sich indessen 1633 mit Hülfe einflußreicher Gönner so zu rechtfertigen, daß der König den Governor sogar seiner besonderen Gnade versicherte. Aber bald kamen neue Klagen; der Erzbischof Laud beschwerte sich über die Halsstarrigkeit dieser Sektirer, und die Regierung wurde angesichts der einen ganz ungeahnten Umfang annehmenden Auswanderung nach New England besorgt. Die Folge war ein Verbot der Auswanderung nach Amerika ohne besondere obrigkeitliche Erlaubniß. Es wurde außerdem die Leitung der amerikanischen Angelegenheiten einer Kommission, an deren Spitze der Erzbischof von Canterbury stand, übertragen. Diese neue Behörde forderte 1634 den Governor der Massachusetts-Company auf, die Charter zur Stelle zu schaffen und ihr vorzulegen, um dieses Privileg stark abzuändern oder aufzuheben.

Die Kolonie half sich damit, daß sie zunächst die Aufforderung, ihr Patent einzusenden, nicht beantwortete. Auf eine Mahnung hin entschuldigte sie sich damit, daß die General Courts noch nicht versammelt wären, ohne deren Beschluß nichts geschehen dürfe. Ein neuer Schritt der Kommission unterblieb, aber man wußte in Massachusetts, daß der König und seine Umgebung über das Verhalten der Bewohner der Kolonie entrüstet waren. Lange Zeit blieb man daher in Boston auch aufs Aeußerste von Seiten Englands gefaßt. Diese Befürchtungen schienen sich erfüllen zu sollen, als das Patent der New England-Company zurückgegeben und Sir Ferdinando

Gorges zum Governor-General ernannt wurde. Es verlautete nicht allein, daß ein starkes Schiff gebaut werde, um Gorges mit seinen Begleitern nach Amerika zu führen, sondern zugleich, daß der Generalstaatsanwalt einen Prozeß auf Nichtigkeitserklärung des Privilegs der Massachusetts-Company anhängig gemacht habe. Die gerade in England anwesenden Mitglieder der Company wurden vor Gericht geladen. Sie zogen sich aus der Sache, indem sie allen Ansprüchen entsagten. Die in Amerika befindlichen wurden darauf als außerhalb des Gesetzes stehend erklärt. Doch geschah nichts zur Ausführung des Urtheils und der Zuzug aus England nahm seitens der bedrückten Puritaner immer größeren Umfang an. Nun erfolgte Verbot der Auswanderung nach Amerika für Alle, welche nicht vorher dem König Treue schworen und sich der englischen Hochkirche unterwarfen. Dieser Eid wurde aber umgangen oder direkt gebrochen, so daß man deshalb 1638 eine ganze zum Absegeln fertige Flotte auf der Themse festhalten wollte. In demselben Jahre erging nach Massachusetts bestimmter Befehl, die Charter, welche aufgehoben sei, zurückzustellen. Die Bürgerversammlung weigerte sich, das zu thun. Sie schilderte in einer Eingabe an den König die Arbeiten und Verdienste der Ansiedler wie die Folgen einer Auflösung der Kolonie und bat, sie in der Wildniß ruhig leben zu lassen.

Die koloniale Kommission in England beruhigte in einem Antwortschreiben die Kolonisten. Man wolle ihre Freiheiten nicht antasten, sondern nur die Verhältnisse ordnen. Sie möchten daher das Aktenstück umgehend senden. Aber die Männer von Massachusetts blieben fest. Sie nahmen von diesem Brief, der ihnen nicht offiziell zuging, charakteristischerweise gar keine Notiz und behielten ihre Charter. Die Stürme, welche über die englische Regierung hereinbrachen, ließen ihr keine Zeit, auf die Angelegenheit zurückzukommen. Die Kolonisten waren über diese Wendung der Dinge so erfreut, daß sie nach dem Sieg des Parlaments, Aufforderungen aus London ungeachtet, sich mit keiner Bitte an diese ihnen damals sehr wohlgesinnte Körperschaft wandten, um nur möglichst unabhängig von England zu bleiben und der Gefahr jeder Einmischung in ihre Verhältnisse vorzubeugen!

Ebenso rasch wie Massachusetts hat das jüngere Connecticut sich entwickelt. Mitte der 30er Jahre wurden hier die ersten Ansiedelungen gegründet, und schon 1637 fand ein General Court in

Hartford statt. Es waren damals bereits gegen 800 Kolonisten an den Ufern des Connecticut ansässig. Was die zerstreuten Ansiedelungen so früh einigte, war die Gefahr, welche ihnen gemeinsam von den Indianern drohte. Es hausten in jenen Gegenden zwei mächtige Stämme, die Pequods und die Naraganſetter, welche zum Glück für die Engländer untereinander in bitterer Feindschaft lebten. Angehörige des ersteren Stammes hatten Leute von Massachusetts ermordet und zu einer allerdings ziemlich fruchtlosen Strafexpedition Anlaß gegeben. Aber gereizt dadurch, griffen nun die Pequods unaufhörlich die Farmer am Connecticut an und ermordeten sie oder schleppten sie ins Innere. Um dem ein Ende zu machen, wurde in Hartford ein Vernichtungskrieg beschlossen. Massachusetts und New Plymouth wurden aufgefordert, daran theilzunehmen. Die Pequods, welche bald von der ihnen drohenden Gefahr Kunde erhielten, suchten für den Kampf die Bundesgenossenschaft der Naragansetter zu gewinnen. Doch es kam ihnen der Besiedler von Rhode Island, Roger Williams, zuvor, der ungeachtet der ihm widerfahrenen Kränkungen die Naragansetter für die Weißen gewann und zum Abschluß eines Bundes gegen ihre Feinde, die Pequods, mit Massachusetts veranlaßte. Außer ihnen schlossen sich die Mohikaner unter Uncas den Engländern an. Unter Führung des Majors John Mahon griffen die Connecticuter, wenig über 70 Mann stark, die Pequods an, welche in zwei festen Verhauen die Feinde erwarteten. Trotzdem ein großer Theil der indianischen Hülfsvölker im letzten Augenblick Angst bekam und davonlief, fielen die Kolonisten in erster Morgenfrühe über den größten Verhau her, zündeten ihn an und machten die Bewohner nieder. In einer Stunde waren die 700 Pequods jedes Geschlechts und Alters, welche darin gewesen waren, bis auf fünf getödtet. Die Connecticuter kehrten nach diesem Siege nach Hartford zurück. Der Rest der Pequods im anderen Verhau beschloß, nachdem er die schreckliche Niederlage erfahren hatte, auszuwandern. Sie fielen aber den inzwischen angekommenen Milizen aus Massachusetts in die Hände, welche sie vollständig niedermachten. Mit welcher Grausamkeit verfahren wurde, beweist die Thatsache, daß der Führer der Massachusetter, ein Mitglied der Kirche von Boston, einmal 37 gefangene Indianer ertränken ließ! Die Mohawks erhielten das Land der Pequods zugetheilt und von ihnen erst kauften dann die Kolonisten Grundstücke. Die letzten Reste der Pequods wurden in den folgenden Jahren aufgerieben.

Die drei wichtigsten Niederlassungen am Connecticut: Windsor, Wethersfield und Hartford, schlossen bald nach Beendigung des Krieges eine nähere Vereinigung und gaben sich im Januar 1639 eine geschriebene Verfassung. Keinerlei auswärtige Herrschaft wurde darin anerkannt und keine der Beschränkungen des Bürgerrechts, wie sie in anderen Kolonien bestanden, übernommen. Jeder Weiße, der von den Mitbürgern zugelassen wurde, sollte Bürgerrecht ausüben. Governor und sechs Beisitzer sollten jährlich von den Bürgern gewählt werden. Der General Court wurde durch je vier Delegirte der drei Städte gebildet und wählte die höchsten Verwaltungs- und Gerichtsbeamten. Gehälter gab es nicht. Erst 1646 erhielt der Governor jährlich 30 Pfund Sterling Entschädigung für Auslagen.

Um dieselbe Zeit entstanden im Gebiete des Connecticut noch zwei selbständige Ansiedelungen. Die eine, Saybrook genannt, wurde an der Mündung des Flusses durch einige Lords gegründet, welche ein königliches Patent für jene Gegenden besaßen. Der Ort führte einige Jahre hindurch ein bescheidenes Dasein und wurde schon 1645 mit dem übrigen Connecticut durch die Gründer verschmolzen. Die zweite selbständige Kolonie legten englische Auswanderer an, welche eigentlich nach Massachusetts abgereist waren, aber sich von den dortigen religiösen Strömungen abgestoßen gefühlt hatten. Ihr Führer war ein berühmter puritanischer Prediger, Davenport. Er rief die Ansiedelungen von New Haven ins Leben und schuf hier 1639 das Musterbild eines puritanischen Staatswesens. Nur Mitglieder der Kirche erhielten hier Bürgerrecht. Sie wählten einen Ausschuß von zwölf Männern, und diese ernannten aus ihrer Mitte sieben „Pfeiler des Hauses der Weisheit", welche unbeschränkte Gewalt ausüben durften. Die Bibel sollte einziges Gesetzbuch sein. Von Geschworenengerichten war keine Rede. Der Governor war oberster Richter. In diesen patriarchalischen Einrichtungen gedieh die Kolonie aufs beste und gründete immer neue blühende Dörfer am Meeresufer auf Long Island. Langsamer war die Entwickelung Rhode Islands, welches ausschließlich durch religiöse Flüchtlinge besiedelt wurde. Der ersten Kolonie von Roger Williams, Providence, welcher sich Anne Hutchinson und ihre Freunde anschlossen, folgte die Gründung von Newport und später von Warwick. Alle drei Ansiedelungen waren ohne jeden anderen Rechtstitel als die Abtretung von Landstücken durch die Indianer gegründet. Sie hatten viel von Massachusetts und New Plymouth zu leiden, welche das Gebiet beanspruchten, und wurden in ihrem Gedeihen auch durch Zwiste der Kolonisten untereinander beeinträchtigt. Um eine festere Grundlage zu gewinnen, ging 1643 Roger Williams in ihrem Namen die englische Regierung um eine Charter an. Das Parlament hatte unterm 2. November 1643 eine oberste Kolonialverwaltung geschaffen. Sie bestand aus 5 Pairs und 12 Mitgliedern des Unterhauses. Den Vorsitz führte Graf Warwick. Diese Körperschaft ertheilte den Ansiedelungen auf Rhode Island und in Providence unterm 14. März 1644 das erbetene Patent für das Gebiet der Naragansett-Bay. Die Kolonisten erhielten durch das Aktenstück das Recht, nach ihrem Belieben die Regierung des Landes einzurichten. Nur Verletzung der englischen Rechtsnormen sollten sie vermeiden.

Die Kolonie New Hampshire am Piscataqua hat, während die anderen New England-Staaten so rasche Fortschritte machten, sich nur unbedeutend entwickelt. Es standen hier die Ansprüche verschiedener Personen, denen der König oder die New England-Company Land verliehen hatten, hindernd im Wege, und die Ansiedelungen konnten nicht vorwärts kommen. Erst als sie sich 1641 an Massachusetts anschlossen, brach eine andere Zeit für sie an. Die Behörden von Massachusetts, die schon längst ihre Blicke auf den Piscataqua geworfen hatten, organisirten sofort das Land und nahmen den Ansiedlern den Treueid ab. Die verschiedenen Grundherren ließen die Verschmelzung willig geschehen, da sie sich unfähig fühlten, ihrerseits etwas in New Hampshire auszurichten.

Am unbefriedigendsten war der Stand der Dinge in Maine, dem nördlichsten Theile New Englands. Die verschiedenen Ansiedelungen, welche hier theils auf Veranlassung von Sir Ferdinando Gorges, theils durch Leute, die Land von Indianern kauften, gemacht waren, entbehrten lange jedes Zusammenhangs und jeder Regierung. Erst 1636 erschien der Kapitän William Gorges als Deputy-Governor im Lande, welches den Namen New Somersetshire erhielt, und schuf eine Organisation der verschiedenen Kolonien. 1640 sandte Sir Ferdinando Gorges einen Verwandten als Deputy-Governor und begann nach Maßgabe seines Privilegs von 1639 zu regieren. General Courts wurden abgehalten und eine Reihe Beamter mit pomphaften Titeln in der Kolonie eingesetzt. Bald aber fand sich Gorges außer Stande, für das Land weiter zu sorgen. Er focht im Königlichen Heer gegen das Parlament und wurde 1645 gefangen gesetzt. In Maine beschlagnahmte man alsbald all seinen Besitz, um seine Gläubiger zu befriedigen, und wählte an Stelle seines abgereisten Deputy-Governor einen Kolonisten Richard Vines für diesen Posten. Nicht genug damit, machte jetzt ein Mitglied des Parlaments, Alexander Rigby, der ein älteres Privileg auf Maine gekauft hatte, Gorges den größten Theil der Kolonie überhaupt streitig. 1646 wurde ihm nur das Gebiet Lygonia, von Casco bis Cape Porpoise zugesprochen. Im folgenden Jahr starb Gorges und seine Erben kümmerten sich um die Kolonie nicht weiter. Der westliche Theil derselben schuf sich daher eine selbständige Verwaltung und vereinigte sich nach einigen Jahren mit Massachusetts. Der Rest blieb unter Rigbys Regierung bis zu seinem Tode 1650, dann gliederte er sich ebenfalls Massachusetts an.

Als diese Ausdehnung von Massachusetts nach Norden stattfand, hatten die Verhältnisse in den New England-Staaten einen entscheidenden Umschwung erfahren. Die Gefahren, welche von verschiedenen Seiten und besonders von den Indianern drohten, hatten in mehreren dieser Kolonien den Wunsch noch engerem Zusammenschluß erweckt. Schon 1637, nach Beendigung des Krieges gegen die Pequods, bei welchem mehrere Kolonien zusammengewirkt hatten, regte Connecticut ein dauerndes Bündniß an. Damals konnten aber die Vertreter von New Plymouth nicht rechtzeitig zusammenberufen werden, und erst 1638 fanden ernstliche Verhandlungen statt. Sie scheiterten, weil Connecticut aus Eifersucht gegen Massachusetts jedem der Bundesglieder ein unbedingtes Vetorecht sichern wollte. Doch die Gefahren, welche von Seiten Hollands, Frankreichs und der Indianer drohten, ließen den Einigungsgedanken nicht einschlafen. Am 19. Mai 1643 wurde zu Boston zwischen Massachusetts, New Plymouth, Connecticut und New Haven ein Bündniß geschlossen, und die vier Staaten nahmen die Bezeichnung: Vereinigte Kolonien von New England an. Rhode Island, welches gern an dem Bund theilgenommen hätte, wurde nicht zugelassen, da verschiedene Theile seines Gebietes von den anderen Kolonien in Anspruch genommen wurden.

Jede der vier Kolonien, welche damals 39 Ortschaften mit 24 000 weißen Bewohnern zählten, behielt volle Freiheit in der inneren Gesetzgebung und Verwaltung. In Fragen der äußeren

Politik verpflichteten sie sich dagegen, nur gemeinsam vorzugehen. Es wurde ein Board von acht Commissioners, für jede Kolonie zwei, gebildet, welcher alljährlich am ersten Montag im September sich wechselweise in einer der Kolonien versammeln sollte, außer wenn besondere Ereignisse schnelle Berathungen nöthig machten. Falls der Board in einer Frage keine Einigung erzielte, sollte sie den General Courts der verschiedenen Staaten unterbreitet werden. Die Kosten wurden von den Kolonien nach Maßgabe ihrer Volkszahl getragen. Im Kriegsfall sollte Massachusetts 100, und jede der anderen 45 Mann stellen. Massachusetts, welches bei Weitem die größte Bevölkerung und den bedeutendsten Wohlstand besaß, trug somit größere Lasten, hatte aber nicht mehr Stimme als die anderen Staaten.

Das Bündniß erregte in England Mißtrauen. Man argwöhnte darin einen Versuch, die Herrschaft des Mutterlandes überhaupt abzuschütteln. In Amerika erwarb die Vereinigung der vier Kolonien ihnen neues Gewicht. Sowohl die benachbarten Holländer als Engländer suchten ihre Freundschaft. Die Indianer ferner, mit denen verschiedene Streitigkeiten schwebten, wagten nicht, gegen die vereinten Weißen aufs Neue die Waffen zu ergreifen, und hielten sich lange Jahre hindurch ganz still.

Mit der Sicherheit, welche der Bund den Kolonien gegen äußere Angriffe bot, wuchs ihr Selbstbewußtsein und ihre Abneigung, sich von England aus Eingriffe gefallen zu lassen. Als die unter Warwicks Vorsitz eingerichtete englische Kolonialkommission im Hafen Bostons 1644 ein Königliches Schiff beschlagnahmen ließ, erregte das Anstoß in der Kolonie und die gesetzgebende Versammlung entschloß sich nur deshalb nicht zu einem Einschreiten, weil sie auf Seiten des Parlaments stand. Man fühlte sich damals schon in Massachusetts England gegenüber als ein ziemlich unabhängiger Lehensstaat, etwa wie Flandern gegenüber Frankreich oder die Hansen dem Reich. Wenn nicht alle Kolonisten volle Unabhängigkeit verlangten, war das nur eine Folge des engherzigen und gewaltsamen Regierungssystems der puritanischen Geistlichkeit. Diese schlossen alle Nichtpuritaner von Bürgerrecht, Theilnahme an der Regierung und selbst von der Taufe aus und erregten solche Unzufriedenheit, daß es gelegentlich zu Unruhen kam. Die Unzufriedenen verlangten religiöse und politische Gleichberechtigung und drohten mit Klagen in England. Sie wandten sich auch trotz energischen Einschreitens der Bostoner Behörden an das Parlament, wo andere Feinde der Kolonie gleichfalls gegen sie thätig waren. Doch gelang es ihnen nicht, dort viel durchzusetzen, da das Parlament damals andere Sorgen hatte und Massachusetts seine Sache in London auch energisch vertreten ließ.

Die gesetzgebende Versammlung von Boston lehnte jede Einmischung des englischen Parlaments ab. „Ein Befehl von England“, schrieb sie ihm, „läuft unseren verbrieften Rechten zuwider, ebenso wie unserem Wohlergehen in diesem abgelegenen Theile der Welt. Die Zeiten können sich ändern, denn Alles auf Erden ist eitel und andere Könige und Parlamente können kommen. Gebt dann nicht späteren Geschlechtern Ursache zu der Klage, daß England die Väter mit gesegneten Freiheiten herübersandte, die sie trotz Feindseligkeit der Prälaten und anderer mächtiger Gegner genossen, und daß sie diese Freiheiten verloren zur Zeit, als England die seinige erkämpfte! Wir haben alle Gefahren des Meeres überstanden, sollen wir im Hafen untergehen? Wir haben Berufungen an Euere Autorität nicht zugelassen, da wir sie für unvereinbar mit der Freiheit und Macht, die unsere Charter uns giebt, halten und glauben, daß sie jeder Regierung verderblich wären. . . . Die Weisheit und die Erfahrung des großen Rathes, des englischen Parlaments, sind mehr dazu angethan, Regierungsregeln aufzustellen und Urtheile zu fällen, als wir armen in der Wildniß aufgewachsenen Bauern. Aber die weite Entfernung zwischen England und hier macht das wieder zunichte. Euer Rath und Urtheil kann nicht so gut begründet und so gut angewendet werden, daß es uns nützlich und bei der großen Rechtfertigung am letzten Tage zu Euern Gunsten auszulegen wäre. Trifft uns dagegen ein Mißgeschick, wenn wir selbst die Regierung in den Händen haben, so ist England dafür nicht verantwortlich.“ In demselben Sinn sprach der Vertreter der Kolonie in London. Er erklärte es geradezu für eine Verletzung der Bürgerrechte der Kolonisten, wenn das Parlament, in dem sie nicht vertreten seien, ihnen Gesetze auferlegen wollte. — Die Freunde der Amerikaner im Parlament setzten durch, daß diese Anschauung stillschweigend als richtig anerkannt wurde. 1647 erklärte die Kommission, daß man Berufungen gegen die Entscheidungen der Kolonien nicht ermuthige und ihnen alle Rechte und Freiheiten lasse. Ungestört konnten die vier vereinigten Kolonien ihre puritanische Kirchenverfassung weiter ausbauen und 1648 durch die Platform of Cambridge für lange Zeit festlegen.

Auch einige spätere Einmischungen von England in die Angelegenheiten der Kolonie wurden bestimmt abgelehnt. Gegen eine Proklamation des Parlaments, welche New England mit den anderen Kolonien auf eine Stufe stellte und die Ernennung von Governors und Commissioners in Aussicht nahm, erhob Massachusetts lauten Einspruch. Das 1651 vom Parlament gestellte Ansinnen, die Charter einzusenden und von ihm eine neue entgegenzunehmen, erfüllte es ebenso wenig wie die Aufforderung, in seinem Namen die Regierung und Rechtsprechung zu üben. Auch auf Vorschläge Cromwells, Ansiedler von Massachusetts nach dem verödeten Irland zu senden und 1655 die Bewirthschaftung und Besiedelung des eben eroberten Jamaika zu übernehmen, ließ man sich in Boston nicht ein. Das Unabhängigkeitsgefühl und der Wunsch, von der heimischen Regierung in Ruhe gelassen zu werden, war hier so ausgesprochen, daß man im Gegensatz von Connecticut und New Haven, wo der Wunsch bestand, die Holländer aus der Nachbarschaft zu vertreiben, selbst in dieser Frage von englischer Einmischung nichts hören wollte. 1652 ging man schon so weit, eigenes Geld in Boston zu prägen, obwohl die Charter das Recht hierzu nicht gab. Die Einverleibung Maines ohne alle Rücksicht auf andere Rechte legt ebenfalls von dem Selbstgefühl der Kolonie um die Mitte des 17. Jahrhunderts Zeugniß ab.

Leider starben damals die kraftvollen und bei allem Fanatismus doch weitsichtigen Gründer und Leiter der Kolonie allmählich aus und engherzige Geister traten an ihre Stelle. Sie haben die Geschichte von Massachusetts durch mehrere traurige Blätter entstellt. Wiederholt wurden alte Frauen als Hexen gehängt. 1656 traf sogar die Wittwe eines Beisitzers des Governors dieses Schicksal. Nicht minder lebhaft wurden neu auftauchende religiöse Sekten verfolgt. Schon die Regungen der Baptisten wurden durch Verbannung, Haft und Geldstrafen unterdrückt. Als nun gar zu Anfang der 50er Jahre die Quäker auftauchten, wurde eine eigene Gesetzgebung gegen sie und jeden Begünstiger der Sekte geschaffen. Sie wurden mit Auspeitschen und Ohrabschneiden, Durchbohren der Zunge mit glühendem Eisen und bei wiederholtem Betreffen sogar mit dem Tode bedroht. Allerdings forderten diese Sektirer durch ihren unglaublichen Fanatismus, Verachtung jeder Obrigkeit und Verhöhnung aller Ordnung die Kolonisten hier wie anderwärts geradezu heraus, doch ist man in den anderen New England-Staaten mit der Verfolgung gegen sie nie so weit gegangen wie hier, wo wiederholt Männer und Frauen, wegen ihrer Zugehörig- zu der Sekte, hingerichtet wurden.

Dem politischen Umschwung in England nach dem Tode Oliver Cromwells gegenüber verhielt sich Massachusetts ebenso kühl abwartend wie früher. Einerseits entsprang das dem stets regen Wunsche, möglichst wenig mit dem Mutterland zu thun zu haben, andererseits hoffte man wohl, daß doch noch der Wiedereinführung der Monarchie ernste Hindernisse erwachsen würden. Während die anderen New England-Staaten schleunigst Charles II. huldigten, verhielt man sich in Boston abwartend. Mußte dieses Verhalten schon den König verstimmen, so wurde seine Stimmung gegen Massachusetts natürlich nicht gebessert durch zahlreiche Beschwerden, die von den Quäkern, von den geschädigten früheren Besitzern Maines und New Hampshires und Anderen gegen diese Kolonie am Hofe vorgebracht wurden.

Charles II. gab jedoch seiner Stimmung zunächst keinen Ausdruck. Ein in schwülstigen Ausdrücken abgefaßtes Huldigungsschreiben der Bostoner, in dem Bestätigung der bisherigen Rechte und Freiheiten erbeten wurde, beantwortete er in gnädiger Weise. Er verlangte lediglich Einstellung der Verfolgung der Quäker und Sendung von Delegirten zur Beantwortung der gegen die Kolonie vorliegenden Klagen. Nur mittelbar bewies er Massachusetts seine Ungnade, indem er Connecticut und Rhode Island mit Gnaden überhäufte. Ersteres erhielt 1662 eine sehr weitgehende Charter. Connecticut bekam dadurch das Recht vollständig selbständiger Regierung, Beamtenernennung und Rechtspflege. Jede Berufung an England war darin ausgeschlossen. Es wurde ihm außerdem das Gebiet von New Haven, dessen demokratischer Geist dem König mißfiel, zugetheilt. Ein ganz ähnliches Privileg verlieh der König 1663 den Ansiedlern von Rhode Island und Providence. Dieses Aktenstück erhielt ein besonderes Interesse durch die ausdrückliche Untersagung jeder Belästigung eines Kolonisten wegen Glaubenssachen. New Plymouth ging leer aus. Es hatte weder Mittel, besondere Agenten nach London zu schicken, noch dort sich Gönner zu erwerben.

Die Abgesandten von Massachusetts fanden trotz des Königs Stimmung freundliche Aufnahme. Sie erhielten ein Schreiben des

Monarchen, in dem den Kolonisten volle Verzeihung für alle Vergehen zugesagt und Bestätigung ihrer Freiheiten sowie Erneuerung ihrer Charter in Aussicht gestellt waren. Charles II. verlangte lediglich Widerruf der mit seiner Autorität in Widerspruch stehenden Gesetze und Ablegung des Huldigungseides, ferner Rechtspflege in seinem Namen, Gewissensfreiheit für Mitglieder der Hochkirche, Zulassung aller anständigen Leute zum Abendmahl und ihrer Kinder zur Taufe, endlich Ertheilung des Bürgerrechts an alle wohlhabenden und anständigen Männer. Obwohl diese Forderungen an sich billig waren, erregten sie in Boston große Unzufriedenheit. Man sah darin eine Einmischung des Königs in die verbrieften Rechte und Freiheiten der Kolonie. In einzelnen Orten weigerte man Veröffentlichung des Briefes. Die Abgesandten wurden beschuldigt, den „Grundstein zur Vernichtung aller Freiheiten gelegt" zu haben. Die Bürgerversammlung führte nur die Rechtsprechung im Namen des Königs ein. Die übrigen Punkte ließ sie zunächst durch einen Ausschuß berathen. Schließlich wurden sie auch eingeführt, aber in einer Weise, die den Absichten Englands nicht entsprechen konnte. Das Bürgerrecht z. B. durften außer Kirchenmitgliedern nur Leute in Anspruch nehmen, die außer der Kopfsteuer noch mindestens 10 Schilling in einem Steuersatz entrichteten! Das war kaum bei 3% der Kolonisten der Fall. Statt aufgeklärter und toleranter zeigten sie sich immer fanatischer. Die Mißstimmung auf beiden Seiten wuchs. Die Schifffahrtsakte und ihre Verschärfungen erregten in Massachusetts wie in den anderen New England-Staaten sehr böses Blut. In England aber tauchten Gerüchte auf, daß die Kolonien ein Heer unter Führung einiger dort versteckter geflüchteter Richter des Königs Charles I. sammelten und sich loslösen wollten. Man entschloß sich hier 1664, in aller Stille bei Anlaß der Expedition gegen die Holländer in Neu-Amsterdam (New York) eine Untersuchungskommission nach Boston zu senden.

Das Gerücht hiervon drang bald nach Massachusetts. Nichts Gutes ahnend, verbarg man sofort die Charter und verbot die Landung von Truppen. Auch Bet- und Fasttage wurden nach puritanischer Sitte zur Stärkung der Gemüther abgehalten. — Im Juli 1664 erschien die gegen die Holländer bestimmte Flotte in Boston. Auf ihr befanden sich vier Königliche Kommissare, an ihrer Spitze der Oberst Nicholls. Sie sollten untersuchen, in welcher Weise die Charters der New England-Staaten ausgeführt worden waren, und Frieden stiften. Obwohl die Kommission freundlich auftrat und vor der Hand in die Angelegenheiten der Kolonie nicht eingriff, erregte ihr Erscheinen Entrüstung. Schleunigst wurden die General-Courts berufen und berathen, was zu thun sei. Die Kommissare sollten, verlangte die Versammlung, ihr die Königliche Instruktion vorlegen. Sie brachten indessen nur den Theil zum Vorschein, der sich auf den Krieg gegen die Holländer bezog, und erklärten, den Rest nach der Rückkehr vorlegen zu wollen. Sie segelten alsdann ab und führten rasch und unblutig die Wegnahme der holländischen Besitzungen aus. Nachdem sie damit zu Ende gekommen waren, gingen sie zunächst nach Connecticut, um die Verhältnisse zu untersuchen. Man nahm sie hier kühl, aber willig auf. Klagen von Belang wurden nicht vorgebracht. Die Connecticuter erhielten daher einen vortheilhaften Grenzvertrag mit den Besitzungen des Herzogs von York und wurden der Gegenstand eines sehr günstigen Berichts nach London. — Auch in New Plymouth ging Alles glatt. Man war hier so arm, daß man die Leute zwingen mußte, die Rechte und Lasten des Bürgerrechts zu übernehmen. Die Kommissare boten der Kolonie an, auf ihre eigenen Kosten die dortige Charter erneuern zu lassen, falls sie dafür einen von ihnen vorzuschlagenden Governor wählen wollten. Man zog jedoch in New Plymonth vor, dafür zu danken und Alles beim Alten zu lassen.

In Rhode Island, wohin sich die Kommissare nunmehr wandten, benutzten verschiedene Leute, welche durch die Bostoner bedrückt und geschädigt worden waren, die Gelegenheit, ihren Klagen gegen Massachusetts freien Lauf zu geben. Die Kommissare hätten am liebsten einen Theil des Gebietes von Rhode Island, das Massachusetts beanspruchte, zum Besitz des Königs erklärt. Doch war Nicholls dagegen.

Inzwischen hatte man in Massachusetts erstens verboten, vor die Kommissare irgend eine Klage oder Beschwerde zu bringen, zweitens Aufstellung von 200 Mann gegen die Holländer beschlossen und drittens eine neue Bittschrift an den König abgesandt. Es hieß darin: „Die ersten Begründer dieses Pflanzstaates haben ein Patent erhalten, worin volle und unbedingte Freiheit der Regierung aller Kolonisten durch von ihnen gewählte Männer und nach Gesetzen, die sie selbst aufstellen, verbürgt ist. Eine Königliche Schenkung unter dem großen Siegel ist die größte Sicherheit, welche in menschlichen

Dingen zu erlangen ist. Unter der Ermuthigung und im Vertrauen auf die Königliche Charter haben die Kolonisten sich mit Weibern und Kindern auf eigene Kosten über den Ocean begeben, haben Land von den Eingeborenen gekauft und mit großer Mühe, Gefahr, Kosten und Schwierigkeiten diesen Pflanzstaat gegründet. Lange Zeit haben sie mit allen Mängeln einer Wildniß und den Lasten einer neuen Pflanzung sich abgequält, aber über 30 Jahre lang dabei das Privileg der Selbstregierung als ihr unzweifelhaftes Recht vor Gott und Menschen genossen. Die Regierung durch Männer unserer eigenen Wahl und nach selbstgemachten Gesetzen ist das grundlegende Privileg unseres Patents!" Die Sendung der Königlichen Kommission, in der noch dazu ein entschiedener Feind der Kolonie sitze, verletze dieses Recht. Sie zwinge die Kolonisten entweder zur Auswanderung oder werde die Kolonie durch Vernichtung alles Unternehmergeistes ruiniren. Der König werde damit seiner Einkünfte beraubt werden und es dürfte schwer halten, neue erfolgreichere Ansiedler zu finden, da das Land arm sei und ohne harte Arbeit und große Anspruchslosigkeit nichts bringe. „Gott weiß", hieß es am Ende, „unser größter Ehrgeiz ist, ein ruhiges Leben in einem Winkel der Welt zu führen. Wir kamen in diese Wildniß nicht, um große Dinge für uns selbst zu suchen, und wenn Jemand nach uns deshalb kommt, wird er enttäuscht werden. Wir halten uns selbst in unseren Grenzen und es ist unseren Herzen fern, eine gerechte Abhängigkeit und Unterwerfung unter Euer Majestät gemäß unserer Charter verleugnen zu wollen. Wir würden freudig Alles, was in unseren Kräften steht, thun, um die Fortdauer Euerer Gnade zu erkaufen. Aber es ist ein großes Unglück für uns, daß von uns kein anderes Zeugniß für unsere Loyalität gewünscht wird als der Verzicht auf unsere Freiheiten, die uns weit theurer als unser Leben sind. . . . . Ein armes Volk, ohne äußere Reichthümer, Gunst und Macht schreit zu seinem Herrn, dem König. Möge Euer Majestät seine Sache erwägen und sein Recht erhalten. Es wird das ein dauerndes Ehrenmal für künftige Geschlechter bleiben." Die Petition wurde durch Schreiben an verschiedene einflußreiche Große, unter Anderen an Lord Clarendon, begleitet.

Die Kommission erschien Anfang 1665 in Boston auf dem Wege nach Plymouth und lud alle männlichen Bewohner der Kolonie zu einer Versammlung am nächsten Wahltag, trotzdem die Kolonialverwaltung das für unthunlich erklärte. In der That wurden auch nur wie üblich Delegirte zur Generalversammlung erwählt und nach Boston geschickt, wo sich auch die Kommissare bald einfanden. Die Kolonisten, deren Governor damals Bellingham war, waren entschlossen, keine andere Untersuchung zu dulden als eine darüber, ob sie sich mit ihren Gesetzen und Einrichtungen in den Grenzen der Charter gehalten. Die Versammlung verlangte daher auch zuvörderst wieder von den Königlichen Kommissaren Vorlage ihrer Instruktion. Dies wurde verweigert. Die Beamten brachten ihre Wünsche immer nur einzeln vor. Sie verlangten zunächst Auseinandersetzung über die streitigen Gebiete von Maine und Rhode Island, rügten die Aufnahme der seinerzeit aus England geflüchteten Richter des Königs Charles I. sowie Verletzungen der Schifffahrtsakte und forderten Vorlage des Gesetzbuchs und Darlegung des zur Bekehrung der Indianer Geschehenen. Ueber alles dies ließ sich die Versammlung zu aufklärenden oder entscheidenden Antworten herbei. Als aber die Kommissare Miene machten, zwei Maßnahmen der Kolonie in Untersuchung zu ziehen, legte die gesetzgebende Versammlung entschiedene Verwahrung ein und berief sich auf ihre Rechte. Die Kommission lud nun Governor und Beirath als Angeklagte vor sich. Die Versammlung antwortete durch ein von Herolden verkündetes Verbot, den Befehlen der Kommission zu gehorchen. Die Letztere, der keine Macht zur Seite stand, brach darauf die Verhandlungen ab. Sie verlangte Veröffentlichung des Königlichen Schreibens auf die letzte Petition, welches die entschiedene Mißbilligung des Monarchen aussprach und Aenderung von etwa 26 meist unwichtigen Punkten im Gesetzbuch. Dann reisten die Kommissare nach Norden ab, um an Ort und Stelle den Streit um den Besitz Maines und New Hampshires zu regeln. Trotzdem die Bostoner auch hier das Abhalten von Versammlungen und die Erfüllung der Anordnungen der Kommission verboten, hatte Letztere mehr Erfolg. Die Anhänger von Massachusetts waren in diesen Gegenden spärlich. Die Orte setzten hier die von Boston aus ernannten Beamten ab und unterwarfen sich dem König.

Charles II. war begreiflicherweise über den Gang der Sache hochlichst unzufrieden und sah wie seine Berather in dem Widerstand der Kolonie gegen seine Kommission eine Verletzung seiner Königlichen Rechte. Er berief 1666 die Kommissare zum Bericht nach England und forderte gleichzeitig Massachusetts auf, vier bis fünf Vertreter, darunter den Governor, zur Rechtfertigung des beobachteten Verhaltens nach London zu schicken. Er selbst wolle alle Klagen prüfen. Das Schreiben wurde der Generalversammlung vorgelegt, wo es nicht an Stimmen fehlte, die zum Gehorsam mahnten. Noch mehr Stimmung hierfür war unter den Kolonisten außerhalb der Versammlung. Aber der persönlich nach London geladene Governor und die anderen Wortführer fühlten keine Neigung, sich freiwillig in die Gewalt des Königs zu begeben. Nach langen Berathungen und Gebeten entschloß man sich, nur an den Staatssekretär zu schreiben: man habe durch einen Kommissar ein angebliches Königliches Schreiben erhalten, dem Aufschrift und Siegel gefehlt hätten. Da seine Herkunft nicht sicher und sie die Gründe ihres Verhaltens schon früher in London dargelegt hätten, verzichteten sie auf die Sendung von Deputirten! — Kurz darauf stellten die Bostoner mit Waffengewalt ihre Herrschaft in Maine und New Hampshire wieder her. Eine weitere Anordnung des Königs, Truppen und Schiffe gegen die Franzosen, mit denen ein neuer Krieg ausgebrochen war, zu rüsten und Canada anzugreifen, wurde nicht ausgeführt. Man begnügte sich mit Vorkehrungen zur Vertheidigung der Kolonie.

Und wieder begünstigte das Glück die Puritaner bei dieser offenen Herausforderung der englischen Regierung. Der größte Theil der gegen sie nach London geschickten Klagen ging unterwegs mit den sie tragenden Schiffen unter. Ein Kommissar starb; der fähigste von ihnen fiel den Holländern in die Hände und wurde aller Papiere beraubt! Dazu verhinderte der Krieg, in den England damals verwickelt war, den König, die Angelegenheit weiter im Auge zu behalten. Die Bostoner ließen es auch nicht an Schritten fehlen, um seine Gunst in anderer Weise wieder zu gewinnen. Sie sandten ihm eine ganze Ladung von Masten, deren Fracht allein 1600 Pfund Sterling kostete, verproviantirten die westindische Flotte, nahmen die vor den Franzosen aus St. Christophers flüchtenden Engländer auf und sandten bedeutende Summen gelegentlich einer großen Feuersbrunst in London zur Hülfe dahin. Charles II. bewahrte zwar seinen Groll, aber Sorgen der inneren und europäischen Politik, Hofintriguen u. s. w. hielten ihn ab, weitere Schritte in Amerika zu thun. Das Privy Council und der von ihm errichtete Board of Commissioners for Trade and Plantations erörterten wiederholt Maßnahmen, aber man überschätzte die Macht der New England-

Kolonien und fürchtete, sie zu einem offenen Aufstand zu treiben. Daher geschah auch kein nachdrücklicher Schritt, um die genaue Beobachtung der Schifffahrtsgesetze, worauf die englischen Kaufleute und Rheder oft drangen, zu erzwingen. Man trieb in Boston ohne Rücksicht auf sie direkten Handel nach allen Ländern, und mehr und mehr blühte New England empor.

1675 zählte das ganze New England etwa 55 000 weiße Bewohner. Davon entfielen auf Massachusetts vielleicht 22 000, Plymouth 7000, Connecticut 14 000, Maine, New Hampshire, Rhode Island je etwa 4000. Armuth und gar Bettelei waren in diesen Staaten unbekannt. Es gab noch keine großen Reichthümer, aber ein bescheidener Wohlstand war allgemein. New Plymouth war auch damals wegen seines nicht fruchtbaren Bodens das wenigst entwickelte. Seine vierzehn Gemeinden waren theilweise nicht bemittelt genug, um einen eigenen Geistlichen zu besolden. Rhode Island machte ebenfalls keine großen Fortschritte, aber weniger wegen natürlicher Hindernisse als wegen der Schlaffheit seiner Regierung. Trotz aller Bemühungen des Gründers Roger Williams erwarben hier die Quäker großen Einfluß. Der Streit, welcher sowieso hier mit New Plymouth und Massachusetts wegen des Besitzes gewisser Gebiete herrschte, wurde dadurch noch verbittert. — Am raschesten und erfolgreichsten ging die Entwickelung von Connecticut und Massachusetts vor sich. Letzteres wußte die Kolonisten von Maine und New Hampshire immer mehr mit seiner Herrschaft auszusöhnen und enger heranzuziehen. Boston hatte gegen 7000 Bewohner. Eine von allen New England-Staaten freigebig unterstützte höhere Schule zu Cambridge sorgte für die Bildung der Jugend. Eine besondere Abtheilung beschäftigte sich mit Erziehung junger Indianer. Es gab mehrere Buchhandlungen und eine Druckerei im Lande.

Je weiter aber die Ansiedelungen und Pflanzungen von dem Küstengebiete aus sich ins Innere ausdehnten, um so zahlreicher wurden Reibungen mit den Eingeborenen. Die Zahl der letzteren in New England wird für jene Zeit auf kaum 30 000 angenommen. Von ihnen kamen auf Massachusetts und New Plymouth vielleicht 8000, Maine und New Hampshire zusammen 7000. — Die Kolonisten haben in den ersten Jahrzehnten, wie geschildert, sie in Güte und später mit Gewalt so weit von der Küste weggedrängt, um genügend Ackerland zu bekommen, sich sonst aber wenig um sie bekümmert. Von ernstlicher Mission unter ihnen war nicht die Rede. Erst 1647 begann ein Prediger Eliot das Christenthum unter ihnen zu predigen. Er gab die Veranlassung, daß Massachusetts gesetzliche Vorschriften hierfür erließ, und nahm nach Erlernung ihrer Sprache das Bekehrungswerk selbst in die Hand. Auf einem von der Regierung ihm überlassenen Grundstück am Charles-Fluß gründete er eine Ansiedelung, Natick, für die bekehrten Indianer — praying Indians, wie sie genannt wurden. Die Verfassung, welche er dem Orte gab, war ganz den altjüdischen Einrichtungen nachgebildet. Zur Erhaltung der Lehrer und Aeltesten mußten sie den Zehnten zahlen, obwohl die Puritaner sonst diese „papistische" Einrichtung grundsätzlich abgeschafft hatten. Dem ersten Orte folgten bald weitere, ähnlich eingerichtete. 1660 gab es schon 10 solcher Dörfer, 1675: 14 in Massachusetts. Die Zahl ihrer Bewohner war aber sehr gering. Sie überstieg im letztgenannten Jahre nicht 1100. Unterstützung von den Kolonien wurde Eliot fast gar nicht zu Theil, und nur wenige Geistliche folgten seinem Beispiel. Er mußte Alles aus eigener Kraft thun. Aber er war so unermüdlich, daß er alle Hindernisse überwand. Er verfaßte eine indianische Grammatik, übersetzte die Bibel und zog eingeborene Lehrer und Geistliche heran. Nur aus England kam mit der Zeit Unterstützung. Hier wurde eine Gesellschaft für Verbreitung des Evangeliums gegründet und 1649 durch das Parlament mit Korporationsrechten ausgestattet, welche Mittel zur Gründung von Schulen schickte und sonst die Mission förderte.

In New Plymouth wirkte ein Prediger Bourne in demselben Sinne und bekehrte einige Hundert Indianer. Besondere Erfolge erzielte endlich das Bekehrungswerk auf den beiden kleinen Inseln Marthas Vineyard und Nantucket, wo fast alle Indianer Christen wurden. — Gewaltthaten gegen die Eingeborenen waren im Allgemeinen selten und wurden hart bestraft. Land durfte von ihnen nur gegen Zahlung erworben werden. Der Branntweinhandel war möglichst eingeschränkt, und der Verkauf von Feuerwaffen und Munition war anfänglich ganz verboten. Als die Holländer und Franzosen ihn lebhaft betrieben, wurde er später erlaubt, aber wenigstens mit hohen Abgaben belegt.

Von allen Stämmen New Englands hielten die Pokanokets im Gebiete von Rhode Island am eifersüchtigsten auf Wahrung ihrer

Freiheit und Unabhängigkeit. Sie duldeten weder das Missionswerk in ihrer Mitte, noch wollten sie von wirklicher Unterwerfung hören. Nur weil sie sich zu schwach fühlten, lebten sie mit den Ansiedlern in Frieden. Im Laufe der Jahre wurde indessen ihr Jagdgebiet durch die Ansiedelungen immer mehr eingeschränkt, das Wild nahm ab, die Fische wurden seltener. Es blieb ihnen endlich kaum noch etwas Anderes als Auswanderung ins Innere übrig. Diese Nothlage versetzte die Leute in steigende Aufregung. Schon 1670 bemerkte man in New Plymouth eine gereizte Stimmung unter ihnen. Der Governor schickte Boten an den Häuptling Philip, um ihn zu fragen, was die häufigen Versammlungen und drohenden Reden bedeuteten, und erholte sich gleichzeitig Rath in Boston. Die Regierung von Massachusetts griff sofort vermittelnd ein, um Unruhen zu vermeiden. Es gelang ihr, Philip, der anscheinend aufrichtig Frieden wünschte, für den Augenblick zu beruhigen. Es wurde ihm dargethan, daß man die Grenzen seines Landes nicht verletzt habe, und er ließ sich herbei, um Verzeihung zu bitten und zu versprechen, die Gewehre des Stammes auszuliefern. Aber obwohl er sein Versprechen schriftlich gab, machte er keine Miene, es auszuführen. In New Plymouth dachte man nun an Gewalt, doch nochmals vermittelten die Bostoner, und Philip unterwarf sich förmlich den Engländern und versprach Tribut. Einige Jahre herrschte wieder Ruhe, aber die Lage der Indianer verschlechterte sich fortgesetzt, und viele Häuptlinge wurden immer erbitterter gegen die Weißen. Ob sie sich nun zu einem gemeinsamen Kampf gegen sie verschworen haben oder zufällig dazu gedrängt worden sind, ist nicht aufgeklärt. Fest steht nur, daß 1674 Leute Philips einen bekehrten Indianer, der Missionar geworden war und vor feindlichen Plänen seiner Landsleute gewarnt hatte, ermordeten, daß sie gefangen und von einer Jury zum Tode verurtheilt wurden, und infolgedessen Feindseligkeiten an der Grenze entstanden. Im Sommer 1675 überfielen die Indianer das Dorf Swanzey und metzelten alle Bewohner nieder. Das war das Signal zu einem langen blutigen Kriege. Die Milizen von Plymouth, vereint mit Truppen von Massachusetts, zogen gegen den Häuptling, oder wie er genannt wurde, „King“ Philip zu Felde. Andere besetzten das Gebiet der Naragansetts-Indianer. Im September wurden weitere 1000 Mann von den vereinigten Kolonien ins Feld gestellt, im November die gleiche Zahl. Aber trotz dieser Anstrengungen griff der Aufstand immer weiter um sich. Die entlegeneren Ansiedelungen wurden von den Wilden zerstört, ganze Dörfer wurden verbrannt, und wer ihnen in die Hände fiel, zu Tode gemartert. Selbst die bekehrten Indianer blieben nicht alle treu. Die Eingeborenen fochten heldenhaft, doch die Kolonisten nicht minder, und schließlich brach unter ersteren Uneinigkeit und Hunger aus. Einzelne Stämme baten um Frieden, andere wanderten aus. Philip mußte sich auf die Flucht begeben, seine letzten Anhänger empörten sich und verriethen ihn. Er fiel durch einen von ihnen, sein Sohn wurde als Sklave nach den Bermudas-Inseln geschafft. Der Krieg war damit zu Ende. Er hatte New England mehr als 600 Männer und gegen eine halbe Million Dollars gekostet. Etwa 12 oder 13 Flecken waren verwüstet, 600 Häuser verbrannt; kaum eine Familie war ganz ungeschädigt geblieben!

Gleichzeitig mit diesen Kämpfen gingen solche in Maine vor sich, wo die Indianer durch rohe Behandlung aufgebracht und auch von den Franzosen angestachelt waren. Erst 1677 gelang es hier, die Eingeborenen niederzuwerfen.

Die Folge der Unruhen war ein grenzenloser Haß der Kolonisten gegen die Eingeborenen. Man begann ein wahres Ausrottungssystem. Die bekehrten Indianer von Massachusetts wurden auf eine öde Insel verbannt, ihre Frauen als Geiseln gehalten, die Gefangenen als Sklaven verkauft, andere hingerichtet. Die Reste der Stämme wurden unter strenge Ueberwachung gestellt.

Die englische Regierung hat den Kolonien während dieser schweren Zeiten keinerlei Unterstützung zu Theil werden lassen und New England hütete sich wohl, solche zu erbitten. Aber es konnte dadurch nicht verhüten, daß seine Feinde und Neider in England ihm neue Schwierigkeiten bereiteten. Schon 1676 traf in Boston ein Abgesandter des Privy Council, Edward Randolph, ein unruhiger Abenteurer, ein. Er brachte einen Befehl des Königs, binnen sechs Monaten Bevollmächtigte zu senden und sich wegen der Wegnahme von Maine und New Hampshire zu verantworten.

Gleichzeitig wurde den Kolonien strenge Beobachtung der Schifffahrtsgesetze anbefohlen und ihren Schiffen im anderen Falle die Ertheilung der Schutzpässe vor den Barbaresken-Piraten verweigert. Die Regierung von Boston empfing Randolph sehr kühl und erklärte ihm ohne Umschweife, daß die Kolonisten, welche aus eigener Kraft, ohne Hülfe von England diese Ansiedelung gegründet hätten, sich vom König und Parlament keine ihre Interessen verletzenden Vorschriften machen lassen würden. Randolph, welcher zugleich Vertreter des früheren Besitzers von New Hampshire, Mason, war, rächte sich dafür durch Sammlung aller Unzufriedenen und Berichte nach England, in denen er die Kolonie als sehr reich, aber schlecht verwaltet und das Volk als sehnsüchtig nach Königlicher Regierung darstellte.

Während Randolph nach New Hampshire reiste, schickten die Bostoner eine vorläufige Antwort an den König und sandten bald darauf zwei Bevollmächtigte nach London, welche aber Auftrag hatten, keinen Punkt ihrer Freiheiten aufzugeben. Die englischen Gerichte entschieden zunächst die Klagen der Erben von Gorges und Mason gegen Massachusetts. Die Ansprüche der ersteren auf Maine wurden als berechtigt anerkannt und Massachusetts der Provinz beraubt. Die Lage der Masonschen Rechte war viel verwickelter; sie wurden schließlich an die amerikanischen Gerichte zur Entscheidung verwiesen. Am Hofe herrschte schon seit einiger Zeit die Neigung, Maine dem unehelichen Sohne des Königs, dem Herzog von Monmouth, als Herrschaft zu übertragen. Infolge lügenhafter Berichte hielt man es nämlich für ein sehr reiches, schönes Land. Der König wollte zu diesem Zwecke den Erben von Gorges ihre Ansprüche abkaufen. Aber ehe er dazu kam, kaufte Massachusetts diese Rechte den Erben für 1250 Pfund Sterling ab. — Wenn man in Boston geglaubt hatte, hiermit die Sache aus der Welt zu schaffen, war das ein arger Irrthum gewesen. Charles II. fühlte sich durch die Durchkreuzung seiner Pläne persönlich gekränkt und wurde der Kolonie noch abholder. Seine Ungnade äußerte sich zunächst in der Erklärung New Hampshires zur Königlichen Provinz, nachdem die Rechte der Masonschen Erben theilweise abgewiesen worden waren. Er überließ ferner Frankreich den Theil Maines von St. Croix bis zum Penobscot und dem Duke of York das Land zwischen Penobscot und Kennebek, so daß diese Provinz erheblich verkleinert war. —

Und die Massachusettser waren ungeschickt genug, sich noch neue Feinde zu machen. In ihrer puritanischen Engherzigkeit stellte die Generalversammlung ein Verzeichniß aller Versündigungen fest, deren Umsichgreifen nach der Ansicht der Schwärmer an der Bedrängniß der Kolonie Schuld sein sollte. Darunter waren Verschwendung in Kleidern, auffallende Moden, Tragen langer und gekräuselter Haare, vorzeitiges Verlassen des Gottesdienstes, Müßiggang, Abhaltung von Quäkerversammlungen und dergleichen. Unter harten Strafen wurde das Alles verboten und der Besuch von Quäkermeetings mit Haft und Zwangsarbeit bei Brot und Wasser belegt. Diese Maßregel erregte ebenso viel Spott wie Haß. Die Quäker, welche damals schon großen Einfluß besaßen, benutzten die Gelegenheit, um in England wie in den Kolonien Empörung gegen den religiösen Fanatismus ihrer alten Feinde wach zu rufen. Angesichts der allgemeinen Mißstimmung entschloß man sich in Boston, einzulenken. Durch ein eigenes Gesetz wurden die Schifffahrtsakten von der Generalversammlung für die Kolonie förmlich in Kraft gesetzt und ihre strenge Durchführung befohlen. Des Königs Wappen wurde angeschlagen, Todesstrafe auf Hochverrath gesetzt und der volle Huldigungseid allen über 16 Jahre alten Personen abgenommen. Doch diese Schritte hatten jetzt nicht mehr den gehofften Erfolg. Unverrichteter Sache kehrten die Abgesandten 1679 nach Boston zurück. Ein Königliches Schreiben, das ihnen mitgegeben war, wiederholte die früheren Forderungen und verlangte Ausdehnung des Bürgerrechts, völlige Duldung der Hochkirche, Rückgängigmachen des Kaufs von Maine und Sendung neuer Agenten binnen sechs Monaten mit unbeschränkter Vollmacht zur Abänderung der Charter.

Von diesen letzten beiden Forderungen wollten die Massachusettser durchaus nichts wissen. Die Bevölkerung war allgemein entschlossen, ihre Selbstregierung zu behaupten, und man that daher neue Schritte, um durch Bittschriften und Entschuldigungen Zeit zu gewinnen. Die Lage der Kolonie war jedoch jetzt schlimmer als früher. Der genannte Randolph saß seit 1680 in Boston, um die Ausführung der Schifffahrtsakte und die Durchführung der Königlichen Verordnungen zu überwachen, und hetzte unablässig gegen die Kolonie. Während diese die verlangten Abgeordneten nach England abzufertigen zögerte, ging er wieder nach London und erwirkte sich dort den Posten als Zollerheber in Massachusetts. Die Schwierigkeiten, welche man ihm in diesem Amte 1681 hier in den Weg legte, steigerten noch seinen Zorn. Immer erbittertere Berichte über die Unbotmäßigkeit der Kolonie sandte er nach England, und die

Folge war, daß der König nochmals die energische Weisung nach Boston sandte, durch Abgeordnete sich zu rechtfertigen. Es blieb nun nichts übrig, als nachzugeben. Zwei Männer wurden nach London geschickt. Aber ihre Vollmachten waren so beschränkt wie bei der vorigen Abordnung. Als der englische Staatssekretär ihre Vollmachten sah, ließ er sie gar nicht vor und verlangte sofortige Ergänzung derselben. Im anderen Falle drohte er mit einem Quo Warranto-Verfahren.

Die Bostoner versuchten es nunmehr mit Bestechung. Als sie die Nutzlosigkeit dieses Weges einsahen, beriethen sie nochmals die Thunlichkeit des Gehorsams gegen die Königliche Forderung. Aber die Geistlichkeit setzte durch, daß die Mehrheit der Versammlung sich gegen jedes Nachgeben erklärte. Besser sei es, sagte ihr Wortführer, durch Gewalt Anderer als eigene Schwachheit zu fallen. Ein ungerechtes Urtheil könne später umgestürzt werden. Es wäre Sünde, das Erbe der Väter wegzugeben. Der Mensch dürfe sein politisches Dasein ebenso wenig zerstören wie sein natürliches! — Die bei aller Engherzigkeit bewundernswerthen, felsenfesten Männer verboten demgemäß den Gesandten jedes Eingehen auf Aenderung der Charter und erlaubten nur, auf Maine zu verzichten.

Hiermit aber war das Urtheil gesprochen. Die Regierung, welche damals die Charters der meisten Gesellschaften eingezogen und gegen die Widerstrebenden Prozesse eingeleitet hatte, ging nun rücksichtslos vor. Randolph wurde mit der Quo Warranto-Schrift, 1683, nach Boston gesandt. Da der König der Kolonie dabei sagen ließ, daß im Falle ihrer völligen Unterwerfung er nur die durchaus gebotenen Aenderungen ihrer Verfassung vornehmen werde, wollten der Governor und seine Beisitzer sich nun unterwerfen. Die Generalversammlung jedoch blieb beim früheren Beschluß. Ein Vertheidiger wurde in England ernannt. Ehe noch die Rechtfertigung von Massachusetts in London eintreffen konnte, wurde 1685 dort das Urtheil gesprochen und die Kolonie „wegen Nichterscheinens“ zum Verlust der Charter verurtheilt.

Mit der Abschrift des Urtheils erhielt die Kolonie im folgenden Jahre die Nachricht, daß der König den grausamen Obersten Kirke, früheren Governor von Tanger, zu ihrem Oberhaupt ausersehen habe. Ehe Kirke dazu kam, abzureisen, starb jedoch Charles II.

Der neue König brauchte den energischen Kirke anderweitig.

Sorgen in England beschäftigten ihn vollauf; so blieb vorderhand noch Alles beim Alten. Erst im Mai 1686 ernannte James II. einen ehrgeizigen Kolonisten, Dudley, der sich stets zur Partei des Königs gehalten hatte und dafür in Boston verhaßt war, zum Präsidenten des Regierungsraths von Massachusetts. Der letzteren Körperschaft waren eine Reihe Königlich gesinnter oder schwacher Männer, unter ihnen auch Randolph, zugetheilt. Dudley versuchte alles Mögliche, um seine Landsleute allmählich für sich zu gewinnen. Er ließ, als die Versammlungen der Beisitzer und der Bürger sich aufgelöst hatten, das örtliche Verwaltungs- und Gerichtswesen ganz beim Alten und erbat in England eine Generalverfassung behufs Wiederherstellung der gesetzgebenden Körperschaften. Randolph, den bittersten Feind der Kolonie, der zum Generalpostmeister ernannt war, behandelte er sehr kühl und gab seinen Vorschlägen zur Unterdrückung des Puritanerthums und dergleichen kein Gehör. Dudley vermochte indessen die Kolonisten mit dem neuen Stande der Dinge nicht auszusöhnen und ebensowenig konnte er seine Ernennung zum Governor-General erreichen. Diesen Posten erhielt vielmehr Sir Edmund Andros, der Ende 1686 in Boston mit einer Anzahl Soldaten ankam.

Andros war der Governor der James II. als Duke of York seinerzeit überwiesenen großen amerikanischen Besitzung, welche New York und das östliche Maine umfaßte, gewesen und hatte sich dabei den New England-Staaten gegenüber schon rücksichtslos und hart gezeigt. Er kam nun mit den weitgehendsten Vollmachten und dem Auftrag, die Hochkirche zu fördern, den Buchdruck zu unterdrücken — es gab damals in Massachusetts zwei Druckereien, die ersten in Amerika — und mit Gewalt des Königs Befehle durchzuführen. Ganz New England war ihm unterstellt. Etwas später wurden auch noch New York und die beiden Jerseys zu seiner Statthalterschaft geschlagen.

Die Ernennung des neuen Governor-Generals erregte in Massachusetts und den übrigen New England-Staaten die gleichen Befürchtungen. Wenn auch weniger als Massachusetts hatte man überall Anlaß, Eingriffe in die bestehenden Rechte und Einrichtungen zu fürchten. Connecticut und Rhode Island lagen damals noch immer im Streit um das Grenzgebiet und haßten sich gegenseitig aus religiösen Gründen. Plymouth befand sich, da es ohne Charter war, sowieso in steter Sorge um seine Selbständigkeit. James II. hatte gleich nach der Thronbesteigung Connecticut und Rhode Island ihre Charters wegen Nichtbeachtung der Navigationsakte u.s.w. Quo Warranto aberkennen lassen. New Hampshire war 1679, wie erwähnt, zur Königlichen Provinz erklärt worden, obwohl es nur vier Orte zählte und kaum 4000 Ansiedler besaß. Das Eigenthum am Lande war dem Erben des früheren Besitzers Mason zuerkannt worden, der nun von den Kolonisten einen jährlichen Zins verlangte. Dieser Anspruch erregte begreiflicherweise bei den Leuten, die das Land mit unsäglicher Mühe urbar gemacht hatten und keinen Besitzer kannten, entschlossenen Widerspruch. Die Behörden selbst bedrohten Mason, und er mußte nach England fliehen. Hier gelang es ihm, wieder Freunde zu finden. Er trat den fünften Theil seiner Erbzinsansprüche an den König ab und erhielt dafür das Recht, den Governor zu ernennen. Für diesen Posten suchte er einen schlimmen Abenteurer Cranfield aus, der sich zur Sicherheit die ganze Provinz auf 21 Jahre verpfänden ließ. Die Kolonisten, die das Schlimmste fürchteten, suchten Cranfield von Mason durch ein Geldgeschenk von 250 Pfund Sterling abzuziehen. Er aber nahm das Geld ohne Dank und begann trotzdem sofort, seine Aufträge auszuführen. Die widerstrebende Bürgerversammlung hob er einfach auf. Eine Revolte gelang es ihm niederzuschlagen. Nunmehr wurde jeder Hofhalter aufgefordert, sich von dem Grundherrn einen Pachtbrief zu holen. Die Mehrzahl weigerte sich und ließ es zum Prozeß kommen. Wenn sie verurtheilt wurden, fügten sie sich einfach nicht. Sie sandten eine Beschwerde durch einen Agenten zum König. Natürlich blieb sie fruchtlos. Der Agent wurde noch bestraft. Der Governor erpreßte Geld mit allen Mitteln. Er setzte sogar eine allgemeine Steuerauflage durch den Gouvernementsrath durch. Die Bürger weigerten sich, zu zahlen, und widersetzten sich mit Gewalt dem Sheriff. Die Miliz weigerte sich, einzugreifen. Cranfield bat daher um Sendung eines Kriegsschiffs aus England. Dazu entschloß man sich dort doch nicht. Als neue ausführliche Klagen gegen den Governor und insbesondere seine gehässige Verfolgung der puritanischen Geistlichkeit vorgebracht wurden, befahl die englische Regierung, mit den Exekutionen der Sprüche der Kolonialgerichte zu warten, und versetzte Cranfield nach Barbados. Aber sein Stellvertreter Barefoot setzte ruhig sein System fort und brachte es dadurch zu offenem Aufruhr. Mason selbst wurde gemißhandelt und gab schließlich die Sache auf.

New Hampshire wurde wieder thatsächlich frei und schloß sich nochmals Massachusetts an.

Alles in Allem bestand zwischen den Wünschen und Absichten der New England-Kolonien und denen der englischen Regierung ein grundlegender Gegensatz. Die Ersteren, welche äußere Feinde nicht fürchten zu müssen glaubten, wollten für den bisher ohnedies niemals wirklich gewährten Schutz des Mutterlandes kein Opfer bringen und ganz unabhängig wirthschaften. England dagegen wollte die Kolonien als Werkzeuge seiner Politik verwerthen. Es huldigte der Auffassung, daß diese Pflanzstaaten nicht hätten entstehen und sich nicht entwickeln können, wenn die anderen Mächte nicht die Flotte und das Geld Englands hinter ihnen vermuthet hätten. James II. kam es dabei noch ganz besonders darauf an, die schwachen einzelnen Kolonien zu einem starken Staat zusammenzufassen, der mit den immer mächtiger werdenden Franzosen in Canada fertig werden konnte. Bestand doch schon damals die Ansicht, daß es eines Tages zum Entscheidungskampf zwischen England und Frankreich in Nordamerika kommen werde.

Sir Edmund Andros hatte den Auftrag, die Absichten des Monarchen durchzuführen, und er ging ohne Verzug daran. Im Januar 1687 ging er nach Providence, zerbrach das dortige Siegel und nahm den Governor in seinen Rath auf. Im Herbst ging er mit 60 Soldaten nach Connecticut, wo gerade die General Courts in Hartford tagten. Auf seine Aufforderung wurde ihm die Charter übergeben und auf einen Tisch gelegt. Allerdings nahm sie dort heimlich ein Bürger weg und versteckte sie in einem hohlen Baum. Aber Andros kehrte sich nicht daran, nahm auch hier den Governor in seinen Rath auf und verleibte die Kolonie seiner Provinz ein. Mit New Plymouth verfuhr er noch kürzer. Nachher kamen New York und New Jersey an die Reihe. Massachusetts und sein Zubehör theilten natürlich ebenfalls ihr Schicksal.

Der Beirath des Governor-Generals bestand aus 39 Personen und ihre Zustimmung war zu gesetzgeberischen Maßnahmen nöthig. Indessen erschienen die wenigsten Mitglieder davon in Boston und die eigentlichen Berather von Andros waren einige Männer aus New York, dazu Randolph und Mason. Die Kolonisten haben ihn wie seine Werkzeuge beschuldigt, lediglich für ihre eigene Bereicherung thätig gewesen zu sein. Schon daß er an Stelle des früheren Gehalts der Governors von 100 Pfund Sterling ein solches von 1200 Pfund Sterling sich zahlen ließ, den Richtern feste Bezüge von 400 Pfund Sterling und auch den anderen Beamten gute Besoldungen auswarf, erregte Unzufriedenheit. Aber noch mehr that es das schroffe Eingreifen in die Besitzverhältnisse. Der Königlichen Instruktion gemäß, welche Einführung eines Erbzinses von 2½ Schilling für je 100 Morgen alles dem König jetzt oder später zustehenden Landes vorschrieb, verlangte er plötzlich von Gütern, die seit 50 Jahren als freier Besitz gegolten hatten und von Indianern erkauft waren, Pachtsummen und Gebühren. In Maine wurden alten Farmern ihre Ländereien einfach weggenommen. In New Hampshire machte Mason seine Ansprüche wieder geltend. Die gegründetsten Einwendungen wurden zurückgewiesen. Wer vor Gericht ging, war beinahe sicher, Alles zu verlieren. Die meisten Pflanzer zogen es daher vor, sich die angebotenen neuen Besitztitel zu kaufen und Erbzins zu zahlen. Randolph, der alte Feind von Massachusetts, selbst klagte über dieses Vorgehen. Er grollte den Günstlingen des neuen Governors, da er nicht so viel wie sie herauszuschlagen vermochte. Großen Unwillen erregten die Erpressungen bei der Ausübung der Rechtspflege, die vollständige Beseitigung der Ortsverwaltungen, die Nichtbeachtung der Stimmen der Kolonisten in Steuerfragen und die Verletzung ihrer Bürgerrechte. Mehr noch empörte endlich die Verfolgung des Puritanerthums durch Andros und Randolph. Der Governor-General wollte im Gegensatz zur puritanischen Anschauung nur kirchliche Ehen gelten lassen, forderte den bei den Puritanern verpönten Eid, unterdückte ihre Schulen, nahm ihnen eine Kirche weg und verfolgte ihre Geistlichen.

Die Kolonie, welche zu alledem großen Schaden in ihrem Handel und Verkehr durch die Schifffahrtsgesetze erlitt, wagte dennoch nicht, an offenen Widerstand zu denken. Man hoffte, durch Bittschriften an den König, Erweckung der Theilnahme des englischen Volkes und einflußreiche Gönner immer noch auf friedlichem Wege ans Ziel zu gelangen. In der That gelang es schließlich auch den Vertretern der Kolonien, dem König ihre Beschwerden vorzutragen und von ihm die Zusage einer Abhülfe zu erhalten. Ehe aber irgend etwas geschah, brachen neue Prüfungen über New England herein. Die Indianer, welche lange Ruhe gehalten hatten, empörten sich aufs Neue. Andros mußte sich 1688 entschließen, gegen sie zu Felde zu ziehen, hatte jedoch keinen Erfolg und viele seiner Leute erlagen Krankheiten. Das steigerte die allgemeine Gärung. Wenige Monate später kam sie zum offenen Ausbruch.

Im April 1689 brachte ein Reisender aus Virginien nach Boston die Nachricht von des Prinzen William von Oranien Landung in England. Der Governor-General ließ ihn verhaften und befahl, jede Landung von Truppen zu hindern. Zwei Tage später aber erhob sich die Bevölkerung von Boston, nahm den Kapitän der im Hafen liegenden Fregatte und verschiedene Beamte gefangen und rief die Milizen zusammen. Andros und seine Vertrauten flüchteten ins Kastell. Inzwischen traten die angesehensten Männer zusammen, übernahmen die Regierung und forderten Andros zur Ergebung auf. Nach einigem Zögern entschloß sich der Governor mit seinen Beamten dazu, da die Soldaten sich unzuverlässig zeigten, und wurde in Haft gesetzt. Binnen wenigen Tagen waren alle Spuren der verhaßten Zwangsherrschaft vernichtet. Ein 50 Mann starker „Rath zur Sicherheit des Volks und Erhaltung des Friedens" leitete die Geschäfte und wählte einen Präsidenten. Als am 26. Mai die Nachricht von der Abdankung des Königs und der Proklamirung Williams und Marys eintraf, feierte das ganze Land jubelnd seine Befreiung. In Plymouth, Hartford, Rhode-Island, New Hampshire wurden die englischen Gewalthaber verhaftet und überall die alten Charters und Verfassungen wieder hervorgesucht.

In Boston wurde durch Deputirte von 54 Townships die alte Charter vorläufig wieder eingeführt. Doch that man es nicht mit derselben rücksichtslosen Entschlossenheit wie in Rhode-Island und Connecticut, sondern behielt die endgültige Ordnung der Dinge der englischen Regierung vor.

Zweites Kapitel.

Erweiterung des englischen Besitzes in Nordamerika.

Die englische Herrschaft in Nordamerika hat unter Charles II. eine bedeutende räumliche Erweiterung erfahren. Zu den älteren Kolonien traten damals die beiden Carolinas, New York, die beiden Jerseys und Pennsylvanien.

Das Gebiet zwischen dem 31. und 36. Grad n. Br., welches von den gegen Mitte des 16. Jahrhunderts hier angesiedelten französischen Hugenotten Carolina genannt worden ist,*) wurde von englischen Kolonisten erst vom Anfang des 17. Jahrhunderts an aufgesucht. Die ersten Siedler waren Auswanderer aus dem nördlich angrenzenden Virginien. 1629 ertheilte Charles I. für das ganze Land**) dem Kronanwalt Sir Robert Heath ein Privileg. Der Belehnte hat aber ernstliche Schritte zur Besetzung seines Gebietes niemals gethan und ebensowenig war das von Seiten des Lord Maltravers der Fall, dem er später seine Rechte abtrat. Ohne Rücksicht auf die Urkunde begann daher 1653 eine Anzahl von Sektirern aus Virginien, darunter viele Quäker, in diesem Gebiet eine Niederlassung am Chowan-Flusse zu gründen, die später Albemarle genannt wurde. Und ebensowenig Rücksicht auf den Patentinhaber nahmen Kolonisten aus New England, welche 1660 am Cape Fear-Fluß Land von den Indianern kauften. Da erbaten nach der Restauration eine Anzahl einflußreicher Günstlinge Charles' II. das Eigenthum Carolinas, um dort eine Kolonie zu gründen, und in der That ertheilte der König ihnen 1663 die erbetene Charter. Die frühere wurde dabei für nichtig erklärt.

Die neuen Besitzer des Landes waren: Lord Clarendon, der High Chancellor, der Duke of Albemarle, der frühere General Monk, Lord William Craven, Lord John Berkeley, Lord Ashley Cooper, der Chancellor of the Exchequer,***) Sir George Carteret, Sir John Colleton und Sir William Berkeley, der Governor Virginiens. Die ihnen verliehenen Rechte waren im Allgemeinen die gleichen wie die, welche Charles I. seiner Zeit dem Lord Baltimore für Maryland ertheilt hatte. Ihr Gebiet wurde 1665 noch erweitert; es wurde im Norden bis zu 36° 30′ und im Süden bis zu 29° ausgedehnt und den Eigenthümern auch das Recht, Festungen zu bauen, Truppen auszuheben und Krieg zu führen, ertheilt. Sir William Berkeley erhielt von seinen Genossen den Auftrag, die Verwaltung der neuen Kolonie in die Hand zu nehmen. Auf seinen Vorschlag wurde für den Norden, wo die erwähnte virginische Ansiedelung schon bestand, William Drummond zum Governor ernannt. Ein gesetzgebendes

*) Das Gebiet war ein Theil des spanischen Florida.

**) Damals wurde es Carolana genannt.

***) Der spätere Earl of Shaftesbury.

Council von sechs Männern und eine Delegirtenversammlung wurden eingerichtet, das bebaute Land den Ansiedlern zu eigen gegeben und neues für drei Jahre abgabenfrei verpachtet.

Die aus New England nach Cape Fear gewanderten Ansiedler wollten zunächst von einer Herrschaft der neuen Gesellschaft nichts wissen. Sie verlangten freien Landbesitz und Selbstregierung. Die Gesellschaft wollte so weit nicht gehen, aber um es mit Massachusetts nicht zu verderben, bot sie den Ansiedlern aus New England Religionsfreiheit, Wahl des Governors und Councils aus einer Anzahl von den Kolonisten zu nennenden Personen, eine Repräsentativversammlung, unabhängige Gesetzgebung und Land für eine Pacht von ½ Penny pro Acre. Trotz dieses Entgegenkommens wurde aus der Ansiedelung nichts. Die Kolonisten fanden den Fleck nicht günstig genug und zogen fort. An ihre Stelle traten Einwanderer aus Barbados. Sie gründeten 1665 den Bezirk Clarendon, dessen Governor Sir John Yeamans wurde.

Diese bescheidenen Anfänge der praktischen Kolonisation standen in starkem Gegensatz zu den hochfliegenden Plänen der Carolinagesellschaft, deren mächtige, geschäftsgewandte und in der Tagespolitik genau bewanderte Mitglieder von einem glänzenden und mächtigen Kolonialreiche träumten. Ein näherer aufmerksamer Blick auf die Schicksale der anderen englischen Kolonien in Nordamerika hätte sie, sollte man meinen, über das Verfehlte ihrer An- und Absichten belehren sollen. Aber diese Staatsmänner und hohen Offiziere haben mit aller ihrer Welt- und Menschenkenntniß das, was zum Gelingen eines Kolonisationsversuches in diesen Gegenden und zu jener Zeit nöthig gewesen wäre, nicht begriffen. Das Bedürfniß nach Freiheit in religiösem und politischem Leben, das die englisch-amerikanischen Kolonien so rasch emporgebracht hat, war ihnen unverständlich. Sie bewiesen das durch die 1669 erfolgte Genehmigung einer Verfassung und Gesetzgebung für Carolina, welche Lord Shaftesbury mit seinem Freunde John Locke, dem später berühmten Philosophen, in mehrjähriger Arbeit aufgestellt hat. Der leitende Gedanke dieses ganz am grünen Tisch erwachsenen Werkes war Verhinderung einer Volksherrschaft und Bildung eines halbmittelalterlichen Feudalstaates. Der älteste der Charterinhaber sollte den Titel Pfalzgraf (Palatine) führen. Die anderen sieben sollten die Würden des Admirals, Kanzlers rc. bekleiden. Das Land wurde in Seigniorien, Baronien rc.

getheilt. Zwei Fünftel des Grund und Bodens sollten dem Adel,*) der Rest den Bürgern gehören. Jeder der acht Eigenthümer erhielt ein oberstes Gericht. Bei Geschworenengerichten entschied Stimmenmehrheit, Advokatengebühren wurden abgeschafft. Es war vorgesehen, daß alle Gesetze nach 100 Jahren von selbst außer Kraft traten. Schon sieben Personen konnten sich zu einer Religionsgemeinschaft zusammenthun. Jeder Mann, über 17 Jahre alt, mußte einer Religionsgenossenschaft angehören, um die bürgerlichen Rechte zu genießen. Besondere Vorsorge war für die englische Hochkirche getroffen.

Diese in England bewunderte Gesetzgebung wirklich in der Kolonie einzuführen, gelang aber den Unternehmern nicht. Die Bewohner von Albemarle hielten an ihren ursprünglichen Rechten fest und sträubten sich gegen jede Neuerung. Als man ihnen die neuen Gesetze und dazu die Navigationsakte mit Gewalt aufdrängen wollte, empörten sie sich 1678 und nahmen die Regierung in die eigene Hand. Die Gesellschaft mußte Amnestie versprechen, sandte aber 1683 einen gewissen Seth Sothel, welcher die Rechte Lord Clarendons gekauft hatte, nach Nordcarolina als Governor. Dieser Mann wollte dort Geld machen. Das gelang ihm freilich bei den armen und zähen Ansiedlern, die nicht einmal ihre Pachtgelder zahlten, mangels jeglicher Macht ebensowenig wie die Einführung der neuen Gesetze. Als er ihnen zu lästig fiel, setzten sie ihn 1688 einfach ab, verbannten ihn und erklärten ihn für dauernd unfähig, den Governorposten zu bekleiden.

Die Erfahrungen der Gesellschaft im Süden ihres Gebiets waren nicht besser. Die hier bei Cape Fear gegründete Niederlassung zählte 1666 etwa 600 Weiße. Im folgenden Jahre begannen die Charterbesitzer die Vorbereitung einer neuen Ansiedelung in jener Gegend. Es wurden 12 000 Pfund Sterling zur Ausrüstung von Schiffen und Anwerbung von Auswanderern verwendet und 1669 drei Fahrzeuge mit gegen 200 Menschen zunächst nach Barbados geschickt, um dort Nutzgewächse, Vieh und mehr Kolonisten aufzunehmen. Zwei von den Schiffen gingen im Westindischen Meer durch Stürme verloren. Die Geretteten wurden in einem kleinen Fahrzeug untergebracht, und der Rest der Expedition gründete 1670 am Kiawah, der Ashley-Fluß genannt wurde, Charlestown. Der

*) Unter dem Adel waren auch Landgrafen und Kaziken vorgesehen. Locke selbst erhielt den Titel Landgraf.

erste Governor dieser Niederlassung, welche wie alle früheren sich ihre eigene freie Verfassung gab, war ein fast achtzigjähriger Greis Sayle. Er ernannte vor seinem Tode zum Nachfolger den Kolonisten Joseph West. Unter seiner Leitung wurde 1680 der Ort nach dem günstiger gelegenen Oyster Point verlegt und die Zahl der Bewohner durch Kolonisten aus verschiedenen Ländern, besonders aus Deutschland verstärkt. Man zählte 1686 schon 2500 Ansiedler. Nicht allein Holländer, denen es in New York nach der Eroberung nicht mehr gefiel, sondern auch Iren, Schotten und Hugenotten wandten sich hierher. Die schwere Arbeit wurde hier von Anfang an, da das Klima sich ungünstig erwies, durch Negersklaven besorgt, die zuerst von Barbados eingeführt wurden und sich bald stark vermehrten. Lord Shaftesbury und seine Freunde machten alle möglichen Anstrengungen, um hier ihre Verfassung und Gesetzgebung zur Durchführung zu bringen. Aber auch in dieser Ansiedelung, die sie aus eigenen Mitteln geschaffen haben, gelang ihnen das nicht. Hartnäckig sträubte sich die Bevölkerung trotz aller Opfer, die die Gründer fürs Wohl der Kolonie brachten, gegen ein Regierungssystem wie das von Shaftesbury und Locke entworfene. Von Zahlung der Pachten und Steuern oder Abtragung der Vorschüsse war außerdem hier im Süden ebensowenig wie im Norden die Rede. Die Kolonisten thaten, was sie wollten; bekriegten die Indianer, verkauften sie als Sklaven, fochten mit den benachbarten Spaniern und nahmen lebhaft an den seeräuberischen Fahrten und dem Schmuggelhandel nach Westindien theil. 1685 versuchten die Charterinhaber einen Collector of Plantation-Duties einzusetzen und Steuern zu erheben. Hiergegen sträubten sich die Kolonisten aber ebenso wie gegen die vom König verlangte Beachtung der Navigationsakte. Die Eigenthümer ernannten 1686 James Colleton, den Bruder des Lords, zum Governor mit dem Rang als Landgraf und 48 000 Acres Landbesitz. Sie hofften, daß er sich Ansehen genug verschaffen werde, um seine Aufträge auszuführen. In der That schloß er sofort die Mehrheit der Delegirtenversammlung, welche die vorgeschriebene Verfassung ablehnte, aus dem Parlament aus. Aber ein neugewähltes wies 1687 die von England kommende Gesetzgebung ebenso bestimmt zurück wie das aufgelöste. Als Colleton die Pachten erheben wollte, verhaftete man die Beamten und bedrohte ihn selbst. Nun proklamirte er Standrecht und berief die Milizen. Aber diese standen ganz auf Seite der Kolonie. Kaum wurde die glorreiche Revolution hier bekannt, so setzte Südcarolina seinen Governor ab und verbannte ihn.

Die Kolonien New York und New Jersey sind nicht von England gegründet worden. Ihre Väter waren vielmehr Amsterdamer Kaufleute, welche durch die Schilderungen Hudsons, der 1609 Delaware-Bay entdeckte, veranlaßt, dorthin mehrfach Schiffe sandten und auf der Insel Manhattan Blockhäuser bauten. 1613 kam der Engländer Argall in die Gegend und nahm sie für Virginien in Anspruch. Die Holländer ließen sich aber dadurch nicht stören. Sie besuchten das Land weiter, trieben schwunghaften Handel mit den Indianern und errichteten 1614 am Hudson das „Fort Nassau". Der Kapitän Adrian Block erforschte die ganze Küste vom Delaware bis Boston und nannte sie New Niederland. Eine Gesellschaft holländischer Kaufleute trat zusammen und beabsichtigte Anlage einer Kolonie daselbst. 1618 gaben die Generalstaaten ihnen Korporationsrechte, doch in sehr beschränktem Maße, so daß, während die Engländer schon an verschiedenen Stellen der amerikanischen Küste aufblühende Ansiedelungen gründeten, die Holländer hier noch keine wirkliche Kolonie schaffen konnten.

Erst als 1621 die Holländisch-Westindische Gesellschaft gegründet wurde und ganz Westafrika und Ostamerika zugetheilt erhielt, geschahen ernste Schritte Hollands zur Kolonisation des Delaware-Gebietes. Ohne Rücksicht auf die Proteste des englischen Gesandten, der alles Land nördlich von Virginien als britisches Eigenthum infolge des Rechts der ersten Entdeckung bezeichnete, sandte die Company 1623 eine Anzahl Wallonen nach New Niederland. Am Delaware oder Südfluß wurde ein zweites Fort Nassau, am Nordflusse das Fort Orange gegründet. 1626 kaufte die Company von Indianern ganz Manhattan für etwa 24 Dollars, um hier die Hauptniederlassung anzulegen. Das Wachsthum aller dieser Ansiedelungen war sehr gering. Ihren Hauptwerth hatten sie als Zufluchtsort für Kreuzer gegen die spanischen Flotten und Kolonien. Die erste Verfassung für New Niederland wurde 1629 von den Generalstaaten genehmigt. Sie war im Wesentlichen den holländischen Einrichtungen nachgebildet und ganz im mittelalterlichen Geist gehalten. Wer von den Gesellschaftsgliedern binnen vier Jahren eine Ansiedelung von 50 Seelen schuf, erhielt ein großes Landstück mit fast unbeschränktem Rechte. Die indianischen Eigenthümer sollte er entschädigen, aber

Regierung und Rechtsprechung der entstehenden Ansiedelungen lagen in seiner Hand. Fabrikation von Woll-, Leinen- nnd Baumwollstoffen war den Kolonisten verboten, um nicht Holland zu benachtheiligen. Die Einfuhr von Negern behielt die Company als Monopol. Für Schulen und Geistliche war, obwohl sie als erwünscht bezeichnet wurden, keine Vorsorge getroffen.

Die Folge dieser Gesetzgebung war, daß sich die Theilhaber der Company rasch das ganze Küstenland sicherten. Sie kauften von den Indianern große Gebiete. Einer von ihnen gründete auf seinem Eigenthum die Kolonie Delaware, welche von Virginien anerkannt, aber bald von den Indianern zerstört wurde. Auch die Anderen riefen Ansiedelungen ins Leben. Die großen Landbesitzer geriethen leider häufig in Streit mit dem Governor, welchen die Company in New Amsterdam hatte, und hinderten den Zustrom von unabhängigen Ansiedlern. Beides hielt den Fortschritt der Kolonisation auf; dazu kam fremder Wettbewerb. Der 1633 ernannte Governor van Twiller baute ein Fort bei Hatford am Connecticut und setzte sich auf Long Island fest. An beiden Plätzen konnten sich die Holländer gegen die damals mächtig beginnende englische Einwanderung nicht behaupten. Bald wurde ihr Besitz auch unmittelbar an der Delaware-Bay bedroht. Zwei von Schweden gesandte Schiffe erschienen dort 1638 und erbauten das Fort Christina. Zwei Jahre später versuchten Engländer aus New Haven sich am Schuylkill bei Fort Nassau anzusiedeln. Jetzt erst rafften sich die Holländer auf und verjagten diese ungebetenen Gäste. Gegen die Schweden that der Governor Stuyvesant 1651 Schritte. Er errichtete das Fort Casimir unterhalb des schwedischen und begann dessen Einfluß lahmzulegen. 1655 griff er das Fort Christina an und nahm es weg. Schon vorher hatte die Holländisch-Westindische Company, um diese Besitzung in die Höhe zu bringen und freie Kolonisten anzulocken, die Einwanderung Ansiedlern jeder Nation freigegeben und dem Handel New Amsterdams größere Freiheiten ertheilt. Das Land begann daher sich stärker zu bevölkern und sein Wohlstand wuchs. Es trug dazu wesentlich bei, daß die Holländer von Anfang an mit den Indianern gute Beziehungen unterhielten, sie durchaus human behandelten, stets ihre Versprechungen hielten und Land niemals anders als durch Kauf von ihnen erwarben. Leider wurden diese guten Beziehungen eines Tages gründlich getrübt durch Versuche, von den

Eingeborenen Steuern einzutreiben, sowie durch Ausschreitungen einzelner Händler. Es kam zu blutigem Streit und jahrelange Kämpfe untergruben den Wohlstand des Landes. Die Kämpfe gegen die Indianer, später die Expedition gegen die Schweden und Streitigkeiten mit den englischen Nachbarn zu einer Zeit, wo die holländisch-westindische Kolonie nach dem Frieden mit Spanien in immer größere Finanznoth kam, stürzten New Niederland in Schulden. Die Kolonie konnte die nöthigen Mittel zu ihrer Sicherung gegen äußere Angriffe nicht mehr aufbringen. Sie besaß zu Anfang der 60er Jahre des 17. Jahrhunderts weder Festungen noch Soldaten, trotzdem den Holländern klar sein mußte, daß diese Besitzung eines Schutzes gegen ihre Nachbarn dringend bedurfte.

Immer lästiger war nämlich diese holländische Kolonie inmitten seiner Ansiedelungen England geworden. Die Durchführung der Schifffahrtsgesetze, die Aussperrung fremder Schiffe und Waaren von den englischen Kolonien erwies sich als unmöglich, solange diese in ihrem Herzen einen ansehnlichen holländischen Hafenplatz hatten. England büßte seine Zölle ein und sah sich außer Lage, seine Politik, welche zu jener Zeit Vernichtung der holländischen Handelsmacht bezweckte, mit vollem Erfolge durchzuführen. Schon Cromwell plante daher Eroberung New Niederlands und sein Sohn nahm den Plan wieder auf. Beide fanden zur Durchführung keine Zeit. Als Charles II. ans Ruder kam, verlangte Lord Baltimore wiederholt alles Land zwischen New Castle und Kap Henlopen und wurde darum in Amsterdam wie in London vorstellig. Lord Shaftesbury ferner stellte dem König in lebhaften Farben vor, welche Gefahr den englischen Kolonien von einem Erstarken New Niederlands drohe. Dazu kamen die Beschwerden der Zollpächter, welche die Schädigung der englischen Kassen durch die holländische Kolonie jährlich auf 10 000 Pfund Sterling veranschlagten. — Diese verschiedenen Umstände und der Wunsch, sich beliebt zu machen, führten Charles II. zu dem Entschlusse, mitten im Frieden den damals mit England verbundenen Holländern New Niederland, dessen Besitz ihnen Cromwell 1654 durch Vertrag zuerkannt hatte, wegzunehmen. Er ertheilte seinem Bruder, dem Duke of York, das Eigenthum des Gebietes zwischen Delaware und Connecticut und sandte 1664 ein Geschwader nach Amerika ab.

In New Amsterdam hatte man dunkle Kunde von dem beabsichtigten Angriff und die Kolonisten hatten dringend Vertheidigungsmaßregeln erbeten. Der Governor Stuyvesant besaß jedoch nur etwa 200 Soldaten. Die Westindische Company lehnte aus Geldmangel ab, etwas Ernstliches zu thun. Die Kolonisten ihrerseits wollten ihr Leben für die verhaßte Gesellschaft nicht einsetzen. Die Generalstaaten selbst thaten auch nichts, da sie eine so offene Friedensverletzung von Seiten Englands nicht erwarteten und einen Krieg zu führen sich nicht in der Lage fühlten. Als daher im Juli 1664 vier englische Schiffe vor New Amsterdam erschienen, war von Widerstand hier nicht die Rede. Die Bürger kapitulirten ohne Weiteres. Nur Wenige kehrten nach Holland zurück, der Rest fügte sich der englischen Herrschaft. New Amsterdam (Manhattan) wurde mit seiner Nachbarschaft, dem Duke of York zu Ehren, New York genannt. Das Land zwischen Hudson und Delaware erhielten Lord Berkeley und Sir George Carteret unter dem Namen New Jersey. Fort Orange und Nachbarschaft bekam den Namen Albany.

New York war damals ein kleines Städtchen mit kaum 1500 Einwohnern an der Südspitze der Insel Manhattan. Ein kleines Kastell war der Sitz der Behörden. Die Uebernahme der Regierung durch England beeinträchtigte die Bewohner New Yorks in keiner Weise. Ihr Eigenthum, ihre Rechte und Religion blieben unangetastet. Nur der Besitz der Holländisch-Westindischen Company wurde eingezogen und versteigert. Allerdings wurden die Kolonisten angehalten, neue Besitztitel für ihr Land zu erwerben, doch erhob man dafür nur mäßige Gebühren. Die Einführung von Geschworenengerichten und gleichmäßiger Besteuerung sowie einer nicht drückenden Gesetzgebung waren für die Bewohner dieses Ortes sogar ein Fortschritt gegen früher. — Dem Gebiet von New Jersey gaben seine neuen Eigenthümer noch weitergehende Freiheiten. Hier wurde eine Selbstregierung und -besteuerung wie in den New England-Kolonien eingeführt und damit sogleich die Einwanderung angelockt. Zu ihrer Förderung trug bei, daß hier auch für Einfuhr jedes Negersklaven eine Landprämie von 75 Acres ausgesetzt wurde.

1665 kam es zwischen Holland und England zum Kriege, und die Generalstaaten hegten die Absicht, ihre nordamerikanische Besitzung zurückzuerobern. Die Nachricht, daß Admiral de Ruyter nach Nordamerika unterwegs sei, erregte in New York ziemliche Unruhe. Der Governor Oberst Nicholls forderte die Bürger auf, Mittel zur

Ausbesserung der Befestigungen zusammenzuschießen. Die meisten der Leute wollten aber sich in den Kampf nicht einmischen und den Ausgang des Krieges abwarten. Nur wenige der Angesehensten traten offen für England ein. Erfolge der englischen Flotten hinderten Holland, seinen Angriff auf Amerika auszuführen. Dazu mischte sich Louis XIV. aus Besorgniß, einen neuen Weltkrieg entbrennen zu sehen, ein und schlug England Rückgabe von New York an Holland für Ueberlassung einer Banda-Insel vor. Als Frankreich, nach Abweisung seiner Vermittelung, 1666 sich mit Holland gegen England verband, forderte Charles II. die New England-Kolonien zum Angriff gegen Canada auf. Hier fand diese Aufforderung damals kein Gehör, und der Frieden wurde nicht gestört. New York und New Jersey entwickelten sich rasch und waren bald von ursprünglich englischen Kolonien kaum noch zu unterscheiden. Der Friede von Breda 1667 schien ihren Besitz England für immer sicherzustellen, da Holland damals auf sie für die Ueberlassung Surinams verzichtete.

Mit der Zunahme der Bevölkerung und dem Wachsen des Wohlstandes bildete sich aber bald in New York Unzufriedenheit über die Herrschaft des Duke of York heraus. Man forderte dieselben Freiheiten und Rechte, wie sie die anderen neuenglischen Kolonien genossen. In New Jersey entstand ebenfalls Unzufriedenheit wegen der von den Eigenthümern geforderten Landpachtgelder. Inmitten dieser Streitigkeiten brach ein neuer Krieg Hollands mit England aus, und im Sommer 1673 erschien ein holländisches Geschwader an der nordamerikanischen Küste. In New York hatte man auf die Kunde davon Vorkehrungen getroffen und 400 bis 500 Milizen zusammengezogen. Als kein Angriff erfolgte, waren sie wieder entlassen worden. Gerade in diesem Augenblicke erschienen zwei holländische Schiffe vor der Stadt und verlangten ihre sofortige Uebergabe. Als der Befehshaber des Forts zögerte, eröffneten sie eine Kanonade und landeten 600 Mann. Die englische Besatzung ergab sich darauf unter Bedingung freien Abzugs. Kapitän Anton Colve wurde Governor des zurückeroberten Landes. New York erhielt den Namen New Orange; Albany Willemstadt ꝛc. Die englischen Einrichtungen wurden durch holländische ersetzt, und die unzufriedenen Elemente brachten nun willig Opfer zur Verstärkung der Befestigungen und Bewaffnung einer genügenden Miliz. Mit

Ausnahme einiger Orte auf Long Island unterwarfen sich alle Theile der Kolonie willig wieder der holländischen Herrschaft. — Trotzdem war diese nicht von langer Dauer. In dem Friedensvertrage vom 9. Februar 1674 traten Holland und England alle in dem letzten Kriege gemachten Eroberungen sich gegenseitig wieder ab. Im November desselben Jahres räumten die Holländer, welche die Behauptung der Kolonie selbst als unmöglich erkannt hatten, New York auf immer.

Kaum war die Wiederabtretung New Yorks bekannt, so that Connecticut Schritte, um größere Stücke davon zu erhalten, und Massachusetts erstrebte sogar Kauf der ganzen Kolonie. Aber der Duke of York hielt fest an seinen Ansprüchen, die er sich aufs Neue bestätigen ließ, und ernannte zum Governor einen Dragoneroffizier Edmund Andros. Dieser stellte die frühere milde, aber durchaus selbstherrliche Regierung wieder her, ohne auf Wünsche der Kolonisten nach Ertheilung derselben Rechte, wie sie New England genoß, Rücksicht zu nehmen. Connecticut gegenüber vertrat er die Ansprüche des Herzogs auf das Land bis zum Connecticut-Flusse, ohne sie allerdings wirklich durchzuführen. New Jersey wurde im Auftrage des Duke of York wieder an Carteret abgetreten, obwohl auf diese Weise New York die Kontrole über das westliche Ufer des Hudson und die Bay verlor. Der Schleichhandel der Holländer wurde streng unterdrückt und andere Einfuhr als aus England nicht gestattet. Zur Beförderung der Handels wurde eine Mole am East River gebaut.

1678 bestanden in der Kolonie nach einem Berichte des Governors 24 Ortschaften. New York zählte 343 Häuser und besaß sechs kleine Schiffe, von denen vier dort gebaut waren. Sein Hafen wurde durchschnittlich von etwa 15 Schiffen besucht. Die Zölle ergaben im Jahre 2000 Pfund Sterling. Jährlich wurden in der Stadt etwa 400 Stück Vieh geschlachtet. Der Mehlhandel, für welchen es das Monopol besaß, war das Hauptgeschäft New Yorks. Trotz aller seiner Bemühungen war und blieb Andros hier unbeliebt. Er wurde von seinen Feinden beschuldigt, den Schleichhandel mit England zu befördern, und infolge verschiedener Intriguen schließlich nach England gerufen. Trotzdem eine Untersuchung seine Schuldlosigkeit ergab, wurde Andros nicht wieder nach New York geschickt, sondern 1683 der Ire Oberst Dongan mit seiner Nachfolge betraut.

Die ewigen Beschwerden der Kolonisten, die üble Wirkung, welche sie in England gegen das Ansehen des Besitzers ausübten, die nach Andros' Abreise erfolgte Weigerung der New Yorker, die Zölle zu bezahlen, da sie ohne ihre Zustimmung eingeführt seien, bewogen den Duke of York gleichzeitig, seiner Besitzung größere politische Freiheiten zu gewähren. Der neue Governor erhielt den Auftrag, einen Beirath aus zehn angesehenen Bürgern zu ernennen und von den Kolonisten 18 Delegirte wählen zu lassen, mit deren Zustimmung in Zukunft Gesetze gemacht und Steuern erhoben werden sollten. Im Oktober 1683 trat die erste Delegirtenversammlung in New York zusammen und beschloß eine „Charter of Liberties and Privileges", in der sie die vom Duke of York eingeräumten Rechte zum Gesetz erhob und näher ausführte. Sie fügte ihnen noch die allerdings bisher schon stets gewährte Gewissens- und Religionsfreiheit für alle Christen zu. Der Herzog genehmigte das Gesetz 1684. Die Kolonie wurde damals in zwölf Counties getheilt und vier Gerichtshöfe in ihr eingerichtet. — Der Governor Dongan hatte hauptsächlich mit den New England-Kolonien zu schaffen, welche ihre Ansprüche auf Stücke des dem Duke of York gehörenden Landes nicht fallen ließen, ferner mit dem inzwischen entstandenen Pennsylvanien und den im Hinterlande vordringenden Franzosen. Auf die Entwickelung der Stadt New York übte das jedoch keinen Einfluß. Sie wuchs fortwährend infolge steter Einwanderung. Schon 1688 mußten ihre Wälle abgetragen und weiter hinaus verlegt werden. Sie besaß damals drei Barken, drei Brigantinen, mindestens 25 Sloops und 46 offene Boote.

Mit der Thronbesteigung des Duke of York wurde New York königliche Provinz. Indessen blieb in ihr zunächst Alles beim Alten. Dongan, der sie bis dahin klug und aufopfernd regiert hatte, leitete ihre Geschäfte weiter. Erst als der König die Charters der New England-Staaten eingezogen und sie zu einem Government-General vereinigt hatte, hob er auch die Verfassung von New York auf. Doch blieben die früheren Gesetze vorläufig in Kraft und die Gewissensfreiheit wurde auch auf Nichtchristen ausgedehnt. Dongan behielt die Regierung, bis die immer zunehmende Macht Frankreichs in Canada, welches die den Engländern befreundeten Indianerstämme unter seine Botmäßigkeit brachte und den Besitz des von Canada leicht erreichbaren New York offen erstrebte, den König veranlaßte, diese Kolonie zu den New England-Staaten zu schlagen und der Verwaltung von Sir Edmund Andros unterzustellen. August 1688 übernahm Letzterer die Regierung von New York. Das Siegel der Stadt wurde zerbrochen und dieselbe unumschränkte Herrschaft des Königs wie in den anderen Kolonien eingeführt. Allgemeine Unzufriedenheit war die Folge, und als im Frühjahr 1689 die Nachrichten von der englischen Revolution eintrafen, empörten sich auch hier die Kolonisten wie ein Mann. Der frühere Governor Dongan flüchtete nach England und der Lieutenant-Governor Nicholson folgte ihm, als die Miliz unter Führung des Kaufmanns Jacob Leisler das Fort besetzte. Ein Sicherheitsausschuß der Bürger übertrug Leisler die Leitung der Geschäfte und wählte neue Beamte. Gegen ihn empörten sich aber die abgesetzten Anhänger der königlichen Regierung und eine Anzahl reicher Leute, und so kam es zu blutigen Kämpfen in der Kolonie.

In naher Verbindung mit der Entstehung New Yorks stand die Pennsylvaniens. Der Gründer dieser Kolonie, William Penn, der Sohn des Admirals, welcher 1655 Jamaika*) eroberte und 1665 die Holländer besiegte, hatte 1674 Landrechte in New Jersey erworben. Lord Berkeley, der mit Lord Carteret zusammen New Jersey erhalten hatte, verkaufte damals nämlich seinen Antheil an dieser Kolonie, das spätere West-Jersey, an eine Anzahl Quäker, welche hier ein Asyl für ihre noch immer viel verfolgte Sekte gründen wollten. Unter den Käufern befand sich William Penn, der trotz einflußreichster Freunde und großen Reichthums zu den feurigsten Anhängern des Quäkerthums gehörte. Nach dem von ihnen gekauften Lande wanderten zahlreiche Quäker aus, die den Ort Salem gründeten. Als 1680 Lord Carteret starb und seine Kolonie East Jersey ebenfalls zum Verkauf gebracht wurde, erwarb William Penn sie mit elf Genossen für 3400 Pfund Sterling. Damit aber noch nicht zufrieden, erbat er vom König, mit dem er in den besten Beziehungen stand, als Entschädigung für eine Schuld der Krone von 16000 Pfund Sterling an seinen Vater, das Gebiet am Westufer des Delaware, das früher von den Schweden kolonisirt worden war. Charles II. sprach ihm durch eine Charter vom März 1681 das Gebiet zwischen dem 40. und 42. Grad nördlicher Breite westlich vom Delaware, das er zu Ehren des Admirals „Pennsilvanien“ nannte, zu.

*) Siehe 3. Kapitel.

Die Quäker, und an ihrer Spitze Penn, waren auf diese Weise Besitzer von ganz New Jersey und Pennsylvanien, wenn auch unter verschiedenen Bedingungen. Am beschränktesten waren sie in West-Jersey, wo die Rechte der verschiedenen Eigenthümer Besiedelung und Verwaltung des Landes erschwerten. Die Ansiedler hatten hier 1677 sich eine eigene, wie es heißt, von Penn entworfene Verfassung gegeben, doch erlangte diese nicht für das ganze Land Kraft. — In East Jersey gehörten zu den Erwerbern der Carteretschen Konzession zwar auch Nichtquäker, doch einigten sich hier die Eigenthümer bald auf Wahl eines Governors für das ganze Land und führten eine einheitliche Gesetzgebung ein. In Pennsylvanien besaß Penn viel freiere Hand. Die königliche Charter gab ihm im Wesentlichen dieselben Rechte, wie sie Lord Baltimore für Maryland besaß. Nur behielt sich der König die Revision der in der Kolonie gefällten Urtheile und Bestätigung der in ihr erlassenen Gesetze vor, Beides mit Rücksicht auf die Erfahrungen in den anderen Kolonien.

Penn sandte sogleich nach Ausfertigung seines Privilegs seinen Vetter William Markham als Deputy-Governor nach seiner Kolonie. Ihre bisherigen Bewohner benachrichtigte er, daß sie nach Gesetzen regiert werden sollten, die sie selbst machen würden, und nicht von einem Governor, der sich bereichern wolle. Allen Ansiedelungslustigen bot er Land in Stücken von 5000 Acres für 100 Pfund Sterling baar und 1 Schilling Landabgabe von 1684 ab für je 100 Acres zum Kauf an. Um seinen Besitz abzurunden, kaufte er dem Duke auf York ferner noch alle seine Rechte und Interessen in Pennsylvanien sowie den Ort New Castle ab. Nachdem er dann noch weitere Vorbereitungen getroffen hatte, segelte er selbst am 31. August 1682 in Begleitung zahlreicher Quäker mit drei Schiffen nach dem Delaware ab.

Das gesammte durch die Charter Penn übertragene und von ihm dem Duke of York abgekaufte Gebiet besaß damals keine 1000 weißen Bewohner. Die meisten von ihnen waren Schweden, Finnen, Holländer. Aber das meist waldige Land war gesund, fruchtbar und sehr wildreich. Markham und seine Begleiter sowie eine Anzahl nach ihnen eingetroffener Ansiedler fanden ihre Erwartungen überholt und machten sich sogleich daran, den Platz für einen Hauptort zu wählen. Sie ersahen dazu eine Halbinsel zwischen dem Delaware und Schuylkill. Hier wurde, als Penn eingetroffen war, der Grund zur Stadt Philadelphia gelegt. Anfang Dezember hielt Penn in dem Dorfe Chester (früher Upland genannt) eine Versammlung von Delegirten ab, wobei er eine von ihm in England entworfene Verfassung und Gesetzgebung vorlegte, welche mit Ausnahme weniger Punkte allgemeine Annahme fanden. Die Regierung des Landes wurde dadurch wie in den New England-Staaten in die Hände eines Governors, Councils und einer Repräsentativversammlung gelegt. Steuern bedurften der Bewilligung der letzteren. Jeder Mann, der bürgerliche Pflichten zu erfüllen hatte, erhielt das Wahlrecht. Die Besetzung aller Aemter geschah durch Wahl. Allgemeine Gewissensfreiheit wurde gewährt und nur allgemeine Sonntagsheiligung gefordert. Rechtsprechung erfolgte durch Geschworene. Falls der Angeklagte ein Indianer war, mußte die Jury zur Hälfte aus Eingeborenen bestehen. Kleinere Streite sollten durch Schiedsrichter beigelegt werden.

Todesstrafe stand nur auf Mord. Eid wurde abgeschafft und durch Ehrenwort ersetzt. Thierkämpfe, Lotterien, Theaterspiel, Zutrinken u. dergl. wurden verboten. Die Ehe wurde als ein rein bürgerlicher Vertrag erklärt. Erstgeburtrecht war abgeschafft. Es war schließlich Lehren der Gesetze in den Schulen angeordnet. Alle Kolonisten, gleichviel welcher Nation, erhielten die gleichen Rechte. Im Frühling 1683 fand im eben gegründeten Philadelphia die erste Deputirtenversammlung nach der neuen Verfassung statt.

Besondere Aufmerksamkeit widmete Penn auch den Beziehungen mit den Eingeborenen. Er trat mit ihnen persönlich in Beziehung, schloß im Juni 1683 zu Shackamaxon mit den wichtigsten Häuptlingen einen Freundschaftsvertrag, in dem er ihnen dieselben Rechte wie den Weißen zuerkannte, und verbot Erwerb von Land direkt von den Indianern. Dank diesem Auftreten gelang es ihm, über viele Schwierigkeiten hinwegzukommen, mit denen die anderen Kolonien zu kämpfen hatten. — Die Besiedelung der neuen Kolonie machte rasche Fortschritte. Von überall kamen Kolonisten, auch einige dreißig Menoniten aus Krefeld und weitere aus der Gegend von Worms, welche Penn wohl bei einer Reise in Deutschland persönlich gewonnen hatte. 1684 gab es schon 357 Häuser in Philadelphia und eine Schule. Man zählte in der Kolonie gegen 7000 Weiße.

Im Sommer 1684 kehrte Penn nach England zurück, hauptsächlich um eine Entscheidung wegen der Abgrenzung seiner Kolonie gegen Maryland herbeizuführen. Das Letztere beanspruchte nämlich nach dem Wortlaut der Charter das Land bis zum 40. Grad. Dieser Grad traf aber nicht, wie man angenommen hatte, die Mündung des Delaware, sondern kreuzte ihn erst bei der Mündung des Schuylkill. Penn wollte dieses für seine Kolonie wichtige Landstück nicht missen und stritt darüber längere Zeit mit Lord Baltimore. Da seine Verhandlungen erfolglos blieben, wandte er sich persönlich an den König und erreichte, daß ihm 1685 das fragliche Stück auf der Delaware-Halbinsel zugesprochen wurde. Hinsichtlich der Abgrenzung des anderen Gebiets ist erst im 18. Jahrhundert ein Ausgleich herbeigeführt worden.

Nach Penns Abreise übernahm das Council die Regierung. An seine Spitze trat Thomas Lloyd, der Freund Penns. Aber so mild diese Regierung war, und so wenig Penn seine Eigenthumsrechte fühlbar machte, binnen Kurzem regte sich auch in dieser Kolonie allgemein der Wunsch nach voller Selbstregierung und Freiheit. Man wollte die Landsteuer nicht zahlen oder nur für Zwecke der Kolonie, verlangte größere Freiheit im Grunderwerb, andere Gerichtsverfassung u. dergl. Es kam so weit, daß die Kolonisten den Oberrichter absetzten und die Steuern verweigerten. Penn beschränkte sich, hiergegen Warnungen und Vorstellungen zu senden und wieder einen Governor zu ernennen. Der Konflikt wurde dadurch nicht beigelegt, aber die Ruhe wurde auch nicht ernstlich gestört, und die Entwickelung des Landes machte stetige Fortschritte. 1685 wurde in Philadelphia eine Druckerei errichtet, die erste im Gebiet zwischen New England und Mexiko. Die Kolonisten von Pennsylvanien haben auch das Verdienst, 1688 zum ersten Male feierlich beschlossen zu haben, daß es einem Christen nicht erlaubt sei, Sklaven zu kaufen oder zu halten.

Infolge der freundschaftlichen Beziehungen Penns zu James II. wurde sein Besitzthum während der Zeit des Vorgehens der Krone gegen die übrigen Kolonien unangefochten gelassen. Nur die beiden New Jersey-Staaten, in denen außer Penn verschiedene Quäker Eigenthumsrechte besaßen, wurden 1688 zu New York geschlagen und dem Government-General einverleibt.

Die gesammten englischen Pflanzstaaten in Nordamerika zählten 1688 etwa 200 000 Bewohner. Von ihnen kamen auf Massachusetts mit Plymouth und Maine etwa 44 000, New Hampshire und Rhode Island je 6000, Connecticut etwa 20 000, New York 20 000, New

Jersey 10 000, Maryland 25 000, Pennsylvanien 12 000, Virginien 50 000, Carolina 8000 Seelen. Dazu kamen Negersklaven, deren Zahl unbekannt ist. Die meisten wurden in den südlicheren Staaten gehalten, wo Weißen die Arbeit zu schwer fiel. Die Einfuhr der Neger erfolgte lange Zeit fast ausschließlich durch die Holländer, welche rücksichtslos alle fremden Schiffe, die in Westafrika Sklaven kaufen wollten, wegnahmen. Erst 1662 nach Gründung der Royal African Company, an deren Spitze der Duke of York stand, und der das alleinige Recht der Einfuhr von Negern nach englischen Kolonien ertheilt war, begannen englische Schiffe größeren Antheil am Sklavenhandel zu gewinnen. Die Gesellschaft schloß förmliche Verträge wegen Lieferung von Negern mit verschiedenen Kolonien. In Virginien gab es 1671 etwa 2000 Neger. Von da an wurden jährlich oft 500 bis 600 neue eingeführt, und später mit dem Zunehmen der Tabakkultur stieg ihre Zahl außerordentlich. Gegen Ende des 17. Jahrhunderts dürfte es in Virginien 6000 gegeben haben. Die Leute wurden nicht besser als Vieh und vollständig als Waare behandelt. Es dauerte lange, ehe man nur ernstlich daran ging, die schwarzen Sklaven zum Christenthum zu bekehren. In größerem Umfange geschah das erst, nachdem 1667 gesetzlich ausgesprochen war, daß die Taufe an der Stellung des Sklaven nichts änderte. Das Gesetz stellte die Neger dem Eigenthum an Land gleich. Die Kinder schwarzer Mütter waren wie sie ohne Weiteres Sklaven. Unsittliche Beziehungen zu Negerfrauen sind in Virginien oft bestraft worden, waren aber sehr häufig. Noch viel strenger wurde mit weißen Frauen verfahren, die sich mit Negern einließen. — Eine Reihe von Vorkehrungen sollten dem Weglaufen von Negern vorbeugen. Wieder eingefangene wurden ebenso wie die, welche irgend welche Verbrechen begangen hatten, hart bestraft.

Weit weniger Neger als im Süden gab es in den New England-Staaten. Die Regierungen hinderten hier ihre Einfuhr. Nur vereinzelt dienten sie auf den Farmen. Dafür wurden hier zahlreiche Weiße nicht viel besser als Negersklaven behandelt. Die Sitte, mittellos auf Kosten von Unternehmern einwandernde Weiße meistbietend zu versteigern und dann so lange als Arbeiter zu halten, bis sie ihren Kaufpreis abverdient hatten, gewann in Nordamerika großen Umfang. Die Einfuhr und Versteigerung besonders von Leuten dienenden Standes bildete sich in New England zu einem schwunghaften Geschäft aus und hat sich bis in neuere Zeit erhalten. Auch Kriegsgefangene wurden nicht selten als Sklaven in den Kolonien zum Verkauf gebracht. Cromwell ließ die bei Dunbar gefangenen Schotten in New England verkaufen. Noch häufiger geschah das mit den irischen Insurgenten.

Drittes Kapitel.

Entwickelung Westindiens.

Der erste Statthalter des Earl of Carlisle in Barbados, Sir William Tufton, hat ein trauriges Ende gefunden. Als 1631 der Lord aus irgend welchen Gründen ihn abberief und einen Kapitän Hawley als Nachfolger sandte, fühlte sich Tufton durch des Letzteren Auftreten beschwert und sammelte Unterschriften für eine Petition gegen ihn. Das nahm Hawley so übel, daß er Tufton gefangen setzte, durch ein Kriegsgericht zum Tod verurtheilen und hinrichten ließ. Trotz der Entrüstung der Kolonisten über dieses Vorgehen ließ Carlisle den Hawley in seinem Amte, bis ihn die Ansiedler 1638 einhellig aus dem Lande jagten. Carlisle selbst starb 1636 tief verschuldet und hinterließ seine westindischen Besitzungen seinem Sohne als einziges Vermögen.

Barbados zählte damals schon etwa 6000 englische Bewohner und erfreute sich eines blühenden Handels. — 1641 trat an die Spitze seiner Verwaltung ein tüchtiger Mann, Kapitän Philip Bell. Er theilte die Insel in elf Kirchspiele, deren jedes zwei Deputirte zur gesetzgebenden Versammlung zu senden hatte, schuf mit der Letzteren eine den Bedürfnissen entsprechende Rechtsordnung, führte den Bau und die Bereitung von Rohrzucker ein und förderte die Einwanderung. In letzterer Beziehung unterstützten ihn sehr die politischen Unruhen in England. Viele wohlhabende Royalisten begaben sich während ihrer Dauer nach der Insel und begannen dort Plantagenwirthschaft. 1643 gab es bereits 18 600 Weiße in Barbados, welche 6400 Negersklaven besaßen. 1646 wurde die Zahl der Weißen auf 20 000, 1656 auf 25 000 veranschlagt. Gegen 100 Schiffe liefen jährlich die Insel an.

Der jüngere Carlisle übertrug 1647 seine Rechte für einundzwanzig Jahre an Lord Willoughby of Parham, welcher ihm dafür die Hälfte der Einnahmen zu zahlen versprach. Der König stimmte zu und ernannte Willoughby zum Governor von Barbados und Zubehör. Doch erst 1650 konnte Willoughby nach der Insel gelangen.

Er entwickelte hier sofort eine eifrige Thätigkeit gegen Cromwell. Alle republikanischen Regungen wurden unterdrückt, die Stadt Bridgetown befestigt, eine Truppe gebildet und Charles II. als König ausgerufen. Cromwell verbot infolgedessen allen Handel mit Barbados ebenso wie den mit Virginien, Antigua und den Bermudas-Inseln. Lord Willoughby antwortete darauf durch eine Proklamation, in der er das Recht der Kolonien auf Selbstregierung betonte und hervorhob, daß sie nicht durch Beschlüsse eines Parlaments, in dem sie nicht vertreten wären, gebunden werden könnten. Gleichzeitig betrieb er eifrig den vom Parlament verbotenen Handel mit den benachbarten holländischen Kolonien. Cromwell versuchte durch ein Geschwader unter Admiral Ayscue die Insel zu unterwerfen. Es gelang diesem, Barbados zu blockiren und die Schiffe in Carlisle-Bay wegzunehmen, aber Monate vergingen, ehe er einen Landungsversuch wagte. Endlich Ende 1651 gelang es ihm, eine Schanze an Speights-Bay wegzunehmen, die Kolonisten fochten jedoch so tapfer, daß er den Platz nicht behaupten konnte. Als freilich ihre Hoffnungen auf Sieg Charles' II. in England sich nicht erfüllten und die von ihnen erwartete Hülfe nicht kam, sank ihre Entschlossenheit. Der Führer des einen Regiments, Colonel Modyfort, knüpfte mit Ayscue Verhandlungen an und suchte die Kolonisten zum Friedensschluß zu bewegen. Als die Letzteren das ablehnten, erklärte er sich mit seinen 1000 Mann für Cromwell. Willoughby verfügte allerdings noch über 3000 Mann, hielt nun aber ihre Treue nicht mehr für sicher und kapitulirte im Januar 1652. Er und seine Anhänger blieben danach im Besitz alles ihres Eigenthums, nur wenige Hitzköpfe wurden zeitweilig ausgewiesen. Die Kolonisten erhielten Freiheit ihres Besitzes, Handels und Glaubens zugesichert und behielten das Recht, nur Steuern zu bezahlen, mit denen sie sich einverstanden erklärt hatten.

Auch unter dem neuen Regime dauerte die Blüthe der Insel fort. Zahlreiche im Krieg gefangene Schotten und Iren wurden von Cromwell hierher geschickt, um in den Zuckerpflanzungen als Sklaven zu arbeiten. Dazu wuchs die Zahl der Negersklaven. Es gab ihrer 1668 etwa 40 000 in Barbados! Von hier aus wurden viele andere Inseln kolonisirt. Nicht weniger als 3500 Freiwillige von Barbados nahmen 1655 an der Expedition gegen Jamaica theil. Von irgend welchen Leistungen und Rücksichten auf die früheren Eigenthümer war keine Rede.

Diese Rechte wurden aber plötzlich wieder geltend gemacht, als Charles II. den Thron bestieg. Damals erbat Lord Willoughby als Lohn für seine Dienste seine Wiedereinsetzung als Governor. Gleichzeitig forderten die Erben des Duke of Marlborough Leistung der niemals gezahlten jährlichen Pacht von 300 Pfund Sterling von den Erben Carlisles, dessen Gläubiger beanspruchten 80 000 Pfund Sterling und endlich forderte der Earl of Kinnoul, dem der jüngere Carlisle bei seinem Tod seine Ansprüche übertragen hatte, Erfüllung der Letzteren. Die Kolonisten, welche hierdurch ihre Landbesitztitel und ihre Existenz bedroht sahen, erhoben nun lebhafte Vorstellungen beim König. Sie erbaten Nichtigkeitserklärung der Carlisleschen Charter. Charles übertrug die ganze Sache einem Ausschuß des Privy Council, welcher die streitenden Parteien sowie eine Anzahl Kolonisten vernahm. Einer der Letzteren schlug auf eigene Faust als Ausweg vor, die Krone möge Barbados in eigene Verwaltung nehmen und alle Kosten durch eine allgemeine Steuer vom Ertrag der Pflanzungen decken. Obwohl die anderen Kolonisten betonten, daß sie zu einer Zusage nicht bevollmächtigt seien und nur ihre guten Dienste bei der Deputirtenversammlung anbieten könnten, ging die englische Regierung auf den Ausweg ein. Lord Willoughby wurde 1663 wieder mit dem Government von Barbados betraut und er setzte nach einigem Widerstand der Kolonisten bei der Delegirtenversammlung durch, daß sie eine Steuer von 4½ pCt. von allen exportirten Erzeugnissen bewilligte. Aus dem Ertrag sollte der Governor bezahlt und die verschiedenen früheren Eigenthümer in billiger Weise abgefunden werden. Die Insel war fortan Kronkolonie.

Barbados hatte wie die anderen Kolonien unter den Beschränkungen seines Handels durch die Schifffahrtsgesetze zu leiden, doch blühte es dank seiner Zuckerindustrie weiter. Nur verschwand mit der Zeit hier der kleine Grundbesitz. Er wurde von großen Unternehmungen aufgesogen. 1643 gab es noch 8300 Landbesitzer, 1667 nur noch 760. Die weitere Geschichte dieser Kolonie ist ziemlich einförmig verlaufen. 1665 schlug sie einen Angriff der Holländer unter de Ruyter ab. 1666 fuhr der Governor mit einem Geschwader nach den Leeward Islands, um dort die Holländer und Franzosen zu bekämpfen. Er kam dabei in einem Sturme um. 1671 wurde Barbados der Sitz des Governments der Windward Islands. Vier Jahre später hatte es erst unter den Verwüstungen eines großen Sturmes und gleich darauf unter der allgemeinen Furcht vor einem Negeraufstand zu leiden. Man entdeckte damals eine große Verschwörung der Negersklaven, der man durch rasche und sehr grausame Maßnahmen vorbeugte. Sechs der Rädelsführer wurden lebendig verbrannt, elf enthauptet. 1684 machte die Insel den Versuch, die 4½ prozentige Steuer durch eine jährliche feste Abgabe von 7000 Pfund Sterling abzulösen. Das Committee for Trade and Plantations in London lehnte das aber ab, da die Steuer 8000 bis 10 000 Pfund Sterling im Jahre eintrage. Im Krieg mit Frankreich nach James' II. Thronbesteigung spielte Barbados wieder eine Rolle und trug wesentlich zur Rückeroberung von St. Christophers (St. Kitts) bei.

Die letztgenannte Insel hatte sich nach ihrer Verwüstung 1629 durch die Spanier rasch wieder erholt. Sowohl Franzosen wie Engländer strömten ihr wieder zahlreich zu. Die Letzteren sollen schon im Jahr darauf gegen 6000 Köpfe gezählt haben. Beide Theile geriethen, als die Gefahr vor dem gemeinsamen äußeren Feind schwand, miteinander in Hader und es kam so weit, daß sie miteinander einen blutigen Krieg führten. Die Franzosen siegten 1666 und schlugen auch ein englisches Geschwader. Erst durch den Frieden von Breda 1667 wurden die Engländer wieder in Besitz ihres Antheils an der Insel gesetzt. 1689 verjagten die Franzosen nochmals die Engländer von St. Kitts und zerstörten ihre Besitzungen in rohester Weise. Aber unter der Führung des Generals Codrington und mit Hülfe der erwähnten Freiwilligen von Barbados glückte es England, die Feinde 1690 gründlich zu schlagen. 1800 Franzosen wurden nach Martinique und Hispaniola zwangsweise geschafft und die Insel für englisch erklärt. 1697 im Frieden von Ryswick setzte Frankreich indessen Rückgabe seines Antheils an St. Kitts wieder durch.

Weit ungestörter war die Entwickelung der von England schon

früh besetzten und durch die 1615 von der Regierung genehmigte Company of the Somer Islands verwalteten Bermudas-Inseln. Sie waren so fruchtbar, daß ihnen ohne Bemühungen seitens der Verwaltung immer mehr Ansiedler zuströmten. Eine schon 1620 eingerichtete Deputirtenversammlung leitete die Gesetzgebung in zufriedenstellender Weise. Mitte des 17. Jahrhunderts sollen hier gegen 3000 Weiße gelebt haben. Keine feindlichen Angriffe haben die Entwickelung dieser Niederlassung, die wegen ihrer Naturschönheit und ihres gesunden Klimas damals berühmt war, gestört.

Von St. Kitts aus hat England bald seinen Einfluß auf die benachbarten nördlichen Inseln der Kariben oder Leeward Islands ausgedehnt. 1628 ertheilte Lord Carlisle, dessen Privileg die ganze, damals noch von Spanien in Anspruch genommene Gruppe umfaßte, einem Pflanzer Littleton einen Grant für Barbuda und gleichzeitig entstand eine Ansiedelung auf der kleinen Insel Nevis. Sie gedieh unter der Leitung Sir Thomas Warners und nach dessen Tod unter der Lakes sehr rasch. 1640 soll sie 4000 weiße Bewohner gezählt haben. 1673 gab es auf Nevis 1400 waffenfähige Männer und 1700 Negersklaven. Eine gefährliche Epidemie erst, welche hier 1689 viele Opfer forderte, hemmte die Entwickelung ernstlich. 1632 gründeten englische Familien von St. Kitts aus eine Kolonie auf Antigua, und irische Katholiken, welche sich auf St. Kitts nicht wohl fühlten, eine solche in Monserrat.

Beide Ansiedelungen entwickelten sich lange Zeit ungestört und kräftig. Erst 1666 wurde Antigua durch eine französische Expedition überfallen und ausgeplündert, und Monserrat hatte im Jahr darauf dasselbe Schicksal. Lord Willoughby eroberte sie aber bald wieder zurück und Colonel Codrington von Barbados, welcher 1674 nach Antigua übersiedelte, förderte hier den Zuckerbau derartig, daß der Wohlstand der Insel rasch wuchs. Die Inseln Barbuda und Anguilla sowie die Virgin Islands wurden von hier aus besiedelt.

Im südlichen Theile der Kariben, den Windward Islands, hat England zuerst 1605 auf St. Lucia Fuß gefaßt. Die Ansiedler wurden aber derartig durch die Eingeborenen bedrängt, daß sie nach wenigen Wochen in einem offenen Boote von der Insel nach dem südamerikanischen Festlande flüchteten. 1638 machte der Kapitän Judlee von St. Kitts aus den Versuch, einige Hundert Leute in St. Lucia anzusiedeln. Fieber, Nahrungsmangel und Feindseligkeiten der Indianer vereitelten auch dies Unternehmen. Die Indianer, welche durch einen Zug von Sklavenjägern nach dem benachbarten Dominica erbittert waren, tödteten 1641 den Governor und verjagten die Kolonisten. 1650 machte Frankreich mit mehr Erfolg einen Versuch auf der Insel, aber die Engländer, welche eifersüchtig aufpaßten, schickten 1664 eine starke Expedition aus Barbados nach St. Lucia, verjagten die Franzosen und setzten sich ihrerseits fest. Nochmals mußten sie aber Fieber und Indianern weichen; 1667 räumten sie die Insel aufs Neue. St. Lucia gehörte damals zu den von Lord Willoughby gepachteten Inseln. Die Hälfte der Einkünfte sollte dem Lord, der Rest dem König zufließen. Der Letztere schenkte seinen Antheil dem Sohne des Mitglieds des Council of Plantations und Poeten Waller und verpachtete ihm die Insel von 1671 ab für 50 Jahre gegen eine jährliche Zahlung von drei Pfund Sterling sechs Schilling acht Pence. So wenig wie Lord Willoughby, der mit den Indianern 1668 einen Vertrag schloß, konnte Waller in den wirklichen Besitz der Insel gelangen. Sie gerieth vielmehr schließlich auf lange Zeit in die Hände Frankreichs. In St. Vincent und Grenada, auf die England gleichfalls Ansprüche machte, ist es im 17. Jahrhundert zu einer Ansiedelung von seiner Seite nicht gekommen.

Außer in dem südlichen Theile Westindiens hat England in der ersten Hälfte des 17. Jahrhunderts Festsetzungsversuche in den Bahama-Inseln gemacht. Die frühere Annahme, daß das schon 1629 geschehen und damals die Insel New Providence von englischen Kolonisten besetzt worden sei, hat sich nach der neueren Forschung als irrig erwiesen. Erst 1646 schuf hier Kapitän William Sayle, Governor von Bermudas, eine Niederlassung auf der Insel Eleutheria. Es fanden sich hier hauptsächlich religiös Unzufriedene zusammen. 1649 siedelten sich die leitenden Independenten von Bermudas hier an. 1666 wurde ebenfalls von Bermudas aus die Insel New Providence kolonisirt. 1670 ertheilte Charles II. sechs der Eigenthümer von Carolina ein Privileg für alle Bahama-Inseln. 1671 wurde von ihnen Anweisung zur Wahl eines Parlamentes daselbst ertheilt. Aber dieser Befehl ist nie nach den Inseln gelangt und von geregelter Regierung war in ihnen lange keine Rede. Beamte, welche das Mißfallen der Kolonisten erregten, wurden einfach verbannt. Etwa 1680 fielen die Spanier über die Ansiedelung her und verjagten die Engländer, soweit sie nicht umkamen.

Ihre bedeutendste Besitzung in jenen Gewässern haben die Engländer erst während der zweiten Hälfte des 17. Jahrhunderts erworben. Von jeher hatten die großen und reichen Inseln, wie Haiti, Cuba und Jamaica, ihre Begehrlichkeit gereizt und oft genug hatten ihre Seefahrer die Hauptplätze dieser von Spanien kläglich vernachlässigten Kolonien überfallen und geplündert. Doch war es ihnen niemals gelungen, dauernd festen Fuß zu fassen. — Als Cromwell die Regierung übernahm und nach der schwächlichen Herrschaft der Stuarts eine zielbewußte energische Politik begann, regten sich lebhaft Wünsche nach Vertreibung der Spanier aus Westindien und Rache für die Grausamkeit und Hinterlist, welche sie allen Fremden so oft bewiesen hatten. Ein Engländer Thomas Gage, welcher lange Zeit in Mexiko als Priester gelebt und 1648 ein vielgelesenes Buch über Westindien verfaßt hatte, sowie der Colonel Modyford, einer der unternehmendsten Pflanzer von Barbados, reichten ausführliche Denkschriften über den Gegenstand ein. Sie wiesen nicht allein auf alle von den Spaniern in Westindien verübten Grausamkeiten, sondern auch auf die Schwächen ihrer dortigen Herrschaft und den Reichthum ihrer Kolonien hin.

Die Spanier scheinen sich von Cromwell von Anfang an nicht vieles Guten versehen zu haben. Ihr Botschafter hat ihm wiederholt die Unterstützung des spanischen Hofes für den Fall, daß er sich die Krone aufsetzte, angeboten und sich zu Verhandlungen über verschiedene schwebende Beschwerden bereit erklärt. Cromwell ging auf das Letztere ein und ernannte Kommissare zu den näheren Verhandlungen. Indessen scheiterten diese Besprechungen an der bestimmten Weigerung Spaniens, den Engländern die freie Schifffahrt nach Westindien zu erlauben und der Inquisition zu verbieten, ihre Thätigkeit auf englische Unterthanen auszudehnen. Der spanische Gesandte meinte, ebenso gut könnte man seines Königs Augen verlangen!

Unter dem Eindruck des Scheiterns dieser Verhandlung und in der Absicht, gegen Hollands Macht auch in Westindien ein Bollwerk zu gewinnen, entschloß sich Cromwell, die Spanier dort mitten im Frieden anzugreifen. In aller Stille wurde eine Flotte ausgerüstet und unter das Kommando des Admirals William Penn und des Generals Robert Benables gestellt. Bemannt wurde sie mit Strafgefangenen und unzuverlässigen, früher königlichen Soldaten. Das Geschwader wurde in tiefem Geheimniß Ende 1654 abgesandt mit dem Auftrag, Haiti zu erobern. Die englischen Truppen, denen sich in Barbados zahlreiche Freiwillige anschlossen, landeten im April 1655 bei Santo Domingo, vermochten aber infolge ihrer Feigheit, schlechten Disziplin und mangelhaften Führung die Stadt, trotzdem sie in keiner Weise auf einen Angriff vorbereitet war, nicht einzunehmen. Mit Verlust von 1700 Mann mußten sich die Engländer wieder einschiffen. Einen zweiten Versuch wagten sie hier nicht zu machen.

Um nicht unverrichteter Sache heimzukehren, wo ihrer ein hartes Gericht geharrt hätte, wandten sich Penn und Venables nach Jamaica, das nur wenige Hundert Kolonisten besaß und jeden Schutzes entbehrte. Die etwa 500 Mann zählende Miliz des Hauptortes St. Jago de la Vega machte trotz der englischen Uebermacht einen schwachen Widerstandsversuch. Bei seiner Aussichtslosigkeit begann der Governor sogleich Verhandlungen wegen der Uebergabe. Während sie schwebten, flüchteten die Spanier die Kassen, alle Werthgegenstände und ihre Familien in die Berge. Als die Engländer dessen innewurden, verhafteten sie die Beamten und verlangten, daß alle Spanier mit Zurücklassung ihrer Sklaven und ihres Eigenthums die Insel verlassen sollten. Die Kolonisten antworteten durch Beginn eines Buschkriegs gegen die Eindringlinge. Die englischen Truppen, die genügender Nahrungsmittel entbehrten und vom Klima arg zu leiden hatten, geriethen dadurch in schlimme Lage. Während die vornehmsten Spanier mit ihrem Besitz nach Cuba flüchteten und dort Hülfe erbaten, kehrten Penn und Venables mit den meisten Schiffen nach England zurück, um Bericht abzustatten. Cromwell empfing sie sehr ungnädig und setzte sie in Untersuchungshaft. Nach Jamaica schickte er den Major Sedgewicke mit Vorräthen.

Es war das ein tüchtiger und energischer Mann, aber auch er fand bei dem Ungehorsam der Truppen und der Zähigkeit der von den Bergen aus die Ansiedelung unausgesetzt beunruhigenden Spanier die größten Schwierigkeiten. Cromwell suchte dem durch Sendung neuer Truppen, Anwerbung von Kolonisten in Schottland, in den englisch-amerikanischen Kolonien sowie Nachschub von weißen Frauen abzuhelfen. Er schickte Geistliche sowie Tausende von Bibeln nach der Insel und ertheilte allen nach Jamaica ein- und von dort nach England ausgeführten Waaren Zoll- und Steuerfreiheit. Alle diese

Bemühungen blieben jedoch lange fruchtlos. Die englischen Soldaten in Jamaica waren durchaus abgeneigt, sich hier ansässig zu machen, sie zerstörten das vorhandene Vieh muthwillig und weigerten sich, Pflanzungen anzulegen. Krankheiten und Hunger, die unter ihnen wütheten, und ihre Klagen schreckten andere Ansiedler ab. Den in den Bergen mit ihren Sklaven hausenden Spaniern war nicht beizukommen. Immer neue Truppen mußten nach der Insel geschickt werden. Ihr Unterhalt kostete bis Ende 1658 schon 110 000 Pfund Sterling.

Die Spanier, welchen dieser Stand der Dinge nicht unbekannt blieb, schöpften daraus neuen Muth und machten 1657 und 1658 zweimal den Versuch, Jamaica zurückzuerobern. Trotzdem sie mit schweren Verlusten geschlagen wurden, griffen sie 1660 nochmals England an. Erst jetzt, als auch dieser Versuch scheiterte, und die Engländer mit Angriffen auf Südamerika antworteten, entschlossen sich die Reste der spanischen Ansiedler, Jamaica zu räumen. Ihre ehemaligen Negersklaven, die Maroonen, ließen sie indessen in den Bergen zurück. Obwohl die Engländer sie mit Bluthunden jagten und alle Gefangenen grausam tödteten, gelang es ihnen nicht, dieser Neger sämmtlich habhaft zu werden. Auch Angebote von Freiheit und Landbesitz für alle sich Ergebenden halfen nichts. Noch gegen 150 Jahre haben sie Jamaica beunruhigt.

Trotz aller Hindernisse begann diese englische Besitzung nach Cromwells Tod emporzublühen. Viele seiner Anhänger siedelten sich hier an, um Verfolgungen zu entgehen. Dazu entwickelte sich der Handel sehr rasch, nachdem die Kaufleute erkannt hatten, wie bequem von Jamaica aus der Schmuggel mit Spanisch-Amerika betrieben werden konnte. Bald wurde es die Hauptniederlassung der Bucaneers, welche gleichzeitig Schleichhandel und Seeraub gegen die Spanier betrieben. Der berühmte Bucaneer Henry Morgan hat sogar wiederholt die Governorsgeschäfte geführt. Es wird behauptet, daß Charles II. selbst am Gewinn dieser Piraten betheiligt gewesen ist. 1670 trat Morgan von hier aus die Fahrt nach Panama an, wobei er die Stadt vollständig ausplünderte und zerstörte.

Die erste geordnete bürgerliche Verwaltung wurde 1662 geschaffen. Die Insel, welche damals etwa 4000 Weiße und 500 Neger zu Bewohnern hatte, wurde in sieben Kirchspiele getheilt. Es wurde auch Stadtverwaltung und Justiz eingerichtet. 1664 wurde die erste gesetzgebende Versammlung von 30 Mitgliedern gewählt, welche sogleich einen langjährigen Streit mit der englischen Regierung um die Freiheit der Gesetzgebung und das Steuerrecht begann und sich der Auflegung eines 4½ prozentigen Zolles widersetzte. — Spanien erkannte im Madrider Frieden von 1670 den Besitz Englands in Westindien an und setzte damit den Feindseligkeiten vor der Hand ein Ziel. Der Streit des Parlaments von Jamaica mit England wurde 1680 im Wesentlichen beigelegt. Die Krone gab Ersterem das Gesetzgebungsrecht wieder und behielt sich nur die Bestätigung der Gesetze vor. Ueber die Steuerfrage dauerten die Meinungsverschiedenheiten aber noch lange fort. 1673 zählte die Insel 8500 Weiße und 9500 Neger. Kakao, Indigo und Häute, welche ursprünglich hauptsächlich erzeugt wurden, wichen bald dem Zuckerrohrbau,*) der hier die größte Blüthe erreichte. Der Jamaicazucker erzielte weit höhere Preise als der von Barbados. Nach Negersklaven für die Zuckerplantagen war so große Nachfrage, daß die fremde Zufuhr bei Weitem nicht genügte.

Von Westindien aus geschahen auch Schritte, um wieder in Südamerika festen Fuß zu fassen. Lord Willoughby of Parham sandte 1650 etwa hundert Kolonisten von Barbados nach Surinam.**) Diesen mit Land und Klima vertrauten Leuten gelang es ohne Weiteres, eine Ansiedlung zu gründen und Plantagen anzulegen. Die englische Regierung kümmerte sich nicht weiter um sie, und ungestört durch die europäischen Wirren gedieh die Kolonie unter selbstgewählter Regierung. 1660 erbat Lord Willoughby von Charles II. einen Grant für das ganze Land zwischen Orinokko und Amazonenstrom. Zwei Jahre später erhielt er zusammen mit einem Sohn Lord Clarendons das Gebiet zwischen Copenam und Maroni zugesprochen, welches den Namen Willoughbyland erhielt. 30 000 Acres und ein Antheil an allen Gold- und Silberfunden waren der Krone vorbehalten. Die Kolonie, welche der Eigenthümer zweimal besucht hat, brachte so guten Zucker wie Westindien hervor und erregte bald dessen Neid. Im Krieg mit Holland 1667 bemächtigte sich das Letztere Surinams und im Frieden von Breda überließ es ihm England als Ent-

*) 1673 wurde der erste Zucker als Geschenk an den Staatssekretär Lord Arlington geschickt.

**) Der Name Surinam ist aus Surryham entstanden, wie Willoughby zu Ehren des Earls of Surrey den Fluß Coma nannte.

schädigung für das von ihm weggenommene New York. Ehe die Nachricht hiervon nach Amerika kam, hatte der Bruder des Eigenthümers es mit bewaffneter Hand zurückerobert. Aber Charles II. ordnete schleunige Räumung der Kolonie an und Willoughby mußte gehorchen. Er that es nicht, ohne so viele als möglich der englischen Ansiedler bewogen zu haben, mit all ihrer Habe das Land zu verlassen. Gegen 1100 Kolonisten sind von hier nach Jamaica übergesiedelt.

Viertes Kapitel.

Entwickelung der englischen Kolonisation Ostindiens.

Der Einfluß Englands in Indien war zu Ende der 30er Jahre des 17. Jahrhunderts noch ziemlich unbedeutend. Außer einigen Faktoreien und schwachen Forts besaßen die beiden Handelsgesellschaften, in deren Händen der Verkehr mit Indien lag, dort kein Eigenthum. Die ostindische Company wollte 1640 neue Kapitalien aufbringen und eröffnete eine Zeichnung für einen vierten Joint Stock. Das den Theilnehmern an den drei ersten Joint Stocks gehörige Eigenthum sollte vorher aus Indien geholt und aufgetheilt werden.*)

Aber das Vertrauen in das Unternehmen war damals so gering, daß nur 22 500 Pfund Sterling gezeichnet wurden. Die Machtstellung Hollands in den indischen Gewässern und der Zwiespalt in England selbst entmuthigten die Handelswelt. Es kam dazu, daß Charles I., um Geld für den Krieg in Schottland zu bekommen, der Company ihren gesammten Pfeffervorrath von 607 522 Säcken kurzer Hand für 63 283 Pfund Sterling 11 Schilling 1 Pence (2 Schilling 1 Pence für den Sack) auf Kredit abnahm. Auf seine Veranlassung bezahlten die Zollpächter und Lord Cottington diese Summe durch Wechsel. Der Pfeffer wurde vom König für 50 626 Pfund Sterling verkauft. Bei der schlechten Wendung aber, die seine Angelegenheiten nahmen, konnte er die fälligen Wechsel nicht

*) Die Theilung hat für die Zeichner des dritten Joint Stocks einen Gewinn von 35 pCt. in 11 Jahren, also von wenig mehr als 3 pCt. im Jahr ergeben.

einlösen lassen. Die Zollpächter trugen bis 1642 nur 13 000 Pfund Sterling ab. Alle Klagen der Company auf weitere Zahlung blieben erfolglos. Sie wurde schließlich durch einige königliche Parks und Wälder entschädigt. Die Gesellschaft half sich durch verschiedene Anleihen, bis 1643 eine neue Zeichnung etwas mehr Mittel brachte. Es gingen 105 000 Pfund Sterling ein, gerade genug für eine neue Expedition. Sie war von keinem Erfolg begleitet. Ein Schiff im Werthe von 35 000 Pfund Sterling scheiterte, ein zweites mit einer Ladung von 20 000 Pfund Sterling Werth fiel den Königlichen in die Hände. Die Company, der nur kleine Summen zuflossen, mußte immer neue Schulden machen. 1646 schuldete sie in England 122 000 Pfund Sterling. Ihre Bestände waren: Vorräthe in Surat für 83 600, in Bantam für 60 731 Pfund Sterling, dazu Schiffe u. s. w. 36 180 Pfund Sterling, Alles in Allem 180 511 Pfund Sterling.

Die Geschäfte litten außer unter den angeführten Ursachen auch durch die eifrigen Bestrebungen der Portugiesen, die seit ihrer Loslösung von Spanien sich bemühten, ihre alte Machtstellung in Indien wieder zu gewinnen. Dazu machte sich der Rückgang des Verbrauchs an theuren indischen Waaren in England während der Bürgerkriege geltend. Der Absatz persischer Seiden hier ging z. B. so zurück, daß der Schah 1645 dem Agenten der Company den üblichen Firman verweigerte, weil sie nicht die übliche Menge Seide abgenommen habe. Beigetragen zu der schlechten Lage der Gesellschaft hat zweifellos auch ihre verwickelte Verfassung. Die nebeneinander bestehenden getrennten Verwaltungen der verschiedenen Joint Stocks, die Unmöglichkeit, ihren Besitz und ihre Interessen in den indischen Faktoreien auseinander zu halten, haben natürlich den Geschäftsgang in hohem Maße erschwert. Wiederholt haben die Faktoreien eine Vereinigung aller Kapitalien durch eine Parlamentsakte zu einem einheitlichen Unternehmen verlangt.

Nach dem Siege des Parlaments über den König versuchte die Company die Mitglieder der neuen Regierung für ihr Unternehmen zu gewinnen und zugleich der Courtenschen Gesellschaft, die seit Jahren schon aus Geldmangel ziemlich unthätig war und nur auf der Insel Assada bei Madagaskar eine Faktorei hatte, vollständig den Garaus zu machen. Sie scheint damit aber keinen besonderen Erfolg gehabt zu haben. Eine neue Zeichnung von Kapitalien für den vierten Joint Stock, die mit besonderer Rücksicht auf die Mitglieder des Parlaments 1648 ausgeschrieben wurde, hatte keinen Erfolg. Sie wurde ein Jahr darauf nochmals versucht und brachte diesmal wenigstens so viel, daß zwei Schiffe ausgerüstet werden konnten. Im selben Jahre (1649) wurde endlich die Courtensche Gesellschaft beseitigt, allerdings nicht, wie die ostindische Company gewünscht hätte, durch einfache Aufhebung, sondern auf Verlangen des Council of State durch eine Verschmelzung.

Bald darauf erzielte die Gesellschaft aber einen bedeutenden Erfolg in Indien. Schah Jehan, der Mogul von Bengalen, ertheilte ihr nämlich aus Dank für die Rettung seiner bei einem Brandunglück schwer verletzten Tochter durch einen Arzt der Company das Recht zum unbeschränkten Handel in seinem ganzen Reiche, Zollfreiheit in allen Häfen außer Surat und Erlaubniß zur Errichtung von Faktoreien an verschiedenen Plätzen, insbesondere in Hugly im Ganges-Delta, wo bis 1633 die Portugiesen eine Station gehabt hatten.

Allerdings konnte sie nicht sogleich den gehörigen Nutzen aus diesem Erfolge ziehen, denn 1652 brach der Krieg mit Holland aus und die englische Schifffahrt im indischen Meere gerieth in Bedrängniß. Drei Schiffe der Gesellschaft fielen im persischen Meer den Holländern in die Hände, Surat wurde von ihnen blockirt und auch in Bantam vermochte die Company nichts gegen die überlegene Macht der Feinde. Zum Glück für sie zwang Cromwell Holland bald zum Frieden. 1654 begannen Verhandlungen darüber in Westminster, bei denen die Company alle ihre alten Beschwerden und Ansprüche gegen die Holländer geltend machte. Eine Kommission beider Theile wurde mit der Festsetzung der näheren Bedingungen betraut. Falls sie binnen einer bestimmten Frist nicht fertig wurde, sollte die Entscheidung den protestantischen Schweizer Kantonen übertragen werden. Die ostindische Company berechnete bei den Verhandlungen ihren Schaden auf 2 695 999 Pfund Sterling, die Holländer stellten eine Gegenrechnung von 2 919 861 Pfund Sterling auf. Indessen mußten sie sich schließlich bequemen, der Company 85 000 Pfund Sterling zu zahlen, die Erben und Hinterbliebenen der 1623 in Amboina niedergemetzelten Engländer mit 3615 Pfund Sterling zu entschädigen und die Banda-Insel Polaroon herauszugeben.

Die Freude an diesem Ergebniß wurde der Company allerdings bald getrübt. Einmal zogen die Holländer die Auslieferung Polaroons lange hin, und als sie sich endlich dazu entschlossen, hatten sie vorher alle Gewürzbäume darauf ausgerottet. Dann verlangte Cromwell, daß ihm die 85 000 Pfund Sterling bis auf Weiteres geliehen würden. Und nicht genug damit, stellte auch er wie früher der König das von der Company ängstlich gehütete Monopol aufs Neue in Frage.

1654 erbaten nämlich die Ueberbleibsel der ehemaligen Courtenschen Company das Recht, unabhängig von der ostindischen Gesellschaft nach Indien wieder Handel treiben zu dürfen. Sie behaupteten, daß die großen Gesellschaften sich nicht bewährt hätten und private besondere Unternehmungen viel mehr Nutzen brächten.*) Obwohl die Gesellschaft dagegen geltend machte, daß nur ein großes Aktienunternehmen den Wettbewerb mit den Portugiesen und Holländern ertragen, theure Faktoreien anlegen und die Beziehungen mit den verschiedenen Fürsten auf gutem Fuß erhalten könne, ertheilte Cromwell den ehemals mit Courten vereinigten Kaufleuten Erlaubniß zur Ausrüstung einiger Schiffe. Die endgültige Entscheidung gab er allerdings dem Council of State anheim.

In Holland erregte die, wie man annahm, bevorstehende Aufhebung des Monopols der englisch-ostindischen Company Unruhe. Man befürchtete dort anscheinend, daß an Stelle dieser damals schlecht geleiteten Gesellschaft eine Menge rücksichtsloser, kühner Seefahrer treten und dem holländischen Handel in Indien dieselben Schwierigkeiten wie in Amerika machen werde. Die ostindische Company selbst fühlte sich ebenfalls ernstlich bedroht. Sie schränkte ihre Ausgaben ein, traf Maßregeln, um den Stand ihres Vermögens zu verbergen, und machte schließlich Miene, ihr Privileg und ihren Besitz zu verkaufen. Es kam aber nicht dazu. Schon 1657 sprach sich das Council of State zu Gunsten der Joint Stock Companies aus, und Cromwell entschloß sich, die Charter der Gesellschaft zu erneuern.

Es dürften außer der Erwägung, daß England nicht die nöthige Macht hatte, um von Staats wegen kleine Unternehmungen in Indien

*) Auch in Holland war damals eine litterarische Bewegung gegen die Begünstigung der großen mit Monopolrechten ausgestatteten Gesellschaften.

gegen die vielen dort vorhandenen Feinde zu schützen, hierzu auch die gerade damals, während der Unthätigkeit der englischen Company, von Holland in Indien errungenen Erfolge beigetragen haben. In jenen Jahren nahm Holland nämlich den Portugiesen Ceylon ab und begann seine letzten festen Plätze an der indischen Westküste ernstlich zu bedrohen. Ob auch Geschenke der Gesellschaft und andere Einflüsse mitgewirkt haben, ist nicht mehr festzustellen.

Nachdem die Entscheidung des Councils of State gefallen war, traten die Reste der Courtenschen Vereinigung der ostindischen Company bei. Gegen eine Zahlung von 20 000 Pfund Sterling erhielten sie Antheil an allen ihren Besitzungen und Rechten in England und Indien. Die früher vergeblich erstrebte Einigung der Theilhaber der verschiedenen Joint Stocks wurde auch endlich vollzogen und damit eine einheitliche und kräftigere Leitung des ganzen Unternehmens ermöglicht. Alle indischen Faktoreien wurden in drei Präsidentschaften, Sumatra, St. George und Bantam, getheilt. Den Beamten wurde der bisher gestattete Handelsbetrieb auf eigene Rechnung streng verboten und sie dafür durch bessere Gehälter entschädigt. Diese Maßnahmen belebten das Vertrauen in die Zukunft des Unternehmens aufs Neue. Als 1658 eine neue Zeichnung von Kapitalien ausgeschrieben wurde, zeigte sich das. Es gingen nicht weniger als 786 000 Pfund Sterling ein.

Aus den neuen Mitteln wurden noch in demselben Jahre fünf, im folgenden ein Schiff nach Indien abgefertigt. Beide Expeditionen hatten aber nur geringen Erfolg. Die Geschäfte in Bantam lagen ganz danieder, da es von den Holländern blockirt war. Die Company konnte nur in Surat und St. George Handel treiben. Dazu hatte sie immer noch mit der Konkurrenz einzelner unternehmender Schiffer zu kämpfen, die ohne Rücksicht auf ihr Monopol in Indien Gewürze kauften und dann in England die Preise drückten.

Die Wiedereinführung der Monarchie war für die Gesellschaft ein glückliches Ereigniß. Es gelang ihr, Charles II. ganz für sich zu gewinnen. Unterm 3. April 1661 bestätigte er nicht nur ihren Anspruch auf den ganzen und alleinigen Handel nach und von Ostindien, erkannte sie als politische Korporation für immer an, ertheilte ihr das Recht, unbeschränkt Gesetze zu machen und sich eine Verfassung zu geben, sowie die volle Herrschaft und Rechtspflege über ihre Besitzungen zu üben, sondern verlieh ihr sogar die Befugniß, nach eigenem Entschluß

Krieg mit nichtchristlichen Fürsten zu führen und Frieden zu schließen, Festungen zu bauen und Soldaten zu werben. Sie durfte ferner fortan alle ohne Erlaubniß in Indien Handel treibenden Schiffe und Personen festnehmen. Auch der Besitz der Insel St. Helena, welche die Company 1651 als Erfrischungsstation besetzt hatte, nachdem Holland sie aufgegeben und dafür sich im Kapland angesiedelt hatte, wurde ihr in dem Privileg bestätigt. Die Regierung behielt nur noch das Recht, die Privilegien der Gesellschaft, falls sie die Krone oder das Volk schädigten, nach dreijähriger Kündigung aufzuheben. Nicht genug damit, übertrug der König bald der Company den Besitz der Insel Bombay, welche er bei seiner Heirath mit der Infantin Katherina von Portugal als Mitgift erhielt.

Der betreffende Vertrag vom 23. Juni 1661, welcher Charles II. außerdem noch die Stadt Tanger und 2 Millionen Cruzados zusicherte, übertrug England the port and island of Bombay . . . with all the rights, profits, territories and appertenances whatsoever thereunto belonging, and together with all income and revenue, as also the direct and absolute dominion and sovereignty of the said port and island of Bombay and premises, with all their royalties, freely, fully, entirely and absolutely. Außerdem war in dem Abkommen England der Besitz aller früher portugiesischen Kolonien zugesichert, die es etwa den Holländern abnehmen sollte. Falls Portugal Ceylon zurückeroberte, versprach es England den Hafen Point de Galle; wenn England die Insel eroberte, sagte es dafür Portugal die Rückgabe von Colombo und den halben Ertrag des Zimmetmonopols zu.

Diese Zusagen Portugals waren der Preis für das Versprechen Englands, einen billigen Frieden Portugals mit Holland zu vermitteln oder nöthigenfalls Ersterem gegen die Generalstaaten mit den Waffen beizustehen. Charles II. sandte 1662 eine Flotte, an deren Bord sich der nach Indien bestimmte portugiesische Vizekönig befand, unter dem Earl of Marlborough nach Bombay ab. 500 Soldaten, welche der General Sir Abraham Shipman befehligte, sollten den Ort übernehmen. Bombay war damals ein unbedeutendes Dorf; die Portugiesen hatten ihre dortige Hauptniederlassung in dem benachbarten Bassein. Der Bestand des letzteren wurde aber in Frage gestellt, wenn die Inseln Thana und Salsette mit als zu Bombay gehörig betrachtet wurden, wie es die Engländer thaten und wahrscheinlich auch die portugiesische Regierung beabsichtigt hatte.

Dieser Sachverhalt veranlaßte die portugiesischen Behörden in Indien, die Auslieferung Bombays zu verweigern. Der Vizekönig, der unterwegs mit den Engländern in Streit gerathen war, verschanzte sich hinter formelle Bedenken hinsichtlich der Hergabe Bombays und lehnte die Uebergabe der benachbarten Inseln überhaupt, als nicht im Vertrage zugesagt, ab. Er erklärte in seinen Berichten an den Lissaboner Hof, daß Portugal mit Bombay seinen besten indischen Hafen und seine Kornkammer preisgebe, ohne irgend etwas zu erreichen, denn England habe noch keinen Schritt gethan, um Holland zum Frieden zu nöthigen.*) Er empfahl dringend, England durch eine Geldzahlung zum Verzicht auf Bombay zu bewegen.

Inzwischen kamen die englischen Mannschaften, die nach der langen Fahrt dringend der Erholung bedurften, in große Bedrängniß. Der Vertreter der ostindischen Company zu Surat weigerte sich, sie zeitweilig aufzunehmen, unter dem Vorwand, daß der Mogul das übelnehmen könnte. An eine Landung in einem portugiesischen Platze war auch nicht zu denken. So führte Sir Abraham Shipman seine 500 Mann nach der wüsten Insel Anjediva bei Goa, während Marlborough zum Bericht nach England fuhr. Shipman bot, da seine Leute auf der Insel an Fieber und Nahrungsmangel rasch dahinstarben, die Rechte der Krone auf Bombay in seiner Nothlage der ostindischen Company an. Diese lehnte ab, da Shipman keine Vollmacht hatte und sie zur Besetzung Bombays sich nicht in der Lage fühlte.

Die englische Regierung beschwerte sich inzwischen in Lissabon über das Verhalten der indischen Behörden. Hier ließ man es an Entschuldigungen und neuen Befehlen nach Goa nicht fehlen. Doch erst 1665, nachdem Shipman und etwa 400 seiner Soldaten auf Anjediva dem Klima und Hunger erlegen waren, wurde den Ueberlebenden Bombay ausgeliefert. Die Portugiesen bedangen dabei ausdrücklich aus, daß Thana und Salsette ihnen verblieben, daß sie freien Handel und Verkehr mit Bombay behielten u. a. m. Ihrerseits erschwerten sie die Zufuhr von Lebensmitteln vom Festland nach Bombay in jeder Weise. Alle Proteste Englands hiergegen blieben erfolglos.

---

*) Siehe das Nähere in meiner Geschichte der Kolonialpolitik Portugals.

Bombay kostete Charles II. bald so viel, daß er dieses Besitzes müde wurde und ihn nun seinerseits der ostindischen Company anbot. Er verfolgte dabei wohl außerdem den Zweck, sie für die Wegnahme ihrer Rechte in Afrika, welche dem Duke of York übertragen wurden, und die erneute Besetzung der Banda-Insel Polaroon durch die Holländer zu entschädigen. Die Company nahm das Anerbieten jetzt an und erhielt unterm 27. März 1668 Bombay als „freien und gemeinen Besitz“ mit allen politischen Rechten für seine Regierung und Vertheidigung gegen eine jährliche Zahlung von 10 Pfund Sterling zugetheilt.*) Sie gelangte auf solche Weise in den Besitz ihres ersten ganz unabhängigen und durch seine insulare Lage besonders festen Stützpunktes und eines wichtigen Hafens.

Weniger gedeihlich war die eigene Entwickelung der Gesellschaft in dieser Zeit. 1663 und 1665 wurden nur je zwei Schiffe nach Indien abgefertigt, 1666 und 1667 sogar jedesmal nur eins. Die erzielten Umsätze scheinen gering gewesen zu sein, denn das Geschäft in Indien wurde noch mehr eingeschränkt. Die Außenfaktoreien Surats wurden nach und nach meistens eingezogen. Die Company hatte hier nicht allein mit den Holländern, sondern auch mit privaten englischen Konkurrenten zu kämpfen. In Hugly herrschte Streit mit den einheimischen Behörden. In Madras legten Kämpfe der indischen Fürsten untereinander und Wettbewerb fremder Nationen ihre Thätigkeit lahm; in Bantam konnte sie gegen die übermächtigen Holländer überhaupt nicht mehr aufkommen. 1664 wurde die ganze Niederlassung zu Surat in Frage gestellt. Die damals zuerst sich erhebenden Mahratten unter Sivajee, die durch Raubzüge und Grausamkeiten rasch ihren Namen zu einem gefürchteten machten, griffen die Stadt an. Die Bewohner flohen, und der Statthalter des Moguls schloß sich im Kastell ein. Der Ort wäre den Mahratten in die Hände gefallen, wenn nicht die Engländer von ihrer Faktorei aus mehrere Ausfälle gemacht und die Feinde durch ihre Tapferkeit zum Abzug bewogen hätten. Zum Dank dafür erließ ihnen der Mogul die Zölle in Surat für ein Jahr und gewährte ihnen nachher eine dauernde Zollermäßigung.

---

*) Die Gesetzgebung in Bombay brauchte nicht, wie es sonst Regel war, streng der englischen zu entsprechen, sondern es war nur ausbedungen, daß sie ihr so viel wie möglich entspreche.

Die Gesellschaft wurde zu jener Zeit auch noch von anderen Gefahren bedroht. Ihre Beamten begannen seit der Aufhebung des Rechts zum eigenen Handelsbetrieb sich unzuverlässig zu zeigen. Die Gehälter waren zu gering, um sie zu fesseln. Erhielt doch der oberste Vertreter in Surat nur 500 Pfund Sterling. Als 1665 der Leiter des Forts Saint George, der wegen heimlichen Handels im Verdacht stand, abgelöst werden sollte, setzte er seinen Nachfolger unter dem Vorwand, eine Majestätsbeleidigung begangen zu haben, gefangen und blieb ruhig auf seinem Posten, bis 1668 die Company ein paar Schiffe sandte. Dann floh er zu den Holländern.

Neben den eigenen Beamten trieben auch englische Schiffer trotz der Privilegien der Gesellschaft auf eigene Faust in Indien Handel. Die Company verfolgte sie, wo sie konnte, nahm ihnen Fahrzeuge und Waaren weg und setzte sie selbst gefangen. Sie ihrerseits riefen die Gerichte und den König an.

Einer dieser Händler, Thomas Skinner, erreichte es, daß der Königliche Geheime Rath sich seiner Sache annahm und sie dem Oberhaus überwies. Letzteres verurtheilte die Company zu 6000 Pfund Schadenersatz, die letztere weigerte sich aber nicht allein, das Oberhaus als Gericht erster Instanz anzuerkennen, sondern beklagte sich auch beim Unterhaus über das Vorgehen der Lords. Die Commons hoben das Urtheil des Oberhauses auf und erklärten es für ungesetzlich. Dieses gerieth darüber in großen Zorn. Es bezeichnete die Petition der Company als schmachvoll und das Vorgehen der Commons als Bruch seiner Rechte. Das Unterhaus antwortete durch Verhaftung des Thomas Skinner und Bedrohung eines Jeden, der das Urtheil der Lords zu vollziehen suche. Nun ließen die Lords den Vorsitzenden der ostindischen Company, der selbst Mitglied des Unterhauses war, mit drei Direktoren gefangen setzen. Der Streit beider Häuser gedieh zu solcher Höhe, daß der König eingreifen und das Parlament siebenmal vertagen mußte. Als auch das nichts half, berief er beide Häuser vor sich 1670 nach Whitehall und bewog sie durch persönliches Vermitteln zum Friedensschluß. Beide strichen die bezüglichen Verhandlungen aus ihren Akten. Das Oberhaus ließ seinen Anspruch, in erster Instanz bürgerliche Rechtsstreite zu entscheiden, stillschweigend fallen, und Thomas Skinner hatte außer seinen Verlusten auch noch eine Haftstrafe erlitten!

Vielleicht unter dem Eindruck der lebhaften Parteinahme des

Unterhauses für die Company und des Erwerbs Bombays flossen ihr seit 1668 reichlichere Mittel zu. In jenem Jahre konnten 16 Schiffe abgesandt werden. Im folgenden liefen 5 nach Madras, 3 nach Bantam aus, und nach Surat wurden 1200 Tons Fracht geschickt. Auch 1670 gingen 10 Schiffe nach Madras und Bantam, während Surat 1500 Tons an Waaren erhielt. 1671 belief sich die nach Indien bestimmte Flotte sogar auf 16 Segel, und in den nächsten Jahren hatten die nach Indien verfrachteten Güter auch jedesmal einen Werth von einigen 100 000 Pfund Sterling. Unter den aus Indien kommenden Waaren war 1664 zum ersten Male Thee. 1667 wurden 100 Pfund davon in Bantam bestellt, und der Handel damit begann langsam zuzunehmen.

Trotz alledem waren die Geschäfte der Company keine glänzenden. 1674 schuldete die Faktorei Surat allein dortigen Kaufleuten 135 000 Pfund Sterling, die sie mit 9 pCt. verzinsen mußte. 1676 soll die Gesellschaft 600 000 Pfund Sterling Schulden gehabt haben. Zu den Ausgaben kamen in jenen Jahren nicht allein die erheblichen Aufwendungen für die Befestigung und Einrichtung Bombays, sondern auch Kriegskosten. 1670 griffen nämlich die Mahratten aufs Neue Surat an. Die Holländer, die außerhalb der Stadt wohnten, blieben unbelästigt; die Franzosen, welche sich ebenfalls hier inzwischen niedergelassen hatten, erkauften Frieden. Die Engländer wurden dagegen angefallen und mußten sich vertheidigen, bis Sivajee durch ein Geschenk bewogen wurde, mit ihnen einen Vertrag zu schließen, der ihnen verschiedene Vortheile gewährte.

In Bombay unterhielt die Company 1672 etwa 1500 indische Truppen und 100 Kanonen. Die Ansiedelung von Europäern wurde möglichst unterstützt. Zwei Gerichtshöfe waren vorhanden. 1676 wurde hier auch eine Münze für indisches Geld errichtet mit Genehmigung von Charles II.*) Obwohl der Ort 1675 schon 12 000 Pfund Sterling an Einnahmen, d. h. das Doppelte gegen 1668, brachte, waren doch die dafür erwachsenden Kosten viel erheblicher.

Eine nicht unbedeutende Summe dürften ferner die Geschenke ausgemacht haben, welche die Gesellschaft nach Versicherung Macphersons an den König, seinen Bruder, den Duke of York, und andere mächtige Personen gezahlt hat.

---

*) Die „Rupie" galt damals etwa 3 Schilling; der „Pice" = 1/2 Penny.

Die Sendungen von Schiffen, Waaren und Geld nach Indien erlitten jedoch von 1674 bis 1682 keine Unterbrechung. 1679 wurden 8; 1680 : 10; 1681 : 11 und 1682 sogar 17 Schiffe dahin abgefertigt.

Die überseeischen Unternehmungen der Company waren damals noch immer in drei Abtheilungen, Surat, Madras, Bantam, gegliedert, welche Presidencies hießen. Jede besaß einige Hauptfaktoreien, von denen die Außenposten abhingen. In manchen Handelsplätzen unterhielt die Gesellschaft gar keine eigene Agentur, sondern ließ ihre Einkäufe durch dortige Händler besorgen. Dieser am wenigsten kostspielige und oft als bester empfohlene Betrieb war aber bei der heftigen Eifersucht der verschiedenen wettbewerbenden europäischen Völker und den sonstigen Fährlichkeiten damals nur möglich, wenn in der Nähe eine feste und gutbewaffnete Faktorei war. Ebenfalls infolge des scharfen Wettbewerbs verschiedener Völker geschahen die Einkäufe selten auf dem Markte gegen baar, sondern den einheimischen Händlern wurden große Vorschüsse gemacht, wogegen sie sich an bestimmten Terminen zu liefern verpflichteten.

An der Spitze der Hauptfaktorei einer Presidency stand ein Präsident, dem ein Council, das in allen wichtigeren Fragen mitzusprechen hatte, beigeordnet war. Die Präsidenten und die Members of Council wurden unmittelbar von der Company in England ernannt. Die anderen Posten besetzten die Präsidenten. Das Aufrücken innerhalb der Beamten sollte streng nach dem Dienstalter erfolgen und jeder vom Lehrling an folgende Stufen durchlaufen: Schreiber, Faktor, Kaufmann, Oberkaufmann. Die Gehälter waren gering. Der Präsident in Surat, der zugleich die Oberaufsicht über alle anderen Presidencies hatte, erhielt in der Regel nur 300 Pfund Sterling, der Deputy-Governor von Bombay 120 Pfund Sterling, die Mitglieder des Councils, welche die Zweigfaktoreien leiteten, 80 Pfund Sterling im Jahr. Nach fünfjährigem Aufenthalt in Indien betrug das Einkommen eines Anfängers gar nur 10 Pfund Sterling. Die Leute waren daher geradezu darauf angewiesen, Durchstechereien zu machen und besonders heimlich Handel zu treiben.*)

Die Schiffe und Sendungen wurden von England immer nach den drei Hauptfaktoreien abgefertigt und nahmen ihre Ladung auch

*) Erlaubt war den Angestellten der Company nur der Handel mit Edelsteinen, Perlen, Moschus, da er doch nicht zu überwachen war.

nur unter deren Aufsicht ein. Die Vertheilung der Waaren und die Sendung der Schiffe nach anderen Häfen geschah durch die Präsidenten. Uebrigens waren die Posten der Präsidenten gelegentlich nicht besetzt und die Hauptfaktoreien unterstanden sämmtlich irgend einem aus England gesandten obersten Beamten. Die Company scheint das hauptsächlich gethan zu haben, um Geld zu sparen. Der Handel nach Ostasien wurde von Bantam aus betrieben. Es geschahen Niederlassungsversuche in China, Japan, Siam. Bei der Eifersucht, besonders der Holländer, gelang aber nur die Anlage von Agenturen in Tywan (Formosa) und Tonking. In Japan wurden die Engländer sofort ausgewiesen, als Charles II. die portugiesische Prinzessin heirathete, da die Portugiesen hier aufs Aeußerste verhaßt waren.

Nach einer Veröffentlichung der Company aus dem Jahre 1677 unterhielt sie damals alljährlich 30 bis 35 Schiffe zu je 300 bis 600 Tons. 26 bis 28 davon mit je 40 bis 50 Kanonen hatte sie selbst gebaut. Ihre Ausfuhr hatte im Jahr einen Werth von etwa 320 000 Pfund Sterling in Münze und 110 000 Pfund Sterling in Waaren. Die Einfuhr erzielte in England einen Preis von etwa 860 000 Pfund Sterling. Sie bestand hauptsächlich aus Baumwollstoffen, Pfeffer, Salpeter, Indigo, Seide, Droguen und Gewürzen. Aus dem Ertrag der Einfuhr mußten aber die hohen Zollsummen, die Kosten der Schiffe, Mannschaften, Faktoreien, Tribute 2c. gedeckt werden. Die erlaubte Ausfuhr der Beamten der Company aus England wurde auf 40 000 bis 50 000 Pfund Sterling bewerthet, ihre Einfuhr auf 250 000 bis 300 000 Pfund Sterling. Die Kosten für Faktoreien, Verträge mit indischen Fürsten und Privilegien wurden damals auf etwa 300 000 Pfund Sterling im Ganzen veranschlagt. 1676 benutzte die Company einen großen Theil ihres Gewinnes zur Verdoppelung ihres Kapitals, welches damit 739 782 Pfund Sterling erreichte. Ihre Charter wurde 1677 vom König aufs Neue bestätigt.

Zu Anfang der 80er Jahre waren die Unternehmungen der Company an verschiedenen Punkten Indiens schwer bedroht durch äußere und innere Feinde. Surat und Bombay litten unter den Kämpfen der Mahratten mit dem Mogul. Bis vor die Thore Surats wurde das Land verwüstet und ausgepreßt, und im Hafen von Bombay setzten sich die beiden feindlichen Parteien fest. Die

Faktorei in Hugly wurde von den Statthaltern des Moguls oft ganz lahmgelegt. Sie erkannten die nur mündlich ertheilten Priviligien des Moguls nicht an, mischten sich in den Geschäftsbetrieb ein und verboten, wenn ihre Erpressungen abgelehnt wurden, den Eingeborenen den Handel mit den Engländern oder mißhandelten die englischen Beamten. 1680 setzten diese zwar Ertheilung eines besonderen Firman des Monguls, wofür sie 50 000 Rupien an Hofbeamte vertheilten, durch, doch blieb ihre Lage unbefriedigend, obwohl die Geschäfte der Faktorei immer bedeutender wurden.

Am schlimmsten stand es in Bantam.*) Hier waren 1677 die Hauptagenten von Eingeborenen ermordet worden. Die Company hatte trotzdem diese Niederlassung beibehalten und sogar Gesandte von hier nach England geführt. 1682 aber vertrieb ein neuer Fürst, der mit Hülfe der Holländer den früheren beseitigt hatte, die Engländer von dort auf immer. Dazu kam das Auftauchen neuer englischer Konkurrenten, die in Indien wie zu Hause gegen die Company arbeiteten.

Unterstützt von unzufriedenen oder entlassenen Beamten der Company, versuchten reiche Kaufleute bei den indischen Fürsten eigene Privilegien und Niederlassungen zu kaufen. Sie erzählten ihnen, daß Aufhebung der älteren Gesellschaft bevorstehe, und boten erhebliche Summen zur Erreichung ihres Zweckes. In England fanden wirklich vorbereitende Schritte zur Bildung einer neuen Company statt und Vorschläge dazu traten an den König heran. Doch wußte die alte Gesellschaft dieser Gefahr rechtzeitig vorzubeugen und setzte sogar durch, daß ihr durch ein Privileg von 1683 das Recht zu Theil wurde, die Schiffe ihrer Mitbewerber in Indien ohne Weiteres wegzunehmen und zu kondemniren.

Die Unzufriedenheit der Beamten der Company hatte ihren Grund hauptsächlich in der schlechten Bezahlung und der von der Company in allen Beziehungen geübten übertriebenen Sparsamkeit, welche unter Anderem auch zu Einschränkung der Truppenzahl in den Hauptplätzen bis aufs Aeußerste und rücksichtsloser Auspressung der Eingeborenen führte. Diese Sparsamkeit war eingeführt durch Sir Josiah Child, einen angesehenen Londoner Kaufherrn und volkswirthschaftlichen Schriftsteller, welcher damals zusammen mit seinem

*) 1670 waren die Engländer bereits aus Makassar verjagt und damit von den östlichen Gewürzinseln fast ausgeschlossen worden.

in Surat als Präsident des Council thätigen Bruder John die Geschäfte der Company fast unumschränkt leitete. Es war sein Streben, den Einfluß der Gesellschaft in Indien in jeder Weise, selbst mit Gewalt, zu erweitern, dabei jeden Mitbewerb unmöglich zu machen und doch so wenig als möglich Geld auszugeben. Die Folgen seines letzterwähnten, allzu weit getriebenen Bestrebens waren keine glücklichen. Verschiedene Angestellte der Company traten heimlich in Beziehung zu den ohne Erlaubniß in Indien handelnden Kaufleuten, den sogenannten Interlopers. Selbst zwei Mitglieder des Councils von Surat gehörten dazu. Als ihr Treiben entdeckt wurde, flüchteten sie und hetzten die einheimischen Fürsten gegen die Gesellschaft auf. In St. Helena brach sogar eine Meuterei der Besatzung aus.

Am schlimmsten gestalteten sich die Dinge in Bombay. Hier war die Bevölkerung über eine Steuererhöhung unzufrieden und die Besatzung, welche nur 100 Mann betrug, erklärte, von ihrem Sold nicht mehr leben zu können. Der dortige Deputy-Governor wollte ihr und dem Kommandeur Kapitän Keigwin eine kleine Zulage gewähren. Die Company lehnte das aber bestimmt ab. Da erhoben sich Besatzung und Bürger Ende 1683, setzten den Deputy-Governor gefangen und riefen Keigwin als solchen aus. Letzterer rechtfertigte den Schritt gegenüber dem König und führte im Uebrigen die Verwaltung streng gesetzlich ohne jede Gewalthat oder Ausschreitung weiter. Die Company, die sich nicht in der Lage fühlte, Gewalt anzuwenden, begann Verhandlungen mit den Aufständischen; aber erst 11 Monate später, als eine Flotte der Company Befehle des Königs an Keigwin brachte und volle Amnestie zugesichert wurde, übergab der Kapitän Bombay den Behörden der Gesellschaft. Letztere verlegte jetzt den Sitz des Präsidenten von Surat hierher. John Child, welcher dies Amt bekleidete, wurde zum Generalkapitän und Admiral für alle Besitzungen der Gesellschaft ernannt, nachdem ein neues königliches Privileg von 1686 ihr das Recht zur Ernennung von Seeoffizieren, Aushebung von Soldaten und Führung von Krieg mit indischen Fürsten, die ihre Interessen verletzten, ertheilt hatte.

Zur Anwendung von Gewalt in Indien waren die Childs schon längst entschlossen. Das bisherige Vorgehen der Company, wobei sie von der Gnade der indischen Machthaber abhing*) und

*) Von 1661 bis 1683 hat die Company allein in Surat außer den 3½ pCt. Zoll nicht weniger als 1 365 450 Rupien Geschenke und Bestechungsgelder an die Inder zahlen müssen!

fortwährend mit dem Mitbewerb anderer Nationen und Kaufleute zu kämpfen hatte, erschien ihnen verfehlt. Sie wünschten ein Reich, wie es die Holländer dort bereits begründet hatten, welches alle Kosten deckte. Sie gewannen für ihren Gedanken die übrigen Direktoren.*) Ihr vorläufiger Plan war, ausreichende eigene Gebiete bei Bombay, Madras, in Bengalen und Sumatra zu erwerben und unter das Protektorat des Königs zu stellen. Daß ihre Pläne die volle Zustimmung des Königs hatten, dafür spricht schon der Umstand, daß er der Company gestattete, in den Hauptstationen die Union Flag zu führen. — Das Beispiel der Holländer hat zweifellos die beiden Childs stark beeinflußt. Sie vergaßen nur, daß es leichter war, einzelne Inseln und schwächere Stämme zu unterwerfen, als mit mächtigen Reichen anzubinden. Und wenn sie, wie anzunehmen, auf die Unterstützung der Mahratten hofften, so erwies sich das als ein Irrthum.

Ende 1685 wurden mit Genehmigung des Königs zehn Kriegsschiffe von 12 bis 70 Kanonen ausgerüstet und mit sechs Kompagnien Infanterie bemannt. Kapitän Nicholson erhielt als Vize-

*) Sir Josiah Child hat seine Ansichten in den 1670 erschienenen „Discourses on Trade" niedergelegt. Die ganze Schrift ist darauf berechnet, die Engländer zur besseren und eifrigeren Nachahmung der Holländer anzuspornen, deren handelspolitische Bedeutung er in den grellsten Farben schildert. Obwohl der englische Export nach Spanien und Portugal sich seit 1640 mehr als verdreifacht habe, verschwinde der englische Handel doch noch vor dem Hollands. In Rußland habe dieses 22 große Schiffe im letzten Jahr gehabt, England eins; bei der grönländischen Walfischerei unterhalte England ebenfalls nur ein Schiff, Holland und Hamburg jährlich 400 bis 500. Der Ostseehandel, der Salzhandel von Portugal und Frankreich liege fast ganz in Hollands Hand. Das Gleiche gelte vom Handel mit China und Japan. Den Grund für diese Ueberlegenheit Hollands findet er in dem dortigen niedrigen Zinsfuß von 3 pCt., der den Handel belebe, der genauen Abgrenzung der Rechte der einzelnen Companies, welche sich infolgedessen nicht gegenseitig zum Nutzen Dritter schädigten, und der Niedrigkeit seines Zolltarifs. Dafür, setzt Child des Weiteren auseinander, habe aber England eine Reihe natürlicher Vorzüge, welche ihm in gewissen Handelszweigen den Vorrang sicherten und die Möglichkeit gäben, mit Holland zu wetteifern. Darunter rechnet er die englische Wolle, welche in der Türkei, Italien, Spanien und Portugal viel begehrt sei, die Billigkeit seiner Lebensmittel, seine Bleilager und seinen Holzreichthum. Dank diesen Umständen und dank der Schifffahrtsakte, welche den englischen Schiffern die Einfuhr fremder Erzeugnisse und den Verkehr mit den amerikanischen Kolonien sichere, sei Englands Handel mächtig gewachsen. Neue Häuser in

admiral das Kommando des Geschwaders. In Indien sollte der Agent der Faktoreien Bengalens den Oberbefehl übernehmen und die Truppen um 400 Mann, die Schiffe um neun andere verstärken.

Der Kriegsplan war in folgender Weise entworfen. Das Geschwader sollte zunächst Chittagong in Bengalen einnehmen, besetzen und mit 200 Geschützen ausrüsten. Dazu sollte ein Bündniß mit dem benachbarten Radjah von Aracan geschlossen und der Nabob von Bengalen zur Abtretung des Gebiets von Chittagong und verschiedener Rechte gezwungen werden. Nach Erfüllung dieser Aufgabe war der Flotte vorgeschrieben, den König von Siam wegen verschiedener Verletzungen englischer Interessen zur Rechenschaft zu ziehen und den Osten Sumatras zu besetzen. Alsdann sollte die Westküste Indiens heimgesucht, Salsette erobert und anderes streitiges Gebiet den Portugiesen abgenommen werden. Außerdem waren noch Feindseligkeiten gegen die Holländer ins Auge gefaßt.

Schon um die Hälfte dieser Aufgaben ausführen zu können, hätten die Truppen der Company höchst genial geführt und besonders vom Glück begünstigt sein müssen. Beides aber war nicht der Fall.

London brächten jetzt das Doppelte wie im Jahr 1666, die Zahl der Kaufleute und Schiffe habe sich in den letzten 20 Jahren verdoppelt, man verschiffe auch etwa ein Drittel mehr englischer Erzeugnisse als 1650.

Aber das Alles erachtet Child noch nicht für genügend. Man müsse die Holländer aus ihrer den Welthandel beherrschenden Stellung verdrängen, indem man ihr Beispiel in jeder Beziehung nachahme und den Handel mit allen Mitteln fördere. Eine sehr bedeutende Rolle dabei mißt er der Fischerei und der kolonialen Politik bei. In letzterer Hinsicht erwartet er aber von den amerikanischen Ansiedelungen nicht sehr viel. Er findet, daß sie infolge des Fischreichthums der dortigen Meere selbst sehr geeignet zum Schiffsbau und Betrieb von Schifffahrt seien. Nichts sei aber dem Mutterland schädlicher als die Zunahme der Schifffahrt in den Kolonien! Vor der Hand führe England in Amerika allerdings zehnmal so viel ein, als es von dort beziehe. — Viel vortheilhafter für das Mutterland findet Child den Verkehr mit Ostindien. Es seien dabei 35 bis 40 starke Schiffe mit je 60 bis 100 Seeleuten beschäftigt; England werde dadurch mit dem für die Pulverfabrikation unentbehrlichen Salpeter, den es sonst theuer von Holland kaufen mußte, versorgt; es erhalte jährlich für 150 000 bis 180 000 Pfund Sterling Pfeffer, Indigo, Baumwollstoffe und nützliche Droguen; es würden ihm die Gegenstände für einen großen Theil seines Handels nach der Türkei, nach Frankreich, Italien, Spanien und Afrika zugeführt, wodurch es sechsmal so viel Baargeld einnehme, als die Company exportire. — Stärkung und Befestigung der Beziehungen mit Ostindien ergab sich also als natürliche Schlußfolgerung aus Childs Schrift.

Zunächst wurde der Fehler begangen, die Leitung der ganzen Sache nicht in eine Hand zu legen. Der General-Kapitän John Child, der damals noch in Surat saß, erhielt keine genaue Mittheilung von dem im Osten des Mogulreichs Geplanten, wonach er Vorbereitungen ins Werk setzen konnte, und war, bei dem Mangel an Verbindungen, später nicht in der Lage, den Ereignissen zu folgen. Auch der Governor von Madras hatte keinen Einfluß auf die Operationen und konnte keine Vorkehrungen treffen. Das Geschwader war vielmehr, wohl um das strengste Geheimniß wahren zu können, direkt nach dem Ganges geschickt und sollte erst in Hugly die anderen Schiffe und Mannschaften der Company treffen.

Die Ankunft mehrerer Schiffe in diesem kleinen Orte erregte aber sofort die Aufmerksamkeit der indischen Behörden. Sie zogen Truppen zusammen und rüsteten sich zum Widerstand. Gelegentlich eines Streits englischer Soldaten mit der einheimischen Polizei kam es daher, ehe noch die englische Macht beisammen war, im Oktober 1686 unvermuthet zum Kampf. Die Engländer bombardirten den Ort und brannten einige Hundert Häuser nieder, mußten aber, da sie hier einem Angriff größerer Streitkräfte nicht gewachsen waren, schließlich den Strom hinab erst nach Chutta nuttee, wo heut Kalkutta steht, und dann noch weiter zum Meer bis Hijeli sich zurückziehen. Unterwegs zerstörten sie zwar das Fort Tanna, überfielen und plünderten auch die weiter südlich am Meer liegende Stadt Balasor, aber es zeigte sich bald, daß sie in keiner Weise zu einem ernsten Kampf mit dem Heere des Mogul in der Lage waren. Die Inder zerstörten mehrere Faktoreien der Gesellschaft. Mitte 1687 mußte der Kommandeur froh sein, mit den Indern einen Waffenstillstand zu schließen, der der Company das Recht zum Neubau einer Faktorei in Hugly und Zollprivilegien in Bengalen wiedergab.

Als die Kunde von diesen Ereignissen nach Surat drang, war John Childs erstes Bestreben, sich und die Hauptbeamten nach Bombay in Sicherheit zu bringen. Als ihm das gelungen war, versuchte er den Rest der Beamten und die Waarenvorräthe holen zu lassen. Gleichzeitig aber begann er im Persischen Golf und Rothen Meer Schiffe des Moguls zu beschlagnahmen, um ihre Besatzungen als Geiseln zu benutzen. Aeußerlich bemühte er sich, die friedlichen Beziehungen aufrecht zu halten. Das ging auch eine Zeit lang. Als aber einer seiner Kapitäne ein Schiff aus Surat an der indischen Küste wegnahm, setzte der Statthalter des Moguls die Engländer gefangen und beschlagnahmte die Faktorei. Child antwortete durch weitere Kapereien und Anbahnung eines Bündnisses mit den Mahratten. Der Statthalter von Surat bot darauf Verhandlungen an und Child brachte mit ihm Ende 1687 ein Abkommen zustande, welches in England so vortheilhaft erschien, daß die Company ihm ein Geschenk von 1000 Pfund Sterling machte.

Doch die Freude war nicht von langer Dauer. Der Mogul wurde überall vom Glück begünstigt. Die Könige von Bidschapur und Golconda, in deren Bereich Madras lag, besiegte er völlig. Die dortige englische Faktorei mußte sich glücklich schätzen, daß er ihr die von den früheren Herrschern ertheilten Rechte bestätigte.

Es konnte schon damals keinem Zweifel mehr unterliegen, daß die Pläne der Company gründlich gescheitert waren. Doch Sir Josiah Child wollte das Spiel noch nicht verloren geben. Er befahl Erneuerung des Kriegs bis zur Eroberung genügender Gebiete und schickte 1688 zwei Schiffe mit 160 Mann unter Kapitän Heath nach Bengalen. Dieser der Verhältnisse unkundige Mann griff im November gegen den Rath des Councils den Hafen Balasor an, verbrannte die Stadt und zerstörte die dort liegenden Schiffe des Moguls. Von da fuhr er nach Chittagong. Dieser Platz erschien ihm zu stark. Er zog vor, an der Küste nach Aracan weiter zu segeln und dort Verhandlungen anzuknüpfen. Als sie erfolglos blieben, suchte er vergebens die indischen Beamten gegen ihre Obrigkeit aufzuwiegeln und endlich begab er sich mit allen Beamten und Gütern der Company nach Madras! So war denn statt der erstrebten Stärkung der Gesellschaft in Bengalen alles bisher dort Erreichte verloren.

Der Mogul, den die Gönner der ostindischen Company an seinem Hofe bisher noch immer besänftigt hatten, gerieth über den neuen unerhörten Friedensbruch in große Erregung. Er befahl Festnahme der Engländer in Surat, Konfiskation ihres Eigenthums und Aussetzung eines Preises auf John Childs Kopf. Er war entschlossen, sie nicht mehr in seinen Staaten zu dulden. Die Faktorei in Masulipatam hatte dasselbe Schicksal wie Surat; in Visagapatam wurden der englische Agent und seine Beamten von den Indern erschlagen. Vor Bombay erschien im Februar 1689 die Flotte des Moguls. Sie trieb die Engländer in ihr Fort zurück und besetzte die ganze Insel länger als ein Jahr. Die Besatzung gerieth in große Noth, John Child selbst wurde krank. Er bat schließlich durch eine feierliche Gesandtschaft den Mogul um Schonung und Frieden. Der Herrscher war edelmüthig und schwach genug, dieser Bitte Gehör zu schenken. Er erklärte sich mit Schadenersatz und der Entfernung John Childs aus Indien zufriedengestellt. Im Februar 1690 ertheilte er den Engländern Verzeihung, „da sie demüthig und unterwürfig um Vergebung ihrer Verbrechen gebeten hätten“. Sie sollten 150 000 Rupien zahlen und alles beschlagnahmte Gut zurückgeben. Dafür wurden ihre Gefangenen losgelassen, die Belagerung von Bombay aufgegeben und der Company ihre früheren Rechte wiedergegeben.

Die Londoner Direktion hatte von diesem kläglichen Ausgang ihrer Pläne keine Ahnung. Noch 1689 befahl sie ihren indischen Beamten, ebenso sehr auf Vermehrung der örtlichen Einnahmen wie des Handels bedacht zu sein, mit aller Entschiedenheit die Macht der Gesellschaft zu behaupten und Gründung eines eigenen Reichs im Auge zu behalten.*) Die Nachricht von dem demüthigenden Frieden muß sie daher doppelt schwer getroffen haben. John Child hat seinen Abschluß nicht mehr erlebt. Er starb in dem belagerten Bombay, dessen Besatzung auf 35 Mann zusammengeschmolzen war.

*) The increase of our revenue is the subject of our care, as much as our trade: 'tis that must maintain our force when twenty accidents may interrupt our trade; 'tis that must make us a nation in India; without that we are but as a great number of interlopers united only by his Majesty's royal charter, fit only to trade where nobody of power thinks it their interest to prevent us.

Dritter Theil.

Kampf mit Frankreich und Spanien um die Weltherrschaft.

Erstes Kapitel.

Die ersten Kämpfe um Canada und Akadien.

Je mehr die englischen Pflanzstaaten in Nordamerika sich ausdehnten und erstarkten, um so häufiger wurden die Reibungen mit den Franzosen, welche von Canada und Akadien aus das ganze nördliche und westliche Gebiet unter ihren Einfluß zu bringen suchten. Während die englischen Kolonisten die anfänglichen Pläne wegen Auffindung einer bequemen Durchfahrt nach dem Stillen Meere und Entdeckung von Goldländern bald aufgegeben und sich auf die Besiedelung und Urbarmachung ihrer Küstengebiete beschränkt hatten, erforschten die Franzosen unermüdlich das Innere Nordamerikas, erschlossen seine Seengebiete und sein Stromnetz und scheuten keine Anstrengung, um den katholischen Glauben unter den Indianern auszubreiten. 1646 dehnten sich die französischen Stationen im Südosten schon bis zum Kennebec, dem Lake Huron und der Nachbarschaft Albanys aus. Die englischen Niederlassungen waren somit bereits theilweise von ihrem Hinterlande abgeschnitten.

Man sah hier das Wachsen der französischen Macht mit nicht minderem Mißfallen als in London, doch die Kolonien waren zu schwach und zu sehr von anderen Aufgaben in Anspruch genommen, um ihrerseits viel thun zu können. Nur gelegentlich geschah etwas zur Schwächung der Franzosen, so 1643, als in Akadien zwei der Kommandeure sich mit den Waffen bekämpften und dabei Bostons Hülfe in Anspruch nahmen. Erst 1654 machte Cromwell einen ernstlichen Versuch, den Franzosen entgegenzutreten. Er ließ während des damaligen Krieges einige Schiffe von Boston aus Akadien angreifen. Es gelang ihnen, nach kurzem Kampfe die Hauptplätze wegzunehmen. Im Frieden zu Westminster 1655 verblieb die Kolonie auch England und wurde 1656 Sir Thomas Temple, William Crowne und Stephen de la Tour zum Eigenthum übergeben. Sie blieb in ihrem Besitz bis zum Frieden von Breda 1667. Damals fiel sie an Frankreich zurück.

Frankreich hatte zu jener Zeit seine Besitzungen nach allen Seiten noch viel weiter ausgedehnt, besonders im Gebiete der großen Seen. Es hatte außerdem 1664 auch in Newfoundland, welches wegen seiner Fischerei für England größte Bedeutung besaß, sich festgesetzt. Die Aufgabe Akadiens wurde daher in den englischen Kolonien sehr ungern gesehen. Seitens des Königs Charles II. geschah aber gegen die Franzosen nichts als die Privilegirung der Hudsons-Bay-Company 1669, welche der Ausbreitung ihrer Herrschaft im äußersten Norden entgegenwirken sollte.

Die Abneigung der englischen Kolonisten gegen die französischen Nachbarn wuchs im Laufe der Jahre unausgesetzt. Man verabscheute sie nicht allein wegen der Schädigung der wirthschaftlichen und politischen Interessen der englisch-amerikanischen Kolonien, sondern auch wegen ihres Katholizismus und wegen ihres Ringens mit England um die Herrschaft auf dem Weltmeer. Der Haß der Kolonisten äußerte sich zuerst im Gebiete New Yorks durch Thätlichkeiten. Der dortige Governor Dongan stand seit Langem mit den Iroquesen, den erbitterten Feinden Frankreichs, in nahen Beziehungen. Er stattete sie reichlich mit Gewehren aus, die er für Bieberfelle eintauschte, und versuchte durch sie das Gebiet südlich von den großen Seen unter englischen Einfluß zu bringen. Vergebens protestirte der Gouverneur von Canada gegen diesen Waffenhandel. Dongan erklärte ihm, daß die Iroquesen englische Unterthanen seien. Die französische Regierung wies darauf den Gouverneur von Canada an, die Engländer, welche auf indianischem Gebiet betroffen würden, falls sie vom Aufhetzen der Eingeborenen nicht ließen, als Feinde zu behandeln. Gleichzeitig führte sie bei James II. Beschwerde und erwirkte in der That, daß Dongan angewiesen wurde, sich feindseliger Akte gegen Frankreich zu enthalten. Das hinderte diesen freilich nicht, seine Intriguen fortzusetzen, und die Franzosen rächten sich durch einen Ueberfall der Ansiedelungen der Hudsons-Bay-Gesellschaft. 1686 nahmen sie drei ihrer Stationen weg.

James II. nahm zur Entrüstung der Interessenten diesen Ueberfall ruhig hin. Im November 1686 schloß er mit Frankreich einen Neutralitätsvertrag und begnügte sich mit energielosen Verhandlungen. Dongan wurde Anfang 1687 angewiesen, sich ruhig zu verhalten und seine Vorstoßpläne gegen die Franzosen aufzugeben. Die Letzteren benutzten das, um in demselben Jahre einen Feldzug gegen die Iroquesen und ihre Verbündeten zu unternehmen und das Gebiet von Niagara zu besetzen. Sie planten damals sogar einen Angriff auf New York. Der Feldzug gegen die Iroquesen verlief ohne großen Erfolg. Friedensverhandlungen mit ihnen blieben ebenfalls fruchtlos, denn mittlerweile hatte Dongan durchgesetzt, daß sie formell unter englischen Schutz gestellt wurden, und er veranlaßte sie, in erster Linie auf Räumung des Forts Niagara zu bestehen. Den dringenden Vorstellungen Frankreichs bei James II. ist es zum Theil zuzuschreiben, daß gerade in diesem Augenblicke Dongan abberufen und New York dem Governor-General Sir Edmund Andros mit unterstellt wurde.

Den erwarteten Vortheil hatte Frankreich dadurch indessen nicht. Auch Andros hielt an dem Protektorat über die Iroquesen fest, und diese überfielen im Sommer 1689 die französische Ansiedelung Lachine auf der Insel Montreal, wobei sie einige Hundert Ansiedler tödteten. Die New Yorker wurden allgemein von den Franzosen beschuldigt, an dieser grausamen Schlächterei die Mitschuld zu tragen.

Die Dinge waren nun so weit gediehen, daß eine Entscheidung mit den Waffen unausbleiblich war. Der Sturz James II., die Thronbesteigung Williams III. beschleunigten nur den Ausbruch des offenen Krieges. Im Herbst 1689 traf Graf Frontenac als Gouverneur Canadas in Quebec ein. Er hatte den Auftrag, die Engländer aus Hudsons-Bay zu verjagen und New York einzunehmen. Canada sollte auf diese Weise mit einem Schlage einen eisfreien Hafen erhalten und von da aus dann der Iroquesen Herr werden. So sicher glaubte man sich in Paris des Erfolgs, daß ein Gouverneur für New York schon im Voraus ernannt und Maßregeln vorgesehen waren, um die protestantischen Bewohner dieser Kolonie zu entfernen und ihr Land zu vertheilen. Aber die Ausführung der französischen Pläne stieß schon zu Anfang auf große Schwierigkeiten. Ganz abgesehen davon, daß Canada damals nur 15 000 weiße Bewohner zählte, während die englisch-amerikanischen Kolonien weit über

200 000 besaßen, fand Frontenac seine ganze Kolonie in Schrecken infolge des Ueberfalles von Lachine und weiterer Bluthaten der Indianer. Fort Frontenac am Ontario war von den französischen Truppen geräumt worden. Dazu war die Jahreszeit schon zu weit vorgeschritten, um noch den befohlenen Angriff auf New York zu Land und See ausführen zu können, ein Angriff, zu dem Frontenac überdies nur sehr bescheidene Mittel zur Verfügung standen. Er versuchte zunächst mit den Iroquesen Frieden zu schließen und sandte dann mitten im Winter drei Expeditionen aus, um die vorgeschobenen Posten der Engländer im Innern zu vernichten und die Indianer durch Entfaltung seiner Macht und neue Erfolge auf seine Seite zu ziehen.

Die erste dieser Expeditionen überfiel um Mitternacht nach 22tägigem Marsche durch Schnee und Sümpfe das vorgeschobenste Dorf von New York Schenectady, zündete es an und tödtete 60 der Bewohner, großentheils Kinder und Neger. Der Rest floh halbnackt nach Albany. Mit Hülfe dortiger Kolonisten wurden die Franzosen verfolgt und einige gefangen. — Der zweite französische Streifzug fiel im März 1690 über die englische Niederlassung Salmon Falls am Piscataqua her, verbrannte sie, raubte das Vieh und nahm eine Menge Gefangene, zumeist Frauen und Kinder, mit. Entsetzliche Grausamkeiten wurden dabei verübt. Und nicht weniger blutig ging es bei einem Ueberfall des Forts Loyal im jetzigen Portland zu.

Die Franzosen sollten sich dieser bescheidenen und so blutig erkauften Erfolge nicht lange freuen. Im Frühjahr 1690 rafften sich die New Engländer zu kräftigen Gegenmaßregeln auf. Ende April segelte Sir William Phips mit mehreren Schiffen von Boston nach Akadien, wo einige französische Kreuzer lagen, die die englischen Schiffe behelligten, nahm dort rasch die französischen Hauptplätze ein, machte große Beute, ernannte einen englischen Governor und kehrte siegreich nach Boston zurück.

Am 1. Mai fand in New York ein von Massachusetts berufener Kongreß der englischen Kolonien statt. Hier wurde angesichts der von Frankreich drohenden Gefahr beschlossen, den Spieß umzukehren und den Versuch zu machen, Canada zu erobern. Ein Landheer unter Fitz-John Winthrop sollte von Albany aus auf dem Wege über Lake Champlain Montreal angreifen und Massachusetts gleichzeitig eine Flotte gegen Quebec senden. So groß war die Erbitterung gegen die Franzosen, daß die Kolonisten auf eigene Faust und Kosten den Feldzug auszuführen beschlossen.

Die englisch-amerikanische Flotte bestand damals aus 32 verschiedenen Fahrzeugen unter dem Oberbefehl des wegen seiner Erfolge in Akadien zum Admiral gewählten, aber im Grunde unfähigen Phips. Sie trug 2200 Milizsoldaten von Massachusetts, war jedoch mit Munition nur dürftig ausgerüstet. Die Expedition wurde in aller Stille vorbereitet und im August abgeschickt. Frontenac, dessen Aufmerksamkeit geschickt abgelenkt worden war, erfuhr von ihrem Nahen erst im Herbst 1690 durch Eingeborene. In aller Eile raffte er alle verfügbaren Leute zusammen und eilte damit nach Quebec, wo er am 14. Oktober eintraf. Hätte Phips sich mehr beeilt, so wäre die Stadt jedenfalls ohne Kampf in seine Hände gefallen. Aber er erschien erst am 16. Oktober und fand sich nun Frontenac mit einer der seinen überlegenen Macht gegenüber. Zugleich erhielt er die Nachricht, daß der Angriff von New York aus zu Lande auf Montreal kläglich gescheitert war. Die Führer der Abtheilungen der einzelnen Kolonien hatten sich unterwegs aufs Schlimmste veruneinigt und waren umgekehrt!

Die Aufforderung zur Uebergabe, welche Phips an Frontenac sandte, wurde mit Hohn abgewiesen. Er mußte zusehen, wie Verstärkungen aus Montreal in der Stadt eintrafen Ein Angriff mit der Hälfte der Truppen zu Lande und ein Bombardement verliefen fruchtlos. Phips war schließlich froh, seine Truppen wieder glücklich an Bord zu bekommen und ungefährdet absegeln zu können. Nach Verlust mehrerer Schiffe durch Sturm kehrte er im November nach Boston zurück.

Die Franzosen triumphirten. Die Indianer brachten neue große Vorräthe von Pelzwerk nach Montreal, der Handel der Kolonie belebte sich außerordentlich. Die New England-Staaten, deren Kassen leer waren, deren Handel danieder lag und deren Grenzen von Indianern beunruhigt wurden, konnten fürs Erste an keinen neuen Angriff denken. Massachusetts mußte zur Ausgabe von Papiergeld schreiten und ihm einen Zwangskurs geben.

Phips versuchte im Herbst 1691 in London die Regierung zur Sendung einer Flotte gegen Canada zu bewegen, aber umsonst. Die Feindseligkeiten in Amerika beschränkten sich von jetzt ab im

Wesentlichen auf Ueberfälle einzelner Ansiedelungen und Aufstacheln der Indianer. Grausamkeiten aller Art blieben an der Tagesordnung. In Akadien faßten die Franzosen aufs Neue festen Fuß, sie befestigten Quebec, soweit es in ihrer Macht stand, und sie begannen, die Irokesen für sich zu gewinnen. — Erst 1693 entschloß sich die englische Regierung, eine Flotte gegen Canada auszurüsten. Aber auch dieser Versuch war nicht vom Glück begünstigt. Die Flotte machte einen vergeblichen Angriff auf Martinique. Als sie dann in Boston ankam, brach auf ihr gelbes Fieber aus, das zwei Drittel der Bemannung wegraffte. An einen Angriff auf Canada war daher nicht mehr zu denken. Die Franzosen ihrerseits griffen 1696 das Fort Pemaquid in Maine an und nahmen es ein. Die englischen Stationen an der Hudsons-Bay hatten sie schon wiederholt überfallen und geplündert; sie setzten diese Angriffe nun mit neuem Eifer fort. Die feindlichen Indianerstämme bekriegten sie so lange, bis sie vor ihnen eine Zeit lang Ruhe hatten.

Sie faßten schließlich sogar nochmals einen Angriff zur See gegen New England ins Auge, und zwar gedachten sie diesmal Boston zu überfallen. Die Pläne für den Feldzug lagen bereits fertig vor, als 1697 der Friede zwischen beiden Mächten zu Ryswick zustande kam. England gab dabei Akadien an Frankreich zurück und verzichtete auf die von letzterem besetzten Theile der Hudsons-Bay und Newfoundlands. Die Franzosen behielten somit den ganzen Norden Nordamerikas und das große Hinterland der englischen Kolonien! Die Festsetzung der näheren Grenzlinien war weiteren Verhandlungen vorbehalten. Hierbei versuchten die englischen Kolonien wenigstens nachträglich einige ihrer Wünsche durchzusetzen.

Ihre Vertreter forderten im Osten Ausdehnung Maines bis zum St. Croix, im Westen das ganze Gebiet der Irokesen, ihrer Verbündeten, bis Montreal. Die Franzosen aber dachten nicht daran, diesen Ansprüchen nachzugeben. Sie wollten im Nordosten höchstens den Kennebec als Grenze zugestehen, und die Irokesen versuchten sie durch Jesuitenmissionare und Geschenke in der Stille unter ihren alleinigen Einfluß zu bringen. Sommer 1700 brachten sie es wirklich dahin, daß die Irokesen und ihre Verbündeten Gesandte nach Montreal schickten und feierlich Frieden mit Frankreich schlossen. Da beide Theile hartnäckig an ihren Ansprüchen festhielten, blieb Alles beim Alten. Die Franzosen beherrschten ungestört das Gebiet der großen Seen und des Illinois; sie besetzten 1701 das Detroit-Thal und gründeten somit die erste Niederlassung in Michigan. Außerdem hatten sie ein Fort Biloxi an der Mündung des Mississippi angelegt, um allen Ansiedelungsgelüsten der Kolonisten von Carolina zuvorzukommen. Ihre Entdeckungsreisenden und Missionare durchzogen das ganze ungeheuere Gebiet bis nach New Mexiko und brachten es mehr und mehr unter französischen Einfluß.

Der Ausbruch des neuen Krieges zwischen England und Frankreich im Jahre 1702 übte auf die Lage in Nordamerika zunächst keinen Einfluß. Die französischen wie englischen Kolonien waren auf ihre eigenen beschränkten Mittel angewiesen und konnten daher an große Unternehmungen nicht denken. Dazu kam, daß die Franzosen zunächst darauf bedacht sein mußten, ihre Hauptplätze in besseren Vertheidigungsstand zu setzen. Ihre früheren Angriffe auf New York durch das Gebiet der Iroquesen wagten sie nicht wieder aufzunehmen, um diese nicht aufs Neue zu reizen. Sie beschränkten sich daher auf Angriffe gegen die vorgeschobenen Posten von New England und verübten hier, mit Unterstützung von Indianerbanden, 1703 eine Reihe schrecklicher Blutthaten. Die Bostoner wurden dadurch veranlaßt, eine Flotte nach Akadien zu schicken, um dort Rache zu suchen. Der Befehlshaber Oberst Church brach Mai 1704 nach Norden auf, fing einige französische Ansiedler in Maine als Geiseln ab und erschien Anfang Juli vor Port Royal. Hier machte er eine Menge Gefangene, konnte sich aber gegenüber den herbeieilenden französischen Truppen nicht halten. Er segelte nach dem Bassin des Mines, wo ein Festsetzungsversuch ebenfalls scheiterte, und von da nach Beaubassin. Auch hier wagte Church keine wirkliche Landung. Nach Niederbrennung von 20 Häusern kehrte er nach Boston zurück.

Die Einfälle der Franzosen in Massachusetts und Connecticut dauerten fort. Der einzige Erfolg der Engländer war eine Festsetzung von Südcarolina aus am unteren Mississippi, wo einige spanische Posten weggenommen wurden, sowie die siegreiche Zurückwerfung der Franzosen, welche 1706 Charlestown, die Hauptstadt Carolinas, angriffen. Im folgenden Jahre machte Massachusetts einen neuen Versuch, Akadien wegzunehmen. Es rüstete nochmals eine Flotte, an deren Spitze Colonel March gesetzt wurde, und griff Anfang Juni 1707 ganz unvermuthet Port Royal an. Aber obwohl die Bostoner 1600 Mann zählten und die Franzosen nur etwa 300 Mann, vertheidigten sich die Letzteren so geschickt und entschlossen, daß Verstärkungen herangezogen werden konnten und die Angreifer bald in eine sehr schwierige Lage kamen. Nach elftägigem Kampf mußte March sich wieder einschiffen. Er hatte 80 Mann verloren und wagte nicht nach Boston zurückzukehren, wo die Nachricht seines Mißerfolges größten Zorn erregt hätte. Die Regierung sandte ihm Befehl, sofort einen neuen Angriff zu unternehmen.

Am 20. August 1707 erschien daher die Flotte nochmals vor Port Royal, diesmal mit mehr als 2000 Mann. Aber die Franzosen waren vorbereitet und hatten zahlreiche Indianer herangezogen. Die Engländer, welche 1200 Mann landeten, konnten bei dem heftigen Feuer der Besatzung ihre Vorbereitungen zu einer Belagerung des Platzes nicht treffen, sie verloren eine Menge Leute und mußten unverrichteter Sache am 1. September wieder absegeln. Die einzige Folge für Boston war völlige Erschöpfung der Kassen und große Unzufriedenheit. Die Franzosen konnten mit ihren Indianern ungestraft ihre grausamen Ueberfälle fortsetzen und gingen nun auch eifrig daran, durch Kreuzer den Engländern zur See möglichsten Schaden zu thun. 1709 erbeuteten sie nicht weniger als 35 englische und amerikanische Schiffe und machten 470 Gefangene.

Die Bostoner baten wiederholt in London um Hülfe und erhielten beruhigende Versprechungen. Aber die englische Regierung hatte in Europa zu viel zu thun und Jahr auf Jahr verstrich, ohne daß die erwartete Flotte in Amerika ankam. Herbst 1709 hielten die Governors von New England eine Konferenz ab. Gemeinsam erbaten sie nochmals von England Hülfe und beschlossen ihrerseits ebenfalls Mannschaften zu stellen, um gleichzeitig Quebec, Montreal, Akadien und Newfoundland anzugreifen. Connecticut, New York und New Jersey brachten die Kosten durch Anleihen auf und rüsteten die Truppen aus.

Doch wieder verfloß ein Jahr, ehe die Flotte von England eintraf. Endlich im Juli 1710 erschien sie in Boston und brachte ein Regiment, Munition und Geld zur Bildung von vier neuen Regimentern. Ende September ankerte die Flotte mit 3400 Mann unter Francis Nicholson, dem Governor Virginiens, vor Port Royal und verlangte die Uebergabe des Platzes. Da der Kommandant nicht mehr als 156 Soldaten zur Verfügung hatte, blieb ihm nur übrig, nach kurzem Kampf zu kapituliren. Die Stadt erhielt den Namen Annapolis, ganz Akadien den Namen Nova Scotia.

Nach Zurücklassung von 450 Mann Besatzung kehrte die Flotte in den Hafen von Boston zurück, um weiteren Unternehmungen zu dienen. Nicholson eilte nach England, wo er dringend die Eroberung Canadas empfahl. Eine Adresse New Yorks unterstützte seine Vorschläge, indem sie die Wichtigkeit des Besitzes dieser Kolonie vom Standpunkte der Politik wie des Handels darlegte. Auch eine Anzahl Iroquesenhäuptlinge war von den Kolonisten an den Hof der Königin Anna gesandt worden, um ihre Hülfe gegen die Franzosen zu erbitten. Der Hof zeigte sich geneigt, dem Wunsche der New Engländer zu entsprechen. Viscount Bolingbroke begeisterte sich für die Eroberung Canadas, und Frühling 1711 wurden 15 Kriegs- und 40 Transportschiffe unter Sir Hovenden Walker mit 7 Regimentern nach Boston abgefertigt. Nicholson, der vorausfuhr, berief sogleich eine Konferenz der Kolonien und es wurde beschlossen, daß er 4500 Mann Miliztruppen zu Lande von Albany gegen Canada führen sollte, während die Flotte Quebec angriff.

Ende Juli verließ die Flotte, 84 Segel stark, Boston. Alle Welt wiegte sich in Siegeshoffnungen. Nicholson sammelte seine Truppen und begann seinen Marsch. Doch schon kurz nach dem Aufbruch kam die Kunde, daß ein Sturm die Schiffe theilweise zerstört und zur Rückfahrt gezwungen habe. Der Grund dieses Unglücks war die gänzliche Unfähigkeit des Admirals Walker. Nicholson mußte darauf umkehren. Die Angriffe der Indianer wurden von den Franzosen abgeschlagen, der ganze Eroberungsplan war ins Wasser gefallen. Sommer 1712 schloß England einen Waffenstillstand mit Frankreich und im Jahr darauf machte der Friede von Utrecht dem Kriege vor der Hand ein Ende.

Die Kolonien hatten das Kabinet mit Vorschlägen für die künftigen Grenzen überschüttet. William Penn hatte dringend Ausdehnung der englischen Besitzungen bis zum St. Lawrence im Norden und dem Mississippi im Westen empfohlen. Doch die Franzosen hielten am Mississippi-Gebiet und dem St. Lawrence unerschütterlich fest, da sie dort noch große Schätze zu finden erwarteten. Es gelang mit Mühe, sie wenigstens zum Verzicht auf Hudsons-Bay, Newfoundland und Akadien und zu dem Versprechen zu bewegen, niemals mehr die unter Englands Schutz stehenden Iroquesen und ihre Verbündeten zu belästigen. Aber alle diese Festsetzungen waren ganz unbestimmt und ohne genügende Kenntniß der örtlichen Verhältnisse getroffen. Das Gebiet der erwähnten Indianerstämme war nicht abgegrenzt. Während nach englicher Auffassung es weit ins Mississippi-Thal reichte, beanspruchte Frankreich dieses vollständig. Die Grenzen Akadiens waren ebenfalls nicht genau festgelegt. Die Engländer behaupteten, daß auch das ganze jetzige New Brunswick dazu gehöre. Hinsichtlich der Bewohner Akadiens bestimmte der Vertrag, daß sie binnen einem Jahre unter Mitnahme ihrer beweglichen Güter fortziehen dürften. Die Bleibenden sollten freie Uebung der katholischen Religion gestattet erhalten, soweit dies nach englischem Gesetz angängig sei. Auch hier war aber alles unklar und der Willkür weiter Spielraum gelassen. Der Vertrag enthielt somit die Keime zu weiteren ernsten Zerwürfnissen und vertagte nur die Entscheidung.

Zweites Kapitel.

Die innere Entwickelung des englischen Nordamerika.

Der Sturz James II., welcher sich nach der Auffassung des Volkes während seiner Regierung geradezu als Werkzeug Louis XIV. und seiner Interessen erwiesen und die religiöse und politische Freiheit der Kolonien bedroht hatte, wurde von den meisten Amerikanern als eine Erlösung begrüßt. Ueberall stürzte man die von dem letzten Stuart eingesetzten Governors und suchte die alten Freiheiten wieder hervor. Aber die Erwartungen, welche man in Amerika auf den neuen König und das jetzt allmächtige Parlament setzte, wurden nur zum geringen Theil erfüllt. England, welches einem großen europäischen Bunde gegenüberstand und dringend auf eine Zusammenfassung aller seiner Kräfte angewiesen war, konnte der Mittel, die in den letzten Jahrzehnten mit Hülfe der Schifffahrtsakten und dergleichen aus den Kolonien gezogen worden waren, nicht entbehren. Kein englischer Staatsmann war geneigt, den Kolonien die ehemalige Selbständigkeit im alten Umfang wiederzugeben. Sie wurden in erster Linie als Einnahmequellen und Machtmittel des Staates aufgefaßt. Das Parlament gab den Kolonien schließlich eine Verfassung, die der des Mutterlandes entsprach. Die Gesetzgebung und Regierung wurden danach überall einem Governor, der vom König ernannt wurde, seinem Council und einer von den Kolonisten gewählten Delegirtenkammer gemeinsam übertragen, doch die Oberleitung und Bestätigung ihrer Maßnahmen wurde einem Board of Trade and Plantations aus 15 Gliedern in London vorbehalten.

Ehe es zu dieser Regelung kam, mußten noch viele Schwierigkeiten überwunden werden. König William hatte bei seiner Thronbesteigung angeordnet, daß in den Kolonien vor der Hand Alles beim Alten bleiben und die königlichen Beamten ihre Geschäfte weiterführen sollten. Dieser Befehl war in den New England-Staaten nicht durchführbar, denn überall waren die Stuartschen Machthaber verjagt oder eingesperrt worden. Auf Vorstellung des Agenten von Massachusetts Increase Mather ließ daher der König die dort gewählten Beamten am Ruder. Sir Edmund Andros, der gefangengesetzte Governor-General, wurde mit seinen Vertrauten Anfang 1690 nach England geschafft und dort wegen Amtsmißbrauchs angeklagt. Es scheint indessen, daß das vorliegende Material keineswegs ausreichend zu einer Verurtheilung gewesen ist. Er wie seine Untergebenen hatten zweifellos in der Hauptsache nur die ihnen von der Regierung gegebenen Weisungen ausgeführt. Dazu kam, daß die Kolonien die Klage sehr lässig und ungeschickt betrieben. Nach kurzer Untersuchung wurde die Angelegenheit niedergeschlagen und die Angeklagten blieben sämmtlich straflos. Andros wurde wenige Jahre später Governor von Virginien, Dudley Oberrichter von New York, Randolph erhielt eine Stelle in Virginien.

Inzwischen bemühten sich die Vertreter der New England-Staaten in London für ihre Heimath Freunde zu werben und mit ihrer Hülfe die Wiedereinführung der alten Charters durchzusetzen. Sie erweckten die Theilnahme des Publikums durch Flugschriften, die in grellen Farben die Stuartsche Mißwirthschaft in Amerika schilderten, sicherten sich den Beistand der zahlreichen Dissenterprediger, holten Gutachten bedeutender Juristen zu Gunsten ihrer Ansprüche ein und gewannen auch angesehene Geistliche der Hochkirche dafür. Von verschiedenen Seiten wurde der Regierung nahegelegt, die den Kolonien durch Charles I. ertheilten Privilegien zu erneuern. Schließlich setzten sie sogar durch, daß das Unterhaus den Beschluß faßte, daß die ehemalige Wegnahme der Charters der verschiedenen Korporationen sowie der Kolonien ungesetzlich gewesen sei. Aber in diesem Augenblicke wurde das Parlament aufgelöst und das nachfolgende zeigte sich der Gewährung weitergehender Freiheiten an die Kolonie so wenig geneigt wie der König. Die Rechtsgelehrten erklärten nunmehr auch fast einstimmig, daß von Erneuerung der alten Charter von Massachusetts gar keine Rede mehr sein könne, da sie seiner Zeit für eine Gesellschaft in England und nicht für eine Kolonie berechnet gewesen und daher überhaupt unausführbar sei! Das einzig Erreichbare war mithin eine neue Charter, und um sie begann sich nun der Agent der Kolonie Mather zu bemühen, obwohl die Bürger von Massachusetts nur von einer Erneuerung ihrer alten Privilegien hören wollten und neue Agenten nach England schickten, um diesen ihren Wunsch zu vertreten.

Der König nahm indessen auf sie um so weniger Rücksicht als die Mißerfolge der Kolonie gegen die Franzosen in Canada und die schlechte Finanzwirthschaft in Boston ihn verstimmten. Er hörte nur Mather, der als gefeierter Prediger und gewandter Mann sein Ohr gewonnen hatte, und gab dem Kronanwalt den Auftrag, eine neue Charter für Massachusetts zu entwerfen. In diesem Entwurf war dem König nur die Ernennung des Governors vorbehalten, die andern Beamten sollte die Kolonie wählen. Der Staatsrath verwarf diesen Vorschlag aber als viel zu weit gehend. Ein neuer wurde aufgestellt, und er fand trotz des bestimmten Widerspruchs Mathers und der anderen Agenten 1691 die Genehmigung des Königs. Das Gebiet von Massachusetts wurde dadurch erheblich erweitert. New Plymouth, das ganze Maine, New Brunswick, Nova Scotia und die Inseln Nantucket und Marthas Weinberg wurden zu ihm geschlagen. Nur New Hampshire blieb abgetrennt. Außer dem Governor sollten der Deputy-Governor, der Sekretär und alle Admiralitätsbeamten vom König ernannt werden. Die Offiziere und Justizbeamten ernannte der Governor und sein Council. Ohne seine Genehmigung durften keine Gesetze gemacht, keine Beamten angestellt, keine Gelder verwendet werden. Jeder Mann, der ein Vermögen von 40 Pfund Sterling nachwies, erhielt Bürger- und Stimmrecht. Der König konnte Gesetze noch nach drei Jahren umstoßen. Die Religionsfreiheit war allen Christen außer den Katholiken zugestanden.

Massachusetts kam durch diese Charter in etwa dieselbe Lage

wie Virginien und New York, wo königliche Kommissare die Regierung führten. Die englische Regierung wollte eben diese am mächtigsten aufblühenden Kolonien mit ihrer hartköpfigen Bevölkerung fest in der Hand behalten. Die öffentliche Meinung Englands billigte diese Politik gleichfalls, da man die ewigen Indianerkämpfe der Härte und Willkür der kolonialen Verwaltungen zuschrieb und zu ihrer Verhütung stete Leitung und Aufsicht der heimischen Regierung für nöthig hielt.

Die unbedeutenderen Pflanzerstaaten Connecticut und Rhode Island ließ sie dagegen im Genuß ihrer weitgehenden Freiheiten. New Hampshire, welches solange schon einen Theil von Massachusetts gebildet hatte, wurde, um dessen Macht zu schwächen, selbständig organisirt. Die Ansprüche eines Kaufmanns Allen, welcher die Rechte der Erben Masons gekauft hatte, wurden als gültig anerkannt. Er ernannte seinen Schwiegersohn, einen Kaufmann Usher, der zu den eifrigsten Anhängern von Andros gehört hatte, zu seinem Statthalter. Endlose Streitigkeiten um den Landbesitz der Kolonisten waren die Folge. Sie hörten auch nicht auf, als 1699 infolge der vielen sich ergebenden Mißstände New Hampshire unter den damaligen Governor von Massachusetts gestellt wurde.

Increase Mather fand sich mit der Neuordnung ab, als er sah, daß mehr nicht zu erreichen war. Er meinte, vielleicht komme später eine Gelegenheit, die alte Charter wieder aufzunehmen. In der Kolonie selbst regten sich auch einflußreiche Stimmen, welche mit einer Einschränkung der Volksherrschaft ganz zufrieden waren. Man wünschte endlich einmal sichere Verhältnisse. Die Regierung war außerdem klug genug, sich Mathers und seiner Freunde Unterstützung noch dadurch zu sichern, daß sie ihm die Auswahl des Governors übertrug. Mather schlug den Führer der unglücklichen Expedition gegen Canada Sir William Phips vor, der zwar wenig fähig, aber ehrlich und ein strammer Puritaner war. Unter ähnlichen Gesichtspunkten verfuhr er bei der Auswahl des Deputy-Governor und der Mitglieder des Councils. Die puritanische Partei war damit hoch befriedigt und ihr Einfluß überwog weit den der unzufriedenen Anhänger der alten Freiheiten. Die neue Regierung wurde 1692 ohne Widerspruch in Boston empfangen.

Boston zählte damals etwa 7000 Einwohner. Ganz Massachusetts in seiner neuen Gestalt hatte 75 Ortschaften mit 60 000 bis

100 000 Bewohnern. Ihre eigentliche Regierung hatte bisher in den Händen der 80 puritanischen Kirchengemeinden gelegen. Die Macht der letzteren wurde durch die neue Charter bedroht, aber Mather und Phips wußten die Dinge so zu wenden, daß zunächst Alles ziemlich beim Alten blieb, und die Geistlichen die Leitung der Geschäfte in den Händen behielten. Welchen Einfluß sie übten, beweisen die traurigen Hexenverfolgungen, welche damals in New England stattfanden. Schon vor der Rückkehr Mathers waren viele Personen des Verkehrs mit dem Teufel angeklagt und eingekerkert worden. Phips setzte nun sofort einen Gerichtshof nieder und ließ durch die Folter Geständnisse erpressen. Binnen 13 Wochen wurden 13 Frauen und 6 Männer, darunter viele von tadellosem Rufe hingerichtet. Auch zwei Hunde wurden als vom Teufel besessen aufgeknüpft. Nur wenige Geistliche sprachen gegen diese Greuel, die meisten verhielten sich schweigend, billigten aber die Hexenprozesse, andere schürten noch den Fanatismus. Die Generalversammlung setzte im Oktober 1692 ein ständiges höchstes Gericht für diese Sachen nieder, das größtentheils aus den früheren Blutrichtern bestand, und nahm das Statut James I. gegen die schwarze Kunst als eigenes Gesetz an. Aber bei Beginn der Sitzungen dieses Gerichtshofes im Januar 1693 machten sich doch Menschlichkeit und Vernunft wieder geltend. Man erkannte die böse Absicht vieler Anklagen und schritt zu keinen weiteren Verurtheilungen. Richter und Geistliche sahen plötzlich ihren Irrthum ein und klagten sich zum Theil sogar öffentlich ihrer Verblendung an. Den Angehörigen der Hingerichteten wurden Entschädigungen gezahlt, die früheren Ankläger aber merkwürdiger Weise nicht verfolgt.

Das Ergebniß der ganzen traurigen Episode war eine Schwächung des Ansehens und Einflusses der Puritaner. Andere Sekten kamen auf, und hiermit wuchs die Mißstimmung gegen die neue Verfassung und die enge Abhängigkeit von England. Die Beschränkung des Handels und der Schifffahrt der Kolonie wurde immer stärker empfunden. In England wurde aber an strafferer Leitung der Kolonien unausgesetzt gearbeitet.

1696 trat an Stelle der Plantation Committee des Privy Councils eine neue Abtheilung des Board of Trade. Die kolonialen Fragen sollten ganz vom handelspolitischen Gesichtspunkt behandelt werden. Alle früheren Bestimmungen in dieser Hinsicht wurden erneuert und eingeschärft. Nur in England oder den Kolonien gebaute, in englischem Eigenthum befindliche und von Engländern bemannte Schiffe sollten zum Handelsbetrieb zugelassen werden. Der Absatz der kolonialen Erzeugnisse anderswo als in England oder durch dessen Vermittelung war zum Schaden der Kolonisten gänzlich ausgeschlossen. 1699 wurde auf Betreiben der englischen Wollspinner und -weber die Ausfuhr von Wolle und Wollstoffen aus einer Kolonie in die andere oder nach England und anderen Orten überhaupt verboten. Auch die Ausfuhr von Holz wurde beschränkt. Zu Masten geeignete Bäume durften ohne königliche Erlaubniß gar nicht gefällt werden! 1719 ordnete das englische Parlament an, daß keine amerikanische Kolonie Eisen verarbeiten und selbst nur Nägel, Riegel oder Stangen herstellen dürfe. Das Unterhaus erklärte, daß die Errichtung von Manufakturen in den Kolonien nur dahin führe, die Abhängigkeit von England zu verringern. Dieses gänzliche Verbot der Eisenverarbeitung erwies sich als unausführbar und mußte bald, wenigstens theilweise, eingeschränkt werden. Doch wurde den Kolonien die Errichtung von Stahl-Hochöfen und Walzwerken niemals gestattet und amerikanisches Eisen wurde mit hohem Ausfuhrzoll belegt. Selbst die Verarbeitung des Pelzwerks in den Kolonien wurde beschränkt. Da man die Herstellung der damals beliebten Bieberfellhüte nicht ganz verbieten konnte, untersagte man wenigstens den Export ins Ausland und von einer Kolonie in die andere. Auch wurde den Hutmachern siebenjährige Lehrzeit und das Halten von nur zwei Lehrlingen sowie Nichtbeschäftigung von Negern vorgeschrieben. Der einzige Gewerbszweig, den Großbritannien in Amerika ermuthigte, war die Erzeugung von Theer, Pech und anderen Bedarfsartikeln für den Schiffsbau.

Das Parlament behandelte die Kolonien lediglich als einen Besitz zur Bereicherung des englischen Staates und seiner Bürger und duldete keine selbständige Regung. Es achtete weder die früher den Kolonien ertheilten Rechte und Freiheiten, noch Eigenthum und Ansprüche der Einzelnen. Das Parlament nahm das stets von den Kolonien allein geübte und vertheidigte Besteuerungsrecht in Anspruch. Das Habeascorpusrecht wollte es den Bewohnern der Kolonien nur als eine Gnade zuerkennen; es strebte auch danach, in den Kolonien eine schlechtere Währung als in England durchzuführen.

Die nothwendige Folge dieser rücksichtslosen Politik war das stete Wachsen der Unzufriedenheit in den Pflanzstaaten, welche die frühere große Selbständigkeit nicht vergessen konnten und sich in ihrer wirthschaftlichen Entwickelung durch die englische Gesetzgebung ernstlich bedroht sahen. Schon 1701 sprachen die Lords of Trade, wie Bancroft mittheilt, es offen aus, daß die Kolonien nach Unabhängigkeit dürsteten. Zwei Jahre später schrieb ein Beobachter: „Republikanische Ideen werden täglich stärker.“ 1705 wurde schon vorausgesagt, daß die Kolonisten im Lauf der Zeit ihre Abhängigkeit von England abschütteln und eine eigene Regierung gründen würden.

Vor der Hand drängten freilich die Sorgen der Kriege mit Frankreich und den Indianern diese Regungen etwas zurück. Die zahlreichen Ueberfälle, die Rüstungen und Angriffe gegen die Feinde hielten die Kolonisten in Athem. Aber Schritte der englischen Regierung, wie die Ernennung des verhaßten Randolph zum obersten Zolleinnehmer und 1702 gar des noch unbeliebteren Joseph Dudley, des ehemaligen Gehilfen von Andros, zum Governor von Massachusetts, ließen die Unzufriedenheit nie einschlafen. Trotz neuer Kriegsnöthe trat die Repräsentantenversammlung sofort in einen Kampf mit ihm ein. Sie ließ sich nicht bewegen, ihm jährlich mehr als 500 Pfund Sterling zu zahlen, während der frühere Governor 1000 Pfund Sterling erhalten hatte, und lehnte den Wiederaufbau des Forts am Pemaquid aus kolonialen Mitteln ab. Alle Scherereien Dudleys brachten die Kolonie nicht von ihrem Widerstand ab. Natürlich übte diese Sachlage auch Einfluß auf die Theilnahme der Kolonie am Kriege gegen Frankreich. Ihre Mißerfolge dürften zum Theil der Mißstimmung der Kolonisten gegen die Regierung zuzuschreiben sein. In England war man darüber nicht im Zweifel. Man legte hier auch den von dem Admiral Walker verschuldeten unglücklichen Ausgang des Angriffs gegen Canada 1711 dem bösen Willen der New Engländer zur Last.

Die anderen kleineren New England-Staaten, welche ihre Charters behalten hatten, Connecticut und Rhode Island, wurden wiederholt mit Verlust ihrer Freiheit bedroht, da sie beschuldigt wurden, die Handelsgesetze nicht streng durchzuführen. Dudley hätte gern Rhode Island, der Governor von New York Connecticut unter seine Herrschaft bekommen. Doch gelang es ihnen durch kluges Verhalten, unangefochten zu bleiben. 1714 hatte Connecticut etwa 33 000 Bewohner, die in 38 Townships wohnten. Beide Staaten blieben von besonders bevorstehenden Ereignissen verschont und entwickelten sich in aller Stille weiter.

In Massachusetts ging der Widerstand der Bürger gegen England auch nach Dudleys Verabschiedung und obwohl der Krieg der Kolonie 5000 bis 6000 junge Leute gekostet hatte, weiter. Die Kolonie zählte 1716 gegen 100 000 weiße Einwohner und führte trotz aller Beschränkungen jährlich für 300 000 Pfund Sterling Erzeugnisse aus. Ihr Selbstgefühl war stärker entwickelt als je. Als der Oberst Samuel Shute die Nachfolge Dudleys antrat, verweigerten die General Courts wie bisher dem Governor ein entsprechendes festes Gehalt und den von England gewünschten Wiederaufbau des Forts in Pemaquid. Auch von der englischerseits stets geforderten Zensur der Presse wollten sie nichts wissen. Es gab damals in Boston schon fünf Druckerpressen und drei Zeitungen. Das Gesetz, welches die zu Masten geeigneten Bäume zu fällen verbot, wurde oft verletzt; der Anspruch des Governors auf Führung der Milizen wurde dadurch beeinträchtigt, daß die Bürger an der Wahl der Offiziere festhielten. Beamten und Offizieren, die der Repräsentantenversammlung mißfielen, verweigerte sie das Gehalt. Auch dem Governor wurden gelegentlich die Bezüge gekürzt. Um die Bestimmung der Charter zu umgehen, welche die Bestätigung aller Akte der Krone vorbehielt, faßten die General Courts nicht Beschlüsse, sondern nur Resolutionen. Sie versuchten auch die englische Industrie zu besteuern, indem sie einen Einfuhrzoll von 1 pCt. auf ihre Erzeugnisse legten. Das allerdings verbot die englische Regierung sehr energisch und bedrohte ähnliche Beschlüsse mit sofortiger Aufhebung der Charter. Sie untersagte auch die Anlage von Eisenfabriken und gestattete nur nach langem Drängen wenigstens die Herstellung von Nägeln in der Kolonie. Diese verlegte sich dafür auf Leinenspinnerei und -weberei. Der Governor Shute eilte 1723 selbst nach England, um dort Beschwerde über die widerspenstige Kolonie zu führen. Doch diese hatte in London auch ihre Freunde und sparte weder Geld noch Versprechungen und setzte durch, daß Alles beim Alten blieb. Nur das Recht des Governors, den Vorsitzenden der General Courts zu bestätigen, wurde durch einen Zusatz zur Charter ausdrücklich festgestellt und den General Courts verboten, sich selbständig länger als zwei Tage zu vertagen.

Der Streit zwischen Kolonie und Mutterland ging auch in der

Folge weiter. Als die Repräsentantenversammlung 1728 dem Governor Burnet ein festes Gehalt verweigerte und ihm wie seinen Vorgängern gegenüber nur immer für ein Jahr sich binden wollte, verlegte er die Sitzungen nach der Stadt Salem, löste das Haus nachher auf und unterdrückte den Mitgliedern sowie den Agenten der Kolonie in London die Tagegelder. Beide Theile wandten sich beschwerdeführend nach England, wo das Parlament für den Governor warm eintrat. Aber die Kolonisten ließen sich nicht entmuthigen. Die neuen General Courts nahmen dieselbe Stellung ein wie die alten. Der Governor erhielt überhaupt keine Bezahlung mehr und mußte sich durch Zollsporteln schadlos halten.

Auch die Besetzung des Governorpostens mit einem in der Kolonie geborenen Manne, der lange ihr Vertreter in London war, Jonathan Belcher, änderte an der Haltung der Repräsentanten von Massachusetts nichts. Sie wußten, daß die Eifersucht der Parteien und die Schwäche und Unwissenheit*) der Behörden in England sie vor energischem Eingreifen der Regierung sicherstellte, und beharrten auf ihrem Standpunkt. Belcher zog schließlich vor, nachzugeben und in London Erlaubniß zur Annahme der jährlichen Bewilligungen einzuholen. Die Kolonie trug somit den Sieg davon und behielt den königlichen Governor in einer gewissen Abhängigkeit.

Während dieser Plänkeleien mit England schritt die Entwickelung der Kolonie trotz aller ihr bereiteten Hindernisse stetig vorwärts. Die Grenzen wurden immer weiter vorgeschoben. 1724 errichteten die Bostoner das Fort Dummer, die erste Ansiedelung in Vermont. Die Indianer wurden in mehrjährigen Kriegen überall zurückgedrängt. Im Westen erstreckten sich die Farmen bis über die Berge östlich vom Connecticut. Handel und Schifffahrt sowie einzelne Gewerbszweige wuchsen trotz aller Beschränkungen unaufhörlich. 1738 wurden in Boston 41 Fahrzeuge erbaut. In England wachte man nur darüber, daß keine Industrie in den amerikanischen Kolonien aufkam, welche der heimathlichen Abbruch thun konnte, und suchte den Absatz der eigenen Erzeugnisse möglichst zu fördern. Weitergehende Maßregeln zur direkten Ausbeutung der Kolonien durch Steuern vermied man. Als Sir William Keith Einführung der englischen

*) Der Duke of Newcastle, welcher 1724 bis 1748 die amerikanischen Angelegenheiten bearbeitete, hielt z. B. New England für eine Insel, suchte Jamaika im mittelländischen Meer u. dergl.!

Stempelabgaben auf Pergament und Papier in Amerika vorschlug, lehnte Sir Robert Walpole eine solche Maßnahme rund ab. „Es war während meiner Verwaltung“, soll er 1739 gesagt haben, „Grundsatz, den Handel der amerikanischen Kolonien soweit als irgend thunlich zu ermuntern. Es war sogar nöthig, manche Unregelmäßigkeiten in ihrem Handel mit Europa zu übersehen, denn ich bin überzeugt, daß, wenn ... sie 500 000 Pfund Sterling gewinnen, zwei Jahre später volle 150 000 Pfund Sterling ihres Gewinnes in Seiner Majestät Kassen dank der Arbeit und Produktion des Königreichs fließen. Denn ungeheure Mengen jeder Art unserer Erzeugnisse gehen dahin und je mehr der amerikanische Handel wächst, umso größere Mengen unserer Waaren werden gekauft werden. So werden sie in einer ihrer Verfassung und ihren Gesetzen mehr zusagenden Weise besteuert.“

Diese Auffassung hatte ihre guten Gründe, denn in der That herrschte in den New England-Staaten von Alters her die Auffassung, daß das englische Parlament gar nicht das Recht habe, sie ohne ihre Zustimmung zu besteuern, da die Kolonien nicht im Parlament vertreten seien. Auch in England vertraten Juristen diese Auffassung, und im Parlament selbst ist es ausgesprochen worden, daß es nicht befugt sei, über die Kolonien Bestimmung zu treffen, da sie nicht zum britischen Reiche gehörten. Die Kolonien haben diese Auffassung zum Ausdruck gebracht, indem sie von England kommende Vorschriften gewöhnlich erst durch ihre eigenen Parlamente zu Gesetzen erhoben. Die mittelbare Besteuerung durch Zölle und Schifffahrtsabgaben sowie durch Ausschließung anderer als englischer Waaren ließ man sich in den Kolonien noch allenfalls gefallen. Es fehlte ja nicht an Gelegenheiten, diese Gesetze zu umgehen, und solche Vorschriften war man von Alters her gewöhnt. Gegen die Einführung innerer direkter Steuern hätte sich aber jedenfalls allgemeiner Widerspruch erhoben.

Wie eifersüchtig aber England darüber wachte, daß die nordamerikanischen Kolonien nicht zu mächtig würden, beweisen seine Maßnahmen hinsichtlich der Verschiffung des Zuckers und Rums der westindischen Inseln. Es wurde Schiffen, die in Nordamerika gebaut waren oder Nordamerikanern gehörten, verboten, diese Gegenstände nach auswärtigen Märkten zu bringen, während das den westindischen Rhedern gestattet war. Um auch den Zwischenhandel mit Zucker und Rum durch die Nordamerikaner zu verhindern, wurde dort ein Zoll von 9 Pence für die Gallone Rum, 6 Pence für Melasse und 5 Schilling für den Zentner Zucker erhoben.

Die Folge der Handelspolitik Englands war stete Verschlechterung der amerikanischen Geldverhältnisse. Die Kolonien waren dem Mutterlande tief verschuldet, da sie dort leicht reichlichen Kredit fanden und zur Anlage von Unternehmungen aller Art auch brauchten. Da sie infolge des Verbots des direkten Handels mit ihnen Geld aus anderen Ländern nicht in größeren Summen erhielten, und andererseits die in England fälligen Schulden nicht immer vollständig mit ihren Erzeugnissen decken konnten, entstand bald Mangel an baarem Gelde. Als infolge der Kriege zu Ende des 17. Jahrhunderts größere Ausgaben nöthig wurden, blieb daher den Kolonien nur übrig, Papiergeld auszugeben. Immer größere Mengen davon kamen in Umlauf. Eine genügende metallische Deckung dafür fehlte, der Einziehungstermin war ein sehr ferner. Die Provinzen emittirten Papiere und gaben sie zu fünf pCt. als Hypotheken auf Grundbesitz aus. Diese Maßnahmen erwiesen sich anfangs als nützlich und belebten den Handel. Bald aber verdrängte das Papier vollends das Metallgeld, sein Werth begann zu schwanken, und je mehr emittirt wurde, umso tiefer sank sein Kurs. Das Einkommen von Wittwen und Waisen sowie aller auf Gehälter und Jahrgelder angewiesener Personen wurde dadurch geschädigt, und der gesammte Handelsverkehr durch den unsicheren Werth der Zahlungsmittel beeinträchtigt. Betrügereien aller Art wurde der Weg geebnet. 1738 waren in New England 500 Pfund Sterling nur 100 werth; in New York, New Jersey, Pennsylvanien und Maryland 160 bis 200 Pfund Sterling; in Südcarolina 800 Pfund Sterling; in Nordcarolina endlich sogar 1000 Pfund Sterling nur 100 Pfund Sterling!

In England sah man diesem Gang der Dinge ruhig zu und war weit entfernt, etwas zur Gesundung der kolonialen Währung zu thun. Man sah hier in der schlechten Währung Nordamerikas nicht allein einen Vortheil für den englischen Handel, sondern auch ein Mittel, diese Kolonien in immer wachsender Abhängigkeit zu halten. Eine Proklamation der Königin Anna versuchte dem Gelde einen anderen Werth in Amerika als in Europa zu geben und eine eigene amerikanische Währung zu schaffen. Sie blieb aber lediglich auf dem Papier, da mit bloßen Verordnungen auf diesem schwierigen Gebiete nichts zu erreichen war. In den Kolonien legte man die immer fühlbarer werdenden Folgen dieses Zustandes natürlich England zur Last. Je mehr sie unter der Entwerthung ihres Papieres und gelegentlichen Handelskrisen litten, umso stärker wurde die Abneigung gegen England. Die immer mehr erstarkende Presse schürte den Gegensatz. 1740 gab es in Nordamerika schon 11 Zeitungen, von denen fünf allein in Boston erschienen. Unter ihnen war eine der regsamsten der „New England Courant", welchen 1721 James Franklin gründete und die später sein Bruder Benjamin leitete. Die englischen Behörden bemühten sich, seinen und anderen Angriffen durch die Gerichte entgegenzutreten, fanden aber bei ihnen wenig Unterstützung. 1734 sprachen die Geschworenen von New York einen wegen beleidigender Angriffe auf die Regierung angeklagten Drucker frei und erkannten stillschweigend die Worte des Vertheidigers an, daß die Veröffentlichung der Wahrheit ein Recht sei, um sich willkürlicher Gewalt zu widersetzen.

Langsam wuchs von Jahr zu Jahr der Interessengegensatz der immer stärker sich bevölkernden New England-Staaten zum Mutterlande. Er wurde verschärft noch dadurch, daß immer größere Massen von Einwanderern aus Deutschland, Irland und anderen Ländern nach Amerika kamen, die durch keinerlei Bande der Geburt und Gewohnheit an England gefesselt waren. Es fehlte bald nur noch der Anstoß, und die Abneigung der Amerikaner gegen die ihnen gegenüber befolgte Politik mußte zum äußeren Ausdruck kommen!

In New York hatte der Sturz der Stuarts ähnliche Hoffnungen wie in Boston erregt. Aber auch hier wurden sie in ähnlicher Weise getäuscht. Die Vertreibung der von den Stuarts eingesetzten Behörden durch den aus Frankfurt gebürtigen Jakob Leisler war hauptsächlich geschehen, weil man sie im Verdacht hatte, mit den die Grenze bedrohenden Franzosen ein Einverständniß zu unterhalten. Leisler war denn auch die Seele der Maßnahmen der Kolonien gegen die von Canada andringenden Feinde. Er berief den Kongreß der New England-Staaten und veranlaßte die Expeditionen gegen Quebec und Montreal, welche freilich keinen Erfolg hatten. Aber in England wurde sein Verhalten durchaus gemißbilligt. Er hatte dort keine Freunde und Fürsprecher, und man war entrüstet über ein so selbständiges Auftreten einer erst vor wenigen Jahrzehnten eroberten Kolonie. Ein gewisser Oberst Sloughter wurde zum Governor ernannt und nach New York geschickt. Obwohl ihm Leisler keinerlei Widerstand entgegensetzte, ließ er ihn und seine Anhänger 1691 verhaften und wegen Verraths und Mords abu urtheilen. Leisler und sein Schwiegersohn wurden hingerichtet. Vier Jahre später erklärte das englische Parlament nach Untersuchung der Angelegenheit, daß Leisler unschuldig war und dem Haß seiner Feinde zum Opfer gefallen sei, aber die Politik, welche hier von der Regierung verfolgt wurde, blieb dieselbe wie in Massachusetts. Die Selbständigkeit der Kolonie wurde thunlichst beschränkt.

Die Bürger wehrten sich dagegen; doch besaßen die New Yorker nicht dieselbe Zähigkeit und Unerschütterlichkeit wie die Bostoner. Obwohl New York als erobertes Land nicht dieselben Rechte wie die Charterkolonien beanspruchen konnte und die Charter von 1683 aufgehoben war, hatte Leisler 1690 den Grundsatz aufgestellt, daß Steuern ohne Genehmigung der Generalversammlung nicht erhoben werden dürften, und hatte die Mittel für den Krieg durch Versammlung bewilligen lassen. Die englische Regierung erkannte in ihrer dem Governor Sloughter ertheilten Instruktion den Anspruch der Kolonisten auf eine Repräsentantenversammlung wie in den anderen Pflanzstaaten an, bestätigte aber die Beschlüsse der letzteren von 1691, welche die 1683er Charter ohne Weiteres erneuert hatten, nicht. Als die Versammlung an ihrem Steuerbewilligungsrecht unverbrüchlich festhielt, ertheilte die Krone dem Governor unbedingtes Veto und Verfügungsrecht über die Einnahmen. Die Kolonie ließ sich dadurch aber nicht einschüchtern, und trotz aller Bedrohungen und Auflösungen erklärte die Generalversammlung 1708, daß die Erhebung von Abgaben ohne ihre Genehmigung ein Mißbrauch und eine Verletzung des Eigenthums des Volkes sei. Abgesehen hiervon verfolgte die englische Regierung in New York die Katholiken, obwohl es deren sehr wenige gab, bedrängte die Puritaner und suchte der Staatskirche in jeder Weise das Uebergewicht zu verschaffen.

Gegen Ende des 17. Jahrhunderts zählte New York etwa 750 Häuser mit 4500 weißen und 750 schwarzen Bewohnern. Das flache Land war mit zahlreichen Farmen bedeckt. Schifffahrt war der Hauptgeschäftszweig. Außer Handel wurden jedoch auch Kaperei feindlicher Schiffe sowie Skavenhandel eifrig betrieben. Die Bevölkerung wuchs hier besonders durch Einwanderung aus der deutschen Pfalz.

Bei den Kriegen mit Frankreich fand die Regierung in New York weit willigere Unterstützung als in den anderen Kolonien. Allerdings war die Stadt am meisten von den Franzosen bedroht, welche seit Langem ihre Blicke auf diesen eisfreien Hafen geworfen hatten. Wiederholt wurden hier größere Summen bewilligt, und der Plan des Angriffs auf Canada zu Wasser und zu Lande 1711 fand nirgends begeistertere Aufnahme als hier. Um den Franzosen die Beziehungen mit den Indianern zu erschweren, wurde gegen 1720 verboten, den Ersteren Tauschwaaren, die sie gewöhnlich von New York bezogen, zu verkaufen. Die Maßregel scheint aber den New Yorkern mehr Schaden als Nutzen gebracht zu haben, und 1729 setzten sie ihre Wiederaufhebung durch. Uebrigens vergaßen auch in den Kriegszeiten die Nev Yorker ihre politischen Ansprüche nicht und setzten sie schließlich durch. Gegen 1740 besaß New York 12000 Einwohner, von denen etwa 2000 Schwarze waren.

Auch in Pennsylvanien, dem Eigenthum Penns, erregte die englische Revolution eine Volksbewegung. Penn wurde als enger Freund James' II. allgemein verdächtig. Er galt sogar als heimlicher Jesuit. Auch die Quäker zweifelten an ihm. Die zahlreichen, nicht zu den Quäkern gehörigen Kolonisten verlangten Selbständigkeit. Dazu zeigte sich starker Zwiespalt zwischen dem eigentlichen Pennsylvanien und den Delaware-Gebieten. Penn wurde in England dreimal verhaftet und in Untersuchung gezogen, aber es gelang ihm jedesmal sich zu rechtfertigen. 1690 rüstete er sich zu einer Reise nach der Kolonie, wobei er zahlreiche neue Ansiedler mitnehmen wollte. Im letzten Augenblick wurde er nochmals mit Verhaftung wegen angeblicher Umtriebe gegen die neue Regierung bedroht. Er gab daher den Reiseplan auf, zog sich aufs Land zurück und sah zu, wie Ende 1692 die Regierung der Kolonie durch England dem Governor von New York übertragen wurde. Zwei Jahre später glückte es Penn jedoch, durch mächtige Freunde seine Unschuld genügend darzuthun, und er wurde wieder in den Besitz des Landes gesetzt, das er 1699 persönlich aufsuchte.

Er bemühte sich hier besonders um Verbesserung der Lage der Negersklaven und Herstellung guter und sicherer Beziehungen mit den Indianern. Um die Kolonisten zufrieden zu stellen, verlieh er ihnen 1701 eine neue Charter. Er räumte darin der Generalversammlung der Bürger noch größere Rechte als in den anderen Kolonien ein, erneuerte die volle Gewissensfreiheit und stimmte einer Trennung Pennsylvaniens von Delaware, die 1703 durchgeführt wurde, zu. Je entgegenkommender Penn aber sich zeigte, umso größere Ansprüche machten die Kolonisten. Sie fochten die Rechte Penns auf die öffentlichen Ländereien an, verweigerten die Zahlungen der Landabgaben und forderten immer weitergehende Rechte. Selbst die nothwendigsten Ausgaben wurden von der Versammlung verworfen. Penn kam schließlich in Verlegenheiten und wurde zu London in Schuldhaft genommen. Er mußte seinen Besitz verpfänden und faßte 1712 einen Verkauf der Kolonie an die Krone für 12 000 Pfund Sterling ins Auge. Die Nachricht hiervon brachte die Kolonisten zu größerer Nachgiebigkeit, und bis zu Penns Tod 1718 sowie unter der Herrschaft seiner drei Söhne kam es zu keinen weiteren ernstlichen Streitigkeiten.

Unter Mitwirkung des Governor Sir William Keith wurde durch die Generalversammlung von 1721 an auch hier der Mangel an Zahlungsmitteln durch Papiergeld gedeckt. Die ursprünglichen Einziehungsfristen wurden hier so wenig wie anderweitig innegehalten, immer mehr Papier kam in Umlauf, und in den 40er Jahren hatte ein Pfund Sterling hier nur noch den Werth von 11 Schilling 1½ Pence. Im Jahre 1733 war trotz der Papierwirthschaft Philadelphia die bedeutendste Stadt der Kolonien nächst Boston. Gegen Mitte des 18. Jahrhunderts lebten etwa 200 000 Weiße in Pennsylvanien. Die Hälfte davon waren Deutsche, ein Sechstel etwa Quäker. Etwa 400 Schiffe besorgten jährlich die Ausfuhr Philadelphias. Letzteres besaß 1864 Häuser und 11 Kirchen. An Bewohnern zählte es 14 500 Köpfe. 1719 wurde hier die erste Zeitung gegründet. 1723 wanderte Benjamin Franklin von Boston als 17jähriger Jüngling ein und arbeitete sich rasch zu einer angesehenen Stellung empor.

Penn besaß bekanntlich auch einen Antheil an den beiden New Jerseys. Infolge der dortigen verwickelten Verhältnisse verzichteten aber 1688 die Eigenthümer von East New Jersey auf ihre obrigkeitlichen Rechte, und die des westlichen Theiles folgten später. Sie behielten nur ihre Ländereien. Beide Gebiete wurden einem Governor unterstellt und erhielten dieselbe Verfassung wie die anderen Kolonien. Bis 1738 blieb New Jersey mit New York vereinigt, da es demselben Governor unterstand. Dann erhielt es eine eigene Verwaltung. Die Entwickelung der Kolonie war dieselbe wie die der Nachbargebiete. Die Kolonisten suchten den Königlichen Governors gegenüber möglichste Selbstständigkeit zu behaupten und sträubten sich gegen Geldbewilligungen, besonders dauernder Natur. Die hier ursprünglich ansässigen Schweden und Holländer gingen rasch in den Engländern auf. Die Ausgabe von Papiergeld begann hier schon 1709, bald nachdem Massachusetts diesen verhängnißvollen Schritt gethan hatte.

In Maryland benutzte ein Theil der Bevölkerung die englische Revolution, um die Regierung Lord Baltimores zu stürzen. Obwohl ernstliche Klagen gegen sie nicht vorgebracht werden konnten, und Baltimore mit James II. in keinerlei näheren Beziehungen gestanden hatte, wurde er als Katholik verdächtigt, gegen König William verschworen zu sein und die Kolonie zu tyrannisiren. In London theilte man die Auffassung, daß es bedenklich sei, das Land in den Händen eines Katholiken zu lassen, und benutzte den Anlaß, um es für die Krone einzuziehen. Ein Verfahren wurde eingeleitet; ehe es aber zu Ende kam, schon 1692 ein königlicher Governor nach Maryland geschickt. Mit der religiösen Freiheit, welche bis dahin hier geherrscht hatte, war es nun vorbei. Die englische Hochkirche begann die alleinige Herrschaft zu üben und insbesondere die Quäker und Katholiken zu verfolgen. Wenn diese gehofft hatten, bei einer Wiedereinsetzung der Baltimores in ihre Rechte die frühere Duldung wieder zu erhalten, so erwies sich diese Annahme als irrig. Der Sohn Baltimores war zum Protestantismus übergetreten und änderte, als er 1715 mit Hülfe dieses Schrittes seine Kolonie zurück erhielt, nichts an dem neuen Zustand. Das Land zählte damals etwa 30 000 weiße Bewohner, die in kleinen Dörfern lebten und Tabak, Hanf und Flachs bauten.

Trotz ihres geringen Wohlstands herrschte unter den Kolonisten von Maryland derselbe Geist der Unabhängigkeit wie bei den Nachbarn. Die gesetzgebende Versammlung nahm unter den Königlichen Governors wie unter Baltimore das Recht zur Bewilligung von Steuern in Anspruch und erklärte 1722 feierlich, daß den Kolonisten alle Rechte und Freiheiten englischer Bürger zuständen. Wiederholt führte diese Haltung zu Streitigkeiten mit dem Eigenthümer. 1730 wurde die Stadt Baltimore gegründet. Sie machte aber ebenso langsame Fortschritte wie die früheren Orte St. Marys und Annapolis. Gegen Mitte des Jahrhunderts zählte die ganze Kolonie 145 000 Bewohner, darunter viele als Arbeiter verkaufte Sträflinge.

Baltimore war damals noch ein Dorf mit kaum 100 Seelen. Grenzstreitigkeiten mit Pennsylvanien und die Folgen entwertheten Papiergeldes waren der Gegenstand häufiger Sorgen der Kolonie.

Die geringsten Wirkungen hat die englische Revolution in Virginien gehabt. Die grausame Unterdrückung des Baconschen Aufstandes hatte hier die Theilnahme an öffentlichen Dingen sehr abgeschwächt. Man interessirte sich in Virginien hauptsächlich für die Tabakpreise und suchte ihr Sinken in jeder Weise zu hindern. Die Leute zerstörten oft, trotzdem der Galgen als Strafe angedroht war, ganze Tabakfelder, um die Produktion einzuschränken. Doch sie wuchs unausgesetzt. 1689 führte England schon nicht weniger als 15 Millionen Pfund Tabak von hier ein! Der Virginiapflanzer erzielte 1½ bis 2 Pence fürs Pfund. Er litt nicht allein unter dem Wettbewerb anderer Kolonien, sondern auch unter hohen Frachten. Obwohl die gesetzgebende Versammlung im Jahre 1639/40 beschlossen hatte, alle Kapitäne zu bestrafen, die mehr als 6 Pfund Sterling für die Tonne nehmen würden, mußten doch oft 10 bis 15 Pfund Sterling bezahlt werden. 1689 warfen die acht Distrikte Virginiens bei einem Ausfuhrzoll von 2 Schilling vom Hogshead Tabak nicht weniger als 3631 Pfund Sterling an Einnahmen für die Staatskasse ab. Alle Versuche, die Kolonisten vom Tabakbau durch gesetzlichen Zwang abzubringen, scheiterten, obwohl z. B. Weizen sehr reiche Ernten brachte.

Ernstliche Zwistigkeiten zwischen der Kolonie und den Governors haben sich nicht ereignet, wenngleich es nicht an Reibereien fehlte. Die Kolonisten hielten nämlich ebenfalls stets an allen Rechten und Freiheiten der englischen Bürger fest und handhabten das Steuerbewilligungsrecht nach ihrem Gutdünken. Zu Aufwendungen für Kriege mit den Franzosen waren sie nicht geneigt. Hauptort wurde 1698 die Ansiedelung Middle Plantation, welche den Namen Williamsburg erhielt. Hier wurde die zweite Hochschule in den englischen Kolonien, William and Mary-College, gegründet, deren erster Leiter Blair Hauptvertreter der Rechte der Kolonisten war.

Die wirthschaftliche Entwickelung des Landes machte dank starker Einwanderung, besonders von Deutschen, unausgesetzte Fortschritte. Immer mehr Land wurde bebaut, und immer mehr Negersklaven wurden in die Farmen eingeführt. 1714 gab es davon 23 000 in der Kolonie; gegen Mitte des Jahrhunderts zählte man 120 000

Neger und 173 000 Weiße! Gegenüber diesem Wachsthum der Sklavenbevölkerung versuchte die Kolonie wiederholt einschränkende Bestimmungen zu treffen, doch die englische Regierung verbot das im Interesse der den Sklavenhandel betreibenden Royal African Company. Im Zusammenhang mit der Sklaverei bildete sich hier zuerst eine mächtige und reiche Pflanzergesellschaft, in der sich starkes Selbstgefühl zeigte. Die gewerbliche Entwickelung machte dagegen hier nur geringe Fortschritte.

In Carolina erregte die englische Revolution die Hoffnung auf Beseitigung der Rechte der bisherigen Besitzer der Kolonie. Aber das Parlament ließ diese Rechte unangetastet, und so gingen hier die Streitigkeiten zwischen den Kolonisten und den Governors weiter. Nach langen Wirren entschlossen sich die englischen Eigenthümer im April 1693, die Locke-Shaftesburysche Verfassung gänzlich fallen zu lassen und der Bevölkerung zu gestatten, sich nach Maßgabe der Charter, d. h. so wie in den anderen Pflanzstaaten, zu regieren. Volle Ruhe schuf in Südcarolina die Entsendung eines Quäkers John Archdale als Governor. Er ermäßigte den Landpreis, erließ die Pachten für einige Jahre, stellte Frieden mit den Indianern her und schuf ein Schiedsgericht für Streitigkeiten mit ihnen. Auch mit den Spaniern in Florida knüpfte er freundliche Beziehungen an und versöhnte den Gegensatz zwischen Hochkirchlichen und Dissentern. Die Einwanderung von schottischen Protestanten und Hugenotten wuchs daher, und das Land begann sich rascher zu entwickeln. Bald nach Archdales Rückkehr begannen jedoch die Eigenthümer, wieder ihren Einfluß allzu sehr geltend zu machen. Sie ließen 1704 alle Dissenters aus der gesetzgebenden Versammlung ausschließen. Diese erhoben dagegen beim House of Lords Klage und fanden dort Beistand. Das Plantation Committee empfahl sogar Aufhebung der Charter. Die Dissenters wurden wieder zur gesetzgebenden Versammlung zugelassen, die Hochkirche aber trotzdem als die offizielle Religion der Kolonie erklärt. Die Streitigkeiten mit den Londoner Charterinhabern gingen weiter. Die Kolonisten, welche durch die aus Madagaskar eingeführte Reiskultur immer wohlhabender wurden und immer mehr Negersklaven verwendeten, wollten sich von den Eigenthümern, die nichts für die Kolonie thaten, keine Beschränkungen auferlegen lassen. Sie mußten gegen Spanien, Frankreich und die Indianer aus eigenen Mitteln Krieg führen, mußten, da die Eigenthümer keinerlei Hülfe gewährten, das Land in Schulden stürzen, verlangten daher auch größere Freiheiten. Als die gesetzgebende Versammlung mit ihrem Willen 1721 nicht durchdrang, setzte sie den Governor ab und ernannte ihrerseits einen im Namen des Königs.

In Nordcarolina war die Entwickelung ähnlich. Auch hier brachte die Belästigung der Dissenters, die Entsendung untauglicher Beamten und die ungenügende Unterstützung der Kolonie in Kämpfen mit den Indianern einen lebhaften Gegensatz zwischen den Kolonisten und den Eigenthümern zuwege. Die ewigen Verdrießlichkeiten und der geringe Nutzen, welchen die Kolonie den Charterinhabern abwarf, mögen sie geneigt gemacht haben, sich dieses Besitzes zu entäußern. Gegen 1714 erzielten sie durch Landverkauf und Pachten nur 169 Pfund Sterling, d. h. etwa 20 Pfund Sterling für den Theilhaber. 1720 entschlossen sie sich daher, ihre Rechte an die Krone gegen eine Entschädigung von 2500 Pfund Sterling für den Antheil zu verkaufen. Nur einer der Charterinhaber, Lord Carteret, behielt sich seine Privatrechte, d. h. ein Achtel des Grund und Bodens, vor.

Dieser Uebergang der zwei Kolonien an die Krone erregte zunächst bei den Kolonisten, besonders im Süden, Freude. Man war froh, die „verworrene, nachlässige und hilflose" Wirthschaft der Charterinhaber los zu werden. Die beiden Kolonien erhielten eine ähnliche Verfassung wie die anderen amerikanischen Gebiete. Im Norden wurde ein gewisser Barrington, im Süden der General Francis Nicholson als Governor eingesetzt.

Ihre ersten Maßnahmen fanden Beifall, doch bald entstand wegen der Geldfrage im Norden wie Süden Streit. Die Kolonisten wollten die Gehälter auch hier nur jährlich bewilligen und zeigten sich sehr zurückhaltend mit Steuerauflagen. Dazu versuchten sie die Macht des Councils zu beschränken. Bald kam es zu Auflösungen der Versammlungen und Beschwerden in London wie in New England. Streitigkeiten mit den Indianern, Gefahren von der immer wachsenden Negerbevölkerung beschäftigten ebenfalls das Land. In Südcarolina lebten gegen 1740 etwa 40 000 Neger. Der Wohlstand nahm unausgesetzt zu. Charlestown, seine Hauptstadt, hatte damals schon so großen Export an Reis, Indigo, Theer, Terpentin, Holz, Fellen, Fischen u. s. w., daß 200 bis 300 Schiffe damit jährlich beladen wurden. Nordcarolina schritt langsamer, aber auch kräftig vorwärts. Gegen Mitte des 18. Jahrhunderts bezifferte sich die Stärke seiner Miliz auf 15 400 Mann!

Wesentlich beigetragen zum Wachsthum Carolinas hat die Gründung eines neuen Pflanzstaates in seiner Nachbarschaft, der Kolonie Georgia zwischen den Flüssen Savannah und Alatamaha. Dieses Gebiet war im 16. Jahrhundert wiederholt von Spaniern besucht und nach Edelmetallen durchforscht und später von Charles II. den Eigenthümern von Carolina verliehen worden. Doch war es ihnen nicht gelungen, hier festen Fuß zu fassen. 1707 hatten sie es unter dem Namen „Azilia" an Sir Robert Mountgomery vergeben, welcher jährlich von dieser „Markgrafschaft" für den Acre besiedelten Landes 1 Penny Pacht zahlen sollte. Obwohl Mountgomery die Vorzüge des Landes in glühenden Farben schilderte und überall Auswanderer zu werben suchte, fand auch er keine passenden Ansiedler. Sein Grant verfiel, und das reiche Land blieb sich weiter selbst überlassen.

Erst James Oglethorpe, einem Mitglied des englischen Parlaments, der unter Prinz Eugen von Savoyen gegen die Türken gefochten hatte und regen Antheil am öffentlichen Leben nahm, war es beschieden, hier Wandel zu schaffen. Als Mitglied einer parlamentarischen Untersuchungskommission hatte er den traurigen Zustand der englischen Schuldgefängnisse gesehen, wo viele tüchtige Leute oft wegen kleiner Beträge, die sie nicht zahlen konnten, ihr Leben lang schmachten mußten. Er gerieth auf den Gedanken, diese Leute ebenso wie die gerade damals in Oesterreich verfolgten Protestanten nach Amerika zu verpflanzen. Sie konnten dort ihre Schulden abverdienen und für Südcarolina einen Schutzwall gegen die Angriffe der Spanier und Indianer abgeben. Eine Reihe angesehener Männer, wie Viscount Percival, Edward Digby, George Carpenter u. A., billigten seinen Plan und wandten sich mit ihm an das Privy Council, um ein Privileg für das Gebiet südlich vom Savannah zu erhalten. Der König George II. entsprach dieser Bitte und ertheilte Oglethorpe und Genossen unterm 9. Juni 1732 eine Charter für das Land zwischen Savannah und Alatamaha vom Atlantischen bis zum Stillen Ocean, welches er „Georgia" benannte.

Die Gesellschaft erhielt für 21 Jahre das Recht, die Gesetze mit Zustimmung des Königs zu erlassen, die Beamten zu ernennen, Truppen zu werben und die Rechtspflege zu üben. Nach Ablauf dieser Frist behielt sich der König Wahl der Regierungsform und Beamten vor. Die Kolonisten bekamen nur Erhaltung ihrer englischen Bürgerrechte zugesichert. Die Führung der Geschäfte wurde in die Hand eines vom König aus der Gesellschaft ernannten Rathes von 15 Personen gelegt. Mitglieder aller Religionen außer Katholiken sollten in Georgia Gewissensfreiheit genießen.

Die neue Gründung fand allgemeinen Beifall. Die Gesellschaftstheilhaber, die Bank, Korporationen, Geistliche und Kaufleute zeichneten erhebliche Summen. Das Parlament gab erst 10 000, dann bald noch 26 000 Pfund Sterling. Man versprach sich große Erfolge von Weinbau und Seidenzucht in Georgia, welche bald die Auslagen ersetzen würden. Zahlreiche Arme meldeten sich und andere wurden in den Schuldgefängnissen ermittelt. Sie alle wurden hinsichtlich ihrer Gesundheit und Sitten sorgsam geprüft. Die Gesellschaft nahm nur tadellose, tüchtige Leute und verbot überhaupt Besiedelung in Georgia ohne ihre Erlaubniß. Die Leute wurden zunächst in London militärisch gedrillt. Gleichzeitig wurden Vorschriften ausgearbeitet, wonach jede Familie 50 Acres bekommen sollte und die Einfuhr von geistigen Getränken und Sklaven, sowie der Handel mit den Indianern verboten war. Im November 1732 führte Oglethorpe persönlich die ersten etwa 114 Auswanderer nach Amerika. Im Januar des nächsten Jahres erreichte er Charlestown. Von dort wurden die Leute zum Savannah geschafft und dort angesiedelt. Eine Stadt wurde sofort mit großer Regelmäßigkeit angelegt, Gärten und Felder geschaffen und gleichmäßige einfache Häuser gebaut. Mit den benachbarten Indianern schloß Oglethorpe Verträge, kaufte ihnen das nöthige Land ab und setzte ihre Rechte, die Preise der Waaren und die Privilegien der Händler fest. Verbrechen sollten nach englischem Recht bestraft werden.

Bald verbreitete sich der Ruf der neuen Kolonie, und von allen Seiten strömten Ansiedelungslustige herbei, denen freie Ueberfahrt, Vorräthe für ein Jahr, Land, für das erst vom zehnten Jahre ab Pacht zu zahlen war, und die Rechte englischer Bürger geboten wurden. Unter ihnen waren salzburgische Protestanten, mährische Brüder, Schotten, Italiener aus Piemont u. s. w. Sie wurden in verschiedenen neuen Dörfern angesiedelt. Oglethorpe, der 1734 in Begleitung eines Indianerhäuptlings nach London gereist war, legte zwei Jahre später den Ort Frederica auf der Insel St. Simon an, der als fester Platz der Kolonie dienen sollte. Er selbst übernahm das Kommando der Streitkräfte von Südcarolina und Georgia, dessen Bevölkerung fortdauernd wuchs.

Der weitere Verlauf der Dinge in Georgia war freilich nicht ganz so glatt wie zu Anfang. Vielen der Kolonisten wollte es nicht recht glücken. Ihr Land war nicht fruchtbar genug. Die Maulbeerbäume gediehen nicht, Wein fand keinen lohnenden Absatz. Andere vermißten schmerzlich Spirituosen und forderten ihre Zulassung. Diejenigen endlich, welche wie die mährischen Brüder mit Erfolg Seidenzucht und Indigobau trieben, klagten über das Verbot der Negersklaverei, auch die Landabgaben wurden meist zu hoch gefunden. Dazu kamen Streitigkeiten der Leute untereinander und endlich Bedrohungen der Kolonie von Seiten der Spanier in Florida.

Oglethorpe nahm alles Land bis zum St. Johns River für England in Anspruch und hatte an seiner Mündung das Fort St. George angelegt. Die Spanier in St. Augustine sahen nicht mit Unrecht darin einen großen Eingriff in ihre alten Rechte und setzten Boten der Engländer gefangen. Sie knüpften auch Verhandlungen mit den Indianern an, um mit einem Schlage den englischen Ansiedelungen in Georgia ein Ende zu machen. Oglethorpe rüstete sich demgegenüber zum Kampfe. Er erklärte Charles Wesley, daß der Tod für ihn gar nichts bedeute. Die Besatzung von Frederica war ebenfalls bereit, den Platz bis zum letzten Mann zu vertheidigen. Aber Minister Walpole suchte den Krieg zu vermeiden. Es wurde verhandelt. Die Spanier setzten die Boten in Freiheit, dafür gaben die Engländer St. George auf und begnügten sich mit dem Flusse St. Marys als Südgrenze. Das war freilich nicht nach Oglethorpes Sinn. Er bemühte sich 1737 persönlich in London, gegen Spanien Stimmung zu machen, warb Soldaten und befestigte mit diesen nach der Rückkehr Frederica noch besser als bisher. Dann versammelte er nochmals die Häuptlinge aller befreundeten Indianerstämme und versprach ihnen Schutz für das ganze Gebiet bis zum St. John. Bald genug trat die von ihm ersehnte Gelegenheit, gegen die verhaßten Spanier zu Felde zu ziehen, ein.

Drittes Kapitel.

Krieg mit Spanien.

Von jeher hatten Spaniens reiche Besitzungen in Süd- und Mittelamerika die Habgier der englischen Seefahrer und Kaufleute gereizt. Ungezählte Male hatten sie die dortigen Hafenstädte überfallen und ausgeplündert, nicht weniger oft die spanischen Schiffe weggenommen. Die Friedensverträge von 1667 und 1670, in denen beide Theile ihre damaligen Besitzungen in Amerika gegenseitig anerkannten, thaten, obwohl Spanien damit auf verschiedene Kolonien verzichtete, den Wünschen der Engländer kein Genüge. Denn darin war ausdrücklich festgesetzt, daß die Schiffe und Kaufleute jedes Theils die Besitzungen des anderen nicht besuchen dürften. Nur im Falle von Havarien, Sturm oder Verfolgung durch Seeräuber und Feinde sollte es einem Theile erlaubt sein, einen Hafen des anderen aufzusuchen. Die Spanier brachten damit kein Opfer, denn sie besaßen nur noch wenige Schiffe und hatten keine Neigung, die englischen Kolonien anzulaufen. Den Engländern war aber am Verkehr mit den spanischen Besitzungen sehr viel gelegen. Unbekümmert um die Verträge trieben sie daher besonders von den südlichen Kolonien in Nordamerika und von Westindien aus fortgesetzt umfangreichen Schleichhandel mit den spanischen Kolonien. Die Spanier ihrerseits halfen sich durch Unterhaltung von Küstenkreuzern, Guarda Costas, und Wegnahme aller verdächtigen englischen Fahrzeuge. Den Besatzungen der letzteren erging es dabei begreiflicherweise oft recht übel von Seiten der grausamen Südländer, was in England jedesmal großes Geschrei erregte.

Gegen 1689 gelang es der englischen Diplomatie, Spanien zum Abschluß einer Vereinbarung zu bewegen, wonach Letzteres englischen Sklavenhändlern auf Jamaika das Recht zur Lieferung einer bestimmten Anzahl Negersklaven nach seinen westindischen Kolonien ertheilte. Diese Sklavenlieferungen erleichterten den Waarenschmuggel nach den spanischen Besitzungen, und das Abkommen erregte daher in England frohe Hoffnungen. — Um so größer war die Bestürzung, als 1700 bei Carlos II. Tod der König von Frankreich den Thron Spaniens in Anspruch nahm. Gestützt auf Frankreichs Macht, wäre Spanien mit einem Schlage in der Lage gewesen, in seinen Kolonien gründlich Ordnung zu schaffen und den Engländern und Holländern mit ihrem Schleichhandel das Handwerk zu legen. Die Aufregung in England war daher allgemein. Die Staatspapiere sanken auf 50 pCt., und der Kredit der Bank von England wurde erschüttert. Erst der bald ausbrechende Krieg beruhigte die englische Handelswelt. Während der Feindseligkeiten nahm der Schleichhandel nach den spanischen Kolonien einen nie gesehenen Umfang an. Allgemein regte sich die Hoffnung, daß England Oeffnung der spanischen Besitzungen für seine Schiffe erzwingen werde.

Der damalige Lord Treasurer Harley, welcher bald darauf als Earl of Oxford an die Spitze des Tory-Ministeriums trat, war so durchdrungen von dieser Hoffnung, daß er ein weitaussehendes großes Unternehmen anläßlich von Separatfriedensverhandlungen mit Spanien daraufhin gründete. Die englische Regierung befand sich nämlich 1711 dem Parlament gegenüber in peinlicher Lage. Große Ausgaben für Flotte und Heer waren ungedeckt. Es fehlte an jeder Möglichkeit, sie zu zahlen; das Publikum hatte zum Ministerium kein Vertrauen, und die Bank von England wurde stark in Anspruch genommen.

Um aus der Verlegenheit zu kommen und seine Stellung zu festigen, gerieth Harley auf den Gedanken, die erhofften spanischen Zugeständnisse einer großen Aktiengesellschaft zu überlassen. Diese sollte dafür die ungedeckte Staatsschuld im Betrage von etwa 10 000 000 Pfund Sterling übernehmen und verzinsen. Da Harley das Gerücht verbreiten ließ, daß Spanien geneigt sei, England den Handel mit vier Häfen in Peru und Chile zu öffnen, und da von Alters her in England die größten Erwartungen auf die Schätze Südamerikas gesetzt wurden, fanden sich sehr rasch die nöthigen Kapitalisten, welche auf den Handel einzugehen geneigt waren. Noch im selben Jahre erwirkte Harley eine Parlamentsakte, wodurch die „Südsee-Gesellschaft" gegründet wurde. Die Gesellschaft zahlte hiernach dem Staat die erforderlichen 10 000 000 Pfund Sterling. Dieser verpflichtete sich, die Summe jährlich mit 6 pCt. aus gewissen Zolleinnahmen zu verzinsen und von 1716 an zu tilgen. Außerdem übertrug er der Gesellschaft das Monopol des Handels mit Amerika an der Ostküste vom Flusse Aranoca bis zum südlichsten Theile Feuerlands, an der Westküste von hier bis zum höchsten Norden vom 1. August 1711 ab. Nur der Handel mit Brasilien und

Surinam blieb ausgeschlossen, und einer Verletzung der Rechte der Ostindischen Company war sorgfältig vorgebeugt.

Dieses Gesetz stimmte mit einem Schlage die öffentliche Meinung zu Lord Oxfords Gunsten. Sein Schritt wurde, trotzdem er keinerlei für England neue Gedanken enthielt, als ein Meisterstück, würdig Sullys oder Colberts, gepriesen. Der nie schlummernde Unternehmungsgeist Englands regte sich wieder machtvoll. Man träumte von neuen Thaten, wie sie Drake und Raleigh vollbracht hatten. Unterm 8. September 1711 erhielten die Zeichner der Gesellschaft eine königliche Charter als „Governor and Company of Merchants of Great Britain trading to the South Seas and other Parts of America, and for encouraging the Fishery", wodurch ihr ähnliche Rechte in ihren künftigen Besitzungen wie der Ostindischen Company zuertheilt wurden. Die Gesellschaft begann nun sogleich ihre Vorbereitungen für eine erste Handelsexpedition nach Südamerika. 200 000 Pfund Sterling wurden in Bonds ausgegeben, um damit die nöthigen Waaren einzukaufen.

Aber schon damals zeigte sich, daß die Grundlage der Gründung eine sehr unsichere war. Die Sonderverhandlungen Oxfords mit Spanien verliefen im Sande, und die Aussichten auf große von ihm herauszuschlagende Vortheile schrumpften zusammen. Die Gesellschaft zögerte daher mit der Absendung ihrer ersten Schiffe. Erst 1713 kam der Friede mit Spanien zu Stande. Dabei wurden einige Vortheile erzielt, aber bei Weitem weniger, als gehofft worden war. England versprach in diesem Abkommen Spanien seinen Beistand, um seine westindischen Besitzungen wieder auf den Fuß zu bringen wie unter Carlos II. Dafür verpflichtete sich Spanien, keinerlei Besitz in Amerika an Frankreich oder eine andere Nation abzutreten. Ferner sagten sich beide Völker in ihren beiderseitigen Besitzungen volle Meistbegünstigung zu. Das Wichtigste war, daß Spanien England das Monopol der Negereinfuhr in seine Kolonien ertheilte. (El Pacto del Assiento de Negros.) 30 Jahre hindurch sollte England den spanischen Kolonien jährlich 4800 Negersklaven zuführen unter denselben Bedingungen, wie sie früher Frankreich genossen hatte. Außerdem erhielten die Engländer das Recht, jährlich ein Schiff von 500 Tonnen mit Waaren nach Südamerika zu schicken. Ein Viertel des Gewinns daraus sollte der spanischen Krone zufallen, die außerdem noch 5 pCt. Zoll von den anderen drei Vierteln zu beanspruchen hatte. Fürs erste Jahr wurde England außerdem noch die Sendung von zwei anderen Schiffen zu je 600 Tonnen nach Westindien zugestanden.

Diese den Spaniern abgedrungenen Privilegien wurden der South Sea Company zugetheilt. Obwohl sie sehr viel weniger zu bedeuten hatten als die anfänglich erwartete Oeffnung von vier Häfen, und obwohl die Holländer wie Franzosen, welche früher den Sklavenhandel nach Spanisch-Amerika besorgten, bei diesem Geschäft keinen Vortheil erzielt hatten, regten sich wieder übertriebene Hoffnungen in England. Der englische Hof sebst erwartete so großen Gewinn von der Sache, daß anfänglich der Versuch gemacht wurde, der Gesellschaft noch ein Viertel vom Gewinn des Jahresschiffs zu entziehen. Zwei Staatsfahrzeuge, welche von zwei Kriegsschiffen begleitet werden sollten, wurden der Company für die erste Expedition zur Verfügung gestellt und segelten Anfang 1715 nach Südamerika ab. Im selben Jahre wurde ein für die Gesellschaft erbautes Schiff der „Royal Prince" feierlich vom Stapel gelassen, welches in Zukunft die jährliche Fahrt nach den spanischen Kolonien ausführen sollte. 1717 trat es seine erste Reise an. Ehe noch über seinen Erfolg etwas verlautete, setzte die Regierung den Zinsfuß ihrer Schulden im Allgemeinen und so auch der von der Südsee-Gesellschaft übernommenen auf 5 pCt. herab und veranlaßte sie, ihr weitere 2 000 000 Pfund Sterling zum selben Satze zu leihen.

Inzwischen trübten sich die Beziehungen zu Spanien aufs Neue schon wieder bedenklich. Abgesehen davon, daß Letzteres mit dem vertriebenen James Stuart gegen die hannöversche Dynastie einen Angriff vorbereitete, suchte es die englischen Holzfäller, welche seit Jahren in der Campeche-Bay (Yukatan) sich angesiedelt hatten, mit Gewalt zu vertreiben. 1718 kam es zum neuen Krieg, wobei Spanien alle englischen Schiffe und Waaren, deren es habhaft werden konnte, beschlagnahmte. Den meisten Schaden erlitt die South Sea Company, die eben erst in den Hauptplätzen Spanisch-Amerikas ihre Faktoreien angelegt hatte. Obwohl sie nach dem Vertrage 18 Monate Frist erhalten sollte, ihr Eigenthum fortzuschaffen, wurde ihr Alles weggenommen und auf ihre Klage nur Entschädigung beim Frieden versprochen. Abgesehen hiervon hatte die Gesellschaft aber auch noch andere böse Erfahrungen mit den Spaniern gemacht. Eines der

Staatsschiffe war sogleich bei der Ankunft in Carthagena weggenommen worden, da es mehr als 600 Tonnen Waaren geführt haben sollte. Von der Ladung des zweiten war ein vertragswidrig hoher Zoll verlangt worden. Außerdem klagte die Gesellschaft, daß die Spanier auch von anderen Seiten Neger einzuführen gestatteten, vertragswidrige Abgaben von der Sklaveneinfuhr erhöben, die Ausfuhr von Tabak und Kakao verboten und allerlei andere Chikanen durch ihre Beamten und Küstenwachtschiffe ausgeübt hätten. Bis 1719 hatte die Company also von ihren Privilegien bezüglich des Handels mit spanisch Amerika nur Schaden gehabt, und eine Entschädigung dafür stand im weiten Felde. Trotzdem litt aber ihr Kredit nicht, sondern stieg immer mehr!

Es war das nicht zum wenigsten eine Folge des Ansehens, welches damals die Lawschen Gründungen in Frankreich, die auf ähnlicher Basis beruhten, gewonnen hatten. Man setzte in England dieselben Hoffnungen auf die Südsee-Company wie in Frankreich auf die Mississippi-Gesellschaft. Und in der That lenkte die englische Gesellschaft sehr bald in dieselben Bahnen ein wie die Lawsche. 1719 schlug sie der englischen Regierung Uebernahme einer von ihr im Jahre 1710 gemachten Lotterieanleihe vor. Das Ministerium ging auf den Vorschlag ein; das Kapital der Gesellschaft wuchs durch dies Geschäft auf 11 746 000 Pfund Sterling, und die Aktionäre erzielten dabei einen beträchtlichen Gewinn. Die Gesellschaft war zufrieden und die Regierung nicht minder. Es schien sich ihr ein Weg zu bieten, der drückenden älteren erst in 99 Jahren abzahlbaren Schulden in bequemer Weise rasch ledig zu werden. Der Gedanke tauchte auf, daß die Besitzer dieser Schuldtitel, falls man ihnen Umtausch derselben in Aktien der Gesellschaft böte, durch den erwarteten hohen Nutzen des Handels mit den spanischen Kolonien geneigt sein würden, auf die lange Einlösungsfrist zu verzichten. Waren einmal alle Staatsgläubiger Aktionäre der Südsee-Gesellschaft, so konnte diese nach einigen Jahren den festen Zins auf 4 pCt. herabsetzen und außerdem jährlich starke Summen tilgen. Die Gesellschaft bekam dadurch eine so mächtige Stellung, daß sie auf Erzielung erheblicher Gewinne rechnen konnte, und die Regierung wurde in billiger Weise die drückendste Last los und konnte das Finanzwesen besser regeln. Voraussetzung war natürlich das Gedeihen der Handelsgeschäfte der Südsee-Gesellschaft. Hieran aber scheint trotz der ersten schlechten Erfahrungen Niemand gezweifelt zu haben.

Im Einverständniß mit den Ministern schlug die Gesellschaft im Herbst 1719 dem König in der That vor, alle langfristigen Staatsschulden zu übernehmen. Ihr leitender Direktor Sir John Blunt, früher ein Geldmakler, regte sogar an, die Bank von England, die East India-Company und das Schatzamt mit der Südsee-Gesellschaft zu verschmelzen. Der erste Lord des Schatzes und der Kanzler des Schatzamts Aislabie stellten sich ganz auf Seite der Gesellschaft. Im Publikum erregte das bloße Gerücht von dem Schritt der Südsee-Gesellschaft die Spekulationslust so, daß ihre Aktien sofort auf 126 stiegen! — Nach verschiedenen Berathungen ging die Regierung auf den ersten Theil des Antrags der Gesellschaft ein und empfahl ihn in der Thronrede dem Parlamente.

Hier kam der Plan im Januar 1720 zur Berathung. Die Südsee-Gesellschaft bot für das Privileg der Uebernahme aller langfristigen Staatsschulden 3 500 000 Pfund Sterling, eine besonders für damalige Zeit ungeheure Summe! Aber das Parlament zeigte sich damit noch nicht befriedigt. Es beschloß, auch andere Gesellschaften zu Anträgen zuzulassen. Es entsprang dieser Beschluß anscheinend der Eifersucht der Bank of England, welche ihre Rivalin nicht gar zu mächtig werden lassen wollte. Noch an demselben Tage bot die Bank für dasselbe Recht 5 Millionen Pfund Sterling, also mehr als 100 Millionen Mark! Obwohl es nahezu ein Ding der Unmöglichkeit sein mußte, unter solchen Bedingungen die geplante Maßregel auch nur ohne Schaden noch durchzuführen, ließ die Südsee-Gesellschaft ihren Plan nicht fallen und bot schließlich nicht weniger als 7 567 500 Pfund Sterling!

Es konnte keinem verständigen Beobachter entgehen, daß die Gesellschaft solche Summen nicht zahlen konnte, ohne sich zu ruiniren. Selbst bei weit größeren und vortheilhafteren Rechten in Spanisch-Amerika konnte sie eine so ungeheure Last nicht tragen. Es wurde auch im Parlament von Seiten der Opposition und besonders Walpoles auf das Gefährliche der Sache hingewiesen und das Eitle der Hoffnungen auf die Gewinne in den spanischen Kolonien dargethan. Aber das war Alles umsonst. Vergebens erinnerte Walpole an den Krach in Frankreich und sagte eine ähnliche Katastrophe in England voraus. Im Parlament siegten die Hinweise der Torys auf die Vortheile des Staates bei dem Geschäft, und im Publikum wuchs das Vertrauen zu der Gesellschaft, welche den Muth zu so ungeheuren Operationen besaß, derartig, daß ihre Aktien auf 319 stiegen. Die Regierung fand es sehr richtig, daß die Gesellschaft durch das Steigen ihrer Papiere für ihr weises Vorgehen belohnt werde, und sonnte sich in der Volksthümlichkeit, welche sie bei der spekulationslustigen Menge gewann. Im April 1720 wurde der letzte Vorschlag der Südsee-Gesellschaft vom Parlament angenommen. Der Rath Aislabies, dem zuletzt wohl Angst wurde, das Geschäft gemeinsam mit der Bank of England zu machen, wurde von der Gesellschaft rund abgelehnt.

Vielfach hatte man geglaubt, daß die Besitzer der langfristigen Papiere sie nicht wieder hergeben würden. Aber das Spekulationsfieber hatte damals in England einen solchen Umfang gewonnen, daß, trotzdem die Gesellschaft für die Rückgabe dieser Schuldtitel nur den Betrag von 8¼ Jahresrenten bot, innerhalb von sechs Tagen ihr schon etwa zwei Drittel der Papiere zum Umtausch angeboten wurden. Alle Welt wollte an den erwarteten Gewinnen der Company theilnehmen. Die erste Million Aktien, welche zur Zeichnung auf den Markt kam, wurde doppelt überzeichnet. Gerüchte von Abtretung einiger peruanischer Häfen, von Auffindung verborgener Schätze, von großartigen Plänen der Gesellschaft, welche binnen Kurzem die Majorität im Parlament besitzen werde, steigerten den Kurs der Aktien immer weiter. Die Direktion, in welche Männer höchsten Ranges eingetreten waren, beschloß für ein halbes Jahr eine Dividende von 10 pCt. und gab so den übertriebenen Erwartungen neue Nahrung. Bald wurde sogar festgesetzt, daß die Dividende nie unter 50 pCt. betragen dürfe! Kein Wunder, wenn die Aktien Anfang Juni 1720 schon auf 890 getrieben wurden und im August 1000 erreichten! Während derselben Zeit standen die Aktien der Bank auf 260, die der Ostindischen Company auf 445!

Eine Unmenge schwindelhafter Gründungen entstand, welche sich die Spielwuth des Volkes zu Nutze machte. Der Kronprinz, der Herzog von Chandos, der Graf von Westmoreland verschmähten es nicht, an die Spitze solcher Gesellschaften zu treten. Anderson*) zählt mehr als 100 solcher Gründungen auf, die großentheils so lächerlich sind, daß es kaum glaublich scheint, daß sie Theilnehmer gefunden haben. Es gab darunter Gesellschaften „zur Gewinnung

*) History of Commerce.

süßen Wassers aus Meerwasser", „für ein Perpetuum Mobile", „zur Erbauung von Krankenhäusern für uneheliche Kinder", „zur Versicherung gegen Verluste durch Diener", „für Handel in Menschenhaar". Den Gipfel stellte die Gründung der Gesellschaft für ein Unternehmen, „dessen Zweck später enthüllt werden sollte", dar.

Diese Gründungen erregten den Zorn der Südsee-Gesellschaft, die sich dadurch benachtheiligt glaubte, während sie in der That ihr nur immer neue Spekulanten zuführten und ihren Kredit stützten. Sie erwirkte im August ein Einschreiten der Regierung gegen diese sogenannten „Bubbles". Kaum aber war das geschehen, so entstanden Mißtrauen und Angst im Publikum. Alles verlor den Kopf, und ebenso rasch wie das Ansehen der Bubbles sank das der Südsee-Gesellschaft. Im Handumdrehen fielen ihre Papiere, von denen am 24. August 1 250 000 Pfund Sterling zum Kurs von 1000 zur Zeichnung aufgelegt und gezeichnet worden waren, auf 400. Natürlich geriethen nun viele Spekulanten in Noth. Viele stellten ihre Zahlungen ein, andere flüchteten. Nun war kein Halten mehr. Am 29. September stand der Kurs auf 175! Durch allerlei Kunstgriffe wurde er zeitweilig wieder etwas in die Höhe getrieben, aber das änderte nichts an dem Elend, welches weite Kreise der Bevölkerung befiel. Nur wenige Kluge, wie Walpole, hatten durch rechtzeitigen Verkauf verdient; die meisten, und selbst einzelne der vom Erfolg um alle Besonnenheit gebrachten Direktoren der Gesellschaft, hatten fast Alles verloren.

Die Letzteren baten den König in ihrer Noth um Ueberweisung der westindischen Insel St. Kitts sowie Nova Scotias. Sie hofften, daß dadurch das Publikum neue Hoffnungen schöpfen, und der Gewinn des Handels mit diesen Kolonien der Gesellschaft neue Mittel zuführen würde. Doch die Regierung wagte es nun nicht mehr, die mit einem Schlage allgemein verhaßte Gesellschaft noch weiter zu unterstützen. Wurde doch ohnehin überall erzählt und geglaubt, daß des Königs Maitressen und hannoversche Vertraute, sowie eine Reihe Minister von der Südsee-Gesellschaft große Summe erhalten und sie dafür gefördert hätten. Die frühere blinde Vertrauensseligkeit und Spekulationswuth war auf einmal verschwunden. Man schob alle Schuld auf die Regierung. Robert Walpole, der wiederholt energisch gegen die Gesellschaft aufgetreten war, wurde nun von allen Seiten als der einzige Mann bezeichnet, welcher einen Ausweg finden könne. Er ließ sich in der That bereit finden, diese Aufgabe zu übernehmen und entwarf einen Plan, wonach die Bank von England und die Ostindische Gesellschaft der Südsee-Company zu Hülfe kommen sollten. Schon die Kunde hiervon wirkte beruhigend und ließ die Südsee-Aktien wieder auf 200 steigen.

Am 8. Dezember 1720 trat das Parlament zusammen, in dessen Händen die Entscheidung lag. Die Thronrede empfahl dringend, ein Hülfsmittel aufzusuchen, um den öffentlichen Kredit wiederherzustellen. Bei der Berathung der Adresse an den König zeigte sich indessen in dem Unterhaus weit mehr Drang, zunächst die an dem Südseeschwindel Schuldigen zu ermitteln und zu bestrafen. Die härtesten Worte fielen über sie, man nannte sie „Verruchte“ und „Abschaum des Volkes“ und rief nach eigens zu ihrer Bestrafung zu erlassenden Gesetzen. Vergebens suchte Walpole die Wuth zu beschwichtigen und zuerst der Hebung des öffentlichen Kredits die Aufmerksamkeit zuzuwenden. Am 12. Dezember schon wurde beschlossen, daß die Direktoren der Gesellschaft vor dem Parlament erscheinen und Rechenschaft ablegen sollten, obwohl Walpole warnte, durch zu scharfe Maßregeln die Lage der Gesellschaft noch zu verschlechtern und den Aktionären weiteren Schaden zuzufügen. Schon am 15. wurden dem Parlamente, um es zu beruhigen, Berichte der Direktoren vorgelegt. Dies verlangte aber mehr. Am 19. regte ein Mitglied Einsetzung eines Untersuchungsausschusses an. Der Antrag scheiterte an Walpoles Einspruch. Ihm kam es ebenso darauf an, die mitschuldige Umgebung des Königs nicht zu sehr ins Gedränge kommen zu lassen, als seine Heilungsmaßregeln nicht zu verzögern.

Am 21. trug er letztere dem Hause vor. Von den 38 Millionen Pfund Sterling Kapital der Südsee-Gesellschaft sollten danach die Bank und die ostindische Company je 9 Millionen Pfund Sterling übernehmen und die Gesellschaft nur 20 behalten. Da ihr die staatliche Verzinsung von etwas über 11 Millionen Pfund Sterling ja zustand, und sie wohl die Zinsen für 9 Millionen Pfund Sterling durch eigene Geschäfte verdienen konnte, war zu hoffen, daß auf diese Weise sie über Wasser gehalten und das Vertrauen im Publikum wieder hergestellt werden würde.

Den lebhaftesten Einspruch gegen den Plan erhoben die drei Gesellschaften, welche dabei keinen Nutzen für sich sahen. Doch Walpole siegte. Nach langen Berathungen wurde sein Plan im Frühjahr

1721 zum Gesetz erhoben. Zur Ausführung ist er indessen nicht gekommen, denn mittlerweile waren Ereignisse eingetreten, welche die ganze Sachlage änderten.

Während der Weihnachtsferien regte sich in ganz England ein Entrüstungssturm gegen die Südsee-Gesellschaft. Er hatte die Wirkung, daß nach Wiederzusammentritt des Parlaments den Direktoren verboten wurde, England zu verlassen. Sie sollten zugleich den Werth ihrer Besitzungen angeben, und eine Belohnung wurde auf jede Aussage gegen sie gesetzt. Die Forderung der Direktoren, ihren Rechtsbeistand zu hören, wurde abgewiesen, und ein geheimer Ausschuß am 23. Januar 1721 mit der Untersuchung betraut. Da nur ausgesprochene Feinde der Gesellschaft hineingewählt waren, ließ sich das Ergebniß mit Sicherheit voraussagen.

Der Ausschuß vernahm zuerst den am tiefsten eingeweihten Kassirer der Gesellschaft, Knight. Der Mann flüchtete sogleich darauf unter Mitnahme der Protokolle der Südsee-Company nach Frankreich. Als das bekannt wurde, entstand große Erregung. Man beschuldigte allgemein die Regierung, diese Flucht begünstigt zu haben. Das Parlament schloß auf der Stelle vier der Direktoren, die Abgeordnete waren, aus dem Hause aus und ließ sie verhaften. Dasselbe Schicksal traf die anderen. Ihre Bücher wurden nun strenger Prüfung unterzogen.

Es ergab sich dabei, daß vielfache Unregelmäßigkeiten vorgekommen waren. Es hatten Scheinkäufe und -verkäufe von Aktien stattgehabt. Bei den Subskriptionen waren heimlich Erhöhungen der verlangten Beträge vorgenommen und gute Freunde besonders berücksichtigt worden. Solchen waren auch beim Fallen des Kurses Zeichnungen erlassen worden. Dazu wurden allerlei Kunstgriffe zur Treibung des Kurses aufgedeckt. Was aber am meisten empörte, war die Feststellung, daß der Earl of Sunderland, der erste Lord des Schatzes, und die Maitressen des Königs große Summen erhalten und auch der Staatssekretär Craggs, der Schatzkanzler Aislabie und andere Würdenträger durch Geldzuwendungen bestochen worden waren. Gegen sie wurde sogleich ein Verfahren eröffnet, wobei es indessen Mehreren mit einem blauen Auge davonzukommen gelang. Nur Aislabie und die Direktoren wurden eingekerkert und ihres Besitzes beraubt.

Während dieser Ereignisse arbeitete Walpole an der Wiederherstellung des öffentlichen Kredits. Den früheren Plan gab er bei der damaligen Bewegungsunfähigkeit der Gesellschaft auf und erließ ihr erst von den 7½ Millionen, welche sie dem Staat zu zahlen versprochen hatte, 5 und später den Rest. Die Schulden wurden aus dem Erlös der konfiszirten Vermögen gedeckt. Den Zeichnern wurden ihre Aktienzeichnungen gegen Zahlung von 10 pCt., die später noch herabgesetzt wurden, erlassen, und die früheren Besitzer der langfristigen Staatsschuldtitel bekamen eine Entschädigung, mit der sie allerdings wenig zufrieden waren. Allmählich wurde so die Ruhe wieder hergestellt und weiteren bösen Folgen des Krachs vorgebeugt. Die Gesellschaft bestand weiter und konnte ihre Geschäfte aufs Neue aufnehmen. Der englische Staat hatte somit schließlich den Vortheil davon, daß ein großer Theil der langfristigen Schulden beseitigt war. Die Verzinsung des der Company vom Staat geschuldeten Kapitals wurde 1727 auf 4 pCt. herabgesetzt.

Es schien sogar, als sollte nun der Südseegesellschaft der erhoffte Gewinn durch den spanischen Handel doch noch zu Theil werden. Zu Madrid kam 1721 mit Spanien ein Vertrag zu Stande, welcher die Gesellschaft in ihre alten Rechte wieder einsetzte und ihr vollen Schadenersatz versprach. Noch im selben Jahre wurde daher ein reichbeladenes Schiff nach Carthagena und Portobello gesandt und der Negerhandel mit neuen Kräften begonnen. Der erwartete große Nutzen blieb freilich auch jetzt aus, da die Spanier in Habsucht und Willkür mit den Angestellten der Gesellschaft wetteiferten. Trotzdem wurde die Sendung der Jahresschiffe nach Spanisch-Amerika und der Negerhandel dahin und nach den englischen Kolonien mit Eifer fortgesetzt. Die Gesellschaft beschäftigte jährlich 30 Schiffe mit dem Sklaventransport. — Da brach 1727 ein neuer Kampf mit Spanien aus, welches ohne Kriegserklärung Gibraltar zu belagern begonnen hatte. Wieder wurde aller den Spaniern erreichbare Besitz der Südsee-Company von ihnen beschlagnahmt. Es befand sich darunter das gerade in Veracruz liegende Schiff „Prince Frederic“ mit seiner Ladung im Werthe von 120 000 Pfund Sterling! Bei den späteren Verhandlungen mußte zwar Spanien Herausgabe allen Besitzes der Company mit Wiedereinsetzung in ihre Rechte zusagen, und im Frieden von Sevilla 1729 wurde auch wieder Ersatz des früheren Schadens ausbedungen, aber gleichzeitig mußte sich England auf Prüfung auch der von den Spaniern vorgebrachten Beschwerden durch eine gemischte Kommission einzugehen bequemen.

Die Spanier beschuldigten nämlich die Südsee-Gesellschaft allerlei unzweideutiger Umgehungen der Zollvorschriften und Verträge. Insbesondere wollten sie nicht dulden, daß die Engländer das Jahresschiff durch Begleitfahrzeuge im Hafen immer neu füllen ließen und somit weit mehr Waaren in die Kolonien einführten, als bedungen war. Es ist nicht zu ersehen, ob diese Verhandlungen wirklich stattgefunden haben. Wenn es der Fall war, haben sie jedenfalls ein Ergebniß nicht gehabt, denn Spanien dachte nach wie vor nicht an Zahlung der von der Gesellschaft geforderten Entschädigungen, und die letztere setzte ihren Schmuggelhandel nach den spanischen Kolonien fort.

Einige Jahre verlief Alles friedlich, und die Jahresschiffe der Gesellschaft machten großen Gewinn, dann begannen die Spanier ihnen wieder Schwierigkeiten in den Weg zu legen. Mochten sie auch in vielen Fällen im Recht sein, so erregte ihr Vorgehen doch große Entrüstung in England. Sie ließen nämlich oft englische Schiffe in den amerikanischen Gewässern außerhalb der Häfen anhalten, durchsuchen und als Schmuggler wegnehmen und verweigerten Abhülfe auch dort, wo englischerseits keine Uebertretung der spanischen Gesetze vorlag. 1733 machte Spanien, um der englischen Jahresschiffe ledig zu werden, den Vorschlag, der Südsee-Gesellschaft für Verzicht auf dieses Recht jährlich 2 pCt. vom Gewinn seiner Silberflotte und der Galeonen zu zahlen. — Die Gesellschaft hat den Vorschlag eingehend erwogen. Sie veranschlagte die von Spanien gebotenen 2 pCt. auf einen Werth von etwa 300 000 Dollars oder 70 000 Pfund Sterling bei einem Gewinn der Flotte und Galeonen von etwa 15 Millionen Dollar. Den Nutzen des Jahresschiffes berechnete sie auf etwa 74 000 Pfund Sterling, wenn alles gut ging. Sie war auch der Ansicht, daß der Absatz britischer Waaren nach Spanisch-Amerika bei Aufgabe des Jahresschiffes nicht sinken werde, da der Schmuggel von Westindien bestehen bleibe. Endlich sprach für Annahme des Anerbietens der bisherige geringe Nutzen des Handels mit den spanischen Kolonien. In den verflossenen zehn Jahren betrug er nämlich nur 32 000 Pfund Sterling! Trotzdem hat man den spanischen Vorschlag nicht angenommen, wohl, weil man Zweifel in die Regelmäßigkeit und die Höhe der von

Spanien gebotenen Zahlungen setzte. Auch wollte die Regierung den einmal Spanien abgerungenen Vortheil nicht zu Gunsten der Company aufgeben.

Es blieb Alles beim Alten, und die Klagen über Gewaltthaten der Spanier wurden immer häufiger. 1736 machte Spanien nochmals den Versuch, die Company zum Verzicht auf das Jahresschiff zu bewegen. Im Jahr darauf kamen Petitionen aus Jamaika, welche lebhaft über das Anhalten und Wegnehmen englischer Schiffe auf hoher See durch die Spanier Beschwerde führten. Diese Klagen wurden noch dringlicher im Jahre 1738. Die Opposition im Unter- und Oberhaus nahm sich nun der Angelegenheit an und verlangte Genugthuung von Spanien. Walpoles Verhalten wurde als Feigheit gebrandmarkt, Spaniens Auftreten in den grellsten Farben geschildert und seine Grausamkeit durch Vernehmung verschiedener Leute, die in seinen Kerkern geschmachtet hatten und gepeinigt worden waren, aller Welt vor Augen geführt. Von den Ausschreitungen der englischen Schleichhändler war dagegen natürlich keine Rede. Auch der König und einzelne Minister wünschten Gewalt anzuwenden, und die öffentliche Meinung war lebhaft dafür.

Walpole wollte jedoch damals einen Krieg vermeiden. Er suchte daher die öffentliche Meinung zu beruhigen. Er versprach energische Vorstellungen in Madrid und leitete neue Verhandlungen ein. Trotz der Abneigung der Spanier, in irgend einem Punkte entgegenzukommen, und trotz der Walpoles Politik durchkreuzenden heimischen Einflüsse führten die Besprechungen zu einem vorläufigen Abkommen. Aus Furcht vor den englischen Rüstungen entschlossen sich die Spanier, alle gefangenen englischen Seeleute freizulassen und dann am 14. Januar 1739 einen Vertrag zu schließen. Hierin versprachen sie, binnen vier Monaten 95 000 Pfund Sterling Ersatz für den englischen Unterthanen zugefügten Schaden zu zahlen und durch eine Kommission die Grenzen zwischen Carolina und Florida sowie die Handelsfragen regeln zu lassen. Die Ansprüche der Südsee-Gesellschaft blieben weiteren Verhandlungen vorbehalten. Spanien erklärte indessen im Voraus, daß es den Assiento aufheben werde, wenn die Gesellschaft ihm nicht sogleich 68 000 Pfund Sterling, die sie ihm infolge verschiedener nicht gezahlter Abgaben schulde, erstatte.

Diese Vereinbarung erregte in England einen Sturm der Entrüstung, obwohl die Thronrede sie mit Befriedigung verzeichnete.

Die Südsee-Gesellschaft war außer sich, daß sie 68 000 Pfund Sterling zahlen sollte, während Spanien nach ihrer Rechnung ihr für die zweimalige Beschlagnahme ihres Besitzes, die Belästigung und Hinderung ihres Handels und Vereitelung ihres Gewinnes mehrere 100 000 Pfund Sterling schuldete! Die Rheder und Kaufleute tobten, daß Spanien nicht auf das Durchsuchungsrecht verzichtet hatte und daß seine Grausamkeiten ungestraft blieben. Der größte Theil der Presse trat gegen Walpole auf. Im Parlament schmolz seine Mehrheit erschreckend zusammen. Die Opposition und unter ihr Pitt benützten die Gelegenheit, um des Ministers Volksthümlichkeit ernstlich zu untergraben. — Ihre Reden erregten nicht allein in England große Erbitterung gegen den Vertrag, sondern veranlaßten auch die Spanier, sich als die schuldlos Beleidigten aufzuspielen und zunächst die versprochenen 95 000 Pfund Sterling nicht zu zahlen. Sie wiesen jede Anzweifelung ihres Schiffsdurchsuchungsrechts zurück, verlangten Entfernung der englischen Flotte aus dem Mittelmeer und trafen Maßnahmen, um aufs Neue den Besitz der Südsee-Gesellschaft zu beschlagnahmen. Damit schwand alle Hoffnung auf Verständigung. Der König selbst drängte auf Krieg, und Walpole blieb nur übrig, die Vorkehrungen dazu zu treffen oder zu gehen. Er entschloß sich zu ersterem. Der Gesandte in Madrid mußte sofortige Zahlung der 95 000 Pfund Sterling, Verzicht auf Durchsuchungsrecht und Anerkennung der englischen Ansprüche in Nordamerika fordern. Gleichzeitig wurden die Flotten im Mittelmeer und Westindien verstärkt. Als Spanien nicht nachgab, erfolgte am 19. Oktober 1739 die Kriegserklärung.

In ganz England wurde sie mit Jubel begrüßt. Man sah sich schon als Herrn der spanischen Silberschätze. Die Aktien der Südsee-Gesellschaft stiegen. Zwei Flotten wurden damit betraut, die spanischen Besitzungen an verschiedenen Punkten anzugreifen. Die eine unter Admiral Vernon erschien schon Ende November vor Portobello und nahm die Stadt nach kurzem Kampf weg. Die Beute betrug nur 10 000 Piaster, aber der Sieg wurde in England maßlos gefeiert. Verstärkungen für Vernon wurden vorbereitet, doch dauerte es bis Oktober 1740, ehe sie in See gehen konnten. Inzwischen hatte Oglethorpe auf eigene Faust im Mai die Hauptstadt Floridas St. Augustine angegriffen. Es gelang ihm zwar nicht, die Stadt zu nehmen, doch hielt er durch sein Auftreten Spanien zwei Jahre lang von Maßnahmen gegen Georgia ab. — Anfang 1741 trafen in Jamaika die großen Verstärkungen bei Vernon ein. Er verfügte jetzt über 29 große Linienschiffe und über etwa 80 kleinere, 15 000 Matrosen und 12 000 Landsoldaten! Alle nordamerikanischen Kolonien hatten dazu Geld und Mannschaften beisteuern müssen. Mit seiner Macht wandte sich Vernon gegen Carthagena, die stärkste Festung in Spanisch-Amerika. Er fühlte sich des Erfolges so sicher, daß er seinen Plan selbst dem französischen Gouverneur von St. Domingo mitgetheilt und dadurch die Spanier veranlaßt hatte, ihre Vorkehrungen zu treffen. Noch größer wurde die Siegeszuversicht der Engländer, als die Spanier sogleich ein Hafenfort räumten. Man schlug auf die Nachricht davon in England bereits eine Medaille auf Vernon! Aber der weitere Verlauf der Belagerung war weniger günstig. Die Spanier wehrten sich verzweifelt, die Angreifer mußten jeden Schritt mit schweren Opfern erkaufen. Dazu brachen Krankheiten aus, welche das englische Heer bald der Hälfte seiner Leute beraubten. Am 24. April 1741 mußte sich der Kriegsrath zum Abzug entschließen. Die Zerstörung einiger Forts war das ganze Ergebniß der kostspieligen Unternehmung!

Ebenso wenig Erfolg war dem anderen englischen Geschwader beschieden, welches sechs Fahrzeuge stark im September 1740 die Fahrt nach dem Stillen Ocean um Kap Horn antrat. Furchtbare Stürme zerstreuten es bei der Fahrt um die Südspitze Amerikas. Krankheiten rafften die Besatzungen dahin. Ein Schiff scheiterte, zwei andere kehrten um. Der Rest sammelte sich auf der kleinen Robinsoninsel Juan Fernandez. Anson fand hier, daß ihm nur noch 335 Leute geblieben waren, die kaum zur Bemannung eines Schiffes ausreichten. Aber unentmuthigt besserte er die Schäden seiner drei Fahrzeuge aus und machte mit ihnen von der Insel aus Jagd auf spanische Kauffahrer. Es gelang ihm, mehrere zu erbeuten und sogar die peruanische Stadt Paita einzunehmen und auszuplündern. Alsdann segelte er nach Norden. Die ursprüngliche Absicht Ansons war gewesen, bei Panama zu landen und mit Vernon vereint diese Stadt anzugreifen. Da er aber durch Gefangene von Vernons Mißerfolgen hörte, entschloß er sich, das von Manila nach Mexiko fahrende gewöhnlich reich beladene Jahresschiff abzufangen. Infolge ungünstiger Winde kam er zu spät. Das Schiff lag schon glücklich in Acapulco. Der Admiral fuhr daher im Mai

1742 über das Stille Meer nach Westen. Unterwegs rafften Skorbut und Stürme seine Leute dahin. Mit nur einem Schiff erreichte Anson die Ladronen und dann Macao. Von hier aus ging er nach den Philippinen und fing im Sommer 1743 das reichbeladene Schiff nach Mexiko ab. Die große Beute, allein 1½ Millionen Piaster an Silber, entschädigte für die Opfer der Expedition. Anson kam 1744 glücklich in England wieder an. Er hatte den Spaniern vielen Schaden zugefügt, aber den eigentlichen Zweck seiner Sendung nicht erfüllt.

Vernon hatte mittlerweile noch im Sommer 1741 eine Landung auf Kuba ausgeführt, um Santjago anzugreifen. Die Verhältnisse, welche er dort fand, waren aber so schwierig, daß er bald unverrichteter Sache wieder absegelte. Seine erfolglosen Fahrten hatten etwa 20 000 Menschenleben gekostet. Im März 1742 sollte noch einmal ein Angriff gegen Panama ausgeführt werden. Er unterblieb jedoch. Inzwischen hatten die englische Südsee-Gesellschaft und der gesammte englische Handel schwersten Schaden gehabt, viele englische Schiffe waren spanischen Kapern in die Hände gefallen und Englands mittelamerikanische Besitzungen sahen sich in ernster Gefahr. Im Sommer 1742 griffen die Spanier mit einer ansehnlichen Macht von Kuba aus Georgia an. Ohne die Entschlossenheit und Tapferkeit Oglethorpes, welcher die Feinde zurückschlug, wäre die Kolonie verloren gewesen.

Viertes Kapitel.

Eroberung Canadas.

Trotz aller Fehlgriffe Englands und alles Mißgeschicks konnte es kaum zweifelhaft sein, daß der Krieg schließlich doch zu seinen Gunsten enden und Spaniens Kolonialbesitz erheblich schmälern werde. Diese Erwägung führte Frankreich auf Spaniens Seite. Es hielt es mit seinen Handelsinteressen für unvereinbar, wenn England den ganzen Handel Westindiens an sich riß. Doch zögerte die französische Regierung mit einem Bruch, bis der Tod Karls VI. und die daraus sich ergebenden Schwierigkeiten einen allgemeinen europäischen Krieg entfachten. Frankreich verband sich mit Spanien, um England im eigenen Lande und in seinen Kolonien entgegenzutreten.

In Nordamerika entbrannten darauf sogleich wieder die Kämpfe zwischen den New England-Staaten und Canada. Die Ersteren zählten 1744 etwa 400 000 weiße Bewohner, von denen die Hälfte auf Massachusetts, 100 000 auf Connecticut entfielen. Boston war die bedeutendste Stadt der englischen Kolonien. Es hatte doppelt soviel Schiffahrt als New York und zählte viele reiche Leute. Sein Governor Shirley hatte in Voraussicht eines Krieges seit Jahren Vorbereitungen getroffen. In den mittleren Kolonien war das freilich nicht der Fall. Hier nahmen damals religiöse Streitigkeiten, Zwiste mit den Governors und den Nachbarn noch alle Aufmerksamkeit in Anspruch. Gegen England herrschte vielfach gereizte Stimmung. Es bedurfte ernster Ereignisse, um auch sie aufzurütteln.

Die Kriegserklärung Frankreichs wurde erst im Juni 1744 in Boston bekannt. In Louisbourg, der Hauptstadt der französischen Insel Kap Breton, hatte man die Nachricht schon 2 Monate früher erhalten und sofort die Engländer zu überraschen beschlossen. Der französische Gouverneur schickte 900 Mann nach Nova Scotia, welche im Mai den Posten von Canseau wegnahmen und die dortigen Fischereianlagen zerstörten. Sogleich regten sich nun die alten französischen Sympathien der Kolonisten, und unter den Indianern wühlten mit Erfolg französische Agenten. Die kleine französische Truppe ging im Sommer sogar daran, Annapolis, das ehemalige Port Royal, anzugreifen. Doch mußte sie aus Mangel an Geschützen wieder abziehen. Dieses Vorgehen und die Wegnahme mehrerer englischer Schiffe erregten große Entrüstung in New England. Der Besitz Nova Scotias schien ernstlich bedroht. Governor Shirley von Massachusetts erachtete schleunige Gegenmaßnahmen für geboten. Er legte den Generalcourts der Kolonie im Januar 1745 einen Plan vor, der die Wegnahme von Louisbourg bezweckte, und forderte die englische Flotte zur Mitwirkung auf.

Sein Vorschlag fand in ganz New England Beifall. Der Wunsch, zu zeigen, daß man ohne Hülfe Englands mit den Franzosen fertig werde, und Haß gegen die Katholiken Canadas wirkten in gleichem Maße dabei mit. Binnen zwei Monaten waren über 4000 Mann, 13 Kriegsschiffe und 90 Transportfahrzeuge von den Amerikanern zusammengebracht. Den Oberbefehl erhielt Sir William Pepperrell, ein reicher Kaufmann aus Maine. Im April 1745 versammelte sich die ganze Streitmacht in Canseau, am

17. Juni zog Pepperrell nach kurzem Kampf in Louisbourg, dessen Befestigungen Frankreich 30 Millionen gekostet haben sollen, ein.

Der Fall dieses Platzes, der in Frankreich stolz das „amerikanische Dünkirchen“ genannt worden war, erregte in New England und den anderen Kolonien Begeisterung. New York, welches aus Haß gegen seinen Governor jede Theilnahme an der Expedition abgelehnt hatte, bot nun 3000 Pfund Sterling als Beitrag zur Vertheidigung der Festung, New Jersey 2000, Pennsylvanien 4000! — Diese Vorsorge war sehr angebracht; denn in Frankreich zeigte man sich entschlossen, Louisbourg um jeden Preis zurückzuerobern. Es rüstete 11 Linienschiffe und 8 Fregatten und schickte darauf 1746 3000 Mann unter dem Duc d'Anville nach Amerika. Er sollte Louisbourg zurückerobern, dann Akadien einnehmen und schließlich über Boston herfallen. Zu seiner Unterstützung rüstete der Gouverneur von Canada Indianertruppen.

Zwei der großen Flotte vorausgeschickte Schiffe trafen Anfang Juli mit diesen Truppen zusammen in Chebucto, dem späteren Halifax, ein. Aber Woche auf Woche verging, ohne daß die im April abgefahrene große Flotte erschien. Erst im September kamen zwei ihrer Schiffe, denen dann andere, alle in traurigem Zustande, folgten. Windstille hatte sie festgehalten und schließlich ein Sturm die Hälfte der Schiffe zerstört. 1300 Mann waren unterwegs verloren gegangen. Anville selbst starb nach der Landung. Sein Nachfolger wollte nach Frankreich zurückkehren und tödtete sich selbst, als er im Kriegsrath überstimmt wurde. Kontreadmiral Jonquière, der nun das Kommando übernahm, machte im Oktober einen Versuch, Annapolis anzugreifen. Da er widrige Winde fand, trat er aber bald die Heimfahrt an. Die Engländer, welche vielfache Spuren von Verrath unter den Kolonisten Nova Scotias entdeckt hatten, hielten unter ihnen inzwischen scharfe Musterung und rüsteten sich fürs kommende Jahr.

Der Wunsch nach Eroberung Canadas war allgemein unter den New Engländern. Aber sie waren ohne genügende Kriegsvorräthe, da eine längst erwartete Flotte von England nicht kam. Dazu fehlte es ihnen an Geld, da sie ihr Metallgeld für den Handel mit England brauchten und die weitere Ausgabe von Papier ihnen seit 1744 verboten war. Dennoch versuchten sie im Februar 1747 die Franzosen aus ihrer Stellung an der Küste Nova Scotias zu verjagen. Das gelang ihnen nicht und ebenso wenig vermochten sie zahlreiche Ueberfälle der Franzosen und ihrer Indianer im Hinterland der Englischen Besitzungen zu verhindern. Zum Glück für sie vermochten aber die Admirale Anson und Waren Anfang Mai 1747 eine neue starke französische Flotte, die auf dem Wege nach Canada war, an der spanischen Küste abzufangen und großentheils zu vernichten.

Von da an kam es zu keinen größeren Feindseligkeiten mehr in Nordamerika. Die englischen Kolonien waren nach dem Verrauchen des ersten Kampfeifers ergrimmt über die mangelnde Unterstützung des Mutterlandes. Sie beschuldigten den König, die Vertreibung der Franzosen aus Canada überhaupt nicht zu wollen. Die unruhige Stimmung wurde verschärft durch unkluges Auftreten einzelner Engländer. So preßte z. B. der englische Admiral in Boston eine Menge Bürger für seine Schiffe und gab sie erst, als ein förmlicher Aufruhr drohte, wieder heraus. Den Gipfel erreichte die Mißstimmung in New England, als die Bedingungen des Aachener Friedens bekannt wurden. Darin gab nämlich England das von den Kolonien selbständig eroberte Louisbourg und die Insel Kap Breton wieder an Frankreich heraus und ließ die Frage der Abgrenzung seiner nordamerikanischen Besitzungen gegen Canada ungeregelt. Spanien behielt sein Schiffdurchsuchungsrecht. Die Grenzfestsetzung zwischen Florida und Georgia war ebenfalls der Zukunft vorbehalten. Von Entschädigung der englischen Rheder war keine Rede. Alle beiderseitigen Ansprüche sollten auf diplomatischem Wege erörtert werden. Wie wenig dabei herauskam, wußte man aus Erfahrung. Nur der Assiento der Südsee-Gesellschaft wurde wieder gestattet und zwar für vier Jahre.

Es läßt sich begreifen, daß die englischen Kolonien in Amerika einen solchen Frieden geradezu als auf ihre Kosten geschlossen ansehen konnten. Vielfach war damals schon die Ansicht ausgesprochen worden, daß nur die Furcht vor Frankreich sie noch an das Mutterland fessele und daß Letzteres gut thue, sie nicht durch Eroberung Canadas allzu übermüthig zu machen. Die Kolonisten mußten zu der Ueberzeugung kommen, daß eine derartige Erwägung das Mutterland bei solcher Politik leite, daß England beabsichtige, sie auf immer als wehrlose Ausbeutungsobjekte zu behandeln! Unbekümmert um den Frieden, machten sich daher die New Engländer daran, auf eigene

Faust ihre Interessen zu verfolgen. Sie beanspruchten große Gebiete im Westen Nova Scotias und das fruchtbare Ohio-Thal, obwohl besonders Letzteres seit Langem von Frankreich als Eigenthum betrachtet wurde.

1748 wurde nun in Virginia eine Ohio-Company*) gebildet. Ihre Agenten und Kolonisten aus Pennsylvanien setzten sich, während eine englisch-französische Kommission fruchtlos verhandelte, im Ohio-Thal fest und verdrängten die Franzosen. Gleichzeitig forderte man stärkere Besetzung von Nova Scotia und Verdrängung der aus französischer Zeit stammenden, damals etwa 12 000 Köpfe zählenden nicht zuverlässigen Bevölkerung dieser Kolonie.**) In London sträubte sich die Regierung sowohl der Kosten wegen, als um New England nicht zu mächtig werden zu lassen. Aber schließlich mußte sie sich den immer wiederkehrenden Wünschen fügen. Es wurden englischen Auswanderern nach Nova Scotia große Vortheile geboten und die Anlage der Festung Halifax beschlossen. Man benützte sie zugleich, um so der entlassenen vielen Soldaten und Matrosen ledig zu werden, für die in England kein Brod zu haben war. Gegen tausend wurden mit ihren Familien nach der Rhede von Chebukto eingeschifft, wo sie Ende Juli 1749 eintrafen und sofort mit dem Bau der Festung begannen. Der Platz wurde nach dem Präsidenten des Board of Trade, dem Earl of Halifax, benannt. Im Herbst waren 300 Blockhäuser fertig, welche den Ansiedlern das erste Heim boten. Im Jahre darauf wurde die erste Kirche in der Niederlassung eröffnet. 1752 betrug die Einwohnerzahl schon 4000. Sechs Jahre später trat bereits die erste gesetzgebende Versammlung in der Kolonie zusammen.

Kaum hatte Oberst Cornwallis, der Governor der neuen Ansiedelung, festen Fuß gefaßt, so ging er daran, mit den Indianern Nova Scotias, welche während des Krieges zu Frankreich gehalten hatten, aufzuräumen und die früher französischen Kolonisten enger an England zu fesseln. Die Letzteren hatten 1760 das Versprechen

*) Die Gesellschaft erhielt 500 000 Acres zwischen dem Monongahela und dem Kenawha zugewiesen. Sie hatte Steuerfreiheit für zehn Jahre, sollte binnen sieben Jahren mindestens 100 Familien ansiedeln und mußte ein Fort errichten.

**) Shirley, der Governor von Boston, schlug Verpflanzung der Leute nach anderen Kolonien vor.

erhalten, gegen Frankreich und die Indianer nicht kämpfen zu brauchen. Cornwallis verlangte jetzt, unbekümmert darum, von allen Akadiern den vollen Huldigungseid. Viele wünschten darauf ihren Besitz zu verkaufen und auszuwandern, aber Cornwallis ließ ihnen nur die Wahl zwischen unbedingtem Gehorsam oder Verlust alles Eigenthums. Auf den Kopf jedes lebenden oder todten Indianers setzte er eine Prämie von 10 Guineas.

Die französischen Behörden Canadas waren nicht weniger eifrig als die Engländer bemüht, ihre Ansprüche zu behaupten. Ihre Emissäre waren im ganzen Hinterlande New Englands thätig und sparten keine Mühe, die französischen Sympathien unter den Akadiern zu nähren. Um dem Einfluß der Stadt Halifax entgegenzuwirken, unterhielten sie auf der Landzunge, welche Nova Scotia mit New Brunswick verbindet, eine Truppe unter La Corne und suchten von da aus die akadische Bevölkerung nach Canada hinüberzuziehen. Sie besetzten sogar den englischen Ort Chiegnecto. Cornwallis sandte im April 1750 eine Truppe ab, um den Platz wieder zu nehmen. Doch die Bewohner und die französischen Missionäre zündeten ihn an und flüchteten zu den Franzosen. La Corne erklärte dem englischen Kommandeur, daß er alles Land bis zum Flusse Messagouche halten werde. Da seine Macht der englischen überlegen war, ging Letztere unverrichteter Sache zurück, und Cornwallis sandte einen Bericht über die Ausschreitungen und Gräuel der Franzosen, die weder List noch Gewalt scheuten, nach London. Er forderte auch wiederholt die New England-Kolonien zur Sendung von Truppen auf, fand aber bei ihnen jetzt keinerlei Entgegenkommen. Die Stimmung hier hatte sich nämlich unter dem Eindruck von Maßnahmen der englischen Regierung, welche ihre Selbständigkeit bedrohten, vollständig geändert. England mußte daher den Franzosen aus eigenen Mitteln entgegenwirken.

Der Earl of Halifax war hierzu durchaus geneigt. Er wollte die Akadier sämmtlich entwaffnen lassen, neue Ansiedlermassen unter sie vertheilen und die Franzosen mit Gewalt verjagen. Der eigentliche Kolonialminister, der Duke of Bedford, dachte versöhnlicher. Er setzte noch immer Hoffnungen auf die Grenzverhandlungen, welche inzwischen in Paris schwebten und bei denen Shirley, der Governor Bostons, England vertrat. Aber da auch der Duke of Newcastle und andere Glieder des Kabinets gegen jedes Zurückweichen vor

Frankreich waren, ließ er es geschehen, daß Cornwallis Anweisung erhielt, gegen die Franzosen vorzugehen. Mit Gewalt eroberte dieser daher im August den Ort Chiegnecto zurück und baute Fort Lawrence am Messagouche. Die Franzosen befestigten ihrerseits mehrere Punkte der Linie von Baie Verte bis Penobscot.

Nicht hier allein, sondern auch an anderen Punkten Amerikas bestand 1750 trotz des Friedensschlusses offener Krieg zwischen beiden Völkern. Ein von Quebec nach dem St. John River gesandtes französisches Schiff mit Kriegsmaterial wurde von den Engländern bei Cape Sable mit Gewalt weggenommen. In dem jetzigen Vermont und Ohio hetzten französische und englische Agenten die Eingeborenen gegenseitig auf. — Die Abgrenzungsverhandlungen in Paris gingen inzwischen weiter, und auf beiden Seiten bestand der Wunsch, einen Ausweg zu finden. Aber die von jeder Seite geltend gemachten Ansprüche ließen kaum einer friedlichen Verständigung Raum.

Im Jahre 1751 spitzte sich die Lage in Nordamerika weiter zu. Clinton, der Governor von New York, hielt zu Albany eine Zusammenkunft mit den Indianern ab, zu der er auch die anderen Kolonien geladen hatte und an der in der That Abgeordnete von Massachusetts, Connecticut und Südcarolina theilnahmen. Es wurde hier entschlossener Widerstand gegen weiteres Vordringen der Franzosen verabredet. Die Letzteren ihrerseits befestigten ihre Station am Niagara, bauten ein großes Schiff auf dem Ontario-See und schickten Truppen ins Ohio-Thal. Eine Kette befestigter Stationen verband Quebec mit dem Mississippi. 1752 kam es zum ersten Male im Ohio-Thal zum Blutvergießen. Eine französische Expedition erschien in dem Ort Picqua und verlangte Auslieferung der dortigen englischen Händler. Als die Indianer sich weigerten, griffen die Franzosen an, zerstörten den Ort, tödteten einen Engländer und nahmen die anderen gefangen. Boten der Indianer eilten nach Virginien und baten dort um Hülfe. Der dortige Governor Dinwiddie berichtete nach London und verlangte Verhaltungsmaßregeln.

In London fehlte es nicht an Stimmen in der Regierung, welche schleunige Besetzung des Ohio-Thals dringend befürworteten und den Franzosen energisch entgegentreten wollten. Doch es fehlte an Geld und es wurden zunächst längere Verhandlungen über die beste Art seiner Aufbringung begonnen. Viele und darunter die Governors der amerikanischen Kolonien waren für Besteuerung der letzteren. Es wurde besonders Erhebung eines Zolls von allen westindischen Waaren in Nordamerika vorgeschlagen. Während diese Verhandlungen schwebten, kamen neue dringende Vorstellungen von Virginien. Der Governor Canadas hatte Anfang 1753 am Südufer des Erie-Sees eine Station angelegt und von da aus ein Fort Leboeuf am Franch Creek errichtet, der in den Alleghany, einen Quellfluß des Ohio, mündet. Hier waren die Franzosen sofort bemüht, die Indianer für sich zu gewinnen. Auf diese Nachrichten hin ertheilte die englische Regierung den Befehl nach Amerika, eine Festsetzung der Franzosen in Ohio, das zu Virginien gehöre, auch mit Gewalt zu verhindern. Der Governor von Virginien sollte am Ohio Forts errichten, die Indianer in Gehorsam halten und die Franzosen verjagen. Die übrigen nordamerikanischen Kolonien wurden zu seiner Unterstützung aufgefordert. Aber weder Truppen noch Geld wurden von England gesandt.

Der Governor von Virginien schickte nunmehr im Winter 1753 den 21jährigen George Washington, welcher Adjutant-General der Miliz war, nach Fort Leboeuf, um die Franzosen aufzufordern, das Ohio-Gebiet zu räumen. — Die Botschaft blieb fruchtlos. Auf Washingtons Bericht hin bewilligte jedoch das Parlament von Virginien 10 000 Pfund Sterling zum Schutz der Ansiedler im Ohio-Thal. Auch andere Staaten steuerten einiges Geld bei und die Ohio-Company machte sich daran, am Zusammenfluß des Alleghany und Monongahela, dort wo heut Pittsburg liegt, ein Fort zu bauen. Washington sollte mit einem Regiment Milizen es schützen. Ehe er noch hingelangte, hatten die Franzosen den Platz überfallen und sich dort ihrerseits festgesetzt. Sie nannten ihn Fort Duquesne und sandten eine Abtheilung Washington entgegen. Zwischen den beiden Schaaren kam es Sommer 1754 zum Gefecht, wobei der Führer der Franzosen fiel und 21 seiner Leute gefangen wurden.

Dies Ereigniß machte begreifliches Aufsehen in Europa. Washington erbat schleunigst Verstärkungen, erhielt aber keine. Die Franzosen dagegen schickten zahlreiche Truppen nach dem Ohio, schlossen den Feind in einer kleinen Verschanzung ein und zwangen ihn Anfang Juli zur Ergebung. Nur durch seinen tapferen Widerstand erlangte Washington freien Abzug. Für den Augenblick war Frankreich Herr des Ohio-Thales. Aber schon rüsteten sich angesichts der drohenden Gefahr alle New England-Staaten zu vereinigtem Widerstand.

Am 19. Juni 1754 versammelten sich Vertreter aller Kolonien nördlich des Potomac in Albany und verabredeten Maßregeln zur Vertheidigung. Um für die Zukunft ein festeres Band zwischen ihnen herzustellen, erhielt ein Ausschuß, in dem Franklin saß, den Auftrag, eine Bundesverfassung zu entwerfen. Der Entwurf Franklins fand allgemeinen Beifall. Danach sollte Philadelphia Bundeshauptstadt sein. Ein vom König zu ernennender Governor-General sollte an der Spitze stehen und das Vetorecht besitzen. Die gesetzgebenden Versammlungen der einzelnen Kolonien sollten nach der Höhe ihrer Beiträge Abgeordnete zu einen Bundesrath „Grand Council" entsenden. Letzteres sollte alle Civilbeamten allein ernennen; die Ernennung der Offiziere war dagegen Sache des Governor-Generals. Alle Indianersachen, Anlage neuer Niederlassungen, Aushebung von Soldaten, Ausrüstung von Kriegsschiffen, Gesetzgebung und Steuererhebung behielt Franklin dem Bunde vor. Als erste Maßregeln des Bundes befürwortete Benjamin Franklin Anlage einer Kolonie am Lake Erie und einer zweiten im Ohio-Thale.

Auch die englische Regierung wünschte eine Vereinigung der 13 amerikanischen Kolonien als Gegengewicht gegen Canada. Ihr kam es aber dabei sehr darauf an, die Bundesverfassung so zu gestalten, daß die einzelnen Kolonien in ihrer Bewegungsfreiheit beschränkt und dazu gezwungen würden, jährlich bestimmte Zahlungen für Zwecke der englischen Regierung zu leisten. Verschiedene der Governors befürworteten das und wollten aus der Bundeskasse den Krieg gegen Canada ins Werk setzen. Während die Beschlüsse der Versammlung in Albany vor der Hand zu keinen wirklichen Maßnahmen führten, begann die englische Regierung unter dem Eindruck der Ereignisse in Ohio Schritte zu thun, um ihre Absichten auszuführen. Der Major-General Braddock wurde Ende desselben Jahres mit zwei Regimentern nach Virginien gesandt und die barbarische englische Mutiny Bill*) auf die amerikanischen Milizen ausgedehnt. Der General hatte Auftrag, alle Kolonien zur Leistung regelmäßiger Zahlungen heranzuziehen. Ein englisches Geschwader wurde nach Nordamerika gesandt, um französische Schiffe abzufangen.

Angesichts dieser Rüstungen bot Frankreich Januar 1755 an, daß das Ohio-Thal wieder in denselben Stand versetzt werden sollte,

*) Kriegsartikel.

wie vor dem letzten Kriege. Das englische Kabinet verlangte seinerseits den Zustand wie vor dem Utrechter Frieden. Die Franzosen schlugen nun Neutralisirung des ganzen Gebietes zwischen dem Ohio und den Alleghanies vor. England forderte darauf Schleifung der französischen Forts Niagara und Crown Point, Uebergabe der ganzen Halbinsel Nova Scotia mit einem 20 Meilen breiten Streifen längs der Bay von Fundy und dem Meer sowie Neutralisirung des Landes von da bis zum St. Lawrence! Solche Vorschläge waren natürlich für Frankreich unannehmbar, doch brach man die Verhandlungen nicht ab und versuchte noch immer die streitigen Punkte in Frieden beizulegen. Immerhin sandte Louis XV. im April 1755 den Feldmarschall Baron Dieskau mit 3000 Mann für alle Fälle nach Canada ab.

Braddock traf im Februar in Virginien, im März in Nova Scotia ein und hielt am 14. April 1755 in Alexandria eine Zusammenkunft mit den Governors von Massachusetts, New York, Pennsylvanien, Maryland und Virginien ab. Er verlangte seiner Anweisung gemäß baldige Errichtung einer Kriegskasse der Kolonien. Als die Governors sämmtlich erklärten, daß die Kolonien freiwillig die von England gewünschten Beträge nicht regelmäßig leisten würden, ersuchte er auf ihren Rath die heimische Regierung, durch das Parlament den Kolonien Steuern zur Deckung der Kriegskosten aufzulegen. Ferner traf Braddock in Alexandria sofort Maßnahmen, den Franzosen an allen streitigen Punkten entgegenzutreten. Der Governor von Nova Scotia, Lawrence, erhielt Auftrag, das ganze von England als Eigenthum beanspruchte Gebiet sogleich wegzunehmen. William Johnson sollte die Mohawks für England gewinnen und mit ihnen Crown Point angreifen. Der Governor Bostons, Shirley, bekam Befehl, das Fort Niagara einzunehmen. Braddock selbst behielt sich die Besetzung des Ohio-Thals vor. Er begann sehr siegesbewußt seine Operationen von Pennsylvanien aus. Unter großen Schwierigkeiten erreichte er am 10. Mai Wills Creek, der Cumberland genannt wurde. Hier versammelten sich um ihn 2200 Mann, darunter zwei Miliz-Kompagnien von New York. Colonel George Washington wurde einer seiner Adjutanten. Leider entfremdete sich Braddock durch sein schroffes Wesen die Milizen wie die Indianer, und seine regulären Soldaten litten unter dem schwierigen Terrain und den großen Strapazen der Marsches. Die Franzosen in Fort Duquesne, welche über einige Hundert Indianer verfügten, waren genau über seine schwierige Lage unterrichtet und legten ihm schließlich am 9. Juli einen Hinterhalt, in dem der General und viele seiner Leute fielen. Der Rest mußte mit Hinterlassung alles Gepäcks fliehen. Ohne Washingtons und seiner Milizen Tapferkeit wären Alle verloren gewesen. — Zum Glück für England war mittlerweile das an der Küste Canadas kreuzende Geschwader etwas erfolgreicher gewesen.

Anfang Juni begegnete es drei Schiffen der Flotte, welche Baron Dieskau nach Canada führte, an der Küste New Foundlands, griff sie an und nahm zwei weg. Der Rest des französischen Geschwaders landete glücklich in Quebec. Dafür fielen nach und nach gegen 300 Handelsschiffe, 10 000 Matrosen und Waaren im Werth von mehreren Hundert Millionen den Engländern in die Hände. — Weitere Erfolge errangen sie in Nova Scotia. Im Juni griffen Miliztruppen aus New England die zwei französischen Forts am Isthmus an, der das eigentliche Nova Scotia mit New Brunswick verbindet, und nahmen sie ein. Gleichzeitig verlangte der Governor von den Akadiern aufs Neue Leistung des vollen Unterthaneneides. Als sie sich wieder weigerten, wurde beschlossen, sie aus der Kolonie zu entfernen und anderweitig anzusiedeln. Frankreich verwendete sich vergeblich für die Leute.

In Boston wurden Transportschiffe bestellt und 7000 Leute jedes Alters und Geschlechts Anfang September 1755 gefangen genommen und eingeschifft. Ihr gesammtes Eigenthum wurde beschlagnahmt, ihre Dörfer verwüstet. Die Gefangenen wurden nach den südlicher gelegenen englischen Kolonien gebracht und dort mittellos ihrem Schicksal preisgegeben. Sie mußten sich irgend welche Arbeit suchen oder betteln. Die Rücksichtslosigkeit und Grausamkeit der Maßnahme erregte in der ganzen Welt Aufsehen, fand aber die volle Billigung der englischen Regierung.

Der seit langen Jahren in Amerika ansässige Irländer William Johnson hatte, wie erwähnt, bei der Konferenz in Alexandria den Auftrag erhalten, Crown Point am Südende des Lake Champlain zu besetzen. Er sammelte hierzu im Sommer 1755 Milizen in Albany und erbaute mit ihnen zwei Befestigungen am oberen Hudson und dem Lake George. Inzwischen hatten die Franzosen aus den Papieren Braddocks von Johnsons Plan erfahren und hatten ihm Dieskau entgegengeschickt. Dieser griff die Amerikaner Anfang September an, konnte aber ihr Lager nicht einnehmen und wurde schließlich zu eiligem Rückzug gezwungen. Dabei fiel er selbst verwundet den Feinden in die Hände. Der Sieg wurde von englischer Seite laut gefeiert, hatte indessen keine weiteren Folgen, da Johnson ihn nicht auszunutzen verstand. — So scheiterte der vom Governor Shirley selbst geleitete Zug gegen Fort Niagara. Er erreichte zwar mit seinen Truppen glücklich den Ontario-See, konnte aber, da seine Indianer desertirten und Johnson nicht zu ihm stieß, einen Angriff auf Fort Niagara nicht unternehmen. Er begnügte sich, den Oberst Mercer dort zu lassen und die Besatzung der Stationen Oswego und Ontario zu verstärken.

Das Alles spielte sich ab, während zwischen Frankreich und England offiziell noch Frieden herrschte. Auf die Nachricht von dem englischen Ueberfall der nach Canada bestimmten Flotte hin hatte Frankreich zwar seinen Gesandten aus London abberufen. Doch entschloß es sich, obwohl bald darauf eine andere englische Flotte die von und nach seinen westindischen Besitzungen fahrenden Schiffe abfing, nicht zur Kriegserklärung. Es gab sogar ein erobertes englisches Kriegsfahrzeug wieder frei und begnügte sich, Englands Vorgehen in ganz Europa als reinen Seeraub zu brandmarken. — Beide Theile rüsteten mit Macht. England preßte Matrosen für seine Schiffe und brachte Gelder durch eine Lotterie auf. Frankreich sandte Vorräthe und Verstärkungen nach Canada und ließ durch seine indianischen Verbündeten die Grenzgebiete New Englands verwüsten. Erst im Mai 1756 fand die förmliche Kriegserklärung statt, nachdem beide Theile sich Verbündete in Europa gesucht hatten.

Canada zählte bei Ausbruch dieses Krieges etwa 80 000 weiße Bewohner und konnte bei Anspannung aller Kräfte etwa 12 000 Milizen ins Feld stellen. Die weiße Bevölkerung der dreizehn englischen Kolonien belief sich dagegen damals auf 1 200 000 Köpfe und zu ihr traten noch 260 000 Neger. Die vier New England Staaten allein besaßen 425 000 weiße Bewohner und 11 000 Neger. Die mittleren Kolonien New York, New Jersey, Pennsylvanien, Delaware und Maryland wurden auf 457 000 weiße und 71 000 schwarze; die Südstaaten auf 283 000 weiße und 178 000 schwarze Bewohner veranschlagt. New York hatte Boston an wirthschaftlicher und politischer Bedeutung nicht allein erreicht, sondern überflügelt sowohl infolge seines trefflichen Hafens und seiner bequemen Wasserwege ins Innere als wegen seiner Lage im Mittelpunkt der Kolonien. Die Mißstimmung gegen England, welche überall in Amerika infolge der früher aufgeführten Ursachen herrschte, war hier besonders stark. Die zahlreichen Nachkommen holländischer Familien empfanden die englische Handelsgesetzgebung und das Verbot des Verkehrs mit Holland sehr schmerzlich. Sie umgingen es, wo sie konnten. Trotz aller Kreuzer, Zollbeamten und Strafen unterhielt New York soviel Handel mit Holland und den Hansastädten wie mit England. Ebenso abgeneigt wie die Kaufleute waren die großen Landbesitzer der englischen Herrschaft, da sie Besteuerung und gelegentliche Beschränkung ihrer Landtitel fürchteten. In Boston und New England war die Abneigung gegen das Mutterland nicht minder tief. Hier hatte sie aber ihren Grund mehr in dem demokratischen Geiste und religiösen Unabhängigkeitsgefühl, das die einzelnen Niederlassungen beseelte, sowie in dem Zorn über die Beschränkung gewerblicher Thätigkeit durch England.

Das rasche Zunehmen der Bevölkerung, die mächtige Entwickelung des Wohlstandes dieser Kolonien, ihre offen zur Schau getragene Abneigung gegen die Politik Englands, verbunden mit den von Franklin ohne Unterbrechung betriebenen Plänen zur Bildung eines Bundes der 13 Kolonien machten die englische Regierung im letzten Augenblick nochmals bedenklich. Man fragte sich in London, ob man nicht durch Eröffnung des Krieges gegen Frankreich, den bittersten Feind New Englands, die Kolonien in die Lage setzen werde, sich selbständig zu machen. Doch Shirley, der Governor Bostons, erklärte diese Befürchtung für ganz ausgeschlossen. Die Verfassung, die Interessen, die Stimmungen in den verschiedenen Kolonien seien so abweichend, daß eine Vereinigung höchst unwahrscheinlich sei. In jedem Falle könnten sie die Unabhängigkeit, falls sie sie wirklich beanspruchten, nicht ohne eine starke Seemacht behaupten. Am Besitz einer solchen müsse England sie daher jeder Zeit hindern. Ueberdies sei es in der Lage, durch seine 7000 Mann Besatzungstruppen und die verbundenen Indianer die Kolonien auch nach Vertreibung der Franzosen im Schach zu halten, wenn es nur dafür sorge, daß die Governors und Offiziere unabhängig von den Kolonien gestellt würden, und überhaupt die Augen offen halte. Er erachtete sogar den Augenblick für geeignet, allen Kolonien Steuern für Deckung der Kriegskosten aufzuerlegen. Und wie er dachten andere Governors, welche Beseitigung aller Charters und Privatrechte sowie Regelung der Steuerfrage durchs englische Parlament befürworteten.

Shirleys Berichte bestimmten die englische Regierung, und die Vertreibung der Franzosen aus Nordamerika wurde ernstlich ins Auge gefaßt. Shirley selbst erhielt die oberste Leitung der amerikanischen Milizen und entwarf im Dezember 1755 zu New York mit den anderen Governors den Kriegsplan fürs folgende Jahr. Quebec sollte von zwei Seiten angegriffen, die Forts Frontenac, Toronto und Niagara weggenommen und damit auch die andern vorgeschobenen Stationen zum Fall gebracht werden. Diesen kühnen Plänen entsprach nur nicht völlig die Lage der Dinge. Trotz ihrer größeren Bevölkerung und ihres Wohlstandes sah es mit der Wehrkraft der englischen Kolonien schlecht aus. Den Milizen fehlten Erfahrung, Disziplin und gute Offiziere. Englische Truppen waren nur in ganz unzureichendem Maße vorhanden. In den Südprovinzen waren die weißen Leute nicht zu entbehren, da sie die Neger im Schach halten mußten. Die westlichen Theile Virginiens und Pennsylvaniens konnten überhaupt nicht vertheidigt werden und waren wehrlos den Grausamkeiten der Indianer preisgegeben.

Im englischen Parlament erweckte diese Lage Besorgnisse. Man erachtete Shirleys militärische Fähigkeiten für ungenügend und wünschte eine stehende englische Armee unter einem energischen Führer in Amerika zu errichten, um dort eine einheitliche bestimmte Politik verfolgen zu können. So beschloß man, Shirley unter dem Vorwand, Rath zu ertheilen, abzuberufen und durch den Earl of Loudoun, einen Freund von Halifax, zu ersetzen. Er sollte den Oberbefehl aller amerikanischen Truppen, unabhängig von den Governors und als ihr Vorgesetzter übernehmen. Zur Stärkung seiner Stellung erhielt er daneben den Governorposten Virginiens. In England wurde bestimmt gehofft, daß Loudoun die Eigenwilligkeit der einzelnen Kolonien brechen und sie zur unbedingten Unterordnung unter Englands Politik bringen werde. Das Parlament bewies das, indem es 1756 verschiedene Eingriffe in die von den Kolonien beanspruchten Rechte vornahm. So dehnte es den englischen Naval Code auf alle Personen des königlichen Dienstes in den Seen und Flüssen Nordamerikas aus, erklärte das pennsylvanische Milizgesetz für ungültig und löste die dortigen Milizen auf. Auch verbot es den Nordkolonien selbständige Verhandlungen mit den Indianern.

Am 29. Juli 1756 erst traf der Earl of Loudoun in Albany ein, noch später kamen die Kanonen und Kriegsvorräthe an. Der Major-General Abercrombie, der Loudoun im Kommando zur Seite stand, war Mitte Juni nach Amerika gelangt. Er hatte 40 deutsche Offiziere für ein in Amerika zu bildendes Königliches Regiment und eine Million Pfund Sterling mitgebracht, um die Kolonien damit für ihre Kosten im Jahr 1755 zu entschädigen. Doch er zeigte sich seiner Aufgabe in keiner Weise gewachsen und blieb, statt schleunig zu handeln, in Albany. Während die Franzosen sich zum Angriff auf die Forts am Lake Champlain mit Eifer rüsteten, saßen 7000 amerikanische Milizen und etwa 10 000 englische Soldaten unthätig in Albany. Es war Shirleys Verdienst, wenn die Forts am Lake Champlain und die Stationen auf dem Weg dorthin genügend verproviantirt waren. Englands Maßnahmen gegen Frankreich hatten sich bis dahin lediglich auf Angriffe und Ueberfälle zur See beschränkt.

Französischerseits war damals der Marquis de Montcalm als Nachfolger des Barons Dieskau mit 1000 Mann, Vorräthen aller Art und 1 300 000 Francs nach Canada geschickt worden, wo er Mitte Mai eintraf. Er war mit dem, was er hier vorfand, allerdings wenig zufrieden. Die gesammte Verwaltung war in Unordnung, die Beamten bereicherten sich, wo sie konnten, und trieben unglaublichen Luxus. Die Offiziere der französischen Armee waren in stetem Streit mit denen der Milizen, die Civilisten mit den Militärs. Die canadischen Truppen waren ebenso selbstbewußt wie disziplinlos und unzuverlässig. Trotzdem traf der Marquis sofort energisch seine Vorkehrungen. Er verlegte seine Truppen nach Fort Carillon bei Crown Point am Südende des Lake Champlain, nach Fort Frontenac und Fort Niagara. Von da aus ließ er die englischen Forts beunruhigen und die für sie bestimmten Waarenzüge abfangen. Anfang August begab er sich persönlich nach Frontenac und griff von dort aus die englischen Forts am Ontario-See an. Schon am 13. August gelang es ihm, Fort Ontario einzunehmen. Von da aus beschoß er Fort Oswego. Nachdem Colonel Mercer gefallen war, ergab es sich. 1640 weiße Soldaten, 113 Kanonen, 5 Schiffe und 200 Boote und große Vorräthe fielen Montcalm in die Hände. Eine zu Hülfe geschickte englische Truppe hörte unterwegs die Kunde und floh eiligst nach Albany. Die Sieger konnten ruhig festen Fuß im Süden des Lake Ontario fassen und die Eroberung der übrigen vorgeschobenen englischen Posten vorbereiten. Inzwischen verwüsteten die französischen Indianer die Grenzbezirke Virginiens und Pennsylvaniens.

Der hereinbrechende Winter bewog Loudoun, der sich der Lage in keiner Weise gewachsen erwies, die amerikanischen Milizen zu entlassen und seine Truppen in Boston, Philadelphia und New York Quartier beziehen zu lassen. Trotz des Protestes der Kolonien zwang er sie, den Offizieren freie Wohnung und Verpflegung zu gewähren. Das erregte hier nicht weniger böses Blut wie die Abneigung gegen die amerikanischen Pflanzstaaten, welche Loudoun bei jeder Gelegenheit zur Schau trug, und die Unfähigkeit, die er im Ganzen zeigte.

Trotz der Unfähigkeit der englischen Offiziere schauten aber die leitenden Männer in Canada ziemlich besorgt in die Zukunft. Es herrschte hier dringender Mangel an Lebensmitteln, da wegen des langen Krieges viele Felder unbebaut geblieben waren, es fehlte auch an Geld und Soldaten. In Frankreich hatte man daran selbst keinen Ueberfluß. Es mangelte dort auch das richtige Verständniß für die Bedeutung Canadas, welches so viel kostete und nichts brachte. Waren doch die jährlichen Ausgaben für diese Kolonie von 1 Million im Jahre 1755 auf 6, 1756 gar auf 11 Millionen gestiegen! Man hatte in Paris viel mehr Interesse für die 1756 in Europa gegen England erfochtenen Erfolge und entschloß sich in blindem Haß gegen das protestantische Preußen dazu, an dem Kriege gegen Friedrich II. an der Seite Maria Theresias theilzunehmen. — Es bedurfte der größten Bemühungen Montcalms, um die französische Regierung zur Sendung von noch 1500 Mann zu veranlassen.

Die Kämpfe des Jahres 1757 wurden mitten im Winter eröffnet. Die Besatzung des englischen Forts William Henry am Lake George, südlich vom Lake Champlain, überfiel französische Expeditionen, worauf die Franzosen das Fort angriffen. Es gelang ihnen jedoch nicht, es einzunehmen. Während dessen beschlossen die Governors der New England-Kolonien, in Boston 4000 Mann auszuheben, und die anderen Kolonien bewilligten etwas später in Philadelphia neue Geldmittel. Im Süden und Westen wurden Milizen aufgestellt und General Webb mit etwa 6000 Mann dazu bestimmt, den Weg zum Lake George und die Forts William Henry und Fort Edward zu vertheidigen.

Zu einem energischen Angriff auf die Forts der Franzosen an den Seen hatte Loudoun keine Neigung. Er beschloß vielmehr seinerseits mit Hülfe einer im Frühjahr in Halifax angekommenen neuen englischen Flotte die Festung Louisbourg anzugreifen. Im Juli hatte er in Halifax 10 000 Mann, 16 Linienschiffe und 5 Fregatten um sich versammelt. Doch wieder fehlte ihm der richtige Entschluß. Er beschäftigte die Leute mit Exerziren und Paraden und zögerte so lange, bis in Louisbourg eine noch stärkere französische Flotte eintraf und ein Angriff aussichtslos wurde.

Seine Unfähigkeit wurde von Montcalm geschickt ausgenützt. In aller Stille sammelte dieser Truppen zu einer Belagerung des Forts William Henry und gewann die Indianer für Frankreich. Anfang August erschien er mit überlegener Macht am Lake George und zwang die Vertheidiger des Forts zur Ergebung, da General Webb, auf dessen Hülfe sie gerechnet hatten, sich dazu außer Stande erklärte. Die indianischen Verbündeten Montcalms richteten unter den Engländern, von denen sie Branntwein erhalten hatten, nachträglich noch ein wildes Gemetzel an. Nur einige Hundert Mann retteten sich in wilder Flucht nach Fort Edward. Montcalm nützte seinen Sieg zum Glück für die Amerikaner nicht aus. Da seine Canadier ihre Ernte von den Feldern einbringen mußten und unter seinen Indianern Blattern ausbrachen, zog er wieder ab, nachdem er Fort William Henry völlig zerstört hatte.

Loudoun, der inzwischen nach New York zurückgekehrt war, traf keine Maßregel, um den Franzosen die Früchte ihres Sieges, der das ganze Hinterland New Englands in ihre Hand lieferte, streitig zu machen. Er wendete seine Aufmerksamkeit nur den über die Unfähigkeit seiner Kriegführung erbitterten Kolonisten zu und wachte darüber, daß sie keine Selbständigkeitsgelüste zeigten und jeden seiner Befehle erfüllten. Er bewirkte damit nur immer gesteigerte Unzufriedenheit. Die Nachricht, daß die englische Flotte Ende September in der Nähe von Louisbourg durch einen Sturm große Verluste erlitten hatte und ganz unverrichteter Sache heimgefahren war, trug noch dazu bei, diese Mißstimmung zu erhöhen. England, welches gleichzeitig in Europa schwere Niederlagen erfahren hatte, war in kritischer Lage. Es drohte ihm der Verlust seiner Machtstellung im

Mittelmeer, an der Nordsee-Küste und nun sogar in Amerika. Die Gefahr schien so drohend, daß sogar die Rückgabe Gibraltars an Spanien und die Räumung der Niederlassungen in Honduras ins Auge gefaßt wurden, um Spanien von dem Bunde der Gegner abzuziehen!

Die Siege Friedrichs des Großen im Jahre 1757 führten aber einen Umschwung zu Gunsten Englands herbei. Pitt, der jetzt ans Ruder kam, trat sofort mit Preußen in enges Bündniß und unterstützte es durch große Geldmittel in seinem Kampfe gegen Oesterreich und Frankreich, um mit seiner Hülfe für England die alte Machtstellung in Europa wieder zu erobern. Gleichzeitig faßte er die Vertreibung Frankreichs aus Amerika bestimmt ins Auge. Loudoun, dessen Unfähigkeit er offen geißelte, wurde zurückgerufen und mit Beirath Benjamin Franklins, der in Geschäften Pennsylvaniens in England weilte, ein neuer Kriegsplan entworfen.

Alle bisherigen gegen die Freiheiten und Wünsche der amerikanischen Kolonien gerichteten Maßregeln wurden fallen gelassen. Pitt wandte sich, unbekümmert um die Besorgniß, die Amerikaner zu mächtig werden zu lassen, an den Patriotismus der New Engländer. Er ertheilte im Dezember 1757 den amerikanischen Milizoffizieren bis zum Oberst dieselben Befugnisse wie den Linienoffizieren und verbot, sie jüngeren Linienoffizieren unterzuordnen, was bisher viel böses Blut gemacht hatte. Statt Kriegssteuern zu fordern, ersuchte er New England, New York und New Jersey, soviel als möglich Leute ins Feld zu stellen. Er versprach dafür späteren Kostenersatz und stellte ihre Bewaffnung und Ausrüstung durch England in Aussicht.

Pitts Plan war, gleichzeitig an drei Punkten über Canada herzufallen. Die Hauptmacht sollte Louisbourg nehmen und von dort aus Quebec angreifen. Zwei andere Abtheilungen sollten Fort Crown Point und Fort Duquesne wegnehmen. Der Angriff auf Louisbourg war einer Flotte unter Admiral Boscawen, auf welcher 12 000 Mann unter Major-General Amherst und James Wolfe eingeschifft waren, übertragen. Den Marsch auf Crown Point sollte Abercrombie, dem Earl Howe beigegeben war, ausführen, den auf Fort Duquesne Brigadier John Forbes. — Pitts Vorgehen hatte vollen Erfolg. Die Amerikaner nahmen seine Versprechungen mit Begeisterung und Vertrauen*) auf. Freiwillig spannten sie sogleich ihre Kräfte aufs Aeußerste an, um im Jahre 1758 den Franzosen mit mehr Erfolg als bisher entgegenzutreten. New England allein stellte 20000 Mann ins Feld.

Dem gegenüber verfügte Montcalm Anfang 1758 nur über etwa 6000 weiße Soldaten, und ganz Canada hatte während des Winters und Frühlings mit großem Mangel an Lebensmitteln zu kämpfen gehabt. Montcalm erachtete die Lage für verzweifelt und meldete schon Ende Februar 1758 nach Hause, daß ohne baldigen Friedensschluß die Kolonie in Englands Hände fallen müsse. Die von Frankreich zu Hülfe gesandten neuen Vorräthe und Truppen reichten in keiner Weise zur Deckung des vorhandenen Bedürfnisses. Trotzdem rüsteten sich die Canadier muthig zum neuen Kampfe und begannen schon im März den Buschkrieg.

Am 28. Mai 1758 kam die englische Flotte unter Boscawen in Halifax an. Sie zählte 22 Linienschiffe und 15 Fregatten. Trotz stürmischen Wetters setzte sie sogleich die Fahrt nach Louisbourg fort und landete hier am 8. Juni die Truppen. Die Franzosen waren mit allen ihren Schanzen nicht im Stande, die Landung zu hindern. Ihre vorgeschobenen Befestigungen fielen in den nächsten Tagen den Feinden in die Hände. Am 23. Juni begann die Beschießung der Stadt. Von den 9 französischen Kriegsschiffen im Hafen gelang es den Engländern in den folgenden Wochen 4 zu verbrennen und 1 wegzunehmen. Die Festung war nach vierwöchiger Beschießung eine Ruine. Von den Kanonen waren 42 unbrauchbar geworden. Von den 7000 Mann Besatzung, unter der 2900 Soldaten und 2500 Milizen sich befanden, waren 800 Soldaten todt oder schwer verwundet, 1200 krank. Am 26. Juli 1758 war die Lage so verzweifelt, daß der Kommandant die Kapitulation anbot. Als die Engländer solche ablehnten, ergab er sich bedingungslos. Die ganze Besatzung (5637 Mann) und die Einwohner der Festung wurden gefangen und erstere nach England, letztere nach Frankreich geschickt. Louisbourg, die Insel Cape Breton und die benachbarte Insel

*) Der Board of Trade, in dem Halifax und Rigby die Führung hatten, verharrte auch jetzt bei seiner Absicht, die amerikanischen Kolonien ihrer zu weit gehenden Freiheiten bei der ersten passenden Gelegenheit zu berauben, da er sonst ihren Abfall von England fürchtete. In Amerika vertraute man aber auf Pitt, der es ehrlich meinte.

St. Jean (Prince Edward's Island) waren damit in Englands Hand.*) Die Mündung des St. Lawrence, der Weg nach Quebec standen ihm offen. Der Angriff auf Letzteres wurde aber vertagt, weil die Jahreszeit schon zu vorgerückt war, und weil außerdem ungünstige Nachrichten von Abercrombies Lage Amherst nach Lake George riefen.

Lord Abercrombie hatte etwas mehr als 15 000 Mann, darunter 6000 Mann Linie, am Lake George zusammengezogen, um mit ihnen Fort Carillon (Ticonderoga) und Crown Point zu bezwingen und den Weg nach Montreal zu öffnen. Montcalm, der persönlich in Carillon war, hatte kaum den vierten Theil soviel Truppen wie der Feind zur Verfügung und erachtete die Lage für so hoffnungslos, daß er nach Crown Point am Lake Champlain abziehen wollte. Nur auf den Zuspruch einiger seiner oberen Offiziere entschloß er sich, zu bleiben und die Umgegend des Forts zu befestigen. Die Engländer dagegen waren hoffnungsfreudig und glaubten sich des Erfolges sicher. Am 5. Juli schiffte sich die ganze Armee auf mehr als tausend Booten ein und fuhr mit fliegenden Fahnen und Musik zum Nordende des Sees. Hier wurde eine kleine Befestigung zum Schutze der Fahrzeuge angelegt und dann der Marsch gegen Carillon nicht an dem Wasserlauf, der vom Lake George zum Lake Champlain führt, sondern durch die dichten Wälder angetreten, wohl um so die Befestigungen der Franzosen im Thale zu umgehen. Ein seit Langem gegen die Franzosen fechtender Waldläufer Rogers machte den Führer des in vier Kolonnen getheilten Heeres. Aber die Schwierigkeit des Vordringens in Sumpf und Wald brachte die Abtheilungen bald in Verwirrung. Und als gar die von Lord Howe geführte Kolonne im Walde auf eine Abtheilung Franzosen stieß, und bei dem folgenden Gefecht Howe fiel, war es mit dem weiteren Vorgehen auf diesem Wege vorbei.

Mit Howes Tod fehlte dem englischen Heere der leitende Geist. Lord Abercrombie wußte sich nicht zu helfen. Er befahl Rückmarsch zum Lake George am Morgen des 7. Juli und zog alsdann

*) Die dort ansässigen französischen Kolonisten wurden unter der Begründung, daß sie Akadier seien, großentheils gefangen gesetzt und nach England und Frankreich geschafft, wo sie meist im Elend umkamen. Nur etwa 2000 konnten sich aufs Festland flüchten und dort mit anderen akadischen Flüchtlingen niederlassen.

nach Wiederherstellung der Brücken im Thale des erwähnten Wasserlaufs gegen die französische Stellung.

Montcalm hatte den Zugang zu dem Fort vom Thale aus durch mächtige Barrikaden von Baumstämmen völlig gesperrt. Seine Stellung war mit Gewalt ohne zahlreiches Geschütz kaum einnehmbar. Aber er besaß Proviant nur für acht Tage, und wenn die Engländer ihn einschlossen und die Verbindung mit Crown Point abschnitten, war er verloren. Zu seinem Unglück erkannte Abercrombie die Sachlage nicht. Er versäumte die letztere Maßregel, wartete auch nicht auf seine Geschütze, sondern eröffnete auf einen Bericht seines Chefingenieurs über die angebliche Schwäche der französischen Werke ohne Weiteres bei hellem Tage den Sturm gegen sie. Er verlor dabei mindestens 2000 Mann, während die Franzosen noch nicht 400 einbüßten. Trotz dieser Verluste waren die Engländer noch immer in erdrückender Ueberzahl, und Montcalm erachtete bei Eröffnung von Geschützfeuer seine Stellung für unhaltbar. Aber während er ängstlich auf den neuen Angriff wartete, zog sich der englische Befehlshaber in der Nacht vom 8. zum 9. Juli in fluchtartiger Eile zum Lake George und dann über diesen auf englisches Gebiet zurück! — Während der nächsten Monate wagte Abercrombie keinen neuen Angriff. Montcalm seinerseits ließ die Engländer gelegentlich durch seine Indianer und die irregulären Truppen überfallen und belästigen.

Ende August blühte endlich England ein kleiner Erfolg. Bradstreet von New York hatte durchgesetzt, daß ihm der Kriegsrath das Kommando über etwa 3000 Mann amerikanischer Truppen übertrug. Mit ihnen zog er nach dem Lake Ontario, um das dortige französische Fort Frontenac wegzunehmen. Am 25. August landete er in seiner Nähe und erzwang binnen wenigen Tagen seine Uebergabe, da die Garnison nur 70 Köpfe zählte. Mit dem Fort fielen zahlreiche Geschütze, die Kriegsvorräthe für die Stationen des Innern und neun Kanonenboote den Engländern in die Hände. Da an dauernde Festsetzung in dieser Gegend jedoch vorderhand nicht zu denken war, begnügte sich Bradstreet mit Fortschaffung der Beute, soweit es möglich war, und Zerstörung des Restes.

Dieser Sieg zog den Fall des Forts Duquesne nach sich, welches, wie erwähnt, das Ohio-Thal beherrschte und in seiner Versorgung auf Fort Frontenac angewiesen war. Brigadier Forbes, welcher mit dem Angriff darauf betraut war, und bei dessen größtentheils aus Milizen bestehenden Truppen Washington die Virginier führte, hatte Monate mit dem Bau einer neuen Straße nach dem Ohio verbracht. Am 5. November erst kam er in dem Posten Loyalhannon an und beschloß, dort zu überwintern. Als aber Spione hier die Nachricht brachten, daß die Franzosen in Dusquesne in größter Noth wären, gestattete er Washington, mit einer Abtheilung Milizen weiter vorzugehen. Am 23. gelangte dieser in die Nähe des Forts, aber er bekam es nicht mehr zu sehen. Die Besatzung sprengte es in die Luft und zog sich nach Fort Machault weiter im Norden zurück, nachdem sie die Artillerie zu Wasser fortgeschafft hatte. Auf den Ruinen wurde die englische Flagge aufgezogen, der Platz Pittsburg genannt und eine Garnison von zwei Regimentern hier untergebracht.

Inzwischen war Abercrombie nach England abberufen worden, da sein Verhalten Pitt stark erbittert hatte. An seiner Stelle übernahm im November 1758 Amherst, der von Louisbourg zum Lake George geeilt war, den Oberbefehl.

Die Aussichten der Franzosen in Canada wurden nunmehr sehr schlechte. Abgesehen von dem Mangel an Lebensmitteln, Geld und Soldaten, waren die indianischen Verbündeten durch die letzten Niederlagen schwankend geworden, und dazu befehdeten sich der Gouverneur de Vaudreuil und der General Marquis Montcalm unausgesetzt. Die Pariser Regierung wurde von allen Seiten mit Forderungen wegen Geld und Soldaten bestürmt. Aber sie hatte selbst bittersten Mangel daran. Angesichts der Niederlagen in verschiedenen Erdtheilen wußte sie sich kaum noch zu helfen. Die tapferen Streiter in Canada wurden mit Orden und Titeln überhäuft, aber ihre Bitten um Hülfe wurden mit dem Bescheid beantwortet, daß Frankreich weitere Truppen nicht senden könne, da sie wahrscheinlich den Engländern in die Hände fallen würden, und man auch die dortige Hungersnoth nicht steigern wolle. Der König sei außer Lage, Truppen, die den von England aufgebotenen gewachsen wären, ins Feld zu stellen! Die französische Regierung täuschte sich nicht darüber, daß ihr nordamerikanischer Besitz in die Hände Englands fallen müsse. Ihr Streben ging nur noch darauf, wenigstens einen Punkt dort zu behaupten, um von da aus bei gelegenerer Zeit wieder vorzugehen. Montcalm erhielt in diesem Sinne unterm 19. Februar

1759 seine Weisungen. Am Ende des Schriftstücks war nur die Hoffnung ausgesprochen, daß er auf so schmachvolle Bedingungen wie der Kommandeur Louisbourgs niemals eingehen werde. Als letzte Unterstützungen erhielt er 600 Rekruten und 15 Schiffe mit Vorräthen. Alle Soldaten, Waldläufer und Indianer zusammengerechnet, standen Montcalm für den Krieg des Jahres 1759 kaum 20 000 Mann zur Verfügung! Auch er erachtete die Lage für aussichtslos und hatte bereits einen Plan entworfen, um sich nach Louisiana zurückzuziehen, wo er mit Hülfe Mexicos sich bis auf bessere Zeiten behaupten zu können hoffte.

Auf englischer Seite herrschte dagegen frohe Siegeszuversicht. Pitt, der sich mit der Lage in Amerika eingehend beschäftigt hatte, war nun fest entschlossen, der französischen Herrschaft dort ein Ende zu machen. Unter seinem Einfluß bewilligte das Parlament einstimmig 12 Millionen Pfund Sterling und eine bis dahin unerhörte Land- und Seemacht. Bei seinen Anordnungen für den kommenden entscheidenden Feldzug ließ er sich durch keine Rücksicht auf Rang und Stand leiten. Er beauftragte den General Stanwix mit völliger Unterwerfung des Gebietes westlich von Pittsburg bis zum Lake Erie; der Brigadier Prideaux erhielt Anweisung, das Fort Niagara am Einfluß des Niagara in den Lake Ontario zu nehmen; der Oberbefehlshaber Amherst wurde angewiesen, über den Lake Champlain nach Montreal vorzudringen, General James Wolfe sollte mit Unterstützung der Flotte Quebec angreifen.

Seinerseits versäumte Montcalm nichts, was in seinen Kräften stand. Nach dem am meisten bedrohten Lake Champlain sandte er 2600 Mann unter Bourlamaque, nach Fort Niagara 300 unter Kapitän Pouchot, nach dem Ontario 1200 Mann. Fort Frontenac ließ er wieder aufbauen und neu befestigen. Er selbst mit de Levis und Bougainville rüstete sich, mit 14 000 Mann Quebec zu vertheidigen.

Was wollten aber diese Rüstungen gegenüber den von England aufgebotenen Mitteln und den Anstrengungen der englischen Kolonien in Amerika bedeuten! Unter dem Eindruck von Siegen der englischen Waffen in Afrika und Westindien, in der Begeisterung für Pitts staatsmännische Kunst boten die Pflanzstaaten im Norden Marylands Alles auf, was in ihren Kräften stand, um der Franzosen Herr zu werden. Massachusetts stellte mehr als 7000, Connecticut 5000 Mann.

Man stürzte sich in Schulden, um dem Mutterland kräftig beizustehen. New Jersey verausgabte jährlich fünf Dollars für jeden Kopf seiner Bewohner zu Kriegszwecken! Die Milizen entfalteten überall einen unerschütterlichen Muth.

Prideaux langte mit seinen Truppen Ende Juni am Ontario an. Er errichtete dort bei Oswego eine Befestigung und fuhr dann auf Booten zum Fort Niagara, in dessen Nähe er am 1. Juli landete. Trotz der Ueberlegenheit der Angreifer, und trotzdem die Befestigungsarbeiten noch nicht vollendet waren, zeigte Pouchot keine Neigung, sich zu ergeben. Er hatte die Kommandanten aller in jener Gegend befindlichen Forts um Hülfe ersucht und wartete ihr Erscheinen ruhig ab, während Prideaux die Belagerung des Forts begann. Die französischen Offiziere d'Aubry und de Lignery brachten in der That 1600 Mann zusammen, von denen 600 Weiße waren, und machten sich damit zum Entsatz Pouchots auf. Sie hatten jedoch nicht allein mit natürlichen Hindernissen, sondern auch mit Verrath ihrer indianischen Führer zu kämpfen, und als sie endlich am 24. Juli in die Nähe des Forts gelangten, hatte der Nachfolger des bei der Belagerung verunglückten Prideaux, Sir William Johnson, seine Vorkehrungen so gut getroffen, daß der größte Theil der Franzosen im Kampfe umkam oder in seine Hände fiel. Die Indianer hatten sich im letzten Augenblick zu kämpfen geweigert. Damit war Pouchots Widerstand gebrochen. Er mußte, da er ohne Lebensmittel war und das Fort in Trümmern lag, kapituliren. Alle französischen Posten bis zum Erie fielen durch diesen Sieg in Englands Hand, und der Weg nach Montreal vom Ontario aus wurde nur noch durch Fort Levis am Ausfluß des St. Lawrence aus dem See vertheidigt.

General Amherst traf Anordnungen, diesen Weg sofort zu öffnen, doch der damit beauftragte Offizier erachtete die ihm zur Verfügung stehende Macht für zu schwach und ließ den Befehl unausgeführt. Der Vorstoß gegen Montreal erfolgte daher nur vom Lake George aus.

Amherst hatte hier Anfang Juni seine Truppen zusammengezogen. Nach sorgfältigen Vorkehrungen aller Art setzte er über den See und griff den am Nordende verschanzten Bourlamaque an. Angesichts der Uebermacht und guten Führung der Engländer ließ es dieser auf keinen langen Kampf ankommen. Am 23. Juli räumte er seine Stellung. Am 26. gab er Fort Carillon auf und sprengte es in die Luft. Am 4. August that er dasselbe mit Crown Point (Fort Saint-Frederic) am Lake Champlain. Amherst folgte ihm nur langsam, er baute überall die gesprengten Befestigungen wieder auf und besetzte sie. Erst am Fort der Isle aux Noix, an der Mündung des Flusses Richelieu, machte Bourlamaque Halt und verschanzte sich so stark, daß die Engländer ihn hier anzugreifen nicht wagten und das weitere Vordringen gegen Montreal einstellten, bis genügende Vorbereitungen zu erfolgreichem Vorgehen gegen die feindliche Stellung getroffen sein würden. Erst Mitte Oktober hatten die Ingenieure einige bewaffnete stärkere Fahrzeuge hergestellt, aber nun erschien das Wetter Amherst zu weiteren Operationen zu stürmisch. Ohne Nachricht von den Schicksalen der Flotte und Wolfes Heer ging er nach Crown Point zurück, um dort zu überwintern.

Inzwischen waren die entscheidenden Schläge schon bei Quebec gefallen. Wolfe hatte seine etwa 8000 Mann starke Macht auf 22 Linienschiffen und etwa ebenso vielen anderen Fahrzeugen im Mai zu Louisbourg untergebracht und war am 6. Juni von dort nach dem St. Lawrence aufgebrochen. Ungehindert gelangte die ganze Macht Ende Juni nach der im Angesicht Quebecs gelegenen Isle d'Orleans und schlug auf ihr ein Lager auf. Die Franzosen hatten die gefährlichen Stellen des St. Lawrence in keiner Weise benutzt, um die Engländer aufzuhalten. Nur einige Kanonenboote und Brander waren gegen sie vorbereitet. Quebec war für eine Belagerung ungenügend in Stand gesetzt. Es wurde vertheidigt eigentlich nur durch ein befestigtes Lager, welches Montcalm mit seinen Leuten im Osten der Stadt am Norduser des St. Lawrence bezogen hatten. Dieses Lager war vom St. Lawrence wegen des hohen steilen Ufers fast unangreifbar. An den beiden Seiten sicherten es die Thäler der Flüsse St. Charles und Montmorency. Das Süduser des St. Lawrence war von den Franzosen unbesetzt.

Wolfes erster Schritt war Errichtung von Batterien am Süd-ufer des Flusses gegenüber der Stadt. Schon am 29. Juni, nach Vernichtung der französischen Brander, begann er seine Batterien in Stand zu setzen, und binnen wenigen Tagen lag der größte Theil Quebecs in Trümmern. Aber die Citadelle war für die englischen Kugeln unerreichbar, die Beschaffenheit des Flußufers ließ einen Sturm auf die Stadt oder das französische Lager nicht zu, und

Montcalm gab sich keine Blöße. Er hatte sich entschlossen, ruhig in seiner festen Stellung abzuwarten, bis die Engländer ihm eine Gelegenheit zu einem günstigen Angriff bieten oder irgend welche Ereignisse ihre Macht schwächen würden.

Wolfe mußte sich also zu weiteren Maßnahmen entschließen, um den Feind herauszulocken. Er errichtete eine Verschanzung an der Ostseite des Montmorency-Thales und beschoß von dort die Franzosen. Auch dieser Schritt übte auf Montcalm keinen Eindruck. Eine brauchbare Stelle am Montmorency, um von dort einen Sturm aufs französische Lager zu unternehmen, fand sich nicht, und die Bevölkerung bereitete den Engländern allenthalben Schwierigkeiten. Von den Truppen Amhersts, der, wie erwähnt, vom Lake Champlain her zum St. Lawrence vordringen sollte, kam keine Kunde. Eine nochmalige genaue Untersuchung der Ufer des St. Lawrence blieb gleichfalls ergebnißlos. Gelang es Wolfe auch in der Nacht des 28. Juli, einen nochmaligen Angriff von Brandschiffen glücklich zum Scheitern zu bringen, so war die Lage seiner Truppen doch damals keine beneidenswerthe.

Um aus ihr herauszukommen, beschloß der englische General, trotz aller natürlichen Schwierigkeiten Montcalms Lager anzugreifen. Am 31. Juli führte er seine Absicht aus und begann vom St. Lawrence her wie von der Seite des Montmorency zu stürmen. Doch schon nach Kurzem sah er ein, daß ein Erfolg ausgeschlossen sei, und rief die Truppen zurück. Das Unternehmen hatte etwa 400 Mann gekostet und übte nur die Wirkung, das Selbstvertrauen der Franzosen zu stärken.

Wolfe versuchte es jetzt, die Stadt von Westen her zu belästigen, auch hier ließen sich indessen keine Erfolge erzielen. Die Gegner erwarteten, je näher die Herbststürme heranrückten, um so zuversichtlicher jeden Tag Abbruch der Belagerung. Montcalm entschloß sich sogar, den fähigen Offizier de Levis mit etwa 3000 Mann nach Montreal zu schicken, um Bourlamaque zu unterstützen. Der Umstand, daß Wolfe fieberkrank daniederlag, steigerte ihre Hoffnungen.

Aber der zähe und energische Mann dachte nicht an Rückzug. Nachdem er im August Nachricht von Amhersts Erfolgen bekommen hatte und sein Erscheinen in Montreal erwarten konnte, beschloß er, mit seinen Offizieren an einem von ihm bemerkten schwachen Punkte im Westen der Stadt zu landen, die Häfen oberhalb Quebecs zu besetzen und so Montcalm zum Kampf zu zwingen. Um diesen zu täuschen, wurde das Lager am Montmorency abgebrochen, die Flotte an mehreren Tagen den Fluß hinaufgesandt und an verschiedenen Stellen Lothungen und Manöver vorgenommen, welche die Aufmerksamkeit der Franzosen von dem wirklich gefährdeten Platze ablenkten. In der Nacht vom 12. zum 13. September landete Wolfe etwa die Hälfte seiner Truppen an der von ihm ausgesuchten Stelle. Der dort wachthabende Offizier schlief. Viele seiner Leute waren beurlaubt. Im Handumdrehen konnten sich die Engländer des Postens bemächtigen und eine benachbarte Batterie nehmen. Beim Morgengrauen standen die Engländer auf den Höhen von Abraham vor den Thoren Quebecs!

Montcalm war durch die geschickten Anordnungen der Engländer die ganze Nacht über ihre Operationen getäuscht worden. Erst am Morgen erkannte er, was geschehen war, und was er nicht für möglich gehalten hatte. Er eilte nun über den St. Charles-Fluß und gab sofort die nöthigen Befehle, um seine Truppen dem Feind entgegenzustellen und Bougainville, den Befehlshaber der Truppen im Westen der Stadt, zu veranlassen, Wolfe im Rücken anzugreifen. Leider wurden seine Anordnungen nur theilweise ausgeführt. Vaudreuil hielt einen großen Theil der Truppen im Lager, um es gegen einen Ueberfall vom Wasser zu schützen. Bougainville konnte seine Leute nicht dicht genug zusammenziehen. Gegen 10 Uhr morgens standen Montcalm nur etwa 4500 Mann zur Verfügung. Um aber den Engländern keine Zeit zu lassen, sich zu verschanzen und neue Truppen heranzuziehen, eröffnete er mit seiner kleinen Macht den Angriff.

Trotz der Tapferkeit des französischen Generals und seiner Offiziere schlugen die Engländer den Sturm ab. Montcalm selbst wurde tödlich verwundet, der ihm im Rang nächststehende Offizier fiel. Die an den Kampf im offenen Feld nicht gewöhnten Canadier wichen größtentheils in das Lager, theils in die Stadt. Die Engländer hätten durch eine kräftige Verfolgung sogleich das Lager einnehmen können, denn die führerlosen Franzosen waren in größter Verwirrung. Aber gerade in diesem Augenblick erschien Bougainville in ihrem Rücken und veranlaßte sie zur Zurückziehung der die Verfolgung ausführenden Abtheilungen. Zu einem Kampf zwischen ihm und den Engländern kam es indessen nicht, da er sich zu schwach fühlte. Die

Letzteren verschanzten sich ruhig in ihrer Stellung und errichteten eine Batterie, welche die Verbindungsbrücke zwischen Quebec und dem Lager über den St. Charles beherrschte. Auch ihre Verluste waren übrigens nicht unerheblich. Wolfe war in der Schlacht gefallen, sein Nachfolger Moncton schwer verwundet worden. Ein diesen Männern in jeder Beziehung ebenbürtiger Offizier war nicht vorhanden. Doch wurden bei ihnen die Ordnung und Mannszucht strengstens gehandhabt und Wolfes Plan ohne Unterbrechung weiter verfolgt.

Bei den Gegnern herrschte inzwischen volle Verwirrung. Der Gouverneur de Vaudreuil beschloß mit einem rasch versammelten Kriegsrath Aufgabe der Stadt und des Lagers und Rückzug nach dem 30 Meilen entfernten Hügel Jacques-Cartier. In Quebec ließ er nur 1700 Mann unter de Ramezay mit der Weisung, zu kapituliren, sobald seine Vorräthe erschöpft seien. In aller Stille wurde noch in der Nacht der Rückzug ausgeführt. In Jacques-Cartier stieß de Levis, der auf die Kunde von dem Geschehenen den Marsch nach dem Lake Champlain aufgegeben hatte, zu dem Heere, übernahm das Kommando und führte es nach Quebec zurück. Am 19. erreichte er den St. Charles, aber nur um zu erfahren, daß zwei Tage zuvor Ramezay in Uebereinstimmung mit den Bewohnern der Stadt und der Miliz sich ergeben hatte, ehe die Engländer auch nur die Beschießung beginnen konnten! Den Städtern war Erhaltung ihres Besitzes, Religionsfreiheit und Verbleiben im Lande ausbedungen worden. Die Garnison sollte nach Frankreich geschafft werden.

Diese Hiobspost bewog de Levis zum Rückmarsch nach Jacques-Cartier. Die Engländer ihrerseits zogen, als die Herbststürme kamen, nach Louisbourg ab. In Quebec blieben nur 8000 Mann unter General Murray. Der Jubel in England und Amerika war unbeschreiblich. Man glaubte den Krieg beendet, da der Rest der Franzosen in Canada von der Heimath abgeschnitten war und an Allem Mangel litt. Townshend ging nach England und ließ sich dort als Held feiern.

Aber de Levis gab Frankreichs Sache noch nicht verloren. Da Murray zu schwach war, um etwas gegen ihn zu unternehmen, und Amherst noch Crown Point zurückgegangen war, behielt er Zeit, um in Montreal neue Streitkräfte zusammenzuziehen und die Rückeroberung Quebecs vorzubereiten. Im November gelang es ihm, einige Schiffe an den englischen Batterien vorbei zum Meere und nach Frankreich mit Berichten und Bitten um Hülfe zu befördern. Während des Winters überfiel er gelegentlich das englische Korps. Am 21. April 1760 führte er seine gesammten Mannschaften, etwa 5000 Mann, auf Fahrzeugen verschiedener Art den Fluß hinunter. Er landete etwas oberhalb Quebecs und marschirte am 28. April gegen die Stadt. Murray, welcher infolge von Krankheiten und Todesfällen wenig mehr als 3000 Mann besaß, nahm die von Wolfe im Vorjahr besetzte Stellung vor den Mauern Quebecs ein, in der seine Artillerie sehr kräftig wirken konnte. Bei dem folgenden Kampfe verlor er aber ein Drittel seiner Leute und mußte sich schließlich eilig in die Stadt zurückziehen. De Levis schloß ihn hier ein und begann, nachdem er einige Kanonen herbeigeschafft, die Belagerung.

Lange hätte sich Murray mit seinen wenigen Leuten nicht halten können, zumal auch Amherst, der benachrichtigt war, sich nicht beeilte, Hülfe zu senden. Da erschien am 15. Mai auf dem St. Lawrence eine Fregatte, der Vorbote einer von England geschickten Flotte. Von einer nahenden Hülfe aus Frankreich kam dagegen keine Kunde. So entschloß sich de Levis zum Rückmarsch nach Montreal. Am 16. Mai vernichteten die Engländer noch den größten Theil seiner Fahrzeuge. Am folgenden Tage war das französische Lager abgebrochen! De Levis setzte seine letzte Hoffnung auf Montreal.

Die verschiedenen zeitgenössischen Quellen sind darüber einig, daß dieser Ort leicht zu nehmen gewesen wäre. Er war ungenügend befestigt, die Besatzung war schwach, und das durch den Krieg und die Mißernten der letzten Jahre erschöpfte Land vermochte keine weiteren Hülfsmittel aufzubringen. Das französische Heer litt nach de Levis Berichten Noth an Allem. Er bezeichnete es als erstaunlich, daß sie noch existirten! Soldaten und Offiziere borgten das Geld zum Mehlankauf. Aber das Vorgehen der Engländer war so langsam und unentschlossen, daß de Levis die Hoffnung faßte, ihre verschiedenen Abtheilungen vielleicht einzeln aufreiben zu können. Murray und die englische Flotte brauchten Monate, ehe sie nach zahlreichen kleinen Scharmützeln, bis in die Nähe Montreals gelangten. Amherst mit seinen 11 000 Mann wählte nicht den kurzen, kaum noch vertheidigten Weg vom Lake Champlain direkt zum St. Lawrence, sondern führte erst einen sehr beschwerlichen Marsch zum Ontario aus, nahm die kleinen französischen Posten dort weg und erschien erst, nachdem er lange Zeit gegen die schwachen Gegner verloren hatte, am 7. September vor Montreal. Die englischen Truppen unter Colonel Haviland, welche von Crown Point aus den geraden Weg genommen hatten, langten nach Besiegung Bougainvilles am 8. September bei Montreal an. Der ganze Sommer war mithin verloren gegangen.

Jetzt allerdings war Canadas Schicksal entschieden. Die französischen Kolonisten waren des Kampfes müde. Die Regierung schuldete ihnen 40 Millionen. Sie waren fast durchweg ruinirt. Die französische Regierung löste von ihnen gezogene Wechsel nicht mehr ein! Die Milizen desertirten massenweis. De Levis besaß nur noch 3500 Mann und 6 Kanonen gegenüber 20 000 Feinden. Ein Kriegsrath beschloß einstimmig Kapitulation der Stadt. Da der General Amherst der Garnison die kriegerischen Ehren verweigerte, wollte de Levis noch im letzten Augenblick mit 2200 Mann es auf eine Schlacht ankommen lassen. Er wurde daran durch den Befehl de Vaudreuils gehindert, und am 8. September 1760 ergab sich der Rest der französischen Macht. — Das von den Amerikanern langerstrebte Ziel war erreicht! Der Ausdehnung der New England-Staaten war nun ein ungeheurer Spielraum geschaffen. Auf der Stelle gingen sie daran, die letzten Spuren der französischen Herrschaft zu vernichten und sich überall festzusetzen. Major Robert Rogers eilte noch im Spätherbst zum Erie, schloß mit den dortigen Indianern Freundschaft und hob die französische Station Detroit auf. Von hier aus wurden die Posten Miamis und Ouatanon weggenommen. Einige Monate später waren auch die letzten französischen Truppen gefangen gesetzt. Nur in Louisiana behauptete sich Frankreich noch.

Die Niederlagen in Europa, Asien und Amerika bewogen die französische Regierung im Frühling 1761, England Friedensvorschläge zu machen. Der leitende Minister Duc de Choiseul erklärte Oesterreich, daß er ihm zu Liebe nicht länger Frankreichs Interessen in Amerika opfern wolle. Er sandte einen Unterhändler nach London, reichlich mit Geld für Bestechungen versehen, und bot Verzicht auf eine Anzahl der von England besetzten Gebiete. In Canada wollte er sich mit dem Besitz eines Hafens und Fischereirecht begnügen. Es fehlte in England nicht an Männern, die Frieden wünschten. Der König George III. wollte Aufhebung des Bündnisses mit

Preußen, dessen König er haßte, und Einstellung der Subvention. Aber Pitt blickte weiter. Er vertraute auf Friedrichs II. Stern und hoffte mit seiner Hülfe Frankreich auch noch aus Ost- und Westindien zu vertreiben und seine Seemacht völlig zu vernichten. Er stellte die Feindseligkeiten daher nicht ein.

Ebenso ungern wie er sahen natürlich Oesterreich und auch Spanien, das auf Erringung von Vortheilen in Mittelamerika und besonders Rückeroberung Gibraltars und Minorcas von England bei Fortdauer des Krieges hoffte, die Friedensverhandlungen. Sie setzten sogleich alle Hebel an, um sie zum Scheitern zu bringen. König Carlos III. bewog Louis XV. gegen alles Herkommen, durch seinen Unterhändler in London am 15. Juli 1761 eine Anzahl spanischer Reklamationen zur Sprache zu bringen. Sie betrafen Herausgabe gekaperter spanischer Schiffe, Rückziehung der englischen Stationen in Honduras und Zulassung spanischer Fischer in Newfoundland. Im Falle der Ablehnung war mit Krieg gedroht. Dieser Schritt hatte den von Spanien erwarteten Erfolg. Pitt benutzte den Anlaß, um Frankreich vollends in die Enge zu treiben. Er lehnte die Einmengung der spanischen Angelegenheiten in diese Verhandlungen und die Vermittelung Frankreichs in diesen Fragen rund ab und verlangte von Frankreich für den Frieden: Canada, die nordamerikanische Fischerei, die Hälfte seiner westindischen Besitzungen, Senegal und die wichtigsten Theile Ostindiens. Außerdem sollte Frankreich seinen Hafen in Dünkirchen zerstören und England seine Subsidien an Preußen weiter zahlen dürfen.

Einen solchen Frieden zu schließen, brachte Choiseul nicht über sich. Er bestand auf dem Recht Frankreichs, mit Spaniens Einwilligung für Letzteres einzutreten, und versuchte nochmals bessere Bedingungen zu erzielen. Aber da fortwährende Niederlagen in den Kolonien Frankreichs Lage unausgesetzt erschwerten und er einsah, daß an Entgegenkommen Pitts nicht zu denken sei, ging er schließlich zur Freude Oesterreichs auf das angebotene Bündniß mit Spanien ein. Am 15. August verpflichtete sich dieses, England den Krieg zu erklären, falls nicht bis 1. Mai 1762 der Friede zwischen England und Frankreich zustande gekommen sei. Portugal, Savoyen, Holland und Dänemark sollten zum Anschluß aufgefordert werden.

Nach Abschluß des Vertrages, von dessen Inhalt Pitt Kunde hatte, machte Choiseul nochmals Friedensvorschläge in London. Aber

Pitt würdigte sie nicht einmal einer Antwort. Er war bereits dabei, seine Maßregeln gegen Spanien zu treffen. Er plante Wegnahme der spanischen Besitzungen in Westindien, der Philippinen und Panamas sowie Oeffnung des gesammten spanischen Amerikas für den englischen Handel. Obwohl Spanien noch keine offene Feindseligkeit geübt hatte, auch alle Rüstungen ableugnete, und vollständig zweifellose Nachrichten über seinen Bund mit Frankreich nicht vorlagen, wünschte Pitt sofortige Kriegserklärung. Am 18. September schlug er im Kabinet Abberufung des Gesandten aus Madrid vor. Aber nur sein Schwager Lord Temple unterstützte ihn. Die anderen Minister zauderten oder waren gegen ihn, denn der König hatte seinen Sturz beschlossen. Vergebens wies Pitt auf die Bedeutung der Gelegenheit für England hin. Er blieb mit seiner Ansicht allein und trat am 5. Oktober zurück. Der König bot ihm die Stellung als Governor Canadas. Er schlug sie aber aus. Der Günstling des Königs, Lord Bute, war jetzt der Leiter der Geschicke Englands. Der alte unfähige Duke of Newcastle triumphirte über Pitts Fall. Er erachtete alle seine Behauptungen über die feindseligen Absichten Spaniens für Erfindung. Das neue Kabinet dachte wie er. Es wünschte schleunigen Friedensschluß, um die Macht und die Stellung des Königs in England, Irland und Amerika mit Muße stärken und befestigen zu können.

Zu ihrem Unglück waren Frankreich und Spanien verblendet genug, die dargebotene Hand nicht anzunehmen. Spanien hatte, nachdem seine mit Schätzen beladenen Flotten aus Amerika, auf die es Pitt abgesehen hatte, glücklich in seinen Häfen lagen und angesichts von Pitts Sturz, großen Muth gefaßt und sprach nun offen von seinem Bund mit Frankreich. Am 10. Dezember 1761 schon sah sich England gezwungen, seine Gesandten von Madrid abzuberufen, am 31. erklärte es Spanien den Krieg. Die Umstände waren aber jetzt begreiflicherweise England weniger günstig als im September. König George versuchte seine Stellung zunächst dadurch zu bessern, daß er mit Oesterreich geheime Verhandlungen anknüpfte und ihm Landentschädigungen in dem mit England im Frieden befindlichen Italien anbot und andeutete, daß er die Subsidien an Preußen einstellen wolle, was Friedrich vielleicht zum Aufgeben Schlesiens gezwungen hätte! Um Friedrich den Großen zur Nachgiebigkeit zu zwingen, wandte er sich sogar an Rußland, und als er dort bei

Peter III. kein Gehör fand, wies Lord Bute dem englichen Gesandten in Petersburg zwei Millionen Mark zu Bestechungen an. Auch im englischen Parlament wurde von den Tories Einstellung der Zahlungen an Preußen angeregt, wahrscheinlich mit stiller Billigung des Königs! Und im April 1762 wurde Preußen von der baldigen Einstellung der Zahlungen benachrichtigt. Nur die Freundschaft Peters III. für Friedrich den Großen machte diese Pläne zu Wasser.

Während sie noch schwebten, hatten die Feindseligkeiten begonnen. Spanien und Frankreich fielen über das England befreundete Portugal her. Die englischen Flotten aber erzielten in Westindien Erfolge. Alle kleineren Inseln fielen in die Hände der Briten und am 14. August 1762 ergab sich ihnen auch Havana. Eine Menge spanischer Schiffe wurde dabei zerstört und etwa 60 Millionen Mark betrug die gemachte Beute. Am 6. Oktober mußte sich ferner Manila ergeben.

So merkwürdig es erscheint, diese neuen Erfolge, welche Spaniens Weltstellung einen tödlichen Stoß gaben, waren dem leitenden englischen Staatsmann Lord Bute nicht sehr angenehm. Der König und er wünschten vor Allem Frieden, um die Krone dann völlig unabhängig von den Whigs zu machen und das Parlament dem König bedingungslos zu unterwerfen. Zu diesem Zwecke verhandelte Bute erst heimlich und dann offen mit Frankreich und erwies sich den Gegnern in einer Weise entgegenkommend, daß diese erstaunt waren. Schon am 3. November 1762 wurden die Präliminarien unterzeichnet. England erhielt von Frankreich in dem Friedensvertrage ganz Canada, Akadien, Cape Breton, Louisiana bis zum Mississippi (ohne New Orleans), die westindischen Inseln Grenada, St. Vincent, Dominica, Tabago, den Senegal und den größten Theil Ostindiens. Es ließ den Franzosen die kleinen Inseln St. Pierre und Miquelon an der canadischen Küste mit dem Fischereirecht und gab ihm Gorée in Westafrika sowie die westindischen Inseln Sta. Lucia, Martinique und Guadeloupe zurück, trotzdem Ersteres eine politisch und handelspolitisch sehr günstige Lage hatte und Frankreich gewillt war, auf die beiden Letzteren zu verzichten! Lord Bute gab Guadeloupe sogar trotz des Widerspruchs George Granvilles über dessen Kopf weg auf!

Von Spanien erhielt England für Havanna nur Florida. Bute hatte Ersteres ohne Entschädigung weggeben wollen. Spanien verzichtete auf alle Fischerei an Nordamerikas Ostküste, erkannte Englands Recht, in Honduras Holz zu fällen, an und erklärte sich mit Aburtheilung der Prisenfälle in England einverstanden. Bezüglich der während der Friedensverhandlungen noch gemachten Eroberungen traf England keine Abmachung, so daß das in jener Zeit eroberte Manila ohne irgend welche Gegenleistung Spaniens ihm wieder übergeben wurde. Auch darüber, daß die Spanier die Wechsel, in denen der Erzbischof der Philippinen die Kriegskontribution an England gezahlt hatte, nachher nicht einlöste, hat Bute kein Wort verloren und den Befehlshaber der englischen Flotte, die Manila genommen, anscheinend aus den Kassen Englands befriedigt. Frankreich verblieb in Nordamerika nach dem Frieden noch das Louisiana westlich vom Mississippi. Nach dem Verlust seines anderen Besitzes erachtete es aber dies Land für so werthlos, daß es dasselbe Spanien überließ!

Trotz der Nachgiebigkeit Lord Butes waren die Vortheile, welche der am 10. Februar 1763 zu Paris abgeschlossene Friede England brachte, ungeheuer. Es besaß jetzt ganz Nordamerika bis zum Mississippi, wichtige Theile Westindiens und die Vormacht in Ostindien. Seine Kolonialmacht hatte eine noch nie erreichte Höhe erlangt. Der König meinte nicht mit Unrecht: „Niemals zuvor hat England einen solchen Frieden geschlossen und, ich glaube, auch keine andere Macht Europas!“ Pitt hat allerdings im Parlamente 3¼ Stunden lang energisch gegen den Frieden gesprochen, da er seinen Wunsch, Frankreichs See- und Kolonialmacht völlig zu vernichten, dadurch nicht erfüllt sah. Doch nur 65 stimmten mit ihm gegen den Vertrag. 319 traten auf Seite des Königs und Lord Butes, der stolz ausrief, er wünsche sich keine bessere Grabschrift, als daß er diesen Frieden geschlossen habe. Trotz dessen regte sich im Volke bald Unzufriedenheit, und in den folgenden Jahren sind Lord Bute und der englische Botschafter in Paris, Lord Bedford, wiederholt beschuldigt worden, von Frankreich bestochen gewesen zu sein.

Für New England war der Frieden von noch größerer Bedeutung als fürs Mutterland. Die Kolonien waren nun des ewig sie bedrohenden Mitbewerbers ledig; sie brauchten ihre Männer und ihr Geld nicht mehr für Kriege mit dem eifersüchtigen Nachbar aufzuwenden. Bis zum Mississippi war ihrem Unternehmungsgeist eine freie Bahn geschaffen; schlug auch der König die neuerworbenen

Gebiete nicht ohne Weiteres zu den alten Kolonien, wie das bei Beachtung der alten Charters, welche stets einen Landstreifen vom Atlantischen zum Stillen Ocean verliehen hatten, geschehen mußte, sondern erklärte er das Land zwischen den Alleghanies und dem Mississippi zu Kronbesitz, so war doch für sie viel gewonnen. Ein großer wirthschaftlicher Aufschwung mußte die Folge der zum Theil von den Amerikanern erfochtenen Siege sein. Ebenso zweifellos aber war eine außerordentliche Steigerung des Selbstgefühls dieser ohnehin so eifersüchtig über ihre Rechte wachenden Kolonien zu erwarten!

Fünftes Kapitel.

Die Hudsons-Bay.

Ziemlich unberührt von den Strömungen der allgemeinen Politik haben sich im 17. und 18. Jahrhundert Unternehmungen Englands im polaren Nordamerika entwickelt. Die anfänglichen Versuche (im Norden Amerikas oder Asiens eine Wasserstraße nach Ostasien zu finden) wurden, nachdem die Macht Spaniens und Portugals gebrochen war und England in Amerika wie Indien uugestört festen Fuß gefaßt hatte, nicht mehr mit dem anfänglichen Eifer fortgesetzt. Man hatte sich überdies davon überzeugt, daß diese Wege viel weiter sein würden, als man ursprünglich angenommen, und daß die unerwartet großen Schwierigkeiten der Schiffahrt in diesen nordischen Meeren ihr wenig Werth für den Handel lassen würden. Wenn man doch gelegentlich den Spuren der bahnbrechenden Entdecker hier folgte, geschah es mehr, um das von ihnen bereits Gefundene auszunützen.

So sandten 1669 der Vetter des Königs Prinz Rupert und 17 andere angesehene Leute den Kapitän Newland nach der Hudsons-Bay. Nachdem er sich dort vergebens nach einem Wege umgesehen hatte, um weiter nach Westen vorzudringen, gründete er eine Station Port Nelson an der Bay und begann von den Eingeborenen Pelzwerk, Mineralien und dergl. einzuhandeln. Dieser Tauschhandel schien dem Prinzen und seinen Genossen aussichtsreich genug, um ihn in größerem Umfange fortzusetzen und damit eine dauernde Niederlassung in den Gewässern des nördlichen Amerika zu begründen.

Sie wandten sich an den König und erhielten von ihm unterm 2. Mai 1670 einen Schutzbrief. Die neue Gesellschaft, welche the Governor and company of adventurers of England trading into Hudson's Bay benannt wurde, erhielt durch diese Charter das alleinige Recht des Handels und der Schiffahrt in allen Gewässern, zu denen die „Hudsons Streights" genannte Wasserstraße führe, den Besitz aller Länder an den Küsten jener Gewässer, soweit sie nicht schon anderen Engländern oder Europäern gehörten, sowie das Monopol des Fischfangs und der Ausbeutung von Edelmetallminen. Das Gebiet erhielt den Namen „Ruperts Land" und sollte den amerikanischen Kolonien gleichgestellt sein. Der König bedang sich dafür eine jährliche Zahlung von zwei Elchen und zwei schwarzen Bibern aus. Für den Fall, daß die Company von ihrem Gebiet aus Wege zu Wasser oder Land nach anderen Gewässern (d. h. dem Stillen Meer) fand, sollte sie dort, soweit nicht die Rechte anderer (ostindische Company) entgegenstehen, dieselben Befugnisse wie in ihrem anderen Besitz genießen. Der Company wurde die Befugniß, Befestigungen und Städte anzulegen, Krieg zu führen und die Schiffe, welche ohne ihre Erlaubniß ihr Gebiet besuchten, festzunehmen, ertheilt. Es wurde ihr ferner wie anderen Gesellschaften vollständige Freiheit in Bezug auf Gesetzgebung und Verwaltung nach Maßgabe des englischen Rechts zugestanden. Der Krone brauchte sie für ihre Anordnungen keine Rechenschaft abzulegen.

Die Leitung der Company war durch die Charter in die Hand von acht jährlich von den Theilhabern zu erwählenden Personen (Committees) gelegt. Jeder Besitzer von Aktien im Werthe von 100 Pfund Sterling hatte eine Stimme in der Generalversammlung. Das Kapital der Company, anfangs nur im Betrage von 10 500 Pfund Sterling, lag aber in so wenigen Händen, daß eine kleine Anzahl hochgestellter Männer die so gut wie vollständig unumschränkten Herrscher des nördlichsten Amerika durch diesen Schutzbrief wurden.

Die Franzosen in Canada, welche das Gebiet schon wiederholt besucht und schon 1626 von ihrer Regierung zugetheilt erhalten hatten, legten der Begründung der ersten Niederlassungen der Company an der Hudsonsbay zunächst keine Hindernisse in den Weg. Der erste Governor der Company, Baily, stand mit den französischen Nachbarn in freundlichen Beziehungen. Wahrscheinlich haben die französischen Behörden das Gebiet als zu unwirthlich betrachtet, um dafür irgend welche Aufwendungen zu machen.

In der That herrschte selbst im allersüdlichsten Punkte von Rupertsland, unter dem 51. Grad, der Winter neun Monate lang. Es konnten hier daher fast gar keine Nahrungsmittel erzeugt werden, und aller Proviant mußte den weiten Weg von England her nehmen. Von den Eingeborenen war nichts als Felle verschiedener Art und andere Jagdbeute zu haben. Am geschätztesten darunter waren die Biberpelze, von denen im Jahre oft 40 000 und mehr eingehandelt wurden. Außer ihnen wurden große Massen anderer Felle, Eiderdaunen, Walfinnen, Thran und Bibergail eingetauscht und nach England gesandt. Um ihre Geschäfte betreiben zu können, mußte die Company drei bis vier feste, allen Unbilden des Klimas trotzende Stationen anlegen, gegen 120 Angestellte unterhalten und jährlich ein bis zwei Schiffe senden, welche nur kurze Zeit in der Bay liegen konnten, wenn sie der Gefahr des Einfrierens entgehen sollten.

Trotz aller dieser natürlichen Schwierigkeiten warfen die Unternehmungen der Company recht guten Gewinn ab, und die Franzosen begannen daher bald ihre Augen ernstlicher auf die Hudsonsbay zu lenken; 1674 gründeten sie ein Fort, nur acht Tagereisen von dem englischen am Prinz Ruperts-River entfernt. Sie enthielten sich zwar direkter Angriffe, aber sie fielen der Company dadurch beschwerlich, daß sie die Preise der europäischen Waaren drückten, indem sie die Engländer beim Einkauf der Landeserzeugnisse überboten. 1682, als die Engländer in Port Nelson, am südlichsten Theile der Bay, eine Befestigung anlegten, wurden sie durch zwei französische Schiffe, die ersten, welche Hudsonsbay besuchten, überfallen. Diese nahmen das Fort und schafften die Engländer als Gefangene nach Canada. Auf die Beschwerden der englischen Regierung hin erklärte Frankreich, der betreffenden Expedition fern zu stehen. Sie sei von Seeräubern ausgegangen. Es ist nicht bekannt geworden, ob die Company eine Genugthuung erfahren hat.

Die Gesellschaft hatte damals Forts am Ruperts River, Albany River, Port Nelson, New Severn, Hays Island sowie auf Charlton Isle, wo die Hauptmagazine waren. Wiederholt machte sie bei den großen Kosten der Lebensmittelversorgung Versuche, an der Bay Getreide und Gemüse zu pflanzen, doch schlug das stets fehl. 1686 überfiel Frankreich das Hudson-Gebiet von Canada aus zu Land aufs Neue und mit solchem Erfolg, daß alle Forts außer Port Nelson in seine Hände fielen. Indessen ließ es sich 1687 zu Verhandlungen herbei, in denen das Recht Englands auf jene Gebiete nachgewiesen wurde. Frankreich versprach darauf Rückgabe der Forts, behielt aber trotz seiner Zusage das eine, Fort Charles, im Besitz und zahlte der Company, welche ihren Schaden auf 108 000 Pfund Sterling berechnete, niemals einen Heller Entschädigung.

Die „Petition and Declaration of Rights and Liberties" raubte der Hudsonsbay Company ebenso wie allen andern vom Parlament nicht bestätigten Gesellschaften ihre Monopolrechte und eröffnete ihr Gebiet jedem Engländer. Das Parlament ließ die Charter der Company 1690 nur noch für 7 Jahre in Kraft. Von da an fand keine ausdrückliche Bestätigung statt, doch wurde die Company immer stillschweigend anerkannt und sie besaß durch ihre festen Stationen im Gebiete der Hudsonsbay, ihre des Landes kundigen Angestellten und ihre alten Beziehungen so große Vortheile, daß kein privater Händler daran denken konnte, mit Erfolg neben ihr zu arbeiten. Sie setzte daher ihre Geschäfte ungestört fort. 1693 eroberte sie mit Hülfe der Regierung alle ihre Forts von den Franzosen zurück. Es gelang diesen freilich noch im selben Jahre, die Engländer zu besiegen und sich wieder zu Herren der Forts zu machen. 1696 gewann England diesen Besitz zurück, überließ ihn jedoch im Ryswicker Frieden Frankreich, welches bald das ganze Gebiet außer Fort Albany in Besitz nahm. Erst der Utrechter Frieden brachte es 1713 wieder an England. Eine Kommission sollte nach dem Friedensvertrage die Grenzen zwischen Canada und dem Gebiet der Company binnen Jahresfrist feststellen; einer andern war die Bemessung der Entschädigung übertragen, welche die Company für die Nachtheile erhalten sollte, die ihr von Frankreichs Seite nach Abschluß des Friedens noch zugefügt worden waren.

Obwohl diese beide Bestimmungen des Vertrages ebenso wenig wie Abgrenzung der übrigen amerikanischen Besitzungen beider Staaten zur Ausführung gelangt ist, nahmen die Geschäfte der Company von da an bald einen erfreulichen Aufschwung. Alljährlich gingen 3 Schiffe von London nach der Hudsons-Bay, beladen mit Wollzeug, Pulver, Waffen und Schnaps. Sie brachten Massen von Pelzwerk, Federn, Thran zurück, die guten Absatz fanden. Die

Thätigkeit der Gesellschaft blieb ungestört, bis 1741 der frühere Governor von Nordcarolina, ein Irländer **Arthur Dobbs**, eine Agitation für einen neuen Versuch, die nordwestliche Durchfahrt nach Ostasien zu suchen, eröffnete. Er wies wieder mit den alten Gründen die große Wichtigkeit eines solchen Wasserweges für England nach und fand, da England eben mit Spanien in neuen Krieg verwickelt war und am Vorabend eines solchen mit Frankreich stand, wodurch seine Schiffahrt wieder mit vielen Verlusten bedroht war, trotz der gemachten schlechten Erfahrungen, Gehör an den maßgebenden Stellen. Der König und das Ministerium wiesen den Admiralty Board an, zwei Schiffe unter Führung des Kapitäns **Christopher Middleton**, der 20 Jahre im Dienst der Hudson Company gestanden hatte, nach dem nördlichen Amerika zu schicken. Die Expedition sollte auf ihrem Wege überall geeignete Plätze durch Kauf von den Eingeborenen oder, wo solche fehlten, durch Errichtung von Inschrifttafeln für England erwerben und soweit wie möglich vordringen. Wenn sie auf japanische Schiffe treffe und einen Angriff fürchte, sollte sie umkehren und auf Verstärkungen warten.

Middleton trat seine Fahrt 1741 an, überwinterte an der Hudsons-Bay im Fort am Churchill River und segelte 1742 bis 66° 50′ nach Norden. Er fand zwar einen von Westen einmündenden Fluß, nachdem er sich aber überzeugt, daß es eben nur ein Fluß und kein nach dem stillen Meer führender Kanal war, kehrte er nach England zurück. Dieses Ergebniß erregte nun größten Zorn bei Mr. Dobbs. Er beschuldigte Middleton und die Company, im Einverständniß zu sein und das Auffinden der gesuchten Durchfahrt absichtlich zu hindern oder gar ihr Vorhandensein geheim zu halten, weil die Gesellschaft davon Durchbrechung ihres noch immer geübten Monopols befürchte. Sie verkaufe ihre Waaren an die Anwohner der Bay mit 2000% Nutzen und schädige somit diese wie ganz England. Er behauptete rundweg, daß der von Middleton gesehene Fluß der gesuchte Weg sei, begründete das mit allerlei von ihm ins Feld geführten angeblichen Beobachtungen und verlangte Auflösung der Company. Umsonst veröffentlichte Middleton die getreue Schilderung des von ihm an Ort und Stelle Gesehenen; Dobbs, der niemals dort war, blieb bei seinen Behauptungen und fand, wie immer in solchen Fällen, wohl auch Gläubige.

Bei Gelegenheit dieses in Flugschriften und Zeitungen geführten

Streites sind manche näheren Angaben über den Umfang des Geschäftsbetriebs der Hudsons Bay Company gegen Mitte des vorigen Jahrhunderts veröffentlicht worden. Sie hat danach im Jahre 1743 Felle im Werthe von 33 296 Pfund Sterling nach England eingeführt und 1737 für 4100, 1738 für 3870 Pfund Sterling Waaren nach der Bay exportirt. Der Unterhalt ihrer vier befestigten Stationen, sonstigen Niederlassungen sowie des 120 Köpfe zählenden Personals ꝛc. kostete jährlich etwa 20 000 Pfund Sterling. Nicht mit Unrecht wurde darauf hingewiesen, daß bei Aufhebung der Company der Unterhalt der Befestigungen und Niederlassungen der englischen Staatskasse recht erhebliche Opfer kosten würde, und gleichzeitig darauf aufmerksam gemacht, daß die vielleicht vorhandene Wasserstraße nach Ostasien sich sehr leicht entweder infolge der Eisverhältnisse oder wegen sonstiger natürlicher Hindernisse für die Schifffahrt als unbenutzbar erweisen könnte.

Es ist denn auch trotz aller Bemühungen des Mr. Dobbs ein ernstlicher Schritt gegen die Gesellschaft nicht geschehen. Die Agitation für Aufsuchung der Durchfahrt dauerte aber fort und erzielte schließlich den Erfolg, daß 1745 das Parlament eine Prämie von 20 000 Pfund Sterling für Entdeckung eines Wasserwegs von Hudsons-Bay nach dem Stillen Ocean aussetzte.

Geholfen hat dieser Parlamentsbeschluß auch nichts. Die nordwestliche Durchfahrt blieb auch ferner unentdeckt. Aber die Freunde dieses Gedankens blieben unentmuthigt und beschuldigten immer wieder die Hudsons Bay Company, aus Eifersucht die Entdeckung zu verhindern. Sie warben Anhänger in verschiedenen Städten und erwirkten eine Anzahl von Petitionen um gänzliche Aufhebung der Gesellschaft. Das Parlament ließ sich 1749 herbei, einen Ausschuß mit der Prüfung der Angelegenheit zu betrauen. Er sollte besonders feststellen, ob eine Erweiterung und Hebung des Handels von Aufhebung der Company zu erwarten stehe. Eine Reihe von Sachkennern wurde zu diesem Zweck vernommen. Es fand sich zwar ein früherer Aufseher der Company, welcher sie beschuldigte, nichts zur Erschließung und genügenden Ausbeutung ihrer Gebiete zu thun, die er als reich und fruchtbar schilderte, und alle Privatunternehmer gewaltsam fernzuhalten. Die Mehrzahl der Zeugen meinte indessen, daß die Company so viel Regsamkeit entfalte, als ihr beschränktes Kapital erlaube. Man drückte sich über die Aussichten bei Freigabe des Handels sehr zweifelnd aus und fürchtete davon eher eine Förderung des französischen Mitbewerbs. Auch hinsichtlich des Vorhandenseins einer Durchfahrt wurden große Zweifel laut. Der Ausschuß erklärte sich daher dafür, Alles beim Alten zu belassen. Das Parlament trat diesem Vorschlage bei.

Die Eroberung Canadas und seine förmliche Abtretung durch Frankreich 1763 übte auf das Gebiet der Company insofern eine Wirkung, als nunmehr immer zahlreichere englische Händler aus den amerikanischen Kolonien zu Lande Handelszüge bis zur Hudsons-Bay ausführten. Ihr Mitbewerb schädigte die Geschäfte der Company. Während sie bis dahin ruhig in ihren Stationen die Ankunft der Indianer, welche ihre Jagdbeute brachten, abgewartet und sich wenig um Erforschung des Landes gekümmert hatte, begann sie daher jetzt, darin etwas regsamer zu werden. 1769 sandte sie einen Beamten Samuel Hearne aus, der im Laufe mehrerer Jahre unter großen Schwierigkeiten den Coppermine-Fluß bis zu seiner Mündung erforschte und als erster Europäer das Polarmeer in jenen Gebieten erblickte.

Wie erst in unserem Jahrhundert im britischen Parlament festgestellt worden ist, hat die Hudsons Bay Company fast immer sehr gute Geschäfte gemacht. Von 1690 bis 1800 hat sie im Durchschnitt gerechnet jährlich 60 bis 70 pCt. Dividende gezahlt. Von 1670 bis 1690 betrugen ihre Gewinne 118 000 Pfund Sterling ungeachtet der ihr von den Franzosen verursachten Verluste. 1690 hat sie, gestützt auf ihre reichen Vorräthe und Aussichten, ihr Kapital von 10 500 Pfund Sterling auf 31 500 erhöht, ohne daß die Aktionäre zuzahlten. 1720 forderte sie von ihnen 10 pCt. ein und setzte dafür das Kapital auf einen Werth von 94 500 Pfund Sterling fest. Bei einer neuen Subskription wurde jeder Aktie von 100 Pfund Sterling ein Werth von 300 verliehen!

Sechstes Kapitel.

Westindien.

Jamaica, die Perle der englischen Besitzungen in Westindien, erhielt 1687 zum Governor den verarmten und heruntergekommenen einzigen Sohn des Generals Monk, Christopher Duke of Albemarle. Charles II. wollte seine ewigen Bittgesuche los sein und ihn versorgen. In der That hat der Duke, trotzdem er bald starb, seine Stellung genügend auszunutzen verstanden. Er vereinigte sich nämlich mit Leuten, die das Wrack eines spanischen Silberschiffs auf einem Riff entdeckt hatten, und zog aus ihm angeblich einige 20 Tonnen Silber. Den Kolonisten gegenüber verhielt er sich wie die meisten der Governors der Insel anmaßend und herrisch.

Unverständlich ist das nicht, wenn man erwägt, daß Seeräuber und Sklavenhändler die einflußreichsten Bewohner Jamaicas waren. Port Royal, der auf einer Landzunge gelegene Hauptort, war ebenso berühmt wegen seines Reichthums wie wegen der Sittenlosigkeit seiner Bewohner. Das ausgelassene Leben der Stadt fand ein plötzliches Ende 1692. Am 7. Juni jenes Jahres verwüstete ein fürchterliches Erdbeben Port Royal. Von seinen etwa 3000 Häusern blieben nur 200 und die Festung unversehrt. Sehr viele Reichthümer, alle Archive und viele Menschen wurden unter den Trümmern und im Meer begraben. Die Geretteten wurden noch durch eine Seuche dezimirt. Ein Theil von ihnen zog nach dem Festlande, wo er den Grund zur jetzigen Hauptstadt Kingston legte.

Noch war der durch das Erdbeben erlittene Schlag nicht verwunden, so erschien im Sommer 1694 eine französische Flotte aus Haiti in Cow Bay, landete 800 Mann und begann das Land zu verwüsten. Die Pflanzungen wurden verbrannt, die Pflanzer und ihre Sklaven gefangen und gemißhandelt. Erst in Carlisle Bay traten englische Milizen den Franzosen entgegen, schlugen sie und zwangen sie zur Abfahrt. Für den angerichteten Schaden war aber kein Ersatz zu gewinnen. Im Jahre 1702 hofften die Kolonisten auf Rache an den Feinden, als Admiral Benbow mit seiner Flotte von Port Royal auslief, um die Franzosen anzugreifen. Benbow zog aber in der Schlacht den Kürzeren. Er kehrte besiegt nach Jamaica zurück, wo er seinen Wunden erlag. Im Jahre darauf vernichtete eine Feuersbrunst Port Royal zum zweiten Male. Infolgedessen zog sich der ganze Verkehr nach Kingston,*) welches bald der

*) Kingston wurde 1755 politische Hauptstadt. Nach drei Jahren übernahm Spanish Town diese Rolle. 1872 wurde wieder Kingston Sitz der Behörden.

Hauptplatz des Handels wurde wie Spanish Town der Mittelpunkt der Pflanzungsinteressen.

Die spätere Geschichte Jamaicas charakterisirt der offizielle Geschichtsschreiber R. M. Martin in Uebereinstimmung mit anderen Historikern als eine „traurige Folge von Unglücksfällen, Zwietracht und Mißwirthschaft, die letztere hauptsächlich verursacht durch die Laster oder Unfähigkeit der zu Governors ernannten Personen, welche trotz ihres gewöhnlich hohen Ranges eher in der Absicht, ihrer schlechten Vermögenslage durch das schöne Einkommen dieses Postens aufzuhelfen, als zum Besten der Insel ausgewählt worden zu sein scheinen". Unter den Unglücksfällen spielen Wirbelstürme und Erdbeben die Hauptrolle. Erstere haben besonders 1712 und 1722 sowie 1744, 1780, 1781, 1784, 1785 und 1786 Jamaica furchtbar heimgesucht. Unter den Folgen der Mißwirthschaft stehen Sklavenaufstände obenan. Nicht weniger als 19 große Empörungen von Schwarzen haben im 18. Jahrhundert allein hier stattgefunden. Daneben spielten sich noch zahllose kleinere Erhebungen auf einzelnen Pflanzungen ab.

Die Zahl der Negersklaven war zur Zeit der Eroberung Jamaicas durch die Engländer nicht groß. Noch 1673 gab es hier nur 9500 Neger neben 7700 Weißen. Erst infolge der Errichtung der königlichen Afrika Company, welche den Sklavenhandel im Großen betrieb, und des Abschlusses des Assiento-Vertrags wuchs die Menge der schwarzen Bevölkerung rasch. 1698 waren von den 47 300 Bewohnern der Insel nicht weniger als 40 000 Schwarze. In den nächsten zehn Jahren wurden weitere 44 300 Neger eingeführt. Wenn sie auch großentheils wieder nach anderen Kolonien verkauft wurden, erschien ihre Zunahme doch schon so bedenklich, daß ein Gesetz von 1704 die Pflanzer verpflichtete, auf je 300 Neger 14 weiße Knechte zu halten. 1709 bis 1775 wurden im Ganzen 472 700 Neger nach der Insel gebracht. Der Governor Keith stellte 1775 die Bevölkerung auf 12 700 Weiße, 4000 freie Neger und mindestens 192 000 Sklaven fest.

Infolge der großen Zufuhr waren die Preise der Sklaven hier sehr niedrig. Man bezahlte nur 600 bis 1000 Mark für den Mann. Es war somit billiger, die Leute zu kaufen als lange zu ernähren. Die Jamaicapflanzer hatten daher auch nicht das anderweitig vorhandene Interesse, ihre Neger durch gute Behandlung möglichst lange zu erhalten. Sie nutzten sie vielmehr aufs Aeußerste aus, mißhandelten sie bei jedem Anlaß und ernährten sie denkbarst mangelhaft. Obwohl den gequälten Schwarzen in Jamaica während des 18. Jahrhunderts nie ein Anwalt erstand, und alle Klassen der Bevölkerung stillschweigend dem Unwesen zusahen, liegen doch Beweise genug für die furchtbare Grausamkeit, mit welcher hier die Sklaven behandelt wurden, vor.

Die Sklavengesetzgebung, der „Code noir", von Jamaica allein legt genügend davon Zeugniß ab. Besitz von Waffen, Aufnahme gestohlener Sachen, Weglaufversuche, Verstecken eines entflohenen Sklaven und Aehnliches wurden danach mit Verstümmelung oder dem Tode bestraft. Von Aburtheilung durch Geschworne war keine Rede. Die Pflanzer machten die Gesetze, fällten die Urtheile und führten sie aus. Zwei Friedensrichter und drei Grundbesitzer vereint konnten ohne Weiteres auf Tod erkennen. Den Sklaven war verboten, ihre Pflanzungen ohne einen besonderen Erlaubnißschein zu verlassen; jedes Spiel zu ihrer Belustigung oder Musikmachen wurde ihnen im Lauf der Jahre untersagt. Kein Sklave konnte gegen einen Weißen Zeugniß ablegen. Verkauf von Land an Neger war gesetzlich unzulässig. Mulatten durften Grundbesitz höchstens bis zum Werth von 2000 Pfund Sterling erwerben. Freie Neger und Mulatten mußten stets ein blaues Kreuz an der Schulter tragen und durften nichts als Fische und Milch verkaufen. Falls ein Pflanzer zahlungsunfähig war, konnte der Gläubiger ohne Weiteres seine Sklaven wegnehmen. Von Fürsorge für Schulbildung oder Religion der Neger war gar keine Rede. Grausame Prügelstrafen wurden wegen jeder Kleinigkeit verhängt. Die weiblichen Sklaven dienten der gröbsten Unsittlichkeit. Die Tödtung von Negern war so gut wie straflos, da das Zeugniß von Schwarzen nicht galt. Ja, da die Gemeinden für alle in ihrem Bezirk hingerichteten Sklaven Ersatz zahlen mußten, brauchte der Pflanzer unbrauchbare Neger nur wegen irgend eines angeblichen Verbrechens aburtheilen zu lassen, um einen neuen zu bekommen! Jeden beim Stehlen, Davonlaufen oder bei Nacht auf der Straße betroffenen Neger durfte man ohnedies tödten. Die infolge der Sklaverei besonders häufigen Ausschweifungen, das üppige, bequeme Leben und der hier sehr verbreitete Genuß von Opium untergruben die Gesundheit der weißen Bevölkerung. Außer den mittelbaren Folgen hatte aber das in Jamaica übliche System die erwähnten Aufstände zur Folge.

Die zu Tode gequälten Neger flohen gelegentlich in die Berge, wo noch immer die Reste der spanischen Neger, die Maroons, hausten und fielen trotz aller Truppen, Milizen und Bluthunde gelegentlich über die Pflanzungen her. Die ewigen Angriffe und Blutthaten der Neger zwangen die Kolonisten, nach langen Kämpfen mit den Maroons 1738 einen förmlichen Frieden zu schließen, worin sie ihnen gegen das Versprechen, flüchtige Sklaven in Zukunft auszuliefern, größere Strecken Land übergaben. Der Friedensschluß vermochte weiteren Sklavenerhebungen nicht vorzubeugen. 1760 kam es sogar zu einem Aufstand von noch nicht dagewesenem Umfange, welcher 60 Weißen und etwa 1000 Schwarzen das Leben kostete. Seine Niederwerfung soll etwa 215 000 Pfund Sterling verschlungen haben. Die Greuel, welche dabei verübt worden sind, spotten jeder Beschreibung. Die Kolonisten haben die gefangenen Sklaven lebendig gekreuzigt, wobei die Unglücklichen manchmal zehn Tage in glühender Sonne mit dem Tod kämpften, oder gliedweise verbrannt.

Der Wohlstand Jamaicas wurde im vorigen Jahrhundert hauptsächlich von dem Ausfall der Zuckerrohrernte, der Lage des Zuckermarktes und der jeweiligen Handhabung der englischen Schifffahrtsgesetze beeinflußt. Daneben trugen auch die Erfolge der englischen Kaperschiffe und Expeditionen, welche gelegentlich von hier ausgingen, zu dem Gedeihen der Insel bei. 1739 wurde von hier aus ein Angriff auf die spanischen Besitzungen ausgeführt, und 1762 lief die gegen Havanna ausgerüstete Flotte von Port Royal aus. Ein großer Theil der Beute wurde hier verjubelt. — Ernstliche Angriffe von außen haben nicht mehr stattgefunden. Nur 1720 sind einmal Seeräuber von Cuba, die Picaroons, in Jamaica erschienen und haben einige Dörfer verwüstet, und gelegentlich haben spanische Kaperschiffe sich gezeigt.

Was das Verhältniß der Insel zu England anlangt, so ist 1728 mit der englischen Krone eine Verständigung herbeigeführt worden. Nach jahrelangem hartnäckigen Widerstand der gesetzgebenden Versammlung gegen Beeinträchtigung ihrer Rechte und Freiheiten durch die Governors oder den König, wobei wiederholt der Erlaß von Gesetzen durch die Versammlung der Kolonisten unmöglich gemacht wurde, kam 1728 ein Ausgleich zu Stande, welcher als die Magna Charta Jamaicas gilt. Die gesetzgebende Versammlung verpflichtete sich darin, jährlich der Krone ein festes Einkommen von 8000 Pfund Sterling aus Zöllen und Grundsteuer (Quitrents) zu gewähren, wofür der König die in Jamaica bestehenden Gesetze anerkannte und erklärte:

„all such laws and statutes of England as have been at any time esteemed, introduced, used, accepted or received as laws in the island, shall, and are hereby declared to be, and continue, laws of this His Majesty's Island of Jamaica for ever."

Von diesem Zeitpunkt an ist Jamaica ebenso wie die anderen britischen Kolonien Westindiens durch Governor, Council und gesetzgebende Versammlung fast ohne Einmischung des Mutterlandes regiert worden. Die gesetzgebende Versammlung der Bürger hat sich insbesondere in finanziellen Fragen eifersüchtig jeder Beeinflussung entzogen und hat bei gesetzgeberischen Akten dem Governor und seinem Council nie mehr als das Vetorecht eingeräumt. Die englische Regierung besaß hier wie im übrigen Westindien als Vertreter ihrer Interessen und Auffassungen nur die vom König ernannten Governors und das zum Theil von diesen besetzte Council. Erstere ernannten und suspendirten die Richter, beriefen und vertagten die Generalversammlungen und besetzten die meisten Beamtenstellen, soweit das nicht von England aus geschah. Bei Gelegenheit der Vereinbarung mit der Krone wurde dem Governor ein Einkommen von 6000 Pfund Sterling durch die gesetzgebende Versammlung bewilligt. Das Council bestand aus 12 Mitgliedern und war gleichzeitig der Beirath des Governors und Oberhaus.

1753 ist es noch einmal zu einem ernstlichen Konflikt zwischen der gesetzgebenden Versammlung und dem Governor gekommen, weil Letzterer in wichtigen Handels- und Schifffahrtsgesetzen und dergleichen die Bestätigung der Krone vorbehalten wollte. Das britische Parlament trat 1759 auf Seite der Auffassung des Governors und verwarf den entgegengesetzten Beschluß der Versammlung Jamaicas, als zuwider den Rechten der Krone und des Volks Großbritanniens. Trotzdem hat es aber auch in der Folge an Konflikten nicht gefehlt.

Eingetheilt war die Insel im vorigen Jahrhundert in drei Counties (Grafschaften) Middlesex, Surry und Cornwall. Die erstere zerfiel in 8 Kirchspiele (Parishes) 1 Stadt (St. Jago de Vega oder Spanish Town) und 13 Dörfer; die zweite in 7 Kirchspiele, 2 Städte (Kingston und Port Royal), sowie 8 Dörfer; Cornwall endlich in 5 Kirchspiele, 3 Städte (Savanna La Mar, Montego Bay und Falmouth) und 6 Dörfer. Die 20 Kirchspiele hatten 18 Kirchen zusammen und jedes einen Geistlichen mit 200 bis 300 Pfund Sterling Gehalt.

In Spanish Town fand viermal im Jahre die Sitzung des Obergerichts statt. Der Oberrichter erhielt 120 Pfund Sterling Gehalt, aber die Sporteln brachten ihm etwa 3000 Pfund Sterling. Die anderen Richter waren Pflanzer und Privatleute, die keine Entschädigung bekamen. Geschworenengerichte wurden alle drei Monate in den Hauptorten abgehalten.

Am besten von den Beamten standen sich der Sekretär der Insel, welcher dem office of enrollment vorstand, wo die Listen aller Personen geführt, Testamente, Akte ꝛc. niedergelegt wurden; der Provost-Marshal-General, welcher die Geschäfte des High Sheriffs besorgte, und der Sekretär des obersten Gerichts. Letzterer hatte etwa 9000 Pfund, der Provost 7000, der Sekretär der Insel 6000 Pfund Sterl. jährliche Einnahmen. Diese und andere Stellen wurden dabei nicht durch den eigentlichen von der Krone oder dem Governor ernannten Inhaber verwaltet, sondern sie wurden irgend einem einflußreichen Mann in England verliehen, der sie dann an den Meistbietenden verpachtete! Im Ganzen flossen so jährlich etwa 30000 Pfund Sterling an die abwesenden Aemterinhaber in England! Natürlich führte hier dies System zu denselben Mißbräuchen wie sie in anderen Ländern wo Käuflichkeit der Aemter bestand, beobachtet worden sind. Bestechlichkeit und Erpressungen waren an der Tagesordnung. Die Aemter wurden von den Pächtern begreiflicherweise eben nur als Geldquellen betrachtet.

Die Einnahmequellen Jamaicas bestanden: 1. aus einer Steuer von 20 Schilling für jeden eingeführten Neger, 2. einer Ausschanksteuer für Spirituosen, 3. aus den Strafgeldern für die Nichtverwendung der vorgeschriebenen Zahl weißer Knechte in den Pflanzungen. (Wie erwähnt, sollte je 1 Weißer auf 30 Neger gehalten werden. Die Pflanzer zahlten aber lieber die Strafe von 13 bis 26 Pfund Sterling jährlich für jeden zu wenig engagirten Weißen, als das Gesetz streng zu beachten), 4. aus Stempelgebühren verschiedener Art.

Die Einfuhr Englands in Jamaica hatte nach einem amtlichen Nachweis aus dem Jahre 1734 in den Jahren 1728 bis 1732 durchschnittlich jährlich einen Werth von 147 600 Pfund Sterling, während Jamaica jährlich damals für etwa 539 500 Pfund Sterling Waaren nach England ausführte. 1744 hatte der Export der Insel einen Werth von etwa 600 000 Pfund Sterling, 1768 von 1 400 000 Pfund Sterling, für 1787 wird der Werth der Ausfuhr auf 2 Millionen Pfund Sterling veranschlagt. Zucker spielte darunter eine Hauptrolle. 1739 wurden davon 33 155 Hogsheads (zu 14 Centner); 1744: 35 000 (zu 14 Centner) 1768: 55 761 (zu 16 Centner); 1774; 78 304; 1790: 105 400 ausgeführt. Der Kaffeeexport*) belief sich 1768 auf 420 000 Pfund, 1774 auf 739 039, 1790 auf 1 783 700 Pfund.

Ein großer Theil des Handels Jamaicas spielte sich mit Spanisch Amerika ab. Bei strenger Handhabung der Schifffahrtsgesetze wäre dieser Verkehr unmöglich gewesen. Da aber die Spanier nach Jamaica Metallgeld, Vieh und Pferde brachten, die dort sehr erwünscht waren, und dafür englische Industrieerzeugnisse nahmen, duldeten und förderten die Behörden diesen Handel. Als 1748 die Spanier ihre koloniale Handelspolitik etwas freiheitlicher gestalteten, ließ dieser Schleichverkehr mit Jamaica nach. Aber erst als England 1764 die strenge Durchführung seiner Schifffahrtsakten anordnete und alle fremden Schiffe, die seine westindischen Kolonien besuchten, wegnehmen ließ, wurde dieser Handel sehr zum Schaden der englischen Kaufleute vernichtet. 1765 erlitt sein Export nach Jamaica infolge dieser Maßnahmen gegenüber dem Jahr 1763 eine Einbuße von 168 000 Pfund Sterling. Die Spanier frohlockten, und als infolge von Klagen im Parlamente England seine verfehlte Maßregel wieder aufhob, öffnete Spanien seine westindischen Besitzungen allen seinen europäischen Häfen und minderte so den Anreiz zum Schmuggel.

Die Geschichte von Barbados seit dem Ende des 17. Jahrhunderts ist arm an hervorstechenden Ereignissen. Der Plantagenbau blühte, der Wohlstand war allgemein. Nur gährte es auch hier unter der zahlreichen Sklavenbevölkerung. 1692 wurde eine große Verschwörung der Schwarzen durch Zufall entdeckt und mit fürchterlicher Grausamkeit bestraft. Die Sklavengesetzgebung wurde infolge-

*) Der Kaffee ist hier 1728 zuerst eingeführt und sein Bau von der Regierung gefördert worden. 1752 betrug der Export 60 000 Pfund.

dessen hier immer mehr verschärft. 1717 wurde sogar verfügt, daß ein flüchtiger Neger, der 30 Tage lang abwesend blieb, mit Abhauen eines Fußes zu bestrafen sei. Die Zahl der Sklaven wurde hier 1700 auf etwa 40 000 geschätzt, 1753 auf 69 000 veranschlagt. 1786 betrug sie nur noch 62 900. An Weißen zählte man 1724: 18 200, 1786: 16 100.

Streitigkeiten zwischen den Kolonisten und ihren Governors oder der Krone haben sich hier nicht abgespielt. Die mühelos reich gewordenen Kolonisten haben freiwillig den Beamten hohe Gehälter und bedeutende Ehrengeschenke gezahlt. Von 1687 bis 1743 sind darauf nicht weniger als 96 000 Pfund Sterling verwendet worden. Dem Mutterlande haben sie ihren guten Willen wiederholt durch Stellung von Mannschaften zu seinen Feldzügen in Westindien bewiesen.

1693 nahmen 1400 Mann aus Barbados am Angriff gegen Martinique theil, 1762 war ein Regiment von Barbados unter den Eroberern der genannten französischen Kolonie. Ein furchtbarer Wirbelsturm brachte der Insel 1780 vielen Schaden. Er vernichtete 4300 Menschenleben und Eigenthum im Werthe von 1 320 000 Pfund Sterling. Das englische Parlament bewilligte damals den Nothleidenden eine Unterstützung von 80 000 Pfund Sterling, und dazu kamen reiche Spenden von privater Seite.

Trotz mancher Heimsuchungen durch Stürme, Feuer und dergleichen im vorigen Jahrhundert erholte sich die Insel dank ihrer Fruchtbarkeit und ihres gesunden Klimas immer rasch wieder. Die Besucher schilderten sie als einen einzigen üppigen Garten. Obwohl alle Arten Früchte hier gut gediehen, war der Hauptgegenstand der Plantagenwirthschaft doch Zuckerrohr. 1736 wurden 19 800 Hogshead Zucker (zu 15 Centner), 1761 etwa 25 000 erzeugt. Der Export belief sich 1740 bis 1748 durchschnittlich im Jahr auf 13 900 Hogshead Zucker und 12 800 Puncheons Rum. 1786 wurden 8659 Hogshead Zucker und 5199 Hogshead Rum, 1787: 11 929 Hogshead Zucker und 3872 Hogshead Rum ausgeführt. Daneben wurden Ingwer, Baumwolle und Melasse exportirt. Die gesammte Ausfuhr der Insel besaß 1788 einen Werth von annähernd 540 000 Pfund Sterling.

Barbados war 1629 in 6 Kirchspiele eingetheilt worden. Schon 1645 erwies sich das als unzureichend, und es wurden 11 geschaffen.

Von den 4 Städten der Insel ist Bridgetown am raschesten emporgewachsen, obwohl es mehrmals durch Brände zerstört worden ist. Die Regierung und Verwaltung war hier ähnlich wie in Jamaica geordnet. Die gesetzgebende Versammlung bestand aber nur aus 24 Mitgliedern.

Die Barbados benachbarten Windward Islands: Sta. Lucia, St. Vincent, Grenada befanden sich zu Anfang des 18. Jahrhunderts noch in einem wenig berührten Naturzustande. Die beiden ersteren waren von Urwäldern bedeckt, in denen die Wilden und geflüchtete Neger herrschten. Hier in Granada lebten 251 Weiße und 500 Sklaven, die etwas Zucker und Indigo bauten. Die Inseln wurden von Frankreich als Zubehör Martiniques betrachtet, doch machte auch England gelegentlich Ansprüche geltend.

1718 verlieh der Regent von Frankreich dem Marechal d'Estrée einen Grant für Sta. Lucia, und der Belehnte sandte eine Expedition dorthin, welche eine Ansiedelung gründete. Kaum wurde das in England bekannt, so protestirte das Londoner Kabinet dagegen und setzte die Aufgabe des Unternehmens durch. Seinerseits theilte König George I. Sta. Lucia und St. Vincent 1722 dem Duke of Montague zu. Dieser rüstete mit einem Aufwand von angeblich 40 000 Pfd. Sterl. einige Schiffe aus und sandte eine Menge Ansiedler nach den Inseln. Als sein Bevollmächtigter Kapitän Uring aber kaum die ersten vorbereitenden Schritte zu einer Niederlassung in Sta. Lucia gethan hatte, erschien ein Bote des Generalgouverneurs von Martinique, welcher dagegen protestirte. In dem Schriftstück hieß es, daß St. Vincent nach früheren Vereinbarungen den Indianern gehören solle und Sta. Lucia Frankreichs Besitz sei. Falls die Expedition nicht gutwillig abziehe, sei der Generalgouverneur ermächtigt, sie mit den Waffen dazu zu zwingen. Da kurz darauf 2000 französische Soldaten aus Martinique erschienen, zog Uring vor, nachzugeben. Beide Theile versprachen sich, Alles beim Alten zu lassen, bis die Regierungen eine Einigung erzielt hätten. Uring sandte allerdings noch ein Schiff nach St. Vincent, um dort sein Heil zu versuchen, aber es zeigte sich, daß auch hier die Franzosen Vorsorge getroffen hatten. Die Indianer wollten von einer englischen Ansiedelung nichts hören.

Uring mußte unverrichteter Sache nach England zurückkehren. Eine diplomatische Verhandlung folgte, aber sie zeitigte kein anderes

Ergebniß, als daß beide Staaten 1730 Befehl gaben, daß die Inseln Dominica, Sta. Lucia und St. Vincent vor der Hand von allen beiderseitigen Unterthanen geräumt werden sollten. In den betreffenden Aktenstücken sprach sich England ein „unzweifelhaftes“ Recht auf alle drei, Frankreich ein solches auf Sta. Lucia zu. Im Aachener Frieden von 1748 wurden diese Abmachungen erneuert und die genannten drei Inseln sowie Tabago als neutral und den Indianern gehörig bezeichnet.

Der Anspruch Frankreichs auf Grenada wurde während dieser Zeit nicht angefochten. Die Insel wurde wenig beachtet, da sie fast keinen Zucker sondern nur etwas Tabak hervorbrachte und hauptsächlich vom Schmuggel mit den Holländern lebte. 1753 hatte Granada erst eine Bevölkerung von 1200 Weißen und 12 000 Negern.

Der Krieg zwischen England und Frankreich, welcher 1756 ausbrach, entschied den Streit über den Besitz der Windward Islands. 1762 fiel der Sitz der französischen Herrschaft, Martinique, den Engländern in die Hände, und in rascher Folge wurden Grenada, St. Vincent und Sta. Lucia nun von ihnen besetzt. Im Pariser Frieden gab England Martinique und Sta. Lucia an Frankreich zurück, behielt aber Granada und St. Vincent. Auch Tabago und Dominica wurden englisch, und die englische Regierung vereinigte die vier Inseln 1763 zu einem Government. Erst 1770 wurde Dominica davon wieder abgelöst.

1763 zählte St. Vincent 800 Weiße und 3000 Neger und Indianer. Sein Export nach Europa wurde auf 63 000 Pfund Sterling im Jahre veranschlagt. Grenada führte damals jährlich etwa 10 000 Hogsheads Zucker (zu 15 Centner) und gegen 27 000 Pfund Indigo aus. Tabago, welches lange dem Herzog von Kurland gehört hatte, befand sich damals noch in den Anfängen seiner Entwickelung.

Die englische Regierung gab 1763 den zum Government Grenada vereinigten Inseln eine ähnliche Verfassung, wie sie seine anderen westindischen Besitzungen genossen und wie sie seinen Frankreich gegebenen Zusicherungen entsprach. Danach sollten die Europäer dieser Inseln die Rechte englischer Bürger genießen und in gleicher Weise wie die englischen Unterthanen auf den Leeward Islands zu Steuern herangezogen werden. Sie sollten hinsichtlich der Religion wie die Canadier behandelt werden und im Uebrigen, falls sie auswandern wollten, das ungehindert thun können.

1765 trat auf Grenada zum ersten Male eine gesetzgebende Versammlung zusammen. Dieses Parlament gerieth sofort in Streit mit der britischen Regierung. Die letztere erachtete sich nämlich nach dem Wortlaut des Vertrages mit Frankreich für berechtigt, diesen Inseln ohne Weiteres den 4½ prozentigen Ausfuhrzoll aufzuerlegen, den Barbados zahlte, und betonte besonders, daß sie ja den das Government Grenada bildenden Inseln als erobertem Lande noch weit schärfere Verpflichtungen hätte auferlegen können. Die Mitglieder der Versammlung erklärten dem gegenüber, daß einer Kolonie, die eine eigene gesetzgeberische Körperschaft besitze, keine Steuer ohne ihre Zustimmung auferlegt werden könne, und beharrten so fest auf ihrem Standpunkt, daß die Angelegenheit schließlich vor den Gerichtshof der Kings Bench in London kam. Nach langen Verhandlungen sprach sich das Gericht 1774 gegen die Krone aus, und der Zoll wurde in Grenada, Dominica, St. Vincent und Tabago wieder abgeschafft! Das Urtheil des Lord Chief Justice beruhte aber nicht auf Anerkennung der Ansprüche der Insulaner sondern lediglich auf dem Umstand, daß die Krone nach *vorheriger Ertheilung* der verfassungsmäßigen Rechte an die Kolonie zu der Einführung der Steuer ohne Zustimmung des Parlaments der Kolonie nicht befugt gewesen sei.

Eine weitere Maßregel der englischen Regierung nach der Eroberung in diesem Theil Westindiens war Erklärung alles herrenlosen Landes zu Kronland und Verkauf des letzteren. Hierdurch wurden besonders in den Inseln mit starker einheimischer Bevölkerung, wie noch zu erwähnen sein wird, Unruhen verursacht.

In *Grenada* spielten sich in der Folge noch heftige Zwistigkeiten zwischen den Engländern und den dort ansässigen katholischen Franzosen ab, denen die Regierung Sitz im Council und Parlament gewährte. Von den etwa 80 000 Acres bebaubaren Landes in Granada waren 1776: 60 000 in Kultur. 72 141 zahlten Grundsteuer. Im selben Jahre wurden 23 280 000 Pfund Zucker, 818 700 Gallonen Rum, 1 827 000 Pfund Kaffee, 457 000 Pfund Kakao, 91 900 Pfund Baumwolle, 27 600 Pfund Indigo, im Ganzen etwa für 600 000 Pfund Sterling aus diesem Government ausgeführt. Es gab 106 Zuckerpflanzungen mit 18 293 Negern. Trotz aller Fruchtbarkeit des Landes waren aber die Pflanzer tief verschuldet. 1773 wurden ihre Hypothekenschulden auf 1½ Millionen Pfund

Sterling veranschlagt. Die weiße Bevölkerung Granadas betrug 1771: 1600, im Jahre 1777 etwa 1700. Die Sklavenzahl wurde 1779 auf 35 000, 1785 nur noch auf 23 900 veranschlagt.

1779 fiel Granada den Franzosen für einige Jahre in die Hände.

In St. Vincent machte die Regelung des Verhältnisses zu den Resten der Eingeborenen und den hier zahlreich in Freiheit lebenden Negern, welche sich als Herren des Landes fühlten, anfangs viele Schwierigkeiten. Um die Kriegskosten zu decken, ließ nämlich die englische Regierung alles nach ihrer Ansicht herrenlose Land verkaufen. 24 000 Acres schenkte sie einem Mr. Swinburne und dem General Monckton; der Rest von 20 538 Acres wurde für 162 854 Pfund Sterling an Privatleute verkauft.*) Auf diese Weise blieben für die Indianer und freien Neger nur noch Berg, Wald und Sumpf übrig. Ihre Ansprüche auf Theile des verkauften Gebiets wurden stillschweigend nicht beachtet, obwohl die Krone angeordnet hatte, das ihnen gehörige Land nicht anzutasten. Die Folge waren blutige Zusammenstöße mit den Eingeborenen. 1772 mußten englische Truppen gegen sie ins Feld geführt werden. Schließlich griff aber das englische Parlament ein und erklärte die Eingeborenen als in ihrem Rechte befindlich. Es wurden daher Verhandlungen eingeleitet und 1773 ein förmlicher Friede abgeschlossen. Die Eingeborenen erkannten darin Englands Herrschaft an und versprachen Auslieferung flüchtiger Sklaven. Hierfür wurde ihnen genügend Land, Fischereirecht und dergl. zugewiesen und bestimmt, daß kein Weißer ohne Erlaubniß bei ihnen sich niederlassen dürfe.

1776 wurde die Insel zu einem selbständigen Government gemacht. Sie besaß damals eine Stadt Kingston und drei größere Dörfer. Die Bevölkerung zählte 1450 Weiße und 11 800 Neger. 1787 besaß ihre Ausfuhr einen Werth von 186 000 Pfund Sterling. Besonders berühmt war der botanische Garten der Insel. 1779 fiel sie ebenfalls den Franzosen in die Hände.

Tabago ist im 17. Jahrhundert der Gegenstand vieler Kämpfe

---

*) Minimalpreis war 5 Pfund Sterling für den Acre abgeholztes Land und 20 Schilling für einen Acre Wald. 20 pCt. mußten angezahlt werden und 1 Sixpence pro Acre für Vermessung. Für je 100 Acres mußte ein weißer Mann oder zwei weiße Frauen gehalten werden. Manches Land wurde mit 50 Pfund Sterling für den Acre bezahlt.

gewesen. England hatte im Anfang des Jahrhunderts Niederlassungen daselbst beabsichtigt, aber nicht wirklich errichtet. Es waren Holländer und der Herzog von Kurland, welche hier die Kolonisation begannen. Später machten außer Holland auch Frankreich und England hier Ansprüche geltend. 1672 eroberte Lord Willoughby sie von Barbados aus. Nach kurzer Zeit setzten sich aber wieder Holländer auf der Insel fest, die 1677 von Frankreich besiegt wurden. Der Nimwegener Friede brachte Tabago an Holland zurück. Aber 1682 machte der Herzog von Kurland seine Rechte aufs Neue geltend und verkaufte einer Londoner Company, an deren Spitze ein Kapitän John Poyntz stand, 120 000 Acres Land auf der Insel. Man wußte damals also noch gar nicht, daß sie überhaupt nur 74 000 Acres Fläche besaß.

Die Company machte lebhafte Reklame für Tabago und suchte durch glänzende Schilderungen Auswanderer dahin zu lenken. Trotzdem sie vorrechnete, wie ein Kapital von 100 Pfund Sterling dort in sieben Jahren auf 5000 Pfund Sterling anwachse, fand sie jedoch wenig Anklang, und die Insel blieb lange Zeit sich selbst überlassen. 1748 machte Frankreich den Versuch, sich darauf festzusetzen, gab infolge eines englischen Protestes diese Absicht indessen wieder auf. Tabago wurde dann im Aachener Frieden, wie erwähnt, neutral erklärt. 1762 besetzten es englische Truppen und im folgenden Jahr wurde es englisches Eigenthum. Tabago soll damals fast ganz unbewohnt gewesen sein.

England begann seine Kolonisation mit großer Energie. Ein Lieutenant-Governor wurde hingesandt, das Land zum öffentlichen Verkauf gebracht und mehrere Orte gegründet. 1768 trat die erste gesetzgebende Versammlung in Georgetown zusammen. 1770 fand bereits Export von Zucker im Werth von 2000 Pfund Sterling statt. 1771 zählte man 14 000 Bewohner der Insel, darunter 2400 Weiße. Im Jahr darauf hatte die Zuckerausfuhr einen Werth von 95 284 Pfund Sterling, und der Import wurde auf 23 000 Pfund Sterling veranschlagt. Der Zucker trat aber bald gegen Baumwolle zurück, welche hier in größter Feinheit erzeugt wurde. Die Arbeiter waren hier wie sonst in Westindien Negersklaven, und alle Schattenseiten der Sklaverei haben sich hier in ebenso hohem Maße wie anderweitig gezeigt. Schon 1770 brach ein Negeraufstand aus, und ihm folgten verschiedene andere, bei denen fürchterliche

Grausamkeiten verübt wurden. 1778 machten die Vereinigten Staaten einen vergeblichen Versuch, die Insel zu nehmen. 1781 fiel sie den Franzosen in die Hände.

Dominica, eins der Leeward Islands, welches 1763 zu dem Government Grenada geschlagen war, wurde 1770 davon abgetrennt. Auch hier war nach der Festsetzung Englands der Verkauf alles herrenlosen Landes die erste Maßnahme gewesen. In öffentlicher Auktion wurden 94 340 Acres, d. h. die halbe Insel, für 312 000 Pfund Sterling versteigert. Da jedem Käufer nicht mehr als 100 Acres geklärten oder 300 Acres Waldland zugeschlagen wurden, muß die Zahl der neuen britischen Kolonisten ziemlich erheblich gewesen sein. Den auf der Insel ansässigen Franzosen wurde Land überhaupt nicht verkauft sondern nur auf 7 bis 40 Jahre verpachtet, doch mit der Zusage späterer Verlängerung der Pachten. Alles Uferland und Edelmetallminen wurden zu Staatsbesitz erklärt. Unbemittelten Einwanderern wurde Land bis zu 30 Acres umsonst gegeben.

Die Insel nahm unter englischer Herrschaft einen raschen Aufschwung. 1766 wurde Roseau zum Freihafen erklärt und zog die Schifffahrt von überall an. Franzosen und Spanier kauften von hier mit Vorliebe ihre Negersklaven. 1773 zählte Dominica schon 3300 weiße Bewohner und 19 000 Negersklaven. Diese Blüthe erlitt aber einen schweren Schlag durch die Franzosen, welche 1778 die Insel eroberten.

Unter den übrigen Leeward-Inseln (St. Kitts, Nevis, Montserrat, Barbuda, Antigua, Anguilla und Virgin Islands)*) hat Antigua sich am raschesten entwickelt. Dank der von Colonel Codrington hier eingeführten Zuckerkultur und seiner umsichtigen Thätigkeit siedelten sich hier zahlreiche Pflanzer an. 1690 schätzte man die Zahl der Weißen hier schon auf 5000. Codrington wurde 1689 zum Captain general und Commander-in-Chief der Leeward Islands ernannt und hat dieses Amt bis 1696 bekleidet, wo ihm sein Sohn folgte.

Die ruhige Blüthe dieser Inseln wurde unterbrochen, als 1706 die englische Regierung hier einen Günstling des Herzogs von Marl-

*) Diese Inseln bildeten zusammen ein Government general, besaßen aber jede ihr eigenes Council und eigne gesetzgebende Versammlung. Wahlrecht hatte hier jeder Besitzer von Land, das jährlich wenigstens 10 Pfund Sterling brachte. Hier wie sonst im britisch Westindien mußte jeder Weiße von 16 bis 60 Jahren in der Miliz ohne Sold dienen.

borough, einen tapferen aber höchst lüderlichen Mann Colonel Park zum Governor ernannte. Dieser Mann verführte die Frau des angesehensten Kaufmanns der Insel und suchte den beleidigten Gatten aus dem Weg zu räumen, in dem er ihn wegen eines versehentlichen Todtschlags zum Tod verurtheilen lassen wollte. Dieser Schritt, ein Versuch, die Codrington-Familie ihres Besitzes zu berauben, und Anderes erbitterten die Kolonisten derartig, daß sie einen Agenten nach London schickten, um Parks Abberufung zu erlangen und endlich mehrere Anschläge auf sein Leben ausführten. Im Jahre 1710 berief ihn die englische Regierung ab und verhängte Untersuchung über ihn. Aber nun versuchte Park sich mit Gewalt zu behaupten. Er löste die gesetzgebende Versammlung mit Gewalt auf und weigerte sich, Antigua zu verlassen. Darauf thaten sich die Kolonisten zusammen und erschienen 500 Mann stark in St. Johns wo der Governor sich in seinem Hause verschanzt hatte. Angesichts der Uebermacht erbot Park sich, seine Soldaten zu entlassen und das Parlament wieder zusammentreten zu lassen, wenn sechs Bürger sich als Geiseln für seine Sicherheit stellten. Mehrere angesehene Leute waren dazu bereit, aber die Masse wollte nichts von Verhandlungen hören. Sie griff an und zerriß den sich tapfer vertheidigenden Mann noch lebend in Stücke. Auf beiden Seiten gab es zahlreiche Todte und Verwundete.

Nach näherer Prüfung des Falles fand die englische Regierung die Entrüstung der Kolonisten so gerechtfertigt, daß sie eine allgemeine Amnestie ertheilte. Das Gedeihen der Insel ist in der Folge nur noch gelegentlich durch Epidemien, Stürme, Erdbeben und Sklavenaufstände gestört worden. Die Zahl der Negersklaven, welche hier 1673 nur 570 betrug, ist infolge der Fortschritte des Zuckerbaues wie anderweitig rasch gewachsen. 1707 sollen bei 2800 Weißen 12 800 Neger, 1720 bei 3600 Weißen 19 100 Neger, 1729 bei 4000 Weißen 22 600 Neger vorhanden gewesen sein. 1741 hat man sogar nur 3500 Weiße und 27 400 Neger und 1774 auf 2500 Weiße 37 800 Neger hier gezählt.

Zu Gunsten der Sklaven war von der gesetzgebenden Versammlung in Antigua 1723 eine Strafe von 100 Pfund Sterling auf Tödtung und auf Verstümmelung von Negern eine solche von 20 Pfund Sterling gesetzt worden. Doch scheint diese Verordnung den Ausschreitungen der Sklavenhalter wenig Eintrag gethan zu haben, und es fehlte daher nicht an Empörungen. Eine bessere Wirkung als die Gesetze scheint die Mission der mährischen Brüder, welche hier 1732 zugelassen wurde, auf die Neger geübt zu haben, 1787 gehörten 5460 Sklaven zu ihrer Gemeinde.

Der Zuckerexport Antiguas erreichte 1779: 3382, 1782: 15 100 Hogsheads. In den Jahren 1770, 1773 und 1778 wurde alles Zuckerrohr durch andauernde Dürre zerstört. Die Insel zählte damals sechs Städte und zwei gute befestigte Häfen, English Harbour und St. Johns.

St. Christophers (St. Kitts) hat fortgesetzt eine sehr wechselvolle Geschichte gehabt. Die hier ansässigen Franzosen erklärten sich 1689, als die Nachricht von der englischen Revolution eintraf, für den vertriebenen James II. und fielen über ihre englischen Nachbarn her. Diese, zum erfolgreichen Widerstand zu schwach, flohen, soweit sie nicht in grausamster Weise ermordet wurden. Ihr Besitz wurde planmäßig zerstört. Acht Monate herrschten die Sieger als alleinige Herren, da erschien General Codrington mit zahlreichen Truppen von Antigua und Barbados, und rächte die England zugefügte Schmach. Binnen Kurzem zwang er 1690 die Franzosen, deren Blutthaten in Europa Aufsehen erregt hatten, zur Ergebung und schaffte 1800 von ihnen nach Martinique und Haiti. Nunmehr blieben die Engländer einige Jahre alleinige Besitzer der Insel.

Im Ryswicker Frieden von 1697 setzte allerdings Frankreich durch, daß ihm sein Antheil an St. Kitts wieder zugesprochen wurde, und ein Theil der verjagten Kolonisten kehrte dahin zurück. Schon 1702 jedoch, bei Neuausbruch des Krieges, wurden die Franzosen wieder von England vertrieben. Drei Jahre später erschien ein französisches Geschwader vor der Insel und landete Truppen, die mit Feuer und Schwert in den englischen Niederlassungen hausten und solchen Schaden anrichteten, daß später das britische Parlament den von dem Ueberfall Betroffenen eine Unterstützung von 103 000 Pfund Sterling zutheilte. Zu einer neuen französischen Festsetzung kam es aber nicht mehr.

1713 im Utrechter Frieden fiel die ganze Insel endlich an England. Die französischen Farmen und Ländereien wurden zu Gunsten der englischen Krone verkauft und brachten sehr erhebliche Summen ein. Nur wenige Franzosen, welche englische Unterthanen wurden, durften hier bleiben. St. Kitts hat von da an bis zum letzten Viertel des Jahrhunderts ungestörte Ruhe genossen und sich dank seiner großen Fruchtbarkeit rasch entwickelt. 1707 zählte man 1400 Weiße und 2800 Neger, 1730: 3600 Weiße, 14 600 Neger. Als es 1782 den Franzosen in die Hände fiel, hatte es etwa 4000 weiße Bewohner. Dazu kamen gegen 300 freie Farbige und 26 000 Negersklaven. Die jährliche Zuckererzeugung belief sich etwa auf 16 000 Hogsheads (zu 16 Centner). Es gab vier Städte und neun Kirchspiele auf der Insel.

Das benachbarte Nevis, welches ebenso großer Fruchtbarkeit wie angenehmen Klimas sich erfreute, wurde 1689 von einer furchtbaren Seuche schwer heimgesucht. Kaum hatte es sich wieder erholt, so wurde es 1706 von den Franzosen überfallen und ausgeplündert. Gegen 3000 bis 4000 Negersklaven haben die Angreifer mitgenommen und in Martinique verkauft. Ein schrecklicher Wirbelsturm im folgenden Jahre vollendete das Mißgeschick der einst so blühenden Insel. Nur langsam konnte sie sich in den folgenden Jahrzehnten erholen. 1707 zählte man hier 1100 Weiße und 3600 Neger; 1730: 1200 Weiße und 5600 Neger; 1778: 2000 Weiße und 9100 Neger. 1782 wurde es ebenfalls von Frankreich erobert.

Montserrat hat sich wie Nevis im 17. Jahrhundert in aller Stille entwickelt und wenig von sich reden gemacht. Erst 1712 brach eine Heimsuchung über die Insel herein, als die Franzosen hier landeten und schlimm hausten. Der Utrechter Friede hat festgesetzt, daß eine französisch-englische Kommission den angerichteten Schaden feststellen sollte. Die davon Betroffenen haben aber eine Entschädigung niemals erhalten. Die kleine Insel hat dann wieder Ruhe genossen bis 1782, wo sie ebenfalls den Franzosen in die Hände fiel. Ihre Bevölkerung wurde 1707 auf 1500 Weiße und 3500 Sklaven, 1720 auf 1600 Weiße und 3700 Sklaven, 1787 auf 1300 Weiße und 10 000 Sklaven gerechnet. In den 80er Jahren des 18. Jahrhunderts erzeugte Montserrat etwa 2730 Hogsheads Zucker, 1100 Puncheons Rum und 275 Ballen Baumwolle jährlich.

Barbuda ist nach langen Kämpfen mit den Indianern besiedelt und 1684 durch einen Grant der englichen Krone der Familie des Kolonisators Antiguas, Codrington, verliehen worden. Als Zeichen der Lehenspflicht sollten die Grantinhaber nur dem Governor Antiguas bei Besuchen jedesmal ein fettes Schaf überreichen. Die

Codringtons haben die Insel bis in unsere Zeit besessen und angeblich im vorigen Jahrhundert alljährlich etwa 5000 Pfund Sterling daraus gezogen. Es wurden hier besonders Schildkrötenfischerei und Viehzucht getrieben.

Anguilla, welches wegen seines sehr gesunden Klimas in Westindien einen besonderen Ruf hatte, ist oft von französischen Expeditionen und Piraten angegriffen worden. Seine Bevölkerung trieb hauptsächlich Viehzucht und Getreidebau. Besonders zu leiden hatte es 1745 bei einer Landung von 600 Franzosen unter de la Touche. Die Insulaner haben sich aber damals, obwohl sie kaum 100 Bewaffnete stellen konnten, so tapfer vertheidigt, daß sie die Feinde nach großen Verlusten zur Flucht zwangen. Die Bevölkerung der kleinen Insel bestand 1724 aus 360 Weißen und 900 Negern. Außer Vieh, Getreide und Salz führte Anguilla im vorigen Jahrhundert jährlich etwa 2130 Centner Zucker für 13 000 Pfund Sterling aus.

Die Virgin Islands waren lange Zeit die Heimstätte holländischer Buccaneers. Nachdem diese gegen 1648 von englischen Abenteurern verjagt waren, schlug sie Charles II. zu dem Government der Leeward Islands und ertheilte einen Grant für sie einem Sir William Stapleton. Erst 1680 begann ihre wirkliche Kolonisation durch Einwanderer aus Anguilla, welche in der neuen Heimath ein ganz patriarchalisches Leben führten. Geld war wenig vorhanden, und die Entwickelung des Landbaues hielt sich daher in sehr bescheidenen Grenzen. 1756 zählte man hier erst 1200 Weiße und 6100 Neger. Eine gesetzgebende Versammlung wurde in den Virgin Islands erst 1774 geschaffen. Um sie zu erhalten, boten die Kolonisten freiwillig Zahlung des 4½ prozentigen Zolls, den die Leeward Islands trugen. Die hauptsächlichste dieser 32 Inseln ist Tortola. Einige (3) davon sind im Besitz der Dänen, eine in dem Spaniens. Die Virgin Islands sind wegen ihrer Kleinheit und Armuth durch Angriffe von außen wenig belästigt worden.

Auf den Stand der englischen Kolonisation in Westindien und ihre großen Erfolge gestattet einen ziemlich sicheren Schluß der Ertrag des von der Regierung in Barbados und den Leeward Islands erhobenen Zolls von 4½ pCt. bei der Ausfuhr ihrer Waaren. Nach den amtlichen Listen, welche Edwards vorgelegen haben, brachte der Zoll von 1713 bis 1734 im Ganzen 326 529 Pfund Sterling. Davon wurden 80 000 Pfund Sterling für die

Erhebung der Abgabe ausgegeben, 105 000 Pfund Sterling betrugen Fracht, Gebühren ꝛc. und nur 140 052 Pfund Sterling flossen wirklich in die englischen Kassen. Später wurde die Erhebung des Zolls und die Versendung des Geldes wesentlich verbilligt und somit mehr erzielt.

Die Bahama-Inseln, welche schon 1680 von einer spanischen Flotte überfallen und verwüstet worden waren, erlitten 1703 nochmals dieses Schicksal durch Franzosen und Spanier. Damals wurde auch das englische Fort zerstört und der größte Theil der wieder eingewanderten Kolonisten verjagt oder nach Havanna geschafft. Als die englischen Lords, welche noch immer an ihrem Eigenthumsrecht auf die Inseln festhielten, einen neuen Governor hinsandten, fand er in New Providence nur Trümmer. Jahrelang diente diese Insel jetzt Seeräubern als Heim. Besonders der berüchtigte „Black beard", Edward Teach, hauste hier und unternahm von hier aus ungezählte Raubzüge.

Die Unsicherheit der westindischen Meere wurde schließlich so groß, daß die englische Regierung eingreifen mußte. 1717 erging eine königliche Proklamation, welche eine Strafexpedition ankündigte, und im folgenden Jahr segelte Kapitän Woodes Rogers nach den Bahamas, um den Seeräubern das Handwerk zu legen und eine geordnete Verwaltung zu schaffen. Rogers erfüllte seine Aufgabe energisch und mit Erfolg. Einige Piraten wurden getödtet, die anderen unterwarfen sich. Neue Ansiedler wurden herangezogen, darunter eine Anzahl Pfälzer, mehrere Inseln besiedelt und eine geregelte Verwaltung eingeführt. Handel mit Carolina, Fischfang und Salzgewinnung waren die Hauptbeschäftigung der Kolonisten. 1722 zählte man 830 Weiße und 310 Neger, 1773: 2000 Weiße und 2200 Neger auf diesen Inseln. Damals hatte auch der Baumwollbau sich hier ansehnlich entwickelt.

Als der Unabhängigkeitskrieg der New England-Kolonien begann, erschien 1776 ein amerikanisches Geschwader aus Philadelphia vor New Providence und nahm es ein. Fünf Jahre später wurde die Insel von den Spaniern besetzt.

Die Bermudas-Inseln hatten 1679 etwa 8000 Bewohner und befanden sich in bestem Gedeihen. Noch immer standen sie unter der Verwaltung der 1615 errichteten Company of the Somer Islands. Aber dieses Verhältniß wurde mit der Zeit von den

Kolonisten immer unleidlicher gefunden, da die Gesellschaft sie in ihrer Bewegungsfreiheit zu Gunsten ihrer Kassen stark hemmte. So war der Tabaksbau ganz in den Händen der Company, die ihn durch Pächter betreiben ließ, den Transport nur auf ihren eigenen Schiffen nach London erlaubte und hohe Abgaben erhob. Auch Fischerei, Holzexport, Schiffsbau empfanden schwer die engherzige Wirthschaft der Gesellschaft. Die Folge waren zahlreiche Petitionen der Ansiedler ans englische Parlament und andere Schritte in London, wodurch 1684 Aufhebung der Charter der Company zu Wege gebracht wurde. Die Bermudas-Inseln wurden nun Kronkolonie und konnten sich ungestört weiter entwickeln.

Schiffbau, Fischerei, Handel mit Nordamerika, gelegentliche Kaperfahrten waren die Hauptberufe der Ansiedler. Der im 17. Jahrhundert stark betriebene Tabakbau wurde mit der Zeit sehr eingeschränkt, da er mit Virginien den Wettbewerb nicht aushielt. Die vielen Seekriege des 18. Jahrhunderts beeinflußten den Wohlstand dieser weltentlegenen Inseln wenig. Sie blieben von Angriffen verschont. Während des amerikanischen Unabhängigkeitskrieges neigten sie stark zu den Vereinigten Staaten. Washington hat auch ihre Besetzung ins Auge gefaßt, um von hier aus die englische Schifffahrt zu belästigen, doch kam ihm England durch Befestigung der Inseln zuvor.

1727 zählte ihre Bevölkerung 5000 Weiße und 3800 Neger; 1756: 6400 Weiße und 4900 Neger; 1774: 5600 Weiße und 5000 Neger.

Auch am Festlande Mittelamerikas hat England gegen Ende des 17. Jahrhunderts sich dauernd festgesetzt. Nachdem sich englische Abenteurer zu wiederholten Malen trotz aller Proteste Spaniens in Belize und an der Campeche-Bay niedergelassen hatten und mit den Mosquitoindianern in Beziehung getreten waren, gelang es England, 1670 von Spanien eine Duldung seiner Unternehmungen an der Laguna de Terminos durchzusetzen, die 1713 nochmals bestätigt wurde. Die Engländer führten von hier besonders Holz aus, 1716 schon 5800 Tons!

Die Niederlassung wurde im folgenden Jahre von den Spaniern überfallen und zerstört. Aber die Kolonisten flüchteten nach Belize und setzten von dort einen langjährigen Guerillakrieg gegen die benachbarten spanischen Besitzungen in Scene. England gewährte seinen Unterthanen von Jamaica aus Schutz und Hülfe, unterhielt auch eine Art Verwaltung und verfocht seine Ansprüche wiederholt Spanien gegenüber. 1739 trat der sogenannte König der Mosquitoindianer sein Land an England ab. Dieses sandte einen Agenten dahin und errichtete 1742 ein Fort auf der Insel Ruatan und ein anderes am Black River nicht weit vom Kap Honduras. Spanien machte 1754 einen vergeblichen Versuch, die Eindringlinge zu vertreiben, doch 1763 setzte es durch, daß im Pariser Frieden England Schleifung seiner Befestigungen in Honduras und an der Mosquito-Küste versprach, wogegen es sich seinerseits verpflichtete, die englischen Holzfäller nicht zu belästigen.

Obwohl die englischen Interessenten sich lebhaft gegen die Ausführung des Vertrages sträubten und behaupteten, daß die Mosquito-Küste niemals Spanien gehört habe, wurden die englischen Garnisonen abberufen und die Forts geschleift. Die englischen Niederlassungen blieben aber bestehen, und 1770 lebten hier 200 bis 300 Weiße, 200 Mischlinge und 900 Sklaven. Mit den Spaniern fanden trotz des Friedensschlusses häufige Feindseligkeiten statt, und aufs Neue baten die Ansiedler die englische Regierung um eine Schutztruppe, aber umsonst. 1779 überfielen die Spanier Belize und zwangen die Kolonisten, nach der Insel Ruatan zu flüchten. Mit Hülfe englischer Schiffe eroberten aber die Ansiedler die Stadt bald zurück. 1782 hatten die Niederlassungen an der Mosquito-Küste dasselbe Schicksal. Hier half den vertriebenen Engländern das Government Jamaicas zur Wiederfestsetzung.

Siebentes Kapitel.

Die ostindische Company im Kampf um ihr Monopol.

Die Vertreibung der Stuarts, die Thronbesteigung Williams und die Steigerung der Macht des Parlaments waren für die immer mit dem Hof in enger Fühlung gewesene ostindische Company ebenso schmerzlich wie ihre Mißerfolge in Indien. Die Whigs waren der Gesellschaft abhold. Die von ihnen angenommene Declaration of rights, welche der Krone das Recht absprach, ohne

Zustimmung des Parlaments Gesetze zu erlassen und aufzuheben, stellte die Charter der Company überhaupt in Frage. Vom neuen König befürchtete sie Begünstigung der holländisch-ostindischen Company. Im Publikum und der Handelswelt hatte sie keine Freunde sowohl wegen ihrer engherzigen und gehässigen Monopolsucht als wegen der Klagen der Handwerker über den Wettbewerb indischer Stoffe in England. In letzterer Beziehung war schon seit Jahren eine Bewegung im Gange. 1680 petitionirten die Seidenweber beim Parlament um Verbot des Tragens indischer Stoffe, weil dafür jährlich 300 000 Pfund Sterling aus dem Lande gingen. Sie und andere englische Gewerbetreibende klagten wiederholt, daß die große Einfuhr aus Indien ihrer Arbeit schweren Schaden zufüge, das Land arm mache und den Arbeitern das Brot raube.*) Die Kaufleute ferner fanden sich durch das Privileg der Gesellschaft benachtheiligt. Sie wiesen auf den Nutzen hin, welchen die Freigebung des Afrikahandels dem Lande gebracht, und legten dar, daß jedes Sonderrecht auf diesem Gebiete das ganze Volk schädige.

Die Grausamkeit der Company gegen alle Personen, welche ihre Rechte verletzten, bot ihnen immer wieder Stoff zu Angriffen gegen die Gesellschaft. Ging doch ihre Engherzigkeit so weit, daß sie selbst in Besitzungen wie St. Helena nur Mitgliedern der Gesellschaft Aufenthalt gestattete und z. B. selbst dem Astronomen Halley nicht erlaubte, länger als zwei Jahre dort Beobachtungen zu machen. Wer sich ihr widersetzte, wurde irgend eines Verbrechens angeklagt und kam entweder im ungesunden Kerker um oder ward zum Tode verurtheilt.

Es war somit kein Wunder, wenn Massen von Klagen gegen die Gesellschaft an die neue Regierung und das Parlament gerichtet wurden. Die Direktoren waren sich über die ihrer Company drohende Gefahr klar. „Die Schleichhändler und unsere anderen Feinde“, schrieben sie am 15. Februar 1689, „sind gewaltig geschäftig; sie geben jetzt wieder vor, nächstens einen großen Streich auszuführen, wie sie sich ja immer berühmen beim Wechsel der Regierungen und Ministerien. Diese Ruhmrederei wird aber wohl zu Boden fallen; denn die Verwaltung ist zu gescheit, um sich durch

*) Die Company hatte englische Weber, Strumpfwirker 2c. nach Indien geschickt und dort die Herstellung der in England üblichen Waaren lehren lassen. Diese billigen Fabrikate machten den englischen schwere Konkurrenz.

solche unordentlichen, ungesitteten und eitlen Menschen leiten zu lassen." Wie schon der Schlußsatz ergiebt, scheint die Company gute Gründe gehabt zu haben, sich vor der Gefahr nicht allzusehr zu fürchten. Ihre reichen Mittel hatten ihr wohl schon neue Freunde gemacht. Sie schickte sich in die veränderten Umstände und nützte sie aus. Sie ging z. B. sogleich zu neuen Angriffen auf den Besitz der mit den Stuarts befreundeten Portugiesen über und befahl, die ihnen gehörige Insel Salsette bei Bombay wegzunehmen. Die Weisungen nach Indien nahmen ihren ruhigen Fortgang im bisherigen Sinne.

Das Unterhaus wählte allerdings im April 1689 einen Ausschuß zur Untersuchung der gegen die ostindische Company vorliegenden Klagen. Sie mußte ihre Freibriefe vorlegen und der Ausschuß beantragte im Januar 1690 Errichtung einer neuen Gesellschaft durchs Parlament. Nur bis sie zu Stande gekommen sei, sollte die bestehende den Handel in Indien noch weiter allein betreiben. Aber die neue Gesellschaft kam nicht zu Stande und auch, als 1691 das Parlament dem König Auflösung der Company und Bildung einer neuen empfahl, geschah nichts weiter als Befassung des Privy Council mit der Angelegenheit. Der König erklärte, er könne die Company erst nach dreijähriger Frist aufheben, das Parlament möge eine derartige Bill vorbereiten. Das geschah nicht, und 1693 verlängerte König William ohne Rücksicht auf die vorliegenden Klagen das Monopol der englisch-ostindischen Company für 21 Jahre und verbot die Ertheilung von Licenzen für private, nach Indien bestimmte Schiffe. Sie sollte dafür ihr Kapital von 756 000 auf 1 500 000 erhöhen. Der Besitz von 1000 Pfund Sterling Aktien sollte eine Stimme im Ausschuß der Gesellschaft geben und in Zukunft keine Person mehr als zehn Stimmen besitzen. Die Company mußte sich auch verpflichten, jährlich für 100 000 Pfund Sterling englische Gewebewaaren zu exportiren und die Dividenden in Geld, nicht indischen Waaren, zu zahlen.

Mittlerweile hatte die Gesellschaft ihrerseits aufs Rücksichtsloseste sich aller Konkurrenten in Indien soweit als möglich entledigt. Alle Kapitäne erhielten Prämien für Festnahme von Kaufleuten und Schiffern, welche sich ohne Erlaubniß der Company in Indien aufhielten. Die Festgenommenen wurden als Piraten vor dem Admiralty Court zu Bombay angeklagt und zum Tode verurtheilt.

Sir Josiah Child, welcher in England auch nach seines Bruders Tod der Leiter der Gesellschaft blieb, wies den Governor von Bombay ausdrücklich an, keine Strenge gegen englische Schleichhändler zu sparen. Als der Governor bedauerte, daß ihn leider die Gesetze Englands hinderten, so weit zu gehen, wie er wohl wünschte, erwiderte Child nach der Aussage eines allerdings der Company sehr feindlichen Zeugen, daß er erwarte, daß seine Befehle als Gesetz betrachtet würden, und nicht die Gesetze Englands, welche ein Haufen Unsinn wären, den einige unwissende Landedelleute zusammengeschrieben hätten. Diese wüßten nicht einmal Gesetze für ihre eigenen Familien zu machen, geschweige denn für Gesellschaften und überseeischen Handel!

Das Verhalten des Königs und das Auftreten der Company erbitterten aber die ihr abgeneigten Kreise derart, daß auf ihr Betreiben das Parlament 1694 direkt jedem Engländer den Handel nach Ostindien freigab und eine neue Untersuchung über die Wirksamkeit der Company anordnete. Dabei ergab sich nun aus ihren Büchern und anderen Quellen deutlich, wie es kam, daß die Company jederzeit so uneingeschüchtert und unverzagt vorzugehen wagte. Sie hatte sich die Gunst der einflußreichsten Leute einfach erkauft. Alljährlich war in ihren Rechnungen ein Posten für besondere Dienste aufgeführt. Bis 1688 belief er sich gewöhnlich auf 1200 Pfund Sterling. Von da an schwoll er mächtig an. 1693 waren nicht weniger als 80 400 Pfund Sterling dafür verwendet worden!

Der damalige Vorsitzende des leitenden Ausschusses der Gesellschaft und Mitglied des Parlaments, Sir Thomas Cooke, und einige andere Männer wurden vorgeladen, um Auskunft über die Verwendung dieser Summen zu geben. Sie verweigerten aber ihr Zeugniß und ließen sich lieber in den Tower einsperren, wofür sie später von der Company glänzend belohnt wurden. Nichtsdestoweniger wurde festgestellt, daß von jeher Bestechungen maßgebender Persönlichkeiten durch die Company stattgefunden, und daß König William selbst 10 000 Pfund Sterling und der Lord President of the Council, Duke of Leeds, 5000 Pfund Sterling angenommen hatten! Gegen Letzteren wurde Klage bei den Lords erhoben. Diese ließen jedoch neun Tage verstreichen, ehe sie einen Haftbefehl erließen. Inzwischen wurden alle Zeugen bei Seite geschafft und dem Herzog Zeit zur Flucht gegeben. Gleichzeitig wurden alle Hebel in Bewegung gesetzt, um den Skandal todt zu machen. Das Parlament wurde plötzlich vertagt, die Untersuchung lange verschleppt und dann fallen gelassen. Viele Mitglieder beider Häuser waren selbst in so engen Beziehungen zur Company, daß sie das lebhafteste Interesse an Niederschlagung der Sache hatten. Das Parlament begnügte sich damit, eine neue Gesellschaft ins Leben zu rufen.

Während dieser Vorgänge in England nahmen die Angelegenheiten der Gesellschaft in Indien langsam eine Wendung zum Bessern. Der Großmogul zog nach Abschluß des Friedens im Juni 1690 seine Streitkräfte von dem erschöpften Bombay zurück, nachdem die vereinbarte Geldentschädigung bezahlt war, und erlaubte den Engländern die Wiedereröffnung der Faktorei in Surat. Es gelang ferner, vom Radjah von Gingee an der Coromandel-Küste den Platz Tegnapatam, etwas südlich von der inzwischen entstandenen französischen Ansiedelung Pondichery, zu erwerben und dort ein Fort St. David zu erbauen. Der Mogul, welcher inzwischen ganz Golconda erobert hatte, ließ die Engländer hier unbelästigt und bestätigte auch ihre in Madras erworbenen Privilegien. Der ganz daniederliegende Handel der Gesellschaft erholte sich besonders dank einer 1686/87 in Sumatra gegründeten Faktorei Bencoolen, von wo größere Mengen von Pfeffer mit Nutzen nach England gesandt werden konnten. Immerhin war die Thätigkeit der Company sehr eingeschränkt gegen früher. 1689/90 sandte sie nur 3 Schiffe nach Indien. Ebenso wenige im nächsten Jahre. 1692/93 wurden 11, 1693/94 sogar 13 abgefertigt, in den zwei folgenden Jahren aber nur 8 und 1697/98 gar nur 4. Außer der Unsicherheit der Lage der Company in England störte der 1689 mit Frankreich ausgebrochene Krieg ihre Geschäfte. 1695 fielen alle vier aus Indien nach London geschickten Schiffe den Franzosen in die Hände.

Von großer Bedeutung für die Company wurde eine Niederlassung, welche sie nach dem Friedensschlusse mit Erlaubniß des Mogul in Chuttanuttee am Ganges errichtete, wo früher einmal vergebens eine Festsetzung versucht worden war. Der Fleck erwies sich als außerordentlich geeignet für den Handel, aber er war sehr ungesund und bot der Faktorei nicht den mindesten Schutz. Das Streben der Company ging daher ebenso wie das der ebenfalls am Ganges zu Chinsura und Chandernagor sitzenden Holländer und Franzosen dahin, das Recht zur Errichtung einer Befestigung und die Gerichtsbarkeit über die Eingeborenen des Platzes zu erlangen. Alle Bemühungen in dieser Hinsicht waren aber fruchtlos; der Mogul verweigerte bestimmt die Erlaubniß zur Anlage neuer fester Posten. Es war schon viel, daß er die in anderen Theilen Indiens, die er mittlerweile eroberte, früher angelegten Befestigungen fortbestehen ließ.

Da empörten sich 1696 einige Radjahs, darunter einer, welcher das Gebiet bei Chuttanuttee besaß, gegen den Mogul und bemächtigten sich rasch einiger wichtigen Punkte. Die Franzosen und Holländer erklärten sich bei dieser Gelegenheit für den Mogul, die Engländer wahrten Neutralität. Alle drei Nationen aber warben, da ihre Faktoreien schutzlos und Truppen des Mogul nicht zur Stelle waren, einheimische Söldner zur Vertheidigung ihres Eigenthums und baten den Herrscher aufs Neue um Erlaubniß zu Befestigungsanlagen. Der Mogul wollte eine solche auch jetzt nicht ertheilen, aber er ließ den Bittstellern sagen, sie möchten sich selbst vertheidigen. Auf Grund dieser allgemein gehaltenen Worte begannen die drei Völker ohne Weiteres Mauern und Gräben um ihre Stationen anzulegen. Während sie dabei waren, besiegten die Aufständischen den Radjah des Mogul und griffen die fremden Niederlassungen an. Dank ihrer Vorkehrungen konnten die Engländer den Angriff abschlagen, aber die Macht der Rebellen wuchs unausgesetzt. Ihr Haupt nahm den Titel eines Fürsten an und richtete sich auf dauernde Behauptung Bengalens ein.

Jetzt erst raffte sich der Mogul auf. Sein Enkel Prinz Azim erschien an der Spitze eines großen Heeres und wandte sich gegen die Empörer. Es gelang ihm 1698, nachdem ihr Haupt in einer Schlacht gefallen war, des Aufstandes Herr zu werden. Eine allgemeine Amnestie wurde ertheilt, und der Prinz übernahm die Statthalterschaft von Bengalen, Behar und Orissa. Mit Geschick wußten die Beamten der englisch-ostindischen Company seine Gunst zu erwerben. Mit Hülfe großer Geldgeschenke brachten sie ihn dazu, nicht nur Fortbestand und Ausbau der Befestigungen zu erlauben, sondern ihr auch das Eigenthum Chuttnanuttes und zweier Nachbardörfer, Govindpore und Calcutta, nebst der Gerichtsbarkeit über die Eingeborenen zu übertragen. Die ganze Station wurde jetzt Calcutta genannt und die stark befestigte Citadelle Fort William. Die Agentur Bengalen wurde gleichzeitig von Madras losgelöst und als eigene Präsidentschaft an die Seite von Bombay und Madras gesetzt.

Die gesammte Lage der Company war nichtsdestoweniger gegen Ende des 17. Jahrhunderts wenig erfreulich. Sie litt schwer an Geldverlegenheiten. Die indischen Faktoreien brachten infolge der Kriege und der Handelskrise nichts ein. Es war kein Geld zum Ankauf von Waaren für die nach England heimkehrenden Schiffe da. Um nur einige Schiffe beladen zu können, mußte man Geld bei den indischen Kaufleuten und Beamten aufnehmen. Die Preise der indischen Erzeugnisse sanken dabei in England fortgesetzt infolge ihrer übermäßigen Einfuhr. Die Gesellschaft konnte Jahre hindurch keine Dividenden vertheilen; ihre Aktien standen 150 und sanken bald unter Pari. Und dazu ließ der Zorn der englischen Gewerbetreibenden, besonders der Weber, gegen den Wettbewerb indischer Waaren nicht nach. 1697 kam es in London zu Straßenaufläufen gegen die Company. Man wollte ihr Haus stürmen und hätte sich beinahe ihrer Kasse bemächtigt.

Um das Maß des Mißgeschicks vollzumachen, war, wie schon angedeutet, inzwischen auch noch das Monopol der Company durchbrochen und eine zweite ins Leben gerufen worden!

Zunächst hatte 1695 das Parlament Schottlands den Beschluß gefaßt, eine Company für den Handel mit Amerika, Asien und Afrika ins Leben zu rufen. Der Wunsch nach einem derartigen eigenen Unternehmen war hier schon lange lebendig, und schon 1693 hatte das Parlament sich damit beschäftigt. Kaufleute, welche sich durch das Monopol der ostindischen Company beeinträchtigt fühlten, und ein gewisser William Patterson, der lange in Amerika und anderen Ländern gelebt hatte und die Banken von London und Schottland gegründet hat, waren die Väter des Gedankens der neuen Gesellschaft. Patterson hatte sein Augenmerk besonders auf Mittelamerika gerichtet. Hier an der Landenge von Darien plante er zwei Niederlassungen, welche den Verkehr zwischen dem Stillen und Atlantischen Meer vermitteln sollten. Er wollte über sie sowohl den Handel Perus und Chiles wie den Ostasiens leiten. Das schottische Parlament ertheilte der Gesellschaft auf sein Betreiben die weitgehendsten Rechte. Sie sollte ohne Rücksicht auf die Privilegien der bestehenden Gesellschaften Handel mit Ost- und Westindien, Mittelmeer und Afrika treiben und dort Land mit voller Herrschaft erwerben und ebenso ohne Rücksicht auf die bestehenden Schifffahrtsakten Schiffe miethen und ausrüsten dürfen. Dazu sollte sie Steuerfreiheit, außer bei Zucker und Tabak, für die Erzeugnisse der von ihr zu gründenden Kolonien genießen.

Diese Privilegien, welche weit größer als die der ostindischen Company waren, setzten Patterson in Stand, innerhalb von neun Tagen Zeichnungen über 300 000 Pfund Sterling in England zu bekommen. Bald darauf wurde ebenso viel in Schottland gezeichnet. Da Patterson indessen mit Recht fürchtete, daß die meisten Engländer ihre Zeichnungen sehr bald wieder zurückziehen würden, wandte er sich auch nach Amsterdam und Hamburg, um dort Aktionäre zu werben. In beiden Städten gab es genug Spekulanten, welche durch die neue Gesellschaft in Stand gesetzt zu werden hofften, ihre indischen Waaren ohne Vermittelung der holländisch- und englisch-ostindischen Gesellschaften zu beziehen. Sie zeigten sich zur Betheiligung geneigt, und die Schotten hofften, hier einige Hunderttausend Pfund Sterling aufzutreiben.

Um das Interesse beider Städte zu erhöhen, kauften sie dort auch einige große Schiffe, aber die holländisch-ostindische Company griff im letzten Augenblick ein und vereitelte die Subskription in Amsterdam. In Hamburg that es die englische Regierung.

Das englische Parlament hatte nämlich im Dezember 1695 dem König vorgestellt, daß die neue Gesellschaft den gesammten Handel und die Zolleinkünfte Englands bedrohe. König William, der zuerst zu energischem Eingreifen nicht geneigt schien, wurde dazu durch die Befürchtung gebracht, daß Schottland durch die Erfolge seiner Company an eine Lossagung von England zu denken bewogen werden könne. So ließ er zu, daß die Agenten der Company verhaftet und das in England gezeichnete Geld den Zeichnern zurückgestellt wurde, und erhob in Hamburg beim Senat Vorstellungen, welche das Verbot der Subskription zur Folge hatten. Alle Bittschriften der Schotten hiergegen blieben umsonst. Ihr Parlament wurde nicht wieder einberufen, und die Company mußte sich mit einem Kapital von 400 000 Pfund Sterling begnügen.

Trotzdem blieben die Schotten guten Muths. Sie waren überzeugt, daß ihr Unternehmen glücken müsse, und sahen sich schon als Beherrscher des Welthandels. Von Spaniens Seite fürchteten sie keine Schwierigkeiten. Sie behaupteten, festgestellt zu haben, daß die von ihnen ausersehene Gegend in Darien niemals von Spaniern kolonisirt worden sei und stets unter unabhängigen eingeborenen

Häuptlingen gestanden habe. Sie kauften fünf gute Schiffe an, warben Ansiedelungslustige und sandten ein wohlgerüstetes Geschwader von fünf Schiffen nach Mittelamerika, das dort November 1698 nach langer Reise ankam. Die Schiffe landeten gegen 1200 Kolonisten, welche ein Fort St. Andrew, nahe bei Golden Island, und eine Stadt New Edinburgh gründeten. Es folgten der ersten Expedition bald noch sechs Schiffe mit etwa 1600 Leuten. Die Nachricht von der glücklichen Landung der Kolonisten erregte Jubel in ganz Schottland. Man taufte das besetzte Land „Caledonia", bezeichnete es als the Height of the World und erwartete Wunderdinge von der Kolonie.

Aber nunmehr regten sich die Gegner überall. Die eifersüchtigen Engländer und besonders die bedrohte ostindische Company wußten den Theilhabern soviel Angst einzujagen, daß viele ihre Aktien rasch loszuwerden suchten und so den Kurs stark drückten. Die Holländer setzten alle Hebel in Bewegung, da sie ihren Schleichhandel von Curaçao nach Spanisch-Amerika bedroht sahen. Dasselbe thaten die Franzosen. Sie stachelten besonders die Spanier auf und boten ihnen ihre Hülfe an. Die Spanier endlich, welche damals mit England verbunden waren, blieben auch nicht müßig. Der spanische Gesandte erhob in London scharfe Beschwerden gegen die Schotten und bezeichnete deren Vorgehen als Bruch des Bündnisses beider Staaten.

König William versprach der schottischen Company wiederholt seinen Schutz, aber das Drängen der Mächte und des englischen Parlaments nöthigte ihn, gegen sie einzuschreiten. Januar 1699 mußte er den Governors aller englischen Kolonien den Verkehr mit der schottischen Ansiedelung verbieten. Der Letzteren wurde dadurch der fernere Bezug von Lebensmitteln abgeschnitten und sie gerieth in Noth. Wohl vertheidigten sich die Schotten mit Erfolg gegen einen Angriff der Spanier, aber der Hunger trieb sie schließlich auseinander. Viele kamen um, die Anderen flüchteten nach englischen Kolonien. Kaum 100 Mann sahen Schottland wieder. Die schottische Company sandte nochmals Schiffe nach Darien, aber neue englische Proklamationen schnitten auch dieser Unternehmung den Lebensfaden ab. 1700 mußten sich die Reste der Ansiedelung den Spaniern ergeben, auch eines ihrer Schiffe fiel diesen in die Hände. So endete das Unternehmen mit dem Tod vieler Kolonisten und großen Verlusten der Aktionäre.

Die erwartete Schädigung der ostindischen Company war durch dieses viel zu phantastische und unkaufmännisch geleitete Unternehmen nicht erfolgt. Als es aber zu Tage trat, daß es nicht lebensfähig sei, wußten die der ostindischen Company feindlichen Kreise eine neue, besser angelegte Gründung ins Leben zu rufen. Um der Zulassung einer neuen Gesellschaft entgegenzuwirken, hatte die ostindische Company freilich keine Mühe gespart. Sie hatte in verschiedenen Flugschriften ihre Verdienste um England und ihre Opfer dargelegt und die Anschuldigungen der Gegner widerlegt. In ihrem Auftrag vertheidigte sie in geschickter Weise der damals berühmte Nationalökonom d'Avenant 1697 in einer eigenen Schrift. Besonderen Erfolg versprach sich aber die Company von einem Schritt, den sie 1698 ausführte. Bei der großen Ebbe in den englischen Staatskassen, welche die Folge der großen Kriege war, glaubten die Direktoren nämlich durch das Anerbieten einer ansehnlichen Anleihe das Parlament auf ihre Seite zu ziehen. Sie boten demgemäß ein Darlehen von 700 000 Pfund Sterling zu nur 4 pCt. Zinsen an, wenn dafür ihre Charter durchs Parlament bestätigt werde.

Der Erfolg entsprach der Erwartung nicht. Kaum wurde die Sache bekannt, so bot eine Anzahl Kaufherren, an deren Spitze Samuel Shepherd stand, der Regierung 2 000 000 Pfund Sterling zu 8 pCt. für das alleinige Recht des Handels mit Indien. Trotz der doppelt so hohen Zinsforderung wurde dieses Anerbieten vom Hause für vortheilhafter erklärt, da es dem Staat für den Augenblick größere Mittel brachte, und eine Bill wurde eingebracht behufs Annahme der zwei Millionen. Angesichts der Sachlage bat das Direktorium der ostindischen Company um Gehör beim Hause. Ihr Anwalt legte dar, daß sie alle Verpflichtungen erfüllt habe und daß sie die Eigenthümerin von St. Helena und Bombay auf Grund ihrer Privilegien sei. Sie habe ferner aus eigenen Mitteln sich Steuereinkünfte in Fort St. George, Fort St. David, Bombay, Persien und sonst im Werth von jährlich ungefähr 44 000 Pfund Sterling geschaffen und Landbesitz erworben. Sie habe außerdem Englands Handel durch ihre Festungen und Verträge in Indien gesichert, dem Lande 295 000 Pfund Sterling an Zöllen und 85 000 Pfund Sterling an Steuern gezahlt, im jetzigen Krieg Verluste von etwa 1½ Millionen Pfund Sterling erlitten ohne ihre Schuld und hege daher das bestimmte Vertrauen, daß man ihren Besitz und ihre Rechte stets als einen „Gegenstand der Fürsorge der Nation“ betrachten werde. Die Gesellschaft betonte schließlich das Interesse vieler Familien, Wittwen und Waisen an der Fortdauer ihres Betriebes und bot nun auch ihrerseits an, für den Staat eine Anleihe von 2 000 000 Pfund Sterling aufzubringen.

Die neue Gesellschaft wies hiergegen auf die Klausel in den Charters hin, welche der Krone das Recht sicherte, der Gesellschaft binnen drei Jahren jederzeit ihre Privilegien zu entziehen. Sie bezeichnete die Maßregeln, welche die Company gegen alle Mitbewerber in Indien angewendet hatte, als ungesetzlich, erklärte ihre vom Parlament nicht bestätigte Charter für nichtig und geißelte ihre Bestechungskünste.

Daß solche Argumente allein die Aufhebung der englisch-ostindischen Company nicht rechtfertigten, liegt nach der ganzen Vorgeschichte dieser Unternehmung auf der Hand. Es war zweifellos eine schreiende Ungerechtigkeit, wenn man plötzlich einer neuen Gesellschaft dieselben Rechte wie der alten gab, ohne ihr dieselben Verpflichtungen aufzuerlegen, und ihr gestattete, mit ihr schon während der drei Jahre bis zum Ablauf der Charter in Wettbewerb zu treten. Entscheidend waren damals aber nicht juristische Gründe, sondern der Umstand, daß die neue Gesellschaft aus Günstlingen des Ministeriums bestand. So kam trotz aller Bemühungen der ostindischen Company 1698 ein Gesetz zu Stande, wonach der König das Recht erhielt, eine Anleihe von 2 000 000 Pfund Sterling, deren Zinsen durch Salz- und Stempelsteuern sichergestellt wurden, aufzunehmen und die Zeichner der Anleihe zu einer General society trading to the East Indies zu vereinen. Jeder Zeichner sollte das Recht haben, direkt oder durch Andere in der Höhe seiner Zeichnung mit Indien Handel zu treiben. Es war ferner bestimmt, daß in Zukunft von allen aus Indien eingeführten Waaren 5 pCt. Zoll erhoben werden sollte, um daraus die Kosten für Gesandte und außerordentliche Ausgaben in Indien zu bestreiten. Vom 29. September 1701 ab sollte das Recht der alten Company zum Handel nach Indien überhaupt erlöschen. Die Zahlung von Dividenden wurde ihr für die Zukunft so lange verboten, bis sie alle Schulden vorher getilgt habe. Der neuen Gesellschaft wurde vorgeschrieben, daß sie Schulden in höherem Betrage als ihr Vermögen nicht machen dürfe. Ihr Privileg sollte nach Rückzahlung der 2 Millionen vom

29. September 1711 an jeden Augenblick mit dreijähriger Frist kündbar sein.

Die zwei Millionen Pfund Sterling wurden trotz aller Opfer der langen Kriege binnen drei Tagen gezeichnet, und eine Charter vom 3. September 1698 rief die General Society ins Leben. Da die meisten Mitglieder aber sich zu einer Aktiengesellschaft vereinen wollten, wurde aus ihnen eine solche am 5. September unter dem Namen The English company trading to the East Indies geschaffen. Die neue Gesellschaft erhielt dieselben ausschließlichen Rechte wie die alte. Das Geschrei der Kaufleute gegen Monopole und Privilegien dauerte eben nur so lange, als sie dieselben nicht besaßen! Neu war die ihr auferlegte Verpflichtung, in St. Helena und jedem Fort einen Geistlichen und Lehrer und auf jedem Schiff einen Kaplan zu unterhalten sowie mindestens 10 pCt. ihrer Ausfuhrgüter aus englischen Erzeugnissen zu nehmen.

Trotz dieser Maßnahmen der Regierung, welche ihren Bestand und Besitz ernstlichst in Frage stellten, verlor die alte Company nicht den Muth. Sie wies ihre Beamten zunächst an, auf der Hut vor Maßnahmen ihrer Gegner zu sein, den über sie ausgestreuten Gerüchten nicht zu glauben und möglichst eifrig die Geschäfte zu fördern. Als die neue Company gesiegt hatte, theilte die alte ihren Angestellten mit, daß es sich bei der Sache lediglich nur um einen mit kleiner Mehrheit erzielten Parteierfolg handle und zu hoffen stehe, daß die Maßnahme wieder aufgehoben werde. Die Company genieße den Besitz ihrer Rechte ohne Weiteres noch drei Jahre lang. Da die Bill Korporationen die Betheiligung an der Zeichnung der 2 Millionen Pfund Sterling und Handel nach Indien im Betrage ihrer Zeichnungen erlaube, habe man überdies für alle Fälle sich bei der Anleihe stark betheiligt und so auch für die Zukunft den Bestand des Unternehmens gesichert. Durch große Waarensendungen und Aufkäufe in Indien hoffe man die Spekulationen der neuen Gesellschaft der „Interlopers" lahm zu legen. Die Company betonte in späteren Weisungen unumwunden, daß zwei ostindische Gesellschaften in England ebensowenig nebeneinander bestehen könnten wie zwei Könige im selben Reich. „Ein Kampf müsse zwischen der alten und neuen Company ausgefochten und binnen zwei bis drei Jahren zu Ende gebracht werden. Eine Gesellschaft müsse weichen. Da sie die Veteranen seien, zweifelten sie, falls ihre Beamten ihre Pflicht thäten, nicht am Sieg."

Die Unklarheit der durch den Parlamentsbeschluß geschaffene Lage war so groß, daß das Vertrauen der alten Gesellschaft in ihre Zukunft berechtigt war. War doch vom Parlament gar nichts darüb vorgesehen, was z. B. mit den Festungen, Stationen ꝛc. der alten Gesellschaft werden sollte. Es stand ihr sonach frei, sie nach Gutdünken, selbst an Ausländer, zu verkaufen. Durch die nach dem Wortlaute des Gesetzes zulässige Betheiligung von Korporationen an den Zeichnungen, welche die Company benutzt hatte, um auf den Namen ihres Schatzmeisters 315 000 Pfund Sterling zu subskribiren, wa endlich der von der neuen Gesellschaft verfolgte Zweck von vornherein vereitelt. Der Fortbestand der alten war damit dauernd gesicher und der neuen Unternehmung das Aufkommen fast unmöglich gemacht!

Die ersten praktischen Erfahrungen der neuen Gesellschaft waren dazu angethan, das Selbstbewußtsein der alten noch zu erhöhen. Kaum ging die erstere nämlich daran, die gezeichneten Beträge einzuziehen, so begann, da viele Zeichner ihre Aktien verkauften, d Werth ihrer Aktien zu fallen, und es ließ sich voraussehen, daß de Kurs bei jeder neuen Geldeinziehung weiter stürzen werde. Di Handelswelt berücksichtigte eben begreiflicher Weise die geschildert ungünstige Lage des neuen Unternehmens. Trotz aller Abneigung der Leiter beider Gesellschaften gegen einander versuchte daher di neue mit der alten Anfang 1699 einen Ausgleich herbeizuführen. Das scheiterte daran, daß die alte eine Vereinigung nur dann als annehmbar erklärte, wenn die neue Company die Hälfte der Kosten der Forts, Faktoreien ꝛc. erlege und für einen neuen Joint Sto ebenso viel Geld wie die alte einbringe, wozu sie nicht in de Lage war.

Die neue Gesellschaft entschloß sich nunmehr, trotzdem ihr Mittel in keiner Weise ausreichten und neue nicht in Aussicht standen, ihr Glück in Indien zu versuchen. Sie erbat vom König die Erlaubniß, auf ihre Kosten einen Gesandten zum Großmogul zu senden und erwählte dazu das Mitglied des Unterhauses Norris. Außerdem nahm sie Leute an, welche in den Plätzen, wo die alte Company saß, Faktoreien gründen sollten. Ihre innere Organisation gestaltete sie vollständig nach dem Muster der alten Gesellschaft und nah eine Anzahl von dieser entlassene Beamte in ihre Dienste. Norr sollte vom Mogul neue Privilegien erbitten und ihn bestimmen, sei Beziehungen mit der alten Gesellschaft zu lösen und sie auf die neu zu übertragen; die Vorsteher der von der neuen Company geplanten Faktoreien erhielten durch den Einfluß der herrschenden Whigs außer dem Titel „Präsident“ den Rang als englische Konsuln. Drei Schiffe wurden gekauft und mit Waaren im Ganzen im Werth von 178 000 Pfund Sterling nach Indien gesandt. Die Präsidenten hatten Auftrag, alle Rechte und Beziehungen der alten Gesellschaft in den verschiedenen Plätzen möglichst genau festzustellen, und wohl auch, ihr möglichst viele Leute abspänstig zu machen.

Die alte Gesellschaft, welche schon die Thatsache ärgerte, daß frühere Beamte ihrer indischen Stationen und altbekannte Schleichhändler von der neuen Company in Indien angestellt wurden, erachtete die Sendung eines königlichen Gesandten für ihren Interessen so zuwiderlaufend, daß sie dagegen beim König vorstellig wurde. Als das nichts half, beschloß sie, ebenfalls einen besonderen Vertrauensmann nach Indien zu schicken, um den Feinden entgegenzuwirken. Sie ersah dazu den Schriftsteller und Abgeordneten Charles d'Avenant, der schon früher für die Company, wie erwähnt, eingetreten war. Außerdem sandte sie 13 Schiffe mit Gütern im Werthe von 525 000 Pfund Sterling nach ihren indischen Besitzungen.

Die Folgen, welche das Vorgehen der beiden Gesellschaften in Indien hatte, waren derartig, daß nicht nur ihre Interessen geschädigt wurden, sondern auch England als Ganzes in Mitleidenschaft kam. Schon die erste Nachricht von den Beschlüssen des englischen Parlaments, welche Interlopers April 1699 nach Surat brachten, hatte nämlich zur Folge, daß der indische Governor von Surat gegen die dortige Vertretung der ostindischen Company eine Untersuchung begann und ihr bis zu deren Ausgang die Stadt zu verlassen verbot. Man hatte ihm gesagt, die Company sei aufgelöst wegen Verübung von Pirateteien, und er wollte von ihr Ersatz für einige ihm von Seeräubern weggenommene Schiffe erpressen.

Im Juli 1699 kam das erste Schiff der neuen Company in Madras an, und der darauf befindliche Konsul Pitt verlangte von den Vertretern der alten Company unbedingte Anerkennung und Unterwerfung unter seine Vollmacht. Der Präsident der ostindischen Company lehnte das mit Hinweis auf die Fortdauer des Privilegs seiner Gesellschaft bis 1701 ab und verweigerte auch den Salut. Konsul Pitt ging darauf nach Masulipatam legte dort eine Faktorei an und forderte von hier aus den Präsidenten in Madras auf, seine Vollmachten überall verkünden zu lassen. Als Antwort verbot der Präsident allen seinen Beamten feierlich, dem Konsul Gehorsam zu leisten!

Erregte schon dieser Streit Verwunderung bei den Eingeborenen, so wuchs sie noch, als im September 1699 der Gesandte Norris in Masulipatam eintraf und den indischen Behörden den Zweck seiner Mission anzeigte, während die Vertreter der ostindischen Gesellschaft ihm jede Ehrenbezeugung verweigerten und gegen jede Einmengung in ihre Beziehungen mit den indischen Fürsten protestirten. — Noch ärger gestalteten sich die Dinge in Surat, wo der Vertreter der neuen Gesellschaft Konsul Waite, ein ehemaliger Beamter der ostindischen Company, Januar 1700 eintraf; nachdem er vergeblich in Bombay Anerkennung seiner Würde und Vollmachten durchzusetzen versucht hatte. Als die Vertreter der alten Gesellschaft ihre Flagge einzuziehen weigerten, ließ er sie durch 40 Soldaten mit Gewalt herunterholen. Nun trat aber der indische Statthalter, der die Sachlage nicht verstehen konnte, da er sah, daß die angeblich aufgelöste Company im Besitz Bombays blieb, für sie ein und ließ die Flagge sogleich wieder hissen. Konsul Waite mußte sich damit begnügen, vor der Hand eine Faktorei anzulegen und zu versuchen, erfolgreiche Geschäfte zu machen. An letzterem hinderte ihn aber, wie er behauptete, die alte Company, welche ihm überall entgegentrat. Aus Rache versuchte er, alle englischen Schiffe, die ohne von ihm ertheilte Pässe fuhren, anhalten zu lassen, und richtete an den Großmogul einen Brief, worin er die alte Gesellschaft beschuldigte, Seeraub zu treiben und zu begünstigen. Sie bestehe aus „Dieben und Bundesgenossen von Piraten“.

In Bengalen kam es zwischen den Vertretern der ostindischen Company und dem Konsul der neuen zu demselben Streit wie an den anderen Plätzen. Der Eindruck der Feindseligkeit der Vertreter der beiden Gesellschaften auf die Inder war überall derselbe ungünstige. Wäre damals ein starker Nebenbuhler Englands in Indien auf dem Platze gewesen, so hätte er jedenfalls auf Englands Kosten große Vortheile erreichen können!

In England fanden während dessen wiederholte neue Ausgleichsverhandlungen beider Gesellschaften statt. Sowohl das fortwährende Sinken des Kurses der Aktien — die der alten ostindischen Company sanken von 300 bis auf 37 und die der neuen standen nicht besser — als der gemeinsame Widerwille gegen den selbständigen Indienhandel der mit 23 000 Pfund Sterling bei der Anleihe betheiligten Kaufleute, welche keiner Gesellschaft angehörten, drängten sie dazu. Dazu kam noch, daß der Werth der indischen Produkte immer weiter sank, seit auf Drängen der Weber ein 15prozentiger Zoll auf alle Muslins eingeführt und die Einfuhr gewirkter Seide und gedruckter Baumwollstoffe außer zum Zweck der Wiederausfuhr von 1701 ab verboten wurde. — Aber die Verhandlungen scheiterten immer an den hohen Ansprüchen der alten Gesellschaft. Sie war sich ihrer vortheilhaften Stellung bewußt, und, seit sie Anfang 1700 noch vom Parlamente auf Grund ihrer Betheiligung bei der Zwei-Millionen-Anleihe die Genehmigung ihres Weiterbestehens als Korporation erlangt hatte, wuchs ihr Muth trotz aller Mißhelligkeiten noch mehr. Sie wies ihre indischen Beamten zur Ausdauer an und bezeichnete die erlittene Anfechtung nur als einen Sturm, der weit entfernt, ihre Wurzeln auszureißen, sie nur noch fester habe einwachsen lassen. Es wurden wieder zwölf Schiffe mit Waaren im Betrage von 541 000 Pfund Sterling nach Indien gesandt. Der Plan der Sendung d'Avenants wurde aufgegeben. Auf des Königs dringenden Wunsch wurden die Verhandlungen mit der neuen Gesellschaft zwar fortgesetzt aber ohne Eifer.

Inzwischen ging der Streit beider Companies in Indien weiter und erregte in England immer mehr Anstoß, da die Lage der Verhältnisse in Indien damals gerade sehr gespannt war und die Interessen Englands energisches zielbewußtes Vorgehen erforderten. Der alte Großmogul war nämlich krank. Man erwartete täglich seinen Tod und gleichzeitig eine Erhebung aller von ihm unterjochten Hindu-Fürsten. Der Kampf der beiden Companies, dessen Wesen die Inder so wie so gar nicht begreifen konnten, mußte unter solchen Umständen doppelt verhängnißvoll wirken. Aber die Vertreter der Gesellschaften, bei denen wohl auch persönliche Gefühle mitsprechen mochten, nahmen auf die allgemeine Lage keinerlei Rücksicht. Konsul Waite setzte durch Geschenke 2c. durch, daß der Mogul die Agenten der alten Company unter der Anklage des Seeraubs in Surat verhaften ließ und ihren Handel sperrte. Umsonst wandten sich die Beamten der alten Gesellschaft an anwesende englische Kriegsschiffe um Vermittelung. Waite triumphirte und glaubte sich des Siegs sicher, als im Dezember 1700 auch der Gesandte Norris in Surat eintraf. Beide zusammen gaben an die Inder Geld mit vollen Händen — der indische Gouverneur von Surat erhielt allein 4000 Gold-Mohurs — um damit Ausschließung der alten Gesellschaft zu erreichen. Die Beamten der letzteren versuchten sich durch immer neue Proteste, Ablehnung der Anerkennung der Vollmachten des Gesandten sowie durch Sendung eines Agenten an den Hof zu helfen. Das nützte aber Alles wenig; nicht Dokumente sondern baares Geld gaben bei den Indern den Ausschlag. Der indische Gouverneur von Surat verlangte 3 Lakh Rupien, wenn er gegen die neue Gesellschaft Partei nehmen sollte!! Der Streit spitzte sich immer mehr zu. Januar 1701 verlangte Norris von dem indischen Governor, daß die Beamten der alten Gesellschaft, da sie ihn beleidigt hätten, gefesselt werden möchten. Als die Behörden das ablehnten, bemächtigte sich Norris selbst zweier Männer und übergab sie gebunden dem Governor. — Nicht genug damit verführte Waite andere Angestellte der alten Company, ihm für Geld ihren Schriftwechsel zu verrathen. Im Februar 1701 befahl der Mogul auf sein Betreiben Verhaftung aller Beamten der alten Gesellschaft und Beschlagnahme ihres Besitzes. Erst auf Bittschriften der Surater Kaufleute hin, deren Handel schwer litt, wurden sie wieder in Freiheit gesetzt.

Inzwischen reiste Norris mit reichem Gefolge zum Hofe des Großmogul und kam dort April 1701 an. Als er sich eben zum ersten Besuche rüstete, erhielt er die Nachricht von dem Parlamentsbeschluß, welcher den Fortbestand der ostindischen Company sicherte. Trotz dieser Kunde, welche seine Mission größtentheils überflüssig machte, führte er seine Aufträge aus und erbat für seine Gesellschaft umfangreiche Privilegien. Aber auch die Agenten der alten Company waren inzwischen am Hofe eingetroffen und begannen nun mit Vorstellungen und Bestechungen zu wirken. Der Mogul wurde durch den Wettstreit der zwei Gesellschaften mißtrauisch und erbat Rath bei einem „heiligen Priester“ in Surat. Dieser soll von jeder der Companies hohe Summen verlangt haben um in ihrem Sinne zu entscheiden. Dazu kamen Nachrichten von neuen Wegnahmen indischer Schiffe, die die Inder erbitterten. Der Mogul wollte beide Gesellschaften dafür haftbar machen. Der Gesandte, der immer neue Gelder von dem Konsul Waite in Surat forderte, gerieth mit diesem schließlich auch in Streit. So wurde seine Stellung am

Hofe zuletzt unhaltbar, und er mußte im Frühjahr 1702 unverrichteter Sache nach Surat zurückkehren. Die einzige Folge der Mission, welche etwa 676 800 Rupien gekostet hat, war eine tiefe Schädigung des Ansehens aller Engländer. Norris starb auf der Heimreise im Oktober 1702.

Die Nachrichten von diesen Vorgängen verstärkten in England die Ueberzeugung der regierenden Kreise von der Nothwendigkeit einer Vereinigung der streitenden Gesellschaften. Der König ließ die alte Gesellschaft Ende 1700 aufs Neue auffordern, die Sache nunmehr ernstlich in die Hand zu nehmen. Nachdem die Generalversammlung zugesagt hatte, auf eine Einigung upon reasonable terms einzugehen, wurde die neue Gesellschaft vom König zu Vorschlägen veranlaßt. Diese Vorschläge lauteten dahin, daß beide Companies liquidiren und dann von einem bestimmten Tage an nur vereint Handel treiben und die alte Gesellschaft für 344 000 Pfund Sterling Aktien der neuen übernehmen sollte. Die Abschätzung des beiderseitigen Besitzes und der Aufwendungen in Indien sollte durch Schiedsgerichte erfolgen.

Die ostindische Company, deren Aktien inzwischen wieder stiegen und welche 1700 wieder 7 Schiffe mit Waaren für 450 000 Pfund Sterling entsandt hatte,*) war wenig geneigt, auf solche Vorschläge einzugehen. Sie suchte lieber nach einem Weg, die neue Gesellschaft auszukaufen, und schlug Mai 1701 dem Parlamente vor, die gesammten 2 Millionen Pfund Sterling zu übernehmen und zwar für nur 5 pCt. Zinsen. So vortheilhaft dieses Anerbieten war, das Parlament lehnte es ab.

So mußte denn mit den Verhandlungen fortgefahren werden. Bei allem Haß der Leiter beider Unternehmungen gegeneinander nöthigte sie die Gewalt der Thatsachen zum Ausgleich. Die neue Company überzeugte sich immermehr, daß sie auf vortheilhafte Geschäfte bei Fortdauer des Wettstreits nicht rechnen könne, und die alte konnte nicht verkennen, daß eine Versöhnung sich billiger stellte als der Krieg. Dazu kam das stete Drängen der öffentlichen Meinung. So wurde im Januar 1702 endlich ein Vergleichsplan zu Stande gebracht.

---

*) Die Verschiffungen der neuen Gesellschaft hatten nur 200 000 Pfund Sterling Werth.

Danach sollte jede Gesellschaft 12 Delegirte zu einem Court of Managers entsenden, welcher den Umfang der jährlichen Ausfuhr bestimmen sollte. Jede Company hatte die Hälfte der Waaren aufzubringen. Der neue Court sollte ferner die gesammte Oberleitung der Geschäfte übernehmen, doch sollten die bereits in Indien befindlichen Vorräthe von den beiderseitigen Beamten getrennt weiter verwerthet werden. Nach 7 Jahren sollten alle getrennten Geschäfte beider Gesellschaften abgewickelt sein und beide nur noch eine Great Joint Stock Company bilden.

Beide Companies bestätigten den Vertrag am 27. April 1702. Zur Ausführung des Vertrages fand Ende Juli dann eine weitere Maßnahme statt. Die alte Company übernahm von der neuen so viel Aktien, daß jede in Zukunft 988 500 Pfund Sterling besaß. Der Rest von 23 000 blieb in den Händen privater Kaufleute wie bisher. Dann wurde eine Schätzung des Werthes der Gebäude, Faktoreien und Forts vorgenommen. Die der alten Gesellschaft wurden auf 330 000, die der neuen auf 70 000 Pfund Sterling veranschlagt. Die letztere verpflichtete sich, für 130 000 Pfund Sterling Antheil am Besitz der ersteren zu erwerben. Ihre Gebäude und Bureaus in England behielt die alte Gesellschaft aber noch für 7 Jahre zu alleinigem Gebrauch. Beide Gesellschaften versprachen der Regierung jährlich mindestens 10 pCt. ihrer Waarenausfuhr aus englischen Erzeugnissen zu wählen und bestimmte Mengen Salpeter an den Staat zu liefern. Die ganze Unternehmung erhielt den Namen: The United Company of Merchants of England trading to the East-Indies.

Vor der Hand dauerten aber auch nach dem Vertrage vom 22. Juli 1702 die getrennten Geschäfte beider Gesellschaften zum Theil fort, und das hatte bei dem scharfen Gegensatze der Beamten in Indien zueinander noch manche Unannehmlichkeiten im Gefolge. Allerdings geschah von London aus alles Mögliche, um die beiderseitigen Agenten in gute Beziehungen zu bringen und dem Streit ein Ende zu machen, doch ließen sich die begangenen Fehler nicht so leicht gut machen. Besonders Konsul Waite in Surat fuhr fort durch seinen Ehrgeiz Verlegenheiten zu bereiten. Der Handel litt dazu schwer unter den Bedrückungen des Moguls und seiner Leute. Erst 1708 entschloß man sich, gründlich einzugreifen und die Frist bis zur vollen Vereinigung abzukürzen.

Es gaben dazu Anlaß sowohl der Wunsch, den Schwierigkeiten in Indien ein Ende zu machen, wo nach des Großmoguls Tod Anfang 1707 Bürgerkrieg ausgebrochen war und die Holländer sich die Zänkereien der Engländer zu Nutze machten, als neue Umstände in England. Hier war die Regierung nämlich wegen der europäischen Kriege in großer Geldverlegenheit. Sie wollte die Verzinsung der 2 Millionen-Anleihe herabsetzen und verlangte von den Gesellschaften noch weitere 1 200 000 Pfund Sterling. Gewitzigt durch frühere Erfahrung, hielten diese für gut, ohne Weiteres darauf einzugehen, um nicht etwa Spekulanten Gelegenheit zu geben, ihrerseits wieder auf ihre Kosten aufzukommen. Sie beschlossen daher, sogleich alle Schwierigkeiten zu regeln, die volle Vereinigung zu vollziehen und das Geld für die Regierung aufzubringen. Die gesammte Summe von 3 200 000 Pfund Sterling sollte in Zukunft nur mit 5 pCt. vom Staat verzinst werden. Dafür erhielt die Company Verlängerung ihrer Privilegien von 1711 bis 1726; das Recht, die Besitzer von 7200 Pfund Sterling Anleihe, die nicht zur Company gehörten, auszukaufen; Erlaß des 5prozentigen Zolls von den nach Indien ausgeführten Waaren (von 1714 ab) und Recht zur Notenausgabe. Der Schatzkanzler selbst entschied die zwischen beiden Gesellschaften streitigen Punkte. Vom September 1708 ab gab es nur noch eine Company. Die in England vorhandenen Schulden beider wurden getilgt, alles Andere war fortan gemeinsamer Besitz. Der ehrgeizige und zanksüchtige Konsul Waite in Surat wurde entlassen und allem Streit in Indien ein Ende gemacht.

So freudig diese Ereignisse in den betheiligten Kreisen berührten, so viel Mißstimmung erregten sie in anderen. Die großen Hafenstädte, wie Bristol, Liverpool, Hull, sahen mit Neid, daß nach wie vor der ganze indische Handel London, dem Sitz der Company, allein zu Gute kam. Sie verlangten einen gewissen Antheil an dem indischen Handel oder seine volle Freigabe und verfochten ihre Ansicht in Flugschriften. Ihre Agitation blieb aber damals so fruchtlos wie noch lange nachher. Schon 1712 setzte die Company, wie hier gleich erwähnt sein möge, Erstreckung ihrer Charter bis zum Jahre 1733 durch!

Die Verfassung der vereinigten ostindischen Company war damals folgendermaßen geregelt:

Jeder Besitzer von Aktien für 500 Pfund Sterling und mehr besaß eine Stimme in der Generalversammlung (Court of Proprietors oder General Courts), welche jährlich viermal zusammentrat. Mehr als eine Stimme wurde Niemand zugestanden. Diese Generalversammlung wählte alljährlich aus Personen, die mindestens 2000 Pfund Sterling Aktien im Eigenthum hatten, 24 Direktoren für ein Jahr. Von ihnen führte einer den Vorsitz. Die Direktoren konnten jederzeit die Generalversammlung berufen und mußten es auf Antrag von neun stimmberechtigten Aktionären. Sie selbst versammelten sich nach Belieben, führten aber für gewöhnlich die Geschäfte nicht als Gesammtheit, sondern durch zehn Comitees, in welche sie sich vertheilten. Es gab solche für politische Angelegenheiten, Finanzen, Rechtssachen, Waarenhäuser, Rechnungslegung 2c. Während früher die Company alle von ihr verwendeten Schiffe kaufte oder selbst baute, ging sie damals dazu über, die Fahrzeuge nur zu miethen. Lediglich eine Anzahl Schnellsegler, die „Packets" genannt wurden, hielt sie für besondere Zwecke.

Die Hauptausfuhrgegenstände der Company waren: Edelmetalle, Blei, Quecksilber, Wollen- und Kurzwaaren. Ihre Einfuhr nach England bestand hauptsächlich aus Calicos und anderen Webewaaren, roher Seide, Diamanten, Thee, Porzellan, Pfeffer, Droguen, Salpeter. In den Jahren 1710 bis 1745 erreichte die Ausfuhr der Company nach Indien folgende Höhe:

	Pfund Sterl.		Pfund Sterl.		
1710—1715:	496 770	Waaren,	1 601 000	gemünztes	Geld,
1715—1720:	520 364	=	2 733 000	=	=
1720—1725:	578 155	=	2 770 000	=	
1725—1730:	551 234	=	2 551 000	=	
1730—1735:	717 854	=	2 406 000	=	
1735—1740:	938 970	=	2 459 000	=	=
1740—1745:	1 105 750	=	2 524 000	=	=

Die Einfuhr aus Indien stellte sich in der Zeit von 1708 bis 1728 jährlich durchschnittlich auf 758 042 Pfund Sterling. — Der Verkauf der indischen Waaren wurde von der Company auf dem Wege der Versteigerung im India House vollzogen. In derselben Weise wurden von Anfang des 18. Jahrhunderts an wegen der steigenden Unsicherheit in Indien die europäischen Güter an die Höchstbietenden veräußert. Der Einkauf der indischen Erzeugnisse geschah dagegen durch Agenten der Company, welche die Waaren in die Lagerhäuser an verschiedenen Plätzen brachten, von wo sie dann nach den Faktoreien der Hafenplätze gesandt wurden. Besondere Schwierigkeiten machte die Beschaffung der Webwaaren, da die Weber durchweg weder Werkzeug noch Garn besaßen. Die Agenten der Company mußten ihnen das Alles liefern und sie dann überwachen, daß sie den Stoff nicht anderweitig verkauften. Dazu waren natürlich ein großes Personal und ein verwickeltes Abrechnungs- und Aufsichtssystem nöthig, und es ging ohne arge Bedrückung der Arbeiter und Betrug gegen die Company selten ab. Die indischen Behörden hinderten die Company bei dieser Thätigkeit nicht, sondern unterstützten sie, da auch sie von der Ausdehnung gewerblicher Thätigkeit Vortheil hatten.

Die Leitung der Geschäfte der Company in Indien lag in den Händen der drei Präsidentschaften Bombay, Madras, Calcutta. Jede war innerhalb ihres Bezirks selbständig und nur der Company verantwortlich. An der Spitze jeder Präsidentschaft stand ein Präsident, ihm zur Seite ein Council von 9 bis 12 Mitgliedern, gewöhnlich den ältesten Civilbeamten. In allen wichtigeren Dingen war das Council berufen, zusammen mit dem Präsidenten zu entscheiden. Die Befugnisse der Präsidentschaften waren sehr große. Sie übten seit der Charter von 1661 volle Civil- und Kriminalgerichtsbarkeit nach englischem Recht. Sie übten die Disziplinargewalt über alle Angestellten der Company und besaßen das Recht, alle ohne Erlaubniß der Company handeltreibenden Engländer festzunehmen und ihres Besitzes zu berauben.

1726 erhielt die Company die Befugniß zur Errichtung von Mayor Courts in allen Präsidentschaften, bestehend aus einem Mayor und neun Aldermen, welche in allen Civilsachen entscheiden konnten. Präsident und Council wurden damals Berufungsinstanz. Außerdem wurden damals Gerichte für alle Strafsachen außer Hochverrath ins Leben gerufen. Die Rechtsprechung für die Eingeborenen wurde durch besondere, ebenfalls aus Beamten der Company bestehende, von Präsident und Council ernannte Gerichte geübt. Geldstrafe, Haft, Tretrad, Prügel und Tod konnten durch sie verhängt werden.

Der Präsident war gleichzeitig Oberbefehlshaber der Truppen in seinem Bezirk. Sie bestanden aus englischen und fremden Söldnern sowie portugiesischen Mischlingen. Auch eingeborene Milizen „Sepoys“ (vom indischen „Sipahi“ = Soldat) wurden verwendet. Die verschiedenen Rangklassen der Beamten waren: Schreiber, Faktor, junger und alter Kaufmann. Um das Letztere zu werden, waren elf Dienstjahre erforderlich. Die Mitglieder des Council wurden aus den alten Kaufleuten entnommen, ebenso wie die Präsidenten.

Trotz ihrer verantwortlichen und wichtigen Stellung bezogen die Beamten in Indien durchweg sehr bescheidene Gehälter. Die Kommandanten von Bombay und St. George erhielten etwa 300 Pfund Sterling, die Kaufleute und Faktoren 30 und 20 Pfund Sterling jährlich. Sie waren für ihren Unterhalt und Erwerb hauptsächlich auf den ihnen mit der Zeit wieder freigegebenen Handel in Indien und nach Ostasien angewiesen, der allerdings reichlichen Nutzen abwarf. Die Mitglieder des Council theilten sich diejenigen Posten zu, wo sie am meisten Geschäfte machen konnten. Die Folge dieses Systems war aber natürlich, daß die Beamten mehr Aufmerksamkeit ihren eigenen als den Geschäften der Company zuwandten und bei Abstimmungen weniger nach bester Ueberzeugung als nach dem Wunsche des Präsidenten, dessen Gunst ihnen nützlich war, entschieden. Viele Mißerfolge der Company sind hierauf zurückzuführen, und die Ersparnisse bei den Gehältern sind jedenfalls nur gering gewesen im Vergleich zu den Nachtheilen, die ihr aus dieser Einrichtung erwachsen sind!

Die Faktoreien der Company waren zu Anfang des 18. Jahrhunderts folgende:

I. Präsidentschaft Bombay: Surat, Sevally, Baroach, Ahmedabad, Agra, Lucknow, Carwar, Tellicherry, Anjengo, Calicut, Gingee, Orissa;

II. Präsidentschaft Madras: St. George, St. David, Cuddalore, Porto Novo, Pettipolee, Masulipatam, Madapollam, Vizagapatam;

III. Präsidentschaft Calcutta: Balasore, Cossimbazar, Dacoa, Hughly, Malda, Rajmahal, Patna;

die Insel St. Helena; die Faktoreien Gombroon, Shiraz und Ispahan in Persien; York Fort, Bencoolen, Indrapore, Priaman, Sillebar auf Sumatra und eine Station in Tonkin.

Von der neuen Company traten hierzu die Faktoreien in Surat,

Bengalen, Mahulipatam, Madapollam, Borneo und Pulo Condore (Insel an der Küste Cochinchinas).

Madras besaß damals 250 europäische Soldaten als Besatzung, 182 kleinere Geschütze, 8 Feldgeschütze und 3 Mörser. Als Polizei waren 200 Eingeborene, Peons, ständig im Dienste. Die portugiesische Bevölkerung mußte außerdem 1 bis 2 Kompagnien bei Unruhen auf eigene Kosten stellen. In der Stadt war eine englische Kirche mit Orgel und allem Zubehör sowie zwei Geistliche. Es gab auch eine Schule. Die Verwaltung der städtischen Angelegenheiten lag in den Händen eines Mayor und sechs Aldermen. Zur Deckung der Kosten wurden 5 pCt. Zoll von europäischen Waaren und 2½ pCt. Accise von inländischen Erzeugnissen, Ankergebühren, Fischereilicenzen ꝛc. erhoben.

Die vereinigte Company hatte in den ersten Jahren ihres Bestehens nicht allein mit den Folgen des europäischen Krieges und der früheren Uneinigkeit zu kämpfen, sondern noch mehr mit den immer ärger werdenden Erpressungen der Beamten des Mogul, welche die alten Privilegien der Company nicht mehr beachteten, seit der Streit der Engländer untereinander ihr Ansehen geschwächt hatte und die Macht des Mogul immer mehr gesunken war. Besonders der damalige Subahdar (Vicekönig) von Bengalen, Moorshed Kooli Khan, auch Jaffier Khan genannt, bedrückte die Engländer in ausgesuchter Weise. Sie mußten Surat überhaupt verlassen und sich nach Bombay flüchten, um seinen Erpressungen zu entgehen. Man wußte in Calcutta schließlich keinen anderen Rath mehr, als Sendung von Abgeordneten mit reichen Geschenken an den Mogul, um von ihm Schutz gegen den Nabob zu erlangen.

Die Company ging auf den Vorschlag ein, und so wurden Anfang 1715 zwei Faktoren in Begleitung eines gewandten Armeniers von Calcutta nach Delhi geschickt. Die Gesandtschaft fand unterwegs überall freundliche Aufnahme, aber in Delhi vermochte sie trotz aller aufgewandten Bestechungssummen und trotz der kostbaren Geschenke im Werthe von 30 000 Pfund Sterling beim Mogul nichts zu erreichen. Der Nabob von Bengalen hatte eben auch seinerseits alle Hebel angesetzt und dem Herrscher vorgestellt, daß er durch jede Erweiterung der Rechte der Fremden seine Macht schwäche. Die Abordnung hätte unverrichteter Sache wieder abziehen müssen, wenn ihr nicht ein glücklicher Zufall zu Hülfe gekommen wäre. Der Mogul erkrankte nämlich, und die indischen Aerzte konnten ihm nicht helfen. Er war darüber um so ungehaltener, als er eben eine neue Frau heirathen wollte. Da entschloß er sich, den Feldscheer der englischen Gesandtschaft, Hamilton, zu befragen, und diesem gelang es, den Mogul binnen Kurzem von seinem Leiden zu befreien. Die Hochzeit konnte gefeiert werden, und der dankbare Herrscher beschenkte Hamilton nicht allein fürstlich, sondern stellte ihm frei, sich eine Gnade auszubitten.

Wie einst der Arzt Broughton, war auch Hamilton so patriotisch, daß er nicht für sich bat, sondern die Gnade des Mogul für die Company anrief. So durften die Gesandten endlich im Januar 1716 ihre Wünsche vorbringen. Sie erbaten: 1. daß es den Indern verboten werden solle, gescheiterte englische Schiffe zu plündern, 2. daß die Behörden in Surat auf die bisherige Zollerhebung verzichten und sich mit einer festen jährlichen Zahlung begnügen sollten, 3. Abtretung dreier Dörfer bei Madras, 4. Ueberlassung der Insel Diu bei Masulipatam gegen eine Pacht, 5. Auslieferung aller Eingeborenen und Europäer in Bengalen, welche der Company ihre Schulden nicht zahlten, an die Präsidentschaft, 6. Befreiung aller Waaren, welche von einem Paß der Präsidentschaft Bengalen begleitet waren, von Anhalten und Durchsuchen durch die indischen Behörden, 7. Erlaubniß zum Kauf von 37 Ortschaften in derselben Weise, wie es einst bei Calcutta und Nachbarschaft der Fall gewesen war.

Der Subahdar von Bengalen und der ihm befreundete Großvezir setzten allen ihren Einfluß in Bewegung, um die Ablehnung dieser Wünsche zu erreichen. Aber der Mogul wollte sein Wort nicht brechen. Er bewilligte nach einigem Zögern die von den Engländern erbetenen Privilegien, doch ließ er die betreffenden Firmane nicht unter seinem Siegel, sondern nur unter dem des Großvezirs ausfertigen, wodurch ihre Bedeutung sehr zweifelhaft wurde. Die Gesandten entschlossen sich daher noch zu bleiben und zu versuchen, das kaiserliche Siegel zu erlangen.

Als im April 1716 der Mogul mit seiner Armee gegen die Seiks zu Felde zog, begleiteten sie ihn in seinem Lager, immer auf eine günstige Gelegenheit harrend. Als sie nicht kam, bestachen sie den Lieblingseunuchen des Kaisers. Damit erreichten sie ihren Zweck. Sie erhielten plötzlich die Firmane in gewünschter Form. Ausschlaggebend war beim Mogul, wie sie erst später erfuhren, die dem Großvezir von dem Eunuchen geschickt vorgetragene Nachricht von der Räumung der englischen Faktorei in Surat gewesen. Der Eunuch erinnerte ihn daran, wie vor einigen Jahrzehnten die Engländer bei gleichem Anlaß eine Flotte geschickt, ungezählte indische Schiffe weggenommen und die Kassen des Reiches schwer geschädigt hatten. Er behauptete zu wissen, daß eine neue englische Flotte komme. Um ähnlichen unangenehmen Erfahrungen wie früher vorzubeugen, trat der Vezir auf Seite der Gesandten. Im Juli 1707 konnten diese sich endlich vom Mogul verabschieden.

Zum vollen Genuß der errungenen Rechte, welche lange „Great charter of the English in India" geheißen haben, ist die Company allerdings nicht gelangt. Der ihr feindliche Subahdar von Bengalen wußte die Durchführung der wichtigsten Punkte zu vereiteln. So bestimmte er die Besitzer der 37 Orte in Bengalen, welche England zum Herrn beider Ufer des Hoogly 10 Meilen lang bei Calcutta gemacht hätten, ihr Eigenthum nicht zu verkaufen. Er duldete auch nicht, daß der Präsident von Calcutta Pässe für andere als von der See eingeführte oder zum Export bestimmte Waaren ertheilte, und untersuchte daher die Sendungen der Company nach wie vor. Aber der Rest der Privilegien kam zur Durchführung und brachte dem Handel Englands großen Vortheil. Binnen wenigen Jahren hob sich der Schiffsverkehr Calcuttas auf 10 000 Tonnen. Ueber die Vereitelung des Landerwerbs in Bengalen tröstete sich die Company leicht. Ihren Leitern erschien zuviel-Landbesitz in Indien überhaupt bedenklich, einmal der Kosten wegen und dann wegen der Gefahr, die Eifersucht der indischen Fürsten zu erwecken.

Weniger von Glück begünstigt war die Company in diesen Jahren bei ihren Unternehmungen im östlichen Asien. Ihre Faktoren wurden aus Chusan und China ausgewiesen, wobei sie vieler Waaren verlustig gingen, und in Pulo Condore an der Küste Cochinchinas wurde ihre ganze Niederlassung von den Eingeborenen zerstört und alle Beamten ermordet. Aehnliches geschah in Banjar Massin, und auch Bencoolen auf Sumatra mußten sie zeitweilig räumen. Erst 1721 duldeten die Insulaner die Wiederbesetzung des Forts.

Noch peinlicher als dieses Mißgeschick war der Company das unvermuthete Auftreten eines neuen und mächtigen Mitbewerbers in Indien. 1716 erschienen an der Malabar-Küste zwei große Schiffe unter kaiserlich deutscher Flagge! Sie erregten gleiches Aufsehen bei den Franzosen in Pondichery wie bei den Engländern in St. David und den Holländern. Alle drei beschlossen sofort, gemeinsame Sache gegen die Eindringlinge zu machen.

Die erwähnten Schiffe waren Eigenthum einer in Ostende gebildeten Gesellschaft. Es gehörten zu ihr hauptsächlich Kaufleute und Rheder der Niederlande, welche im Utrechter Frieden von der Herrschaft Spaniens erlöst und zu Oesterreich gekommen waren. Lange hatten diese Niederländer danach gedürstet, ihrerseits ebenso wie die Holländer Handel nach Indien und Ostasien zu treiben. Unter der spanischen Tyrannei war dazu aber keine Möglichkeit gewesen. Der Uebergang an Oesterreich erschien nun als erwünschte Gelegenheit, das früher Versäumte nachzuholen. Zahlreiche Niederländer, welche in englischen und holländischen Diensten Indien kennen gelernt hatten, stellten sich zur Verfügung. Das Kapital aber boten wohl hauptsächlich Spekulanten in England und Holland selbst, welche sich ein sehr gutes Geschäft bei der Versorgung Europas mit den indischen Waaren von den österreichischen Niederlanden aus versprachen, da sie damit den hohen Zöllen, welche England und Holland von indischen Waaren erhoben, entgingen.

Schon 1714 trat die Gesellschaft in aller Stille ins Leben, kaufte Schiffe in Holland und England, rüstete sie in Ostende oder Lissabon aus und begann mit großem Erfolge Fahrten nach Indien auszuführen. In Deutschland, wo man mit Vergnügen die Gelegenheit sah, das Monopal Hollands und Englands zu brechen, regte sich gleichfalls Interesse für das Unternehmen, und Kaiser Karl VI. nahm es unter seinen Schutz.

Die Gefahr, die daraus den bisher in Indien thätigen Gesellschaften erwuchs, war nicht gering. Sie sahen sich geradezu mit dem Verluste ihres wichtigsten Marktes für indische Waaren bedroht. Bei der engen Verbindung des Interesses der Companies mit ihren Regierungen war daher nicht zu verwundern, daß diese sammt und sonders sofort sehr ernstlich beim Kaiser vorstellig wurden. Die Holländer waren dabei am eifrigsten. Sie wiesen in langen Denkschriften nach, daß der Betrieb indischen Handels durch die österreichischen Niederlande alle Verträge verletze, und Englands wie Frankreichs Diplomatie unterstützte sie mächtig. Gleichzeitig verboten sie sämmtlich ihren Unterthanen bei hohen Strafen jede auch nur mittelbare Betheiligung an dem Ostender Unternehmen und ertheilten Weisungen, die dazu gehörigen Schiffe abzufangen.

Wiederholt haben holländische und englische Kaper in der That Ostender Schiffe genommen, aber die Gesellschaft ließ sich nicht entmuthigen, und auch Karl VI. blieb allen Vorstellungen gegenüber taub. Nicht weniger als sechs Schiffe segelten 1720 aus Ostende nach Indien. In England wurde darauf die Einfuhr von Thee aus irgend einem Theil Europas verboten und in Holland angeblich sogar Todesstrafe auf Betheiligung an der Ostender Gesellschaft gesetzt. Auch das wirkte nicht. Als der Kaiser ihr im Sommer 1723 ein Privileg ertheilt hatte und sie eine öffentliche Subscription eröffnete, wurden alle erforderlichen Gelder im Betrage von sechs Millionen Florin binnen 24 Stunden gezeichnet, und binnen wenigen Wochen waren ihre Antheile um 15 pCt. gestiegen.

Wieder protestirten England und Holland in Wien und verschärften ihre Maßnahmen gegen diese unbequemen Mitbewerber. Aber der Vortheil, den die Versorgung Europas mit indischen Waaren von den Niederlanden aus bot, war so groß, daß die neue Gesellschaft sich trotz aller ihr in den Weg gelegten Hindernisse behauptete. 1726 konnten von ihr 33⅓ pCt. Dividende vertheilt werden!

Es ist kein Zweifel, daß, falls Deutschland damals ein mächtiger einheitlicher Staat gewesen wäre und mit Nachdruck die Company unterstützt hätte, sie binnen wenigen Jahren zu einem bedeutsamen Unternehmen heranwachsen und Deutschland einen Antheil an den Ländern des südlichen und östlichen Asiens sichern konnte. Aber leider fehlte diese Voraussetzung. Als die protestantischen Mächte sich mit Frankreich gegen Kaiser Karl VI. verbanden und dabei die gewaltsame Beseitigung der Ostender Kompagnie ins Auge faßten, sah man am Wiener Hof, zumal damals Spanien seine bisherigen nahen Beziehungen gelöst hatte, andere wichtigere Interessen bedroht. Karl VI. fürchtete besonders die Gefährdung der Erbfolge seiner Tochter Maria Theresia. Um sie zu sichern, opferte er die blühende Ostender Gesellschaft.

Sie hatte 1726 zwölf Prozent Dividende vertheilt und besaß Faktoreien in Coblore (Koromandelküste), Bengalen und Kanton. Ihre Aussichten waren die besten. Da suspendirte der Kaiser 1727 dem Drängen der Seemächte folgend, ihr Privileg für sieben Jahre und in einem Vertrage von 1731 mit England und Holland versprach er, für immer Handel und Schifffahrt nach Indien von den österreichischen Niederlanden aus zu verbieten. Nur noch einmal sollte die Ostender Kompagnie zur Abwickelung ihrer Geschäfte zwei Schiffe nach Indien senden dürfen!

Kaum war die englisch-ostindische Company des neuen Mitbewerbs ledig, da bedrohte sie wieder eine neue Gefahr in England. Die Handelswelt, welche so lange durch die Gesellschaft vom Handel mit Ostasien schon ausgeschlossen war, regte sich, als der Zeitpunkt des Ablaufes ihres letzten Privilegs (1733) herannahte, aufs Neue und mächtiger als je zuvor. Man wollte endlich die Freigabe des Handels mit Indien, dessen natürliche Reichthümer überall sprüchwörtlich waren, erzwingen. Auf ihrer Seite stand die Opposition, welche auf Presse und öffentliche Meinung große Wirkung ausübte und der Freiheit von Handel und Verkehr, die auf verschiedenen Gebieten sich segensreich bewährte, weitere Ausdehnung verschaffen wollte. Gerade von der Freigabe des indischen Handels versprach sich aber die öffentliche Meinung großen Vortheil, da man die Gewinne der ostindischen Company erheblich überschätzte.

Im Februar 1730 überreichten die der Company feindlichen Kreise dem Parlament eine Petition, in der sie zunächst der Regierung die unumgängliche Tilgung der 3 200 000 Pfund Sterling Anleihe an die ostindische Company anboten. Sie erklärten sich bereit, die Summe in fünf Raten bis 1733 gegen eine Verzinsung von 4 pCt. und von da an gegen eine solche von 2 pCt. aufzubringen, wenn dafür das Monopol der alten Gesellschaft aufgehoben und ihre Besitzungen den Zeichnern der neuen Anleihe übertragen würden. Die Letzteren sollten ebenfalls zu einer Korporation vereinigt werden und die Rechte der ostindischen Company erhalten, aber weder als Korporation noch als Aktiengesellschaft Handel treiben. Der Handel mit Indien sollte vielmehr nach dem Antrag der Bittsteller allen Engländern gegen eine Abgabe von 1 pCt. für alle nach Indien exportirten und von 5 pCt. für alle nach England eingeführten Waaren frei stehen. Die Erträge dieser Zölle sollten der Gesellschaft zufließen, welche daraus die Befestigungen und Stationen in Indien erhalten und für Schutz des Handels dort sorgen sollte.

Es entsprach dieser Vorschlag dem System, welches hinsichtlich des Handels mit Afrika seit 1698 befolgt wurde. — Um Zollhinterziehungen vorzubeugen, war vorgeschlagen, daß kein Kaufmann oder Schiffer ohne Licenz der Company in Indien Geschäfte treiben dürfe. Das Privileg der neuen Gesellschaft sollte für 31 Jahre mit dreijähriger Kündigungsfrist ertheilt werden.

Die Petition wies nach, daß bei Annahme dieser Vorschläge der Staat zunächst 92 000 Pfund Sterling jährlich, also in 25 Jahren 2 500 000 Pfund Sterling erspare und daß ferner alle Vortheile, welche die Freigebung des afrikanischen Handels gebracht habe, hier sich in noch erhöhtem Maße zeigen würden. Insbesondere sei Steigerung des englischen Exports und der Schifffahrt, Verbilligung der indischen Waaren und damit Erweiterung des Handels hierin nach anderen Ländern, Anwachsen der Zolleinnahmen und dadurch Erleichterung der Staatsschuld endlich Beschäftigung vieler jetzt arbeitsloser Personen, die sonst auswanderten, zu erwarten. — Dem großen Publikum wurde außerdem von den Feinden der alten Company in Flugschriften dargelegt, welchen Vortheil jedem Kapitalisten Betheiligung an dem geplanten Unternehmen verspreche. Selbst wenn der indische Handel in Zukunft nicht über den Betrag von drei Millionen Pfund Sterling anwachse, was aber bestimmt zu erwarten sei, würden die 5 pCt. jährlich 150 000 Pfund Sterling abwerfen, d. h. 86 000 Pfund Sterling mehr als zu einer 4prozentigen Verzinsung erforderlich wäre.

Mehr noch als diese Hinweise erregte der sehnsüchtige Wunsch aller Seefahrer, ihr Glück in Indien zu versuchen, überall Stimmung für die Aufhebung des Monopols der ostindischen Company. Die Kaufleute von London, Bristol, Liverpool petitionirten in diesem Sinne und verlangten vom Parlament persönlich gehört zu werden Die Presse verlangte ebenfalls Freigabe des indischen Handels und bekämpfte den Fortbestand aller mit Monopolrechten ausgestatteten Gesellschaften. Alles, was gegen sie und besonders gegen die ostindische Company je geschrieben worden war, kam jetzt wieder zum Vorschein. Man wies nach, wie gering die Dividenden der Company im Vergleich zu den ihr gegebenen Vortheilen seien, man betonte, daß 1/3 ihrer Aktien Ausländern gehöre und sie so fremde Staaten bereichere. Man verlangte, daß die Regierung selbst den Unterhalt der Forts und Stationen in Indien in die Hand nehme und den Handel allen englischen Unterthanen freigebe. Die Company trete mit einem Stolz und Aufwand auf wie ein König, ihre Angestellten lebten wie Fürsten. Private Kaufleute würden all dies überflüssig ausgegebene Geld sparen, und dem Lande mehr nützen schon durch größere Rührigkeit, während die Company sich gar keine Mühe bei Ein- und Verkauf der Waaren gebe.

Die ostindische Company blieb diesem Ansturm gegenüber nicht müßig. Sie erklärte, daß nichts als schnöder Neid ihre Feinde beseele und daß alle ihre ins Feld geführten Gründe nicht stichhaltig seien. Die Erhaltung ihrer Forts und Faktoreien koste ihr jetzt jährlich 300 000 Pfund Sterling. Sie wären von der englischen Regierung für diesen Betrag aber zweifellos nicht im Stand zu erhalten. Diese Baulichkeiten und Ländereien seinen außerdem zweifellos ihr Eigenthum und hätten ihr sehr viel Geld gekostet. Sie müßten ihr also unter allen Umständen erst abgekauft werden, was sehr theuer sein würde. Dazu zahle die Company der Regierung jährlich etwa 300 000 Pfund Sterling an Zöllen und Steuern. Löse man sie auf, so müsse die Regierung zunächst mit dem Ausfall dieser sicheren Einnahme, den Kosten des Ankaufs der Forts und den zu ihrer Erhaltung nöthigen Steuern rechnen. Da sei es aber doch sehr fraglich, ob sie jährlich das erforderliche Geld aus dem indischen Handel ziehen werde, denn in schlechten Jahren würden die nicht vereinigten, privaten Kaufleute jedenfalls ihren Handel mit Indien sehr beschränken. Ein Jahr würden daher 50, ein anderes nicht 5 Schiffe nach Indien segeln.

Abgesehen hiervon bestehe die Gefahr, daß ein zu großer Zufluß europäischer Käufer die Preise der Waaren in Indien über das Maß steigere und die Verkäufer sich in Europa zu sehr unterböten, wie es früher zur Zeit der zwei Gesellschaften geschehen sei. — Die Company wies auch auf die allerdings wohl vorliegende Gefahr hin, daß bei Freigebung des Handels andere europäische Staaten in Indien zu viel Boden auf Kosten Englands gewinnen könnten, da der private Händler sich hauptsächlich um seinen privaten Vortheil kümmere. — Zur Verstärkung ihrer Gründe bot die Company für die Erneuerung ihrer Charter eine Zahlung von 200 000 Pfund Sterling an und erklärte sich bereit, den Zinsfuß der vom Staat geschuldeten 3 200 000 Pfund Sterling von 5 auf 4 pCt. zu ermäßigen.

Sei es nun, daß die Ausführungen der Company das Parlament überzeugt, oder daß andere Einflüsse mitgewirkt haben, die Petitionen der Gegner wurden vom Unterhaus verworfen. Es wurde für bedenklich erachtet, eine so einschneidende Maßregel vorzunehmen sowohl mit Rücksicht auf die eifrigen Anstrengungen anderer Völker, in Indien Einfluß zu gewinnen, als weil es zweifelhaft erschien, ob der Handel gewinnen, die Zolleinnahmen nicht etwa sinken und die Anleihe zu 2 pCt. überhaupt zustande zu bringen sein werde. Eine Bill verlängerte die Privilegien der Company bis zum Jahre 1766 mit der üblichen dreijährigen Kündigungsfrist. Es wurde jetzt ausdrücklich hinzugefügt, daß nach Ablauf der drei Jahre nach erfolgter Kündigung und Rückzahlung der 3 200 000 Pfund Sterling das Privileg der Company zwar erlösche, es ihr aber auch dann freistehe als Aktiengesellschaft den Handel nach Indien wie andere Engländer zu betreiben.

Die Gewinne der Company in der ersten Hälfte des 18. Jahrhunderts waren übrigens nach Maßgabe der von ihr vertheilten Dividenden weit bescheidener, als im Allgemeinen angenommen wird. Für 1708 wurden nur 5 pCt. bei einem Aktienkapital von 3 163 200 Pfund Sterling vertheilt, für 1709: 8 pCt., für 1710 bis 1716 jährlich 10 pCt. Für 1717 bis 1722 kamen bei einem Kapital von 3 194 080 Pfund Sterling jährlich ebenfalls 10 pCt. zur Auszahlung. Von 1723 an bis 1731 sank die Dividende auf acht vom Hundert! Im Jahr 1732 wurde sie gar auf 7 pCt. herabgesetzt. Der gleiche Betrag kam von da an jährlich bis 1744 zur Vertheilung, während die holländisch-ostindische Gesellschaft von 1730 bis 1736 jährlich 25 pCt., 1736: 20 pCt., von da an 15 und 12½ und 1744 wieder 15 pCt. zahlte. Dabei genoß die englische Company in Indien mancherlei Vortheile vor den Holländern!

Die verhältnißmäßige Niedrigkeit des Gewinns dürfte ihren Grund ebenso in der sehr kostspieligen Art der Verwaltung und Geschäftsführung der Company, deren Mängel schon beleuchtet sind, haben als in der Furcht, durch zu hohe Dividenden den gegen sie vorhandenen Neid noch zu steigern. — Von 1732 an wurden zuerst jährliche Abrechnungen von der ostindischen Company aufgestellt. Danach brachten 1732 ihre Versteigerungen indischer Waaren 1 940 996 Pfund Sterling, 1744: 1 997 506 Pfund Sterling. In der Zwischenzeit waren die erzielten Summen niedriger.

Die Furcht der Company vor neuen Angriffen gegen ihr Monopol im Parlamente war so groß, daß sie unausgesetzt darauf bedacht war, eine günstige Gelegenheit zu benutzen, um die ihr gegebene Frist zu verlängern. Ein solcher Anlaß bot sich ihr 1744, als die Regierung wegen des Krieges mit Spanien und Frankreich dringend Geld brauchte, und zugleich die öffentliche Meinung der ostindischen Angelegenheit keine Aufmerksamkeit widmete. Die Company bot damals der Regierung eine Million Pfund Sterling zu 3 pCt. für Verlängerung ihrer Privilegien bis 1780 an, und das Parlament ging auf den Vorschlag ein. Die ostindische Company war so in ihrem Monopol auf lange Zeit hinaus gesichert und konnte die zahlreichen Angriffe, die nun von verschiedensten Seiten gegen sie gerichtet wurden, ruhig unbeachtet lassen.

Allerdings traten gerade damals Umstände ein, welche es als nicht allein im Interesse der Gesellschaft sondern auch ganz Englands erwünscht machten, daß die Company ihre ganze Kraft und Macht der Wahrnehmung ihrer Aufgaben in Asien widmen konnte. — Einige Jahre hatten die Geschäfte der englischen Faktoreien von den eingeborenen Fürsten wenig zu leiden gehabt. Trotz der stetig sinkenden Macht des Hofs zu Delhi hatten die Nabobs die von den Moguls ertheilten Privilegien geachtet. Nur die stetige Zunahme von arabischen und indischen Seeräubern machte sich lästig fühlbar. 1739 fiel der persische Herrscher Nadir Schah in Hindostan ein und brachte den Verfall der Macht des alten Mogulreichs aller Welt vor Augen. Die Mahratten brachen dann in Bengalen ein, und die einzelnen Nabobs rüsteten sich zum Kampfe gegen einander.

Die Company hatte davon zunächst allerdings keinen Schaden, sie gewann sogar durch Lieferungen von Waffen und Munition und konnte mit den sich freier fühlenden kleinen Fürsten der Malabar-Küste nutzbringende Beziehungen anknüpfen. Es gelang ihr überdies in jener Zeit ihre Verbindungen mit China zu erweitern und dort in drei oder vier Häfen festen Fuß zu fassen. — Auch der Krieg, welchen England seit 1739 mit Spanien führte, und die Entstehung ostindischer Kompagnien in Schweden und Dänemark, haben auf die Geschäfte der Company keine nachtheilige Wirkung ausgeübt.

Achtes Kapitel.

Frankreich gewinnt das Uebergewicht in Südindien.

Mit dieser Ruhe war es vorbei, als 1745 der neue Krieg mit Frankreich ausbrach. Die französische ostindische Kompagnie, welche seit beinahe 100 Jahren in Indien einige Niederlassungen besaß, und um jene Zeit in Pondichery, Mahé bei Tellichery, Chandernagor am Hughly und in Karikal (Coromandelküste) Faktoreien unterhielt, hatte 1741 einen großen Erfolg errungen. Der Gouverneur von Pondichery, Dumas, erhielt nämlich vom Nabob von Arcot zum Dank für den Schutz, den er seiner Familie gegen die Mahratten gewährt hatte, ein großes Gebiet und vom Mogul den Rang eines Nabob und andere Auszeichnungen. Gleichzeitig war es Dupleix, dem Direktor der französischen Kompagnie in Chandernagor, gelungen, diesen Ort zu einem wichtigen Handelsplatz emporzubringen. Die Gesellschaft erzielte immer größere Einnahmen und konnte sich der Hoffnung hingeben, allmählich eine der englischen ebenbürtige Stellung in Indien zu erringen. Manche ihrer Beamten, wie besonders Labourdonnais, der tüchtige Gouverneur der Inseln Isle de France und Bourbon, schwangen sich damals sogar zu dem Gedanken auf, daß es möglich sein würde, bei energischem Handeln die englische Herrschaft in den indischen Meeren überhaupt zu brechen. Schon 1741 erklärte er sich dem Ministerium gegenüber bereit, im Falle eines Krieges mit England unverzüglich über des Letzteren Besitzungen in Indien herzufallen.

Als 1744 der erwartete Krieg ausbrach, hielt Labourdonnais in Isle de France, obwohl die Gesellschaft gern Feindseligkeiten vermieden gesehen hätte, alle dort anlaufenden Schiffe der französischen Kompagnie fest und rüstete aus allen Kräften für eine Expedition nach Indien. Nur leider fehlte es ihm ebenso an Menschen wie an Vorräthen. Im Oktober 1745 wurde ihm von einer Fregatte die baldige Ankunft von 5 Handelsschiffen gemeldet. Als diese Januar 1746 eintrafen, fühlte er sich stark genug und ging sogleich daran, sie mit Geschützen auszurüsten und ihre Mannschaften einzuüben. Dann begab er sich mit seiner ganzen Macht nach Madagascar, wo er Holz und andere Vorräthe einnahm. Er hatte 9 Schiffe mit 3342 Mann unter seinem Kommando, mit denen er die französischen Besitzungen in Indien schützen und den englischen Handel hemmen sollte.

Der Gouverneur-General von Pondichery, dessen Würde seit 1742 Dupleix bekleidete, war von der bevorstehenden Ankunft der Flotte früh unterrichtet worden. Zu derselben Zeit hatte er Weisung von der Kompagnie, welche sich sehr ungern auf einen Krieg einließ, und von Eroberungen nichts wissen wollte, erhalten, um mit den Engländern einen Neutralitätsvertrag zu schließen. Er hatte zu diesem Zweck 1745 sich mit dem Governor von Madras in Verbindung gesetzt. Aber dieser lehnte jede Verständigung ab, denn er hatte Kunde, daß ein englisches Geschwader auf dem Wege nach Indien war, um den Franzosen hier den Garaus zu machen; und der englischen Company war das sehr erwünscht.

Dupleix hatte damals bereits auf eigene Faust und zum Theil aus eigenen Mitteln Pondichery in Voraussetzung eines Krieges mit Befestigungen versehen. Die Arbeiten waren jedoch noch nicht vollendet; seine Mannschaft bestand nur aus 436 Weißen, und von der Labourdonnaisschen Flotte war nichts zu hören. Angesichts der von England drohenden Gefahr wandte er sich nun an die ihm befreundeten indischen Fürsten. Auf seine Vorstellungen hin stellte der Nabob des Carnatic Pondichery in der That unter den Schutz des Mogul und sandte die Botschaft davon nach Madras mit dem Zusatz, daß der Mogul jeden Angriff auf die französischen Besitzungen an der Coromandelküste verbiete und ebenso die Franzosen verhindern werde, gegen die englischen Niederlassungen vorzugehen!

Wenn auch das Eindringen der Perser, die Erhebung der Mahratten und Uneinigkeit der verschiedenen Nabobs die Macht der Mogulregierung stark geschwächt hatten, wagte die englisch-ostindische Company damals doch nicht daran zu denken, mit ihr je den Kampf aufzunehmen. Die Pläne eines Angriffs auf Pondichery wurden daher in Madras fallen gelassen. Die mittlerweile eingetroffene englische Flotte beschränkte sich darauf, französische Handelsschiffe abzufangen.

Bei dieser Lage der Dinge erschien Labourdonnais mit seinem Geschwader Anfang Juli 1746 an der Coromandelküste. Die dort kreuzende englische Flotte griff ihn an, konnte aber trotz ihrer Ueberlegenheit in Mannschaften und Geschützen keinen ernstlichen Erfolg erringen und zog am folgenden Tage vor, weil ein Schiff leck war, das Gefecht abzubrechen und nach Süden abzusegeln. Labourdonnais, der froh war, so leichten Kaufs davonzukommen, aber sich den Anschein gab, sehr ungern den Feind weichen zu sehen, ging nun nach Pondichery und begann mit Dupleix zu berathen, was weiter geschehen solle.

Beide Männer standen bis dahin in besten Beziehungen und beide waren von feurigem Patriotismus beseelt. Ihr Wunsch war, Madras einzunehmen und womöglich für immer unschädlich zu machen. Aber über die hierzu zu ergreifenden Maßnahmen bildete sich bald zwischen beiden eine ernste Meinungsverschiedenheit heraus. Labourdonnais verlangte aus Furcht vor einem Angriff der englischen Flotte gegen 60 schwere Geschütze für seine Schiffe und wünschte baldigen Ueberfall des Forts St. David. Dupleix erklärte, so viele schwere Geschütze nicht missen zu können. Er gab 62, aber nur von 18 bis 8 Pfund. Die Einnahme von St. David betrachtete er als ganz werthlos und nur dazu angethan, den Nabob zu reizen und zum Schutz von Madras zu veranlassen. So entstand Streit zwischen beiden Männern. Labourdonnais sah in Dupleix' Ansichten nichts als Eifersucht und den Wunsch, seinen Ruhm zu schmälern. Er lichtete im August die Anker und machte einen Versuch, die bei Negapatam liegenden Engländer zu einer Schlacht zu bewegen, ehe Verstärkungen bei ihnen eintrafen, um so den Rücken freizubekommen. Als sie jedem Angriff auswichen und das Feld räumten, verlangte er ein Gutachten des Conseil superieur zu Pondichery über das, was zu geschehen habe. Diese Körperschaft bezeichnete entweder einen Angriff auf Madras oder Vernichtung der englischen Flotte als unumgänglich. Aber der erkrankte Admiral meinte, daß zu der Vernichtung der englischen Flotte keine Möglichkeit bestehe, da sie ihm stets ausweiche und, solange sie vorhanden sei, verspreche ein Angriff auf Madras keinen Erfolg. Da berief Dupleix Ende August den Conseil aufs Neue und erwirkte einen Beschluß, wonach Labourdonnais sogleich eine der beiden bezeichneten Aufgaben ausführen oder das Kommando niederlegen solle.

Erst jetzt entschloß sich der Admiral zum ernstlichen Vorgehen. Am 12. September 1746 brach er nach Madras auf, am 14. landete er 12 Meilen südlich von der Stadt 500 Mann mit 2 Geschützen, am 15. erschien er vor der Festung, landete gegen 2000 Soldaten und forderte Ergebung.

Madras war in keiner Weise auf eine Belagerung gerüstet. Das Fort St. George besaß kaum 300 Mann Besatzung. Die englisch-ostindische Company hatte niemals ernstlich an einen Angriff von außen gedacht. Als die Nachricht von der Ankunft der französischen Flotte in Pondichery nach Madras gekommen war, hatte der englische Governor, welcher sich zum Widerstand nicht in der Lage fühlte, den Nabob des Carnatic angerufen, um ihn seinem Versprechen gemäß zum Einschreiten gegen die Franzosen zu veranlassen. Sein Agent verletzte aber alle Formen und Bräuche am Hofe des Fürsten und erhielt daher nur eine ausweichende Antwort. Im Augenblicke der französischen Landung fühlten sich die Engländer somit fast ganz hülflos, umsomehr als sie Nachricht erhalten hatten, daß ihre Flotte nach Bengalen gesegelt sei. Dennoch lehnten sie die Uebergabe der Stadt ab und begannen sich zu vertheidigen. Erst nach mehrtägiger Beschießung, wobei 5 Engländer fielen, ließen sie sich zu Verhandlungen herbei und kapitulirten am 21. September. Alle Soldaten und Engländer wurden Kriegsgefangene, doch sollten die Offiziere und Beamten gegen das Versprechen, nicht weiter am Krieg theilzunehmen, volle Freiheit genießen. Alle Waaren und Güter wurden wie die Stadt volles Eigenthum der Franzosen.

Der Wortlaut der Kapitulation beweist, daß Labourdonnais mit den Engländern über die Möglichkeit einer Rückgabe der Stadt gegen entsprechendes Lösegeld gesprochen hat. In seiner Instruktion von 1741 befand sich nämlich die ausdrückliche Bestimmung, daß er keine Eroberung zwecks dauernder Besitzergreifung machen dürfe. Wenn er indessen später in seiner Rechtfertigungsschrift behauptet hat, er habe sich bei Abschluß der Kapitulation bestimmt zur Rückgabe der Stadt gegen eine angemessene Zahlung verpflichtet, so findet das in den vorliegenden Aktenstücken keine Bestätigung. Auch dem Generalgouverneur Dupleix hat Labourdonnais in den Tagen der Kapitulationsverhandlungen keinerlei Mittheilung von einer solchen Klausel gemacht.

Der Nabob hatte von dem Angriff der Franzosen auf Madras erst spät gehört. Am selben Tage aber, an dem es sich ergab, traf ein von ihm gesandter Eilbote bei Dupleix mit der Aufforderung ein, die Belagerung sogleich aufzuheben, da er sonst durch ein Heer seinem Befehl Gehorsam erzwingen werde. Dupleix antwortete, daß er beabsichtige, Madras, sobald er es in Händen habe, dem Nabob auszuliefern, und gab davon dem Admiral sofort Kenntniß. Sein Brief traf am 23. September bei Labourdonnais ein. Inzwischen hatte dieser Dupleix den Sieg gemeldet. Er schrieb ihm dabei, man könnte die Stadt zerstören, gegen Lösegeld ausliefern oder zur französischen Kolonie machen. Gegen Letzteres spreche seine Instruktion und die Wahrscheinlichkeit, daß England im Frieden seine Rückgabe durchsetzen werde. Im Falle einer Zerstörung der Stadt werde England das Lösegeld sparen und sich an irgend einem anderen Platze festsetzen. Er sei daher für Auslieferung der Stadt gegen entsprechende Entschädigung. Der englische Governor wolle die erforderliche Summe in Wechseln auf England erlegen.

Dupleix wollte hiervon unter keinen Umständen hören. Es war ihm klar, daß England die Wechsel seines Governors nie einlösen und die nächste Flotte Madras und vielleicht auch Pondichery einnehmen werde. Sollte der Sieg für Frankreich Früchte tragen, so mußte er die wichtige Handelsstadt so rasch als möglich vernichten und ihre Ruinen dann dem Nabob übergeben. Damit befestigte er sich gleichzeitig in dessen Gunst und wurde der schlimmsten Feinde ledig. Wiederholt schrieb er dem Admiral in diesem Sinne, aber Labourdonnais hatte inzwischen ohne Rücksicht auf Dupleix mit den Engländern fortgesetzt über die Auslösung von Madras verhandelt. Als Dupleix das erfuhr, brauchte er schärfere Sprache, erinnerte den Admiral daran, daß er dem Conseil superieur von Pondichery unterstehe, und sandte einige seiner Beamten. Dadurch reizte er den ohnehin eifersüchtigen Mann nur noch mehr. Am selben Tage, an dem er das Schreiben von Dupleix erhielt, schloß er rasch mit den Engländern ein Abkommen, wonach er sich verpflichtete, die Stadt ihnen für eine Zahlung von 1 100 000 Pagodas (= 4 Lakhs und 40 000 Rupien)*) zurückzugeben!**) Er theilte das Dupleix mit dem Bemerken mit, daß er in der von ihm eroberten Stadt alleiniger Herr sei und Pondichery nicht unterstehe.

Der Conseil superieur legte hiergegen feierlichen Protest ein und erklärte jede von ihm nicht genehmigte Vereinbarung für ungültig. Dupleix beschwor zugleich den Admiral, seinen Plan fallen zu lassen.

*) 421 666 Pfd. Sterling.

**) Nach den aktenmäßigen Mittheilungen Mallesons hat Labourdonnais für seine Person 100 000 Pagodas = 40 000 Pfund Sterling von England als Preis für dieses Abkommen erhalten!

Die nach Madras gesandten Beamten blieben ebenfalls nicht unthätig. Sie wandten sich an die Offiziere und theilten ihnen die Vollmachten des Königs für Dupleix mit und dergleichen. Aber der Admiral kümmerte sich um das Alles nicht. Am 2. Oktober erschien in Madras eine von Dupleix abgesandte Kommission von Offizieren und Beamten, um das von Labourdonnais geschlossene Abkommen für nichtig zu erklären und Behörden im Namen Dupleix' einzurichten. Sie verlasen vor der Bevölkerung im Beisein des Admirals ihre Vollmachten und Aufträge. Labourdonnais blieb jedoch dabei, daß er keinen Vorgesetzten anerkenne; er versammelte seine Offiziere, welche sich auf seine Seite stellten, und drohte der Kommission mit Gewaltmaßregeln. Als sie sich nicht fügte, verhaftete er sie und erklärte, daß er sie erst am 15. Oktober, wo die Uebergabe der Stadt an England erfolgen sollte, freilassen werde. Den Dupleix ergebenen Theil der Truppen hatte er vorsichtiger Weise auf die Schiffe geschickt. Dem Generalgouverneur standen daher vor der Hand keinerlei Mittel zur Verfügung, seinen Weisungen Gehorsam zu erzwingen. Er mußte sich mit einem leeren Protest begnügen.

Indessen war nach diesem offenen Bruch mit den Behörden von Pondichery auch des Admirals Lage nicht behaglich. Länger als bis zum 15. Oktober konnte er mit seinem Geschwader auf der gefährlichen Rhede von Madras nicht liegen bleiben, wenn er sich nicht der Gefahr aussetzen wollte, seine Schiffe durch einen Sturm zu verlieren. Die reiche Beute und die Vorräthe aus der Stadt konnte er nur mit Hülfe der Leute Dupleix' auf seine Schiffe schaffen. Gleichzeitig lief er Gefahr, daß der Generalgouverneur sogleich nach seiner Abfahrt über die ihrer Vertheidigungsmittel entblößte Stadt herfiel und sie besetzte. Damit verloren die in seinen Händen befindlichen Wechsel jeden Werth. Wohl oder übel mußte er also mit dem Generalgouverneur eine Verständigung herbeiführen. Er ließ ihn unter der Hand fragen, ob er der Auslieferung der Stadt an England zustimmen wolle, wenn der Termin bis ins kommende Jahr verschoben würde und er ihm eine Anzahl Soldaten von der Flotte abgebe.

Gerade um diese Zeit erschienen drei französische Kriegsschiffe in Pondichery, welche Dupleix den bevorstehenden Ausbruch eines Krieges mit Holland meldeten und neue Weisungen aus Paris brachten, welche die Unterstellung des Admirals unter den Conseil superieur bestimmt aussprachen. Dupleix gab Labourdonnais davon umgehend Nachricht, aber dieser behauptete, daß die Weisungen ihn nichts angingen, blieb bei seinen Forderungen zu Gunsten der Engländer und verfocht fortgesetzt ihre Interessen gegen seine Landsleute. Der Streit ging weiter, da kam in der Nacht des 13. Oktober ein heftiger Sturm und zwang die Flotte, in See zu gehen. Labourdonnais, der fast ohne Truppen in Madras war, sah sich plötzlich seiner Macht beraubt. Wie nach einigen Tagen bekannt wurde, waren vier seiner Schiffe und ein erbeutetes Fahrzeug verloren. Zwei andere waren fast unbrauchbar geworden und die letzten zwei bedurften großer Reparaturen. 1200 Leute hatten im Sturm ihr Leben eingebüßt! Angesichts dieses Ereignisses unterzeichnete der Admiral kurzer Hand am 18. Oktober seinerseits ein neues Abkommen mit den Engländern, worin er unter der falschen Behauptung, daß der Conseil dem zugestimmt habe, Räumung von Madras im Januar 1747 versprach. Dann setzte er mit fieberhafter Hast die vier geretteten Schiffe nothdürftig in Stand und begab sich auf ihnen am 23. nach Pondichery. Unterwegs traf er sechs von dort kommende, von Dupleix nach Atchin gesandte Schiffe. Er veranlaßte sie, sich unter sein Kommando zu stellen, und erschien mit der ganzen Macht am 27. in Pondichery.

Sein Plan war, die Schiffe in Goa auszubessern, neue dort zu kaufen und im nächsten Jahr mit verstärkten Kräften wiederzukommen. Er verlangte dazu von Dupleix alle seine Geschütze, Munition und Leute. Als der Generalgouverneur und sein Conseil das Letztere ablehnten und verlangten, daß die Schiffe nach Atchin gehen, es besetzen und sich dort zur Verfügung halten sollten, fuhr er nach zwei Tagen weiter, ohne an Land gegangen zu sein. Während die noch unversehrten Schiffe der französisch-indischen Kompagnie nach Atchin segelten, ging er nach Isle de France und von dort nach der Heimath.*)

Mit der Abfahrt Labourdonnais' war Dupleix thatsächlich Herr des eroberten Madras, in dem ein vom Admiral eingesetzter Offizier Desprémesnil den Oberbefehl führte. Inzwischen waren aber die

*) Er ist dort in die Bastille gesetzt, aber nach drei Jahren, da ihm die Bestechung nicht nachzuweisen war, freigelassen worden. Durch eine Vertheidigungsschrift hat er die öffentliche Meinung noch gegen Dupleix aufgeregt, dann starb er 1753.

Engländer auch nicht unthätig gewesen. Ihr Einfluß dürfte es gewesen sein, welcher den Nabob des Carnatic bestimmte, trotz seines anfänglichen Zauderns gegen die Franzosen, welche keine Miene machten, die Stadt ihm auszuliefern, Maßregeln zu ergreifen. Ein Heer von mehr als 10 000 Mann indischer Truppen erschien Ende Oktober vor den Mauern von Madras. Es erscheint nicht ausgeschlossen, daß Dupleix sein Versprechen erfüllt und die Stadt dem Nabob übergeben hätte, wenn der Admiral inzwischen ihre Befestigungen geschleift hätte. Da das aber nicht geschehen war und vor den Augen des Fürsten nicht mehr geschehen durfte, so entschloß sich der Generalgouverneur, die Stadt zu halten, um sie nicht wieder in die Hand der Engländer kommen zu lassen. Er befahl dem Kommandanten, seinerseits Feindseligkeiten zu vermeiden, aber die Stadt zu vertheidigen. Desprémesnil, welchem etwa 600 weiße und ebenso viele eingeborene Soldaten zur Verfügung standen, führte diese Weisung einige Tage lang aus. Erst als die Inder die Madras mit Wasser versorgende Quelle besetzten und so die Besatzung in arge Verlegenheit brachten, sandte er am 2. November 400 Mann mit zwei Kanonen gegen die Besatzung der Quelle. Durch einige gut gezielte Kanonenschüsse gelang es, die sich entgegenstellende Reiterei der Inder zu vertreiben und argen Schrecken in ihren Reihen zu verbreiten.

Noch hatten sie sich davon nicht erholt, da erhielt der Nabob Nachricht, daß Dupleix etwa 1000 Mann von Pondichery nach Madras abgesandt habe. Sogleich beschloß er, diese Truppe abzufangen und zu vernichten. Trotzdem er über eine zehnfache Truppenzahl verfügte und seine Stellung hinter einem Flusse, den der Feind durchwaten mußte, sehr günstig war, gelang es indessen den Franzosen unter Paradis am 4. November, ihn völlig zu schlagen. Ueber die fliehenden Inder fiel die Besatzung von Madras her und richtete unter ihnen ein fürchterliches Blutbad an. Der erste entscheidende Sieg von Europäern über Truppen des Mogul war damit erfochten!

Dupleix sah sich über Nacht Herr der Lage. Er übertrug sogleich Paradis*) den Oberbefehl in Madras und erklärte alle von Labourdonnais ohne Genehmigung des Conseil eingegangenen Verpflichtungen für null und nichtig. Am 10. November wurden alle

*) Ein geborener Schweizer und von Haus aus Ingenieur.

Vorräthe und Waaren in der Stadt aufs Neue beschlagnahmt, alle Engländer, welche Frankreich nicht den Huldigungseid leisteten, binnen vier Tagen ausgewiesen und der englische Governor und sein Council als Gefangene nach Pondichery geschafft. Wer von den Engländern konnte, floh nach dem zwölf Meilen entfernten Fort St. David.

Hier und in der benachbarten Stadt Cuddalore befand sich seit dem Fall von Madras der Sitz der Verwaltung der englisch-ostindischen Company in jenen Gebieten. Von hier aus wurde unausgesetzt am Hofe des Nabob und anderer indischer Fürsten gegen die Franzosen gearbeitet und Hülfe bei den anderen englischen Niederlassungen erbeten. Es war daher Dupleix' erstes Bestreben, nach der Besiegung des Nabob diese Plätze in seine Hand zu bekommen. Anfang Dezember unternahm Paradis auf seine Weisung den Marsch nach Pondichery. Die Engländer, welche alle Bewegungen des Feindes scharf beobachteten, hatten den Nabob in Kenntniß gesetzt, und dieser überfiel die Kolonne unterwegs. Ein nennenswerther Erfolg war ihm dabei nicht beschieden. Dupleix konnte in Pondichery 1600 Mann mit zwölf Geschützen sammeln und sie Mitte Dezember gegen St. David senden. Den Oberbefehl mußte er wider seinen Willen dem ältesten Offizier, einem bejahrten General, de Bury, übertragen.

Die Engländer hatten in Erwartung eines Angriffs zu ihren 300 Mann Besatzung noch 1000 Eingeborene bewaffnet und einen engen Bund mit dem Nabob geschlossen. Sie würden dennoch bei geschickter Leitung der Feinde wahrscheinlich unterlegen sein. Aber de Bury ließ jede Vorsicht außer Acht und traf seine Maßnahmen so schlecht, daß der Nabob ihn vor dem Fort überfallen und zum Rückzug zwingen konnte.

Dupleix sandte nun Agenten an den Hof des Nabobs, um ihn zu bewegen, von dem Bunde mit den besiegten und machtlosen Engländern zurückzutreten. Er wußte, daß der Fürst entmuthigt und des Krieges müde war. Doch noch immer bestand der Nabob auf Auslieferung von Madras und Einstellung aller Feindseligkeiten. Erst das Erscheinen der von Atchin kommenden französischen Schiffe stimmte ihn im Verein mit den Klagen der Bevölkerung, welche unter Plünderungszügen von Madras aus schwer litt, um. Er erkannte den Franzosen den Besitz aller in ihren Händen befindlichen Plätze zu und überließ die Engländer ihrem Schicksal.

Die Lage von St. David wurde nunmehr sehr bedenklich. Bei einem entschlossenen Angriff zu Lande und zu Wasser mußte es Dupleix in die Hände fallen. Zu einem solchen ist es aber nicht gekommen, sei es, daß die Offiziere des Generalgouverneurs nicht die nöthige Entschlossenheit besaßen, sei es, daß man das Geschwader nicht in Gefahr bringen wollte, um nicht bei Ankunft einer englischen Flotte ganz wehrlos zu sein. Am 19. Februar sandte Dupleix seine vier Schiffe nach Goa. Dann erst setzte er in seinem Conseil die Ernennung von Paradis zum Befehlshaber der Truppen durch und schickte ihn am 13. März gegen St. David. Als er aber vor dessen Wällen anlangte, fand er auf seiner Rhede die eben vom Hughly eingetroffene englische Flotte vor. Es blieb ihm nichts übrig, als schleunigst umzukehren und Pondichery, das nun seinerseits in Gefahr kam, zu Hülfe zu eilen.

Indessen fühlten sich die Engländer zu einem Angriff zu schwach. Sie begnügten sich damit, die französischen Plätze vom Verkehr mit der See abzuschneiden und die Besatzung von St. David nach Kräften zu verstärken. Daß sie gleichzeitig auch beim Nabob nichts versäumten, um ihn wieder für sich zu gewinnen, ist selbstverständlich. Nur mit seiner Hülfe konnten sie hoffen, Madras, dessen Verlust ihnen 180 000 Pfund Sterling kostete, in Bälde wiederzugewinnen. Dupleix gelang es trotzdem, beim Nabob seinen Einfluß zu behaupten und sein Geschwader in Goa anzuweisen, möglichst rasch in Isle de France Verstärkungen zu suchen und damit zu Hülfe zu eilen.

Monate vergingen allerdings, ehe das geschah. Erst Mitte Juni 1748 erschienen sieben große und zwei kleine französische Schiffe an der Coromandelküste. Englischerseits war Anfang 1748 Major Lawrence mit geringen Verstärkungen von England eingetroffen und hatte den Oberbefehl über die Streitkräfte der ostindischen Company übernommen. Als die Engländer, welche über zehn Schiffe verfügten, von dem Nahen des französischen Geschwaders hörten, beschlossen sie, es am frühen Morgen anzugreifen. Die Franzosen aber hatten in aller Stille bei Nacht sich nach Madras begeben, dort 300 Soldaten und vier Millionen Francs in Silber gelandet und dann schleunigst die Rückfahrt nach Isle de France angetreten, da sie sich zum Kampf zu schwach fühlten. Vergebens suchte die englische Flotte nach ihnen einige Tage lang. Während dessen machte Dupleix einen vergeblichen Versuch, bei Nacht Cuddalore zu überrumpeln.

Die Lage Dupleix' war jetzt bedenklich. Er war abgeschnitten von Frankreich und konnte schwerlich bald auf die Ankunft ansehnlicher Verstärkungen rechnen, während, wie er wußte, die Eroberung von Madras in England größte Entrüstung erregt und nicht allein die ostindische Company, sondern auch die Regierung zu großen Aufwendungen, um die Scharte auszuwetzen, veranlaßt hatte. Der König hatte acht große Schiffe unter Admiral Boscawen ausrüsten lassen, und die Company hatte noch elf andere dazu gestellt. Mit vielen Vorräthen und 1400 Mann an Bord hatte sich diese Macht Ende 1747 auf die Fahrt begeben. Falls Cuddalore und St. David vor ihrem Eintreffen in Dupleix' Hände gefallen wären, hätten die Engländer keinen Stützpunkt auf dem Lande besessen, und ihr Vorgehen wäre erschwert gewesen. Wie die Dinge aber standen, schien der Untergang der französischen Kolonie hier sicher.

Doch Dupleix verlor den Muth nicht. Er befestigte mit größter Energie Pondichery noch weiter und schuf zwei Meilen davon einen wichtigen Außenposten Ariancopan. Das Kommando des Platzes übertrug er Paradis. Außerdem häufte er soviel als möglich Vorräthe in Madras wie Pondichery auf und sparte keine Bemühung, um den Nabob auch fernerhin sich zum Freund zu halten.

Boscawen, der am Kap der guten Hoffnung noch eine Verstärkung von sechs Schiffen und 400 Soldaten der holländisch-ostindischen Company erhalten hatte, erschien Anfang Juli mit seiner Flotte vor Isle de France in der Absicht, diese für Frankreichs indische Politik höchst wichtige Besitzung wegzunehmen. Obwohl den Franzosen hier nur 500 Soldaten und 1000 Matrosen vom Geschwader zur Verfügung standen, hatten sie sich indessen so gut befestigt, daß ein Angriff aussichtslos erschien, und die Engländer nach dreitägigem Kreuzen an der Küste weiter nach Indien segelten. Am 11. August 1748 gelangten sie nach St. David und vereinigten sich mit der dort bereits ankernden Flotte. Sie verfügten nun über eine Macht, wie sie noch nie in diesen Gewässern vereinigt gewesen war. Sie schickten sich sogleich an, Dupleix nicht allein vom Wasser sondern auch vom Lande aus anzugreifen. 6000 Mann Soldaten, darunter 3700 Europäer, wurden gelandet und die Belagerung von Pondichery vorbereitet. Am 19. August griffen sie mit 700 Mann das Fort Ariancopan an. Sie waren des Sieges so sicher, daß sie jede Vorsicht vernachlässigten. Die Vertheidiger des

Forts hatten daher leichtes Spiel. Sie schlugen den Sturm unter großen Verlusten der Engländer ab und bemächtigten sich bei einem Ausfall der Person des Oberbefehlshabers Major Lawrence. Nur der Umstand, daß eine Pulverexplosion im Fort entstand, welche 100 Mann das Leben kostete, zwang die Besatzung, den Posten aufzugeben und sich nach Pondichery zurückzuziehen.

Boscawen setzte sich zunächst in den Ruinen von Ariancopan fest und verbrachte fünf Tage damit, sich darin neu zu befestigen. Erst am 6. September ging er gegen Pondichery vor. Bei den folgenden Kämpfen fiel zum großen Schaden der Franzosen Paradis. Ein genügender Ersatz für ihn war nicht vorhanden, und Dupleix selbst mußte die militärische Leitung in die Hand nehmen. Trotz aller Schwierigkeiten, und trotzdem der Nabob durch die Vorstellungen und Geschenke der Engländer schließlich bewogen wurde, ihnen einige Hundert Mann zu Hülfe zu senden, gelang es Dupleix, wochenlang alle Anstrengungen der Feinde zu Schanden zu machen. Nach fünfwöchentlicher Belagerung fand der Admiral, daß er viele Offiziere und Soldaten verloren, aber keinen nennenswerthen Erfolg errungen hatte. Da überdies die Regenzeit begann, Epidemien im Lager ausbrachen und Stürme das längere Verbleiben der Flotte an der Küste bedenklich machten, beschloß der englische Kriegsrath am 14. Oktober, die Belagerung aufzuheben und die Batterien zu zerstören. Mit Verlust von 1065 Mann zog Boscawen ab, und Dupleix hatte einen von Niemand für möglich gehaltenen Erfolg errungen!

Von allen Seiten beglückwünschten ihn die indischen Fürsten. Das Ansehen Englands hatte einen schweren Schlag erlitten. Dupleix rüstete sich nun seinerseits zum Angriff. Nachdem ihm durch einige Schiffe Anfang 1749 200 neue Soldaten und Geld zugeführt waren, fühlte er sich des Erfolges sicher. Ehe er dazu kam, den Feldzug zu beginnen, erhielt er zu seinem Schmerz leider Nachricht vom erfolgten Abschluß eines Waffenstillstandes seiner Regierung mit England und bald darauf vom Aachener Frieden. Nach dessen Bestimmungen mußte er Madras an England ausliefern! Im August 1749 kam die Stadt wieder in dessen Hände!

Für Dupleix war das ein um so fühlbarerer Verlust, als er inzwischen die Befestigungen von Madras wesentlich verbessert und verstärkt und viele Mittel dafür aufgewendet hatte. Die Engländer ernteten die Früchte seiner Arbeit und, um sich zu sichern, besetzten sie sogleich den einst portugiesischen Platz Sao Thome, vier Meilen südlich von Madras.

Im übrigen Indien waren ihre Geschäfte während des Krieges ungestört weiter gegangen und hatten vielleicht sogar sich gehoben, da ihre Flotte den Handelsbetrieb der anderen Völker lahmgelegt hatte. In Bengalen hatte der Nabob des Mogul alle Feindseligkeiten zwischen den Engländern und Franzosen gehindert und von beiden Theilen Kontributionen erhoben. Die Engländer haben ihm etwa 100 000 Pfund Sterling zahlen müssen. Immerhin kam sie das billiger als die Kämpfe um Madras zu stehen! Die Ausfuhr der englisch-ostindischen Company, welche 1745 einen Werth von 568 000 Pfund Sterling hatte, erreichte 1747 einen solchen von 887 000, 1748 von 834 000 Pfund Sterling. In den Versteigerungen ihrer aus Indien eingeführten Waaren erzielte sie 1745: 98 213; 1747: 441 651; 1748: 178 419 Pfund Sterling. Der Gesammthandel Englands, welcher 1744 einen Werth von 17 791 000 Pfund Sterling erreichte, stieg 1748 auf 20 487 000 Pfund Sterling.

Wenn die ostindischen Companies in London und Paris hofften, daß nach Abschluß des Friedens die Handelsthätigkeit in Indien wieder in alter Weise fortgehen würde, so erwies sich diese Erwartung als irrig. Durch die erfolgreiche Einmischung der Franzosen in die indischen Angelegenheiten war die Grundlage der europäischen Beziehungen zu Indien verschoben worden. Die Schwäche der indischen Mächte war klar an den Tag getreten. Die Europäer fühlten sich nicht mehr geneigt, ihnen als Bittsteller entgegenzutreten und sich ausbeuten zu lassen. Auf der anderen Seite erwachte in den Herzen einzelner Inder der Wunsch, mit Hülfe europäischer Truppen unbequeme Nebenbuhler niederzuwerfen. Die Europäer waren, abgesehen von allen anderen Rücksichten, schon darum geneigt, solchen Wünschen entgegenzukommen, als es ihnen schwer fiel, ihre ungewöhnlich starken Truppenschaaren zu erhalten und zu beschäftigen.

An die Engländer trat ein derartiges Anerbieten zuerst heran. Der von einem Halbbruder vor Jahren vertriebene Rajah von Tanjore bot ihnen für Rückeroberung seines früheren Besitzes außer der Zahlung aller Kosten, die Abtretung der Stadt und des Hafens Devicotta an der Mündung des Coleroon, 122 Meilen südlich von Madras. Obwohl die Engländer bis dahin mit dem damaligen Herrscher von Tanjore freundliche Beziehungen unterhalten hatten, gingen sie ohne Weiteres auf das Anerbieten seines Feindes ein, und im April 1749 wurden 430 europäische und 1000 indische Soldaten mit 8 Kanonen nach der Landschaft Tanjore abgesandt. Die Vorräthe und Geschütze wurden auf Schiffen befördert. Diese Expedition scheiterte vollständig. Ein Sturm zerstörte drei der Schiffe. Die Landtruppen fanden keinerlei Unterstützung bei den Eingeborenen und erreichten gar nicht Tanjore, sondern nur Devicotta, welches sie nicht einnehmen konnten.

Erst einer zweiten ganz zur See gesandten Expedition unter Major Lawrence gelang es, sich dieses Platzes, den man für handelspolitisch wichtig hielt, zu bemächtigen. Von Unterstützung des verjagten Rajah war dabei aber nicht mehr die Rede. Sie dachten vielmehr sogar daran, ihn seinem Feinde, dem herrschenden Rajah, auszuliefern, und bedangen ihm schließlich nur eine jährliche Pension von 4000 Rupien aus. Sie selbst erwarben Devicotta und das benachbarte Gebiet von dem herrschenden Rajah, wofür sie ihm Hülfe gegen seine Feinde versprachen.

Während dieser Vorgänge hatte Dupleix, welcher durch seine in Bengalen geborene und mit den Landessitten und -sprachen vertraute Frau genaue Fühlung mit den Indern unterhielt, sich ebenfalls in ihre inneren Verhältnisse eingemischt, aber mit wesentlich mehr Geschick. — Wie schon erwähnt, bildete damals das ganze Dekkan ein Vizekönigthum des Mogulreichs, welches in zahlreiche kleinere Gebiete, die unter Nabobs oder Zemindars standen, zerfiel. Vicekönig oder Subahdar war damals ein über 100jähriger Mann Nizam al Mulk, welcher einen seiner Enkel Mozuffer Jung mit Genehmigung des Mogul zum Nachfolger ausersehen hatte. Als der Vizekönig aber Anfang 1748 starb, bemächtigte sich einer seiner Söhne, Nazir Jung, des Thrones, und Mozuffer Jung sah sich vor die Nothwendigkeit gestellt, sich mit Gewalt in den Besitz seines Erbes zu setzen. Er dachte daran, sich die Hülfe der Mahratten, der Erbfeinde des Mogulreichs, zu diesem Zweck zu sichern. In ihrer Stadt Sattara traf er den von ihnen einst gefangenen Rajah von Trichinopoly Chunda Sahib, einen sehr gewandten und unternehmenden Mann. Chunda Sahib theilte die Angelegenheit Dupleix mit und bat um Rath und Hülfe. Dupleix erkannte sofort die große Tragweite der Sache. Er löste Chunda Sahib von den Mahratten aus und versprach ihm und Mozuffer Jung seine Unterstützung, wofür ihm ein Gebiet bei Pondichery zugesichert wurde.

Nachdem die beiden Männer etwa 40 000 Mann zusammengebracht hatten und 400 Franzosen nebst etwa 2000 farbigen Sepoys unter d'Auteuil zu ihnen gestoßen waren, griffen sie zunächst den Nabob des Carnatic an, welcher sich mit etwa 20 000 Mann in günstiger Lage verschanzt hatte. Trotzdem er sich tapfer vertheidigte, unterlag der Nabob. Er selbst fiel, sein ältester Sohn wurde gefangen, der zweite entkam nach Trichinopoly. Die Sieger besetzten die Hauptstadt Arcot und riefen dort Mozuffer Jung zum Vizekönig des Dekkan, Chunda Sahib zum Nabob des Carnatic aus. Dann zogen sie nach Pondichery, um die Verbindung mit den Franzosen noch enger zu gestalten. Dupleix wußte solchen Eindruck auf sie zu machen, daß Chunda Sahib ihm 81 Dörfer abtrat.

Es war Dupleix' Wunsch, daß die Verbündeten so rasch als möglich den nach Trichinopoly geflüchteten zweiten Sohn des Nabob, Mohamed Ali, unschädlich machten, weil zu fürchten stand, daß er von dem noch immer im Dekkan herrschenden Nazir Jung und den Engländern Hülfe bekommen würde. Chunda Sahib zögerte aber mit dem Angriff auf Trichinopoly aus Furcht vor der englischen Flotte. Erst als diese am 1. November 1749 absegelte, setzte er sich mit seinen Leuten und einer von Dupleix gestellten, von Duquesne geführten Hülfstruppe gegen den Ort in Bewegung. Unterwegs ließ Chunda Sahib den Plan wieder fallen und wandte sich gegen Tanjore, hauptsächlich in der Absicht, dort zunächst seine und des Mozuffer Jung leeren Kassen zu füllen. Der sehr reiche Rajah von Tanjore, der, wie erwähnt, erst vor Kurzem sich die Freundschaft der Engländer erkauft hatte und dem Mogul seit Langem Tribut schuldete, bat auf der Stelle die Engländer und Nazir Jung um Hülfe. Um bis zu ihrer Ankunft Zeit zu gewinnen, begann er Verhandlungen, auf die Chunda Sahib gegen den Wunsch der Franzosen einging. Kostbare Wochen gingen so verloren, bis Dupleix seinen Leuten einen Angriff befahl. Sie errangen in wenigen Tagen solche Erfolge, daß der Rajah sich am 31. Dezember fügte. Die Franzosen erhielten Erlaß einer Pachtzahlung, die ihnen oblag, ferner 81 Dörfer im Gebiet von Karikal und 200 000 Rupien baar. Chunda Sahib und Mozuffer Jung sollten von ihm 7 Millionen Rupien erhalten.

Inzwischen hatten aber die Engländer, welchen die Gefahr der Eroberung des Carnatic und Dekkan durch Männer, die ganz im

Einfluß der Franzosen standen, klar war, dem in Trichinopoly sitzenden Mohamed Ali Hülfe gesandt, und der Nazir Jung hatte ein riesiges Heer gesammelt, mit dem er sich gegen seinen Neffen und Chunda Sahib zu Felde zu ziehen anschickte. Der Rajah von Tanjore wurde durch die Engländer veranlaßt, die Feinde durch allerlei Kniffe noch eine Zeit lang hinzuziehen, bis die Truppen Nizar Jungs den Carnatic erreichten.

Als Dupleix im letzten Augenblicke Besetzung Tanjores und Bestrafung des Rajah befahl, war es zu spät; die Truppen Chundas weigerten sich aus Angst vor dem nahenden Nazir Jung zu kämpfen und eilten in hellen Haufen nach Pondichery zurück! Dupleix' Pläne waren für den Augenblick gescheitert, der Sieg Nazir Jungs und Mohamed Alis über seine Schützlinge schien sicher. Standen letzteren doch kaum 40 000 Mann, den Feinden dagegen 300 000 mit 800 Kanonen und 1300 Elephanten zur Verfügung. Die Fortdauer der französischen Herrschaft in Indien überhaupt konnte damit ernstlich in Frage gestellt werden.

Das Bedenkliche der Lage wurde für die Franzosen noch dadurch erhöht, daß die Truppen ihrer Verbündeten unzufrieden wegen Nichtzahlung der Löhnung und eingeschüchtert waren und unter den französischen Offizieren sich Mißstimmung laut machte. — Trotzdem blieb Dupleix guten Muths. Er bezahlte die Soldrückstände aus eigener Tasche und verstärkte die den Verbündeten beigegebene Hülfsmacht auf 2000 Mann, während die Engländer dem Nazir Jung nur 600 Mann unter Major Lawrence gesandt hatten. Um für alle Fälle zu sorgen, setzte er sich auch mit Nazir Jung in Verbindung und suchte ihn durch eine lange Rechtfertigung seines Verhaltens für sich zu erwärmen.

Dieser Schritt blieb erfolglos, da die Engländer seit Langem Nazir Jung gewonnen und gegen die Franzosen*) aufgehetzt hatten. Und noch schlimmer war, daß, nachdem die beiden feindlichen Heere sich kaum einander gegenüber aufgestellt hatten, 13 der französischen Offiziere ihren Dienst aufkündigten und den größten Theil ihrer Soldaten nachzogen. Der Kommandeur d'Auteuil sah sich dadurch in die Unmöglichkeit gesetzt, zu fechten. Als er den verbündeten

*) Sie nannten sie in ihren Briefen eine „freche, treulose Nation, welche in der ganzen Welt sich durch ihre Einmischung bemerkbar mache und Störung und Unfrieden bei allen Nachbarn errege".

Fürsten das mittheilte, beschloß Chunda Sahib, nach Pondichery zurückzugehen. Mozuffer Jung dagegen ergab sich seinem Onkel Nazir. Der Rückzug der Franzosen, welcher um Mitternacht in der Nacht zum 4. April 1750 begann, ging in solcher Verwirrung vor sich, daß man die Artillerie vergaß und 11 Kanonen mit 40 Mann in den Schanzen zurückließ. — Erst am Morgen entdeckten die Feinde den Abzug der Gegner. Sogleich jagten 10 000 Mahratten ihnen nach und griffen sie unter den Mauern von Pondichery an. Sie hatten dabei wenig Erfolg, doch das Geschick des Landes war nun entschieden. Nazir Jung war als Sieger Subahdar des Dekkan und er ernannte sogleich Mohamed Ali, den Freund Englands, zum Nabob des Carnatic.

Dupleix ließ unentmuthigt die schuldigen Offiziere verhaften und verhängte über d'Auteuil wegen des Rückzugs eine Untersuchung. Die Disziplin der Soldaten wurde rücksichtslos wiederhergestellt und Alles zu neuem Kampfe gerüstet. Zu dem siegreichen Subahdar schickte er Gesandte, welche auftraten, als wenn nicht er, sondern Dupleix Herr der Lage wäre. Er forderte Einsetzung der Kinder Mozuffer Jungs in den Besitz ihres Vaters und Ausschluß der früher im Carnatic herrschenden Familie von dem Nabobposten. Unter der Hand knüpften seine Agenten Beziehungen mit verschiedenen unzufriedenen Nabobs an. Kaum eine Woche dauerten die Verhandlungen mit dem Subahdar. Wie zu erwarten war, verliefen sie ohne Erfolg. Aber diese kurze Zeit hatte Dupleix genügt, um seine Truppen mit neuem Muth zu beseelen. Alle seine Leute brannten auf eine Gelegenheit, ihr Verhalten gut zu machen, und drängten sich zur Theilnahme an einem nächtlichen Handstreich gegen das Lager der Mahratten, der am 12. April unternommen wurde. 300 Franzosen gelang es dabei, gegen 1200 der Feinde zu tödten und solchen Schrecken zu verbreiten, daß Nazir Jung in aller Eile sein Lager abbrach und nach Arcot zurückging. Um die Engländer in seinem Lager kümmerte er sich dabei gar nicht. Sie marschirten daher nach Fort St. David ab. Von Arcot aus, wo er sich häuslich einrichtete, ließ der Subahdar die Faktoreien der Franzosen in Masulipatam und Yanoon besetzen.

Gerade um diese Zeit waren aber zwei französische Schiffe in Pondichery eingetroffen, und Dupleix kam so in die Lage, auf der Stelle Gegenmaßregeln zu treffen. Er sandte sie bei Nacht in aller

Stille mit 500 Mann nach Masulipatam. Die Stadt war auf einen Angriff ganz unvorbereitet. So konnten die Franzosen sie ohne einen Schuß wegnehmen und sich darin festsetzen. Zu gleicher Zeit hatte Dupleix 500 Mann nach einer befestigten Pagode Tiruvadi, welche nur 13 Meilen von Cuddalore entfernt war, verlegt. Er war damit Herr des Thales des Punar, der bei St. David mündet, und konnte von dort aus die Gegend weit und breit brandschatzen.

Für den Nabob des Carnatic, Mohamed Ali, war das ein ebenso schwerer Schlag wie für die Engländer, welche ihr eigenes Gebiet bedroht sahen. Beide bestürmten daher den Subahdar um baldige Maßregeln gegen die Franzosen. Er sandte in der That 20 000 Mann gegen die Pagode. Die Engländer schlossen sich trotz des bestehenden Friedens mit 400 Europäern und 1500 Sepoys an! Am 30. Juli 1750 trat diese überwältigende Uebermacht der Handvoll Franzosen entgegen. Die letzteren waren jedoch in so günstiger Lage verschanzt, daß Mohamed Ali keinen Sturm wagte und nach starken Verlusten durch die Kanonen der Franzosen eilig abzog. Er war so entmuthigt, daß er sich nach Arcot werfen wollte.

Die Engländer wünschten, daß er sich vor Pondichery festsetze und dies von Tiruvadi abschneide. Als er weder dazu noch zur weiteren Besoldung ihrer Truppen zu bewegen war, zogen sie zornig nach St. David ab, während Mohamed Ali ein Lager zwischen Tiruvadi und St. David bezog. Kaum war Dupleix hiervon unterrichtet, so fiel er am 1. September mit Chunda Sahib über Mohamed Ali her. Ungeachtet der Ueberzahl der Inder gelang es den Franzosen, rasch das Lager zu erstürmen und ein furchtbares Blutbad anzurichten. Der Nabob und seine Truppen flohen und ließen 30 Kanonen und große Massen von Vorräthen, sowie viele Gefangene in den Händen der Feinde. Mit einem Schlage war Dupleix damit wieder Herr des Carnatic.

Diesmal wollte er sich aber darin auch dauernd festsetzen. Während der Subahdar ausschließlich seinen Vergnügungen lebte und sich nicht rührte, sandte der französische Generalgouverneur sogleich eine Abtheilung nach der Festung Gingee, dem stärksten Platze des Landes, welchen die Inder für uneinnehmbar hielten und wohin sich Mohamed Ali geflüchtet hatte. Am 11. September kam der erste Trupp Franzosen (250 Weiße und 1200 Sepoys mit 4 Feldgeschützen) unter de Bussy vor der Festung an. Die Feinde griffen ihn sofort vor den Mauern an. Aber seine Kanonen brachten die indische Reiterei in arge Verwirrung, und als in diesem Augenblicke die Hauptmacht der Franzosen unter d'Auteuil heranrückte, entstand unter den Indern solche Panik, daß die Franzosen mit ihnen in die Festung stürmen konnten und die eigentliche Stadt noch vor dem Abend besetzten. In der Nacht nahmen sie auch noch die drei auf fast unersteiglichen Felsen angelegten Citadellen ein! Der Sieg war ebenso unerwartet wie eindrucksvoll. Ein solcher Erfolg gab Frankreich einen weitgreifenden Einfluß in Indien und konnte seine Wirkung auch auf den Nabob nicht verfehlen!

Dupleix zauderte nicht, seinen Erfolg auszunützen. Während seine Truppen gegen Arcot, die Hauptstadt des Carnatic, vorrückten, wo Nazir Jung seinen Ausschweifungen lebte, schickte er Unterhändler voraus, welche Freilassung des in Ketten schmachtenden Mozuffer Jung, Einsetzung Chunda Sahibs als Nabob des Carnatic und volle Abtretung Masulipatams forderten. Die erste Forderung erschien dem Subahdar unannehmbar. Er entschloß sich, es lieber nochmals mit Gewalt zu versuchen. Mit angeblich mehr als 100 000 Mann, 700 Elefanten, 360 Kanonen rückte er Oktober 1750 den Franzosen entgegen. Unterwegs überraschten ihn die Herbstregen. Die angeschwollenen Flüsse und grundlosen Wege nöthigten ihn, ein ungünstiges Lager zu beziehen und dort einige Wochen zu verbleiben. Währenddessen entfaltete Dupleix angestrengte Thätigkeit. Er knüpfte seine Beziehungen mit verschiedenen Nabobs des Subahdar enger, versprach ihnen Ehren und Würden im Falle der Ernennung Mozuffer Jungs zum Subahdar und drohte im anderen Falle mit seiner Rache. Die staunenswerthen Erfolge der Franzosen zusammen mit verschiedenen persönlichen Beweggründen bewogen mehrere Nabobs, mit dem französischen Generalgouverneur ein förmliches Abkommen zu treffen. Sie versprachen ihm, im Falle der Fortdauer des Krieges mit ihren Leuten zu ihm überzugehen. Andere Vereinbarungen trafen sie mit dem gefangenen Mozuffer Jung.

Es schien, daß diese Abmachungen zwecklos werden sollten, denn Anfang Dezember entschloß sich Nazir Jung, auf alle Forderungen Dupleix' einzugehen und mit ihm Frieden zu schließen. Während aber seine Gesandten nach Pondichery gingen, entschlossen sich die unzufriedenen Nabobs, die für ihre Sicherheit zitterten, die Dinge zu einer raschen Entscheidung zu bringen. Sie gaben den französischen Truppen das verabredete Zeichen zum Angriff. Am Morgen des 16. Dezember erschienen die Franzosen vor dem indischen Lager und fielen über die unvorbereiteten Feinde her. Der Subahdar wollte erst an einen Angriff nicht glauben. Als er sich von dem Ernst der Lage überzeugte und merkte, daß verschiedene Nabobs am Kampf nicht theilnahmen, befahl er, Mozuffer Jung zu enthaupten. Ehe diese Weisung befolgt werden konnte, fiel er selbst unter der Kugel eines der verschworenen Nabobs, und Mozuffer Jung wurde an seine Stelle gesetzt.

Der neue Subahdar versprach, nach Pondichery zu kommen und nichts ohne Dupleix' Rath zu thun! Mit 800 Europäern und 3000 Sepoys hatten die Franzosen auf diese Weise ihren Einfluß über 35 Millionen Menschen in Südindien zur Herrschaft gebracht. Die Engländer in diesem Theil Indiens waren vollständig lahmgelegt, und ihre Austreibung erschien nur noch als Frage der Zeit. Vor der Hand lag allerdings noch der größte Theil des Handels in ihren Händen. Die Franzosen hatten bisher von ihren Erfolgen mehr Ruhm als klingende Vortheile. Indessen war Dupleix' Erwartung wohl nicht unberechtigt, daß die Zukunft nunmehr auch solche bringen werde.

Am 26. Dezember 1750 erschien Mozuffer Jung in Pondichery. Er übergab Dupleix die Schätze seines Vorgängers. Doch der Generalgouverneur hielt es für klüger, das glänzende Geschenk abzulehnen und die Beute unter den Subahdar und seine zum Theil schon unzufriedenen Nabobs zu vertheilen. Er nahm dafür die Würde eines Nabob für das Gebiet vom Flusse Kistna (an dessen Mündung Masulipatam liegt) bis zum Kap Comorin einschließlich Mysore und des ganzen Carnatic an. Die Franzosen erhielten ferner den Besitz von Masulipatam und Yanoon bestätigt und eine Erweiterung ihres Gebiets bei Karikal. Ihre Münzen sollten allein in Südindien Umlaufsrecht erhalten und ohne ihre vorherige Zustimmung nichts Wichtiges in Zukunft geschehen. Dupleix bekam persönlich die Festung Valdaur mit dem zugehörigen Gebiet und ein weiteres Landstück nebst allerlei Auszeichnungen. Abgesehen hiervon, zahlte der neue Subahdar 500 000 Rupien an die französischen Soldaten und eine gleiche Summe an die französisch-ostindische Kompagnie für ihre Vorschüsse. Die Steuererträge der ihr übertragenen Gebiete wurden auf jährlich 400 000 Rupien veranschlagt.

Dupleix war eifrig bemüht, bei allen diesen Vorgängen die Wünsche und Gewohnheiten der Inder zu achten und Frieden und Ruhe herzustellen. Er schuf vorerst einen erträglichen Ausgleich zwischen dem Subahdar und den Nabobs, welche allzu ungemessene Forderungen stellten. Dann übertrug er die Regierung des Carnatic dem Chunda Sahib und endlich bemühte er sich, den damals zu Trichinopoly weilenden Mohamed Ali zu versöhnen. Der letztere, welcher keinerlei Unterstützung von außen mehr genoß, versprach, sich zu unterwerfen, wenn ihm der Subahdar ein anderes Gebiet im Dekkan übertrage. Erst als Alles geregelt schien, verließ Mozuffer Jung im Januar 1851 Pondichery und zog in Begleitung einer Abtheilung Franzosen unter de Bussy nach dem Norden ab.

Der Subahdar war aber nur wenige Wochen unterwegs als bei Anlaß einer Schlägerei zwischen Soldaten und Dorfleuten sich zeigte, daß verschiedene der Nabobs, welche gegen Nazir Jung verschworen waren, auch den Sturz seines Nachfolgers beschlossen hatten. Es entstand ein Kampf, in dem die Franzosen die Aufrührer besiegten, Mozuffer Jung aber, der sich zu weit persönlich gegen die Feinde vorgewagt hatte, fiel. Damit verlor Dupleix schon nach wenig Wochen wieder sein bestes Werkzeug und die zuverlässigste Stütze seiner Politik! Sein Vertreter de Bussy zeigte sich allerdings der Lage gewachsen. Er schritt sofort unter Zuziehung der einflußreichsten Persönlichkeiten zur Einsetzung eines neuen Subahdar und zwar wählte er dazu, da Mozuffer Jung nur einen unmündigen Sohn hinterließ, den bisher eingekerkerten Bruder Nazir Jungs, Salabut Jung. Der so plötzlich vom Gefangenen zum mächtigen Herrscher beförderte Mann bestätigte eiligst alle Zugeständnisse seines Vorgängers nnd trat in überströmender Dankbarkeit den Franzosen noch das Gebiet von Nizampatnam, Condavir, Alemanava, Narsapore und Masusbundur ab. Mit den feindlichen Mahratten schloß er Frieden, die Festung des einen gefallenen verrätherischen Nabob stürmte er und am 29. Juni 1751 zog er mit großer Pracht in der Hauptstadt des Dekkan, Aurungabad, ein. Anf Grund eines angeblich gefälschten Firman des Großmogul nahm er hier feierlich die Würde des Subahdar an.

Damit schien der Traum der Franzosen doch noch verwirklicht zu sein und die Entscheidung über die Geschicke Südindiens in ihrer Hand zu liegen, während die Engländer, ohne allen Einfluß auf die

Eingeborenen, nach Heimsendung der Flotte und Truppen sich in Madras und St. David auf ihren gewöhnlichen Geschäftsbetrieb beschränken mußten! Doch noch war die Lage nicht vollständig geklärt. Noch immer saß der einstige Schützling der Engländer Mohamed Ali in Trichinopoly und verweigerte unter allerlei Vorwänden von Woche zu Woche die Uebergabe der Stadt. Auf Dupleix' Drängen erklärte er schließlich noch weitere Zugeständnisse als die ihm früher gemachten für nöthig. Trotz der Größe seiner Forderungen ging Dupleix darauf ein und befürwortete sie wärmstens beim Subahdar, der ihnen seine Genehmigung ebenfalls ertheilte. Aber auch jetzt zögerte Mohamed Ali, der unter dem Einflusse englischer Berather stand und im Februar 280 englische Soldaten und 300 Sepoys aus St. David geschickt erhalten hatte, mit der Räumung der Stadt. Als die Franzosen weiter drängten, nahm er plötzlich alle früheren Zusagen zurück.

Der Generalgouverneur entschloß sich nun zu raschen Maßregeln. Im März 1751 sandte er Chunda Sahib mit etwa 8000 Mann in Begleitung von 400 Europäern unter d'Auteuil gegen Mohamed Ali ab. Während diese Macht unterwegs war, stießen aber weitere 1600 Mann aus St. David mit acht Geschützen, beinahe Alles, was den Engländern zur Verfügung stand, zu dem aufrührerischen Nabob, errangen mit ihm einige kleine Erfolge und faßten schließlich bei Volcondah Fuß, um dort Chunda Sahib zu erwarten und anzugreifen. Die englischen Truppen standen unter Captain Gingen und Lieutenant Robert Clive. Der indische Kommandant von Volcondah weigerte sich bei der Unsicherheit des Ausgangs des Streites, für den einen oder anderen Theil Partei zu nehmen. Er erklärte, dem Sieger huldigen zu wollen. Die Engländer, welche vor Chunda Sahib bei der Stadt eintrafen, wollten sie aber besetzen und eröffneten daher Mitte Juli 1751 einen Sturm. Dieser Ueberfall veranlaßte den Kommandanten, die Franzosen zu Hülfe zu rufen, und mit ihnen vereint, brachte er den Engländern eine schwere Niederlage bei. Ihre Leute flohen mit Hinterlassung von sechs Kanonen und aller Vorräthe. Bei energischer Verfolgung wäre es um sie und ihre Verbündeten geschehen gewesen. D'Auteuil war indessen krank, und seine Leute begnügten sich mit einigen Kanonenschüssen. Erst am nächsten Tage folgte man den Flüchtigen und focht einige Scharmützel mit ihnen aus, bis sie sich am 28. Juli unter den Mauern von Trichinopoly festsetzten. Die Franzosen begannen nun den Platz zu belagern. An Stelle d'Auteuils trat der Neffe des berüchtigten Finanzkünstlers Law als Befehlshaber. Er hatte sich früher als Soldat ausgezeichnet, und Dupleix setzte Erwartungen auf ihn. Die Lage der Feinde, die im ganzen Carnatic nur noch ein kleines Kastell besaßen, war so hoffnungslos, daß bei energischer Durchführung der Belagerung die Beseitigung der letzten Widersacher des neuen Subahdars sicher erschien.

Neuntes Kapitel.

Unentschiedener Kampf mit Frankreich um Indien.

In diesem Augenblicke erstand unter den Engländern ein Mann, welcher Dupleix gewachsen war. Robert Clive, welcher 1744 als Schreiber im Dienst der ostindischen Company herausgekommen und in Madras bei Einnahme der Stadt Gefangener der Franzosen geworden war, bis es ihm gelang, zu entfliehen, hatte sich nach der Ankunft Boscawens dem Kriegsdienst gewidmet und in verschiedenen Gefechten ausgezeichnet, so daß er zum Lieutenant ernannt wurde. Als die englischen Truppen sich jetzt nach Trichinopoly warfen, begab er sich nach St. David. Er war damals erst 25 Jahre alt, aber sehr begabt mit militärischem Blicke und wohl erfahren in indischen Angelegenheiten. Daß in Trichinopoly seitens Mohamed Alis und der Engländer gegenüber der Uebermacht der Feinde auf dem bisherigen Wege nichts zu erreichen sei, darüber war er nicht im Zweifel. Dagegen rechnete er auf einen Erfolg, wenn man den Feind an einer anderen Stelle unvermuthet angriff. Er setzte also dem englischen Governor Saunders auseinander, daß Arcot, die Hauptstadt des Carnatic, zur Zeit von Truppen fast entblößt sei und einem energischen Angriff nicht widerstehen könne. Falle es in Englands Hand, so würde der Feind von Trichinopoly abgezogen und müßte es auf den Kampf im offenen Feld ankommen lassen. Den Schlag gegen Arcot erbot er sich persönlich auszuführen.

Der Governor ging auf den Vorschlag ein, da er auch ihm als einziger Ausweg erschien, um Frankreichs Uebergewicht zu brechen.

Er gab Clive 200 europäische Soldaten und 300 Sepoys mit unbeschränkten Vollmachten. Von den acht Offizieren der kleinen Schaar waren nur zwei schon im Feuer gewesen. Von den übrigen sechs waren vier bisher Kaufleute. Unbekümmert um Alles das brach Clive am 6. September 1751 von Madras auf. Schon am 11. stand er vor der Hauptstadt, welche zwar 100 000 Bewohner aber nur 1000 Vertheidiger zählte. Auf die unvermuthete Kunde seines Erscheinens floh die kleine Besatzung, und Clive nahm die Stadt ohne Schwertstreich.

So überraschend der Streich kam, Dupleix verlor seine Ruhe nicht. Er befahl die Belagerung von Trichinopoly mit allem Nachdruck durchzuführen und so rasch als möglich die Stadt zu nehmen. Nur leider waren weder Law noch Chunda Sahib der Lage gewachsen. Der Letztere wollte durchaus seine Hauptstadt nicht in Englands Hand lassen und sandte sogleich einen ansehnlichen Theil seiner Macht mit seinem Sohn gegen Arcot. Mit 10 000 Mann und Geschützen, welche Dupleix stellte, schloß er Clive am 4. Oktober 1751 in der halbverfallenen Citadelle von Arcot ein. Die englische Besatzung zählte nur 120 Europäer und 200 Sepoys und war mit wenig Vorräthen versehen. Trotzdem wies sie alle Angriffe wochenlang zurück und lehnte ebenso das Anerbieten ehrenvoller Uebergabe ab. Mittlerweile bot der englische Governor Saunders Alles auf, was in seinen Kräften stand, Clive zu entsetzen. Ein erster Versuch mit englischen Truppen mißlang. Im November glückte es ihm jedoch, die Mahratten für sich zu gewinnen. Auf die Kunde hiervon entschloß sich Chunda Sahibs Sohn am 24. November 1751 zum Sturm auf die Citadelle. Aber trotz seiner Uebermacht und der Tapferkeit seiner Leute schlug Clive den Angriff ab. Diese Niederlage veranlaßte einen großen Theil der angreifenden Truppen zur heimlichen Flucht. Mit dem Rest fühlte sich Rajah Sahib einem Kampf mit den Mahratten nicht gewachsen und zog ab.

Dupleix hätte diesen Mißerfolg verschmerzt, wenn inzwischen Trichinopoly gefallen wäre. Trotz aller Verstärkungen, die er sandte, hielt sich aber dieser Platz noch immer, da Law sich zu entscheidenden, kräftigen Maßregeln nicht aufraffte und überhaupt nicht die erforderliche Umsicht und Entschlossenheit bewies. Es gelang Abtheilungen der Mahratten, sich mit den Belagerten trotz der französischen Einschließung in Verbindung zu setzen, und es scheint nicht ausgeschlossen, daß ein anderer Mann als der Führer der Engländer in der Stadt, Captain Gingen, ihn überhaupt zur Aufhebung der Belagerung hätte zwingen können.

Unter solchen Umständen hatte der siegreiche Clive leichtes Spiel. Kaum war Rajah Sahib abgezogen, so machte er sich nach Empfang einiger Verstärkungen zur Verfolgung der Franzosen auf. Am Flusse Arni brachte er ihnen dank seiner Feldherrnfähigkeiten eine Niederlage bei, nahm die von ihnen besetzte Stadt Conjeveram ein und ging dann Ende Dezember 1751 nach St. David, um nun den Entsatz von Trichinopoly in die Wege zu leiten. Während er hier verweilte und mit der Schwerfälligkeit der Verwaltung zu kämpfen hatte, erschien Rajah Sahib auf Veranlassung Dupleix' vor Madras und verwüstete das Land weit und breit. Den Platz Conjeveram besetzte er aufs Neue. Erst Ende Februar 1752 sandten die Engländer Clive mit inzwischen aus Bengalen angelangten Truppen wieder gegen den Feind. Letzterer versuchte Arcot mit Hülfe von gekauften Sepoy-Offizieren wegzunehmen. Das glückte nicht, und bei einem Gefecht mit Clive gelang es diesem, durch geschickte Anordnungen und List die überlegene Zahl der Gegner vollständig zu schlagen. Die Truppen Rajah Sahibs zerstreuten sich nun in alle Winde, und die dabei befindlichen Franzosen mußten sich nach Pondichery zurückziehen. Clive zerstörte nach diesem Siege eine von Dupleix nach seinen ersten großen Erfolgen gegründete Stadt und ging alsdann nach St. David, um dort neue Truppen abzuholen und damit auf Trichinopoly zu marschiren. Am 28. März 1752 wurde dieser Marsch mit 400 Europäern und 1100 Sepoys angetreten. Den Oberbefehl führte dabei der inzwischen wieder eingetroffene Major Lawrence.

Dupleix' Lage begann nun bedenklich zu werden. Sein einziger fähiger Offizier de Bussy war fern am Hofe des Subahdar, Law lag noch immer vergeblich vor Trichinopoly und zeigte sich seiner Aufgabe immer weniger gewachsen. Die wiederholten Niederlagen hatten die feige Gefolgschaft Chunda Sahibs und seines Sohnes völlig entmuthigt. Schaarenweise schlossen sie sich Englands Fahnen an. Aber unentmuthigt setzte er auch in dieser schwierigen Lage seine Politik fort. Er ertheilte Law dringende Befehle, nur die nothwendigsten Mannschaften vor Trichinopoly zu lassen und mit der Hauptmacht unverzüglich den Engländern entgegenzurücken und sie unterwegs zu vernichten. Zur Erleichterung seiner Aufgabe sandte er ihm alle verfügbaren Leute, eingehende Anweisungen und genaue Mittheilungen über Stärke, Zusammensetzung und Pläne der Engländer.

Zum Unglück für Frankreich war Law durchaus kein Mann für außergewöhnliche Aufgaben. Er war ein tüchtiger Offizier unter strenger Leitung aber kein Genie wie Clive. Obwohl letzterer von St. David bis Trichinopoly 150 Meilen zurückzulegen und acht bedeutende Flüsse zum Theil mehrfach zu überschreiten hatte, entschloß Law sich nicht, diese Verhältnisse voll auszunutzen. Er begnügte sich, den Platz Coiladdy am Norduser des Cauveri zu besetzen und zwar mit nur 250 Europäern und 300 bis 400 Sepoys, obwohl er von ersteren 900 und von letzteren, abgesehen von Chunda Sahibs Leuten, 2000 zur Verfügung hatte. Die Stellung war günstig gewählt und hätte, richtig vertheidigt, den Engländern verhängnißvoll werden können, zumal Lawrence am 7. April ganz unvorbereitet auf sie stieß und beim ersten Angriff in ziemliche Verwirrung gerieth. Da aber die Franzosen zu schwach waren, wagten sie den Erfolg nicht auszunützen. Sie ließen die Engländer sich ruhig sammeln und auf anderen Wegen bis zehn Meilen vor Trichinopoly ziehen. Nun erst raffte sich Law auf, zog seine Truppen zusammen und nahm eine Stellung vor der Stadt ein, in der er es mit Lawrence und einem Ausfall der Belagerten aufnehmen zu können hoffte.

Die Engländer hatten indessen seine Bewegung beobachtet, sie vereinigten sich mit den Belagerten vor der Stadt und schlugen einen Angriff Laws ab. Ungehindert zog ihre ganze Macht mit schwerem Troß in Trichinopoly ein! Nun verlor Law vollständig den Kopf. Trotz aller Vortheile seiner festen Position hielt er die Belagerung für gescheitert und beschloß nach der Insel Seringham zwischen Coleroon und Cauveri abzuziehen, um dort seine Truppen in Sicherheit zu bringen! Als Dupleix die Meldung hiervon empfing, verbot er die Ausführung dieses Planes, welcher Vernichtung der ganzen Armee nach sich ziehen konnte. Er befahl Rückzug nach Pondichery, falls ein solcher unvermeidlich sei, und sandte gleichzeitig Alles, was er noch an Mannschaften und Kanonen auftreiben konnte, zu Hülfe. Als Führer schickte er d'Auteuil, der, alt und kränklich, wie er war, doch besser als Law erschien. Ehe diese Verstärkungen, die am 10. April abmarschirten, ins Lager vor Trichinopoly gelangten, war dort schon Alles verloren.

In der Nacht des 12. April 1752 wollten die Engländer den Nabob Chunda Sahib angreifen, da ihnen Laws Stellung zu fest erschien. Sie verirrten sich in der Finsterniß und geriethen in die Nähe des französischen Lagers, wo man sie bemerkte. Ihr Erscheinen setzte Law in solche Angst, daß er nun, statt sie ohne Weiteres anzugreifen, doch den Abzug nach der Insel Seringham beschloß, dem sich Chunda Sahib bisher stets wiedersetzt hatte, da auf der Insel der Untergang sicher war. Er benachrichtigte Chunda Sahib von seinem Entschluß. Dieser und alle seine Offiziere erhoben Einspruch und wiesen nach, daß eine solche Maßregel sicheres Verderben bedeute. Aber Law blieb bei seinem Entschlusse und führte ihn am 13. April aus. Da keinerlei Vorbereitungen für den Uebergang des Cauveri getroffen waren, geschah Alles in arger Verwirrung. Massen von Kriegsmaterial wurden verbrannt oder im Stich gelassen.

Die Engländer waren nun des baldigen Sieges sicher. Sie besetzten schon am 13. April das verlassene französische Lager. Am 17. sandten sie eine starke Truppe auf Clives Rath zum Coleroon, um die Verbindung Laws mit Pondichery abzuschneiden und die Vernichtung der Gegner vorzubereiten. Am 18. besetzten sie das Dorf Samiaveram, etwas nördlich von Seringham, auf der Straße nach Pondichery. Wäre Law nicht vollständig kopflos gewesen, so konnte er noch in diesem Augenblick durch rasches Ueberschreiten des Coleroon und Zusammenwirken mit dem heranrückenden d'Auteuil der Gegner Herr werden.

D'Auteuil, welcher unterwegs Nachricht über das Geschehene erhalten hatte, gedachte Seringham auf Umwegen zu erreichen. Unterwegs wollte ihn Clive überfallen, was Law erfuhr und durch einen augenblicklichen kräftigen Angriff auf Samiaveram vereiteln konnte. Wieder betraute er indessen eine viel zu schwache Abtheilung mit der wichtigen Aufgabe. Als seine Leute Samiaveram erreichten, fanden sie Clive nichts ahnend und unvorbereitet schlafend. Sie gaben sich als Verstärkungsmannschaft aus und gelangten so mitten ins englische Lager. Hier erst eröffneten sie plötzlich den Angriff und überraschten den Feind so völlig, daß Clive direkt in ihre Hände lief. Aber selbst in so gefährlicher Lage verlor der englische Offizier nicht seine Geistesgegenwart. Er forderte die Franzosen, welche ihn gefangen nehmen wollten, zur Ergebung auf und verblüffte sie so, daß sie ihn entwischen ließen und ihm Zeit zur Sammlung seiner Leute gaben. — Der Ausgang war völlige Niederlage der Franzosen!

D'Auteuil, der rechtzeitig von Clives Plänen Kenntniß erhalten hatte, wartete nun in guter Stellung eine Gelegenheit zum Angriff auf die Engländer ab. Am 20. Mai entschlossen sich diese, ihn zu überfallen. Sie setzten ihre Absicht so geschickt ins Werk, daß d'Auteuil eine große Uebermacht vor sich zu haben glaubte und ohne Weiteres die Flucht nach Pondichery ergriff. Law, welcher durch seine Posten Nachricht von der Bewegung der Engländer gegen d'Auteuil erhalten hatte, wollte dieses Mal die Gelegenheit besser wahrnehmen und Clive in den Rücken fallen. Letzterer war jedoch auf seiner Hut und erschien sofort vor Laws Front. Immerhin war seine Truppe so schwach, daß sie einem energischen Angriff kaum Stand halten konnte. Dazu fehlte Law, wie immer, der Muth. Er ging nach Seringham zurück, wo ihn nun die Engländer von allen Seiten einschlossen. Es begannen bald die Vorräthe auszugehen, die indischen Truppen desertirten in Massen. Anfang Juni standen ihm aber noch 800 Europäer, 2000 Sepoys und 3000—4000 Leute Chunda Sahibs zur Verfügung, und es wird angenommen, daß er selbst damals noch durch einen kräftigen Angriff auf Lawrence sich die Straße nach Pondichery hätte öffnen können. Chunda Sahib war jedenfalls davon überzeugt und bestürmte Law mit Bitten, einen entscheidenden Kampf zu wagen. Aber Law rechnete fortgesetzt auf einen glücklichen Zufall und meinte vielleicht auch, daß die Engländer, mit denen ja Frankreich offiziell im Frieden war, es nicht zum Aeußersten treiben würden. Er glaubte anscheinend, sich dadurch au der Klemme ziehen zu können, wenn er das Loos Chunda Sahib sicher stellte, welcher als der eigentliche Kriegführende zu gelten hatt und dessen Leben natürlich in Gefahr war.

Zu diesem Zweck verhandelte er mit dem General des Sultan von Tanjore. Dieser empfing eine ansehnliche Summe und ver sprach dafür das Leben des Nabob zu schützen und ihn nach Carica zu schaffen. In der Nacht des 11. Juni wurde die Ueberführun Chunda Sahibs bewerkstelligt. Kaum war er aber im Lager Rajah von Tanjore, so wurde er gefesselt und bald darauf mit still schweigender Billigung der Engländer hingerichtet. — Ehe sein Haup fiel, hatte Law sich dem Nabob Mohamed Ali, als dessen Beauf tragter Lawrence galt, mit 35 Offizieren, 785 europäischen Soldaten und 2000 Sepoys am 13. Juni 1752 ergeben! Die Offiziere wurden auf Ehrenwort, nicht mehr gegen den Nabob zu dienen in Freiheit gesetzt, die Soldaten kamen in Kriegsgefangenschaft.

Dieser Sieg schien dem Triumph der Franzosen ein jähes Ende zu bereiten, und Major Lawrence wollte unter seinem Eindruck nun rasch das ganze Carnatic besetzen. Zu Widerstand schien nur noch die Festung Gingee in der Lage, gegen sie wollte er daher auch sofort seine ganze Macht werfen. Dupleix besaß außer diesem Ort und Pondichery nur noch einige Forts an der Küste. Es fehlte ihm aber gänzlich an Soldaten und Kriegsvorräthen, da die Niederlagen d'Auteuils und Laws ihm fast alle Streitkräfte geraubt hatten und von Frankreich nur sehr wenig Unterstützung eintraf. War doch die französisch-ostindische Kompagnie in nichts weniger als glänzender Lage und lag ihr Geschäft doch mehr als je danieder. Dupleix' Politik erschien dieser Gesellschaft viel zu weitausgreifend und gewagt für ein Privatunternehmen. Sie sah darin nur Schädigung ihres Handels und die Gefahr, Alles zu verlieren. Die Engländer litten zwar anscheinend auch unter dem Krieg. Aber die Ausfälle an der Ostküste deckten wohl ihre Unternehmungen in anderen Theilen Indiens. Sie bezogen dazu hohe Summen von den Indern, denen sie Hülfe leisteten, und die Siege der letzten Zeit hatten ihren Muth so geschwellt, daß sie sich als Herren Südindiens zu betrachten begannen.

Doch noch betrachtete Dupleix sich nicht als geschlagen. Er kannte die Inder zu gut und war zu sehr in ihre Denkweise eingedrungen, um nicht noch im letzten Augenblick zu versuchen, die Pläne der Engländer zu durchkreuzen. Es gelang ihm, durch seine Agenten die Abneigung, welche die Mahratten und der Rajah von Mysore trotz ihrer zeitweiligen Verbindung mit Mohamed Ali gegenseitig hegten, so zu schüren, daß wochenlanger Streit in dem Lager ausbrach. Mohamed Ali hatte Trichinopoly dem Rajah von Mysore versprochen, wollte aber nunmehr sein Wort brechen. Die Mahratten hätten die Stadt gern selbst gehabt und hetzten ihrerseits beide Theile gegeneinander. Erst im Juli wurde scheinbarer Friede geschlossen. Mohamed Ali versprach Uebergabe der Stadt an Mysore in zwei Monaten und ließ sie durch Lawrence besetzen. Die Mahratten und die Truppen von Mysore blieben, indessen bei der

Stadt lagern und versuchten sich ihrer zu bemächtigen, während Lawrence und Mohamed Ali nach Gingee zogen.

Diese Verhältnisse verschärfte Dupleix so sehr er nur konnte. Inzwischen trafen Schiffe aus Frankreich in Pondichery ein, und es gelang ihm, mit Einsetzung seines Privatvermögens eine neue Truppe von 300 Mann zu bilden und ins Feld zu stellen. Mit ihrer Hülfe schlug er Anfang August 1752 die allerdings schwache Truppe, welche die Engländer gegen Gingee gesandt hatten. Lawrence und Clive waren damals erkrankt in Madras, und die Engländer verfügten über keinen Offizier, der sie ersetzen konnte. Kurz nach dem ersten Erfolge gelang es Dupleix, zur See eine Kompagnie Schweizer Söldner den Engländern abzufangen. Der Subahdar kündigte ihm ferner baldigen Eingang der Bestätigung des Mogul zu seiner Ernennung als Nabob des Carnatic an, wodurch sein Ansehen bei den Eingeborenen neuen Glanz erhalten hätte. Gerade um diese Zeit gelangten auch Ehrenbeweise aus der Heimath an ihn. Die Kompagnie hatte unter dem Eindruck seiner Erfolge und in der Hoffnung, daß Indien jetzt alle Kosten decken werde, ihre anfängliche Haltung geändert. Sie floß nun von Anerkennung über und theilte ihm mit, daß der König ihn zum Marquis gemacht habe.

Dupleix erreichte, daß die Mahratten und Mysore offen auf seine Seite traten. Sie verlangten dafür freie Hand in Trichinopoly, welches sie belagerten. Um die Engländer abzuhalten, den dort Eingeschlossenen zu Hülfe zu ziehen, beauftragte Dupleix seinen Offizier Kerjean mit 400 Europäern und 2000 Sepoys St. David anzugreifen. Dieser kühne Entschluß bewog Lawrence zu raschem Handeln. Trotz seiner Krankheit fuhr er zur See von Madras nach St. David und marschirte von dort Ende August den Franzosen mit einer der französischen etwa gleichen Macht entgegen. Kerjean wich vor ihm zurück, nahm aber am 6. September 1752 ein Gefecht an, wobei er, 15 Offiziere und 100 Mann den Engländern in die Hände fielen. Auch Clive erfocht vor Ende des Jahres noch einige Erfolge, ehe er zur Herstellung seiner Gesundheit sich nach England einschiffte.

Trotz dieser neuen Siege der Engländer war Frankreichs Lage in Indien damals noch immer nicht verzweifelt, denn inzwischen war de Bussy bei dem Subahdar auch nicht unthätig geblieben. Der neue Vizekönig des Dekkan, Salabut Jung, den er mit 300 weißen

Soldaten und 2000 Sepoys im Juni 1751 nach Aurungabad begleitet hatte, war auch nach seinem feierlichen Amtsantritt bedroht von einem älteren Bruder und dem Oberhäuptling der Mahratten, welcher mit diesem in Beziehung stand. Dieser Umstand machte dem Subahdar die Anwesenheit der französischen Truppen angenehm, und das taktvolle, freundliche und dabei doch energische Auftreten de Bussys und die vortreffliche Mannszucht, die er hielt, bewirkten, daß diese Truppen ihm bald unentbehrlich schienen. Ohne dem Subahdar seinen Rath aufzudrängen, in aller Stille, lenkte er von der die Stadt beherrschenden Citadelle aus, wo er seine Leute untergebracht hatte, den Herrscher. — Im Herbst 1751 begannen der aufständische Bruder des Subahdar und der Mahrattenherrscher ein großes Heer gegen Aurungabad zu führen. Es entstand hier große Angst und allerlei Pläne tauchten auf. Auf Bussys Rath marschirte aber der Subahdar mit seiner Macht gegen die Stadt Beder im Herzen Indiens und von da unmittelbar gegen den Hauptsitz der Mahratten Poona. Dieser unerwartete Schachzug bewog die Mahratten, welche im Dekkan mordeten und raubten, schleunigst sich nach ihrer Heimath zu wenden, um den Angreifern den Garaus zu machen. Mit 40 000 Reitern fiel der Mahrattenhäuptling über Bussy und seine Verbündeten her, erlitt jedoch durch die französischen Geschütze eine schwere Niederlage. Am 22. November überraschte Bussy sein Lager und schlug ihn in die Flucht; wenige Tage später stand er nach weiteren glücklichen Gefechten vor Poona, der Hauptstadt der Mahratten. Letztere sahen sich dadurch veranlaßt, um Frieden zu bitten.

Der Subahdar und Bussy gingen darauf ein, da das Heer des ersteren infolge von Soldrückständen unzufrieden war und viele indische Offiziere auf den Einfluß der Franzosen sich eifersüchtig zeigten. Nach Abschluß eines Waffenstillstandes wandte sich das französisch-indische Heer nach Golconda. Kaum waren die Mahratten aber der unmittelbaren Gefahr ledig, so verbanden sie sich wieder mit dem aufständischen Bruder Salabut Jungs, der in Aurungabad mit einem großen Heere Fuß gefaßt hatte, und entwarfen mit ihm neue Pläne zur Beseitigung des Subahdar und der Franzosen. Erst der plötzlich angeblich durch Gift Ende 1752 herbeigeführte Tod seines Bruders schuf Salabut Jung Luft. Er einigte sich nun auf Bussys Rath mit den Mahratten und wurde vom ganzen Dekkan als Herrscher anerkannt. Dupleix bewahrte er auch jetzt große Dankbarkeit. Er erneuerte seine Ernennung zum Nabob des Carnatic und räumte Bussy mehr Einfluß als je ein.

Dupleix erwartete zu Anfang des Jahres 1753 eine ansehnliche Verstärkung aus Isle de France und zwar, was ihm sehr wichtig war, unter einem erprobten Offizier, de la Touche. Da die beste Kraft der Engländer, der junge Clive, damals abgereist war, und außerdem die Verbindung mit Mysore und den Mahratten Früchte zu tragen versprach, sah er dem weiteren Gang der Dinge hoffnungsvoll entgegen. Leider traf das erwartete Schiff mit den Truppen aber in Pondichery nicht ein. Es wurde unterwegs durch Feuer zerstört, wobei fast die ganze Bemannung umkam. Es standen daher Dupleix nur etwa 360 Mann europäische Truppen gegenüber 700 Engländern zur Verfügung, und die moralische Beschaffenheit seiner Leute war vielleicht noch schlechter als die der Engländer.*) — Trotzdem setzte der französische Generalgouverneur den Kampf unerschrocken fort. Während die Mahratten und Mysore Trichinopoly belagerten, beschäftigte er die Engländer, fing ihre Vorrathsendungen und kleineren Abtheilungen ab und brachte ihnen kleine Niederlagen bei. Lawrence und seine Truppen kamen schließlich in Trichinopoly in eine höchst bedenkliche Lage, und ohne ihre Tapferkeit wären sie Anfang Juli 1753 verloren gewesen. Von da an wendete sich das Blatt, und die Engländer erfochten infolge besserer Führung und Mannszucht eine Reihe Erfolge. Doch war keiner entscheidend genug, um die Franzosen zum Abzug von Trichinopoly zu veranlassen.

Während die Kämpfe fortdauerten, versuchte Dupleix eine Verständigung mit dem Governor von Madras herbeizuführen. Es drängten ihn dazu fortwährende Weisungen der französisch-ostindischen Kompagnie, welche der kostspieligen langen Kämpfe müde war, ebenso wie der Mangel an Geld und Leuten. Die Engländer gingen auf die Verhandlungen ein, und sie wurden Januar 1754 in einer neutralen holländischen Ansiedelung Sadras eröffnet. Aber schon nach 11 Tagen fanden sie ein Ende, da Dupleix die Anerkennung Mohamed Alis als Nabob des Carnatic durchaus verweigerte und die

*) Dupleix schrieb darüber nach Hause: „Ce qui nous parvient n'est qu'un ramassis de la plus vile canaille“. Von den Soldaten der englisch-ostindischen Company sagt Macaulay: „The worst and lowest wretches that the company's crimps could pick up in the flashhouses of London“.

Engländer die Firmane des Mogul, welche ihm selbst die Mogulwürde übertrugen, für gefälscht erklärten.

Dieser Ausgang war Dupleix um so unerwünschter, als mittlerweile auch die Lage der französischen Sache am Hofe des Subahdar sich geändert hatte. Bussy hatte krankheitshalber den Hof des Subahdar verlassen müssen. Sein Nachfolger verstand es nicht, seine Politik erfolgreich fortzusetzen. Nahe Berather des Subahdar knüpften mit den Engländern Beziehungen an und planten die völlige Vernichtung der französischen Truppen, welche damals in Hydrabad lagen. Durch Zufall erfuhr Dupleix von dem Anschlag. Er benachrichtigte Bussy, der in Masulipatam sich erholte; dieser kehrte ohne Weiteres nach Hydrabad zurück, marschirte von dort sogleich nach Aurungabad und schloß mit dem Subahdar, dessen englisch gesinnte Berather nun um Verzeihung baten, Dezember 1753 einen neuen Vertrag, der Frankreich ein Gebiet von etwa 17 000 geographischen Meilen mit 400 000 Pfund Sterling Einkünften (Nord Circars) an der Küste brachte. Konnte Dupleix England zur Anerkennung des Subahdars und seiner mit ihm geschlossenen Verträge auf friedlichem Wege bringen, so hätte er somit seiner Kompagnie ein indisches Reich gesichert, wie es bis dahin noch keine europäische Macht dort besessen hatte! Da die Verhandlung indessen scheiterte, versuchte es der französische Generalgouverneur aufs Neue mit Gewalt.

Das Glück schien ihm jetzt wieder zu lächeln. Ende Februar 1754 erfochten seine Leute einen Sieg über einige Hundert Mann bester englischer Truppen. Der Rajah von Tanjore, der Verbündete Englands, begann mit den Franzosen in Beziehungen zu treten, Bussy endlich errang die Gunst des Subahdar in noch höherem Maße als früher und wußte alle den Franzosen feindlichen Einflüsse zu verdrängen. Aber gerade in dem Augenblicke, als er neue Hoffnung schöpfte, erhielt Dupleix am 1. August 1754 seine Abberufung nach Frankreich.

Veranlaßt war diese Heimberufung durch Verhandlungen, welche die französisch-indische Kompagnie schon seit 1752 mit der englischen in London unter Theilnahme der beiderseitigen Regierungen führte. England machte dabei fortgesetzt Dupleix für alles in Indien Geschehene verantwortlich und die englische Regierung erklärte, daß bei Fortdauer von Dupleix' Thätigkeit und weiterer Nichtbeachtung des von beiden Staaten geschlossenen Friedens sie genöthigt sei, mit aller Macht gegen den Ruhestörer einzuschreiten. Die französische Regierung befand sich gegenüber der eigenmächtigen Handlungsweise Dupleix' natürlich in merkwürdiger Lage. Hätte er vollen Erfolg mit seinen Plänen gehabt, so würde man ihn gewiß gehalten haben. So aber kam 1753 nur immer eine Hiobspost nach der anderen. Die französisch-ostindische Kompagnie sah ihre Mittel zusammenschmelzen, ihr ganzes Unternehmen in Frage gestellt und entschloß sich, um Frieden zu bekommen, ihren Generalgouverneur, auf dessen Beseitigung England bestand, fallen zu lassen. Ein Vorschlag Englands wurde angenommen, wonach der englische wie der französische Gouverneur abberufen und die Verhältnisse in Indien durch zwei Kommissare dort geordnet werden sollten. Die Franzosen ersahen dazu einen früher in Chandernagore thätigen Beamten der Kompagnie, Godeheu, aus, welcher an Stelle Dupleix' treten sollte, während die Engländer nachträglich ruhig ihren bisherigen Governor Saunders in Madras zu lassen und mit dem Amte als Kommissar zu betrauen sich entschlossen.

Godeheu, der mit einer ansehnlichen Macht in Pondichery eintraf und Dupleix seine Heimberufung überbrachte, übernahm schon am 2. August 1754 die Geschäfte und schloß sofort den Vorgänger, der erst am 14. Oktober abreiste, von aller weiteren Theilnahme daran aus. Er ging zunächst an Prüfung aller Rechnungen. Als sich dabei herausstellte, daß Dupleix aus eigenem Vermögen für die Kompagnie etwa 6 000 000 bis 7 000 000 Francs ausgegeben hatte, vermied er jede Anerkennung dieser Forderungen und verweigerte Dupleix sogar die Auszahlung einer von der Kompagnie ihm überwiesenen Summe. Der kühne Mann mußte beinahe völlig ruinirt die Heimfahrt antreten.*) Von allen Rathschlägen, die er seinem Nachfolger über das zu Geschehende machte, wurde keiner befolgt. Godeheu begnügte sich zunächst damit, dem englischen Governor die gefangenen Schweizer Soldaten zurückzusenden und ihm seine Bereitwilligkeit zum Ausgleich auszusprechen. Die französischen Truppen vor Trichinopoly, in den abgetretenen Provinzen und am Hofe des Subahdar rief er nicht ab, aber er sandte ihnen weder

*) Dupleix hat in Frankreich vergebens Zahlung seiner Auslagen gefordert. Er wurde schließlich als lästiger Betrüger behandelt und starb im Elend November 1764.

Geld noch Verstärkungen aus den mitgebrachten 2000 Mann, noch Vorräthe. Den Gesandten, welche der Subahdar zu ihm schickte, theilte er mit, daß es ihm verboten sei, sich in Angelegenheiten des Moguls einzumischen, und er Salabut Jung sich selbst überlassen müsse.

Diese Nachrichten erregten Aufsehen in ganz Indien; die eingeborenen Fürsten sahen in Dupleix' Abberufung und den Schritten Godeheus, wie sie offen aussprachen, den Sieg Englands über Frankreich und richteten sich nothgedrungen danach ein. De Bussy und die anderen französischen Offiziere beschlossen zwar, auf ihren Posten auszuharren, aber sie sahen ihre Sache nun als verloren an. Die Engländer legten ihre Freude laut an den Tag und sprachen offen aus, daß sie Dupleix' Sturz als größten Sieg betrachteten. Ihre Geschichtschreiber erklären noch heut, daß ohne Dupleix' Verschwinden England wahrscheinlich bei den nachfolgenden Kämpfen aus Indien verdrängt worden wäre.

Die Freunde Dupleix' machen Godeheu gewöhnlich allein verantwortlich für die Vernichtung der französischen Herrschaft in Indien. Es ist aber doch nicht zu übersehen, daß dieser Mann eben nur die ihm von seiner Regierung gegebenen Weisungen buchstäblich ausgeführt hat. Die Regierung wußte nichts von Indien und erwartete von Dupleix' Plänen sehr wenig. Ihr waren die augenblicklichen Bedürfnisse der europäischen Politik wichtiger und dieser zu Liebe hat sie sich entschlossen, die unbestimmten Aussichten in Indien zu opfern. Hätte Godeheu ihre Weisungen nicht streng befolgt, so wäre vermuthlich ein anderer Mann damit betraut worden. Als die Lage der europäischen Verhältnisse sich änderte, hätte man in Paris freilich gern das in Indien Veranlaßte rückgängig gemacht; da war es aber zu spät.

Schon zu Ende August 1754 zog er seine Truppen von Trichinopoly, das damals sich kaum noch halten konnte, zurück und begann auch das Dupleix vom Subahdar abgetretene große Gebiet allmählich zu räumen. Den dagegen Vorstellungen erhebenden Offizieren erklärte er, daß er einen sicheren und ausgedehnten Handel jedem anderen Vortheil vorziehe. Am 26. Oktober 1754 schloß er mit dem englischen Governor einen Waffenstillstand für 3 Monate, wonach beiden Theilen der Handel mit dem Carnatic freistehen und Austausch der Gefangenen stattfinden sollte. Zwei Monate später, Januar 1755, wurde ein völliger Friedensschluß vorbehaltlich der

Genehmigung der französischen und englischen Gesellschaften vereinbart. Beide Theile versprachen darin, keine Würden und Aemter vom Mogul in Zukunft anzunehmen und sich in Streitigkeiten der eingeborenen Fürsten nicht mehr einzumengen. England sollte Fort St. George, St. David und Devicotta, Frankreich Pondichery, Carical und Nizampatnam als Eigenthum behalten. Es war ihm noch ein dritter Ort in Aussicht gestellt, oder an Stelle seiner und Nizampatnams eine Vergrößerung des Gebiets von Pondichery. Godeheu verzichtete somit auf die Nabobwürde im Carnatic sowie alle Landerwerbungen und überließ die Verbündeten Frankreichs ihrem Schicksal. Das Gebiet von Masulipatam, welches ansehnliche Einnahmen lieferte, sollte zwischen beiden Mächten getheilt werden. Am 16. Februar 1755 erachtete Godeheu seine Aufgabe erledigt und kehrte nach Frankreich zurück. Einige Wochen später übernahm de Leyrit seine Befugnisse.

Es war das ein tüchtiger in Indien erfahrener Kaufmann aber kein energischer und weitblickender Mann. Es war wohl sein Auftrag und seine Absicht, Godeheus Politik fortzusetzen, doch die Ereignisse zwangen ihn binnen Kurzem, mit ihr zu brechen.

Schon im Februar 1755 mischten sich nämlich die Engländer trotz des eben geschlossenen Vertrages wieder in die indischen Angelegenheiten. Sie rüsteten eine Truppe zur Unterstützung ihres Freundes Mohamed Ali aus, der einige widerstrebende Orte mit Gewalt unterwerfen wollte. Ihr Zweck war dabei hauptsächlich, die Kosten der Kriege durch die Subsidien, welche der Nabob zahlte, zu verringern. De Leyrit erhob sofort gegen das Unternehmen Einspruch. Die Engländer erklärten aber, es handle sich lediglich um Unterstützung des Nabob bei der Steuererhebung, und führten die Sache ruhig zu Ende. Der französische Gouverneur ließ angesichts der an der Küste kreuzenden englischen Schiffe es bei der Entschuldigung bewenden, benützte aber einen Steuerrückstand im Gebiet Terriore, um dort namens des Rajahs von Mysore ebenfalls Krieg zu führen. Beiden Theilen war es schon damals klar, daß der von Godeheu geschaffene Zustand unhaltbar sei. De Leyrit erachtete einen entscheidenden Krieg in naher Zeit für zweifellos und begann alle Kräfte anzuspannen, um Pondichery dafür in den Stand zu setzen. Er unterstützte daher auch wieder de Bussy in Hydrabad und bemühte sich, in den Frankreich seiner Zeit vom Subahdar abgetretenen Circars immer festeren Fuß zu fassen.

Auf englischer Seite war man während dieser Zeit darauf bedacht, den Einfluß der Franzosen beim Subahdar des Dekkan zu erschüttern und an der Westküste Südindiens mit Hülfe der Flotte neue und feste Stützpunkte zu erwerben. Das erstere Bestreben wurde sehr unterstützt durch den schlimmen Eindruck, welchen der Sturz Dupleix' und der offene Bruch mit seiner Politik bei den Indern machte. Der Subahdar führte darüber und besonders wegen der Ueberlassung des Carnatic an den Rebellen Mohamed Ali bei Bussy bittere Klage. Er erklärte ihm offen, daß er ohne Hülfe einer europäischen Macht seine Regierung nicht zu führen im Stande sei. Verlasse ihn Frankreich, so müsse er Englands Unterstützung suchen. Nur mit Mühe konnte unter solchen Umständen de Bussy seine bisherige Stellung behaupten. Eine große und mächtige Partei am Hofe verfolgte jeden seiner Schritte mit Mißtrauen und suchte den Subhadar zum Bruch mit den Franzosen zu treiben. Ein geschicktes Eingreifen der Engländer hätte dieses Ereigniß sehr beschleunigen können. Indessen scheint es diesen damals an voller Kenntniß der Lage und geeigneten Personen gefehlt zu haben. Sie wandten ihre Hauptaufmerksamkeit zunächst der gewaltsamen Ausdehnung ihres Besitzes an der Westküste zu.

Clive war 1755 mit der Anstellung als Kommandant von St. David in Bombay eingetroffen. Sein und des Governors von Madras Wunsch war, von Bombay aus den Subhadar des Dekkan im Bunde mit den Mahratten anzugreifen und ihn zu zwingen, mit den Franzosen zu brechen. Die Direktion der englisch-ostindischen Company war damit einverstanden. Als Clive indessen Indien erreichte, war schon der Friede mit den Franzosen abgeschlossen, und die Behörden von Bombay wollten daher von einem solchen Vorgehen nichts wissen. Sie beauftragten Clive und den Admiral Watson vielmehr, den gefährlichsten Seeräuber der Westküste, Angria, mit dem sie sowohl als die Mahratten seit Langem im Kampf lagen, zu beseitigen. Clive entledigte sich dieser Aufgabe mit gewohntem Glück. Angrias Flotte wurde vernichtet und seine Stadt Gheriah eingenommen. Die reiche Beute, etwa 150 000 Pfund Sterling, steckten die Engländer allein ein, obwohl die Mahratten sehr wesentlich bei dem Feldzug mitgewirkt hatten, und den festen Platz Geriah behielten sie ebenfalls! Im Mai 1756 traf Clive in St. David ein, und das Government von Madras gedachte mit seiner Hülfe nun alsbald gegen de Bussy vorzugehen, der inzwischen wirklich durch die feindliche Hofpartei mit dem Subahdar entzweit worden war. Da trafen indessen Nachrichten aus Bengalen ein, welche die gesammte Lage verschoben.

Zehntes Kapitel.

Die Vernichtung der französischen Macht in Indien.

Bengalen, Behar und Orissa waren lange Zeit von einem Subahdar regiert worden, welcher ebenso wie der des Dekkan sich ziemlich unabhängig vom Mogul gestellt hatte. Er hatte den Europäern gegenüber stets eine Politik verfolgt, welche sie möglichst getrennt von einander hielt, aber ihren Handel und Wohlstand förderte, damit ihm möglichst große Einkünfte aus den von ihnen zu zahlenden Abgaben zuflossen. 1756 war der Subahdar gestorben und einer seiner Enkel, Mirza Mahmud, an seine Stelle getreten. Dem neuen Subahdar, der den Titel Surajah Dowlah führte, war das fortwährende Wachsen der Macht der Fremden ein Dorn im Auge. Die Engländer in Calcutta hatten seinen Zorn schon durch Mißhandlung eines seiner Beamten, der einen dorthin geflüchteten Hindu verfolgte, gereizt. Als sie jetzt ohne seine Erlaubniß neue Befestigungsarbeiten begannen und auf seinen Befehl nicht einstellten, zog er gegen sie zu Felde und nahm zunächst die Faktorei Cosimbazar ein.

In Calcutta entstand nun großer Schrecken. — Die Garnison bestand nur aus 260, die Miliz aus 250 Mann. Die Befestigungen waren nicht vollendet. Man bat die Holländer in Chinsura und die Franzosen in Chandernagore um Hülfe. Die Ersteren lehnten solche rund ab, die Letzteren riethen Aufgabe von Calcutta und Rückzug nach Chandernagore. Angesichts dieser Lage bat der Governor den Surajah Dowlah demüthig um Frieden. Aber der Fürst wollte nun davon nichts mehr wissen. Am 18. Juni 1756 griff er die Außenwerke der Stadt an, wo ein panischer Schrecken herrschte. Man hielt allgemein Flucht auf die Schiffe für die einzige Rettung. Die Behörden beschlossen diese Maßregel zu ergreifen. Erst sollten die Frauen und die werthvollste Habe eingeschifft werden, dann die

Männer folgen. Aber so vollständig hatte man den Kopf verloren, daß die nöthigen Anordnungen ganz vernachlässigt wurden. Der Governor und die höheren Offiziere retteten sich heimlich, die Schiffe selbst fuhren sogleich ab, und der größte Theil der Bewohner blieb hülflos zurück. Sie vertheidigten sich noch zwei Tage lang immer in der Hoffnung auf Hülfe, doch keines der Schiffe kam, sie abzuholen, obwohl die Rettung der Belagerten mit Leichtigkeit erfolgen konnte. Die Leute warfen nun Briefe über die Mauern des Forts und boten den Indern an zu kapituliren. Aber der Subahdar ließ sie unbeachtet. Nachdem bei einem Sturm 95 Engländer gefallen waren, empörten sich die Soldaten, plünderten die Häuser, betranken sich und stürzten aus der Stadt zum Flusse. Während dessen drangen die Inder über die Mauern. Surajah Dowlah war so stolz auf seinen Sieg, obwohl er in den Kassen nur 50 000 Rupien fand, daß er den in seine Gewalt gefallenen Familien Schonung versprach.

Um die Gefangenen nicht entschlüpfen zu lassen, ließen seine Leute sie für die Nacht einsperren und zwar, da kein anderer sicherer Raum vorhanden war, in das Gefängniß des Forts, das sogenannte „Black Hole.“ Es war das ein 18 Fuß langer, 14 Fuß breiter Raum mit zwei kleinen Fenstern. In ihn wurden die 146 Gefangenen Männer und eine Frau, anscheinend ohne Befragung eines höheren Beamten, eingesperrt. Vergebens boten die Engländer hohe Summen für Unterbringung in mehreren Räumen. Die Wächter schlossen das Thor und überließen die Unglücklichen in dem engen Raum ihrem Schicksal. Am Morgen waren 123 erstickt, nur 23 verließen lebend das Black Hole. Auch von ihnen starben noch mehrere in der Folge. Der Subahdar legte alsdann in das Fort William eine Besatzung und zwang die Holländer zu einer Zahlung von 45 000, die Franzosen zu einer solchen von 35 000 Pfund Sterling.

Es waren diese Hiobsposten, welche Anfang August die Engländer in Madras erreichten. Eine begreifliche Erregung bemächtigte sich hier der Gemüther, und sogleich wurde beschlossen, alle anderen Pläne vor der Hand fallen zu lassen und zunächst für die Wegnahme Calcuttas Rache zu nehmen. Schiffe und Mannschaften waren dazu vorhanden und an Offizieren fehlte es auch nicht, da zwei so bewährte Männer wie Clive und Colonel Lawrence in Madras weilten. Man sollte also annehmen, daß die Fahrt nach Bengalen ohne Verzug begonnen worden wäre. Doch zwei Monate verflossen, ehe das wirklich geschah. So lange dauerte nämlich der Streit zwischen den maßgebenden Leuten in Madras über die Regelung der Befugnisse zwischen Flotte und Landtruppen, Vertheilung der Beute und die Person des Befehlshabers. Schließlich wurde Clive hierzu ausersehen. Er sollte von der Präsidentschaft Calcutta ganz unabhängig sein und im April 1757 spätestens die Truppen nach Madras zurückführen, da man sie dann gegen die Franzosen, mit denen der Krieg in Europa wieder ausgebrochen war, brauchen wollte. Mit zehn Schiffen, auf denen 900 englische und 1500 indische Truppen waren, segelte Clive am 16. Oktober 1756 ab. Ende Dezember erreichte er die Ganges-Mündung und fand die Flüchtlinge in Fulta.

Surajah Dowlah war damals schon zur Einsicht gekommen, daß seine Politik den Fremden gegenüber verfehlt sei. Seine Einnahmen waren stark gesunken; seine Erwartung, große Schätze bei den Engländern zu finden, hatte sich nicht erfüllt, und er war daher schon im Begriff, der englisch-ostindischen Company Wiederaufnahme ihres Geschäfts zu erlauben. In diesem Augenblick wurde ihm aber die Ankunft der englischen Flotte gemeldet, und er erhielt drohende Briefe von Clive. Sogleich sammelte er daher ein Heer und zog wieder gegen Calcutta.

Um ein Haar wären die Engländer gleich zu Anfang in die Hände der Inder gefallen. Clive ging nämlich mit solcher Sorglosigkeit und Verachtung der Gegner vor, daß es diesen gelang, sein Lager bei Nacht zu überfallen. Indessen waren die Inder so schlecht geleitet, daß Clive trotz der Ueberraschung sich noch aus der Gefahr ziehen konnte. Angesichts der Tapferkeit der Engländer wichen die Inder überall vor ihnen zurück. Sie räumten alle Posten vor Calcutta und verließen auch dieses schon nach zweistündiger Beschießung am 2. Januar 1757. Nicht viel länger hielt sich die Besatzung der weiter stromauf gelegenen Stadt Hugly.

Mit dem eigentlichen Heere des Subahdar war Clive bei allen diesen Gefechten noch nicht in Berührung gekommen. Ob er ihm gegenüber ebenso leicht einen Erfolg erringen würde, blieb daher fraglich und zwar in hohem Grade, wenn die Franzosen von ihrer Station Chandernagore aus sich mit den Indern verbanden und Surajah Dowlah unterstützten. Clive erachtete diese Gefahr in dem Augenblicke, als er die Nachricht von der Kriegserklärung in Europa erhielt, für so bedenklich, daß er ohne Weiteres dem Subahdar

Friedensvorschläge machte. Der indische Fürst schenkte in seinem Zorn über die Plünderung Huglys ihnen anfangs wenig Gehör und bat vielmehr die Franzosen um Hülfe. Der Gouverneur von Chandernagore fühlte sich indessen zu einem Kampf mit den Engländern zu schwach. Er gedachte das Anerbieten des Subahdar zu verwerthen, um die Engländer, welche seine Truppenstärke höchlich überschätzten, zu bewegen, in Bengalen wieder, wie im früheren Krieg, auf gegenseitige Neutralität einzugehen. Er setzte Clive von der Sache in Kenntniß und schlug Neutralität vor. Die Engländer gingen auf der Stelle darauf ein und begannen mit französischen Kommissaren Verhandlungen in Calcutta. Während sie aber schwebten, brachte Clive den Truppen des Subahdar eine Schlappe bei und brachte ihn dazu, am 9. Februar 1757 mit ihm Frieden zu schließen. Die Engländer erhielten alle früheren Privilegien zurück und Versprechen von Schadenersatz.

Kaum war Clive das geglückt, so erklärte er dem Admiral Watson, daß er jetzt die Gelegenheit wahrnehmen und über Chandernagore herfallen wolle. Gleichzeitig forderte er den Surajah Dowlah zur Mitwirkung auf. Der Subahdar, welcher keine Veranlassung zu Feindseligkeiten gegen die Franzosen hatte, lehnte ab. Aber kurz darauf bekam er die Nachricht, daß Delhi von den Afghanen erobert worden sei, und wünschte nun um jeden Preis die Hülfe der Engländer gegen diese Feinde sich zu erkaufen. Er bot Clive monatlich 100 000 Rupien für Unterstützung durch seine Truppen. Der englische Befehlshaber, welcher eben frische Verstärkungen erhalten hatte, glaubte sich nun vor jeder Einmischung der Inder sicher und begann sogleich den Vormarsch gegen Chandernagore. Die Franzosen, obwohl gänzlich überrascht, rüsteten sich schleunigst nach Kräften. Sie verfügten über 446 Europäer und 300 Sepoys und dazu über ziemlich gute Befestigungen. Am 14. März begann die Belagerung. Französischerseits setzte man alle Hoffnung darauf, daß die englischen Schiffe in dem schwierigen Huglyfahrwasser nicht an die Stadt herankommen würden, und auf Surajah Dowlah, den man schleunigst angerufen hatte. Aber die Inder erschienen nicht, und die englischen Schiffe fanden den Weg zur Stadt, so daß der Besatzung nichts übrig blieb, als nach zehntägiger Vertheidigung zu kapituliren. Nur ein kleiner Trupp Franzosen konnte flüchten und sich nach Bhagulpore werfen. Die französische Stellung in Bengalen war vernichtet. Inzwischen war es jedoch de Leyrit gelungen, im Carnatic wieder ansehnliche Erfolge zu erringen.

De Leyrit hatte Ende 1756 Nachricht aus Paris erhalten, daß eine mächtige Expedition ausgerüstet werde, um die Engländer aus Indien zu vertreiben. Er beschloß darauf, da Madras von Truppen ziemlich entblößt war, seinerseits sogleich die Dupleixsche Politik wieder aufzunehmen. In aller Stille sandte er 200 europäische und 1000 indische Soldaten Anfang April 1757 nach dem Fort Elvasanore zwischen Gingee und Trichinopoly und bemächtigte sich seiner und anderer Posten. Dort sammelte er dann alle zur Verfügung stehenden Truppen, 1150 Europäer und 3000 Sepoys und ließ sie gegen Trichinopoly vorgehen. Leider fehlte es ihm wieder an einem guten Feldherrn. Er mußte nochmals den alten d'Auteuil mit der Führung betrauen, und dieser war so ungeschickt, daß es den Engländern auch diesmal gelang, trotz der Ueberlegenheit der Angreifer die Stadt zu behaupten. Immerhin errangen die Franzosen eine Reihe Erfolge im Norden des Carnatic. Die englischen Faktoreien am Godavery und Vizagapatam fielen in ihre Hände. Außerdem eroberten sie Chittaput, Trincomalee und einige andere Posten. Die Engländer waren bald auf wenige Orte beschränkt. Es fehlte ihnen an Geld und Soldaten, da Clive trotz aller Aufforderungen von Madras in Bengalen blieb und dort seine eigene Politik fortsetzte.

Noch erfolgreicher war in derselben Zeit de Bussy im Dekkan. Anfang 1756 war er, wie erwähnt, infolge von Intriguen des leitenden Ministers des Subahdar, Shah Nawaz Khan, der mit Madras in Beziehung stand, und der Mahratten mit seiner 800 Europäer und 5000 Sepoys zählenden Macht aus dem Dienst und Sold des Subahdar entlassen worden. Die Mahratten versuchten sogleich, nachdem das geschehen, ihn dazu zu bewegen, mit ihnen gemeinsam den Subahdar anzugreifen. De Bussy wies diesen Vorschlag ab, konnte indessen nicht hindern, daß eine starke Mahrattentruppe zu ihm stieß. Das nahm Shah Nawaz Khan zum Anlaß, um 25 000 Mann gegen ihn ins Feld zu senden und die Provinzen anzuweisen, die Franzosen zu vernichten. De Bussy erreichte trotzdem glücklich Hydrabad und erwartete dort den Feind, der Anfang Juli erschien. Die Lage der Franzosen war nicht erquicklich, da ihre Sepoys binnen Kurzem sämmtlich zu den Indern überliefen. Als de Leyrit und der Kommandeur von Masulipatam, Moracin, hiervon Kunde erhielten, sandten sie Verstärkungen nach Hydrabad. Ihr Befehlshaber war derselbe Law, welcher bei Trichinopoly so schwere Fehler begangen hatte. Diesmal erwies er sich seiner Aufgabe besser gewachsen, und trotz aller Angriffe des übermächtigen Feindes gelangte er mit seinen Leuten Mitte August glücklich zu de Bussy. Dieser Erfolg schüchterte den Subahdar, der persönlich vor Hydrabad erschienen war, so ein, daß er de Bussy Vorschläge zur Versöhnung machte. Dieser ging darauf ein. Er stellte sich und seine Leute wieder in den Sold und Dienst des Fürsten und verlangte dafür nur Entfernung zweier besonders bloßgestellter Hofleute. Der Minister Shah Nawaz Khan blieb aber unangefochten in seinem Amte, und Bussys Einfluß erreichte nicht mehr ganz die alte Höhe. Dazu kam, daß während des Streits des Subahdars mit den Franzosen verschiedene kleine Machthaber in den Frankreich abgetretenen Provinzen sich empört hatten, wodurch Bussy zu einem mehrmonatlichen Feldzug genöthigt wurde.

Dieser Umstand war besonders verhängnißvoll. Bussy hätte sonst schon Ende 1756 gegen die Engländer vorgehen und den Subahdar Bengalens gegen sie unterstützen können. So sah er sich darauf beschränkt, die englischen Posten im Norden des Carnatic wegzunehmen. Kaum war er damit Ende 1757 zu Stande gekommen, da erreichte ihn die Nachricht, daß Shah Nawaz Khan durch allerlei Intriguen den ihm blind vertrauenden unfähigen Subahdar geradezu aller Macht beraubt hatte und auf dem Punkte stand, ihn ganz zu beseitigen. Er mußte in aller Eile nach Aurungabad ziehen und dort Ordnung schaffen. Es gelang ihm das, und Shah Nawaz Khan verlor bei dieser Gelegenheit sein Leben. Damit gelangte der französische Einfluß im Dekkan Juli 1758 wieder zur alten Höhe. Bussy konnte daran denken, seine Macht nunmehr ernstlich auszunützen. Gerade in diesem Augenblick aber erhielt Bussy Befehl, alle beim Subahdar befindlichen Truppen nach Arcot zu führen.

Ende April 1758 war nämlich in Pondichery die große von Frankreich zur Vertreibung der Engländer aus Indien abgesandte Expedition eingetroffen. Ihr Führer war Graf de Lally, Baron de Tollendal, ein am französischen Hof sehr beliebter Offizier irischer Abkunft, welcher die Engländer glühend haßte, von den Verhältnissen

Indiens jedoch keine Kenntniß hatte. Sie war beinahe ein Jahr unterwegs gewesen infolge schlechter Anordnungen und Unfähigkeit des Führers der Schiffe. Krankheiten hatten auf der Fahrt viele Leute weggerafft. Ein Theil der Schiffe und Truppen war im letzten Augenblick vom französischen Ministerium für andere Zwecke zurückgehalten worden, und die Lally zur Seite stehenden Offiziere waren ihrer Aufgabe in keiner Weise gewachsen.

Bei der Abneigung der Aktionäre der französisch-indischen Kompagnie, die von Dupleix begonnene Politik fortzusetzen, war Lally aufgegeben, Vernichtung der englischen Niederlassungen an der Küste als Hauptaufgabe ins Auge zu fassen und im Uebrigen der Hebung der Geschäfte der Gesellschaft besondere Aufmerksamkeit zu widmen. Es waren ihm zu diesem Zwecke die weitreichendsten Vollmachten ertheilt worden. Sofort nach der Ankunft in Pondichery gab Lally den dort befindlichen Truppen Befehl, nach Cuddalore vorzugehen, ohne de Leyrit und seine Umgebung auch nur nach ihrer Ansicht zu fragen. Während dieser Marsch ausgeführt wurde, griff eine englische Flotte, welche monatelang nach der französischen von Hause abgesegelt war, aber schon fünf Wochen vor Madras lag, die eben angekommenen französischen Schiffe bei Negapatam an. Die Engländer hatten nur 7, die Franzosen 9 Schiffe. Erstere waren aber sämmtlich Fahrzeuge der königlichen Marine, von letzteren nur eins. Außerdem hatten sie noch alle Ladung an Bord und waren schwer beweglich. Sie geriethen daher bald in Nachtheil und wären ohne Hülfe zweier von Pondichery kommender Schiffe den Engländern vielleicht in die Hände gefallen. So blieb der Kampf unentschieden. Doch waren die französischen Schiffe so beschädigt und hatten so viel Todte und Verwundete, daß sie zunächst Lally bei seinem Vorgehen nicht unterstützen konnten.

Auch ohne Hülfe von der See aus gelang es indessen, das schlecht vertheidigte Cuddalore am 4. Mai einzunehmen. Nun wollte Lally ohne Weiteres St. David angreifen. Doch es fehlte an allem Zugvieh, Trägern und Wagen für Beförderung von Belagerungsmaterial und Vorräthen. Lally stieß überhaupt überall auf Unordnung, Mißbräuche aller Art und Durchstechereien. Seine Beschwerden und Vorwürfe dagegen fruchteten wenig und erbitterten nur die Beamten, auf deren Mitwirkung er angewiesen war. Am 16. Mai war er mit seinen Vorbereitungen endlich so weit, daß er die Beschießung von St. David beginnen konnte. Es standen ihm bei der Belagerung 1600 Europäer und 600 Sepoys zur Verfügung, während die Engländer über 619 Weiße und 1600 Sepoys verfügten. Obwohl die Befestigungen von St. David in gutem Stande waren und im französischen Lager es an Geschütz wie Lebensmitteln fehlte, eroberte Lally in wenigen Tagen einige wichtige Außenwerke. Schon glaubte er sich des Sieges sicher, da erschien die englische Flotte an der Küste und bedrohte seine Stellung. Die französischen Schiffe dagegen lagen unthätig vor Pondichery, und die Besatzung weigerte sich, in See zu gehen, so lange ihr Sold nicht bezahlt werde. Es bedurfte Lallys persönlichen Einschreitens und Bezahlung der Leute aus seiner Tasche, um sie zu bewegen, wieder gegen die Engländer unter Segel zu gehen. Sobald das geschehen war, gab die Besatzung von St. David die letzte Hoffnung auf und kapitulirte am 2. Juni 1758. Das Gleiche that die kleine Garnison von Devicotta. — Nur Madras und Trichinopoly verblieben somit noch den Engländern.

Gegen ersteres wollte Lally ohne Verzug vorgehen. Bei der Schwäche seiner Besatzung und der Entmuthigung, welche der Fall von St. David bei den Engländern erregt hatte, war bei raschem Handeln zu Lande und zur See der Erfolg wohl wahrscheinlich. Aber der Kommandeur der Flotte, d'Aché, weigerte sich, mitzuwirken. Er erklärte, daß die Mannschaft großentheils krank sei und Mangel an Vorräthen herrsche. Er wollte daher nach Ceylon segeln und unterwegs Handelsschiffe abfangen. Dieser Umstand und der große Geldmangel, mit dem die Franzosen zu kämpfen hatten, bewogen Lally, die Pläne gegen Madras für den Augenblick zu vertagen und auf den Rath eines einflußreichen Jesuitenpaters in Pondichery, Lavaur, zunächst nach Tanjore zu ziehen und dort vom Rajah eine alte Schuld aus Dupleixscher Zeit einzutreiben. Er hoffte damit nicht allein neue Geldmittel, sondern auch Ansehen im Lande zu gewinnen.

Mitte Juni 1758 trat Lally seine Expedition mit 1600 Europäern und einigen Sepoys an. Dem Heer fehlte es nur leider an Transportmitteln, Ausrüstung und Lebensmitteln. Man war völlig auf Verproviantirung in den indischen Dörfern angewiesen. Dort gab es aber meist nicht einmal Reis, und es ging nicht ohne Gewaltthaten ab. Erst in Carical konnte etwas Vieh und Munition von den Holländern der Nachbarorte erstanden werden. Beim Weitermarsch fanden viele Grausamkeiten statt, welche die Inder allenthalben aufbrachten. Am 18. Juli erreichte er endlich Tanjore. Der Rajah hatte die Engländer um Hülfe gebeten und suchte bis zu ihrem Nahen die Franzosen mit Verhandlungen hinzuhalten. Er versprach Theilzahlungen und begann das Geld wirklich abzuliefern. Als Lally ihm androhte, ihn und seine Familie als Sklaven nach Isle de France zu senden, griff er zur Gewalt. Lally sah sich genöthigt, eine wochenlange Belagerung zu beginnen. Endlich war er so weit, zum Sturm zu schreiten, da erhielt er Meldung von Pondichery, daß die Engländer die französische Flotte angegriffen und vertrieben hatten und Pondichery wie Carical bedrohten. Da Lally auf letzteres für die Versorgung mit Lebensmitteln angewiesen war, entschloß er sich, unter Zustimmung des Kriegsraths, die Belagerung aufzuheben. Am 9. August sandte er die Verwundeten und die schweren Sachen fort und wollte tags darauf folgen. Ehe er dazu kam, griffen die Leute von Tanjore sein Lager an und nöthigten ihn, einen harten Kampf auszufechten, der allerdings mit ihrer Niederlage endigte. — Der Zweck der Expedition war verfehlt. Lally hatte nur unbedeutende Summen vom Rajah erhalten, er hatte eine Anzahl Geschütze aus Mangel an Zugthieren zurücklassen müssen, und seine Leute waren verhungerter als je. Carical war bei seiner Ankunft von der englischen Flotte blockirt, und vor Pondichery lagen die beschädigten geschlagenen Fahrzeuge d'Achés.

Trotz der ungünstigen Lage wollte Lally sofort den Angriff auf Madras ausführen und forderte d'Aché zur Mitwirkung auf. Seine Vorstellungen blieben indessen nochmals vergebens. d'Aché erklärte sich außer Stande, länger am Krieg theilzunehmen, und segelte am 2. September nach Isle de France ab. Lally sah sich auf seine eigenen Mittel beschränkt und wandte sich nun zunächst gegen Arcot, die Hauptstadt des Carnatic. Hierbei hatte er Erfolg. Der Befehlshaber ließ sich von ihm gewinnen und übergab die Stadt ohne Weiteres. Hierbei stieß auch der von Lally aus Hydrabad abberufene de Bussy mit seinen Leuten zu ihm. Von Arcot weigerten sich die Truppen weiterzumarschiren, bevor sie ihren Sold erhielten. Lally hatte aber weniger Geld und Vorräthe als je zur Verfügung, und die Behörden Pondicherys erklärten ebenfalls, von Allem entblößt zu sein. Erst als Lally selbst nach Pondichery eilte und mit den Offizieren aus eigener Tasche Geld vorschoß, war es möglich, das Allernothwendigste zu zahlen. Mit 94 000 Rupien in der Kasse beschloß der Kriegsrath Anfang November 1758 den Angriff auf Madras. Mehrere Offiziere erklärten, es sei besser, dabei zu fallen, als in Pondichery zu verhungern.

Anfang November begann der Marsch nach Madras, am 12. Dezember 1758 traf Lally vor der Stadt ein. Inzwischen hatten die Engländer aus allen Kräften gerüstet. Ihre Stärke betrug 1758 Europäer, 2200 Sepoys und 200 Reiter. Lally verfügte über 2700 Europäer und 5000 Inder, doch in seinem Lager herrschte großer Mangel und Uneinigkeit. de Bussy war aufgebracht, daß ihn Lally nicht mehr nach dem Dekkan sandte, alle Bitten des Subahdar unberücksichtigt ließ und die Bedeutung seiner Thätigkeit im Dekkan nicht verstand und würdigte. Lally hielt Bussy für einen arg überschätzten Mann, der wie die Anderen nur auf seinen Vortheil denke und nichts leiste. Die anderen Offiziere dagegen bewunderten Bussy und zogen ihn Lally vor.

Den Oberbefehl in Madras führte der alte Oberst Lawrence, dem der Gouverneur Pigott sich ganz unterordnete. Da die Engländer ihre Mannschaft für unzureichend zur Vertheidigung der ganzen Stadt erachteten, hatten sie ihre Hauptmacht ins Fort St. George gelegt, während die indische Stadt nur durch kleinere Abtheilungen besetzt war. Nachdem Lally das festgestellt hatte, griff er die indische Stadt sogleich an, schlug die Besatzung zurück und plünderte die Inder aus. Es sollen dabei den Franzosen Sachen im Werth von 600 000 Pfund Sterling in die Hände gefallen sein. Für die Kolonie wurden aber nur 92 000 Francs erbeutet, mit denen Lally nothdürftig die Ausgaben bestritt, bis eine ansehnliche Geldsendung aus Frankreich kam. Nachdem ein Ausfall der Garnison von den Franzosen glücklich abgeschlagen war, begannen letztere die Stadt von der Landseite völlig einzuschließen. Lally machte dabei, obwohl der Winterstürme wegen die Belagerten keine Unterstützung von der See aus hatten, wenig Fortschritte, sowohl infolge der mangelnden Mannszucht seiner Leute und wegen des stillen Widerstandes vieler Offiziere als vermöge der großen Tapferkeit der Engländer. Wochenlang zog sich die Belagerung der Stadt ohne Erfolg hin. Im französischen Lager herrschte bald wieder Mangel am Nöthigsten, während die Engländer aus Bengalen Zufuhr in

Menge erhielten. Am 16. Februar 1759 wollte Lally endlich trotz des Widerstrebens seiner Offiziere es mit einem Sturm versuchen.

In diesem Augenblicke erschien eine starke englische Flotte aus Bombay vor Madras und machte alle Hoffnungen Lallys zu Schanden. Er sah seinen Angriff auf Madras gescheitert und Pondichery selbst bedroht. In der Nacht des 17. Februar hob er daher die Belagerung auf und zog mit Zurücklassung der schweren Kanonen und 39 Verwundeter ab. — Die Schuld an dem Mißgeschick schob er in seinen Briefen den Beamten Pondicherys zu, die immer nur an ihren Vortheil gedacht und ihn nicht genügend unterstützt hätten. In einem Brief vom 14. Februar 1759 an de Leyrit schreibt er: „Ich will eher gehen und die Kaffern in Madagaskar befehligen, als in diesem Sodom (Pondichery) bleiben, welches das Feuer der Engländer oder im anderen Fall das Feuer des Himmels früher oder später zweifellos zerstören wird." In Pondichery erwiderte man Lallys Gefühle in vollstem Maße derart, daß die Nachricht von seinem Mißerfolg in Madras unter den französischen Kolonisten größte Freude erregte!

Noch größer waren die Erfolge, welche inzwischen England in Bengalen und im Dekkan errungen hatte. Wie erwähnt, war Clive nach der Einnahme Chandernagores trotz aller Aufforderungen von Madras in Bengalen geblieben. Es leitete ihn dabei die Furcht vor einem neuen Angriff des Surajah Dowlah und die Hoffnung, welche er inzwischen gefaßt hatte, diesen Fürsten überhaupt unschädlich zu machen. — Die gegen seinen Willen erfolgte Wegnahme Chandernagores hatte Surajah Dowlah begreiflicherweise sehr erbittert. Er fürchtete außerdem die Uebermacht der Engländer und wünschte als Gegengewicht die Franzosen im Lande zu halten. Er unterstützte daher die Reste ihrer Macht, welche noch im Lande waren, mit Waffen und Geld und traf Vorbereitungen, sich gegen etwaige Angriffe der englischen Schiffe zu sichern. Law, der Führer der Franzosen, soll den Fürsten auch noch ausdrücklich vor Clive und den Freunden der Engländer in seiner Umgebung gewarnt haben. Doch der Surajah konnte sich jetzt ebenso wenig wie früher zu energischen und raschen Maßnahmen entschließen. Er ließ Law mit seinen Leuten nach Bahar gehen und machte keinen der von Clive gekauften oder sonst den Engländern geneigten Männer seiner Umgebung unschädlich. Es gab deren aber viele, denn der Subahdar hatte sich durch-

Grausamkeit, Stolz, Ausschweifungen und Erpressungen alle Welt zu Feinden gemacht.

Während er hin und her schwankte, bald Clive und seinen Agenten Watts mit Liebenswürdigkeiten überhäufte, bald Boten an de Bussy schickte und sich gegen die Engländer rüstete, verschwor sich seine nächste Umgebung gegen sein Leben. An ihrer Spitze standen einer der Befehlshaber seines Heeres, Meer Jaffier Khan, und mehrere der reichsten indischen Banquiers. Clive war von Anfang an in das Komplot eingeweiht und hatte sich trotz einzelner ablehnender Stimmen im Calcutta-Council bereit erklärt, den Verschwörern mit voller Macht beizustehen. Er hoffte auf diese Weise nicht allein des unbequemen Subahdar ledig zu werden, sondern auch große Schätze zu erhalten. Die Verschworenen versprachen nämlich in einem förmlichen Vertrage nach dem Gelingen der englisch-ostindischen Company 10 Millionen Rupien, den englischen Bewohnern Calcuttas 5 Millionen, den indischen 2 Millionen und den armenischen 700 000; die betheiligten englischen Truppen sollten 2½ Millionen Rupien und die Schiffe ebensoviel erhalten. Für den Governor von Calcutta, Drake, und sich selbst bedang Clive je 280 000, für den Agenten Watts und einen anderen Offizier je 240 000 Rupien aus!*) Außerdem war vereinbart Ausschließung der Franzosen aus Bengalen für alle Zeiten und Ueberlassung eines größeren Gebiets bei Calcutta.

Um den Subahdar, welcher unbestimmte Nachrichten von der Verschwörung erhalten hatte, zu täuschen, ging Clive soweit, ihm die freundschaftlichsten und treuherzigsten Briefe zu schreiben, während er gleichzeitig alle Vorbereitungen zum Losschlagen traf. Noch unvortheilhafteres Licht fällt auf seinen Charakter durch die Thatsache, daß er keinen Anstand nahm, einen mitverschworenen Hindu, welcher im letzten Augenblick mit Verrath drohte, wenn ihm nicht 30 Lakh Rupien bewilligt würden, durch einen Scheinvertrag mit der gefälschten Unterschrift des Admirals Watson, der von der Sache nichts wissen wollte, zu täuschen!

Sobald alle Punkte geregelt waren, floh der britische Agent Watts aus dem Lager des Surajah Dowlah, und Clive richtete plötzlich an diesen einen Brief in schroffem Ton, worin er eine Reihe

---

*) Diesen Theil des Abkommens hat Clive in seinem amtlichen Berichte über die Angelegenheit vom 26. Juli sorgsam verschwiegen!

Beschwerden aufführte und verlangte, daß sie der Entscheidung Meer Jaffier Khans unterbreitet würden. Der überraschte Fürst zog sofort sein Heer zusammen und rückte gegen die Engländer. Meer Jaffier wagte nicht, ihn, wie verabredet, sogleich zu verlassen, sondern blieb bei ihm und marschirte mit nach Plassy. Um dieses zu erreichen, mußten die Engländer den breiten Hugly überschreiten, welcher ihnen im Fall der Niederlage sicherlich den Rückzug unmöglich gemacht hätte. Der Kriegsrath wie auch Clive beschlossen zuerst die Ueberschreitung nicht zu wagen. Erst nachträglich ordnete Clive, wie es scheint, infolge einer tröstlichen Nachricht Meer Jaffiers den Flußübergang an und trat mit etwa 1000 Europäern und 2000 Sepoys der mehr als 20fachen Uebermacht des Surajah Dowlah bei Plassy gegenüber.

Eine heftige Kanonade, welche er am 23. Juni 1757 eröffnete, kostete mehreren treugebliebenen höheren Offizieren des Subahdar das Leben und jagte diesem solche Angst ein, daß er Meer Jaffier beschwor, die Leitung des Heers zu übernehmen und ihn zu retten. Dieser Verräther empfahl sofortigen Rückzug. Während dieser in großer Verwirrung vor sich ging, blieb er mit seinen eigenen Truppen im Felde. Dieses Verhalten öffnete endlich dem Subahdar die Augen. Er durchschaute den Verrath, stieg auf ein Kamel und floh mit wenigen Getreuen. Die Engländer konnten mit Verlust von nur 20 Europäern sein Lager besetzen und sich aller Vorräthe bemächtigen. Meer Jaffier erschien am nächsten Morgen bei Clive und übernahm die sofortige Besetzung der Hauptstadt des Surajah Dowlah, Moorshedabad. Bei seinem Eintreffen flüchtete der Subahdar verkleidet in einem Boote nach Bahar. Unterwegs aber wurde er erkannt, verhaftet und zu Meer Jaffier Khan gebracht, dessen Sohn ihn in der Nacht ermorden ließ. Law mit den Franzosen, welche von Bahar dem Subahdar hatten zu Hülfe ziehen wollen, erfuhren auf ihrem Marsch das tragische Ereigniß.

Am 25. Juni 1757 traf Clive in Moorshedabad ein, ernannte Meer Jaffier Khan zum Subahdar von Bengalen, Bahar und Orissa und schritt dann alsbald zur Theilung der Schätze des Surajah Dowlah. Hierbei erfuhren die Verschworenen aber eine arge Enttäuschung. Man fand nur 150 Lakh Rupien vor, was bei Weitem nicht ausreichte, alle die gemachten Versprechungen zu erfüllen. Kaum die Hälfte des Ausbedungenen konnte bezahlt werden. Wegen des Restes mußte man sich mit Vertröstungen auf die Zukunft begnügen. Der von Clive durch das gefälschte Schriftstück getäuschte Verschwörer, welcher bei der Theilung erst erfuhr, welcher Hinterlist er zum Opfer gefallen war, wurde vor Zorn und Gram irrsinnig! Die Beute, welche den Engländern zugetheilt wurde, war immerhin erheblich genug. Allein Baargeld wurde im Werth von 800 000 Pfund Sterling für die englisch-ostindische Company nach Calcutta gesandt, wo Handel und Wandel einen neuen Aufschwung nahmen. Clive selbst nahm hier seinen Sitz, während er am Hof des von ihm eingesetzten Subahdar nur eine Abtheilung Truppen unter Major Coote stationirte.

Mit der Beseitigung des Surahjah Dowlah und seinem Ersatz durch Meer Jaffier war die Lage Bengalens indessen noch nicht geregelt. Ueberall gärte es in dem weiten Lande gegen den Usurpator, welcher seinerseits in ewiger Geldverlegenheit war und nicht wußte, wie er die steten Forderungen der Engländer befriedigen sollte. Um neue Mittel zu bekommen, wünschte er einige reiche Hindus sowie verschiedene Nabobs, denen er mißtraute, zu beseitigen. Clive wußte trotz dieser Umstände von Meer Jaffier noch neue Zahlungen zu erpressen und brachte ihn Anfang 1758 sogar dazu, das Salpetermonopol, welches für die indischen Fürsten bisher eine reiche Einnahmequelle gewesen war, der Company abzutreten. Um diese Zeit tauchten indessen neue Gefahren für ihn am Horizonte auf. Der Nabob von Oude rüstete sich zu einem Einfall in Bengalen, wozu er sich mit den Franzosen und Mahratten verbunden hatte, und ein aus England kommendes Schiff brachte Weisungen der englisch-ostindischen Company für die Regierung Calcuttas, in denen der Governorposten abgeschafft und für Oberst Clive keine Stellung vorgesehen war.

Diese Anordnungen waren aber getroffen vor dem Bekanntwerden der Cliveschen Siege und es ließ sich annehmen, daß sie bald durch andere ersetzt werden würden. Die Beamten der Company entschlossen sich daher, die Weisungen unbeachtet zu lassen und Clive, dessen Einfluß und Ansehen ins Ungemessene gewachsen waren, nach wie vor als Governor anzuerkennen.

Seiner Stellung sicher, traf Clive sogleich Anstalten allen Feinden entgegenzutreten. Als die erste Meldung von der Ankunft der französischen Flotte vor St. David ihn erreichte, verbreitete er die Nachricht, daß die Engländer die Flotte völlig geschlagen und an der Landung der mitgebrachten Truppen gehindert hätten. Die weiteren Hiobsposten von den Siegen Lallys und die Hülferufe von Madras veranlaßten ihn nicht, Bengalen zu verlassen. Er sandte vielmehr nur eine Expedition unter Oberst Forde gegen die französischen Truppen in den Circars, welche nach Bussys Abberufung unter Conflans standen und in große Schwierigkeiten gerathen waren. Die Expedition von 500 Europäern und 2000 Sepoys landete Ende Oktober 1758 in Vizagapatam, welches den Franzosen von eingeborenen Rajahs entrissen worden war. Conflans, der Nachfolger Bussys, kannte das Land nicht und wußte die Inder nicht zu behandeln. Er stand rathlos ihren Umtrieben und Feindseligkeiten gegenüber. Und als nun gar die Engländer erschienen, verlor er ganz den Kopf. Er leitete seine so oft bewährten Truppen so schlecht, daß Forde ihm am 8. Dezember 1758 eine vernichtende Niederlage beibringen konnte. Er floh nach Masulipatam, wo er neue Kräfte sammelte und wohin der Subahdar Salabut Jung ihm zu Hülfe zog. Trotz der Nachricht hiervon und trotz der überlegenen Zahl Soldaten, welche Conflans in und bei Masulipatam versammelt hatte, begann Forde mit seiner tapferen Schaar eine Belagerung der Stadt, und es gelang ihm Anfang April 1759, Conflans zur Uebergabe zu zwingen! Die Folge dieses Sieges war Abfall Salabut Jungs von den Franzosen. Er schloß mit Oberst Forde einen Vertrag, worin er Ausweisung der Franzosen aus dem Dekkan zusagte und das ihnen einst überlassene Land den Engländern zutheilte! Die werthvollsten Errungenschaften Dupleix' waren somit verloren!

Die Rückwirkung auf die Lage Pondicherys blieb nicht aus. Auch im Carnatic fielen nun die Inder überall von den Franzosen ab und traten auf Seite Englands. Die französischen Truppen, welche nach dem Rückzug von Madras bei Conjeveram ein Lager aufgeschlagen hatten, sahen sich außer Stande, etwas zu unternehmen. Drei Wochen lang stand ihnen eine englische Streitmacht gegenüber. Als diese eine Bewegung nach Wandewash ausführte, zogen die Franzosen, denen es an Proviant und Geld fehlte, nach Arcot. Kaum hatten sie aber ihr Lager verlassen, als die Engländer eiligst zurückkehrten und die Stadt Conjeveram stürmten. Lally, der mit den Behörden Pondicherys in immer erbitterteren Streit gerathen war, fühlte sich aus Mangel an allen erforderlichen Dingen zur

Wiedereroberung des Platzes nicht in der Lage Monatelang verbrachte er im Sommer 1759 unthätig, auf die Ankunft einer Flotte aus Frankreich wartend. Währenddessen wuchs die Unzufriedenheit unter seinen Leuten, denen er persönlich verhaßt war. Wiederholt meuterten einzelne Abtheilungen, und Anfang Juli 1759 gingen 60 Mann auf einmal zu den Engländern über. Zum Glück für Frankreich fehlte es auch diesen an Geld und Leuten, da die englisch-ostindische Company in der Annahme, daß die in Bengalen erbeuteten Schätze alle Kosten decken würden bis 1760 keine Mittel mehr nach Indien zu senden sich entschlossen hatte. Es vergingen daher Monate, ohne daß es zur Entscheidung kam.

Am 10. September 1759 erschien eine französische Flotte von 11 Schiffen, unter denen drei zur königlichen Marine gehörten, bei St. David. Der Admiral d'Aché hatte sie in Isle de France ausgerüstet und brachte neue Gelder und Vorräthe für Lally. Die Engländer, welche mit 9 Kriegsschiffen bei Madras kreuzten, versuchten die französische Flotte zu überraschen und zu vernichten. Das gelang ihnen nicht. Sie erlitten schwere Verluste, und d'Aché landete am 16. September in Pondichery die mitgebrachten Vorräthe und 180 Mann. Doch vergebens beschworen ihn Lally und die Behörden der Kolonie, einige Zeit an der Küste zu verweilen und die bevorstehenden Operationen zu unterstützen. Das Einzige, wozu er bewogen werden konnte, war Landung noch einiger Hundert Weißer und Neger. Er fühlte sich den Engländern nicht gewachsen und trat nach wenigen Tagen die Rückfahrt an. Die Engländer, welche hiervon wohl gute Kunde hatten, beschlossen, nun ihrerseits zum Angriffe überzugehen.

Ende September erschienen sie vor Wandewash, wo ein großer Theil der französischen Truppen lag, und stürmten den Ort. Dem Muth und der Entschlossenheit des französischen Befehlshabers gelang es, den Sturm abzuschlagen, den Feinden schwere Verluste beizubringen und sie zum Rückzug nach Conjeveram zu zwingen. Der Erfolg konnte indessen von den Franzosen nicht ausgenutzt werden, Lally war krank, es fehlte ihm an Geld und Vorräthen, seine Soldaten waren vollständig disziplinlos. Wenige Wochen nach dem Sieg bei Wandewash meuterte die ganze französische Macht, setzte die Offiziere ab und drohte mit Gewalt, falls sie nicht sogleich ihren Sold erhalte. Lally und die Spitzen der Kolonie sahen sich genöthigt, aus ihren Taschen zusammenzuschießen und die Leute durch eine Zahlung von Sold für sechs Monate zu beruhigen. Diese Vorgänge und der Geldmangel hinderten auch Bussy, der im Oktober nach Arcot gegangen war, um den Subahdar wieder zu gewinnen, etwas auszurichten.

Mitte November 1759 war die Ruhe unter den französischen Truppen wieder hergestellt, und nun faßte Lally den Plan, einen Theil der Leute zu verwenden, um die Engländer in Trichinopoly zu beunruhigen und dort Steuern einzutreiben, mit dem anderen aber Wandewash und Arcot zu vertheidigen. Das Erstere gelang. Zur Vertheidigung der letztgenannten Orte gegen die Engländer, welche inzwischen Verstärkungen erhalten hatten, reichte aber Lallys Macht nicht aus. Am 29. November fiel Wandewash den Engländern in die Hände. Lally gelang es zwar, Conjeveram zu nehmen und zu plündern, als er jedoch im Januar 1760 den Versuch machte, Wandewash zurückzuerobern, wurde er von den Gegnern entscheidend geschlagen. Auf französischer Seite nahmen etwa 1500 Europäer, auf englischer gegen 1900 an der Schlacht Theil. Bussy fiel, nachdem sein Pferd von einer Kugel getroffen war, den Engländern in die Hände.

Hiermit war Englands Sieg entschieden. Lally mußte nach Pondichery zurückweichen. Die Gegner eroberten am 9. Februar 1760 Arcot. In rascher Folge ergaben sich die anderen Plätze. Mitte März waren nur noch Pondichery und Carical an der Küste in Frankreichs Besitz. Am 5. April 1760 fiel auch letztere Stadt. Am 1. Mai erschienen die Engländer vor Pondichery. Lally war in verzweifelter Lage. In seinem Lager herrschten Zwietracht und bitterer Haß, von außen schien Hülfe kaum noch zu erwarten. Nur die Forts von Thiagar und Gingee im Carnatic befanden sich außer der Hauptstadt noch in französischer Gewalt. Doch gab der französische Gouverneur noch nicht Alles verloren. Er trat mit Hyder Ali, dem damaligen Herrn von Mysore, in Verbindung. Gegen Versprechen der Uebergabe des Forts Thiagar und Abtretung verschiedener englischer Plätze im Falle des Sieges stellte Hyder Ali den Franzosen einige Tausend Soldaten und Schlachtvieh. Er griff auch eine englische Abtheilung an und schlug sie, während Lally einen Versuch machte, die Pondichery einschließende Macht zu durchbrechen. Der letztere Versuch scheiterte. Hyder Ali sah sich bald durch Unruhen in Mysore gezwungen, seine Truppen zurückzuziehen.

Ende September 1760 wurde Pondichery so eng eingeschlossen, daß alle Zufuhr vom Land abgeschnitten war und es nur noch auf Entsatz durch die Flotte hoffen konnte. In Erwartung dieser wurde die Vertheidigung der Stadt monatelang fortgesetzt. Am 24. Dezember besaß die Garnison nur noch Lebensmittel für acht Tage. Lally berief einen Kriegsrath, um die Bedingungen einer Kapitulation zu erörtern. Die ihm meist feindlich gesinnten Offiziere wollten sich darauf nicht einlassen und die Verantwortung nicht auf sich nehmen. So nahm die Belagerung ihren Fortgang. Am letzten Tage des Jahres schien den Franzosen nochmals das Glück lächeln zu wollen. Ein furchtbarer Sturm warf drei große englische Kriegsschiffe ans Land und zerstörte viele ihrer Belagerungswerke sowie die Munition. Unter den Engländern entstand allgemeine Verwirrung, und ein plötzlicher Ausfall hätte die Stadt vielleicht gerettet. Aber Lally war krank im Bett, ein anderer entschlossenerer Mann war nicht da. Man nützte daher die Gelegenheit nicht aus und beschloß nur, noch länger auszuharren, um die Ankunft der Flotte abzuwarten, welche mit den arg beschädigten Schiffen leicht fertig werden konnte. Es wurden daher gegen 1400 Eingeborene aus der Stadt gewiesen, um dort die Vorräthe zu schonen.*) So kam der 14. Januar 1761 heran. Die Engländer hatten inzwischen neue Batterien errichtet und ihre Schiffe ausgebessert; in Pondichery stieg die Noth dagegen aufs Höchste, und von der Flotte war nichts zu sehen. Wie sich später herausstellte, hatte die Regierung sie angewiesen, in Bourbon zu bleiben, um die Insel gegen einen etwaigen Angriff zu vertheidigen.

Am 14. Januar berief Lally einen neuen Kriegsrath, um die Uebergabe in Erwägung zu nehmen. Gleichzeitig berieth der Gouverneur der Stadt de Leyrit mit seinem Beirath die Bedingungen für die Kapitulation der Bürger. Am nächsten Tage wurde den Engländern von Lally Ergebung der Truppen angeboten. Er bedang nur Schonung der Bürger, Klöster und der Verwandten Rajah Sahibs aus. Die Stadt selbst, behauptete er, könne nach einem Abkommen der beiden Regierungen nicht an England abgetreten werden. Der englische Befehlshaber ließ sich aber auf irgend welche Bedin-

*) Die Leute wurden von den Engländern aber Tage lang nicht durchgelassen und irrten zwischen ihnen und der Stadt umher, wobei sie durch Hunger oder Kugeln vielfach umkamen!

gungen nicht ein, und die Franzosen mußten sich ohne jeden Vorbehalt ergeben. Als Lally sich als Gefangener nach Madras begab, beschimpften und verhöhnten ihn eine Anzahl Offiziere und Beamte. Der ihm folgende königliche Kommissar Dubois wurde am Stadtthor von ihnen erstochen, angeblich aus Furcht vor seinen Anklagen gegen die Mißwirthschaft der Beamten.*) Kurze Zeit nach Pondichery fielen auch Thiagar und Gingee in Englands Hand. Mahé und die dazu gehörigen französischen Posten an der Malabarküste waren schon zuvor von einer englischen Flotte weggenommen worden. Frankreich war damit jedes festen Platzes in Indien beraubt!**)

Ueber Pondicherys Schicksal entstand unter den Siegern Streit. Colonel Coote, der Führer der königlichen Truppen, nahm die Stadt, die er erobert, für die englische Regierung in Anspruch. Der Vertreter der Company verlangte dagegen ihre Uebergabe an letztere. Die Offiziere der englischen Land- und Seemacht theilten des Obersten Ansicht. Pigot zwang sie jedoch zum Nachgeben, da er im anderen Fall Zahlung des Lebensunterhaltes der Truppen und Gefangenen verweigerte. Kaum war die Stadt in seiner Hand, so ließ er sie von Grund aus zerstören, um für immer seine Gesellschaft von diesem Mitbewerber zu befreien.

Andere große Erfolge hatte die Company inzwischen in Bengalen erzielt. Clive war nach dem Bekanntwerden seiner Siege von der Gesellschaft zum Governor dieser Provinz mit den größten Ehren und Vollmachten ernannt worden. Er hielt den feigen und schwankenden Meer Jaffier Chan in strenger Botmäßigkeit und benützte seine Macht, um das Interesse der Company wie sein eigenes zu befriedigen. Allerdings gefiel diese Politik dem neuen Subahdar sehr wenig, und immer eifriger sann er auf Mittel, sich der Engländer zu erwehren. In aller Stille knüpfte er Beziehungen mit den Holländern in Chinsura an und bemühte sich, den Einfluß Clives unter den Eingeborenen zu schwächen.

Während er damit beschäftigt war, tauchte ein gefährlicher Feind

*) Lally wurde nach seiner Heimkehr nach Frankreich in Untersuchung gezogen und wegen Verraths der Interessen des Königs und der Kompagnie 1766 enthauptet. — De Bussy, de Leyrit und andere Beamte sollen sehr große Vermögen mit nach Frankreich gebracht haben.

**) Die französisch-ostindische Kompagnie löste sich auf. 1770 wurde der Handel von Frankreich nach Indien freigegeben.

auf. Der Sohn des als Gefangener seines Großveziers in Delhi weilenden Großmoguls Shah Alum hatte ein Heer um sich gesammelt und wollte 1759 den Usurpator Meer Jaffier beseitigen. Letzterer gerieth in größte Angst. Als Shah Alum Patna mit einigen 40 000 Mann belagerte, wollte er von ihm den Frieden erkaufen. Diesen Augenblick benutzte Clive. Er versprach Meer Jaffier seine Hülfe, marschirte, obwohl er kaum 500 Europäer zur Verfügung hatte, gegen Shah Alum und veranlaßte diesen nur durch die Furcht vor seinem Namen zur Flucht. Alle Anerbietungen des Prinzen, um England für seine Sache zu gewinnen, wies er zurück. Meer Jaffier war so glücklich über seine Rettung, daß er Clive das ganze von der englisch-ostindischen Company gepachtete Gebiet im Süden Calcuttas, für welches sie jährlich gegen 30 000 Pfund Sterling Quitrents zahlte, für Lebenszeit schenkte!

Aber Clive traute dem Fürsten nicht mehr. Als im August 1759 sieben große holländische Schiffe mit etwa 1500 Mann im Hugly erschienen, faßte er sofort den Verdacht, daß der Subahdar sich mit den Holländern gegen ihn verbünden wolle. Holland war damals in vollem Frieden mit England, und es ließ sich annehmen, daß die englische Regierung nicht zu dem Kriege mit Frankreich noch einen mit Holland wünsche. Das hinderte aber Clive nicht, sogleich Schritte gegen die Holländer zu thun. Er veranlaßte Meer Jaffier, ihnen den Durchzug nach ihrer Faktorei Chinsura zu verbieten. Als sie sich daran nicht kehrten, ließ er sie durch Colonel Forde angreifen. Das Glück wollte dabei den Engländern so wohl, daß trotz ihrer Minderzahl alle holländischen Schiffe in ihre Hände fielen und von den etwa 800 europäisch-holländischen Soldaten nur 14 dem Tode oder der Gefangenschaft entgingen! Die holländische Faktorei in Chinsura verpflichtete sich nach der Niederlage bei Strafe sofortiger Ausweisung keine Befestigungen anzulegen und keine Truppen zu halten. Gegen Rückgabe der Schiffe zahlten die Holländer schließlich sogar noch die Kriegskosten!

Trotz dieser großen Erfolge war aber die Herrschaft Englands in Bengalen noch immer nicht sicher begründet. Denn es zeigte sich immer deutlicher, daß Meer Jaffier die Engländer grimmiger als sein Vorgänger haßte und daß sein Sohn Meeran entschlossen war, bei erster Gelegenheit mit ihnen zu brechen. Clive wußte das am besten. Er hatte schon Anfang 1759 Absetzung und Pensionirung des Subahdars und Uebernahme der Regierung durch England in einer an Pitt gesandten Denkschrift befürwortet. Doch ging er ungeachtet der drohenden Gefahren Anfang 1760 nach England, anscheinend nur, um sich dort seines Ruhms und Reichthums zu freuen. Das von ihm in Indien erworbene Vermögen belief sich nämlich damals schon auf viele Millionen. Seine jährlichen Einnahmen betrugen nach geringster Schätzung 800 000 Mark! Dabei zählte er erst 34 Jahre.

Während er sich in England sonnte, in die irische Peerage erhoben und 1761 ins Parlament gewählt wurde, brachen Gefahren über Gefahren auf Bengalen herein. Shah Alum erschien Anfang 1760 aufs Neue vor Patna, und gleichzeitig griffen Mahratten Bengalen an. Shah Alum, dessen Vater damals von seinem Großvezier ermordet wurde, und der daher den Titel Großmogul annahm, fand vielen Anhang. Der Nabob von Oude trat vollständig auf seine Seite. Die Engländer, an deren Spitze nach Clives und Fordes Abreise Colonel Calliaud stand, mußten in aller Eile gegen den Mogul zu Felde ziehen. Während sie noch mit einer starken indischen Truppe unter Meeran auf dem Marsch waren, griff der Feind, welchem sich eine kleine Schaar Franzosen unter Law angeschlossen hatte, den Befehlshaber von Patna an und brachte ihm eine schwere Niederlage bei.

Zum Glück für England nützte er den Sieg nicht aus, sondern verlor die Zeit mit Plündern, bis Calliaud Ende Februar erschien und ihn schlug. Shah Alum flüchtete nach Behar. Eine Verfolgung fand nicht statt, da Meeran sich in Patna vergnügen wollte. Der Mogul benützte das, um sich in aller Eile nach Moorshedabad auf den Weg zu machen, wo er Meer Jaffier überfallen wollte. Der an sich geschickte Plan wurde schlecht ausgeführt. Die Engländer konnten den Mogul im letzten Augenblicke abschneiden und wieder zur Flucht nöthigen. Der Feind begann nun einen nochmaligen Angriff auf Patna, doch wieder erfolglos. Nach neuen Niederlagen zog er sich aus Bengalen zurück. Während des Feldzuges wurde Meeran in seinem Zelt vom Blitze getödtet.

Dieser Verlust des einzigen erwachsenen Sohnes übte den tiefsten Eindruck auf Meer Jaffier und steigerte seinen schon lange gärenden Groll gegen die Engländer. Gleichzeitig brachten die Wirkungen des kostspieligen Krieges ihn wie die Engländer in große Geldverlegenheiten. Meer Jaffier konnte weder seine Verpflichtungen gegen England erfüllen, noch auch nur seine Truppen bezahlen, da die Steuererträge immer mehr sanken. Die englische Company machte sehr schlechte Geschäfte, da infolge der langen Kriege und der Ausraubung des Landes der Handel darniederlag. Die ihr überwiesenen Rechte und Ländereien brachten bei Weitem nicht die von Clive erwarteten Beträge. 1760 betrugen ihre Einnahmen in Bengalen 80 000 Pfund Sterling, ihre Ausgaben dagegen 200 000! Clive und seine Umgebung hatten gewirthschaftet, ohne den wirklichen Verhältnissen Rechnung zu tragen. Während sie persönlich große Reichthümer erwarben, gerieth die Company in steigende Verlegenheit, und in London wußte man kaum, wie man die eingehenden Wechsel zahlen sollte. Die vom Subahdar für die englischen Truppen versprochenen Zahlungen wurden von ihm nicht geleistet.

Im Juli 1760 übernahm der aus Madras berufene Mr. Vansittart das Government von Bengalen. Angesichts der leeren Kassen, der Unzufriedenheit der nichtbezahlten Truppen, der Unmöglichkeit, ohne Geld die Cliveschen Pläne weiter zu verfolgen, schlugen ihm Beamte der Company Fallenlassen Meer Jaffiers und Bündniß mit dem Mogul vor. Das erschien Vansittart zu weitgehend. Er ging aber darauf ein, daß mit dem Schwiegersohn des Subahdar Meer Cossim ein Vertrag geschlossen wurde, wonach er die Regierung übernehmen und England die Einkünfte der drei Distrikte Burdwan, Midnapore und Chittagong als Entgelt für die rückständigen Zahlungen überweisen sollte. Im Oktober 1760 versuchte Vansittart persönlich den Meer Jaffier zur freiwilligen Abdankung zu bewegen. Als das fehlschlug, wurde er bei Nacht gefangen genommen und auf seinen Wunsch nach Calcutta überführt. Meer Cossim übernahm das Subahdaramt.*)

Dieser gewaltsame Eingriff in die indischen Verhältnisse fand keineswegs allgemeine Billigung auf englischer Seite. Eine Anzahl Beamten der Company, welche sich durch Vansittarts Ernennung gekränkt fühlten und nichts erhalten hatten, richteten laute Beschwerden nach England und beschuldigten den Governor selbstsüchtiger Be-

*) Er hatte Vansittart und vier Mitgliedern des Council bei Abschluß des Vertrages 20 Lakhs Rupien als Geschenk geboten. Die Engländer erklärten, eine Belohnung nicht zu wollen, doch waren sie nach Ausführung der Verabredung zur Annahme eines Freundschaftsbeweises bereit!

weggründe. Sie ließen sich auch nicht beschwichtigen, als Meer Cossim ihnen gleichfalls nachträglich Geschenke anbot. Unangenehm war auch der Eindruck des Ereignisses auf die anderen einheimischen Fürsten, die sich ihres Lebens nicht mehr sicher fühlten. Doch abgesehen davon trug die Revolution zunächst gute Früchte. Der neue Nabob zahlte binnen Kurzem alle Soldrückstände und begann seine Schulden an die Company abzutragen, so daß 2½ Lakhs Rupien nach Madras gesandt werden konnten. Mit den zufriedengestellten Truppen zog der Nachfolger Caillauds, Major Carnac, im Januar 1761 gegen den Mogul, der in Gesellschaft von 70 Franzosen unter Law in Bahar eingefallen war. Es gelang, ihn vollständig zu schlagen und Law mit seinen Leuten gefangen zu nehmen. Dem Mogul bot Carnac nunmehr Abschluß eines Friedens an. Shah Alum ging darauf ein. Er erschien in Patna, wo er mit der gebührenden Auszeichnung behandelt wurde, bestätigte Meer Cossim als Subahdar gegen einen jährlichen Tribut von 24 Lakhs und versprach den Engländern Bestätigung aller ihrer Privilegien. In Calcutta war man nicht abgeneigt, ihm bei seinen weiteren Kämpfen zur Wiedereroberung seines Thrones zu helfen, doch erlaubten Mangel an Geld und das Mißtrauen Meer Cossims keine solchen Schritte.

Die wiederhergestellte Ruhe im Lande ließ einen neuen Aufschwung der Geschäfte der Company erwarten. Vansittart unterstützte mit allen Kräften den Subahdar, welcher mit eiserner Hand der Unredlichkeit unter seinen Beamten steuerte und Geld zusammenbrachte, womit er die an England noch rückständigen Zahlungen deckte.*) Doch seine Maßregeln fanden unausgesetzt Widerspruch bei den ihm feindlich gesinnten Beamten, welche Meer Cossim wiederholt verletzend gegenüber traten und ihn erbitterten. Als er gar den England ergebenen indischen Governor von Patna, dem Subahdar, seinem wüthenden Feinde preisgab, der ihn unter der Anschuldigung von Unterschlagungen verhaftete und alles Eigenthums beraubte, brachte er alle Welt gegen sich und den Nabob auf. Der Haß wuchs noch, als der Nabob sich darüber beschwerte, daß die Engländer auf Grund eines eingerissenen Mißbrauchs für die einheimischen Waaren keine Accisen bezahlten und sogar den Indern bei Umgehung der

*) März 1762 war die ganze Schuld abgezahlt.

von ihnen zu zahlenden Steuer halfen, und auf diesen Abgaben bestand. Vansittart, der die Forderung für gerechtfertigt erachtete, traf mit dem Nabob Ende 1762 ein Abkommen, wonach ein bestimmter ermäßigter Accisesatz gezahlt werden sollte. Aber das Council verweigerte seine Zustimmung. Nur der vor Kurzem eingetretene Warren Hastings unterstützte den Governor. Meer Cossim half sich darauf, indem er zwei Jahre lang auch für seine Unterthanen die Accisen erließ, wodurch der Vortheil der Engländer verschwand. Diese Maßnahme erregte im englischen Council größte Entrüstung, und zwei Mitglieder gingen zum Nabob, um ihn zur Rücknahme der Verfügung zu veranlassen. Der Subahdar lehnte die Zumuthung höflich aber bestimmt ab. Die Nichtzahlung der Accise durch die Engländer beraube ihn der Hälfte seiner Einnahmen, der Ertrag der Grundsteuer sei durch die Abtretungen an England sehr vermindert. Er sei bei der Fortdauer dieser Umstände nicht mehr lange im Stande seine Würde zu bekleiden.

Um dieselbe Zeit ereigneten sich andere Zwistigkeiten zwischen den Engländern und dem Nabob. Verschiedene seiner Beamten waren gefangen gesetzt worden, in Patna herrschte zwischen dem englischen Befehlshaber Ellis und den Indern offene Feindschaft. Der Nabob hatte daher eine Sendung Waffen, die nach Patna bestimmt war, beschlagnahmt und wollte sie nur gegen die Abberufung von Ellis freigeben. Die Nachricht hiervon erregte in Calcutta Bestürzung, doch der Nabob lenkte im Juni 1763 wieder ein und gab die Waffen frei. Es wäre Alles friedlich abgelaufen, wenn nicht im selben Augenblicke Ellis das indische Fort in Patna mit Gewalt eingenommen hätte. Auf die Nachricht hiervon befahl Meer Cossim, die Engländer überall zu verhaften. Das eine Mitglied des Councils, Amyatt, das kurz vor der Katastrophe seinen Hof verlassen hatte, widersetzte sich der Festnahme und wurde getödtet. Die geflüchtete indische Besatzung von Patna bemächtigte sich des Platzes wieder, nahm viele Engländer gefangen und zwang die englische Faktorei zur schleunigen Räumung der Stadt.

Vansittart und Hastings wollten anfangs den vollständigen Bruch vermeiden. Auf die Nachricht von Amyatts Tod hin schwand aber jede Aussicht dazu. Das Council beschloß, den Nabob abzusetzen und Meer Jaffier wieder zum Subahdar zu machen. Letzterer versprach Bestätigung aller Privilegien, neue Rechte, Zahlungen sowie

Accisefreiheit der Engländer unter Aufhebung des Gesetzes Meer Cossims und wurde dafür am 7. Juli 1763 zum Subahdar ausgerufen. Meer Cossim versuchte noch im letzten Augenblicke einen Frieden zu schließen, indem er jede Schuld an Amyatts Tod leugnete; als das vergeblich war, rüstete er sich zum Kampf auf Leben und Tod. Den Engländern standen nur 750 Weiße und gegen 3000 indische Truppen zur Verfügung. Sie litten Mangel an Geld, Vorräthen und Zugthieren. Dazu waren zahlreiche ihrer Landsleute in des Nabobs Hand. Letzterer verfügte dagegen über einen gefüllten Schatz und ein wohlgeschultes Heer, an dessen Spitze ein Sumroo genannter deutscher Abenteurer Walter Reinehard stand.

Doch trotz aller dieser Nachtheile und der von der Regenzeit bereiteten Schwierigkeiten errangen die Engländer Erfolg auf Erfolg. Moorshedabad fiel in ihre Hand, das feindliche Heer unterlag ihnen am 2. August bei Geriah nach hartem Kampf, und Meer Cossim mußte eine Festung nach der andern räumen. In seinem Zorn ließ er alle Gefangenen, sowohl Inder wie 150 Engländer, darunter Ellis, hinrichten. Er hielt damit die Feinde jedoch nicht auf. Mitte November nach Patnas Fall flüchtete er mit seinen Schätzen und Truppen nach Oude, wo ihn der Nabob Shuja Dowlah und der dort noch immer befindliche Mogul Shah Alum freundlich aufnahmen und ihrer Hülfe versicherten.

Während dieser Ereignisse wurde zu Paris der Friede zwischen England und Frankreich abgeschlossen und dabei auch die Grenzen des beiderseitigen Einflusses in Indien geregelt. Frankreich erhielt Pondichery und die Orte, welche es 1749 besessen hatte, zurück. Es mußte aber auf alle späteren Erwerbungen an der Koromandelküste und in Orissa verzichten, ferner sich verpflichten, in Bengalen weder Befestigungen noch Truppen zu halten, und die von England eingesetzten Nabobs anerkennen. Die Aufgabe der französischen Machtstellung in Indien war damit besiegelt. Weniger erfreut war die englisch-ostindische Company über eine andere Bestimmung des Vertrags, wonach Eroberungen, von denen man zur Zeit des Abschlusses noch nichts wußte, zurückzugeben waren. Die Gesellschaft verlor dadurch nämlich die Philippinen, welche eine 1762 in Madras zum großen Theil auf Kosten der Company ausgerüstete Expedition erobert hatte.*)

---

*) Vgl. Band I.

Die Gesellschaft hatte sich dazu besonders aus Rücksicht auf ihren Chinahandel entschlossen, dem durch den Besitz der spanischen Inseln großer Vortheil entstanden wäre.

Elftes Kapitel.

Kolonisationsversuche in Afrika.

Mit **Afrika** haben englische Kaufleute, verlockt durch die Erfolge Portugals, schon früh Beziehungen angeknüpft. Schon unter Heinrich VIII. sollen einzelne englische Schiffe Mengen Goldstaub und Elfenbein von der Guineaküste gebracht haben. Doch wagten die Engländer damals nicht, sich irgendwo in Westafrika dauernd festzusetzen, da Portugal auf Grund der päpstlichen Entscheidungen ganz Afrika als Eigenthum beanspruchte und mächtig genug war, seine Rechtstitel anderen Völkern gegenüber nachdrücklich geltend zu machen. Nur gelegentlich besuchten, wie erwähnt, englische Schiffe heimlich Afrikas Westküste, um dort Elfenbein, Gold und wohl auch Sklaven zu kaufen. Indessen brachte dieser Handel ihnen damals wenig Nutzen, da England noch keine Kolonien besaß, welche schwarze Arbeiter brauchten, und der Absatz der Sklaven in den spanischen Besitzungen, da er Monopol einer Gesellschaft war, Schwierigkeiten verursachte. Trotz der sinkenden Macht Portugals und trotzdem sein Recht auf Afrika von dem protestantisch gewordenen England nicht mehr anerkannt wurde, blieben daher die Fahrten von England nach Afrika vereinzelt.

1562 faßte John **Hawkins** den Plan, den Sklavenhandel in größerem Umfang in die Hand zu nehmen. Er rüstete vereint mit anderen Unternehmern drei Schiffe, belud sie in Guinea mit Negern und verkaufte diese mit Vortheil in Haiti. Die Königin Elisabeth soll dieses Geschäft gemißbilligt und Hawkins persönlich verboten haben, Neger ohne ihre Zustimmung nach Amerika zu schaffen, „denn es wäre das verwerflich und würde des Himmels Strafe auf die Unternehmer herabrufen.“ Doch verbot sie den Handel nicht ausdrücklich, und Leute wie Hawkins machten sich nicht viel aus Strafen des Himmels. Er setzte seine Fahrten ruhig fort, und andere Schiffer folgten seinem Beispiel. Die Portugiesen machten umsonst Anstrengungen, die Eindringlinge zu vertreiben, beschlagnahmten englische Waaren und Schiffe in portugiesischen Häfen und übten sonstige Repressalien. Die Engländer setzten ihre Fahrten fort, und 1572 sah Portugal sich genöthigt, England in einem Vertrage das Recht zum Handel mit Afrika zuzugestehen. Sie hofften wohl mit seiner Hülfe der Holländer und Franzosen, welche gleichfalls immer häufiger in Westafrika sich zeigten und dort schon Befestigungen anlegten, Herr zu werden.

1585 ertheilte die Königin Elisabeth den Earls of Warwick und Leicester mit 40 andern das Monopol des Handels mit Marokko für zwölf Jahre. Um ihnen den Weg zu bahnen, schickte sie eine Gesandtschaft an den Hof des dortigen Sultans und erlangte von ihm eine Anzahl Privilegien. Unter Anderem versprach er, keinen Engländer mehr zum Sklaven zu machen. Das Unternehmen hatte jedoch nicht mehr Erfolg als ein 1588 ins Leben gerufenes. Damals ertheilte die Königin einigen Kaufleuten aus Exeter und London durch eine Charter für zehn Jahre das alleinige Recht des Handels mit dem Senegal- und Gambiagebiet. Der Handel mit Süd- und Mittelamerika sowie Indien, welcher nach der Vernichtung der Armada immer lebhafter von englischen Schiffern betrieben wurde, erwies sich als viel vortheilhafter als der Verkehr mit Afrika, der daher zeitweilig beinahe ganz eingeschlafen zu sein scheint.

Erst 1618 fanden sich wieder Londoner Kaufherren, welche an der Guineaküste ihr Glück versuchen wollten. Sie erbaten vom König James I. eine Charter und gründeten ein Aktienunternehmen. Es glückte ihnen indessen nicht besser als ihren Vorgängern. Gold, Elfenbein und dergl. waren damals in Westafrika nicht genügend vorhanden, um auf sie ein ausgedehntes Geschäft zu begründen und theure Stationen zu unterhalten. Nur Sklavenhandel, wie ihn die Holländer trieben, machte sich bezahlt. Der Bedarf nach Negern in den englisch-amerikanischen Kolonien war jedoch noch zu gering.

Ungeachtet dieser steten Mißerfolge wurde 1631 eine neue Afrikagesellschaft von Sir Richard Young, Digby u. A. gegründet, welche eine königliche Charter für Westafrika zwischen Cap Blanco und dem Cap der Guten Hoffnung auf 31 Jahre erhielt. Allen nicht zur Gesellschaft gehörigen Engländern sowie den „Angehörigen anderer Nationen" wurde der Handel mit jenen Gebieten untersagt und der Company das Recht ertheilt, ihre Waaren und Schiffe wegzunehmen. Diese Gesellschaft sandte 1632 eine Flotte nach Afrika und begann dort Faktoreien und Forts zu bauen. Aber ungeachtet ihrer Privilegien fuhren englische und andere Schiffer fort, auf eigene Faust die afrikanische Küste zu besuchen und dort Handel zu treiben. Die Company fand bald, daß sie mit Verlust arbeitete, und stellte ihre Thätigkeit allmählich wieder ein. Ihre Befestigungen an der Goldküste wurden 1651 von der ostindischen Company übernommen, welche hier Gold eintauschte und dieses in Indien verwerthete. Sie gestattete außerdem auch anderen Schiffern gegen eine hohe Licenzgebühr den Verkehr mit ihren Faktoreien. Die Letzteren fanden dabei wahrscheinlich gute Rechnung, denn inzwischen hatte England Besitzungen in Westindien erworben, wo lebhafte Nachfrage nach Negersklaven war, und es entwickelte sich ein schwunghafter Menschenhandel dorthin.

1661 kam der wichtigste Hafenplatz von Marokko, Tanger, den Portugal 1643 von den Mauren erobert hatte, bei der Vermählung des Königs Charles II. mit der Schwester des Königs von Portugal als Theil von deren Mitgift an England. General Monk hatte schon 1657 sein Auge auf den Platz geworfen, da er ihn für sehr geeignet ansah, um von dort aus den Handel nach und vom Mittelmeer zu beherrschen. Die Schwierigkeiten, welche die Beziehungen mit den Mauren den Portugiesen während ihrer Herrschaft in Tanger bereiteten, übersah er dabei aber ebenso wie später der König Charles. Sie erwiesen sich bald als sehr groß. England mußte hier eine kostspielige Garnison unterhalten, und alle Erwartungen, welche es etwa auf Ausdehnung seiner Herrschaft über Marokko gesetzt hatte, erwiesen sich als eitel. 1684 sah England sich genöthigt, den zu kostspieligen und nutzlosen Platz nach Sprengung seiner Befestigungen wieder zu räumen.

Ein Jahr nach der Erwerbung von Tanger trat eine neue privilegirte westafrikanische Company ins Leben. An ihrer Spitze stand der Duke of York, der Bruder des Königs, mit einer Reihe hochgestellter Personen. Ihre Absicht war Wiederbesetzung der in den letzten Jahren verfallenen und theilweise von Holländern, Dänen, und Anderen weggenommenen englischen Stationen an der Guineaküste und Einrichtung eines regelmäßigen Sklavenhandels nach englisch Amerika. Mindestens 3000 Neger wollte sie jährlich dorthin liefern und die fremden Mitbewerber verdrängen. Diese Company übernahm 1664 die verschiedenen Forts, welche der Herzog von Kur=

land an der Guineaküste gegründet hatte, und sandte eine Flotte unter Admiral Holmes ab, welche verschiedene holländische Besitzungen am Cap Verde und der Goldküste sowie Gorea mitten im Frieden eroberte und an der Mündung des Gambia das Fort James erbaute. Außerdem gelang es Holmes, nicht weniger als 130 holländische Kauffahrer zu kapern.

Die Freude über diese Erfolge war nicht von langer Dauer. Schon 1665 eroberte der holländische Admiral de Ruyter alle die verlorenen Plätze zurück und besetzte außerdem noch das englische Fort Cormanteen und die Insel St. Helena, welche für die ostindische Company als Erfrischungsstation für ihre Schiffe von höchster Bedeutung war. Es gelang der Company, diese Insel noch im selben Jahre wieder einzunehmen. Der westafrikanischen Gesellschaft waren aber durch die Holländer so große Wunden geschlagen, daß sie ihren Betrieb einstellte.

Erst 1672 bildete sich wieder eine Africa-Company. Zu ihrem Kapital von 111 000 Pfund Sterling trugen der König und der Duke of York sowie viele reiche Edelleute bei. Von der früheren Company wurden die Forts James am Gambia, Cape Coast Castle an der Goldküste und Sierra Leone für die Summe von 34 000 Pfund Sterling übernommen. Die neue Gesellschaft begann ihre Unternehmungen mit großem Eifer. Sie erweiterte die drei Forts, erbaute neue in Accra und fünf anderen Plätzen und trieb den ihr als Monopol zugestandenen Sklavenhandel nach Amerika in großem Stil. Sie führte aus England eine Zeit lang jährlich Waaren im Werthe von 70 000 Pfund Sterling aus und brachte dafür außer Elfenbein, Wachs, Honig, Rothholz besonders Gold zurück. 1673 wurden daraus zum ersten Male 50 000 Goldmünzen geschlagen. Sie haben von der Herkunft des dazu verwendeten Goldes, den ihnen seitdem gebliebenen Namen „Guineas“ erhalten. Im Interesse der Company förderte die englische Regierung den Sklavenhandel aus allen Kräften und vereitelte die Bestrebungen einzelner amerikanischer Kolonien, die Einfuhr von Schwarzen zu beschränken.

Die Declaration of Right von 1688, welche alle ohne Bewilligung des Parlaments ertheilten Privilegien für nichtig erklärte, raubte der Africa Company ihre Grundlage. Die englischen Schiffe und die Westindier benützten das, um sogleich ihrerseits Sklavenhandel zu treiben. Aber die Company setzte ihre Geschäfte auch ohne

Charter fort und nahm die Schiffe ihrer Mitbewerber, wo sie konnte, weg, wenn sie ihr nicht sehr hohe Abgaben freiwillig zahlten. Es begann ein lebhafter Kampf, besonders in Flugschriften, zwischen der Company und ihren Gegnern. Die Zahl der Letzteren wuchs aber fortgesetzt so, daß die Gesellschaft fast ganz vom Negerhandel verdrängt wurde und in so schlechte Lage kam, daß sie ihre Forts in Afrika kaum noch halten konnte. Die Company hatte 1692 die französische Station Gorée, die wegen ihres Klimas und günstiger Lage sehr geschätzt war, den Franzosen weggenommen, war aber nicht im Stande, sie länger als sechs Monate zu behaupten.

Da der Besitz dieser kostspieligen festen Plätze für die Wahrung von Englands Interessen in Afrika durchaus nöthig erschien, trat König William 1698 für die Company in gewisser Weise ein, ohne allerdings ihre alten Monopolrechte zu erneuern. Es wurde nämlich durch eine Parlamentsakte ein zehnprozentiger Ausfuhrzoll auf alle von England und Amerika nach Westafrika verfrachteten Waaren, ebenso wie für alle von Afrika nach England und Amerika gesandten Güter eingeführt, aus dessen Ertrag die Company ihre Befestigungen erhalten sollte. Sklaven sowie Gold und Silber allein blieben vom Zoll frei, und Rothholz brauchte nur fünf Prozent zu zahlen. Im Uebrigen wurde der Handel nach Afrika gesetzlich freigegeben, hauptsächlich mit Rücksicht auf die westindischen Zuckerkolonien, deren Interesse große und billige Sklavenzufuhr erforderte.

Die Company konnte bei geschickter Leitung, dank ihrer alten Verbindungen, wie man annahm, trotz des Mitbewerbs privater Händler erfolgreich weiter arbeiten. Sie erhob auch in der That von ihren Mitgliedern neue Kapitalien im Betrage von 180 000 Pfund Sterling, nahm Anleihen auf und setzte ihre Geschäfte mit Nachdruck fort. Es glückte ihr aber nicht recht. In der Zeit 1698—1707 brachte sie nur 17 760 Neger nach Amerika, während sie 1680—88 deren 46 396 exportirt hatte.*) Der Negerhandel kam mehr und mehr in die Hand der von ihr unabhängigen Kaufleute. Wiederholt bat sie um Ertheilung eines neuen Monopols, immer unter Hinweis auf die Kosten des Unterhalts der Forts in Afrika. Sie behauptete schon gegen 1710, daß ihr diese Aufgabe mindestens 180 000 Pfund Sterling mehr Kosten verursacht habe, als sie aus

*) Englisch-Westindien brauchte damals jährlich wenigstens 26 000 Negersklaven.

den Abgaben der nicht zur Company gehörigen Kaufleute gezogen, da diese sich bemühten, die Verzollung der Waaren möglichst zu umgehen.

Die Company besaß damals an der afrikanischen Küste folgende befestigte Punkte: Gambia (28 Weiße, 17 Kanonen); Serrelion (13 Weiße) und Sherbrow (4 Weiße); Dickys Cove [Dixcove] (6 Weiße, 8 Kanonen); Succande [Sekondi] (2 Weiße, 8 Kanonen); Commenda (17 Weiße, 24 Kanonen); Cabo Corsoe [Cape Coast] (33 Weiße, 42 Kanonen);. Fort Royal oder Deans Hill bei Cape Coast war damals aufgegeben; Winnebah (8 Weiße, 10 Kanonen); Annamabo (8 Weiße, 10 Kanonen); Accra (15 Weiße, 26 Kanonen, 3 Bastionen); Annashan (2 Weiße); Aaga (1 Weißer); Queen Anns Point (6 Weiße, 6 Kanonen); Quedah [Kitta]. Irgend welchen Landbesitz oder unmittelbare Herrschaft über Eingeborene hatte die Company ebensowenig wie die Holländer, Dänen und Brandenburger, deren Forts in nächster Nähe der ihrigen lagen. Die Regierung des Landes lag ganz in den Händen der Eingeborenen, welche sich unausgesetzt untereinander bekämpften und sehr häufig den Handel mit einem oder dem anderen fremden Fort sperrten.

Gegenüber den Petitionen der Company beim Parlament blieben aber auch die freien Kaufleute nicht unthätig. Sie fanden schon bei Fortdauer der damaligen Lage sich benachtheiligt, da die Company sie in jeder Weise belästigte. Sie wiesen nicht nur eingehend nach, daß die Forts der Gesellschaft dem Handel gar nichts nützten, da sie zu schwach oder gelegentlich gar nicht besetzt seien, sondern verstiegen sich auch zu der Klage, daß die Gesellschaft ihre Stationen nicht zum Schutz, sondern zur Bedrückung der freien englischen Kaufleute verwende, daß sie die Eingeborenen direkt zwinge, nur mit der Company in Beziehungen zu treten, und daß sie mit fremden Nationen gegen englische Interessen manchmal gemeinsame Sache gemacht habe, um Geschäfte zu machen. Ein nicht zur Company gehöriges englisches Schiff finde bei fremden Forts eher Unterstützung als bei den englischen. Ueberdies wurde der Company nachgerechnet, daß ihre Angaben über die Kosten der Erhaltung der Forts sehr übertrieben seien. Man behauptete, daß diese Aufgabe jährlich nur 6678 Pfund Sterling erfordere. In den Jahren 1699 bis 1709 seien also 66 780 Pfund Sterling dazu ausreichend gewesen, die Company habe aber allein bis 1707 eine Summe von 87 465 Pfund Sterling aus den Zöllen erhalten, ohne die ihr aus Amerika zugeflossenen Summen zu rechnen. Die Gegner der Company verlangten, daß sie wegen der schlechten Instandhaltung der Forts zur Verantwortung gezogen und ihre Macht noch beschränkt werde. Es wurde von dieser Seite endlich betont, daß die Versorgung der englisch-amerikanischen Kolonien mit Sklaven unter der schlechten Wirthschaft der Gesellschaft leide, da diese die Neger lieber nach Brasilien verkaufe. Eine Wiederherstellung ihres Monopols würde geradezu das Gedeihen der westindischen Kolonien in Frage stellen!

Obwohl die Company die Amerikaner in ihr Interesse zu ziehen versuchte, indem sie anbot, bei Wiederherstellung ihres Monopols die erforderlichen Sklaven in Amerika zu 16 Pfund Sterling pro Kopf zu liefern, gelang es ihr nicht, die Genehmigung ihrer Anträge im Parlament durchzudrücken. Die Wünsche ihrer Gegner fanden dafür ebenfalls kein Gehör. Das Gesetz von 1698 wurde 1712 vom Parlamente erneuert.

Die Company setzte große Hoffnungen auf den Assiento-Vertrag von 1713, wonach England im Laufe von 30 Jahren 144 000 Negersklaven nach den spanischen Besitzungen zu liefern das Recht erhielt. Die englische Regierung trat letzteres der South Sea Company ab, an welcher die Royal African Company stark betheiligt war. Aber die auf die Vereinbarung mit Spanien gesetzten Erwartungen erfüllten sich nicht, wie an anderer Stelle des Näheren dargelegt ist. Die Gesellschaft arbeitete fortgesetzt mit Verlust und erklärte sich schließlich 1729 außer Stande, ihre Stationen in Afrika noch länger zu halten. 1723 wurde ihr Fort Cabinda am Kongo von den Portugiesen z. B. zerstört. Die Regierung war damals so wenig wie früher geneigt, den Unterhalt der afrikanischen Forts selbst in die Hand zu nehmen oder der Company das Monopol wieder zu ertheilen. Andererseits wollte sie die Forts nicht aufgegeben sehen, da sie sonst Verdrängung des englischen Einflusses fürchtete. Geschehen mußte aber irgend etwas, und so wurden 1730 vom Parlamente der Company jährlich 10 000 Pfund Sterling Zuschuß zum Unterhalt ihrer Befestigungen und Faktoreien bewilligt.

Trotz dieser ansehnlichen Unterstützung verbesserte sich ihre Lage nicht. Was sie von England erhielt, verlor sie durch mancherlei Mißgeschick bei Verschiffung und Verkauf der Neger. Ihre Forts waren nach Schilderungen von Zeitgenossen in kläglicher Verfassung, ihre Beamten schlecht bezahlt und unzufrieden. 1733 beschloß sie, überhaupt nur noch Sklaven in Afrika zu besorgen und in ihren dortigen Faktoreien an private Händler zu verkaufen, denen Verschiffung ꝛc. überlassen blieb. Sie führte größtmögliche Sparsamkeit ein, setzte alle Gehälter und Ausgaben herab und förderte ihren Handel mit Gold, Elfenbein, Farbhölzern und dergl. Trotz alledem gelang es ihr nicht, auch nur die Verzinsung ihres auf 200 000 Pfund Sterling herabgesetzten Kapitals zu erzielen. Die selbständigen Kaufleute machten in Afrika viel bessere Geschäfte als sie. Der Staatszuschuß wurde alle Jahre bis 1747 vom Parlament in der Höhe von 10 000 Pfund Sterling bewilligt. 1744 erhielt die Gesellschaft sogar wegen der ihr durch den Krieg mit Frankreich und Spanien erwachsenden Schwierigkeiten das Doppelte. Dann aber zeigte sich das Parlament abgeneigt, noch weitere Opfer zu bringen. Die Gesellschaft, deren Privileg 1748 ablief, versuchte damals unter neuer Betonung der früher stets ins Feld geführten Gründe, das Parlament zu bewegen, die Unterhaltung der Forts und Stationen in Afrika einer neuen Aktiengesellschaft unter den bisherigen Bedingungen und mit gleichzeitiger Gewährung des ausschließlichen Rechts zum Betrieb des Pfandleihgeschäfts zu übertragen! Die neue Gesellschaft sollte der alten ihre Eigenthumsrechte in Afrika für 150 000 Pfund Sterling abkaufen und diese so in Stand setzen, ihre Schulden zu zahlen. Die Mitglieder des Royal African Company hätten bei Annahme dieser Vorschläge natürlich ein sehr gutes Geschäft gemacht, und sie setzten allen Einfluß in Bewegung, um damit durchzudringen. Aber trotz des Wunsches, die englische Machtstellung in Afrika zu wahren und der englischen Schifffahrt dort die nöthigen Plätze zu erhalten, wo sie Handel treiben und Schutz finden konnten, wollte das Parlament nicht so weit gehen und ließ die Angelegenheit ungeregelt.

Erst 1750 fand sie ihre Erledigung und zwar in einer etwas eigenthümlichen Form. Durch eine Parlamentsacte: For extending and improving the trade to Africa wurde die alte Company als aufgehoben und der Handel nach Westafrika allen englischen Unterthanen offen stehend erklärt. Sämmtliche Engländer aber, die nach oder aus Afrika Handel trieben, sollten nach Maßgabe des neuen Gesetzes als Mitglieder einer Körperschaft,*) The Company of mer-

*) Sogenannte Regulated company, während die früheren Joint stock companies waren.

chants trading to Africa gelten und ein gemeinsames Siegel führen.

In dieser Company sollte Jeder, der 40 Schilling Gebühr zahlte Stimmrecht bei Wahl des Vorstandes und in der Generalversammlung erhalten. Der Vorstand sollte aus neun Mitgliedern bestehen, von denen je drei in London, Bristol und Liverpool jährlich zu wählen waren, und ihm wurde die Verwaltung aller von der alten Company zu übernehmenden Forts und Stationen in Afrika übertragen. Zur Deckung der Kosten sollten die jährlich zu zahlenden Gebühren fürs Stimmrecht und die Zölle dienen.

Irgend welche gemeinsamen Handelsunternehmungen nach oder von Afrika waren dagegen der neuen Gesellschaft ebenso wie die Aufnahme von Anleihen untersagt. Es war ausdrücklich bestimmt, daß alle in Afrika vorhandenen oder neu zu gründenden Stationen jedem Engländer offen stehen sollten, um dort Schutz für sich und seine Waaren zu suchen.

Die Oberaufsicht war den Commissioners for Trade and Plantations vorbehalten. Die Regelung der Abfindung der alten Company war dem Court of Chancery übertragen.

Die englische Regierung machte also hier den Versuch, die Kosten der Erhaltung ihrer Machtstellung in Afrika durch eine Art Handelssteuer aufzubringen und dem Handel, insbesondere dem Menschenhandel, jede nur denkbare Freiheit zu verschaffen. Die Royal African Company wurde 1752 durch eine Zahlung von 112 142 Pfund Sterling vom Parlamente abgefunden. Ihre sämmtlichen Besitzungen gingen an die neue Körperschaft über, welche nun auch das Recht erhielt, Soldaten zu halten und Gerichtsbarkeit in Handels- Schifffahrts- und Civilsachen zu üben.

Der Sklavenhandel nahm inzwischen ohne Unterbrechung seinen Fortgang. Die englischen Niederlassungen in Afrika waren und blieben seine ergiebigsten Bezugsquellen. Von 1733 bis 1766 sind jährlich von hier etwa 20 000 Neger nach Westindien geschafft worden. 1768 soll England allein sogar 60 000 nach Amerika geliefert haben. 1755 haben sich nach Edmund Burkes Angaben etwa 240 000 Negersklaven in Britisch-Westindien und 100 000 in Virginien befunden. Die englische Regierung förderte diesen Handel offen. Noch 1745 machte sie bei Vergebung von Land in Jamaica das Halten einer bestimmten Anzahl Sklaven zur Bedingung.

Verschiedene Versuche der Kolonisten in Jamaica in den Jahren 1760, 1765 und 1774, die übergroße Negereinfuhr zu beschränken, wurden ebenso wie andere solche Bestrebungen von der englischen Regierung verhindert, da dieser Handel dem Wohlstand der Nation zu Gute komme. Die zuerst von Montesquieu, Adam Smith, Hutchinson sowie von den Quäkern und Wesleyanern seit 1750 gegen den Menschenhandel ins Feld geführten Gründe fanden in den regierenden Kreisen keinerlei Beachtung.

Der Waarenverkehr Englands mit Afrika spielte neben dem Menschenhandel eine sehr unbedeutende Rolle. Es betrug:

	die Einfuhr von Afrika Pfund Sterling	die Ausfuhr nach Afrika Pfund Sterling
Weihnachten 1701 bis 1702	21 074	133 499
1709 = 1710	14 436	69 459
1719 = 1720	25 307	130 250
1729 = 1730	57 081	260 690
1739 = 1740	62 787	110 543
1749 = 1750	29 007	160 791
1759 = 1760	39 410	345 546
1762 = 1763	18 128	463 818

Die neue Africa Company, über deren Thätigkeit keine näheren Berichte vorliegen, hat von Jahr zu Jahr steigende Zuschüsse vom Parlamente gebraucht, um die Forts einigermaßen im Stand zu halten. Von 1750 bis 1807 sind ihr durchschnittlich im Jahre 13 431 Pfund Sterling bewilligt worden.

Im Frieden von 1763 trat Frankreich seine Senegal-Kolonie mit den Forts St. Louis, Podor, Galam und allem Zubehör an England ab, wofür es das im Kriege von England besetzte Gorée wiederbekam. Das Parlament bewilligte 7000 Pfund Sterling, um die Befestigungen dort wieder in Stand zu setzen. Man maß diesem Erwerb Bedeutung bei, sowohl weil der Senegal damals die Quelle für den in der Industrie gebrauchten Gummi war, als weil er viele Sklaven lieferte. Die Verwaltung der Kolonie wurde ebenfalls in die Hände der Africa Company gelegt.

Schon 1765 mußte aber auf viele Klagen der Handelswelt hin die englische Regierung die Verwaltung der Stationen und Forts im nordwestlichen Afrika von Marokko bis Kap Rouge in die eigene Hand nehmen und die Company auf die Besitzungen zwischen Kap Rouge und Kapland beschränken. Trotzdem nämlich der Africa Company als Gesellschaft jeder Handel untersagt war und die Personen des leitenden Komitees fortwährend wechselten, wurde der Geschäftsbetrieb der gerade leitenden Personen in den afrikanischen Stationen auf Kosten anderer Händler stark begünstigt. Dazu kam, daß die von der Gesellschaft geführte Verwaltung allerlei Anstoß gab. Man warf ihr z. B. vor, daß sie Ziegel und Steine zum Neubau von Cape Coast Castle mit großen Kosten überflüssigerweise aus England herbeigeschafft habe. Eine genaue Kontrole seitens der Finanzbehörden Englands fand nicht statt, und dem Court of Admiralty war kein Einfluß auf die Gesellschaft eingeräumt. Bei der Kleinheit des Nutzens der Stellung im Komitee ließen es eben seine Mitglieder ruhig auf eine Ausstoßung daraus ankommen, wenn sie nur für ihren Handel gelegentlich einen ordentlichen Vortheil erzielen konnten.

1776 ist zum ersten Male die Sklavenfrage im britischen Parlamente zur Sprache gebracht worden. Das Mitglied für Hull, Mr. Hartley, brachte den Antrag ein: Das Haus möge beschließen, daß der Sklavenhandel den Vorschriften Gottes und den Menschenrechten zuwiderlaufe. Sir G. Saville unterstützte den Antrag, doch fand er sonst wenig Anklang und blieb ohne Folge. Erst 1788 trat die Regierung der Angelegenheit näher.

Vierter Theil.

Der Abschluß der älteren englischen Kolonialpolitik.

Erstes Kapitel.

Englisch-amerikanische Beziehungen.

Die Erwerbung Canadas und die Vernichtung der französischen Herrschaft in Nordamerika hat keineswegs den Beifall aller Politiker in England gehabt. Es gab deren verschiedene, welche Erweiterung des britischen Besitzes in Westindien der Einverleibung Canadas vorgezogen hätten. William Burke, ein Verwandter und Freund des berühmten Parlamentariers Edmund Burke, wies als Wortführer dieser Kreise nicht nur auf den größeren Reichthum und handelspolitischen Werth von Guadeloupe und Martinique hin, sondern er warnte auch vor der allzu großen Stärke und Ausdehnung der nordamerikanischen Kolonien Englands. Schon jetzt erzeugten sie alle ihre Bedürfnisse; ihre Bevölkerung, ihr Reichthum wüchsen ununterbrochen. Ihr Bedürfniß nach Verbindung mit England nehme so wie so stetig ab. Verschwinde auch noch die Gefahr von Seiten des französischen Gebiets, so würden sie sich so ausdehnen und so mächtig werden, daß die Folgen leicht abzusehen seien. — Engländer in Guadeloupe schrieben in demselben Sinn. Sie erklärten, daß, sobald England Canada erwerbe, Nordamerika bald zu mächtig und volkreich sein werde, um sich von England aus der Ferne regieren zu lassen. — Die öffentliche Meinung, die Mehrheit der Staatsmänner und vor Allem Pitt theilten diese Befürchtungen aber nicht. Pitt kam es vor Allem darauf an, Frankreichs See- und Handelsmacht völlig zu vernichten. Er wollte ihm alle Kolonien nehmen und auch seine Fischerei vernichten, um damit die Pflanzschule seiner

Seeleute zu zerstören. Sehr gegen seinen Willen gestanden seine Ministerkollegen Frankreich die Fortdauer des Fischereirechts an den Küsten New Foundlands und im St. Lawrence-Golf zu. Er wollte England das Monopol im Sklaven-, Zucker- und Gewürzhandel sichern. Nahm England Canada nicht, so blieb die Gefahr eines neuen Aufkommens der französischen Macht in Amerika bestehen; die blutigen Indianerkriege, welche stets durch französischen Einfluß befördert wurden, dauerten unabsehbar fort, und unter den Amerikanern, welche so große Opfer in dem Kampfe gebracht hatten, mußte größte Mißstimmung entstehen. Benjamin Franklin, welcher die Erwerbung Canadas in der Presse aufs Lebhafteste befürwortete, meinte geradezu, daß eine Aufgabe dieser Eroberung die New Engländer zum Abfall von England bestimmen würde. Er malte die Folgen dieser Annexion im günstigsten Lichte für Englands Interessen und wies darauf hin, daß gar keine Aussicht bestehe, daß jemals die so verschiedenen amerikanischen Pflanzstaaten gemeinsame Sache gegen das Mutterland machen würden. — Diese Erwägungen trugen den Sieg davon, England verzichtete auf die westindischen Inseln, die es Frankreich abgenommen, und behielt beim Frieden Canada. Die Franzosen trösteten sich mit der Hoffnung, daß diese Erweiterung der Macht Englands in Nordamerika ihren Sturz herbeiführen werde, wie der Minister Choiseul offen aussprach.

In Amerika erregte die Beseitigung der französischen Nachbarschaft größten Jubel. Man sah jetzt jedes Hinderniß für Ausdehnung der Kolonien und Beseitigung der Eingeborenen verschwunden und fühlte sich von der Gefahr fremder Einmischung frei. Die gesetzgebende Versammlung von Massachusetts floß von Dankesworten für Englands militärische und finanzielle Unterstützung über. Sie versicherte den König in einer Adresse ihrer ewigen Treue und Dankbarkeit; dem im Kriege gefallenen Lord Howe ließ die Kolonie ein kostbares Denkmal errichten; das ehemalige Fort Duquesne wurde Pitt zu Ehren Pittsburg genannt u. s. w. Die englischen Staatsmänner hätten jedenfalls vorgezogen, wenn die Amerikaner sich zum Beweise ihrer Dankbarkeit entgegenkommender in anderen Beziehungen erwiesen hätten, aber davon war keine Rede. Eifersüchtig hielten die New England-Staaten an jedem ihrer wirklichen und vermeintlichen Rechte gegenüber dem Mutterlande fest.

Es hatte sich in den amerikanischen Kolonien die Ueberzeugung ausgebildet, daß das englische Parlament ohne ihre Zustimmung keine Bestimmungen in ihnen treffen dürfe. Man stützte sich auf die Zusicherung der Charters, daß alle Kolonisten die Rechte und Freiheiten des englischen Bürgers behalten sollten, und behauptete daher, daß ein Parlament, in dem die Kolonien nicht vertreten seien, auch nicht für sie Gesetze machen dürfe, sondern daß das Sache der eigenen gesetzgebenden Versammlungen sei.*) Dieser Auffassung entsprechend hatten die Kolonien auch, trotzdem die Charters auf der anderen Seite das englische Recht als maßgebend bezeichnet, dieses mit der Zeit in vielen Punkten abgeändert. Anerkannt als gültig wurden aber von allen Kolonien die Parlamentsakte, in denen sie namentlich erwähnt waren. Es wurde auch kein Widerstand gegen die Einführung der von England erlassenen Zoll-, Handels- und Schifffahrtsgesetze, gegen seine Post- und Währungsmaßnahmen, Naturalisations- und Aktiengesetze geleistet.

Diese im 17. Jahrhundert wiederholt, besonders von Massachusetts, vertretene Auffassung der Amerikaner wurde von der englischen Regierung keineswegs getheilt, und ohne Rücksicht auf sie waren viele Maßnahmen getroffen und die Gesetzgebung ausgebildet worden. Wiederholt hat auch Massachusetts 1757, 1761 und 1768 das Recht des englischen Parlaments, gesetzliche Vorschriften für die Kolonien zu erlassen, anerkannt. Doch hatten sich in Wirklichkeit während des 18. Jahrhunderts die Verhältnisse in Amerika so gestaltet, wie es dem Wunsche der Kolonisten entsprach. Die einzelnen Kolonien regierten sich durch ihre gesetzgeberischen Versammlungen vollständig nach eigenem Wunsch und Willen. Die Krone übte zwar gelegentlich einmal das Vetorecht aus, wenn ein Gesetz die englischen Handelsinteressen oder die Rechte einer Bevölkerungsklasse verletzte, doch war das höchst selten der Fall. Ebenso wenig übte das Revisionsrecht, das der König gegenüber den Urtheilen der kolonialen Gerichte besaß, eine besonders tiefgreifende Wirkung aus. Die Governors wurden zwar vom König ernannt, ihre Bezahlung erfolgte aber durch die Kolonien und mußte jährlich

---

*) Eine andere, z. B. von Franklin vertretene Theorie behauptete, daß, da die Charters seinerzeit nicht vom Parlament, sondern vom König ertheilt worden seien, die Kolonien auch nicht part of the dominions of England, sondern of the king's dominions bildeten. Das Parlament habe daher darin auch nichts zu bestimmen, sondern nur der König.

immer erst von den gesetzgebenden Körperschaften dort bewilligt werden. Alle Versuche, das zu ändern, hatten sie entschieden abgelehnt. Dadurch befanden sich diese Beamten in steter Abhängigkeit von den Kolonien. In derselben Lage befanden sich die Richter. Stehende Truppen gab es, abgesehen von den kleinen englischen Besatzungen der Forts, nirgends. Die Kolonisten bildeten nur Milizen, und diese traten für Zwecke der englischen Regierung immer erst nach besonderen Abmachungen und Zahlungszusicherungen ein. Nur in Zollsachen besaß das Mutterland einige Gewalt. Die Zollbeamten in den Kolonien wurden von ihm ernannt und besoldet und Fälle von Zollhinterziehung wurden nicht durch Geschworene, sondern durch die Admiralitätsgerichte abgeurtheilt!

In England hatte man Jahrzehnte hindurch diesen Zustand ruhig mit angesehen, wie Manche behaupten, weil die Kolonialminister die eingehenden Berichte überhaupt nicht lasen und sich nicht darum kümmerten, nach der Ansicht Anderer, weil man es im Interesse der englischen Volkswirthschaft nicht für angezeigt erachtete, sich zu tief in die Angelegenheiten der Kolonien einzumischen. Robert Walpole war stets der Ansicht, daß die Handelsentwickelung der freien Kolonien England mehr Nutzen bringe als zwangsweise Steuern.

Doch immer lauter beschwerten sich Governors und Geistliche im Laufe der Jahre über die Machtlosigkeit der englischen Regierung in New England und verlangten von ihr energisches Eingreifen. Besonders der Governor Shirley hat immer aufs Neue von Mitte der fünfziger Jahre an Einführung von Steuern und Verwendung ihres Ertrages zur Besoldung der Beamten und eines stehenden Heeres verlangt. Er erklärte die Bedenken, daß die Amerikaner durch solche Maßregeln zu einer Erhebung veranlaßt werden könnten, für hinfällig. Die Kolonien seien untereinander viel zu uneinig und besäßen auch keine Seemacht, die der englischen gewachsen wäre. Die wiederholten Schritte erweckten doch mit der Zeit in vielen Köpfen die Ansicht, daß es angebracht sei, die Zügel der Regierung in Amerika straffer anzuziehen, wie es der Board of Trade schon 1697 und 1721 geplant hatte. Damals war Einsetzung eines Generalgovernors mit weitgehendsten Vollmachten in Aussicht genommen worden, ebenso wie Durchführung einer allgemeinen Steuer und Einrichtung eines Heeres. 1756 wurde dieser Plan wieder hervorgesucht von Lord Halifax, und der Earl of Loudoun, sein

Freund, der damals den Oberbefehl der Truppen in Amerika erhielt, sollte zunächst die Kolonien zwingen, das Heer auf ihre Kosten zu erhalten und sich jedes Einflusses darauf zu begeben. In zweiter Linie war die Einführung von allgemeinen Steuern in Aussicht genommen. Halifax, Rigby und einige andere Minister wollten mit Pennsylvanien den Anfang machen und seine Charter aufheben. — Das britische Schatzamt theilte durchaus die Ansichten des Board of Trade.

Pitt machte dieser Politik ein rasches Ende. Er wollte von Beschränkung der amerikanischen Freiheiten nichts wissen und gewann den aufopfernden Beistand der Kolonien im Krieg gegen die Franzosen durch die Rücknahme der von Halifax ins Werk gesetzten Maßnahmen sowie Versprechen der Rückzahlung der Kriegsbeiträge. Er konnte indessen nicht hindern, daß im Board of Trade und anderweitig ähnliche Schritte weiter erwogen wurden. Geistliche der Hochkirche trugen wesentlich dazu bei. Sie beschwerten sich immer aufs Neue über den demokratischen Geist New Englands und die nicht genügend hohe und angesehene Stellung des Klerus. Sie wünschten durch staatliche Zuwendungen von der Bevölkerung unabhängig gestellt und deren zu freiheitlichen Geist durch schärfere Regierung gebändigt zu sehen. Auch manche Offiziere, die am Krieg theilnahmen und sich nicht genügend von der Bevölkerung unterstützt und angesehen fanden, drängten auf Stärkung der Macht der Krone. Noch mehr thaten es natürlich die Governors einzelner Kolonien, die sich in ihrer Abhängigkeit von den gesetzgebenden Versammlungen sehr unbehaglich fühlten.

Wenn diese Einflüsse schon in England Mißstimmung gegen Amerika erweckten, so trug noch mehr dazu das Verhalten der Amerikaner im Verlaufe des Kriegs bei. Während England alle Kräfte anspannte, um der Franzosen in Canada Herr zu werden, bedurfte es langer Verhandlungen mit den einzelnen Kolonien, um sie zur Stellung von Milizen, Beherbergung und Ernährung von Truppen oder sonstigen Leistungen zu veranlassen.*) Den Gipfel setzte aber Allem die Nachricht auf, daß die Amerikaner während des Kampfes die französischen Flotten und Garnisonen in Nordamerika

*) Massachusetts erhielt von England für seine Kriegskosten 1759 60 000 Pfund Sterling, 1761 43 000 Pfund Sterling Entschädigung.

wie Canada mit Vorräthen aller Art versorgten. Die amerikanischen Schiffe fuhren dabei meist unter Parlamentärflaggen, welche einzelne Governors gegen entsprechende Vergütigung ertheilten! Auch Pitt, der Freund Amerikas, gerieth darüber in außerordentliche Entrüstung und ordnete scharfe Maßregeln dagegen an. Noch größer war aber das Geschrei im Publikum. Und die Entschuldigung, welche die Amerikaner vorbrachten, war nicht gerade dazu angethan, die Stimmung für sie zu bessern. Sie erklärten nämlich cynisch, daß es sich empfehle, vom Feinde soviel Geld wie möglich herauszuziehen! -- Abgesehen von alledem machte es in England viel böses Blut, daß die Amerikaner den ausgebreitetsten Schmuggelhandel zum Schaden des Mutterlands trieben, und die Grausamkeit, mit welcher die Kolonisten bei jeder Gelegenheit die Eingeborenen behandelten, und von der oft genug Nachrichten in die Oeffentlichkeit gelangten, trug auch nicht dazu bei, sie beliebter zu machen.

Auf der anderen Seite waren die New Engländer trotz der weitgehenden Freiheiten, die sie genossen und trotz der ungeheuren Vortheile, welche ihnen aus der Machtstellung und dem Schutz des Mutterlandes ohne Weiteres zugetheilt wurden, auch keineswegs zufrieden. Der Kernpunkt ihrer Unzufriedenheit war die Belästigung des amerikanischen Handels und Gewerbebetriebs mit Rücksicht auf das Interesse des Mutterlandes. Die Schifffahrtsakten von 1660, 1663 und 1672 mit ihren späteren Zusätzen, welche alle anderen als englische und koloniale Schiffe vom Verkehr mit England und seinen Kolonien ausschlossen, die Ausfuhr der wichtigsten Kolonialprodukte nur nach England und seinen Kolonien erlaubten und die Verwendung fremder Seeleute und im Ausland gebauter Schiffe verboten, hatten in Amerika stets Widerspruch erregt. Die Vortheile, welche die Thatsache bot, daß in England der Tabakbau verboten war und der englische Bürger durch die Gesetzgebung angehalten wurde, seinen Tabak ausschließlich aus Amerika zu beziehen; die Bevorzugung der Einfuhr von amerikanischem Pech, Theer, Hanf, Flachs und Holz in England durch Prämien; die Beförderung des amerikanischen Indigobaus durch solche wurden als selbstverständlich hingenommen. Sie vermochten nicht den Mißmuth der Amerikaner darüber zu beruhigen, daß ihnen die Benutzung der billigen holländischen Schiffe, der Verkauf ihres Tabaks, ihrer Baumwolle und Seide, ihres Kaffees und Reis &c. nach den bestzahlenden europäischen Märkten, der Bezug von Zucker und Rum aus den französisch-westindischen Kolonien und die Ausfuhr von eingesalzenen Nahrungsmitteln und Getreide nach England verboten waren. Nicht minder unangenehm empfand man in New England die Beschränkung verschiedener Gewerbe zu Gunsten des Mutterlands, das Verbot der Ausfuhr von Wollwaaren und Hüten aus einer Kolonie in die andere sowie der Fabrikation von Stahl. Vielfach zu Klagen Anlaß gab auch die rücksichtslose Beförderung der Sklaveneinfuhr durch England gegen den Willen verschiedener Kolonien.

Die Amerikaner halfen sich gegen diese ihnen unbequemen Maßnahmen des Mutterlands durch offene Nichtbeachtung. In keiner Kolonie sind die Handelsakte auch nur annähernd durchzuführen gewesen. Mit stillschweigender Duldung der Behörden fand von Amerika ein außerordentlich großer Schleichhandel nach allen Seiten statt, und Schifffahrt und Ausfuhr französisch Westindiens lagen sogar zum größten Theil in den Händen der New Engländer. Den in Nordamerika stark verbrauchten Thee, welchen sie dem Gesetz nach nur in England kaufen sollten, bezogen sie zu 9/10 aus anderen Ländern!

Der erste ernstliche Schritt gegen diese Mißachtung der englischen Handelsgesetzgebung wurde durch die Entdeckung der Aufsehen erregenden Waarenversorgung der Franzosen während des Krieges veranlaßt. Die Governors erhielten von Pitt Weisung zum energischen Einschreiten. Sie wiesen die Zollbeamten zur strengen Aufsicht an. Diese aber sahen sich bei der allgemeinen Betheiligung der Bevölkerung am Schleichhandel machtlos, wenn ihnen nicht besondere Vollmachten ertheilt wurden. Sie verlangten 1760 nach englischem Muster sogenannte Writs of assistance, d. h. Vollmachten zur Durchsuchung jedes beliebigen Hauses nach geschmuggelten Waaren. Governor Shirley von Massachusetts ertheilte diese Writs ohne Weiteres, und es begann nun eine Reihe von Haussuchungen und Konfiskationen, welche sehr viel böses Blut erregten. Bei einem Prozeß kam es Anfang 1761 in Boston deshalb bereits zu einer sehr lebhaften Szene. Der frühere Kronanwalt Otis griff die Rechtsgültigkeit der Writs an, geißelte aufs Schärfste die damit getriebenen Mißbräuche und verlangte volle Unabhängigkeit und Selbstbestimmungsrecht für die Kolonien. Seine Worte fanden Anklang in ganz New England. Schon im Mai 1761 wählten die Bostoner ihn in ihre gesetzgebende Versammlung, wo er seine Agitation zum Widerstand gegen die englische Regierung erfolgreich fortsetzte. — Die Ausgabe der Writs, welche auch fernerhin erfolgte und alle Welt erbitterte, unterstützte ihn dabei aufs Wirksamste.

Wenn Pitt im Allgemeinen so schonend mit den Amerikanern verfuhr und ihren Wünschen so weit entgegenkam, war das nicht allein Folge rein persönlichen Wohlwollens. Es war hauptsächlich die Folge seiner Ueberzeugung, daß England die New England-Kolonien, welche ihm so großen Nutzen brachten, in jeder Weise an sich fesseln müsse, da es nicht in der Lage sei, sie jemals gewaltsam zu halten. Ein Blick auf ihre wirthschaftliche Entwickelung mußte allerdings jeden Beobachter schon damals nachdenklich stimmen. 1714 zählte Englisch-Nordamerika 434 600 Weiße und Neger, 1727: 580 000; 1750: 1 260 000; 1754: 1 425 000; 1760: 1 695 000.*) Im letzteren Jahr zählte man 1 385 000 Weiße und 310 000 Neger! Massachusetts besaß etwa 207 000, New Hampshire 50 000, Rhode Island 35 000, Connecticut 133 000, New York 85 000, New Jersey 73 000, Pennsylvanien und Delaware 195 000, Maryland 104 000, Virginia 168 000, North Carolina 70 000, South Carolina 40 000, Georgia 5000 weiße Bewohner. Es entfielen auf New England etwa über 425 000, die mittleren Kolonien 457 000, diejenigen südlich vom Potomac 283 000 Weiße. Boston hatte 18 000 bis 20 000 und Philadelphia ungefähr ebenso viel Bewohner. Gegen 80 Schiffe aus New England waren allein bei der Walfischerei in den nördlichen Gewässern beschäftigt. Die Tabakausfuhr Virginiens betrug etwa 70 000 Hogsheads im Jahr. Die Einwanderung besonders aus Deutschland war sehr groß. In dem Sommer von 1749 landeten allein in Pennsylvanien 12 000 Deutsche. Man berechnete, daß die Bevölkerung der Kolonien sich wenigstens alle 20 Jahre verdopple. Armuth und Bettelei waren fast unbekannt. Die Lebenshaltung der Arbeiter war weit höher als in Europa. Vier höhere Schulen sorgten für die Jugendbildung in den nördlichen Kolonien. Neue Zeitungen entstanden von Jahr zu Jahr. 1765 gab es ihrer schon 43.

So stolz die Amerikaner schon damals auf ihr Land und ihre Fortschritte waren, es beherrschte sie doch gleichzeitig warme An-

---

*) 1770: 2 312 000; 1780: 2 945 000; 1790: 3 929 000.

hänglichkeit ans Mutterland. Sie waren stolz auf seine Sprache und Macht und ihm weit mehr zugethan als etwa den Nachbarkolonien. Unter einander lagen die Kolonien ewig im Streit, und selbst die gemeinsame Gefahr die ihnen von Frankreich drohte, vermochte sie nicht zu einigen. Franklin hat 1754 vergebens als Vertreter Pennsylvaniens seine Beredsamkeit darauf verschwendet, die einzelnen Kolonien zu veranlassen, eine Bundesgewalt zu schaffen und ihr einen Theil ihrer Befugnisse abzutreten.

Zweites Kapitel.

Die Stempelakte.

Die Pittsche Politik gegenüber Amerika wurde nach dem Friedensschluß vollständig aufgegeben. Verschiedene Umstände wirkten hierzu zusammen. König George III. war von einem starken Bewußtsein seiner Würde erfüllt und wollte alle der Macht des Königs widerstrebenden Einflüsse brechen. Wie er das Parlament und die Minister seinem Willen zu unterwerfen versuchte, so beabsichtigte er das auch mit den Kolonien zu thun, deren keckes Selbstbewußtsein ihn verletzte. Den gesetzgebenden Versammlungen von Maryland und Pennsylvanien, die nicht ohne Weiteres seine Wünsche erfüllten, ließ er sein Mißvergnügen aussprechen und sagen, daß sie nicht genug vom Gefühl ihrer Pflicht gegen den König und das Land erfüllt seien. Und er ließ es nicht bei Worten bewenden, sondern verlangte von seinen Ministern bestimmte Maßregeln gegen die Amerikaner, wie sie Halifax und Charles Townshend schon Anfang 1763 bestimmt in Erwägung gezogen hatten. In den Kolonien sollte nicht allein die strenge Beachtung der Handelsgesetze erzwungen, sondern auch eine ansehnliche Einnahme zur Erhaltung eines stehenden Heeres von etwa 10000 Mann aufgebracht werden.

Der Minister Grenville war mit diesen Absichten um so mehr einverstanden, als bei näherer Prüfung der Akten sich ergab, daß die Zölle in Englisch Amerika bis dahin jährlich nur 1000 bis 2000 Pfund Sterling einbrachten, während die Erhebungskosten sich auf 7000 bis 8000 Pfund Sterling beliefen. Außerdem hielt er wie der Durchschnitt der Engländer es für durchaus billig, daß Amerika etwas zu den Kosten der englischen Politik beitrüge, da England*) in dem französischen Krieg nicht weniger als 140 Millionen Pfund Sterling Schulden gemacht hatte. Er ordnete von Anfang an strenge Durchführung der Handels- und Schifffahrtsgesetze und Unterdrückung alles Schleichhandels an. Daneben machte er aus der Absicht der Einführung einer allgemeinen Steuer in Amerika zum Zwecke fester Besoldung der Beamten und der Errichtung eines Heeres kein Hehl. Alle diese Maßnahmen und Nachrichten wurden von den Kolonisten mit gleichem Widerspruch begrüßt. Man sträubte sich gegen die Zollchikanen, lehnte es entschieden ab, bestimmte und ein für allemal gleich hoch bemessene Steuern zu zahlen, besonders wenn ihre Einführung nicht vorher von den Parlamenten der einzelnen Kolonien genehmigt sei, und verbarg nicht das offene Mißtrauen gegen ein stehendes, von den Kolonien unabhängiges Heer, so sehr auch die von den Indianern drohenden Gefahren und die Furcht vor einem neuen späteren Angriff Frankreichs dafür sprechen mochten. Die Agenten der Kolonien in England ebenso wie ihre gesetzgebenden Versammlungen erhoben wiederholt ihre Stimme gegen diese Pläne der englischen Regierung. Man hätte allenfalls eine Erhöhung der Zölle ertragen, um dadurch England größere Einnahmen zuzuführen, aber von einer Einmischung des Mutterlandes in die innere Besteuerung wollte Niemand hören. Grenville verließ sich hiergegen auf den Rath verschiedener mit Amerika vertrauter Beamten, welche die Einführung einer Stempelsteuer, die schon 1739 und 1754 von amerikanischen Governors vorgeschlagen worden war, für unbedenklich erachteten. Im September 1763 ertheilte er Weisung, den Entwurf einer Bill für Ausdehnung der Stempelsteuer auf die Kolonien auszuarbeiten. Die Sache wurde geheim gehalten, aber das ganze Ministerium, das Parlament und das Publikum wußten von dem Plan und billigten ihn. Man fand es in England auch durchaus richtig, daß die Regierung die neu eroberten Gebiete Nordamerikas nicht den alten Kolonien zuschlug, sondern sie eigener Verwaltung unterstellte und die Ansiedelung von Weißen darin verbot! Man fürchtete das unbeschränkte Wachsthum Amerikas und wollte das Land westlich von den Alleghanies den Indianern als freies

*) England zählte damals nur 8 Millionen Einwohner.

Jagdfeld überlassen. Nur wenige wighistische Staatsmänner zweifelten an der Weisheit der geplanten Steuer. Grenville selbst war über die beste Art ihrer Einführung im Zweifel. Er erachtete den Anspruch der Amerikaner auf Vertretung im Parlament für nicht unbillig und wäre ihnen gern entgegengekommen, wenn er eine Möglichkeit im Parlament gesehen hätte. Ihm kam es lediglich auf Entlastung Englands und Heranziehung Amerikas zu den Staatslasten an. Eine Beschränkung der politischen Freiheiten der Kolonisten, wie sie die Geistlichkeit und die englischen Beamten in Amerika wünschten, lag seinen Absichten fern. Um den New Engländern sein Wohlwollen zu beweisen, hob er noch zu ihren Gunsten die bis dahin bestehende Begünstigung der englischen Walfischfänger auf, gewährte amerikanischem Flachs und Hanf Prämien und erleichterte die Ausfuhr von Reis.

Erst nach Veröffentlichung dieser Maßnahmen entschloß sich Grenville, offen mit seinen Steuerplänen hervorzutreten. Im April 1764 erklärte er nach Darlegung der bedrängten finanziellen Lage Englands, daß die Absicht bestehe, die Kolonien zu den Kosten der für sie nöthigen Truppen heranzuziehen. Die nöthigen Beträge solle eine Stempelsteuer bringen, zu deren Einführung das Parlament berechtigt sei. Falls Jemand eine bessere Steuer vorschlage, sei die Regierung aber bereit, sie an Stelle der Stempelabgaben einzuführen. Wie sehr das Haus mit den Absichten des Ministeriums einverstanden war, beweist der Umstand, daß nicht eine Stimme sich dagegen erhob. Ebenso beifällig nahm das Parlament einige Tage später einen Entwurf auf, welcher die Handelsgesetze und besonders eine Verordnung von 1733, betreffend den Zuckerhandel, zum Nachtheil der Kolonien noch verschärfte und den Zuckerzoll erhöhte. Die Akte wurde in wenigen Wochen angenommen, obwohl die Amerikaner sich oft über das Gesetz von 1733 beschwert hatten. In der Einleitung wurde ausdrücklich gesagt, daß das Gesetz Heranziehung Amerikas zu den nöthigen neu aufzubringenden Einnahmen bezwecke.

Die Agenten der verschiedenen Kolonien begaben sich am Schluß der Parlamentssession zu Grenville, um ihn zu fragen, ob er an der Absicht der Stempelsteuer festhalte. Der Minister benutzte den Anlaß, um ihnen seine Auffassung ausführlich darzulegen. Er betonte in erster Linie die Schuldenlast von 140 Millionen Pfund Sterling, in die England durch den Krieg gerathen sei, und die in jeder möglichen Weise zu decken, seine Pflicht sei. Es sei keineswegs seine Absicht, die Kolonien zur Tragung der Zinsen dieser Schuld mit heranzuziehen, aber es sei billig, daß sie etwas zu den laufenden Verwaltungskosten beisteuerten. Nach dem Aachener Frieden habe die Civil- und Militärverwaltung Amerikas 70 000 Pfund Sterling im Jahr erfordert, jetzt aber 350 000. Wenn er zur Deckung eines Theiles dieser Summe die Stempelsteuer gewählt habe, sei es im Interesse der Kolonien geschehen. Diese Steuer sei die leichteste und erfordere die wenigsten Beamten. Schließlich erklärte er, daß es ihm weder auf die Art der Steuer noch ihre Erhebung ankomme, sondern nur auf den Ertrag. Wenn die Kolonien selbst das Geld aufbringen wollten und in anderer Weise, sei er auch damit einverstanden. Die Agenten möchten das zu Haus melden und die Kolonien auffordern, rasch selbst die erforderlichen Steuern einzuführen. Sie würden dadurch, daß sie sich mit der Steuer einverstanden erklärten, fügte er hinzu, auch einen Präcedenzfall schaffen, dem gemäß man sie später immer werde befragen müssen.

Was Grenville den Vertretern der Kolonien darlegte, war vom englischen Standpunkt so billig und berechtigt, daß nur der Agent von Rhode Island sich offen dagegen zu äußern wagte. Und der Minister bewies seinen guten Willen noch weiter, indem er einen von Otis, Franklin und Adam Smith gemachten Vorschlag, ins englische Parlament eine Anzahl amerikanischer Abgeordneter aufzunehmen, in Erwägung zog. Doch in New England war man von Gesinnungen beseelt, welche eine Verständigung mit dem Mutterland auf dem von letzterem beschrittenen Wege ausschlossen. Eine Menge im Krieg aufgekommener Abenteurer, ehrgeizige Advokaten und Journalisten hatten sich zu Wortführern der öffentlichen Meinung in Amerika aufgeworfen. Sie schürten die Unzufriedenheit, welche die Schäden des langen Krieges, Indianereinfälle sowie die englischen Maßnahmen auf handelspolitischem Gebiet hervorgerufen hatten, und erregten allgemein die öffentliche Meinung gegen die Schöpfung eines stehenden Heeres, indem sie es als Werkzeug zur Vernichtung ihrer Freiheiten darstellten. Schon die ersten Gerüchte von der beabsichtigten Stempelakte erregten daher Empörung in Amerika. Die gesetzgebenden Versammlungen, die Bostons an der Spitze, wiesen den Anspruch Englands rund ab. Die Agenten erhielten Verweise, daß sie Amerikas Rechte nicht energisch genug vertreten hätten. Revolutionäre Flugschriften von Otis fanden lauten Anklang. Allenthalben regte sich bereits der Wunsch nach engem Zusammenschluß der Kolonien und gemeinsamem Auftreten gegen das Mutterland. Die Kolonisten schworen sich gegenseitig feierlich zu, keine englischen Waaren mehr zu kaufen und selbst lieber nicht zu trauern, als schwarzes englisches Tuch zu tragen. Um die Wollerzeugung zu fördern, verpflichtete sich ganz Boston, kein Lamm mehr zu essen. Wohl fehlte es in Amerika nicht an anders Gesinnten, die treu zu England und zum Monarchen hielten. Sie wagten indessen ihre Meinung nicht laut auszusprechen, nur im tiefsten Geheimniß legten sie ihre Ansichten in England vor. Die Mißstimmung in Amerika erhielt gerade damals noch neue Nahrung. Die englische Regierung führte in den eroberten früher französischen Gebieten eine so engherzige Beamten- und Militärherrschaft ein und zeigte so wenig Rücksicht auf das Wohl der vorhandenen Ansiedler, daß der Klagen kein Ende war. Dazu kam die Nachricht, daß der König in die Grenzverhältnisse der Kolonien eingreifen und dem unruhigen Massachusetts bedeutende Gebiete aberkennen wolle.

Von der Größe der Unzufriedenheit in Amerika hatte man in England schwerlich eine richtige Vorstellung. Man glaubte es wohl nur mit einer Anzahl Demagogen in Boston zu thun zu haben, mit denen man leicht fertig zu werden hoffte. In den anderen Kolonien glaubte man die England ergebenen Elemente in der Mehrzahl. Beide Häuser des Parlaments hielten daher an den Steuerplänen fest, und das Ministerium, welches nicht mit Unrecht sich darüber verletzt fühlte, daß keine der Kolonien der Grenvilleschen Aufforderung entsprochen und ihrerseits Vorschläge zur Aufbringung von Einnahmen gemacht hatte, entschloß sich in der Thronrede bei Eröffnung des Parlaments am 10. Januar 1765 die amerikanische Angelegenheit als eine Frage „des Gehorsams gegen die Gesetze und der Achtung vor der Regierung des Königthums“ zu bezeichnen! Ein Fallenlassen der Maßnahme wurde hierdurch schon erschwert, und es konnte noch weniger in Frage kommen, da beide Häuser des Parlaments die Worte des Königs sehr beifällig aufnahmen. Grenville hoffte wohl auf ein Einlenken der Amerikaner, wenn sie sähen, daß England in seinem Willen festbleibe. Als ihm Anfang Februar 1765 die Agenten der Kolonien nochmals Vorstellungen machten und baten, daß die Kolonien doch im hergebrachten Wege veranlaßt werden sollten, selbst die nöthigen Beträge durch Beschlüsse ihrer Parlamente aufzubringen, erklärte er sich durchaus bereit, diesem Wunsch zu entsprechen, wenn die Kolonien bestimmt erklärten, wie viel jede jährlich beisteuern wolle. Da hierüber aber die Agenten keine Versicherung geben konnten, erklärte er, an der bequemen und Niemand lästig fallenden Stempelsteuer festhalten zu müssen. Ausdrücklich betonte er aber, daß er an Einschränkung der politischen Freiheiten Amerikas nicht denke. Um Letzterem soweit als möglich entgegenzukommen, sagte er auch noch Besetzung der Steuererheberstellen durch Amerikaner zu. Am 6. Februar 1765 wurde der Entwurf der Stempelakte dem Parlament vorgelegt. In langer Rede begründete und rechtfertigte Grenville dabei nochmals das Gesetz. Weit heftiger als er trat Charles Townshend, der frühere Leiter der amerikanischen Angelegenheiten, dafür ein. Nur zwei Stimmen bezweifelten die Richtigkeit der Maßregel. Sie fanden ebensowenig Beachtung wie die Petitionen der Kolonisten. Ohne ernstliche Debatte wurde die Akte am 27. Februar vom Unterhaus angenommen und 22. März vom König genehmigt. Es wurde dadurch einfach die Verwendung von Stempelpapier bei Geschäften und Amtshandlungen aller Art vorgeschrieben. Die ganze Sache schien in England so harmlos und unbedenklich, daß das Parlament sie wenig und das Publikum sie überhaupt nicht beachtete. Selbst die Agenten der amerikanischen Kolonien, darunter Franklin, neigten schließlich zu der Ansicht, daß das Gesetz die ihm in Amerika beigemessene Bedeutung nicht verdiene und man sich dort dabei beruhigen werde. Sie schlugen Grenville auf seinen Wunsch sogar verschiedene ihrer Freunde als Steuererheber vor. Ja mehrere der Agenten empfahlen ihren Landsleuten die neue Steuer, und es gab Amerikaner, welche Grenville zu seinem Schritt beglückwünschten.

Die Mißstimmung in Amerika war jedoch im Frühling 1765 nicht geschwunden, sondern noch ärger geworden. Die lange Frist, die Grenville den Amerikanern gelassen hatte, um selbst Steuervorschläge zu machen, war lediglich von den verschiedenen Volksrednern und Feinden Englands ausgenutzt worden, um die Loslösung vom Mutterland zu predigen. Daß Grenville gleichzeitig mit der Stempelakte ein Gesetz in Kraft setzte, das die Einfuhr von Holz aus den Kolonien nach England durch Prämien förderte und ihnen den Handel mit einer Reihe von Ländern freigab, wurde in Amerika ebensowenig wie Alles, was sonst zu seinen Gunsten geschehen war, beachtet. Als Ende Mai die Genehmigung der Stempelakte in Amerika bekannt wurde, richtete sich die Aufmerksamkeit des ganzen Volkes nur auf sie und die bedrohte Freiheit. Die gesetzgebende Versammlung von Virginien nahm ohne Weiteres eine Anzahl von Patrick Henry vorgeschlagener Resolutionen an, welche den Anspruch der Amerikaner auf Selbstregierung betonten. Anfang Juni beschloß Massachusetts, Ausschüsse verschiedener Kolonien für Anfang Oktober zu seinem Kongreß nach New York zu laden, der gemeinsame Maßregeln berathen sollte. In New York erwog man schon offen Abfall von England.

Während des Sommers kam es an vielen Orten zu stürmischen Auftritten gegen die Stempelsteuererheber. In Boston wurde der betreffende Beamte im Bild gehängt und verbrannt. Todesdrohungen zwangen ihn zur Niederlegung seines Postens. Die gegen den Pöbel angerufene Miliz verweigerte ihr Einschreiten. Die Häuser verschiedener Beamter und der obersten Richter wurden ausgeplündert und zerstört. Ueberall rottete sich das Volk zusammen und verkündete seinen Entschluß, sich Englands Gesetz nicht zu unterwerfen. Vor seinen Drohungen verzichteten die neu ernannten Steuererheber überall schleunigst auf ihr Amt. Die ruhigen Bürgerkreise entzogen sich der Bewegung auch nicht. Sie verbündeten sich, keine englischen Waaren zu kaufen, kein Stempelpapier anzuwenden, die nach England schuldigen Zahlungen nicht zu leisten, und dergleichen mehr. Als die Schiffe aus England ankamen, welche die Stempel und Stempelpapier brachten, wurden sie am Landen durch wüthende Volksmassen gehindert. Was von dem Papier in ihre Hände fiel, wurde verbrannt.

Der Kongreß der Ausschüsse der Kolonialparlamente trat am 7. Oktober 1765 in New York zusammen. Es waren neun Kolonien dabei vertreten. Die fehlenden hatten sich durch Maßnahmen ihrer Governors von der Beschickung der Versammlung abhalten lassen. Eine Reihe der hervorragendsten Männer Amerikas war in ihr vereint. In voller Ruhe und Besonnenheit wurde von dem Kongreß die Lage erörtert und eine ausführliche Staatsschrift aufgesetzt, welche unter Versicherung der Treue und des Gehorsams gegen die Krone und das Parlament den Anspruch der Kolonisten auf Selbstbesteuerung und Selbstverwaltung darlegte. Die Schrift wurde dem König und beiden Häusern des Parlaments übersandt.

Wenige Tage nach Schluß dieser Versammlung trat die Stempelakte am 1. November in Kraft. In Boston und anderen Städten wurde dieses Ereigniß durch allerlei Demonstrationen begrüßt. Man hißte die Flaggen halbmast, läutete die Glocken, hielt die Läden geschlossen. Verschiedene Zeitungen hatten an Stelle des Stempels einen Todtenkopf gesetzt. Thatsächlich in Wirkung kam das Gesetz gar nicht, da die Stempel und das Papier meist vernichtet oder verborgen worden waren und der Pöbel es nicht geduldet hätte. Die Governors mußten, um nicht das geschäftliche Leben zu unterbinden, die Nichtbeobachtung des Gesetzes ausdrücklich erlauben.

Die Ueberraschung in England über diese Vorgänge war groß. Eine derartige Wirkung einer bescheidenen finanziellen Maßregel, welche 100 000 Pfund Sterling einbringen sollte, hatte Niemand erwartet. Die Kolonien, welche bis dahin die politische Welt immer nur in letzter Linie beschäftigt hatten, traten zur sehr unangenehmen Ueberraschung des neuen Kabinets, das im Sommer 1765 an die Stelle des Grenvilleschen gekommen war, in den Vordergrund des Interesses. Herzlich gern hätte das schwache Ministerium die ganze Sache unentschieden gelassen. Aber der König und seine Günstlinge wollten von Nachgiebigkeit gegenüber den Amerikanern zumal nach den vorgekommenen Gewaltthaten gegen die königlichen Beamten nichts wissen. Die Kaufmannschaft von London, Bristol, Liverpool und anderen Städten bestürmte die Regierung mit Bitten um schleunige Aufhebung der Stempelakte, da sonst England ein Schaden von vielen Millionen Pfund Sterling drohe und verschiedene Städte durch Vernichtung ihres amerikanischen Handels ruinirt würden. Gab man ihnen und den Amerikanern nach, so war es mit jedem Ansehen der englischen Regierung in den Kolonien vorbei, entsprach man dem Wunsche des Königs, der im Lande viel getheilt wurde, so mußte man sich zu einem kostspieligen Krieg entschließen. — Bei Eröffnung des Parlaments am 17. Dezember 1765 suchte das Ministerium die Angelegenheit mit Stillschweigen zu übergehen. Doch Grenville und die Opposition brachten sie sofort zur Sprache und forderten Aufrechterhaltung der Autorität Englands in Amerika mit allen Mitteln. Demgegenüber vertrat Pitt ebenso entschieden den Standpunkt der Kolonisten und befürwortete Aufhebung des Stempelgesetzes.

Ein rascher Entschluß war jedenfalls von Nöthen, denn in

Amerika ließ die Bewegung gegen das Gesetz nicht nach und immer neue Ausschreitungen machten die Lage für die englischen Behörden noch schwieriger. Andererseits begann der englische Handel zu leiden. Die Mehrzahl der Minister neigte zur Aufhebung des Gesetzes. Doch die anderen, darunter Townshend, wollten um so weniger davon hören, als sie den König ihrer Meinung wußten. Angesichts der Unentschlossenheit der Regierung nahm das Parlament im Januar 1766 die Angelegenheit in die Hand. Die verschiedenen Petitionen wurden geprüft, Zeugen über die Vorgänge in Amerika gehört. Pitt trat aufs Wärmste für die Amerikaner und gegen das Stempelgesetz ein. Die Mehrzahl des Unterhauses und fast alle Lords wollten freilich von Nachgeben in dieser Frage nichts hören, doch das Kabinet wurde durch Pitts Darlegungen bestimmt, einen vermittelnden Weg einzuschlagen. Er schlug dem Parlament Aufhebung der Stempelakte, aber unter gleichzeitiger feierlicher Betonung der höchsten Gewalt des englischen Parlaments in den Kolonien vor. Die Zustimmung des Königs war hierzu nach langem Bemühen erlangt worden. So wenig entsprach jedoch die Maßregel den Wünschen Georges III., daß er bald darauf dem Drängen der Freunde Grenvilles nachgab und seine Zusage widerrief. Er wollte das Ministerium wiederholt beseitigen. Es gelang ihm jedoch nicht, ein ihm angenehmeres zu finden, und so ging die Sache ihren Weg weiter. Mitte Februar 1766 wurde Benjamin Franklin vom Parlament vernommen. Er wiederholte alle die von den Kolonisten bisher aufgeführten Rechtsgründe, entwarf ein glänzendes Bild von den Aussichten Amerikas und dem Nutzen, den es dem Mutterland verspreche, und behauptete, daß das Stempelgesetz in den Kolonien wegen Mangels an Edelmetallen und den nöthigen Straßen und Postverbindungen ins Innere undurchführbar sei.

Es scheint, daß die wohl vorbereiteten Erklärungen Franklins großen Eindruck gemacht haben. Auch Townshend sprach sich jetzt für Aufhebung der Akte aus. Das Ministerium trat am 21. und 22. Februar nachdrücklich hierfür ein und wurde von Pitt, der sich auf Krücken ins Haus geschleppt hatte, dabei unterstützt. 275 stimmten endlich in zweiter Lesung für Aufhebung der Akte, nur 167, darunter die Anhänger des Königs, verlangten ihre Aufrechterhaltung. Die Furcht vor einem Krieg mit den Kolonien, wobei 5000 englische Soldaten gegen 150 000 Milizen gestanden hätten, und die Gefahr neuer

Feindseligkeiten mit Frankreich und Spanien nahelag, sowie die Angst vor dem Verlust der von amerikanischen Geschäftsleuten geschuldeten Millionen erwiesen sich stärker als die nahe liegende Erwägung der Einbuße, welche das Ansehen der englischen Herrschaft in Amerika erlitt. Trotz aller weiteren Anstrengungen Grenvilles und seiner Gesinnungsgenossen nahm das Unterhaus den Widerruf der Stempelakte auch in dritter Lesung an, und selbst die Lords, unter denen die einflußreichsten Leute der Maßregel des Ministeriums feindlich gesinnt waren, genehmigten sie nach langen Redekämpfen mit 34 Stimmen Mehrheit. Wie weit etwa amerikanisches Geld bei den Abstimmungen mitgewirkt hat, ist heut nicht mehr festzustellen. Von der rastlosen Thätigkeit der amerikanischen Agenten giebt aber jedenfalls der Umstand Kunde, daß Volksmengen an den entscheidenden Tagen, denen, die für die Aufhebung der Stempelakte gestimmt hatten, laute Beifallsbezeugungen entgegenbrachten, während Grenville und seine Anhänger mit Schmähungen begrüßt wurden. Ein Bostoner Blatt aus jenen Tagen sagte offen: „Die Freunde Amerikas sind sehr mächtig und bereit, uns bis aufs Aeußerste zu unterstützen". Den Bemühungen dieser Kreise war es wohl zu verdanken, daß die Rücknahme einer unter allgemeiner Zustimmung getroffenen und für ziemlich gleichgültig erachteten Maßnahme in vielen Orten Englands zu großen Freudeäußerungen Anlaß gab.

Wesentlich verständlicher ist die Begeisterung, mit der in Amerika die Nachricht von dem Widerruf des anstößigen Gesetzes aufgenommen wurde. Die Kolonisten hatten ja einen ganz unerhörten Sieg über das Mutterland errungen. Nicht allein seinen Steuerplan ließ England fallen, sondern es trug auch alle Kosten der gescheiterten Akte aus seiner Tasche und ermäßigte in Amerika die Zölle auf Zucker und verschiedene Stoffe sowie in England die auf amerikanischen Kaffee und Gewürze. Wenn indessen Jemand erwartet hätte, daß dieses weite Entgegenkommen Englands nun die Amerikaner ihrerseits zu größerer Nachgiebigkeit stimmen würde, so war das ein Irrthum. Nirgends fand hier die Dankbarkeit gegen das Mutterland andern Ausdruck als in Adressen und Worten. Von Aufbringung freiwilliger Beiträge für englische Zwecke war nicht die Rede, und die Thatsache, daß das Parlament auch nur theoretisch seine Oberherrlichkeit ausgesprochen und ferner Entschädigung der bei den Tumulten wegen der Stempelakte geschädigten Personen verfügt hatte, wurde an vielen Orten mit Murren aufgenommen. Nur mit Widerstreben bewilligten die gesetzgebenden Versammlungen die erforderlichen kleinen Summen. Die Stellung der Governors wurde besonders in Massachusetts und New York angesichts der Widerspenstigkeit und Anmaßung der dortigen Parlamente immer unhaltbarer. Das Selbstbewußtsein der Amerikaner stieg von Tag zu Tag. Der Erfolg der Führer beim Widerstand gegen England reizte immer neue Männer zur Nachahmung. Immer allgemeiner wurde der Wunsch, England jeden Einfluß auf die Verhältnisse der Kolonien zu nehmen und insbesondere auch von seinen handelspolitischen Vorschriften sich zu befreien.

Drittes Kapitel.

Townshends Gesetze und ihre Wirkungen.

Es hatte indessen den Anschein, als ob die Beziehungen zwischen Mutterland und Amerika nicht so bald gestört werden würden. Trat doch der in Amerika beliebteste und gefeiertste Staatsmann Pitt Mitte 1766 wieder an die Spitze der englischen Regierung, und es ließ sich voraussetzen, daß er, der warme Vertheidiger der Freiheit der Kolonien, keinen dagegen gerichteten Schritt dulden würde. Merkwürdigerweise ist das jedoch nicht der Fall gewesen. Pitt war krank, sein Kabinet in sich uneinig. So konnte es geschehen, daß Charles Townshend, der diesem Ministerium angehörte, auf eigene Faust im Januar 1767 zur Deckung von Einnahmeausfällen, welche eine Ermäßigung der englischen Grundsteuer damals verursachte, Erhöhung einzelner Zölle in Amerika in Vorschlag brachte. Die anderen Mitglieder des Kabinets hatten bis dahin immer nur Eintreibung der von den Kolonien vielfach nicht gezahlten Quitrents und Verwerthung des der Krone in Amerika gehörigen Landes ins Auge gefaßt. Sie waren daher über Townshend sehr ungehalten und riefen des kranken Pitt Entscheidung an. Gerade damals kam jedoch die Nachricht, daß New York offen die Durchführung der Mutiny-Akte verweigert hatte, die gewisse Leistungen für Militär vorschrieb. Dieser kecke Widerstand erbitterte das Parlament und auch den Premierminister. Er schritt gegen Townshend nicht ein, und so legte dieser dem Haus am 13. Mai 1767 drei Amerika betreffende Gesetzentwürfe vor. Der erste hob die Befugnisse der New Yorker gesetzgebenden Versammlung auf, bis die Kolonie die Mutiny-Akte annahm; der zweite rief eine neue Behörde mit weitgehenden Befugnissen für Ueberwachung der Durchführung der Handelsgesetze ins Leben; der dritte führte neue Zölle für Glas, Blei, Farben, Papier und Thee in Amerika ein. Townshend begründete die letztere Maßnahme, welche nach den Worten des Aktenstückes bestimmt war, Einnahmen zur Deckung der Verwaltungskosten und militärischen Aufwendungen zu bringen, damit, daß er sagte, die Amerikaner hätten gelegentlich der Stempelsteuer wiederholt erklärt, daß sie gegen Zollerhöhungen nichts einzuwenden hätten.

Nach den mit der Stempelsteuer gemachten Erfahrungen ist es nicht leicht begreiflich, wie das englische Parlament, zumal in einem Augenblick, wo das Selbstgefühl der Amerikaner größer als je war und französische Agenten unter ihnen die Unzufriedenheit schürten, einem Schritte wie dem geschilderten beistimmen konnte. Daß Pitt ihn geschehen ließ, beweist jedenfalls, daß seine Kraft gebrochen war und er die Zügel nicht mehr in der Hand hatte. Er hätte sonst über die Folgen solcher Maßregeln, die in Amerika besonders noch deshalb erbitterten, weil die Absicht bestand, aus den Zolleinkünften die Governors und Richter fest zu besolden und von den Kolonialparlamenten unabhängig zu machen, nicht im Zweifel sein können.

Die Kunde von der Annahme der Townshendschen Gesetze gelangte kaum nach Amerika, als dort laute Entrüstung kundgegeben wurde. An verschiedenen Orten schrie man nach Lossagung von England und Widerstand mit den Waffen. Die Aussicht auf den ernsten Kampf, ohne den die Freiheit nicht zu erreichen war, machte aber doch die besonneneren Leute nachdenklich. Die Hauptführer der Massen hielten den Zeitpunkt für offene Gewalt auch noch nicht für gekommen. Man beschränkte sich daher vorerst auf gemäßigtere Maßnahmen. Wieder verpflichtete sich alle Welt, englische Waaren nicht zu kaufen; man förderte nach Kräften den einheimischen Gewerbebetrieb, sandte Petitionen nach England und suchte die verschiedenen Kolonien zu gemeinsamem Vorgehen zu bringen. Währenddessen waren die Gegner Englands unausgesetzt an der Arbeit, die Massen zu erregen und die Zollmaßnahmen Englands zu durchkreuzen.

Townshend hat die Wirkung seiner Gesetze nicht mehr erlebt. Er starb Anfang September 1767. Der an seine Stelle tretende Lord North setzte jedoch seine Politik ungeändert fort. Er machte von vornherein kein Hehl daraus, daß er die Amerikaner mit den Waffen zum Gehorsam zwingen wolle. Nachdem Pitt und die Amerika freundlichen Elemente aus dem Ministerium ausgetreten waren, begann er Anfang 1768 seine Maßnahmen zu treffen. Die gesetzgebende Versammlung von Massachusetts wurde aufgefordert, ihr Rundschreiben an die anderen Kolonien zum gemeinsamen Protest gegen England zurückzunehmen. Als sie das verweigerte, wurde sie aufgelöst. Dasselbe geschah in Virginien, Maryland, Georgia, North-Carolina und New York. Zwei Regimenter Soldaten wurden im Sommer mit sieben Schiffen nach Boston gesandt und zwei weitere im Herbst aus Irland dorthin befördert.

Der Minister erreichte hiermit sehr wenig. Die neugewählten Kolonialparlamente waren so widerspenstig und hartnäckig wie die alten, und den Truppen wie Behörden zum Trotz wurde die Umgehung der Zölle kecker als je betrieben. Wo die Zollbeamten Schmuggler verhaften wollten, griff man sie an und mißhandelte sie. Zollkutter wurden verbrannt, die Bilder der Aufsichtsbeamten verbrannt und die Governors beschimpft. Die Schuldigen wurden von den Gerichten stets freigesprochen! Das Erscheinen der Truppen veranlaßte die Bewohner Bostons zu großen Versammlungen, in denen sie gegen stehende Heere erbittert Einspruch erhoben. Man kaufte und vertheilte unter die Kolonisten Waffen. Den Truppen wurden Quartier und Kost rund verweigert. Die Seele der Bewegung war jetzt Samuel Adams, ein Mann der eine kleine Brauerei besessen hatte und dann Steuererheber gewesen war.

Der Zorn in England gegen die Kolonien wurde begreiflicher Weise durch die Nachrichten aus Amerika sehr gesteigert. Das Parlament verurtheilte 1768 das Verhalten von Massachusetts insbesondere sehr scharf und regte Anfang 1769 beim König Verhaftung der Hauptagitatoren an. Gemäß einem vergessenen Gesetz Henrys VIII. sollten sie nach England gebracht und hier abgeurtheilt werden. — Wie amerikanische Quellen besagen, hat dieser Parlamentsbeschluß unter den Hauptsprechern besonders in Boston Bestürzung erregt. Eine rasche Ausführung hätte daher vielleicht bedeutende Wirkung geübt. Das englische Ministerium hat aber an energisches

Durchgreifen garnicht gedacht. Man erfuhr sehr bald in Boston, daß der gefürchtete Beschluß nur ein Schreckschuß sei. Die Agitation wurde daher nur noch lebhafter, und die zu England haltenden Kreise verloren angesichts der dortigen Schwäche allen Muth. — Und nicht genug mit allen verfehlten und halben Maßnahmen, verschlechterte die englische Regierung im Laufe des Jahres 1769 ihre Lage noch weiter. Am 9. Mai kündigte der König bei Schluß des Parlaments ernste und entschiedene Schritte gegen die ungehorsamen Kolonien an. Fünf Tage darauf aber versandte das Ministerium ein Rundschreiben an die Governors, worin es Wiederaufhebung der neuen Zölle außer bei Thee ankündigte und versprach, keine weiteren einzuführen. Der verhaßte Governor von Massachusetts wurde überdies abberufen. — Die Wiederaufhebung der von Townshend geschaffenen Zölle ist verständlich, wenn man hört, daß ihr Ertrag im ersten Jahre nur etwa 300 Pfund Sterling erreicht hat, während die militärischen Neuaufwendungen 170 000 Pfund Sterling kosteten. Trotzdem ist das Verhalten der englischen Regierung in der ganzen Angelegenheit nicht zu rechtfertigen.

Das Nachgeben Englands kam zu spät. Schon hatte die gesetzgebende Versammlung Virginiens im Mai 1769 unter dem Einfluß George Washingtons weittragende Beschlüsse gefaßt. Das Besteuerungsrecht Englands wurde unbedingt abgelehnt, die Schädigung seines Handels und seiner Industrie als nöthig bezeichnet und ein Zusammenschluß aller Kolonien gefordert. Washington und seine Freunde Henry Randolph und Jefferson setzten auch durch, daß die Bürger sich verpflichteten, keine Negersklaven mehr zu kaufen, um dadurch dieses schwunghafte Geschäft Englands lahm zu legen. — In Massachusetts setzte nicht allein die gesetzgebende Versammlung ihren Widerstand gegen das Mutterland fort, sondern hier kam es auch täglich zu Reibereien zwischen den Kolonisten und Soldaten. Die Letzteren wurden unausgesetzt verhöhnt und beschimpft. In der Nacht vom 2. März 1770 griffen Pöbelmassen sogar eine Patrouille thätlich an und brachten sie dazu, ihre Gewehre zu gebrauchen. Es wurden dabei 5 Kolonisten getödtet, 6 verletzt. Dieser Vorfall setzte ganz Boston in unbeschreibliche Aufregung, die Sturmglocken wurden geläutet, die Bürger eilten zu den Waffen, und ihre Führer Samuel Adams und seine Freunde eilten zum zeitweiligen Governor Hutchinson und forderten Abzug der Truppen. Da das Council dafür stimmte, ließ Hutchinson das Militär nach Fort William, auf eine Insel drei Meilen von der Stadt, legen. Er vermochte dadurch aber der Ausbeutung des Vorfalles durch die Agitation gegen England nicht vorzubeugen.

Es trat zwar nunmehr eine Zeit verhältnißmäßiger Ruhe ein. Die im Frühjahr 1769 ins Werk gesetzte Aufhebung der neuen Zölle übte eine beschwichtigende Wirkung. Man begann wieder mehr englische Waaren zu kaufen, während ihr Bezug im Vorjahr um etwa 700 000 Pfund Sterling*) gesunken war. Der Theezoll von drei Pence für das Pfund bestand fort; da aber für Thee bei der Ausfuhr aus England die dort bestehende Steuer von 12 Pence zurückerstattet wurde, kam er den Amerikanern weit billiger als den Engländern zu stehen, welche zum Nutzen der Kolonie auf große Summen verzichteten. Die Agitation gegen das Mutterland schlief jedoch auch jetzt nicht ein. Die errungenen Triumphe und die Beschwerde dagegen, daß England durch das Festhalten am Theezoll noch immer seinen Anspruch, Amerika besteuern zu können, bekunde, boten den Volksrednern unerschöpflichen Stoff. Dazu kamen allerlei gelegentliche Vorkommnisse, die zu Klagen Anlaß gaben. Erpressungen und Amtsmißbräuche von Behörden verursachten 1771 in North Carolina einen förmlichen Aufstand, bei dem einige Hundert Personen ihr Leben verloren. In Massachusetts erregte das Verbleiben der Truppen in Fort William fortdauernd Unzufriedenheit. Diese wandelte sich in große Entrüstung, als 1772 die englische Regierung kurzer Hand dem Governor Hutchinson ein bestimmtes jährliches Einkommen aus ihren eigenen Mitteln anwies und ihn so von den Bewilligungen der gesetzgebenden Versammlung unabhängig stellte. Im selbigen Jahre kam es in Rhode Island zu einem unerhörten Vorgang. Eine Menge Kolonisten, welche über die strenge Ueberwachung der Küste und Verfolgung des Schmuggels entrüstet waren, überfielen bei Nacht das Wachtschiff und zündeten es an. Die englische Regierung wollte die Thäter nach England bringen und dort bestrafen lassen, erregte aber damit nur große Entrüstung in den Kolonien. Trotz aller Belohnungen zeigte Niemand einen der stadtbekannten Thäter an und sie blieben straflos.

---

*) 1768 betrug der englische Export nach Amerika 2 378 000 Pfund Sterling, 1769 nur 1 634 000.

In England erregte das Verhalten der Amerikaner immer größeren Unwillen. Nicht allein in den Hofkreisen hielt man strenge und kräftige Maßnahmen gegen sie für nothwendig. Es war eine Folge dieser Stimmung, daß die englische Regierung damals den Richtern in Amerika allgemein feste Gehälter auswarf, um sie dem Einfluß der Massen mehr zu entziehen. Dieser Schritt fachte in den Kolonien bei ihrer bekannten Stellungnahme zu der Frage die Mißstimmung neu an und führte dazu, daß 1773 besondere Organe geschaffen wurden, welche regelmäßigere und nähere Beziehungen zwischen den einzelnen Provinzen zu schaffen bestimmt waren. Man sammelte durch sie alle Beschwerden und beobachtete alle in England getroffenen Maßnahmen. Die Stimmung auf beiden Seiten war erbittert, und es bedurfte nur eines Anstoßes, um einen Streit, heftiger als die vorhergehenden, zu entfachen. Den Anstoß gab Benjamin Franklin. Dieser 67jährige Mann, der neben seiner Stellung als Agent von Pennsylvanien, New Jersey, Georgia und Massachusetts auch englischer Generalpostmeister für Amerika war und bei der englischen Regierung, dank seiner versöhnlichen und maßvollen Haltung, immer viel Einfluß besaß, erhielt in nicht aufgeklärter Weise aus dem Nachlaß des 1772 verstorbenen Sekretärs Grenvilles, Whately, eine Anzahl vertraulicher Briefe des Governors Hutchinson und anderer England ergebener Amerikaner. Diese Briefe, die von Anklagen und harten Urtheilen über die Kolonisten strotzten, sandte Franklin zur vertraulichen Kenntniß nach Boston. Dort wurden sie ohne Weiteres durch Druck verbreitet und verursachten das größte Aergerniß. Die gesetzgebende Versammlung beantragte sofort in London Absetzung Hutchinsons, und die heftigste Sprache wurde allenthalben gegen England laut geführt. — Die englische Regierung war nicht minder entrüstet über Franklins Verhalten und die anmaßende Sprache der Amerikaner. Sie ließ die Sache im Privy Council verhandeln und dort Franklin als Zeugen vernehmen. Mit seiner gewöhnlichen Gewandtheit wußte dieser seine zweideutige Rolle zu bemänteln, doch wurde der Antrag der Bostoner Versammlung rund abgewiesen und Franklin seines Amtes als Generalpostmeister enthoben, nachdem er in den Verhandlungen mit groben Schmähungen überschüttet worden war!

Der Erfolg war, daß der bis dahin vielfach von seinen Landsleuten mit Mißtrauen betrachtete Franklin in Amerika mit einem

Schlag der Held des Tages wurde, daß Franklin selbst einen tiefen Haß gegen die englische Regierung faßte, und daß der Wunsch nach Bruch mit England auch gemäßigte Kreise in Amerika zu beseelen begann! Das zeigte sich sehr deutlich, als Ende 1773 die englisch-ostindische Company, welche ungeheure Theevorräthe unverkauft liegen hatte und dem Bankerott nahe war, den Versuch machte, einige Schiffsladungen Thee in den Kolonien abzusetzen. Der Thee wurde weit billiger als in England selbst angeboten, und es ließ sich erwarten, daß einzelne Spekulanten ihn abnehmen würden. Die amerikanischen Patrioten waren darüber sehr aufgebracht. Seit Einführung des Theezolls hatten sie überall durchzusetzen versucht, daß kein anderer als geschmuggelter Thee verbraucht werde, um Englands Steuerplan dadurch zu vereiteln und es zum Verzicht auf alle seine Hoheitsansprüche zu bringen. Das war ihnen bis dahin im Wesentlichen gelungen. Jetzt aber zeigte sich bei einzelnen Kaufleuten die Gewinnsucht stärker als ihr Einfluß. Sie weigerten sich trotz aller Einschüchterungsversuche, die Annahme des Thees abzulehnen. Da entschlossen sich die Führer der amerikanischen Bewegung, die Sons of Liberty, zu einem kühnen Streich. Im Dezember 1773 drangen sie als Indianer verkleidet auf die im Hafen Bostons liegenden Schiffe und warfen die Theeladung, 342 Kisten, ins Meer. Umsonst wurden Behörden und Miliz gegen die allbekannten Uebelthäter angerufen. — In anderen Städten ging man nicht so weit wie in Boston, aber man ließ die Theeschiffe nicht landen! — Nicht genug damit, verboten die gesetzgebenden Versammlungen den Richtern nunmehr die Annahme der ihnen von England gezahlten Gehälter, und in Massachusetts wurde der Oberrichter Anfang 1774 in Untersuchung gezogen, weil er die Zahlungen der englischen Regierung nicht abgelehnt hatte. Der Governor Hutchinson, dessen Stellung durch die Veröffentlichung seiner Briefe schon unhaltbar geworden war, sah sich völlig machtlos. Er wollte persönlich nach England reisen, wurde aber durch verschiedene Umstände aufgehalten und begnügte sich mit Schluß und Vertagung der gesetzgebenden Versammlung.

Viertes Kapitel.

Aufstand und Unabhängigkeitserklärung der Vereinigten Staaten.

Als die Nachrichten von diesen Vorgängen in London eintrafen, kannte die Entrüstung keine Grenzen. Selbst die Freunde Amerikas fanden keine Worte zur Rechtfertigung der Bostoner. Man empfand die offene Nichtachtung des Parlaments und die Beschimpfung der englischen Beamten als freche Beleidigung. Einzelne Stimmen bezweifelten zwar den Nutzen der ganzen Kolonialpolitik und riethen überhaupt Fallenlassen der Kolonien. Andere erachteten die englische Handels- und Kolonialpolitik für verkehrt und meinten, das Beste sei, Amerika freizugeben und mit ihm nur einen Handels- und Freundschaftsvertrag zu schließen. Doch diese Ansichten tauchten ganz vereinzelt auf und fanden keine Beachtung. Die bedeutendsten Politiker wie Pitt und Burke wollten von einer Loslösung der Kolonien nichts wissen. Die öffentliche Meinung wünschte durchweg eine Züchtigung der anmaßenden Bostoner. In Uebereinstimmung mit ihr handelte der König. Am 14. März 1774 legte Lord North dem Unterhaus eine Bill vor, welche den Hafen von Boston schloß und den gesammten Verkehr nach Salem solange verlegte, bis Schadenersatz für den zerstörten Thee geleistet und Sicherheit gegeben sei, daß Ruhe und Ordnung in Boston gehandhabt werde. Das Gesetz ging rasch durch beide Häuser, erhielt am 31. Marz die Königliche Genehmigung und sollte am 1. Juni in Kraft treten. Ein zweites Gesetz stärkte die Gewalt des Governors. Die Wahl des Council wurde der gesetzgebenden Versammlung entzogen und ihm ebenso wie die Ernennung aller Richter und Beamten übertragen. Die Geschworenen sollten künftig von den Sheriffs ausgewählt und Versammlungen nur mit Bewilligung des Governors abgehalten werden. Ein drittes Gesetz legte es endlich in die Hand des Governors, Morde und sonstige Kapitalverbrechen in England aburtheilen zu lassen. Auch die sogenannte Quebec-Acte, welche das Parlament damals beschloß, richtete sich wesentlich gegen die widerspenstigen Puritaner von Massachusetts. England wies dadurch Canada weite Gebiete zu, welche New England beanspruchte, ließ für die französischen Kolonisten das französische Recht in Kraft und gewährte, was die

Amerikaner am meisten erbitterte, dem katholischen Kultus stillschweigende Anerkennung. — General Gage, der frühere Oberbefehlshaber in Amerika, wurde an Stelle Hutchinsons zum Governor von Boston ernannt und trat Mitte Mai seinen Posten an.

Am 1. Juni schloß der neue Governor den Hafen Bostons und verlegte die gesetzgebende Versammlung nach Salem. Die Bostoner wagten angesichts der vier Regimenter, welche Gage zur Seite standen, keinen offenen Widerstand. Sie warteten auf Hülfe von den anderen Kolonien. In aller Eile, bei geschlossenen Thüren, wählte die gesetzgebende Versammlung aber einen Ausschuß von fünf Männern, der sobald als möglich mit Abordnungen der anderen Kolonien zusammentreten und gemeinsame Schritte berathen sollte. Daß Massachusetts auf Unterstützung bei den Nachbarn rechnen konnte, trat sogleich klar zu Tage. Die verschiedenen Kolonialparlamente sprachen ihm nicht allein volle Billigung für sein Verhalten aus, sondern sandten den durch die Hafensperre Geschädigten reichlich Geld und Vorräthe. Ueberall fanden Meetings statt, um Boston in seinem Widerstand zu ermuthigen. Die Geistlichen und die Presse spornten alle Kolonisten zum Zusammenschluß für Vertheidigung ihrer Freiheit auf. Eine lebhafte Verbindung begann zwischen allen Kolonien, und allenthalben verband man sich schriftlich und feierlich, alle Handelsbeziehungen mit England abzubrechen. — Während England immer neue Schiffe und Truppen schickte, die Pulvervorräthe und Waffen zu beschlagnahmen suchte, die Vereine und Verbände der Kolonisten verbot und verfolgte, kühlten die Massen, so oft sie konnten, ihren Haß an den Anhängern Englands. Man zwang durch Drohungen und Gewalt die vom Governor zu Mitgliedern des Councils erwählten Männer zum Abdanken, hinderte die Richter, ihres Amts zu walten, theerte und federte angesehene, königlich gesinnte Leute und dergl. mehr. Die zu Geschworenen ernannten Leute verweigerten den Eid. Alle Rechtspflege und Verwaltung ohne Anwendung offener Gewalt wurde unmöglich gemacht. Ausschreitungen unerhörter Art gegen Beamte und Soldaten ereigneten sich täglich. Die Führer der Patrioten entfalteten fieberhafte Thätigkeit, um Waffen zu beschaffen, die Milizen auszubilden und Alles zum Losschlagen vorzubereiten. Angesichts der England feindlichen Stimmung des größten Theiles der Bevölkerung, war der Governor gegen dieses Treiben machtlos. Es dauerte nicht lange, so wurde den Behörden der Verkauf von Vorräthen verweigert, Niemand wollte für sie arbeiten, man zerstörte sogar Gebäude und Baumaterial der Regierung. Die Behörden in Salem wurden förmlich ausgehungert und so eingeschüchtert, daß sie schließlich nach Boston flohen.

Am 5. September 1774 traten die Abordnungen der Kolonien in Philadelphia zum ersten Kongreß zusammen. Alle Kolonien außer Georgia waren vertreten. Die Delegirten waren von den gesetzgebenden Versammlungen gewählt. Wo die Governors diese nicht berufen hatten, war die Wahl durch eigens vom Volk gewählte Provinzialkongresse erfolgt. Von dem Geist, welcher den Kongreß beseelte, legten seine Beschlüsse deutliche Kunde ab. In erster Linie wurde den Bostonern der volle Beifall der Kolonien ausgesprochen und sie ermuthigt, unentwegt ihren Widerstand fortzusetzen. Alsdann wurde eine Anzahl von Staatsschriften aufgesetzt, welche den Rechtsstandpunkt der Amerikaner nochmals darlegten. Die Handelsgesetzgebung Englands und die allgemeine Autorität des Parlaments wurden darin nach langen Berathungen unberührt gelassen und nur das ausschließliche Recht der Kolonien auf Selbstbesteuerung und Selbstverwaltung im Innern hervorgehoben. Die Versammlung zeigte sich sogar soweit entgegenkommend, daß sie englische Parlamentsacte in Bezug auf den auswärtigen Handel als gültig anerkannte, wenn sie bona fide nur zur Förderung der Handelsvortheile des Mutterlandes und seiner sämmtlichen Glieder dienten. Doch gleichzeitig wurde gegen Schaffung und Erhaltung eines stehenden Heeres im Frieden, zumal ohne Einwilligung der Kolonien, Auflösung der gesetzgebenden Versammlungen, Beschränkung der Geschworenengerichte &c. energisch protestirt und eine Anzahl von Maßnahmen gegen England allgemein angeordnet. Kein Amerikaner sollte vom 1. Dezember an Waaren von England, Sklaven oder Thee von der ostindischen Company kaufen dürfen. Auch der Bezug der von England kommenden westindischen Produkte wurde verboten. Sollten diese Schritte bis zum September 1775 nichts helfen, so sollte von da an auch der Export von Amerika nach England oder Westindien verboten werden. In jeder Stadt wurden Aufsichtskomitees ernannt. Wenn irgend Jemand den Beschlüssen des Kongresses nicht gehorchte, wurde er in völlige Acht erklärt. Um die Durchführung der beschlossenen Maßnahmen zu fördern, verpflichteten sich die Kolonisten möglichst den Gewerbebetrieb zu fördern, sowie auf theure Genüsse, Spiel, Luxus jeder Art zu verzichten. — In langen Adressen wurden endlich alle Beschwerden dem König und dem englischen Volk vorgeführt, dabei aber vollste Loyalität betheuert. Die Wortführer der Bevölkerung in Amerika ebenso wie Franklin in London betheuerten auch wiederholt, daß Niemand den Wunsch nach Loslösung von England hege. Sie gaben sich, wie mancherlei Aktenstücke der Zeit beweisen, allerdings meist der Ueberzeugung hin, daß der vollständige Abbruch der Handelsbeziehungen England so schädigen würde, daß es, um nicht bankerott zu werden und um den Klagen seiner Kaufleute zu begegnen, bald werde nachgeben müssen. Gingen ja von den 16 Millionen Pfund Sterling der englischen Gesammtausfuhr nicht weniger als sechs Millionen Pfund Sterling bis dahin nach Amerika, und amerikanische Erzeugnisse spielten eine sehr bedeutende Rolle auf dem englischen Markt.

In England glaubte man dagegen weder an eine feste und dauerhafte Einigung der Kolonien unter sich, noch daran, daß sie es wirklich auf einen Kampf ankommen lassen würden. Verschiedene Governors und Beamte, wie Hutchinson, behaupteten, daß die Amerikaner offenen Widerstand gegen englische Truppen nicht wagen würden. Militärisch galten die amerikanischen Milizen den englischen Soldaten gegenüber als ganz werthlos. In den Kreisen der englischen Regierung war man überzeugt, daß bei festem Auftreten den Amerikanern ihr Uebermuth vergehen werde. Pitt (Lord Chatam), der jetzt wieder ganz auf Seiten der Kolonien stand, und Burke, welche zur Versöhnung mit Amerika riethen, fanden sehr wenig Gehör im Parlamente. Beide Häuser erklärten Massachusetts als im Aufstand befindlich, bewilligten 6000 Mann neue Soldaten und verboten ihrerseits allen Handel Amerikas mit England und seinen Kolonien. Lord North, der leitende Minister, wurde hart angegriffen, als er eine Bill einbrachte, wonach die Zwangsmaßregeln erlöschen sollten, sobald eine Kolonie sich unterwerfe und einen festen Steuerertrag bewillige. Es bedurfte großer Mühe, seinen versöhnlichen Vorschlag durchzusetzen. —

Die somit von England nochmals zum Frieden gereichte Hand wurde von den Kolonisten zurückgewiesen. Den Drohungen setzten sie Gewalt entgegen. Im Winter 1774/75 rüstete man in ganz Massachusetts. 12 000 Mann wurden hier unter Waffen gestellt, alle Nachbarkolonien wurden zur Hülfe aufgefordert und Verbindungen mit Canada angeknüpft. Die puritanische Geistlichkeit wirkte aus allen Kräften gegen England. Als die englische Regierung die Zufuhr von Waffen und Munition untersagte, beschlagnahmten amerikanische Milizen in Rhode Island 40 Kanonen mit Zubehör, nahmen ein Fort in New Hampshire weg und errichteten Pulver- und Waffenfabriken. Die Amerikaner bestellten ferner 60 schwere Kanonen, und im April 1775 griffen 60 Milizsoldaten bei Lexington 800 Mann an, welche Governor Gage beauftragt hatte, ein Arsenal der Bostoner zu beschlagnahmen. Die Angreifer erlitten dabei schwere Verluste, aber der Kampf entflammte den Aufstand von ganz Massachusetts. Von allen Seiten strömten Bewaffnete zu und beunruhigten die Truppen, 65 von ihnen wurden getödtet, 180 verwundet, 28 gefangen. Die gesetzgebende Versammlung beschloß Aushebung von 30 000 Milizen in New England, die sogleich einexerzirt wurden.

General Gage proklamirte nun Kriegsrecht und erklärte Samuel Adams und John Hancock für vogelfrei. Da er nur 3500 Mann zur Verfügung hatte, verschanzte er sich in Boston, um Verstärkungen abzuwarten, ehe er ernstliche Maßnahmen traf. Sein Anerbieten von Pardon für alle Aufrührer, welche die Waffen niederlegten, fand bei ihnen kein Gehör. Dagegen liefen nicht wenige seiner Soldtruppen zu den Amerikanern über, welche unter Leitung eines schon im Herbste von der Provinzialversammlung gewählten Committee of safety nur wenige Meilen von Boston ihr Lager aufgeschlagen hatten. Ein Zweifel darüber, daß die Amerikaner die Entscheidung mit den Waffen herbeiführen würden, war damals nicht mehr möglich. Der Governor dachte daher jetzt daran, seine Stellung so weit als möglich zu befestigen, und plante zu diesem Zwecke Besetzung einiger Boston beherrschender Hügel. Die Amerikaner bekamen davon Kunde. Sofort entschlossen sie sich, Gage zuvorzukommen. In der Nacht des 16. Juni 1775 errichteten sie auf einem der Hügel eine Batterie. Die Engländer griffen diese im Laufe des 17. mit überlegener Macht an. So tapfer aber vertheidigten sich die Milizen und so ungeschickt war die Führung der Engländer, daß erst nach zwei vergeblichen Stürmen und mit Verlust von 1054 Mann, darunter 89 Offizieren, Bunkershill genommen werden konnte. Die Amerikaner, welche nur 449 Mann verloren hatten, zogen sich geordnet zurück.

Während hier schon der Krieg eröffnet war, hatte der am 10. Mai in Philadelphia eröffnete zweite Kongreß, an dem auch Georgia theilnahm, nochmals an König und Parlament Ergebenheitsadressen gerichtet und Abhülfe für die vorliegenden Beschwerden erbeten. Gleichzeitig war freilich nichts versäumt worden, um die Kolonien zur Vertheidigung gegen gewaltsames Vorgehen des Mutterlandes besser in Stand zu setzen. Es wurde Ausgabe von drei Millionen spanischer Dollars Papiergeld beschlossen, aller Verkehr mit England und seinen Kolonien sowie Lieferung irgend welcher Gegenstände an Engländer verboten, die Aushebung von Schützen in Pennsylvanien, Maryland und Virginien angeordnet, ein amerikanisches Postamt geschaffen und endlich George Washington zum Oberbefehlshaber gewählt. Ihm zur Seite wurden der bisherige Führer der New England-Truppen, Ward, und Charles Lee, ein nach Virginien eingewanderter früherer englischer Soldat, gesetzt.

Diese Beschlüsse des Kongresses sind zwar einstimmig gefaßt worden, doch herrschte unter den Abgeordneten im Allgemeinen nichts weniger als Eintracht. Die Begeisterung für einen Kampf auf Leben und Tod war doch unter den Amerikanern nicht allgemein. Das zeigte sich auch sehr bald in vielen Punkten. Als Washington auf der Reise zum Lager von Massachusetts New York erreichte, erhielt er dort die Nachricht von Bunkershill. Die böse Kunde erweckte aber hier keineswegs denselben Zorn gegen England wie in Massachusetts. Die New Yorker begrüßten vielmehr den bald nach Washington ankommenden englischen Governor ebenso freudig wie ersteren. Und auch im Lager, welches die Aufständischen vor Boston bezogen hatten, fand Washington weder so viel Truppen, noch die Aufopferung und Selbstverleugnung, die er erwartete.

Es waren nur 14 500 Mann vorhanden, und trotz aller Bemühungen erschienen im nächsten Monat höchstens 5000 weitere Milizen. Die Leute wollten nur unter Offizieren dienen, die ihnen gefielen, sie fügten sich den von oben herab erlassenen Vorschriften nicht, stritten über Rang und Sold und blieben um keinen Preis länger als wie sie sich verpflichtet hatten. Von unbedingtem Gehorsam war gar keine Rede. Die Milizleute hätten sich dadurch etwas zu vergeben gefürchtet und wollten auch die Ausbildung einer zu starken militärischen Gewalt verhindern. Dazu fehlte es an Pulver und Vorräthen. Nicht zum wenigsten aus diesen Ursachen scheiterte der im Sommer gemachte Versuch, auf dem Weg über die Lakes George und Champlain, wo nur 60—70 englische Soldaten standen, Canada zu nehmen und zur Theilnahme am Kampf gegen England zu zwingen. Wenn auch verschiedene Plätze und Montreal den Amerikanern erlagen, so vermochten sie sich doch nicht zu behaupten. Die Milizen desertirten, der Führer fiel, und der Rest zog sich unverrichteter Sache zurück. Die Canadier blieben England treu. — Die Belagerung von Boston rückte keinen Schritt vorwärts.

Es ist kein Wunder, wenn unter solchen Umständen die englische Regierung sich der Niederwerfung des Aufstandes ziemlich sicher glaubte und im Sommer 1775 neue strenge Maßnahmen gegen die in offener Rebellion befindlichen Kolonien traf. Beschlagnahme aller ihrer Schiffe und Waaren, gewaltsame Pressung von amerikanischen Seeleuten für englische Schiffsdienste, Blockade der amerikanischen Häfen und rücksichtslose Bestrafung der Aufrührer wurden angeordnet.

Zum Glück für Amerika lag nur die Leitung der amerikanischen Angelegenheiten in England wie an Ort und Stelle in den denkbar unfähigsten Händen. Statt Washington, der manchmal nur über eine Handvoll Rekruten verfügte und an Allem Mangel litt, entschlossen anzugreifen, blieb Gage mit beinahe 11 000 Mann unthätig in Boston liegen, sei es aus Mangel an Muth und Ueberblick, sei es weil er noch auf Nachgeben der Amerikaner hoffte. Im Oktober 1775 wurde er durch General Howe abgelöst. Aber auch dieser zeigte sich unfähig zu einem kräftigen Entschluß. Während die amerikanischen Milizen nach Ablauf ihrer Dienstzeit ruhig heimkehrten und kaum 9000 Mann ungeschulte Leute unter Washingtons Fahnen standen, machten die Engländer zur großen Ueberraschung des amerikanischen Führers keinen Versuch, die Linien der Belagerer zu durchbrechen. Sie ließen den Amerikanern volle Zeit sich besser zu rüsten. Unter Zusicherung von Geldprämien wurden Milizsoldaten für 3 Jahre geworben und so viel Leute zusammengebracht, daß Anfang 1776 Washington seinerseits kräftiger gegen Boston vorgehen konnte. Unterstützt von Kaperschiffen, welche die Küstenbevölkerung inzwischen ausgerüstet hatte und welche durch Wegnahme zahlreicher englischer Kauffahrer und Transportfahrzeuge dem Lager Munition und Vorräthe verschafften, trieb er den General Howe so in die Enge, daß er sich am 17. März mit seinen Truppen nach

Halifax einschiffte. Ohne einen einzigen ernsten Kampf fiel Boston, die Hauptstadt New Englands, in die Hände der Aufständischen, welche damals kaum 22 000 Mann stark waren.

Der große und unerwartete Erfolg ermuthigte die Amerikaner, ihren Angriff auf Canada mit verstärkten Kräften neu aufzunehmen. Washington mußte auf Verlangen des Kongresses alle verfügbaren Leute dorthin senden. Quebec wurde belagert. Doch Uneinigkeit der Führer sowie schlechte Regelung des Verpflegungswesens schwächten die Amerikaner, und als englische Schiffe auf dem St. Lawrence nach Aufbruch des Eises bis Quebec kommen konnten, war kein Halten mehr. Die Belagerer mußten mit schweren Verlusten abziehen.

Dieser Mißerfolg entmuthigte die Aufständischen aber nicht und brachte der Sache Englands keinen Vortheil, denn zu weit waren die Dinge schon fortgeschritten. In Virginien und North Carolina war es zu Zusammenstößen gekommen. Die Erbitterung gegen England war durch Zerstörung verschiedener Plätze und Entfesselung von Indianer- und Negeraufständen durch englische Agenten sowie Aehnliches in immer weitere Kreise gedrungen. Viele maßlose Angriffe der englischen Presse, Adressen englischer Körperschaften an den König, welche das Selbstgefühl der Amerikaner schwer verletzten, fachten ihren Zorn immer aufs Neue an. Und die Wortführer der Bewegung nützten das geschickt aus. Als Thomas Paine Anfang 1776 in einer Flugschrift, die er Common Sense betitelte, die Loslösung von England als das Gebot des gesunden Menschenverstandes hinstellte, fanden seine Worte Widerhall in ganz Amerika, wie Washington bezeugt hat. Anfang Mai 1776 erklärte R. H. Lee zu Philadelphia im Kongreß bereits, daß er demnächst die Proklamirung der Unabhängigkeit beantragen werde. Vier Wochen später brachte er seinen Antrag, der von John Adams warm unterstützt wurde, ein, und ein Ausschuß wurde mit der Vorbereitung des Aktenstücks betraut. Gleichzeitig mit der Erklärung der Unabhängigkeit beantragte Lee enge Verbrüderung der Kolonien und Abschluß von Bündnissen mit fremden Staaten. Auf das Letztere kam es den Führern des Aufstandes in erster Linie an. Sie getrauten sich mit England, wenn es sich zu einer kräftigen Anstrengung aufraffte, allein nicht fertig zu werden, da in den mittleren und südlichen Kolonien England noch viele Anhänger zählte und die Mehrheit der Bevölkerung, wie die Erfahrung zeigte, großen Opfern an Geld und Blut abgeneigt war. Verbündete sich dagegen Amerika mit Frankreich, das die Wunden, die ihm England geschlagen, noch nicht vergessen hatte und auf Gelegenheit zur Rache wartete, so gewann es dadurch eine sehr werthvolle Hülfe, ein großes Feld für seinen Handel und Schutz für seine Schiffe. Voraussetzung eines solchen Bündnisses war für Frankreich Loslösung der Kolonien von England und Selbständigkeitserklärung. Aus allen Kräften arbeiteten daher Adams, Patrick Henry und ihre Freunde auf dieses Ziel hin und suchten den Widerstand der noch schwankenden mittleren Kolonien zu besiegen.

Wenn ihnen das rasch gelang, war es nicht zum wenigsten die Folge der Maßnahmen, welche England nach dem Fall Bostons gegen Amerika traf. Die englische Landarmee betrug Ende 1774 nur 17 500 Mann, die Flotte war mit 16 000 Seeleuten bemannt. Angesichts der Haltung der Amerikaner hatte das Parlament 1775 die Verstärkung der Landtruppen auf 55 000, der Seeleute auf 28 000 bewilligt. Aber es war keine Möglichkeit vorhanden, Rekruten zu finden, und nur unter völliger Entblößung Englands konnten die nöthigsten Verstärkungen nach Amerika abgesandt werden. Umsonst durchstreiften die Werber ganz Schottland und Irland und stellten selbst die bis dahin verschmähten irischen Katholiken in die Regimenter ein. Die Truppenmacht Englands blieb weit hinter dem zurück, was zur Vertheidigung auch nur Canadas gegen einen ernstlichen Angriff erforderlich war. Der Kriegsminister rieth angesichts dieser Verhältnisse dringend, daß England sich auf Vernichtung der amerikanischen Schifffahrt und Küstenplätze beschränken und so die Aufständischen mürbe machen solle. Der König wollte davon jedoch nichts wissen und sah sich nach auswärtiger Hülfe um. Er wandte sich an Holland und Rußland und wollte von ihnen Truppen miethen. Als diese seinen Wünschen sich abgeneigt zeigten, trat er mit den deutschen Kleinstaaten in Beziehung, und hier fand er bereitwilligstes Entgegenkommen. Der Herzog von Braunschweig, der Landgraf und der Erbprinz von Hessen-Kassel und der Fürst von Waldeck zögerten nicht, gegen angemessene Bezahlung etwa 18 000 ihrer Unterthanen an England zu verkaufen. George III. selbst fand in Hannover keinen Widerstand, als er in seiner Eigenschaft als dortiger Landesherr etwa 2300 Mann nach Gibraltar und Minorca zur Besetzung der englischen Posten absandte!

Die Nachricht von des Königs Versuchen, fremde Söldner gegen seine Kolonien zu werben, erregte in Amerika solchen Grimm, daß die Befürworter der Unabhängigkeit immer mehr Anhang fanden. Eine Kolonie nach der andern entschied sich zur Lossagung vom Mutterlande. Der Kongreßausschuß, welcher die Angelegenheit bearbeitete, bestehend aus Jefferson, John Adams, Benjamin Franklin, Sherman und Robert R. Livingston, entwickelte angestrengteste Thätigkeit. Doch waren Anfang Juli South Carolina, Pennsylvanien, New York und Delaware noch immer gegen die Maßnahme. Es bedurfte aller möglichen Kunstgriffe, um den Widerspruch dieser Kolonien zu besiegen. Schließlich blieben zwei Delegirte Pennsylvaniens weg und gaben dadurch den Befürwortern der Unabhängigkeit die Mehrheit, Delaware sandte noch einen neuen Abgeordneten, welcher für die Unabhängigkeit stimmte, South Carolina fügte sich. Seine Delegirten erklärten nur mündlich ihre abweichende Ansicht. Am 2. Juli 1776 war Uebereinstimmung von 12 Kolonien erreicht. Nur New York fehlte noch. Die von Jefferson entworfene und vom Ausschuß durchgesehene Declaration of Independence wurde nun dem Kongreß vorgelegt und am 4. Juli in Abwesenheit der New Yorker Abgeordneten einstimmig angenommen. Das Aktenstück besagte, daß die vereinigten Kolonien fortan von Rechtswegen freie und unabhängige Staaten seien, daß sie von jeder Abhängigkeit von der britischen Krone frei und daß alle politische Verbindung zwischen ihnen und Großbritannien gelöst sei. Alle anwesenden Abgeordneten unterzeichneten die Erklärung. Die New Yorker haben es nachträglich auch gethan.

Fünftes Kapitel.

Frankreich verbündet sich mit den Vereinigten Staaten.

Praktische Wirkungen hat die Unabhängigkeitserklärung zunächst nicht gehabt. England ließ sich dadurch in seinen Entschließungen nicht beeinflussen, und der Zudrang der Amerikaner zu Washington, der nach Bostons Fall sein Lager in New York aufgeschlagen hatte, hielt sich in bescheidenen Grenzen. Anfang August zählte seine Armee nur etwa 21 000 Mann, wovon einige Tausend krank lagen. Alle waren schlecht bekleidet, bewaffnet und höchst mangelhaft disziplinirt. Inzwischen hatte General Howe seine Truppen von Halifax nach Staten Island geschafft, wo ansehnliche Verstärkungen aus England, darunter über 8000 deutsche Söldner, zu ihm stießen. Ende August 1776 landete er etwa 20 000 Mann auf Long Island, nachdem er vergebens mit Franklin und Washington in Unterhandlung zu treten versucht hatte.

Die in Brooklyn stehenden etwa 8000 Mann starken Amerikaner wurden am 27. August völlig geschlagen und entgingen der Gefangennahme nur dadurch, daß Howe seinen Sieg nicht auszunützen verstand. Unter Washingtons Milizen entstand sofort panischer Schrecken. Ganze Regimenter verließen heimlich das Lager, andere wollten nicht länger dienen, und von neuem Zuzug war keine Rede. Washington verlor alles Vertrauen auf Milizsoldaten; ebenso gut, schrieb er, könne man sich auf einen zerbrochenen Stab stützen. Er schilderte dem Kongreß die Lage in schwärzesten Farben und schlug allen Ernstes die Niederbrennung New Yorks vor, da er die Stadt nicht halten könne, und die Engländer darin Winterquartiere beziehen würden. Der Kongreß entschied gegen diese verzweifelte Maßregel. Washington räumte daher die Stadt, und am 15. September wurde sie von Howe besetzt, nachdem er vergebens Friedensschluß unter den günstigsten Bedingungen angeboten hatte. Die Amerikaner, deren Zahl täglich durch Desertion schmolz, zogen sich nach New Jersey und Pennsylvanien zurück. Der Kongreß floh nach Baltimore. Im November fiel auch Fort Washington auf Manhattan Island Howe in die Hände. Im Quellgebiet des Hudson nahmen englische Truppen das Fort Crown Point ein.

Im Dezember wurde Rhode Island besetzt. Der einzige Erfolg der Amerikaner war Abweisung eines englischen Angriffs auf Charleston (South Carolina). Die volle Niederwerfung der Kolonien im Frühjahr 1777 schien sicher.

Der Sieg weckte in England neue Hoffnungen und verlieh dem Krieg eine Volksthümlichkeit, welcher er bis dahin entbehrte. Die Nachrichten über die Freude, mit welcher der größte Theil der Bevölkerung New Yorks und New Jerseys die königlichen Truppen begrüßte, über den Mangel an Mannszucht und den jämmerlichen Zustand der amerikanischen Truppen machten einen baldigen Sieg wahrscheinlich. Es schien sogar möglich, den Nachschub deutscher Söldner einzustellen und das englische Heer durch Amerikaner zu ergänzen, und Howe wurde angewiesen, sogleich größere Aushebungen vorzunehmen. Dieser Schritt brachte indessen Englands Sache neuen Schaden. Auch die englisch gesinnten Kolonisten hatten keine Lust zum Kriegsdienste. Es meldeten sich nur wenige Rekruten. Gleichzeitig begannen die Anhänger des Kongresses aufs Rücksichtsloseste alle Andersdenkenden zu verfolgen. Uebertritt zu England wurde mit Tod, Verbannung und Eigenthumswegnahme bestraft; die Familien wurden für jedes ihrer Mitglieder verantwortlich gemacht, und eine wahre Schreckensherrschaft gegen Verdächtige begann. Diese Maßnahme Englands führte daher ebenso wie die Bewaffnung der Indianer und ihre Verwendung gegen die Kolonisten nur zu noch größerer Zurückhaltung und Kühle seiner Freunde und spornte die Amerikaner zu neuen verzweifelten Anstrengungen.

In größter Eile wurden kriegstüchtige Schiffe beschafft und bemannt, und der Unternehmungsgeist der Küstenbevölkerung durch Ausgabe von Kaperbriefen belebt. Ende 1776 waren durch amerikanische Kaper schon etwa 250 englische Schiffe erbeutet und dem englischen Westindienhandel ein Schaden von mehr als 1 800 000 Pfund Sterling zugefügt. Die Versicherungsgebühr in England stieg auf 28 pCt.! — Der Kongreß faßte endlich auch Schritte zur Stärkung und Besserung des Heeres ins Auge und sandte Franklin nach Paris, um die Hülfe Frankreichs anzurufen. Alle die Maßnahmen hätten freilich wenig geholfen, wenn General Howe die erforderliche Energie besessen hätte. Im Dezember 1776 stand er am Delaware vor Philadelphia. Das ganze Land lag ihm offen. Der General Lee war als Gefangener in seine Hände gefallen. Washington verfügte nur über wenige Tausend Mann, die selbst an Waffen und Munition Mangel litten und erklärten, nach Ablauf ihrer Verpflichtung zu Anfang 1777 nicht weiter dienen zu wollen. Ein entschlossener Schlag mußte den Aufstand niederwerfen. Aber Howe beschloß mit dem Angriff auf Philadelphia zu warten, bis der Fluß gefroren sei, und ließ Washington Zeit, Milizen von Pennsylvanien an sich zu ziehen und neue Vorkehrungen zu treffen. Dank der Sorglosigkeit des englischen Führers gelang es Washington, Dezember 1776 nachts den Delaware zu überschreiten und in der Stadt Trenton 1000 deutsche Söldner gefangen zu nehmen.

Dieser unerwartete Erfolg flößte der aufständischen Bewegung neues Leben ein. Der Kongreß kehrte nach Philadelphia zurück. Die meisten Soldaten willigten ein, für 10 Dollars sechs Wochen länger zu bleiben; neue Milizen kamen zur Stelle. Mit den frischen Kräften gelang es, die Engländer in Princeton zu überraschen und einen großen Theil New Jerseys zurückzuerobern. Der Rückzug der wohlausgerüsteten englischen Truppen vor den zerlumpten Milizen raubte England viel Mitgefühl und Vertrauen im Lande. Man begann an Washingtons Genie zu glauben und verglich die Ausschreitungen und Plündereien der englischen Söldner mit dem besseren Auftreten der Milizen. Der Kongreß entschloß sich endlich auch, Washingtons unausgesetzten Vorstellungen Gehör zu geben und trotz aller Bedenken gegen ein stehendes Heer die Organisation der Truppen von Grund aus zu ändern. Die Wahl der Offiziere durch die Soldaten wurde abgeschafft und in die Hand der verschiedenen Staaten gelegt. Gemeinen Soldaten wurden eine Prämie von 20 Dollars und 100 Acres Land für den Krieg geboten, Offizieren entsprechend mehr. Auch Prämien für Werbung von Rekruten wurden ausgesetzt. Washington selbst erhielt diktatorische Gewalt unter dem Titel Brigadier General. Dazu wurden Kriegsartikel eingeführt und die Vorschriften über den Milizdienst verschärft. Diese Beschlüsse halfen aber zunächst recht wenig, da es an dem zum Krieg unentbehrlichsten Geld fehlte.

Der Kongreß entbehrte in den ersten Jahren des Aufstandes ja jeder gesetzlichen Basis. Er war lediglich eine Versammlung von Provinzialausschüssen ohne irgend welche fest umschriebenen Befugnisse und ohne wirkliche Gewalt. Bei dem Widerwillen der Amerikaner gegen Steuern wagte der Kongreß keine allgemeinen Umlagen auszuschreiben, und die einzelnen Staaten konnten sich bei der Abneigung weiter Kreise gegen die Revolution auch nicht dazu entschließen. Man half sich mit Beschlagnahme des Vermögens von Verräthern und Verdächtigen und gab Papiergeld aus. Nur leider versiegte die erstere Quelle sehr rasch, und das Papiergeld begann schon Mitte 1776, nachdem 15 Millionen Dollars ausgegeben waren, im Werthe zu sinken.*) Eine Geldkrisis entstand, die um so fühlbarer wurde, als das im ganzen Lande befindliche baare Geld kaum auf 12 Millionen Dollars sich bezifferte. Die Preise aller Waaren

*) Ende 1776 stand Papiergeld zu Metall wie 2 oder 2½ zu 1, 1778 wie 5 bis 6 zu 1, 1779 wie 27 bis 28 zu 1, 1780 wie 50 bis 60 zu 1.

stiegen. Schulden, die vor dem Krieg gemacht waren, wurden in Papier zurückgezahlt, und zahlreiche Leute sahen sich dem Ruin nahe, während Schuldner mit geringen Summen ihre Gläubiger befriedigten und rücksichtslose Spekulanten große Vermögen erwarben.

Bei dieser Lage machte der Kongreß den Versuch, die Preise aller Waaren und die Löhne gesetzlich zu regeln. Die große Masse jubelte der Maßnahme zu, der Erfolg entsprach aber ihren Erwartungen keineswegs. Man brachte die begehrtesten und rar gewordenen Sachen einfach nicht mehr zu Markt. Wer sie brauchte, mußte nicht allein einen weit höheren als den gesetzlichen Preis zahlen, sondern auch den Verkäufer für die Gefahr, der er sich aussetzte, entschädigen. Alle Mittel dagegen versagten. Es entwickelten sich aus dem Gesetz so gefährliche Zustände, daß John Adams schon nach wenigen Monaten seine Aufhebung für nothwendig erachtete, um einem Bürgerkrieg vorzubeugen. Herbst 1778 hob der Kongreß in der That seinen Beschluß auf, und die Einzelstaaten mußten nach und nach dasselbe thun. Die Preise der nothwendigsten Dinge europäischer Fabrikation blieben bei dem Mangel an Zufuhr und eigener Fabriken sehr hoch. Es fehlte daher an Kleidung und Waffen für die Soldaten, ebenso wie an Mitteln für ihren Unterhalt. Washington und seine Freunde mußten sich mehr und mehr zu der Ansicht bequemen, daß nur Ausnützung der weiten, wenig bevölkerten Gebiete der Kolonien und Aushungerung der Engländer vor der Hand die Sache der Freiheitskämpfer so lange retten konnte, bis irgend welche Hülfe kam.

Diese Hülfe erfolgte von Frankreich. Hier hatte man von Anfang an die Unruhen in Amerika sehr aufmerksam verfolgt, und der auswärtige Minister Vergennes neigte schon Anfang 1776 zu einem Bündniß Frankreichs und Spaniens mit den Amerikanern gegen England, schon um dadurch zu hindern, daß England etwa den Versuch mache, die Amerikaner durch Eroberung des französischen Westindiens zu beruhigen oder sich im Falle des Siegs der ersteren, an französischen Kolonien schadlos zu halten. Finanzminister Turgot war indessen gegen eine solche Politik, da nach seiner Auffassung Frankreich Frieden brauchte und im Falle des Sieges wie der Niederlage der Amerikaner seinem Handel von diesen so wie so großer Vortheil erwachsen mußte.

Diese von anderen bedeutenden Staatsmännern Frankreichs getheilte Ansicht drang nicht durch. Man beschloß, das englische Kabinet durch friedliche Versicherungen zu täuschen und unter der Hand die Amerikaner, welche schon Mitte 1776 einen Agenten Silas Deane nach Paris geschickt hatten, mit Geld und Waffen zu unterstützen.

Im Laufe des Jahres flossen den Amerikanern von hier und Spanien Kriegsvorräthe im Werthe von mehr als 2 Millionen Francs zu. Dazu wurden den amerikanischen Schiffen die französischen Häfen geöffnet und ihr Handel in jeder Weise gefördert. Französische Offiziere gingen mit Genehmigung ihrer Regierung zu Washingtons Heer, und endlich stellte Frankreich den Aufständischen sogar 2 Millionen Francs Baargeld ohne alle Bedingungen zur Verfügung. Spanien gewährte ihnen ebenfalls jede in seinen Kräften stehende Unterstützung. Holland förderte eifrigst den Handel mit Amerika, und Preußen sowie das Deutsche Reich begannen die weitere Anwerbung und Verschiffung deutscher Söldner durch England, soweit wie thunlich, zu erschweren.

Den Agenten Amerikas, Franklin und Arthur Lee, welche Ende 1776 in Europa eintrafen, genügte das nicht. Sie wünschten offenes Eintreten der europäischen Staaten für die Vereinigten Staaten und Erklärung des Krieges gegen England. Auf dieses Ziel arbeiteten sie mit allen Kräften hin. Sie haben Frankreich Eroberung und Ueberlassung des englischen Theils von Westindien, Spanien Hülfe bei der Unterwerfung Portugals angeboten und vor Allem die öffentliche Meinung in geschicktester Weise gewonnen. Die praktischen Amerikaner, welche den Kampf mit Rücksicht auf den Geldbeutel in erster Linie begonnen hatten, wurden von ihnen zu wahren Idealfiguren gestaltet. In Frankreich begeisterte man sich für die bei den engherzigen, fanatischen Puritanern angeblich herrschende religiöse Freiheit, für den angeblichen Kampf der Amerikaner gegen die veraltete europäische Zoll- und Handelspolitik und besonders für die angeblichen politischen Ideale der Aufständischen. Die von Jefferson in die Declaration of Independence aufgenommenen Phrasen über die Gleichheit aller Menschen und ihr unveräußerliches Recht auf Freiheit; der Satz, daß jede Regierung nur zum Nutzen der Unterthanen geschaffen sei und ihre rechtmäßige Gewalt nur von der Zustimmung der Regierten ableiten könne, daß daher jede Regierung, welche ihren Zweck nicht erfülle, vom Volke geändert oder beseitigt werden könne, fanden in den aufgeklärten Kreisen aller Länder jubelnden Beifall. Des eigenartigen Gegensatzes, in dem solche Sätze allein zu der in Amerika allgemein üblichen Sklaverei standen, der Sonderbarkeit, die darin lag, daß ganz absolut regierte Staaten sich für die politischen Rechte von Kolonien erhitzten, welche größere Freiheit genossen als irgend ein Gemeinwesen auf dem europäischen Festlande, wurde man sich gar nicht bewußt. Der smarte Franklin wurde der Gegenstand förmlicher Verehrung. Statt eines geriebenen, etwas zweideutigen Diplomaten sah man in dem mit gesuchter Einfachheit und Ruhe auftretenden, von kleinen Scherzen und Geist überfließenden alten Mann das Vorbild des Philosophen, wie er sein soll. Die Königin Marie Antoinette schwärmte für die „guten Amerikaner", ihre „theuren Republikaner". Das Ministerium erlaubte Verbreitung der Declaration of Independence und des Paineschen Common Sense in französischer Sprache durch ganz Frankreich, und vergebens fragten sich Leute wie Mirabeau und andere, ob denn die regierenden Kreise diese Flugschriften gelesen und die Nutzanwendung auf europäische Staaten gemacht hätten. Von allen Seiten strömten Offiziere und Abenteurer nach Paris, um in den Dienst Amerikas zu treten. Es waren darunter die Deutschen Baron Kalb und Steuben, die Polen Pulaski und Kosciusko und der kaum 20 Jahre alte, damals in Metz stehende Lieutenant Lafayette. Alle Offiziere wie Soldaten erhielten von den amerikanischen Agenten hohen Rang und allerlei Vortheile zugesichert. Der blutjunge Lafayette erhielt z. B. sogleich den Generalsrang!

Die von Europa zufließenden Gelder und Menschen waren für Washington von höchstem Werth, denn auch zu Anfang 1777 stand es mit seinen Streitkräften sehr schlecht. Der Zuzug blieb schwach, die Desertion von Milizen mit allen Waffen war häufig, es gab weder ordentliche Quartiere noch genügende Verpflegung. Krankheiten warfen oft Tausende nieder. Im März hatte Washington kaum 4000 Mann und war selbst über die Unthätigkeit Howes erstaunt, der ihn mit einem Schlag vernichten konnte. Um wenigstens den Schein zu retten, ließ er immer die Zahl der vorhandenen Truppen doppelt so groß als in Wirklichkeit angeben. Die Ankunft von Geld, Waffen und Menschen aus Frankreich verlieh den Aufständischen neue Kraft doch schuf sie auch neue Verlegenheiten. Die Milizen wollten unter den fremden Offizieren nicht dienen, viele amerikanische Offiziere traten aus Eifersucht gegen die Fremden aus. Diese waren entsetzt über den herrschenden Mangel und die Gleichgültigkeit der Bevölkerung, fanden auch große Schwierigkeit, sich verständlich zu machen. Es bedurfte unendlichen Takts und unerschöpflicher Geduld bei Washington, um zu vermitteln und die verschiedenen Elemente der Sache dienstbar zu machen.

Die Ereignisse des Sommers 1777 waren für Washington so wenig erfreulich wie die des verflossenen. So jämmerlich auch die Kriegsführung des Lord Howe war, er konnte ihm bei seiner Schwäche nichts anhaben und wurde Anfang September 1777 bei Brandywine vollständig geschlagen. Wieder verdankte er seine Rettung nur dem Mangel an Energie und Geschick bei den Gegnern. Sie begnügten sich damit, am 26. September 1777 Philadelphia zu besetzen und Washington, der in aller Eile neue Milizen zusammengerafft hatte, Anfang Oktober ein zweites Mal zu schlagen. Die Lage der Amerikaner war jetzt verzweifelter als je. Die Mehrheit der Bevölkerung wandte sich von Washington ab. Er erhielt von ihr weder Nachrichten mehr noch Lieferungen irgend welcher Art. Die Kolonisten Pennsylvaniens traten offen für England ein. Lord Howe hatte bald mehr Amerikaner in seinem Heer als Washington! Die Truppen des Letzteren hatten zum Theil weder Schuhwerk noch Kleidung mehr. In drei Wochen starben 2000 Mann an Krankheiten oder Noth an allem zum Leben Nöthigen. Einige Tausend gingen zu den Engländern über.

Aber gerade in diesem Augenblick, als die Sache des Aufstands hier verloren schien, erblühte den Amerikanern ein ebenso unerwarteter wie glänzender Triumph im Norden. Während Howe den Hudson und Delaware in der Nähe des Meeres sicherte, war ein englisches Heer von Canada aus unter General Burgoyne nach Süden vorgedrungen, um die amerikanischen Posten am Lake George und oberen Hudson zu nehmen und so die nördlichen Kolonien von den ruhigeren südlichen zu trennen. Es gelang ihm Anfang Juli, das Fort Ticonderoga zu nehmen und den Vertheidigern schwere Verluste beizubringen. Er drang von da durch Urwälder und Moräste zum oberen Hudson vor, wo er das Fort Edward verlassen fand. Er wollte nun die Verbindung mit dem Lake George öffnen. Aber inzwischen waren Schaaren von Milizen bei den Amerikanern eingetroffen. Es gelang ihnen, Burgoynes Truppen verschiedene kleine Niederlagen beizubringen und am 19. September bei Stillwater in einem Gefecht sich ihnen gegenüber wenigstens zu behaupten. Die Engländer kamen damit in eine schlimme Lage. Sie waren abgeschnitten von allem Nachschub. Mangel an Lebensmitteln und große Strapazen rafften viele Leute weg. Ihre indianischen Verbündeten verließen sie, da sich keine Aussicht zum Plündern bot, und auch eine Anzahl Canadier zog ab. Die Amerikaner dagegen, welche durch die Grausamkeiten der Indianer besonders erbittert waren, faßten die Hoffnung, die ganze feindliche Macht in ihre Hand zu bekommen, und trafen ihre Vorkehrungen dazu. Am 7. Oktober brachten sie Burgoyne eine schwere Niederlage bei und zwangen ihn zu eiliger Flucht nach Fort Edward. Unterwegs wurde er in dem Ort Saratoga von der amerikanischen Uebermacht eingeschlossen und mußte hier nach Aufbrauch aller Vorräthe am 17. Oktober 1777 die Waffen strecken. Die Gesammtzahl der Engländer betrug 5800 Mann. Sie erhielten gegen das Versprechen, nicht mehr gegen Amerika die Waffen zu führen, freie Ueberfahrt nach England.*)

Dieses Ereigniß war von weittragendsten Folgen. Anfang Dezember 1777 traf die Nachricht davon in Paris ein. Wenige Tage später theilte die französische Regierung, welche bis dahin noch unentschlossen geblieben war, den amerikanischen Agenten mit, daß sie bereit sei, mit den Amerikanern einen Handelsvertrag zu schließen und sie beim Kampf um ihre Unabhängigkeit zu unterstützen. Sie sollten sich nur verpflichten, keinen Frieden mit England zu schließen, der nicht ihre Freiheit bestätige. Am 6. Februar 1778 kam der feierliche Vertrag zu Stande! In England erregte die Nachricht von der Kapitulation tiefste Bestürzung. Man hatte sich hier angesichts der vielen Siegesnachrichten bereits daran gewöhnt, die Unterwerfung der Amerikaner nur noch für eine Frage von wenig Wochen anzusehen. Die Verachtung, die hier gegen die Kolonisten herrschte, war gepaart mit größtem Zorn wegen ihrer Schritte bei Frankreich, ihrer Kaperei englischer Schiffe und ihrer nach Westindien und selbst England ausgedehnten kühnen Piratenfahrten. Das Parlament hieß jede Maßnahme gegen die Rebellen gut. Man hatte sogar die von jedem Engländer als Palladium betrachtete Habeas Corpus-Akte den Amerikanern gegenüber außer Kraft gesetzt und angeordnet, alle Gefangenen als Seeräuber abzuurtheilen. Nur die

*) Die Kapitulation ist von den Amerikanern später unter Scheingründen gebrochen worden.

damals sehr heftig die Regierung bekämpfenden Whigs erhoben ihre Stimme für die Aufständischen und unterstützten sie bei jeder Gelegenheit. Sie erbitterten aber durch dieses Verhalten die große Menge der Nation nur noch mehr gegen die Aufständischen. Der König, welcher rücksichtslosestes Vorgehen gegen sie verlangte, die Verwendung der Indianer gegen die Ansiedler und jede Grausamkeit guthieß, brachte durchaus die Stimmung der Nation zum Ausdruck.

Sechstes Kapitel.

Sieg der Vereinigten Staaten.

Die von fast Niemand für möglich gehaltene Katastrophe von Saratoga verursachte, wie es gewöhnlich geht, einen völligen Umschwung der öffentlichen Meinung. Auf einmal wurde die Amerika gegenüber verfolgte Politik allgemein verworfen, die Wünsche der Kolonisten für billig erklärt und schleuniger Friede gefordert. Das Fallen der Staatspapiere, welches in stärkerem Maß als 1760 erfolgte, stimmte auch die Regierung nachdenklich. Angesichts drohender finanzieller Schwierigkeiten, der Unmöglichkeit, weitere Söldner aus Deutschland zu erhalten und am Vorabend eines neuen Krieges mit Frankreich wagte selbst George III. seine Politik gegen Amerika nicht fortzusetzen. Schon Ende 1777 konnte Lord North im Parlament die Einbringung eines Plans zum Frieden mit Amerika ankündigen. Im Februar 1778 legte er eine Anzahl Bills vor, welche alle die Maßnahmen aufhoben, die den Anlaß zum Streit gebildet hatten. Die Verfassungsänderung von Massachusetts, der Theezoll wurden beseitigt. Das Parlament verpflichtete sich, in Amerika keine Einnahmen durch Steuern zu erheben und die Zollerträge nur zu Zwecken der Kolonien nach Maßgabe der Beschlüsse der dortigen gesetzgebenden Versammlungen zu verwenden. Eine Anzahl Bevollmächtigter sollten mit dem Kongreß Frieden zu vereinbaren, alle Parlamentsakte seit 1763 in Amerika außer Kraft zu setzen und allgemeine Amnestie zu ertheilen bevollmächtigt werden!

Es ist begreiflich, daß dieser Schritt der Regierung Verblüffung selbst bei ihren wärmsten Anhängern erregte. Dieses schmähliche

Zurückweichen setzte ja der ganzen elenden Politik in dieser Angelegenheit die Krone auf.

Indessen wagte Niemand ernstlichen Widerspruch. Am 11. März schon wurde das Gesetz vom König vollzogen. Doch die Demüthigung war umsonst. Zwei Tage später machte der französische Gesandte England vom Abschluß des französischen Freundschafts- und Handelsvertrags mit den Vereinigten Staaten Mittheilung, indem er hinzufügte, sie befänden sich bereits im vollen Besitz der Unabhängigkeit, und der König von Frankreich hoffe, daß England Alles vermeiden werde, was den Handel zwischen Frankreich und den Vereinigten Staaten stören könnte. Die Aussicht auf einen Erfolg der englischen Unterhändler sank damit auf Null. Die Vereinigten Staaten konnten nach dem Abschluß des Vertrags mit Frankreich auf die Anerkennung ihrer Unabhängigkeit nicht mehr verzichten. England sah sich jetzt auch vor einem Krieg mit Frankreich und sicher auch mit Spanien, ohne Bundesgenossen und ohne genügende Streitkräfte.

Die öffentliche Meinung und die einflußreichsten Leute Englands verlangten in dieser verzweifelten Lage die Stellung des alten kranken Pitt (Lord Chatam) an die Spitze der Geschäfte. Von diesem großen Staatsmann, welcher ebenso wie der König übrigens entschlossen war, den Amerikanern keine Unabhängigkeit zu gewähren, hoffte man am ehesten Lösung der Schwierigkeiten. Der König vermochte sich hierzu nicht zu verstehen, da er Pitt allzu ingrimmig haßte. Man hat ihn deshalb schwer angegriffen und beschuldigt. Indessen würde wohl auch Pitt damals nicht viel haben erreichen können, denn schon Anfang Mai starb er.

Die englischen Unterhändler trafen im Mai 1778 in Philadelphia ein. Kaum waren sie angelangt, so wurde von England aus, wohl um die Truppen zusammenzuziehen, die Räumung der Stadt angeordnet. Für Washington und seine in jämmerlicher Verfassung befindlichen Truppen war das ein höchst unerwartetes Glück. Unter den Bewohnern der Stadt, welche ihre Hinneigung zu England sehr warm bewiesen hatten, aber erregte die Maßregel höchste Panik. Tausende flohen und noch mehr verloren alles Vertrauen zum Mutterland. Der Eindruck der versöhnlichen Maßnahmen Englands wurde bei seinen Freunden durch solche Schritte und das Mißtrauen gegen den König und Lord North, den man als Hauptfeind Amerikas übrigens mit Unrecht auffaßte, schon beeinträchtigt, und alle Wirkung raubte ihnen, wie zu erwarten war, das Bekanntwerden des Bundes mit Frankreich, der die Unabhängigkeit der Kolonien so gut wie sicherte. Die Führer der aufständischen Bewegung lehnten überhaupt eine Verhandlung mit den englischen Kommissaren ab. Vergebens machten diese Anerbietungen, welche selbst über ihre weiten Vollmachten hinausgingen, boten die Vertretung Amerikas im englischen Parlament und wollten die Verpflichtung eingehen, daß nie wieder europäische Truppen hier verwendet würden. Vergebens suchten sie einzelne Wortführer zu bestechen und die der Ruhe bedürftige Bevölkerung zu gewinnen. Die Mehrheit des Kongresses bestand auf voller Freiheit. Einstimmig wurde der Vertrag mit Frankreich ratifizirt und der Krieg gegen das Mutterland mit neuen Kräften aufgenommen. Als im Juli 1778 eine französische Flotte mit 4000 Mann unter d'Estaing ankam, wurde auf Washingtons Wunsch ein Angriff auf die englischen Truppen in Rhode Island zu Wasser und zu Land vorbereitet. Der Plan scheint aber schlecht entworfen gewesen zu sein. Er scheiterte schon in den Anfängen, und als ein Sturm einige französische Schiffe beschädigt hatte, ließ d'Estaing die Amerikaner einfach im Stich und ging nach Boston, um dort Ausbesserungen vorzunehmen. Sein Verhalten erregte solche Wuth unter den Amerikanern, welche sich nur mit Mühe wieder zurückziehen konnten, daß es zu den heftigsten Scenen kam.

Das geringe Geschick oder der böse Wille des Führers der französischen Flotte und fortdauernde Uneinigkeit, Eifersucht und Neid im amerikanischen Lager waren die Ursache, daß 1778 den Unabhängigkeitskämpfern keine Erfolge beschieden waren. Washington mußte seine Kraft darauf verwenden, Rekruten zu werben, den Kongreß zu bewegen, die Offiziere durch Versprechen von Pensionen an seine Fahnen zu fesseln und den Widerstand, den ihm einige obere Offiziere, wie Lee, Gates und Conway, entgegensetzten, zu brechen. Währenddessen zerstörten die Engländer verschiedene Küstenorte, schlugen kleine Abtheilungen der Aufständischen und nahmen nicht weniger als 900 amerikanische Schiffe weg. Es gelang ihnen auch, Georgia zu besetzen und die Insurgenten nach South Carolina zu drängen. Die mit ihnen verbündeten Indianer und durch Wegnahme ihrer Habe zur Verzweiflung gebrachten englisch gesinnten Kolonisten hausten in den Grenzbezirken und verübten furchtbare Grausamkeiten.

Das Mißvergnügen der Amerikaner über den Gang der Dinge

wurde noch erhöht durch einen Aufruf d'Estaings an die Canadier, worin er sie in vorsichtiger Weise zur Rückkehr unter französische Herrschaft einlud, und durch die im November erfolgende Abfahrt der französischen Flotte nach Westindien, wo der französische Gouverneur von Martinique Dominica erobert hatte, die Engländer dagegen Sta. Lucia den Franzosen abnahmen. Ein lebhafter Haß gegen die Franzosen machte sich überall in Amerika laut. Die Puritaner beschimpften die französischen Offiziere, welche sie schon als Katholiken verabscheuten. Man klagte sie offen eigennützigen Handelns an und ließ sogar aus Mißtrauen gegen Frankreich den Plan eines neuen Angriffs auf Canada fallen. Wie aus den neuerdings veröffentlichten geheimen Aktenstücken Frankreichs übrigens hervorgeht, war dieses Mißtrauen unberechtigt. Frankreich hat die Absicht, sich wieder in Canada festzusetzen, nicht gehabt. Es kam ihm vielmehr darauf an, die Amerikaner möglichst gefügig zu erhalten und an Frankreich handelspolitisch zu fesseln. Zu diesem Zweck war ihm stete Bedrohung der Amerikaner durch England im Norden und Spanien im Süden erwünscht. Dafür daß der Aufstand nicht aus Mangel an Mitteln einschlief, sorgte es durch reichliche Sendungen von Geld und Waffen fortgesetzt weiter. Ohne diese Hülfe wäre Washington schwerlich im Stande gewesen, sich länger zu behaupten.

Um die amerikanische Sache stand es Ende 1778 so schlecht, daß Washington ganz verzweifelt schrieb, die Lage wäre schlimmer als je zuvor, und daß auch die französische Regierung rasche Niederwerfung des Aufstandes zu fürchten begann. Die Amerikaner kümmerten sich weit mehr um Geschäfte, Spekulation in Fonds und dergleichen, als um den Kampfgeg en England. Zum Glück für sie fehlte es den englischen Staatsmännern und Militärs fortgesetzt an der nöthigen Entschlossenheit und Energie, und außerdem zwang sie der von Frankreich mit allen Mitteln geführte Krieg, ihre Aufmerksamkeit zu zersplittern.

Frankreich bewegte Anfang 1779 Spanien zur Theilnahme an dem Krieg und rüstete eine große Macht zu einer Landung in England. Gleichzeitig griffen seine Schiffe die englischen Besitzungen in Afrika an und fielen über die Kolonien in Westindien her. Spanien belagerte Gibraltar und raffte alle Kraft zusammen, um für die viele erlittene Unbill Rache zu nehmen. Einige amerikanische Kaperschiffe überfielen und plünderten einzelne englische und irische Küstenorte und griffen sogar Kriegsschiffe mit Erfolg an. England stand demgegenüber allein. Kein Staat äußerte Mitgefühl. Rußland, welches George III. wiederholt dringend um Hülfe anging, lehnte sie rund ab. Ihr gewohntes Glück blieb aber den Engländern treu. Im Mai 1779 gelang es ihnen, einen Angriff auf die Insel Jersey abzuschlagen und eine Menge französischer Schiffe in Brand zu stecken. Der geplante Landungsversuch der im Kanal vereinten französischen und spanischen Flotten kam nicht zu Stande, da der Oberbefehlshaber den richtigen Augenblick versäumte. Die englischen Flotten, die aus den verschiedenen Theilen der Welt kamen, wußten durchweg den Nachstellungen der französischen Kreuzer zu entschlüpfen, während die englischen Kriegsschiffe eine Anzahl fremder, besonders spanischer Fahrzeuge erbeuteten. Nur in Westindien gelang es den Franzosen, einige kleine Erfolge zu erringen. D'Estaing nahm die ungenügend vertheidigten Inseln St. Vincent und Grenada ein. In Ostindien fiel dagegen der Rest der französischen Faktoreien in Englands Hände.

Die großen Anstrengungen, welche in so weit entlegenen Plätzen nöthig waren, raubten Englands Vorgehen in Amerika noch mehr als bisher an Nachdruck. Obwohl die Aufständischen kaum noch 16 000 Mann zur Verfügung hatten und die Krisis infolge des vielen Papiergelds immer weitere Fortschritte machte, errang England keinen entscheidenden Erfolg. Seine Truppen begnügten sich, Virginien und Connecticut zu überfallen und mit Feuer und Schwert zu verwüsten sowie einen Angriff, den die Amerikaner mit Unterstützung der französischen Flotte auf Savannah versuchten, abzuschlagen. Erst 1780 nach Eintreffen neuer Verstärkungen unternahm das englische Herr entscheidendere Schritte. General Clinton griff im März Charleston, die Hauptstadt von South Carolina, an und nahm sie Mitte Mai. 5000 Amerikaner fielen dabei als Kriegsgefangene in seine Hände. Der Kongreß sandte der Stadt zwar einige Hülfe, doch seine Truppen kamen erst nach der Kapitulation an und zeigten sich den Engländern nicht gewachsen. Im August 1780 erlitten sie bei Camden eine schwere Niederlage. Nicht besser erging es einer anderen in South Carolina stehenden amerikanischen Truppe. Die Engländer sahen sich schon als Herren des ganzen Südens und richteten ihre Blicke auf das noch widerspenstige North Carolina. Im September griffen sie die Provinz an, wo nur vereinzelte kleine Abtheilungen der Aufständischen sich befanden. Gegen diese Guerillatruppen zeigte sich indessen der Kampf weit schwerer als gegen die größeren Abtheilungen, mit denen man es bisher zu thun gehabt hatte. Die landeskundigen Feinde gönnten den Angreifern keine Rast. Vorgeschobene Posten wurden überfallen und vernichtet, alles, was an Kolonisten, die im englischen Heere dienten, den Aufständischen in die Hände fiel, gehangen. Das brachte die Engländer in so schlimme Lage, daß sie im November wieder abzogen.

Die Unternehmungen im Süden hatten die englische Macht in New York zu sehr geschwächt, als daß sie etwas Nennenswerthes unternehmen konnte. Washington, der ihr gegenüberstand, verhielt sich ebenso unthätig, da er nach wie vor mit Mangel an Soldaten, Offizieren, Geld und Vorräthen zu kämpfen hatte. Es kam in seinem Lager zu den ärgerlichsten Auftritten. Desertionen waren an der Tagesordnung, und einmal meuterten zwei ganze Regimenter! Erst im Juli 1780, als eine französische Flotte mit 6000 Mann bei ihm eintraf, faßte er neue Hoffnungen. Er wollte New York zu Wasser und zu Land angreifen. Doch eine starke englische Flotte traf kurz nach der französischen ein und sperrte letztere vom Meere ab. Die Franzosen sahen ihre Schiffe bedroht und wollten nun nichts unternehmen, bis eine zweite in Frankreich ausgerüstete Flotte Hülfe gebracht haben würde. Diese Erwartung erwies sich als vergeblich. Im August kam die Nachricht, daß die erwartete Flotte im Hafen von Brest durch eine englische Uebermacht blockirt werde! Der Angriff auf New York mußte infolgedessen aufgegeben werden! Die Lage Washingtons wurde um so unbehaglicher, als sich jetzt in seiner Armee auch Spuren von Verrätherei zeigten. Es wurde entdeckt, daß General Arnold den Engländern Uebergabe seines Postens angeboten hatte und nur durch einen Zufall gehindert worden war, seinen Verrath auszuführen!

Alles in Allem war der Verlauf des Jahres 1780 für England ein sehr günstiger, und nicht ohne Grund konnte es auf eine baldige Niederwerfung der amerikanischen Bewegung hoffen. Die englische Armee genoß in Amerika weit mehr Unterstützung und Beliebtheit als die der Aufständischen. Trotz aller Verbote führten ihr die Farmer von allen Seiten so viel Vorräthe zu, daß die Zufuhr aus England fast überflüssig wurde, während Washington der Noth nur durch gewaltsame Requisitionen abhelfen konnte. Von 36 000 Mann, welche der Kongreß in Aussicht genommen hatte, waren nicht

18 000 aufzubringen gewesen; auch sie nur gegen hohe Zusicherungen. Den Offizieren mußte nach langem Sträuben endlich lebenslänglich halber Sold versprochen werden. Da das Papiergeld fast allen Werth verloren hatte — Washington meinte, daß ein Wagen voll nöthig sei, um einen Wagen Lebensmittel zu zahlen — suchte man Anleihen in Spanien und Holland aufzunehmen. Diese Bemühungen blieben aber erfolglos. Ohne ein neues Darlehen von 4 Millionen Francs von Frankreich und die großen Ausgaben dieses Verbündeten für seine Truppen in Amerika wäre ein Bankerott schon 1779 unabwendbar gewesen. Der Kongreß erklärte Ende dieses Jahres, daß alle Befürchtungen, daß Amerika sein Papiergeld nicht wieder einlösen werde, unbegründet seien, „da eine bankerotte, wortbrüchige Republik eine Neuheit in der politischen Welt wäre und unter respektablen Nationen wie eine Prostituirte inmitten anständiger Frauen erscheinen würde." Nichtsdestoweniger wurde wenige Monate später das umlaufende Papier durch ein neues auf den Kredit der Staaten basirtes ersetzt, in der Art, daß 40 Dollars Papier auf 1 Dollar Baargeld gerechnet wurden! Diese Krisis veranlaßte endlich einzelne Staaten, ernstlichere Anstrengungen zu machen. Es wurden hohe Steuern auferlegt, soviel wie möglich gespart, eine Bank errichtet, und man begann auch privatim für die Soldaten zu sammeln. Trotz alledem wurde wenig Besserung erreicht. Das neue Papier verlor auch bald allen Werth, die Armee hatte Ende 1780 für 10 Monate Sold zu fordern, die einzelnen Staaten waren überschuldet; die Franzosen, welche für ihre Lieferungen in dem entwertheten und dann eingezogenen Papier bezahlt worden waren, äußerten große Entrüstung! — Washington erklärte daher offen, daß ohne Hülfe von außen an Sieg der Vereinigten Staaten nicht zu denken sei.

Diese Hülfe kam von einer Seite, auf die Niemand gerechnet hatte. Im Februar 1780 hatte Katharina II. von Rußland, erbittert durch Wegnahme russischer Schiffe, ihre berühmte Erklärung an die Seemächte gerichtet, worin sie die Rechte der neutralen Schifffahrt, welche besonders England während des Krieges aufs Schwerste verletzt hat, scharf betonte und den Begriff der Kriegskontrebande und Blockade näher feststellte. Auf Grund dieses Aktenstückes bildete sich ein Bund Rußlands mit Schweden, Dänemark, Holland, Preußen, Spanien und Frankreich, welche alle die Erklärung Katharinas sich zu eigen machten und Durchführung ihrer Grundsätze mit den Waffen in Aussicht nahmen. England sah somit plötzlich ganz Nordeuropa gegen sich. Es kam in die Nothwendigkeit, den Krieg weit vorsichtiger als bisher zu führen und seine Aufmerksamkeit auch dieser Schwierigkeit zu widmen. — Nicht genug damit, wurde England durch das Verhalten Hollands, das die Amerikaner mit Waffen versorgte und in jeder Weise gegen das Mutterland unterstützte, veranlaßt, auch ihm im Dezember 1780 den Krieg zu erklären. — Allein stand es somit drei europäischen Mächten im offenen Krieg gegenüber, war bedroht von dem Bunde der nordischen Staaten, hatte in Indien mit den eingeborenen Fürsten zu kämpfen, sah Irland am Vorabend einer Revolution und mußte dazu die große Last des Krieges in Amerika tragen! Die Schuldensumme war 1780 um 12 Millionen Pfund Sterling gewachsen. Dabei war das Ministerium schwach und unbeliebt und kein Staatsmann vorhanden, der allgemeines Vertrauen besaß.

Es ist jedenfalls bewundernswerth und bezeichnend für den englischen Volkscharakter, daß trotz dieser schlimmen Lage Niemand verzagte. Die Handelswelt war nur darauf bedacht, möglichst viel Nutzen aus den Verhältnissen zu ziehen; in London drehte sich Alles um Ausrüstung von Kaperschiffen und Börsenspiel. Der Krieg wurde mit derselben Energie wie bisher fortgesetzt, wenn auch die Nothwendigkeit, an so vielen Orten gleichzeitig vorzugehen, die Stärke der Engländer beeinträchtigte. Während bei den nordeuropäischen Staaten die Diplomatie alle Künste aufwendete und in Rußland der gute Wille Potemkins und anderer Würdenträger erkauft wurde, geschahen wahre Wunder von Tapferkeit und Entschlossenheit in Gibraltar, das seit Mitte 1779 von Spanien belagert wurde, und in Jersey, wo die Franzosen Anfang 1781 einen neuen vergeblichen Angriff ausführten. Die Hauptanstrengungen Englands galten den Holländern. Es spielte dabei wohl nicht allein die alte Eifersucht, sondern auch der Wunsch nach reicher Beute eine Rolle. Den ersten schweren Schlag brachte man ihnen durch Wegnahme der westindischen Insel St. Eustatius im Februar 1781 bei. Die Insel diente als Niederlage des amerikanischen Handels der Niederlande. Es waren Güter im Werthe von angeblich 3 Millionen Pfund Sterling dort aufgestapelt, und außer 6 Kriegsschiffen lagen 150 Kauffahrer dort, als die englische Flotte unter Rodney erschien. Der Gouverneur wußte weder, daß seine Regierung im Krieg mit England war, noch hatte er außer 53 Soldaten irgend ein Vertheidigungsmittel. Er mußte daher ohne Weiteres kapituliren. Alle Vorräthe, Schiffe und auch der Privatbesitz der Einwohner wurden als gute Beute erklärt, obwohl Vieles den Bewohnern des englischen St. Kitts gehörte. Rodney, welcher offen erklärte, daß er der Insel jede Bedeutung für die Zukunft nehmen wolle, schritt nach dem leichten Siege nicht allein zur zwangsweisen Verbannung der meisten Einwohner, sondern er ließ auch die holländische Flagge wehen und nahm die dadurch irregeführten anlaufenden fremden Schiffe weg. Ein gewisser Trost für die Holländer ist es gewesen, daß die weggenommenen Güter wenigstens England nur geringen Vortheil gebracht haben. Ein großer Theil, der meistbietend verkauft werden mußte, ging nur zu sehr geringen Preisen weg und wanderte in die Hände der Amerikaner, ein anderer Theil fiel auf der Fahrt nach England einer französischen Flotte in die Hände. — Eine weitere Maßnahme gegen Holland war Wegnahme seiner Besitzungen in Guyana und einer Anzahl seiner Forts in Ostindien. Auch die Besetzung der Kapkolonie war englischerseits geplant, wurde jedoch durch Frankreich, das ein starkes Geschwader dorthin schickte, vereitelt.

Weniger glücklich war der Feldzug gegen die Franzosen, welche eine starke Flotte nach Westindien geschickt und Tabago eingenommen hatten. Die Insel war damals sehr geschätzt wegen ihrer Baumwolle, und ihr Verlust verdoppelte den Preis dieser damals schon in England reichlich verarbeiteten Faser auf dem Londoner Markt. Zu einem Seegefecht fühlten sich die Engländer in Westindien zu schwach. Auch den Spaniern glückte infolge der Entblößung jener Gewässer von englischen Schiffen ein Erfolg. Sie nahmen im Mai Pensacola weg und wurden dadurch Herren von West-Florida. Ihr Hauptaugenmerk wendeten Frankreich und Spanien wieder der Ausrüstung einer starken Flotte zu, welche im Sommer einen Landungsversuch in England machen sollte. Diese Absicht scheiterte aber wieder an der Aufmerksamkeit der Engländer und früh hereinbrechendem Herbstwetter. Die englischen Kaper wie die englischen Flotten scheinen ihre Aufmerksamkeit den Franzosen und Spaniern, bei denen wenig zu holen war, nicht in demselben Maße zugewendet zu haben wie den Holländern.

Der Krieg in Amerika konnte bei den großen Aufwendungen in

allen Theilen der Welt seitens der Engländer nicht mit dem erforderlichen Nachdruck geführt werden. Es kam dazu, daß, wenn auch der König George III. noch immer fest entschlossen war, die Unabhängigkeit dieser Kolonie nicht anzuerkennen und eine Einmischung Frankreichs und Spaniens in diese Frage nicht zu dulden, die öffentliche Meinung durch die zweimalige Bedrohung der Küsten Englands von fremden Flotten, die ungeheuren Kosten des Krieges und mancherlei Mißbräuche umgestimmt worden war. Man mußte 300 000 Soldaten und Seeleute bezahlen, die öffentliche Schuld war auf 198 Millionen Pfund Sterling angewachsen. Die Civilliste war stark erhöht und doch überschritten worden. Es war offenkundig, daß ein großer Theil dieser Summen zur Gewinnung der Parlamentsmitglieder für die Regierung verwendet wurde. Das Alles erregte im Publikum den Wunsch nach Frieden mit Amerika. Diese Stimmung wurde von Agenten und Freunden der Amerikaner geschickt genährt und ergriff immer weitere Kreise.

Der damalige Befehlshaber der englischen Armee in New York Sir Henry Clinton that trotzdem Alles, was in seinen Kräften stand. Er versuchte, als unter Washingtons Truppen wegen Nichtzahlung des Soldes und Mangels an Verpflegung ein Aufstand ausbrach, die Meuterer durch große Versprechungen zu gewinnen; er verstärkte die Truppen unter Lord Cornwallis im Süden und begann eine neue Unternehmung gegen Virginien. Das Glück kehrte ihm aber dauernd den Rücken. Die Meuterer wollten von Anschluß an England nichts wissen und lieferten die englischen Agenten, die zu ihnen gekommen waren, an Washington aus, und Cornwallis erlitt eine unerwartete Niederlage, deren Eindruck durch verschiedene spätere Erfolge nicht verwischt wurde. Irgend ein entscheidender Erfolg war nicht zu erreichen, obwohl die Lage der amerikanischen Truppen, wie Clinton sehr wohl wußte, bei dem ewigen Mangel an Geld und Vorräthen erbärmlich war und Frankreich auch ernstlich an Einschränkung seiner Aufwendungen für die Amerikaner, welche keineswegs die nöthige Dankbarkeit an den Tag legten, dachte. Im Spätsommer lag ein großer Theil der englischen Macht unter Cornwallis in Virginien und verwüstete es systematisch. Da traf die große französische Flotte aus Westindien unter de Grasse in der Chesapeakebay ein. Die Franzosen erhielten dadurch das Uebergewicht über England zur See, und die von ihnen gelandeten

Truppen verstärkten die amerikanische Macht, welche in Virginien Cornwallis gegenüberstand, derartig, daß letzterer zu Wasser und zu Lande eingeschlossen war. Vergebens versuchte Clinton, ihm Hülfe zu bringen und die Aufmerksamkeit des Feindes durch Angriffe an anderen Plätzen von Virginien abzulenken. Cornwallis wurde mit etwa 6000 Mann in seinem Lager Yorktown umzingelt und mußte nach verzweifelter Gegenwehr am 18. Oktober 1781 kapituliren! Als Tags darauf Clinton mit seiner ganzen verfügbaren Macht vor der Chesapeakebay erschien, war es zu spät.

Nach Allem, was man in England von dem jämmerlichen Zustand der amerikanischen Truppen, von dem Geldmangel der Vereinigten Staaten und der geringen Neigung der Mehrzahl der Kolonisten, für den Krieg Opfer zu bringen, wußte, kam die Nachricht von dieser Niederlage in London doppelt unerwartet. Lord North war vollständig niedergeschmettert, nur der König blieb dabei, einen Frieden auf der Grundlage der Unabhängigkeit der Amerikaner nach wie vor von der Hand zu weisen. Demgemäß war in der Thronrede vom 27. November 1781 von Friedensneigung keine Rede. Aber in der Bevölkerung war nun alle Neigung zu einem Kriege, der so große Opfer forderte und so schlecht geführt wurde, erloschen. Als noch die Kunde kam, daß St. Eustatius von den Franzosen erobert und den Holländern zurückgegeben worden, daß auch St. Kitts, Nevis und Montserrat den Franzosen in die Hände gefallen waren, und als Anfang 1782 sogar Guyana an Frankreich und Minorca an Spanien verloren gingen, hatte die Opposition freies Spiel. Die Politik der Regierung und die ganze Kriegführung wurden schonungslos angegriffen. Die Flottenverwaltung wurde scharf getadelt und im Parlament wurde Einstellung des Kampfes gegen Amerika beantragt. Das Ministerium stürzte, und der König mußte sich mit den Führern der Whigs schweren Herzens verständigen. Der Krieg in Amerika wurde nicht förmlich eingestellt, aber der englische Befehlshaber erhielt Weisung, sich auf Behauptung seiner Stellung zu beschränken. Nur zur See in Westindien wurde weitergefochten, da Frankreich Miene machte, dort auch den Rest der englischen Besitzungen, besonders Jamaica, wegzunehmen. Admiral Rodney erhielt Verstärkungen, und es gelang ihm, im April 1782 bei Dominica einen entscheidenden Sieg über die französische Flotte zu erringen, der das Uebergewicht Englands dort wiederherstellte.

Washington und die Amerikaner haben den Sieg bei Yorktown nicht ausgenützt. Sie fühlten sich zu einem Angriff auf New York zu schwach. Die Lage ihrer Finanzen war schlimmer als je. Von den neun Millionen Dollars, welche der Kongreß für 1783 als nöthig erachtete, ließen sich höchstens fünf den Einzelstaaten auferlegen. Der Rest und die Zinsen der Schulden mußten durch Anleihen aufgebracht werden. Zur Sicherung solcher waren bestimmte Einkünfte nöthig. Der Kongreß schlug daher Einführung eines fünfprozentigen Zolls für alle Kolonien vor. Aber Rhode Island und Virginia wiesen diesen Antrag in schärfster Form ab, und Massachusetts nahm ihn nur zögernd an. Die Maßregel scheiterte somit. Von Zahlung der den Einzelstaaten auferlegten Quoten war kaum die Rede. Statt fünf Millionen gingen kaum 422 000 Dollars beim Kongreß ein! Die Truppen litten infolgedessen fortgesetzt an Allem Mangel. Ihre Stimmung war bei der Feindseligkeit, welche die New Engländer gegen alles Soldatische zeigten, höchst erbittert. Wiederholt entstanden Verschwörungen gegen den Kongreß, und es bedurfte aller Klugheit Washingtons, um die Leute immer wieder zu beruhigen und eine Auflösung des Heeres zu verhindern. Noch mehr als zuvor waren die Vereinigten Staaten auf die Hülfe Europas angewiesen. Sie nahmen sie auch in rücksichtslosester Weise in Anspruch. Immer wieder wurde Frankreich um Geld angegangen, und als Holland 1781 die Unabhängigkeit der Vereinigten Staaten anerkannt hatte, wurde auch mit ihm eine Anleihe abgeschlossen. Lange hielt dieses Geld niemals vor; zum Glück für Amerika entschloß sich aber England 1782 ernstlich, Frieden zu schließen.

Ein Londoner Kaufmann Oswald hatte zuerst im Auftrage der englischen Regierung in Paris mit Franklin Fühlung genommen. Letzterer verlangte als Preis für einen Frieden nicht allein Anerkennung der Unabhängigkeit der 13 Vereinigten Staaten, sondern auch noch Abtretung Canadas. Obwohl die letztere Forderung, besonders angesichts der Schwäche der Amerikaner, alles Maß überschritt, wurden die Verhandlungen mit Franklin fortgesetzt, auch nachdem Rodneys Sieg die Lage wieder zu Englands Gunsten verschoben hatte. Im Herbst 1782 trat Oswald noch ein anderer englischer Bevollmächtigter, Fitzherbert, zur Seite, während zu Franklin noch die amerikanischen Agenten Jay, Adams und Laurens kamen. Die Besprechungen wurden dadurch erleichtert, daß die

Amerikaner immer mehr den Verdacht schöpften, daß Frankreich sie zu Werkzeugen seiner europäischen Politik machen wollte, und daß England den dringenden Wunsch hegte, rasch mit ihnen zum Ende zu kommen, um freie Hand gegen Frankreich, Spanien und Holland zu gewinnen. Ohne auf den Verbündeten, welcher so große Opfer für sie gebracht und ihre Befreiung überhaupt allein ermöglicht hatte, Rücksicht zu nehmen, verständigten sich die Amerikaner allein und heimlich mit England. Sie ließen die Forderung der Abtretung Canadas und Nova Scotias sowie die Entschädigung für die von Privaten im Krieg erlittenen Verluste fallen. Dafür verlangten sie aber um so bestimmter Zugeständniß sehr weiter Gebiete im Innern Amerikas und große Fischereirechte. England seinerseits legte besonderen Werth auf Zahlung der Schulden, welche Amerikaner vor 1775 in England gemacht hatten, und auf Entschädigung und Schutz der ihm treu gebliebenen Bevölkerung in Amerika, der Loyalisten. Die Verständigung hierin erwies sich als um so schwieriger, weil Frankreich in einigen Punkten, die seine Interessen berührten, gegen die Amerikaner Partei ergriff. Frankreich wünschte letztere nicht zu mächtig zu sehen und wollte ein Gleichgewicht zwischen ihrer und Englands Macht in Nordamerika. Es war daher gegen Ueberlassung Canadas, des Gebiets der großen Seen und vor Allem der Seefischerei und des Mississippithals an die Vereinigten Staaten. Letzteres wollte es Spanien und damit seinem Einfluß sichern, die Fischerei in New Foundland wünschte es als Schule für seine Marine möglichst ausschließlich für sich zu haben. Die Amerikaner waren entrüstet, als sie entdeckten, daß Frankreich in diesen wichtigen Fragen gegen sie arbeite, und ergingen sich in sehr maßloser Form gegen ihre Verbündeten. Auf der anderen Seite zeigten sie keine Neigung, England in der Frage der Anerkennung der alten Schulden und der Loyalisten entgegenzukommen. So klar und unzweifelhaft der erstere Anspruch war, der alte Franklin verharrte bei der Ablehnung dessen, was bisher auf der ganzen Welt als Recht galt. Er wollte ihn nicht anerkennen, und es bedurfte des ernsten Eingreifens John Adams, um wenigstens eine allgemeine Bestimmung zustande zu bringen, wonach beiderseits die Eintreibung aller bona fide gemachten Schulden in gutem Geld kein Hinderniß in den Weg gelegt werden sollte. Entschädigung und Schutz der Loyalisten war englischerseits überhaupt nicht zu erreichen. Es sollte zwar der Kongreß den Einzelstaaten Milde anempfehlen, aber man war nicht im Zweifel, daß dabei nichts herauskommen würde.*) Trotz dieser schroffen Haltung der Amerikaner gab England in den anderen Fragen nach, um nur recht bald freie Hand gegen Frankreich zu bekommen. Es gestand den Vereinigten Staaten den Mississippi und eine Linie mitten durch die großen Seen als Westgrenze zu. 24 Indianerstämme und eine Menge befestigter Stationen fielen ohne Entschädigung an die Amerikaner. Sie erhielten außerdem das Recht der Fischerei in New Foundland und im St. Lawrence-Golf, während englischen Unterthanen das Fischen an der amerikanischen Küste untersagt war. Am 30. November 1782 wurde in tiefem Geheimniß ohne Wissen Frankreichs der Friede zwischen England und den Vereinigten Staaten unterzeichnet, obwohl der Kongreß sich im Juni 1781 feierlich verpflichtet hatte, die Verhandlungen nur mit Kenntniß und Zustimmung der französischen Regierung zu führen! Umsonst beschwerte sich letztere über die Rücksichtslosigkeit der amerikanischen Agenten und die offene Verletzung des feierlichen Abkommens beim Kongreß. Franklin vertheidigte seine Haltung mit seinem üblichen Wortschwall und allerlei Vorwänden. Er erklärte, das Abkommen sei ja nur vorläufig, ein voller Friede könne nur geschlossen werden, wenn auch Frankreich daran betheiligt sei. Und die französische Regierung war noch immer so von ihrem Wunsch beseelt, Amerika als Verbündeten gegen England zu behalten, daß sie trotz der Treulosigkeit der Amerikaner ihnen im Dezember wieder 6 Millionen Francs borgte.

Kaum war der Friede mit Amerika sicher, so spannte England den anderen Mächten gegenüber neue Saiten auf. Von der Aufgabe Gibraltars, das nach der langen, wenn auch vergeblichen Belagerung nur mehr ein Trümmerhaufen war, und seinem Austausch gegen Guadeloupe war keine Rede mehr. Es bestand Frankreich gegenüber auf Herausgabe der meisten Eroberungen und betonte bei den Besprechungen mit Spanien aufs Neue seine Ansprüche in Mittelamerika. Bei dem Frieden, welcher mit diesen Mächten am 20. Januar 1783 in Versailles zu Stande kam, erzielten sie nur einen sehr geringen Erfolg für ihre großen Aufwendungen und Opfer. Frankreich bekam die

*) England hat schließlich die Leute seinerseits entschädigt. Gegen 100 000 sollen aus den Vereinigten Staaten ausgewandert sein.

beiden kleinen Inseln St. Pierre und Miquelon bei New Foundland; Tabago und Sta. Lucia in Westindien und erhielt den Senegal in Afrika und seine Handelsstationen in Indien zurück. Dafür mußte es Dominica, St. Vincent, St. Kitts, Nevis und Montserrat in Westindien sowie den Gambia an England ausliefern. Spanien bekam Minorca und Florida, mußte dafür aber die von ihm besetzten Bahamainseln ausliefern und das Recht zum Holzfällen in Honduras, das es so lange angefochten hatte, zugestehen. In dem etwas später abgeschlossenen Frieden mit Holland gab man sich gegenseitig alle Eroberungen zurück. Doch behielt England Negapatam in Indien. Abgesehen vom Verlust der Vereinigten Staaten hat somit England dieser Krieg nicht so große Opfer gekostet, als sich zu Zeiten erwarten ließ, und sie sind guten Theils durch die große Beute, welche vom Staat wie Privatleuten gemacht worden ist, aufgewogen worden.

Siebentes Kapitel.

Gründung des indischen Reichs.

Im Winter des Jahres 1763 wurden von englischer Seite verschiedene Versuche gemacht, Shujah Dowlah, den Nabob von Oude, zur Auslieferung des geflüchteten Meer Cossim zu bewegen. Aber der Nabob wies alle diese Anträge standhaft ab, und sein Schützling sparte weder Geld noch Mühe, um sich im Lande und selbst in dem englischen Lager Freunde zu erkaufen. Es fiel ihm das um so leichter, als unter den englischen Truppen große Unzufriedenheit darüber herrschte, daß sie bei dem letzten Thronwechsel nicht reichlich genug bedacht worden waren, und als auch Meer Jaffier in aller Stille gegen die Engländer intriguirte. Anfang Februar 1764 brach eine offene Meuterei im englischen Lager aus, die nur mit Mühe friedlich beigelegt werden konnte. Ein Theil der europäischen Soldtruppen ging zum Feind über. Der Nabob von Oude benutzte diesen Zustand, um den Ganges zu überschreiten und gegen die Engländer zu Felde zu ziehen. Dieser Angriff stellte die Ordnung im englischen Lager für den Augenblick wieder her. Der Feind wurde vor Patna Anfang Mai geschlagen und zum Abzug gezwungen. Ein entscheidender Erfolg wurde jedoch nicht erreicht. Neue Verhandlungen zwischen beiden Theilen blieben fruchtlos, da der Nabob nicht allein die Auslieferung Meer Cossims standhaft weiter verweigerte, sondern auch die Provinz Bahar verlangte. Wieder begann das Intriguenspiel des Nabob. Unter den englischen Truppen machte sich die Unzufriedenheit aufs Neue Luft. Viele Leute gingen zu ihm über, die andern verweigerten ihren Offizieren den Gehorsam. Als Ende Mai Major Munro mit Verstärkungen von königlichen und Companytruppen aus Bombay ankam und den Oberbefehl übernahm, desertirte ein ganzes Bataillon Sepoys. — Munro machte diesem Zustand ein rasches Ende. Die Flüchtlinge wurden verfolgt und gefangen. 24 aus ihrer Mitte wurden sogleich summarisch abgeurtheilt, vor die Mündungen geladener Kanonen gebunden und trotz der Vorstellungen und Drohungen ihrer Kameraden in dieser barbarischen Weise getödtet. Die Ruhe war damit hergestellt. Niemand wagte mehr Widerstand, und nach Aufhören der Regenzeit konnte Munro zum Angriff übergehen. Shujah Dowlah wurde trotz seiner Uebermacht am 23. Oktober 1764 bei Buxar geschlagen und zur Flucht gezwungen. Am folgenden Tage stellte sich der bis dahin bei ihm befindliche junge Mogul unter den Schutz der britischen Company. Es wurde ihm für das Versprechen der Zahlung aller Kosten des Feldzugs die Provinz Oude versprochen, sobald sie erobert sein werde. Der Nabob Shujah Dowlah, welcher inzwischen seinen Schützling Meer Cossim, um seine Truppen zu unterhalten, eines großen Theils seiner Schätze beraubt hatte, sah seine Lage nun als so gefährdet an, daß er aufs Neue Verhandlungen anknüpfte und den englischen Offizieren große Geldsummen anbot. Die von den Engländern bestimmt geforderte Auslieferung Meer Cossims lehnte er indessen auch jetzt ab und setzte lieber den aussichtslosen Kampf fort. Als Alles verloren war, ergab er sich freiwillig den Engländern. Meer Cossim und sein Genosse Sumroo waren inzwischen nach Oberindien geflüchtet.

Während dieser Kämpfe nahm die Mißwirthschaft der Beamten der ostindischen Company einen bis dahin unerhörten Umfang an. Meer Jaffier wurde im Sommer 1764 unter dem Vorwand, daß er die englischen Truppen nicht genügend unterstützt habe, gezwungen, während der Dauer des Krieges monatlich fünf Lakhs Rupien (50 000 Pfund Sterling) zu den Kosten zu zahlen. Außerdem preßte man ihm 12½ Lakhs für den Unterhalt der Flotte und 53 Lakhs als Entschädigung für angebliche Verluste von Angestellten der Company ab. Die Lage der indischen Bevölkerung, welche alle diese ungeheuren Summen aufbringen sollte, wurde dadurch entsetzlich. Die Leute wurden geradezu rechtlos. Die indischen Kaufleute waren durch die Zollfreiheit der Engländer im Binnenhandel ruinirt, jeder Besitzende lebte in steter Gefahr, alle Habe zu verlieren. Die niedrigsten Angestellten der Company geberdeten sich ärger als je ein eingeborener Fürst. Als Meer Jaffier Januar 1765 starb, benutzte man das, um seinem Nachfolger Nudjum-ud-Dowlah noch schärfere Bedingungen aufzuerlegen als seinem Vater. Er mußte sich verpflichten, keine Truppen außer einer Anzahl Polizisten zu halten und monatlich fünf Lakhs an die Company weiter zu zahlen; die Leitung aller Regierungsgeschäfte in die Hand eines von dem englischen Governor ernannten Naib Subah zu legen, die ganze Finanzverwaltung Beamten zu übertragen, welche im Einverständniß mit dem Governor gewählt wurden, und die Steuerfreiheit der Engländer zu bestätigen. Und selbst diese unerhörten Bedingungen mußte der Nabob mit großen Geschenken erkaufen. Der eine englische Unterhändler erhielt zwei Lakhs und 37 000, sein Bruder 60 000 Rupien, zwei andere Beamte je ein Lakh und 12 000 Rupien! Der Governor und die Mitglieder des Councils erhielten nicht geringere Summen. Außerdem mußten auch der neu ernannte Naib und andere indische Beamte sich zu großen Geschenken verpflichten! Und das geschah, obwohl im Januar 1765 von der Direktion der Company das bestimmte Verbot, Geschenke entgegenzunehmen, eingetroffen war! Während so die Angestellten sich bereicherten, war die Company in steter Geldverlegenheit. Die Kassen vermochten die Lasten des Krieges nicht zu tragen. Wiederholt sah das Government sich genöthigt, Geld zu 8 pCt. von den Angestellten zu borgen und die Schiffe halb leer nach England abzusenden!

Diese, besonders seit Clives ersten Erfolgen zur Höhe gediehene unerhörte Mißwirthschaft*) war lange von den Theilhabern der Company schweigend geduldet worden. Diese Kaufleute kannten meist

*) Von 1757 bis 1765 haben nach amtlicher Feststellung die Nabobs von Bengalen Geschenke und Zahlungen an Beamte der Company im Werthe von 5 940 000 Pfund Sterling leisten müssen. Dabei ist nicht gerechnet die Clive von Meer Jaffier verliehene jährliche Landrente!

weder die allgemeine politische noch die Lage der Dinge in Indien. Das jährlich gewählte Direktorium, in dem ein tüchtiger und ehrgeiziger aber etwas eigensinniger und eifersüchtiger Mann, Mr. Sullivan, jahrelang der leitende Geist war, mißbilligte zwar in hohem Maße das Verhalten der Beamten in Indien, fühlte sich aber außer Stande, etwas Ernstliches dagegen zu thun. Im Publikum herrschte Begeisterung für die Thaten in Indien. Jeder junge Mann dürstete danach, sich dort auch in wenigen Jahren Reichthum und Namen zu erwerben. Als jedoch eine Hiobspost nach der andern von dort kam, und der Krieg mit Meer Cossim den ganzen Besitz der Company zu bedrohen schien, entschloß man sich zum Eingreifen. Es wurde den Beamten der Company zunächst jeder Handel verboten und alsdann die Ablieferung aller, 4000 Rupien im Werthe übersteigenden Geschenke zur Pflicht gemacht. Mit der Durchführung der neuen Vorschriften und der Herstellung der Ordnung in Indien wurde Lord Clive betraut.

Clive war seiner Zeit mit nicht sehr freundlichen Gefühlen für die Company nach England zurückgekehrt. Noch vor seiner Abfahrt hatte er die Absendung eines in Inhalt und Ton gleich anmaßlichen und unpassenden Schriftstücks durch das Council von Calcutta veranlaßt, das die Maßregelung der betheiligten Beamten zur Folge hatte. Sullivan und die anderen Direktoren waren gegen ihn eingenommen, sowohl wegen seiner Selbstüberhebung, als wegen der Art, wie er sich bereichert hatte. Wohl nicht mit Unrecht empfanden sie besonders den Umstand, daß Clive sich vom Nabob die Pachtsummen, welche die Company für die ihr übertragenen Gebiete zahlen mußte, ausbedungen hatte, als ein eigenthümliches und anfechtbares Verhältniß und verhehlten von vornherein ihre Mißbilligung nicht. Der vom Glück verhätschelte Mann faßte das als Kriegserklärung auf und traf Maßnahmen, die ihm verhaßten Direktoren zu beseitigen. Er kaufte für mehr als 100 000 Pfund Sterling Aktien, übertrug die auf je 500 Pfund Sterling lautenden Antheile, welche eine Stimme gaben, an seine Freunde und versuchte Sullivan zu stürzen. Des Letzteren Einfluß war indessen stärker als der Clives. Sullivan siegte bei den Wahlen glänzend und nun wies er das Government von Calcutta an, die Landabgabe nicht länger an Clive zu zahlen. Es war das ein Rechtsbruch, denn Clives Anspruch beruhte auf einem Privileg des Meer Jaffier, ebenso wie der Pachtvertrag der Company, und Clive beschritt daher nicht ohne Aussicht den Prozeßweg gegen die Gesellschaft. Ob er aber unter damaligen Verhältnissen viel erreicht hätte, ist zweifelhaft, wenn nicht die schlechten Nachrichten aus Indien die Augen aller Welt wieder auf ihn gelenkt hätten. Die Generalversammlung der Aktionäre verlangte seine Sendung nach Indien. Nach heftigem Widerstreben mußten sich die Direktoren entschließen, ihm den Posten des Oberbefehlshabers in Bengalen anzubieten. Clive machte die Annahme von der Beseitigung Sullivans abhängig, und so lebhaft war der Wunsch der Aktionäre, seine Dienste sich zu sichern, daß in der That Freunde Clives mit den leitenden Posten im Direktorium betraut wurden. Nunmehr wurde sogleich sein Recht auf die indischen Landrenten für zehn Jahre bestätigt und ein Abkommen mit ihm geschlossen. Er erhielt das Recht, im Falle von Meinungsverschiedenheiten in seinem Council mit vier von ihm gewählten Männern nach eigenem Ermessen und auf eigene Verantwortung Beschlüsse zu fassen. In Bengalen erhielt er als Oberkommandeur volle Freiheit in militärischer Hinsicht; nur formell wurde er dem Leiter des ganzen indischen Heeres, Lawrence, unterstellt. Auf klingende Vortheile leistete Clive Verzicht, wohl nicht nur um sein früheres Verhalten zu beschönigen, sondern auch zur Stärkung seiner Stellung gegenüber den Beamten. Daß er seine Natur nicht völlig geändert hatte, beweist freilich der Umstand, daß er sogleich, als er bei seiner Ankunft in Madras günstige Nachrichten über den Stand der Dinge vorfand, in London heimlich so viel wie möglich neue Aktien zu kaufen anordnete!

Bei der Ankunft in Calcutta, Mai 1765, erfuhr Clive von der Neubesetzung des Nabobthrones und den dabei vertheilten Geschenken im Werthe von 140 000 Pfund Sterling. Diese neue Erpressung und was er sonst von der herrschenden Korruption hörte, veranlaßten ihn, obwohl nach dem Friedenschlusse ein Anlaß zu außerordentlichen Maßnahmen nicht mehr vorlag und zwei der Mitglieder des ihm beigegebenen Ausschusses abwesend waren, ohne Weiteres allein mit den zwei anderen die oberste Leitung aller Geschäfte zu übernehmen. Das Council sträubte sich zwar, doch wagte es keinen ernstlichen Widerspruch und fügte sich endlich Clives Anordnungen. Sein erster Schritt war Durchführung des Verbots der Annahme von Geschenken. Alle Angestellten der Company im

Civil- wie Militärdienst wurden schriftlich hierauf verpflichtet. Gegen die Beamten, welche an dem neuen Nabob Erpressungen verübt hatten, wurde eine Untersuchung eingeleitet, und Maßregeln gegen den privaten Handel von Europäern in Indien ergriffen. Clive wollte indessen die Angestellten der Company nicht völlig der bisherigen Nebeneinkünfte, welche den Hauptreiz für den Dienst in Indien abgaben, berauben. Er war einerseits mit Recht davon durchdrungen, daß die Gehälter zu niedrig seien. Bekam doch ein Mitglied des Councils nur 250 bis 300 Pfund Sterling jährlich, während ein mäßiges Haus in Calcutta schon 200 Pfund Sterling Miethe kostete! Andererseits fürchtete er wohl auch auf gar zu entschlossenen Widerstand zu stoßen. Schon auf der Reise hatte er daher einen eigenartigen Plan gefaßt. Er beschloß, den Handel mit Salz, Betelnuß und Tabak in ein Monopol zu verwandeln und die Ausbeutung desselben den Beamten zu überweisen. Von den auf 100 000 Pfund Sterling jährlich veranschlagten Erträgen sollte ein gewisser Antheil der Company zufallen und der Rest in drei Theile zerlegt werden, einer für den Governor, das Council und die obersten Offiziere; der zweite für die Senior Merchants, die Oberstlieutenants und den Feldgeistlichen; der dritte für die Faktoren, Feldscheere und Offiziere.*) Diese schon im Sommer 1765 ins Leben gerufene Einrichtung ist Clive sehr verübelt worden, nicht allein, weil er sie ohne Befragung und Genehmigung der Company getroffen hat, sondern vor Allem weil er mit einigen Vertrauten vor der Einführung des Monopols sehr viel Salz aufgekauft und es mit einem Nutzen von etwa 45 Prozent dem aus der Mitte der Beamten gewählten leitenden Ausschuß verkauft und endlich einen ansehnlichen Antheil am Ertrag des Monopols eingestrichen hat.

Noch weniger Schwierigkeiten fand Clive bei der Regelung der Beziehungen zu den eingeborenen Fürsten. Nudjum-ud-Dowlah ließ es sich gefallen, daß an Stelle des Naib Subah eine Kommission mit einem europäischen Residenten die Leitung der Verwaltung in Bengalen übertragen erhielt, und wagte auch keinen Widerstand, als Clive ihm eine jährliche Pension von 50 Lakhs Rupien aussetzte und dafür die gesammte Zoll- und Steuerverwaltung auf die Company

*) Der Antheil eines Mitgliedes der ersten Klasse stellte sich auf etwa 7000, der zweiten auf 3000, der dritten auf 2000 Pfund Sterling.

übernahm.*) Shuja Dowlah, welcher sich freiwillig unterworfen hatte, erhielt ganz Oude mit Ausnahme von Allahabad und Corah gegen Zahlung der Kriegskosten im Betrage von 50 Lakhs Rupien zurück. Clive erachtete nämlich die Vertheidigung und Verwaltung des Gebietes von Oude für zu kostspielig und wollte es als Vorposten gegen Angriffe der Mahratten und Afghanen benützen. Diese Maßnahme war ein offener Bruch des Vertrages der Company mit Shah Alum, dem Mogul. Clive hielt sie aber für nöthig, da dieser Fürst zu unfähig, unentschlossen und machtlos war, um der Company in Oude etwas nützen zu können. Er machte kurze Umstände mit ihm. Die Ausführung des Vertrages und Nachzahlung der erheblichen Tributsummen, mit denen Bengalen bei ihm im Rückstand war, wurden einfach abgelehnt und dem Mogul nichts als die Gebiete Corah und Allahabad, welche jährlich 28 Lakhs Rupien abwarfen, geboten. Dafür mußte er allen Besitz, darunter die nördlichen Circars, welche einst die Franzosen besessen hatten, und alle Rechte der Company sowie die Landrenten Clives neu bestätigen.

Sobald der Friede gesichert war, ging der Governor an Einschränkung der sehr hohen Ausgaben fürs Militär, welche ja nach der Neuregelung der Verwaltung nicht mehr den Nabobs, sondern der Gesellschaft zur Last fielen. Er schaffte die doppelte Löhnung der Offiziere ab, welche während der Kriege Regel geworden war, und führte dieselben Soldsätze wie an der Coromandelküste durch. Als Entschädigung sollten die den Offizieren zugewiesenen Antheile an dem Monopol dienen. Kaum wurde dieser Schritt bekannt, so entstand lebhafte Unzufriedenheit unter den Betroffenen. Clive schenkte ihren Vorstellungen und Beschwerden indessen keine Beachtung. Den Berufungen vieler Offiziere gegenüber auf sein eigenes früheres Verhalten entschloß er sich lediglich, ein Legat von 60 000 Pfund Sterling, das ihm der Nabob Meer Jaffier bei seinem Tod vermacht hatte, als Fonds für Unterstützung invalider Soldaten und Offiziere zu stiften, um so einen Beweis von Uneigennützigkeit zu geben.**) Als die Offiziere sich von der Fruchtlosigkeit ihrer Schritte überzeugten, dachten sie an offenen Widerstand. 200 bildeten eine Ver-

*) Nach Clives Berechnung bezog die Company aus ihrem Landbesitz in Bengalen nach Abzug der öffentlichen Ausgaben 1 650 000 Pfund Sterling.

**) Er behielt sich allerdings Rücknahme der Stiftung für den Fall vor, daß sein Landrentenrecht erloschen erklärt werde.

schwörung und verpflichteten sich, am 1. Juni 1766 gemeinsam den Dienst zu kündigen, wenn ihnen nicht die alten Bezüge wieder gewährt würden. Falls Kriegsgerichte auf Tod erkennen sollten, schwor jeder, mit Einsetzung seines Lebens die Ausführung des Urtheils zu hindern. Außerdem verpflichtete sich jeder zu einer Strafe von 500 Pfund Sterling, wenn er wieder in den Dienst trete, ohne den Zweck des Bundes erreicht zu haben. Durch einen Zufall kam die Verschwörung schon Ende April zu Clives Kenntniß. Die Sache war doppelt gefährlich, da gerade Mahratten an der Grenze sich zeigten. Doch in diesem Augenblicke bewies der Governor wieder seine ganze Entschlossenheit und Ueberlegenheit. Er nahm die wenigen Offiziere, auf die er sich verlassen konnte, und sandte nach Calcutta und Madras Befehl, weitere zuverlässige Männer zu senden. Dann gab er Anweisung, die Rädelsführer zu verhaften und sich der Treue der eingeborenen Truppen zu versichern. Er selbst, der sonst sehr prachtliebend und bequem geworden war, machte sich zu Pferde auf nach Mongheer, wo die Dinge am schlimmsten standen, und schuf persönlich Ordnung. Als die Offiziere dort trotz seiner Vorhaltungen bei ihrem Entschluß, den Dienst niederzulegen, verharrten, zwang er sie durch die Sepoys, welche seinen Befehlen ohne Weiteres sich fügten, zum unbedingten Gehorsam. Eine Untersuchung wurde eröffnet, viele Offiziere entlassen und der Rest nur nach völliger Unterwerfung unter den Willen der Company wieder angestellt.

Die Energie, mit welcher Clive die Interessen der Gesellschaft bei dieser Gelegenheit wahrgenommen hat, steht in eigenartigem Gegensatz zu seinem Verhalten in der Salz-Monopolfrage. Die von ihm in dieser Beziehung auf eigene Faust getroffene Anordnung wurde schon 1766 von der Direktion der Company rund gemißbilligt. Ein Erlaß verbot für immer den Angestellten den Handel mit Salz, Betel und Tabak. Jeder, der daran theilnehme, sollte sofort nach England geschickt werden. Ein zweiter Erlaß erklärte die für den Betrieb des Monopols von Clive gegründete Gesellschaft der Angestellten für widerrechtlich und eine Verletzung der Anstellungsverträge. Aber ohne jede Rücksicht auf diese bestimmten Befehle ließ Clive die Einrichtung ruhig in Kraft und meinte, die Company vermöge die Angelegenheit nicht richtig zu übersehen.*) Er traf nur noch die

*) Die Einrichtung wurde 1768 von der Company abgeschafft und der Inlandhandel ausschließlich den Eingeborenen gesichert. Den Beamten wurden

Anordnung, daß die künftigen Governors und Präsidenten von Bengalen durch Eid und bei Strafe von 150 000 Pfund Sterling verpflichtet wurden, keinerlei Handel für eigene Rechnung zu treiben. Dafür billigte er ihnen 1⅛ Prozent von den Einnahmen der Provinz zu.

Länger in Indien zu bleiben, fand Clive, der seit lange dem Opiumgenuß ergeben war, mit Rücksicht auf sein körperliches Befinden unmöglich. Er trat Ende Januar 1767 die Heimfahrt an, nachdem er dem Select Committee, welches ihm zur Seite gestanden, die Geschäfte übergeben hatte. Ueber die Erfolge seines 1½jährigen Wirkens wurden von Seiten seiner Freunde die üblichen übertriebenen Nachrichten verbreitet. Man hatte sich schon längst gewöhnt, Indiens natürliche Reichthümer weit zu überschätzen. Es war daher natürlich, daß die Kunde von dem Uebergang Bengalens, Bahars und Orissas in das fast unbeschränkte Eigenthum der Company die ausschweifendsten Hoffnungen erweckte. Clive erzählte, daß die fraglichen Gebiete 15 Millionen Bewohner hätten und jährlich vier Millionen Pfund Sterling einbrächten. Wie konnte eine so riesige Einnahme mit den sechs Prozent Dividende in Einklang gebracht werden, welche die Aktien der Gesellschaft gaben? Unter allen Theilhabern regte sich Zorn gegen die Direktoren, welche nach ihrer Auffassung den Aktionären ihren gebührenden Nutzen vorenthalten wollten. Die Hinweise der Letzteren auf die großen Schulden der Company, die geringen Eingänge und fortwährenden Geldforderungen wurden nicht geglaubt. Die Generalversammlung erzwang eine Erhöhung der Dividende auf zehn Prozent für 1767, und der Kurs der Aktien stieg infolge lebhafter Spekulation auf 263. — Wesentlich betheiligt bei dieser Bewegung waren die Beamten der Company, welche wegen der Erpressung von Geschenken entlassen und unter Anklage gestellt worden waren. Mit Hülfe ihres Reichthums und ihrer Verbindungen setzten sie alle Hebel gegen die Oberleitung der Company in Bewegung und wußten insbesondere auch das Parlament zu einer Einmischung in die Angelegenheiten Ostindiens zu bewegen.

---

zur Besserung ihrer Bezüge 2½ Prozent von den Einkünften des Landbesitzes der Company überwiesen.

Achtes Kapitel.

Die ostindische Akte von 1773.

Den Anlaß bot die Regelung der Rechte der Company auf den von ihr erworbenen Landbesitz in Indien. Man hob hervor, daß kein Unterthan souveräne Rechte über ein Land für sich erwerben dürfe. Die Company behauptete zwar, daß sie ihr indisches Reich nur als Lehen vom Mogul habe, dem sie dafür eine jährliche Pacht zahle, und wies darauf hin, daß die ganze eigentliche Regierung des Landes in den Händen der indischen Behörden unbeschränkt verblieben sei. Im Parlamente blieb man indessen der Ansicht, daß Erwerbungen von der Bedeutung der ostindischen auch der ganzen Nation, welche durch ihre Machtmittel sehr erheblich der Company zu Hülfe gekommen war, zu Gute kommen müßten. Das Unterhaus beschloß, zunächst auf die Festsetzung der Dividende dauernd Einfluß zu üben. Um es zu bewegen, einer möglichst hohen Dividende beizustimmen, bot die Company auf Betreiben der Aktionäre, welche den Kurs ihrer Antheile treiben wollten, Abschluß eines Abkommens, wonach das Publikum einen Antheil am Ertrage des indischen Reichs erhalten sollte. Das Parlament normirte darauf die Dividende für die nächsten Jahre auf höchstens 10 pCt. und legte der Company für ihren Landbesitz 1767 eine jährliche Abgabe von 400 000 Pfund Sterling auf. Eine formelle Kündigung des 1770 ablaufenden Privilegs der Gesellschaft, die drei Jahre vor Ablauf erfolgen sollte, fand nicht statt, es lief somit ohne Weiteres 3 Jahre weiter. Ebenso wenig kümmerte sich das Parlament um die Verwaltung der Company in Indien, obwohl Klagen über die dabei herrschenden Mißbräuche und die fürchterliche Behandlung und Ausbeutung der Eingeborenen schon damals an der Tagesordnung waren. Die ganze Angelegenheit wurde in England eben rein als Geldfrage behandelt.

Die überschwänglichen Hoffnungen auf die Erwerbungen in Indien sollten sich nicht erfüllen. Noch während Clives Aufenthalt in Indien zogen sich dort neue Stürme zusammen, welche bald die Herrschaft der Company schwer erschütterten. Ihr Sitz war das Gouvernement Madras, wo nach der Niederwerfung der Franzosen der Schützling Englands Mohamed Ali im Carnatic und Nizam Ali nach Beseitigung seines Bruders Salabut Jung in Deccan die Herrschaft an sich gerissen hatten.

Hier war der Herrscher von Mysore, Hyder Ali, durch Unterwerfung seiner Nachbarn immer reicher und mächtiger geworden. Er eroberte 1766 die Malabarküste und bedrohte allmählich den ganzen Süden Indiens. Lord Clive hatte 1765 bei seiner Fahrt nach Bengalen in Madras Schritte gethan, den Einfluß der Company hier zu erweitern und zu sichern. Er hatte vom Mogul neue Firmans erwirkt, welche der Gesellschaft das volle Eigenthum der Northern Circars sicherten, welche einst Dupleix für Frankreich erworben hatte. Die Company besaß damit ein ununterbrochenes Gebiet an der Küste von Madras bis zum Ganges. Der thatsächliche Inhaber des Landes war aber damals der Subahdar des Deccan, Nizam Ali, und er wollte ohne Entgelt nicht darauf verzichten. Als die Engländer Miene machten, sich darin festzusetzen, rüstete er sich sogleich zu einem Einfall in das Carnatic. Erst als das Government Madras sich auf Anweisung Clives dazu entschloß, dem Nizam eine jährliche Abgabe von 9 Lakhs Rupien für die Circars und militärische Hülfe, falls er sie wünsche, zu versprechen, gab er seine feindselige Haltung auf und erkannte die Firmans des Mogul an.

Kaum war dieses Abkommen im November 1766 geschlossen, so verlangte Nizam Ali Unterstützung englischer Truppen zur Einziehung der Steuern und Zurückdrängung Hyder Alis, gegen den er auch die Mahratten gewonnen hatte. In Madras ging man hierauf sehr gern ein. Hyder Alis rasches Emporkommen erschien hier schon längst bedenklich, und die Gelegenheit wurde für günstig erachtet, ihm das Handwerk zu legen. Doch Hyder Ali ließ sich durch den gegen ihn geschlossenen Bund nicht einschüchtern. Er gewann zunächst die Häupter der Mahratten und dann Nizam Ali. Die englischen Truppen, welche in das Gebiet von Mysore eingerückt waren, sahen sich plötzlich von ihren eigenen Verbündeten bedroht und angegriffen. Sie mußten schleunigst im Herbst 1767 nach Trinomalee zurückweichen, wo sie von dem Feind eingeschlossen wurden. Hyder Ali fiel mit 5000 Reitern im Carnatic ein und erschien sogar vor Madras. Zum Glück für die Engländer wußte er seinen Vortheil nicht genügend auszunützen. Seine Gegner erhielten Zeit, Verstärkungen nach Trinomalee zu werfen und die Inder zu schlagen. Der Subahdar zog es darauf vor, Anfang 1768 mit England Frieden zu schließen, und auch Hyder Ali erklärte sich etwas später hierzu bereit. Die Beamten der Company stellten indessen solche Bedingungen, daß er nochmals den Kampf aufnahm. Er wurde dabei von stetem Erfolg begünstigt. Das Carnatic, Madura, Tinivelly wurden von ihm ausgeplündert und verwüstet und endlich erschien er mit 6000 auserlesenen Reitern nochmals persönlich in der Nähe von Madras. Die englischen Truppen standen weit entfernt im Lande. Hyder Ali war Herr der Lage. Er forderte die Beamten der Company auf, sogleich Verhandlungen zu eröffnen und den Truppen Halt zu gebieten, falls sie nicht die Hauptstadt verwüstet sehen wollten. So gefährdet erachtete sich die Präsidentschaft, daß sie sich ohne Weiteres Hyders Wunsch fügte. Am 4. April 1769 kam ein Friede zu Stande, worin beide Theile sich alle Eroberungen zurückgaben und ein Schutz- und Trutzbündniß schlossen.

Die Nachrichten von diesen Vorgängen in Madras, die schlechten Geschäfte, welche die Bombay-Präsidentschaft fortwährend machte,*) allerlei Unruhen in Bengalen erregten in London sehr schlechten Eindruck. Die Aktien der Company fielen um 60 pCt. Die Direktoren erachteten es für nöthig, wieder eine Untersuchung der Verhältnisse an Ort und Stelle vornehmen zu lassen. An Clive dachte damals Niemand mehr. Sein Ruhm war verblaßt. Das anmaßende, protzenhafte Auftreten, das er und andere in Indien reichgewordene Leute zur Schau trugen, die Eitelkeit und Prunkliebe des häßlichen, dicken Mannes hatten ihn sehr unbeliebt gemacht. Man erzählte von diesen sogenannten Nabobs die unglaublichsten Geschichten, dichtete ihnen alle möglichen Laster an und verspottete sie sogar auf der Bühne.

Die zahlreichen Feinde, welche sich Clive gemacht hatte, trugen dazu bei, sein Ansehen und seine Stellung zu untergraben. Nicht ein wie er vom Glück begünstigter Soldat, sondern drei bewährte Beamte wurden 1760 nach Indien gesandt, um dort zum Rechten zu sehen und besonders für Hebung der Einnahmen zu sorgen. Diese Maßregel wurde aber erst getroffen, nachdem das Parlament das Privileg der Company auf weitere 5 Jahre verlängert hatte. Die letztere mußte sich dafür verpflichten, jährlich weitere 400 000 Pfund Sterling an die Regierung abzuführen und außerdem englische Waaren

*) 1774 betrugen hier die Einnahmen 109 000, die Ausgaben 347 000 Pfund Sterling.

im Betrage von etwa 400 000 Pfund Sterling jedes Jahr nach Indien zu exportiren. Die Company fügte sich diesen Bedingungen unter der Maßgabe, daß ihr eine Erhöhung der Dividende auf 12½ pCt. gestattet wurde. Einer weiteren Forderung der Regierung indessen, wonach der Befehlshaber des englischen Geschwaders in Indien ganz selbständig und unabhängig von der Company gestellt werden sollte, leistete sie unter Hinweis auf die schlechten Erfahrungen Frankreichs mit diesem System unbedingten Widerstand.

Die auf die neue Kommission gesetzten Erwartungen erwiesen sich als unfruchtbar. Das Schiff, das die drei Beamten trug, ging unterwegs spurlos verloren. In Bengalen brach 1769 infolge schlechter Reisernte und der Verarmung des Landes durch die langen Unruhen und Erpressungen eine entsetzliche Hungersnoth aus, welche Millionen Menschen weggerafft hat. Die Company hat dagegen angeordnet, was in ihren Kräften stand. Sie hat den Handel mit Brotfrüchten verboten, die Steuererhebung in eigene Hand genommen, dem Erpressungswesen gesteuert und die Nothleidenden unterstützt. Doch sie war nicht allein ohnmächtig gegenüber der Größe des Elends, sondern viele Beamte verschmähten es auch nicht, die Noth auszunützen und trotz des Verbotes mit Reis wucherisch zu handeln. Die Einnahmen der Gesellschaft sanken unter diesen Umständen immer mehr. Das Government Bengalen hatte 1771: 612 000, 1772: sogar 1 039 000 Pfd. Sterling Schulden! Die Schulden der Company wurden auf 6 Millionen Pfund Sterling veranschlagt. Dabei fuhr sie fort, 12½ pCt. Dividende zu vertheilen! Es scheint, daß die Mehrheit der Aktionäre von dem wahren Stand der Dinge in Indien gar keine Ahnung gehabt und noch immer Clives Schilderungen als maßgebend betrachtet hat.

Die Augen wurden ihnen gewaltsam geöffnet. Mitte 1772 sah sich die Direktion der Gesellschaft außer Stande, ihre Zahlungen zu leisten. Es fehlten ihr für das nächste Vierteljahr allein 1 300 000 Pfund Sterling. Sie mußte bei der Bank eine große Anleihe aufnehmen und endlich am 10. August durch den Chairman und den Deputy dem Minister eröffnen, daß ohne einen staatlichen Vorschuß von mindestens 1 Million die Company nicht weiter wirthschaften könne!

Die Katastrophe kam ganz unerwartet für das große Publikum, wenngleich man schon längere Zeit wußte, daß in Indien nicht Alles in Ordnung sei. Schon im März 1772 war nämlich von Seiten der Company im Parlament neue und bessere Regelung ihrer gerichtlichen Gewalt beantragt worden. Die Gesellschaft besaß die Gerichtsbarkeit über Europäer nur in den ihr zu eigen gehörigen Gebieten. Vergehen Weißer in anderen Orten konnte sie nur in London verfolgen. Sie schrieb diesem Umstand die großen Mißbräuche und Ausschreitungen ihrer Angestellten zu und verlangte Gerichtsgewalt in ganz Indien. Dazu erklärte sie auch Maßnahmen des Staats gegen den privaten Handel der Beamten für nöthig.

Der Vertreter der Company im Parlament, Sullivan, kennzeichnete bei diesem Anlaß die unglaublichen Uebergriffe vieler Angestellter der Gesellschaft mit klaren Worten und sprach sich auch nichts weniger als schonend über Lord Clive aus. Der letztere beantwortete den nicht unerwarteten Angriff in wohldurchdachter Rede, in der er seinerseits über die Company herfiel. Bezeichnend für ihn war, daß er das Nehmen von Geschenken durch Beamte als alte gute Einrichtung aufs Wärmste vertheidigte. Nicht Unrecht aber hatte er, wenn er die Regierung für die Mißstände in Indien verantwortlich machte und sagte, sie habe das ganze große Indien wie eine Art Schwindel behandelt, sich um das Thun der Company nicht gekümmert und nur daran gedacht, möglichst viel Nutzen aus ihr zu ziehen! — Das Haus erkannte das Berechtigte dieses Vorwurfes an und setzte einen Ausschuß zur Prüfung der Geschäftsführung der Company nieder. Sein Bericht sollte abgewartet werden, ehe der Frage der Neuregelung der Gerichtsbarkeit näher getreten werde.

Während die Kommission mit ihrer Arbeit beschäftigt war, erreichten die finanziellen Schwierigkeiten der Gesellschaft die erwähnte Höhe, und der König berief das Parlament schon im November 1772, um eine Entschließung in der Angelegenheit herbeizuführen. Das Haus betraute einen geheimen Ausschuß mit nochmaliger genauer Prüfung der Finanzen der Company. Dieser ging sehr energisch vor und griff sogleich in ihre Geschäfte ein. Als Ende 1772 die Direktoren eine neue Revisionskommission nach Indien schicken wollten, verbot der Ausschuß das als eine unnöthige, nutzlose Ausgabe, und als die Gesellschaft sich sträubte, wurde ohne Weiteres ein Verbot der Maßnahme durchs Parlament erzielt! Zwar sprachen dort viele Redner der Opposition und besonders Burke energisch gegen die Bill, welche wohlerworbene Rechte verletze und allen kaufmännischen Gesellschaften für die Zukunft die Sicherheit raube. Aber die Mehrheit, welche empört über die Wirthschaft der Company war, viele Aktionäre, welche die Schädigung ihres Vermögens nicht verschmerzen konnten, und auch Clive traten auf Seite der Regierung. Man wollte die Dinge nicht ohne Kontrole des Parlaments weiter gehen lassen!*)

Die Company bot schließlich Anfang 1773 der Regierung eine dauernde Aufsicht über ihre Geschäftsführung an, indem sie sich verpflichten wollte, für ein Darlehen von 1½ Million Pfund Sterling ihre Dividende auf 6 pCt. herabzusetzen und zunächst ihre Schulden aus den Einnahmen zu tilgen. Dabei wäre genaue Ueberwachung ihrer Ausgaben von Staatswegen unumgänglich gewesen. Sie bot ferner gegen Erlaß der Abgabe von 400 000 Pfund Sterling und Freiheit im Theehandel für 5 Jahre Theilung des Gewinnes an. Dem Ministerium war das jedoch nicht genügend. Es wollte nur 1 400 000 Pfund Sterling leihen und forderte dafür zunächst Nachzahlung der schuldig gebliebenen Abgaben. Bis zur Tilgung der Schulden sollte die Dividende nur 6 pCt. betragen. Von dem Rest der Einnahmen sollten ¾ an den Staat fallen, das letzte Viertel zu bestimmten Zwecken verwendet werden! Unter diesen Bedingungen sollten die Charter der Company und ihr Recht auf den Landbesitz für 6 Jahre verlängert werden. Begreiflicherweise sträubte sich diese hiergegen aus allen Kräften. Alle Gegner der Regierung und alle Freunde der Gesellschaft wurden in Bewegung gesetzt und das Publikum gegen den Eingriff in klare Privatrechte aufgerufen. Zu unbeliebt aber war die Company besonders nach dem Erscheinen des Berichtes der Parlamentskommission, der die ganze Mißwirthschaft enthüllte, geworden und zu fest die Mehrheit der Regierung. Unentwegt schritt Letztere auf dem betretenen Wege fort und bereitete auch eine gründliche Umwandlung der Verfassung der Gesellschaft in England wie Indien vor. Es hatte sich besonders die Bestimmung, daß jeder Besitzer von 500 Pfund Sterling Aktien in den Generalversammlungen Stimmrecht besaß, als sehr nachtheilig erwiesen. Die großen Aktienbesitzer, wie Clive, hatten durch Scheinvertheilung

*) Nicht wenig zu der Mißstimmung des Parlaments gegen die Company haben die Bemühungen des Nabobs des Carnatic, Mohamed Ali, beigetragen, der sich in England Agenten hielt, Freunde erkaufte und sogar Beglaubigung eines englischen Gesandten an seinem Hofe durchsetzte!

ihrer Antheile an Beauftragte mit Hülfe dieser Bestimmung leicht großen Einfluß zu üben vermocht, und es war auch schwer, die Menge der kleinen Aktionäre zu größeren Gesichtspunkten zu bekehren. Es gab solcher Leute, die 300 bis 990 Pfund Sterling Aktien besaßen, damals 1341 mit einem Kapital von 648 720 Pfund Sterling. 1000 Pfund Sterling und mehr waren dagegen nur in den Händen von 812 Personen, die über 1 909 339 Pfund Sterling verfügten. Die Regierung beschloß nun das Recht zur Abstimmung erst den Besitzern von mindestens 1000 Pfund Sterling zu verleihen und auf 3000 Pfund Sterling zwei, 6000 drei und 10 000 Pfund Sterling 4 Stimmen zuzugestehen. Mit einem Schlag wurden dadurch fast $^2/_3$ der Antheilbesitzer von den Abstimmungen ausgeschlossen. Es wurde ferner die jährliche Wahl aller Direktoren abgeschafft. Nur immer $^1/_4$ sollte ausscheiden und neugewählt werden. Die Regierung von Bengalen, Bahar, Orissa wurde einem Governor General mit 25 000 Pfund Sterling und vier Räthen mit je 8000 Pfund Sterling Gehalt übertragen. Dieser Regierung wurden alle anderen Präsidentschaften unterstellt. Das bestehende Gericht in Calcutta wurde auf Handelssachen beschränkt und ein oberster Gerichtshof, bestehend aus Oberrichter urd drei Richtern, welche die Krone ernannte, ins Leben gerufen. Ersterer sollte 8000, die letzteren je 6000 Pfund Sterling Gehalt beziehen. Die Wahl des ersten Governor Generals und seiner Räthe behielt sich die Regierung vor. Nach Ablauf ihrer Dienstzeit von 5 Jahren sollte die Direktion sie ernennen aber mit Genehmigung der Krone. Die gesammte Korrespondenz der Company sollte fortlaufend dem Ministerium vorgelegt werden. Endlich war Verbot jeder Betheiligung an Handelsgeschäften für Governor General, seine Räthe und die Richter, sowie Verbot der Annahme von Geschenken für alle Beamten und Militärs in Aussicht genommen.

Trotz alles Geschreis der Theilhaber der Company wurden diese Vorschläge der Regierung mit großer Mehrheit im Mai 1773 von beiden Häusern des Parlaments angenommen und bald darauf vom König bestätigt. Um der Company entgegenzukommen, wurde ihr nur zollfreier Export ihrer großen Theevorräthe nach Nordamerika gestattet. Die Gesellschaft war somit unter engste Staatsaufsicht gestellt, und man konnte allerdings der Hoffnung Raum geben, daß Mißbräuche und Erpressungen wie in den letzten Jahrzehnten nun nicht mehr vorkommen würden.

Es ist nicht zum wenigsten der Entrüstung der Direktion der Company über diese Maßnahmen zuzuschreiben, wenn sie während derselben Zeit, wo das Parlament die oben geschilderten Gesetze beschloß, gegen Lord Clive aufs Lebhafteste vorging. Mr. Sullivan und seine Freunde waren der Ansicht, daß die Gesellschaft lediglich für die Missethaten dieses Mannes büßen müsse, der nicht zufrieden mit seinem unrechtmäßig erworbenen Reichthum, am eifrigsten ihre Geschäftsführung angegriffen hatte. Sie beantragten geradezu Untersuchung der Vorgänge beim Tod Surajah Dowlahs, der Einsetzung Meer Jaffiers und der Vertheilung der großen Schenkungen. Diese Untersuchung ließ über die eigenartige Rolle, welche Clive in allen diesen Angelegenheiten gespielt hat, keinen Zweifel. Er wußte keine anderen Gründe zu seiner Entschuldigung anzuführen als die Umstände, welche obgewaltet hätten, und die Masse der Reichthümer, welche ihm in die Hände gefallen waren. Aber trotz der groben Verletzung seiner Pflichten als Beamter und Mensch wollten weder der König George III. noch Lord North den Mann, welchem England das indische Reich verdankte, fallen lassen. Während der Dauer der Untersuchung ließen sie ihn feierlich als Ritter des Bathordens in Westminster installiren und ernannten ihn zum Lord-Lieutenant von Shropshire. Ihr Wunsch und der Einfluß Clives, der über eine Anzahl Parlamentssitze selbst verfügte, waren stark genug, daß dem Angeklagten nichts geschah. Das Parlament nahm allerdings ein Gesetz an, worin alle Erwerbungen von fremden Fürsten zu Staatseigenthum erklärt und die Rückgabe aller in Bengalen von Beamten und Soldaten den dortigen Fürsten abgenommenen Summen als nothwendig bezeichnet wurde; es erklärte auch, daß Clive zu Unrecht 234 000 Pfund Sterling für sich erworben habe, aber es zog daraus nicht den erwarteten Schluß. Vielmehr wurde die Sache nun fallen gelassen und ausgesprochen, daß gleichzeitig Clive dem Vaterlande große und werthvolle Dienste erwiesen habe. Clive blieb ungestraft im Besitz seiner Schätze. Erfreut scheint er sich ihrer allerdings nicht zu haben, denn er litt an höchster Nervosität und Schlaflosigkeit und ist im Herbst 1774 anscheinend durch eigene Hand gestorben.

Die finanzielle Lage der ostindischen Company war zur Zeit der Einführung der neuen Verwaltungsform folgende:

Die Aktiven der Gesellschaft in England beliefen sich auf

7 784 000, die Passiven auf 9 219 000 Pfund Sterling. Es bestand hier also ein Fehlbetrag von 1 434 000 Pfund Sterling. Der Gesammtbesitz in Indien, China und St. Helena wurde auf 6 397 000 Pfund Sterling berechnet, auf dem 2 032 000 Pfund Sterling lasteten. Hier war somit ein Ueberschuß von 4 364 000 Pfund Sterling vorhanden. Nach Abzug des in Europa zu zahlenden Fehlbetrages belief sich der verfügbare Besitz der Gesellschaft also auf rund 2 930 000 Pfund Sterling. Von ihrem Kapital von 4 200 000 Pfund Sterling waren demnach 1 269 000 Pfund Sterling verloren! Als Dividende sind von 1744—1755 acht Prozent, 1756—1766 sechs, 1767—1769 zehn, 1770 elf, 1771 zwölf, 1772 zwölfeinhalb Prozent bezahlt worden. Die Verkäufe im India-Haus haben sich in der Zeit von 1744—1772 jährlich von durchschnittlich 2 000 000 auf 3 000 000 Pfund Sterling im Werth gehoben. Der Export hat sich mehr als verdoppelt. 1766—1773 belief er sich durchschnittlich im Jahr auf 671 000 Pfund Sterling, der Import auf 1 573 000 Pfund Sterling. Die Schiffe der Company hatten 1751 einen Tonnengehalt von 38 441, 1772 von 61 860.

Neuntes Kapitel.

Warren Hastings.

Der Posten des neu geschaffenen Governor Generals wurde von der englischen Regierung dem damaligen obersten Vertreter der Company in Bengalen, Warren Hastings, übertragen. Der später so viel genannte Mann hatte seine Laufbahn im Alter von 17 Jahren 1750 als Schreiber in Calcutta begonnen. 1764 kam er mit ansehnlichem Vermögen nach England. Nachdem er dieses dort, man weiß nicht recht wie, in wenigen Jahren verloren, ging er 1769 als Mitglied des Councils von Madras wieder nach Indien. Unterwegs lernte er die Frau eines abenteuernden Portraitmalers Baron Imhoff, eine geborene Stuttgarterin, kennen, kaufte sie dem Gatten ab und heirathete sie. Sein Wirken im Interesse der Gesellschaft trug ihm bald die Versetzung ins Council von Calcutta und 1772 die Ernennung zum Vorsitzenden dieser Körperschaft ein. In dieser Stellung legte Hastings zahlreiche Proben seiner Energie und seines Eifers für das Wohl seiner Auftraggeber ab. Die der Company abgetretenen Gebiete brachten bei Weitem nicht den Landsteuerertrag, den man erwartete und brauchte. Es wurde das ebenso der Unredlichkeit der eingeborenen Steuererheber und der unerhörten Ausbeutung der Eingeborenen, wie dem bösen Willen des Leiters der inneren Verwaltung Bengalens, des Naib Subah Mohamed Reza Khan, zur Last gelegt. Die Company hatte 1769 in den verschiedenen Distrikten englische Steuerinspektoren ernannt, um die indischen Beamten zu überwachen. Doch auch diese Maßregel erwies sich nicht als ausreichend. Man faßte daher in London, beeinflußt unter Anderem durch Darlegungen eines sehr intriguanten und gewissenlosen aber klugen Brahminen Nuncomar, welcher Reza Khan haßte und längst zu beseitigen strebte, den Plan, auch die letzten Reste der indischen Selbstverwaltung zu beseitigen und die Steuererhebung wie das ganze Finanzwesen in die eigene Hand zu nehmen. Von der Bedeutung einer solchen Maßregel in einem so großen und dicht bevölkerten Reiche und den Schwierigkeiten ihrer Durchführung hatte die Direktion der Gesellschaft gar keine Vorstellung. Sie ertheilte den Befehl dazu, ohne ein Wort näherer Anweisung und ohne Andeutung, wie es mit verschiedenen Anordnungen, welche mit dem neuen System unvereinbar waren, gehalten werden sollte. In Indien selbst waren die Beamten über die Lage und Bedürfnisse der Eingeborenen auch keineswegs so ausreichend unterrichtet, um kurzer Hand das Bestehende durch etwas Besseres ersetzen zu können. — Doch unbekümmert darum traf Hastings ohne Weiteres nach Empfang der erwähnten Weisungen aus der Heimath seine Entschlüsse.

Mohamed Reza Khan und seine Anhänger wurden im Frühjahr 1772 verhaftet, sein Amt abgeschafft und das Landsteuersystem mit einem Federstrich völlig umgestaltet. Alles Land sollte der Company gehören und von ihr an die Bauern unmittelbar verpachtet werden. Alle Steuererheber und Mittelsmänner wurden abgeschafft, ein Ausschuß mit der Durchführung der Sache betraut. Diese Kommission verpachtete die Ländereien an die Meistbietenden, unterdrückte eine Anzahl lästiger Abgaben, welche die früheren Steuerpächter erpreßt hatten und löste einen Theil der Grundherren (Mittelsmänner), welche früher die Unterpächter ausgebeutet hatten, gegen Zahlung einer bescheidenen Rente ab. Nachdem das geschehen war, wurde die Rechtspflege, so gut das ging, neu geordnet. In jedem Distrikt wurde ein Civil- und ein Strafgericht geschaffen, worin je ein europäischer Beamter mit einer Anzahl Eingeborenen saß. In Calcutta errichtete man je einen Appellhof für bürgerliche und Strafsachen, wo ebenfalls Eingeborene als Richter in der Mehrzahl waren. Die Entscheidung über Leben und Tod wurde dem Governor und Council vorbehalten.*)

Der Nabob von Bengalen war schon von Clive jedes Einflusses auf die Regierung seines Landes beraubt worden, aber die Company zahlte ihm für seinen Hofhalt eine bedeutende Summe. Die Höhe dieser Pension war Clive von der Gesellschaft sehr verargt worden. Hastings, welcher Weisung hatte, so viel wie möglich zu sparen, setzte jetzt die Summe von 32 auf 16 Lakhs Rupien herab. Ihre Verwaltung erhielt der Sohn Nuncomars, um so den Vater, welchem Hastings nicht traute, zu verpflichten. Wenn der machtlose Nabob nicht völlig beseitigt wurde, geschah das hauptsächlich mit Rücksicht auf die fremden Mächte, denen gegenüber es die Company für gut fand, sich noch immer als Vasall der indischen Fürsten zu geberden.

Die Ersparnisse, welche Hastings durch diese Maßnahmen erzielte, und die neuen Einnahmequellen, welche er öffnete, genügten der Company noch nicht. Ebenso lästig wie die Pension des Nabob von Bengalen empfanden die Londoner Direktoren eine dem Mogul versprochene Zahlung von jährlich 26 Lakhs Rupien. Schon 1768 hatte das Select Committee Auftrag in Calcutta ertheilt, Mittel zu suchen, um von dieser Zahlung befreit zu werden, und der Meinung Ausdruck gegeben, daß eine nähere Verbindung, die der Mogul etwa mit den Mahratten oder anderen Mächten eingehe, einen geeigneten Anlaß bieten könne, diese Zahlung einzustellen. Eine Gelegenheit wie die angedeutete, ließ nun nicht lange auf sich warten. Der Mogul Shah Alum hatte nur kurze Zeit in den ihm überlassenen, dem Nabob von Oude weggenommenen Provinzen Allahabad und Corah geweilt. Vom Wunsch beseelt, die alte Residenz seiner Vorfahren, Delhi, wiederzubekommen, hatte er sich 1771 unter Zustimmung des englischen Governments von Calcutta daran gemacht, Delhi wieder zu erobern. Die Behörden von Bengalen versprachen ihm

*) Für den Gebrauch der neuen Gerichte ließ Hastings das indische wie das mohamedanische Recht sammeln und auch ins Englische übersetzen.

ausdrücklich „Hülfe und Schutz, falls ihn eine Ungunst des Schicksals zur Rückkehr in die Provinzen nöthigen sollte“. Mit Hülfe der Mahratten erreichte der Mogul sein Ziel und zog am 25. Dezember 1771 in Delhi ein.

Die Mahratten hegten nun keineswegs die Absicht, dem Mogul zu seiner alten Macht zu verhelfen und sich ihm dann zu unterwerfen. Sie wollten ihn vielmehr nur als Werkzeug für ihre Pläne benutzen. Er sollte ihnen helfen, neue Gebiete zu erobern, die sie ausplündern konnten. Zunächst fielen sie mit ihm über einen der Rohillafürsten im Nordwesten von Oude her, die sich bei der Auflösung des Mogulreichs selbständig gemacht hatten. Sein Land wurde erobert, der Herrscher verjagt und alle seine Schätze weggenommen. Die übrigen Rohillafürsten geriethen nun in begreifliche Angst und riefen den Nabob von Oude, Shujah Dowlah, um Hülfe an. Auch letzterer war bestürzt. Er sah seine Grenzen von den Mahratten bedroht und fürchtete, daß der Mogul, den er so lange ausgebeutet, zu mächtig werde. Im Januar 1772 wandte er sich an den englischen General Sir Robert Barker, der nach Allahabad marschirte, und legte ihm einen Plan zu gemeinsamer Ausführung vor. Danach sollten die Engländer mit ihm an die Grenze der Rohillastaaten ziehen und diese veranlassen, einen Theil ihres Gebietes an den Mogul abzutreten sowie von den Mahratten Frieden zu erkaufen. Der Vorschlag wurde in Calcutta gebilligt und sogleich zur Ausführung gebracht.

Doch die Rohillafürsten wollten nichts von der Landabtretung wissen. Während man mit ihnen unterhandelte, hausten 30 000 Mahratten in dem von ihnen mit dem Mogul eroberten Gebiet und bedrohten das ganze Land. Shujah Dowlah zeigte angesichts ihrer Macht sich daher geneigt, zum Aerger Sir Robert Barkers die Rohillas ihrem Schicksal zu überlassen und mit den Mahratten einen Vertrag zu schließen. Gerade damals starb aber der Oberhäuptling der Mahratten, und ihre Truppen wurden abberufen. Der Vertrag zwischen den Rohillas und Shujah Dowlah kam daher im Juni 1772 zu Stande. Letzterer verpflichtete sich unter Anderem, gegen eine Zahlung von 40 Lakhs Rupien die Mahratten aus dem Rohillagebiet zu vertreiben. Der Nabob hütete sich indessen, einen Feldzug gegen die gefürchteten Feinde zu beginnen. Die Mahratten behielten deshalb freie Hand und wandten sich nun bald gegen den Mogul, der ihren Wünschen Widerstand entgegensetzte. Im Dezember 1772 griffen sie ihn in Delhi an und zwangen ihn zur Ergebung. Shah Alum wurde von da an ihr willenloses Werkzeug. Er mußte ihnen sogar einen Grant für seine Provinzen Allahabad und Corah ertheilen.

Die hierdurch geschaffene Lage bedrohte gleichmäßig den Nabob von Oude und die Engländer. Die Macht der Mahratten reichte jetzt bis an die Grenzen Bengalens. Der Statthalter des Mogul in Allahabad und Corah bat um englischen Schutz, und das Secret Committee von Calcutta ordnete Anfang 1773 Truppen dahin ab. Gleichzeitig wurde Barker wieder dem Nabob von Oude zu Hülfe gesandt. Es kam indessen zu keinen ernsten Kämpfen, da im Mai die Mahrattentruppen nach Haus gerufen wurden.

Kaum war die Gefahr beseitigt, so schritt Hastings, welcher fortwährend von der Company gedrängt wurde, größere Einnahmen zu schaffen, daran, die neue Lage auszunutzen. Zwar hatte er gelegentlich Anweisung erhalten, eine milde Herrschaft zu führen und bei allen Gelegenheiten eine „ehrliche und gerade Politik“ zu verfolgen. Doch die verschiedenen Hinweise der Direktion auf Mittel zu Ersparnissen waren nicht gerade vom Geiste einer solchen Politik erfüllt. Es ist daher zu verstehen, daß Hastings, der sich in erster Linie als Beamter fühlte, zunächst nur daran dachte, wie er die schwere Schuldenlast der Gesellschaft tilgen und neue Mittel gewinnen konnte. Der Nabob von Oude war der geeignete Mann, solche zu liefern. Im September 1773 traf er persönlich mit Hastings in Benares zusammen. Es wurde dabei ausgemacht, daß Shujah Dowlah eine starke Abtheilung englischer Truppen vermiethet*) werden sollte, um damit die Rohillagebiete zu unterwerfen und zu verhüten, daß sie später wieder den Mahratten in die Hände fielen. Außer der monatlichen Zahlung für die Truppen, welche die englischen Kassen entlastete, sollte der Nabob nach erfolgter Eroberung der Rohillas 40 Lakhs Rupien der Company zahlen. Ferner erhielt Shujah Dowlah jetzt von Hastings die Provinzen Allahabad und Corah, für welche, wie erwähnt, englischer Schutz nachgesucht war, für 50 Lakhs Rupien zurück. Es war das ein offener Bruch des mit dem Mogul 1765 geschlossenen Vertrags, und General Barker hat dagegen protestirt.

*) Für monatlich 210000 Rupien.

Aber die Company brauchte Geld, und Hastings erklärte, daß der Mogul diese Provinzen nicht gegen die Mahratten zu vertheidigen im Stande sei! Wer bürge dafür, daß er sie nicht gar gelegentlich einer anderen europäischen Nation abtrete! Um die Verbindung mit dem Nabob noch fester zu gestalten und ihn in der Nähe zu überwachen, veranlaßte Hastings damals auch Ernennung eines englischen Agenten an seinem Hofe.

Shujah Dowlah zog nach der Verständigung mit den Engländern zunächst nach Delhi zum Mogul. Durch Geschenke und Aufmerksamkeiten aller Art bewog er Shah Alum, nicht nur seine Zustimmung zu der Unterjochung der Rohillas zu geben, sondern sogar einen Bund mit ihm zu schließen. Der Mogul sollte danach an dem Feldzug theilnehmen und dafür einen Antheil an der Beute und das halbe Land bekommen. Nunmehr wurde die Hülfe der Engländer angerufen. Aber das Council sträubte sich gegen die Theilnahme an diesem Eroberungsfeldzug, da die Company wiederholt Angriffskriege verboten hatte und deshalb auch dem Mogul Hülfe gegen die Mahratten verweigert worden war. Hastings mußte alle Kräfte einsetzen, um die Zustimmung seiner Kollegen zu gewinnen.

Kaum rückte eine englische Brigade im Frühjahr 1774 mit Shujah Dowlah vereint in das Gebiet der Rohillas ein, so boten diese eine friedliche Auseinandersetzung an. Der Nabob stellte so ungeheure Geldforderungen, daß den Leuten nur der Kampf übrig blieb. Sie fochten aufs Tapferste, waren aber den englischen Truppen nicht gewachsen. Nach dem Tod verschiedener Häuptlinge flohen sie, und nun begann Shujah Dowlah, der unthätig dem Gefecht zugesehen hatte, in fürchterlicher Weise zu rauben und zu morden. Umsonst erhob der englische Oberst Champion Einspruch; von Calcutta erhielt er die Weisung, sich nur um militärische Angelegenheiten zu kümmern! Shujah Dowlah konnte nach Belieben hausen. Er tödtete, wer Widerstand leistete, verbrannte die Dörfer und verjagte gegen 100 000 Personen jedes Alters und Geschlechts aus ihrem Heim. Als der Krieg schon zu Ende war, erschien der Feldherr des Mogul mit dem verabredeten Truppendetachement und verlangte den im Vertrag ausgemachten Beuteantheil. Der Nabob verweigerte ihn indessen unter allerhand Vorwänden, und die Regierung in Calcutta gewährte dem Mogul keinen Beistand gegen den treulosen Nabob. Nicht genug damit und mit der Wegnahme der Provinzen Allahabad und Corah enthielt Hastings dem Mogul jetzt auch noch die jährliche Zahlung von 26 Lakhs Rupien mit der Begründung vor, daß er sie durch sein Bündniß mit den Mahratten verwirkt habe. Die englische Company war mit allen diesen Maßnahmen voll einverstanden, gelang es doch auf diese Weise, die drückende Schuldenlast schon Ende 1774 größtentheils zu tilgen. Die Einnahmen aus Steuern und Handel waren in diesen Jahren nicht nennenswerth gestiegen. Aus ihnen hätten die Schulden der Gesellschaft nicht getilgt werden können!

Die Neuordnung der Verwaltung Indiens, welche das Parlament beschlossen hatte, trat erst im Oktober 1774 in Kraft. Damals trafen nämlich die Hastings zur Seite gestellten Räthe erst aus England in Calcutta ein. Hastings, obwohl er die Würde des Governor General erhalten hatte, war nicht sehr erbaut darüber, daß seine Machtvollkommenheit durch vier sehr unabhängig gestellte Beiräthe beschränkt wurde. Den einen, Barwell, einen Beamten der Company, ließ er sich noch gefallen, gegen die anderen, General Clavering, Colonel Monson und Philip Francis, die aus England kamen, war er sehr mißgestimmt und zeigte ihnen das vom Augenblicke ihrer Landung an. Er versäumte nichts, um diese Beamten nicht als Kollegen, sondern als Untergebene im Volk erscheinen zu lassen. Noch weniger angenehm war dem Governor General die Einsetzung eines obersten Gerichtshofes. Er fürchtete daraus Konflikte mit den Eingeborenen entstehen zu sehen. Nur der Umstand, daß ein Schulfreund Sir Elijah Impey als Oberrichter herausgekommen war, tröstete ihn.

Schon nach wenigen Tagen brach zwischen dem Council und dem Governor General lebhafter Streit aus, da Letzterer die Vorlage der vollständigen Akten über den Rohillakrieg, welchen die drei aus England gekommenen Räthe als ein schamloses Gelderpressungsmanöver bezeichneten, verweigerte. Nur Barwell stand auf Hastings' Seite. Die Majorität rief den englischen Agenten am Hof des Nabobs von Oude und die Truppen vom Rohillafeldzug zurück. Sie verlangte ferner von Shujah Dowlah sofortige Zahlung aller versprochenen Summen. Umsonst protestirte der Governor General dagegen. Beide Theile sandten Beschwerden über einander nach London.

Als Anfang 1775 Shujah Dowlah starb, schloß das Council mit seinem Sohn Asoff-ul-Dowlah einen Vertrag, worin er der

Company ein neues Landgebiet abtreten und die monatlichen Zahlungen für die englischen Truppen erhöhen mußte, obwohl Hastings auch hiergegen Einspruch erhob. Der Streit zwischen Hastings und seinen Kollegen wurde noch erbitterter, als sie auch ihrer Vollmacht gemäß die innere Verwaltung, in welcher noch immer die größten Mißbräuche herrschten, zu prüfen und zu verbessern begannen und die Thätigkeit der Präsidentschaften Bombay und Madras ihrer Kontrolle unterwarfen. Bei dem besten Willen und ausgezeichnetster Pflichttreue gelang es den drei die Mehrheit bildenden Mitgliedern des Councils doch nur selten, das Richtige zu treffen, da ihnen die nöthige Kenntniß der verwickelten indischen Verhältnisse und Personen abging und da das Verhalten von Hastings sie in immer größeren persönlichen Gegensatz zu Letzterem brachte.

Abgesehen von dem anstößigen Privatleben des Governor Generals trug hierzu bei, daß dem Council eine Reihe von Beweisen dafür in die Hände kamen, daß Hastings trotz seines hohen Gehalts von 25 000 Pfund Sterling eine Menge unerlaubter Nebeneinnahmen hatte. Er wurde beschuldigt, nicht allein von verschiedenen Indern ansehnliche Summen erpreßt zu haben, sondern es wurde auch erwiesen, daß er nicht weniger als drei Lakhs von den Geldern, welche dem Nabob von Bengalen zu zahlen waren, in seine Tasche gesteckt hatte. Hastings mußte die Thatsache zugeben; er entschuldigte sie nur mit der Landessitte und ungewöhnlichen Aufwendungen, die er bei einer Reise nach Moorshedabad habe machen müssen. Die Anklagen gegen Hastings wurden in den Sitzungen des Council behandelt, obwohl Hastings hiergegen protestirte, daß man in dieser Weise vorgehe. Er behauptete wohl nicht mit Unrecht, daß die Mehrheit nur ihrem Haß freien Lauf lassen und ihn demüthigen wolle, und verlangte, daß solche Untersuchungen in einem Ausschuß geführt werden möchten. Obwohl er aber die Sitzungen auflöste und verließ, verharrte die Mehrheit bei ihrem Vorgehen, wahrscheinlich, da andere Persönlichkeiten als sie den Muth und die Unabhängigkeit, welche zu der Untersuchung gegen den allmächtigen Mann gehörten, nicht besaßen.

Die Lage Hastings' wurde wirklich bedenklich, als Anfang 1775 auch der erwähnte intriguante Inder Nuncomar, dessen Sohn der Führer der Geschäfte des Nabob war, und welcher in alle Ereignisse tief eingeweiht war, gegen Hastings Anklage erhob. Er beschuldigte ihn, von dem seiner Zeit abgesetzten Mohamed Reza Khan bestochen worden zu sein, um seine Freisprechung zu erwirken.*) Er bestätigte die Beschuldigung wegen der Unterschlagung der dem Nabob zukommenden Gelder und wies sogar nach, daß er selbst große Summen gezahlt habe, um die Anstellung seines Sohns zu erwirken. Nuncomar erbot sich, persönlich dem Governor General gegenüber zu treten und vor ihm seine Anklage zu vertreten. Es spricht jedenfalls nicht für das reine Gewissen von Warren Hastings, daß er sich weigerte, persönlich sich seinem Ankläger gegenüber zu vertheidigen, und vielmehr sofort die Sitzung verließ. Noch weniger sprechen für ihn die anderen Schritte, welche er bei diesem Anlaß that. Er beauftragte nämlich seinen Agenten in London, sich über die Stimmung, welche im India House gegen ihn herrsche, zu vergewissern und, falls die Direktion gegen ihn Partei nehme, seine Resignation einzureichen. Nachdem er sich so für den äußersten Fall vorgesehen hatte, schritt er zu Maßnahmen, seinen Ankläger aus der Welt zu schaffen, bevor etwaige Weisungen aus London eintreffen konnten.

Zweifellos im Einverständniß mit seinem Freunde, dem Oberrichter, dessen Gewissenlosigkeit und Ruchlosigkeit allgemein festgestellt worden ist, ließ er Nuncomar plötzlich unter einer Anklage von Landesverrath verhaften. Die Anklage erwies sich als eine freche Erfindung. Aber nun wurde der Verhaftete von einem Eingeborenen beschuldigt, vor fünf Jahren einen Wechsel gefälscht zu haben. Umsonst schritt die Mehrheit des Councils ein, um Einstellung des Verfahrens durchzusetzen, bis die Anklage gegen den Governor General genügend klargestellt wäre. Hastings, der doch ein Interesse daran gehabt haben müßte, daß seine Unschuld unzweifelhaft nachgewiesen würde, verhielt sich anscheinend ganz unthätig und ließ seinen Freund, den Oberrichter Impey, ungestört walten. Dieser setzte ohne Weiteres die Verurtheilung Nuncomars zum Tode durch. Hastings bestätigte das Urtheil, und bald darauf wurde der Verurtheilte öffentlich gehangen.

So unerhört dieses Vorgehen des Governor Generals war, es

*) Schon als die Untersuchung gegen Reza Khan geführt wurde, hat Hastings erklärt, daß der Angeklagte, möge der Prozeß enden, wie er wolle, doch nicht zum Tode verurtheilt werden würde, denn man hänge keine Leute, die eine Million in der Tasche hätten!

ist nicht zu leugnen, daß es seinen Absichten außerordentlich diente. Durch diese eine Maßregel raubte er dem Council jedes Ansehen. Das Volk konnte nicht begreifen, daß seine Mitglieder dem Herrn über Leben und Tod in anderen Punkten übergeordnet sein sollten. Alles gerieth in Furcht vor Hastings und beeilte sich, sich ihm zu beugen. Die Mehrheit des Council, die noch dazu ihren Hauptbelastungszeugen gegen den Governor verloren hatte, sah sich geradezu machtlos. Niemand wagte mehr eine Klage vorzubringen, und bei den Persönlichkeiten von Hastings und Impey wurden die Ersterem abgeneigten Europäer um ihre persönliche Sicherheit besorgt. Sein unerhörtes Glück kam Hastings dabei noch zu Hülfe. Colonel Monson starb an den Wirkungen des Klimas. Der Governor General bekam damit unter dem Beistand von Barwell das Uebergewicht im Council, da seine Stimme den Ausschlag gab. Er hob alle Maßregeln der Gegner auf, setzte die von ihnen ernannten Beamten ab und begann wieder den Nabob von Oude und Andere zu unterstützen, um durch sie den Einfluß der Company weiter auszudehnen. Er benutzte diese Zeit auch, um die Landsteuergesetzgebung nochmals zu ändern. Die Verpachtung an die Meistbietenden hatte die Einnahmen nämlich nicht erhöht. Die Leute hatten oft weit mehr geboten, als sie zahlen konnten, die Steuerrückstände waren groß, und die Bauern wurden mehr als je von den neuen Herren ausgesogen. Hastings entschloß sich also, die Verpachtung an Meistbietende aufzuheben und das Land nach seinem Werth zu vergeben. Um diesen Werth festzustellen, ernannte er eine besondere Kommission, obwohl die unabhängigen Mitglieder des Councils hiergegen protestirten. Sie sahen in der neuen Maßregel nur einen Versuch des Governor Generals, seine Macht noch weiter auszudehnen.

Das Direktorium in London war zwar im Allgemeinen Hastings sehr freundlich gesinnt, da sein Eifer für das Interesse der Gesellschaft über jeden Zweifel erhaben war. Es fehlte aber doch auch hier nicht an Stimmen, welche nach Eingang der verschiedenen Berichte der dem Governor General abgeneigten Mitglieder des Councils seine Handlungen verdammten, und die Regierung verlangte unter dem Einfluß der Freunde Claverings Absetzung von Hastings. Im Mai 1776 wurde auf ihr Drängen der Beschluß gefaßt, Hastings' Abberufung herbeizuführen. Dieser Beschluß wurde allerdings bald darauf wieder durch die Aktionäre umgestoßen und eine nochmalige

Prüfung der gegen Hastings vorliegenden Klagen ins Auge gefaßt. Als jedoch im Oktober 1776 der Agent von Hastings plötzlich, wohl angesichts der nachtheiligen Gerüchte, die über Letzteren umliefen, von der ihm seiner Zeit ertheilten Vollmacht Gebrauch machte und der Company das Abschiedsgesuch des Governor Generals vorlegte, wurde es ohne Weiteres genehmigt und beim König Ernennung eines Mr. Wheler zum Nachfolger Hastings' erwirkt. Bis zu seiner Ankunft sollte General Clavering die Leitung der Geschäfte übernehmen.

Hastings dachte gar nicht mehr an sein Abschiedsgesuch und fühlte sich im Vollgenuß seiner Macht, als im Juni 1777 in Calcutta die Nachricht von dem Schritte seines Agenten in London und die darauf bezüglichen Weisungen der Company eintrafen. General Clavering forderte sofort die Schlüssel des Forts und der Kassen, bemächtigte sich der Akten und wollte mit Francis allein sogleich die Leitung der Geschäfte übernehmen. Aber nach dem ersten Schrecken entschloß sich Hastings zum Widerstand gegen die Befehle aus England. Schon aus Haß gegen seine Widersacher, besonders Clavering, dem die Regierung jetzt sogar den Bath-Orden verliehen hatte, wollte er sein Amt nicht niederlegen. Es kam dazu, daß er alle thatsächliche Macht in den Händen hatte und aus Erfahrung wußte, daß Zeit gewinnen in solchen Angelegenheiten Alles gewinnen heißt. Er erklärte ruhig, daß er niemals Weisungen ertheilt habe, die den Schritt seines Agenten rechtfertigen könnten. Er wisse nicht einmal mehr, was er ihm geschrieben. Wiederholt habe er der Direktion seinen Entschluß, in seinem Amt unter allen Umständen auszuharren, mitgetheilt. Wenn man jetzt auf Grund einer ganz ungenügenden Vollmacht ihm den Abschied bewilligt habe, sei das ungesetzlich. Ungeachtet der Proteste des Generals Clavering fuhr er fort, seinerseits mit Barwell die Sitzungen des Councils nach seiner Art abzuhalten, und wies die Besatzungen der Forts an, Niemand als ihm Gehorsam zu leisten.

Bei solcher Lage der Dinge schien nur die Gewalt entscheiden zu können. Clavering und Francis schreckten aber wohl vor einem Bürgerkrieg zurück und waren auch Hastings gegenüber machtlos. Sie gingen auf seinen schlauen Vorschlag ein, die Angelegenheit dem Spruche des obersten Gerichts zu unterwerfen, obwohl über die Parteilichkeit Impeys kein Zweifel bestand. In der That erklärte das Gericht die Abdankung von Hastings ohne Weiteres für nichtig und bestätigte ihn in seiner Stellung. Wohl oder übel fügten sich Clavering und Francis. Hastings triumphirte und feierte, als gerade um diese Zeit das Urtheil aus Franken eintraf, das Imhof von seiner Frau schied, in glänzenden Festen seine Hochzeit mit dieser Dame. In seiner Rachsucht hatte er sogar Clavering wegen seiner Stellungnahme aus dem Council überhaupt ausschließen wollen. Doch hieß diesen Schritt das Gericht nicht gut.

Der General Clavering konnte seine Niederlage nicht verwinden. Er starb im August 1777. Als im November Wheler ankam, um seinen Posten als Governor General anzutreten, mußte er sich nothgedrungen mit einem Posten im Council begnügen, wo nach dem Tod Claverings Hastings die unumschränkte Herrschaft auch ferner üben konnte. Er ging soweit, direkte Befehle der Company nicht mehr auszuführen, wenn sie seine Pläne störten und wichtige, früher von ihr getroffene Anordnungen eigenmächtig aufzuheben. Das Bewußtsein der Gunst, welche er bei der Mehrzahl der Aktionäre der Gesellschaft genoß, und die Sicherheit, daß er von der Regierung, die mit dem Krieg gegen Amerika voll beschäftigt war, nichts zu fürchten habe, leiteten ihn dabei. Und seine Berechnung täuschte ihn nicht. Die Direktion nahm sein eigenmächtiges Verbleiben im Amte stillschweigend hin und verlängerte angesichts der Kriegsnöthe in Europa und der damals in Indien drohenden neuen Gefahren sogar seinen Kontrakt.

Zehntes Kapitel.

Die ostindische Akte von 1784.

Die Lage in Indien war allerdings in jenen Jahren nichts weniger als günstig für England. In Bombay wie Madras spielten sich Ereignisse ab, welche die Stellung der ostindischen Company wiederholt ernstlich bedrohten. Die Präsidentschaft von Bombay hatte seit Langem den lebhaften Wunsch, die Insel Salsette und das Fort Bassein, beides einstmals Stützpunkte der Portugiesen, zu erwerben, um dadurch die Stadt in besseren Vertheidigungsstand bringen zu können. Diese Plätze waren aber in der Hand der Mahratten, welche keine Neigung zeigten, sie zu verkaufen, und die zu mächtig waren, als daß man an Gewalt hätte denken können. Da brachen im Sommer 1773 in Poona, der Residenz des Peshwa, des Oberhauptes der Mahratten, Thronstreitigkeiten aus. Der minderjährige Peswha wurde ermordet, sein Onkel Ragoba bemächtigte sich der Gewalt, fand sich aber einer starken Partei des Ermordeten, der ein nachgeborenes Kind hinterließ, gegenüber. Diesen Zwiespalt versuchten nicht allein die Engländer, sondern auch die Portugiesen auszunutzen. Die Ersteren boten Ragoba den Austausch von Salsette und Bassein für andere Plätze an. Die Letzteren wollten ihre verlorenen Forts mit Gewalt aufs Neue besetzen. Die Verhandlungen mit Ragoba blieben fruchtlos. Als aber die Nachricht von den Plänen der Portugiesen kam, bemächtigte sich die Bombayer Präsidentschaft Ende 1774 der Plätze mit Gewalt. Dem Einspruch erhebenden Ragoba erwiderte sie, daß die Besetzung nur vorläufig geschehen sei, bis ein Abkommen mit ihm zu Stande komme. Er zeigte zwar wenig Lust, nachzugeben, eine Niederlage, die er von seinen Gegnern erlitt, stimmte ihn jedoch rasch um. Für Gewährung einer Unterstützung durch englische Truppen trat er am 6. März 1775 Salsette, Bassein und ein Gebiet bei Surat, dessen Einkünfte auf 22½ Lakhs Rupien veranschlagt wurden, ab. Durch die englischen Hülfstruppen erreichte er rasche Erfolge, und sein voller Sieg über die Gegenpartei war sicher, als das Council von Calcutta in die Angelegenheit eingriff. Die Präsidentschaft von Bombay wurde auf das Verbot von Kriegen durch die Company und die Uebertragung aller politischen Angelegenheiten auf das Council in Calcutta hingewiesen und benachrichtigt, daß dieses seinerseits einen Gesandten schicken und die Friedensverhandlungen mit den Mahratten in die Hand nehmen werde.

Hastings und das Council waren in dieser Angelegenheit ausnahmsweise einig. Statt mit Ragoba setzten sie sich mit seinen Feinden in Verbindung, erlangten aber Juni 1776 von ihnen weit schlechtere Bedingungen als die Präsidentschaft Bombay von Ragoba. Nicht einmal Bassein trat die in Poona sitzende Regierung an England ab. Ragoba wurde durch diese Verständigung Englands mit seinen Feinden allerdings machtlos und mußte sich mit wenigen Getreuen nach Surat flüchten, aber das lag keineswegs im Interesse Englands. Das Mahrattenreich gewann dadurch Ruhe im Innern und wurde wieder so gefährlich wie früher. In London war man darüber ebenso wenig wie in Bombay im Zweifel und mißbilligte daher die Schritte der Behörden von Calcutta. Diese aber sahen den begangenen Fehler erst zu spät ein.

Kaum waren die Mahratten nämlich Ragobas ledig, so wußten sie die Ausführung des Friedensvertrags theilweise zu umgehen und knüpften mit einer französischen Mission, die in Poona erschien, nähere Beziehungen an. Man wußte damals in Indien schon sehr gut, daß ein Krieg zwischen England und Frankreich bevorstand, und ein Bündniß der Mahratten mit dem letzteren konnte für die ostindische Company die schlimmsten Folgen haben. Der Führer der Franzosen, ein schon früher in Indien gewesener Abenteurer St. Lubin, hatte einen solchen Plan in Paris vorgelegt, und seine Sendung bezweckte in der That, wie die Behörden von Bombay hörten, eine Feststellung, ob die Mahratten geneigt sein würden, mit den Franzosen gemeinsame Sache zu machen und ihnen einen Hafen an der Westküste abzutreten.*) In Bombay, wo die Präsidentschaft eine ausdrückliche Billigung ihres Vorgehens von der Direktion der Company erhalten hatte, verlangte man nun 1778 schleuniges Vorgehen und kräftige Unterstützung Ragobas, welcher noch immer eine Partei im Lande besaß, um den Franzosen zuvorzukommen. Dieses Mal ließ sich Hastings durch die Bedenken von Francis und Wheler gegen einen Bruch des Vertrages und die Lasten eines Krieges nicht beirren. Er beschloß, ohne Verzug Geld und Truppen nach Bombay zu schicken, und billigte die von dort gemachten Vorschläge.

In Bombay schloß man nun sogleich ein Bündniß mit Ragoba und sandte Anfang Dezember 1778, während noch die von Calcutta kommenden Truppen unterwegs waren, eine Kolonne von 4500 Mann in Eilmärschen ab, um Poona durch einen Handstreich zu nehmen. Schon am 9. Januar 1779 gelangte diese Truppe in die Nähe der Stadt, doch kein Häuptling von Bedeutung schloß sich ihnen unterwegs an, und plötzlich, nach Ueberschreitung des Gebirgspasses, der nach Poona führte, stießen sie auf ein weit überlegenes Mahrattenheer. Der Führer der englischen Truppen war ein kränklicher und mit den indischen Verhältnissen nicht vertrauter Offizier. Die ihm beigegebenen Männer verloren angesichts des Feindes den Kopf und trotz des Abrathens Ragobas und der jüngeren Offiziere beschlossen sie, schleunigst umzukehren. Mitten in der Nacht wurde in tiefem

---

*) Auch ein Agent Oesterreichs war damals in Poona.

Geheimniß der Rückzug angetreten. Doch die Mahratten waren wachsam, und kaum hatten sich die Engländer in Bewegung gesetzt, so griffen sie an. 300 Mann und 15 Offiziere fielen dabei von englischer Seite, und der Rest gerieth in solche Entmuthigung, daß die Befehlshaber daran verzweifelten, Bombay glücklich wieder zu erreichen. Sie knüpften auf der Stelle Verhandlungen mit den Mahratten an. Diese verlangten zunächst Auslieferung Ragobas. Die Führer der Engländer waren dazu bereit, doch Ragoba hatte bereits in Voraussicht eines solchen Ereignisses selbst Verhandlungen mit einem Häuptling Sindia begonnen und stellte sich diesem freiwillig. Nun forderten die Mahratten schleunigst Abschluß eines neuen Friedensvertrages an Stelle des früheren schnöde verletzten und zwangen die Engländer in der That, auf alle ihnen 1776 gemachten Zugeständnisse und selbst auf Surat zu verzichten und dafür Geiseln als Bürgschaft zu stellen!

Der Eindruck dieser Niederlage war niederschmetternd. Noch niemals war seit Clive den Engländern eine solche Demüthigung in Indien widerfahren. Was half es, daß die Führer der unglücklichen Expedition von der Company streng bestraft wurden! Um das Unglück vollzumachen, waren Versuche Hastings', den Radjah von Berar zu gewinnen, sich als Verwandter des früheren Königs der Mahratten in ihre Verhältnisse einzumischen, gescheitert.

Am 30. Januar 1779 trafen aber die aus Calcutta gesandten Truppen unter Colonel Goddard endlich in Surat ein, und dieser fähige Offizier erhielt von Hastings, welcher den von den Bombaybehörden geschlossenen Vertrag als nichtig erklärte, Vollmacht, die Mahrattenangelegenheit zu ordnen. In erster Linie sollte er durchsetzen, daß die Machthaber in Poona sich verpflichteten, mit Frankreich keinerlei Verbindung einzugehen. Goddard, bei dem bald Ragoba eintraf, welchem es zu entfliehen geglückt war, begann Unterhandlungen mit den Mahratten. Aber diese, welche durch die einfache Nichtanerkennung und Nichtausführung ihres letzten den Engländern abgezwungenen Vertrages noch mehr erbittert waren, wollten ohne vorherige Auslieferung Ragobas und Räumung von Salsette auf keinerlei Vorschläge eingehen. Die Verhandlungen wurden darauf abgebrochen, und Anfang 1780 griff Goddard den Distrikt Guzerat an. Er entriß ihn den Mahratten, erstürmte die Hauptstadt Ahmedabad und schickte sich an, die Armee der Mahratten zu überfallen.

In diesem Augenblicke bot der schon erwähnte Sindia eine friedliche Auseinandersetzung an. Er gab die englischen Geiseln zurück und zeigte sich zu Zugeständnissen bereit. Da er jedoch immer auf der Auslieferung von Ragoba bestand, brach Goddard die Besprechungen bald ab, überraschte die Mahratten Anfang April und brachte ihnen eine Niederlage bei. Der Sieg verschaffte England neue Landerwerbungen, und als es gar noch einer weiteren von Calcutta inzwischen gesandten Truppenabtheilung im Sommer 1780 glückte, die für uneinnehmbar gehaltene Festung Gualior zu erstürmen, entstand unter den Mahratten große Bestürzung.

Der Sieg konnte von der Company nicht ausgenutzt werden, da inzwischen im Süden Indiens neue und so bedenkliche Gefahren sich zeigten, daß schleuniger Friede mit den Mahratten erwünscht war. — In der Präsidentschaft Madras herrschten schon längst unerquickliche Verhältnisse. Der Nabob Mohamed Ali war unzufrieden, da ihm alle wirkliche Macht entzogen und er der Company noch dazu tief verschuldet war. Als er sah, daß der Führer der englischen Flotte, welche 1770 in Madras eingetroffen und der Company nicht unterstellt worden war, Weisung hatte, ihn als eine Art souveränen Fürsten zu behandeln, benützte er das geschickt, um mit seiner Hülfe von der Präsidentschaft sich unabhängiger zu machen.*) Die Folge war ein heftiges Zerwürfniß der Beamten der Company mit den Vertretern der englischen Regierung.

Gerade in diesem Augenblick gerieth Hyder Ali, der Herrscher von Mysore, 1770 mit den Mahratten in Streit und verlangte auf Grund des 1769 abgeschlossenen Vertrages die Hülfe der englischen Company. Die Behörden von Madras lehnten die erbetene Unterstützung unter allerlei Vorwänden ab. Hyder kam dadurch in arge Bedrängniß und mußte sich in seine Festungen zurückziehen. Nun wandten sich die Mahratten an die Engländer, um ihre Beihülfe zur Einnahme dieser festen Plätze zu gewinnen. Sie bedrohten gleichzeitig, falls die Company gegen ihre Wünsche taub bliebe, den Nabob Mohamed Ali mit einem Einfall im Carnatic.

Während die Engländer, welche weder Hyder Ali noch die Mahratten zu mächtig sehen wollten, in großer Verlegenheit waren, griff Mohamed Ali den Gedanken eines Bundes mit den Mahratten

*) Burke behauptete, daß der Nabob acht Abgeordnete ins englische Parlament aus seinen Mitteln und für seine Zwecke habe wählen lassen.

sehr eifrig auf, in der Hoffnung, durch sie vielleicht der Abhängigkeit von Madras ledig zu werden. Der bei ihm beglaubigte Vertreter der englischen Regierung war kurzsichtig genug, ebenfalls für Zusammenwirken der Company mit den Mahratten gegen Hyder zu wirken. Doch die Beamten der Company in Madras wollten nichts von Schritten wissen, die sie mit der Zeit in Abhängigkeit von Mohamed Ali bringen konnten. Trotz alles Drängens blieben sie neutral und bewogen so die Mahratten, Mitte 1772 einen Frieden mit Hyder Ali abzuschießen. Das war nun sehr wenig nach dem Sinne Mohamed Alis. Er wollte durchaus seinen Besitz erweitern und Beute machen und nahm daher seine alten Pläne gegen den Radjah von Tanjore, der als sehr reich galt, wieder auf. Im Verein mit dem Vertreter Englands an seinem Hofe forderte er die Präsidentschaft Madras dringend auf, vereint mit ihm den angeblich ungehorsamen Radjah zu züchtigen. Die englischen Behörden, welche ohne Weisung von London waren und Verantwortung scheuten, begnügten sich zunächst, möglichst viel Truppen und Vorräthe in Trichinopoly zusammenzuziehen und sich so für alle Fälle zu rüsten.

Währenddessen verlor der Nabob plötzlich seine Kriegslust und rieth ernstlich von einem Angriff auf Tanjore ab, weil er fürchtete, daß die Engländer diesen Ort in eigenen Besitz nehmen würden. Die Madrasbehörden andererseits erachteten jetzt eine Eroberung von Tanjore für räthlich, da sie erfahren hatten, daß der Radjah sich bei anderen europäischen Mächten um Beistand umsah. Sie versprachen daher Mohamed Ali Ueberlassung Tanjores nach der Einnahme für 10 Lakhs Pagodas und zogen mit ihm Herbst 1772 gegen die Stadt zu Felde. Eine Bresche wurde bald geschossen und ein Sturm vorbereitet, da unterzeichnete der Sohn Mohamed Alis, welcher dessen Truppen leitete, unvermutheter Weise einen Frieden mit dem Radjah. Der Letztere verpflichtete sich darin lediglich zur Zahlung der Kriegskosten und rückständiger Abgaben an den Nabob.

Die Engländer waren mit diesen Bedingungen sehr unzufrieden. Sie benützten die nicht ganz pünktliche Erfüllung des Vertrages durch den Radjah, um ihn für gebrochen zu erklären und nachträglich noch Abtretung einiger Plätze durchzusetzen. — Kaum war diese Angelegenheit geregelt, so kam Mohamed Ali mit neuen Wünschen. Er verlangte englische Truppen zur Unterwerfung und Ausrottung einer Anzahl kleiner selbständiger Fürsten. Um Geld zu machen und unter dem Einfluß reichlicher Geschenke des Nabob entsprachen die Behörden von Madras seinem Wunsche und betheiligten sich so an den Räubereien und schändlichen Mordthaten, welche hier im Jahre 1772 verübt wurden.

Es ist nicht zu verwundern, daß das Vorgehen des Nabob Mohamed Ali und der Engländer bei dieser Gelegenheit den Radjah von Tanjore in Angst versetzte. Er wußte, daß der Nabob den Besitz seines Gebietes seit Langem dringend wünschte und nur auf eine passende Gelegenheit wartete. Er suchte daher Schutz bei Hyder Ali und den Mahratten. Auf die Nachricht von diesen Schritten des Radjahs ging Mohamed Ali die Company aufs Neue um Theilnahme an einem Krieg gegen Tanjore an, und in Madras beschloß man nun, um dieses Störenfriedes ledig zu werden, ihn zu vernichten. Die Kosten sollte Mohamed Ali zahlen. Er sollte auch in Zukunft 10 000 englische Sepoys statt 7000 miethen. Dafür bedang er sich den Besitz des Gebietes aus. — Der Feldzug begann Anfang August 1773. Mitte September wurde Tanjore eingenommen und der Radjah gefangen Mohamed Ali wurde unbeschränkter Herr des Landes. Er zwang die Holländer, welche von dem Radjah den Hafen Nagore gekauft hatten, zur Rückgabe des Platzes gegen Erstattung des Kaufpreises und richtete sich in Tanjore nach Belieben ein.

Die Nachricht hiervon fand in London nichts weniger als Billigung. Man erachtete den Krieg mit Tanjore, dem früheren Verbündeten Englands, für ungerechtfertigt und die Uebertragung des Landes an den Nabob, den Todfeind des Radjah, für unpolitisch. Besonders Lord Pigot, der frühere Governor von Madras und Freund des Radjah, damals ein einflußreicher Mann in der Company, verurtheilte die Maßregel. Er setzte den Befehl durch, den Radjah wieder zum Fürsten von Tanjore zu machen, und übernahm selbst Dezember 1775 die Ausführung.

Der Nabob war begreiflicher Weise sehr unangenehm überrascht. Er dachte an Widerstand und bestellte heimlich Waffen bei der dänischen Faktorei in Tranquebar. Doch diese kamen zu spät an, und Pigot ging zu entschlossen vor. Schon im April 1776 setzte er persönlich den Radjah in Tanjore wieder ein. Allerdings wurde eine englische Garnison in dem Gebiet gelassen. Damit war aber die Sache nicht erledigt. Der Nabob hatte vielmehr, wie sich jetzt zeigte, Maßregeln getroffen, welche Mitglieder der Präsidentschaft an dem Verbleiben Tanjores in seinem Besitz interessirten. Er hatte große Bestechungssummen an englische Beamte in der Weise vertheilt, daß er ihnen Schuldscheine gab, deren Zahlung auf die Kassen von Tanjore angewiesen war. Ein kleiner Angestellter der Company in Madras, Benfield, besaß solcher Ansprüche an den Nabob für nicht weniger als 234 000 Pfund Sterling. Obwohl der unregelmäßige Erwerb dieser Schuldtitel seitens eines armen, mit wenigen Hundert Pfund Sterling angestellten Beamten auf der Hand lag, verlangte er von Lord Pigot in sehr bestimmter Form Vertretung und Sicherstellung seiner Ansprüche. Der Governor ließ die Sache im Council berathen. Benfield vermochte keinerlei gültige Beweise für seine Ansprüche beizubringen; aber so stark war Mohamed Alis Einfluß, daß die Mehrheit des Councils für Benfield Stellung ergriff und fortan auf Schritt und Tritt Pigots Anordnungen durchkreuzte. Es kam zu skandalösen Auftritten. Pigot wollte seine Gegner aus dem Council ausschließen. Diese entschlossen sich darauf zu offener Empörung, verhafteten Pigot Ende August 1776 und nahmen die Geschäfte in die eigene Hand.

Pigot und seine Anhänger wurden von den Gegnern beschuldigt, im Sold von Tanjore zu stehen, und in London angeklagt. Hier erregte die Nachricht von diesen Vorgängen große Entrüstung. Im April 1777 wurde von der Direktion beschlossen, Lord Pigot wieder in sein Amt einzusetzen und die ihm feindlichen Glieder des Councils zu suspendiren. Doch seine Feinde wußten die Ertheilung der nöthigen Befehle längere Zeit zu hintertreiben. Erst im Juni wurde die Präsidentschaft Madras angewiesen, gegen die Beamten, welche Pigot abgesetzt, ein Verfahren einzuleiten, und Lord Pigot selbst wurde abberufen. Ehe diese Anweisung in Madras eintraf, starb Pigot dort nach achtmonatlicher Haft. Die angeordnete Untersuchung unterblieb, da angeblich keine Zeugen für die vom Nabob und Radjah verübten Bestechungen aufzufinden waren. Die Hauptschuldigen kehrten ruhig nach England zurück, die anderen an dem Aufruhr Betheiligten wußten wieder in den Dienst der Company zu kommen. Erst 1779 wurde die Sache noch einmal in England aufgenommen, als Admiral Pigot, der Bruder des verstorbenen Governors, das Verhalten der Company im Parlament angriff und das Bestechungsunwesen in Indien klarlegte. Nach seiner Angabe hatte der Nabob Mohamed Ali dem Lord Pigot 600 000 Pfund Sterling geboten, wenn er die Wiedereinsetzung des Radjah von Tanjore auch nur etwas verschiebe. Vier der Gegner Pigots wurden in Untersuchung gezogen, sie kamen aber mit je 1000 Pfund Sterling Geldstrafe davon.

Der Nachfolger Pigots, Sir Thomas Rumbold, kam in keinen Zwiespalt mit seinen Beamten, denn er war wie sie nur von dem Verlangen beseelt, sich zu bereichern. Obwohl er nur 20 000 Pfund Sterling jährlich bezog, hat er nach amtlicher Feststellung in 2½ Jahren nicht weniger als 164 000 Pfund Sterling nach Hause geschickt. Die Politik, welche er den Eingeborenen gegenüber betrieb, war so rücksichtslos und ungeschickt wie möglich und entfremdete den Engländern immer mehr die Freundschaft des Nizam.

Wenn es in jenen Jahren zu neuen Kämpfen mit den Indern kam, trug ihre Unfähigkeit mit Schuld daran. Juli 1778 drang die Nachricht vom Ausbruch des Krieges mit Frankreich nach Bengalen. Hastings ließ darauf sofort die französischen Faktoreien von Chandernagore, Masulipatam und Carical besetzen und befahl den Behörden von Madras, auch Pondichery wegzunehmen. Die Stadt war ungenügend vertheidigt, hielt sich jedoch einige Wochen, und ein vor ihr liegendes französisches Geschwader focht verzweifelt mit einer englischen Uebermacht. Erst Ende September fiel Pondichery den Gegnern in die Hände. Nun verblieb den Franzosen noch das Fort Mahe an der Malabarküste. Dieser Ort war an sich unbedeutend, aber er gewährte den Franzosen doch immer noch einen Stützpunkt für spätere Unternehmungen. Das Council von Madras beschloß daher, auch Mahe zu Wasser und zu Land anzugreifen. Während die Truppen dahin unterwegs waren, kam die Nachricht von der schmählichen Niederlage bei Poona und die Kunde, daß Hyder Ali, in dessen Gebiet Mahe lag und der von dort Waffen bezog, im Fall eines Angriffs auf den Platz England den Krieg erklären wolle. Trotzdem wurde der Plan nicht aufgegeben und Mahe Mitte März 1779 ebenfalls den Franzosen entrissen.

Dieses Vorgehen, vor welchem Mohamed Ali umsonst gewarnt hatte, erbitterte Hyder Ali, welcher ohnehin durch die Nichterfüllung seines Vertrages seitens der Engländer gereizt und in Folge des inneren Zwistes der Mahratten mächtiger als je geworden war, aufs Höchste. Er veranlaßte Nizam Ali, sich von den Engländern loszusagen und mit ihm zu verbünden, und verabredete mit den Mahratten gemeinsames Vorgehen gegen Madras. Die dortigen Behörden erhielten schon Ende 1779 davon Kunde und benachrichtigten auch Calcutta und Bombay. Doch sahen sie die Sache nicht für sehr gefährlich an und trafen keinerlei ernstliche Vorkehrungen. In aller Ruhe konnte Hyder, der reichliche Kriegsvorräthe von den Franzosen erhalten hatte, sein Heer fertig machen. Während in Madras General Munro und die Mehrheit die Gefahr eines baldigen Einfalles noch am 17. Juli 1780 für ausgeschlossen erklärten, stand er schon an der Grenze des Carnatic und fiel wenige Tage später über Porto Novo und Conjeveram her.

Seinen 100 000 Mann, unter denen einige Hundert Europäer waren, konnten die Engländer nur wenige zerstreut liegende Bataillone entgegenstellen. Im Council herrschte Uneinigkeit und völliger Mangel an der Lage gewachsenen Männern. Munro traf so ungeschickte Anordnungen, daß ein großer Theil seiner Truppen nach schweren Verlusten sich Anfang September Hyder Ali ergeben mußte. Er selbst sah sich veranlaßt, mit Zurücklassung der Kanonen und des Trains, entblößt von allen Lebensmitteln nach Madras zu flüchten. Hier brach nun große Angst aus. Es fehlte an Allem, und die indischen Truppen desertirten in ganzen Regimentern, da sie keinen Sold erhielten. Englands Stellung in Südindien wäre so gut wie verloren gewesen, wenn nicht Calcutta, sobald dort die Hiobspost einlief, entschlossene Maßnahmen getroffen hätte.

Hastings sandte ohne Verzug Geld, Vorräthe und Truppen unter dem Oberbefehl von Sir Eyre Coote nach Madras. Am 5. November schon traf dieser dort ein und suspendirte zunächst auf Befehl des Governors General den Governor von Fort St. George. Letzterer und sein Council hatten in der Zwischenzeit vergebens das Bündniß der Feinde zu sprengen und alle Truppen in den Hauptplätzen zu sammeln versucht. Ihrer Bemühungen ungeachtet, hatte Hyder die Hauptstadt Mohamed Alis, Arcot, und eine Menge anderer Plätze eingenommen. Ueberall nahm ihn die Bevölkerung, müde der Aussaugung durch den Nabob und die Engländer, freudig auf. Das ganze Carnatic war bei der Ankunft Cootes bereits in Hyders Gewalt. Die Festungen Velore, Wandewash, Permacoil und Chingliput wurden bald darauf vom Feind eingeschlossen.

Coote ging Januar 1781 nach eingehender Prüfung der Lage

daran, den genannten Festungen, wo große Vorräthe lagen, Hülfe zu bringen. Hyder Ali brach, als die englischen Truppen nahten, die Belagerung von Wandewash ab. Die Engländer zogen darauf nach Permacoil. Doch während sie unterwegs waren, erreichte sie die Nachricht von der Ankunft einer starken französischen Flotte und einer Erhebung Pondicherys. Der englische General marschirte darauf nach der Küste, um sich Pondicherys zu versichern. Hierhin folgte ihm Hyder Ali, welcher bis dahin jeder Schlacht sorgsam aus dem Wege gegangen war, kühn gemacht durch die Ankunft der französischen Flotte. Coote, welcher in einem offenen Kampfe das einzige Mittel, aus der Verlegenheit zu kommen, erblickte, machte Anfang Februar allerlei Versuche, Hyder zur Annahme einer Schlacht zu bewegen. Doch wieder wich dieser den Gegnern geschickt aus und setzte den Krieg in ihrem Rücken fort. Tanjore wurde von seinen Reitern verwüstet, die Festung Thiagar genommen und Wandewash aufs Neue belagert.

Mangel an Lebensmitteln und Zugvieh brachten die Engländer in ihrem Lager bei Cuddalore, wo noch dazu allerlei Krankheiten ausbrachen, in große Schwierigkeiten. Coote sah sich bald nicht mehr in der Lage, überhaupt ins Innere vorzurücken, und selbst Trichinopoly gerieth in Gefahr. Ohne das Erscheinen einer Flotte Mitte Juni hätten sich die Engländer nach Madras zurückziehen müssen. Hyder Ali, der hierüber genau unterrichtet war, hielt nun den Augenblick für gekommen, seine bisher so erfolgreiche Taktik aufzugeben. Am 1. Juli 1781 trat er den Engländern bei Porto Novo entgegen. Trotz der überlegenen Zahl seiner Truppen erlitt er jedoch hier eine Niederlage und sah sich genöthigt, die Belagerung von Wandewash aufzugeben und nach Arcot abzuziehen. Nach Eintreffen von Verstärkungen aus Bengalen folgte Coote dem Feind ins Innere. Im August kam es zu einer neuen unentschiedenen Schlacht; im September gelang es, Hyder größere Verluste beizubringen. Doch das Jahr endete, ohne daß Hyder aus dem Carnatic vertrieben war.

Hand in Hand mit den kriegerischen Vorgängen liefen übrigens Verhandlungen, welche Lord Macartney, der im Sommer 1781 in Madras eingetroffene neue Governor, mit Hyder Ali und den Mahratten eingeleitet hatte. Trotz aller Bemühungen des Lords und trotzdem er den Mahratten sogar Rückgabe von Salsette und Bassein bot, blieben sie erfolglos. Glücklicher war der Governor mit einem

Angriff auf die Hauptstation der Holländer in jenen Gebieten, Negapatam. Sie fiel nach kurzer Belagerung Mitte November 1781 in seine Hände. Die Engländer kamen damit in den Besitz aller holländischen Faktoreien und großer Vorräthe, die sie dringend brauchten.

Im Januar 1782 gelang es Coote, die Festung Velore, die Hyder eingeschlossen hielt, zu entsetzen. Mit Hülfe von Bombay erfocht England auch Erfolge an der indischen Westküste. Die Lage wurde jedoch wieder sehr bedenklich, als im Februar eine neue französische Flotte erschien und 2000 Mann bei Porto Novo landete. Zu den Franzosen stieß der Sohn Hyder Alis, Tippoo, welcher soeben eine Abtheilung der Engländer bei Tanjore überrascht und aufgerieben hatte. Am 3. April fiel Cuddalore den Verbündeten in die Hände. Die französische Flotte machte sich auf, um das an der Küste kreuzende englische Geschwader anzugreifen und wenn möglich zu vernichten. Wäre das geglückt, so war Madras verloren; doch der Kampf beider Flotten blieb unentschieden, und auch zu Lande vermochten die Franzosen und Hyder keinen größeren Sieg zu erringen, obwohl die Engländer in großer Bedrängniß waren und im ganzen Carnatic Hungersnoth herrschte.

Während die Feindseligkeiten hier mit wechselndem Erfolg weitergingen, schloß Hastings mit den Mahratten unter Verzicht auf die 1780 errungenen Vortheile Frieden. Sobald die Nachricht davon nach Madras kam, bot Coote dem Hyder Ali gleichfalls Verhandlungen an. Dieser ging scheinbar darauf ein, wollte in Wahrheit indessen nur Zeit gewinnen, bis die Franzosen neue Verstärkungen erhielten und zur See eine Entscheidung herbeiführten. Eine solche erfolgte trotz weiterer Kämpfe der beiden Flotten nicht. Die Franzosen nahmen allerdings Trinomalee ein und bedrohten Negapatam, doch ein entschlossener Angriff auf das in großer Noth befindliche Madras fand nicht statt. So dauerte der Krieg uuunterbrochen fort. Der Ende 1782 erfolgte Tod Hyder Alis brachte keinen Umschwung. Sein Sohn Tippoo Sultan theilte vollständig die Ansichten des Verstorbenen und wollte die englische Herrschaft vernichten. Mit Hülfe der Franzosen focht er im Osten wie Westen gegen die englischen Truppen und brachte ihnen schwere Verluste bei. Erst Mitte 1783 änderte sich die Lage zu Englands Vortheil durch das Eintreffen der Nachricht vom Friedensschlusse Englands und Frankreichs. Der Befehlshaber der Franzosen, Bussy, stellte die Feindseligkeiten ein und zog seine Truppen von Tippoos Heer zurück. Letzterer räumte darauf das Carnatic und ließ sich zu Friedensverhandlungen herbei. Im März 1784 wurde nach langen Bemühungen ein Vertrag mit ihm zu Stande gebracht, wonach beide Theile sich ihre Eroberungen zurückgaben.

Die Unruhen in den Präsidentschaften Bombay und Madras brachten die Finanzen der Company in Indien in Unordnung. Schon 1780 sah sich das oberste Council in Calcutta genöthigt, neue Anleihen aufzunehmen. Hastings blieb nichts übrig, als neue Geldquellen zu suchen, wenn er sich in der Gunst der Gesellschaft behaupten wollte. Wie früher, richtete er sein Augenmerk auf reiche einheimische Fürsten. In erster Reihe schien ihm der Radjah von Benares, welcher der Company einen jährlichen Tribut zahlen mußte und früher auf Seiten des Generals Clavering gegen Hastings Partei genommen hatte, die geeignete Persönlichkeit. Mit der Begründung, daß jeder Vasall seinem Oberherrn nach Kräften beistehen muß, erlegte ihm der Governor General immer höhere Zahlungen auf; der Radjah zahlte und suchte sich Hastings' Gunst durch ein Geschenk von 20 000 Pfund Sterling zu erkaufen. Der Governor General nahm das Geld heimlich an, doch bald entschloß er sich, es an die Kassen der Company abzuführen und neue Forderungen zu stellen, da die Verlegenheiten der Company immer wuchsen. Es kam ihm, wie er selbst erklärt hat, darauf an, den Radjah dazu zu bringen, Widerstand zu leisten, um ihn dann zur Strafe gründlich auszuplündern. Bei einem persönlichen Besuch in Benares stellte er übermäßige Forderungen an den Radjah, und als dieser zögerte, sich zu fügen, ließ er ihn verhaften. Das erwies sich als ein Fehler. Der Radjah war beliebt im Lande, die den Governor General begleitende Truppe klein. Es entstand ein Aufruhr, die Engländer wurden eingeschlossen, der Radjah befreit. Ganz Benares und auch Oude empörten sich gegen die Fremden.

Sehr bald kam aber Hülfe von Bengalen. Die Inder vermochten den englischen Truppen nicht zu widerstehen. Der Radjah wurde geschlagen und mußte fliehen. Sein Land, welches jährlich 200 000 Pfund Sterling Einkünfte brachte, wurde in gleicher Weise wie Bengalen in Besitz der Company genommen. Der Schatz des Fürsten, welcher etwa 250 000 Pfund Sterling werth war, fiel den Soldaten zur Beute. Das klingende Ergebniß dieses Feldzuges genügte dem Governor General nicht. Er ging daher jetzt gegen den Nabob von Oude, einen Sohn Shujah Dowlahs vor. Dieser Fürst war klug genug, das ihm drohende Schicksal abzuwenden, indem er Hastings vorschlug, gemeinsam sich des Schatzes des verstorbenen Shujah zu bemächtigen, der im Besitz von dessen Mutter und seiner Frau, der Mutter des neuen Nabobs, war. Unter dem Vorwand, daß sie die Empörung in Benares begünstigt hätten, sollten die Prinzessinnen verhaftet und ihres Besitzes beraubt werden. Obwohl der Nabob im letzten Augenblick vor der Ausführung des Planes zurückschreckte, mußte er die alten Frauen verhaften. Durch Hunger preßte man ihnen, durch die Folter ihren Eunuchen die Kunde ab, wo der Schatz verborgen war, und erlangte so über 1 200 000 Pfund Sterling. Hastings ließ sich persönlich vom Nabob 100 000 Pfund Sterling schenken und beantragte Genehmigung dieser Zuweisung bei der Company.

Diese Genehmigung erfolgte nicht. Die Direktion der Gesellschaft zeigte sich entrüstet über die gesammte Maßnahme und ordnete strenge Untersuchung und Entschädigung der Prinzessinnen im Falle ihrer Schuldlosigkeit an. Hastings führte diese Anordnung so wenig wie manche frühere aus. Er gab nur in aller Stille den Prinzessinnen ohne Untersuchung einen Theil ihres Landbesitzes zurück. Trotz der Empörung der öffentlichen Meinung in England und trotz der Beschlüsse des Parlaments, welches Hastings' Handlungsweise scharf verurtheilte, nahmen die Aktionäre der Company auch damals für ihn Partei und widersetzten sich seiner Abberufung.

Nur seinen Freund, den Oberrichter Impey, ereilte das Geschick. Er wurde auf Veranlassung des Parlaments nach England zur Verantwortung gerufen. Dieser Mann hat ganz besonders dazu beigetragen, die Herrschaft Englands am Ganges verhaßt zu machen. Auf Grund der großen Vollmachten, welche dem Obergericht verliehen waren, hat er Jahre lang eine wahre Schreckensherrschaft im ganzen Reich der Company geübt. Ohne jede Rücksicht auf Sitten und Personen ließ er auf oft falsche Anzeigen hin Jedermann einkerkern und verurtheilen. Im Laufe der Jahre schonte Impey auch die Weißen nicht und zog, als Hastings vermittelnd eingriff, auch die höchsten Beamten zur Verantwortung. Der Governor General, der sich Impeys wiederholt mit großem Vortheil in seinen Sachen bedient hatte, wurde schließlich zornig und setzte dem Obergericht gewaltsamen Widerstand entgegen. Ein solcher Zwist konnte nun zu unabsehbaren Folgen, vielleicht sogar zu einem Aufstand führen. Um ihnen vorzubeugen, kam Hastings auf einen geschickten Ausweg. Er schuf für die bürgerlichen Streite der Eingeborenen im Gebiet der Company ein eigenes, von dem Governor General abhängiges Gericht. Die Leitung dieses neuen Gerichtshofs übertrug er mit 8000 Pfund Sterling Gehalt Impey. Letzterer wurde dadurch, obwohl er als Oberrichter ganz selbständig von der Company gestellt war, gleichzeitig deren Beamter und war durch die Bezüge, welche er von ihr erhielt, wohl veranlaßt, es nicht mit dem Government zu verderben.*)

Unter den Juristen in der Direktion der Company zu London mißbilligten nur wenige Stimmen diese Anordnung. Im Parlament dagegen, wo auf Grund vieler Bittschriften aus Indien 1781 eine Aenderung der Gesetzgebung und Einschränkung der Macht des Obergerichts erwogen wurde, herrschte eine andere Auffassung. Man sah in der Hastingsschen Maßregel einen Bruch des Gesetzes. Das Obergericht habe seine Selbständigkeit verloren und könne nunmehr von dem Governor General beliebig gemißbraucht werden. Das Unterhaus setzte 1782 die Rückberufung des Oberrichters, den es des Hochverraths und anderer Verbrechen anklagte, durch. Impey ist 1783 von Indien abgereist. Obwohl aber über seine Thaten unter unparteiischen Leuten nur eine Stimme war, ist ihm nichts widerfahren. Verschiedene Einflüsse setzten zunächst Verschleppung seines Prozesses bis Ende 1787 durch. Mittlerweile war die öffentliche Meinung gleichgültiger geworden und durch andere Interessen in Anspruch genommen. Dazu hatten Impeys und der Company Reichthümer wohl auch eine Rolle gespielt. Kurz der noch heute von allen Geschichtschreibern als ehrloser Verbrecher gebrandmarkte Mann wurde 1788 vom Parlament freigesprochen.

Hastings ist freiwillig Anfang 1785 nach England abgereist, wohl bewogen durch die Nachrichten, welche er von dort bekam über die unerbittlichen Angriffe, welche sein nunmehr im Parlament sitzender bitterster Feind Francis gegen ihn richtete und die nicht ohne Wirkung blieben. Obwohl die Company ihn mit höchsten Aus-

*) Francis hatte sich im obersten Council der Anordnung von Hastings bestimmt widersetzt. Beide Männer geriethen dabei derartig in Streit, daß Francis den Hastings forderte. Letzterer verwundete dabei seinen Gegner schwer und veranlaßte ihn zur Heimkehr nach England.

zeichnungen empfing und Hof wie Geistlichkeit ihn mit Ehren und Anerkennung überhäuften, ist auf Betreiben von Francis, Burke, Sheridan über ihn einige Jahre später die Untersuchung vom Parlament verhängt worden. Er ist allerdings ebenso wenig wie Impey bestraft worden, da übermächtige Einflüsse zu seinen Gunsten thätig waren. Wie es um seine Sache bestellt war, ergiebt sich immerhin aus der Thatsache, daß von den 400 Mitgliedern des House of Lords bei der Abstimmung, durch welche Hastings nach 7jährigem Prozeß freigesprochen wurde, nur 29 ihre Stimme abgegeben haben! Die anderen schwiegen!

Warren Hastings hat die Gunst, deren er sich bei der Company erfreute, besonders dadurch gewonnen, daß er ihr durch seine Maßnahmen bis 1778 die Rückzahlung der Anleihe von 1400000 Pfund Sterling und Abtragung ihrer Schulden ermöglichte. Die günstige Finanzlage, welche 1779 und 1780 eine Dividende von 8 pCt. erlaubte, war der Gesellschaft sehr förderlich bei den Verhandlungen, welche sie 1780 wegen der Verlängerung ihrer ablaufenden Charter zu führen hatte. Sie sträubte sich gegen alle Forderungen der Regierung, welche die Erklärung des eroberten Landes als Kronbesitz und größere Betheiligung des Staates an ihrem Gewinn bezweckten. Angesichts der schwierigen Lage, in der sich England damals befand und bei der Unmöglichkeit, die Company in Indien genügend zu ersetzen, fiel es der reichen Gesellschaft nicht schwer, 1781 eine Verlängerung ihres Privilegs bis 1791 durchzusetzen. Sie durfte fortan jährlich 8 pCt. Dividende vertheilen und von dem übrig bleibenden Gewinn ein Viertel für sich verwenden. Drei Viertel sollten an den Staat abgeführt werden. Neu war nur noch die Verpflichtung, alle Weisungen, die nach Indien bestimmt waren, vorher dem Ministerium mitzutheilen und in allen Angelegenheiten der auswärtigen Politik nach dessen Weisungen zu handeln.

Die mächtige Stellung der Company wurde in den nächsten Jahren durch die Nachrichten von den neuen gefährlichen Unruhen in Indien und die Klagen über die Thätigkeit des Obergerichts etwas beeinträchtigt. Mehrere Parlamentsausschüsse wurden mit Untersuchung ihrer Wirksamkeit betraut und das Verhalten verschiedener hoher Beamten scharf verurtheilt. Diese Vorgänge würden jedoch folgenlos geblieben sein, wenn nicht die Company mit der Zeit wieder in arge Geldverlegenheiten gekommen wäre. Sie mußte März 1783 mittheilen, daß sie nicht im Stande sei, 100 000 Pfund Sterling von den 400 000 Pfund Sterling, die sie an den Staat abzuführen hatte, aufzubringen, und etwa 900 000 Pfund Sterling außerdem zur Deckung ihrer Verpflichtungen brauche. Sie verlangte vom Parlament Nachlaß der Zahlungen an den Staat und Erlaubniß zur Aufnahme neuer Schulden. Es wurde ihr darauf ein Darlehn von 300 000 Pfund Sterling, eine Verlängerung der Frist zur Zahlung ihrer Abgaben, das Recht zu einer Anleihe von 500 000 Pfund Sterling gewährt und auf ihren Wunsch gestattet, die 8 pCt. Dividende trotzdem weiter zu vertheilen. Gleichzeitig wurde jedoch eine Neuregelung der Verwaltung Indiens angeregt.

Der Pariser Frieden, wobei Frankreich seine kleinen Besitzungen in Indien verblieben, Holland aber Negapatam verlor, lenkte aufs Neue die öffentliche Aufmerksamkeit auf die Angelegenheiten der ostindischen Company. William Pitt besonders forderte als Wortführer der Opposition baldige und gründliche Reformen in Indien und Maßregeln gegen die dort beklagten Mißstände. Fox, der damals dem Ministerium angehörte, legte als Antwort im Herbste 1783 einen Gesetzentwurf vor, welcher dem geltenden System den Todesstoß versetzt hätte. An Stelle der Direktoren und der Generalversammlung sollten danach 7 vom Parlament gewählte Männer die Leitung aller Geschäfte übernehmen. Nur für die Handelssachen sollte ihnen ein von den Besitzern von wenigstens 2000 Pfund Sterling Aktien gewählter Ausschuß zur Seite stehen. Alle Monopole in Indien, die Annahme von Geschenken auch durch die Company, alle Geld- und Landgeschäfte der Beamten wurden verboten. Der Grundbesitz der Inder wurde erblich erklärt und nur bestimmte Steuern darauf gelegt, die Macht des Governor Generals und der anderen Beamten wesentlich beschränkt.

Es ist begreiflich, daß die Company über diesen Gesetzentwurf entrüstet war und ihren ganzen riesigen Einfluß aufbot, um seine Annahme zu verhindern. Mit den unglaublichsten Mitteln wurde gegen Fox gearbeitet und selbst George III. zu heftiger Stellungnahme gegen den Plan gewonnen. So offenkundig die von Fox bekämpften Mißstände und so klar die Nothwendigkeit einer gründlichen Reform aller Welt sein mußten, das Oberhaus lehnte das Gesetz Mitte Dezember 1783 rundweg ab und brachte damit das Ministerium zu Fall. William Pitt trat nicht zum Wenigsten durch den Einfluß der Company an die Spitze des neuen Kabinets. Er, der früher in der Opposition solchen Eifer für Umgestaltung der indischen Verwaltung gezeigt hatte, machte nun keine Miene, in dieser Richtung etwas zu thun. Er ergriff nur Maßregeln, welche der Gesellschaft behagten. Zunächst setzte er den Theezoll von 50 auf 12½ pCt. herunter, dann gewährte er der Company neue Erleichterungen bei Zahlung ihrer Abgaben.

Doch die Geldverlegenheiten der Gesellschaft wuchsen fortgesetzt, und die Klagen über ihre Mißwirthschaft in Indien verstummten nicht. Pitt sah sich genöthigt, den Reformplan doch wieder aufzunehmen. Am 13. August 1784 setzte er beim Parlament eine neue East India Bill, welche vorher die Zustimmung der Company gefunden hatte, durch. Die wichtigste Neuerung dieses Gesetzes war die Errichtung eines Board of Control, bestehend aus 6 vom König gewählten Mitgliedern seines Privy Council. Der Vorsitzende dieser Körperschaft, welche an die Spitze der gesammten indischen Verwaltung gesetzt wurde, hatte nicht den Namen aber die Stellung eines Staatssekretairs. Alle die bürgerlichen und militärischen Angelegenheiten Indiens betreffenden Papiere sowie alle Verhandlungen der Company sollten dem Board vorgelegt werden, der in allen Fragen die Entscheidung besaß und in eiligen oder geheimen Sachen auch ohne Zuziehung der Direktoren Weisungen ertheilen konnte. Nur in Handelssachen behielt die Company ihre Freiheit. Innerhalb der Direktion wurde ein geheimer Ausschuß von 3 Mitgliedern gebildet, welcher die eigentliche Leitung des Direktorenkollegs erhielt. Der Generalversammlung wurde das Recht genommen, Beschlüsse der Direktion, welche der Board gebilligt hatte, zu ändern oder aufzuheben.

Der Unredlichkeit der Beamten wurde gesteuert durch die Einführung der Verpflichtung für jeden nach England heimkehrenden, sein Vermögen genau anzugeben. Es wurde auch für Aburtheilung von Erpressungen und sonstigen Vergehen der Beamten ein eigenes Gericht in England geschaffen.

Wenn auch noch vieles der Reform Bedürftige nach diesem Gesetz in der indischen Verwaltung übrig blieb, so wurde doch durch dieses Gesetz wenigstens der Willkür einzelner Aktionäre der Company und der schrankenlosen Geltendmachung ihrer Geschäftsinteressen gesteuert. Die Gesellschaft hat anfänglich die Tragweite der dehnbaren Bestimmungen der Akte nicht völlig übersehen; sie würde sonst, wie sie später erklärte, nicht darauf eingegangen sein. Es hat daher noch mancher Kämpfe bedurft, ehe sie in allen Punkten sich den Auffassungen und Wünschen der Regierung gefügt hat. Im Ganzen hat Pitt durch sein Gesetz beinahe dasselbe erreicht, was Fox gewollt hatte; nur hat er es so geschickt angefangen, daß die Company ihn selbst bei seinem Vorhaben unterstützte.

Nicht allein in politischer Hinsicht sondern auch in finanzieller hat die lange Verwaltungsthätigkeit von Warren Hastings der ostindischen Company keinen Vortheil gebracht. Im Jahre 1772 betrugen die Einnahmen Bengalens 2 373 000, die Ausgaben 1 705 000 Pfund Sterling. Die Schulden in Indien beliefen sich auf 1 850 000, die in England auf 12 850 000 Pfund Sterling. 1785 erreichten die Erträge des Reiches am Ganges die Höhe von 5 315 000 Pfund Sterling, die Ausgaben die von 4 312 000 Pfund Sterling. Dem kleinen Ueberschuß im Vergleich zu 1772 stand aber ein Anwachsen der Schuldenlast in England auf 15 443 000, in Indien auf 10 464 000 Pfund Sterling gegenüber. Im Ganzen sind während Hastings' Thätigkeit die Schulden der Gesellschaft um 12½ Millionen Pfund Sterling gewachsen! Die Bevölkerung weiter Gebiete Indiens war in tiefstem Elend, den Vortheil zog eine Anzahl überaus hoch bezahlter, gut protegirter Angestellter der Company. Die sechs Leiter des Salzamtes in Bengalen bezogen z. B. jährlich zusammen 72 800 Pfund Sterling. Der Vorsteher erhielt außerdem noch 18 400 Pfund Sterling Gehalt. Beim Zollamt in Calcutta hatten drei Beamte eine gemeinsame Einnahme von 23 000 Pfund Sterling!

Verzeichniß
der wichtigsten Quellen und Bearbeitungen.

Allgemeines.

Anderson: An historical and chronological deduction of the origin of commerce. London 1787.
Schanz: Englische Handelspolitik gegen Ende des Mittelalters. Leipzig 1881.
Lecky: A history of England in the XVIII century. London 1888 4 ed.
Hume: History of England, continued by Smollett. London 1836.
Macaulay: History of England.
Lord Mahons: Geschichte von England vom Frieden von Utrecht bis zum Frieden von Versailles. Deutsch von Hager. Braunschweig 1856.
Moritz Brosch: Geschichte von England. Gotha 1892 ff.
Calendar of State Papers. Colonial Series. Ed. by Sainsbury. London 1860 ff.
H. J. Robinson: Colonial chronology. London 1892.
C. P. Lucas: A historical geography of british Colonies. Oxford 1888 ff.
R. M. Martin: History of the british colonies. 1834.
— Colonial library. 1836.
— History of the colonies of the british empire. London 1843.
— The british colonies, their history, extent etc. London and New York o. J.
A. J. R. Trendell: Her Majesty's Colonies. A series of original papers issued under the authority of the royal commission. 2 Ed. London 1886.
— The colonial Yearbook. London 1890 ff.
H. E. Egerton: A short history of british colonial policy. London 1897.
Todd: Parliamentary government in the british Colonies. London 1880.
Cunningham: The growth of english industry and commerce in modern times. Cambridge 1892.
P. Bonassieux: Les grandes compagnies de commerce. Paris 1892.
A. Zimmermann: Kolonialgeschichtliche Studien. Oldenburg und Leipzig 1895.

Nordamerika.

E. Hazard: Historical collections of State papers. Philadelphia 1792—94.
— Collection of State papers and of other documents. Philadelphia 1819.
Poore: Charters and constitutions. Washington 1878.
Gourd: Les chartes coloniales et les constitutions des Etats-Unis. Paris 1885.
Bancroft: History of the United States. Boston.
Narrative and critical history of America. Ed. by Justin Winsor. London 1886 ff.
Handelmann: Geschichte der Verein. Staaten. Kiel 1860.
K. F. Neumann: Geschichte der Vereinigten Staaten von Amerika. Berlin 1863—66.
F. Kottenkamp: Geschichte der Kolonisation Amerikas. Frankfurt a. M. 1850.
Laboulaye: Histoire des Etats-Unis. Paris 1877. 6. Ed.
Marshall: History of the american colonies. Philadelphia 1824.
Neill: The english colonization of America. London 1871.
G. P. Fischer: Colonial era of America. London 1892.
von Holst: Verfassungsgeschichte der Vereinigten Staaten von Amerika. Berlin 1878 ff.
Maclay: A history of the United States navy. 1775—93. London 1894.
J. de la Gravière: Les Anglais et les Hollandais dans les mers polaires et dans la mer des Indes. Paris 1890.
Biddle: A memoir of Sebastian Cabot. London 1831.
Documents relating to the voyages of John Cabot and Cortereal. London 1893. Hacluyt society.
S. E. Dawson: The Cabots in den transactions of the royal society of Canada. 1894.
The voyages and works of John Davis. London 1880. Hacluyt society.
Three voyages of Martin Frobisher. London 1867. Hacluyt society.
Prowse: History of Newfoundland. London 1895.
Hariots narrative of the first plantation of Virginia in 1587. Neudruck. London 1893.
Talvj: Geschichte der Kolonisation von Neu-England. Leipzig 1847.
John Fiske: The beginnings of New England. London 1889.
E. Arber: Story of the Pilgrim fathers. 1606—23. London 1897.
D. T. Valentine: History of the city of New York. New York 1853.
Stephen B. Weeks: Southern Quakers and slavery. Baltimore 1896.
Justin Winsor: Cartier to Frontenac. Geographical discovery in the interior of North America. Boston and New York 1894.
— The struggle in America between England and France. 1697—1763. London 1895.

Rameau de Saint-Père: Une colonie féodale en Amérique. L'Acadie. 1604—1881. Paris. Montréal 1889.
Parkman: Count Frontenac and New France. Boston 1887.
H. Lorin: Le comte de Frontenac. Paris 1895.
J. Fabre: Washington. Paris 1897.
Ewald: Sir Robert Walpole. London 1878.
Coxe: Memoirs of Sir Robert Walpole. London 1816.

Ostindien.

The voyages of Sir James Lancaster to the East Indies. Ed. by Markham. London. Hacluyt society 1877.
The voyage of John Huyghen van Linschoten to the East Indies. Ed. by Burnell. London. Hacluyt society 1885.
H. Stevens of Vermont: The dawn of british trade to the East Indies as recorded in the court minutes of the East India company 1599—1603. London.
Birdwood and Foster: The register of letters of the . . . company . . . trading into the East Indies. London 1893.
F. Delon: Etude sur les différentes Chartes de la compagnie anglaise des Indes. Paris 1897.
John Bruce: Annals of the honorable East-India Company from . . . 1600 to . . . 1707/8. London 1810.
R. Grant: A sketch of the history of the East India Company. London 1813.
Mill: The history of British India. IV. Ed. by Wilson. London 1848.
Macpherson: History of the European commerce with India. London 1812.
P. Auber: Rise and progress of the british power in India. London 1837.
Horace St. John: History of the british conquests in India. London 1852.
Kaye: The administration of the East India company. London 1853.
K. F. Neumann: Geschichte des englischen Reichs in Asien. Leipzig 1857.
Trotter: History of the british empire in India. 1844—62. London 1866.
Hunter: The imperial Gazetteer of India. Vol. VI. India. II Edit. London 1886.
Elphinstone and Colebrooke: The rise of british power in the East. London 1887.
W. Bolts: Considerations on India affairs. London 1772.
Malleson: History of the French in India. London 1868.
Julien Vinson: Les Français dans l'Inde. (Dupleix et Labourdonnais.) Paris 1894.
Macaulay: Critical and historical essays. London. (Lord Clive, Warren Hastings.)

Lawson: Private life of Warren Hastings. London 1895.
T. Hamont: Lally Tolendal. Paris 1887.
— Dupleix. Paris (o. J.)
Mémoire pour le sieur de la Bourdonnais, avec les pièces justificatives. Paris 1751.

Westindien.

Bryan Edwards: History civil and commercial of the british West-Indies. London 1819.
James Stephen: The slavery of the british West-India colonies. London 1824.
Histoire de la Jamaique. Trad. de l'Anglois. Par M.*** Londres 1751.
Long: The history of Jamaica. London 1774.
Bridges: Annals of Jamaica. London 1827/28.
Jardner: Hist. of Jamaica 1873.
Handbook of Jamaica for 1896. London, Jamaica.
Woodcock: History of Tobago. 1867.
Hay: Handbook of the colony of Tobago.
Breen: Sta. Lucia. 1844.
Sir W. Raleigh: The discovery of the large, rich and beautiful empire of Guiana. London 1848. Hacluyt society.

Afrika.

J. Scott Keltie: The partition of Africa. II ed. London 1895.
W. Bosmann: A new and accurate description of the coast of Guinea. London 1705.
G. Snelgrave: Nouvelle relation de quelques endroits de Guinée. Trad. par de Coulange. Amsterdam 1735.
Br. Cruickshank: 18 years on the Gold Coast of Africa. London 1853.
— Ein 18jähriger Aufenthalt auf der Goldküste Afrikas, aus dem Engl. übers. Leipzig.
A. B. Ellis: A history of the Gold Coast of West Africa. London 1893.
W. F. Lord: Goree, a lost possession of England. XIX century. 1897.
A true state of the present difference between the royal African Company and the separate traders. London 1710.
Bandinel: On slavery. London 1842.
Th. Clarkson: History of the rise, progress and accomplishment of the abolition of the African slave trade by the british Parliament.

Gedruckt in der Königlichen Hofbuchdruckerei von E. S. Mittler & Sohn.
Berlin SW12, Kochstraße 68—71.

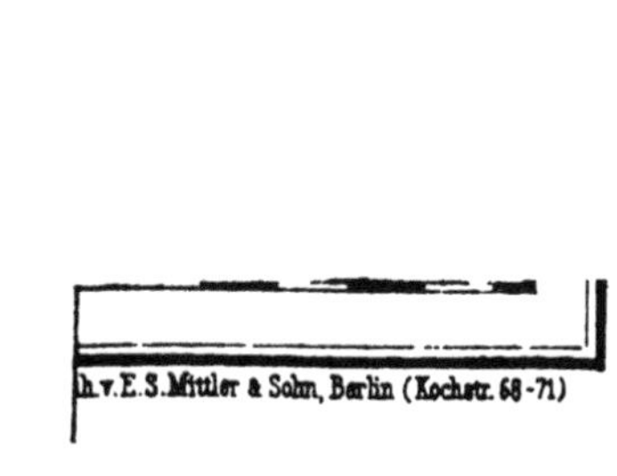

h. v. E. S. Mittler & Sohn, Berlin (Kochstr. 68-71)

de Chaleur

Halifax

STAATEN

30

v. E. S. Mittler & Sohn, Berlin (Kochstr. 68-71)

Die
Europäischen Kolonien.

Schilderung

ihrer Entstehung, Entwickelung, Erfolge und Aussichten

von

Dr. Alfred Zimmermann.

Dritter Band.

Die Kolonialpolitik Großbritanniens, 2. Theil.

Berlin 1899.
Ernst Siegfried Mittler und Sohn
Königliche Hofbuchhandlung
Kochstraße 68—71.

Die Kolonialpolitik

Großbritanniens.

Zweiter Theil.

Vom Abfall der Vereinigten Staaten bis zur Gegenwart

von

Dr. Alfred Zimmermann.

Berlin 1899.
Ernst Siegfried Mittler und Sohn
Königliche Hofbuchhandlung
Kochstraße 68—71.

Vorwort.

Mehr als in den beiden ersten Bänden war der Verfasser in dem hier vorliegenden Abschnitte der Kolonisationsgeschichte genöthigt, auf die ursprünglichen Quellen zurückzugehen. So überaus groß die Litteratur über die Kolonialpolitik und die Kolonien Großbritanniens auch ist, fehlt es nämlich an jeder auch nur irgend erschöpfenden Verarbeitung des von amtlicher Seite veröffentlichten Materials. Besonders auffällig tritt dieser Mangel in den über die britischen Afrikakolonien vorhandenen Darstellungen in Erscheinung.

Wenn der Verfasser durch sorgsame Berücksichtigung der großartigen und überaus lehrreichen Blaubuchlitteratur eine Lücke ausgefüllt zu haben hofft, ist er sich der Mängel seiner Arbeit dennoch wohl bewußt. Eine nach jeder Richtung erschöpfende und gleichmäßige Schilderung der unvergleichlichen Leistungen Großbritanniens auf kolonialem Gebiete zu geben, übersteigt eben bei Weitem die Kräfte eines Einzelnen, der noch dazu dieser Arbeit nur seine Mußestunden widmen kann. Ist doch die Geschichte der neueren britischen Kolonialpolitik im wesentlichen zugleich die Geschichte der gesammten auswärtigen Politik Englands!

Um den Umfang des Buches nicht ins Ungemessene zu steigern, konnte der Zusammenhang des Geschilderten mit der allgemeinen Geschichte immer nur kurz angedeutet werden. Es läßt sich ja bei dem Leser gewöhnlich eine genügende nähere Kenntniß der neueren Geschichte voraussetzen. Dafür ist den Fragen der Verfassung und Verwaltung in den britischen Kolonien, welche im Allgemeinen nicht hinreichend bekannt sind, und die gegenwärtig hohes Interesse beanspruchen, ein breiterer Raum gewidmet worden.

In Bezug auf die Anordnung des Stoffes ist eine andere Methode als im Vorband gewählt worden. Da Großbritannien seine Kolonien je nach den örtlichen Verhältnissen in neuerer Zeit sehr verschieden behandelt, hat der Verfasser hier die Entwickelung seiner Niederlassungen in jedem Erdtheil besonders geschildert und die großen Züge der kolonialen Gesammtpolitik in einem besonderen Kapitel anzudeuten versucht.

Wie in den früheren Bänden ist von kritischen Erörterungen ebenso wie von allgemeinen Schlußfolgerungen abgesehen worden. Der Leser soll durch das übersichtlich und unparteiisch vorgeführte Material in den Stand gesetzt werden, sich selbst ein Urtheil zu bilden.

Die Angaben der Blaubücher, besonders auf statistischem Gebiete, weichen oft ohne ersichtlichen Grund stark voneinander ab. Auch Ungenauigkeiten sind in den von amtlicher Seite veranstalteten Veröffentlichungen nicht selten. Der Jahrgang 1898 der sonst sehr verdienstvollen colonial office list nennt (um nur ein Beispiel herauszugreifen) den vor Jahren abgegangenen Gouverneur v. Zimmerer als deutschen Generalkonsul für die Goldküste! In den meisten Fällen ist es nicht möglich, die falschen Angaben richtig zu stellen.

Kaum der Erwähnung bedarf es, daß das hier gebotene Werk in erster Linie mit steter Rücksicht auf Deutschlands überseeische Bestrebungen und Bedürfnisse abgefaßt ist. Es soll zeigen, wie ein großes, kräftiges und tüchtiges Volk es angefangen hat, um ungeachtet aller Angriffe und Feindseligkeiten sich zum Beherrscher der halben Welt aufzuschwingen; welche Fehler es begangen hat, welchen Umständen es seine Erfolge verdankt.

Berlin, März 1899.

Alfred Zimmermann.

Inhaltsverzeichniß.

Zweiter Theil.

Das britische Westindien.

Dritter Theil.

Das britische Nordamerika.

Vierter Theil.

Das britische Reich in Asien.

Fünfter Theil.

Das britische Reich in Australasien.

Einleitung.

Die Entstehung der britischen Weltherrschaft.

Der Abfall der Vereinigten Staaten, die bis ins vorige Jahrhundert den weitaus wichtigsten und werthvollsten kolonialen Besitz Großbritanniens ausmachten, bedeutete den Zusammenbruch der älteren englischen Kolonialpolitik. Es verblieben ihm nach Abschluß des Pariser Friedens zwar noch Kolonien in Amerika, Asien und Afrika, doch sie reichten an das Verlorene in ihrer Bedeutung bei Weitem nicht heran. Indien, damals noch in den Händen der Company, hatte nicht entfernt den Werth wie heute; von Kanada war nur ein schmaler Landstreifen am St. Lawrence mit wenigen Tausenden Weißer besiedelt, die wenigen Niederlassungen in Westafrika dienten lediglich dem Sklavenhandel. Am werthvollsten war noch der Besitz Englands in Westindien. Doch stand er damals an Bedeutung weit hinter dem spanischen zurück und kam nur etwa dem französischen gleich. — In Würdigung dieser Lage hob das Parlament 1783 auf Burkes Antrag das Amt des Staatssekretärs für Amerika und das Kolonialamt auf. Die fernere Leitung der überseeischen Angelegenheiten wurde erst dem Plantation Office des Home Office, dann einem Committee des Privy Council übertragen! — Entmuthigt aber war man im Volke durch die gemachten Erfahrungen nicht. Der Unternehmungsgeist, der Drang nach Eroberung neuer überseeischer Gebiete lebten hier in ungeschwächter Kraft fort. Alle die wagemuthigen Seefahrer und Kaufleute, welche den Ausbruch jedes Krieges jeder Zeit mit Jubel begrüßt und mit Trauer die Friedensschlüsse gesehen hatten, welche ihren Kaperfahrten und Kriegskontrebandelieferungen ein Ziel gesteckt hatten, warteten nur auf eine neue Gelegenheit, Großbritanniens Flagge wieder in der Ferne aufzupflanzen.

Diese Gelegenheit kam, als das revolutionäre Frankreich 1793 den Briten Krieg erklärte und Miene machte, ihnen auch in den Kolonien entgegenzutreten. Dieser Krieg, welcher zwei Jahrzehnte ausfüllte, und in den bekanntermaßen bald auch die beiden zu jener Zeit mächtigsten Kolonialstaaten, Spanien und Holland, verwickelt wurden, hat den Grund zur heutigen See- und Kolonialmacht Großbritanniens gelegt. Mit seiner überlegenen Politik und seiner nie verzagenden Ausdauer wußte es die Anstrengungen Frankreichs, seiner Herr zu werden, immer aufs Neue zu vereiteln und schließlich den ganzen Kolonialbesitz Frankreichs und Hollands in seine Gewalt zu bringen.

Die erbittertsten und hartnäckigsten Kämpfe dieses langen Krieges, bei dessen Beginn England die Kolonialverwaltung 1794 dem Secretary of State for War*) unterstellte, haben sich in Westindien abgespielt. Es lag das nicht allein an der geographischen Lage dieser Kolonien und der Leichtigkeit, dort dem Gegner Schaden zuzufügen, sondern auch an dem Wunsche aller Kolonialvölker, möglichst viel Antheil an dem Besitz dieser damals wegen des hohen Gewinns des dortigen Rohrzuckerbaues überaus hochgeschätzten Gebiete zu erwerben.

Schon vor Ausbruch des Krieges hatten die Royalisten von Martinique Englands Hülfe angerufen und Uebergabe der Insel versprochen, und an einer vom jüngern Pitt zu diesem Zweck ausgerüsteten Expedition nahm eine Anzahl französischer Emigranten theil. Die Eroberung des französischen Westindien erschien daher sehr leicht, und schon im Februar 1793 ergingen dahin lautende Befehle an die britische Flotte in jenen Gewässern. In der That ergab sich Tabago fast ohne Widerstand den Briten Mitte April. Eine Mitte Juni 1793 in Martinique landende Expedition fand aber die französischen Republikaner so wohlgerüstet, daß sie, ohne einen ernstlichen Angriff zu wagen, wieder abfuhr.

Diese Erfahrung bestimmte die Briten, ihre Seemacht im westindischen Meere auf eine solche Höhe zu bringen, daß sie im Stande war, allen Widerstand in diesen Gebieten zu brechen. Vier große Linienschiffe, neun Fregatten und eine Menge Transportfahrzeuge

*) Kriegsminister.

wurden unter den Befehl des Vizeadmirals Sir John Jervis gestellt und etwa 6000 Mann Soldaten darauf eingeschifft!

Anfang Februar 1794 griff diese Expedition Martinique an. St. Pierre fiel ihr am 16. Februar in die Hände. Die Forts Bourbon und Royal hielten sich einige Wochen. Ende März mußten sie sich auch ergeben, und die Insel ging in Großbritanniens Besitz über. Die Engländer hatten nur 71 Todte und 193 Verwundete zu beklagen. — Anfang April gelang den Briten die Einnahme Sta. Lucias. Am 10. April griffen sie Guadeloupe an und eroberten die Insel binnen wenigen Tagen. Da um jene Zeit auch Port au Prince, der Hauptort des französischen San Domingo, von einer englischen Expedition erobert war, befanden sich somit Mitte 1794 alle westindischen Besitzungen Frankreichs in Englands Händen! Der durch den Verlust des besten Theils Nordamerikas eine Zeit lang stark gesunkene Muth wurde dadurch aufs Neue belebt, und die Kolonien traten wieder in den Vordergrund des Interesses.

Schwieriger als die Eroberung erwies sich die Behauptung des neuen Besitzes. Es zeigte sich bald, daß das Klima den größten Theil der Truppen dienstunfähig gemacht hatte. Die Leute starben in Massen am Fieber. Von acht Kompagnien, die nach Port au Prince geschickt wurden, starben zwischen Guadeloupe und Jamaica 100, gegen 150 mußten sterbend in Port Royal gelandet werden. Im Laufe von zwei Monaten verloren die Engländer in Port au Prince durch Krankheiten 600 Mann und 40 Offiziere! Da Nachschub von Hause ausblieb, war es nicht möglich, die Lücken zu füllen und die verschiedenen Festungen genügend zu besetzen.

Unter diesen Umständen gelang es Frankreich, das Anfang 1794 eine ansehnliche Flotte nach Westindien geschickt hatte, auf Guadeloupe wieder festen Fuß zu fassen und Anfang Oktober die Insel zurückzuerobern. Die Briten gaben dabei über 300 Royalisten, welche sich ihnen angeschlossen hatten, den Siegern, an deren Spitze General Victor Hugues stand, preis. Die Unglücklichen wurden sämmtlich grausam hingerichtet. — Gegen Ende des Jahres 1794 ging auch Port au Prince den Briten verloren, und ihre ganze Unternehmung gegen San Domingo scheiterte an der Gefährlichkeit des Klimas und der Unwegsamkeit des Landes. In Martinique und Sta. Lucia blieben die Briten damals noch ungestört, doch ihre Herrschaft stand bei dem Mangel an Truppen auf schwachen Füßen. In den

Bergen Sta. Lucias hausten Mengen aufständischer Neger, und in Martinique war die Stimmung der Bevölkerung so bedenklich, daß der britische Befehlshaber mehrere hundert Leute unter Beschlagnahme ihres Besitzes aus der Insel verwies. — Noch bedenklicher für England war die Mißstimmung der Bevölkerung in verschiedenen seiner alten Kolonien, wie Dominica, St. Vincent und Grenada. Auf allen drei Inseln gab es eine französisch gesinnte Partei. In St. Vincent lebte außerdem noch eine zahlreiche eingeborene Bevölkerung, welche in den Briten die Räuber ihres Besitzes sah.

Victor Hugues wußte diese Lage geschickt auszunutzen. Er begünstigte nach Kräften die Ausrüstung von Kaperschiffen, die den englischen Handel schwer schädigten, und griff seinerseits im Februar 1795 Sta. Lucia an. Mit Hülfe der aufständischen Schwarzen eroberte er binnen Kurzem die Insel bis auf zwei feste Punkte, in denen die Briten sich noch einige Monate hielten. Im Juni mußten sie auch diese räumen. — Auf St. Vincent erhoben sich die Eingeborenen und Pflanzer französischer Abkunft im März 1795 und richteten fürchterliche Verwüstungen an. Die englischen Milizen brachten ihnen mit Hülfe einiger regulärer Truppen mehrere Niederlagen bei; die Aufständischen, denen von Sta. Lucia und Guadeloupe Verstärkungen zuflossen, behaupteten sich jedoch und bedrohten im September aufs Ernstlichste den Hauptort der Insel, Kingston. Zur Freude seiner Bewohner trafen Ende September hier Truppen aus England ein, welche ohne Verzug den Feind angriffen und so in Schrecken versetzten, daß er eiligst von Kingston abzog, ohne freilich die Insel ganz zu räumen. — Auch in Grenada war im März 1795 ein Aufstand der Franzosen und Farbigen ausgebrochen, den die britischen Truppen nicht zu unterdrücken vermochten, da schlechtes Wetter und Fieber sie arg mitnahmen. Ebenso bedenklich waren Angriffe auf Dominica und Martinique sowie eine Negererhebung in Jamaica.

Wenn Victor Hugues' Unternehmungen auch nur theilweise von Erfolg begleitet waren, gestaltete sich doch die Lage Englands Ende 1795 sehr bedenklich. Im Vorjahre hatte es eine französische Flotte bei Brest vernichtet und dadurch einen Angriff auf seine Küsten verhindert. 1795 war es indessen genöthigt worden, seine Truppen aus Holland und Norddeutschland zurückzuziehen, und sah sich, während auf seinen Schiffen eine gefährliche Meuterei der meist gewaltsam gepreßten, schlecht behandelten Matrosen ausbrach, von einem Angriff der unter einem Scepter vereinigten Seemacht Frankreichs, Spaniens und Hollands bedroht. Mit der Gefahr wuchs aber der Muth und der Unternehmungsgeist der Briten! Es stand für sie fest, Frankreich die Erbschaft der holländischen und spanischen Kolonien unter keinen Umständen zu überlassen. Unbekümmert um alle Hindernisse, wurden Vorkehrungen getroffen, die Bildung des Napoleonischen Kolonialreichs zu hindern. Schon im Herbst 1795 wurde das holländische Kapland besetzt und gleichzeitig eine Flotte von mehr als 200 Schiffen für Westindien ausgerüstet, die Mitte November absegelte. Ein Sturm im Kanal, der die Schiffe zerstreute und verschiedene zum Scheitern brachte, zwang zur Umkehr, und nach mehreren weiteren durch Unwetter vereitelten Auslaufversuchen gelang es erst im Frühjahr 1796, die für Westindien bestimmte Streitmacht dorthin zu schaffen.

Die erste Maßregel des Oberbefehlshabers General Abercromby war ein Angriff auf die holländischen Besitzungen in Südamerika. Ohne Widerstand ergaben sich Demerara, Essequibo und Berbice Ende April und Anfang Mai 1796. Dann wandten sich die Briten, da sie sich zu einer Unternehmung gegen Guadeloupe nicht kräftig genug fühlten, nach Sta. Lucia, wo die Franzosen über 2000 Negersoldaten verfügten. Nach hartnäckigem Kampf fiel die Insel Ende Mai England in die Hände. — Nun erst sah sich Sir Ralph Abercromby in der Lage, auf St. Vincent und Grenada, wo seit Monaten wüthende Kämpfe mit den Franzosen fortdauerten, Ordnung zu schaffen. Dank seiner Uebermacht gelang dies binnen wenigen Tagen im Anfang Juni. Die am Aufstand betheiligten Eingeborenen St. Vincents wurden mit Weib und Kind nunmehr auf eine kleine Insel Rattan in der Bay von Honduras geschafft, und ihr fruchtbarer Besitz für England weggenommen. Der französische General Victor Hugues begnügte sich angesichts der Uebermacht des Feindes im Herbst des Jahres mit einem Ueberfall der unbeschützten Insel Anguilla. Bei der Rückkehr seiner Schiffe gelang es den Engländern, zwei davon zu zerstören. Da auch in verschiedenen andern Seetreffen die britischen Schiffe den Sieg erfochten, wagten die Franzosen keine weiteren Schritte und beschränkten sich auf Behauptung Guadeloupes und Cayennes, ihrer letzten Kolonien in Amerika.

Nach seinen Erfolgen gegen die Franzosen ging Abercromby an

Eroberung der spanischen Kolonien. Februar 1797 gelang es ihm nach kurzem Kampf, die Insel Trinidad wegzunehmen, während die englische Flotte unter Sir John Jervis bei Kap St. Vincent den größten Theil der spanischen Seemacht besiegte und vernichtete!

Im April 1797 wurde ein Angriff auf Puerto Rico unternommen und die Stadt San Juan belagert. Dieses Unternehmen ebenso wie ein Angriff auf die Philippinen scheiterte, da die britische Truppenmacht zu klein war. — Dafür gelang es den Briten, einen Angriff der Spanier von Venezuela aus auf Essequibo abzuschlagen und einen Handstreich Victor Hugues' gegen Dominica zu vereiteln. Da überdies die englische Flotte ungeachtet neuer Meutereien ihrer Bemannung im Laufe des Jahres 1797 die holländische Seemacht bei Camperdown zu vernichten und so einen Landungsplan Napoleons zu vereiteln vermochte, hatte die englische Regierung gewiß Grund, mit ihren Erfolgen zufrieden zu sein.

Doch in London erachtete man die britische Vorherrschaft zur See und die Stellung in Westindien für noch nicht hinreichend gesichert. Die große Sterblichkeit unter den weißen Truppen erregte insbesondere schwere Bedenken. Um diesem Uebelstand zu begegnen, verfiel die britische Regierung auf den Gedanken, in Westindien fünf Regimenter aus Negern zu bilden, die sich dem Klima besser gewachsen zeigten und billiger als Weiße kommen sollten. Der Gedanke fand jedoch heftigen Widerstand in Westindien. Die Pflanzer behaupteten, daß eine Bewaffnung der Negersklaven Tödtung der Weißen und Zustände wie in San Domingo zur Folge haben würde. In Barbados wie Jamaica protestirten die gesetzgebenden Versammlungen entschieden gegen den Plan, und in letzterer Kolonie wurde, um das Mutterland zum Nachgeben zu bringen, Unterhaltung von 2000 Mann weißer Truppen auf eigene Kosten beschlossen. Die Bewohner Jamaicas sträubten sich ebenso energisch gegen Zulassung der mit vielen Hunderten von Sklaven aus San Domingo flüchtenden französischen Pflanzer und Landung der von dort zurückgezogenen schwarzen britischen Truppen. Sie erreichten damit, daß Großbritannien seinen Plan fallen ließ und sich mit der Bezahlung des Unterhalts einiger weißer Regimenter durch die Kolonie begnügte. — Die Angelegenheit hatte so wie so im Laufe des Jahres 1798 an Bedeutung verloren. Von französischer und holländischer Seite erfolgte damals in amerikanischen Gewässern kein weiterer Angriff, ohne Schwertstreich ergab sich auch

Surinam den Engländern. Die Spanier zeigten sich nicht einmal im Stande, die kleinen Niederlassungen der Briten in Honduras einzunehmen, und Napoleon schien, nachdem Nelson seine Flotte an der egyptischen Küste im August 1798 zerstört hatte, für längere Zeit in Afrika festgelegt und unschädlich gemacht. 1799 wurde der Rest der holländischen Kriegsflotte bei Texel zur Uebergabe gezwungen, und Großbritannien war nun unbeschränkter Herrscher auf dem Weltmeer. 1800 besetzte es die holländische Insel Curaçao, auf welcher die Franzosen vergeblich sich einzunisten versucht hatten. Im Jahre darauf nahm es die schwedische Kolonie St. Bartholomew und die dänischen Inseln St. John, St. Tomas und Santa Cruz weg. Ohne Widerstand fielen dann auch die französischen Inseln Sta. Eustatia und Saba in Englands Hand. Des von Napoleon kaum eroberten Egypten hatte es sich schon 1801 bemächtigt!

Das Ergebniß des langen Krieges, der Großbritannien allein gegen 30 000 Menschen gekostet hat, entsprach nicht den Erwartungen seiner Bürger. Der Friede zu Amiens 1802 bescheerte den Briten nur die Fortdauer ihres Besitzes in Trinidad und Ceylon. Alle anderen Eroberungen mußten sie infolge der Mißerfolge ihrer Politik in Europa wieder herausgeben!

Der Zorn über diesen Ausgang in England und die ununterbrochenen Bemühungen Napoleons, Großbritanniens Macht an empfindlichen Stellen zu treffen, gewährten dem Frieden keine lange Dauer. Kaum hatte England sich von den Anstrengungen des letzten Krieges etwas erholt und seine Rüstungen vervollständigt, als es ohne Rücksicht auf den eben geschlossenen Friedensvertrag Malta herauszugeben verweigerte und, da Frankreich die Niederlande nicht räumte, verschiedene französische Handelsschiffe wegnehmen ließ. Ehe die Franzosen einen Vertheidigungsplan gefaßt hatten, erschien ein englisches Geschwader im Juni 1803 vor Sta. Lucia und Tabago. Beide Insel fielen ohne Weiteres den Angreifern in die Hände. Demerara, Essequibo und Berbice stellten sich darauf freiwillig unter englischen Schutz. — Die Franzosen verfügten damals über weit bedeutendere Streitkräfte in Westindien als früher. Aber diese ganze Macht war damit beschäftigt, San Domingo von den aufständischen Schwarzen zurückzuerobern, und befand sich dort infolge des schlimmen Klimas und der großen Terrainschwierigkeiten in bedenklicher Lage. Die Besatzungen von Guadeloupe und Martinique reichten nur zur Vertheidigung dieser Inseln. So hatten die Briten freien Spielraum. Ihre Flotte vernichtete zunächst die französischen Schiffe an der Küste San Domingos, dann blockirte sie die von den Negern zu Lande schon schwer bedrängten französischen Stationen, bis eine nach der andern kapitulirte. Die französischen Truppen zogen es, um den Grausamkeiten der Neger zu entgehen, meist vor, sich den Briten zu ergeben. Ende 1803 war auch der letzte französische Posten auf San Domingo gefallen! Im Mai 1804 wurde Surinam aufs Neue von den Engländern eingenommen und somit beinahe derselbe Stand der Dinge wie vor dem Frieden herbeigeführt.

Napoleon verstärkte inzwischen die französische Seemacht in Westindien und rüstete aus allen Kräften in seinen und den niederländischen Häfen für einen Einfall in England selbst. Im Frühjahr 1805 führten französische Schiffe Angriffe auf Dominica, St. Christophers, Nevis und Montserrat aus und gelangten mit reicher Beute wohlbehalten nach Frankreich. Ende März segelte eine Flotte von 19 großen Kriegsschiffen mit 10 000 Mann an Bord unter Admiral Villeneuve von Toulon nach Westindien und schickte sich dort an, über die weit schwächeren Engländer herzufallen. Kaum drei Wochen später erschien aber Lord Nelson mit seiner ganzen Macht in den westindischen Gewässern. Seine Ankunft scheint Villeneuve, dem sich eine starke spanische Flotte zugesellt hatte, bewogen zu haben, die Rückfahrt anzutreten. Ohne das Geringste gegen die englischen Kolonien unternommen zu haben, segelten die französischen und spanischen Flotten nach Europa, wo ihnen Nelson im Oktober 1805 bei Trafalgar den Garaus machte.

Trotz dieser schweren Niederlage, welche den Plänen eines Einfalles in England ein Ende bereitete, gab Napoleon, dem zu Lande das Glück mehr als je lachte, den Kampf zur See nicht auf. Im Dezember 1805 sandte er neue Schiffe nach Westindien und versuchte, die Kap-Kolonie in seine Gewalt zu bekommen. Es war nicht seine Schuld, wenn beide Maßnahmen mißglückten. Zur See waren ihm eben die Engländer weit überlegen. Während die französischen Schiffe noch unterwegs waren, bemächtigte sich der britische Admiral Sir Home Popham im Januar 1806 schon Kapstadts. Die Franzosen ließen, als sie davon Kunde erhielten, diesen Plan fallen und segelten nach Westindien. Hier wurde ein Theil ihrer Flotte bei

San Domingo von den Briten vernichtet; der Rest ging in einem Sturm zu Grunde. Außer der Wegnahme zahlreicher Handelsfahrzeuge erlitten die Engländer keine Verluste durch die Franzosen. Es gelang ihnen überdies, sich im Sommer 1806 in Argentinien festzusetzen.*)

Großbritannien wurde durch diese Siege fast unbeschränkter Herrscher auf allen Meeren. Napoleon war nicht mehr in der Lage, die Sperre Europas gegen englische Waaren, welche er 1806 von Berlin aus dekretirte, wirksam durchzuführen, wenn er nicht in den Besitz neuer Kriegsflotten gelangte. Nur Dänemark, Schweden und Portugal verfügten damals noch über solche. Um ihrer Herr zu werden, verständigte sich Napoleon Anfang 1807 insgeheim mit Rußland. Seine Absicht wurde jedoch an England verrathen, und dieses kam ihm bei Dänemark zuvor. Im August 1807 verlangte eine englische Flotte vom dänischen König Auslieferung seiner Schiffe bis zum Frieden. Als er dies verweigerte, wurde Kopenhagen bombardirt, die Flotte gewaltsam weggenommen und Helgoland besetzt. Nur in Portugal und Spanien gelang es Napoleon, den Briten zuvorzukommen. Auf die Kolonien beider Staaten vermochte er freilich die Hand nicht zu legen. Noch vor Ablauf des Jahres 1807 bemächtigte sich England auch des holländischen Curaçao, der dänischen Inseln St. John, St. Tomas und Santa Cruz und bereitete die Eroberung des Restes der französischen Besitzungen in Westindien vor. Napoleon vermochte ihnen so gut wie keine Hülfe zu senden, da die Unternehmungen auf dem Kontinent alle seine Kräfte in Anspruch nahmen.

Im März 1808 fielen die kleinen Inseln Mariegalante und Deseada in englische Hand. Später im Jahre gelang es, den gut gelegenen Hafen Samana auf San Domingo, wo die Franzosen aufs Neue festen Fuß gefaßt hatten, wegzunehmen. 1809 wurde mit Hülfe von Brasilien aus Cayenne, wo Victor Hugues noch immer kommandirte, erobert und die Besatzung von mehr als 1000 Mann gefangen. Dann wandten sich die Briten gegen Martinique und Guadeloupe, deren Küsten sie schon seit längerer Zeit scharf überwachten. Am 26. Februar 1809 mußten die Vertheidiger Martiniques

---

*) Siehe das Nähere in meinen „Kolonialgeschichtlichen Studien". Oldenburg und Leipzig 1895.

kapituliren. Der Feldzug hatte nur 28 Tage beansprucht. Ein zu Hülfe geschicktes kleines französisches Geschwader kam zu spät und segelte schleunigst nach der Inselgruppe Les Saints zwischen Mariegalante und Guadeloupe.

Auf die Nachricht davon wurden einige tausend Mann von englischer Seite nach den Inseln geschickt. Sie bemächtigten sich eines hochgelegenen Punktes und zwangen durch Beschießung von dort die französischen Schiffe, aufs hohe Meer zu laufen, wo die Engländer das eine erbeuteten. Der Rest flüchtete nach Guadeloupe. Von einem zweiten französischen Geschwader von vier Schiffen, das im Dezember in Westindien erschien, wurden zwei durch die Briten zerstört. Dasselbe Schicksal erlitten verschiedene andere nach Guadeloupe bestimmte französische Schiffe. Dieses, die letzte Besitzung Frankreichs in Amerika, nachdem auch die von ihm wiedereroberte Stadt San Domingo 1809 sich den Briten hatte ergeben müssen, wurde Ende Januar 1810 mit einer Macht von 6000 Mann angegriffen. Die Franzosen leisteten keinen nennenswerthen Widerstand. Schon am 5. Februar ergab sich der Oberbefehlshaber der Insel. Das Unternehmen hatte England nur 50 Todte und 250 Verwundete gekostet. In die Kapitulation war auch der französische Theil der Insel St. Martin eingeschlossen. Der andere holländische wurde am 16. Februar besetzt. Einige Tage später nahm England auch noch die holländischen Inseln Sta. Eustatia und Saba in Besitz und war damit Herr aller nichtspanischen Niederlassungen in Westindien. Im selben Jahre wurde auch noch Mauritius*) den Franzosen entrissen, nachdem seine Senegal-Kolonie und seine Posten in Indien schon vorher in Englands Gewalt gefallen und seine letzten Schiffe in verschiedenen Meeren besiegt worden waren. Da 1811 auch noch Java und der größte Theil Holländisch-Indiens einem Angriff Englands unterlag, war dieses von da an einige Jahre lang Herr sämmtlicher französischer und holländischer Besitzungen. Napoleons Hoffnung, ihm durch Sperrung der europäischen Märkte und Vereinigung der kontinentalen Staaten so schweren Schaden zu thun, daß es sich schließlich seinem Willen fügen müsse, erwies sich als eitel. Englands Geld und Politik erweckten ihm immer neue Feinde.

---

*) Isle de France.

Seine Heere wurden in Spanien und Rußland aufgerieben, seine letzte Kraft in Deutschland gebrochen und er selbst schließlich aus Frankreich verbannt. Am Ende des langen Kampfes war die Seemacht Frankreichs und Hollands vollständig gebrochen; Spanien und Portugal waren tief in Englands Schuld, und Großbritannien, das auch noch mit den Vereinigten Staaten, die Canada angegriffen hatten, ohne große Mühe fertig geworden war, stellte unbestritten die bedeutendste Macht der Welt dar! Wenn es bei den Friedensverträgen nur einen Theil seiner Eroberungen behielt, ist diese Mäßigung wohl großentheils verschiedenen politischen Erwägungen beizumessen.

Die großbritannische Regierung begnügte sich unter den in Europa herrschenden Umständen damit, von den französischen Kolonien nur Sta. Lucia, Tabago und Mauritius zu behalten. Den Niederlanden entriß England dauernd nur Kapland, Demerara, Essequibo und Berbice sowie die Stationen auf dem Festland Indiens und Ceylon. Den Dänen gab es ihre Inseln bis auf Helgoland zurück. Außerdem behielt es Malta als Stützpunkt für seine Flotte im Mittelländischen Meere.

Da während des langen Weltkrieges Großbritannien auch noch Australien besetzt, die Kolonisation Sierra Leones begonnen und seine Herrschaft in Ostindien bedeutend ausgedehnt und befestigt hatte, konnte der Verlust, der ihm durch den Abfall der Vereinigten Staaten erwachsen war, als ausgeglichen angesehen werden. Für alle Wechselfälle wohlgerüstet, im Besitze fast aller neben den Vereinigten Staaten für Auswanderung von Europäern geeigneten Länder der Erde, mit einer von keinem anderen Staat auf lange hinaus nur annähernd zu erreichenden Seemacht und als Gebieter des Welthandels trat Großbritannien in die neue Aera seiner kolonialen Politik ein!

Erster Theil.

Die Kolonisation Afrikas.

Erstes Kapitel.

Die Anfänge der britischen Afrikapolitik.

Im Frieden von Versailles verzichtete England 1783 auf das 1763 erworbene, im Jahre 1778 von den Franzosen aber zurückeroberte St. Louis und Gorée am Senegal, es gab auch alle Ansprüche auf Arguin und Portendik im Norden des Senegal auf und behielt sich nur das Recht zum Gummihandel an der Küste zwischen St. John und Portendik vor. Englands Einfluß in diesen Gegenden war damit auf das Fort James in der Mündung des Gambia und den letzteren Fluß beschränkt. An der Goldküste hatte England während des amerikanischen Krieges 1781 Elmina an Holland verloren, dafür aber Commendah und Accra erobert. Im Frieden von 1784 mit den Niederlanden wurde beiderseitige Rückgabe dieser Eroberungen ausgemacht, hier also am Besitzstand nichts geändert. — Mit Frankreich entstanden bald neue Schwierigkeiten. Seine Regierung besetzte 1786 trotz der Abmachungen des Friedens den Posten Albreda an der Mündung des Gambia mit der Begründung, daß der Lauf des letzteren erst an dem weiter stromauf gelegenen Fort James beginne, und erwarb auch Kap Verde und Dakar von den Eingeborenen. Zu ernstlichen Streitigkeiten kam es aber nicht, da bald innere Angelegenheiten die Aufmerksamkeit der Franzosen von Afrika ablenkten. Die britische Regierung widmete ihrerseits den westafrikanischen Angelegenheiten damals so wenig Interesse wie früher. Sie erblickte in diesen Gebieten nichts als die Quelle für die in Westindien erforderlichen Negersklaven und wollte damit möglichst wenig zu thun haben. Für Schutz der britischen Handels- und Schifffahrtsinteressen daselbst erachtete sie die vom Parlament subventionirte Company als ausreichend. Trotz der gegen sie wiederholt erhobenen Klagen stellte England 1783 auch den Gambia, der von 1765 an eine Zeit lang als Staatskolonie behandelt worden war, wie alle anderen afrikanischen Besitzungen, wieder unter ihre Verwaltung.

Ein um so lebhafteres Interesse für Afrika begann sich schon damals in privaten Kreisen zu regen, wo man Ersatz für das verlorene Nordamerika wünschte und die Möglichkeit einer anderen Verwerthung Afrikas denn als Markt für Sklaven erörterte. Den Anlaß zu größerer Beachtung der Sklavenfrage hatten seit Mitte des 18. Jahrhunderts die scharfen Urtheile verschiedener Denker über den Menschenhandel und die daran anknüpfenden Bemühungen der Quäker und Wesleyaner gegeben. Dank dieser Bewegung wurde das Publikum allmählich über die fürchterlichen Greuel dieses Handels aufgeklärt. Granville Sharp setzte 1772 durch, daß englische Richter einen nach England gebrachten Sklaven frei erklärten und den Grundsatz aufstellten, daß jeder Sklave durch das Betreten englischen Gebietes frei werde. 1783 brachte er eine Klage gegen den Kapitän eines Sklavenschiffes ein, der 132 kranke Neger über Bord geworfen hatte. In demselben Jahre petitionirten die Quäker beim Parlament um Ausdehnung des Verbotes der Sklavenausfuhr, welches gegen die Beamten der African Company vorbereitet wurde, auf alle Engländer. Wenngleich Lord North den Antrag ablehnte, da der Sklavenhandel für fast jede Nation Europas unentbehrlich geworden sei, richteten schon 1784 die Bürger von Bridgewater eine neue Petition gegen den Menschenhandel ans Unterhaus. Die Angelegenheit erregte immer allgemeinere Aufmerksamkeit. Im folgenden Jahr schrieb die Universität Cambridge zwei lateinische Preisarbeiten über die Frage aus, ob es rechtlich zulässig sei, Jemand gegen seinen Willen zum Sklaven zu machen. Der Gewinner des Preises, Thomas Clarkson, veröffentlichte seine Schrift 1786 in englischer Sprache und fand damit lauten Beifall bei zahlreichen angesehenen Leuten, insbesondere dem damals erst bekannt werdenden Politiker William Wilberforce.*) Mit ihm, Granville Sharp, Mr. Hoare und neun anderen bildete er 1787 einen Verein zur Beseitigung des Sklavenhandels.

*) Wilberforce, geb. 1759, trat 1783 als Freund Pitts ins Parlament. Schon als Knabe schrieb er einen Aufsatz gegen den Sklavenhandel.

Um dieselbe Zeit entstand in London eine Vereinigung, welche es unternahm, für befreite Neger, deren es damals in England nach dem Krieg mit Amerika, wobei sie im englischen Heere gedient hatten, sehr viele gab, zu sorgen. Ihr Schöpfer war Granville Sharp, mit dem der frühere westafrikanische Kaufmann Smeathman und Henry Thornton zusammen wirkten. Smeathman hatte vorgeschlagen, die meist mittellos verkommenden Neger in England nach Sierra Leone zu schaffen und dort mit ihnen eine Kolonie zu gründen. Es wurden hierzu einige tausend Pfund Sterling zusammengebracht, die Regierung bewogen, die Kosten des Transports und des Unterhaltes der Leute während der ersten Monate zu tragen, und im Frühjahr 1787 nicht weniger als 400 Schwarze mit 80 Weißen nach Sierra Leone gesandt. Der Kapitän Thompson kaufte hier bei der Ankunft 20 Quadratmeilen von einem Häuptling und legte den Grund zur ersten Ansiedelung. Infolge schlechter Vorkehrungen auf den Schiffen waren unterwegs 84 Neger gestorben, und weitere 100 starben während der ersten Regenzeit, besonders wegen starken Branntweingenusses. Der Rest gerieth in Streit mit einem benachbarten Häuptling und mußte 1789 die kaum gegründete Ansiedelung verlassen. Die ganze Kolonie wäre verloren gewesen, wenn Sharp nicht unermüdlich weiter gesorgt hätte. Er sandte nicht allein neue Leute und Vorräthe aus eigenen Mitteln, sondern rief 1790 eine neue Vereinigung, St. Georges Bay Company,*) ins Leben, welche einen Agenten nach Sierra Leone schickte. Dieser sammelte die Flüchtlinge wieder und siedelte die 64 Ueberlebenden in einer neuen Niederlassung Granville Town an. Auf Sharps Betreiben widmete auch das Parlament dem Unternehmen neues Interesse und inkorporirte die Gesellschaft 1791 als Sierra Leone Company. Als Zweck der Company wurde angegeben: Beförderung des Handels und Verkehrs mit der Küste Afrikas und von da nach dem Innern. Man beabsichtigte durch Ausbreitung des Waarenhandels das versperrte Innere Afrikas zu öffnen und damit den Sklavenjägern das Handwerk zu legen. Das Gebiet Sierra Leones wurde in der Parlamentsacte ausdrücklich als britischer Besitz (vested in the Crown) bezeichnet. Die neue Gesellschaft, deren Direktoren Sharp, Wilberforce, Clarkson und Thornton waren, brachte ein Kapital von

---

*) St. Georges Bay ein Theil von Freetown Harbour.

250 000 Pfund Sterling auf und ging sofort daran, neue Ansiedler nach der Kolonie zu senden. Es handelte sich diesmal um eine große Zahl befreiter Neger, die im englischen Heere gedient hatten und nach dem Frieden in Nova Scotia angesiedelt worden waren, wo sie das Klima nicht vertragen konnten. 1200 dieser Leute wurden auf ihren Wunsch 1792 nach Sierra Leone geschafft. Sie wurden auf dem von der ersten Expedition gewählten, später verlassenen Fleck angesiedelt, der den Namen Freetown erhielt. — Auch die neue Niederlassung hatte viele Schwierigkeiten zu bestehen infolge der Unfähigkeit mancher der Beamten, Widerspenstigkeit der Ansiedler, Krankheiten und dergleichen. Einmal waren 800 Schwarze und alle Aerzte bis auf einen gleichzeitig krank. In der ersten Regenzeit starb ein Zehntel der schwarzen und die Hälfte der weißen Kolonisten! Kaum waren diese ersten schweren Zeiten überwunden, und kaum begann Freetown etwas aufzublühen, nachdem es Beziehungen mit dem Innern angeknüpft hatte, da erschien im Herbst 1794 ein französisches Geschwader vor der Stadt und plünderte sie aus. Die Company erlitt einen Schaden von mehr als 50 000 Pfund Sterling. Auch mehrere englische Schiffe fielen den Feinden in die Hände. Dank der Tüchtigkeit des Governors der Kolonie Zachary Macaulay, des Vaters des Geschichtschreibers, und der Hülfe der Company wurde auch dieser Schlag verwunden. 1798 besaß Freetown schon 300 Häuser und 1200 Einwohner; drei Waarenhäuser, öffentliche Gebäude und ein kleines Fort waren vorhanden. 100 bis 200 Eingeborene besuchten täglich den Markt, und Handel und Schifffahrt machten ständige Fortschritte.

Während dieser Jahre hatten die Bemühungen der englischen Afrika-Interessenten noch weitere Früchte getragen. Im Jahre 1788 wurde durch eine Anzahl Mitglieder des Saturdays-Club ein Committee gebildet, welches den Kern eines Vereins zur Erforschung des Inneren Afrikas darstellen sollte. Dieser Ausschuß, dem Lord Rawdon, Sir Joseph Banks und drei Andere angehörten, war der Ausgangspunkt der Association for promoting the discovery of the interior regions of Africa, welche zunächst den Seemann Ledyard und den Kaufmann Lucas entsendete. Ersterer sollte versuchen, Afrika von Osten nach Westen, Letzterer von Tripolis nach dem Süden zu durchziehen. Ledyard starb leider, ehe noch seine Karawane fertig gerüstet war, in Kairo, und Lucas sah sich infolge von Unruhen im

Inneren Afrikas außer Stande, seine geplante Reise von Tripolis aus anzutreten. Die Frucht seines dortigen Aufenthaltes waren nur Nachrichten über die Geographie der Sudan- und Nigerländer, welche die Grundlage zu der von der Association 1791 veröffentlichten Karte des nördlichen Afrika abgaben. Auch den späteren Unternehmungen der Gesellschaft blühte kein Erfolg,*) bis 1795 der schottische Wundarzt Mungo Park in ihre Dienste trat. Er erreichte vom Gambia aus den Niger und kehrte nach erfolgreicher Reise 1797 nach England zurück. Seine Erfolge veranlaßten verschiedene andere Briten zu Forschungsreisen in Westafrika.

Weniger glücklich war ein weiterer Kolonisationsversuch, der in dieser Gegend der Welt 1792 ins Werk gesetzt wurde. Seine Väter waren der Offizier Henry Hew Dalrymple, welcher längere Zeit in Gorée gestanden hatte, und der Schiffsleutnant Philip Beaver. Beide hatten, veranlaßt durch das Sierra Leone-Unternehmen und die immer stärker werdende Antisklavereibewegung, den Plan gefaßt, im nördlichen Westafrika eine Kolonie zu gründen, wo tropische Gewächse angebaut und der Beweis geführt werden sollte, daß die Neger durchaus bildungsfähig und zur Selbstregierung geeignet seien. Beide Männer, riefen in Old Slaughters Kaffeehaus 1791 einen Verein für ihren Zweck ins Leben und brachten Mittel für eine Ansiedelung auf der Insel Bulama an der Mündung des Rio Grande zusammen. Gewählt wurde der Fleck hauptsächlich auf die sehr günstige Schilderung hin, welche fast 100 Jahre früher der Direktor der französischen Senegal-Kompagnie de la Brue davon entworfen hatte. Das Geld wurde in der Weise aufgebracht, daß jedem Zeichner von 30 Pfund Sterling 500, von 15 Pfund Sterling 250 und von 7 Pfund Sterling 10 Schilling 125 Acres in der Kolonie versprochen wurden, wenn er sich persönlich ansiedelte, die Hälfte, wenn er in Europa blieb. Verheiratheten Arbeitern wurden 60 Acres für sich und 10 für jedes Kind in Aussicht gestellt. Die Ansiedler sollten freie Ueberfahrt und Verpflegung für 6 Monate erhalten. Jedem landsässigen Ansiedler von 21 Jahren wurde endlich das Stimmrecht in der gesetzgebenden Versammlung der Kolonie versprochen.

Nachdem genügend Geld und Ansiedler beisammen waren, trug eine Abordnung den Plan des Unternehmens dem Minister William

*) Ihr Beauftragter, Major Hougton, der 1790 vom Gambia aus ins Innere reiste, starb in Yarra.

Pitt vor, der keinen Einwand dagegen erhob. Alsdann wurden im März 1792 drei Schiffe mit 273 Personen in Begleitung zweier Aerzte nach Afrika abgesandt. Das eine Schiff erreichte Bulama Ende Mai, und einige Kolonisten gingen ans Land, um sich dort umzusehen. Sie benahmen sich dabei aber so unvorsichtig und unklug, daß sie von den Eingeborenen angegriffen und zum Theil getödtet wurden. Ende Juni, als alle Fahrzeuge vor der Insel vereint waren, wurden mit großer Vorsicht Verhandlungen über den Kauf der Insel und Auslieferung einiger Gefangener mit den Negern begonnen. Sie hatten Erfolg; um etwa 79 Pfund Sterling in Waaren verkaufte der Häuptling Bulama an Dalrymple und seine Genossen.

Inzwischen war aber unter den Kolonisten, die an Fieber und unter Entbehrungen litten und durch den ersten Zusammenstoß mit den Wilden in große Bestürzung gerathen waren, Muthlosigkeit und Unzufriedenheit ausgebrochen. Sie wollten während der Stürme der begonnenen Regenzeit nicht an Land gehen und wären am liebsten nach England zurückgekehrt. Nach einigem Zaudern wurde Anfang Juli beschlossen, nach Sierra Leone zu gehen, dort die Regenzeit abzuwarten und dann sich schlüssig zu machen, ob man nach Bulama zurückkehren oder nach England segeln solle. Kapitän Beaver und einige seiner Freunde weigerten sich, dem Beschlusse des Council Folge zu leisten, und eine Anzahl Personen entschloß sich, mit ihnen auf der Insel zu bleiben, während das eine Schiff nach Sierra Leone fuhr.*) — Die ganze zurückgebliebene Schaar zählte 90 Seelen, darunter 13 Frauen und 25 Kinder. Beaver versuchte mit ihnen das Land zu klären und eine dauernde Ansiedelung zu schaffen; doch fortwährendes Fieber und Todesfälle entmuthigten die Leute immer weiter. Schon Anfang August benutzten fünf Leute eine Gelegenheit, um heimzufahren. Beaver war genöthigt, fortwährend die Hülfe des portugiesischen Gouverneurs von Bissao in Anspruch zu nehmen. Mitte August waren die Ansiedler schon auf 75 zusammengeschmolzen. Ihre Energielosigkeit und ihr Ungeschick brachten den Kapitän zur Verzweiflung. Es wurde nichts gearbeitet. Nur mit Mühe brachte Beaver sie zum Bau eines Blockhauses, das nach Abreise der Schiffe

*) Die Leute wurden dort nur kurze Zeit geduldet und dann heimgesandt.

als Schutz und Wohnung dienen sollte. Der Bau machte so langsame Fortschritte, daß Beaver schließlich schwarze Arbeiter anwarb. Ende September zählte die Ansiedelung nur noch 58 Köpfe. Die Leute beschuldigten Beaver, ihnen nicht ausreichend Lebensunterhalt zu geben, während der Kapitän in seinem Tagebuch behauptet, daß sie zum Theil eine lasterhafte, gefährliche Gesellschaft gewesen seien. Die Verhältnisse wurden immer unerquicklicher. Als der Kontrakt des einen größeren Schiffes Mitte November 1792 ablief, kehrten auf ihm 14 Leute nach England zurück. Beaver selbst war Wochen lang schwer krank, doch er blieb mit 27 Leuten noch auf seinem Posten. Von ihnen starben im Dezember 10. Der Rest hielt aus bis zum Herbst 1793; dann verlangten sie sämmtlich, die Ansiedelung zu verlassen, und Beaver mußte sich fügen. Am 29. November segelte er auf einem Kutter mit den letzten 6 Kolonisten nach Sierra Leone ab, von wo ein Schiff sie nach der Heimath zurückbrachte. —

Die Antisklavereibewegung hatte inzwischen weitere Fortschritte gemacht. Dem von Sharp, Wilberforce, Clarkson gegründeten Vereine waren Leute wie William Smyth, John Wesley, Paley, Bischof Porteus, La Fayette, Condorcet und andere beigetreten. In Frankreich war unter dem Namen amis des noirs eine Gesellschaft zu demselben Zweck entstanden. In Wort und Schrift wirkten diese Vereine für ihren Zweck und wußten die Regierung bald zu bewegen, der Angelegenheit ihre Aufmerksamkeit zu widmen. Im Februar 1788 beauftragte der König den Board of Trade, die Gebräuche beim Ankauf von Sklaven in Afrika, ihrer Versendung und beim Weiterverkauf in Westindien zu prüfen und den Einfluß dieses Handels in Afrika wie in den Kolonien auf den gesammten englischen Handelsverkehr zu untersuchen. Die Vertreter der Antisklavereibewegung benutzten diese Gelegenheit, nicht allein um dem Board of Trade alle Greuel des Menschenhandels vor Augen zu führen, sondern auch Pitt, Fox und Lord Grenville persönlich zu gewinnen. Daß diese Bemühung erfolgreich war, hatte große Bedeutung, denn die Vertreter der Sklavereiinteressen legten die Hände auch nicht in den Schooß. Vor dem Board thaten sie dar, daß die 450 000 Neger, welche damals in den Zuckerpflanzungen Britisch-Westindiens arbeiteten, bei einem Preise von 50 Pfund Sterling pro Kopf allein einen Werth von 22 500 000 Pfund Sterling darstellten. Die Zuckerpflanzungen mit Zubehör wurden auf 45 Millionen, die Schiffe und

Waarenhäuser auf etwa 25 Millionen Pfund Sterling veranschlagt! Die Sklavereifreunde leugneten, daß jemals Kriege geführt würden, um Sklaven zu machen, und daß Menschenraub vorkomme; sie behaupteten, daß der Sklavenexport vielen Tausenden von Kriegsgefangenen einheimischer Stämme das Leben rette, und daß alle die Greuelgeschichten erfunden seien. Auch als die City von London und die anderen großen Städte, die Universitäten, die Diöcesanversammlungen der Hochkirche und andere Körperschaften Verbot des Menschenhandels forderten, gaben sie ihre Sache nicht verloren.

Doch Pitt erklärte sich Sharp gegenüber als entschiedener Freund seiner Bestrebungen und brachte am 9. Mai 1788 im Unterhaus eine Motion ein, dahingehend, daß das Haus in seiner nächsten Tagung die Frage des Sklavenhandels in Berathung ziehen möge. Er betonte dabei die überaus große Bedeutung der Angelegenheit. Während er hinzufügte, daß er als Minister in diesem Stadium sich noch vorbehalten müsse zu entscheiden, ob Aufhebung oder Regulirung dieses Handels nützlicher sei, sprachen sich Fox und Burke schon damals unumwunden für Ersteres aus. Nur die zwei Vertreter Liverpools nahmen die Sklavenhändler und Pflanzer in Schutz und versprachen ihre glänzende Rechtfertigung bei einer parlamentarischen Untersuchung. — Obwohl Pitts Bill rund angenommen wurde, war dies den Gegnern der Sklaverei nicht genügend. Sie verlangten noch im Mai sofortige Regulirung der Zahl und Verpflegung der Neger auf jedem Sklavenschiff und veranlaßten Pitt über den bestehenden Zustand in Liverpool nähere Untersuchungen vornehmen zu lassen. Dabei zeigte sich, daß jedem der Neger im Durchschnitt nur ein Raum von 5 Fuß 6 Zoll Länge 4 bis 5 Fuß Höhe und 16 Zoll Breite gewährt war, daß die Leute auf der Fahrt eng gefesselt und schlecht ernährt wurden und daß grausamste Strafen alltäglich waren. Diese Erfahrungen bewogen Pitt, noch im Juni eine Bill zur Abschaffung der Mißbräuche einbringen zu lassen. Damit brachte er die Liverpooler Kaufleute in Harnisch. Sie legten alle möglichen Zeugnisse vor, daß alle Anklagen falsch, die Reise von Afrika nach Westindien (die sogenannte middle passage) eine der glücklichsten Perioden des Negerlebens sei, verlangten Schutz ihrer Interessen und widersetzten sich aufs Aeußerste der Annahme der Bill.

Ihr Widerstand hatte nur die Wirkung, Pitt, der sich überzeugt hatte, daß auf den Sklavenschiffen auch die Sterblichkeit der Weißen sehr groß war, zu entschiedeneren Schritten zu veranlassen. Er bezeichnete den Sklavenhandel als eine Schande für die Menschheit und sprach die Hoffnung aus, daß das Haus zunächst den größten Greueln ein Ende machen werde, selbst auf die Gefahr hin, ihn ganz zu unterbinden. Mit 56 gegen 5 Stimmen ging das Gesetz im Unterhaus durch. Doch bei den Lords erhoben der Duke of Clarence, Lord Sandwich und Lord Thurlow ihre Stimme sehr energisch dagegen. Sie warnten davor, die öffentliche Meinung durch solche plötzlichen Anfälle von Menschenliebe zu verwirren und Bürger in die Gefahr zu bringen, ihr Eigenthum zu verlieren. Sie setzten schließlich so bedeutende Aenderungen in der Bill durch, daß das Unterhaus sie verwarf. — Ein zweites von Sir W. Dolben hier sofort eingebrachtes Gesetz hatte dasselbe Schicksal. Erst ein drittes ging durch und trat im Juli 1788 in Wirksamkeit.

Im Winter des Jahres begannen die Untersuchungen der Lords des Privy Councils, und im April 1789 unterbreitete Pitt dem Parlament ihren Bericht. Am 12. Mai beantragte Wilberforce einen Ausschuß des ganzen Hauses zur Prüfung alles vorliegenden Materials. Er entrollte dabei ein so furchtbares Bild dieses unmenschlichen Handels, daß die Sklavereiinteressenten ernstlich besorgt wurden und nun die Taktik wählten, ihrerseits Regulirung der Sklavenverschiffung und -behandlung zu befürworten. Im Uebrigen führten sie in der Presse aus, daß die Neger kaum überm Thier stünden, daß die befreiten Sklaven Hungers sterben, ihre Besitzer ruinirt, die Inseln Westindiens zu Grunde gerichtet und gleichzeitig die englischen Finanzen durch die nothwendige Entschädigung der Pflanzer schwer geschädigt werden würden. Ihrem Einfluß gelang es, die Debatte im Hause durch Vertagungen 2c. wochenlang hinzuziehen und zu erreichen, daß eine neue Enquête angeordnet wurde.

Während dieser Zeit veranlaßte Wilberforce mit Zustimmung seiner Freunde Clarkson nach Paris zu gehen und die Führer der französischen Revolution zu bewegen, die Abschaffung der Sklaverei in den französischen Kolonien in Erwägung zu nehmen.*) La Fayette, Rochefoucault, Brissot, Condorcet, Sieyès erklärten sich durchaus für Freunde der Aufhebung des Menschenhandels. Aber sie machten

*) Die Nationalversammlung hatte bekanntlich 1789 alle Menschen als frei geboren und zur Freiheit berechtigt erklärt.

Clarkson darauf aufmerksam, daß sie vor der Hand dringendere Aufgaben hätten, und daß das Zögern Englands in der Sache den Verdacht erwecke, daß es Frankreich den Vortritt lassen wolle, um dadurch für sich Vortheile zu gewinnen! — Erfolgreicher waren die Vertreter der Sklavereiinteressen. Sie wußten ihre Sache so geschickt zu vertreten, daß ein großer Theil der öffentlichen Meinung ihre Partei zu nehmen begann. Die Verschiffung von Negern wurde durch sie während dieser Kriegsjahre eifriger als je betrieben. Im Parlament selbst wußten sie so viele dem Sklavenhandel günstige Aussagen von Sachverständigen vorzubringen, daß ihre Aussichten wieder besser wurden.

Erst Anfang 1791 kamen die Vernehmungen der Sachverständigen zu Ende. Auf Grund des damit gewonnenen Materials beantragte Wilberforce am 18. April 1791 Verbot der weiteren Einfuhr von Sklaven nach Westindien. Nochmals gab er dabei ein treues, mit Urkunden belegtes Bild der Greuel des Menschenhandels. Er wies nach, mit welcher Kaltblütigkeit die englischen Agenten in Afrika harmlose Familien einfingen und die Eingeborenen zu Kriegen anstifteten, um nur Sklaven zu bekommen. Er gab Belege von Sklavenschiffen, wo von 450 Negern bis 200 unterwegs umgekommen waren. Auch die fürchterlichen Zustände auf den westindischen Pflanzungen enthüllte er schonungslos. Aber obwohl Pitt, Fox, Burke und eine Reihe hervorragender Parlamentarier Wilberforce in meisterhaften Reden unterstützten, stimmten nur 88 für seinen Antrag, 163 dagegen. Die Gegner hatten ihre Stütze in Pitts Kollegen Lord Chancellor Thurlow, Lord Liverpool und Mr. Dundas, welche von Antisklavereibewegung nichts wissen wollten.

Wilberforce und seine Freunde ließen sich durch diesen Mißerfolg nicht zurückschrecken, erregte doch die Frage der Sklaverei immer mehr Aufmerksamkeit in der ganzen Welt. Von San Domingo, wo 455 000 Negersklaven im französischen Gebiet lebten, war eine Deputation Schwarzer nach Paris gekommen und hatte 1790 erreicht, daß den freien Negern, die bis dahin ganz rechtlos waren, dieselbe Stellung wie den Weißen zugebilligt wurde. Als die Behörden der Insel das Dekret auszuführen sich weigerten, brach ein blutiger Aufstand aus, der 1793 zum Siege der Neger führte. Erregten schon die furchtbaren Grausamkeiten, welche bei diesen Kämpfen verübt wurden, allgemeines Aufsehen, so that es nicht minder das am 16. März 1792 von Dänemark erlassene Gesetz, welches allen dänischen Unterthanen Kauf, Verkauf und Transport von Sklaven verbot!

Diese Ereignisse trugen dazu bei, daß im April 1792 Wilberforce das Unterhaus dazu brachte, mit 230 gegen 83 Stimmen einen Antrag auf allmähliche Abschaffung des englischen Sklavenhandels anzunehmen. Es wurde beschlossen, den Menschenhandel nach fremden Kolonien sogleich, den nach britischen vom Jahre 1796 ab zu verbieten. Wieder scheiterte dieses Gesetz am Widerstande des Oberhauses. Wilberforce regte 1793 die Angelegenheit aufs Neue an, setzte aber nur durch, daß die Lords eine neue Enquête veranstalteten. 1794 lehnte das Oberhaus nochmals Verbot des Sklavenhandels, auch nur nach fremden Kolonien, ab, und in den drei folgenden Jahren kamen Wilberforce und seine Freunde in ihren Bestrebungen keinen Schritt vorwärts. Wenn auch die Vereinigten Staaten, März 1794, die Ausfuhr von Sklaven nach außerhalb verboten und infolge der Revolutionskriege nur noch englische, amerikanische und portugiesische Schiffe Menschenhandel trieben, wurden doch die jährlich aus Westafrika ausgeführten Neger auf 100 000 im Durchschnitt veranschlagt.

Die Gegner der Sklaverei gewannen 1798 die Hülfe Cannings und versuchten aufs Neue, das Verbot des Menschenhandels durchzusetzen. Doch 1798 und 1799 fielen wieder alle Anträge im Parlament durch. Selbst ein Verbot der Sklavenausfuhr aus der Nachbarschaft Sierra Leones wurde von den Lords abgelehnt. Infolge dieser Erfahrungen beschränkten sich Wilberforce und seine Anhänger in den nächsten Jahren auf Agitation. Erst 1804, als ihre Partei durch Beitritt der Iren im Parlament verstärkt war, brachten sie wieder eine Bill für Aufhebung des Sklavenhandels binnen bestimmter Frist ein. Noch einmal scheiterte die Sache am Einspruch der Lords, und auch 1805 blühte Wilberforce kein Erfolg, doch in demselben Jahre wurde erreicht, daß die englische Regierung die Einfuhr von Sklaven in die während des Krieges eroberten Kolonien verbot! 1806 kamen Lord Grenville und Fox ans Ruder, und unter ihrem Einfluß beantragte am 31. März 1806 der Attorney-General das Verbot des Sklavenhandels nach fremden Kolonien und der Landung fremder Sklavenschiffe in britischen Häfen. Schon am 23. Mai wurde diese Bill angenommen. Am 10. Juni 1806 regte Fox im

Unterhaus an, den Sklavenhandel, der Gerechtigkeit, Menschlichkeit und Politik widerspräche, ganz abzuschaffen. Wenige Tage später that Lord Grenville denselben Schritt im Oberhause. Er schlug zugleich vor, den König zu bitten, ein Uebereinkommen mit den fremden Mächten zur Beseitigung des Menschenhandels herbeizuführen. Nach langer Debatte wurden beide Anträge angenommen und im August 1806 verboten, neue Schiffe für den Sklavenhandel auszurüsten. Der entscheidende Schlag wurde endlich Anfang 1807 geführt. Lord Grenville legte am 2. Januar den Lords eine Bill wegen Aufhebung des britischen Menschenhandels vor. Sie ging mit 16 Stimmen Mehrheit durch, wurde alsdann vom Unterhaus mit 108 Stimmen Mehrheit genehmigt und erhielt die Königliche Genehmigung am 24. März 1807.

Hiernach war vom 1. Mai 1807 ab aller Kauf, Verkauf und Versand von Sklaven in Afrika britischen Unterthanen bei 100 Pfund Sterling Strafe für jeden Sklaven und Verlust des Schiffs verboten. Ebenso war Versendung eines Sklaven von einer Kolonie nach der anderen untersagt und den Beamten, welche Verletzungen dieses Gesetzes feststellten, eine Prämie von 3 bis 13 Pfund Sterling für jeden Sklaven, je nach Geschlecht und Alter, in Aussicht gestellt. — Da kurz zuvor, März 1807, die Vereinigten Staaten Einfuhr von Negern in ihr Gebiet überhaupt verboten hatten, war nunmehr Ausrottung des Menschenhandels in absehbarer Zeit zu erwarten! —

Nicht minder folgenreich war das erste Eingreifen Englands in Südafrika, welches innerhalb dieser Jahre vor sich ging. Jahrhunderte hindurch hatte die englische Regierung dem Kapland und seiner Nachbarschaft ebensowenig Aufmerksamkeit gewidmet wie dem übrigen Afrika. Als Stützpunkt und Erfrischungsstation für die Indienfahrer hatte man die Insel St. Helena trotz ihrer Armuth immer für ausreichend befunden. Erst der Verlust der Neu-England-Kolonien, die Aufmerksamkeit, welche Afrika zu Ende des 18. Jahrhunderts überall zu erwecken begann, und die Furcht, daß Frankreich nach der Revolution in Holland sich der Kolonien desselben bemächtigen würde, lenkten die Blicke der Briten auf Südafrika. Im Einverständniß mit dem nach London geflüchteten Prinzen von Oranien wurde Anfang 1795 eine ansehnliche Flotte nach Kapstadt geschickt, welche die Kolonie zum Schutz vor den Franzosen in Besitz nehmen sollte. Viele der Kapstädter schwärmten aber für die Sache der Revolution und erwarteten mit Ungeduld eine französische Flotte. Selbst unter den Behörden waren nur wenige dem Statthalter Prinzen von Oranien ergeben. Als am 11. Juni das englische Geschwader erschien und ein englischer Offizier die Befehle des Prinzen betreffend Uebergabe der Stadt überreichte, weigerte sich das Council, zu gehorchen, da die Ordres von dem Statthalter allein gezeichnet seien, und rief in aller Eile die Milizen zusammen. Auch persönliche Vorstellungen des Generals Craig am 18. Juni blieben erfolglos. Umsonst versprach er, nichts am Bestehenden zu ändern, verbürgte die Rückgabe der Kolonie an Holland nach dem Frieden, bot freien Handel mit England und Indien und wies auf die von den Sklaven drohende Gefahr hin. Als der Admiral in öffentlichen Proklamationen die Bürgerschaft für England zu erwärmen suchte, sperrte ihm die Kapregierung die weitere Lieferung von Lebensmitteln und traf offen Anstalten zur Gegenwehr. Die Abneigung gegen die Engländer wuchs, als zufällig durch eine der Wachsamkeit der Engländer entgangene Zeitung die Proklamirung der Republik in Holland und Abschaffung der Statthalterschaft bekannt wurde. Man zog alle Truppen und Geschütze in dem befestigten Muizenberg zusammen, um den Weg nach Kapstadt zu vertheidigen.

Die Engländer ließen dies ruhig geschehen; sie beschlagnahmten nur alle Schiffe im Hafen, besetzten Simonstown und warteten ab. Inzwischen gingen die holländischen Soldtruppen, angelockt durch gute Zahlungen, zu ihnen über, und die Milizen wurden durch das lange Lagerleben sehr unzufrieden. Die Folge war, daß am 7. August, als die Engländer plötzlich Muizenberg angriffen, bei den ersten Schüssen alle Milizen flohen. Um Blutvergießen zu vermeiden, forderte der englische Admiral Kapstadt jetzt nochmals zur Uebergabe auf. Die Kolonisten verweigerten sie, obwohl kaum noch 900 Milizsoldaten bei der Fahne geblieben waren. Die Reiterei der Bürger versuchte sogar, als am 14. September die Engländer in Stärke von 4—5000 Mann vor die Stadt rückten, ernstlichen Widerstand zu leisten. Erst als sie sich von der Unmöglichkeit eines Erfolgs überzeugten, fügten sich die Kapstädter und übergaben am 16. September 1795 die Stadt.

Als die Engländer die Geschäfte der Kolonie in die Hand nahmen, staunten sie über die geringe Kenntniß, welche selbst bei den holländischen Behörden über Land und Leute verbreitet war. Kein Mensch wußte über die Größe der Bevölkerung, Entfernungen und Hülfsmittel des Landes Bescheid. Während die weiße Bevölkerung der ganzen Kolonie, wie sich später zeigte, nicht viel über 20 000 Köpfe zählte, glaubten die Kolonisten eine Miliz von 15—20 000 Mann zu besitzen. Den Distrikt von Graaf-Reynet an der Grenze des Kaffernlandes schätzte man etwa 800 Meilen entfernt von Kapstadt, während der Weg noch nicht 500 Meilen betrug. Ueberhaupt lag die ganze Kolonie danieder. Ihr Handel war unbedeutend, das Geldwesen verrottet. Die gesammten Einnahmen erreichten seit Jahren nur eine Höhe von etwa 450 000 Mark, während die Ausgaben das Sechsfache betrugen! Die englische Verwaltung steuerte dieser Mißwirthschaft nach Kräften. Sie hob lästige Steuern auf, beseitigte die drückenden Monopole der holländisch-ostindischen Gesellschaft und suchte die Einwohner möglichst mit der englischen Herrschaft zu versöhnen. Dies gelang bis zu einem gewissen Maße in der Stadt und den benachbarten Distrikten Stellenbosch und Swellendam. Die weltfremden, ungebildeten Bauern des entferntesten Distrikts Graaf-Reynet sträubten sich so lange gegen Aufnahme englischer Beamten, bis Truppen gegen sie mobil gemacht wurden. Die holländische Republik unternahm mehrere Versuche im Laufe der Jahre 1796 und 1797, sich Kaplands wieder zu bemächtigen. Sie mißglückten aber gänzlich. Ein ganzes Geschwader mit mehr als 2000 Soldaten fiel den Engländern in die Hände.

Das Londoner Kabinet war damals zum Entschluß gelangt, die Kolonie auch nach dem Frieden zu behalten, und sandte daher 1797 einen angesehenen alten Diplomaten, den Earl of Macartney, hin, um das Amt des Governors zu übernehmen. Dieser Mann schuf mit eiserner Hand Ordnung. Die wichtigsten Posten wurden mit hochbezahlten Engländern besetzt, die Verwaltung möglichst vereinfacht, Ruhe zwischen den Bauern und den Kaffernstämmen hergestellt und der Handel nach Kräften gefördert. Englische Waaren erhielten Zollfreiheit, fremde auf englischen Schiffen mußten 5 pCt., auf Schiffen befreundeter Nationen 10 pCt. Einfuhrzoll zahlen. Der Verkehr hob sich infolge des Anlaufens der indischen Flotten nunmehr außerordentlich. Von 1795—1800 landeten 742 Schiffe in Kapstadt. Die Einnahmen deckten bald nicht nur die Ausgaben, sondern überstiegen sie noch sehr erheblich.

Die Ansiedler im Innern blieben aber unzufrieden, nicht allein, weil ihnen die Engländer das fortwährende Einbrechen mit ihren Herden in das Gebiet der Eingeborenen, das zu ewigen Kämpfen führte, verboten, sondern auch da sie die Missionsthätigkeit der Mährischen Brüder und später der Londoner Missionsgesellschaft förderten. Die Bauern wollten hiervon durchaus nichts wissen. Sie behaupteten, daß, wo so viele Christen ohne Unterricht aufwüchsen, Hottentotten keinen brauchten, und nahmen es als Recht in Anspruch, jeden kriegsgefangenen Eingeborenen sein Leben lang als Sklaven zu benutzen. Als Macartney Ende 1798 das Land verließ, brach in Graaf-Reynet ein Aufstand aus, der mit Gewalt niedergeschlagen werden mußte. Auch nachher nahmen Unruhen besonders infolge von Streitigkeiten der Bauern mit den Eingeborenen kein Ende. Das hinderte die Engländer nicht, die Verwaltung weiter umzugestalten und die Zustände der Kolonie zu bessern. Es wurde eine eigene landwirthschaftliche Behörde geschaffen, bessere Ackergeräthe eingeführt und auch das Justizwesen völlig umgestaltet. Die bis dahin übliche Folter und die grausamen Leibesstrafen wurden aufgehoben und die Rechtspflege nach englischem Muster geordnet. — Ueber die Wichtigkeit dieses Besitzes für England herrschte unter den Sachkennern nur eine Stimme. Der Marquis Wellesley erklärte 1798 z. B. ausdrücklich, daß Indien für England auf die Länge seiner Meinung nach nicht haltbar sei, wenn das Kap in den Besitz einer Seemacht komme. Er berechnete auch den Nutzen einer Anlaufstation im Kapland für die nach Indien und Ostasien bestimmten Flotten als so bedeutend, daß selbst bedeutende Opfer dafür wohl angebracht wären.

Trotz dessen entschloß sich die britische Regierung, im Frieden von Amiens am 27. März 1802 auf Drängen Frankreichs das Kapland an die Batavische Republik zurückzugeben. Im Februar 1803 räumten die englischen Truppen Kapstadt, sehr zum Bedauern vieler Kolonisten, welche allmählich die Vortheile der englischen Herrschaft erkannt hatten. Doch die Holländer sollten sich nur kurze Zeit des wiedererlangten Besitzes freuen. Kaum brach 1805 der neue Krieg Englands mit Frankreich aus, und kaum verlautete in London, daß Napoleon Besetzung des Kaps beabsichtige, so entschloß sich das englische Ministerium in aller Stille, sich Kapstadts aufs Neue zu bemächtigen. Sechs große Kriegsschiffe und mehr als 50 Transportfahrzeuge mit 6654 Mann an Bord erschienen Anfang Januar 1806 bereits vor der Stadt und landeten wenige Meilen von ihr entfernt.

Die Holländer hatten in Voraussicht solcher Ereignisse alles Eigenthum der englisch-ostindischen Company beschlagnahmt und die englischen Kolonisten ausgewiesen. Sie hatten auch nach Kräften die weißen Ansiedler wie Hottentotten und Malayen militärisch ausgebildet und hatten die von den Engländern ausgebesserten Befestigungen Kapstadts verstärkt. Doch dem Gouverneur Janssens standen wenig mehr als 2000 Mann zur Verfügung, da die Kolonisten meist im Innern mit Feldarbeiten beschäftigt waren. Er hatte daher von Anfang an wenig Hoffnung, die Angreifer zurückzudrängen. Nichtsdestoweniger stellte er sich ihnen am 8. Januar vor der Stadt muthig entgegen und zog sich, als seine Truppen vor den englischen Kanonen flohen, mit einer Hand voll Getreuer in die Berge zurück, um sich nach dem Innern durchzuschlagen. Doch dies war fruchtlos. Nachdem schon am 9. Januar Kapstadt seine Thore geöffnet hatte, mußte auch Janssens am 13. der Uebermacht sich ergeben. Diesmal richtete sich England am Kap für die Dauer ein. Die Beamten, Offiziere und angeseheneren Bürger wurden veranlaßt, England Treue zu schwören, alles Staatseigenthum wurde beschlagnahmt und die Küste in guten Vertheidigungsstand gesetzt. Noch im selben Jahr traf in der Person des energischen Earl of Caledon ein englischer Governor ein, der mit weitgehenden Vollmachten ausgestattet war und die Kolonie nach englischen Bräuchen organisirte. —

Durch die Erwerbung des Kaplands und durch den Entschluß, dem afrikanischen Sklavenhandel ein Ende zu machen, erhielten die britischen Niederlassungen in Westafrika plötzlich eine ganz andere Bedeutung als früher. Während alle die Forts am Gambia und an der Goldküste ursprünglich als Stützpunkte für Menschenfang und -handel gegründet waren, wurden sie nunmehr Mittelpunkte der Maßnahmen gegen den Negerhandel. Für den Augenblick verloren sie bei der Geringfügigkeit des Waarenhandels jeden wirthschaftlichen Nutzen, und man konnte höchstens hoffen, daß der Erwerb der Kapkolonie vielleicht mit der Zeit ihrem Handel zu Gute kommen werde. Die britische Regierung widmete daher diesem Theil der Erde damals noch geringere Aufmerksamkeit als zuvor. Gambia und Goldküste blieben nach wie vor in den Händen der African Company, welche trotz der jährlichen Unterstützung von 13 000 Pfund Sterling kaum im Stande war, nur die befestigten 14 Stationen in Westafrika vor gänzlichem Verfall zu bewahren. Der Handel und Verkehr am

Gambia gingen so zurück, daß Fort James allmählich überhaupt keine Bedeutung mehr hatte. Auch an der Goldküste, wo die englischen Stationen zwischen dänischen und holländischen eingesprengt lagen, stand es um die Wende des Jahrhunderts sehr schlimm. Als gar 1807 das Verbot des Sklavenhandels erging, erklärte sich die Company außer Stande, ihren Betrieb weiter fortzusetzen. Das Parlament mußte sich entschließen, die jährliche Unterstützung auf 23 000 Pfund Sterling zu erhöhen und Aufgabe des Gambia zu genehmigen, um nur den Zusammenbruch der Gesellschaft zu verhüten und nicht die Gefahr entstehen zu lassen, daß fremde Sklavenhändler sich in den englischen Stationen festsetzten. Am meisten geschah noch für Sierra Leone dank dem Einfluß seiner Gründer. Schon 1800 wurde der Sierra Leone Company eine jährliche Zuweisung von 4000 Pfund Sterling bewilligt. Wiederholt sandte die Regierung aus eignen Mitteln befreite Neger hin und half bei Unruhen durch Truppen. Der Kolonie wurden auch eigene Verfassung und Gerichtsbarkeit im Jahre 1800 verliehen. Das genügte jedoch Alles nicht, um das Unternehmen über Wasser zu halten. Klima, Kämpfe mit Eingeborenen, Sklavenhändlern und unruhigen Kolonisten verschlangen so große Summen, daß ein parlamentarischer Untersuchungsausschuß schon 1803 Uebernahme der Kolonie durch die Krone empfahl. 1808 wurde die Ansiedelung, welche 1870 Seelen zählte, von der britischen Regierung in der That übernommen. Maßgebend bei diesem Schritt war wohl nicht allein die Rücksicht auf die am Ende ihrer Mittel angelangte Company, sondern auch die Nothwendigkeit, eine Unterkunftsstätte für die Massen befreiter Neger zu haben, mit denen man bei den Fortschritten der Antisklavereibewegung zu rechnen hatte.*)

Zweites Kapitel.

Feldzug gegen den Sklavenhandel.

Die Bewegung gegen den Negerhandel war in England nach dem ersten Erfolge nicht eingeschlafen. Ihre Wortführer blieben ohne Unterbrechung bemüht, die völlige Beseitigung dieses schmachvollen

*) In der That lebten 1805 hier schon 10 000 Personen, meist befreite Sklaven.

Geschäftszweiges durchzusetzen. Das Gesetz von 1807 war dazu wohl ein erster Schritt, doch es schreckte nicht genügend ab. War doch auf seine Uebertretung nur eine Geldstrafe gesetzt, und boten sich rücksichtslosen Geschäftsleuten zahlreiche Hinterthüren. Dazu war man noch machtlos gegen den Menschenhandel, welchen fremde Staaten in großem Umfang trieben. Zunächst wurde versucht, dem von englischer Seite getriebenen Sklavenhandel wirksamer beizukommen. Die Sache wurde wiederholt im Parlament zur Sprache gebracht und im Frühjahr 1811 eine Bill vorgeschlagen, wonach auf Sklavenhandel englischer Unterthanen Deportation und Zwangsarbeit als Strafe gesetzt wurden. Die Bill wurde von beiden Häusern angenommen und erhielt am 14. Mai die Königliche Zustimmung. Sie bedeutete einen neuen Erfolg der Antisklavereibewegung. Doch blieb noch viel zu thun. Auch nunmehr war nämlich noch die Versendung eines Sklaven von einer britischen Kolonie in eine andere zulässig, und man war gegen fremde Sklavenhändler wehrlos.

Gleichzeitig mit dem Verbot des britischen Negerhandels waren allerdings auf Wunsch beider Häuser des Parlaments Weisungen an die englischen Vertreter im Auslande ergangen, um alle andern Staaten zu veranlassen, dem Beispiel Großbritanniens, Dänemarks und der Vereinigten Staaten zu folgen und auch ihrerseits dem Sklavenhandel ein Ende zu machen. Diese Bestrebungen stießen indessen auf unerwartet große Schwierigkeiten. Die an dem Menschenhandel hervorragend betheiligten Mächte, wie Portugal, Brasilien und Spanien, zeigten sich durchaus abgeneigt, aus Menschlichkeitsrücksichten eine wirthschaftliche Einbuße zu erleiden.

Die ersten Schritte geschahen bei Portugal. Der Gesandte am Lissaboner Hof erhielt schon im April 1807 Befehl, die Regierung zu veranlassen, den Maßregeln zur Unterdrückung des Sklavenhandels in vollem Umfang beizutreten. Wollte sie trotzdessen aus „irgend einem falschen Gefühl heraus“ ihren Unterthanen den Handel weiter gestatten, so sollte er es für England als unzweifelhaftes Recht in Anspruch nehmen, daß die portugiesischen Sklavenhändler sich auf die bisherigen Gebiete zu beschränken und sich von den britischerseits den Eingeborenen zu überlassenden Küstenstrichen (Gambia) fernzuhalten hätten. — Die letztere Forderung erkannte Portugal als berechtigt an, zu weiterem Entgegenkommen ließ es sich nicht herbei, bis es sich dringend auf englische Hülfe angewiesen sah.

Mr. Canning erklärte schon 1808 entschieden, daß Portugal für Abschluß eines Bündnisses in der Sklavenhandelfrage nachgeben müsse, und im Vertrage vom 19. Februar 1810 verpflichtete man es, in der That, „Großbritannien in der Sache der Menschlichkeit und Gerechtigkeit zu unterstützen, indem es die wirksamsten Maßregeln zur allmählichen Aufhebung des Sklavenhandels in allen seinen Besitzungen ergriffe". Dies Versprechen blieb freilich vor der Hand auf dem Papier. Der portugiesische Sklavenhandel blieb so groß wie je. Die portugiesischen Behörden sahen lediglich darauf, daß ihre Sklavenschiffe die von England geräumten Gebiete an der afrikanischen Küste verschonten! Der erste wirkliche Erfolg den Portugiesen gegenüber war der Erlaß eines Gesetzes Ende 1813, wonach portugiesische Sklavenschiffe einen Arzt mitführen und auf je zwei Tonnen nur fünf Neger, die ordentlich zu ernähren waren, befördern sollten. Mit der Durchführung aller dieser Verpflichtungen hätte es schlecht ausgesehen, wenn nicht die englischen Kreuzer von 1810 an alle portugiesischen Schiffe, die an nicht portugiesischen Theilen der afrikanischen Küste sich aufhielten, angehalten und oft beschlagnahmt hätten. Die lebhaften Klagen Portugals hiergegen hatten bei seiner Ohnmacht wenig Erfolg.

Spanien war zu jener Zeit ebenso sehr auf Englands Hülfe angewiesen wie sein Schwesterstaat. In der Sklavenfrage verhielt es sich indessen noch zurückhaltender als dieser. Alle Bemühungen der englischen Diplomaten, den Madrider Hof auch nur zu einem papiernen Versprechen zu bewegen, blieben umsonst. 1814 bot die britische Regierung den Spaniern eine Zahlung von 300 000 Pfund Sterling, wenn sie dafür sich anheischig machten, binnen fünf Jahren den Sklavenhandel ganz und bis dahin wenigstens in den Gebieten nördlich vom Aequator abzuschaffen. Auch dieser Schritt fruchtete nichts. Die Regierung war zu nichts Anderem als einem Zusatzartikel zum Vertrag vom 5. Juli 1814 zu bewegen, worin sie die Unmenschlichkeit und Ungerechtigkeit des Sklavenhandels anerkannte und versprach, Ausländern, die zu seinem Betrieb die spanische Flagge benützten, diese zu entziehen und den Inländern nur noch Versorgung der spanischen Kolonien mit Negern zu erlauben.

Entgegenkommender verhielten sich nur die Staaten, deren Kolonien damals in Englands Händen waren, oder die überhaupt kein Interesse am Sklavenhandel hatten. Rußland, Oesterreich,

Preußen, Dänemark versprachen Großbritannien Anfang 1814 ihre volle Unterstützung bei allen Maßnahmen zur Beseitigung des Sklavenhandels. Schweden, welchem England das französische Guadeloupe überlassen hatte, verpflichtete sich 1813, seinen Unterthanen den Sklavenhandel vollständig zu untersagen. Die Niederlande gingen Anfang 1814 die gleiche Verpflichtung ein, und der König von Frankreich erklärte sich um dieselbe Zeit bereit, binnen fünf Jahren diesen Handel für sein Gebiet abzuschaffen und alle Kräfte einzusetzen, um gemeinsam mit England alle Staaten zur gleichen Maßregel zu bewegen. Damit nicht zufrieden, machte auf Drängen des Parlaments die englische Diplomatie lebhafte Anstrengungen, den König zur sofortigen Aufhebung des französischen Negerhandels, wenigstens im nördlichen Afrika, zu bewegen. Lord Castlereagh wollte Frankreich veranlassen, mit England gemeinsam ein europäisches Einverständniß herbeizuführen, wonach die Einfuhr von Erzeugnissen aus allen Ländern, die den Negerhandel noch duldeten, verboten sein sollte.

Es wurde auch versucht, Frankreich zur Genehmigung der Durchsuchung seiner des Sklavenhandels verdächtigen Schiffe durch die englischen Kreuzer gegen Gewährung der Gegenseitigkeit zu bewegen. Soweit wollte aber Louis XVIII. nicht gehen. Er lehnte auch das Anerbieten der Ueberlassung einer westindischen Insel oder einer beträchtlichen Geldzahlung für Erlaß des sofortigen Verbots des Negerhandels ab. Der Herzog von Wellington erreichte im Herbst 1814 nur Verbot des Sklavenhandels für die Franzosen im nordwestlichen Afrika.

Bei einer Fortdauer der damaligen Seekriege, in denen England schließlich die Herrschaft auf allen Meeren errungen hatte, würde es ihm trotz der Zurückhaltung der andern Mächte sicher geglückt sein, dem Negerhandel bald mit Gewalt ein Ende zu machen. Aber der Krieg konnte nicht ewig währen, und im Frieden war Wiederbeginn des fremden Sklavenhandels in verstärktem Maße zu fürchten. Dagegen konnte nur eine allgemeine Vereinbarung helfen. Eine solche hofften die Gegner des Sklavenhandels in England auf dem Wiener Kongresse bei Regelung der gesammten europäischen Angelegenheiten erzielen zu können. Wilberforce richtete im Oktober 1814 einen offenen Brief an den Fürsten Talleyrand, der gleichzeitig in verschiedenen Sprachen gedruckt erschien. Die Greuel der Sklavenjagden und Verschiffungen, das Elend der Neger in den Plantagen waren in lebhaften Farben darin geschildert. Es war dann dargelegt, daß seit beinahe 20 Jahren französische Schiffe an dem Handel nicht mehr betheiligt seien, daß, falls nicht ein Verbot ergehe, französische Unternehmer erst aufs Neue alle Einrichtungen treffen müßten, um am Menschenhandel theilzunehmen. Sie würden dadurch aber nicht allein neue Kriege und Greuelthaten in Afrika veranlassen, sondern auch die französischen Kolonien in neue Erregung versetzen und eine Wiederbesetzung von San Domingo für Frankreich fast unmöglich machen. Am Ende behauptete Wilberforce, daß der Wohlstand des englischen Westindien durch die Aufhebung des Negerhandels gar nicht gelitten habe, und daß die Zunahme der Geburten in den Sklavenfamilien den Arbeiterbedarf völlig decke. — Diese und andere Veröffentlichungen konnten allerdings das Vorurtheil nicht zerstören, daß England bei der Antisklavereisache selbstsüchtige Zwecke verfolge, und daß es die Kolonien und die Schifffahrt der fremden Staaten schädigen oder gar lahmlegen wolle. Doch hatte der Gedanke von der Schändlichkeit des Menschenhandels allmählich schon überall so tiefe Wurzeln geschlagen, daß der Wunsch, ihm ein Ende zu machen, allgemein wurde.

Fürst Talleyrand brachte die Angelegenheit zuerst am 10. Dezember 1814 zur Sprache und verlangte Niedersetzung einer Kommission, bestehend aus Vertretern der acht Unterzeichner des Pariser Friedens von 1813, bei dem Ausrottung des Sklavenhandels in Aussicht genommen worden war. Hiergegen sträubten sich die Gesandten Spaniens und Portugals. Sie wollten nur die Kolonialmächte England, Frankreich, Spanien, Portugal und zwei Festlandstaaten mit der Sache befaßt wissen, um leichteres Spiel zu haben. Obwohl Lord Castlereagh sich auf Talleyrands Standpunkt stellte und das Interesse der ganzen Menschheit an dieser Frage betonte, kam man zu keiner Einigung.

Im Januar 1815 schlug der Lord vor, die Sklavenfrage gar nicht in einer besonderen Kommission, sondern in den gewöhnlichen Versammlungen der Vertreter der acht Mächte zu behandeln. Wieder sträubten sich Portugal und Spanien, indem sie betonten, die Mächte ohne Kolonialbesitz könnten in der Angelegenheit unmöglich unparteiisch sein. Sie sähen nur die Sache der Neger, nicht aber auch die der Kolonisten. Das Interesse der Letzteren erfordere einen Fortbestand des Negerhandels für mindestens noch acht Jahre. Die Vertreter

Oesterreichs, Rußlands, Preußens und Schwedens betonten dagegen die Forderungen der öffentlichen Moral und Humanität. Alle Mächte seien hieran interessirt. In die näheren Bestimmungen wollten sie sich indessen keineswegs einmischen.

Bei dieser Sachlage fügten sich Spanien und Portugal. Letzteres beschränkte sich auf eine Verwahrung, daß es die Berathungen in der Sklavenfrage nicht als eine Frage des öffentlichen Rechts ansehe, und es fanden Ende Januar und Anfang Februar 1815 fünf Sitzungen von Vertretern*) der acht Mächte in der Negersache statt. Hierbei erklärten alle sich mit dem Prinzip des Verbots des Negerhandels einverstanden, Frankreich, Spanien und Portugal wünschten nur im Interesse der weißen wie schwarzen Bewohner ihrer Kolonien eine längere Frist, da sonst ihr Ruin unvermeidlich sei. Trotz alles Drängens Castlereaghs blieben die Vertreter der drei Mächte auf ihrem Standpunkt. Frankreich wollte von einem Verbot vor fünfjähriger, die andern sogar vor achtjähriger Frist nichts wissen. Sie beschwerten sich bitter über die englischen Kreuzer, welche seit Jahren die Zufuhr der nöthigen Neger nach ihren Kolonien erschwert hätten, während die englischen Kolonien mit immer mehr Sklaven versehen worden seien. Jamaica z. B. habe bei 40 000 Weißen von 1788 bis 1807 seine Sklavenzahl von 250 000 auf 400 000 erhöht; Kuba besitze dagegen nur 212 000 Schwarze neben 274 000 Weißen! Der englische Vertreter rief nunmehr die Unterstützung der vier anderen Mächte an. Diese waren auch sehr gern bereit, ihren Einfluß auf Spanien, Portugal und Frankreich geltend zu machen, aber sie forderten dafür ernstliche Maßnahmen Englands gegen die Seeräuberei der Barbareskenstaaten. Nicht mit Unrecht betonten sie, daß in erster Linie verhindert werden müsse, daß Europäer von den Barbaresken als Sklaven behandelt würden, ehe man der Neger sich annehme. Gegen die Barbaresken würde der zehnte Theil der gegen den Sklavenhandel aufgebotenen Macht genügen, wie das die von Napoleon gemachten Erfahrungen bewiesen. Statt aber gegen sie vorzugehen, beschenke Großbritannien sie mit Waffen und Schiffen, dafür, daß sie sein Eigenthum schonten!**)

*) Es waren Nesselrode, Talleyrand, Metternich, Humboldt, Castlereagh, Labrador, Löwenhielm und Palmella.

**) Siehe darüber meine Geschichte der preußisch-deutschen Handelspolitik. Oldenburg u. Leipzig 1892. S. 113 ff.

Da Castlereagh in diesem heiklen Punkte Schweigen beobachtete, rückte die Angelegenheit nicht weiter. Die Franzosen, Spanier und Portugiesen wehrten sich gegen jeden Vorschlag Englands, der die Freiheit ihrer Maßnahmen zu beeinträchtigen drohte. Als England anregte, nach Ablauf von fünf Jahren allgemein die Einfuhr von Erzeugnissen aus Kolonien, wo der Negerhandel geduldet würde, zu verbieten, äußerten sich nur Rußland, Oesterreich und Preußen zustimmend. Der spanische Vertreter deutete an, daß Spanien in solchem Falle zu Repressalien greifen werde. Das einzige Ergebniß der Berathungen war eine Erklärung, welche die Vertreter der acht Staaten am 8. Februar 1815 annahmen.*) Es wurde darin nach einer Betonung der Verwerflichkeit des Sklavenhandels der Wille der betreffenden Staaten ausgesprochen, diesem Handel so schnell und entschieden als möglich ein Ende zu machen. Um aber die Interessen und Gewohnheiten der Unterthanen der verschiedenen Staaten nicht zu verletzen, solle jeder Macht die Wahl des Zeitpunktes der Aufhebung des Negerhandels überlassen bleiben und der Termin der allgemeinen Aufhebung Gegenstand weiterer Verhandlungen bilden.

Es liegt auf der Hand, daß eine so platonische Erklärung die Antisklavereiinteressenten in England nicht sehr befriedigte. Castlereagh wurde daher bei seinem Erscheinen im Parlamente im März 1815 wegen seiner geringen Erfolge angegriffen. Er vertheidigte sich mit dem Hinweis darauf, daß die fremden Mächte als Entschädigung für ihre Mitwirkung in der Sklavenfrage von England bedeutende Opfer verlangten und daß sie den Verdacht durchblicken ließen, als ob England bei seinem Vorgehen von eigennützigen Kolonialabsichten geleitet würde. Diese Mittheilungen und der Wunsch des Lords, daß man weniger hastig vorgehen möge, um nicht die Kreise der auswärtigen Politik Englands zu stören, scheinen bedeutenden Eindruck gemacht zu haben, denn die Wortführer der Antisklavereibewegung mäßigten fortan ihren Eifer eine Zeit lang.

Daß die Angelegenheit nicht einschlief, dafür war gesorgt. Napoleon sah in ihr bei der Rückkehr von Elba ein bequemes Mittel, Sympathien zu gewinnen. Im Gegensatz zu Louis XVIII. verbot er am 29. März 1815 kurzer Hand den Verkauf von Negern in

*) Wenige Tage vorher hatte Portugal sich in einem Vertrag mit England gegen ansehnliche pekuniäre Zugeständnisse verpflichtet, seinen Unterthanen den Negerhandel an den afrikanischen Küsten nördlich vom Aequator zu verbieten.

französischem Gebiet. Beim Pariser Vertrage vom 21. November 1815 wurde die Sklavenfrage auch wieder berührt. England, Oesterreich, Rußland, Preußen und Frankreich machten sich in einem Zusatzartikel anheischig, die Grundsätze der Deklaration vom 8. Februar zu allseitiger Anerkennung zu bringen und durch ihre Vertreter zu London und Paris umgehend die wirksamsten Maßnahmen zur Ausrottung des „gehässigen und den Gesetzen der Religion sowie denjenigen der Natur so laut widersprechenden Verkehrs“ zu vereinbaren.

Als es zur Ausführung der letzteren Verabredung nicht kam, nahm die englische Diplomatie die Sache wieder in die Hand.*) Portugal wurde im Juli 1817 zu einem neuen Vertrage veranlaßt. Englische und portugiesische Kreuzer erhielten dadurch das Recht, die beiderseitigen des Sklavenhandels verdächtigen Schiffe zu durchsuchen und alle einem der beiden Völker gehörigen Sklavenschiffe nördlich vom Aequator wegzunehmen. Die Aburtheilung sollten englisch-portugiesische Gerichtshöfe besorgen. Portugal verpflichtete sich ferner, seinen Sklavenschiffen Pässe zu ertheilen und darin Abfahrts-, Bestimmungshafen und Zahl der Neger genau vorzuschreiben. — Dieses Abkommen hätte dem Sklavenhandel in allen Gewässern nördlich vom Aequator so ziemlich den Garaus machen können, da auch Spanien sich im September 1817 zu einem solchen Verbot verpflichtet hatte, wenn die Portugiesen es nicht fortwährend verletzt hätten. Die Vorstellungen der englischen Regierung hiergegen blieben erfolglos, obwohl Canning erklärte, England werde in Zukunft auch im Falle unregelmäßiger Anhaltung von Sklavenschiffen keine Entschädigung mehr gewähren. 1822 allein wurden von portugiesischen Schiffen gegen 56 000 Neger nach Brasilien geschafft. Erst als Brasilien sich vom Mutterland lossagte, legte dieses in London seine Bereitwilligkeit an den Tag, den Sklavenhandel vollständig zu verbieten, da er nun kein Interesse mehr für Portugal habe. Canning eröffnete darauf 1824 sogleich Verhandlungen. Doch jetzt begann man in Lissabon wieder zu zögern, und auch, nachdem sie 1826 die Unabhängigkeit Brasiliens anerkannt hatte, ließ sich die portugiesische Regierung wieder nur zum Versprechen des baldigen Verbots des Sklavenhandels herbei.

Nicht viel anders verliefen Großbritanniens Bemühungen in

*) England verbot 1825 seinen Unterthanen den Sklavenhandel und -Transport bei Todesstrafe und Vermögenswegnahme.

Spanien. Die spanische Regierung verbot für Empfang von 400 000 Pfund Sterling den Negerhandel im Herbst 1817 für alle Gewässer der nördlichen Halbkugel und verpflichtete sich, ihn vom Juni 1820 ab überhaupt zu untersagen. Die englischen Kreuzer erhielten das Recht der Durchsuchung verdächtiger spanischer Schiffe. Die Behörden Spaniens wie seiner Kolonien unterstützten aber heimlich die Sklavenhändler und wußten die Anstrengungen Englands geschickt zu vereiteln. Sehr energische Vorstellungen der englischen Diplomatie führten nur zu einzelnen neuen Verordnungen, die gerade so wie die früheren auf dem Papier blieben.

Brasilien hatte sich bei seiner Lossagung von Portugal zur Beachtung der durch Letzteres eingegangenen Verträge verpflichtet. Die Abmachungen über den Negerhandel führte es indessen ebensowenig wie das Mutterland durch. Die englische Regierung wußte es 1826 zu veranlassen, das völlige Verbot des Negerhandels nach Ablauf von 3 Jahren zu versprechen. Als dieser Termin herankam, suchte Brasilien seine Verlängerung zu erreichen. Diese Bemühungen blieben fruchtlos. Großbritannien bestand auf Durchführung des Vertrages. Der Negerhandel wurde infolgedessen hier 1831 verboten; es verging jedoch noch sehr lange Zeit, ehe das Verbot auch wirklich durchgeführt wurde.

Auch Frankreich, welches 1817 allen Unterthanen die Theilnahme am Sklavenhandel untersagt und Landung von Negern in seinen Kolonien verboten hatte, führte dieses Gesetz nur sehr lässig aus. Französische Schiffe betrieben noch lange eifrig den Menschenhandel.

Bei dieser Haltung der Kolonialmächte, welche am Negerhandel in erster Linie betheiligt waren, nützte es der Sache der Antisklavereifreunde wenig, wenn Holland, Rußland, Oesterreich, Preußen, Schweden ihrerseits den Sklavenhandel verboten und auf den Kongressen in Aachen (1818) und Verona (1822), soweit sie da vertreten waren, die Wiener Erklärung aufs Neue bekräftigten. Zu wirksamen Maßregeln gegen die widerstrebenden Staaten vermochten sich die Kontinentalmächte hier so wenig wie in Wien zu entschließen, da Großbritannien seinerseits die unerhörten Seeräubereien der Mittelmeerbarbaresken ruhig weiter duldete. Es kam hinzu, daß man Großbritannien nicht allzu mächtig werden lassen wollte.

Die Eroberung Algiers durch Frankreich und die Ausrottung der nordafrikanischen Seeräuber führte in ersterer Hinsicht einen

Umschwung herbei. Die Besorgniß vor zu großer Förderung der Macht Englands durch die Uebertragung der Sklavenpolizei in allen Meeren auf seine Kreuzer aber blieb bestehen und bildete noch für längere Zeit ein Hinderniß im Feldzuge gegen den Menschenhandel. Portugal sträubte sich auch nach 1830 trotz der schwierigen Lage, in der es sich befand, gegen völliges Verbot des Negerhandels. Alle Vorstellungen des britischen Gesandten führten zu nichts als mündlichen Versprechungen von Seiten des portugiesischen Hofes.

Als der Gesandte auf Lord Palmerstons Weisung 1834 den Entwurf eines neuen Abkommens wegen völliger Unterdrückung des Negerhandels vorlegte, dauerte es 9 Monate, ehe Portugal der Sache überhaupt näher trat, und nach Verlauf zweier weiterer Jahre war England seinem Ziel noch nicht näher gerückt. Palmerston hielt 1836 dem portugiesischen Gesandten in London vor, daß die portugiesische Regierung auch nicht einen Schritt zur Erfüllung ihrer Verpflichtungen gethan habe, daß der Sklavenhandel in seinen Besitzungen wie nur je blühe, und daß die Behörden selbst daran betheiligt wären! Die portugiesische Regierung räumte diese Vorhaltungen ein, versprach Abstellung der Mißbräuche und erließ im Dezember 1836 in der That ein Verbot des Sklavenhandels. Es wurden hohe Strafen darauf gesetzt, eigene Gerichtshöfe ins Leben gerufen und die Zahl der Neger beschränkt, welche zwischen der afrikanischen Küste und den vorliegenden Inseln befördert werden durften. Doch war ängstlich dabei jede Einmischung Englands ausgeschlossen und alles Eingreifen den portugiesischen Behörden vorbehalten. — Das hatte die Bedeutung, daß Alles beim Alten blieb. Keine Kolonie kümmerte sich um das Verbot; der Gouverneur von Mozambique weigerte sich sogar, es nur bekannt zu machen! Unter portugiesischer Flagge wurde fortgesetzt schwunghafter Menschenhandel getrieben, die Behörden verkauften die nöthigen Schiffspapiere. In Lissabon selbst wurden Sklavenschiffe ausgerüstet! Alle Klagen Englands wurden von den rasch wechselnden portugiesischen Ministerien mit dem Hinweis auf die dem Sklavenhandel wohlgesinnte öffentliche Meinung und die mangelnde Autorität der Regierung beantwortet.

Dieser Gang der Dinge erregte in England hohe Entrüstung. Ganz abgesehen von dem Verluste der hohen Summen, welche man den Portugiesen seiner Zeit bewilligt hatte, kamen die englischen Kolonien, welche keine Sklaven mehr beziehen durften und deren

Neger nach und nach befreit wurden, in größten Nachtheil gegenüber den Ländern, welche nach wie vor Sklavenhandel duldeten. — Im Juli 1838 wurde daher die portugiesische Regierung kategorisch zur Annahme eines neuen wirksameren Vertrages gegen den Negerhandel aufgefordert. Als Portugal die Zeichnung ablehnte mit Hinweis darauf, daß Großbritannien nur Lahmlegung seines Handels und Vernichtung seiner Unabhängigkeit bezwecke, nahm das britische Parlament Ende August 1839 eine Bill an, welche die britischen Kreuzer ermächtigte, alle des Sklavenhandels verdächtigen Schiffe anzuhalten und durch englische Gerichte aburtheilen zu lassen. Alle Proteste und Schritte Portugals gegen diese Vergewaltigung blieben fruchtlos. Hülfe wurde ihm von keiner Seite zu Theil. Es mußte sich nunmehr entschließen, allmählich seine früheren Verordnungen in den Kolonien durchzuführen und seinerseits Abschluß eines neuen Vertrages mit England anzubieten. So kam es am 3. Juli 1842 zu der Vereinbarung mit England, wonach beide Staaten ihre Kriegsschiffe bevollmächtigten, die beiderseitigen verdächtigen Fahrzeuge anzuhalten und durch gemischte Gerichte aburtheilen zu lassen.

Der Widerstand Spaniens war nicht ganz so hartnäckig. König Ferdinand ließ allerdings Jahre lang alle Vorstellungen und Beschwerden der englischen Vertreter an seinem Hofe über die Fortdauer des Negerhandels in Westindien ohne Antwort. Die nach seinem Tod ans Ruder kommende Regierung brauchte aber Großbritanniens Unterstützung und ließ sich daher zum Abschluß des Vertrages vom 28. Juni 1835 herbei, wonach der Sklavenhandel spanischen Unterthanen bei Strafe verboten wurde und die beiderseitigen Kreuzer das Recht zur Durchsuchung verdächtiger Fahrzeuge erhielten. Die Aburtheilung geschah durch gemischte Gerichte. Die Wirkung dieses Abkommens war allerdings zunächst nur die, daß Neger nach Kuba nicht mehr unter spanischer sondern unter portugiesischer Flagge eingeführt wurden. Es zeigte sich auch bald, daß die spanischen Behörden den Vertrag nur sehr mangelhaft ausführten. Sie publizirten z. B. die auf den Negerhandel gesetzten Strafen nicht, verdingten ihrerseits die aus konfiszirten Schiffen durch englische Kreuzer befreiten Sklaven an Pflanzer, statt sie den englischen Behörden auszuliefern u. dergl. Die Wachsamkeit der englischen Kreuzer erschwerte indessen in den spanischen Besitzungen den Negerhandel immer mehr.

Brasilien hat 1831 die Einfuhr von Negern bei Strafe verboten und verschiedene Gesetze gegen diesen Handel in den folgenden Jahren eingeführt. Trotz dieser Maßnahmen dauerte hier wie bei Portugal und Spanien das Unwesen unter den Augen der Behörden fort. Die aus konfiszirten Schiffen befreiten Neger wurden ruhig als Sklaven verwendet und ihre Einfuhr heimlich unterstützt. Auch hier konnte England seinen Zweck nur durch scharfe Bewachung der Küsten und rücksichtslose Wegnahme verdächtiger Schiffe erreichen.

Von den Kolonialmächten hat nur Frankreich bald nach 1830 dem Sklavenhandel seiner Unterthanen ernstlich gesteuert. Schon am 30. November 1831 schloß es mit Großbritannien einen Vertrag, wonach die beiderseitigen Kriegsschiffe verdächtige Fahrzeuge beider Nationen in den hauptsächlich in Frage kommenden Gewässern durchsuchen durften. Die Aburtheilung sollte nicht durch gemischte Gerichte sondern durch diejenigen der Nation erfolgen, unter deren Flagge das Sklavenschiff segelte. Die Gebiete, in denen die Durchsuchung zulässig war, wurden durch einen Vertrag vom 20. Dezember 1841 noch bedeutend erweitert. Diesem Vertrage traten auch Preußen, Oesterreich und Rußland bei. Da fast alle kleineren Staaten schon vorher mit England ähnliche Abkommen eingegangen waren, ist somit zu Anfang der vierziger Jahre ein Zusammenwirken aller gesitteten Völker*) gegen den Negerhandel erreicht worden, bei dem Englands Marine als der weitaus stärksten die führende Stelle zufiel.

Bei diesen menschenfreundlichen Bemühungen, welche auf das Schicksal Afrikas von so ungeheuren Folgen gewesen sind, wurde England, wie erwähnt, sehr wesentlich von der Rücksicht auf seine Pflanzungskolonien beeinflußt. Es konnte nicht diese der Negersklaven berauben und gleichzeitig ruhig zusehen, wie die Nachbarkolonien aus dem Menschenhandel Nutzen zogen. Auf der anderen Seite duldeten die immer zahlreicheren Freunde der Antisklavereibewegung, an ihrer Spitze seit 1823 die Antislavery society, keinen Stillstand auf diesem Gebiete. Sie überschütteten beide Häuser des Parlaments mit Petitionen, worin strengste Durchführung der erlassenen Gesetze und bald Befreiung der Sklaven in den englischen Kolonien verlangt wurde. Eine Menge Vereine entstand für diese Zwecke in England und den Kolonien, die Hand in Hand mit den Missionsgesellschaften

*) Nur die Vereinigten Staaten haben den Abschluß eines Vertrages mit einer fremden Macht, der einer solchen das Recht der Durchsuchung amerikanischer Schiffe gegeben hätte, stets verweigert und nur die eigene Marine damit betraut.

durch Wort und Schrift die Bewegung in immer weitere Kreise trug. Am 30. Juli 1830 wurde die schon 1823 im Parlament von Fowell Buxton, dem Nachfolger von Wilberforce, angeregte Frage der Befreiung der Sklaven in den Kolonien wieder der Gegenstand eines Antrags im Parlament. Brougham, einer der Wortführer der Bewegung, schlug nach einer Aufzählung aller Greuel des Sklavenwesens und der damit verbundenen Uebel vor, daß das Unterhaus in nächster Sitzungszeit baldigst die Untersuchung der Lage der Sklaven in den Kolonien zum Zwecke der Milderung und Abschaffung der Sklaverei und Verbesserung der Rechtspflege in Betracht ziehen möge. Mr. Peel erwiderte, daß die Sklaverei ohne Zweifel ein Schandfleck und nicht zu rechtfertigen sei. Doch der westindische Pflanzer, der das Sklavenhalten als etwas Hergebrachtes übernommen habe, würde zu Grunde gehen, wenn man seine Neger ohne Entschädigung einfach in Freiheit setzte. Er verlangte daher, daß ein Antrag wie der Broughamsche erst angenommen würde, wenn gleichzeitig über seine Durchführung und die Art der Entschädigung der Pflanzer Klarheit bestünde. Das schwach besetzte Haus lehnte dementsprechend Broughams Vorschlag ab. — Im April 1831 brachte Mr. Fowell Buxton die Sache wieder zur Sprache.*) Er wies besonders auf die fortgesetzte Abnahme der Zahl der Neger im britischen Westindien hin, welche seit der im Jahre 1819 beschlossenen Einführung genauer Listen der Neger auf allen Pflanzungen deutlich festzustellen war. Er führte diese große Sterblichkeit der Schwarzen, die zu Zeiten stattfand, wo die weiße Bevölkerung wuchs, auf die Nichtbeachtung der verschiedenen zu Gunsten der Neger erlassenen Gesetze in den Kolonien zurück und beantragte daher aufs Neue Untersuchung der Angelegenheit und Abschaffung des Sklavenhaltens. — Auch diese Anregung ging verloren; doch die Zahl der Leute, welche Aufhebung oder wenigstens Milderung der Sklaverei für nöthig hielten, wuchs fortgesetzt in England. Gleichzeitig bildete sich allgemein die Ueberzeugung aus, daß eine Besserung des Looses der Neger von den Verwaltungen der Kolonien**) ohne Eingreifen des Parlaments nicht zu erwarten sei.

Die Frucht der fortgesetzten Agitation war, daß im Mai 1832

---

*) Die der Krone gehörigen Sklaven wurden am 12. März 1831 für frei erklärt.

**) Unter ihrer stillschweigenden Duldung wurden die ärgsten Ausschreitungen gegen die Sklavenfreunde, besonders die Missionare, verübt.

auf Buxtons nochmaligen Antrag hin ein Parlamentsausschuß zur Untersuchung der Lage der Neger in Westindien niedergesetzt wurde. Das Ergebniß der Arbeiten dieser Kommission war ein derartiges, daß die Regierung ihrerseits die Angelegenheit in die Hand nahm und einen Plan zur Aufhebung der Negersklaverei in den britischen Kolonien entwarf. Lord Stanley legte den Gesetzentwurf am 14. Mai 1833 dem Hause vor. In längerer Rede führte er aus, daß die Verwaltungen der Kolonien in dieser Angelegenheit gar nichts gethan und alle Warnungen in den Wind geschlagen hätten, obwohl Canning 1823 über die Absichten Englands keinen Zweifel gelassen habe. Unter diesen Umständen bleibe nur übrig, daß das britische Parlament seinerseits die Befreiung der Sklaven in Angriff nehme. Alle bisherigen Sklaven sollten sogleich frei erklärt werden und nach Verlauf von 12 Jahren ihre eigenen Herren sein. Von diesem Zeitraum sollten sie noch 8 Jahre als freie Arbeiter, aber ohne Lohn, und weitere 4 Jahre gegen Lohn ihren Herren dienen. Für den Verlust der Sklaven sollten ihre Besitzer insgesammt mit 15 Millionen Pfund Sterling entschädigt werden. — In der Debatte über diesen Plan wurde die Entschädigungssumme auf 20 Millionen bemessen und die Zeit, während welcher die Neger noch für ihre Herren zu arbeiten verpflichtet waren, stark herabgesetzt. Am 28. August 1833 erhielt das Gesetz die Königliche Unterschrift!

Der „Act for the abolition of slavery throughout the British Colonies; for promoting the industry of the manumitted slaves; and for compensating the persons hitherto entitled to the services of such slaves“ erklärte vom 1. August 1834 ab alle Sklaven in den britischen Kolonien für freie Leute. Es sollten in Westindien die dort geborenen Sklaven noch 4, die anderen 6 Jahre als freie Arbeiter ihren Herren dienstbar bleiben. Für Kapland war wohl mit Rücksicht auf die lange Frist, welche die Nachricht bis dahin brauchte, diese Arbeitszeit 4 Monate, in Mauritius 6 Monate länger bemessen. Zur Entschädigung der Sklavenbesitzer waren 20 Millionen Pfund Sterling vorgesehen! Das Gesetz bezog sich nicht auf die Gebiete der ostindischen Company, St. Helena und Ceylon. Der Company wurde jedoch in derselben Session aufgegeben, schleunigst Maßnahmen zu treffen, um die Sklaverei in ihren Gebieten zu mildern und zu beseitigen. Die indische Regierung verbot darauf die weitere Zufuhr von Sklaven nach Indien und begann im Innern

Schritte gegen das Sklavenhalten. Doch fand sie, daß ein rasches Vorgehen in dieser Hinsicht einen Aufstand hervorrufen könnte, und zögerte mit gesetzlichen Maßnahmen.

Der Feldzug gegen den Sklavenhandel von 1808 bis 1850 hat der britischen Regierung im Ganzen etwa 30 1/3 Millionen Pfund Sterling Unkosten verursacht. Von dieser Summe entfallen auf die Zeit von 1808 bis 1840 etwa 22 1/3 Millionen. 2 237 000 Pfund Sterling sind an fremde Mächte, besonders Spanien und Portugal, gezahlt worden, um sie zu energischerem Vorgehen zu bewegen. Etwa 4 Millionen hat die Unterstützung befreiter Sklaven, ihre Ansiedelung in Sierra Leone, Goldcoast und Fernando=Po gekostet. Am bedeutendsten waren die Aufwendungen für die zur Abfassung der Sklavenschiffe nöthigen Kreuzer an der afrikanischen Küste. Von 1808 bis 1840 betrugen diese Kosten 12 224 000, von 1840 bis 1852 etwa 6 Millionen Pfund Sterling. Zu diesen Ausgaben müssen noch die 20 Millionen Pfund Sterling Entschädigung an die Sklavenbesitzer gerechnet werden. — Als Nutzen steht diesen Aufwendungen in erster Linie der Vortheil gegenüber, den Englands Handel von der Stärkung seiner Seemacht gezogen hat, ferner die wirthschaftliche Erschließung Afrikas, welche erst von der Beseitigung des Negerhandels datirt, und endlich das Verdienst, welches es sich um die Sache der Menschlichkeit erworben hat!

Drittes Kapitel.

Westafrikanische Schwierigkeiten 1807—1827.

Die vollständige Aufgabe des Gambia=Gebiets, wie sie 1807 von Großbritannien beschlossen war, erwies sich bald mit seinen Interessen als unvereinbar. Trotz aller Verträge versuchten fremde Sklavenhändler sich in seinen verlassenen Stationen festzusetzen. Dazu machten die Wechselfälle des Krieges gelegentliches Eingreifen nöthig. Die englischen Schiffe nahmen 1809 das französische Fort St. Louis an der Senegal=Mündung und die Insel Gorée, beides beliebte Zufluchtsstätten von Sklavenjägern, in Besitz und übten die Herrschaft in diesen Gewässern. Beim Pariser Frieden 1814 wurden beide Punkte den Franzosen zurückgegeben und England wieder auf das Gambia=Gebiet beschränkt, in dem Frankreich sein Handelskontor

Albrida behielt. Bei den geringen Aussichten, welche der Handel damals nach Verbot der Sklavenausfuhr in jenen Gegenden gewährte, hätte England sie wahrscheinlich wieder sich selbst überlassen, wenn nicht eine Anzahl britischer Kaufleute, die seit 1809 am Senegal ansässig war, sich den Gambia zur Niederlassung gewählt hätten. Sie kauften St. Marys Island an der Flußmündung von einem Häuptling und legten hier die Station Bathurst (nach Lord Bathurst, dem Staatssekretär der Kolonien, benannt) an. In der Nachbarschaft wurden noch einige weitere Landstriche von den Eingeborenen gekauft, auf denen später Fort Bullen, einige Wohnhäuser und das Missionsgebäude entstanden. 1819 wurden einige westindische Truppen nach Bathurst verlegt, um die wenigen Kolonisten gegen Angriffe der Eingeborenen oder Sklavenhändler zu schützen. Sonst geschah wenig für den Fleck, dessen Handel lange Zeit sehr unbedeutend war.

Südlich vom Gambia hatte England zu jener Zeit die Los-Inseln, fünf unfruchtbare Steinklippen, die nur wenige Meilen von der Küste des Festlandes liegen, besetzt. In dem Glauben, daß hier, wo weder Sümpfe noch Vegetation vorhanden waren, weiße Ansiedler vom Fieber verschont bleiben würden, hatte General Turner 1805 auf der mittelsten Insel 103 Leute gelandet. Diese Kolonisten starben aber binnen Kurzem weg oder mußten nach England zurückkehren. Nur einige zwanzig hielten es einige Jahre lang auf den Inseln aus.

Auch an der Goldküste, dem ältesten Flecke englischer Niederlassungen in Afrika, sah es damals noch traurig aus. Die wenigen von der „African Company" hier mühselig unterhaltenen Forts waren ganz von der Gnade der eingeborenen Häuptlinge abhängig. 1807 eroberten die Aschantis das holländische Fort Cormantine und zwangen die Engländer in Anamabo, damals einem Hauptort der Küste, zu einem Vertrage, worin sie sich zur Zahlung von Renten für dieses Fort und Cape Coast Castle verpflichteten. 1814 eroberten die Aschantis das Fort Winnebah und tödteten seinen Befehlshaber, 1816 belagerten sie Cape Coast Castle. Die Company sah sich genöthigt, 1817 eine förmliche Gesandtschaft nach Kumassi, der Hauptstadt der Aschantis, zu senden und dort einen Friedensvertrag zu schließen. Es wurde die Oberhoheit der Aschantis über die ganze Küste anerkannt und ihnen ein monatlich zu zahlender Tribut bewilligt. Für Zulassung eines englischen Vertreters in Kumassi bedangen sich die Aschantis Stationirung eines ihrer Häuptlinge in Cape Coast aus! Das erregte unangenehmes Aufsehen in England. Die großbritannische Regierung erachtete eine nähere Beaufsichtigung dieser Vorgänge für angezeigt und sandte Ende 1818 einen Konsul Dupuis zur Goldküste, welcher seinen Sitz in Kumassi nehmen sollte. Die Ankunft dieses Beamten, der früher lange in den Barbaresken-staaten gelebt hatte, erregte das Mißfallen der Vertreter der African Company. Sie erklärten es als unerhört, daß Dupuis von ihren Weisungen unabhängig gestellt war, und behaupteten, daß ein solches Verhältniß ihr Ansehen in den Augen der Eingeborenen schwer schädige. Dupuis auf der anderen Seite fand, daß einige wenige angesehene Theilhaber der Company den ganzen Handel monopolisirten und durchaus hindern wollten, daß dieses Gebiet allen englischen Kaufleuten frei erschlossen werde. Beide Theile beschwerten sich über einander in England und stritten sich, als Anfang 1820 wieder neue Streitigkeiten mit den Aschantis ausbrachen. Dupuis versuchte sie beizulegen, indem er sich persönlich nach Kumassi begab. Er erreichte dort, daß die Aschantis seine Ernennung als Konsul anerkannten und ihre volle Unterstützung den englischen Interessen versprachen. Dafür verlangten sie aber die Anerkennung ihrer Herrschaft über alle Küstenstämme und das Recht zur Bestrafung der Eingeborenen von Cape Coast, welche ihre Abgesandten beleidigt hatten. Die Vertreter der Company in Cape Coast lehnten die Zustimmung zu diesem Abkommen ab, worauf Dupuis Mitte April 1820 nach England abreiste. Als die Aschantis nunmehr den Handel abschnitten und einen Angriff auf Cape Coast planten, erkaufte man von ihnen für eine ansehnliche Menge Goldstaub Frieden.

Die Schilderungen, welche Dupuis von den Zuständen an der Goldküste zu Hause gab, dürften in erster Linie den Anlaß zu einem Bruch mit dem bisher in diesen Gegenden befolgten System gegeben haben. Die Regierung kam zur Einsicht, daß die jährliche Subvention der African Company in erster Linie dazu diente, einigen wenigen Mitgliedern das Monopol dieses Handels zu sichern. Außerdem bestand der dringende Verdacht, daß die Company den früher als Hauptgeschäft betriebenen Sklavenhandel noch immer gelegentlich unter der Hand fortsetzte. Die Folge war ein Parlamentsbeschluß im Jahre 1821, wodurch die African Company aufgehoben und ihre gesammten Besitzungen an der Goldküste zu Regierungseigenthum erklärt wurden. Ihre Verwaltung wurde ebenso wie die der Gambia-Stationen dem Gouvernement von Sierra Leone übertragen.

Sierra Leone war damals noch immer der einzige Fleck Westafrikas, wo von Kolonisationsarbeit die Rede sein konnte. Die englische Regierung unterhielt hier seit der Uebernahme der Verwaltung im Jahre 1808 eine Truppe und machte die Ansiedelung zum Mittelpunkt ihrer Maßnahmen gegen den Negerhandel. Bis 1814 wurden allein 6000 befreite Sklaven hier untergebracht. Dazu kamen später noch mehrere Tausend Neger aus Westindien. Diese Leute verlegten sich sämmtlich auf Landwirthschaft und Handel. Schon 1816 wurde der gesammte Bedarf an Gemüsen und Früchten in der Kolonie selbst gedeckt, und die verschiedenen Elemente unter den Ansiedlern lebten mit einander in guten Beziehungen. Der damalige Oberrichter der Kolonie beklagte zwar noch zahlreiche Mängel in religiöser, moralischer und gesellschaftlicher Beziehung, doch fand er schon alle grundlegenden Elemente der sozialen Ordnung und Gesittung vorhanden und meinte, daß es nur einer geschickten Hand bedürfe, um sie weiter zu entwickeln. 1818 bestand schon eine Sierra Leone-Gazette. Gegen 2000 Leute jedes Alters besuchten die Schulen. Von 1809 bis 1819 entstanden 11 Dörfer in der Kolonie, welche alle mit Freetown durch gute Straßen verbunden waren. Die gesammte Bevölkerung belief sich 1820 auf 12 500 Köpfe. Die Einnahmen aus den Zöllen waren 1820 von 1900 Pfund Sterling im Jahre 1812 bereits auf 6100 Pfund Sterling gestiegen. Der Ausfuhrhandel war allerdings noch gering, doch gewährte bereits der Kaffee, mit dessen Pflanzung begonnen war, Hoffnung auf gute Erträge. Die Einfuhr hatte bis 1816 jährlich einen Werth von 70 000 Pfund Sterling, von 1816 bis 1821 von 81 600; 1823 von 121 000 Pfund Sterling. Die Ausfuhr, bestehend besonders aus Holz und Reis, wurde auf etwas mehr als die Hälfte der Einfuhr berechnet. An manchen Tagen wurde für 500 bis 1000 Pfund Sterling Goldstaub nach Freetown gebracht.

Dieses Aufblühen Sierra Leones trug wohl wesentlich dazu bei, daß 1821 Großbritannien Sierra Leone zum Mittelpunkt seiner Westafrika-Besitzungen machte.*) Diese bestanden damals, abgesehen von

*) Die Verfassung Sierra Leones wurde durch eine Charter vom 17. Oktober 1821 festgelegt. Regierung, Rechtspflege, Verwaltung der Stadt Freetown ꝛc. waren darin aufs Ausführlichste geregelt.

den Ansiedelungen in Sierra Leone, aus zwei Stationen am Gambia, einer auf den Los-Inseln und acht Forts an der Goldküste: Cape Coast, Anamabo, Accra, Kommenda, Dixcove, Sekondi, Pramptam und Tantamkwerri. In den Forts lebten 45 weiße Angestellte der bisherigen Company und 450 Schwarze.

Sir Charles Macarthy, der Governor von Sierra Leone, welcher nunmehr alle englischen Besitzungen in Westafrika unterstellt erhielt, hatte damals an regulären Truppen nur 5 Kompagnien des 2. West-India-Regiments zur Verfügung. Sie waren an die Stelle eines eigenen Royal African-Corps getreten, bestehend aus 6 Kompagnien Weißer und 3 schwarzer Soldaten, welches 1819 wegen der großen durch das Klima verursachten Sterblichkeit nach dem Kap hatte verlegt werden müssen. Nach Aufhebung der African Company begab sich Macarthy von Sierra Leone persönlich nach der Goldküste, um die Forts zu übernehmen. Er fand hier Alles in größter Verwahrlosung und Unordnung. Die früheren Angestellten der Company weigerten sich, in den Dienst der Regierung zu treten oder ihr nur irgendwie behülflich zu sein. Der Governor mußte sich daher helfen, wie er konnte. Er gab vier der Forts überhaupt auf und behielt nur die von Dixcove, Cape Coast, Anamabo und Accra. Er besetzte sie mit einer Kompagnie des westindischen Regiments und drei weiteren, die er aus den eingeborenen Truppen der aufgelösten Gesellschaft (Royal African Colonial-Corps) bildete. Außerdem verlangte er von England Rücksendung vom Kap und Verstärkung des Royal African-Corps. Trotz der schlechten mit weißen Soldaten in Westafrika gemachten Erfahrungen wurden infolgedessen zwei Kompagnien vom Kap nach der Goldküste rückverlegt.

Die Angelegenheiten der Goldküste nahmen fortan die Aufmerksamkeit des Governments von Sierra Leone in erster Linie in Anspruch. Während Letzteres und der Gambia ein wenn auch langsames doch ruhiges Gedeihen zeigten, nahmen Streite mit den Eingeborenen an der Goldküste kein Ende. Governor Macarthy sah sich genöthigt, im Dezember 1822 nach Cape Coast zurückzukehren und die dortigen Angelegenheiten selbst in die Hand zu nehmen. Im Februar 1823 begann er einen allerdings erfolglosen Angriff gegen die Aschantis, welche einen schwarzen englischen Unteroffizier ermordet hatten. Sein wichtigster Erfolg war Bildung eingeborener Milizen an verschiedenen Küstenplätzen und Gewinnung der bei Accra sitzenden Stämme gegen die Aschantis. Die Letzteren geriethen über Macarthys Maßnahmen, worunter sich auch das Verbot des Verkaufs von Schießpulver befand, in hohe Erregung und erschienen im Juni 1823, als der Governor zum Gambia gefahren war, mit starker Macht in der Nähe der Küste, um den Engländern den Garaus zu machen. Da die Fantihäuptlinge der Küste diesmal entschlossen auf Seite der Engländer traten, errangen letztere einige Erfolge und konnten zwei feste Lager in ziemlicher Entfernung von der Küste als Stützpunkte für ein weiteres Vorgehen gegen die Aschantis anlegen. Ende 1823 erschienen diese in größerer Zahl als bisher diesseits des Prah-Flusses. Macarthy, der eben wieder mit Verstärkungen in der Kolonie eingetroffen war, rückte ihnen darauf entgegen, um sie am Prah zu vernichten. Doch, als er auf den Feind stieß, hatte er infolge der Marsch- und Verpflegungsschwierigkeiten nur wenige hundert Mann ermatteter Truppen bei sich und litt Mangel an Munition. Trotz dessen griff er am 21. Januar 1824 den angeblich 10 000 Mann starken Feind an. Der Ausgang war, daß er selbst mit 8 Offizieren und 178 Soldaten fiel und der Rest der Truppen sich in wilder Flucht rettete. Nach Sendung neuer Soldaten aus Sierra Leone und mit Aufbietung aller Kräfte gelang es den Engländern, Ende Mai einen bescheidenen Erfolg gegen die Aschantis zu erzielen. Da aber die Fantis wieder auf ihre Seite getreten waren, konnte nicht verhindert werden, daß die Feinde vier Wochen später vor Cape Coast erschienen und die dortigen Forts bedrohten.

In diesem Augenblick landeten 100 Mann Soldaten, welche aus England zur Verstärkung des Royal African Colonial-Corps gesandt wurden, und der dänische Befehlshaber von Christiansborg sandte gegen 5000 Eingeborene zu Hülfe. Uneingeschüchtert dadurch, führten die Aschantis Anfang Juli mehrere Angriffe auf Cape Coast aus, bis sie sich schließlich aus Mangel an Lebensmitteln zurückziehen mußten. Einige Hundert Verwundete und Kranke, die sie zurückließen, wurden von den Fantis getödtet. Weit ärger aber waren die Verluste, welche nach ihrem Abzug die Massen der nach Cape Coast und Anamabo geflüchteten Eingeborenen, die nach Vernichtung ihrer Felder an Allem Mangel litten, heimsuchten. Hunger und Krankheit hausten entsetzlich unter Weißen wie Schwarzen! Von den zwei aus Kapland 1823 eingetroffenen weißen Kompagnien lebte Ende 1824 nur noch ein Mann; von einem zweiten, Ende November 1823 aus England gekommenen Detachement waren Ende 1824 acht, von dem im März 1824 eingetroffenen sechs Mann übrig! Die hundert Anfang Juli 1824 aus England gesandten Soldaten verloren in der ersten Woche 45 Mann. Von 42 im Oktober 1823 eingetroffenen weißen Soldatenfrauen starben binnen Jahresfrist 29.

Es ist begreiflich, daß diese Vorgänge in England großes Aufsehen erregten. Die großen Opfer an Menschen und Geld,*) die Schwierigkeiten, welche diese Besitzungen machten, kamen der wenig mit Afrika vertrauten Regierung gleich überraschend. Es wurde beschlossen, unter allen Umständen Ruhe zu schaffen, dann aber die Kosten möglichst einzuschränken. So wurde dem zum Governor in Chief ernannten Major-General Turner eine ansehnliche Truppenmacht zur Verfügung gestellt. Er kam Ende März 1825 mit 700 europäischen Soldaten des Royal African Colonial-Corps und dem 2. West-India-Regiment in Cape Coast an. Da aber die Aschantis ins Innere gegangen waren und an der Küste kein Feind sich zeigte, begnügte er sich, alle Herrschaftsrechte der Aschantis über die Küste für erloschen zu erklären und im April wieder nach Freetown zu gehen. Die Truppen nahm er meist wieder mit und beschränkte die militärische Besatzung auf die Forts Cape Coast und Accra.

Um dieselbe Zeit begann in England ein vom Parlament niedergesetzter Ausschuß die Angelegenheiten Westafrikas einer näheren Untersuchung zu unterziehen. Konnte das Urtheil dieser Kommission bei den geschilderten Verhältnissen schon nicht günstig ausfallen, so wurde es noch weiter beeinflußt durch den bereits 1826 infolge von Fieber eintretenden Tod Turners und den Ausbruch neuer Kämpfe mit den Aschantis. Diese fielen zwar diesmal siegreich aus, doch verursachten sie neue Kosten, und es war zweifellos, daß hier noch lange nicht die für Kolonisationsarbeit nöthige Ruhe eintreten werde. Dabei wurden nun auch Zweifel an dem Nutzen dieser ganzen Politik laut. Sierra Leone besaß 1822 trotz der aufgewendeten 4 Millionen Pfund Sterling erst etwa 16 000 Bewohner, darunter kaum 130 Weiße. Von Erfolgen an der Goldküste, für die so große Opfer gebracht wurden, war gar keine Rede. Es war daher kein Wunder, wenn ein offener Brief, den James Macqueen Anfang 1825

---

*) Die Kosten der westafrikanischen Stationen beliefen sich 1822 z. B. auf 142 000 Pfund Sterling. Die Kosten der Verwaltung von 1808 bis 1822 werden auf etwa 4 Millionen Pfund Sterling veranschlagt.

an den Earl of Liverpool richtete, viel Beistimmung fand. Er wies darin nach, daß das Vorgehen in Sierra Leone keinen einzigen Eingeborenen Afrikas veranlaßt habe, freiwillig auf seine barbarischen Bräuche und Sitten zu verzichten und sich der Zivilisation anzuschließen, und daß es ebensowenig bisher geglückt sei, koloniale Erzeugnisse hier erfolgreich anzubauen. Er beschuldigte die Missionare, die Regierung und die öffentliche Meinung irrezuführen. Die Theilnahme der Neger an den Geschworenengerichten in Sierra Leone sei der bösartigste Humbug; die Sittlichkeit sei dort nicht höher als sonst unter Negern, die befreiten Sklaven stählen wie die Raben, es sei Ordnung nur zu erhalten durch grausame Prügel- und Kettenstrafen. Dabei zeigten die Schwarzen hier unerhörte Frechheit und Anmaßung gegen die Weißen, worin die Behörden sie unterstützten. Die befreiten Neger arbeiteten so gut wie nichts. Der Baumwollbau habe aus Mangel an Arbeitern eingestellt werden müssen! Auch der Hinweis, daß die gesammten Zolleinnahmen Englands aus der afrikanischen Einfuhr 1814 etwa 29 000, 1822: 26 000 Pfund Sterling betrugen, während westindischer Zucker damals 4 500 000 Pfund Sterling an Zöllen zahlte, wird nicht wirkungslos gewesen sein.

Die Gegner Sierra Leones schossen über das Ziel hinaus, da sie am liebsten die ganze Aktion gegen den Sklavenhandel eingestellt zu sehen wünschten. Sie boten damit den Freunden Afrikas bequeme Handhaben zur Erwiderung. Mr. Kenneth Macaulay trat als Vertheidiger Sierra Leones öffentlich auf und wußte den unangenehmen Eindruck der gegnerischen Aeußerungen zu mildern. Auch er und seine Freunde konnten aber nicht verhindern, daß der Bericht des Parlamentsausschusses nicht sehr günstig ausfiel, und daß die britische Regierung nunmehr 1827 die Aufgabe und Schleifung aller Forts an der Goldküste und Einschränkung der Aufwendungen für Sierra Leone und Gambia beschloß. Ein Kriegsschiff brachte Ende des Jahres die entsprechenden Weisungen nach Cape Coast. Die Kaufleute wurden benachrichtigt, daß fernerhin nichts zu ihrem Schutze geschehen werde, und es wurde ihnen anheimgegeben, die Küste zu verlassen oder auf eigene Gefahr zu bleiben.

Viertes Kapitel.

Ordnung der Verwaltung Westafrikas.

Trotz aller schlechten Erfahrungen vermochten sich die englischen Faktoristen an der Goldküste zur völligen Aufgabe ihrer Unternehmungen nicht zu entschließen. Sie und ihre Geschäftsfreunde in England setzten alle Hebel an, um die Regierung umzustimmen. Als dies vergeblich blieb, erboten sie sich, eine Company of African Merchants zu bilden und gegen einen jährlichen Zuschuß von nur 4000 Pfund Sterling die Forts in Cape Coast und Accra ihrerseits weiter zu behaupten. Dieser Vorschlag fand Oktober 1828 die Genehmigung der Regierung, welche fortan die Verwaltung der Goldküste in die Hände der neuen Gesellschaft legte. Es war ihr nur Anwendung des englischen Rechts und Anrufung der Gerichte von Sierra Leone bei Aburtheilung schwerer Verbrechen sowie Erhaltung der Zollfreiheit in Cape Coast und Accra vorgeschrieben. Die Gesellschaft legte die Leitung der Geschäfte an der Goldküste 1830 in die Hand eines dort erprobten Offiziers George Maclean. Diesem Manne gelang es, trotz der bescheidenen verfügbaren Mittel Ruhe und Ordnung zu schaffen und aus den vereinzelten Handelsstationen an der Goldküste eine Kolonie zu bilden.

Zunächst brachte er 1831 einen förmlichen Frieden mit den Aschantis zu Stande. Unter geschickter Benützung der letzten Erfolge der Engländer und ihrer Verbündeten und der Gefangenschaft verschiedener Aschantihäuptlinge bewog er die Aschantis, zwei Prinzen sowie 600 Unzen Gold als Bürgschaft für ihre Friedensneigung auszuliefern. Alle Stämme versprachen, den Handel frei und unbehindert zu lassen. Von weiterer Zahlung von Tribut an die Aschantis war keine Rede mehr. Die unruhigen Häuptlinge an der Küste wurden beim ersten besten Anlaß gründlich gezüchtigt und die ersten Schritte gethan, um den noch überall üblichen Menschenopfern ein Ende zu machen. Dank dem Frieden hob sich der Handel. Es begann steigende Ausfuhr von Gold, Elfenbein und Palmöl. Der Handel hatte 1831 einen Umfang von 221 000, 1835 von 347 000, 1840 von 748 000 Pfund Sterling. Die Ausfuhr allein belief sich 1840 auf 325 000 Pfund Sterling. An Palmöl wurde für etwa 7000 Pfund Sterling exportirt. Im Ganzen bezog England 1834 aus Afrika Palmöl bereits für 458 000 Pfund Sterling, während 1816 dieser Handel kaum 23 000 Pfund Sterling Werth hatte. Die größte Menge des Palmöls kam übrigens von der Benin-Bay. Trotz des geringen Zuschusses (1834 bis 1839 nur 3500 Pfund Sterling) von der Regierung brachte Maclean es fertig, neben den 2 Forts noch 6 bis 7 Handelsstationen im Lande zu unterhalten.

Auch am Gambia und in Sierra Leone besserten sich in dieser Zeit die Aussichten. Die Bevölkerung der letzteren Kolonie nahm dank der fortgesetzten Ansiedelung befreiter Neger rasch zu. Sie stieg 1833 auf 29 700, 1835 auf 35 000, 1838 auf 40 000 Köpfe. Freetowns Bewohnerschaft hob sich bis auf 15 000. Die Zahl der Weißen erreichte etwa 200. Es entstanden allmählich zahlreiche gute Steinhäuser in der Stadt, und immer mehr farbige Händler kamen zu ansehnlichem Wohlstand. Die Zölle brachten 1840 eine Summe von 12 600 Pfund Sterling ein. Die gesammten Einnahmen der Kolonie beliefen sich auf 17 300 Pfund Sterling. Die Kosten der Verwaltung betrugen 1839 rund 90 000 Pfund Sterling. Der Handel Sierra Leones besaß 1825 einen Werth von 136 800, 1830 von 158 200, 1835 von 136 200, 1840 von 139 700 Pfund Sterling. Ausgeführt wurden außer Palmöl besonders Pfeffer, Ingwer, Häute, Erdnüsse und Holz. Sehr entwickelt hatte sich auch die Fischerei, deren Erzeugnisse dem einheimischen Verbrauch dienten.

Die Gambia-Niederlassungen besaßen 1820 eine Bevölkerung von mehr als tausend Köpfen neben der Garnison (150 schwarze Soldaten). Der Export bestand hauptsächlich aus Wachs, Gold und Häuten. Im Jahre 1819 wurden in England für die aus dem Gambia eingeführten Erzeugnisse 11 000 Pfund Sterling Zoll erhoben. 1823 wurde eine neue Station 175 Meilen flußaufwärts angelegt und Macarthys Island benannt. Die Bevölkerung stieg 1833 bis auf 2740 Köpfe, darunter 36 Weiße; 1840 auf 4700 mit 42 Weißen. Das Klima, welches anfangs mörderisch war und z. B. in Bathurst 234 Soldaten in 19 Monaten wegraffte, besserte sich mit der Zeit. Es wurde aber bis in die 50er Jahre für nöthig gehalten, weiße Beamte hier immer nur ein Jahr lang zu belassen. Der Handel machte hier ungewöhnlich rasche Fortschritte. 1836 hatte er einen Umfang von 262 400, 1838 von 235 000, 1840 von 229 900 Pfund Sterling. 1276 Schiffe waren daran betheiligt von 1836 bis 1840. Im Durchschnitt betrug der Schiffsverkehr von Bathurst damals jährlich 12 500 Tonnen. Den Bewohnern von Bathurst gehörten 40 dort gebaute Segler. Besonders wichtig für den Export zeigten sich Erdnüsse. Während diese Ausfuhr 1836 nur 838 Pfund Sterling Werth hatte, stieg sie 1840 auf 15 200 Pfund Sterling. Der Goldexport nahm dagegen dauernd ab. Er fiel 1840 auf 1280 Pfund Sterling gegen 5000 noch im Jahre 1836 und 15 000 im Jahre 1823. Auch der Elfenbeinhandel sank dauernd: von 20 800 Pfund Sterling 1836, auf 4700 im Jahre 1840. Dieser Umfang des Handels der kleinen Kolonie, die selbst fast nichts hervorbrachte, erklärt sich daraus, daß sie vermöge ihrer günstigen Lage am schiffbaren Flusse allmählich der Mittelpunkt des Verkehrs des ganzen Nachbargebietes wurde. Die Einnahmen der Kolonien deckten indessen bei Weitem die Kosten nicht. Von 1816 bis 1826 betrugen die Einnahmen durchschnittlich im Jahr 2000, 1830 nur 1500, 1839 6000 Pfund Sterling. Die Ausgaben beliefen sich 1839 auf 18 500 Pfund Sterling. Dabei unterhielt die Regierung hier weder einen Lehrer noch Geistlichen.

Während in den 30er Jahren in den westafrikanischen Besitzungen volle Ruhe herrschte und von ihnen wenig gesprochen wurde, begannen sie gegen den Schluß des Jahrzehnts plötzlich wieder die Oeffentlichkeit zu beschäftigen. Den Anlaß gab der geheimnißvolle Tod oder Selbstmord der Frau des Governors der Goldküste, Maclean, einer Dame, welche als Miß Landon einen gewissen Ruf als Dichterin besaß. Sie hatte in einer romantischen Aufwallung den Mr. Maclean 1838 geheirathet und nach Cape Coast begleitet. Drei Monate nach der Ankunft fand man sie nach einem Essen todt in ihrem Zimmer. Sie hatte sich nach der Erklärung des Arztes mit Blausäure vergiftet. Dieser plötzliche Tod machte großes Aufsehen in England. Es verbreitete sich eine Reihe ganz unbegründeter aber gern geglaubter Gerüchte über Governor Maclean. Man erzählte, daß er in einem abgelegenen Theile seines Palastes wüste Orgien feiere und seine Frau durch Vernachlässigung und Mißhandlungen in den Tod getrieben habe. Es gab sogar Leute, die behaupteten, er habe seine Frau vergiften lassen. Daneben wurde Maclean grausamer und willkürlicher Behandlung der Eingeborenen angeklagt und behauptet, daß er den Sklavenhandel nicht nur dulde, sondern fördere.

Diese Gerüchte, von deren Auftreten Maclean lange wohl gar nichts ahnte, bewegten die Oeffentlichkeit derartig, daß die britische Regierung es für nöthig erachtete, im November 1840 einen besonderen Commissioner in Person eines früher in Westindien thätigen Beamten Dr. Madden nach Westafrika zu senden, um die wahre Lage der dortigen Besitzungen zu untersuchen. In Gold Coast sollte er in erster Linie feststellen, ob thatsächlich eine Unterstützung des Sklavenhandels stattfinde; in Sierra Leone und Gambia sollte er sein Augenmerk auf die Ursachen der großen Sterblichkeit und den Werth der betreffenden Gebiete im Vergleich zu anderen richten. Endlich war ihm aufgetragen, festzustellen, ob in Sierra Leone oder sonst Geneigtheit unter den schwarzen Kolonisten bestehe, freiwillig nach Westindien auszuwandern.

Dr. Madden hat seinen Auftrag mit großer Gründlichkeit ausgeführt. Er hat an Ort und Stelle während des Jahres 1841 alle nur auftreibbaren Auskünfte eingezogen und ein sehr schätzenswerthes Material über gesundheitliche Verhältnisse, Handel, Landbau und Aussichten der britisch-westafrikanischen Kolonien zusammengebracht. Obgleich er die großen Schwierigkeiten, welche hier der Kolonisationsarbeit entgegenstehen, in seinem umfangreichen Berichte rückhaltlos schildert, fiel doch sein Urtheil über Westafrikas Aussichten im Allgemeinen günstig aus. Der Tüchtigkeit und dem Geschick des Governor Maclean ließ er volle Gerechtigkeit widerfahren; an der Behandlung der Sklavenfrage und der Ausübung der Rechtspflege fand er jedoch viel auszusetzen. Er mißbilligte besonders entschieden die Duldung der Haussklaverei und den Verkauf von Waaren an notorische Sklavenschiffe. Er verlangte, daß die schwarzen Soldaten in Geld, statt wie bisher in Waaren und Branntwein, wobei sie stark übervortheilt wurden, bezahlt würden, erklärte die Einführung eines regelrechten Gesetzbuchs für die Eingeborenen nöthig, um der bisherigen Willkür zu steuern, und empfahl Belegung nichtbritischer Waaren mit Zuschlagzöllen. — Den Boden Sierra Leones bezeichnete er als größtentheils unfruchtbar, so daß die Leute nothgedrungen sich statt auf Landbau aufs Hausiren verlegten. Freetown habe, trotzdem auch ihm natürliche Wege ins Innere fehlten, eine Bedeutung als Erforschungsstation und güter Beobachtungspunkt für den Sklavenhandel und könne unter besserer Verwaltung wohl vorwärts kommen. Am günstigsten beurtheilte Dr. Madden die Zukunft der Gambiakolonie. Leider sei sie von allen westafrikanischen Plätzen der ungesundeste. Ueberhaupt, fügte er hinzu, schienen die Gründer der englischen Niederlassungen in Westafrika durchweg die werthlosesten und ungesundesten Flecke ausgesucht zu haben!

Dr. Maddens Bericht wurde einem parlamentarischen Ausschuß übergeben, welcher ihn im Sommer 1842 einer Enquête zu Grunde legte, bei der die hervorragendsten Kenner Afrikas*) befragt wurden. Bei dieser Untersuchung ergab sich ein vielfach von dem durch Madden gewonnenen abweichendes Bild. Es wurde das Verdienstliche seiner Arbeit anerkannt, aber festgestellt, daß die Kürze seiner Reise, Fiebererkrankungen und unzuverlässige oder interessirte Rathgeber sein Urtheil beeinflußt hätten. Der Ausschuß kam in seinem im August 1842 abgegebenen Gutachten daher theilweise zu anderen Ansichten. Hinsichtlich der Goldküste empfahl er Uebernahme der Verwaltung durch die britische Regierung und Lostrennung der Kolonie von Sierra Leone. Dem Wirken des Captains Maclean und seiner Auftraggeber, welche mit der bescheidenen Summe von 3500 bis 4000 Pfund Sterling jährlich vier befestigte Stationen erhalten und einen heilsamen Einfluß auf die ganze Küste geübt hätten, wurde warme Anerkennung gezollt. Es sei durchaus begreiflich, wenn Maclean sich nicht für berechtigt gehalten habe, Schiffe ohne Sklaven an Bord nur auf den Verdacht der Theilnahme an diesem Handel hin von allen Beziehungen mit den Stationen der Company auszuschließen. Allen solchen Schwierigkeiten werde bei Trennung der Regierung von dem Handelsunternehmen ein Ende gemacht. Der Ausschuß empfahl ferner Wiederbesetzung des Forts Apollonia, Winnebah und Whydah und Anstellung von Beamten afrikanischer Abstammung, um der hohen Sterblichkeit zu steuern. Betreffs der bisherigen Rechtspflege an der Goldküste wurde ermittelt, daß das englische Recht und die Gerichtshoheit der englischen Beamten nur auf die Leute innerhalb der Stationen sich erstrecke, doch würde das englische Gericht auch von den Eingeborenen außerhalb angerufen. Die von ihm verhängten Strafen seien viel milder als sie in Europa oder seitens der Häuptlinge ausgefallen sein würden. Immerhin empfahl der Ausschuß, daß nicht der Governor und sein Council, sondern ein unabhängiger Richter hier in Zukunft Recht sprechen möge. Auf Eingeborene außerhalb der Stationen dürfe die englische Rechtspflege nur mit Zu-

*) Es waren darunter: Francis Swanzy, John George Nicholls, Henry William Macaulay, David Morgan, W. M. Hutton, Captain Denman, M. Forster u. A.

stimmung der Häuptlinge ausgedehnt werden. Die englische Verwaltung solle diese nicht als Unterthanen, sondern als schwächere und weniger aufgeklärte Mächte betrachten, denen gewisse Verpflichtungen aufzuerlegen seien. Darunter müsse Abschaffung des Sklavenhandels, der Menschenopfer und der Haussklaverei sowie der Schuldknechthaft („pawns") an der Spitze stehen. Es sei wünschenswerth, die Holländer und Dänen an der Goldküste zu gleichen Maßnahmen zu bewegen. Der Ausschußbericht empfahl endlich Vermehrung der militärischen Besatzung, Ernennung eines Kolonialkaplans und Förderung des Schulwesens.

In Bezug auf die Handelsaussichten des Gambia schloß sich der Ausschuß Maddens Anschauung an. Bei Herstellung einer Dampfschiffahrt auf dem Strome und Zollbegünstigung des englischen Handels lasse sich hier eine rasche Entwicklung voraussehen. Empfehlenswerth sei auch hier die Loslösung der Verwaltung von Sierra Leone. Diese Verbindung bringe nur Nachtheile. Einmal, im Falle des Todes eines Richters, vergingen z. B. 2 Jahre, bevor ein Verbrecher abgeurtheilt werden konnte, und als das Gericht endlich stattfand, waren alle Zeugen schon nach Europa zurückgekehrt. Wie die Verhältnisse am Gambia lägen, empfehle es sich, dem Governor zu gestatten, auch ohne Zuziehung des Council zu handeln. Der Ausschuß empfahl ferner Wiederanlage einer Station auf der Insel Bulama und von Blockhäusern in Cestos und den Gallinas.

An der Verwaltung Sierra Leones fand der Ausschuß nichts auszusetzen. Es seien nur verschiedene Beschwerden laut geworden über die ungünstige Lage des zur Aburtheilung von Sklavenschiffen bestimmten Mixed Commission Court an diesem Orte. Die weggenommenen Sklavenschiffe brauchten bis dahin stets eine lange Reise, bei der oft Viele der Neger stürben. Es empfehle sich daher mehr, den Gerichtshof nach Ascension oder einer der portugiesischen Inseln an der westafrikanischen Küste zu verlegen.

Den Schluß des Ausschußberichtes bildete eine Prüfung der Frage, ob Aussicht auf eine ansehnliche Auswanderung freier Neger nach Westindien vorhanden sei. Dr. Madden hatte diese Frage verneint. Er meinte, daß ohne Erkaufung der Zustimmung der Häuptlinge niemals nennenswerthe Mengen von Negern zur Uebersiedlung nach Westindien bereit sein würden, und habe durch Nachfrage an Ort und Stelle gefunden, daß im Jahre nur auf wenige Hundert solcher Auswanderer zu rechnen sei. In seinem Gutachten erklärte er eine solche Auswanderung als weder im Interesse der Neger, noch, unter den gegebenen Verhältnissen, in dem Westindiens liegend. Er fürchtete, daß eine solche Maßregel nur zu verstecktem Sklavenhandel führen würde. Der Ausschuß behandelte die Angelegenheit ebenfalls sehr vorsichtig, sah sie aber nicht als so aussichtslos wie Dr. Madden an. Er gab zu, daß von der Gold- und Krooküste auf viele freiwillige Auswanderer nicht zu rechnen sei. In den befreiten Sklaven Sierra Leones, welche zunächst „eine Last für die britische Regierung wie für sich" wären, erblickte er dagegen das Material für eine solche Auswanderung. Sierra Leone biete bei seinen geringen Löhnen von 4 bis 7 Pence für den Tag, seinem gering entwickelten Landbau, Mangel an Schulen und schlechtem Klima dem Neger wenig Aussichten. Es würde in seinem Interesse wie in dem der ganzen Afrikapolitik liegen, wenn möglichst viele Neger nach Westindien gingen, dort Vermögen und Bildung erwürben und dann nach Hause zurückkehrten. Einer Ausartung dieser Auswanderung in Sklavenhandel lasse sich durch Gesetze vorbeugen.

Das Ergebniß der Arbeiten des Parlamentsausschusses war, daß 1843 die Verwaltung der Goldküste wieder von der britischen Regierung übernommen wurde. Sie erhielt einen eigenen Governor, der dem von Sierra Leone unterstellt blieb, während der Gambia zu einer selbständigen Kolonie erklärt wurde. Commander Hill übernahm die Leitung der Goldküste; Maclean erhielt als sein Judicial-Assessor die Leitung der Eingeborenen-Angelegenheiten.*) Zur Ueberführung der befreiten Neger nach Westindien geschahen ebenfalls im Sinne des Ausschußberichtes Schritte, und es wurden bis 1850 über 14 000 Schwarze von Sierra Leone nach Westindien geschafft!

Fünftes Kapitel.

Westafrika 1843 bis 1864.

Die Gambia-Kolonie hat sich unter der neuen Ordnung der Dinge ruhig weiter entwickelt. Der Handel wuchs, wenn er auch gelegentlich infolge von Mißernten, Kriegen und anderen Zufällig-

*) Er starb 1847.

keiten Störungen erfuhr. Die gesammte Aus- und Einfuhr der Kolonie hatte folgenden Umfang:

1843	194 200	Pfund	Sterling,
1845	273 900	=	=
1850	228 300	=	=
1855	342 200	=	
1860	182 200	=	=
1861	246 300	=	
1862	254 200	=	=
1863	317 500	=	
1864	283 800	=	=

Die Einnahmen, welche 1850 sich auf 7000, 1851 auf 8400 Pfund Sterling beliefen, hoben sich infolge von Zolländerungen und Zuschüssen der englischen Regierung im jährlichen Betrage von etwa 4000 Pfund Sterling 1854 auf 16 100 Pfund Sterling. 1855 betrugen sie 15 300, 1860: 14 100, 1863: 17 200 Pfund Sterling. Die Zolleinnahmen stiegen von 7700 Pfund Sterling im Jahre 1851 auf 8300 im Jahre 1859 und 10 100 im Jahre 1863. Sie wurden durch einen vierprozentigen Werthzoll und Abgaben von Tabak und Spirituosen aufgebracht. 1863 wurden alle Zölle bis auf die für Tabak und Spirituosen abgeschafft und durch eine Ausfuhrabgabe von den Erdnüssen ersetzt, da der Schmuggel zu groß wurde. Uebrigens haben die Einnahmen in verschiedenen Jahren die Ausgaben nicht gedeckt. 1854 entstand ein Defizit von 2500, 1863 von 2100 Pfund Sterling. Anfang 1865 betrugen die Schulden der Kolonie, welche sie zu decken unfähig war, 5600 Pfund Sterling. Die Bevölkerung der Kolonie belief sich 1851 auf 5600 Köpfe. Auf St. Marys und Macarthys Island waren zusammen 808 Acres im Anbau und 550 in Weidebenutzung. Man besaß 180 Pferde, 360 Rinder und einiges Kleinvieh.

An Stelle des Goldstaubs und des Gummis, welche früher die wichtigsten Gegenstände des Gambiahandels waren, trat in den fünfziger Jahren immer mehr die Erdnuß, welche hauptsächlich nach Frankreich versandt wurde, wo sie zur Fälschung des Olivenöls diente. 1845 wurden davon für 199 Pfund Sterling ausgeführt, 1854 schon für 109 800, 1858 gar für 188 700 Pfund Sterling. Seitdem trat ein Rückgang ein. 1860 betrug diese Ausfuhr nur 79 600, 1863 102 900 Pfund Sterling. Daneben spielten Wachs und Häute eine Rolle. In der Einfuhr standen Baumwollwaaren, Tabak und Spirituosen an der Spitze.

Die oberste Leitung der Kolonie war 1843 in die Hände eines Governors gelegt worden. Die dem Commander Seagram, welcher den Posten zuerst erhielt, unterm 24. Juni 1843 ertheilte ausführliche Instruktion ist sehr bezeichnend für die damalige Kolonialpolitik der britischen Regierung. Zunächst wurden der Oberrichter, der Governmentssekretär, der Truppenführer und der Friedensrichter zu Mitgliedern des legislativen Councils der Kolonie ernannt, das der Governor bei allen Maßnahmen zuzuziehen hatte. Das Council sollte nur in Anwesenheit des Governors oder seines Vertreters und dreier Mitglieder beschlußfähig sein. Es sollte nach Stimmenmehrheit entscheiden. Kein Gegenstand durfte zur Berathung gestellt werden ohne vorherige Kenntniß des Governors. Das Protokoll der Sitzungen war halbjährlich der britischen Regierung einzureichen. Der Gesetzgebung des Governors und Councils waren im Voraus eine Anzahl Gegenstände entzogen: wie Abhaltung von Gottesdienst, Schmälerung der Einnahmen und Rechte der Krone, die Gehälter der Königlichen Beamten, Währungsfragen, Ehescheidung, Verzollung britischer Waaren u. dergl. Für jedes Gesetz mußte außer in ganz dringenden Fällen vorher die Genehmigung der britischen Regierung eingeholt werden. Alljährlich sollten alle im Laufe des Jahres ergangenen Verordnungen gesammelt veröffentlicht werden. Im Allgemeinen sollte kein Gesetz für kürzere Zeit als zwei Jahre erlassen werden.

Ferner wurden in der Verordnung der Governmentssekretär und der oberste Zollbeamte mit dem Governor zusammen zu Gliedern eines Executive Council ernannt, welches die Ausführung aller Gesetze und Vorschriften zu leiten hatte. Nur im Nothfalle stand es dem Governor frei, ohne Zuziehung dieses Councils zu handeln und nachträglich seine Zustimmung einzuholen. Keine Maßregelung eines Beamten, keine Begnadigung eines Verbrechers sollte ohne Zustimmung des Executive Council erfolgen. — Am Ende war dem Governor Führung eingehender statistischer Tabellen und Förderung der Erziehung und Bekehrung der Eingeborenen zur Pflicht gemacht!

Die Gambiabehörden übten außerhalb der Forts Einfluß nur über einige kleinere Gebiete, wie Cape St. Mary und Britisch-Combo. Es hatten zwar wiederholte Expeditionen des Governors wie der Missionare ins Innere, besonders nach Bondu, stattgefunden, doch hatten sie zur Ausdehnung des eigentlichen Herrschaftsgebietes nicht geführt. Die militärische Besatzung der Kolonie bestand 1864 aus drei Kompagnien schwarzer Soldaten, die in Bathurst, Fort Bullen, Cape St. Mary und Macarthys Island vertheilt lagen. Eine aus den Eingeborenen gebildete Miliztruppe wurde Anfang der sechziger Jahre aus Geldmangel aufgelöst. — An Missionen waren damals Wesleyaner und Katholiken am Gambia thätig, die für Schulzwecke je 130 Pfund Sterling jährlich Unterstützung erhielten. Außerdem bestand eine Regierungsschule. Auch ein Krankenhaus war vorhanden. — Verkehr zwischen den einzelnen Stationen unterhielt ein kleiner Regierungsdampfer.

Sierra Leones Fortschritte waren noch bedeutender als die der Gambia-Kolonie. Der Aus- und Einfuhrhandel gestaltete sich hier folgendermaßen:

1845	. . . .	217 700 Pfund Sterling,
1850	. . . .	212 900 " "
1855	. . . .	285 400 " "
1860	. . . .	477 000 " "
1861	. . . .	381 200 "
1862	. . . .	413 000 "
1863	. . . .	504 900 " "

Der wichtigste Artikel der Ausfuhr waren hier fortgesetzt Palmöl und -Kerne. 1851 wurden davon für 16 800, 1855 für 46 100, 1860 für 60 000, 1863 für 82 400 Pfund Sterling exportirt. Holz, das in den vierziger Jahren in erster Linie stand, verlor dagegen stark an Bedeutung. Von 25 000 Pfund Sterling im Jahre 1851 sank dieser Export 1860 auf 19 000, 1863 auf 2000 Pfund Sterling im Werthe. Um so mehr wuchs der Handel in Häuten, Erdnüssen und Ingwer. Häute wurden 1851 für 7300, 1855 für 12 100, 1860 für 32 700, 1863 für 37 900 Pfund Sterling; Erdnüsse 1851 für 6400, 1863 für 35 100 Pfund Sterling; Ingwer 1851 für 7800, 1863 schon für 14 600 Pfund Sterling ausgeführt. Der Goldhandel war 1863 schon auf 3600 Pfund Sterling zusammengeschmolzen. Unter den Gegenständen der Einfuhr spielten auch hier Baumwollwaaren, Tabak und Spirituosen die größte Rolle. Von der Einfuhr wurde ein 4prozentiger Werthzoll nebst Zuschlägen für Spirituosen, Tabak und einige andere Artikel erhoben.

Entsprechend dem Wachsen des Handels stiegen hier die Einnahmen. 1845 betrugen sie 20 900, 1850: 17 800, 1855: 28 700, 1860: 33 700, 1863: 47 100 Pfund Sterling. Von Seiten der britischen Regierung wurden nur noch 2000 Pfund Sterling im Jahre zugesteuert, das Einkommen des Governors. Außer den Zöllen wurden hier eine Häusersteuer von 5 Schilling aufwärts nach dem Werthe des Gebäudes, eine Landabgabe von 6 Pence für den bebauten Acre und eine Straßenabgabe von 1 Schilling 6 Pence pro Kopf jährlich erhoben. Die Bevölkerung belief sich 1851 auf 44 300 Seelen. Beinahe 18 000 davon lebten in Freetown, die anderen vertheilten sich auf vier Distrikte, die zusammen in 12 Kirchspiele zerfielen. Es waren 1851 unter Anbau 41 300 Acres. Die Kolonie besaß 173 Pferde, 975 Rinder, 550 Schafe, 5800 Schweine. An Militär standen in der Kolonie fünf Kompagnien eines schwarzen West-India-Regiments. Dazu kam eine etwa 250 Mann starke Miliz. Für Gefängnisse, Polizei und Konstabler wurden jährlich 14 000 Pfund Sterling aufgewendet.

An der Spitze der Geistlichkeit stand ein Bischof mit zwei Kaplänen. Bis 1860 zahlte die Church Missionary Society alle Kosten der Kirchen in der Kolonie. Damals entschloß sie sich, neun Gemeinden mit eingeborenen Pastoren zu bilden und den Gemeinden nur noch einige Zeit einen Zuschuß zu geben. Den letzteren zahlte später, da die Gemeinden noch nicht bemittelt genug waren, die Kolonie. Für Schulzwecke wandte die letztere in den sechziger Jahren jährlich 666 Pfund Sterling auf. Die wichtigsten Schulen, wie die für befreite Neger u. dergl, unterhielten die Church Mission und andere Gesellschaften mit einem Aufwande von fast 5000 Pfund Sterling. Es gab im Ganzen 58 Schulen mit 6700 Schülern. Aus den Kassen der Kolonie flossen dagegen die Mittel für ein Krankenhaus, ein Siechenheim und ein Irrenhaus.

Ihren wirthschaftlichen Aufschwung verdankte die Kolonie, deren Boden, wie erwähnt, meist unfruchtbar war, besonders dem 1861 erfolgten Erwerb der Insel Sherbro und des gegenüberliegenden Festlandes, sowie des Gebiets von Quiah. Der erstere Distrikt schloß sich freiwillig der englischen Kolonie an. Der zweite wurde nach Niederwerfung der unruhigen Bewohner besetzt. Sierra Leone kam durch diesen Zuwachs nicht allein in den Besitz fruchtbaren Landes, sondern auch eines Flusses, der den wichtigsten Weg ins

Innere bildete. Auch die 1799 zuerst besetzte und dann wieder aufgegebene Insel Bulama wurde 1860 von Sierra Leone aus trotz Einspruchs der Portugiesen besiedelt. Die ebenfalls zu der Kolonie gerechneten Los-Inseln blieben auch damals sich selbst überlassen.

Die meisten Schwierigkeiten bereiteten auch in diesem Zeitraum die Verhältnisse an der Goldküste. Als 1843 die britische Regierung dieses Gebiet wieder unter eigene Verwaltung stellte, war der englische Einfluß auf einige Stationen und ihre nächste Nachbarschaft beschränkt. Es war des neu ernannten Governors Hill und Mr. Macleans erstes Bestreben, ihren Einfluß über die Eingeborenen der 150 Meilen langen Küste auszudehnen. Dank der Geschicklichkeit Macleans gelang dies schon März 1844. Die Häuptlinge von Denkera, Assin, Arbra, Cape Coast, Anamabo, Donadi und Donomassi verpflichteten sich damals durch einen Vertrag, alle Menschenopfer und sonstigen grausamen Bräuche abzuschaffen, alle Morde, Räubereien und andere Verbrechen vor den englischen Behörden nach den Grundsätzen englischen Rechts aburtheilen zu lassen und sich unter englischen Schutz zu stellen. Nachdem dies erreicht war, wurden die Forts Apollonia, Sekondi, Kommenda, Tantamkwerri und Prampram aufgegeben. Nach der Unterdrückung des Sklavenhandels hatten sie allen Werth verloren. Auch die Holländer gaben ihre befestigten Stationen in Sekondi, Kommenda, Mori, Cormantine und Barraku auf und beschränkten sich auf Axim, Butri, Shamah, Elmina, Appam und Accra.

1847 hatte das unter englischem Einfluß stehende Gebiet eine Ausdehnung von 6000 Quadratmeilen mit etwa 275 000 Bewohnern. Aber seine Verwaltung verfügte über keine anderen Einnahmen als die 4000 Pfund Sterling, welche die britische Regierung jährlich zahlte. Zölle konnten nicht erhoben werden, da neben den englischen Stationen überall holländische, dänische und seit 1843 auch französische bei Assini, an der Westgrenze der Goldküste lagen. Wenn sie nicht gleichzeitig dieselben Zölle wie England einführten, hätte man allen Handel nach ihnen getrieben. Die holländischen Kaufleute und ebenso die englischen widersetzten sich aber einer solchen Zollerhebung aus allen Kräften.

In England war man über diese Sachlage sehr unzufrieden. Da alle Versuche, die betheiligten fremden Regierungen zu gemeinsamen Zollmaßnahmen zu bewegen, umsonst blieben, wollte man wenigstens jede unnöthige Ausgabe vermeiden. Als daher 1848 der Governor eine Strafexpedition gegen einen unruhigen Küstenhäuptling unternahm, wurde er ernstlich getadelt, und er sollte sogar für die Kosten des Zuges verantwortlich gemacht werden! Lord Grey, der damalige Staatssekretär der Kolonien, fand diesen Gang der Dinge auf die Länge unerträglich. Er faßte 1849 eine förmliche Besitzergreifung des seit 1844 nur unter englischem Schutz stehenden Gebietes und Einführung eines Zolltarifs ins Auge. Um der Schwierigkeiten, welche das Vorhandensein der fremden Stationen bereitete, Herr zu werden, leitete er Verhandlungen mit Dänemark ein. Sie führten Dank Lord Greys Bemühungen 1850 zu einem Abkommen, wonach Dänemark seinen Besitz an der Goldküste, d. h. Christiansborg, Ningo, Addah und Quittah, für 10 000 Pfund Sterling an England abtrat.*) Letzteres kam dadurch in den Alleinbesitz der Küste östlich von Christiansborg und des Volta-Gebietes, und die englische Regierung erachtete nun den Zeitpunkt für gekommen, die Goldküste zu einer von Sierra Leone selbständigen Kolonie zu erklären. Es geschah dies durch eine Charter vom 24. Januar 1850 und eine ergänzende Instruktion vom April 1851.

Dem Governor wurde ein Legislative Council, bestehend aus dem Judicial-Assessor, dem Zolleinnehmer und zwei anderen angesehenen Persönlichkeiten, sowie ein Executive Council zur Seite gesetzt. Die Befugnisse dieser Körperschaften waren dieselben wie am Gambia. — Die englische Regierung hatte vorausgesetzt, daß nach dem Erwerb der dänischen Forts eine Zollerhebung in der Kolonie möglich und eine Verständigung mit Holland leichter sein werde. Als diese Erwartung sich wieder nicht erfüllte, entschloß man sich, Einnahmen durch Besteuerung der Eingeborenen aufzubringen. Der Governor versammelte im April 1852 die unter englischem Schutz stehenden Häuptlinge und bewog sie, gegen Zusicherung eines Jahresgehalts einer jährlichen Abgabe von 1 Schilling pro Kopf der Bevölkerung beizustimmen. Die Erhebung sollte mit Hülfe der Häuptlinge geschehen. An Zöllen wurde bald darauf ein solcher von 1/2 Prozent, später 2 Prozent vom Werthe der Waaren eingeführt.

---

*) Cobden sprach sich im Parlament sehr scharf dagegen aus. Man opfere nur umsonst Menschen und Geld und zerstöre die eingeborenen Regierungen durch neue Landerwerbungen, welche die nöthige Folge sein würden, ohne entsprechenden Ersatz zu schaffen.

Mit Hülfe der aus den Erträgen dieser Maßnahmen erwarteten Summen wurde 1852 ein Korps von 300 Mann aus Sklaven gebildet, die man den Besitzern für je 8 Pfund Sterling in Ratenzahlungen abkaufte. Die Kompagnie des West-India-Regiments, die bis dahin die Besatzung der Küste gebildet hatte, wurde Anfang 1853 nach Sierra Leone geschickt.

Die neuen Maßnahmen hatten nicht den erhofften Erfolg. Die Eingeborenen widersetzten sich der Zahlung der Kopfsteuer, welche im ersten Jahr 7500 Pfund Sterling brachte, die Kaufleute wollten von ihr so wenig wie vom Zoll wissen. Es entstand überall Unzufriedenheit. Ein Häuptling verband sich mit den Aschantis, die man nur mit Mühe bewegen konnte, Frieden zu halten, andere im Osten des Gebietes erhoben sich Anfang 1854 und bedrohten die englischen Forts. Christiansborg wurde sogar von ihnen belagert, und es bedurfte des Eingreifens der britischen Kreuzer und des Bombardements verschiedener Orte. Selbst Accra wurde im Oktober von den Negern bedroht und konnte nur durch Truppen aus Sierra Leone entsetzt werden. Kleine Unruhen dauerten in den östlichen Gebieten noch Jahre lang fort. 1858 brach in Krobo eine Erhebung los, welche nur mit Aufbietung aller Kräfte niedergeschlagen werden konnte. Die Erträge der Kopfsteuer sanken immer mehr. 1861 gingen nur noch 1500 Pfund Sterling ein. Von da an wagte man angesichts der gereizten Stimmung der Eingeborenen nicht mehr sie einzufordern.

Im Dezember 1862 erschien in Cape Coast eine feierliche Gesandtschaft der Aschantis, um Auslieferung eines flüchtigen Häuptlings und eines Sklaven zu verlangen. Obwohl diese Forderung den bestehenden Abmachungen mit den Aschantis entsprach, lehnten der Governor und die Mehrheit des Councils sie ab. Die britische Regierung billigte nachträglich den Beschluß. Der Duke of Newcastle schrieb: „Niemand, der einmal in ein englisches Gebiet gekommen ist, darf ergriffen und einer fremden Macht überliefert werden, außer, wenn das Gesetz der Kolonie es vorschreibt, und kein Gesetz dürfte eine solche Auslieferung an die Behörden eines Staats autorisiren, wo die Rechtspflege nicht in ordentlicher Weise geübt wird, wenn es sich nicht etwa um gemeine Verbrechen handelt.“ Dies Verhalten der Behörden der Goldküste erregte im Kumassi größte Entrüstung. Es wurde Krieg beschlossen, und nach Ankauf des nöthigen Pulvers in Elmina, welchen die Engländer ruhig geschehen ließen, erschienen die Aschantis Anfang 1863 südlich des Prah. Das Gold Coast-Korps und einige Detachements westindischer Regimenter, die sämmtlich im östlichen Gebiete lagen, wurden nun in aller Eile ebenso wie zufällig die Küste passirende Truppen nach Cape Coast geschafft und einige Eingeborenenkorps gebildet. Zu Zusammenstößen der regulären Truppen mit den Aschantis kam es aber infolge der schlechten Leitung der Truppen durch Major Cochrane nicht. Sie begnügten sich, nach Vernichtung zahlreicher Dörfer und Niedermetzelung der Bewohner bei Beginn der Regenzeit zurückzugehen. Kaum war die Gefahr vorüber, so begann lautes Geschrei an der Küste über die Unfähigkeit Cochranes und die Haltung der Holländer in Elmina, welche die Aschantis fortwährend mit Munition und Nachrichten versehen hatten. Der Governor erhob Vorstellungen in London über die Gefahr, welche der Kolonie bei einem neuen Angriff drohe. Die Folge war Sendung des vierten Regiments in Stärke von 8 Kompagnien (850 Mann) von Westindien nach der Goldküste und Auflösung des dortigen unzuverlässigen Korps. Die Truppen sollten nach dem Wunsche der englischen Regierung nur zum Schutze der Küste dienen. Der Governor war von der Ansicht durchdrungen, daß auf volle Ruhe in Zukunft nur zu rechnen sei, wenn man die Aschantis angriffe und besiegte. Er erachtete 2000 Soldaten mit etwa 50 000 eingeborenen Hülfskräften für diese Aufgabe als ausreichend. Doch in London wollte man von einem solchen Feldzug nichts wissen und verstärkte das Regiment nur noch um 300 Mann.

Trotz dessen unternahm der Governor Vorstöße ins Innere, die nachträglich auch die Billigung der heimischen Regierung fanden, und setzte sich am Prah fest, um dort weitere Verstärkungen abzuwarten. Unter den Truppen in Prahsu brachen bald Krankheiten aus, und die Hälfte mußte zur Küste geschickt werden. Sie wurden durch neu aus Westindien ankommende Negertruppen ersetzt. Doch da während der Regenzeit auch unter ihnen schwere Krankheiten ausbrachen, blieb im Juni 1864 nur übrig, das Lager am Prah aufzugeben. Die englische Regierung sandte überdies, erschreckt durch die Krankheits- und Todesfälle, Weisung, alle Maßregeln gegen die Aschantis einzustellen. Die mit großen Kosten zum Prah geschafften Vorräthe an Munition und Lebensmitteln mußte man, da die Rückbeförderung zu theuer gekommen wäre, dort zerstören. Ein Theil der Truppen wurde wieder nach Westindien gesandt.

Der Handel der Goldküste hatte zu jener Zeit folgenden Umfang:

1850	348 000	Pfund	Sterling,
1855	290 100	=	=
1860	222 800	=	
1861	308 700	=	
1862	247 100	=	=
1863	130 600	=	=

Noch immer spielte hier Goldstaub bei der Ausfuhr die größte Rolle. 1850 wurde für 175 000, 1855 für 33 000, 1860 für 71 000 Pfund Sterling ausgeführt. Infolge des Krieges mit den Aschantis sank die Goldzufuhr aus dem Innern. 1862 wurden nur 7000, 1863 27 000 Pfund Sterling an Gold exportirt. Der zweitwichtige Artikel waren Palmöl und -Kerne. Die davon jährlich zur Ausfuhr gelangende Menge unterlag je nach Ernte und Marktpreis starken Schwankungen. In einem Jahr wurde für mehr als 100 000 Pfund Sterling ausgeführt, im nächsten die Hälfte oder ein Drittel davon. Unter den Einfuhrwaaren standen auch hier Baumwollwaaren, Spirituosen und Tabak an der Spitze.

Die eigenen Einnahmen der Kolonie betrugen 1851 nur 1800 Pfund Sterling. 1855 beliefen sie sich unter Zurechnung des heimischen Zuschusses von 4000 Pfund Sterling auf 9800; 1856 sogar auf 12 900 Pfund Sterling. Von da an sanken sie infolge des immer schlechteren Eingangs der Kopfsteuer auf 7900 Pfund Sterling im Jahr 1860, 8500 im Jahr 1863. Die Zölle brachten 1860 : 2600 Pfund Sterling 1863 : 2300. Mit seltenen Ausnahmen überstiegen die Ausgaben der Kolonie die Einnahmen. 1851 betrugen erstere z. B. 8200 Pfund Sterling, 1860 : 9500, 1863 : 9400. Im Ganzen hat das englische Parlament von 1800—1828 für diese Kolonie rund 700 000 Pfund Sterling bewilligt. Von 1829—1863 beliefen sich diese Bewilligungen auf 136 000 Pfund Sterling. Dazu kamen aber noch die hohen Beträge, welche England für militärische Zwecke gelegentlich aufzuwenden hatte. Die Schulden der Kolonie erreichten Januar 1865 eine Höhe von 2900 Pfund Sterling.

An militärisch besetzten Stationen waren damals Dixcove, Cape Coast, Anamabo, Winnebah und Accra vorhanden. Quittah war seit 1856 aufgegeben. Die Kolonie besoldete einen Geistlichen und einen Regierungslehrer. Das Kirchen- und Schulwesen lag aber im Wesentlichen in den Händen der Wesleyanischen und Baseler Mission.

Die Goldküste war zu Anfang der sechziger Jahre nicht mehr der östlichste Punkt der englischen Niederlassungen an der westafrikanischen Küste. Seit 1861 bestand jenseits des die Goldküste im Osten begrenzenden Dahomeyreichs die Kolonie Lagos. Dieser Fleck war in das Gebiet der englischen Interessen zuerst 1851 gezogen worden. Auf Veranlassung eines Parlamentsausschusses, der 1847/48 die Mittel zur Ausrottung des Sklavenhandels berathen und die Errichtung von etwa 10 Handelsstationen am Guineagolf vorgeschlagen hatte, war 1851 in Lagos ein englischer Konsul eingesetzt worden, um den Menschenjagden und -opfern dort ein Ende zu machen. Bei der nach Vernichtung des Sklavenhandels hervortretenden handelspolitischen Wichtigkeit des Flecks, des einzigen an der Küste, wo Schiffe gefahrlos landen können, entschloß sich England 1861, die Insel Lagos vom dortigen Häuptling zu kaufen. Er erhielt dafür eine jährliche Rente von 1000 Pfund Sterling und später, als er auch sein übriges Gebiet abtrat, eine weitere von 400 Pfund Sterling. Das ganze Gebiet wurde in üblicher Weise einem Governor, dem ein legislative und executive Council zur Seite standen, unterstellt.

Welchen Werth diese Erwerbung hatte, ergeben die Ziffern ihres Handelsumsatzes. Schon 1862 hatte dieser einen Werth von 139 800 Pfund Sterling; 1863 stieg er auf 330 400; 1864 auf 287 600 Pfund Sterling. Es wurden Palmöl und -Kerne 1862 für 60 000, 1863 für 138 200, 1864 für 123 100 Pfund Sterling ausgeführt! Unter den Einfuhrgütern spielten hier bald Spirituosen die erste Rolle. Die Zölle, 1862: 2 pCt. von da an 3 pCt. des Werthes, ergaben 1862: 2900, 1863 schon 14 300, 1864: 11 300 Pfund Sterling. Die gesammten Einnahmen betrugen 1862: 7100, 1864: 22 800 Pfund Sterling. Von der englischen Regierung wurden 1862 nur 2800 Pfund Sterling, 1863: 700, 1864: 4400 Pfund Sterling zu den Kosten der Verwaltung beigesteuert.

Zur Aufrechterhaltung von Ruhe und Ordnung war hier eine Truppe von 100 Haussas gebildet worden, die ursprünglich als Sklaven nach Lagos gekommen waren. Daneben lagen anfänglich noch 2 Kompagnien Westindier dort.

Sechstes Kapitel.

Die Enquête von 1864.

Die großen Ausgaben, welche der Aschantikrieg an der Goldküste verursacht hatte, die zahlreichen Erkrankungen und Todesfälle in den verwendeten westindischen Regimentern lenkten aufs Neue die Aufmerksamkeit des englischen Publikums und Parlaments den westafrikanischen Angelegenheiten zu.

Anfang der sechziger Jahre war die herrschende Schule in Volkswirthschaft und Politik kolonialen Unternehmungen überhaupt abgeneigt. Man wollte von großen militärischen Aufwendungen für die bestehenden Kolonien nichts mehr hören. Sie sollten sich daran gewöhnen, sich auf die eigene Kraft zu verlassen. Es gab sogar Leute, welche den Kolonialbesitz überhaupt als Unglück betrachteten und am liebsten auf die meisten überseeischen Besitzungen verzichtet hätten. Dazu kam noch, daß viele Politiker der Ansicht waren, der Zweck, weshalb England in Westafrika einst unter schweren Opfern festen Fuß gefaßt, sei jetzt nach Vernichtung des Sklavenhandels erreicht. Das logisch Richtige sei Aufgabe dieser kostspieligen Niederlassungen. Zum Mindesten dürfe man für sie keine Opfer mehr bringen. Diese Erwägungen waren der Anlaß, daß das Parlament eine neue gründliche Untersuchung der gesammten Lage in Westafrika anregte. Ein Colonel H. St. George Ord wurde im Oktober 1864 beauftragt, die vier dort vorhandenen Kolonien zu besuchen und sich darüber zu unterrichten, ob der bei ihrer Gründung beabsichtigte Zweck erreicht worden sei.

In seiner Instruktion war ausgeführt, daß die westafrikanischen Besitzungen nicht als Plätze für europäische Besiedelung, da das Klima eine solche durchaus verböte, angesehen würden. Sie seien erworben, um den britischen Handel zu ermuthigen, und zwar nicht allein seiner selbst willen, sondern, um dadurch um so kräftiger gegen den Sklavenhandel und die anderen unmenschlichen Sitten der Eingeborenen zu wirken. Er möge nun feststellen, wie weit diese Zwecke durch die Kolonien in ihrem gegenwärtigen Zustand erreicht würden, und ob, ohne ihren Erfolg zu schädigen, Aenderungen und Einschränkungen möglich seien. Er solle insbesondere ihre finanzielle Lage untersuchen und berichten, wie weit sich bei ihnen die Einnahmen und Ausgaben so abwägen ließen, daß die Kolonien auf die eigenen Mittel angewiesen werden könnten. Er werde finden, daß die für einen gemeinsamen Zweck angelegten Kolonien genügender Verbindungsmittel entbehrten. Wiederholt hätten die Governors Dampferverbindung verlangt. Es sei nun festzustellen, ob durch eine solche vielleicht eine Verstärkung der Einheit des Vorgehens der einzelnen Kolonien bei gleichzeitiger Einschränkung der Ausgaben für die Governments zu erzielen sei. Auch solle er den moralischen Einfluß der britischen Okkupation auf die benachbarten Negerstämme, die Frage der Besteuerung der Eingeborenen, die Art der Ausübung der britischen Herrschaft 2c. genau prüfen.

Colonel Ord, ein guter Kenner Afrikas, vollzog seinen Auftrag, wie gewünscht wurde, bis zum Zusammentritt des Parlaments und war in der Lage, seinen Bericht schon am 9. März 1865 zu erstatten. An die Spitze stellte er die Bemerkung, daß er sich bei seiner Untersuchung überzeugt habe, daß die Verhältnisse jeder der vier Kolonien gänzlich von einander verschieden seien. Die Natur der Eingeborenen, der Handel und die Art seines Betriebes seien in jeder Kolonie anders. Auch die Schwierigkeiten, welche die Sklavenfrage bereite, seien überall verschieden. Er schilderte alsdann in schlichten Worten die Lage der einzelnen Kolonien und betonte dabei insbesondere die Mangelhaftigkeit ihrer Finanzwirthschaft. Die darangeknüpften allgemeinen Bemerkungen bestätigten zunächst die Annahme, daß der Sklavenhandel in der Nähe der europäischen Ansiedelungen in Westafrika gänzlich aufgehört habe. Die einzigen Flecke, wo er noch vorkomme, seien die Küste zwischen Gambia und Sierra Leone sowie die Dahomeyküste. Wenn der Handel in ganz Westafrika augenblicklich etwas daniederliege, habe das seinen Grund in Kriegen der Eingeborenen und dem Steigen der Baumwollpreise durch den amerikanischen Krieg. — In Bezug auf Unterdrückung des Sklavenhandels und Förderung des Waarenverkehrs hätten diese Kolonien ihren Zweck somit zweifellos erfüllt. Sie hätten außerdem sehr viel zum Aufhören der Menschenopfer und sonstiger grausamer Bräuche beigetragen. Wenn man gegen sie ihr ungesundes Klima, ihre Kostspieligkeit und Mängel ihrer Verwaltung geltend mache und behaupte, daß derselbe Nutzen bei ihrer Aufgabe durch einige Konsuln erreicht werden könne, so beruhe dies auf Irrthum. Gewiß sei die Küste ungesund. Doch lebten überall Europäer oft lange Jahre, und die Sterblichkeit in Heer und Flotte sei nicht viel größer als in Westindien. Von 1857—1861 starben hier auf der britischen Flotte 28,26 von 1000, auf der Flotte in Westafrika 31,14 von 1000. Die schwarzen Regimenter zeigten in letzterem eine Sterblichkeit von 32,19, in Westindien von 23,92 auf 1000 in derselben Zeit. Die Ausgaben der britischen Regierung für die Verwaltung Westafrikas beliefen sich im Durchschnitt auf 12 000 Pfund Sterling im Jahr. Dazu kämen die wechselnden militärischen Aufwendungen, für 1865 auf 127 800 Pfund Sterling veranschlagt, welche jetzt jedenfalls wieder sinken würden. Ueberhaupt werde es nicht schwer halten, ihre Verwaltung zu verbessern und die Ausgaben einzuschränken.

Von gegnerischer Seite werde darauf hingewiesen, daß der Handel mit Benin, Nun, Calabar, Bonny größer als der mit den vier britischen Kolonien sei, obwohl dort keine britische Verwaltung sich befinde. Dieser Handel verdanke aber seinen Ursprung erstens dem großen Palmenreichthum jener leicht zugänglichen Flußgebiete, der die Eingeborenen von selbst zum Export veranlasse, und zweitens der steten Anwesenheit des britischen Geschwaders. Wollte man die englische Verwaltung von den vier Kolonien zurückziehen, so würde man bald im Interesse der Menschlichkeit wieder eingreifen müssen, wie es ja 1861 erst in dem bis dahin unabhängigen Lagos geschehen sei. Sierra Leone sei als Kohlenstation und Mittelpunkt eines aufblühenden Gebietes so wichtig, daß man an seine Aufgabe nicht denken dürfe. Gambia und Goldküste würden in einem solchen Falle sicher sogleich wieder dem Sklavenhandel huldigen.

Wolle man die Verwaltung und Finanzwirthschaft dieser Kolonien besser ordnen, so empfehle sich einfach ihre Vereinigung unter einer obersten Behörde, wie es bei den kleineren westindischen Inseln der Fall sei. Die früheren Versuche in dieser Hinsicht seien unglücklich gewesen, weil den einzelnen Kolonien gar keine eigene Verfügung gelassen worden sei. Bei Errichtung eines Government General in Sierra Leone, Herstellung regelmäßiger Dampferverbindung zwischen den vier Kolonien, Herabsetzung der westindischen Truppen von 2 Regimentern auf 1 und Ersatz durch Haussahs sei eine Besserung der Verwaltung und ein Wachsen der Einnahmen zu erwarten, das bald die augenblicklichen Mehrkosten decken werde.

Der Bericht Ords wurde vom Unterhaus im Frühjahr 1865 einem Ausschuß zur näheren Prüfung überwiesen. Es gehörten ihm

Lord Stanley, Sir Francis Baring, Mr. Buxton, Mr. Gregory, Mr. Adderley und Andere an. Der Ausschuß führte seine Aufgabe in der Zeit vom 9. März bis 26. Juni in der Art durch, daß er über die Angaben Ords nicht nur diesen, sondern auch eine Reihe sachverständiger Beamter, Kaufleute, Missionare, Seeleute u. s. w. vernahm. Es befanden sich darunter der Reisende und Konsul R. F. Burton, Dr. Livingstone, Joseph Martin; ein Unterstaatssekretär im Auswärtigen Amte, Elliot, Vizeadmiral Sir Frederick W. Grey, die Kaufleute Andrew Swanzy, John Harris und viele Andere.

Burton, der seit 1861 Konsul in Fernando war, sprach sich der Kommission gegenüber für Aufgabe der Kolonie Lagos aus. Es genügten hier ein Konsul, ein Vizekonsul und ein Kreuzer. An der Goldküste empfahl er nur Behauptung der Forts Cape Coast, Accra, Anamabo und Addah. Der letztere Fleck komme für den Handel infolge seiner Lage am Volta allein in Betracht, die andern Forts besäßen nur Werth, solange der Sklavenhandel noch nicht ganz beseitigt sei. Hinsichtlich Sierra Leones empfahl er Ueberlassung von Sherbro und Quiah an Liberia und Behauptung von Freetown lediglich als Kohlenstation. Die bekehrten Neger von Sierra Leone genössen an der ganzen Küste schlechtes Ansehen. Sie seien nur gebildet genug, um Andere zu betrügen. Sie wären höchst eingebildet, lügenhaft und nur zum Handeltreiben geneigt. Ihr europäischer Schliff sei ganz äußerlich. Von der Gambia-Kolonie wollte Burton nur Cape St. Mary behalten sehen! Auch Admiral Grey und andere vernommene Marineoffiziere und Beamte sprachen sich sehr abfällig über die britischen Kolonien in Westafrika aus. Die allmähliche Unterdrückung des Sklavenhandels sei nicht ihnen, sondern allein der Flotte zu danken. Sie nützten auch dem Handel nicht viel. Man könne unbedenklich die Zahl der Stationen wesentlich einschränken. Diese Ansicht theilten auch viele Andere der Befragten. Nur die Kaufleute und Missionare legten Werth auf Fortbestand der englischen Herrschaft im selben Umfange wie bisher. Sie wünschten sogar Besetzung weiterer Punkte an der Küste. Daneben fehlte es nicht an Klagen der Kaufleute gegen Missionare und Beamte und umgekehrt.

Der Vorsitzende des Ausschusses Mr. Adderley legte Ende Juni als Ergebniß der Enquête der Kommission einen Entwurf vor, in dem nach eingehender Schilderung der Lage dargelegt wurde, daß die westafrikanischen Kolonien bis zu einem gewissen Maße im Zusammenwirken mit der Flotte zur Unterdrückung der Sklavenausfuhr beigetragen haben, daß aber, wenn nicht dieser Zweck bei Gründung der Niederlassungen vorgeschwebt hätte, kaufmännische Unternehmungen niemals die Goldküste zum Sitz genommen und Engländer überhaupt wahrscheinlich niemals sich in Westafrika niedergelassen haben würden. Noch weniger würde die Regierung ohne genannten Zweck hier Schutzverträge geschlossen und sich eingemengt haben. Missionsunternehmungen allein hätten niemals zu so weittragenden Maßnahmen geführt. Der Sklavenhandel, dessen Unterdrückung der Hauptzweck der britischen Kolonien in Westafrika sei, gehe aber infolge des Sinkens der Nachfrage rasch zurück. Der einzige dauernde Bedarf in Sklaven sei noch in Kuba, wo die Beamten trotz aller Verträge sich aus Duldung dieses Handels regelmäßige Einkünfte verschafften. Diesem Zustand werde alsbald ein Ende gemacht werden, wie es eben auch in Brasilien geschehen sei. Im Allgemeinen wäre es nach Ueberzeugung des Ausschusses besser gewesen, wenn England ein regierungsseitiges Eingreifen in allen Ländern vermieden hätte, welche die englische Rasse nicht kolonisiren kann, und wo englisches Recht mit den eingeborenen Sitten unvereinbar ist. Ohne Einschreiten der Regierung hätte der Einfluß des Handels solche Sitten und Bräuche vielleicht ausgerottet. Die Besitzergreifung von Lagos sei eine Maßnahme, deren Klugheit ebenso fraglich sei wie ihre rechtliche Begründung. England sei dadurch in Eingeborenenkriege verwickelt worden und sehe sich in der Verlegenheit, Sklaverei in seinem eigenen Gebiet zu dulden. Das Protektorat über die Küstenstämme der Goldküste lege der Regierung eine unbegrenzte Verantwortlichkeit ohne irgend entsprechenden Vortheil auf. Der Kolonialsekretär des Governments glaube sogar, daß dieses Protektorat die Häuptlinge geschwächt und entzweit und sie keineswegs zu besserer Führung ihrer Geschäfte erzogen habe. Selbst der Zweck der Unterdrückung des Sklavenhandels würde besser durch bloße Handelsverträge und Besetzung von Forts ohne Nachbargebiet erreicht worden sein, und für den Handel wäre es besser, wenn die Kaufleute, statt sich auf die Regierung zu verlassen, sich genöthigt sähen, sich mit den Eingeborenen gut zu stellen. Es wurde schließlich die Verwendung englischer Offiziere und Truppen in solchen Gegenden scharf getadelt.

Der Entwurf Mr. Adderleys gipfelte alsdann in folgenden Anträgen: In der Hoffnung auf baldige Unterdrückung des Sklaven=

handels solle kein weiterer Schritt in Westafrika gethan werden, der sich nach Erreichen obigen Zieles schwer rückgängig machen lasse.

Jede weitere Ausdehnung der Kolonien, Uebernahme von Regierungspflichten oder neue Schutzverträge in Westafrika seien sorgfältig zu vermeiden.

Es sei vielleicht unmöglich, jetzt die schon übernommenen Gebiete aufzugeben, aber auch sie seien sofortiger Einschränkungen fähig und könnten nach Ausrottung des Sklavenhandels, wenn sie nur noch dem Schutz des Handels dienten, noch weiter umgestaltet und zum Theil geräumt werden.

Die vier bestehenden Kolonien sollten wieder unter die Oberleitung von Sierra Leone gestellt werden. Die dagegen 1842 geltend gemachten Bedenken seien jetzt hinfällig, da man rasche Dampferverbindung habe.

Der Zweck der Vereinigung seien nicht allein Ersparnisse, sondern auch die Herbeiführung einheitlicher Politik, Verhinderung von weiteren Kolonisationsversuchen in Afrika*) und Vorbeugung der Verwickelung in Eingeborenenkriege.

Der Governor von Sierra Leone solle als Governor von ganz Westafrika 3000 Pfund Sterling Gehalt und einen Dampfer zu ständigen Besuchen der Kolonien zur Verfügung erhalten. Auch der Oberrichter solle jährlich einmal alle Kolonien besuchen. Die Truppen sollten allmählich durch Haussas ersetzt werden. An die Spitze von Gambia solle ein Lieutenant Governor treten, Macarthys Island aufgegeben und der Dampfer abgeschafft werden. An der Goldküste sollten nur Accra und Cape Coast durch Truppen besetzt bleiben, die englische Gerichtsbarkeit über die Eingeborenen abgeschafft und die Häuptlinge kurz darauf hingewiesen werden, daß sie auf englische Hülfe weiter nicht zu rechnen hätten. Die Truppen sollten auf zwei Kompagnien beschränkt und der Governor durch einen Lieutenant Governor ersetzt werden. In Lagos solle sobald als möglich das Land wieder den Häuptlingen unterstellt und die englische Vertretung nur durch einen Konsul geübt werden.

Auf Grund der Adderleyschen Vorschläge faßte der Ausschuß am 26. Juni 1865 seine Beschlüsse, welche dem Unterhause vorgelegt

---

*) Extricating ourselves as much as possible from anything in the nature of colonizing in Africa!

wurden.. So weitgehend wie es Adderley angeregt hat, waren sie nicht, aber immerhin bedingten sie einen völligen Umschwung der englischen Afrikapolitik. Ihr Inhalt war folgender:

Wenn es auch unmöglich sei, die britische Regierung gänzlich oder sogleich von einer der Niederlassungen in Westafrika zurückzuziehen, so solle doch die Gambia-Kolonie zunächst auf die Flußmündung beschränkt und weitere Gebiets- und Herrschaftsausdehnung oder Schutzertheilung in ganz Westafrika als unzulässig betrachtet werden. Aufgabe der englischen Politik solle es sein, die Eingeborenen in der Ausbildung der Fähigkeiten zu ermuthigen, welche es England möglich machten, ihnen mehr und mehr die Verwaltung aller Kolonien zu übertragen, bis sie alle, außer vielleicht Sierra Leone, mit der Zeit von England aufgegeben werden können! Die Politik der Nichtausbreitung lasse keine Ausnahmen hinsichtlich neuer Ansiedelungen zu, doch verbiete sie nicht unbedingt Maßnahmen, welche in besonderen Fällen für kräftigere und bessere Verwaltung der vorhandenen Besitzungen nöthig werden könnten. Die Gründe für Trennung der westafrikanischen Kolonien bestünden nicht mehr, es solle daher für alle eine Centralverwaltung in Sierra Leone eingesetzt werden. Es sei zu hoffen, daß dadurch eine ansehnliche Einschränkung der Ausgaben und eine Besserung der Verwaltung erzielt werde. Da in dem neu erworbenen Gebiet von Lagos die Haussklaverei noch existire, finde der Ausschuß, daß dieser mit dem englischen Recht unvereinbare Zustand die ernste Aufmerksamkeit der Regierung verdiene.

Siebentes Kapitel.

Der Aschantikrieg und seine Folgen.

Den Vorschlägen des Ausschusses entsprechend wurde 1866 in Sierra Leone ein Government General errichtet und die Geschäfte in den drei anderen Kolonien in die Hände von Administrators, die unter den Weisungen des Governor General standen, gelegt. Der gewünschte Zweck wurde durch die neuen Maßnahmen indessen nicht nach jeder Richtung hin erreicht. Allerdings schien es zunächst angängig, die westindischen Truppen auf 1100 zu reduziren und in den verhältnißmäßig gesunden Kasernen von Sierra Leone zusammenzuziehen, auch konnte die Rechtspflege durch Errichtung eines obersten Appellhofes für ganz Westafrika in Sierra Leone verbessert und vereinfacht werden, und der jährliche Zuschuß von England fiel für die vier Kolonien auf 3300 Pfund Sterling. Die Ueberschüsse einer Kolonie kamen dem Bedarf der anderen zu Gute. Ferner hoffte man, das westafrikanische Geschwader, dessen Kosten jährlich beinahe 1 Million Pfund Sterling betrugen, stark einschränken zu können. Doch die Umstände, welche so lange die Verwaltung Westafrikas erschwert hatten, ließen sich durch die neuen Maßregeln nicht mit einem Schlage beseitigen.

An der Goldküste krankte die englische Herrschaft weiter an dem Mangel an Zolleinnahmen, da die Holländer zu gleichen Maßregeln wie ihre Nachbarn nicht zu bewegen waren. Dazu kamen die fortdauernde Furcht vor den Aschantis und seit der Beschränkung der englischen Besatzung auch Unzufriedenheit der Küstenstämme, welche auf dem ihnen früher zugesagten Schutz bestanden. Um aus diesen Verlegenheiten zu kommen, knüpfte England 1866 nochmals Verhandlungen mit Holland an und schlug ihm gegenseitigen Austausch von Forts vor, um wenigstens jeder Nation einen bestimmten Küstenstreifen zu sichern. Da die Holländer an der Goldküste immer schlechtere Geschäfte machten und jährlich über 10 000 Pfund Sterling dafür aufwenden mußten, gingen sie endlich auf den Vorschlag ein und schlossen im März 1867 ein Abkommen, wonach sie den Engländern alle ihre Besitzungen östlich vom Sweet-River überließen und dafür die englischen westlich davon, Dixcove, Apollonia, Sekondi und Kommenda, erhielten. Für die ganze Küste wurde ein einheitlicher Zolltarif eingeführt. Als aber die unter englischem Schutz stehenden Stämme ihre Abtretung an Holland erfuhren, entstand unter ihnen Aufruhr. Sie lebten in bitterer Feindschaft mit den von Alters her den Holländern befreundeten Leuten und sahen die neuen Herren für zu schwach an, um sie vor den Aschantis zu schützen. Sie weigerten sich daher, holländisch zu werden, und griffen das Boot eines holländischen Kriegsschiffes an. Dieses bombardirte darauf Kommenda, und nun entstand ein allgemeiner Krieg, bei dem das holländische Fort Elmina 1870 in ernste Gefahr kam. Die holländischen Behörden glaubten mit der Zeit zu beobachten, daß die Engländer die Aufständischen heimlich unterstützten. Dazu begannen sich auch die Aschantis aufs Neue zu regen. Sie fielen über die Krepis her, wobei die deutschen Missionsstationen Anum und Ho zerstört und vier Weiße gefangen genommen wurden.

Unter diesen Umständen entstand in Holland Geneigtheit, diese Besitzung ganz aufzugeben. Es schlug England vor, ihm seine sämmtlichen Forts abzutreten. So geneigt die englischen Behörden in Afrika waren, hierauf einzugehen, fürchteten sie doch neue Unruhen und insbesondere Verwickelungen mit den Aschantis. Diese hatten 1719 das Land Denkera, zu dem Elmina gehörte, und dessen Häuptling für das Gebiet des Forts von den Holländern eine jährliche Pacht erhielt, erobert und darauf ihrerseits die Pacht von den Holländern erhoben. Nun hatte allerdings 1831 der König von Aschanti auf sein Anrecht an Denkera verzichtet, aber er hatte die Zahlungen von Holland gegen Sendung von Sklaven weiter erhalten und betrachtete sich daher als Herrn von Elmina, von wo er seine Munition bezog. Als nun das Gerücht von dem Uebergang der holländischen Besitzungen an England verlautete, protestirte der König Ende 1870 feierlich gegen die Abtretung Elminas, das er als seinen Besitz in Anspruch nahm. Auf die Versicherung der Holländer hin, daß es sich bei den Zahlungen an die Aschantis um keinen Tribut gehandelt habe, wurde dennoch am 25. Februar 1871 im Haag der Vertrag unterzeichnet, wodurch aller holländische Besitz an der Goldküste gegen Erstattung der Kosten der Vorräthe und beweglichen Gegenstände in der Höhe von nicht mehr als 24 000 Pfund Sterling an England überging. Holländischem Handel und Schifffahrt wurde volle Gleichstellung mit dem englischen zugesichert und ferner ausgemacht, daß, falls England die Anwerbung von Arbeitern für seine Kolonien an der Guineaküste erlaube, Holland dort ebenfalls solche holen könne.

Am 6. April 1872 wurde die Uebergabe der Forts an England vollzogen. Den Aschantis wurden reiche Geschenke gesandt. Ein Eingeborener in holländischen Diensten, Plange, hatte inzwischen als holländischer Vertreter dem König Fortsetzung der jährlichen Zahlungen durch England als Geschenk zugesagt, falls er auf seinen Anspruch an Elmina verzichte. Da er mit einem Aktenstück zurückkehrte, worin der König seinen Anspruch in der That zurückzog, gab man sich in England der Erwartung hin, daß die Angelegenheit erledigt sei, und zog sogar die Sendung eines ständigen Agenten nach Kumassi und Zulassung eines Aschanti-Vertreters zu Cape Coast in Erwägung.

Ende April 1872 benachrichtigte der abreisende holländische Kommissar den Aschantikönig von dem Uebergang der Forts an England, sandte Geschenke und verlangte Freigabe der Gefangenen. Mr. Pope Hennessey, der Governor General von Sierra Leone, bot zugleich Verdoppelung der bisherigen jährlichen Zahlung für Elmina an und theilte mit, daß er den Handel mit Waffen und Munition für die Aschantis wieder freigegeben habe. Er handelte darin und in der Ernennung eines Farbigen zum obersten Civilbeamten in Elmina direkt gegen den Rath der mit den Verhältnissen vertrauten Personen. Ebenso unklug verfuhr er in der Sache der weißen Gefangenen. Erst forderte er die Baseler Mission auf, das Lösegeld zu zahlen. Als diese sich bereit erklärte, 1000 Pfund Sterling aufzubringen, hatte er inzwischen die einzige Geisel, den Sohn eines Aschantihäuptlings, freigegeben! Er war überzeugt, mit seinen Maßnahmen den Frieden gesichert zu haben, und berichtete Anfang Juni nach London, daß die Furcht vor Feindseligkeiten der Aschantis nicht länger begründet sei.

In Wirklichkeit beschlossen die Aschantis, als der Bote, den Hennessey gesandt hatte, nur 1000 Pfund Sterling für die Gefangenen bot, während sie mindestens das Doppelte forderten, und im Falle ihrer Weigerung mit Krieg drohte, den Kampf. Sie rüsteten mit aller Macht und hetzten die früher holländischen Küstenstämme auf, ohne daß die Engländer die drohende Gefahr erkannten. Sie ließen sogar im Dezember noch den letzten Gefangenen von Bedeutung, den Onkel des Königs, los, ohne daß die Missionare freigegeben waren. Um dieselbe Zeit rückten die Aschantis bereits gegen die Küste vor. Am 22. Januar 1873 überschritten sie den Prah. Als der englische Kommandant von Cape Coast, Colonel Harley, davon Kunde erhielt, rief er die Küstenstämme zu den Waffen und bat in Sierra Leone um Verstärkungen, da an der Goldküste nur 160 Mann reguläre Soldaten standen. Hennessey in Freetown antwortete aber, daß er an einen Krieg nicht glauben könne. Erst sein bald darauf eintreffender Nachfolger, Mr. Keate, sah die Sache ernster an und ging selbst nach Cape Coast. Er wollte von einer Kriegführung nichts wissen und erklärte, daß man die Eingeborenen sich selbst überlassen und sich auf die Vertheidigung der Forts beschränken müsse. Diesen Grundsatz weiter durchzuführen, kam er nicht in die Lage, da er nach zehn Tagen dem Fieber erlag.

Da außer 100 Haussas aus Lagos andere Truppen nicht vorhanden waren, mußte man sich auf Zusammenziehung und Unterstützung der Küstenstämme beschränken. Diese erlitten mehrere Niederlagen, die Aschantis drangen Ende Mai bis zum Sweet-River und griffen Elmina an, dessen Eingeborenenstadt eben wegen höchst zweifelhafter Haltung von einem englischen Kriegsschiffe bombardirt worden war. Zum Glück trafen im Sommer auf Anordnung der englischen Regierung westindische Truppen an der Küste ein, sonst wären die meisten Plätze den Aschantis in die Hände gefallen. So mußten diese sich begnügen, das Land zu verwüsten und die Forts vom Innern abzuschneiden. — Als in England dieser Stand der Dinge näher bekannt wurde, entschloß man sich zu entscheidenderen Maßnahmen. Der Administrator von Lagos, Glover, erhielt Weisung, eingeborene Truppen auszuheben und mit ihnen von Osten gegen die Aschantis vorzugehen, und General Sir Garnet Wolseley wurde von England gesandt, um an Ort und Stelle ein Heer auszuheben, und damit die Aschantis zum Frieden zu zwingen.*)

Wolseley traf im Oktober 1873 in Cape Coast ein und zog zunächst Eingeborene von Gambia, Sierra Leone und Cape Palmas zusammen. Die Küste wurde blockirt und jeder Waffenhandel streng verboten.**) Darauf begann der General die Küstenstämme durch Geschenke und Zureden zu bestimmen, unter seine Fahne zu treten. Seine Anstrengungen blieben jedoch hier so vergeblich wie anderwärts. Nur zwei Regimenter konnten zusammengebracht werden, und Wolseley sah sich genöthigt, zu Hause die sofortige Sendung von Truppen zu erbitten, da der Aschantikönig seine Botschaften unbeachtet ließ. Als im Dezember 1873 etwa 1800 Mann weiße Truppen in Cape Coast eintrafen, waren die Aschantis infolge von großen Verlusten durch Pocken und Dysenterie schon nach Kumassi abgezogen. Sie hatten sich überzeugt, daß sie Elmina nicht einnehmen könnten, und verschoben einen neuen Angriff auf spätere Zeit. Nach dem Urtheil der Kenner

*) Er hatte auf Grund falscher Nachrichten 30 Meilen leichter Eisenbahn für die Goldküste verlangt und erhalten, um damit den Marsch ins Innere zu erleichtern. An Ort und Stelle erwies sich Anlage einer solchen Bahn unmöglich.

**) Die Aschantis bekamen trotz dessen Munition genug über Assini und Quittah, hauptsächlich von englischen Händlern, wie Ellis hervorhebt! Ein nach 1870 gemachter Versuch, Frankreich zur Aufgabe Assinis zu bringen, war vergeblich geblieben.

haben jedenfalls Wolseleys Maßnahmen sie nicht zu dem Abmarsch bewogen. Die Truppen der Goldküste hatten die Aschantis wiederholt auf dem Rückzug angegriffen, dabei aber wenig ausgerichtet.

Wolseley beschloß nun, die Ankunft der weißen Truppen zu benutzen, um den Aschantis für die Zukunft das Handwerk zu legen. Ueber die Schwierigkeiten des Unternehmens war er sich jetzt allerdings erheblich klarer als früher. Er hatte schon die Sendung der Materialien für die Bahn abbestellt, da er sich von den großen Hindernissen überzeugt hatte, welche das bergige Land und der Mangel an Arbeitern einem solchen Unternehmen entgegenstellten. Es war ihm auch deutlich geworden, daß bei einem Vorgehen ins Innere die Frage des Transports und das Verpflegungswesen die erste Rolle spielten, und er hatte diesen Angelegenheiten besondere Aufmerksamkeit zugewandt. Trotz allen Schwierigkeiten ging er aber mit allen Kräften an die Vorbereitung des Feldzuges. Die weißen Regimenter wurden noch einige Wochen mit ihren Schiffen in See geschickt, um Fiebererkrankungen vorzubeugen. Inzwischen wurden Wege und Magazine angelegt und im Januar 1874 der Vormarsch begonnen. Die Hauptmacht rückte von Cape Coast über Prahsu gegen Kumassi vor. Drei kleinere Abtheilungen sollten vom Volta und anderen Küstenpunkten aus in Aschanti einfallen. Am 6. Januar 1874 sendete der General an den König ein Ultimatum von Prahsu aus, worin er Freilassung aller Gefangenen und Zahlung von 50 000 Unzen Gold sowie Zeichnung des Friedens in Kumassi verlangte. Der König nahm diese Bedingungen an und sandte einen der Missionare mit der Botschaft ins englische Lager, daß er zum Friedensschluß bereit sei. Doch dürfe er nicht in Kumassi geschlossen werden, da dies seinem Ansehen zu sehr schaden würde. Als Wolseley darauf bestand und trotz häufiger Erkrankungen unter seinen Leuten vorrückte, sandte er alle weißen Gefangenen zurück und bot nochmals Frieden an, wenn Wolseley nicht nach Kumassi gehe. Wolseley bestand aber darauf und verlangte sofortige Stellung von Geiseln sowie Zahlung von 25 000 Unzen. Erfolge, welche inzwischen die östliche Kolonne unter Glover erfochten hatte, machten ihn des Sieges sicher. Er rückte weiter vor und schlug am 31. Januar die Aschantis bei Amoaful und am 4. Februar dicht vor Kumassi, das am Abend dieses Tages besetzt wurde. — Da alle Versuche des Generals, den geflüchteten König zu einer Zusammenkunft und zum Frieden zu bewegen, umsonst waren, wurde die Stadt angezündet und der Rückzug, da es an Lebensmitteln u. s. w. mangelte, angetreten. Glover, der einige Tage später vom Volta mit seinen Haussas in Kumassi erschien, fand die Stadt in Trümmern und folgte Wolseley. — Wenngleich kein entscheidender Sieg erfochten worden war, fand der Aschantikönig infolge von Zwisten unter seinen Häuptlingen es jetzt angezeigt, nachzugeben. Er sandte 1000 Unzen Gold und bat um Frieden. Wolseley sandte ihm darauf einen Vertragsentwurf zu, worin die Aschantis Zahlung von 50 000 Unzen Gold versprachen, alle Rechte auf die Küste aufgaben, freien Handel und Einstellung der Menschenopfer versprachen.

Während die Boten zum König gingen, wurden die europäischen Truppen eiligst zur Küste geschafft und Ende Februar nach Haus gesandt. Nur ein West-India-Regiment blieb an der Küste. Trotz alledem waren unter den weißen Truppen 71 pCt. Erkrankungen zu verzeichnen, und 43 pCt. der Leute erwiesen sich nach der Heimkehr in England untauglich für weiteren Dienst. Unter den Matrosen der Transportschiffe kamen 95 pCt. Erkrankungen vor. Mehr als 40 Offiziere sind bei dem kurzen Feldzug gestorben, davon nur 6 an Wunden. Wolseley selbst trat am 4. März die Heimfahrt an, nachdem er dem Obersten des West-India-Regiments Maxwell die Geschäfte übertragen hatte. Dieser schloß den Friedensvertrag mit den Aschantis auf Grund der erwähnten Bedingungen ab, dann erkrankte er ebenfalls so, daß er auch die Küste verlassen mußte.

Das wichtigste Ergebniß des Feldzuges war, daß durch Gesetz vom 24. Juli mit der 1865 beschlossenen Politik gebrochen und die Goldküste mit Lagos von Sierra Leone wieder abgetrennt wurde. Sie wurden unter dem Namen Gold Coast Colony zu einer besonderen Kolonie erklärt. Sierra Leone und Gambia blieben unter dem Namen West Africa Settlements vereint. Eine weitere Folge des Feldzuges war, daß im Dezember 1874 alle Haus- und andere Sklaverei sowie Schuldknechtschaft in der Kolonie verboten wurden. Es hatten die Schilderungen der Zeitungsberichterstatter über die bisherige Duldung dieser Zustände in der Kolonie in England große Entrüstung erregt. Um aber die Küstenstämme nicht zu erbittern, wurde es gleichzeitig den bisherigen Sklaven freigestellt, bei ihren Herren zu bleiben!

Die Goldküste hat während der Kriegsjahre 1873 und 1874

eigene Einnahmen überhaupt nicht erzielt, während in den Vorjahren nach der Verständigung mit Holland der auf die Einfuhr gelegte 4 prozentige Werthzoll gute Ergebnisse geliefert hatte. Es waren:

1868	15 400	Pfund Sterling,
1869	24 100	= =
1870	30 800	=
1871	28 600	=
1872	40 100	=

erzielt worden.

Der Handel zeigte in diesen Jahren schon folgenden Umfang:

	Einfuhr:	Ausfuhr:
1868 . .	140 200 Pfund Sterling,	148 900 Pfund Sterling,
1870 . .	253 300 = =	378 200 = =
1872 . .	260 100 = =	385 200 = =

Die Entwickelung der übrigen westafrikanischen Kolonien hat in dieser Zeit sich ohne Ereignisse besonders hervorspringender Art in den früher vorgezeichneten Bahnen vollzogen.

Sierra Leones Bevölkerung zeigt zwar in dem Jahrzehnt von 1861 auf 1871 eine kleine Abnahme von 41 400 auf 37 000, doch seine Einkünfte stiegen dauernd. 1865 betrugen sie 47 500 Pfund Sterling, 1867: 64 800, 1870: 67 100, 1872: 94 400, 1874: 92 900. Allerdings deckten diese erheblichen Einnahmen doch nicht alle Verwaltungskosten, und 1874 war eine Schuldenlast von 53 500 Pfund Sterling vorhanden.

Die Handelsbewegung ergiebt sich aus folgenden Zahlen:

	Einfuhr:	Ausfuhr:
1866 . .	251 200 Pfund Sterling,	259 700 Pfund Sterling,
1868 . .	295 800 = =	296 400 = =
1870 . .	280 800 = =	349 400 = =
1872 . .	411 900 = =	436 700 = =
1874 . .	418 000 = =	481 800 = =

Die Bevölkerung der Gambia-Kolonie, welche 1861 nur 6900 Köpfe zählte, erreichte 10 Jahre später 14 100. Die Einnahmen dieser Niederlassung, die, wie überall in Westafrika, fast allein aus den Zöllen flossen, waren je nach dem Gang des Handels von schwankender Höhe. 1866 wurden 19 000 Pfund Sterling erzielt, 1868: 22 000, 1870 aber nur 18 900, 1872: 17 200, 1874: 21 300. Die Handelsbewegung gestaltete sich hier folgendermaßen:

	Einfuhr:	Ausfuhr:
1866 . .	108 100 Pfund Sterling,	158 300 Pfund Sterling,
1868 . .	144 500 = =	187 300 = =
1870 . .	91 900 = =	142 500 =
1872 . .	123 000 = =	127 200 =
1874 . .	130 300 = =	180 000 = =

Sehr befriedigend verlief die Entwickelung von Lagos, dessen Einwohnerzahl 1871 auf 62 000 Köpfe berechnet wurde.

Die Einnahmen, welche 1866: 23 800 Pfund Sterling betrugen, hoben sich hier 1868 auf 33 800, 1870 auf 42 800, 1872 betrugen sie 41 300, 1874: 39 300 Pfund Sterling.

Der Handel hatte hier folgenden Umfang:

	Einfuhr:	Ausfuhr:
1866 . .	220 700 Pfund Sterling,	262 600 Pfund Sterling,
1868 . .	340 800 = =	517 200 = =
1870 . .	400 500 = =	515 300 = =
1872 . .	366 200 = =	444 800 = =
1874 . .	348 600 = =	486 300 = =

Obwohl auch im folgenden Jahrzehnt an der Goldküste keine volle Ruhe eintrat, sondern Streitigkeiten der Aschantis mit Nachbarstämmen und gelegentliche drohende Bewegungen gegen die Küste die Regierung immer in Athem hielten, ging die Entwickelung des britischen Westafrika mit immer rascheren Schritten vorwärts. Die Aschantis wagten nicht mehr Englands Zorn offen herauszufordern und erkauften, als das Government 1881 kriegerische Maßnahmen gegen sie traf, sogar für 2000 Unzen Gold Frieden. Der Handel der Kolonien*) hatte folgenden Umfang:

Einfuhr: Pfund Sterling.

	1876	1878	1880	1882	1884
Goldküste . .	446 000	394 100	337 200	392 900	527 300
Lagos	476 800	483 600	407 300	428 800	538 200
Sierra Leone	288 100	526 200	491 900	398 800	455 400
Gambia . . .	89 300	164 900	191 500	173 800	212 100

*) Bevölkerung der Kolonien 1881: Lagos 75 200, Sierra Leone 60 500, Gambia 14 100.

Ausfuhr: Pfund Sterling.

	1876	1878	1880	1882	1884
Goldküste . .	465 200	393 400	482 000	340 000	467 200
Lagos	619 200	577 300	576 500	581 000	672 400
Sierra Leone	297 000	391 600	375 900	420 000	377 000
Gambia . . .	86 200	204 300	138 900	254 000	199 400

Der Hauptgegenstand der Ausfuhr waren bei allen diesen Kolonien: Palmkerne, -Oel, Erdnüsse und Kautschuk. Baumwolle wurde aus Lagos 1874 für 31 500 Pfund Sterling ausgeführt und in den Jahren 1871 bis 1873 bildete sie stets einen ansehnlichen Handelsartikel. Von 1875 ab fiel aber dieser Export bis auf 360 Pfund Sterling im Jahre 1880. Von da an erhob er sich wieder, 1884 wurden für 11 400 Pfund Sterling rohe Baumwolle hier ausgeführt. Goldstaub, der zu Anfang des Jahrhunderts an der Goldküste einen sehr bedeutenden Handelsartikel darstellte und in den 30er Jahren alljährlich im Betrage von etwa 70 000 Pfund Sterling exportirt wurde, spielte später nur noch eine geringe Rolle, da die Eingeborenen die Minen nicht genügend bearbeiten konnten. Erst zu Ende der 70er und Anfang der 80er Jahre begannen europäische Unternehmungen den dortigen Goldlagern ihre Aufmerksamkeit zu widmen. Die erste Gesellschaft, die African Gold Coast Company, erwarb 1878 eine Konzession bei Tarkwa, wo reiche Goldlager in leider sehr ungesunder Gegend sich befinden. Angespornt durch ihre Erfolge entstanden rasch hintereinander die Swanzy, Effuenta, Gold Coast Mining Companies, eine französische Gesellschaft zu Abosso, die Akanko Gold Mining und die Guinea Coast Mining Company. Wenn trotz ihrer Anstrengungen die Goldgewinnung sich zunächst noch in bescheidenen Grenzen hielt, trugen die Schwierigkeiten und die hohen Kosten des Transports die Schuld.

Die Einnahmen der westafrikanischen Kolonien Englands zeigen eine ansehnliche Steigerung während dieses Zeitraums nur in Goldküste und Lagos. Sierra Leone und Gambia haben in den vielen Jahren kaum die Kosten ihrer Verwaltung aufgebracht.

Einnahmen: Pfund Sterling.

	1876	1878	1880	1882	1884
Goldküste . .	64 700	105 000	119 500	104 800	125 900
Lagos	46 400	50 800	47 900	44 600	57 900
Sierra Leone	57 700	69 142	76 000	65 500	76 200
Gambia . . .	19 700	25 700	24 500	26 600	24 900

	Ausgaben: Pfund Sterling.				
	1876	1878	1880	1882	1884
Goldküste . .	93 900	68 400	86 900	116 500	112 900
Lagos	45 100	49 700	55 400	44 000	44 600
Sierra Leone	72 200	57 100	87 700	62 900	85 200
Gambia . . .	21 400	19 800	19 900	19 700	29 400

Trotz dieser Umstände hat die britische Verwaltung die in Lagos 1874 vorhandene Schuldenlast von 21 500 Pfund Sterling allmählich getilgt und die Schulden Sierra Leones, die 1879 sich auf 104 000 Pfund Sterling beliefen, 1884 bis auf 58 000 abgezahlt. Es war dies natürlich nur möglich durch außerordentliche Sparsamkeit und durch Zuschüsse von England. In den Kolonien Sierra Leone und Gambia wurde die Militärmacht bis auf wenige Polizeitruppen, 110 am Gambia, 400 in Sierra Leone, beschränkt. An der Goldküste wurden 1000 Haussas mit einem Kostenaufwand von 26 600 Pfund Sterling jährlich unterhalten. An regulären Truppen stellte England nur noch zwei Kompagnien eines westindischen Regiments, wofür es 1880: 12 600, 1881: 26 100 Pfund Sterling ausgab. Die bewaffnete Macht von Lagos bestand aus 450 Haussas.

Achtes Kapitel.

Die erste Zeit britischer Herrschaft im Kapland.

Als England die Kapkolonie eroberte, war diese über einundeinhalbes Jahrhundert im holländischen Besitz gewesen. Welchen Werth die Kolonie aber hatte, und welcher Entwickelung sie fähig war, davon hat die holländisch-ostindische Kompagnie, welche die Herrschaft darin ausgeübt hat, nie eine Vorstellung besessen. Unter ihrer Verwaltung hat es Kapland nur zu einer weißen Bevölkerung von 25 700 Köpfen gebracht. Die Arbeit wurde durch 29 500 Sklaven und etwa 20 000 farbige Freie besorgt. Kapstadt besaß 1805 nur 1258 Gebäude mit 6200 weißen und etwa 10 500 farbigen Bewohnern. Die Einkünfte der Kolonie überstiegen durchschnittlich im Jahre nicht 450 000 Mark, während die Ausgaben sich auf 2 400 000 beliefen! Die Mineralschätze des Landes waren vollständig unerschlossen geblieben, Ackerbau, Viehzucht und etwas Weinbau stellten so ziemlich alle Erwerbsquellen der Kolonisten dar. Die ganze Ansiedelung wurde immer nur als Erfrischungsstation für die nach und von Indien kommenden Flotten betrachtet und unter diesem Gesichtspunkt behandelt!

Wenngleich das Kapland auch für England in dieser Hinsicht großen Werth besaß, so entging dem Scharfblick der Briten doch ebensowenig die Brauchbarkeit des Landes für europäische Besiedelung und Bewirthschaftung in größerem Maßstabe. Zunächst freilich nahmen andere Sorgen die Aufmerksamkeit der Verwaltung in Anspruch, in erster Linie die Sklavenfrage. Gemäß dem Beschlusse des britischen Parlaments vom März 1807 wurde 1808 der weitere Handel mit Sklaven in der Kolonie verboten, sehr gegen den Willen der Bewohner, welche bisher Massen von Sklaven zu beziehen gewöhnt gewesen waren. Die von der holländischen Verwaltung übernommenen zahlreichen Negersklaven des Staates waren vorher unter der Hand an angesehene Bürger für je 30 Pfund Sterling verkauft worden. Obwohl sonst Alles beim Alten blieb und noch Niemand damals eine vollständige Befreiung der vorhandenen Sklaven für denkbar hielt, hatte die Angelegenheit sogleich allerlei Schwierigkeiten im Gefolge. Es erhoben sich im Herbst 1808 Hunderte von Schwarzen und begannen die Farmen zu plündern. Der Aufstand mußte mit den Waffen niedergeworfen werden. Dazu wurden die Hottentotten, welche zwar als Freie galten, aber von den Ansiedlern schlechter als Sklaven behandelt wurden, unruhig. Die auf ihrer Seite stehenden Missionare beschuldigten die Kolonisten der größten Grausamkeiten und Willkür gegen diese hülflosen Menschen und erregten durch Veröffentlichungen darüber in der englischen Presse einen Sturm der Entrüstung. Die weißen Ansiedler dagegen flossen über von Klagen über die Faulheit, Dieberei und Tücke der Hottentotten. Es bedurfte einer eingehenden Untersuchung der Sachlage, der Bestrafung verschiedener Schuldiger und einer Gesetzgebung, welche den Hottentotten Lösung von Pässen, Verbleiben in bestimmten Bezirken vorschrieb und ihren Kindern für eine gewisse Zeit die Pflicht zur Arbeit auferlegte, um hier einigermaßen Ordnung zu schaffen. Schwierigkeiten machte auch die Verwendung von Hunderten von Negern, welche englische Kreuzer auf See befreiten und gelegentlich nach dem Kapland schafften. Man wußte sich nicht anders zu helfen, als daß man die Leute auf 14 Jahre als Arbeiter an verschiedene Kolonisten vertheilte.

Nicht weniger lästig waren die ewigen Kämpfe, welche an den Grenzen der Kolonie unausgesetzt mit den Kaffernstämmen im Gange waren. Obwohl Kapland damals im Osten nur bis zum Great Fish River, im Norden an der vorgeschobensten Stelle bis Plettenbergs Beacon am Zeekoe River und im Nordosten bis zum Buffalo River reichte, verletzten die weißen Ansiedelungen die Weidefelder und Jagdgründe der eingeborenen Kaffern. Diese stahlen gelegentlich den Weißen ihr Vieh. Dafür übten letztere blutige Rache und schossen jeden verdächtigen Eingeborenen nieder, was diese zu neuen Gewaltthaten reizte. Um am Fish River Ruhe zu bekommen, wurden hier 1811 und 1812 etwa 20 000 Kaffern mit Gewalt über die Grenze gejagt und ihr ganzer Besitz zerstört. Neuen Einbrüchen wurde durch Errichtung von Militärposten an der Grenze vorgebeugt, doch die Kämpfe dauerten noch lange fort.

Die wirthschaftlichen Verhältnisse der Kolonie waren in den ersten Jahren der englischen Herrschaft außergewöhnlich günstig, sowohl infolge des starken Bedarfs der indischen Flotten an Lebensmitteln aller Art, wie später wegen der Stationirung einer großen Truppenmacht in St. Helena zur Bewachung Napoleons. Als nach dem Tode des verbannten Kaisers diese Besatzung, die ihre ganze Verpflegung vom Kap erhalten hatte, abberufen und auch die Garnison von Kapstadt vermindert wurde, fand der wirthschaftliche Aufschwung, welcher 1820 und 1821 etwa 5000 weiße Ansiedler ins Land gelockt hatte, ein jähes Ende. Die Regierung, welche seit 1812*) nichtenglischen Schiffen allen Handel mit der Kolonie verboten hatte, sah sich genöthigt, 1821 Waaren, die auf nichtenglischen Schiffen kamen, den Eingang wieder zu gestatten. Allerdings wurden 10 pCt. Zoll davon erhoben, während englische Waaren 3¼ pCt. zahlten. Auch sonst wurden Handel und Gewerbebetrieb gefördert; doch die erwähnten Ursachen, dazu eine Mißernte, steigende Entwerthung des Papiergeldes und die seit Verbot des Sklavenhandels immer höheren Lohnforderungen lasteten schwer auf den Kolonisten. Klagen über Klagen wurden nach London gerichtet. Man beschwerte sich über den schlechten Gang der Geschäfte, die Behandlung der Eingeborenen, die unbeschränkte Macht der Governors u. s. w. je nach dem Standpunkt der Unzufriedenen.

---

*) Die Maßnahme war zu Gunsten der East India Company getroffen, deren Monopolgebiet das Kapland handelspolitisch zugetheilt wurde.

Infolge dieser Klagen betraute das britische Parlament 1822 einen Ausschuß mit genauer Untersuchung der Lage der Kapkolonie. Die Kommission traf im Juli 1823 in Kapstadt ein und hat nicht weniger als drei Jahre auf Prüfung der Verwaltung, Finanzen und Rechtspflege der Kolonie verwendet. Wenngleich der Ausschuß nicht unabhängig vom Governor gestellt war, durch ihn vielmehr die Materialien erhielt, und wenngleich keines seiner Glieder holländisch, damals noch die Amtssprache, verstand, sind seine Arbeiten nicht fruchtlos geblieben. Eine Anzahl wichtiger Reformen sind durch ihn veranlaßt worden. Zunächst wurde das Holländische als Amtssprache beseitigt. Von 1827 sollte im amtlichen Verkehr nur noch Englisch zulässig sein. Dann erhielt der Governor, der bis dahin im Gegensatz zu anderen englischen Besitzungen nach eigenem Ermessen, ohne Council, regiert hatte, 1825 einen Beirath von sechs Mitgliedern, bestehend aus den höchsten Beamten. Noch wichtiger war die Besserung der Währungsverhältnisse. Die Papierdollars, die einen Nominalwerth von 4 Schilling besaßen, aber bis auf den dritten Theil dieses Werthes gefallen waren, wurden 1826 zum Kurs von 1½ Schilling eingezogen und durch Metall oder englische Noten ersetzt. Den Wünschen der Ansiedler in den Grenzbezirken entsprechend, wurden endlich die Grenzen der Kolonie im Norden und Nordosten erheblich vorgeschoben und der Orange-River zum ersten Mal streckenweise in Besitz genommen.

Volle Ruhe und Zufriedenheit wurde auch durch die Neuerungen nicht herbeigeführt. Die Kolonisten klagten über hohe Steuern, Verschwendungssucht und Willkürakte des Governors Lord Somerset. Dazu kam die Frage der Behandlung der südafrikanischen Eingeborenen, in der sich die Ansichten der Missionare und der Ansiedler sehr scharf gegenüberstanden, nicht zur Ruhe. Lord Somerset dankte schließlich ab und wurde in einen langwierigen Prozeß verwickelt, der allerdings zu seinen Gunsten endigte. Doch Verwaltung und Rechtspflege wurden nach seinem Rücktritt 1827 gründlich umgestaltet. Während bis dahin noch die alten holländischen Einrichtungen fortbestanden hatten, wonach in Kapstadt ein Burgher Senate die Verwaltung der städtischen Angelegenheiten leitete, und in den einzelnen Provinzen Landdrosten und Heemraden aus der Mitte der Kolonisten an der Spitze standen, wurde 1828 dies Alles abgeschafft und die ganze Kolonie in eine östliche Provinz mit der Hauptstadt Port Elizabeth und eine westliche getheilt. An die Spitze der Ostprovinz trat ein Commissioner General. Sie zerfiel in die Distrikte Beaufort, Graaf Reinet, Somerset, Albany, Uitenhage und George. Die Westprovinz wurde in die Distrikte: Cape, Simonstown, Stellenbosch, Swellendam und Worcester getheilt. Civil Commissioners und Resident Magistrates wurden die obersten Beamten der Distrikte. Das Council des Governors erhielt eine neue Zusammensetzung. Neben vier Beamten bekamen zwei Kolonisten darin Sitz und Stimme. — An Stelle der vom Governor ernannten und meist noch in anderer Stellung thätigen Richter traten jetzt unabhängige, von der Krone ernannte Richter. Ein Obergericht wurde eingesetzt, Geschworenengerichte wurden eingeführt, und in jedem Dorf sollten jährlich zwei Mal Gerichtstage abgehalten werden. — Obwohl die Schöpfung einer unabhängigen, geregelten Rechtspflege im eigensten Interesse der Ansiedler lag, erregte die Einrichtung böses Blut. Die des Englischen unkundigen Kolonisten sahen sich, besonders wenn wie gewöhnlich Strafsachen zur Aburtheilung nach Kapstadt überwiesen wurden, wo keine holländische Jury zusammenzubringen war, aller Rechte beraubt. Ihre Mißstimmung wurde um so ärger, da unausgesetzt Anklagen und Untersuchungen wegen angeblicher Mißhandlungen von Hottentotten gegen sie schwebten und die englische Regierung diese von ihnen tief verachteten Eingeborenen ihnen 1828 rechtlich vollständig gleichstellte. Es wurden ferner durch das Gesetz Dauer und Bedingungen von Dienstverträgen mit den Hottentotten festgestellt, die Zahlung der Löhne in Tabak und Branntwein verboten und das Verfahren im Falle von Beschwerden der Leute geregelt. Es war dies Gesetz besonders eine Folge der Agitation des Missionars Dr. Philip in England. Er wußte die philanthropischen Vereine für seine Bestrebungen zu gewinnen und durch ein geschickt geschriebenes Buch das Unterhaus zu bewegen, sich der Eingeborenen Südafrikas anzunehmen. Wie wenig freilich sein Vorgehen den Ansichten der Behörden der Kapkolonie entsprach, ergiebt sich daraus, daß er wegen Beleidigung verschiedener Beamten in seinem Buche zu 200 Pfund Sterling Strafe und in die bedeutenden Kosten verurtheilt wurde.

Im Ganzen genommen hat die britische Regierung trotz aller Klagen der Ansiedler sehr viel für die Kolonie gethan und ihre Entwickelung außerordentlich gefördert. Es stiegen die Einnahmen des Kaplands schon in den Jahren 1806 bis 1814 auf durchschnittlich jährlich 100000 Pfund Sterling; 1815 bis 1819 auf 124000 Pfund Sterling. Von da an fielen sie 1820 bis 1825 auf 123000, 1826 bis 1830 auf 116000 Pfund Sterling, um in den nächsten fünf Jahren immer etwa 119000 Pfund Sterling zu erreichen. Die durch diese Erträge bei Weitem nicht gedeckten Ausgaben, insbesondere die fürs Militär, wurden von der englischen Regierung getragen. Es waren damals besonders mit Rücksicht auf die nicht endenden Kämpfe mit den Kaffern im Lande drei Regimenter Infanterie, Artillerie- und Ingenieur-Detachements und 300 berittene Schützen, meist Hottentotten. An der Kafferngrenze lagen 474 Mann in acht Stationen, 366 in Grahams Town. Dazu kreuzte ein ansehnliches Geschwader dauernd an der Küste. Die Ausfuhr der Kolonie, welche 1806 bis 1814 im Jahre kaum 6000 Pfund Sterling Werth hatte, stieg 1815 bis 1825 auf durchschnittlich 112500, 1826 bis 1830 auf 212500, 1830 bis 1835 auf 237500 Pfund Sterling. Die Einfuhr betrug 1806 bis 1814 jährlich 100000, 1815 bis 1825 350000 bis 400000, 1826 bis 1835 375000 Pfund Sterling.*) Während von 1806 bis 1825 jährlich im Durchschnitt 134 Schiffe Kapstadt besuchten, kamen von 1825 bis 1835 immer gegen 225. — Eine für die Stadt dringend erwünschte Wasserleitung war schon 1811 in Kapstadt geschaffen worden. 1825 gab es in der Kolonie schon 54 Kirchen und 120 Schulen. 1829 wurde eine höhere Schule errichtet. Es wurden um dieselbe Zeit eine öffentliche Bibliothek, ein naturhistorisches Museum und eine Sternwarte gegründet. Auch die erste Bank entstand schon in den 20er Jahren. 1830 folgten ihr die ersten Sparbanken und Versicherungsgesellschaften. Die Zucht feiner Wollschafe ist zu Anfang der 20er Jahre zuerst in sehr kleinem Maßstab begonnen worden. Die Zuchtthiere wurden aus Sachsen bezogen. 1829 wurden 9 Tonnen Wolle erzeugt, die 18 Pence fürs Pfund in Kapstadt brachten. Von da an machte die Wollerzeugung sehr rasche Fortschritte. Alle wichtigeren Orte waren 1834 schon durch regelmäßige wöchentliche Posten verbunden. Die Zahl der Weißen und freien Farbigen belief sich 1833 auf 96000, gegen 43000 im Jahre 1820.

Um den Klagen der des Englischen nicht mächtigen Farmer entgegenzukommen, wurde auf Betreiben des Governors zu Anfang

*) In der Einfuhr waren von 1826 bis 1832 die fremden Waaren den englischen gleichgestellt.

der 30er Jahre das Erforderniß der Kenntniß der englischen Sprache für Geschworene aufgehoben und der Kreis der dazu fähigen Leute erweitert. Es wurde ferner, den Wünschen der Ansiedler, die sie in zahlreichen Petitionen dargelegt hatten, entsprechend, 1833 der Kolonie die volle Verfassung einer Kronkolonie gewährt. Ein Executive Council aus vier der höchsten Beamten wurde geschaffen und die Zahl der Mitglieder des Legislative Council auf 10 bis 12 erhöht. Nur fünf davon sollten Beamte sein, die andern aus der Zahl der Kolonisten vom Governor gewählt und von der Krone bestätigt werden.

Alle Fürsorge der britischen Verwaltung vermochte aber nichts gegen die Erregung, welche die Frage der Negersklaverei unter den Kolonisten in immer steigendem Maße hervorrief. So wenig die Beamten der Kolonie anfangs nach Verbot des Sklavenhandels im Jahre 1808 die Besitzer von Negern und deren oft schon ganz weißen Nachkommen in der Verfügung über ihr Eigenthum zu stören sich geneigt zeigten, die Mission und die Vertreter der Antisklavereifreunde sorgten dafür, daß jede Ausschreitung gegen Sklaven zur Anzeige und Bestrafung kam. Als sich die Thatsache ergab, daß trotz des Verbots der Sklavenausfuhr die Zahl der Unfreien von 29 000 im Jahre 1807 binnen zehn Jahren auf etwa 32 000 gewachsen war, setzten sie 1816 durch, daß genaue Verzeichnisse der Sklaven in allen Orten aufgestellt und alle Geburten, Todesfälle und Verkäufe amtlich gemeldet werden mußten. Wurde die Geburt eines Kindes nicht binnen sechs Monaten eingetragen, so war es ohne Weiteres frei! Schon diese Bestimmungen erregten den Zorn der Sklavenbesitzer. Noch übler vermerkten sie es, als 1823 Sonntagsruhe für die Neger eingeführt, die Trennung der Kinder von den Eltern verboten und für die Kinder Schulunterricht eingeführt, ferner die Arbeitszeit der Sklaven und die Strafgewalt der Herren geregelt wurde. Trotz aller Unzufriedenheit der Sklavenhalter und ungeachtet aller Beschwerden wurde die Schutzgesetzgebung auf Anordnung von England hin weiter ausgebaut. 1826 wurden besondere Beamte mit der Ueberwachung der Durchführung des Sklavenschutzes betraut, und es wurde den Sklaven Erlaubniß gegeben, sich loszukaufen, und zwar auf Grund einer von Beamten vorzunehmenden Schätzung. Diese Gesetzgebung erfuhr 1830 noch weitere Verschärfungen. Aber die Folge war, daß die Kolonisten die Schutzgesetze nur sehr mangelhaft durchführten und gegebenen Falles lieber die Strafe zahlten. Bei der Abgelegenheit vieler Niederlassungen und den weiten Entfernungen ließ sich eine genaue Ueberwachung überhaupt nicht durchführen und noch weniger dem Gesetz überall Gehorsam erzwingen. Der Governor erklärte damals geradezu in London, daß er ohne ansehnliche Verstärkung des Militärs die Gesetze nicht durchzuführen im Stande sei. Auf Grund seiner Vorstellungen wurden die letzten für Südafrika in vieler Beziehung nicht passenden Anordnungen abgeändert, aber dafür die tägliche Arbeitspflicht der Sklaven auf neun Stunden eingeschränkt. Diese Maßregel erregte solche Aufregung, daß der Governor sich genöthigt sah, über die ganze Kolonie eine Art Belagerungszustand zu verhängen. 1832 fand eine Zusammenkunft von 2000 Sklavenbesitzern in Kapstadt statt, die einstimmig gegen die bestehende Schutzgesetzgebung protestirte und auch in London vorstellig wurde. Hier aber fanden diese Klagen kein Gehör, und der Governor konnte den Leuten nur wiederholen, daß er nicht befugt sei, diese Gesetze zu ändern. — Unter solchen Umständen wurde das Halten von Sklaven recht unvortheilhaft. In der Ausnutzung der Arbeitskraft der jungen Neger sahen sich die Kolonisten beschränkt, die alten und kranken aber mußten sie ernähren! Der Beschluß des Parlaments, welcher 1833 die Sklaverei in 19 englischen Kolonien überhaupt aufhob, wurde daher am Kap schließlich beinahe als Wohlthat empfunden. Die zur Entschädigung der Sklavenbesitzer ausgeworfene Summe von 20 Millionen Pfund Sterling erschien auf den ersten Blick sehr reichlich bemessen, da man von der Zahl der Neger in Westindien keine Vorstellung hatte. Viele hofften sogar auf ein gutes Geschäft.

Es gab 1834 im Kaplande 39021 Sklaven. 21613 gehörten dem männlichen, der Rest dem weiblichen Geschlecht an. Nach dem Emanzipationsgesetz sollten die Kinder unter sechs Jahren vom 1. Dezember 1834 an frei sein. Die Erwachsenen, soweit sie gesund waren, sollten vom 1. August 1834 bis 1. Dezember 1838 ihren bisherigen Herrn als freie Lehrlinge wöchentlich 45 Stunden weiter dienen und sich dann ebenfalls voller Freiheit erfreuen. Die mit Abschätzung des Werthes der Sklaven vom Governor betraute Kommission rechnete eine Entschädigung von 3 041 290 Pfund Sterling als billig heraus. Der größte Theil der Summe sollte den Ansiedlern in Kapstadt, Cape und Stellenbosch, wo die meisten Sklaven gehalten wurden, zu Gute kommen. Es herrschte ob dieser Aussicht ziemlich allgemeine Befriedigung. Besorgt waren eigentlich nur die älteren Sklaven, welche nicht wußten, was sie mit ihrer Freiheit anfangen würden. Aber diese Erwartungen wurden bald sehr herabgestimmt, und es begann neues Geschrei, als 1835 bekannt wurde, daß von den 20 Millionen Entschädigung auf die Kapkolonie nur 1 246 400 Pfund Sterling entfallen seien! Es entstand unter den ärmeren Landwirthen, die oft ganz auf die Arbeit einiger Neger angewiesen waren, große Aufregung. Wo die Sklaven als Unterpfand für Darlehen dienten, wurden diese schleunigst gekündigt. Dazu sprengten Spekulanten das Gerücht aus, daß die auf London lautenden Schadenersatzanweisungen erst nach genauer Beweisführung in Jahren oder gar nicht gezahlt werden würden, und veranlaßten die unwissenden Leute vielfach, ihre Ansprüche für eine Kleinigkeit loszuschlagen. Zahlreiche Familien verarmten infolgedessen, und der Wohlstand der ganzen Kolonie erlitt eine Erschütterung. Dazu erfuhr die Zahl der bettelnden und stehlenden Landstreicher, welche seit der vollen Gleichstellung der arbeitsscheuen Hottentotten mit den Weißen außerordentlich gewachsen war, eine neue Zunahme. Verscheuchte ein Kolonist die Vagabunden mit Gewalt von seinem Hofe, so war er ziemlich sicher, dafür bestraft zu werden. Ende 1833 war auf viele Klagen hin ein Gesetzentwurf aufgestellt worden, der zwangsweise Beschäftigung von Landstreichern bei öffentlichen Arbeiten einführte. Hiergegen hatte indessen Dr. Philip, der Vertreter der Londoner Missionsgesellschaft, die öffentliche Meinung in England so aufzubringen gewußt, daß der Governor schließlich der Maßregel seine Zustimmung versagte.

Neuntes Kapitel.

Entstehung der Boerenstaaten.

Diese Umstände, verbunden mit der Unthätigkeit des Governors gegen einen Kaffernenfall im Jahre 1834, sind es gewesen, welche den vielfach von Anfang an mit der strengen englischen Herrschaft unzufriedenen holländischen Bauern*) den Aufenthalt in der Kolonie schließlich so verleideten, daß sie sich zur Auswanderung entschlossen. Nachdem schon wiederholt einzelne Kolonistenfamilien weit ins Innere

*) Im Kapholländisch „Boeren“ genannt.

gezogen waren und dort gelegentlich, wenigstens zeitweilig, festen Fuß gefaßt hatten, begann 1835 die Bewegung in immer steigendem Umfang. Hunderte von Bauernfamilien zogen mit großen Viehheerden über die Grenzen der Kolonie nach Norden und Osten. Nach langen und harten Kämpfen gründeten sie den Oranjefreistaat und Transvaal. Außerdem bevölkerten sie Natal, wo 1824 britische Seeleute bei Port Natal die erste Ansiedelung geschaffen hatten. Die Kapbehörden wollten der Auswanderung entgegentreten, zumal die britische Regierung sie anwies, die Anlage neuer und besonders unabhängiger Kolonien durch Kapländer nicht zu dulden, fanden aber keine rechtliche Handhabe zum Einschreiten.

Die Regelung der Beziehungen zu den von den Auswanderern gegründeten neuen Niederlassungen, sowie die Auseinandersetzung mit den durch die wandernden Bauern in neue Aufregung versetzten Kaffernstämmen bildete während der nächsten Zeit die Hauptsorge der kapländischen Verwaltung. Die erste Auseinandersetzung mit den ausgewanderten Bauern erfolgte in Natal. Die wenigen in Port Natal ansässigen Kapländer hatten schon 1835 Annexion des ganzen herrenlosen Gebietes beantragt und vorgeschlagen, es Victoria zu nennen. Obwohl der Governor der Kapkolonie, d'Urban, den Antrag befürwortete, lehnte der damalige Secretary of State for the Colonies, Earl Glenelg, ein abgesagter Gegner jeder Beschränkung der Rechte der Eingeborenen, ihn ab. Er erklärte, die Regierung Seiner Majestät sei tief durchdrungen von der Unthunlichkeit kolonialer Pläne und weiterer Landerwerbungen in Südafrika! Nur auf Drängen der Missionare ließ sich der Staatssekretär schließlich herbei, 1836 den Kapbehörden Vollmacht zur Aburtheilung aller in Afrika südlich vom 25° südlicher Breite begangenen Verbrechen zu ertheilen.

Bei dieser Lage der Dinge erschienen 1837 die ersten einwandernden Bauern in Natal. Sie verhandelten mit dem dort herrschenden Zuluhäuptling, ihnen das Land abzutreten, und wurden von den wenigen Bewohnern der Ansiedelung Durban bei Port Natal freudig begrüßt. Aber dieses Unternehmen hatte einen traurigen Ausgang. Die Bauern wurden 1838 von den Zulus in eine Falle gelockt und großentheils niedergemetzelt, auch die Kolonisten von Durban wurden von den Wilden angegriffen. Was nicht getödtet wurde, mußte sich auf ein Schiff retten. An die Stelle der englisch gesinnten Ansiedler traten nun Bauern, die sehr bald nach der Niederlage rachedürstend in Menge aufs Neue in Natal erschienen. Am 16. Mai 1838 nahmen sie Durban im Namen des „Verbandes der südafrikanischen Auswanderer“ in Besitz und richteten sich im Lande ein. Der Governor von Kapkolonie schärfte darauf aufs Neue das Verbot der Gründung neuer Niederlassungen und gar Freistaaten ein und erklärte den Leuten, daß er sie von ihrer britischen Staatsangehörigkeit nicht entbinden könne. Aber obwohl er ihnen mit Gewalt drohte, blieben die Bauern in den neuen Plätzen und setzten einen erfolgreichen Rachezug gegen die Zulus ins Werk. Die Nachrichten von ihrem Vorgehen erregten besonders bei den negerfreundlichen Kreisen Englands großen Zorn. Sie sahen in den Thaten der Bauern nichts als unerhörte wilde Grausamkeit und Gewaltthaten und wünschten Zwangsmaßregeln gegen sie. Auf ihr Betreiben sandte der Governor der Kapkolonie Ende 1838 eine kleine Truppenmacht nach Natal, besetzte Durban, verbot jeden Handel im Hafen sowie Besuch der Küste ohne seine besondere Erlaubniß und beschlagnahmte die Munitionsvorräthe in der Niederlassung. Die Bauern protestirten hiergegen wie gegen andere Versuche der englischen Behörden, Regierungsakte vorzunehmen. Sie erklärten wiederholt, daß sie ein freies, unabhängiges Volk seien und nur ihrer selbst ernannten Regierung Gehorsam schuldeten. Im März 1839 legten sie die Stadt Pietermaritzburg an und schufen dort eine vollständige Verwaltung für den neuen Freistaat. Die Kapbehörden begnügten sich dem gegenüber mit wiederholter Betonung ihrer Auffassung, daß die Bauern nach wie vor britische Unterthanen seien, von Gewaltmaßregeln nahmen sie aber Abstand, da die englische Regierung fortgesetzt eine Ausdehnung ihrer südafrikanischen Besitzungen für unthunlich erklärte. Im Dezember 1839 wurden sogar die in Port Natal stationirten Truppen abberufen und die beschlagnahmte Munition freigegeben.

Es ist begreiflich, daß die Natalbauern in dieser Räumung des Hafens eine thatsächliche Aufgabe der britischen Ansprüche sehen zu können vermeinten. Sie wandten nun ihre ganze Kraft gegen die Kaffern, deren Macht sie brachen und deren Heerden sie erbeuteten. Am 14. Februar 1840 ergriffen sie durch eine feierliche Proklamation vom ganzen Gebiet zwischen den Flüssen Tugela und Black Umvolosi Besitz und nahmen auch die Lucia-Bay im Norden und das Land südlich von dem schon besetzten Natal bis zum Umzimvubu als

Eigenthum in Anspruch. Als die Verwaltung der neuen Republik einigermaßen geordnet war, traten ihre Leiter mit dem Kap in Verbindung, um eine ausdrückliche Anerkennung ihrer Unabhängigkeit zu erlangen, doch inzwischen hatte Lord John Russel, der damalige Staatssekretär der Kolonien, in Kapstadt Anweisungen ertheilt, Port Natal aufs Neue zu besetzen und Natal zur britischen Kolonie zu machen.

Die Kapbehörden waren über diesen Umschwung der Meinung in England um so erfreuter, da die neue Niederlassung auch dem Handel Kapstadts Abbruch that. Da sie aber weder Geld noch Soldaten verfügbar hatten, gingen sie zunächst mit den Natalbauern auf Verhandlungen ein. Die Letzteren boten ein enges Bündniß, Gegenseitigkeit in den Zöllen und andere Vortheile, verlangten dafür aber Anerkennung ihrer Selbständigkeit. Der Schriftwechsel dauerte längere Zeit, bis auf Betreiben von Missionaren ein von Natal angegriffener Zulustamm die Hülfe der Kapkolonie anrief. Dieser Vorfall veranlaßte den Governor der Kapkolonie, den Bauern im Sommer 1841 zu erklären, daß England nicht Theile seiner Unterthanen als unabhängigen Staat anzuerkennen vermöge und daß es auf Unterwerfung unter seine Gesetze bestehen müsse. Zugleich kündigte er die Sendung von Truppen an. Nun lag allerdings Führung eines Krieges mit den Bauern nicht in Lord Russels Absicht. Er wies den Governor Ende August 1841 nur an, den Hafen von Natal zu besetzen und in die Angelegenheiten der Bauern nur im Falle eines Angriffs auf die Kaptruppen oder befreundete Kaffernstämme einzugreifen. Doch die Bauern waren entschlossen, sich nicht gutwillig England zu unterwerfen. Als im Mai 1842 eine 263 Mann starke Abtheilung englischer Truppen in Durban eintraf, protestirten die Natalleute entschieden dagegen und erklärten, sich unter holländischem Schutz zu befinden. Schritte, solchen zu erlangen, waren allerdings von privater Seite geschehen, doch hatte die holländische Regierung nichts gethan. Als die Engländer sich daran nicht kehrten und sogar einen nächtlichen Angriff auf die Bauern begannen, setzten sich diese zur Wehr und schlossen die Angreifer in ihrem Lager ein. Auf die Kunde davon wurden von Kapstadt alle verfügbaren Truppen nach Natal geschickt. Die Bauern versuchten vergebens ihre Landung zu verhindern, und als nun auch noch die Eingeborenen sich gegen sie erhoben, entschlossen sich die Nataler

Juli 1842, alle eroberten Waffen und die Gefangenen auszuliefern und Frieden zu schließen. Ihre Selbstregierung blieb unangetastet, nur die Hafen- und Zollgebühren sollten von den Engländern für die englische Krone erhoben werden. Die Natalleute gingen auf diese Bedingungen hauptsächlich ein, um Zeit zu gewinnen, da sie fortwährend auf Hülfe von Holland hofften.

Aber die Monate verflossen, und die Hülfe blieb aus. Holland lehnte sogar bestimmt jede Unterstützung der Bauern ab und bedrohte seine Unterthanen, die sich etwa an Feindseligkeiten gegen England betheiligten, während die britische Regierung sich nach langem Zögern entschloß, das Gebiet von Natal ihrem Kolonialbesitz zuzuschlagen. Auf ihre Weisung hin wurde Natal am 12. Mai 1843 zur britischen Kolonie erklärt und ein Königlicher Commissioner mit Untersuchung und Regelung der Verhältnisse in der neuen Besitzung betraut.

Die von der englischen Regierung in Natal getroffenen Verwaltungsmaßnahmen, besonders rücksichtlich des Landerwerbs und der Rechte der Eingeborenen, brachten die meisten Bauern zum Entschluß, das kaum besiedelte Land wieder zu verlassen. Sie machten einen letzten Versuch, ihren Wünschen bei der Kapregierung durch den angesehenen Andries Pretorius Gehör zu verschaffen. Als dieser jedoch bei dem in der Abreise befindlichen Governor gar nicht vorgelassen wurde, brachen sie mit ihren Familien und Heerden ins Innere auf. Hier hatten ausgewanderte Bauern schon 1837 den Eingeborenen das Gebiet des heutigen Transvaal, einen Theil des späteren Oranjefreistaats, und das südliche Betschuanaland abgenommen und sich dort um Potschefstroom und Winburg anzusiedeln begonnen. Zu ihnen stießen nun Anfang 1848 die in Massen aus Natal fortziehenden Ansiedler und andere aus Kapland. Vergebens versuchte der neue Governor der Kapkolonie, Sir Harry Smith, welcher von dem Wunsche beseelt war, die englische Herrschaft über die Gebiete im Norden der Kolonie auszudehnen, persönlich die Bauern zum Bleiben in ihren alten Sitzen zu bewegen. Sie erklärten, daß es ihnen nicht möglich sei, schutzlos und wehrlos unter den Massen von Kaffern, welche bei jeder Gelegenheit eher als sie Gehör bei der Regierung fänden, länger auszuharren. Als der Governor darauf hinwies, daß er das Gebiet, in dem sie sich niederlassen wollten, sogleich als britischen Besitz proklamiren werde, erwiderten sie, daß sie es in diesem Falle auf Gewalt ankommen lassen oder noch weiter nach Norden ziehen würden. Sir Harry Smith versprach schließlich, das Land nördlich vom Vaalflusse nicht als britischen Besitz zu proklamiren, wenn nicht die Mehrheit der Ansiedler darum bitte, erklärte aber das Gebiet zwischen dem Orange- und Vaalfluß im Februar 1848 wirklich zu englischem Eigenthum! Das Land erhielt den Namen Orange River Sovereignty. Ein britischer Resident sollte die höchste Behörde darstellen und Bloemfontein die Hauptstadt sein. Schwerere Verbrechen sollten in Kapkolonie abgeurtheilt werden. Das ganze Gebiet wurde in 3 Distrikte (Bloemfontein, Caledon und Winburg) getheilt, in denen Landkommissionen die Farmen registriren, Besitztitel verleihen und Grundsteuern (Quitrents) von 2 bis 8 Pfund Sterling jährlich auflegen sollten. Sir Harry Smith rechnete auf eine jährliche Einnahme aus den Grundsteuern von 5000 bis 10 000 Pfund Sterling, denen nur 4500 Pfund Sterling Ausgaben gegenüberstanden, da man die Verwaltung ganz dem Belieben der Bauern überließ. Diese Maßnahmen wurden von der britischen Regierung genehmigt hauptsächlich unter dem Gesichtspunkte, der eingeborenen Bevölkerung dadurch besseren Schutz zu gewähren.

Die Bauern erblickten indessen in dem Vorgehen Englands eine gröbliche Verletzung ihrer Rechte. Sie verlangten in der überwiegenden Mehrheit, unabhängig wie in den letzten 10 Jahren seit ihrer Auswanderung zu bleiben, und fanden dabei warme Unterstützung bei den Bauern im Gebiete nördlich vom Vaal. Dem in Winburg eingesetzten englischen Residenten wurde mit Verhaftung gedroht und im Juli 1848 allen Ansiedlern, die nicht am Freiheitskampf theilnehmen wollten, angekündigt, daß sie binnen 8 Tagen sich über den Orangefluß zurückzuziehen hätten. Im Handumdrehen fegte Pretorius mit den Bauern die englischen Beamten aus dem Gebiete von Winburg weg und erschien vor Bloemfontein. Die dortige Truppenabtheilung fühlte sich zum Widerstand zu schwach. Sie kapitulirte und zog mit den englischen Ansiedlern nach Kapkolonie ab. Am 21. Juli sandten die Bauern ein Manifest an Sir Harry Smith, worin sie ihre Beschwerden über die englische Herrschaft nochmals wiederholten und, gestützt darauf, daß die ganze Bevölkerung Unabhängigkeit wünsche, Aufhebung der englischen Besitzergreifungsakte verlangten. Als Antwort setzte der Governor hohe Preise auf die Köpfe von Pretorius und der anderen Bauernführer.

sandte schleunigst Truppen ab und begab sich selbst zum Orangefluß. Mit etwa 800 Mann Soldaten überschritt er diesen. Einige Bauern, welche sich geweigert hatten, am Freiheitskampfe theilzunehmen, und deshalb von Pretorius ihres Besitzes verlustig erklärt worden waren, und 200 Eingeborene stießen zu ihm. Er machte noch einen Versuch, die Bauern zur Waffenniederlegung und Preisgabe ihrer Führer zu bewegen. Aber obwohl uneinig und unentschlossen, blieben diese fest und traten den Kaptruppen Ende August bei Boomplaats entgegen. Trotz ihres Muths und ihrer Geschicklichkeit im Schießen zeigten sich die Bauern den Briten nicht gewachsen. Sie flohen nach Verlust einiger Leute. Der Governor besetzte Bloemfontein, ließ zwei Gefangene erschießen, setzte neue Preise für die Gefangennahme oder Tödtung der Führer aus und stellte die englische Herrschaft in dem ganzen Orangegebiet her. Der Besitz der Aufständischen wurde konfiszirt. Der Verkauf ihres Landes und verschiedene Geldstrafen brachten etwa 10 000 Pfund Sterling ein. Zum Schutz gegen neue Unruhen wurde in Bloemfontein ein Fort errichtet. An Stelle der Geflohenen traten bald Nachzügler aus der Kapkolonie.

Die Freude über den neuen Erwerb dauerte nicht lange. Die eingeborenen Stämme im Lande geriethen in Streit und riefen den britischen Residenten an. Seine Entscheidungen waren nicht im Stande, beide Theile zu befriedigen. Es kam zu fortwährenden Unruhen und Zusammenstößen. Strafzüge mußten unternommen werden, an denen die Bauern erst widerwillig und später gar nicht theilnahmen. Die Verhältnisse spitzten sich so zu, daß sie die Aufmerksamkeit der englischen Regierung erregten. Der Staatssekretär Earl Grey erklärte sich zwar bereit, die englische Autorität im Lande herzustellen, aber er war nicht geneigt, für diese Kolonie England große dauernde Lasten aufzuerlegen, zumal gerade große Kämpfe mit den Eingeborenen an anderen Stellen der Kapkolonie sich abspielten. Er bedeutete 1851 Sir Harry Smith, daß die englische Herrschaft zurückzuziehen sei, wenn nicht die Mehrzahl der Kolonisten freiwillig gehorche und die Regierung unterstütze.

Als dies bekannt wurde, schaarten sich die Bauern wieder um Pretorius, und die mächtigsten eingeborenen Stämme traten auf ihre Seite. Pretorius, der sich jenseits des Vaal aufhielt, theilte dem britischen Residenten mit, daß seine Landsleute ihn bevollmächtigt hätten, in der Sovereignty Ruhe und Frieden wieder herzustellen und eine friedliche Verständigung mit England herbeizuführen. Der Resident berichtete hierüber an Governor Smith und betonte, daß das Schicksal der Sovereignty von den Bewegungen eines verfehmten Mannes abhänge. Sir Harry Smith ordnete darauf eine Untersuchung der Lage an. Es stellte sich heraus, daß die Einnahmen des Gebietes kaum die Kosten der Civilverwaltung deckten und an Erhaltung einer Truppe nicht zu denken sei. Die englisch gesinnten Ansiedler verlangten, daß das Gebiet vollständig der Kapkolonie zugeschlagen würde und also an ihren Einnahmen und Rechten theilnähme. Daran war nicht zu denken. Die britische Regierung lehnte Aufwendung von Kosten für Gebiete außerhalb der schon organisirten bestimmt ab. Andererseits konnten die Dinge in der bisherigen Lage nicht bleiben. Die englischen Kommissare kamen daher zum Entschluß, zunächst die Freundschaft der Bauern jenseits des Vaal durch ausdrückliche Anerkennung ihrer Unabhängigkeit zu gewinnen, um sie den Bewohnern des Orangegebietes zu entfremden. Dementsprechend wurden die auf die Köpfe des Pretorius und Anderer gesetzten Prämien aufgehoben und am 23. Dezember 1851 mit einer Deputation der Transvaalbauern Verhandlungen begonnen. Sie führten am 17. Januar 1852 zu der Sand River Convention, worin den jenseits des Vaal wohnenden Bauern das Recht voller Selbstregierung ohne Einmischung der britischen Regierung zugestanden und eine Reihe Streitpunkte beigelegt wurden. England verzichtete auf alle Verträge mit eingeborenen Stämmen nördlich des Vaal, die Bauern dagegen versprachen Sklaverei weder zu treiben noch zu erlauben. Beiderseits wurde freier Handel, außer in Waffen und Munition, ausgemacht, Auslieferung von Verbrechern zugestanden und Versorgung der Eingeborenen mit Munition untersagt. Der Vertrag wurde von England wie vom Volksraad der Bauern genehmigt und so die Unabhängigkeit der südafrikanischen Republik begründet.

Herrschte unter den Transvaalbauern große Freude, so kannte die Erbitterung der Bauern in der Oranje River Sovereignty keine Grenzen. Sie sahen sich von ihren Stammesgenossen preisgegeben und mußten entweder auswandern oder sich den Maßnahmen der britischen Kommissare, die mit Strafen rücksichtslos vorgingen, unterwerfen. Zu ihrem Glück gelang es aber der britischen Verwaltung auch jetzt nicht, die Eingeborenen zu beruhigen. Der Resident wußte sich schließlich nicht zu helfen und berichtete nach Kapstadt, daß die Sovereignty auf die Länge ohne eine bedeutende bewaffnete Macht nicht zu halten sei. Der damalige Governor der Kapkolonie Sir George Cathcart ließ darauf eine Versammlung von Vertretern der europäischen Kolonisten berufen und sie fragen, ob sie Aufrechterhaltung der britischen Herrschaft wünschten. Sie waren dafür, aber sie waren nicht geneigt, aus eigener Kraft und mit eigenen Mitteln die Eingeborenen zur Ruhe zu bringen, sondern verlangten, daß dies England thue. Cathcart entschloß sich hierzu. Er erschien Ende 1852 mit gegen 2500 Mann Soldaten am Oranje River und ging gegen die unruhigen Basuto-Stämme vor. Diese leisteten jedoch entschlossenen und kräftigen Widerstand und tödteten eine Menge der Engländer, während sie selbst mehr Verluste unter ihren Frauen und Kindern als in den Reihen der Männer zu verzeichnen hatten. Dies bewog den Governor zum Rückzug. Er ging bereitwillig auf Versprechungen der Basutos für die Zukunft ein, schloß Frieden mit ihnen und zog mit Hinterlassung von 300 Mann in Bloemfontein ab. Die Bauern wurden benachrichtigt, daß sie im Falle eines Angriffes der Eingeborenen sich selbst schützen möchten!

Die Folge dieser Ereignisse war große Unzufriedenheit unter den Bewohnern, ein Petitionssturm und der Entschluß der britischen Regierung, das Orangegebiet aufzugeben. Im April 1853 wurde auf Anweisung des Staatssekretärs Duke of Newcastle eine Kommission hingesandt, um die britische Herrschaft von der Sovereignty zurückzuziehen. Es wurden Repräsentanten der Kolonisten berufen, um sich über die Form der Selbstregierung zu einigen. Die Meisten verlangten dringend Fortbestand des englischen Schutzes. Besonders die etwa 130 englischen Kolonisten, welche in der Sovereignty meist zu Spekulationszwecken 2 467 000 Acres Land erworben hatten, wollten von eigener Verwaltung, die dem weit stärkeren, etwa 15 000 Köpfe zählenden holländischen Element die Zügel völlig in die Hand gegeben hätte, nichts wissen. Doch die Aufträge des britischen Commissioners waren unzweideutig. Er setzte sich also mit den republikanisch gesinnten Bauern in Verbindung. Diese zeigten sich zur Uebernahme der Regierung geneigt, wenn England ihnen völlige Unabhängigkeit, Aufgabe seiner Verträge mit den Eingeborenen, Richteinmischung in ihre Angelegenheiten und freien Handel zugestand. Vergebens riefen die anders Gesinnten nunmehr durch eine Deputation in London Englands Schutz an und schilderten vereint mit den Missionaren die Zustände in Transvaal, und besonders die Lage der Schwarzen dort in grellsten Farben. Der Kommissar, der sich von den Uebertreibungen dieser Darstellungen überzeugt hatte, lud die zur Selbstregierung geneigten Leute Mitte Januar 1854 nach Bloemfontein und kam mit ihnen rasch zur Verständigung. Am 23. Februar wurde ein Vertrag unterzeichnet, worin Großbritannien die Oranje River Sovereignty als unabhängig anerkannte, alle Verträge mit Eingeborenen des Gebietes außer den Griquas für erloschen erklärte und im Uebrigen dieselben Abmachungen wie früher gegenüber Transvaal traf. Das Abkommen wurde vom englischen Parlament genehmigt. Nur eine Stimme trat auf Betreiben der erwähnten Deputation für eine nochmalige Prüfung der Angelegenheit ein!

Zehntes Kapitel.

Innere Entwickelung der Kapkolonie.

Es ist kaum zu bezweifeln, daß die Haltung Englands den Bauern gegenüber weniger nachgiebig gewesen sein würde, wenn nicht andere Angelegenheiten der Kapkolonie seine Aufmerksamkeit in hohem Maße in Anspruch genommen und es gegen Südafrika im Allgemeinen verstimmt hätten. Es war dies besonders die Kaffernfrage. — Den Wünschen der Kolonisten folgend, hatten die Governors zu Ende der 20er Jahre, die Kaffern im Osten immer weiter zurückgedrängt. Die Folge war 1834 ein gewaltiger Kafferneinfall, der vielen Ansiedlern Leben oder wenigstens Hab und Gut kostete. Die Regierung that dagegen, was in ihren Kräften stand. Es wurde eine große Strafexpedition unternommen, und der Governor d'Urban zwang die Eingeborenen, das Gebiet östlich vom Fish River, das er Province of Queen Adelaide taufte, abzutreten. Es wurden darin verschiedene Forts errichtet und die Verwaltung geregelt. Doch diese Maßnahme fand entschiedene Mißbilligung in London. Lord Glenelg, der Secretary of State for the Colonies im Ministerium Lord Melbournes, fand ohnehin schon, daß das Uebel der Kapkolonie ihre Größe sei. Er war um so mehr gegen eine Ausdehnung, als nach seiner durch verschiedene Missionare bestärkten Ansicht die neue Landerwerbung eine grobe Verletzung der Rechte der Eingeborenen darstellte und die Behandlung der Kaffern eine systematische Ungerechtigkeit wäre. In seinen Depeschen mißbilligte er im Einverständniß mit dem Parlament scharf das Verhalten der Kolonisten wie der Behörden und ordnete 1835 trotz der Vorstellungen des Governors d'Urban eine vollständige Aenderung in der Eingeborenenpolitik an. Die neuen Landerwerbungen mußten aufgegeben werden. Ansiedelungen von Europäern im Osten des Fish River wurden untersagt. Die Kaffernhäuptlinge wurden als unabhängige Herrscher anerkannt, mit denen nach allen Regeln internationalen Verkehrs umzugehen war. Britische Residenten vertraten bei ihnen die englischen Interessen. Mit Ausführung des neuen Systems wurde Captain Stockenstrom, ein mit den Verhältnissen vertrauter Mann und warmer Freund der Eingeborenen als Lieutenant Governor für die Ostprovinzen betraut. Er führte die Gedanken und Wünsche Lord Glenelgs mit Geschick, wenn auch freilich sehr zur Unzufriedenheit der Kolonisten, aus; als aber 1839 der Staatssekretär sein Amt niederlegte, wurde auch er von seinem Posten unter Ernennung zum Baronet entfernt, und der Governor begann wieder mehr den Wünschen der Kolonisten als der Eingeborenen und ihrer Freunde Ohr zu schenken. Aufs Neue begannen Räubereien und Streitigkeiten, und 1846 entbrannte ein heftiger Krieg, der unter allerlei Wechselfällen bis 1848 währte. Er endigte mit voller Unterwerfung der Eingeborenen. Das Gebiet zwischen den Fish und Keiskamma Rivers sowie von dort zum Kei River wurde ihnen abgenommen. Der erstere Distrikt erhielt den Namen Victoria, der andere British Kaffraria mit dem Hauptort King Williamstown. Sir Harry Smith, der damalige Governor, welcher diese Maßregel traf, begnügte sich nicht damit, sondern er legte den Häuptlingen noch allerlei Demüthigungen auf. Er zwang sie z. B., ihm den Fuß zu küssen und dergl. mehr.

Die neuen Maßnahmen bewährten sich nicht besser als die alten. Eine große Dürre, welche die Eingeborenen in Noth brachte, hatte Ende 1850 eine neue Erhebung zur Folge, und blutige Kämpfe verwüsteten nochmals die Grenzprovinzen während der Jahre 1851 bis 1853. Wenn auch das Ergebniß weitere Zurückdrängung der Kaffern war, brachten doch diese ewigen Unruhen die Kolonie in immer steigenden Mißkredit zu Hause. Man fand die Kosten und Sorgen, welche dieser Theil Afrikas bereitete, nicht im Einklang mit dem Nutzen, den er brachte. Die Regierung hielt es demgemäß für ihre Pflicht, eine weitere Ausdehnung dieses kostspieligen Besitzes zu vermeiden und Pläne zu seiner besseren Verwerthung ins Auge zu fassen. Die Einnahmen waren allerdings mit dem Steigen der Bevölkerung, 1855: 268 000 Seelen, ansehnlich gewachsen. Von 133 400 Pfund Sterling im Jahre 1835 waren sie 1848 auf 234 300; 1849 auf 237 800; 1850 auf 245 700; 1855 auf 306 000 Pfund Sterling gestiegen. Der Verkauf von Ländereien allein in den neu eroberten Gebieten hatte 1849: 8880, 1850: 16 500 Pfund Sterling gebracht. Doch diese Einnahmen deckten keineswegs die Kosten der Verwaltung. Im Jahre 1850 allein mußte Großbritannien für militärische Zwecke 344 500 Pfund Sterling zuschießen. Dazu kamen die Kosten der Kaffernkriege! Die Zunahme der Einnahmen beruhte hauptsächlich auf dem steten Wachsthum des Handels der Kolonie, welches in erster Linie den Fortschritten der Wollschafzucht*) zu danken war. Die Wollausfuhr belief sich 1836 bis 1840 im Jahre auf 30 200 Pfund Sterling, 1841 bis 1845 auf 99 500 Pfund Sterling, 1846 bis 1850 auf 201 900 Pfund Sterling, wogegen der Weinexport in dem letztgenannten Zeitraume auf jährlich 41 227 Pfund Sterling sank. Neben der Wolle spielte der Export von Guano von den Inseln der südwestafrikanischen Küste (annektirt 1861 und 1866) damals eine Rolle. Die gesammte Ausfuhr hatte 1831 bis 1840 durchschnittlich im Jahre einen Werth von 259 100; 1841 bis 1845 von 299 700; 1846 bis 1850 von 380 400; 1855 von 971 000 Pfund Sterling. Die Einfuhr dagegen wies in denselben Zeitabschnitten folgende Durchschnittszahlen auf: 1 185 500; 851 500; 1 165 200 Pfund Sterling. Im Vergleich zu der Höhe der Ausgaben, welche die Kolonie verursachte, war somit ihre wirthschaftliche Bedeutung nicht groß. Als Auswanderungsziel für Engländer kam sie noch beinahe gar nicht in Betracht. Ihr Werth als Flottenstation und Sicherheitshafen wurde sehr beeinträchtigt durch große Verwüstungen, welche gelegentlich plötzliche Stürme unter in den kapländischen Häfen ankernden Schiffen anrichteten.

---

*) Die Zahl der Wollschafe betrug 1849: 2 283 000.

Die vergleichsweise ungenügende wirthschaftliche Entwickelung der Kolonie veranlaßte die britische Regierung, welcher die Unterbringung ihrer Sträflinge seit der Beschränkung der Deportation nach Australien bedeutende Schwierigkeiten machte, sie als geeigneten Platz zur Ansiedelung von Verbrechern ins Auge zu fassen. Schon 1841 schlug Lord John Russell vor, Robben Island bei Kapstadt mit englischen Sträflingen zu besiedeln. Als der damalige Governor im Einverständniß mit den Ansichten der Kolonisten davon abrieth, faßte man die Insel als Besserungsanstalt für jugendliche Verbrecher aus England ins Auge. Wieder protestirten die Kapländer. Doch wenige Jahre später kam Gladstone als Staatssekretär auf ähnliche Gedanken zurück. Er wollte englische Sträflinge nach Kapstadt senden, damit sie dort bei öffentlichen Arbeiten im Hafen verwendet werden könnten. Diesem Vorschlage traten die Kolonialbehörden zunächst näher. Kaum erfuhr jedoch das größere Publikum von dem Plan, als es in lebhafteste Erregung gerieth. Und diese Mißstimmung wuchs, als im August 1848 Staatssekretär Lord Grey eine Zirkulardepesche an verschiedene Kolonien richtete, worin er anfragte, ob sie geneigt wären, Strafgefangene aufzunehmen und nach Absitzung ihrer Strafzeit als Ansiedler zu behalten. Besonders erbitterten gleichzeitige Mittheilungen der britischen Regierung, wonach der Kolonie die Unterbringung und Verwendung militärischer Verbrecher aus verschiedenen Kolonien zugemuthet und die Ankunft von einigen Hundert irischen politischen Verbrechern angekündigt wurde.

Es entstand eine nie dagewesene Unzufriedenheit in der Kolonie. So sehr man Arbeitskräfte brauchte, Verbrecher wollte man nicht. Darin waren alle Stände, Parteien und Nationalitäten einig. 55 Petitionen ergingen gegen den Plan der britischen Regierung. Während sie nach London unterwegs waren, erschien im September 1849 ein Schiff mit einigen Hundert Strafgefangenen in Simons Bay. Dies gab den Kolonisten Anlaß, sich gegenseitig feierlich durch Eid zu verpflichten, jede Verbindung mit Sträflingen oder Leuten, die solche beschäftigten, und der Regierung abzubrechen. Ein Committee überwachte die Ausführung. Infolge dessen wurden plötzlich alle Lebensmittel für Regierungszwecke verweigert. Auch die Bank trat der Vereinigung bei, und verschiedene Mitglieder des Legislative Council legten ihr Amt nieder. Der Governor Sir Harry Smith, der innerlich auf Seite der Kolonisten stand, half sich in der Verlegenheit dadurch, daß er die Gefangenen auf dem Schiff ließ und ihre Landung einige Monate lang untersagte, bis im Februar 1850 eine Weisung Lord Greys kam, die Deportirten nach Vandiemensland zu senden. Der Widerstand der Ansiedler von Kapland hatte solchen Eindruck in London gemacht, daß die Order im Council, welche die Kolonie unter die Deportationsgebiete versetzt hatte, wieder aufgehoben wurde.

Der Streit mit der englischen Regierung hob das Selbstgefühl der Kapländer außerordentlich. Der schon lange unter ihnen rege Wunsch nach größerem Antheil an der Regierung der Kolonie wurde nun lebhafter als je zuvor. England hatte 1836 die Einrichtung von Bürgervertretungen in den kleineren Städten, 1840 in Kapstadt genehmigt. 1843 war auch die Aufsicht über das Straßenwesen in die Hände gewählter Körperschaften gelegt worden. Dies Alles befriedigte aber nicht die Sehnsucht der Ansiedler nach Theilnahme an der obersten Verwaltung, da deren Maßnahmen ihnen so oft mißfielen. Das britische Ministerium stieß sich lange an der großen Ausdehnung dieser Kolonie, der Schwierigkeit und Schlechtigkeit der Verbindungen zwischen ihren Ansiedelungen und der Mannigfaltigkeit der Rassen. Doch Lord Grey war so von der Wichtigkeit und Nothwendigkeit der Selbstregierung für Kolonien überzeugt, daß er diese Bedenken ohne Weiteres fallen ließ. Auf seine Anordnung erwog der Governor Sir Harry Smith die Frage unter Anhörung angesehener Leute. Smith erachtete in seinem Berichte vom Juli 1848 den Zeitpunkt für Gewährung einer Repräsentativverfassung als gekommen, wenn er auch eine Anzahl von Schwierigkeiten sich nicht verhehlte. Dieses Gutachten des Governors, verbunden mit der Einigkeit und Festigkeit, welche die Kolonisten in der Deportationsfrage bewiesen, bewog das Ministerium John Russel, zunächst im Prinzip die Gewährung einer Repräsentativverfassung zu versprechen. Die nähere Feststellung wurde dem Committee des Privy Council for Trade and foreign Plantations überlassen. Auch diese Körperschaft war der Ansicht, daß die großen Entfernungen und die Rassenverschiedenheiten in der Kolonie die Wirkung einer parlamentarischen Regierung stark beeinträchtigen würden. Sie erwog daher die Theilung des Landes in zwei Kolonien mit getrennten Volksvertretungen oder Verlegung des zu gewährenden Parlaments nach einem mehr im Mittelpunkte der Kolonie gelegenen Orte als

Kapstadt. Doch erschienen die hieraus erwachsenden Nachtheile noch größer, so daß das Gutachten des Committees schließlich Errichtung einer Legislatur für die ganze Kolonie, bestehend aus zwei Kammern in Kapstadt, empfahl. Die britische Regierung ging darauf ein, und im Januar 1850 wurde Sir Harry Smith davon benachrichtigt und beauftragt, mit dem Legislative Council über die nöthige Zahl der Vertreter in jeder der neuen gesetzgebenden Versammlungen, das Wahlrecht rc. das Nähere, was sich in England nicht bestimmen ließ, zu vereinbaren. Dabei ergaben sich lange Streitigkeiten. Die Vertreter der unter dem Lieutenant Governor stehenden Ostseeprovinzen, die Missionare, die großen Grundbesitzer hatten alle verschiedene Interessen. Es verflossen während der Verhandlungen lange Monate, das Ministerium Russell stürzte, neue Kriege entbrannten am Kap. Doch die britische Regierung führte hier ihren Plan durch, und 1853 erhielt die Kapkolonie ihre Repräsentativverfassung.

Die Kolonie bekam dadurch neben Governor und Legislative Council von 16, noch ein House of Assembly von 47 Mitgliedern. Beide Körperschaften gingen aus Wahlen der Bewohner jeder Rasse hervor, von denen Jeder, der ein Gebäude im Werthe von wenigstens 25 Pfund Sterling bewohnte, Wahlrecht besaß. Um Uebergriffen vorzubeugen, war aber die Besoldung der höheren Beamten den Beschlüssen des Parlaments entzogen, und die wirkliche Selbstregierung „responsible government“ wurde der Kolonie noch nicht gewährt.*) 1854 trat das erste Parlament der Kapkolonie zusammen.

In demselben Jahre wurde der durch seine Thätigkeit in South Australia und New Zealand schon bekannte Sir George Grey Governor der Kolonie. Seine Aufmerksamkeit war in erster Linie wieder der noch immer brennenden Kaffernfrage gewidmet. Um die Stämme besser unter Aufsicht zu bekommen, entwarf er den Plan, den Häuptlingen in British Kaffraria ihre Hoheitsrechte allmählich durch Pensionen abzukaufen und gleichzeitig das weiße Element durch systematische Ansiedelung von Kolonisten im Kaffernlande zu stärken.

*) In England war man damals, wie im House of Lords ausgeführt wurde, der Ansicht, daß die Kapkolonie dazu nicht reif sei, da sie nicht genug reiche Leute habe, die ihre ganze Zeit und Kraft den öffentlichen Angelegenheiten widmen könnten.

Er setzte die Genehmigung seines Gedankens durch. Das britische Parlament entschloß sich jährlich zu den etwa 400 000 Pfund Sterling Aufwendungen für Kapland noch 40 000 Pfund Sterling zu bewilligen. Es wurden dann Auswanderungslustige in England gesucht und die militärische Macht in den Grenzbezirken verstärkt. Die Aufrufe blieben indessen beim Publikum ohne Erfolg. Statt 5000 meldeten sich nur 107 Leute, die am Kap ihr Heil versuchen wollten. Der Plan drohte zu scheitern, als man auf den Gedanken kam, die Mitglieder der deutschen Legion, welche in Englands Sold am Krimkrieg theilgenommen hatte, zur Uebersiedelung nach Afrika aufzufordern. Von den etwa 10 000 Legionären waren 2300 dazu bereit. Sie erhielten die erste Einrichtung und ein Stück Land zugesichert, das nach siebenjähriger Arbeit in ihr Eigenthum überging. Die Leute, welche unter der Führung des Major-General Stutterheim Anfang 1857 am Kap eintrafen, wurden in den östlichen Grenzbezirken angesiedelt. Die weitere Heranziehung deutscher Familien, welche der Governor befürwortete, erachtete die Regierung für zu theuer und politisch bedenklich!

Die Ankunft der Legionäre war damals für die Kapkolonie besonders wichtig. Infolge von Seuchen war nämlich eine Menge Vieh im Kaffernland gefallen. Noch größere Mengen Vieh tödteten die Eingeborenen selbst, veranlaßt durch einen fanatischen Seher, der demnächstige Auferstehung aller Todten und Erscheinen eines neuen besseren Viehschlags verkündigte. Sie kamen dadurch in solche Noth, daß gegen 25 000 am Hunger gestorben und 100 000 fortgewandert sein sollen. Das Land stand nun der weißen Einwanderung ungehindert offen, und mit der früheren Gefährlichkeit der Kaffern war es so ziemlich vorbei.

Wie in der Kaffernfrage, wünschte Sir George Grey auch in der Bauernangelegenheit mit der bisher befolgten Politik zu brechen. Er befürwortete in London nicht allein Vereinigung der Kapkolonie mit Natal und Britisch Kaffraria, sondern auch Einbeziehung der Bauernstaaten ins britische Südafrika. Der Oranje River Staat war hierzu sehr geneigt. 1858 beschloß der Volksraad Schritte zu thun, einen Anschluß ans Kapland herbeizuführen, da die Republik keine Mittel besaß, ihre Bedürfnisse zu befriedigen. Grey hatte schon vorher über die Angelegenheit nach London berichtet, darauf hingewiesen, daß die Auffassung von der Werthlosigkeit Südafrikas für England irrig sei, und Herstellung eines Bundes aller dortigen Staatswesen nach dem Muster New Zealands befürwortet.

Als dann die Botschaft der Oranjerepublik kam, legte er sie dem Kapparlament vor, wo freudige Annahme des Vorschlags zweifellos war. In England wollte man aber nichts davon wissen. Der Staatssekretär Labouchere erklärte, daß die Aufgabe der Bauernstaaten nach reiflicher Ueberlegung erfolgt und diese Politik weiter zu befolgen sei. Er wollte sogar Grey von seinem Posten entfernen. Sein Nachfolger Bulwer Lytton war ebenfalls von der Ueberzeugung erfüllt, daß die von Grey befürwortete Politik undurchführbar sei. Er ließ ihn nur in Kapstadt unter der Voraussetzung, daß er diese Pläne fallen ließ! Grey mußte sich in den letzten Jahren seine Amtsführung mit Förderung der Volkswirthschaft der Kolonie, Bau der ersten Bahn, Einführung von Telegraphen und dergleichen begnügen.

Trotz aller seiner Bemühungen erhielt sich in England das Vorurtheil gegen das jährlich so hohe Zuschüsse fordernde Südafrika. Die Regierung befand sich in etwas schwieriger Lage. Auf der einen Seite verlangten die Missionen und Philanthropen Schutz der Kaffernstämme gegen die Kolonisten und die Letzteren gegen die Wilden, was sich nur durch fortgesetzte Unterhaltung einer starken Militärmacht bewerkstelligen ließ, auf der anderen wünschten Parlament und öffentliche Meinung Verminderung der Kosten für militärische Zwecke. 1861 kam ein Ausschuß des Unterhauses nach eingehenden Untersuchungen zu dem Schluß, daß Hauptaufgabe der Regierung Ermuthigung der lokalen Anstrengungen und Organisationen sei. Man müsse die Verantwortlichkeit und die Kosten der Vertheidigung auf die Kolonien übertragen, nicht allein, um die Ausgaben des Mutterlandes zu mindern, sondern hauptsächlich um das Gefühl der Selbstverantwortlichkeit in kolonialen Gemeinwesen zu steigern. 1862 beschloß das Unterhaus einstimmig, daß es nicht länger angehe, jährlich 15 000 englische Soldaten für etwa 1 190 000 Pfund Sterling in den Kolonien zu unterhalten. Die Kolonien, welche Selbstregierung genössen, hätten für ihre innere Ruhe und Sicherheit in erster Linie selbst zu sorgen und hätten bei Vertheidigung gegen Angriffe von außen Beistand zu leisten!

Unter solchen Umständen fand ein Vorschlag des Nachfolgers von Sir George Grey 1864, British Kaffraria der Kapkolonie einzuverleiben, in London Beifall. Man erblickte darin die Möglichkeit, die Truppen von Kaffraria abzuberufen und die Vertheidigung den Kolonisten zu überlassen. Die Kapländer sträubten sich dagegen sehr lebhaft. Sie wiesen auf ihre schlechte Finanzlage hin. Ungeachtet ihres Widerstandes wurde die Einverleibung Kaffrarias in die Kapkolonie 1865 vollzogen. Um die Kolonisten gefügig zu machen, bot ihnen Lord Carnarvon Ausdehnung ihrer Selbstregierung an. Dieser Vorschlag fand bei den Kapstädtern Beifall. Obwohl die Vertreter der östlichen Distrikte sich widersetzten, beschloß das Legislative Council, den Wünschen der britischen Regierung entgegenzukommen.

Es dauerte noch verschiedene Jahre, ehe England seine Truppen vom Kap zurückzog, und ehe die in Aussicht gestellte größere Selbständigkeit der Kolonie zu Theil wurde. Inzwischen wütheten im Nordosten langwierige Kämpfe zwischen Bauern der Oranjerepublik und den Basutos. Beide Theile wandten sich wiederholt um Hülfe an die Kapregierung. Hier war noch immer der Wunsch rege, das Orangegebiet wieder zur Kolonie zu schlagen, doch das britische Ministerium lehnte noch 1866 eine solche Maßregel wie jede Ausdehnung des englischen Gebietes ohne zwingende Nothwendigkeit ab. Diese Haltung Englands trug viel dazu bei, daß die Kolonisten den Wünschen des Mutterlandes in Bezug auf Erhöhung der Steuern Widerstand leisteten und vielmehr Einschränkung der Ausgaben verlangten. Die Verhältnisse wurden immer unerquicklicher, die ganze Kapkolonie schien, als die Fertigstellung des Suezkanals Thatsache wurde, und der Verkehr nach Indien sich dem neuen näheren Wege zuwendete, in ihren Lebensbedingungen bedroht; da änderte die zufällige Auffindung von Diamanten (1867) in der Nähe des Oranje River mit einem Schlag die ganze Lage. Auf einmal gewann das südafrikanische Gebiet neuen Werth. Die britische Regierung genehmigte nun 1868 die Annexion des Basutolandes im Osten der Oranjerepublik. Das betreffende Gebiet wurde 1869 in einem Vertrag mit Letzterer zwischen der Republik und dem Kap getheilt. Kurz darauf legte England die Hand auf das als reichste Fundstätte von Diamanten sich erweisende Griqualand im Westen der Oranjerepublik, und die britische Regierung machte kein Hehl daraus, daß es die frühere zurückhaltende Politik als einen Fehler ansehe! Der Staatssekretär Duke of Buckingham sprach schon November 1868 offen aus, daß es nicht unmöglich sei, daß das Interesse der Kolonien und des Friedens in ihrer Nachbarschaft Maßregeln nöthig mache, um die Bauernstaaten in irgend einer Form unter britischen Einfluß zu bringen!

Dieses Vorgehen Englands brachte die Bauernstaaten in Harnisch. In der Oranjerepublik empfand man nach der Abweisung der früheren Anerbietungen die Annexionen in Basuto- und Griqualand als Gewaltakte und Verletzungen des Vertrags von 1854. In Transvaal fühlte man sich durch die Besitzergreifung von Griqualand nicht allein im Gebiet geschädigt, sondern man fürchtete auch weitere Beeinträchtigungen. Um ihnen vorzubeugen, proklamirte die Regierung von Transvaal Ausdehnung ihres Gebietes im Westen, Norden und Osten; in letzterer Richtung bis zur Delagoabay, an der schon wiederholt Bauern Ansiedelungen versucht hatten. — Die Kapregierung ging unbekümmert darum ihren Weg. Sie bewog die Bauernstaaten, auf Schiedsgerichte einzugehen, bei denen ihre Landansprüche nicht anerkannt wurden. Obwohl die Republiken sich den Schiedssprüchen nicht fügen wollten, wurde 1871 der diamantenhaltige Theil von Griqualand zu englischem Besitz erklärt.*) Transvaal wurde bedeutet, daß seine Besitzergreifung in den neuen Gebieten nicht anerkannt werde.**)

Ungeachtet des Umschwungs in der südafrikanischen Politik blieb die britische Regierung ohne Unterbrechung bemüht, die militärischen Aufwendungen für die Kapkolonie einzuschränken. Lord Carnarvon verlangte als Staatssekretär, daß die Kolonie wie Australien für jeden Infanteristen jährlich 40 Pfund Sterling, für jeden Artilleristen 70 Pfund Sterling beisteuere. Dem Governor und anderen Beamten war es zweifellos, daß die Zustimmung der kapländischen Kammern zu einer solchen Maßregel nicht zu erhalten war, wenn man ihnen nicht volle selbständige Regierung wie in Australien und Canada gewähre. Sie hatten hiergegen aber die schwersten Bedenken. Der Governor Wodehouse war der Ansicht, daß eine

---

*) Die Oranjerepublik wurde 1876 endgültig durch Zahlung von 90 000 Pfund Sterling abgefunden.

**) Delagoabay suchte England sich selbst zu sichern. Als Portugal sich dagegen sträubte, ließ England es auf einen Schiedsspruch Frankreichs ankommen und erwarb, als dieser für Portugal günstig ausfiel, von diesem das Vorkaufsrecht. Vgl. Europäische Kolonien I. S. 199.

solche Selbstregierung nur für Kolonien passe, die abzufallen im Begriff seien. Andere wiesen auf die bedenkliche Stärke des holländischen Elements, die Möglichkeit ungerechter Behandlung der Eingeborenen und dergl. hin. Doch die britische Regierung blieb fest in ihrem Vorsatz. Die kapländischen Kammern wurden mit der Frage befaßt, und nachdem sie 1872 zugestimmt hatten, erhielt die Kolonie volle Selbstregierung. Zu den zwei Häusern des Parlaments trat ein Ministerium, gebildet aus Mitgliedern der parlamentarischen Mehrheit. Der erste kapländische Premierminister war Sir John Molteno, welcher auf der Stelle die ganz vernachlässigte Eisenbahnfrage aufnahm. Die Kolonie besaß damals im Ganzen nur 63 bis 64 Meilen Bahnen. Er ließ den Plan für ein Netz von Schienenwegen zur Verbindung des Innern mit den Häfen entwerfen und setzte dafür die Bewilligung von etwa 5 Millionen Pfund Sterling durch. Es bedarf keiner Hervorhebung, daß diese Maßnahme für die Zukunft der Kolonie und der britischen Herrschaft in Südafrika überhaupt von entscheidender Wichtigkeit war!

Unabhängig von der Kapkolonie hat sich bis dahin Natal entwickelt. 1845 war dieses Gebiet zur Kapkolonie geschlagen und zuerst ganz von dort aus verwaltet worden. Doch schon Ende des Jahres erhielt Natal einen Lieutenant Governor und ein eigenes Executive Council. 1848 trat dazu auch ein ernanntes Legislative Council. Die rein äußerliche Zusammengehörigkeit der beiden mit einander damals zu Land noch nicht direkt verbundenen Kolonien wurde 1856 vollständig gelöst. Natals Legislative Council wurde aus 12 gewählten und 4 ernannten Mitgliedern zusammengesetzt. Von 1848 bis 1852 wurde durch einen gewissen Byrne, der Nata früher bereist hatte, eine Auswanderungsbewegung nach Natal in Werk gesetzt. Jeder Ueberfiedler bekam für 10 Pfund Sterling di Ueberfahrt und 20 Acres Land. Gegen 4000 Weiße sind auf diese Weis nach Natal geschafft worden. Es ging ihnen zwar anfangs meis ziemlich schlecht, und es herrschte große Unzufriedenheit, da 20 Acr damals zu ertragreicher Wirthschaft nicht reichten und genügend Vorkehrungen für die aus allen Ständen zusammengewürfelten Leut fehlten, doch haben es Viele später zu Wohlstand und Ansehen ge bracht. In fast noch höherem Maße als die Kapkolonie hatte Nata Schwierigkeiten mit den benachbarten Kaffernstämmen zu bestehen Diese Schwierigkeiten waren um so größer, als auch die weiß

Bevölkerung der Kolonie selbst, nach Abzug der holländischen Bauern, sehr gering war. 1852 kamen hier nur 8000 Weiße auf 113 000 Eingeborene. Natal begann sich erst zu heben, als neben der Wollschafzucht, Rohrzuckerbau eingeführt wurde und von 1860 an zahlreicher Arbeiter aus Indien kamen. Ende 1875 waren bereits gegen 12 000 indische Kulis im Lande. Der Wollexport hatte 1872 einen Werth von 274 000, der Zuckerexport einen solchen von 154 000 Pfund Sterling. Mit den Kaffern in der Kolonie hatte man sich damals in der Weise abgefunden, daß man ihnen eigene Reservate überließ, in denen sie nach ihrem Herkommen lebten. Trotz mancher Reibereien herrschte im Großen und Ganzen Ruhe, bis es 1873 zu einem Zusammenstoß mit einem widerspenstigen Häuptling kam. Dabei ergriffen die Missionare und besonders der Bischof von Natal Dr. Colenso sehr lebhaft Partei für die Eingeborenen und setzten durch, daß Lord Wolseley nach der Kolonie geschickt wurde, um die Lage und Behandlung der Kaffernstämme zu untersuchen. Wolseley und seine Begleiter gewannen indessen nicht den von den Missionaren gehegten Eindruck. Sie fanden die Lage der Eingeborenen unter der britischen Herrschaft sehr befriedigend und setzten durch, daß die Macht der Häuptlinge beschränkt und das englische Strafrecht auf die Eingeborenenreservate ausgedehnt wurde. Eine Folge der Mission Wolseleys war auch die Beförderung des Bahnbaues in der Kolonie.

Elftes Kapitel.

Die Auseinandersetzung mit den Boerenstaaten.

Die erhöhte Aufmerksamkeit, welche Großbritannien seit der Auffindung der Diamanten- und später Goldminen den südafrikanischen Angelegenheiten widmete, war die Ursache, daß zu Anfang der 70er Jahre mit der früher befolgten Politik hier vollständig gebrochen wurde. Die britische Regierung, in der 1874 Lord Carnarvon die Kolonien leitete, kam nun zu denselben Gedanken, die Sir George Grey seiner Zeit vergebens geltend zu machen versucht hatte. Man hoffte in Südafrika ein ähnliches System, wie es 1867 in Canada eingeführt worden war, durchsetzen und alle Kolonien und Staaten zu einem Körper vereinen zu können. Im Mai 1875 veranlaßte der Staatssekretär Lord Carnarvon den Governor des Kaps, die verschiedenen Staaten Südafrikas zu einer Konferenz einzuladen, um die Eingeborenenfrage und andere Sachen von allgemeinem Interesse zu berathen. Falls sich Gelegenheit böte, sollte auch die Herstellung eines Bundes erörtert werden. Als Vertreter Englands sandte er den Schriftsteller Froude, der allerdings nur als Privatmann auftrat. Die Anregung Carnarvons und die Sendung Froudes fanden indessen in der Kapkolonie nicht den erwarteten Anklang. Das Ministerium nahm es übel, von London bevormundet zu werden. Man hielt die Zeit für solche Pläne auch noch nicht gekommen. Dazu verletzte Froudes Auftreten. Das Ende war, daß die Konferenz zunächst gar nicht stattfand, und daß schließlich der Staatssekretär 1876, als der Premierminister des Kaps und der Präsident der Oranjerepublik in London weilten, vorschlug, dort eine Berathung der Angelegenheit vorzunehmen. Auch diese Anregung fiel ins Wasser; das Kapparlament verbot dem Minister, an den Sitzungen theilzunehmen. Präsident Brand wurde von seinen Volksraad angewiesen, über keinen Gegenstand zu verhandeln, der die Unabhängigkeit der Republik schmälern könnte. Nur Natal war durch Sir Theophilus Shepstone und zwei Mitglieder des Legislative Council vertreten. Transvaal hatte jede Theilnahme an der Konferenz abgelehnt.

Trotzdem die Berathungen somit erfolglos waren, sandte der Staatssekretär Ende 1876 den Plan eines südafrikanischen Bundes nach Südafrika und legte ihn 1877 dem englischen Parlament vor, wo er angenommen wurde. Es war in dem Aktenstück eine Bundesregierung mit Ober- und Unterhaus, Provinzlandtagen ꝛc. vorgesehen. Sir Bartle Frere, der Anfang d. Js. nach Kapland als Governor gesandt wurde, hatte den Auftrag, den Gedanken Lord Carnarvons an Ort und Stelle durchzuführen.

Als Sir Bartle Frere in Kapstadt landete, hatten sich in Südafrika sehr bedeutsame Vorgänge abgespielt. Die Transvaalbauern waren mit den Zulus, welche die Ansiedler belästigten und die Hüttensteuer verweigerten, sowie mit Betschuanaland und Lobengula von Matabeleland seit längerer Zeit in Streit. Die von ihnen bedrohten Häuptlinge riefen sämmtlich den Schutz Englands an, und es unterstützten sie dabei eifrig die Missionsvertreter, welche den Bauern allerlei Grausamkeiten nachsagten und sie beschuldigten, die

Neger nach wie vor als Sklaven zu behandeln. Die englisch gesinnte Presse verbreitete jede den Transvaalern ungünstige Erzählung. Die Sicherheit aller englischen Kolonien und von ganz Südafrika wurde durch das Vorgehen der Bauern als bedroht geschildert! Dazu kamen Klagen und Hülfeschreie von den in Transvaal lebenden englischen Goldsuchern u. dergl. — Die britische Regierung fand die Lage so ernst, daß sie energische Maßnahmen für nöthig hielt. Sir Theophilus Shepstone, der Sekretär für Eingeborenenangelegenheiten in Natal, der Afrika genau kannte und damals Natal bei der Londoner Konferenz vertrat, erschien dem Lord Carnarvon als der geeignete Mann, um einzugreifen. Er sandte ihn 1876 als Special Commissioner nach Südafrika, um die Verhältnisse Transvaals zu untersuchen und, falls es die Verhältnisse erforderten, das Land oder Theile davon den britischen Besitzungen einzuverleiben. Er sollte nur darauf achten, daß eine genügende Anzahl der Bewohner die Annexion wünschten!

Shepstone erschien Januar 1877 mit einer Handvoll berittener Polizisten in Pretoria und theilte dem Volksraad seine Aufträge mit. Dieser zog dem Anschluß an einen südafrikanischen Bund eine Reform der Verfassung vor und zeigte sich geneigt, Steuern zu bewilligen und Ordnung zu schaffen. In Wahrheit geschah aber nichts. Die Kassen waren leer und der Präsident ohnmächtig! Unter solchen Umständen entschloß sich Shepstone am 12. April 1877, Transvaal durch eine Proklamation zu britischem Territorium zu erklären und sich an die Spitze seiner Verwaltung zu stellen. Der Präsident und sein Executive Council protestirten hiergegen. Der Vizepräsident Paul Krüger und der Generalstaatsanwalt gingen persönlich nach England, um die Rücknahme der Annexion durchzusetzen. Ihre Schritte blieben vergeblich, doch ein ernstlicher Widerstand der Bauern erfolgte nicht. Die einrückenden britischen Truppen wurden freundlich aufgenommen. Ein Vorschuß von 100 000 Pfund Sterling in die leeren Kassen Transvaals schien Englands Ansehen und Einfluß vollständig zu befestigen. Lord Carnarvon war somit berechtigt zu glauben, daß sein Ziel erreicht sei.

Nur zu bald zeigte es sich, daß diese Annahme irrig war. Zunächst hatte die Einverleibung Transvaals einen blutigen Krieg mit den Zulukaffern zur Folge. Die Letzteren fühlten sich durch die Annexion nach dem Urtheil des Lieutenant Governor von Natal beunruhigt und sahen sich jetzt nach dem Wegfall der Bauernrepublik in jeder der zahlreichen Streitfragen den Engländern gegenüber. Da ein sehr energischer und rücksichtsloser Häuptling, Cetewayo, an ihrer Spitze stand, konnten Reibereien nicht lange ausbleiben. Frere bemühte sich aus allen Kräften, Ruhe zu erhalten. Er willigte in eine Lösung streitiger Grenzfragen zu Gunsten der Zulus. Dafür verlangte er Ersatz für verschiedene Uebergriffe, Schutz der Missionare und Aufnahme eines britischen Residenten. Erst als Cetewayo diese Forderungen unbeantwortet ließ, sandte er Januar 1879 Truppen gegen die Zulus. Der Kampf begann mit einer bedenklichen Niederlage der Engländer. Aber rasch wurden auf Freres Verlangen Truppen von England, Ceylon und St. Helena geschickt, Sir Garnet Wolseley übernahm den Oberbefehl, und im August war mit der Gefangennahme Cetewayos der Krieg zu Ende.

Die Transvaaler hatten in diesen Kämpfen den Engländern sehr wenig Beistand geleistet. Diejenigen unter ihnen, welche auf ihre Freiheit nicht verzichten wollten, sahen in dem Krieg die beste Gelegenheit, sich wieder von Großbritannien loszureißen. Schon zu Beginn des Krieges sandten sie eine zweite Deputation nach London. Obwohl Hicks-Beach, der Nachfolger Carnarvons, auf dem von diesem eingenommenen Standpunkt blieb, wandten sie sich im Frühjahr 1879 mit ihren Wünschen wieder an Sir Bartle Frere und schickten neue Petitionen nach England. Ihre Abneigung gegen britische Herrschaft war inzwischen immer mehr gewachsen, da ihnen das von England geübte militärische Regiment sehr mißfiel und sie nicht geneigt waren, der englischen Regierung mehr oder pünktlicher als vorher ihre eigenen Steuern zu zahlen. Eine Zeit lang hofften sie 1879, daß der wieder ans Ruder gelangte Gladstone, der die Annexion Transvaals früher öffentlich gemißbilligt hatte, die Maßregel rückgängig machen werde. Als Gladstone dazu keine Miene machte und Wolseley erklärte, die britische Souveränetät über Transvaal werde so lange aufrecht erhalten werden, als die Sonne scheine und Flüsse ins Meer strömten, faßten sie Pläne zu offenem Widerstand.

Am 13. Dezember 1880 kamen die Führer der Bauern in Paardekraal (jetzt Krügersdorp) mit den Mitgliedern des seit 1877 nicht berufenen Volksraads zusammen. Krüger, Joubert und Pretorius wurden von Allen als Leiter anerkannt. Die Bauern verpflichteten sich, unter ihnen ihre Selbständigkeit zurückzuerobern. Am 16. Dezember wurde durch eine Proklamation die Republik als wiederhergestellt verkündigt und der britische Administrator zu Pretoria vom Beschluß der Bauern benachrichtigt. — Die englische Verwaltung berief hierauf die in den einzelnen Orten zerstreuten Truppenabtheilungen nach Pretoria und zeigte sich entschlossen, zur Gewalt zu greifen. Als die Bauern, die erklärt hatten, nur, falls sie dazu gezwungen würden, Blut vergießen zu wollen, das sahen, griffen sie noch im Dezember ein paar Kompagnien des 94. Regiments an und nahmen sie, nachdem 157 Mann gefallen waren, gefangen. Der britische High Commissioner und Governor von Natal, Sir George Colley, sammelte nun 1400 Mann und 6 Kanonen und rückte damit gegen die Bauern. Er wie seine Offiziere waren davon überzeugt, daß diese Gegner, die noch vor wenig Jahren gegen die Zulus so wenig ausgerichtet hatten, nicht sehr ernst zu nehmen seien. Ihre Erfahrungen brachten sie bald zu einer anderen Auffassung. Am 28. Januar 1881, am 7. Februar erlitten sie Niederlagen, und am 27. Februar gelang es den Bauern bei Majuba Hill, den General Colley selbst, 6 Offiziere und 90 Mann zu tödten und die englische Truppenmacht in wilde Flucht zu schlagen! Die Bauern verloren dabei nur 1 Todten und 5 Verwundete!

In England erregte die ganze Angelegenheit von Anfang an unangenehmes Aufsehen. Die billig Denkenden standen auf Seiten der Bauern. Man erinnerte daran, daß Carnarvon die Annexion ausdrücklich von der Zustimmung der Bevölkerung abhängig gemacht hatte, und fürchtete von einem Krieg der Weißen untereinander die schlimmsten Wirkungen auf die Eingeborenen. Präsident Brand vom Oranjestaat wurde beauftragt zu vermitteln, und Colley erhielt Anweisung, es ohne Noth nicht auf Gewalt ankommen zu lassen. Gleichzeitig wurden freilich 10 000 Mann und der General Sir F. Roberts nach Südafrika geschickt, um Englands Interessen zu vertreten!

Als Roberts in Kapstadt ankam, war aber die Schlacht von Majuba Hill schon geschlagen, und Sir Evelyn Wood, der Nachfolger Colleys, hatte mit den Bauern am 23. März einen Waffenstillstand geschlossen. Er hatte ihnen das Recht voller Selbstregierung unter der Suzeränetät der Königin von England zugesagt! Unter den obwaltenden Umständen und bei der schwierigen allgemeinen politischen

Lage erschien es der englischen Regierung nicht angezeigt, den Kampf nochmals aufzunehmen. Lord Kimberley, der Staatssekretär der Kolonien, erklärte sich mit Woods Zugeständniß einverstanden, und im August 1881 wurde zu Pretoria ein förmlicher Vertrag mit den Bauern abgeschlossen. Die Letzteren fügten sich dem Verlangen nach britischer Suzeränetät wohl nicht allein, um den Briten den Rückzug zu erleichtern, sondern auch, weil nach Sir Bartle Freres Zeugniß diese Suzeränetät im Wesentlichen nur bedeuten sollte, daß England über das Wohlergehen der Eingeborenen wachen werde. Im Uebrigen hieß es in dem Vertrage: Her Majesty reserves to herself the control of the external relations of the said State, including the conclusion of treaties and the conduct of diplomatic intercourse with foreign powers. Dieses Abkommen gab zu verschiedenen Schwierigkeiten Anlaß und es wurde daher 1884 in London abgeändert. Transvaal war dabei durch eine Abordnung des Volksraads vertreten. Die Republik nahm damals den Namen „südafrikanische Republik" an. England ließ sein Suzeränetätsrecht fallen und begnügte sich mit der folgenden Vereinbarung: the South African Republic will conclude no treaty or engagement with any state or nation other than the Orange Free State, nor with any native tribes to the eastward or westward of the Republic until the same has been approved by Her Majesty the Queen. Such approval shall be considered to have been granted if H. M.'s Government shall not, within 6 months after receiving a copy of such treaty have notified that the conclusion of such treaty is in conflict with the interests of Great Britain or of any of H. M.'s possessions in South Africa.

Als es zu dieser Auseinandersetzung kam, hatte die Entwickelung der britischen Besitzungen in Südafrika schon ungeheure Fortschritte gemacht. Die Kapkolonie besaß 1849 nur 218 000 Bewohner, wovon 76 000 der kaukasischen Rasse angehörten. 1855 zählte die Kolonie 268 000, 1865 496 000 Bewohner, von denen 182 000 Weiße waren. Nach der Einverleibung Britisch-Kaffrarias stieg die Bewohnerzahl der Kapkolonien 1875 auf 721 000, darunter 237 000 Weiße; 1885 wurde die Einwohnerzahl auf 1 252 000 berechnet bei einem Flächenraum von 276 900 Quadratmeilen.*) 1891 belief sich die

*) Betschuanaland mitgerechnet.

Bevölkerung auf 1 527 000, wovon 376 000 Weiße waren. Kapstadts Bewohnerzahl war 1849: 24 000, 1875: 32 000, 1891: 85 000. Die Bevölkerung Port Elizabeths ist von 13 000 im Jahre 1875 auf 23 200 im Jahre 1891 gewachsen, die Grahamstowns von 7000 auf 10 400. Beide überflügelt hat das erst 1867 gegründete Kimberley mit 28 700 Seelen. Daneben sind eine Menge kleinerer Orte in die Höhe geschossen.

Natal mit 20 460 Quadratmeilen Fläche besaß 1852 nur 121 000 Bewohner, darunter 8000 Europäer. 1891 zählte man hier 555 500 Seelen, darunter 42 700 Weiße. Durban besaß 27 400, Pietermaritzburg 17 200 Einwohner.

Besonders hervortretend sind die Fortschritte dieser Kolonien in der Steigerung der öffentlichen Einnahmen. Während diese in der Kapkolonie noch 1855 nur 306 000 Pfund Sterling betrugen und 1865 auch nur 856 700 Pfund Sterling erzielt wurden, vereinnahmte man 1872: 1 161 500, 1875: 1 672 700, 1880: 2 536 900, 1885: 3 327 500 Pfund Sterling. In Natal stiegen die Einnahmen von 32 100 Pfund Sterling im Jahre 1850 auf 77 400 im Jahre 1860, 126 200 im Jahre 1870, 260 200 im Jahre 1875, 582 700 im Jahre 1880, 662 900 im Jahre 1885. Der Handel beider Kolonien zeigt folgende Gestaltung:

	1850	1860	1870	1875	1880	1885
Einfuhr:						
Kapkolonie		2 677 500	2 502 000	5 762 700	8 092 000	4 991 600
Natal	111 000	354 900	429 500	1 268 800	2 336 500	1 518 500
Ausfuhr:						
Kapkolonie		2 100 900	2 603 200	4 393 300	4 490 100	3 734 600
Natal	32 100	139 600	382 900	835 600	890 800	877 400

Unter den Exportgegenständen der Kapkolonie stand abgesehen von Diamanten an der Spitze Schafwolle. Es wurde hiervon ausgeführt:

1860	für	1 448 600	Pfund Sterling,
1870	=	1 669 500	= =
1875	=	2 855 800	=
1880	=	2 429 300	=
1885	=	1 426 100	= =

Der Werth der versandten Diamanten ist nicht genau bekannt. Nach den Deklarationen im Postamt zu Kimberley wurden davon exportirt 1876 für 1 807 500 Pfund Sterling, 1880 für 3 367 800 Pfund Sterling, 1885 für 2 489 600 Pfund Sterling.

Weitere sehr bedeutende Ausfuhrerzeugnisse sind Kupfererz, Straußenfedern, Angoraziegenhaar und Gold. Es wurden davon ausgeführt:

	1870	1875	1880	1885	
Kupfererz	146 300	248 500	306 700	395 600	Pfund Sterling,
Straußenfedern	91 200	304 900	883 600	585 200	" "
Angorahaar	26 600	133 100	206 400	204 000	" "
Gold	40 100	180 900	147 200	371 600	" "

Natals Ausfuhr umfaßt ebenfalls in erster Linie Wolle, daneben Rohrzucker, Häute, Straußenfedern und landwirthschaftliche Erzeugnisse.

An Hornvieh besaß

	1875	1887	
Kapkolonie	1 329 400	1 266 500	Stück,
Natal	449 600	611 700	"

Pferde zählte man in der Kapkolonie 1875 nicht weniger als 241 300, 1887: 262 500. An Schafen besaß diese Kolonie 1875: 11 279 700, 1887: 13 073 100 Stück, während Natal 1875: 386 100 und 1887: 484 200 hatte. Die Zahl der Angoraziegen in Kapland ist von 977 900 Stück im Jahre 1875 auf 3 184 000 im Jahre 1891 gewachsen. Zahme Strauße besaß es 1875: 21 700, 1891: 154 800.

Die Eisenbahnen der Kapkolonie hatten 1873 eine Länge von 64, 1875 von 147 Meilen. Natal wies 1875 gar nur 5 Meilen auf. 1880 besaß Letzteres 98½, Erstere 907 Meilen Bahnen. 1885 war die Länge der Schienenwege in Natal auf 174, im Kaplande auf 1599 Meilen gewachsen! Für diese Bahnanlagen, Hafenbauten u. dergl. haben sich allerdings beide Kolonien in ansehnliche Schulden gestürzt. Während 1870 Natal 268 000, Kapland 1 106 400 Pfund Sterling schuldete, ist diese Last bei Ersterem auf 3 762 000, bei Letzterem auf 21 672 100 Pfund Sterling im Jahre 1885 gestiegen!

Zwölftes Kapitel.

Beginn fremden Wettbewerbs in Afrika und seine Wirkungen.

Der Rückgang des Handels in Sierra Leone und am Gambia wurde in erster Linie auf Unruhen der Eingeborenen in den benachbarten unabhängigen Gebieten, dann aber auch auf das Vorgehen anderer Nationen, besonders der Franzosen, zurückgeführt, welche seit 1870 eine eifrige Thätigkeit in Afrika entwickelten und allenthalben neben den englischen Besitzungen Stationen anlegten. Erst waren das gesammte Senegalgebiet bis zum Gambia, dann der Süden zwischen Gambia und portugiesisch Guinea sowie weite Strecken des Inneren, endlich Grand Bassam (1838), Assini (1842), Gaboon (1842), Ogowe (1862), Porto Novo (1868) und das Land bis zum Kongo (1884) von Frankreich erworben worden. Durch diese Besitzergreifungen wurden die englischen Kolonien mehr und mehr von ihren Bezugs- und Absatzmärkten im Inneren abgeschnitten, da England, wie gezeigt, sich durchweg auf Behauptung und Entwickelung der Küstenplätze beschränkt und aufs Innere eigentlich nur an der Goldküste nothgedrungen Einfluß geübt hatte. Besonders der Gambia wurde durch die Umklammerung Frankreichs immer werthloser, und die britische Regierung versuchte wiederholt (1870 und 1876) für Aufgabe dieser Kolonie Frankreich zum Verzicht auf seine Erwerbungen zwischen Sierra Leone und dem Aequator zu bewegen. Diese Verhandlungen scheiterten anscheinend hauptsächlich infolge des Widerstandes der am Gambia thätigen Wesleyaner gegen Uebergang an das katholische Frankreich. Letzteres setzte daher seine Ausdehnungspolitik immer weiter fort und erwarb auch am Niger Rechte, wo seit 1879 eine Gesellschaft englischer Kaufleute, the United African company*), später the national African company genannt, auf Grund von Verträgen mit den Eingeborenen thätig war. Englischerseits geschah weder in Sierra Leone noch am Gambia etwas Ernstliches, um den Kolonien ein größeres Hinterland zu sichern, abgesehen von einer Expedition im Jahre 1881, die den Oberlauf des Gambia erforschte und über Sierra Leone zurückkehrte.

---

*) Ihr Schöpfer war der frühere Offizier der Royal Engineers, Taubman Goldie, der 1877 den Niger bereist hatte.

Da bei dieser Reise festgestellt wurde, daß das Innere überall nur spärlich bevölkert, schwer zu erreichen und durch einige Eingeborenenkriege beunruhigt war, wollte sich die britische Regierung dafür in keine Unkosten stürzen. Sie begnügte sich, zunächst 1882 mit Frankreich eine Vereinbarung über die Nordgrenze Sierra Leones zu treffen.

Erst das Auftauchen neuer Bewerber neben Frankreich um den Besitz Afrikas, wodurch die Zukunft der englischen Besitzungen ernstlich gefährdet erschien, bewog Großbritannien mit seiner langbefolgten Politik zu brechen und zur Besitznahme weiter Gebiete des Inneren Afrikas zu schreiten. Diese neuen Mitbewerber waren Belgien, Italien und Deutschland. Der König von Belgien folgte bei seinem Vorgehen Bahnen, die ihm sein Vater vorgezeichnet hatte. Belgien vermißte seit seiner Losreißung von den Niederlanden schmerzlich den Markt der niederländischen Kolonien. Leopold I. hatte darum Jahre lang sich bemüht, in Brasilien, Mittelamerika oder Abessynien seinem Lande eine brauchbare Kolonie zu erwerben. Aber die politischen Verhältnisse hemmten ihn, und in den von ihm ins Auge gefaßten Ländern erwies sich die Erwerbung geeigneter Gebiete als unthunlich. Leopold II. befand sich in einer weit günstigeren Lage. Die Feindseligkeit zwischen Deutschland und Frankreich gewährte dem Bestand Belgiens als selbständigen Staates eine früher nicht vorhandene Bürgschaft. Dazu bot sich ihm im tropischen Afrika ein bis dahin unbekanntes oder unterschätztes Kolonisationsfeld.*) Durch die Berichte der Reisenden, welche besonders in den 50er bis 70er Jahren das Innere Afrikas erforschten und Licht über seine geographischen Verhältnisse verbreiteten, war festgestellt worden, daß die Gebiete der afrikanischen Seen große Massen von Elfenbein enthielten und von nicht unzivilisirten Völkern bewohnt wurden, mit denen sich ein aussichtsreicher Handel anknüpfen ließ. Alle diese früher als werthlos angesehenen Gebiete waren noch unabhängig. Der König richtete daher auf ihre Erwerbung sein Augenmerk. Um keine Eifersucht und Argwohn zu erregen, kam er auf den Gedanken, seinen Plan unter wissenschaftlichem Mantel auszuführen. Im September 1876 lud er Gelehrte und Forscher

*) Als Prinz hatte er an die Erwerbung Borneos oder einer Nachbarinsel gedacht.

einer Anzahl Staaten nach Brüssel zu einer Konferenz, um die besten Mittel und Wege zur Erschließung Afrikas zu berathen. Die Frucht der Besprechungen, an denen z. B. Sir Bartle Frere, Sir Henry Rawlinson, William Mackinnon, Sir Fowell Buxton, Ferdinand v. Hochstetter, Dr. Nachtigal, Baron Richthofen, Schweinfurth, G. Rohlfs, Baron Lambermont, Banning und Andere theilnahmen, war die Schöpfung der Association internationale d'Afrique, welche Komitees in den verschiedenen Ländern und eine gemeinsame Kommission zu Brüssel ins Leben rief. Verschiedene Staaten leisteten für die Zwecke der Association Beiträge, nur in England beschloß man, sich in keine internationale Verpflichtungen einzulassen und die Erforschung Afrikas auf eigene Faust zu treiben. Die höchsten Summen brachte Belgien, d. h. der König, auf. — Die Association machte sich zunächst von 1877 an daran, eine Kette von Stationen zwischen der ostafrikanischen Küste und dem Tanganyikasee anzulegen, um dadurch eine Straße ins Innere zu schaffen. Als aber Januar 1878 Stanley von seiner erfolgreichen Reise, bei der er den Lauf des Kongo entdeckt hatte, zurückkehrte, änderte König Leopold seine Pläne. Er gewann den Reisenden für die Association, gründete aus ihrer Mitte 1879 ein besonderes Comité des Etudes du Haut Congo und sandte für sie Stanley zum Kongo, um dort eine zunächst internationale Kolonie zu gründen. Um diesen Charakter dem Unternehmen zu erhalten, wurden viele Ausländer, besonders Engländer, dafür engagirt. Nachdem eine Anzahl Stationen am Flusse gegründet und der Einfluß des Komitees gesichert war, verwandelte es sich 1880 in eine rein belgische Association internationale du Congo, welche ihren Einfluß über das ganze Kongobecken ausdehnte. Nunmehr trat es klar zu Tage, daß der König danach strebte, die Anerkennung des Kongo-Unternehmens als eines selbständigen Staatswesens bei den Mächten zu erreichen. Das gesammte mittlere Afrika ging damit für England verloren!

Aber hier hatte man König Leopolds Vorgehen ebenso wie die rege Thätigkeit des Franzosen de Brazza am unteren Kongo sehr aufmerksam verfolgt und Schritte vorbereitet, welche geeignet waren, der Schöpfung eines Kongostaates ernstliche Hindernisse in den Weg zu legen. Lord Granville war mit Portugal in Verhandlungen getreten, welches das Kongo-Mündungsgebiet Jahrhunderte hindurch besessen hatte und seinen Anspruch darauf aufrecht erhielt, wenn es auch seit Langem im Norden von Ambriz keine Herrschaft mehr ausübte. Gegen Zugeständniß eines niedrigen Tarifes in allen portugiesischen Kolonien, Gewährung freier Schiffahrt auf dem Sambesi, Ueberlassung eines Theiles des Schire und Verzicht auf das nicht durch Stationen besetzte Innere, erkannte er im Februar 1884 Portugal den Besitz des Küstengebietes zwischen 5° 12′ und 8° südlicher Breite zu. Die gesammte Kongomündung kam durch diesen Vertrag in Portugals Besitz. Eine anglo-portugiesische Kommission sollte die Schifffahrt auf dem Flusse überwachen. Das Kongounternehmen war, wenn dieser Vertrag von anderen Mächten anerkannt wurde, so gut wie unmöglich gemacht! Aber weder Frankreich, das eben selbst Rechte am rechten Kongo-Ufer erworben hatte, noch Deutschland, welches damals gleichfalls Erwerbungen in Afrika plante, waren geneigt, das englisch-portugiesische Vorgehen anzuerkennen. An ihre Hülfe wandte sich Belgien. Es versprach sogar Frankreich das Vorkaufsrecht für den Kongo, falls es sich davon zurückziehe, wie sich später herausstellte. Dem energischen Protest Deutschlands und Frankreichs schlossen sich andere Mächte an, und Lord Granville sah sich im Juni 1884 genöthigt, von dem Vertrage zurückzutreten. Auf Portugals Vorschlag wurde die ganze Angelegenheit einer internationalen Konferenz unterbreitet, welche Ende 1884 in Berlin zusammentrat.

Als dies geschah, hatte auch Deutschland bereits an der afrikanischen Westküste festen Fuß gefaßt. Auf Drängen von Kaufleuten, welche dort an verschiedenen Flecken Faktoreien besaßen, waren erst Südwestafrika, dann der Dubreka, Togo und Kamerun*) unter deutschen Schutz gestellt und ein Festsetzungsversuch an der Sta. Lucia-Bay gemacht worden. Weitere Erwerbungen in anderen Theilen Afrikas wurden von verschiedenen Seiten lebhaft erwogen. Für das Deutsche Reich hatten dadurch die afrikanischen Fragen eine ganz andere Bedeutung als früher gewonnen. Es erschien vom Standpunkt der deutschen Kolonialpolitik wichtig, ein Staatswesen wie den Kongostaat ins Leben zu rufen, da sie bei ihm gemeinsame Interessen gegen die älteren Kolonialmächte und stete gegenseitige Förderung voraussetzen konnte. Ferner besaß eine Regelung der Besitzergreifungsfrage und die Feststellung und Regelung freier Schifffahrt auf den

*) Um dieselbe Zeit wie Deutschland hatte Belgien hier eine Festsetzung beabsichtigt.

großen afrikanischen Strömen jetzt für Deutschland eine nicht zu unterschätzende Bedeutung. Zusammen mit Frankreich, welches seinerseits durch das ihm zugestandene Vorkaufsrecht ein Interesse an der Schöpfung des Kongostaates hatte, und unterstützt von den anderen England nicht holden Staaten, setzte es nun auf der Konferenz seine Wünsche durch. Die von den Vereinigten Staaten und ihm bereits als befreundeter Staat anerkannte Association du Congo wurde Herrin des ganzen Kongobeckens und der Kongomündung. Für ganz Mittelafrika wurde Freiheit der Schifffahrt und des Handels eingeführt und der Nigerstrom der Schiffahrt aller Völker geöffnet.

Diese Vorgänge, verbunden mit dem Bestreben der Italiener, ihre 1880 erworbene Besitzung Assab am Rothen Meere auszudehnen, und der Festsetzung Deutschlands im Jahre 1885 in Ostafrika machten tiefen Eindruck auf die öffentliche Meinung Englands. Alle die Bedenken, welche so lange die britische Regierung abgehalten hatten, ihren afrikanischen Besitz zu vergrößern, wurden bei Seite geschoben. Man sah davon ab, ob die noch verfügbaren Gebiete gesund, zugänglich, wirthschaftlich versprechend waren und die Kosten der Verwaltung decken konnten, und war nur noch von dem Bestreben erfüllt, soviel wie möglich von Afrika unter englische Herrschaft zu bringen. Die Wirkungen dieser neuen Politik traten zuerst hervor im Nigergebiet.

Wie erwähnt, waren hier englische Kaufleute thätig, die sich seit 1879 zu einer Gesellschaft vereinigt und zahlreiche Schutzverträge mit den Eingeborenen abgeschlossen hatten. Auch im Gebiete der südlich vom Niger liegenden Oelflüsse wirkten seit Langem Faktoreien englischer Handelshäuser, ohne daß aber hier oder an der Mündung des Niger britische Schutzherrschaft eingerichtet war. In Frankreich hatte man sich dies Anfang der 80er Jahre zu Nutze gemacht und zwei große Gesellschaften für den Nigerhandel gegründet, welche eine Menge Stationen anlegten und den Engländern gefährlichen Wettbewerb machten. Taubman Goldie wünschte dem durch Verkündigung der britischen Herrschaft über das Nigergebiet ein Ende zu machen, doch die Regierung zögerte sowohl mit Rücksicht auf Frankreich als aus allgemeiner Abneigung gegen Vergrößerung des afrikanischen Besitzes. Daraufhin legte die englische Gesellschaft die Franzosen am Niger durch billigen Verkauf ihrer Waaren und hohe Bezahlung der dortigen Erzeugnisse erst lahm und kaufte dann die Aktien der französischen Gesellschaften auf. Auch jetzt noch zögerte die englische Regierung, das Nigergebiet unter ihren Schutz zu stellen und die Verwaltung einer kaufmännischen Company zu übertragen. Nur die Oelflüsse wurden 1884 zu einem englischen Protektorat erklärt. Diese Bedenken wurden indessen fallen gelassen, als 1884 deutscherseits ein Versuch stattfand, die Nigermündung zu erwerben und durch die Flegelsche Expedition am Niger und Benue Schutzverträge zu schließen. Im Juni 1885 wurde das ganze Nigerbecken zwischen Lagos und dem Rio del Rey unter britischen Schutz gestellt und 1886 die Regierung des Gebietes der Company übertragen, welche den Namen Royal Niger Company annahm.

Um dieselbe Zeit übernahm Großbritannien das Protektorat über weite Gebiete in Ostafrika. In früheren Zeiten hatte es diesem Theil Afrikas nur vom Standpunkte seiner indischen Interessen aus gelegentlich Aufmerksamkeit geschenkt. Mit Rücksicht auf die Wünsche des Imam von Maskat waren 1824 Mombas, Pemba und die Küste von Melinde bis Pangani unter britischen Schutz gestellt worden. Schon vier Jahre später wurde indessen dieses Protektorat zurückgezogen, da die East India Company die Einmischung der Regierung in diesen mit Indien in regen Beziehungen stehenden Gebieten nicht gern sah. Die ganze Küste fiel darauf unter die Herrschaft des aus der Maskat-Dynastie hervorgegangenen Sultans von Sansibar. England begnügte sich bei ihm von 1841 ab ein Konsulat zu unterhalten und durch ein Geschwader die Küste zu überwachen, um Sklavenhandel zu hindern. Die Entdeckungen Livingstones, Burtons, Spekes und Bakers auf dem Festlande Ostafrikas, ihre Schilderungen von den großen und reichen Eingeborenenstaaten des Inneren veranlaßten die britische Regierung nicht zu Landerwerbungen in diesem Theil Afrikas. Sie ließ sich vielmehr 1862 sogar herbei, mit Frankreich einen Vertrag zu schließen, worin beide Theile sich gegenseitig die Unabhängigkeit des Sultans von Sansibar garantirten. Als der Sultan zu Anfang der 70er Jahre sich sträubte, die weitere Ausfuhr von Sklaven zu verbieten, und sogar Schutz bei Frankreich suchte, wußte der damalige Vertreter Englands, Kirk, ihn durch Geschenke und Drohungen (1873) zum Nachgeben zu bringen. Auch die andauernde Mißstimmung des Sultans, die ihn 1875 veranlaßte, Deutschland das Protektorat über seinen Besitz anzutragen, brachte England nicht aus seiner Ruhe. Man hielt ein Vorgehen Deutschlands auf überseeischem Gebiete für ausgeschlossen und erachtete es für überflüssig, hier besondere Aufwendungen zu machen, da man den Sultan in der Gewalt hatte. Sein 1877 Mackinnon gemachtes Anerbieten, ihm das Festland zu verpachten, und der 1881 gestellte Antrag auf ein britisches Protektorat blieben daher so unbeachtet, wie seine früheren Schritte und die Bemühungen der Belgier, hier festen Fuß zu fassen. Erst als Deutschland in Usagara und Witu auf dem ostafrikanischen Festlande Verträge abschloß und einen Generalkonsul auf einem Kriegsschiff nach Sansibar sandte, änderte sich diese Haltung der britischen Regierung. In aller Eile wurde eine Konzession anerkannt, welche der Reisende Johnston September 1884 über Taveta am Kilimandscharo erworben hatte, und der Sultan von Sansibar bei Geltendmachung seiner Ansprüche auf das Festland und die Inseln unterstützt. Nach längeren Streitigkeiten mit Deutschland wurde das Abkommen vom 29. Oktober und 1. November 1886 erreicht, worin England das Gebiet zwischen Wanga und Tana bis weit ins Innere hinein zugestanden und der Sultan als Besitzer eines 600 Meilen langen Küstenstreifens und der Inseln anerkannt wurde. Das England zugefallene Land kam unter die Verwaltung der von dem Schotten Mackinnon gebildeten British East Africa Association.

Das Vorgehen Großbritanniens in Ostafrika war von Anbeginn an auch von der Rücksicht auf seine Interessen in Egypten bestimmt. Das Nilreich besaß ja für England als Herrn Indiens von jeher eine bedeutende Wichtigkeit. Um die englische Herrschaft in Indien zu stürzen, hatte Napoleon seiner Zeit sich an die Eroberung dieses Theiles Afrikas gemacht. Nach der Fertigstellung des Suezkanals war die Bedeutung Egyptens für Indien so groß geworden, daß man in London zu dem Entschlusse kam, sich bei erster Gelegenheit den maßgebenden Einfluß in Kairo zu sichern. Den Anlaß zur Ausführung dieser Absicht bot eine 1881 in Egypten ausgebrochene Empörung der Truppen und die Schädigung europäischen Eigenthums zu Alexandrien. Das englische Geschwader bombardirte die Stadt, ein anglo-indisches Heer rückte ins Land, schlug die Egypter, und England übernahm unter dem Vorwand der Wiederherstellung der Ordnung die Herrschaft über Egypten.

Zu diesem Zeitpunkte war aber das ganze ausgedehnte egyptische

Sudangebiet, das der Khedive Ismail erobert hatte, durch eine Erhebung der Eingeborenen unter der Führung des Mahdi von Egypten abgetrennt worden. Wollten die Engländer nicht das ausgedehnte und reiche Gebiet des oberen Nil für Egypten verloren gehen lassen und in der steten Gefahr aufständischer Bewegungen vom Innern her leben, so blieb ihnen nur übrig, gegen die Mahdisten zu Felde zu ziehen. Im Verlaufe der Jahre 1883 und 1884 geschah dies unter Aufgebot großer Mittel. Die englischen Generale und Truppen zeigten sich aber den Verhältnissen nicht gewachsen. Sie erlitten eine Niederlage nach der anderen, und schließlich fiel sogar im Januar 1885 Chartum in die Hände der Aufständischen.

Schon der Khedive Ismail hatte zur Befestigung seiner Herrschaft in den Ländern des oberen Nil und dem dazu gehörigen Seengebiet eine Festsetzung an der ostafrikanischen Küste und die Herstellung einer sicheren Straße von dort aus zum Victoria Nyanza ins Auge gefaßt. Dieser Gedanke, die Mahdistische Bewegung von Ostafrika her zu bekämpfen, war im Jahre 1885 angesichts der Verlegenheit beim Verlust Chartums auch in England aufgetaucht, und die Anerkennung der Johnstonschen Erwerbung am Kilimandscharo geschah nach dem Wortlaut einer Depesche Lord Granvilles an den Botschafter in Berlin vom 25. Mai 1885 großentheils in der Absicht, eine Bahn von der Küste zum Gebiet der großen Seen zu bauen. Man hoffte auf diese Weise zur Sicherung des Besitzes Egyptens für England beizutragen! — Im Zusammenhang mit der egyptischen Politik stand auch die 1884 erfolgte Annexion von Berbera, Bulhar und Zeila an der nördlichen Somaliküste.

Weitere Ausdehnungen erfuhr der britische Besitz im Süden und Südosten Afrikas. 1884 wurde, um einem Vordringen der Deutschen vorzubeugen, Betschuanaland durch Verträge mit Transvaal und den Eingeborenen erworben und unter englischen Schutz gestellt. 1887 wurde das Zululand erworben und der Versuch gemacht, auch Swaziland zwischen Transvaal und der portugiesischen Küste für England zu sichern. Um dieselbe Zeit begannen die Vorstöße gegen das Matabeleland im Norden von Betschuanaland, das 1888 durch einen Vertrag mit Lobengula erworben wurde. Etwas später kam auch das Gebiet zwischen Matabeleland und dem Nyassa unter englische Herrschaft. Hier im Thale des Schire waren auf Veranlassung Livingstones schon zu Anfang der 60er Jahre englische Missionare thätig gewesen. Sie hatten nach wenigen Jahren infolge des schlechten Klimas das Feld geräumt und sich nach Sansibar begeben, doch der Gedanke einer Unternehmung am Schire und Nyassa war in England lebendig geblieben. 1878 war daher von schottischen Kaufleuten eine Gesellschaft, die Livingstone Central Africa Company gebildet worden, aus der später die African Lakes Company entstand. Sie trieb in enger Verbindung mit den Missionen, welche hier wieder Fuß gefaßt hatten, Handel und Schifffahrt auf Sambesi, Schire und Nyassa, legte Pflanzungen an und erbaute die Stevenson Road vom Nyassa zum Tanganyikasee. Seit 1887 waren hier auch Kaffeepflanzungen im Betrieb. Das ganze von der Gesellschaft bewirthschaftete Gebiet war Jahrhunderte hindurch portugiesisch gewesen und wurde von den Portugiesen auch immer als Eigenthum angesehen. Sie bedangen sich die Anerkennung dieses Besitzes wie des dahinter liegenden Matabele- und Maschonalandes durch Deutschland und Frankreich auch 1886 beim Abschluß von Grenzverträgen ausdrücklich aus. In England dachte man aber nicht daran, diesen Theil Afrikas aufzugeben. Nachdem man Matabeleland einfach durch Verträge mit den Häuptlingen sich gesichert hatte, warf man die am Nyassasee hausenden arabischen Sklavenhändler gewaltsam nieder und zwang Portugal durch Drohungen zum Nachgeben. Ganz Südafrika, mit Ausnahme der Boerenfreistaaten, der deutschen Kolonie und des portugiesischen Küstenstreifens, kam so in Englands Besitz!

Dreizehntes Kapitel.

Der gegenwärtige afrikanische Besitz Großbritanniens.

Wenn die Erfolge Großbritanniens in seinen afrikanischen Besitzungen in der letzten Zeit auch nicht überall gleich günstig gewesen sind, so beweist doch die neuere Geschichte dieser Kolonien, wie sorgfältig England überall seine früheren Erfahrungen in Rechnung gezogen und wieviel es auf diesem Gebiet gelernt hat.

Für den Gambia sind, da sich das Hinterland als nicht genügend reich herausgestellt hatte, Opfer vom Mutterland nicht gebracht worden. Sein Gebiet ist durch einen Vertrag vom 10. August 1889 mit Frankreich in sehr engen Grenzen festgelegt. Die ganze

Kolonie besitzt nur noch 69 Quadratmeilen Umfang und etwa 14 000 Bewohner. Beinahe die Hälfte davon lebt in der Stadt Bathurst. Trotz ihrer Kleinheit ist die Kolonie 1888 von Sierra Leone wieder getrennt und einem selbständigen Administrator unterstellt worden. Das ihm zur Seite stehende executive Council zählt drei, das legislative fünf Mitglieder; im letzteren sitzen zwei Nichtbeamte. In Berufungsfällen hat das oberste Gericht Sierra Leones die Befugnisse des Gerichtes zweiter Instanz auch für den Gambia. So klein und ungesund die Kolonie ist, so blühend ist ihr Handel, da sie für einen großen Theil des Senegalgebietes bei ihren niedrigen Zöllen (die meisten Waaren 7½ pCt.) und der guten Wasserstraße das Aus- und Eingangsthor bildet. Der Handel hatte hier in der letzten Zeit folgenden Umfang:

	1885	1890	1893	1894	1895	1897	
Einfuhr:	69 000	148 000	166 500	130 300	97 800	140 000	Pfund Sterl.
Ausfuhr:	119 300	164 300	204 700	149 100	93 500	164 000	Pfund Sterl.

Die Einnahmen der Kolonie betrugen 1885: 20 200, 1890: 30 500, 1893: 31 800, 1894: 23 700, 1895: 20 500 Pfund Sterling. Diesen Beträgen standen allerdings Ausgaben von 26 500 Pfund Sterling im Jahre 1885, 22 700 im Jahre 1890 entgegen. 1893 betrugen sie sogar 38 100, 1894: 31 600, 1895: 28 800 Pfund Sterling, so daß die Ueberschüsse, welche die Kolonie früher zurückgelegt hatte, wohl neuerdings aufgebraucht sein werden. 1897 erreichten allerdings die Einnahmen wieder eine Höhe von 40 000 Pfund Sterling.

Auch Sierra Leone ist in den letzten Jahren von seinem Hinterlande abgeschnitten worden. Nachdem 1886 der Mannahfluß als Grenze zwischen der Kolonie und Liberia mit letzterem festgesetzt war, kamen 1889 und 1891 Verträge mit Frankreich zu Stande, wodurch die Nordgrenze Sierra Leones so geregelt wurde, daß das Quellgebiet des Niger außerhalb seiner Sphäre und in französischen Besitz fiel. Die Los-Inseln verblieben dagegen England. Die Kolonie bedeckt jetzt eine Fläche von etwa 3000 Quadratmeilen mit 75 000 Bewohnern, davon 210 Weiße. Freetown besitzt über 30 000 Einwohner. Der wichtigste Fleck neben ihm ist Bonthe, der Hauptort von Sherbro. Der Handel der Kolonie erhält sich seit Jahren auf ungefähr derselben Höhe, wie nachstehende Zahlen ergeben:

	1885	1890	1893	1894	1895	1897	
Einfuhr:	318 500	374 500	417 400	478 000	427 300	457 300	Pfund Sterl.
Ausfuhr:	326 900	349 300	398 600	426 400	452 600	400 700	Pfund Sterl.

Während am Gambia Erdnüsse den Hauptgegenstand des Exports bilden, sind es hier noch immer Palmöl und Palmkerne, daneben Kautschuk, Kopal, Häute und Kolanüsse. Die wie in den anderen westafrikanischen Kolonien fast ganz aus Zöllen*) fließenden Einnahmen beliefen sich 1885 auf 67 700 Pfund Sterling. Sie stiegen 1890 auf 73 700, 1893 auf 92 700, 1894 auf 98 800, 1895 auf 97 8(0, 1897 auf 106 200 Pfund Sterling. Die Ausgaben bis 1891 haben 70 000 Pfund Sterling im Jahre kaum überschritten. Erst von 1892 an sind sie bis 96 600 Pfund Sterling 1895, 116 100: 1896 gewachsen. Die Schulden der Kolonie sind auf 50 000 Pfund Sterling gesunken. Die Bewohner erzeugen meist nur Früchte und Lebensmittel für den eigenen Bedarf. Nur etwas Ingwer, Ananas und dergl. werden für den Export gepflanzt. Die meisten Ausfuhrartikel kommen aus dem Innern, wo nach wie vor Sklavenarbeit vorhanden ist. Der Einfluß Englands beschränkt sich im Wesentlichen auf den Küstenstreifen. Die militärische Macht der Kolonie besteht aus zwei Detachements Artillerie und Ingenieure, einem Bataillon Haussas und zwei Bataillonen westindischer Truppen. Eine Reihe höherer Aemter wird gelegentlich mit Negern besetzt. Die Geistlichen und die Militärärzte der Kolonie sind meist Schwarze. 1896 ist mit dem Bau einer Eisenbahn ins Innere begonnen worden; 11½ Meilen sind im Betrieb. Die Linie soll bis Songotown fortgesetzt werden.

Die Abgrenzung der Goldküste ist noch nicht vollständig gelungen, doch unterliegt es keinem Zweifel, daß auch diese Kolonie durch Frankreich vom Nigerbecken abgeschnitten wird. Die Westgrenze der Kolonie ist durch verschiedene Verträge mit Frankreich in den Jahren 1889, 1891 und 1893 festgelegt worden. Die Ostgrenze wurde mit Deutschland 1886, 1888 und 1890 des Näheren in der Weise vereinbart, daß der einzige schiffbare Strom jener Gegenden, der Volta, in britischen Besitz kam. Ueber die Nordgrenze herrscht seit Jahren Streit mit Frankreich und Deutschland. Letzteres hat 1887 Schutzverträge mit dem Häuptling der Handels-

*) Meist 7½ pCt. des Werthes. 1898 ist eine Hüttensteuer eingeführt worden, welche eine Empörung verschiedener Stämme zur Folge gehabt hat.

stadt Salaga und weiter landeinwärts gelegenen Reichen abgeschlossen; Ersteres ist von Timbuktu aus bis ins Hinterland der Goldküste und Togos vorgedrungen und hat sich das mittlere Nigerthal gesichert. Die von England hiergegen gethanen Schritte kamen zu spät. Es mußte sich herbeilassen, mit Deutschland 1888 ein Abkommen zu treffen, wonach das Gebiet von Salaga und Jendi neutral erklärt wurde, und 1898 hat es sich entschlossen, auf den Zugang zum mittleren Niger zu verzichten und ihn ebenso wie den Oberlauf des Flusses Frankreich zu überlassen. In dem verbliebenen noch immer sehr umfangreichen Gebiete, dessen Bevölkerung auf etwa 1½ Millionen*) geschätzt wird, ist England seit der 1896 mit Aufgebot großer Mittel erfolgten vollständigen Niederwerfung der Aschantis alleiniger Herr. Die Verbindung der Kolonie mit Lagos ist schon 1886 gelöst worden. Sie steht seitdem unter einem Governor, dem ein Executive Council aus vier Beamten und ein Legislative Council aus fünf Beamten und zwei nichtbeamteten Mitgliedern zur Seite stehen.

Die Goldküste besitzt gegenwärtig eine früher ungeahnte Bedeutung nicht allein wegen ihres Handels, sondern auch ihrer Goldminen wegen. Der Handelsverkehr ist in steter Zunahme. Es betrugen:

	1885	1890	1894	1895	1897	
Einfuhr:	466 400	562 100	812 800	931 500	910 500	Pfund Sterling,
Ausfuhr:	496 300	601 300	850 300	877 800	857 700	Pfund Sterling.

Unter den Gegenständen des Exports steht in neuerer Zeit Kautschuk an der Spitze. Von 13 600 Pfund Sterling im Jahre 1884 stieg dieser Export 1886 mit einem Schlage auf 69 900; 1890: 231 200; 1893: 218 100; 1894: 232 500; 1895: 322 000 Pfund Sterling! Den nächst bedeutenden Umfang erreichen Palmöl und Palmkerne, dann Gold und Goldstaub. Die Ausfuhr des letzteren Artikels hatte in den letzten Jahren folgenden Werth:

1884: 66 100 Pfund Sterling,
1886: 74 800 " "
1889: 103 200 "
1890: 91 600 "
1893: 79 000 "
1894: 76 700 "
1895: 91 400 " "

*) Darunter 150 Europäer. Die 1800 Mann starke Truppe zählt 23 weiße Offiziere.

Nicht nur reiche Waschgoldlager, sondern auch goldführende Riffe sind in der Kolonie festgestellt worden. Ihrer Ausbeutung steht bisher nur der Mangel an geeigneten Arbeitern und Transportmitteln ins Innere im Wege. Da es an Straßen und Bahnen mangelt, können die nöthigen Maschinen nicht in die Goldbezirke geschafft werden. Die Ueberwindung der Schwierigkeiten, die das Klima bereitet, würde gelingen, wenn in den erst erwähnten Beziehungen Abhülfe geschaffen würde. Es sind jetzt mehrere Bahnprojekte entworfen, mit dem Bau einer Linie ist begonnen worden,*) und es werden Versuche mit Einführung chinesischer Arbeiter gemacht.

Das Kapital der in Thätigkeit befindlichen Goldgesellschaften beträgt nominell 510 000 Pfund Sterling. Sieben andere mit 465 000 Pfund Sterling haben ihren Betrieb eingestellt. — Eine ansehnliche Rolle im Handel der Goldküste spielen auch werthvolle Hölzer, Affenfelle und Kolanüsse. Von letzteren wurde 1895 allein für 30 500 Pfund Sterling exportirt.

Die Einnahmen dieser Kolonie, deren kleiner östlich vom Volta gelegener Theil in Zollunion mit Togo steht, beliefen sich

1885	auf	130 400,	die Ausgaben	auf	112 600	Pfund Sterl.
1890	=	156 400	= =	=	117 800	= =
1894	=	218 200	= =	=	226 900	= =
1895	=	230 000	= =	=	265 200	= =
1897	=	237 800	= =	=	406 300	= =

Schulden sind nicht vorhanden. — Der Sitz der Regierung ist in neuerer Zeit von Cape Coast nach Accra verlegt worden, das jetzt etwa 20 000 Bewohner zählt. Die wichtigsten Orte neben ihm sind Axim, Elmina, Cape Coast, Addah und Quittah. Ein Sanatorium ist nördlich von Accra in den Hügeln von Akwapim eingerichtet. — An Unterrichtsanstalten erhält die Regierung Volksschulen in Accra und Cape Coast und eine für die Kinder der Haussatruppen; die verschiedenen Missionsschulen erhalten Unterstützung. Eine landwirthschaftliche Schule befindet sich in Aburi.

In fortgesetzter blühender Entwickelung steht Lagos, das 1886 von der Goldküste wieder abgetrennt und zur selbständigen Kolonie gemacht wurde. Seinem Executive Council gehören neben dem Governor drei Beamte an. Im Legislative Council haben neben fünf Beamten fünf nichtbeamtete Mitglieder Sitz und Stimme. Lagos ist die einzige der älteren englischen Niederlassungen in Westafrika, die nicht

*) Die Telegraphenlinien sind 515 Meilen lang.

durch französische Besitzungen vom Hinterlande abgeschnitten wird. Ihre Westgrenze ist 1889 und 1898 durch Verträge mit Frankreich festgesetzt worden. Im Norden und Osten stößt sie an die Gebiete der Niger Company. Der Flächenraum der eigentlichen Kolonie beträgt 985 Quadratmeilen mit 85 000 Einwohnern, darunter etwa 150 Weiße. Das Innere ist nach der aus Anlaß des Ueberfalls einer weißen Expedition erfolgten Züchtigung der Beninleute und Zerstörung ihres Reiches vor der Hand beruhigt. Der Handel von Lagos ist in stetem Aufschwung begriffen. Er gestaltete sich in den letzten Jahren folgendermaßen:

	Pfund Sterling					
	1885	1890	1893	1894	1895	1897
Einfuhr:	542 500	500 800	749 000	744 500	815 800	770 500
Ausfuhr:	614 100	595 100	826 200	821 600	985 500	810 900

Hauptartikel des Exports sind Palmöl und Palmkerne, daneben spielen Baumwolle, in roher und verarbeiteter Form (die Eingeborenen stellen verschiedene hübsche Stoffe her), und in letzter Zeit Kautschuk eine Rolle. Alljährlich wird an Baumwolle für 20—30 000 Pfund Sterling ausgeführt. Der Kautschukexport betrug:

1896	6 484 000	Pfund Sterling
1897	4 458 000	„ „

Die Einnahmen, welche zumeist aus den etwa 5 pCt. betragenden Zöllen fließen, sind von 63 500 Pfund Sterling im Jahr 1885 und 56 300 im Jahre 1890 auf 115 300 in 1893, 137 000 in 1894, 142 000 in 1895, 177 400 in 1897 gestiegen. Die bewaffnete Macht von Lagos besteht aus etwa 500 Haussas. Eine kurze Eisenbahn ins Innere (25 Meilen) ist während der letzten Jahre erbaut worden, obwohl hier infolge der großen Lagunen und mehrerer befahrbarer Flüsse es an natürlichen Verkehrswegen weniger als z. B. an der Goldküste fehlt. In Lagos erscheinen nicht weniger als drei Wochenblätter.

Zwischen Lagos, dem Braßriver im Osten der Nun-Mündung des Niger, erreichen die Gebiete der Royal Niger Company die Küste. Vom Braßriver bis Kamerun erstreckt sich das Niger Coast Protectorate. Das Reich der Company, welches den gesammten unteren und den größten Theil des Mittellaufes des Nigers und seiner Hauptzuströme umfaßt, ist nach Jahre langem Streit mit Frankreich und Deutschland jetzt fest abgegrenzt. Nachdem ein erster Abgrenzungsversuch mit Frankreich sich als nicht ausreichend erwiesen hatte, wurde 1898 mit Letzterem eine Grenze vereinbart, wonach es auf ganz Sokoto und Gando sowie Borgu und einen Theil des Tschadsees verzichtet. Gegen Kamerun hin ist die Grenze des Gebietes der Company und des Niger Coast Protectorate durch Abmachungen von 1885, 1886, 1890 und 1893 festgestellt worden. Streitig ist jetzt nur noch der Besitz von Gando, auf welches Deutschland Rechte geltend macht. Die Freiheit von Handel und Schifffahrt auf dem Niger ist zwar durch die Kongoakte feierlich allen Nationen verbürgt worden. In Wirklichkeit aber hat die Niger Company derartige Einrichtungen getroffen, daß kein zu ihr nicht gehöriger Kaufmann mit ihr in Wettbewerb zu treten vermag. Die Klagen hiergegen sind gleich groß in Deutschland, Frankreich und England, und es wird allseitig Aufhebung des Privilegs dieser Gesellschaft verlangt.

Der Sitz der Verwaltung der Niger Company ist Asaba, das Hauptquartier ihrer 1000 Mann starken Haussatruppe ist Lukoja. Die Häfen und Zollstationen befinden sich in Akasa am Nun*) und Gana-Gana am Forcados.*) Die Gesellschaft unterhält etwa 50 Handelsstationen und 20—30 Dampfer. Die Hauptausfuhrgegenstände sind auch hier Palmöl, Palmkerne und Kautschuk. Ueber den Umfang des Handels fehlt es an zuverlässigem Material. Das Niger Coast Protectorate hieß ursprünglich Oil River Protectorate. Es stand anfangs unter der Verwaltung eines britischen Konsuls für die Beninküste und wurde erst 1891 einem Imperial Commissioner und Consul general unterstellt, dem eine Anzahl Vicekonsuln beigegeben sind. Dieses Protektorat steht nicht unter dem Colonial Office, sondern unter dem Auswärtigen Amte, da die Verhältnisse hier noch sehr ungeordnet sind und von einer regelmäßigen Kolonialverwaltung keine Rede ist. Ueber den Handel des Niger Coast Protectorate liegen folgende Angaben vor:

	Pfund Sterling				
	1892/93	1893/94	1894/95	1895/96	1896/97
Einfuhr:	726 900	929 300	739 800	750 900	655 900
Ausfuhr:	843 500	1 014 000	825 000	844 300	785 600

Unter der Ausfuhr befand sich Kautschuk 1892/93 für 17 600, 1893/94 für 27 700, 1894/95 für 13 200, 1896/97 für 17 400 Pfund Sterling. Der Rest entfiel auf Palmöl und Palmkerne. Die Zollein-

*) Die beiden Hauptmündungen des Niger.

nahmen beliefen sich 1894/95 auf 117400, 1895/96 auf 150100, 1896/97 auf 106500 Pfund Sterling.

Die neuere Politik Großbritanniens in Südafrika und die Lage seiner dortigen Besitzungen zeigt sich aufs Tiefste beeinflußt von dem Vorgehen Deutschlands in Südwest- und Ostafrika. Jahrzehnte lang hatte die britische Regierung die von den Governors der Kapkolonie z. B. 1867 und 1877 befürwortete Ausdehnung ihrer Besitzungen im Süden Afrikas bis zu den Grenzen der portugiesischen Kolonien abgelehnt. Sie hatte sich darauf beschränkt, 1867 die Guano-Inseln an der südwestafrikanischen Küste und 1878 Walfischbay unter Protektorat zu stellen. Wiederholte Aufforderungen Deutschlands an Großbritannien, die deutschen Missionare in Südwestafrika zu schützen, hatte es rund abgelehnt. Wie schon erwähnt, erfuhr diese Haltung zu Anfang der 80er Jahre einen jähen Umschwung. Die Festsetzung Deutschlands an der südwestlichen Küste, die Furcht vor einer Verbindung des deutschen Gebietes mit den Bauernrepubliken führten zur Besitznahme aller noch freien Gebiete. 1885 wurden Betschuanaland, 1887 Zululand, 1888 Matabele- und Maschonaland britische Kolonien. 1889 erhielt die Imperial British South Africa Company ihre Charter. 1891 erwarb Großbritannien durch einen Vertrag mit Portugal alles noch etwa streitige Land an der Ostküste im Süden der portugiesischen Kolonie Mozambique und das Vorkaufsrecht für das portugiesische Gebiet südlich vom Sambesi.

Betschuanaland besitzt eine Fläche von etwa 75000 Quadratmeilen*) mit gegen 48000 Bewohnern, darunter mehr als 5000 Weiße. An seine Spitze wurde zuerst der im Lande seit Langem wirkende Missionar John Mackenzie gestellt. Als Unruhen unter den Eingeborenen ausbrachen, erhielt Sir Charles Warren den Auftrag, die Ordnung wiederherzustellen. Es gelang dies vollständig. Mit der Leitung der Kolonie wurde alsdann ein Administrator betraut, der seinen Sitz in Vryburg nahm. Beim wichtigsten Häuptling des Gebietes, Khama, wurde ein Commissioner eingesetzt. Für Erhaltung der Ordnung sorgt eine berittene Polizei von 500 Mann. Die Einnahmen, welche bisher nur aus Landverkauf und Steuern der Kolonisten fließen, bleiben allerdings erheblich hinter den Ausgaben zurück. 1886/87 beliefen sie sich auf 11700, 1889/90 auf 19500, 1891/92 auf 52000, 1896/97 auf 47500 Pfund Sterling. Doch

*) Die Schätzungen gehen weit auseinander.

dieser Summe standen Ausgaben von 98000 im Jahre 1889/90, 151000 im Jahre 1891/92, 88400 Pfund Sterling im Jahr 1896/97 gegenüber! Ein erheblicher Theil des Grund und Bodens von Betschuanaland gehört der South Africa Company und einigen Privatgesellschaften, wie Bechuana Estate Syndicate und Southern Land Company. Den Eingeborenen sind umfangreiche Gebiete reservirt worden. Betschuanaland wurde nach Entstehung der South Africa Company dieser zum Theil unterstellt, 1895 aber wieder losgelöst und zur Kapkolonie geschlagen.

Matabele- und Maschonaland, um dessen Besitz sich nicht allein die Bauern, sondern auch Portugal bemühten, wurde für Großbritannien 1888 durch den früheren Missionar Moffat, der als Beamter in Betschuanaland thätig war, erworben. Moffat schloß mit dem Häuptling Lobengula einen Schutzvertrag für das ganze weite Gebiet im Norden von Transvaal. Kurz darauf erwarben englische Unternehmer von dem Häuptling ausgedehnte Minenrechte. Es gehörte zu ihnen Cecil Rhodes, damals Mitglied des Kapparlaments, ein Mann, der von den bescheidensten Anfängen es durch Betheiligung an den Diamantminen rasch zu großem Vermögen gebracht hatte. Um entgegenstehende Ansprüche anderer Unternehmer leichter zu beseitigen und unumschränkte Gewalt zur Verwerthung der von ihm und seinen Freunden erworbenen Konzessionen zu bekommen, wandte er sich an die britische Regierung und erbat eine Royal Charter für Lobengulas Reich. In London ging man hierauf gern ein, da man ohnehin in Verlegenheit war, wie die Kosten der Verwaltung des neuen Schutzgebietes zu decken wären. Unterm 29. Oktober 1889 wurde die Charter ertheilt, und die Imperial British South Africa Company trat ins Leben.

Die ursprünglich mit einem durch 1 Pfund Sterling Aktien aufgebrachten Kapital von 1 Million Pfund Sterling gegründete Gesellschaft hat ihr Gebiet systematisch erschlossen, die Eingeborenen unterworfen und den Bau von Bahnen und Telegraphen in außerordentlich energischer Weise gefördert. Der Telegraph zieht sich jetzt vom Kap durchs ganze Gebiet der Company, das auf 750000 Quadratmeilen veranschlagt wird, bereits zum Nyassasee. Eine Bahn verbindet das Kapland auf dem Wege über das Betschuanagebiet mit Buluwayo. Eine andere Bahn, welche den portugiesischen Hafen Beira mit Fort Salisbury verbinden und so den kürzesten Weg in das Chartergebiet herstellen soll, ist großentheils vollendet. Neuerdings soll im Lande der Company das erste abbauwürdige Goldriff entdeckt worden sein. Die Rechte der Company sind infolge ihres unerhörten Angriffs auf Transvaal Anfang 1896, der mit völliger Niederlage ihrer Truppen endigte, etwas beschnitten worden.*)

Begreiflicher Weise hat die rege Thätigkeit im Innern die Entwickelung der Kapkolonie und Natals günstig beeinflußt. Die Einnahmen beider Kolonien haben sich folgendermaßen gestaltet:

	Pfund Sterling			
	1885	1890	1891	1892
Kapkolonie	3 318 100	4 394 200	4 055 400	4 398 600
Natal . .	662 900	1 422 600	1 318 700	1 392 400

	Pfund Sterling			
	1893	1894	1895	1897
Kapkolonie	4 878 500	5 227 200	5 282 000 .	7 257 700
Natal . .	1 069 600	1 011 000	1 169 700	2 213 000

An diesen Einnahmen hatten die Zollerträge erheblichen Antheil, doch bei Weitem nicht mehr in dem Maße, wie in den älteren Zeiten. Es beliefen sich die Zolleinnahmen in:

	Pfund Sterling			
	1885	1890	1895	1897
Kapkolonie auf	1 073 300	1 317 900	1 356 400	2 304 100
Natal . . "	163 800	336 800	189 900	413 300

Ein großer Theil der Einnahmen der Kolonien fließt bereits aus verschiedenen Steuern und dem Bahnbetriebe. Der Letztere besonders erweist sich immer lohnender. Immerhin decken die verschiedenen Einnahmen noch nicht regelmäßig die an die Finanzverwaltung der Kolonien gestellten Ansprüche, und es war 1895 Kapkolonie mit 27 533 900, Natal mit 8 054 300 Pfund Sterling Schulden belastet.

*) Durch ein Königliches Dekret vom 26. Oktober 1898 ist das Gesellschaftsgebiet in Süd- und Nord-Rhodesia getheilt. Das Erstere umfaßt Maschona- und Matabeleland und steht unter einem von der Regierung ernannten Administrator. Ihm steht ein Council zur Seite, bestehend aus einem von der Regierung entsandten Residenten, den Unteradministratoren und vier von der Regierung gewählten Mitgliedern Neben dem Council soll ein Legislative Council geschaffen werden, in dem die Administratoren, der Resident und neun andere Personen sitzen, von denen die Company fünf ernennt. Vier werden von den Kolonisten gewählt. Das Oberkommando liegt in den Händen des Governors der Kapkolonie.

Beide Kolonien erfreuen sich vollster Selbstverwaltung. Am Kap haben Bürger jeder Rasse, die britische Staatsangehörigkeit besitzen, schreiben und lesen können und jährlich wenigstens 50 Pfund Sterling verdienen, aktives und passives Wahlrecht für das House of Assembly. Um Mitglied des Legislative Council zu werden, muß der Kandidat wenigstens 30 Jahre sein und Grundbesitz für 2000 Pfund Sterling Werth nachweisen. Das Legislative Council besteht jetzt aus 23, das House of Assembly aus 79 Mitgliedern. In letzteres werden die Mitglieder auf 5, in ersteres auf 7 Jahre gewählt. Die Minister werden aus Persönlichkeiten, die dem einen oder dem anderen Haus angehören, genommen. Sie stehen dem von der britischen Regierung ernannten Governor, der zugleich High Commissioner für ganz Südafrika ist, als Executive Council zur Seite.

Natal hat die volle Selbstverwaltung und responsible Government 1893 erhalten. Sein Legislative Council besteht aus 11 Mitgliedern, die vom Governor unter Beirath des Ministeriums für 10 Jahre ernannt werden. Die 37 Mitglieder der Legislative Assembly werden auf 4 Jahre gewählt. Aktives und passives Wahlrecht besitzen Bürger, die 21 Jahre alt sind und Landbesitz im Werthe von 50 Pfund Sterling oder ein Einkommen von wenigstens 96 Pfund Sterling nachweisen.

In beiden Kolonien ist das holländische römische Recht maßgebend. Seine Handhabung liegt in den Händen von Obergerichten, Resident Magistrates und in der Kapkolonie auch von bezahlten Friedensrichtern. — Der Handel beider Kolonien verdankt seine Zunahme großentheils der Erschließung des Innern Südafrikas. Fast die Hälfte der vom Kap ausgeführten Erzeugnisse stammt aus den Bauernrepubliken und ein großer Theil der Einfuhr geht dahin. Es belief sich die Einfuhr:

	Pfund Sterling			
	1885	1890	1895	1897
der Kapkolonie auf	4991500	10106400	19094800	17997700
Natals	1518500	4490900	2466400	6001900
Die Ausfuhr:				
der Kapkolonie auf	6224200	9970300	16904700	21660200
Natals	1877400	1432700	1305100	1579500

Unter den Exportgegenständen der Kapkolonie steht jetzt an der Spitze das Gold. Während 1885 nur für 17300 Pfund Sterling

Goldbarren ausgeführt wurden, waren es 1890 für 1445000, 1895 für 7980500, 1897 für 13191800 Pfund Sterling. Der Diamantenexport belief sich 1885 auf 2489600 Pfund Sterling, 1890 auf 4162000, 1895 auf 4775000. Der Wollexport ist im Vergleich damit unbedeutend. Er hatte 1885 einen Werth von 1580600, 1890 von 2196000, 1895 von 1695900 Pfund Sterling. Noch geringer ist der Werth der Straußenfederausfuhr. 1885: 585200, 1890: 563900, 1895: 527700, 1897: 605000 Pfund Sterling. Steigende Bedeutung scheint der Angorahaarhandel zu besitzen. Dieser Export ist von 204000 Pfund Sterling im Jahre 1885 auf 337200 in 1890, 710800 in 1895 gewachsen.

In Natals Handel nimmt Wollausfuhr noch die erste Stelle ein. Sie wurde beziffert 1885 auf 472100, 1890 auf 725100, 1895 auf 408900, 1897 auf 474600 Pfund Sterling.

Die aus Transvaal kommende Goldausfuhr belief sich 1885 auf 52200, 1890 auf 358600, 1895 auf 225700 Pfund Sterling. Der Export von Straußenfedern ist hier von 7620 Pfund Sterling im Jahre 1885 auf 485 im Jahre 1890 und auf 220 im Jahre 1895 gesunken. Von anscheinend zunehmender Bedeutung ist die Ausbeutung der in Natal vorhandenen Kohlenlager. Von 228 Pfund Sterling im Jahre 1885 ist der Export dortiger Kohlen auf 62900 Pfund Sterling 1895, 90200 in 1897 gewachsen. Der Export von Rohrzucker ist in derselben Zeit von 144000 auf 65500, 1897 gar auf 7400 Pfund Sterling gefallen.

Bei der großen Bedeutung der Erzeugnisse der Bauernfreistaaten für den Handel der englisch-südafrikanischen Kolonien ist es nicht zu verwundern, daß die letzteren dem Handel der ersteren besondere Rücksicht zeigen. Seit einer Reihe von Jahren vereinigt ein Zollverein die Kapkolonie mit den Bauernstaaten. Im Allgemeinen werden in der Kapkolonie 12 pCt., in Natal 5 pCt. von den Waaren bei der Einfuhr erhoben.

Die Kapkolonie besaß 1895 an Staatsbahnen 2253, an privaten 188 Meilen. Die Einnahmen daraus beliefen sich auf 3390000 Pfund Sterling, die Betriebskosten auf 1596000 Pfund Sterling. 1885 standen bei 1599 Meilen Staatsbahnen 1037300 Pfund Sterling Einnahmen 672400 Pfund Sterling Kosten gegenüber. Die Telegraphenlinien der Kapkolonie hatten

1895 eine Länge von 6316, die Natals von 790 Meilen. Der Viehbestand bei den Kolonien war in letzter Zeit folgender:

	Pferde		Hornvieh		Schafe	
	1890	1895	1890	1895	1890	1895
Kapkolonie	313 700	363 500	1 524 100	2 062 000	13 202 700	15 646 400
Natal	59 900	58 600	684 600	738 400	943 100	971 100

Die Kohlenproduktion der Kapkolonie belief sich 1885 auf 16400, 1895 auf 86500 Tonnen; die Natals 1890 auf 81500, 1895 auf 158000 Tonnen.

An Schulen zählte die Kapkolonie 1895 2195, Natal 448. Letzteres besaß 2, erstere 8 höhere Schulen. Die Universität in Kapstadt ist nach dem Muster der Londoner eingerichtet, um genügend vorgebildeten Leuten das Ablegen der Examina zu gestatten.

British Central Africa schließt sich im Norden an das Gebiet der Imperial British South Africa Company an. Die Ausdehnung dieser Kolonie war lange sehr zweifelhaft, da Portugal mehrere Jahre hindurch Anstrengungen machte, hier seine alten Rechte zu behaupten. Erst 1891 kam es zu einer Verständigung mit den Portugiesen. Das ganze Land nördlich vom Sambesi und westlich vom Schire bis zum Barotsegebiet am oberen Sambesi kam dadurch in britischen Besitz, im Ganzen etwa 500000 Quadratmeilen. An die Spitze der Kolonie wurde als H. M.'s Commissioner der frühere Reisende Johnston gestellt. Zu den Kosten trug die South Africa Company ansehnliche Summen bei. Ihr wurde dafür das neuerworbene Gebiet mit Ausnahme des Nyassalandes überlassen. Das letztere, etwa 60000 Quadratmeilen, heißt seit 1893 British Central Africa Protectorate. Diese Kolonie hat sich als sehr fruchtbar erwiesen. Es ist in ihr sehr rasch ein ansehnlicher Kaffeebau entstanden, und auch verschiedene andere Nutzpflanzen scheinen gut fortzukommen. Der Handel zeigt folgende Entwickelung:

	Einfuhr	Ausfuhr	
1891	33000	6900	Pfund Sterling,
1893	49100	23600	„ „
1895	71700	19600	„ „
1897	86400	27400	„ „

Die von der South Africa Company gebaute Telegraphenlinie durchschneidet bereits die ganze Kolonie. Der Sitz ihrer Verwaltung ist Zomba, der wichtigste Ort bisher Blantyre. Als Hauptzollstation dient Chiromo.

Seit Jahren geht das Streben der South Africa Company

dahin, diesen britischen Besitz durch eine Telegraphenlinie mit British East Africa zu verbinden, da beide Kolonien durch das deutsche Ostafrika von einander geschieden sind. Das Großbritannien in dem Vertrage mit Deutschland von 1886 zugefallene Gebiet wurde zuerst der von Sir William Mackinnon, dem Gründer der englisch-ostafrikanischen Dampferlinie, ins Leben gerufenen British East Africa Association überlassen. Dieser gelang es, vom Sultan von Sansibar den ihm verbliebenen Küstenstreifen zu pachten und 1888 als British East Africa Company eine Royal Charter zu erhalten. Ihr schon ohnehin großes Gebiet wurde durch den Vertrag mit Deutschland vom Juli 1890 noch sehr erweitert, da ihr damals auch noch das Witulland, Uganda und Zubehör zufielen.*) Obwohl die britische Regierung das Protektorat über Sansibar und Pemba, dem Deutschland damals gleichfalls zustimmte, in eigene Hand nahm, stellte sich die Verwaltung des ostafrikanischen Gebietes bald als eine zu schwere Last für die Company heraus. Ihre Zolleinnahmen deckten bei Weitem nicht die Kosten, und es war keine Aussicht auf eine baldige Steigerung der Erträge der Kolonie. Die britische Regierung und die öffentliche Meinung drängten aber die Gesellschaft zu Vorarbeiten für eine Bahn und Festsetzung in Uganda. Die Company entschloß sich zu letzterem Schritte in der Hoffnung, daß das Parlament ihr die Mittel zu dem Bahnbau gewähren werde. Als dieses dazu keine Neigung zeigte und in Uganda Unruhen ausbrachen, erklärte die Gesellschaft, das letztere Gebiet aufgeben zu müssen. Gegen einen solchen Schritt protestirten besonders die Vertreter der Missionsgesellschaften, welche ihre Interessen in Uganda, wo Protestanten und Katholiken seit Langem streiten, bedroht sahen. Die Regierung entschloß sich daher, unter dem Druck der öffentlichen Meinung, die Lage der Dinge in Uganda untersuchen zu lassen und 1894 dieses, 1895 das ganze übrige Gebiet der Company unter eigene Verwaltung zu nehmen. Die Gesellschaft wurde mit 250000 Pfund Sterling abgefunden, wovon Sansibar 200000 zu zahlen hatte! Die britische Regierung hat seitdem den Bau einer Bahn von Mombas nach Uganda auf eigene Kosten unternommen und bis Mitte 1897 schon 60 Meilen fertig gestellt. An Telegraphenlinien sind über 140 Meilen im Betrieb.

---

*) Durch Vertrag von 1891 mit Italien wurde der Juba als Nordgrenze gegen das italienische Somaliland festgesetzt. Die Abgrenzung gegen den Kongostaat erfolgte 1894.

Um diese Kolonie mit British Central Africa in unmittelbare Verbindung zu bringen, hat England 1894 den Versuch gemacht, vom Kongostaat einen 16 Meilen breiten Landstreifen an seiner Ostgrenze vom Tanganyika bis zum Albert Edward-See zu pachten. Dieser Vertrag mußte jedoch auf den Einspruch Frankreichs und Deutschlands hin fallen gelassen werden.

Die Einnahmen des britischen Ostafrika, abgesehen von Sansibar, sind sehr gering. 1895/96 wurden durch Zölle u. dergl. nur 22800, 1896/97 32600 Pfund Sterling aufgebracht. Die Verwaltungs-, besonders die Militärkosten, verschlangen aber im ersteren Jahr 77900, im letzteren 134300 Pfund Sterling.*) Der Handel hatte folgenden Umfang:

	1895/96	1896/97	
Einfuhr . .	2 653 900	3 925 500	Rupien,
Ausfuhr . .	1 106 400	1 172 000	„

Die militärische Besatzung der in vier Provinzen Seyyidieh, Tanaland, Jubaland, Ukamba**) getheilten Kolonie besteht aus 1120 Mann, darunter 289 Indern.

An der Spitze der Civilverwaltung steht ein Commissioner mit einem Council aus drei Mitgliedern. Jede Provinz hat einen Sub-Commissioner; die 11 Distrikte stehen unter 11 District-Officers, deren jedem ein Assistent beigegeben ist. Neben ihnen sind in den Küstenbezirken die ehemaligen Walis des Sultans von Sansibar im Amte belassen worden.

Die kostspielige Festsetzung Großbritanniens auf dem ostafrikanischen Festlande hat, wie erwähnt, nicht zum Wenigsten unter dem Gesichtspunkte stattgefunden, das Eindringen fremder Mächte ins Nilquellengebiet zu verhindern. Seit es England nunmehr gelungen ist, von Egypten aus die Macht des Mahdi zu brechen und seine Hauptstadt zu erobern, ist diese Gefahr geringer geworden. Allerdings hat eine französische Expedition vom Kongo her Faschoda am oberen Nil zu erreichen vermocht. Wie vorauszusehen war, hat Frankreich indessen daraus keinerlei Nutzen gezogen und hat seine Leute wieder abberufen müssen.

*) 17 000 Pfund Sterling werden jährlich an Sansibar gezahlt.

**) Sansibar und Uganda besitzen eigene Verwaltung.

Zweiter Theil.

Das britische Westindien.

Erstes Kapitel.

Aufhebung der Negersklaverei.

Britisch Westindien besitzt nach den letzten Aufnahmen einen Flächenraum von 121 058 Quadratmeilen mit 1 615 200 Bewohnern. Es entfallen davon 109 000 Quadratmeilen und 276 200 Seelen auf Britisch Guiana und 12 058 Quadratmeilen mit 1 339 000 Bewohnern auf das eigentliche Westindien. Dieses setzt sich zusammen: aus den Bahamas 4 466 Quadratmeilen und 51 500 Seelen, den Turks Islands 166 Quadratmeilen und 5 191 Seelen, Jamaica 4 193 Quadratmeilen und 692 668 Seelen, den Windward Islands 779 Quadratmeilen und 358 016 Seelen, den Leeward Islands 700 Quadratmeilen und 127 603 Seelen und Trinidad 1 754 Quadratmeilen und 231 709 Seelen.*)

Die Entwickelung dieser Kolonien wurde vom Ende des 18. Jahrhunderts an aufs Tiefste beeinflußt durch die Erschwerung des Negerhandels.

Welcher Willkür und Unmenschlichkeit die Negersklaven gerade hier ausgesetzt waren, ist im ersten Bande geschildert worden. Es war den Leuten unmöglich, ihre Freiheit zu erkaufen; ihr Zeugniß gegen einen Weißen war ungültig; um die nöthigen Feldfrüchte für ihren Unterhalt auf dem ihnen vom Herrn zugewiesenen Felde zu bauen, standen ihnen nur der Sonnabend Nachmittag und einige Feiertage zur Verfügung. Für das, was sie für sich erwarben, genossen sie

*) Auch die Bermudainseln, 19 Quadratmeilen mit 15 790 Menschen, und Honduras, 7 562 Quadratmeilen mit 33 350 Menschen, werden gewöhnlich zu Westindien gerechnet.

keinerlei Schutz. Sie, ihre Familie und ihre Habe konnten jeden Tag beliebig verkauft werden. Die Neger wurden so schlecht ernährt, daß von 1780 bis 1787 gegen 15 000 in Jamaica infolge davon umgekommen sein sollen. Jeder Unterricht und selbst Religionsübung wurden ihnen möglichst vorenthalten oder erschwert.

Um zu verhüten, daß sie in die Berge und Wälder flüchteten, unterhielt man in Jamaica gute Beziehungen mit den dort hausenden Maroons, diese fingen die geflüchteten Sklaven ein und lieferten sie aus.

Den ersten gewaltigen Stoß erhielt dieses Unwesen durch die Proklamation der Menschenrechte in Frankreich und die daran anknüpfende Erhebung der Neger in Französisch-San Domingo. Diese Vorgänge erregten gewaltige Furcht unter den englischen Pflanzern. Sie gaben Anlaß nicht allein zu einem blutigen Kampf mit den Maroons*), von denen man fürchtete, daß sie sich mit den Sklaven verbinden könnten, sondern auch zu einigen Erleichterungen in der Lage der Sklaven. 1792 nahm die Jamaica Assembly ein Gesetz an, das die Verstümmelung von Negern verbot, ihre vorsätzliche Tödtung mit ernster Strafe bedrohte, die übliche grausame Art der Fesselung untersagte und Ueberlassung von ausreichendem Ackerland an die Sklaven vorschrieb. Die gute Absicht des Gesetzes wurde freilich nur wenig erreicht. Die Pflanzer ließen sich in ihrer Willkür nicht stören. Da die Zeugnisse der Neger nicht gehört wurden, blieben Ausschreitungen straflos. Als Großbritannien die ersten Maßregeln gegen den Negerhandel traf, und die Zufuhr von Sklaven erschwert wurde, erregte dies unter den westindischen Kolonisten größte Erbitterung. Ihre wirthschaftliche Lage war ohnehin keine günstige. Von 1772 bis 1792 waren in Jamaica 177 Pflanzungen wegen nichtbezahlter Schulden zum öffentlichen Verkauf gekommen. Diese Zustände verschlimmerten sich von da an fortgesetzt. In den ersten fünf bis sechs Jahren des 19. Jahrhunderts wurden nach Feststellung der Assembly 65 Pflanzungen aufgegeben, 32 öffentlich versteigert und gegen weitere 115 schwebten Verfahren wegen Zahlungsunfähigkeit der Besitzer. Die Pflanzer wehrten sich unter diesen Umständen gegen jede Beeinträchtigung ihres Negerbesitzes und gingen soweit, die Ver-

*) 600 von ihnen wurden als Gefangene nach Nova Scotia geschafft und von dort später nach Sierra Leone.

breitung des Christenthums unter den Leuten bei Haft und Prügeln zu verbieten. Weiße Missionare wurden in ein ungesundes Gefängniß gesperrt und dort willkürlich festgehalten, als sie sich nicht fügten!

Derartige Maßnahmen und der immer ärgere Nothstand der Pflanzer machten Aufsehen in England. Das Verbot der Mission wurde von dort aus aufgehoben, und die Ueberzeugung begann sich in politischen Kreisen Bahn zu brechen, daß das wirthschaftliche Elend eine Folge des Sklavenwesens sei, das die Pflanzer zu Ausschweifungen aller Art verleitete. Es trugen diese Umstände zu den weiteren Maßnahmen der britischen Regierung gegen den Negerhandel bei. In Westindien wollte man hiervon allerdings nichts hören. Hier erklärte man die Antisklavereibewegung als einen Ausfluß krankhafter Sentimentalität. Die Pflanzer erachteten eine Aufhebung des Negerhandels für ganz unmöglich. Man könne, meinte 1795 Bryan Edwards, ebenso gut den Wind fesseln oder dem Meere Gesetze vorschreiben! Als trotz aller ihrer Bemühungen der Menschenhandel immer weiter erschwert wurde, machte sich ihr Unwille in Schritten gegen alle Freunde der Schwarzen Luft, obwohl mit dem Verbot weiterer Zufuhr ihr Sklavenbesitz sehr an Werth gewann. 1805 und 1807 wurden von der Assembly zu Kingston aufs Neue Verbote gegen die Negermission erlassen und trotz des Einspruchs der Krone längere Zeit gehandhabt. Als die britische Regierung daraufhin den Governors in Westindien Einspruch gegen alle die Religion betreffenden Gesetze auftrug, führten die Abgeordneten Jamaicas eine so heftige Sprache, daß ihr Parlament aufgelöst werden mußte. — Der Kampf gegen die Missionare und sonstige Freunde der Schwarzen wurde von den Pflanzern mit allen zu Gebote stehenden Mitteln Jahre lang fortgesetzt. Die Behandlung der Sklaven blieb trotz ihres höheren Werthes und, trotzdem ein rasches Wachsen ihrer Familien im Nutzen der Eigenthümer gelegen hätte, so schlecht wie je zuvor. Die britischen Gesetze umging man durch Einschmuggelung von Negern aus den spanischen Besitzungen.

Um dem zu steuern, setzten die Gegner der Sklaverei 1815 die Vorschrift genauer Verzeichnisse der Sklaven in allen Kolonien durch. Trotz lebhaften Widerspruchs sah sich das Parlament von Jamaica genöthigt, die Anordnung auszuführen. Damit war der Willkür der Sklavenhalter wenigstens einigermaßen gesteuert. Doch noch immer waren die Neger in vieler Beziehung rechtlos. Regelmäßige Eheschließungen kamen unter ihnen außer in den kleinen Bezirken, wo die Wesleyanische Mission wirkte, gar nicht vor. Ihr Zeugniß wurde noch immer als ungültig vor Gericht betrachtet; die Zeit, welche ihnen für Bebauung ihrer Felder blieb, war so knapp wie früher bemessen. Auf das Betreiben Buxtons und seiner Freunde veranlaßte Canning 1823 das britische Parlament, Reformen in den angeführten Punkten zu verlangen. In Westindien war indessen damals die Erbitterung gegen die Antisklavereibewegung so stark geworden, daß die gesetzgebenden Versammlungen sich weigerten, der Aufforderung zu entsprechen. In Jamaica wurde vorgeschlagen, das Schreiben der britischen Regierung durch Henkershand zu verbrennen, und verschiedene Abgeordnete wollten es auf offenen Widerstand ankommen lassen. So arg war die Aufregung, daß die Behörden es für angezeigt hielten, die Sache vor der Hand stillschweigend fallen zu lassen! In ihrer Erbitterung überfiel eine Anzahl Pflanzer Weihnachten 1826 das Haus eines Geistlichen, der gegen das Sklavenhalten geeifert hatte, und feuerten eine Menge Schüsse darauf ab. Es wurde auch aufs Neue trotz der früheren Weisungen aus England eine Verfolgung gegen die Wesleyaner eröffnet. Offen sprach man in den Kolonistenkreisen von Anschluß an die Vereinigten Staaten und beschuldigte die britischen Staatsmänner der Niederträchtigkeit, Bestechlichkeit und Feindschaft gegen ihr Vaterland.

Als William IV., der Jamaica besucht und von den Kolonisten damals einen werthvollen Stern in Brillanten als Geschenk angenommen hatte, den Thron bestieg, regte sich in Westindien die Hoffnung, daß die negerfreundlichen Bestrebungen aufhören würden. In Jamaica versuchte man aufs Neue Maßnahmen durchzusetzen, die die britische Regierung schon gemißbilligt hatte. Die gehegten Erwartungen erfüllten sich aber nicht. Das britische Parlament ertheilte den freien Schwarzen die vollen Rechte englischer Bürger und erzwang 1831 Zulassung des Zeugnisses von Sklaven vor Gericht. Bestehen blieb immerhin das Recht der Sklavenbesitzer, auch Frauen zu peitschen und den Sklaven den Freikauf nicht zu gewähren!

Bis dahin hatten die Neger Jamaicas die Grausamkeit und Willkür ihrer Herren ruhig ertragen. Die durch die Mission Erzogenen warteten geduldig den Erfolg der von London aus zu ihren Gunsten getroffenen Maßnahmen ab. Die Wuthausbrüche der Sklavenhalter bei den Verhandlungen der Assembly im Jahre 1831, die immer lauteren Reden von Aufstand und Anschluß an die Vereinigten Staaten änderten dies. Unter den Negern entstand das Gerücht, daß Großbritannien ihre Befreiung verfügt habe, die Pflanzer ihnen jedoch ihr Recht vorenthielten. Dies führte Weihnachten 1831 bei einem zufälligen Anlaß zu einer Empörung der Sklaven in einigen Provinzen. Eine Reihe von Pflanzungen wurde angezündet, und es entstand unter den Weißen größte Angst. Alles flüchtete in die Städte und gab das Land den Aufständischen preis. Erst das Eingreifen britischer Schiffe und Truppen machte der Erhebung ein Ende. Für die Verwüstungen, welche die Schwarzen angerichtet hatten, übten die zur Miliz gehörigen Kolonisten nun blutigste Rache. Jeder der Theilnahme an der Empörung verdächtige Neger wurde kurzer Hand, oft ohne Untersuchung, gehangen. Wie viele der Unglücklichen umgekommen sind, darüber fehlt es an jeder zuverlässigen Angabe, da die Assembly die von London verlangten Auskünfte verweigerte. Das britische Parlament ermittelte nachträglich, in wie entsetzlich grausamer Weise die durch ihre Verluste erbitterten Pflanzer mit den Schwarzen verfahren sind. Man rechnet, daß die Erhebung nur 12 Weißen, aber mindestens 1500 Negern das Leben gekostet hat. Der Werth des zerstörten Eigenthums wurde auf 666 977 Pfund Sterling veranschlagt. Die Kosten der militärischen Maßnahmen beliefen sich auf 165 000 Pfund Sterling.

Das House of Assembly stellte nach Unterdrückung des Aufstandes eine Untersuchung über seine Ursachen an. Das Ergebniß war so, wie es von der parlamentarischen Vertretung der Sklavenhalter zu erwarten war. Sie fanden die Schuld in der Einmischung der britischen Regierung in die soziale Gesetzgebung Jamaicas, in der Thätigkeit der Antisklavereivereine und der Missionen. Gegen verschiedene Angehörige der letzteren wurden Verfahren eingeleitet. Obwohl alles Mögliche versucht worden ist, um gefangene Sklaven zu ungünstigen Aussagen über die Geistlichen zu bringen, konnte den Angeklagten keine Schuld nachgewiesen werden. Dies hinderte aber nicht, daß verschiedene Prediger vom Mob überfallen und gemißhandelt und ihre Kapellen zerstört wurden. Diese Ausschreitungen machten in Großbritannien gewaltiges Aufsehen. Verschiedene Geistliche begaben sich nach England und legten vor dem Parlament Zeugniß von den Vorgängen in Jamaica ab. Umsonst versuchte die Assembly, ihre Aussagen durch zwei nach London gesandte Delegirte zu entkräften. Im Mai 1832 setzten Ober- und Unterhaus Ausschüsse nieder zur Untersuchung der Lage Westindiens und der Behandlung der dortigen Negersklaven. Es wurde von diesen Kommissionen eingehend die Frage untersucht, ob die Sklaven im Falle der Befreiung geneigt und in der Lage sein würden, sich durch Arbeit zu erhalten, und ob größere Gefahren von der Befreiung der Neger als von der Forsetzung der Sklaverei zu befürchten seien. Das Ergebniß war, daß allgemein, trotz aller Anstrengungen der westindischen Pflanzer, die Ueberzeugung Platz griff, daß die Sklaverei vom Uebel sei. Es wurde daher im Parlamente der Vorschlag gemacht, den Pflanzern 15 Millionen Pfund Sterling zu niedrigem Zinsfuß vorzustrecken, um sie in Stand zu setzen, ihre Pflanzungen durch Lohnarbeiter zu bewirthschaften. Davon wollten freilich die Westindier nichts hören. Sie beriefen sich darauf, daß die großbritannische Regierung selbst die Sklaverei großgezogen und gefördert habe. Eine plötzliche Aufhebung der Sklaverei würde sie, die ohnehin schon infolge wachsender Konkurrenz auf dem britischen Markte in Bedrängniß seien, ruiniren. Die Assembly Jamaicas verwahrte sich im Herbst 1832 nochmals feierlichst gegen die Einmischung Großbritanniens und hatte kaum ein Wort des Dankes für eine vom Mutterlande den durch den Aufstand geschädigten Pflanzern gewährte Anleihe von 300 000 Pfund Sterling.

Der damalige Governor, Earl of Mulgrave, war indessen nicht der Mann, sich einschüchtern zu lassen. Er war davon überzeugt, daß die Schäden der Sklaverei ihren Nutzen weit überwögen, und wünschte ihr ein Ende zu machen. Er betonte der Assembly gegenüber nachdrücklich die Rechte der britischen Regierung und schritt gegen eine Vereinigung der Pflanzer, welche die Hetze gegen die Geistlichen betrieb, scharf ein. Alle dazu gehörigen Milizoffiziere wurden entlassen und die Assembly aufgelöst. Bei der Neuwahl kam die freie farbige Bevölkerung zum ersten Male in die Lage, mitzusprechen, und das Parlament hörte auf, die ausschließliche Vertretung der Pflanzer zu sein. Dieser Umstand trug wohl wesentlich dazu bei, daß das Gesetz betreffend Aufhebung der Sklaverei im Herbst 1833 nicht so erbitterten Widerspruch fand, als sich das befürchten ließ. Die Sklavenhalter trösteten sich mit der ihnen zu Theil werdenden Geldentschädigung und der Aussicht, die Neger noch einige Jahre als sogenannte Lehrlinge behalten zu dürfen. Am 12. Dezember wurde die Acte angenommen. Lord Mulgrave selbst machte bei einer Reise durch die Insel die Sklavenbevölkerung mit dem freudigen Ereigniß bekannt. Am 1. August 1834 hörte die Sklaverei in ganz Westindien auf. Alle nach diesem Tage geborenen Kinder sollten sofort, die anderen 1838 oder 1840 vollständig frei sein. Es gab damals in Jamaica 311 070 Sklaven. Die Besitzer erhielten für sie eine Summe von 6 149 934 Pfund Sterling ausgezahlt.

Die Erwartung der Neger und ihrer Freunde, daß es mit den Ausschreitungen der Pflanzer gegen die Schwarzen nun vorbei sein würde, erfüllte sich nicht. Die Stimmung der Sklavenhalter offenbarte sich schon darin, daß sie die vor Inkrafttreten des Gesetzes zu ihnen zurückkehrenden entlaufenen Sklaven meist grausam peitschen ließen. Von den ihnen durch das Gesetz gegen die als Lehrlinge arbeitenden Neger zugestandenen Rechten machten sie nicht minder böswilligen Gebrauch. Alle Einrichtungen und Vorkehrungen, die bisher zu Gunsten der Sklaven auf den Pflanzungen bestanden hatten, wurden aufgehoben, soweit sie nicht ausdrücklich durch Gesetz vorgeschrieben waren. Obwohl der Oberstaatsanwalt der Ansicht war, daß die Neger ein Recht auf die von jeher im Brauch gewesenen und daher nicht gesetzlich festgelegten Einrichtungen hätten, setzten die Pflanzer ihren Willen durch. Erst Eingaben und Vorstellungen der Missionare lenkten die Aufmerksamkeit der öffentlichen Meinung Englands auf die Angelegenheit. Das Parlament ordnete darauf 1836 eine Untersuchung an, welche eine Menge von Ausschreitungen und Unregelmäßigkeiten der Pflanzer ergab. Eine völlige Klarlegung wurde aber erst durch eine Reise herbeigeführt, die einige Angehörige der Society of Friends ausführten. Sie legten ihre Erfahrungen 1837 dem Unterhaus vor. Es wurde festgestellt, daß die Lage der Neger nach der Befreiung schlimmer als vorher war. Sie genossen keinen ausreichenden Rechtsschutz. Wollten sie sich freikaufen, so wußten dies die Pflanzer durch übermäßige Forderungen zu hintertreiben. Die Strafen in den Gefängnissen waren ebenso grausam wie bei den Pflanzern. Binnen 20 Monaten nach der Befreiungsacte waren 35 536 schwarze Männer und 22 881 Frauen mit Tretrad, Kette und dergleichen bestraft und 10 770 gepeitscht worden.

Die Veröffentlichung dieser Thatsachen und vieler einzelner Fälle gesuchter Grausamkeit erregte in Großbritannien neue Entrüstung gegen die Westindier. Petitionen mit mehr als einer Million Unterschriften verlangten sofortige Aufhebung des Lehrlingsystems. Ein großer Theil der Presse vertrat denselben Standpunkt. Anfang 1838 beschäftigte sich das Parlament mit der Frage. Sir George Strickland beantragte sofortige volle Freiheit für alle Neger. Die Minister erklärten dies nach der mit den Sklavenhaltern getroffenen Abmachung für unzulässig. Lord Sligo, der selbst in Jamaica begütert war, befürwortete darauf Maßnahmen gegen das Verfahren der Jamaicapflanzer und setzte im April 1838 eine entsprechende Acte durch. — Das Gesetz erregte maßlosen Zorn in Jamaica. Die Assembly erging sich in unerhörten Angriffen und Verdächtigungen gegen das Mutterland. Doch half ihr dies Alles nichts. Die anderen westindischen Inseln ließen Jamaica im Stich. Nachdem schon Antigua und Bermuda den Sklaven die volle Freiheit gewährt hatten, entschlossen sich Montserrat, Nevis, St. Vincent, Barbados und die Virgin Islands am 1. August 1838 den Lehrlingen das unbeschränkte Selbstverfügungsrecht zu ertheilen. Der Governor Sir Lionel Smith empfahl dem Parlamente Jamaicas, diesem Beispiel zu folgen. Man werde sonst stets die Zustände der Insel mit denen der anderen in sehr ungünstiger Weise vergleichen. Das Council trat dieser Auffassung bei, und so fügte sich schließlich auch die Assembly, nachdem sie sich überzeugt hatte, daß eine weitere Entschädigung von England nicht zu erwarten sei. Am 1. August 1838 wurden auch in Jamaica alle als Lehrlinge gehaltenen Sklaven in volle Freiheit gesetzt. Die von den Pflanzern laut ausgesprochene Befürchtung, daß die Maßregel zu Ausschreitungen aller Art Anlaß geben würde, erfüllte sich nicht. Unter dem Einfluß der Missionare vollzog sich der Umschwung in voller Ruhe.

Zweites Kapitel.

Entwickelung Westindiens seit Aufhebung der Sklaverei.

Nach dem Urtheil genauer Sachkenner hat die den Sklavenhaltern von England gezahlte Entschädigungssumme Jamaica damals vor dem Bankerott gerettet. Vielfach hoffte man auch, daß die Abschaffung der Sklaverei eine allgemeine Gesundung der verrotteten

Zustände Westindiens herbeiführen würde. Man nahm an, daß die vielfach dauernd in England lebenden Eigenthümer der großen Pflanzungen ihren Aufenthalt wenigstens zeitweilig auf den Inseln nehmen und zum Rechten sehen würden. Es wurde auch erwartet, daß die befreiten Schwarzen rasch ihrerseits sich zu Wohlstand emporarbeiten würden. Doch alle diese Erwartungen erfüllten sich nicht. Die Aufseher der Pflanzungen schreckten durch schlechte Behandlung und Uebervortheilungen die arbeitsuchenden Neger ab. Viele von diesen zogen Nichtsthun und Herumlungern regelmäßiger Thätigkeit vor, und den Pflanzern fehlte meist das nöthige Kapital. Dazu kam, daß in den spanischen Kolonien und in Brasilien die Negersklaverei noch lange fortbestand und diese Gebiete Britisch Westindien schwere Konkurrenz machten. Um dem Arbeitermangel abzuhelfen, wurden daher hier von 1845 an mehrfach indische Arbeiter eingeführt. — Die Assembly zeigte fortgesetzt eine so widerspenstige Haltung gegen das Mutterland, daß 1839 sogar Aufhebung der Verfassung Jamaicas erwogen wurde. Das Verhältniß Großbritanniens zu dieser Kolonie gestaltete sich noch schlimmer, als Ersteres 1846 seine Unterscheidungszölle abschaffte und den westindischen Zucker dem ausländischen im Einfuhrzoll gleichstellte. Die Kolonisten, welche ohnehin schon unter der in Europa entstandenen Rübenzucker-Industrie litten, sahen in der Maßregel, welche ihnen das Monopol des britischen Marktes raubte, einen gegen sie gerichteten Schlag. Die Assembly erklärte, daß unter diesen Umständen die erforderlichen Mittel für öffentliche Einrichtungen auf die Länge nicht aufzubringen seien. Sie strich wiederholt Ausgaben, welche das Council für nöthig erklärte, und brachte es dahin, daß 1853 die öffentlichen Kassen in Zahlungsunfähigkeit geriethen, da keine Budgetgesetze zu Stande kamen. Die britische Regierung sah sich genöthigt, der Kolonie eine Anleihe von 500 000 Pfund Sterling zu gewähren. Um Frieden herzustellen, entschloß sie sich 1854, die Beamten aus dem Council auszuschließen. Es wurde auch eine Art Ministerium aus Mitgliedern der Assembly gebildet und der Kolonie damit die Selbstregierung verliehen. Auch in den einzelnen anderen westindischen Kolonien wurden die Befugnisse der Lokalverwaltungen erweitert.

In Westindien haben sich diese Maßregeln, die in anderen Kolonien so gute Früchte getragen haben, nicht bewährt. Die mit Bürgerrecht ausgestatteten Schwarzen sträubten sich gegen die Beförderung der Kulieinwanderung aus China und Indien und der freier Neger aus Sierra Leone,*) weil dadurch die Löhne gedrückt wurden. Sie versuchten, sich in den Besitz der Ländereien zu setzen, welche die Weißen unbebaut ließen, wehrten sich gegen die Zahlung von Bodenabgaben und verfochten überhaupt rücksichtslos ihre Interessen. Als nach Ausbruch des amerikanischen Secessionskrieges die Preise der Lebensmittel stiegen, verschärften sich die Gegensätze noch mehr, und 1865 kam es zu einem blutigen Zusammenstoß zwischen Negern und Weißen im Morant-Bay-Distrikt. Die Behörden schlugen die Erhebung binnen wenigen Tagen nieder. Der Haupträdelsführer, ein halbblütiger Baptistenprediger und Mitglied der Assembly, wurde gehängt. Einige Hundert andere Unruhige hatten dasselbe Schicksal, gegen 600 Männer und Frauen wurden grausam gepeitscht.

Die Folge dieses Ereignisses, das in England sehr großes Aufsehen erregte, war ein Beschluß der Assembly, auf die seit 202 Jahren besessene Selbstregierung zu verzichten und der britischen Regierung die Einsetzung einer Verwaltung in Jamaica nach eigenem Ermessen anheimzustellen! Man wollte dadurch dem Anwachsen des Einflusses der Schwarzen bei den Wahlen einen Riegel vorschieben.

Die britische Regierung entsprach nach eingehender Untersuchung der Verhältnisse an Ort und Stelle unterm 11. Juni 1866 dem Wunsche der Assembly. Die Regierung der Kolonie wurde in die Hände eines Legislative Council, bestehend aus dem Governor, sechs Beamten und sechs Kolonisten, gelegt.**) — Die neue Verwaltung ging zunächst an Ordnung der Finanzen. Um das 1865 mehr als 80 000 Pfund Sterling betragende Defizit zu decken, wurden neue Steuern und Zölle eingeführt und damit 1868 zum ersten Male seit langer Zeit ein kleiner Ueberschuß der Einnahmen erreicht. Weitere Ersparnisse wurden durch Herabsetzung der Zahl der Kirchspiele von 22 auf 14, sowie Vereinfachung der Verwaltung und Rechtspflege erzielt. Der seit 1864 eingestellte Kulibezug aus Indien wurde 1868 wieder aufgenommen und mit der Einführung neuer Kulturen (Früchte und Chinarinde) begonnen. — 1871 ergab eine

*) Die britische Regierung hat diese Einwanderung später aus eigenen Mitteln bezahlt.

**) Die Zahl der Mitglieder beider Art wurde 1878 auf 8, 1881 auf 9 erhöht.

Volkszählung 506 154 Seelen auf der Insel, während 1861 441 255, 1851 : 465 000, 1800 etwa 340 000 Menschen auf ihr gelebt hatten.

Die Zahl der Schwarzen belief sich 1834 auf 345 368, wovon 35 000 frei waren. 1851 zählte man 450 000. Seitdem fehlen Angaben. Es gilt aber als sicher, daß die weiße Bevölkerung, welche 1851 rund 15 000 Köpfe zählte, wenig oder gar nicht zugenommen hat.

Der Sitz der Verwaltung wurde Anfang der 70er Jahre von Spanish Town nach Kingston verlegt.

Die Besserung der Verhältnisse, welche sich zu Ende der 60er Jahre zeigte, hielt nicht lange vor. Im November 1874 suchte, wie so oft schon früher, ein furchtbarer Sturm Jamaica heim und richtete große Verwüstungen an. Es folgten eine anhaltende Dürre und eine Pockenepidemie, und daraus entwickelte sich eine Handelskrise, die zu einer Reihe von Bankerotten Anlaß gab. Trotz dieser Schläge führte Kingston zu Ende der 70er Jahre Gasbeleuchtung und Pferdebahnen ein, und es gelang, das Gleichgewicht der Finanzen ohne nennenswerthe Erhöhung der öffentlichen Schuld, die 1878 sich auf 641 645 Pfund Sterling belief, zu behaupten. Es wurde damals auch eine Telegraphenlinie auf der Insel gebaut, telegraphische Verbindung nach außen durch Subvention der West India and Panama Telegraph Company hergestellt, die Eisenbahn angekauft und ausgebaut, ein künstliches Bewässerungswerk eingerichtet sowie das Schulwesen gefördert. Obwohl 1879 nochmals Sturm, Erdbeben und Dürre die Insel heimsuchten, wies ihre Bevölkerung 1881 einen Zuwachs von 74 650 Köpfen gegen 1871, d. h. 580 804 Personen, auf.

Die erwähnten Heimsuchungen sowie ein gewaltiges Feuer, das gegen 600 Häuser in Kingston vernichtete, brachten die Finanzen der Kolonie aufs Neue in Unordnung. Dies und ein Streit mit der britischen Regierung wegen gewisser Ausgaben waren die Veranlassung, daß Anfang 1883 eine Königliche Kommission nach Westindien geschickt wurde, um die Verhältnisse zu untersuchen. Gegen die auf den Wunsch der Kolonisten seiner Zeit geschaffene Verwaltungsform regte sich damals lauter Widerspruch. Die erstarkte und theilweise zu Wohlstand und Ansehen gelangte farbige Bevölkerung forderte Theilnahme an der Regierung und Kontrole der Ausgaben. Großbritannien sah sich dadurch veranlaßt, 1884 Jamaica eine neue

Verfassung zu ertheilen. Die neun aus der Zahl der Kolonisten genommenen Mitglieder des Legislative Council sollten danach fortan von der Bevölkerung selbst gewählt werden. Trotz vielfachen Widerspruchs der Bevölkerung, die eine größere Zahl von Abgeordneten wünschte, trat die neue Einrichtung in Kraft.

Das Jamaica-Parlament hat es sich angelegen sein lassen, die Verwaltungsausgaben thunlichst einzuschränken und die Finanzen der Insel so viel wie möglich zu fördern. Ungeachtet seiner Anstrengungen und trotz fortgesetzter Steigerung der Steuererträge, ist aber die Schuldenlast der Insel seitdem erheblich gewachsen. Es beliefen sich:

	Einnahmen Pfund Sterling	Ausgaben Pfund Sterling	Schulden Pfund Sterling
1831	489 700	370 000	389 500
1845	276 000	273 100	512 000
1850	187 400	218 600	627 300
1860	262 300	255 200	752 500
1865	341 000	390 100	734 700
1870	447 000	418 300	665 600
1875	590 900	586 500	678 200
1880	598 900	589 300	721 400
1885	612 300	577 400	1 499 400
1890	788 700	666 400	1 892 200
1895	814 300	836 500	2 174 000
1897	677 000	766 500	2 136 600

Die Höhe der Ausgaben und Schulden ist nach dieser Aufstellung erheblich rascher gewachsen als die der Einnahmen. Der Grund dafür ist darin zu suchen, daß der Handel Jamaicas wie des übrigen Westindien in diesem Jahrhundert infolge der steigenden Verdrängung des Rohrzuckers durch Rübenzucker keine Fortschritte macht, und daher die Zolleinnahmen nur sehr langsam steigen. Es brachten die letzteren:

1871:	213 200	Pfund Sterling,
1875:	286 500	= =
1880:	278 200	= =
1885:	281 900	= =
1890:	375 900	= =
1895:	360 800	= =
1897:	282 600	= =

Der Handel Jamaicas zeigt folgende Entwickelung:

	Einfuhr Pfund Sterling	Ausfuhr Pfund Sterling	Zuckerausfuhr Pfund Sterling
1850	1 218 000	—	—
1860	1 202 800	1 225 600	646 300
1865	1 050 900	912 000	430 200
1870	1 300 200	1 283 000	492 200
1875	1 759 900	1 410 400	454 400
1880	1 475 100	1 512 900	497 800
1885	1 456 300	1 413 700	307 800
1890	2 188 900	1 902 800	236 100
1895	2 288 900	1 873 100	195 400
1897	1 660 600	1 448 400	120 900

Seit Jahren sind die Kolonisten bemüht, den nicht mehr zahlenden Zucker, von dem 1805: 150 300, 1820: 122 900, 1830: 100 200, 1840: 33 600, 1850: 37 100 Hogsheads ausgeführt wurden, durch andere Erzeugnisse zu ersetzen. Es ist dies aber bisher nur zum Theil geglückt. Die wichtigsten Gegenstände der Ausfuhr sind neben dem Zucker gegenwärtig: Kaffee, Rum, Bananen, Orangen, Holz. Es wurden davon exportirt:

	Kaffee Pfund Sterling	Rum Pfund Sterling	Holz Pfund Sterling	Bananen Pfund Sterling	Orangen Pfund Sterling
1860	113 800	298 400	26 200	—	—
1870	237 900	236 500	146 600	—	—
1880	254 700	209 000	159 800	38 500	11 600
1890	283 800	199 100	382 400	444 300	57 000
1895	284 800	164 600	359 000	316 500	169 700

Daß der Handel mit diesen Erzeugnissen keinen rascheren Aufschwung nimmt, liegt daran, daß Jamaica mit dem Absatz, besonders der Früchte, fast allein auf die Vereinigten Staaten angewiesen ist und unter deren Schutzzollpolitik schwer zu leiden hat. Um dieser Abhängigkeit ledig zu werden, sandte die Kolonie 1885 eine Kommission nach Kanada in der Absicht, mit diesem eine Art Handelsbündniß anzubahnen. Trotz der Verbitterung, die auch in der Dominion über die Handelspolitik der Union herrschte, blieb der Versuch fruchtlos. Kanada wollte wohl Westindiens wegen bei dem mächtigen Nachbar keine Verstimmung hervorrufen. — Angesichts des Mißerfolges begannen die Kolonisten lauter und lauter über die Beförderung der europäischen Rübenzuckerindustrie durch Staatsprämien zu klagen und von England Maßnahmen hiergegen zu verlangen. Damit wurde noch weniger als mit dem Schritt bei Kanada erreicht, und das Defizit der Kolonie wuchs von Jahr zu Jahr. Um wieder zu Geld zu kommen, beschloß das Parlament nach langen Verhandlungen 1889 Verkauf der Eisenbahnen der Kolonie an ein amerikanisches Syndikat für 800 000 Pfund Sterling. Man hoffte dadurch auch mehr amerikanische Kapitalisten ins Land zu ziehen und Jamaica vor weiteren Maßnahmen der Union zu schützen. Zu dem Zweck, den Fremdenverkehr auf der Insel zu heben, wurde ferner 1891 in Kingston eine Ausstellung veranstaltet und die Errichtung von Hotels von Staatswegen gefördert.

In der That wurde, wenn auch die Veranstalter der Ausstellung ein schlechtes Geschäft machten, eine Besserung der finanziellen Lage der Kolonie erzielt. Die Bevölkerung Jamaicas ergab statt 580 800 Seelen im Jahre 1881, bei der Zählung des Jahres 1891: 639 400.

Der Besserung sich lange zu erfreuen, kam Jamaica nicht in die Lage. 1891 nahmen die Vereinigten Staaten den Mac Kinley-Tarif an und stellten dadurch den Handel der Insel überhaupt in Frage. In ihrer Angst entsandten die Kolonisten sofort zwei Delegirte nach Washington. Diese traten mit Genehmigung der britischen Regierung in Verhandlungen mit den Amerikanern und erwirkten Zollfreiheit für die wichtigsten Artikel Jamaicas gegen freie Zulassung einer Anzahl amerikanischer Waaren auf der Insel. Obwohl diese Zugeständnisse Jamaica jährlich einen Zollausfall von 29 000 Pfund Sterling verursachten, nahm das Parlament 1892 diesen Gegenseitigkeitsvertrag an. Die Schwierigkeiten mit der Union sind dadurch aber keineswegs aus der Welt geschafft, und die wirthschaftliche Lage der Insel ist noch immer so unbefriedigend wie die des übrigen Westindien.

Auch hier krankt das wirthschaftliche wie politische Leben unter den Folgen der Rohrzuckerkrise. Die Zahl der weißen Bevölkerung sinkt stetig, an Stelle der Selbstverwaltung ist meist Regierung durch Beamte und ernannte Councils getreten. Die Verwaltungen von Antigua, St. Christopher, Nevis, Dominica, Montserrat und Virgin Islands sind 1871 zu dem Government der Leeward Islands verschmolzen worden. Barbados, Grenada, St. Vincent, Sta. Lucia und Tabago bildeten Jahrzehnte hindurch das Government der Windward Islands. Von ihnen besaßen Grenada und St. Vincent gewählte Parlamente bis 1876. Damals wurde hier wie auf den anderen Inseln die Verfassung der Kronkolonien eingeführt. Nur Barbados besitzt ebenso wie die Bahamas noch ein Parlament. Gegenwärtig bilden Sta. Lucia, St. Vincent und Grenada das Government der Windward Islands. Tabago ist zu Trinidad geschlagen, das als Kronkolonie von jeher nur ein ernanntes Council besitzt. Die Verfassung Britisch-Guianas ist noch heute im Wesentlichen so, wie sie der Kolonie einst von den Niederlanden gegeben worden ist. Dem Governor steht als höchste gesetzgebende Behörde ein Court of Policy zur Seite, der aus vier Beamten und fünf gewählten Mitgliedern besteht. Diese Wahl geschieht aber nicht unmittelbar durch die Kolonisten, sondern durch eine Körperschaft von sechs sogenannten „Keisers“, welche ihrerseits auf Lebenszeit von den Kolonisten gewählt werden. — Britisch-Honduras, das seit 1862 britische Kolonie ist, während es früher nur als Settlement betrachtet wurde, besaß ein Parlament bis 1870, wo es Kronkolonie wurde.

Drittes Kapitel.

Die gegenwärtige Nothlage Westindiens.

Ungeachtet der großen Fruchtbarkeit dieser Gebiete, des Vorkommens edler Metalle und Kohlen in einigen der Kolonien,*) des Asphalts in Trinidad,**) der werthvollen Hölzer in Britisch-Honduras, ist ein fortdauernder Rückgang ihrer Volkswirthschaft unverkennbar. Das weitaus wichtigste Erzeugniß aller dieser Länder, der Rohrzucker mit seinen Nebenprodukten: Rum und Syrup, an denen früher rasch große Vermögen verdient wurden, vermag eben den Wettbewerb mit dem Rübenzucker nicht auszuhalten. Der naheliegende Ersatz des Zuckerbaues durch andere tropische Kulturen ist bisher nicht mit dem nöthigen Geschick und Thatkraft versucht worden!

---

*) Guiana exportirte 1895 für 449 800 Pfund Sterling Gold.

**) 1894 betrug der Export 112 400 Pfund Sterling.

Die finanzielle Lage Westindiens ist jetzt folgende:

a. Westind. Inseln b. Britisch-Guiana		Einnahmen Pfund Sterling	Ausgaben Pfund Sterling	Oeffentl. Schuld Pfund Sterling
1860	a.	725 500	750 100	1 063 800
	b.	279 900	314 800	—
1870	a.	1 026 600	989 800	274 600
	b.	354 100	325 100	582 400
1880	a.	1 447 500	1 466 900	1 308 000
	b.	404 400	394 500	474 900
1885	a.	1 458 100	1 481 100	2 259 000
	b.	434 800	463 900	347 300
1890	a.	1 762 900	1 629 700	2 823 900
	b.	560 200	531 000	770 300
1895	a.	1 843 600	1 932 300	3 885 400
	b.	567 700	596 400	932 700

Auch die Handelsstatistik legt Zeugniß von der unerfreulichen wirthschaftlichen Lage ab. Es betrugen:

a. Westindische Inseln b. Britisch-Guiana		Einfuhr Pfund Sterling	Ausfuhr Pfund Sterling
1860	a.	4 193 500	4 183 000
	b.	1 145 900	1 513 400
1870	a.	4 647 400	4 991 300
	b.	1 897 000	2 383 400
1880	a.	2 488 300	3 607 000
	b.	1 004 900	1 684 613
1885	a.	2 100 600	2 485 600
	b.	724 600	1 293 600
1890	a.	6 846 700	6 543 100
	b.	1 887 100	2 161 700
1895	a.	6 545 400	5 351 100
	b.	1 443 500	1 769 500

Zuckerausfuhr Westindiens und Britisch-Guianas

1885: 4 365 000 Pfund Sterling
1890: 4 562 000 „ „
1895: 3 711 000 „ „
1896: 3 251 000 „ „

Die seit Langem fühlbare Krisis ist von dem Zeitpunkt ab, wo die Vereinigten Staaten begonnen haben, ihre Zölle zu erhöhen und die Einfuhr westindischer Erzeugnisse zu erschweren, so arg geworden, daß Großbritannien sich genöthigt gesehen hat, diesen Kolonien erhöhte Aufmerksamkeit zu widmen. Verschiedene Zuckerpflanzungen sind während der letzten Jahre schon aufgegeben worden, andere sind von demselben Schicksal bedroht. Damit bricht Erwerbslosigkeit über die indischen Arbeiter herein, und der Zeitpunkt rückt heran, wo die Kosten der Verwaltung nicht mehr aufgebracht werden können. — Um die Sachlage zu prüfen und Vorschläge zur Besserung der Verhältnisse zu machen, wurde unterm 22. Dezember 1896 eine Kommission, bestehend aus General Sir H. W. Norman, Sir Edward Grey und Sir David Barbour, beauftragt, nach Westindien zu reisen. Die Kommissare sollten die Ursachen der Zuckerkrise untersuchen und feststellen, ob die Rohrzuckerindustrie wirklich von der Gefahr des Unterganges bedroht sei; ferner, ob zutreffenden Falls, andere, und welche Erwerbszweige zum Ersatz vorhanden seien, und endlich, welche Wirkung das Erlöschen der Zuckerindustrie auf die arbeitenden Klassen*) und Finanzen der Kolonien ausüben würde.

Die Kommission hat ihre Aufgabe im Laufe des Jahres 1897 gelöst. Sie hat sich nicht darauf beschränkt, in den von ihr besuchten Kolonien: British Guiana, Trinidad, Tabago, Grenada, St. Vincent, Barbados, Sta. Lucia, Leeward Islands, Jamaica Ermittelungen anzustellen, sondern sie hat auch in London die Ansichten der hervorragendsten Sachkenner ermittelt. Als Ergebniß ihrer Untersuchungen hat sie unterm 25. August 1897 einen ausführlichen Bericht erstattet.

Diesem Aktenstück zufolge befindet sich die westindische Zuckerindustrie in ernster Gefahr. In einigen Kolonien wird sie bei Fortdauer der gegenwärtigen Lage als nicht mehr haltbar betrachtet, in anderen wird ihr Betrieb stark eingeschränkt werden müssen. Der Grund dafür wird in der Konkurrenz des Rübenzuckers, die bis zu einem gewissen Maße durch die in verschiedenen Ländern üblichen Zuckerprämien verschärft wird, aber auch in der Schutzzollpolitik anderer Staaten, die ihre Rohrzuckerindustrie künstlich fördern, gefunden! Während viele Beurtheiler die Hauptschuld an der Krisis schlechter Wirthschaft, ungenügenden technischen Einrichtungen und der

*) In Britisch-Guiana sind 106 000, in Trinidad 88 000 indische Kulis.

stetigen Abwesenheit großer Besitzer von ihren westindischen Unternehmungen zuschreiben, konnten die Kommissare nicht feststellen, daß solche Umstände eine nennenswerthe Wirkung üben. Sie erklären, daß, wo es irgend anging, die besten technischen Einrichtungen auf den Zuckerpflanzungen vorhanden seien, aber nicht hindern könnten, daß der Ertrag immer weiter zurückgehe. Erlösche die Zuckerindustrie hier, so sei ein voller und genügender Ersatz nur in einzelnen Gebieten, wie Jamaica, Trinidad, British Guiana, Sta. Lucia und St. Vincent, aber erst nach Verlauf längerer Zeit, durch andere Unternehmungen zu finden. In Barbados, Antigua und St. Kitts (Christopher) sei ein solcher Ersatz unmöglich. Nur Dominica werde durch die Krisis wenig beeinflußt, da in ihm der Zuckerbau schon jetzt nur eine geringe Rolle spiele. — Der Bericht erklärt ferner, daß nach den angestellten Ermittelungen bei völligem oder theilweisem Erlöschen der Zuckerindustrie in den westindischen Kolonien lediglich Jamaica, Trinidad und Grenada im Stande sein würden, auch fernerhin die Kosten ihrer Verwaltung aufzubringen. Alle anderen Gebiete würden hierfür und für Unterstützung der brotlos werdenden Arbeiter auf Unterstützung vom Mutterlande angewiesen sein.

Als Mittel, der Rohrzuckerkrisis zu steuern, wurde in erster Linie von verschiedenen Seiten die Erhebung von Zuschlagsteuern in Großbritannien bei der Einfuhr alles Rübenzuckers, der Prämien genossen habe, empfohlen. Die Kommission erachtete diesen Vorschlag als ungeeignet. Sie findet, daß eine solche Maßregel sehr schwierig durchzuführen sei und die Interessen Englands wie seiner Kolonien bedenklich beeinträchtigen könnte, wenn die betroffenen Staaten zu Gegenmaßnahmen griffen. Dazu meint sie, daß selbst bei einer Abschaffung der europäischen Zuckerprämien die Politik der Vereinigten Staaten die westindische Zuckerindustrie leicht in eine neue Krisis stürzen könnte. Daher befürwortet sie zum Schlusse statt weitgreifender Maßregeln auswärtiger Politik nur eine Reihe von Schritten, die im Machtbereich Großbritanniens liegen. Es sind dies: 1. Beförderung der Ansiedelung der westindischen Arbeiter auf eigenen Grundstücken. 2. Einführung kleiner landwirthschaftlicher Industrien und Verbesserung der Bauernwirthschaft. 3. Herstellung besserer Verbindungen zwischen den Inseln. 4. Ermunterung des Fruchthandels nach New York und London. 5. Ein Darlehen von etwa 120 000 Pfund Sterling für Barbados zur Herstellung von

Centralfaktoreien. 6. Beförderung der Auswanderung aus den schon in Noth befindlichen Gegenden. Außerdem empfiehlt die Kommission Geldunterstützungen für Dominica und St. Vincent zu Wegebauten und Schuldentilgung sowie für einzelne kleinere Inseln zur Deckung der Verwaltungskosten. Im Ganzen werden Zahlungen in der Höhe von 580 000 Pfund Sterling vorgeschlagen. Dabei sind aber Guiana und Barbados nicht berücksichtigt. Die Kommission hat die Höhe der für diese Gebiete möglicherweise nöthig werdenden Unterstützungen nicht zu ermitteln vermocht. Sie meint, daß ein Zusammenbruch der Zuckerindustrie beide Kolonien auf lange Zeit außer Lage setzen würde, ihre Verwaltungskosten aufzubringen!

Das trostlose Ergebniß dieser Untersuchung ist die Veranlassung gewesen, daß Großbritannien neuerdings mit Bezug auf Westindien seine bisher allen Kolonien gegenüber gleichmäßig beobachtete Politik verlassen hat. Im Sommer 1898 hat das Parlament nach längerer Erörterung eine jährliche Unterstützung von 41 500 Pfund Sterling für Westindien beschlossen. Es fehlte bei der Debatte nicht an Stimmen, welche die Maßregel als nicht ausreichend bezeichneten und der britischen Regierung Vorwürfe machten, daß sie bei der eben in Brüssel stattgefundenen Konferenz wegen Abschaffung der Zuckerprämien Frankreich nicht nachdrücklicher entgegengetreten sei und es gezwungen habe, der von allen anderen Mächten genehmigten Maßregel beizutreten. Andere, wie der radikale Abgeordnete Labouchere, betrachteten das Geld als einfach weggeworfen. Es sei wie eine Bürgschaft für einen armen Bekannten, der englische Steuerzahler müsse es wegschenken. Die einzige Rettung für Westindien sei baldige Ausrottung der Zuckerindustrie, die sich dort niemals mehr bezahlt machen könne! Dieser Einwände ungeachtet drang der Staatssekretär der Kolonien, Chamberlain, mit seinem Antrag durch, und es wird nun abzuwarten sein, ob die Versuche zur Rettung der Zuckerindustrie des britischen Westindien von Erfolg begleitet sein werden.

Inzwischen haben sich die Aussichten dieser britischen Kolonien etwas gebessert durch die Einführung von Zuschlagzöllen in den Vereinigten Staaten auf den aus Ländern mit Zuckerprämien stammenden Zucker. Der westindische Zucker genießt durch diese Klausel einen Vorzug. Auf der anderen Seite ist dem britischen Westindien aber gleichzeitig eine neue sehr bedenkliche Gefahr dadurch erwachsen, daß die Amerikaner nach der Besiegung Spaniens Kuba,

Puerto Rico und die Philippinen sich ebenso, wie bereits früher die Sandwichinseln, angegliedert haben. In allen diesen Kolonien, abgesehen von den Philippinen, spielt der Rohrzucker eine große Rolle, und die an seiner Erzeugung betheiligten amerikanischen Geldleute werden sicher dafür binnen Kurzem sich besondere Einfuhrvergünstigungen zu erwirken wissen. Das Gleiche wird bei anderen Erzeugnissen dieser Inseln der Fall sein. Die britischen Kolonien kommen dann, da sie auf den Markt der Vereinigten Staaten in erster Linie angewiesen sind, wenn es Großbritannien nicht gelingt, ihren Erzeugnissen in der Union Zollvortheile zu erwirken, in eine überaus unangenehme Lage!

In Westindien selbst ist man sich darüber ziemlich klar. Auf einer Konferenz, welche zwischen Vertretern der verschiedenen westindischen Gebiete zu Barbados im September 1898 stattfand, bezeichnete man die beschlossene Geldunterstützung als nutzlos und verlangte in erster Linie Beseitigung der Rübenzuckerprämien.*) Es machte sich bei der Versammlung eine recht gereizte Stimmung gegen das Mutterland, das billigen Zucker dem Wohle seiner Besitzungen vorziehe, geltend, und der Wunsch nach Anschluß an die Vereinigten Staaten wurde unverhohlen laut.

Diese Stimmung hält trotz aller gutgemeinten Anstrengungen Englands dauernd vor, da die augenblickliche Lage der westindischen Kolonien infolge der Verwüstungen eines fürchterlichen Wirbelsturmes im Herbst 1898 noch trauriger geworden ist. — Der Kolonialminister Chamberlain setzt unentmuthigt dadurch seine Politik fort. Er bereitet Errichtung einer Handelsagentur Westindiens in Kanada zur Beförderung des westindischen Exports vor und hat durch britische Sachverständige im Januar 1899 auf einer Konferenz die Mittel zur Besserung der Anbauverhältnisse in Westindien nach jeder Richtung eingehend erörtern lassen. Die Herstellung neuer Dampferverbindungen der westindischen Inseln untereinander und mit dem Mutterland ist im Werk. Der Absatz frischer Früchte, der bisher meist nach Amerika geht, soll jetzt nach England gerichtet und befördert werden.

Welche Folgen eine etwaige Herstellung des Panamakanals

*) Auch in Ostindien ist neuerdings eine lebhafte Agitation gegen die europäischen Rübenzuckerprämien entstanden.

durch die Vereinigten Staaten auf die Verhältnisse Westindiens ausüben würde, läßt sich noch gar nicht übersehen. Versuchen Großbritanniens, an der mittelamerikanischen Küste Flottenstützpunkte zu erwerben, welche ihm auf die Benutzung des Kanals einen wirksamen Einfluß gewähren würden, sind die Vereinigten Staaten wiederholt, zuletzt noch 1895 beim Streit Englands mit Nicaragua, sehr energisch entgegengetreten. England seinerseits hat sich durch den Clayton-Bulwer-Vertrag*) gegen eine Festsetzung der Union in Mittelamerika zu sichern versucht. Seitdem haben sich aber die Verhältnisse sehr geändert, und die Vereinigten Staaten stehen Großbritannien mit anderer Macht als vor 50 Jahren gegenüber. Kommt der Kanalbau eines Tages zu Stande, so werden die Vereinigten Staaten schwerlich vor irgend einem Schritt zurückscheuen, den sie zur Erlangung der vollen Herrschaft und Sicherung der Wasserstraße für nothwendig erachten. Westindien dürfte daher noch recht lange die Aufmerksamkeit der britischen Staatsmänner in hervorragendem Maße beanspruchen.

*) Es heißt in Art. 1 des Vertrages vom 19. April 1850: „Keiner von beiden Theilen soll jemals eine ausschließliche Kontrole für sich erlangen oder behaupten oder ihn (den Kanal) beherrschende oder in seiner Nähe liegende Festungswerke errichten oder Nicaragua, Costa Rica, die Mosquitoküste oder irgend einen Theil Centralamerikas besetzen oder kolonisiren oder sich die Herrschaft darüber anmaßen oder ausüben."

Dritter Theil.

Das britische Nordamerika.

Erstes Kapitel.

Kämpfe mit den Vereinigten Staaten.

Die ersten Maßnahmen, welche England in dem eroberten Kanada getroffen hat, waren nicht dazu angethan, ihm die Gemüther der dortigen unter französischer Herrschaft ins Land gekommenen und meist dort verbliebenen Kolonisten zu gewinnen. Obwohl außer den Offizieren und etwa 500 kleinen Händlern Engländer im Lande nicht vorhanden waren, hatte die Regierung nämlich 1763 englisches Recht eingeführt und die Ansiedler katholischer Religion durch Forderung von Eiden, die für sie unannehmbar waren, von allen Aemtern ausgeschlossen. Dazu verbot die britische Regierung hier, wie in anderen Kolonien, den Erwerb von Land von Eingeborenen, um Mißbräuchen vorzubeugen, und sandte statt gebildeter und angemessen bezahlter Beamten eine Reihe gut empfohlener, aber höchst zweifelhafter Leute, die des Landes und der Sprache unkundig und nur darauf aus waren, sich zu bereichern. Nicht genug damit, verlangten die wenigen Kolonisten englischer Abkunft lebhaft die Einführung eines Repräsentantenhauses. Dabei wären nach dem englischen Recht alle Katholiken ausgeschlossen gewesen, und die 400 bis 500 ungebildeten Leute hätten die ganze Kolonie in ihrer Gewalt gehabt! Die französische Bevölkerung der Kolonie belief sich damals aber auf 65 000 Personen, fast durchweg französischer Herkunft, die meist an den Ufern des St. Lawrence wohnten. Obwohl die englische Herrschaft ihrem Handel ganz andere Aussichten eröffnete, als sie bisher besessen hatten, und die Leute an ein autokratisches Regierungssystem gewöhnt waren, fand unter solchen Umständen die neue Verwaltung nicht sehr freundliche Aufnahme. Als der Governor General Murray sich hiervon überzeugte, ist er der Erste gewesen, welcher eine Aenderung des befolgten Systems zu Hause dringend befürwortete. Seine und die Vorstellungen seines Nachfolgers Carleton führten dazu, daß 1774 das Parlament unter dem Eindruck der Erfahrungen in New England hier durch die sogenannte Quebeck Bill*) völligen Wandel schuf. Dem Governor wurde ein Council von 17 bis 23 Personen zur Seite gestellt mit dem Rechte der Mitwirkung bei der Gesetzgebung. Nur die Befugniß der Steuererhebung und Religionssachen blieben der Krone vorbehalten. Das englische Recht wurde nur in Strafsachen beibehalten, sonst wurde das früher geltende Gesetzbuch, Coutume de Paris, aufs Neue in Kraft gesetzt.**) Die beiden Eide of abjuration und supremacy, welche Katholiken vom öffentlichen Leben völlig ausschlossen, wurden durch eine gemilderte Form des oath of allegiance ersetzt!

Die Reformen hatten noch kaum ihre Wirkungen zu üben begonnen, als die aufständischen Amerikaner den Versuch machten, Kanada zum Anschluß an die Erhebung gegen Großbritannien zu bringen. Nach Erlaß eines Aufrufes an die Kanadier durch den Kongreß erschienen Herbst 1775 zwei Abtheilungen amerikanischer Truppen in der Kolonie und nahmen mit leichter Mühe alle Plätze außer Quebec ein. Das Letztere wurde von kanadischen Milizen wochenlang so tapfer vertheidigt, daß alle Bemühungen, es einzunehmen, scheiterten. Als 1776 Verstärkungen aus England eintrafen, mußten die Amerikaner nach Montreal zurückweichen und bald das ganze Land wieder räumen. Dank der Treue der Kanadier gegen England blieben auch alle späteren Versuche der Amerikaner, diese Kolonie auf ihre Seite zu ziehen, fruchtlos.

Nach dem Frieden mit den Vereinigten Staaten suchten viele englisch gesinnte Amerikaner in Kanada eine neue Heimath, was der Kolonie sehr zu Statten kam. Die ersten Niederlassungen solcher Flüchtlinge fanden 1784 in der Provinz Ontario statt. Die meisten wandten sich nach Nova Scotia, das ebenso wie New Brunswick 1784 zu einer besonderen Kolonie erklärt wurde. Man nimmt an, daß bis 1806 wohl 70 000 bis 80 000 Personen aus den Vereinigten

*) Bei den Verhandlungen sprach Lord Chatam energisch gegen die Bill und stellte sich ganz auf den extrem protestantischen Standpunkt.

**) In Grundstücksachen war englisches und französisches Recht zulässig.

Staaten nach Kanada übergesiedelt sind. Um diese Einwanderung zu fördern, erhielten alle Personen, die vor 1783 nach Kanada geflüchtet waren, für jedes Kind 200 Acres Land überwiesen und den Titel „United Empire Loyalists“.

Die Rücksicht auf die zugezogenen Amerikaner sowie der Wunsch, sie in politischer Hinsicht von den französischen Kanadiern, mit denen sie in vielen Punkten sich schlecht vertrugen, zu trennen, führten 1791 zu einer Umgestaltung der Verhältnisse Kanadas. Das englische Parlament ließ durch verschiedene Ausschüsse die Lage in der Kolonie nach allen Seiten hin prüfen. Es zeigte sich, daß die Kolonisten englischer Herkunft nichts von dem französischen Recht und von den religiös und politisch anders denkenden Kolonisten französischer Abstammung wissen und sie gewaltsam zu Engländern machen wollten. Dies war indessen nicht nach dem Sinn des jüngeren Pitt. Abgesehen davon, daß er davor zurückscheute, die Leute, welche seit der Eroberung treu zu England gestanden hatten, zu vergewaltigen, schien es ihm im Interesse Englands gelegen, daß in der Kolonie zwei sich bekämpfende Interessen erhalten blieben, um ähnlichen Vorgängen wie in den New England-Kolonien vorzubeugen. Er und Grenville faßten den Plan, den obwaltenden Schwierigkeiten dadurch zu begegnen, daß die vorwiegend französischen, östlichen Provinzen von den mehr englischen, westlichen getrennt und ihnen erweiterte Selbstregierung gewährt wurde. Durch die Constitutional Act von 1791 wurden die Ostprovinzen mit 130 000 Bewohnern als Lower Canada von den 20 000 Einwohner zählenden westlichen als Upper Canada geschieden. Jeder Theil erhielt eigenen Governor, Legislative Council und House of Assembly. In Lower Canada zählte Ersteres 15, Letzteres, das von allen 40 Schilling Einkommen besitzenden Bürgern gewählt wurde, 50 Mitglieder. In Upper Canada gehörten zum Council 7, zur Assembly 16 Männer. Die Mitglieder der Councils wurden von der Krone auf Lebenszeit ernannt. Ein Vorschlag Pitts, sie aus der Zahl der Adeligen in der Kolonie allein zu ernennen und so eine Art House of Lords hier zu schaffen, fand keinen Anklang.

Durch diese Maßnahmen war den überwiegend englischen Landestheilen die Möglichkeit geboten, ihr altgewohntes englisches Recht in allen Fragen wieder einzuführen, während in den anderen Engländer und Franzosen die gleichen Rechte genossen. In Lower Canada wurde schon 1792 beiden Sprachen Gleichstellung im amtlichen Verkehr gewährt. — Die beiden Kolonialparlamente traten 1792 in Wirksamkeit, sie haben in beiden Gebieten die Sklaverei 1793 und 1803 aufgehoben und allerlei nützliche Maßnahmen getroffen. Doch die Mehrheit der Assembly von Lower Canada gerieth bald in Streit mit den Governors und ihren Councils wegen der Verwendung der Einkünfte der Kolonien, die ihrer Bestimmung entzogen war. Sie beschuldigte die Mitglieder des Councils, sich große Landgebiete anzueignen, behauptete, daß die vom Governor abhängigen Richter nicht genügend unparteiisch seien, und bot schließlich 1810 Aufbringung der Kosten der gesammten Civilverwaltung durch die Kolonie an. Dieser Vorschlag wurde vom Governor General Sir James Craig mit Entrüstung abgewiesen. Das House of Assembly wurde aufgelöst, eine Zeitung, der „Canadian“, welche die Regierung angriff, gemaßregelt und verschiedene Personen in Haft genommen. Trotz dessen erneuerte die 1811 gewählte Assembly die Forderungen und Klagen der früheren, und der Streit wäre bedenklich geworden, wenn nicht ein neuer Governor, Sir George Prevost, den Wünschen der Kolonisten größeres Entgegenkommen bewiesen hätte.

Die Entwickelung der Kolonie machte während dieser Jahre bereits bedeutende Fortschritte. 1812 zählte Upper Canada gegen 80 000, Lower Canada 220 000 Bewohner. Während 1800 in Quebec 64 Schiffe mit 14 293 Tonnen angekommen waren, zählte man 1810 schon 661 mit 143 893 Tonnen! Auch die Einnahmen, die sich 1806 nur auf 29 116 Pfund Sterling beliefen, machten Fortschritte. Die Kolonie beschloß sogar während der Kriege Großbritanniens gegen Napoleon Zahlung einer Beihülfe an England! Das Gebiet Kanadas wurde von Jägern und Reisenden immer weiter erforscht. Alexander Mackenzie fand zum ersten Male den Weg zum Stillen Ozean über die Rocky Mountains.

Der Kampf Englands gegen Napoleon verwickelte Kanada 1812 nochmals in einen Krieg mit den Vereinigten Staaten. Schon längst hatte Frankreich sie in sein Interesse zu ziehen und gegen Großbritannien ins Feld zu bringen gewünscht. In der Union selbst fehlte es nicht an Leuten, welche gern die Gelegenheit wahrgenommen und Kanada erobert hätten. Doch immer hatten die Leiter der Vereinigten Staaten diesen Strömungen erfolgreich entgegenzutreten vermocht, bis nach Erklärung der Kontinentalsperre durch Napoleon und nach Beginn des als Antwort hierauf von England ins Werk gesetzten

Vernichtungskrieges gegen den europäischen Seehandel der Haß gegen England in Amerika zu allgemein wurde. Man litt hier nicht allein schwer unter der Wegnahme der nach amerikanischen Häfen bestimmten Schiffe, sondern war auch entrüstet über das Anhalten und Durchsuchen von Unionsfahrzeugen durch englische Kreuzer. Allgemein wurden Vergeltungsmaßnahmen gegen England in Kanada verlangt. Man wußte, daß hier kaum 4000 Mann britischer Truppen in weitzerstreuten Posten standen, die Miliztruppen seit 1775 nicht mehr ernstlich ausgebildet worden waren und ein Gegensatz zwischen dem Government und den französischen Kolonisten bestand. Man glaubte daher, die Kolonie im Handumdrehen nehmen zu können. Der Staatssekretär des Kriegsamtes erklärte im Kongreß: „Wir können Kanada ohne Soldaten erobern. Wir brauchen nur Offiziere hinzusenden, und das gegen seine Regierung erbitterte Volk wird sich um unsere Fahnen schaaren.“ Mr. Clay meinte: es sei unsinnig anzunehmen, daß Amerika bei seinem Unternehmen scheitern könne. „Wir haben Kanada ebenso in unserer Hand wie Großbritannien das Weltmeer. Wir müssen ihm diesen Kontinent abnehmen, ich will, bis dies geschehen, keinen Frieden sehen!“ In aller Stille wurde 1811 das verfügbare Militär an der Nordwestgrenze zusammengezogen und Alles zum Einfall in Oberkanada vorbereitet. In London erhielt man die ersten Nachrichten davon schon 1811 und rief infolge dessen 4 Bataillone Milizen ein. Doch ungeachtet dessen und, wenngleich gerade 2 zur Ablösung gesandte reguläre Bataillone in der Kolonie waren und die vorhandene Macht verstärkten, war die Lage verzweifelt, sobald die Kanadier mit den Amerikanern gemeinsame Sache machten! Die Kanadier aber blieben England treu, und ihnen schlossen sich die Indianer an, welche die Amerikaner verabscheuten.

Die amerikanischen Truppen, welche unter General Hull im Juli 1812 den Detroitfluß überschritten und Fort Malden am Lake Erie angriffen, fanden keinerlei Unterstützung bei der Bevölkerung. General Hull wurde mit 1300 Mann im August gezwungen, sich zu ergeben! Der ganze Staat Michigan fiel in Englands Hand. Ebenso unglücklich verlief ein Angriff, den die Amerikaner Mitte Oktober am Niagara ausführten. 950 Mann fielen den Engländern in die Hände, der Rest floh. Auch ein Einfallversuch der Amerikaner auf dem Wege über Lake Champlain scheiterte, und während des ganzen Winters war ihnen kein Erfolg beschieden. Infolge dieser

Erfahrungen warfen sie im Sommer 1813 alle Kräfte auf den Ontariosee. Ende April nahmen sie mit Hülfe eines ansehnlichen Geschwaders die Hauptstadt Upper Canadas, Toronto, und zerstörten hier alle öffentlichen Gebäude. Einige Wochen später eroberten sie Fort George am Einfluß des Niagara in den Ontario. Die weit schwächeren Engländer unter General Vincent kamen in hartes Gedränge und wären verloren gewesen, wenn es ihnen Anfang Juni 1813 nicht gelungen wäre, das amerikanische Lager bei Nacht zu überraschen und die Generale nebst 120 Mann gefangen zu nehmen. Der Erfolg war nicht von langer Dauer. Im September gelang es den Amerikanern, die ganze englische Macht auf dem Lake Erie, 6 Schiffe, wegzunehmen und die Feinde zurückzuwerfen! Durch die von den Amerikanern am Ontario und Champlain gesammelten Truppen war nun Montreal aufs Ernstlichste bedroht. Zum Glück für England wirkten aber die verschiedenen Abtheilungen der Amerikaner nicht genügend zusammen. Die vom Champlain kommenden Truppen wurden am Chateauguayflusse zurückgeschlagen und, als die Hauptabtheilung in St. Lawrence vom Ontario her November 1813 erschien, fand sie sich so starken englischen Truppenkörpern gegenüber, daß sie nach unglücklichem Gefecht auch nach dem Champlain abziehen mußte. Als gar den Engländern im Frühling 1814 Einnahme des Forts Oswego glückte, beschränkten sich die Amerikaner fernerhin auf Angriffe am Ontario- und Eriesee, wo sie den Briten durch ihre Schiffe überlegen waren. Sie nahmen Fort Erie ein und machten von dort noch einen Vorstoß gegen Fort George. Doch hierbei brachten ihnen die Engländer in der Nähe des Niagarafalles im Juli 1814 eine Niederlage bei.

Die Engländer gingen von da an zum Angriff gegen die Amerikaner über. Die Beendigung der europäischen Kriege erlaubte ihnen, größere Kräfte auf Amerika zu verwenden. Ihre Flotten nahmen das Gebiet zwischen Penobscot und St. Croix an der Küste Maines weg, eroberten die Stadt Washington, wo sie das Kapitol zerstörten, und griffen die Stadt New Orleans an. Zu Lande waren ihre Truppen aber trotz großer, aus England eingetroffener Verstärkungen weniger erfolgreich, und so war das Ergebniß des Krieges die Rückgabe der eroberten Forts an die Vereinigten Staaten. Im Dezember 1814 wurde zu Ghent Friede geschlossen. Die Union hat von dem Kriege nur Nachtheile gehabt. Abgesehen vom Menschenverlust waren fast 3000 ihrer Schiffe weggenommen, ihr Handel von 50 Millionen Pfund Sterling 1814 auf 4½ gedrückt, ein großer Theil ihrer Handelswelt ruinirt worden.

Zweites Kapitel.

Die Entstehung der kanadischen Verfassung.

Kanada kam die Aufwendung bedeutender Summen durch das Mutterland während des Krieges sehr zu Statten, und überdies führte der gemeinsame Kampf gegen die Union die verschiedenen Klassen der Kolonisten einander näher.

Mit erneuter Kraft nahmen sie den Kampf um Erweiterung ihrer politischen Rechte auf. Der Anspruch der Assemblies auf Ueberwachung der Finanzen und Ernennung unabhängiger Richter wurde immer wieder geltend gemacht. Dieses Vorgehen hatte den Erfolg, daß der Staatssekretär der Kolonien, Lord Bathurst, 1818 den Governor General anwies, auf den früheren Vorschlag des kanadischen Parlaments einzugehen, wonach die Kosten der Civilverwaltung aus den Einnahmen der Kolonie gezahlt werden sollten. Der Beamte entschloß sich hierauf, nach langem Zögern der Assembly das detaillirte Budget der Civilverwaltung vorzulegen, und die Versammlung stimmte der Einführung neuer Steuern zu. Doch ein noch im Jahre 1818 eintreffender neuer Governor General wollte von Vorlage detaillirter Budgets nichts wissen und verlangte, daß das Parlament die für jeden Haupttitel nöthigen Summen ohne Kenntniß der Verwendung im Einzelnen bewilligen sollte. Darüber entbrannte neuer Streit. Die Assembly verlangte, daß die Richter vollständig unabhängig sein müßten und daher weder dem von der Krone ernannten Legislative noch dem Executive Council angehören dürften. Hiergegen sträubten sich die betreffenden Richter wie das Government, und ihr Einfluß war der mächtigere. In Upper Canada war es ähnlich. Dort lag alle Gewalt in einer Anzahl von Familien, welche das Legislative Council und alle besseren Posten aus ihrer Mitte besetzten, fast alles wüste Land in ihren Besitz brachten und die Assembly völlig lahmlegten. Ein schwerer Schlag für die Feinde parlamentarischer Regierung war es, als 1823 Sir John

Caldwell, der Receiver General von Lower Canada, bankbrüchig wurde und es sich herausstellte, daß er den öffentlichen Kassen 100 000 Pfund Sterling schuldete! Das House of Assembly erklärte 1824 angesichts dieses Vorganges, daß zu jeder Verwendung von Einnahmen der Kolonie seine Zustimmung erforderlich sei, es forderte gleichzeitig Einschränkung der Ausgaben und jährliche Vorlage der bisher verweigerten Uebersicht der Einnahmen und Ausgaben. Sir Francis Burton, der stellvertretende Governor, gestand diese Forderung wenigstens theilweise zu, doch der Governor General und Earl Bathurst wollten von einer so weitgehenden Kontrole nichts wissen. Der Staatssekretär Lord Goderich war entgegenkommender, doch forderte er als Vorbedingung, daß die Assembly jährlich ein für alle Mal 30 000 Pfund Sterling als Civilliste bewillige. Zu einer näheren Berathung darüber in der Assembly kam es nicht, da der Governor General die Wahl eines besonders oppositionellen Kolonisten, Papineau, zum Sprecher nicht dulden wollte. Hierüber entstand solche Entrüstung, daß 87 000 Kanadier eine Petition an den König schickten, worin sie sich über das Verhalten des Governors beschwerten und Genehmigung ihrer Forderungen erbaten.

Die Petition wurde auf Veranlassung des damaligen Kolonialstaatssekretärs Huskisson einem Ausschuß des britischen Parlaments überwiesen. Hier fanden die Klagen der Kolonisten günstiges Gehör. Der Ausschuß verurtheilte scharf die Verwendung der in Kanada aufgebrachten Einkünfte ohne Mitwirkung des dortigen Parlaments und empfahl Uebertragung der Verfügung über alle Einkünfte an die Assembly. Nur die Gehälter des Governors, des Executive Council und der Richter sollten von vornherein sichergestellt und der Bewilligung durch das Parlament entzogen werden. Zum Schluß sprach sich der Ausschuß auch dafür aus, daß bei der Wahl der Mitglieder für das legislative und executive Council möglichst Leute, die das Vertrauen der Kolonisten besaßen, berücksichtigt werden möchten! — Mit lauter Freude wurde der Bericht dieses Ausschusses in Kanada begrüßt. Die Stunde der Erfüllung langgehegter Wünsche schien gekommen. Doch der Tod des Königs George IV. und andere Sorgen waren Schuld, daß die Sache liegen blieb und der von Kanada gewünschte Parlamentsakt nicht zu Stande kam. Lord Goderich, der 1830 wieder an die Spitze der Kolonialangelegenheiten trat, versprach Erfüllung der Wünsche der Assembly, wollte indessen der

Krone aufs Neue die Verfügung über gewisse Einnahmen vorbehalten. Als 1831 endlich ein Beschluß des britischen Parlaments der Assembly die Bestimmung über alle Einkünfte der Kolonie verlieh, blieb der Staatssekretär auf seinem Standpunkt und verweigerte Beschlüssen der kanadischen Assembly über die bisher der Verfügung der Krone vorbehaltenen Einnahmen die Genehmigung. — Diese Maßnahme führte zu neuem erbitterten Streit. Die Kolonistenpartei suchte die Einnahmen der Councilmitglieder zu beschneiden und verlangte in England Ersatz des ernannten Councils durch ein vom Volk gewähltes! Staatssekretär Lord Stanley wies diese Einrichtung als mit monarchischen Einrichtungen unvereinbar ab und drohte mit Zwangsmaßregeln. Die Assembly antwortete damit, daß sie 1834 jede Geldbewilligung verweigerte und einen Abgeordneten nach London schickte, um ihre Beschwerden zu vertreten. Lord Stanley half sich dadurch, daß er den Beamten die fälligen Gehälter aus der Militärkasse zahlte. Sein Nachfolger Spring Rice war dagegen zum Nachgeben bereit und verlangte nur Zeit. Ehe er zu einer Entscheidung gelangte, trat Sir Robert Peel an seine Stelle. Er beschloß, die Lage der Dinge in Kanada durch eine Kommission untersuchen zu lassen, und war im Allgemeinen für Erfüllung der Forderungen der Assembly, falls sie die Beamtengehälter wenigstens für 7 Jahre genehmige. Peels Gedanke wurde von seinem Nachfolger Lord Melbourne ausgeführt. Der Earl of Gosford, Sir Charles Grey, Sir George Gipps bildeten die Kommission, welche 1835 nach Kanada reiste und beauftragt war, Frieden zwischen Mutterland und Kolonie herzustellen. In seiner Instruktion sprach der Staatssekretär aus, daß er eine Einmischung Großbritanniens in die inneren Angelegenheiten einer Kolonie mit Repräsentativverfassung für ungesetzlich und nur im äußersten Nothfall zulässig halte. Er erklärte sich auch mit der Verfügung über alle Einkünfte durch die Assembly einverstanden und wünschte nur Bewilligung der Beamtengehälter für 10 Jahre. Bestimmt lehnte er jedoch Bewilligung eines erwählten Councils und Ueberlassung der Verwaltung des Kronlandes*) an die Assembly ab. Er vertrat hierin die bestimmt geäußerte Meinung des Königs William IV.

*) Gerade diese erregte viel Unwillen in Kanada, da Günstlinge bevorzugt und die Erträge ganz für die Geistlichen der Hochkirche verwendet wurden.

Es scheint, daß die Wahl der Kommission keine sehr glückliche war. Trotz aller Bemühungen gelang es ihnen nicht, mit den Führern der kanadischen Opposition zu einem Ausgleich zu kommen. Papineau in Lower Canada und William Mackenzie in Upper Canada bestanden mehr als je auf ihrer Forderung, der Beseitigung der ernannten Councils, und als sie damit nicht durchdrangen, bewilligten sie die laufenden Ausgaben nur für ein halbes Jahr.

Der Staatssekretär der Kolonien, Lord John Russell, legte nunmehr Anfang März 1837 die ganze Angelegenheit nochmals dem britischen Parlament vor. Er erklärte die Bewilligung des Wahlrechts für das Legislative Council aufs Neue für unthunlich, desgleichen lehnte er die Mitwirkung der Assembly bei Kronlandveräußerungen ab und wollte dem kanadischen Parlament die Verfügung über die Finanzen wieder nur unter Vorbehalt der Civilliste und Bewilligung der seit 1832 verweigerten Summe zugestehen. Obwohl eine Anzahl Redner gegen Russell im Sinne der Kanadier sprachen, zeigte sich doch keine besonders rege Theilnahme für sie. Man verglich Kanada mit Irland, die allgemeine Lage und die Beschwerden seien bei beiden dieselben, hielt die Bewilligung eines gewählten Councils für nicht bedenklich, erhob aber gegen Russells Resolutionen keinen ernsten Widerspruch. Die kanadische Assembly antwortete mit neuen Gegenmaßnahmen. Die britische Regierung sah sich genöthigt, wieder die Gehälter der Beamten aus ihrer Tasche vorzuschießen. Und dabei blieb es nicht. Die Mißstimmung in der Kolonie war im Laufe der letzten Jahre noch durch das Auftreten einer Choleraepidemie und eine schwere Handelskrisis gesteigert worden. Es verband sich mit dem Zorn gegen die britische Regierung, welche der Cliquen- und Gewaltherrschaft im Lande kein Ende machen wollte, allmählich auch eine früher nicht vorhandene Feindschaft der Nationalitäten.

Das zeigte sich schon deutlich bei den Verhandlungen der Assembly im August 1837. Die Opposition begann immer drohendere Reden zu führen und auf das seiner Zeit von den Vereinigten Staaten gegebene Beispiel hinzuweisen. Als der Governor General angesichts dieser Haltung eine Reihe von Mitgliedern der Opposition aus öffentlichen Aemtern und Offizierstellen in der Miliz entfernte, erklärten die Unzufriedenen in einer Proklamation alle Bande des Gefühls für das gefühllose Mutterland zerstört und rüsteten ganz offen. Die englischen und französischen Kolonisten griffen sich aufs

Erbittertste in den Tagesblättern an. Besonders die Letzteren wurden mit allen möglichen Schimpfnamen belegt. Die Aufregung auf beiden Seiten führte Anfang November 1837 zu einer Schlägerei zwischen französischen „Sons of Liberty", wie sie sich nannten, und einem loyalen Vereine in den Straßen Montreals. Die Ersteren unterlagen, und die Bureaus eines französischen Blattes, „Vindicator", wurden zerstört. Es wurde auch ein Versuch gemacht, das Haus des Leiters der parlamentarischen Opposition, Papineau, anzuzünden.

Der Vorfall wurde in sehr aufgebauschter Form beschrieben und veranlaßte das Government, gegen Papineau und 25 andere Personen Verhaftbefehle zu erlassen. Nur 9 davon konnte die Polizei finden, die Anderen flohen und riefen ihre Anhänger auf dem flachen Lande auf. Als bald darauf 18 Milizsoldaten zwei in einem Dorf verhaftete Leute nach Montreal führten, erschienen 300 Bewaffnete, schossen auf die Milizen und befreiten die Gefangenen. Im Dorfe St. Denis schlugen die Aufständischen einen regelrechten Angriff der britischen Truppen ab. Erst einige blutige Niederlagen Ende November und Anfang Dezember 1837 sowie die Weigerung der Vereinigten Staaten, den Aufständischen Beistand zu leisten, brachten diese in Lower Canada zur Unterwerfung. Länger dauerte der Widerstand in Upper Canada, wo Mackenzie, der offen den Wunsch, die Kolonie der Union anzugliedern, vertrat, an der Spitze der Unzufriedenen stand. Er machte Anfang Dezember 1837 den Versuch, Toronto zu überraschen und sich der dort befindlichen Waffen zu bemächtigen. Sein Anschlag wurde entdeckt und seine Truppe im offenen Kampfe geschlagen. Darauf floh er nach den Vereinigten Staaten, sammelte dort etwa tausend Anhänger und besetzte mit ihnen eine Insel im Niagarakanal. Er proklamirte die Republik in Upper Canada und beschäftigte einige Zeit lang die Behörden, bis die Vereinigten Staaten, auf Druck von England, gegen ihn vorgingen und ihn 1838 verhafteten. Die Erhebung war damit zu Ende. Einige hundert Aufrührer wurden eingekerkert und 180 davon zum Galgen verurtheilt. An nur Wenigen ist das Urtheil aber vollstreckt worden.

Die erste Wirkung der Erhebung war Suspension der Verfassung der Kolonie und Ernennung Lord Durhams zum High Commissioner „für Regelung einiger wichtiger Fragen, betreffend Form und zukünftige Regierung" der zwei Provinzen. Der Lord gehörte der Reformpartei im Oberhause an, hatte seit Langem den kolonialen

Fragen, besonders New Zealand, seine Aufmerksamkeit gewidmet und galt als ein gerechter, wenn auch leicht erregbarer Mann. Er nahm zwei ausgezeichnete Kenner kolonialer Dinge, den Schriftsteller Edward Gibbon Wakefield und Charles Buller, als Berather mit. Durham kam am 27. Mai 1838 in Quebec an. In einer Proklamation kündigte er sich den Kolonisten als Freund und Berather an und bat um volles Vertrauen. Er wurde in der That überall sehr freundlich aufgenommen und sah sich dadurch in Stand gesetzt, bei seiner einige Monate in Anspruch nehmenden Bereisung der Hauptorte Canadas, Nova Scotias und New Brunswicks die Verhältnisse sehr eingehend kennen zu lernen.

Die Frucht der Mission war ein unterm 31. Januar 1839 erstatteter Bericht, welcher noch heute als eines der wichtigsten Aktenstücke der britischen Kolonialpolitik gilt. In dem umfangreichen Schriftstücke wird an dem bis dahin befolgten Verwaltungssystem scharfe Kritik geübt. Statt Leute mit dem Governoramte zu betrauen, in deren Fähigkeiten und Kenntnisse man volles Vertrauen habe, und statt ihnen dann die Entscheidung in allen lokalen Fragen zu überlassen, mische sich die britische Kolonialverwaltung durch eingehende Instruktionen in alle Details. Die Folge sei, daß die Governors, so viel als möglich, alle Verantwortlichkeit auf die heimische Regierung abzuwälzen suchten, und daß die Kolonie in Augenblicken der Gefahr immer schmerzlich empfinde, daß die eigentliche Regierung jenseits des Ozeans liege. Lord Durham fand denselben Gegensatz zwischen Government und Assembly wie in Lower Canada in den anderen nordamerikanischen Besitzungen Großbritanniens. Ueberall empfinde die Bevölkerung es als unerträglich, daß ihr keinerlei Einfluß auf die Wahl der höchsten Beamten zustehe! — Diesem Zustande ein Ende zu machen, sei nicht schwer. Es dürfte ein Erlaß an den Governor General genügen, worin ihm aufgegeben wäre, an die Spitzen der Verwaltungskörper nur Beamte zu setzen, die sich des Vertrauens der Assembly erfreuten, und Maßnahmen nur mit Gegenzeichnung der betheiligten Beamten zu erlassen! Nur in Fragen auswärtiger Politik, des Handels, der Regierungsform und der Kronländereien brauche das Mutterland sich das Verfügungsrecht zu wahren. Alle Angelegenheiten örtlicher Natur könne man der Verfügung von Körperschaften, gewählt durch die Kolonisten, überlassen.

Der Berichterstatter erachtete aber eine Maßnahme in dem angedeuteten Sinne nicht für ausreichend, um Canadas Gedeihen für die Zukunft zu sichern. Um die Parteien auf andere Gedanken zu bringen und den Rassengegensatz zu verwischen, hielt er eine Verschmelzung Upper und Lower Canadas oder gar aller britischen Kolonien in Nordamerika zu einem Staatswesen für nöthig. Er berief sich dabei auf ein Schreiben des Duke of Kent, des Vaters der Königin Victoria, der schon 1814 eine nähere Vereinigung dieser Kolonien gewünscht hatte, und betonte, daß ein Parlament für ganz Canada weit mehr Gewicht besitzen und vielen bisher bestehenden Verwaltungsschwierigkeiten ein Ende machen werde. Dem Parlamente solle das Executive Council verantwortlich sein. Es solle die Verfügung über alle Einkünfte, allerdings mit Genehmigung der Krone besitzen. Nur die höchsten Beamten und die Richter sollten von seinen Beschlüssen unabhängig gestellt werden.

Als weitere Maßnahmen zur Förderung der Wohlfahrt der Kolonie empfahl Lord Durham Bau von Eisenbahnen zwischen den verschiedenen Provinzen, zunächst von Halifax nach Quebec; Einrichtung von Dampfschiffsverbindung mit England und Unterstützung der Einwanderung. In letzterer Beziehung tadelte er scharf den Mangel an Beaufsichtigung der Auswanderungsschiffe und -Unternehmer.

Dem Einwand, daß eine zu bedeutende Stärkung der Selbstverwaltung in der Kolonie Abfallgelüste erwecken könne, begegnete Durham mit der Versicherung, daß im Gegentheil solche Maßnahmen das Gefühl der Zugehörigkeit zu Großbritannien stärken würden. Ueberhaupt sei es erste Pflicht des Mutterlandes, das Wohlbefinden der kolonialen Landsleute zu sichern. Sei es im Buche des Schicksals geschrieben, daß diese Länder nicht für immer Theile des britischen Reiches bleiben sollten, so schulde England es seiner Ehre, zu sorgen, daß sie im Falle der Trennung nicht die einzigen Gebiete Amerikas seien, in denen die angelsächsische Rasse sich nicht selbst zu regieren verstehe!

Der Eindruck des Berichts in England war ein bedeutender, aber Lord Durham kam nicht in die Lage, seine Grundsätze selbst praktisch zu erproben. Er fiel während seiner kurzen Thätigkeit in Canada in Ungnade und wurde Gegenstand grober Angriffe im Parlamente.

Durham hatte nämlich einen Theil der bei seiner Ankunft im Gefängnisse befindlichen Empörer ohne Prozeß begnadigt und nach dem ihm gar nicht unterstehenden Bermuda verbannt. Die Lords erklärten diese Maßnahme für ungesetzlich. Dies und bittere Angriffe seiner Feinde ärgerten den Lord so, daß er sein Amt niederlegte und schon am 1. November 1838 Canada verließ.*)

Seine Abreise war die Veranlassung zu einer neuen Volkserhebung in Canada, die wieder mit den Waffen niedergeschlagen werden mußte und an der auch wieder Abenteurer aus den Vereinigten Staaten theilnahmen. Da die Unionsregierung sich unfähig zeigte, den Uebergriffen ihrer Staatsangehörigen vorzubeugen, wurde eine Anzahl von ihnen in Upper Canada ohne Weiteres gehangen oder nach Australien deportirt. Wenn auch die Mehrheit der französischen Bevölkerung zu der britischen Regierung hielt und der katholische Klerus ihr fast durchweg aufrichtige Unterstützung zu Theil werden ließ, legten diese Vorkommnisse doch aufs Neue die Nothwendigkeit nahe, etwas Entscheidendes in Canada zu thun. Ueber das „Was" herrschte freilich große Meinungsverschiedenheit. Die öffentliche Meinung war noch weit entfernt, Selbstregierung in den Kolonien für möglich und England nützlich zu halten. Die Tories wollten gar nichts davon hören. Der Duke of Wellington meinte, ebensogut könnte man an Wahlen in der Armee oder an Bord eines Schiffes denken. Die Wünsche der Kolonisten des Kaplandes, von New South Wales und New Foundland nach Antheil an der Regierung wurden als unerhört oder lächerlich bezeichnet. Dann könnten nächstens die befreiten Neger Sierra Leones eine schwarze Assembly verlangen! Lord Durhams Bericht erregte in diesen Kreisen wahre Wuthausbrüche. Die toristische Quarterly Review bezeichnete des Lords Vorschläge als „großsprecherische Dummheiten und kindische Pedanterie" und forderte ihre energische Mißbilligung durch die Regierung. Die Whigs theilten diesen Standpunkt zwar nicht, aber es fehlte auch ihnen jede stärkere Begeisterung für Förderung der kolonialen Freiheiten.

Die britische Regierung, in der 1839 Lord John Russell wieder das Amt des Staatssekretärs der Kolonien bekleidete, entschloß sich nach reiflicher Prüfung der Lage, Durhams Vorschlag wenigstens theilweise zur Richtschnur zu nehmen und zunächst eine Verschmelzung der beiden Canadas ins Werk zu setzen. Abgesehen davon, daß die

---

*) Er starb 28. Juli 1840.

Trennung den erwarteten Nutzen nicht gebracht hatte, setzte sie Upper Canada in die schwierigste Lage. Es konnte, da es von dem Meer abgeschnitten war, keine Zölle erheben und kam dadurch allmählich in die Lage, selbst die dringendsten Ausgaben nicht decken zu können. Mit Vorbereitung der Maßregel wurde der neue Governor General Thomson*) betraut, der seine Laufbahn als Kaufmann begonnen und längere Zeit dem Board of Trade vorgestanden hatte. Als Richtschnur wurde ihm unterm 14. Oktober 1839 eine Instruktion von Lord John Russell ertheilt, in der es hieß: Die Regierung der Königin wolle die Repräsentativversammlungen Britisch-Nordamerikas keineswegs in Maßnahmen der Reform und Verbesserung hindern. Sie wünsche ernstlich, Männern von Talent und Charakter im Dienst der Kolonien dieselben Aussichten wie im britischen Staatsdienste zu eröffnen. Ihre Majestät wolle auch kein politisches System in Nordamerika aufrecht erhalten, das die öffentliche Meinung verurtheile. Sie betrachte die Liebe ihrer dortigen Unterthanen als die beste Sicherheit für ihre Herrschaft. Der Vertreter Ihrer Majestät dürfe daher keinen Seitens der Behörden begangenen Mißbrauch oder Begünstigung privater Interessen dulden und solle für volle Harmonie der gesetzgebenden und vollstreckenden Organe sorgen. Ein Zustand, bei dem der Governor jeden zulässigen Antrag der Assembly verwerfe und diese dafür die erforderlichen Geldbewilligungen verweigere, könne nur alle politischen Beziehungen sowie den Handel stören und den Wohlstand des Volks schädigen. Each must exercise a wise moderation. The Governor must only oppose the wishes of the Assembly, where the honour of the Crown or the interests of the empire are deeply concerned. Als solche Fragen wurden die Angelegenheiten auswärtiger Politik und des Handels bezeichnet sowie Maßnahmen, welche das Wohl der britischen Unterthanen in der Kolonie bedrohen würden. — Eine weitere Depesche Lord John Russells führte aus, daß die höchsten Aemter, wie die des Kolonialsekretärs, des Schatzmeisters, Oberstaatsanwalts u. s. w. sowie der Mitglieder des Councils, fortan nicht mehr dem Inhaber lebenslänglich überlassen werden dürften. Nicht nur Erfordernisse der jeweiligen Verwaltung, sondern auch Neubesetzung des Governorpostens seien genügender Anlaß, die Inhaber der höchsten Beamtenstellen zu wechseln.

---

*) Später Lord Sydenham.

Der neue Governor General legte den Plan der Vereinigung beider Canadas zunächst dem von Lord Durham ernannten Council vor, welches vor der Hand seit Suspension der Verfassung dem Governor allein zur Seite stand. Er verlangte dabei Bewilligung der Civilliste und Uebernahme der Schulden Upper Canadas. Nachdem das Council sich mit 12 gegen 3 Stimmen einverstanden erklärt hatte, ging er nach Toronto und berief dort die Assembly. Diese verlangte Verlegung der Regierung nach Upper Canada, Ausschluß der Kolonisten vom Wahlrecht, welche, wie die meisten Franzosen, ihr Land als Lehen von einem Grundherrn besaßen, Bevorzugung in der Zahl der Mitglieder zum Parlament, ausschließlichen Gebrauch der englischen Sprache u. dergl. Solche Maßnahmen hätten die meisten Canadier französischen Ursprungs von der Theilnahme am öffentlichen Leben ausgeschlossen. Thomson lehnte sie daher bestimmt ab und setzte schließlich Annahme seiner Vorschläge, welche gleiche Vertretung beider Provinzen im Parlament, Bewilligung der vom britischen Parlament aufzustellenden Civilliste und Theilung der öffentlichen Schuld bezweckten, durch. — Im Januar 1840 sandte er den Entwurf einer Unionsbill nach London.

Während diese im Parlament berathen wurde, brachte Thomson verschiedene seit Jahren in der Kolonie brennende Fragen zur Lösung. Er setzte eine Theilung des reservirten Kirchenlandes, das bisher der Staatskirche allein zu Gute gekommen war, unter alle Religionsgenossenschaften durch, bestrebte sich, die Verwaltung der Städte Quebec und Montreal umzugestalten, und besserte das ländliche Kreditwesen. Allerdings fand er, daß alle diese wichtigen Angelegenheiten die Gemüther der Kolonisten weit weniger beschäftigten als der Nationalitätenhaß. Engländer und Franzosen unterhielten keinerlei Beziehungen und behandelten sich in Allem als Feinde trotz aller Bemühungen des Governors.

Die Unionsbill fand im Laufe des Jahres 1840 die Genehmigung des britischen Parlaments und wurde am 23. Juli 1840 Gesetz. Am 10. Februar 1841 trat sie in Kraft. Die beiden vereinigten Provinzen erhielten dadurch zusammen ein legislatives Council, bestehend aus nicht weniger als 20 Personen im Alter von mehr als 21 Jahren, die auf Lebenszeit nach Vorschlag des Governor Generals von der Krone ernannt wurden. Dazu eine legislative Assembly aus 84 Mitgliedern. Upper Canada mit

723 000 Bewohnern entsandte in sie ebenso viel wie Lower Canada mit 768 300 Seelen. Das Wahlrecht war auf dem Lande an ein jährliches Einkommen von 40 Schilling aus Besitz und von 5 Pfund Sterling in den Städten gebunden. Um Deputirter zu werden, mußte ein Grundstücksbesitz im Werthe von 500 Pfund Sterling nachgewiesen werden. Die vollziehende Gewalt lag in den Händen des aus den Inhabern der höchsten Aemter gebildeten Executive Council. Dieses sollte fortan der Volksvertretung verantwortlich sein, und es durften daher wie bei einem Ministerium nur Mitgliedern der Mehrheit der Assembly die betreffenden Aemter verliehen werden. Der Assembly war die Verfügung über alle Einnahmen zugestanden mit Ausnahme von jährlich 75 000 Pfund Sterling, welche zur Besoldung der Beamten und Richter dienten. — Im Ganzen genommen behielt die Krone trotz manchen wichtigen Zugeständnisses auch jetzt noch die Zügel der Regierung in der Kolonie in den Händen!

Drittes Kapitel.

Ausdehnung der britischen Kolonisation in Nordamerika.

Das neue canadische Parlament trat zum ersten Mal im Juni 1841 in der Stadt Kingston zusammen. Es gehörten ihm 24 Anhänger der Regierung, 20 Franzosen, 27 Reformer an. Die Mittheilung des Governors, daß Großbritannien der Kolonie eine Anleihe von $1^1/_2$ Million Pfund Sterling für öffentliche Arbeiten gewähren und die Einwanderung von Arbeitskräften fördern werde, verhinderte nicht, daß ein Versuch gemacht wurde, die Unionsbill als ungerecht und den Rechten britischer Bürger nicht entsprechend zu verwerfen. Nach der Zurückweisung des Antrages gelang es aber, die Assembly zu gedeihlicher Arbeit zu bewegen. Die Selbständigkeit der Gemeinden wurde erhöht, eine gemeinsame Behörde für die öffentlichen Arbeiten der ganzen Kolonie geschaffen u. dergl. mehr. Infolgedessen traten die Gegensätze der verschiedenen Kolonistenklassen zurück, und das ganze Leben lenkte in ruhigere und gedeihlichere Bahnen ein. Diese Ruhe hielt auch während der nächsten Jahre, wo die Governor Generals mehrfach wechselten, im Wesentlichen vor. Man duldete die Heimkehr der entflohenen Rädelsführer des 1837/38er Aufstandes! Es wurde zugelassen, daß Papineau und Mackenzie zu Mitgliedern der Assembly gewählt wurden. Die Regierung ging sogar soweit, 1847 einer Entschädigung zuzustimmen, welche die Assembly für die Verluste beschloß, die französische Kolonisten während des Aufstands erlitten hatten. Lord Russell und das britische Parlament billigten die Maßnahme, obwohl Gladstone sie scharf angriff! Ein noch größerer Triumph für die Kolonie war es, daß der Assembly um dieselbe Zeit auch die Kontrole über die Civilliste und die Post zugestanden und alle Aemter den Kolonisten geöffnet wurden.

Es war dies nicht zum Wenigsten das Verdienst des 1847 in Canada eingetroffenen Governor General Lord Elgin, der sich die Sporen als Kolonialbeamter in Jamaica verdient hatte. Ihm gelang es auch, Unruhen, welche aus Anlaß der Entschädigungsbill und des 1846 erfolgten Wegfalls der Zollbegünstigung canadischen Getreides in England zu Montreal, wo damals die Assembly tagte, ausgebrochen waren, und die sogar zu einer Adresse an die Vereinigten Staaten um Annexion Canadas führten, beizulegen. Unter dem Beifall des größten Theiles der Bevölkerung wurden Beamte, welche jene Adresse unterschrieben hatten, ihres Dienstes entlassen und der Sitz der Regierung aus Montreal verlegt. In der Folge tagte das Parlament abwechselnd in Toronto und Quebec. Eine weitere sehr wichtige Maßnahme Lord Elgins war die Beseitigung des aus französischer Zeit stammenden Lehensystems, welches den größten Theil der französischen Bauern in Lower Canada gegenüber den englischen, welche ihr Land als freies Eigenthum besaßen, in Nachtheil setzte. Die Regierung kaufte den Lehnsherren gegen eine Entschädigung ihre Rechte ab. Einen Theil zahlte die Kolonie, den andern der Bauer, welcher damit volles Eigenthum über seinen Besitz erhielt. Nicht weniger bedeutungsvoll waren die kräftige Förderung des Bahnbaus und Reform des Schulwesens. Von anderen Verdiensten, die sich Lord Elgin um Canada erworben hat, sei noch der folgenden gedacht. Er siedelte die besonders aus Irland infolge einer Hungersnoth seit Ende der 40er Jahre massenhaft zuströmenden Einwanderer in geschickter Weise an und wußte durchzusetzen, daß Großbritannien nicht allein erhebliche Summen dafür beisteuerte, sondern auch den Mißbräuchen der Auswanderungsunternehmer und Rheder wirksam steuerte. Die Stärke der britischen Truppen in der Kolonie setzte er von 7000 allmählich auf 1800 herab und schuf an ihrer Stelle eine tüchtige Miliz. Das handelspolitische Verhältniß zu den Vereinigten Staaten regelte er durch einen Vertrag, der im Jahre 1854 zum Abschluß kam. Dieses Verhältniß war für Canada sehr unerquicklich geworden, seit es 1846, dem Beispiel des Mutterlandes folgend, alle Differenzialzölle aufgehoben und den Vereinigten Staaten freie Einfuhr zugestanden hatte, während diese ihre hohen Zölle in Kraft ließen. Dieser Zustand erregte große Erbitterung unter den Canadiern, da alle Vorstellungen in Washington umsonst blieben, bis Elgin hier Wandel zu schaffen verstand. Für Gewährung der freien Einfuhr von Naturerzeugnissen, der Oeffnung des St. Lawrence und seiner Kanäle und Zugeständniß der Küstenfischerei*) ließen sich die Vereinigten Staaten zur Gleichstellung der Canadier mit den eigenen Unterthanen herbei Der Handel Canadas mit der Union stieg dadurch in einem Jahr von 1 600 000 auf 4 400 000 Pfund Sterling.

Wie sehr sich unter der geschickten Leitung des vom Kolonialstaatssekretär Lord Grey mit Recht sehr geschätzten Lord Elgin die Verhältnisse in der Kolonie geändert haben, dafür zeugt schon allein der Umstand, daß er 1853 einer Erweiterung des Wahlrechts zustimmte und die Zahl der Mitglieder der Assembly von 84 auf 130 vermehren ließ. Dieser Governor General war, wie er einmal schrieb, durchaus davon durchdrungen, „daß es irrig sei, wie eine veraltete Partei anzunehmen, man könne Gebiete wie diese nach überlebten bureaukratischen Grundsätzen durch Reskripte von Downingstreet, im Gegensatz zur Volksvertretung und in dem Glauben regieren, daß eine lokale Partei alle Loyalität monopolisirte. Es sei nicht minder falsch, den Glauben der Radikalen zu theilen, daß Alles gethan sei, wenn man den Kolonisten einfach sage, sie möchten ihren eigenen Weg zum Teufel gehen.“ Obwohl er rechtlich immer nur der Vertreter der britischen Regierung in der Kolonie war, hat Lord Elgin durch sein Geschick und seinen Takt ebenso sehr die Interessen der Kolonie selbst über die Absichten des britischen Ministeriums hinaus wahrzunehmen verstanden. Die Folge war, daß Canada nach außen und innen erstarkte und bald keinen Anlaß hatte, seine Nachbarn zu beneiden.

*) Sie war 1818 den Canadiern vorbehalten worden.

Die Entwickelung der Kolonie hat fortan ununterbrochene Fortschritte gemacht. Die Einwanderung wuchs alljährlich. Mit der steigenden Bevölkerung im Lande und dem wachsenden Absatz nach den Vereinigten Staaten besserten sich die Aussichten der Kolonisten unausgesetzt. 1856 gab die Krone das Recht der Ernennung der Mitglieder des Legislative Council auf. In Zukunft sollten sie von den Kolonisten erwählt werden. Die schon ernannten behielten ihre Sitze für Lebenszeit, doch jedes zweite Jahr sollten fortan zwölf neue Mitglieder für acht Jahre gewählt werden. Zwei Jahre darauf rief das canadische Parlament die Entscheidung der Königin wegen der Wahl eines neuen geeigneten Platzes für die Regierung der Kolonie an. Fünf Städte erhoben Anspruch darauf, und es war keine Einigkeit im Lande zu erzielen. Die britische Regierung wählte Ottawa, einen kleinen aber central gelegenen Ort mit guten Wasser- und Bahnverbindungen, wobei sich Canada nach einigem Widerspruch in der Assembly beruhigte. Weniger geneigt, sich der Entscheidung des Mutterlandes zu beugen, zeigte sich die Kolonie in der Frage der Zölle. Als England auf Vorstellungen von Sheffielder Fabrikanten hin in die Gestaltung des canadischen Tarifs einzugreifen Miene machte, rief dies solche Erregung in Canada hervor, daß die Sache fallen gelassen wurde.

1858 wurde das erste Unterseekabel von Irland nach New Foundland gelegt und dadurch Britisch-Nordamerika mit dem Mutterlande eng verbunden. Auch die Einrichtung einer regelmäßigen Dampferlinie nach Liverpool diente diesem Zweck.

Der Ausbruch des Secessionskrieges in den Vereinigten Staaten 1861 übte auf Canadas Entwickelung nicht unbedeutenden Einfluß. Großbritannien erkannte durch eine Neutralitätserklärung nach Auffassung der Nordstaaten den aufständischen Süden mittelbar als kriegführende Macht an und gerieth mit den Ersteren wegen der Gefangennahme der Gesandten der Südstaaten auf dem englischen Postdampfer und wegen des in England ausgerüsteten Kaperschiffes „Alabama" in Streit. Die Gefahr eines Angriffes der Vereinigten Staaten auf Canada wurde dadurch so wahrscheinlich, daß England in aller Eile seine Truppen in der Kolonie auf 17 000 verstärkte und das Milizwesen hier schleunigst reorganisirte. Angriffe südstaatlicher Parteigänger von Canada aus auf die Nordstaaten und Ueberfälle von hier aus nach Canada verschlimmerten die Lage noch mehr, doch behielt es bei Notenwechseln und Drohungen sein Bewenden, und Canada hatte schließlich von dem Kriege großen Vortheil. Seine Ackerbau- und Viehzuchterzeugnisse fanden starke Nachfrage in der Union, und seine Fischer konnten frei vom amerikanischem Mitbewerb erfolgreicher als je arbeiten. Dazu gab der Krieg einen entscheidenden Anstoß zur Entstehung der so folgenreichen Vereinigung aller britischen Kolonien in Nordamerika.

Neben den beiden Canadas zählten damals hierzu: Nova Scotia, New Brunswick, Prince Edward Island, das Gebiet der Hudsonsbay Company und New Foundland.

Als Nova Scotia 1762 den Franzosen entrissen wurde, gehörten die im Norden vorgelagerte Insel Cape Breton und das westlich anstoßende mit Nova Scotia durch eine Landzunge verbundene New Brunswick dazu. 1784 wurden beide Gebiete losgetrennt und selbstständig erklärt. Erst 1820 wurde Cape Breton wieder mit Nova Scotia vereinigt. Diese Kolonie hat im Ganzen, dank ihrer abgeschiedenen Lage, eine sehr ruhige Entwickelung gehabt. Die Streitigkeiten Canadas mit den Vereinigten Staaten haben sie wenig berührt. Schiffahrt, Fischerei und Handel machten hier stete Fortschritte. Die Bevölkerung stieg von 84 900 Köpfen im Jahre 1817 auf 123 800 im Jahre 1827 und 199 900 zehn Jahre später. 1850 wurde sie auf 300 000 veranschlagt. Die Einnahmen Nova Scotias beliefen sich 1847 auf 111 000 Pfund Sterling, die Ausgaben auf 184 600. Großbritannien steuerte damals für militärische Zwecke jährlich 77 500 Pfund Sterling bei.

New Brunswick besaß 1783 erst 11 400 Bewohner. Nach dem Friedensschluß Großbritanniens mit den Vereinigten Staaten wuchs die Bevölkerung durch Ansiedelung entlassener Soldaten und Einwanderung englisch gesinnter Amerikaner. 1824 zählte man bereits 74 100, 1834 : 119 400, 1840 : 156 100 Seelen. Die Einnahmen der Kolonie, welche 1789 nur 962 Pfund Sterling betrugen, beliefen sich 1847 auf 127 000 Pfund Sterling. Böses Blut gegen das Mutterland erregte hier 1842 die Auseinandersetzung mit den Vereinigten Staaten über die Grenze zwischen Maine und der Kolonie. Es handelte sich dabei um den Besitz von etwa 12 000 Quadratmeilen. Bei den in London ohne Zuziehung der Kolonie von Lord Ashburnham geführten Verhandlungen überließ Großbritannien den Vereinigten Staaten 7000 Quadratmeilen. Die New Brunswicker behaupteten, dadurch ihres besten Holzlandes beraubt worden zu sein. 1848 beschloß die Assembly in der Absicht, auf die Vereinigten Staaten einen Druck zu üben, einen neuen Zolltarif, der englischen Erzeugnissen Vorzugszölle vor denen aller anderen Länder einräumte. Es widersprach dies direkt einem Rundlerlaß Lord Derbys von 1843, welcher in Nordamerika und Westindien Einführung von Differenzialzöllen verbot, und ebenso den 1846 vom englischen Parlament gefaßten Beschlüssen über die zukünftige Handelspolitik. Die britische Regierung wies daher den Lieutenant Governor an, dem Tarif seine Zustimmung zu verweigern. Diese Anordnung erregte lauten Widerspruch im Parlamente der Kolonie, wurde aber von England aufrecht erhalten.

Prince Edward Island, ursprünglich St. Johns Island genannt, gehörte anfangs gleichfalls zu Nova Scotia. Doch wurde es schon 1770 davon getrennt und erhielt 1773 eine legislative Assembly, obwohl nur 150 Familien und 5 Landbesitzer auf der Insel wohnten. Da die kleine Bevölkerung die Kosten der Verwaltung nicht aufbrachte, verstand sich England 1776 zu einem regelmäßigen Zuschuß. 1803 wanderten 800 Hochländer auf der Insel ein, die dort gut vorwärts kamen. 1802 betrug die Bevölkerung 20 600 Seelen, 1850 gegen 55 000. Die Einnahmen, welche 1821 nur 2000 Pfund Sterling erreichten, stiegen 1846 auf 17 200. Der jährliche Zuschuß Englands betrug in der Zeit von 1836—1840 jährlich 3070 Pfund Sterling. Eine stete Beschwerde dieser Kolonie bildete der Wettbewerb der Vereinigten Staaten im Fischfang. Ein Vertrag von 1818 sicherte an einem Theil der Küste der britischen Kolonien in einer Zone von drei Meilen Breite britischen Fischern das ausschließliche Recht des Fangens. Die amerikanischen Fischer kehrten sich aber gewöhnlich nicht viel an den Vertrag und fischten überall. Nicht genug damit, zahlten die Amerikaner ihren Fischern eine Prämie und erhoben von Fischen, die durch Nichtamerikaner eingeführt wurden, Zölle. Der Vertrag von 1854 stellte die amerikanischen Fischer den britischen völlig gleich. Die Amerikaner ließen aber ihr Prämiensystem in Kraft und beachteten nach Ablauf des Handelsvertrages 1864 die Dreimeilenzone noch weniger als früher.

Fragen der Fischerei spielten auch die Hauptrolle in der Geschichte New Foundlands, der ältesten britischen Kolonie. Diese Insel, um deren Besitz so viele Kämpfe mit Frankreich stattgefunden haben, besaß 1763 nur 13 100 Bewohner und hatte fast ausschließlich Werth als Stapelplatz der Fischereien in jenen Gewässern. Die Waarenversorgung der Fischer geschah fast allein von den New Englandkolonien aus. Während des Unabhängigkeitskrieges wurden diese Beziehungen vernichtet, und die Insel gerieth in große Noth. England mußte sich, um die dortige Fischerei vor dem Untergang zu schützen, zur Zahlung von Prämien entschließen. Der Krieg wurde Seitens der Engländer benutzt, um die Franzosen, welche in den Gewässern New Foundlands Fischereirechte durch einen Artikel des Utrechter Friedens von 1713 besaßen, von hier zu vertreiben und die ihnen 1763 überlassenen Inseln St. Pierre und Miquelon zu besetzen. Dieser Zustand konnte aber nicht dauernd aufrecht erhalten werden. Im Frieden von 1783 bekam Frankreich die genannten Inseln zurück und behielt das Recht der Fischerei an der Küste von Kap St. John an der Ostseite um die Nordspitze der Insel herum bis zum Kap Ray an der Westseite sowie im Golf von St. Lawrence. Die französischen Fischer waren nur verpflichtet, an der newfoundländischen Küste keine festen Gebäude zu errichten und sie stets nach Ablauf der Fischereisaison zu verlassen. Den Fischern der Vereinigten Staaten wurde in demselben Vertrage das Recht zugestanden, überall in den Gewässern der britisch-nordamerikanischen Kolonien dem Fang nachzugehen.

Der fremde Wettbewerb wurde in dem letzten Viertel des 18. Jahrhunderts in der New Foundland-Fischerei wenig fühlbar. Der Krieg hinderte die französischen Fischer, diese Gewässer aufzusuchen, und die der Vereinigten Staaten waren zu schwach, es mit den britischen aufzunehmen. Das Geschäft der letzteren blühte daher, und 1814 soll die Insel einen Export im Werthe von 2 800 000 Pfund Sterling gehabt haben. Zum großen Leidwesen der Kolonisten gestand aber die britische Regierung den Franzosen 1814 dieselben Rechte zu, wie sie sie im Vertrage von 1783 ausbedungen hatten, und erneuerte 1818 die den Vereinigten Staaten 1783 zugestandenen Rechte *für alle Zeiten*. Die Nachgiebigkeit Englands erregte in der Kolonie um so größere Unzufriedenheit, als wiederholt verheerende Brände damals und später die Hauptstadt St. Johns heimsuchten und große Noth verursachten. Mit Frankreich entstand über die Auslegung der Verträge noch wiederholt Streit. 1857 gestand Großbritannnien nach langen seit den vierziger Jahren schwebenden Verhandlungen den Franzosen ein *ausschließliches* Fischereirecht an der

New Foundland-Küste von Kap St. John im Osten bis Kap Norman an der Westseite und einzelnen anderen Punkten der letzteren sowie das Recht zum Fang von Köderfischen an der Südküste zu. Als dies in der Kolonie, welche 1855 Responsible Government erhalten hatte, bekannt wurde, erregte die Nachricht solche Aufregung und fand so entschiedenen Widerspruch im Parlamente und bei den Behörden der Insel, daß Großbritannien den Vertrag fallen ließ.

Die Bevölkerung New Foundlands belief sich 1850 auf etwa 100 000 Köpfe. Die Einnahmen erreichten 1829 eine Höhe von 15 970, 1836 von 35 220, 1847 von 69 000 Pfund Sterling. Diese Summen deckten nicht die Kosten der Civilverwaltung. Die militärischen Ausgaben, welche England aus eigener Tasche bestritt, beliefen sich jährlich auf etwa 27 400 Pfund Sterling.

Den nördlichsten und westlichen Theil der britischen Besitzungen in Nordamerika bildete das Gebiet der Hudsonsbay Company. Diese Gesellschaft hatte trotz der Verluste, die ihr ein Ueberfall der Franzosen unter La Perouse 1782 verursachte, ihre Geschäfte stets erfolgreich fortgesetzt, bis ihr gegen Ende des Jahrhunderts eine Konkurrenz in der 1784 in Montreal gebildeten North West Company erstand. Nach langem Streit, welcher zu blutigen Kämpfen Anlaß gab, vereinigten sich die beiden Unternehmungen 1821. Sie erhielten von der Regierung für 21 Jahre das Monopol des Handels in den nur von wilden Indianerstämmen bewohnten weiten Gebieten des nördlichsten Amerika, welche nicht sowieso unter die Charter der Hudsonscompany von 1670 fielen. Die Geltung der Letzteren wurde vom Parlament wiederholt anerkannt. Das Handelsmonopol wurde 1838 auf 21 Jahre verlängert. Die Regierung behielt sich nur das Recht zur Anlage von Kolonien in dem fraglichen Gebiete vor. Auf Grund desselben verlieh sie der Company 1849 das Verfügungsrecht über Vancouver Island für 10 Jahre mit dem Vorbehalt, daß dort binnen 5 Jahren eine europäische Kolonie angelegt sein müsse. Die Company zählte damals 239 Theilhaber mit einem Kapital von 400 000 Pfund Sterling. Sie besaß 136 Niederlassungen und beschäftigte 1400 Beamte, 1 Dampfer und 5 Segelschiffe.

Die Gesellschaft, welche ursprünglich nur an den Ufern der Hudsonsbay thätig war, hatte im Laufe des Jahrhunderts ihre Wirksamkeit über das ganze im Westen Upper Canadas gelegene Gebiet ausgedehnt und sogar am Oregon (Columbiaflusse) südlich vom 49. Grad eine Ansiedelung gegründet. Es entstanden darüber Streitigkeiten mit den Vereinigten Staaten*), welche 1846 zum Abschluß eines Vertrages führten, wonach der 49. Breitengrad von den Rocky Mountains bis zum stillen Ozean als Grenze festgesetzt wurde, der Company aber ihre südlich gelegenen Niederlassungen verblieben.

Den Ausgangspunkt der Kolonisation des nordwestlichen Amerika hat ein Unternehmen gebildet, das der Earl of Selkirk nach Beendigung der Napoleonischen Kriege ins Werk gesetzt hatte. Der Earl, welcher Chairman der Hudsonsbay Company war, hatte 116 000 Quadratmeilen am Red River, einem von Süden in den Winnipegsee mündenden Flusse erworben und entschloß sich, dort den in Noth befindlichen schottischen Hochländern eine neue Heimath zu gründen. Die ersten Ansiedler wurden 1811 nach Fort York an der Hudsonsbay geschafft und gingen von dort zu Lande im Thale des Nelson River nach dem Red River. Sie hatten dabei so große Schwierigkeiten nicht allein vom Klima und dem unwirthlichen Land, sondern auch von Seiten der North West Company zu bestehen, daß die Meisten den Muth verloren. Doch das persönliche Erscheinen Lord Selkirks mit neuen Kolonisten im Jahre 1816 belebte ihren Unternehmungsgeist wieder, und die Ansiedelung blühte rasch auf. Der Boden erwies sich sehr fruchtbar, Viehzucht gedieh, und so wuchs die Bevölkerung 1843 auf 5100, 1850 auf 8000 Personen. Aus der Ansiedelung am Red River entwickelte sich allmählich die Provinz Manitoba.

Der Erfolg dieses Unternehmens, das die Company 1855 von Lord Selkirks Erben kaufte, veranlaßte die Hudsonsbay Company der Erforschung der ungeheuren, dünn bevölkerten Strecken des nordwestlichen Amerika größere Aufmerksamkeit zu widmen. Kapitän John Franklin, Richardson, Parry, Rae und Andere durchreisten unter vielen Fährlichkeiten das Gebiet, welches in 4 Provinzen und 33 Distrikte getheilt und allmählich mit Ketten befestigter Stationen durchzogen wurde. 1849 begann die Besiedelung des weiten Gebietes auch von Westen aus. Von Vancouver Island aus wurde das Land zwischen dem Meer und den Rocky Mountains kolonisirt, das 1856

---

*) Die Vereinigten Staaten betrachteten das ganze westliche Nordamerika, südlich vom 54. Grad, der 1814 mit Rußland als Grenze seiner Besitzungen vereinbart war, als Eigenthum.

den Namen British Columbia erhielt und infolge von Goldentdeckungen einen raschen Aufschwung nahm.

Ihren Hauptnutzen zog die Company übrigens auch mit fortschreitender Besiedelung des weiten Gebietes, etwa 4 Millionen Quadratmeilen, aus dem Handel mit Fellen und Pelzen. Bis 1870 wurde der Werth ihrer jährlichen Ausfuhr auf 20—30 Millionen Pfund Sterling veranschlagt.

Viertes Kapitel.

Die Entstehung der Dominion of Canada.

Das eigentliche Canada besaß gegenüber den von ihm unabhängigen Kolonien zu Anfang der 60er Jahre räumlich nur eine geringe Bedeutung. Lower Canada umfaßte 209200, Upper Canada 258600 Quadratmeilen. Aber Ersteres war 1841 von 691000, 1851 von 890000, 1861 von 1111000; Upper Canada 1841 von 465000, 1851 von 952000, 1861 schon von 1396000 Menschen bewohnt. Die Einnahmen beider Provinzen beliefen sich

1846	auf	512900	Pfund Sterling
1848	„	379600	„ „
1850	„	704200	„
1851	„	824100	„
1860	„	1888900	„
1865	„	2442000	„ „

Die Ausgaben stellten sich

1860	auf	2988500	Pfund Sterling.
1865	„	2685400	„ „

Die öffentliche Schuld betrug: 12864400 Pfund Sterling.

Der Handel der beiden Canadas hatte folgenden Umfang:

	Einfuhr	Ausfuhr	
1846	2510800	—	Pfund Sterling.
1848	3191300	2521500	„ „
1850	4245500	2990400	„
1851	5358600	3241100	„
1860	7078300	7116100	„

Lord Durham hatte bereits 1839 erkannt, daß auf die Dauer die Aufrechterhaltung getrennter Verwaltung der verschiedenen britischen Besitzungen in Nordamerika ihrem wie des Mutterlandes Interesse widerspreche. In allen Fragen des Handels, Verkehrs, der Zölle und Steuern machte sich der Mangel einer einheitlichen Leitung schon damals fühlbar. Er hatte ihre Vereinigung befürwortet, da hierdurch ein einiges mächtiges Volk entstehen würde, das unter dem Schutze Großbritanniens ein Gegengewicht gegen den wachsenden Einfluß der Vereinigten Staaten bilden und besser als einzelne Kolonien für die gemeinsamen Interessen sorgen könne. Außerdem betonte er die Bedeutung einer Vereinigung für die Lösung der Rassenfrage. Die Zahl der französischen Canadier mußte ja gegenüber der vorwiegend angelsächsischen Bevölkerung der verschiedenen Kolonien stark an Gewicht verlieren. — Die britische Regierung hatte indessen dem Plan damals keine besondere Vorliebe entgegengebracht. Ihr schien die Gefahr einer übermäßigen Steigerung des Selbstbewußtseins der vereinigten Kolonie und des Erwachens von Abfallgelüsten zu groß. In den nordamerikanischen Kolonien herrschte trotz aller Nachtheile der bestehenden Trennung auch keine besondere Stimmung für eine Vereinigung, da die politischen Stimmführer nicht gern ihren Einfluß opfern wollten. Ein Verein, der 1849 die Angelegenheit in die Hand nahm und in Toronto auf einer Versammlung erörterte, fand nur geringen Anklang. Doch der Gedanke schlief nicht ein. 1854 erörterte die Assembly von Nova Scotia die Frage. Hier, wo man sich bei jedem Streit mit den Vereinigten Staaten besonders bedroht fand, wurde ein Zusammenschluß der verschiedenen Kolonien dringend befürwortet. 1857 wandten sich die Vertreter Nova Scotias mit ihrem Wunsche an den Staatssekretär der Kolonien Mr. Labouchere (später Lord Taunton). In England wollte man aber eine Einmischung in diese Angelegenheit vermeiden und ließ den Dingen ihren eigenen Lauf. Der Erfolg hat diese Politik gekrönt. Der Wunsch nach einer Umgestaltung der Verfassung in dem Sinne, daß die Zahl der Abgeordneten jeder Provinz entsprechend der Bevölkerungsziffer geregelt würde, weckte zu Ende der 50er Jahre auch in Canada Interesse für eine Union, und die während des Secessionskrieges von den Vereinigten Staaten drohende Gefahr beeinflußte die Gemüther in New Brunswick und Prince Edward Island. Die beiden letzteren

Kolonien beriethen die Angelegenheit im September 1864 auf einer Konferenz zu Charlottetown. Hier fanden sich nachträglich auch Vertreter Canadas ein, und die Grundzüge einer Verschmelzung der verschiedenen Kolonien wurden besprochen. Mitte Oktober 1864 fand eine neue Konferenz, welche außer von den genannten Provinzen auch von New Foundland beschickt wurde, zu Quebec statt. Es wurde ein vollständiger Unionsplan entworfen, welcher in Canada mit lauter Freude begrüßt wurde. Das canadische Parlament genehmigte ihn im März 1865 mit großer Mehrheit und erbat seine Bestätigung in London. Im letzten Augenblicke wurden indessen die Uferkolonien wieder bedenklich. In New Brunswick fielen bei den Assemblywahlen alle in Quebec gewesenen Abgeordneten durch; in Nova Scotia erklärte man sich gegen eine Union ohne besondere Begünstigung bei Vertheilung der Einnahmen; in Prince Edwards Island und New Foundland wollte man die Selbständigkeit nicht aufgeben. Schon schien der Plan dem Scheitern nahe, da gewannen nach Auflösung der Assembly bei den Neuwahlen die Anhänger der Union die Oberhand. Ihr Sieg wirkte günstig auf die öffentliche Meinung in den Nachbarkolonien, und im Dezember 1866 reisten Delegirte Canadas, New Brunswicks und Nova Scotias nach London, um dort die Vereinigung unter Mitwirkung der britischen Regierung zu Stande zu bringen. Zwar fehlte es nicht an widerstrebenden Elementen. Aus Canada reisten verschiedene Männer, die sich „the People's Delegates“ nannten, nach England, um gegen die Union zu wirken. Doch die Stimmung dafür hatte in den Kolonien wie im Mutterlande schon zu festen Fuß gefaßt. Der Vereinigungsplan wurde vom britischen Parlament im März 1867 genehmigt, und vom 1. Juli des Jahres ab bildeten Canada, New Brunswick und Nova Scotia die „Dominion of Canada“. Den anderen Kolonien in Nordamerika war der Beitritt offen gelassen.

Die „British North America Act von 1867“ theilt die Dominion in vier Provinzen: Ontario (Upper Canada), Quebec (Lower Canada), Nova Scotia, New Brunswick. An ihre Spitze trat als Vertreter der Königin der Governor General mit 10000 Pfund Sterling Gehalt. Er ernennt die Lieutenant Governors der Provinzen, die Richter, genehmigt die Beschlüsse des Parlaments, übt das Begnadigungsrecht und besitzt den Oberbefehl über alle Streitkräfte. Dem Governor-General zur Seite steht das „the Queens

Privy Council for Canada“ genannte aus der parlamentarischen Mehrheit genommene Ministerium. Das Parlament setzt sich aus Senat und Unterhaus zusammen. Ersterer hat 72—78 (jetzt 81) lebenslängliche Mitglieder, die von der Krone aus Leuten mit wenigstens 800 Pfund Sterling Eigenthum ernannt werden. Das Unterhaus zählt 181 (jetzt 213) Abgeordnete. Um wählbar zu sein, muß der Kandidat mindestens Besitz im Werthe von 500 Pfund Sterling nachweisen. Das Wahlrecht ist an den Besitz von mindestens 30 Pfund Sterling Eigenthum geknüpft. Auch Indianer außer in gewissen Provinzen besitzen Wahlrecht. — Neben dem Parlamente der Dominion behielt jede Provinz eine eigene Assembly und außer Ontario auch ein Legislative Council. Es wurde ihnen aber die Verfügung nur über die Summen gelassen, welche die Regierung der Dominion ihnen jährlich gemäß der Höhe ihrer Bevölkerung überweist. — Alle Zolltarife und Accisen blieben zunächst in Kraft. Doch wurde den Erzeugnissen jeder Provinz freier Eingang in die anderen gewährt und festgesetzt, daß eine Waare, die in einer Provinz Zoll gezahlt hat, in der andern frei ist.

Alle Angelegenheiten allgemeinerer Natur, wie Handel, Schiffahrt, Finanzwesen, Indianerfrage, Strafrecht wurden durch die Unionsakte dem canadischen Parlamente überwiesen. Im November 1867 trat dieses zum ersten Male in Ottawa zusammen.

Eine der ersten Wirkungen der Vereinigung war die Beseitigung der Hudsonsbay Company. Die Monopole der Gesellschaft über das ungeheuere Gebiet von Upper Canada bis zu den Rocky Mountains und dem Eismeer hatten sich mit der Zeit immer störender fühlbar gemacht. Die Company unterhielt, abgesehen von der Kolonie am Red River nur vereinzelte kleine Posten in ihrem Gebiet. Von geregelter Verwaltung war keine Rede. Eine solche wurde aber von den Leuten, welche aus Canada in das weite von der Company stets geflissentlich als öde und unbewohnbar geschilderte Land vordrangen und sich niederließen, gefordert, und sie war auch erforderlich, um einer Ueberfluthung des Gebietes durch Bürger der Vereinigten Staaten, die infolge von Goldfunden begann, wirksam zu begegnen. Von diesem Gesichtspunkte aus war die Angelegenheit schon 1849 im britischen Parlament zur Sprache gebracht worden. Die Company, welche sehr einflußreiche Theilhaber besaß, hatte sich aber einfach auf ihr Privileg berufen und Auskünfte über ihre Thätigkeit abgelehnt.

Die Sache war nicht weiter verfolgt worden, bis 1857 Canada formell Anspruch auf große bisher von der Company als Besitz betrachtete Gebiete erhob. Die Kronanwälte sprachen sich dahin aus, daß das Privileg der Gesellschaft zwar nicht gut bestritten, ihr aber kein Monopol in Bezug auf Verwaltung oder Handel zugestanden werden könne. Es wurde daraufhin ein Parlamentsausschuß mit der Frage betraut, und Vertreter der Company vernommen. Doch auch jetzt war ihr Einfluß siegreich. Einer ihrer Direktoren Edward Ellice saß in dem Ausschusse. Die von ihr gestellten Sachverständigen schilderten Natur und Aussichten des Gebiets in düsteren Farben. Das Klima sei durchaus ungünstig, die Niederlassung am Red River ein vollständiger Fehlschlag! Es fiel nicht auf, daß die Angaben des langjährigen Beamten der Company Simpson in vollem Widerspruch mit den günstigen Schilderungen standen, die er in einem Buche entworfen hat. Ein Antrag Gladstones, der Company alle zur Besiedelung geeigneten Gebiete zu entziehen, wurde abgelehnt. Der Bericht des Ausschusses fiel farblos aus und empfahl Vertagung einer Entscheidung. — Trotz all ihren Einflusses konnte die Company nicht hindern, daß die Frage in Canada brennend blieb und klar sehende Staatssekretäre eine Beschränkung der Rechte der Gesellschaft ins Auge faßten. Lord Taunton wollte z. B. schon 1857 das Red River-Gebiet und Vancouver Island der Company entziehen, Lord Lytton und der Duke of Newcastle hegten ähnliche Pläne. Dieser Umstand mag wohl nicht ohne Einfluß darauf gewesen sein, daß Ellice und seine Kollegen 1863 die Rechte der Company an andere Unternehmer verkauften, an deren Spitze Sir Edmund Head stand. Head schlug der britischen Regierung eine Theilung des Gebietes der Company zwischen ihr und der Krone vor und bot Erbauung einer Telegraphenlinie nach British Columbia, wofür die Krone der Gesellschaft ein Drittel ihrer zukünftigen Einnahmen aus Edelmetallen zahlen und das für militärische Zwecke nöthige Land abkaufen sollte. Der Duke of Newcastle bot seinerseits Namens der Regierung Uebernahme des ganzen Gebietes durch den Staat gegen Zahlung von 1 Schilling für jeden binnen 50 Jahren verkauften Acre Landes sowie ein Viertel der Einnahme aus Edelmetallen während derselben Zeit. Die ganze Summe sollte 250 000 Pfund Sterling nicht übersteigen. Für Erbauung des Telegraphen wollte er der Company Land an der Linie überlassen.

Die Verhandlungen kamen zu einem vorläufigen Abschluß auf der Grundlage, daß die Zahlungen an die Company die Höhe von 1000000 Pfund Sterling haben sollten. Doch in diesem Augenblick stürzte Newcastle, und sein Nachfolger fand die geforderte Summe zu hoch. — Die canadische Regierung, welche 1864 einen Minister nach London entsandt hatte, verlangte wieder einfache Aufhebung der Privilegien der Company. Im folgenden Jahre erklärte sie sich, als sie die Aussichtslosigkeit ihres Wunsches erkannte, ihrerseits zu Verhandlungen mit der Company bereit, falls das Mutterland ihr bei Aufbringung der Entschädigung behülflich sei. Zu einer Entscheidung kam es aber nicht. Inzwischen wurden die Shareholders der Gesellschaft ungeduldig. Sie verlangten Fallenlassen aller kostspieligen Besiedelungspläne und zeigten sich 1866 geneigt, ihr Gebiet an eine anglo-amerikanische Kapitalistengruppe zu verkaufen! Die britische Regierung verlangte Vertagung der Angelegenheit bis nach Erledigung der canadischen Unionsfrage. Als die Dominion of Canada begründet war, stellte diese den Antrag auf Einverleibung des Gebietes der Hudsonsbay-Company.

Die britische Regierung leitete nunmehr neue Verhandlungen mit der Gesellschaft, an deren Spitze nach einander Lord Kimberley und Sir Stafford Northcote traten, auf der von Newcastle seiner Zeit gebotenen Grundlage ein. Die Dominion war dabei durch zwei Delegirte vertreten. Bei der Macht der Company und der Geschicklichkeit ihrer Leiter war es nicht leicht, zum Abschluß zu kommen. Erst 1869 ließ die Gesellschaft sich herbei, ihr Gebiet für 300000 Pfund Sterling abzutreten. Sie behielt das Land um ihre Niederlassungen in einer Ausdehnung von 50000 Acres sowie ein Zwanzigstel alles im fruchtbarsten Theile des Gebietes vermessenen Bodens.*) — Der am dichtesten besiedelte Theil des Companygebietes, die Red River-Ansiedelung, welche etwa 12000 Bewohner zählte, wurde 1870 als Provinz Manitoba vollberechtigter Theil der Dominion. Die Einigung erfolgte, nachdem eine von einem französischen Halbblut Louis Riel geführte Erhebung der um ihre Landbesitztitel besorgten Ansiedler mit Gewalt von Colonel Wolseley niedergeworfen war.

1871 traten auch British Columbia und Vancouver Island der

*) Die Company besteht als Handelsgesellschaft fort und zieht jetzt großen Gewinn aus Landverkauf.

Dominion als Provinzen bei. Die beiden Kolonien hatten sich rasch entwickelt. Beide kamen durch Goldentdeckungen auf dem Festlande zu Ende der 40er Jahre so schnell in die Höhe, daß die Regierung 1851 Aufhebung des Handelsmonopols der Hudsonsbay-Company und Uebernahme der Verwaltung beschloß. Vancouver Island erhielt ein Legislative Council und eine gewählte Assembly, British Columbia 1858 ein Legislative Council. Auf ihren Wunsch wurden beide Kolonien 1866 vereinigt, und die britische Regierung widmete ihnen viele Aufmerksamkeit. Es hatten nämlich verschiedene Spekulanten aus den Vereinigten Staaten ihre Blicke auf diese für Goldbergbau, Handel und Fischerei gleich wichtigen Gegenden geworfen und besonders in Vancouver Island eine dem Anschluß an die Vereinigten Staaten geneigte Stimmung erzeugt. Um dem zu begegnen, förderte Großbritannien die engere Verbindung dieser abgelegenen Besitzungen mit Canada und Europa. Es wurde zunächst eine Telegraphenlinie bis zum Ufer des Stillen Ozeans erbaut, die Schiffsverbindung gefördert und nach Herstellung der Dominion of Canada die Einverleibung British Columbias betrieben. Um den Widerstand, den der Gedanke hier zunächst fand, zu besiegen, entschloß sich Großbritannien, für Erbauung einer Bahn von Canada nach Columbien erhebliche Opfer zu bringen. Es verpflichtete sich, eine Anleihe von 3600000 Pfund Sterling zu garantiren. Der Bau der Bahn sollte 1873 begonnen und binnen 10 Jahren vollendet werden. Infolge der zu überwindenden großen Schwierigkeiten hat der Bau etwas längere Zeit in Anspruch genommen. Sie ist aber 1886 in Betrieb gesetzt worden. Die canadische Regierung hat zu dem Bau 5000000 Pfund Sterling beigetragen, der Gesellschaft 25 Millionen Acres Landes überlassen und ihr für das Gebiet zwischen ihrer Bahn und den Vereinigten Staaten auf 20 Jahre das Monopol ertheilt.

1873 ist das Gebiet der Dominion of Canada um Prince Edward Island vergrößert worden. 1876 wurden auch die North West Territories zur Provinz erhoben, und 1880 wurde die Herrschaft der Dominion über das ganze britische Nordamerika mit Ausnahme von New Foundland (42000 Quadratmeilen groß), ausgedehnt, d. h. auf ein Gebiet von 3315600 Quadratmeilen mit etwa 5 Millionen Einwohnern.

Fünftes Kapitel.

Britisch-Nordamerika in der Gegenwart.

Die Entwickelung des vereinigten britischen Nordamerika ist eine sehr befriedigende und ruhige gewesen. 1871 gelang es, mit den Vereinigten Staaten zu einem Ausgleich über verschiedene Streitfragen zu gelangen. Es wurde damals die Grenzlinie zwischen dem Rußland durch die Vereinigten Staaten 1867 abgekauften Alaska und der Dominion festgesetzt, der Streit um den Besitz der kleinen Insel San Juan im Süden von Vancouver Island, die bei der früheren Grenzbestimmung übersehen worden war, dem Schiedsgericht des deutschen Kaisers*) unterbreitet und die Fischereiangelegenheit erledigt. Fische und Fischöl sollten mit Ausnahme von British Columbia von einem Staat frei in den anderen gelassen werden. Jeder Unterthan des einen Staatswesens durfte in den Küstengewässern des anderen fischen. Die Amerikaner erhielten ferner Gleichstellung mit den Briten in der Benutzung der canadischen Kanäle, wogegen sie Canada den San Clairkanal und den Michigansee öffneten. Da Canadas Fischereien weit werthvoller als die der Union waren, wurde ihm gleichzeitig eine Geldentschädigung zugesprochen, deren Höhe eine besondere Kommission 1878 auf eine Million Pfund Sterling festsetzte. Seine Ansprüche auf Entschädigung für die Verwüstungen, welche der Kolonie durch irische Einfälle aus den Vereinigten Staaten bei Schluß des Secessionskrieges erwachsen waren, ließ Canada bei der ablehnenden Haltung der Union auf Wunsch des Mutterlandes fallen und begnügte sich damit, daß Letzteres ihm eine Anleihe von 700 000 Pfund Sterling garantirte.

Mit großer Energie wurde der Ausbau der Verkehrswege betrieben. 1876 wurde die Eisenbahn zwischen Halifax und Quebec eröffnet und die Leistungsfähigkeit der wichtigeren Kanäle gesteigert. 1878 übernahm der Schwiegersohn der Königin als Nachfolger Lord Dufferins das Amt des Governor General der Dominion. Er förderte besonders den Bau der großen Canada-Pacificbahn, die im Juni 1886 eröffnet wurde. Der 1883 das Government General übernehmende Earl of Lansdowne hatte 1885 eine Erhebung der mischblütigen Farmer in einzelnen Gebieten der Nordwestterritorien,

*) Die Insel wurde den Vereinigten Staaten zugesprochen.

welche sich bei der Landvermessung benachtheiligt glaubten, zu bekämpfen. Er traf seine Maßnahmen rasch und geschickt. Der Führer der Aufrührer, derselbe Louis Riel, der seiner Zeit am Red River die Hauptrolle gespielt hatte, wurde bald gefangen und gehenkt.

Ernster waren die Schwierigkeiten, die sich nach Ablauf des Fischereivertrages Mitte der 80er Jahre wieder mit den Vereinigten Staaten ergaben. Beiderseits wurden Fischerfahrzeuge beschlagnahmt, und es entstand bedenkliche Aufregung, bis sich die Regierungen zur Niedersetzung einer Kommission und neuen Verhandlungen entschlossen. Der Anfang 1888 zu Stande gebrachte Vertrag fand nicht die Genehmigung des Senats der Vereinigten Staaten. Man einigte sich schließlich dahin, daß die Union sich bereit erklärte, ihren Fischerfahrzeugen in canadischen Gewässern gewisse Abgaben auferlegen zu lassen. Eine volle Lösung der Frage ist so wenig, wie die der Seehundsjagd im Behringsmeer, erreicht worden. Die Vereinigten Staaten machen dort die seiner Zeit von Rußland erhobenen Ansprüche geltend und wollen dieses ganze Meer als ein Mare clausum behandeln. Sie haben Jahre lang die englischen Fischerei- und Robbenfang-Fahrzeuge beschlagnahmt und sich nach langem Streit erst zu einem Schiedsgericht bequemt, das 1893 in Paris zusammentrat. Die Union wurde dabei zu einer ansehnlichen Entschädigung an englische Interessenten verurtheilt. Den Streitigkeiten ist aber noch jetzt kein Ende gemacht.

Nach Eröffnung der Canada-Pacificbahn bekam die Dominion eine neue Bedeutung für Großbritannien als schnellster und sicherster Weg von England nach Ostasien. Schon 1887 wurde die englische Post auf diesem Wege zu befördern begonnen und seit 1890 rasche Dampfer zwischen Vancouver, Japan und Hongkong eingerichtet sind, gewinnt dieser Weg immer höhere Bedeutung. — Das Jahr 1893 sah in den Mauern Ottawas die erste Konferenz von Vertretern der wichtigsten britischen Kolonien zur Berathung ihrer Handels- und Verkehrsinteressen. Wenn diese Zusammenkunft auch bisher ohne praktische Folgen geblieben ist, war sie doch von nicht zu unterschätzender Wichtigkeit als Ausdruck der in Canada auf handelspolitischem Gebiete zur Geltung gelangten Bestrebungen. Seit Mitte der 70er Jahre, wo eine in den Vereinigten Staaten ausgebrochene Handelskrise Canada stark in Mitleidenschaft zog, die Schutzzölle der Union die canadische Industrie schwer drückten und die Einnahmen weit hinter den Ausgaben zurückblieben, regte sich in der Dominion immer lauter der Wunsch nach Erhöhung des Zolltarifs. Die Vertreter dieser Richtung, an deren Spitze Sir John Macdonald stand, erhielten 1878 die Oberhand in der Volksvertretung und schritten sogleich zu einer Erhöhung der Zölle von durchschnittlich 17½ pCt. auf 30 und mehr Prozent des Werthes. In dem neuen Tarif war England im Gegensatz zu anderen Ländern Zollfreiheit für Salzeinfuhr sowie eine ansehnliche Begünstigung bei der Werthberechnung anderer Waaren zugebilligt, und es war bestimmt, daß den Vereinigten Staaten jeder Zeit ohne Weiteres Zollfreiheit für Erzeugnisse der Landwirthschaft und des Bergbaues bewilligt werden könne, falls diese Gegenseitigkeit übten! Diese Zollpolitik wurde während der nächsten Jahre immer weiter ausgebaut, hatte aber keineswegs den Erfolg, die Zufuhr aus den Vereinigten Staaten zu Gunsten der eigenen Produktion zu vermindern und die Amerikaner ihrerseits nachgiebiger zu machen. Sie verwickelte Canada nur in einen erbitterten Zollkrieg mit New Foundland und erregte lebhafte Klagen bei den Fabrikanten Großbritanniens. Statt ihre Zölle herabzusetzen, schritten die Vereinigten Staaten 1890 zu der Einführung des hohen Mac Kinley Tarifs! Diese Maßnahme bedrohte Canadas Interessen derartig, daß eine Menge Stimmen laut wurden, die Abschluß eines Gegenseitigkeitsvertrages auf der Grundlage beiderseitiger Zollfreiheit d. h. ein Zollbündniß mit der Union verlangten! Da eine solche Vereinigung die Benachtheiligung Großbritanniens gegenüber den Vereinigten Staaten und somit einen vollständigen Bruch mit aller bisher üblichen Kolonialpolitik bedeutet hätte, setzten Macdonald und seine Anhänger allen Einfluß gegen derartige Pläne in Thätigkeit und errangen 1891 bei Neuwahlen den Sieg. Die Vertragsverhandlungen mit Amerika wurden vertagt! Zur Belohnung erwartete die zum Mutterlande haltende Bevölkerung handelspolitische Vortheile von Großbritannien und den anderen Kolonien.

Solche Maßregeln waren für England damals unmöglich, da es in den Verträgen von 1862 und 1865 Belgien und dem Zollverein ausdrücklich Meistbegünstigung in seinem ganzen Herrschaftsbereich zugestanden und auf alle anderen Staaten ausgedehnt hatte. Die canadischen Schutzzöllner begannen nun, das Mutterland um Kündigung dieser Verträge und Errichtung eines Zollvereins mit allen Kolonien zu bestürmen, um den Erzeugnissen der Letzteren den britischen Markt zu sichern. Die Bewegung blieb trotz aller Anstrengungen zunächst ohne Erfolg. Die Wünsche und Ansichten der Interessenten gingen im Mutterlande, wie in den Kolonien, das bewies die Konferenz zu Ottawa, zu weit auseinander. Doch in Canada ist unter dem Eindruck der immer verschärften Schutzzollpolitik der Vereinigten Staaten der Gedanke immer lebendig geblieben! Das canadische Parlament hat 1897 kurzer Hand Großbritannien noch weitere Zollvortheile (25 pCt. des Zolls) zugewandt und es veranlaßt, seine Handelsverträge mit Belgien und Deutschland zu kündigen! Das Ergebniß der Maßregel Canadas entspricht freilich bisher nicht ganz den von ihren Vätern gehegten Erwartungen. Die Vereinigten Staaten haben nämlich sofort Gleichstellung im Zoll mit Großbritannien verlangt und im Falle der Ablehnung ihrer Forderung mit Kampfzöllen gedroht. Um einen Ausgleich hierin wie in der Fischerei- und Robbenfrage zu erzielen, ist im Herbst 1898 eine Konferenz von Vertretern der Dominion und der Vereinigten Staaten zusammengetreten. Von einem Ergebniß der seit Monaten schwebenden Verhandlungen verlautet jedoch noch nichts. Weder über die Zollfrage noch über die Grenzen Alaskas sowie über die Regelung der nordatlantischen Fischerei besteht bisher Aussicht auf Verständigung.

Von großer Bedeutung für die Entwickelung Canadas dürften die Goldentdeckungen an seiner Nordwestgrenze im Yukongebiete werden, da sie sich als sehr reich erwiesen haben und zur raschen Besiedelung dieser unwirthlichen Gegenden führten. Die ersten Goldlager sind 1887 am Yukon entdeckt und vom canadischen Landesgeologen Dr. Dawson beschrieben worden. Das goldführende Gebiet ist so groß wie Frankreich!

In der Entwickelung New Foundlands und des damit verbundenen Labrador, das zum Anschluß an die Dominion nicht zu bewegen gewesen ist, spielt noch immer die Frage der Fischerei die erste Stelle. Die Kolonie fühlt sich durch die Theilnahme der Nordamerikaner und Franzosen an dem Fischfang in ihren Gewässern schwer benachtheiligt und behauptet, daß die kleinen französischen Inseln Saint Pierre und Miquelon durch Schmuggel ihren Einnahmen argen Abbruch thäten. Mit den Vereinigten Staaten kam es 1888 zu einem Ausgleich und vorläufigen modus vivendi. Zur großen Entrüstung New Foundlands genehmigte aber schließlich der amerikanische Senat das Abkommen nicht, und die Kolonie schloß mit Genehmigung des Mutterlandes 1891 in Washington einen neuen Vertrag. Diese Vereinbarung fand Canada seinen Interessen zuwiderlaufend, da dadurch die Vereinigten Staaten einen Grund weniger zum Abschluß eines Handelsvertrages mit der Dominion gehabt hätten. Auf Canadas Vorstellungen hin verweigerte daher Großbritannien dem Vertrage seine Zustimmung. Der Schritt erregte solchen Zorn in New Foundland, daß die Kolonie den Canadiern den Ankauf von Ködern und Fischen in ihrem Bereich verbot und damit den Anstoß zu einem erbitterten Zollkrieg gab.

Mit Frankreich dauert der Streit um die Fischereirechte seit den 50er Jahren fort. Trotz wiederholter Verhandlungen war nie ein befriedigendes Abkommen zu erreichen. Die Franzosen legten den Vertrag von 1783 so aus, als ob er ihnen das Monopol des Fischfanges unter Ausschluß selbst der Newfoundländer in den betreffenden Küstengewässern gäbe, verweigerten Zulassung eines englischen Konsuls in Saint Pierre, trieben umfangreichen Schmuggel und maßten sich auch das Monopol des Hummerfanges an, obwohl die Verträge nur von Fischen sprechen. Um sie gefügiger zu machen, setzte New Foundland 1887 ein Gesetz, die Bait-Act, durch, welches den Franzosen den Ankauf von Köderfischen in New Foundlands Gewässern, wo sie am besten vorkommen, verbot. Die Franzosen antworteten ihrerseits mit Wegnahme von Schiffen und allerlei Chikanen, bis 1890 auf ihren Vorschlag Großbritannien einen vorläufigen modus vivendi vereinbarte, der seitdem immer wieder verlängert wird. Von einem Schiedsgericht in dieser Sache wollen weder die Franzosen noch die meisten Newfoundländer etwas wissen.

Ueber die wirthschaftliche Lage der Dominion und New Foundlands während der letzten Jahrzehnte ergiebt die Statistik Folgendes:

	Einnahmen	Ausgaben	öffentliche Schuld
1865 . .	3 254 000	3 534 700	15 631 900 Pfd. Sterl.
1870 . .	3 580 200	3 694 700	16 992 000 „ „
1875 . .	5 340 600	6 588 400	24 430 600 „ „
1880 . .	5 060 900	7 124 400	32 063 000 „ „
1885 . .	7 042 900	7 576 800	55 594 400 „ „
1890 . .	8 502 800	7 747 600	59 652 400 „ „
1895 . .	7 307 500	8 117 100	68 074 700 „ „

Die Zollerträge der genannten Kolonien beliefen sich:

1880	auf	3 109 100	Pfund Sterling
1885	=	4 130 700	= =
1890	=	5 204 700	= =
1895	=	3 920 100	= =

Die Bevölkerung des gesammten britischen Nordamerika wurde 1881 auf 4 504 300, 1891 auf 5 031 100, 1895 auf 5 291 400 Köpfe ermittelt.

Der Handel entwickelte sich folgendermaßen:

	Einfuhr	Ausfuhr	
1865 . .	16 225 700	13 359 000	Pfund Sterling
1870 . .	16 972 900	16 625 700	= =
1875 . .	27 172 500	17 566 400	= =
1880 . .	19 469 900	19 489 000	= =
1885 . .	24 091 600	19 576 000	= =
1890 . .	26 365 500	21 150 700	= =
1895 . .	24 013 700	24 646 200	= =
1896 . .	25 499 600	26 229 800	= =

An der Spitze der Ausfuhrwaaren standen 1895 dem Werthe nach Holzbalken und -Bretter mit einem Betrage von 3 291 400 Pfund Sterling. Der nächst bedeutende Exportartikel ist Käse, von dem für 3 106 600 Pfund Sterling ausgeführt wurde. Die wichtigsten anderen Ausfuhrgegenstände waren:

Weizen	für	1 505 400	Pfund Sterling
Hornvieh	=	1 463 200	= =
Speck und Schinken	=	782 200	= =
Kohlen	=	777 200	= =
Getrockneter Fisch .	=	711 300	= =
Hummern	=	377 600	= =
Erbsen	=	355 600	= =
Pelzwerk	=	337 400	= =
Leder	=	282 800	= =

Gewerbliche Erzeugnisse spielen nur eine unbedeutende Rolle.

New Foundlands Export setzt sich fast durchaus aus Erzeugnissen der Fischerei zusammen. An der Spitze steht getrockneter Fisch mit 670 600, Hummern mit 87 600, Seehundsfelle mit 78 900, Seehundsthran mit 63 400 Pfund Sterling. Daneben wurden für 73 400 Pfund Sterling Kupfererze ausgeführt.

Canada ist nach Ausweis seiner Statistik in erster Linie ein Ackerbau und Viehzucht treibendes Land. In der That sind in der Dominion gegenwärtig über 65 Millionen Acres in Privatbesitz übergegangen, und 28½ Millionen befinden sich unter Anbau. Das Weideland beträgt über 15 Millionen Acres. Darauf zählte man zuletzt 1 351 300 Stück Pferde, 4 291 400 Stück Hornvieh, 3 565 000 Stück Schafe.

Der weitaus größte Theil des Viehs befindet sich in der Provinz Ontario Die Wälder der Dominion bedecken 1 248 700 Quadratmeilen. Ihre Erzeugnisse wurden 1891 auf 80 071 000 Dollars geschätzt. — Von Mineralien kommen vor: **Kohlen** auf einem 65 000 Quadratmeilen großen Gebiet der North West Territories (1895 wurden 3 478 000 Tons für 6 739 100 Dollars gefördert); **Gold** (Förderung 1896 für 2 780 000 Dollars); ferner Silber, Nickel, Petroleum, Eisen, Asbest.

An Eisenbahnen besaß Canada 1875 nur 4 443, 1885: 10 150, 1895: 15 977 Meilen, welche im letztgenannten Jahre im Ganzen 46 785 400 Dollars, davon 14 035 800 Reingewinn abwarfen. Die Länge der Telegraphenlinien betrug 1896: 31 735 Meilen, die der Telephonlinien: 44 000. Die Wasserstraßen der Dominion haben eine Länge von 2700 Meilen. Bis 1894 waren für Kanalbauten 66 900 000 Dollars ansgegeben worden. Auf den canadischen Kanälen verkehrten 1894 nicht weniger als 25 342 Schiffe.

Die von England unterhaltene militärische Besatzung der Dominion wurde 1871, entsprechend der allen Kolonien gegenüber befolgten Politik, auf 2000 Mann herabgesetzt, welche die Besatzung der Festung Halifax bilden. Die Vertheidigung des Landes liegt seitdem in den Händen der Miliz, zu der nach einem Gesetz von 1868 alle Männer von 18 bis 60 Jahren gehören. Jährlich werden 45 000 Mann ausgebildet. An aktiver Miliz waren 1896 vorhanden 34 814 Offiziere und Mannschaften.

Vierter Theil.

Das britische Reich in Asien.

Erstes Kapitel.

Der erste Nachfolger von Warren Hastings.

Die Ausführung der East India Bill von 1784 und der Maßnahmen zur Gesundung der Finanzen der Company wurden, nachdem Lord Macartney, der Governor von Madras, die Uebernahme des Government General abgelehnt hatte, Lord Cornwallis übertragen. Der neue Governor General, welchem zugleich die Stellung des Oberbefehlshabers der Armee verliehen war, traf im Herbst 1786 in Calcutta ein. Unter den ihm ertheilten Weisungen stand obenan, daß die indische Regierung sich der Eroberung neuer Länder enthalten und nur zur Abwehr fremder Angriffe die Waffen ergreifen solle. In Bezug auf die eigentliche Verwaltung war das Hauptgewicht auf bessere Regelung des Steuerwesens in Bengalen gelegt, da bisher die Erträge beinahe um ein Drittel hinter dem Anschlag zurückblieben.

Die ersten Schritte Cornwallis' galten der Lösung der letzteren Aufgabe. Es zeigte sich, daß alle Unterlagen dazu fehlten. Man wußte weder von den Besitzrechten der verschiedenen Bevölkerungsklassen noch von der Belastung des Grundbesitzes und seiner Steuerkraft etwas Zuverlässiges. Man sah nur, daß Ackerbau und Verkehr danieder lagen und überall Armuth herrschte. Es mußten zunächst darüber Erhebungen angestellt und die Aufnahme eines Katasters in Angriff genommen werden. Darüber verflossen Jahre, während deren Sorgen der äußeren Politik das Government fast ausschließlich beschäftigten. Cornwallis hatte den Auftrag, von Nizam Ali von Hyderabad die Uebergabe des schon von Bassalut Jung abgetretenen

Gebiets von Guntoor zu fordern. Er benutzte zur Ausführung dieser Weisung das Jahr 1788, als Nizam Ali von Hyderabad, der Subahdar des Dekkan, eben an Seite der Mahratten einen ziemlich unglücklichen Krieg gegen Tippoo Sultan von Mysore geführt hatte. Nizam Ali fügte sich der Forderung. Er verlangte dafür Hülfe gegen Tippoo Sultan, welcher in unerhört fanatischer Weise gegen alle Nicht-Muhammedaner in Indien wüthete, eine Stadt nach der andern einnahm und die Bewohner tödtete oder zum Islam überzutreten zwang. Tausende eingeborener Christen aus den portugiesischen Kolonien, aber auch Mengen von Engländern hatten dieses Schicksal. Am meisten von seinen Verfolgungen betroffen wurden die benachbarten Hindustaatswesen. Sie alle ebenso wie der Nizam Ali und die Mahratten erbaten Hülfe von den Briten. Doch Cornwallis hielt sich nach dem Wortlaut seiner Instruktionen zum Eingreifen nicht befugt und erachtete es auch als in Englands Interesse gelegen, wenn die indischen Staaten sich gegenseitig möglichst schwächten. Einen Angriff Tippoo Sultans gegen britisches Gebiet hielt er für ausgeschlossen, da Frankreich, dessen Hülfe Tippoo 1787 durch eine eigene Gesandtschaft angerufen hatte, damals zu Expeditionen nach Indien nicht in der Lage war. Alle Klagen blieben daher lange unbeachtet. Der Governor General begnügte sich, für alle Fälle seine Truppen schlagfertig zu halten und Tippoo mittheilen zu lassen, daß er sich aller Angriffe auf Verbündete der Company zu enthalten habe.

Dessen ungeachtet griff Tippoo Sultan Dezember 1789 den Rajah von Travancor, einen Schützling Großbritanniens, an. Der erste Vorstoß verlief sehr unglücklich. Bei einem von ihm persönlich geleiteten Ueberfall geriethen seine Leute in Verwirrung, flohen und brachten ihn selbst in ernste Gefahr. Tippoo wollte darauf den Feldzug abbrechen und den Angriff als eine Ueberschreitung seiner Befehle entschuldigen. Auf die erste Nachricht von seinem Vorgehen hatten aber die obersten britischen Behörden sich entschlossen, gegen Tippoo ernstliche Maßregeln zu ergreifen, und mit dem Nizam und den Mahratten im Frühling 1790 ein Bündniß abgeschlossen. Es sollte dem Sultan voller Ersatz für den der Company zugefügten Schaden auferlegt und Alles, was er den Mahratten, dem Nizam und den Malabarfürsten im Laufe der Jahre geraubt, abgenommen werden. Alles, was an Truppen und Mitteln verfügbar war, ent=

schloß sich Lord Cornwallis für diese Aufgabe zu verwenden. Auch die vom Board of Control angeordneten jährlichen Zahlungen an die Gläubiger des Nabobs von Arcot, Mohamed Ali*), ließ er einstellen, um genügend Geld zur Verfügung zu haben.**)

Den Oberbefehl des gegen Tippoo Sultan ins Feld gestellten Heeres erhielt General Medows. Er drang von Trichinopoly aus im Juni 1790 gegen Mysore vor, ohne ernstlichen Widerstand zu finden, bis ihm im September Tippoo selbst entgegentrat. Dieser brachte dem in verschiedene Korps getheilten englischen Heere einige Niederlagen bei und zwang es endlich zum Rückzug, indem er seinerseits Trichinopoly bedrohte und den Versuch machte, nochmals mit den Franzosen in Verbindung zu treten. Nur an der von dem Sultan geräumten Malabarküste blühten den Briten einige Erfolge.

Die Mißerfolge General Medows' hatten zum Theil im Mangel an den erforderlichen Geldmitteln ihren Grund. Die Verwaltung von Madras war nicht im Stande, den an sie herantretenden Forderungen zu genügen, da der Nabob von Arcot seine Verpflichtungen niemals regelmäßig erfüllte. Unter diesen Umständen entschloß sich der Governor General, welcher Ende 1790 persönlich nach Madras eilte, trotz der Proteste des Nabobs, sein Gebiet in die Verwaltung der Company zu nehmen. Er begründete seine Maßnahme in London, wo der intrigante Nabob bekanntlich viele Freunde besaß, damit, daß derselbe seine Unterthanen fürchterlich bedrückt und ausgesaugt, sich wiederholt mit Europäern aller Art in bedenkliche Geldgeschäfte eingelassen und die Interessen der Company geschädigt habe. Nachdem diese Angelegenheit geregelt war, stellte sich Lord Cornwallis an die Spitze der Truppen und griff im Februar 1791 Tippoos stärkste Festung Bangalore, wo sein Harem sich befand, an. Trotz aller Gegenwehr des Sultans fiel die Festung im März in die Hände der Briten, und ungeachtet Mangels an Zugthieren infolge großer Dürre und Ausbleibens

*) Vgl. I. Theil, S. 464.

**) James Mill beschuldigt den Board of Control, ohne nähere Prüfung die gegen den Nabob geltend gemachten Ansprüche anerkannt und die Company zur Zahlung verpflichtet zu haben. Wie es mit diesen Ansprüchen stehe, beweise das Ergebniß einer 1814 angestellten Untersuchung, wobei von 20 390 000 Pfund Sterling Privatansprüchen an den Nabob nur 1 346 000 Pfund Sterling anerkannt wurden!

genügender Hülfe von den Verbündeten und von Bombay wurde auf der Stelle Alles für einen Angriff auf die Hauptstadt Seringapatam vorbereitet. Tippoo, der sich mit seinem Heer den Briten entgegenstellte, wurde geschlagen und genöthigt, unter den Mauern seiner Residenz Schutz zu suchen. Allein Pocken und andere Krankheiten, die im englischen Heere ausgebrochen waren, schwächten dieses so, daß Cornwallis sich Ende Mai entschloß, den weiteren Vormarsch aufzugeben. Er zerstörte sein schweres Geschütz, das er aus Mangel an Zugvieh nicht fortschaffen konnte, und trat am 26. Mai den Rückzug an, während Tippoo, der alsbald davon Kunde bekam, in Seringapatam Freudenschüsse feuern ließ!

Sein Jubel war von kurzer Dauer. Im Laufe des 26. Mai 1791 noch stießen starke Mahrattenschaaren zu Lord Cornwallis und setzten ihn in Stand, das Feld zu behaupten. Konnte auch infolge der Vernichtung des Belagerungsgeschützes der Angriff auf Seringapatam nicht fortgesetzt werden, so erfocht die vereinigte Armee dafür eine Reihe anderer wichtiger Erfolge. Nachdem noch Verstärkungen und bedeutende Geldmittel*) aus England bei Cornwallis eingetroffen waren, nahm er einige Bergfestungen weg, welche den Zugang nach Seringapatam vertheidigten. Die stärkste, das von den Indern für uneinnehmbar gehaltene Savendroog (Todesfelsen) fiel am 21. Dezember 1791 in die Hände der Briten, die nur einen Mann verloren. — Am 1. Februar 1792 begann der Governor General, zu dem jetzt auch die Truppen des Nizam gestoßen waren, den Angriff auf Seringapatam, wo Tippoo Sultan mit seiner Hauptmacht lag. In der Nacht des 6. Februar ging Cornwallis an der Spitze der englischen Truppen persönlich gegen den Feind vor und zwang ihn, sich in ein festes Fort zurückzuziehen. Am 8. erschien General Abercromby mit den von Bombay gesandten Truppen auf dem Schlachtfelde. Tippoo begann jetzt, um Zeit zu gewinnen, Friedensvorschläge zu machen. Das hinderte den Lord Cornwallis nicht, seine Operationen fortzusetzen und den Feind immer mehr in die Enge zu treiben. Dadurch nöthigte er den sich verzweifelt wehrenden Sultan, sich Ende Februar ohne Weiteres den ihm auferlegten Bedingungen zu fügen. Er verlor die Hälfte seiner Besitzungen, mußte 3½ Millionen Pfund Sterling Kriegsentschädigung zahlen und zwei Söhne

*) Die Company bewilligte 500 000 Pfund Sterling.

als Geiseln stellen. Die beiden Prinzen wurden am 26. ausgeliefert. Die Feindseligkeiten waren damit aber noch nicht sogleich beendigt, da Tippoo bei der Feststellung der Bedingungen des vollen Friedens eine Menge Schwierigkeiten machte. Cornwallis mußte mit Wiederbeginn der Feindseligkeiten drohen, ehe der Sultan sich fügte.

An Großbritannien fielen Tippoos Besitzungen an der Malabarküste, die Provinz Dindegul und Landstriche an der Westgrenze des Carnatic. Die anderen Abtretungen kamen den Mahratten und dem Nizam zu Gute. — Im Ganzen brachte der Feldzug den Briten wenig Nutzen. Die hohen Kosten, welche er ihnen verursachte, wurden nicht gedeckt. Der Nizam fühlte sich durch die Stärkung seiner Macht wieder unabhängiger von England, und die Mahratten waren unzufrieden, daß die Briten diesen ihren Feind unterstützten. Die englischen Truppen waren über den ganzen Frieden entrüstet. Sie konnten nicht begreifen, warum der Governor General nicht Tippoo völlig vernichtet hatte. Cornwallis hatte das aber absichtlich vermieden, um in Mysore auch für die Zukunft ein Gegengewicht gegen die anderen indischen Staaten zu haben. Um die Truppen zu beruhigen, zahlte er ihnen aus der Kriegsentschädigung eine ansehnliche Summe, wobei er und General Medows auf jeden Antheil verzichteten.

Nach Beendigung des Krieges ordnete Lord Cornwallis endgültig die Beziehungen zum Nabob des Carnatic. Er mußte vier Fünftel seiner Einnahmen jährlich an die Company zahlen und sonstige Abgaben leisten. Falls er mit den Zahlungen im Rückstand blieb, wurden gewisse Provinzen in britische Verwaltung genommen. Kurz darauf gelang es der Company auch, des letzten französischen Einflusses an der Coromandelküste, der sich gelegentlich doch störend fühlbar machte, ledig zu werden. Nach Ausbruch des Krieges Großbritanniens mit Frankreich 1793 wurden von Madras aus Pondichery und sein Zubehör weggenommen. Die Plätze waren in solcher Verwahrlosung, daß sie den Briten in die Hände fielen, ehe noch Cornwallis, der von Calcutta selbst mit Truppen herbeieilte, zur Stelle gelangte.

Während dieser Kriegsjahre hat der Governor General unausgesetzt an der Umgestaltung des indischen Verwaltungs- und Steuerwesens gearbeitet. Zunächst ließ er die Lage der bisherigen Einrichtungen so gut als möglich erforschen. Es zeigte sich, daß die

Grundlage der ganzen Wirthschaft Dorfgemeinschaften waren, welche sich selbst verwalteten. Das Land war manchmal Besitz der Gemeinschaft und wurde jährlich unter die Einzelnen zur Bebauung vertheilt, oder es war Eigenthum der einzelnen Bauern. Von dem Ertrag der Felder erhob die Regierung gewöhnlich im Durchschnitt drei Fünftel als Steuer. Die Erhebung geschah durch Agenten der Regierung. Das Amt dieser Steuererheber, Semindare, war mit der Zeit in ihren Familien erblich geworden. Es stand diesen Beamten, deren jeder eine Anzahl Dörfer unter sich hatte, alle zur Eintreibung der Abgaben erforderliche richterliche und militärische Macht zur Seite. Sie hatten sich dadurch mit der Zeit aus bloßen Beamten zu einer Art Grundadel entwickelt, der das Land beherrschte. Von der Steuersumme konnte der Semindar etwa 10 pCt. für sich behalten. — Diese Einrichtung hatte nicht allein den Nachtheil, daß sie dem Bauern gewöhnlich nur das Allernothwendigste zum Leben ließ, sondern auch, daß sie dem Semindar nicht das Interesse am Lande gab, das ein Eigenthümer daran hat. Lord Cornwallis und seine Berather meinten daher, daß eine Umgestaltung der Verhältnisse nach britischem Muster die Leute zu besserem Anbau veranlassen und dem Staat höhere Erträge einbringen werde. Von diesem Gedanken geleitet, beschlossen sie, die bisher je nach den Ernteerträgen schwankende Steuer durch eine feste, von den Semindaren zu zahlende Grundsteuer zu ersetzen. Der Betrag derselben wurde 1791 nach Maßgabe eines von den englischen Beamten aufgenommenen Katasters zunächst für zehn Jahre festgestellt. Sie belief sich danach jährlich auf 3 509 530 Pfund Sterling für Bengalen, Behar, Orissa und Benares. Die Eintreibung von den Bauern wurde den als ein wirklicher Adel anerkannten Semindaren nach Maßgabe englischen Rechts überlassen. Die freien Bauern des Gangesthals sanken dadurch zu einfachen, von den früheren Steuererhebern abhängigen Pächtern herab! Vergebens warnte der Berather des Governors, Mr. Shore, vor der Maßregel. Lord Cornwallis war überzeugt, daß die sich fortan als wirkliche Grundherren fühlenden Semindare schleunigst das wüstliegende Land in Anbau nehmen, die Bauern, welche im Voraus die ein für alle Mal zu zahlende Steuer kannten, zu erhöhter Thätigkeit anspornen und so die Steuerkraft des Landes erheblich steigern würden. So durchdrungen war er von der Richtigkeit seines Gedankens, daß er 1793 die Sätze der 1791 eingeführten Grundsteuer für alle Zeiten in Kraft setzte. Auch das Salz- und Opiummonopol der Company ordnete er in einer Weise, daß der Druck auf die ländliche Bevölkerung noch erhöht wurde.

Nicht erfolgreicher war Lord Cornwallis trotz besten Willens in der Umgestaltung der Rechtspflege Bengalens. Er wünschte die Bevölkerung vor der Willkür der Semindare, welche bisher auch die Justiz und Polizei in der Hand gehabt hatten, zu schützen und errichtete in jeder ansehnlicheren Stadt ein Kreisgericht (Sillah), besetzt mit einem europäischen Richter und zwei eingeborenen Beisitzern. Bagatellsachen wurden der Entscheidung eingeborener Schiedsmänner übertragen. Als Gerichte zweiter Instanz wurden in Calcutta, Patna, Dacca und Moorshedabad Appellhöfe mit je vier europäischen Richtern niedergesetzt. Gegen ihre Entscheidung war dann noch Berufung an das höchste Gericht in Calcutta zulässig, das der Governor, sein Council und einige Eingeborene bildeten. Das war gewiß ein Fortschritt. Doch leider fehlte es an Geld zur Ernennung einer ausreichenden Zahl von Richtern, und dann war das dem englischen nachgebildete Gerichtsverfahren so langwierig und theuer, daß die ärmeren Klassen die Gerichte gar nicht anzurufen vermochten.

Wie wenig die getroffenen Reformen den beabsichtigten Erfolg hatten, zeigte sich schon nach wenigen Jahren. Die Semindare waren nicht im Stande, die vorgeschriebenen Steuerbeträge aufzubringen. Statt zu einer Adelsklasse sich auszubilden, sahen sie sich bald ruinirt und genöthigt, ihren Besitz zu verkaufen. Das langwierige Gerichtsverfahren und die Ueberlastung der Gerichte machte es ihnen unmöglich, Zahlungsrückstände von den Dorfgenossenschaften rechtzeitig einzutreiben. In dem Distrikt von Burdwan waren z. B. vor einem Gericht gegen Ende des 18. Jahrhunderts allein 30000 Prozesse anhängig. An Stelle der verarmten Semindare traten vielfach reiche Kaufleute und Spekulanten, welche die Steuererhebung durch Agenten rücksichtslos besorgten und sich um das Wohl des Landes und der Bevölkerung weniger als ihre Vorgänger kümmerten! Die Bauern ferner empfanden es als furchtbare Härte, wenn ihr Besitz bei Steuerrückständen zum zwangsweisen Verkauf gelangte, während sie früher mit Haft oder anderen Strafen davonkamen. Sie waren wehrlos ihren Aussaugern preisgegeben und sanken in immer tieferes

Elend. — Um den Semindaren zu helfen, wurde 1799 ein summarisches Prozeßverfahren zur Eintreibung rückständiger Steuern von den Dorfgemeinden eingeführt. Da nicht gleichzeitig den Letzteren eine ähnliche Hülfe gegen unrechtmäßige Ansprüche der Steuererheber gewährt wurde, verschlimmerte dies die Lage der etwa 30 Millionen Bewohner Bengalens noch weiter. In England wurde die Gerichtsorganisation Indiens als ungenügend anerkannt. 1802 entschloß man sich angesichts der großen Massen unerledigter Prozesse, die Befugnisse der einheimischen Schiedsmänner zu erweitern und Hülfsrichter zu ernennen. Dies half aber nicht genügend. Man hätte Massen neuer Gerichte schaffen müssen, und dazu fehlte es an Geld, wie im Unterhaus 1812 offen ausgesprochen wurde.

Lord Cornwallis kehrte 1793 nach England zurück. Die Schulden der Company in Indien beliefen sich damals auf 7 971 000, in England auf 10 983 000 Pfund Sterling. Das Kapital der Gesellschaft betrug 5 000 000 Pfund Sterling, auf die eine Dividende von 10½ pCt. bezahlt wurde. Es ist sonach diesem Governor General gelungen, trotz der Kriege, die er geführt hat, einen Theil der Schulden zu tilgen. Der Ueberschuß der Einnahmen über die Ausgaben in Indien belief sich 1792/93 auf 1 218 000 Pfund Sterling, in Indien und Europa auf 1 858 000 Pfund Sterling.

Zweites Kapitel.

Die Schöpfung des indischen Reiches.

In dem Jahre, in welchem Lord Cornwallis heimkehrte, lief die Charter der East India Company ab. Obwohl der große Seekrieg damals die Regierung vollauf beschäftigte und der Zeitpunkt gewiß nicht zu großen Systemwechseln angethan war, verlangten die Kaufleute der größten britischen Handelsplätze Aufhebung der Company und Freigabe des indischen Handels. Abgesehen davon, daß die damaligen Zeitläufe gegen eine solche Maßregel sprachen, war das Ministerium aber keineswegs gewillt, die seinen Zwecken nützliche damalige Verwaltung Indiens zu opfern. Es ließ eingehende Widerlegungen der gegen die Company gerichteten Beschwerden aufstellen und legte diese erst dem Committee of the Privy Council und nachher dem Unterhaus vor. Der Widerspruch, der sich hier gegen die Fortdauer des Monopols der Gesellschaft regte, wurde durch Hinweis auf die damals gerade günstige Finanzlage*) der Company besiegt. Man rechnete dem Parlament den Nutzen vor, welchen das Land alljährlich aus der Thätigkeit der Gesellschaft ziehe, und der bei Verlängerung der Charter immer weiter steigen werde, während eine Aufhebung derselben hohe Kosten verursachen würde. Es wurde vorgeschlagen, die Zahlungen der Company ans Mutterland fortan um weitere 500 000 Pfund Sterling zu steigern und eine Dividende von 10 pCt. zuzulassen. Um die Verlängerung des Monopols annehmbarer zu machen, wurde ferner Seitens des Ministeriums beantragt, alle Bezahlung für die Thätigkeit der Minister im Board of Control zu streichen und die Company zu veranlassen, jährlich mindestens 3000 Tonnen Güter von Nichtaktionären für deren Rechnung nach Indien zu verschiffen.

Das Ministerium und sein Wortführer, der Staatssekretär für Indien, Mr. Dundas, erreichten damit ihr Ziel.**) Die Verlängerung der Charter auf weitere 20 Jahre wurde ohne großen Widerstand im Parlament durchgesetzt. Umsonst wies Fox bei der dritten Lesung auf den übermächtigen Einfluß hin, den die Verfügung über die vielen gutbezahlten Beamtenstellen Indiens dem Ministerium gebe. Bei der bestehenden Einrichtung hätte die Regierung alle Macht ohne die entsprechende Verantwortung!

Nachfolger des Lord Cornwallis wurde sein Berather in den Steuerfragen, ein im Dienst der Company heraufgekommener Beamter, Sir John Shore. Seine Aufmerksamkeit wurde zunächst durch die Angelegenheiten des Nizams von Hyderabad in Anspruch genommen. Dieser Fürst gerieth mit den Mahratten in Streit, da er ihnen den Tribut für gewisse Provinzen vorenthielt. Als die Mahratten mit Gewalt drohten, rief er den Beistand der Briten an, die ja in seiner Hauptstadt eine Truppe unterhielten. Wäre der Governor General

*) Der Ueberschuß sank 1793/94 auf 1 119 000, 1794/95 auf 1 182 000, 1795/96 auf 800 000, 1796/97 auf 240 000 Pfund Sterling, 1797/98 entstand ein längere Zeit anhaltendes Defizit.

**) Unter den Gründen, die Dundas für die Nothwendigkeit der Erhaltung des Monopols der Company anführte, war auch der, daß bei Freigabe des Handels Indien mit Europäern besiedelt werden würde. Eine solche Ansiedelung bedeute aber den Verlust der Kolonie!

auch finanziell in der Lage gewesen, es auf einen neuen schwierigen Feldzug ankommen zu lassen, so bewogen ihn politische Bedenken, den Nizam seinem Schicksal zu überlassen. Es war sehr leicht möglich, daß Tippoo Sultan, der ohne Unterlaß am Wiederaufbau seines Reiches arbeitete, sich den Mahratten anschloß, und daß beide vereint die Company bedenklich ins Gedränge brachten. Im anderen Falle war es dagegen wahrscheinlich, daß sie bei Theilung Hyderabads untereinander in Streit geriethen. Unter diesen Umständen entschloß sich Shore, den befreundeten Nizam seinem Geschick zu überlassen; die an seinem Hofe stationirten britischen Truppen durften am Kampfe nicht theilnehmen. Der Fürst selbst verfügte weder über die nöthige Entschlossenheit noch Geschick. Er unterlag binnen Kurzem und mußte sich 1795 zu einem demüthigenden Frieden mit den Mahratten bequemen.

Die Folge dieses Verhaltens der Briten war, daß Nizam Ali in seiner Erbitterung gegen sie daran ging, sich eine neue und bessere eigene Truppe unter französischen Offizieren zu schaffen, und die englischen Soldaten verabschiedete. Seine Versuche dauerten freilich nicht lange. Es brachen Empörungen in seinem Lande aus, und er sah sich aufs Neue auf den Beistand der Company angewiesen. — Wie er, wurden die anderen eingeborenen Staaten Indiens durch schlechte Wirthschaft und Uneinigkeit im Innern wie unter sich immer machtloser. Im Gebiet des Nabobs von Oudh, wo die gesammte innere Verwaltung noch in den Händen der eingeborenen Regierung lag, gab deren Mißwirthschaft dem Governor General zu einem Eingriff Anlaß. Dabei kam die Festung Allahabad in die Hände der Company; sie erhielt eine Erhöhung des ihr jährlich zu zahlenden Tributs auf 76 Lakh Rupien, und die Zahl der vom Nabob zu unterhaltenden britischen Truppen stieg auf 10 000. — Auch das Carnatic wurde nach dem 1795 erfolgten Tode des Nabobs Mohammed Ali noch mehr als schon bisher unter den Einfluß der britischen Verwaltung gestellt und die einheimische Regierung vollständig geknebelt.

Bedeuteten schon diese Maßnahmen eine bedeutende Erhöhung der britischen Macht in Indien, so war noch wichtiger die Beseitigung des holländischen Einflusses, zu der sich nach dem Bündniß der Niederlande mit Frankreich 1795 Gelegenheit bot. Die britischen Flotten nahmen in rascher Folge Ceylon, Malacca, Banda, Amboyna und die Stationen auf dem indischen Festlande weg. Den meisten Widerstand leistete Cochin. Nicht minder werthvoll war die Eroberung der Kapkolonie für die Company, welche fortan die Erfrischungsstation von dem unfruchtbaren St. Helena nach Kapstadt verlegen konnte. Verschlangen diese Eroberungen zunächst sehr erhebliche Mittel, so wurden sie doch für die Folge sehr wichtig.

Von noch größerem Einfluß auf die Geschicke Indiens als unter der Verwaltung Shores waren die Ereignisse der europäischen Politik unter seinem Nachfolger Lord Mornington,*) dem späteren Marquis Wellesley.**) In den Vordergrund des Interesses trat zunächst wieder Tippoo Sultan. Schon unterwegs in Kapstadt hatte der neue Governor General erfahren, daß Tippoo rastlos gegen England rüste und alle eingeborenen Fürsten zu einem Bunde zu vereinen suche. Nach seinem Eintreffen in Calcutta erfuhr er aus einer dorthin geschickten Proklamation des französischen Gouverneurs von Isle de France, daß dort zwei Abgesandte Tippoos angekommen seien, um militärische Unterstützung gegen die Briten zu erbitten. Der Gouverneur hatte alle Kolonisten aufgefordert, unter Tippoo gegen England zu dienen. Wellesley war geneigt, das Schriftstück für eine Fälschung zu halten, da er sich nicht denken konnte, daß die Franzosen so ungeschickt wären, derartige Dinge zum Gegenstand öffentlicher Proklamationen zu machen, gab jedoch gleich Befehl nach Madras, Alles zum Krieg in Stand zu setzen. Bald erfuhr man Näheres über die Vorgänge in Isle de France, welche sich im Januar 1798 abgespielt hatten. Die Franzosen hatten in der That eine Anzahl Offiziere und Soldaten auf einer Fregatte Tippoo zu Hülfe gesandt, aber es waren nur 60 bis 150 Mann (die Angaben darüber schwanken). So geringfügig diese Unterstützung war, im Zusammenhang mit Briefen Napoleons an Tippoo Sultan und den Gerüchten von seinen weiteren Plänen, hatte die Sache doch in den Augen Wellesleys eine solche Bedeutung, daß er trotz der Leere der Kassen der Company zum sofortigen Angriff auf Tippoo Sultan entschlossen war. Ende Juli 1798 wurde zu Calcutta eine Versammlung aller britischen Einwohner abgehalten und jeder Mann zu freiwilligen Beiträgen zu den Kriegskosten aufgefordert. Der

*) Der Bruder Wellingtons.
**) Im Mai 1798 in Calcutta eingetroffen.

Nizam Ali wurde veranlaßt, alle französischen Offiziere aus seinem Dienst zu entlassen und weitere britische Truppen in seiner Hauptstadt aufzunehmen. Gleichzeitig knüpfte Wellesley Verhandlungen mit den Mahratten an, die zwar zu keinem Bündniß führten, aber doch insofern wichtig waren als sie die Wahrscheinlichkeit ergaben, daß Tippoo Sultan von dieser Seite keine Hülfe bekommen würde.

Ehe noch ein kriegerischer Schritt geschehen war, erhielt Wellesley Ende Oktober 1798 Nachricht von Napoleons Expedition nach Egypten und der Vernichtung seiner Flotte durch Nelson. Obwohl dadurch die Gefahr eines französischen Angriffes auf Indien stark vermindert war, blieb der Governor General, der inzwischen auch aus London Weisung zum Vorgehen erhalten hatte, entschlossen, der Macht Tippoos den Garaus zu bereiten. Um die Rüstungen zu beschleunigen, begab er sich selbst im Dezember nach Madras. Tippoo Sultan wurde aufgefordert, sofort alle Franzosen aus seinem Dienst zu entlassen, seine an dem Meere gelegenen Provinzen abzutreten, eine bedeutende Summe zu zahlen und Vertreter der Company bei sich aufzunehmen. Der Fürst versuchte durch Zögern Zeit zu gewinnen. Während er dringend durch eine Gesandtschaft in Paris und auch in Konstantinopel und Persien um Unterstützung bat, erklärte er sich zu Verhandlungen mit den Briten bereit. Wellesley ließ sich aber darauf nicht ein. Ende Februar 1799 setzte er seine Truppen gegen Mysore in Bewegung. Es standen ihm zur Verfügung an der Ostküste gegen 20000 Mann — darunter 4381 Europäer —, dazu 6500 Mann, die bisher in Hyderabad gestanden hatten, und eine gleiche Anzahl Truppen des Nizam Ali; an der Westküste etwa 7000 Mann, die von Bombay nach Cananore gesandt waren; endlich noch ein Korps im Süden des Carnatic. Anfang März überschritten die britischen Kolonnen die Grenzen Mysores. Hinderlich war ihnen nur ihre allzu reichliche Ausrüstung, da die Zugthiere nicht genügend Nahrung fanden und fielen.

Tippoo Sultan trat zuerst der von Westen kommenden Armee entgegen. Als es ihm nicht gelang, sie trotz seiner überlegenen Macht zurückzuschlagen, warf er sich auf den von Osten herandrängenden Feind. Doch auch hier wurde sein Angriff abgeschlagen, und Tippoo konnte nicht einmal den Uebergang der britischen Artillerie über den Cauvery verhindern. Sobald Tippoo dies erfuhr und seine Hauptstadt Seringapatam ernstlich bedroht sah, rief er seine obersten Offiziere zusammen und fragte sie nach ihrem Entschlusse; die letzte Entscheidung stehe vor der Thür. Da Alle mit ihm fallen zu wollen erklärten, beschloß er den Briten vor den Mauern Seringapatams entgegenzutreten. Da diese sich aber auf eine Schlacht nicht einließen und die Stadt zu belagern begannen, änderte er seine Absicht und machte Friedensvorschläge. Britischerseits wurde als Vorbedingung Abtretung der Meerprovinzen, der Hälfte des übrigen Reichs, Entlassung aller Franzosen und Zahlung einer großen Kriegsentschädigung verlangt. Als Tippoo mildere Bedingungen zu erzielen versuchte, lehnte der englische Befehlshaber weitere Verhandlungen ab, wenn der Sultan nicht zunächst vier seiner Söhne und vier seiner Generale mit einem Crore Rupien als Sicherheit stelle. Diese demüthigende Forderung, das Vertrauen auf die Festigkeit Seringapatams, die Hoffnung auf französische Hülfe und Nachrichten von Mangel an Lebensmitteln im britischen Lager bewogen Tippoo, es aufs Aeußerste ankommen zu lassen. Er hatte nach Allem, was darüber bekannt geworden, damals seine frühere Energie und Umsicht eingebüßt, glaubte durch Gebete der früher von ihm verfolgten Brahminen das Schicksal beschwören zu können, und befand sich ganz unter dem Einfluß unfähiger Schmeichler und Schranzen. Er glaubte seinem besten General nicht, daß es Ernst sei, als am 4. Mai die Briten am hellen Morgen zum Sturm auf die Stadt schritten. Seine Schranzen hatten ihm nämlich eingeredet, daß die Feinde nie anders als bei Nacht anzugreifen wagen würden. Erst als es zu spät war, übernahm er den Befehl über die Vertheidiger der Mauern. Die Briten drangen durch eine Bresche in die Stadt und schlugen die Inder und den Sultan in die Flucht. Seine Söhne ergaben sich als Gefangene, er selbst wurde nach langem Suchen, von mehreren Kugeln durchbohrt, todt auf der Straße gefunden. — Die Eroberung Mysores hatte den Briten 203 Todte und 667 Verwundete aus der Zahl der Europäer, 119 Todte und 420 Verwundete aus der Zahl der Eingeborenen gekostet. Die Verluste der Feinde sollen 8000 überstiegen haben. Die Beute hatte bei Weitem nicht den erwarteten Werth; der Schatz des Sultans belief sich nur auf etwa 1½ Millionen Pfund Sterling. Die gesammte Summe wurde der siegreichen Armee überlassen. 100000 Pfund Sterling sollte Wellesley als seinen Antheil erhalten, er lehnte aber das Geschenk ab. Die Company hat ihm dafür 1801 eine Jahresrente von 5000 Pfund Sterling ausgesetzt. Die anderen Offiziere waren weniger zurückhaltend. Sie strichen theilweise mehr, als ihnen zukam, von der Beute ein.

Das eroberte Land nahm Wellesley nicht völlig in die eigene Verwaltung der Company. Er setzte einen Nachkommen der früheren Hindoodynastie auf den Thron Mysores. Die Verwaltung des Landes und der Antheil der Briten daran wurde, wie es in Bengalen der Fall war, geordnet. Die Familie Tippoos und seine Beamten wurden sämmtlich großmüthig versorgt. Erstere erhielt die Stadt Vellore. Der Governor General gewann durch diese Mäßigung der britischen Herrschaft Freunde, ohne der Company Schaden zu bereiten. Für ihr Interesse wurde genügend gesorgt durch die Besitznahme der Meerprovinzen Tippoos an der Malabarküste und dazu Seringapatams und Canaras. Der Nizam Ali wurde durch Ueberlassung einiger Provinzen für seine Heerfolge belohnt. Außerdem versuchte Wellesley durch Anerbieten eines kleineren Gebietes die Mahratten mit dem Nizam auf guten Fuß zu bringen und zu veranlassen, für die Zukunft Ruhe zu halten.

Diese Absicht war nicht zu verwirklichen. Die Mahratten nahmen die gebotene Hand nicht an. Die Vernichtung Tippoos befreite sie von ihrem gefürchtetsten Feinde. Sie nahmen jetzt offen ihre Pläne gegen den Subahdar des Dekkan wieder auf. Unter diesen Umständen wünschte Nizam Ali den Schutz einer stärkeren Abtheilung englischer Truppen. Um die Kosten zu decken, bot er den Briten Abtretung aller seit 1792 gemachten Landerwerbungen. Im Oktober 1800 wurde ein entsprechender Vertrag geschlossen. Der weitaus größte Theil des ehemaligen Reiches Mysore war damit im Besitze der Company, und Nizam Ali war fortan vollständig in der Hand der Briten. Sein Schicksal theilte bald darauf der Nabob von Oudh. Ein Theil seiner Besitzungen ging ins Eigenthum der Company über. Im Rest mußte der Fürst seine Truppen entlassen und durch englische ersetzen. Auch der Nabob des Carnatic, der Nabob von Surat und der Rajah von Tanjore wurden in den Jahren 1799 bis 1801 des letzten Restes von Selbständigkeit entkleidet und mit einer Pension abgefunden! Die Macht der Company in Indien erhielt durch diese Maßnahmen einen so außerordentlichen Zuwachs, daß kein dortiger Staat mehr an einen erfolgreichen Angriff denken konnte!

Nicht zufrieden mit diesen Erfolgen, war Wellesley gleichzeitig ohne Unterlaß bemüht, die Machtstellung Großbritanniens in Indien auch noch auf andere Weise zu sichern. Er schloß Ende 1799 mit Persien ein Bündniß gegen die Afghanen, welche wiederholt mit Einfällen zur Befreiung des in der Gewalt der Mahratten befindlichen Moguls gedroht hatten. Anfang 1801 sandte er eine ansehnliche Macht nach dem Rothen Meere, um die Franzosen aus Egypten zu vertreiben und damit allen ihren weiteren Plänen gegen Indien ein Ende zu machen. Die Expedition erreichte glücklich ihr Ziel, doch erst, als die vom Mittelmeer kommenden englischen Truppen die Franzosen schon zur Ergebung gezwungen hatten. Auch die Wegnahme von Isle de France und Bourbon, von wo aus französische Kaper ihr Unwesen trieben, hat Wellesley damals geplant. Seine Absicht scheiterte nur an dem Mangel verfügbarer Schiffe.

Den Höhepunkt des Wirkens Wellesleys in Indien stellt die Niederwerfung der gefürchteten Mahratten dar. Seit der Vernichtung Tippoos hatten sie eine zweideutige Politik verfolgt. Seit Langem bestand Streit zwischen ihnen und dem Häuptling Sindia, der unter Warren Hastings den Rest des Mogulreiches erobert hatte und den Mogul in seiner Gewalt hielt. Sindia strebte danach, das Mahrattenreich und die beiden kleineren Staaten von Malwa und Guzerat unter seinem Scepter zu vereinen. Gelang ihm dies, und erhielt er kräftige Unterstützung aus Frankreich, so erwuchs in ihm den Briten ein sehr bedenklicher Gegner. Um einer solchen Möglichkeit im Voraus zu begegnen, machte Wellesley fortgesetzte Versuche, die Mahratten zum Abschluß eines engeren Bundes und Aufnahme englischer Truppen in Poonah zu bewegen. Sie machten indessen hierzu keine ernstliche Miene trotz der ihnen von Sindia drohenden Gefahr und trotz des Verfalles ihres Reiches im Innern. Ihnen lag nur daran, Sindia gegenüber den Schein aufrecht zu erhalten, daß die Company auf ihrer Seite stehe.

Da erwuchs den Mahratten und Sindia plötzlich im Innern eine schwere Gefahr. Der Letztere hatte das Land Malwa, in dem ein Mahrattenhäuptling Holcar herrschte, mit Gewalt in seinen Besitz gebracht und den größten Theil der Fürstenfamilie getödtet. Einem der Prinzen, Jeswunt Rao Holcar, war es nun zu entfliehen gelungen. Er sammelte eine Truppe um sich und ließ sich auf einen Kampf mit Sindia im Oktober 1801 ein. Obwohl er dabei unterlag, blieben ihm seine Anhänger treu. Von allen Seiten strömten ihm Leute zu, und schon einige Monate später war seine Macht so groß, daß er in das eigentliche Mahrattengebiet einfiel und mit einem starken Heer vor Poonah erschien. Sindia, welcher zu jener Zeit dort entscheidenden Einfluß übte, trat vereint mit den Mahratten Holcar entgegen. Diesmal lächelte aber dem Letzteren das Glück. Er schlug am 25. Oktober 1802 seine Gegner und bemächtigte sich Poonahs. Der Peshwa der Mahratten suchte sein Heil in der Flucht. Vorher entschloß er sich, mit dem britischen Residenten einen Vertrag zu vereinbaren, wonach er 6 Bataillone Companytruppen aufzunehmen und dafür ein Gebiet mit einem Steuerertrag von 25 Lakh Rupien abzutreten sich verpflichtete. Der Vertrag wurde am 31. Dezember 1802 zu Bassein, wohin der Peshwa flüchtete, ratifizirt. Der Mahrattenfürst versprach darin auch, in Zukunft keinen Krieg ohne Genehmigung der Company zu führen und Angelegenheiten der äußeren Politik überhaupt nur unter ihrer Mitwirkung zu betreiben. Er gab auch alle Ansprüche auf Surat, Guzerat und das Dekkan auf!

Ein so großer Erfolg dies war, der Vertrag hatte den Fehler, daß der Peshwa vor der Hand machtlos war. Sein Land war im Besitz Holcars. Des Governor Generals Bemühen ging daher zunächst dahin, den Peshwa wieder auf den Thron in Poonah zu setzen. Es zeigte sich, daß auf Sindias Hülfe dabei nicht zu rechnen sei, da er über den Vertrag entrüstet war. Holcar war wohl geneigt, Poonah wieder zu räumen, doch verlangte er Abtretung einer Festung und Zahlung eines Crore Rupien. Davon wollte der Peshwa nichts hören. Am Ende entschloß sich Wellesley, es auf Gewalt ankommen zu lassen, und führte Anfang 1803 den Peshwa in Begleitung eines englischen Heeres nach Poonah zurück. Dies glückte. Holcar räumte die Stadt ohne Weiteres. Der von ihm eingesetzte neue Peshwa floh, und Sindia machte ebenso wenig Miene, den Briten entgegenzutreten.

Wenn der Governor General trotz der friedlichen Durchführung seiner Absichten aus allen Kräften weiter rüstete, lag das daran, daß er Nachrichten von geheimen Umtrieben Sindias hatte. Der Fürst war eifrig bemüht, den Rajah von Berar und Holcar zum Abschluß eines Bundes gegen die Briten zu bewegen. Alle Aufforderungen, auch seinerseits mit der Company in ein Vertragsverhältniß zu treten und Frieden zu halten, erwiderte er ausweichend. Selbst wenn der Governor General sich mit dem Erreichten hätte begnügen wollen, ging dies unter den obwaltenden Umständen nicht an. Die Herrschaft der Company konnte nur durch völlige Vernichtung der Mahratten sichergestellt werden. Wellesley wurde in diesem Entschlusse noch bestärkt durch das Wiederaufleben französischer und holländischer Interessen in Indien. Im Frieden von Amiens hatte sich ja Großbritannien verpflichtet, alle den Franzosen und Holländern dort abgenommenen Kolonien außer Ceylon wieder herauszugeben! Die Gefahr lag nahe, daß in der Folge Sindia hier eine Stütze fand.

Trotz der Erschöpfung der Kassen der Company brachte Wellesley ein Heer von beinahe 50 000 Mann binnen Kurzem auf Kriegsfuß und trat damit Sindia und dem Rajah von Berar im Sommer 1803 entgegen. Arthur Wellesley, der Bruder des Governor, leitete die Operationen im Süden vom Dekkan aus, General Lake im Norden. Dank ihren geschickten und energischen Anordnungen erlitt der weit stärkere Feind, dessen Heer von französischen Offizieren geschult war, eine Niederlage nach der anderen. Anfang September fiel die Festung Alighur, wo sich die größten Magazine Sindias befanden, in General Lakes Hand. Am 11. September gewann er die Schlacht von Delhi, am 23. erfocht Wellesley einen Sieg bei Assaye. Anfang Oktober wurde Agra erobert, wo Schätze im Werthe von 280 000 Pfund Sterling den Briten in die Hände fielen. Zwei Siege bei Laswaree und Argaum im November sowie die Einnahme der Festung Gawilghur im Dezember 1803 versetzten der Macht der Mahratten den Todesstoß. Einer der Häuptlinge nach dem anderen bat jetzt um Frieden.

Am 17. Dezember trat der Rajah von Berar die Provinz Cuttack sammt Balasore ab, verzichtete auf alle Ansprüche, die er an Nizam Ali hatte, verpflichtete sich, keinen Europäer ohne Genehmigung der Company bei sich aufzunehmen, und überließ ihr auch die Regelung seiner auswärtigen Politik. Am 30. Dezember erkaufte auch Sindia Frieden. Er mußte auf das Gebiet zwischen der Jumna und dem Ganges bis hoch in den Norden verzichten. Die Städte Delhi, Agra, Ahmedabad und Broach kamen dadurch in den Besitz der Company. Andere Gebietstheile mußte er an den Peshwa und den Nizam abtreten. Abgesehen davon sah er sich gezwungen, britische Truppen bei sich aufzunehmen und dieselben Beschränkungen seiner Macht, wie der Rajah von Berar, sich gefallen zu lassen.

Holcar von Malwa hatte an dem Krieg nicht theilgenommen. Erst als Sindias Macht gebrochen war, bekam er Angst wegen seines eigenen Schicksals und suchte Bundesgenossen gegen die Briten. Er wandte sich an die Rajpooten, die Rohillas, die Sikhs und endlich auch an Sindia. Der Letztere, erbittert über die Unthätigkeit Holcars während des Krieges und nicht geneigt, es nochmals auf einen Kampf mit der Company ankommen zu lassen, verrieth die Anträge des Fürsten an den britischen Residenten. Trotz seiner offenbaren Feindseligkeit ergriffen die Briten nicht auf der Stelle ernstliche Maßregeln gegen Holcar, sondern forderten ihn zu Erklärungen auf. Der Fürst antwortete mit der Forderung, ihm einige Landstriche abzutreten, und drohte mit seinen tapferen, kriegsgewohnten Schaaren. Unter solchen Umständen blieb nichts übrig, als nochmals die Waffen zu ergreifen. Wieder erhielten General Lake und Major General Arthur Wellesley Weisung, von Norden und Süden gleichzeitig vorzugehen.

Der Verlauf des Feldzugs war nicht so glatt wie früher. Wellesley wurde in seinen Bewegungen durch eine im Dekkan ausgebrochene Hungersnoth gehemmt. Lake mußte bei Ausbruch der Regenzeit geschützte Quartiere aufsuchen. Nur eine kleine Macht unter Colonel Monson stand daher Holcar im Frühling 1804 gegenüber. Diese Truppen zwang er in verschiedenen Gefechten zum eiligen Rückzug. Monson suchte Schutz in dem Rajpoot-Fürstenthum Kotah. Als ihm der Fürst die Mauern seiner Hauptstadt nicht öffnen wollte, setzte er die Flucht, unbekümmert um Regen und Mangel, fort und verlor dabei den größten Theil seiner Truppen und Bagage. Der Rest warf sich in aufgelöstem Zustand nach Agra! — Dieser Erfolg führte Holcar Beistand von allen Seiten zu, und mit einem sehr starken Heer ging er zum Angriff über. Im Herbst 1804 erschien er vor Delhi. Hier verließ ihn aber sein Glück. Er wurde durch die Briten zum Abzug gezwungen und im November gründlich geschlagen. Sein Land wurde von allen Seiten durch die Sieger überschwemmt und besetzt. Er sah sich gezwungen, in der Stadt Bhurtpoor Zuflucht zu suchen. Hier vertheidigte er sich so tapfer, daß die Angreifer über 3000 Mann in verschiedenen Stürmen verloren, ohne der Stadt Herr werden zu können. Seine entschlossene Haltung und Tapferkeit begannen auf Sindia und andere unterworfene Fürsten Wirkung zu üben. General Lake hielt es daher für angezeigt, im April 1805 auf Friedensvorschläge Holcars einzugehen. Gegen Zahlung von 20 Lakh Rupien und Abbruch seiner Verbindungen mit den Feinden der Company wurde er in seinem Besitz gelassen.

Wenn Holcar so billigen Kaufs davon kam, lag der Grund nicht in Schwäche Wellesleys, sondern in der Stellungnahme der Company zu seiner ganzen Thätigkeit. Während einst Clive und Hastings bei allen ihren höchst bedenklichen Maßnahmen den Schutz und die Anerkennung ihrer Auftraggeber fanden, bestand zwischen der Leitung der Company in London und Wellesley, dem eigentlichen Schöpfer des anglo-indischen Reiches, seit Langem ein scharfer Gegensatz. Seine Maßnahmen kosteten zu viel; das Defizit, welches schon im Zeitpunkt seines Amtsantrittes bestand, wuchs in den Kriegszeiten fortgesetzt, wenn auch das so gewaltig vergrößerte Reich der Company doppelt so viel Einnahmen als früher abwarf. 1797/98 beliefen sich die Einnahmen auf 8 059 880, die Ausgaben auf 7 411 401 Pfund Sterling. Es ergab sich also ein Ueberschuß von 648 479 Pfund Sterling. 1805/6 betrugen die Einnahmen 15 403 409, die Ausgaben 15 561 328 Pfund Sterling. Es bestand ein Fehlbetrag von 157 319. Dazu kamen 1 860 090 Pfund Sterling Zinsen, die für eine Schuldenlast von 31 638 827 Pfund Sterling zu zahlen waren, während die Schulden 1797/98 nur 17 059 192 Pfund Sterling ausmachten! Unbekümmert um die Lage in Indien, welche die kriegerischen Maßnahmen nöthig und nützlich machte, legte die Company den schlechten Stand ihrer Finanzen dem Governor General zur Last und sprach ihm ihre Unzufriedenheit wiederholt sehr scharf aus. Sie vermerkte nicht minder übel, daß Wellesley, um den Export indischer Waaren nach England zu fördern, wiederholt die Benützung von Schiffen gestattete, die in Indien gebaut waren, und daß er den privaten Handel förderte. Man verdachte es ihm endlich, daß er kostspielige Schulen zur sachgemäßen Ausbildung der in Indien thätigen Beamten an Ort und Stelle ins Leben rufen wollte. — Unter diesen Umständen fanden auch Anklagen der von Wellesley ihrer Macht beraubten Nabobs, die ihre Freunde und Vertrauensmänner in England hatten, dort williges Ohr. Besonders die Nabobs von Oude und von Arcot setzten alle Hebel gegen den Beamten, der ihrer Mißwirthschaft mit einem Streich ein Ende bereitet hatte, in Bewegung. Der Governor General wurde der ungerechten Begünstigung seiner Brüder und Günstlinge, verschwenderischen Lebenswandels, der rücksichtslosen Bedrückung und Aussaugung der Eingeborenen und des Ungehorsams gegen die ihm ertheilten Weisungen beschuldigt. Obwohl in Indien nur eine Stimme über die Vorzüglichkeit seines Wirkens war und ihm auch nicht ein Fall nachzuweisen war, wo er nach dem Muster von Clive und Hastings eine Gelegenheit zu seiner Bereicherung benützt hätte, wurden alle gegen ihn gerichteten Verleumdungen geglaubt. Um der Demüthigung einer Abberufung zu entgehen, verlangte er 1805 seinen Abschied und kehrte nach London zurück. Hier war er noch längere Zeit der Gegenstand von Angriffen, bis 1808 das Parlament alle Anklagen als unbegründet abwies und Wellesley volle Anerkennung seiner Thätigkeit aussprach.*)

Drittes Kapitel.

Aufhebung des Monopols der Company.

Die Nachfolge Wellesleys wurde Lord Cornwallis, der schon zu Ende des 18. Jahrhunderts so erfolgreich in Indien thätig gewesen war, übertragen. Die ihm ertheilten Weisungen gingen dahin, die mit den indischen Fürsten geschlossenen Schutzverträge größtentheils zu lösen, die Jumna wieder zur Westgrenze des britischen Reiches zu machen und die Inder ihrem Schicksal zu überlassen.

Ihre Uneinigkeit wurde als bester Schutz für die Macht der Company erklärt. Cornwallis, der sehr gealtert und kränklich war, hat die ersten Schritte zur Ausführung dieser Politik bei seinem Eintreffen in Indien Sommer 1805 gethan. Als er wenige Monate darauf starb, setzte das älteste Mitglied des Councils, Sir George Barlow, der Wellesleys Mitarbeiter und Freund gewesen war, die von Cornwallis eingeleiteten Verhandlungen trotz aller Vorstellungen General Lakes fort. Das Ergebniß war, daß Sindia und Holcar ihre meisten Besitzungen wieder erhielten und den Rajpooten und anderen kleinen Fürsten der versprochene Schutz entzogen wurde, so daß sie sich der Rache der Mahratten ausgeliefert sahen. Unbekümmert um

*) Die Company hat 1834 Wellesleys Depeschen auf eigene Kosten drucken und an alle Beamten vertheilen lassen. Wellesley ist erst 1842 gestorben. Er war zweimal Vizekönig von Irland und auswärtiger Minister.

ihre Klagen wurden die Maßnahmen zur Einschränkung der Ausgaben fortgesetzt. Die irregulären Truppen wurden in aller Eile aufgelöst, ihre Führer durch Ueberweisung der Einnahmen gewisser Gebiete abgelohnt, das Steuerwesen reformirt, und in der ganzen Verwaltung äußerste Sparsamkeit eingeführt. Die politischen Gesichtspunkte traten durchweg hinter die kaufmännischen zurück, trotzdem die Zeiten, wo die East India Company ein Handelsunternehmen war, längst vorbei waren! Es gelang Barlow auf diese Weise sehr rasch, die Ausgaben einzuschränken. 1807/8 betrugen die Einnahmen 15 669 905, die Ausgaben 15 979 027 Pfund Sterling, das Defizit also nur noch 309 122 Pfund Sterling! — So sehr diese Maßregeln Barlows bei der Company Beifall fanden, so übel wurde ihm der Ausbruch von Unruhen unter den indischen Truppen, den Sepoys, genommen. Veranlaßt durch einige ihnen mißliebige Aenderungen ihrer Bekleidung empörten sich 1806 die in Vellore stationirten Sepoys und tödteten über 100 Europäer. Der Aufstand wurde rasch niedergeworfen und die Söhne Tippoos, welche man nicht unbetheiligt glaubte, von Vellore nach Bengalen geschafft. Das Vorkommniß erregte aber großes Aufsehen in England.

Im Sommer 1807 übernahm Lord Minto das Government Indiens. Er war als Mitglied des Parlaments unter dem Namen Sir Gilbert Elliot bei den Maßnahmen gegen Warren Hastings und den Oberrichter Elijah Impey in hervorragender Weise thätig gewesen und hatte dabei eine nähere Kenntniß der indischen Verwaltung erworben. Seine Absicht war, mit möglichster Vermeidung von Ausgaben in Ruhe und Frieden die Herrschaft Großbritanniens auszubauen. Nur zu bald nöthigten ihn jedoch die Verhältnisse, zu der Politik Wellesleys zurückzukehren. Die Rajpootfürsten, die unter sich und mit Holcar in blutigem Streit lagen, riefen wiederholt die Hülfe der Company an. Dazu bedrohte Ameer Khan, der Feldherr und Genosse Holcars, 1809 den Rajah von Berar, und Mahrattenbanden verwüsteten weit und breit das Land. Da Warnungen umsonst blieben, entschloß sich Lord Minto zu Gewaltmaßregeln gegen Malwa. Nur die Rücksicht auf die Finanzen und die strikten Befehle von England hinderten ihn daran, mit der Macht Holcars und Ameer Khans ein vollständiges Ende zu machen. Durchgreifender waren die Maßregeln dieses Governor General gegen die auswärtigen Feinde. Er schloß mit Persien und Kabul Bündnisse gegen

Frankreich, leitete die Wegnahme von Isle de France, Bourbon und den Molukken 1810 in die Wege und besetzte Java mit Zubehör im folgenden Jahre. Als er 1813 sein Amt niederlegte, empfahl er dringend zu Hause Wiederaufnahme der Wellesleyschen Politik und gewaltsame Beseitigung der widerstrebenden Elemente unter den einheimischen Fürsten.

Selbst bei bestem Willen war die Company damals nicht in der Lage, diesem Rath Folge zu geben. Ihre Finanzen befanden sich trotz aller Anstrengungen noch immer in trauriger Verfassung. Während ihre Ausgaben infolge des englisch-französischen Krieges sehr hoch blieben, sank der Werth der indischen Waaren, die in England fabrizirten Baumwollstoffe verdrängten die indischen, und viele Schiffe wurden durch Kaper weggefangen. 1808 mußte sie die Hülfe der britischen Regierung zur Deckung der laufenden Ausgaben in Anspruch nehmen. Zwei Jahre später sah sie sich in derselben Lage, da der Verlust von 14 großen Schiffen, deren Ladung allein über 1 Million Pfund Sterling Werth hatte, während des Krieges in den Jahren 1808 bis 1810 ihrem Handel einen schweren Schlag versetzt hatte. Trotzdem Großbritannien selbst in schwieriger Lage war und alle Kräfte anspornen mußte, um die Ausgaben seiner Kriege zu bestreiten, wurde der Company Anfang 1811 wie 1808 ein Darlehen von $1^1/_2$ Millionen bewilligt. Und ein neues Gesuch der Gesellschaft im Jahre 1812 um $2^1/_2$ Millionen fand ebenfalls Genehmigung!

Seit 1808 prüfte ein auf Antrag von Dundas niedergesetzter Parlamentsausschuß die Thätigkeit und die Lage der Company, da der Zeitpunkt des Ablaufens ihrer Charter heranrückte. Die Handelswelt verlangte in jenen Jahren mehr als jemals nach dem gewaltigen Aufschwung, den Englands Macht während der Revolutionskriege genommen hatte, die Freigabe des Verkehrs nach Indien. Die Regierung andererseits war so wenig wie früher geneigt, die Company zu beseitigen und auf den durch sie gewährten Einfluß zu verzichten. Ihre Stellungnahme zeigte sich bei jeder Gelegenheit. Als die Direktoren der Gesellschaft beschuldigt und nachgewiesen wurde, daß eine Anzahl Beamten- und Offizierstellen in Indien verkauft worden waren, begnügte sich die Regierung mit der Versicherung, daß Personen, denen die fraglichen Stellen übertragen worden waren, sie an Dritte verkauft hätten. Die betreffenden Stellenkäufer wurden aus dem Dienst entlassen, aber sogleich durch die Direktion neu angestellt! Der Untersuchungsausschuß stand ebenso wie die Regierung auf Seiten der Company.

Unter diesen Umständen ist es nicht allzu verwunderlich, daß die Gesellschaft trotz ihrer finanziellen Bedrängniß und aller gegen sie erhobenen Vorwürfe die Verlängerung ihres Monopols nicht durch Anerbieten neuer Zugeständnisse zu erkaufen versuchte, sondern ihrerseits vom Parlament neue Vortheile verlangte. Indem sie das Recht auf alle von ihr erworbenen Gebiete in Indien betonte, das ihr auch nach Ablauf der Charter zustehe, forderte sie Entschädigung für die in politischem Interesse gemachten Aufwendungen, Beihülfe Großbritanniens zur Tilgung der indischen Schuld und höheren Antheil an den Erträgen Indiens für die Aktionäre! Staatssekretär Dundas lehnte jedoch eine Anerkennung des Besitzanspruches der Company auf indisches Gebiet ab und ging auch auf die Frage einer höheren Bemessung der Dividenden nicht ein. Er ließ auch keinen Zweifel darüber, daß die Regierung eine Verlängerung des Handelsmonopols für unthunlich ansehe, da die Lage des Welthandels eine andere geworden sei. Nur die Forderung einer Entschädigung für die Aufwendungen in politischem Interesse erkannte er als billig an und betonte seine Bereitwilligkeit, die Rechte der Company auch fürderhin bestehen zu lassen. — Die Entrüstung der Gesellschaft hierüber war groß. Sie erwiderte, daß die Aufhebung des Handelsmonopols ihren Bestand bedrohen und England schweren Schaden verursachen würde. Sollte die Regierung darauf bestehen, so könne den Aktionären nicht empfohlen werden, eine Verlängerung der Charter nachzusuchen. Die Verhandlungen kamen damit für längere Zeit zum Stillstand. Erst 1811 theilte der Präsident des Boards of Control, damals Lord Melville, der Company mit, daß eine Verlängerung der Charter von Zulassung der Waaren und Schiffe privater Unternehmer zum Verkehr mit Indien abhängig gemacht werde. Da das Ministerium in diesem Punkte fest blieb, ließ sich die Direktion, wenn auch sehr widerstrebend, auf Verhandlungen darüber ein. Sie versuchte zunächst wenigstens noch das Monopol des Londoner Hafens im indischen Handel zu wahren und an Stelle einer vollen Freigabe lediglich mit einer Vergrößerung der Rechte Privater zur Theilnahme an diesem Verkehr davonzukommen. Die Regierung wollte aber davon nichts hören. Sie war nur bereit, der Company das ausschließliche Recht des Handels mit China zu lassen und alle Niederlassungen in Indien von ihrer Zustimmung abhängig zu machen. Im Uebrigen erklärte sie die Freigabe des Handels im Interesse Großbritanniens wie der Company gelegen, da sowohl den Amerikanern als anderen Völkern der Verkehr in Indien bereits freistünde. — Die Aktionäre der Gesellschaft fügten sich im April 1812 den Wünschen des Ministeriums.

Kaum wurde das Parlament mit der Angelegenheit befaßt, so regnete es Petitionen. Fast jede ansehnlichere Stadt verlangte Aufhebung der Company und Gleichstellung mit London im asiatischen Aus- und Einfuhrhandel. Die Gesellschaft und die Londoner Interessenten setzten der Bewegung allen erdenklichen Widerspruch entgegen und wiesen auf die angeblich zu erwartende Schädigung des Landes durch die Entwerthung der Aktien der Company und durch Zunahme des Schmuggels hin. Aufs Neue wurde das Recht der Company auf allen aus ihren Mitteln in Indien erworbenen Landbesitz betont. Demgegenüber wurde geltend gemacht, daß eine aus loyalen Unterthanen des Königs bestehende Gesellschaft, die ihren Bestand und alle ihre Rechte nur der britischen Regierung verdanke, nicht gegen den Willen der Letzteren Ansprüche auf das indische Reich erheben könne. Eine Beendigung des Streites wäre schwierig gewesen, wenn nicht einerseits das Ministerium den Wunsch gehegt, am Bestande der Company nichts zu ändern, und andererseits das Publikum die Besetzung der fetten Stellen Indiens lieber in den Händen einer Gesellschaft als der Regierung gesehen hätte. Dazu kam, daß der Freigabe des chinesischen Handels ernstliche Schwierigkeiten entgegenstanden. Die chinesische Regierung hatte nämlich das Recht zum Handel mit der Außenwelt auf den Hafen von Kanton und eine kleine Gruppe von dortigen Kaufleuten beschränkt. Wurde plötzlich der East India Company das Monopol des Verkehrs mit China genommen und machten sich hier verschiedene englische Interessenten Konkurrenz, so war nach Ansicht des britischen Ministeriums Streit mit den Chinesen und vielleicht zeitweilige Sperrung des Handels zu befürchten. Die Freigabe des Verkehrs mit Indien ließ sich dagegen ohne besondere Schwierigkeiten durchführen. Sie erschien im Interesse der Schifffahrt und des Handels Großbritanniens, die unter der Napoleonischen Kontinentalsperre litten, geboten, und zwar umsomehr, als die Vereinigten Staaten bereits ohne jedes Hemmniß den Handel mit Indien betrieben.

Bei dieser Sachlage war der Ausgang von vornherein kaum zweifelhaft. Die Company versuchte allerdings bis zum letzten Augenblick, ihren Willen durchzusetzen. Sie erwirkte, daß das Parlament Sachverständige über die Wirkung der Freigabe des indischen Handels hörte. Diese, darunter der alte Warren Hastings, Colonel Malcolm, Colonel Munro u. A., bezeichneten besonders den freien Zustrom von Europäern nach Indien als sehr bedenklich. Sie würden die Eingeborenen mißhandeln, dadurch erbittern und so den Bestand des Reiches in Frage stellen. Doch waren die Ansichten darüber getheilt, ob Freigabe des Handels wirklich große europäische Einwanderung zur Folge haben werde. Verschiedene Kenner meinten, daß Europäer weder in Gewerbe noch Landbau mit den Indern konkurriren könnten, selbst wenn das bestehende Verbot des Landbesitzes durch Europäer aufgehoben würde. Sie hielten auch eine große Ausdehnung des Handels nach Beseitigung des Monopols für unwahrscheinlich, da die Inder nicht kaufkräftig genug wären. — Die Sachverständigen wurden vom Parlament auch über Thunlichkeit und Aussichten der Missionirung Indiens befragt, welche von verschiedenen Seiten sehr lebhaft befürwortet wurde. Da Alle der Ansicht waren, daß gewaltsame Missionsversuche die Eingeborenen in bedrohliche Aufregung versetzen und Großbritanniens Herrschaft in Frage stellen würden, fand die Anregung keinen Beifall.

Auch bei der Erörterung der ganzen Angelegenheit im Parlament Ende Mai und Anfang Juni verfocht die Company unentwegt ihren Standpunkt. Sie erhielt alle Ansprüche aufrecht und entwarf ein trauriges Bild von den Folgen der beabsichtigten Maßnahmen. Dem Verlust Amerikas werde jetzt der Indiens folgen. Dessen ungeachtet verlängerte das Unterhaus die Charter für neue 20 Jahre nur unter der Maßgabe, daß Schifffahrt und Handel nach und von Indien allen Briten freistehen sollten. Das House of Lords trat trotz lebhafter Verfechtung des Standpunktes der Company durch Marquis Wellesley und Andere diesem Beschlusse bei.

Die Company tröstete sich damit, daß die Warnungen aller Sachverständigen vor übertriebenen Erwartungen die Kaufleute zurückschrecken und die ihr verbliebenen Kontrolvollmachten eine Handhabe bieten würden, ihr auch in Zukunft die Hauptvortheile zu sichern.

Viertes Kapitel.

Weitere Beschränkung der Rechte der Company.

Zum großen Leidwesen der Company nahmen auch während der neuen ihr ertheilten Frist die Kämpfe in Indien kein Ende. Lord Moira,*) der Nachfolger Mintos, sah sich durch Angriffe und Räubereien der Goorkhas, die in dem weiten Thale von Nepaul am Fuße des Himalaya saßen, genöthigt, dort einen Krieg zu führen, obwohl die Geldverlegenheiten zu Anfang seiner Verwaltung 1813 größer als je waren. Der Feind wurde im Herbst 1814 mit etwa 25 000 Mann von verschiedenen Seiten angegriffen. Bald zeigte sich, daß man es hier mit ganz anderen Gegnern als im übrigen Indien zu thun hatte. Die Goorkhas leisteten verzweifelten und entschlossenen Widerstand und vertheidigten jeden Posten bis aufs Aeußerste. Es bedurfte der größten Anstrengungen, um ihrer Herr zu werden und ihnen das Gebiet von Gogra bis zum Sutley abzunehmen. Die Aufnahme eines Residenten und einer britischen Truppe lehnten sie auch dann noch ab, und erst ein neuer Feldzug im Januar 1816 brachte sie zur vollen Unterwerfung.

Die Ruhe war hier kaum hergestellt, so entstanden Verwickelungen im Westen Indiens. Die räuberischen Mahrattenbanden in Malwa waren hier von Jahr zu Jahr frecher geworden und hatten Hunderte von Dörfern im britischen Gebiet verwüstet. Im Stillen wurden sie dabei unterstützt von dem Peshwa der Mahratten, von Sindia und den Herrschern von Malwa und Berar. Als der Governor General sich davon überzeugte, zwang er den Peshwa durch Androhung von Gewalt im Juni 1816 zur Abtretung eines größeren Gebietes, Aufnahme von 8000 Mann britischer Truppen und Auslieferung eines besonders bloßgestellten Berathers. Sobald dies erreicht war, ging er 1817 daran, die Mahrattenbanden der Pindarries in den Gebieten Sindias, Holcars, Bhopals, Bundelkunds und der Rajpooten einzuschließen und dort zu vernichten. 91 000 Mann reguläre und 23 000 irreguläre Truppen waren mit der Ausführung des Planes betraut. Angesichts dieser Macht wagten die Häuptlinge der erwähnten Gebiete keinen Widerstand, sie verpflichteten sich, die Briten bei ihrem Vorgehen zu unterstützen und lieferten als Bürgschaft eine

*) Später zum Marquis of Hastings ernannt.

Anzahl Festungen aus. Trotz dieser bedrohlichen Ereignisse dachten die Pindarrybanden aber nicht an Unterwerfung. Sie vertrauten auf Hülfe von Poonah. Unter den Augen der britischen Beamten und Offiziere rüstete nämlich der Peshwa aus Leibeskräften, wie er sagte, zur Unterstützung der Briten. In Wahrheit stand er mit den Pindarries in enger Fühlung und wollte die Gelegenheit benutzen, der britischen Schutzherrschaft ledig zu werden. Er gewann einen Theil der Sepoys der Company für sich und überfiel und zerstörte Anfang November 1817 die britische Residenz. Den britischen Truppen trat er mit großer Uebermacht bei Kirkee vor Poonah entgegen und hätte sie vernichtet, wenn nicht deren Tapferkeit und gute Leitung ihre geringe Zahl aufgewogen hätten. Der Angriff wurde abgeschlagen, der Peshwa zog sich eilig zurück, und Poonah fiel den Briten in die Hände. Kurz darauf unterlag der Verbündete des Peshwa, der Rajah von Berar, und mußte Frieden schließen. Der Peshwa suchte nach einem harten unentschiedenen Kampfe Anfang 1818 Heil in der Flucht. Als die Festung Sattara den Briten in die Hände gefallen war, bat er um Frieden und erhielt ihn gegen Verzicht auf alle politischen Rechte und Ansprüche. Es wurde ihm eine jährliche Pension von 8 Lakh Rupien jährlich und als Aufenthalt Bithoor bei Cawnpore angewiesen. Inzwischen war Lord Moira trotz der damals zuerst unter den Truppen ausgebrochenen Cholera und trotz der Wirkungen einer Mißernte auch der Pindarries Herr geworden. Sie wurden von einem Platz nach dem anderen vertrieben und mußten sich endlich ergeben, soweit sie nicht umgekommen waren. Die letzten widerstrebenden Plätze fielen 1819 der Company in die Hände. — Das Ergebniß der Kämpfe war die vollständige Vernichtung der letzten Macht der Mahratten. Ganz Hindostan und Dekkan wurden britischer Besitz. Nur wenige machtlose Fürsten blieben noch bestehen. Nicht nur die Einnahmen der Company, sondern auch die Macht ihres Reiches erfuhren eine außerordentliche Erweiterung. Bengalen, Madras, Bombay waren jetzt zu Lande vollständig verbunden. Kein indischer Staat konnte mehr an ernstlichen Widerstand denken. — Die britische Verwaltung, die sich lange gegen Krieg mit den Mahratten gesträubt hatte, erkannte nachträglich die Richtigkeit der getroffenen Maßnahmen an und bekundete Lord Moira ihre Dankbarkeit. Ueber den näheren Zusammenhang der Dinge und der Verhältnisse Indiens im Allgemeinen war freilich weder im englischen Volk noch im Parlament damals irgendwelche nennenswerthe Kenntniß vorhanden. Man kümmerte sich weder um die großen dortigen Reiche noch um ihre Herrscher. Canning entschuldigte sich März 1819 förmlich, daß er so viele schwer auszusprechende indische Namen im Parlament vorbringe, da sie Niemand kenne oder sich darum kümmere!

Unter Lord Moiras Verwaltung fand die Rückgabe des indischen Archipels an die Niederlande statt. Unterm 24. Juni 1816 hatte sich Großbritannien dazu verpflichtet, ohne sich auch nur besondere Handelsvortheile auszubedingen. Nur die früheren Handelsniederlassungen der Holländer auf dem indischen Festlande behielt es, dazu Ceylon. Ceylon war nach einer Erhebung des Häuptlings von Candy von Seiten der britischen Regierung in Besitz genommen und als eigene Kolonie eingerichtet worden. 1819 setzte sich die East India Company dann noch auf der Insel Singapore fest. Die Niederlassung wurde von Sir Stamford Raffles gegründet, der die Insel vom Sultan von Johor erwarb. Es protestirten gegen diesen Schritt die Holländer, welche sich als Herren der malayischen Halbinsel betrachteten, und Siam, dem verschiedene Sultane tributpflichtig waren. Die britische Regierung wollte daher zunächst die Niederlassung nicht genehmigen. Mit Rücksicht auf die große handelspolitische Bedeutung Singapores wurde indessen schließlich die Erwerbung anerkannt und mit den Niederlanden im März 1824 darüber eine Verständigung herbeigeführt. Die Niederlande verzichteten auf alle Ansprüche und Neuerwerbungen im ostindischen Festland und der malayischen Halbinsel. Dafür verpflichtete sich Großbritannien, südlich der Straße von Singapore keinerlei Erwerbungen zu machen.*) Singapore, das 1819 etwa 200 bis 300 malayische Fischer und Seeräuber als Einwohner zählte, wuchs nach der Einrichtung britischer Verwaltung und Erklärung zum Freihafen mit staunenswerther Schnelligkeit. Binnen des ersten Jahres stieg seine Bevölkerung auf 10 000 Köpfe. Während der zwei ersten Monate besuchten es 173 Schiffe! 1823 passirten 424 europäische Schiffe die Straße von Malakka und legten meist bei Singapore an!

Als Lord Moira 1823 Indien verließ, hatte er die Herrschaft der Company nach allen Seiten ausgedehnt und befestigt und daneben

*) Die englische Niederlassung Bencoolen auf Sumatra wurde durch den Vertrag an Holland abgetreten.

ihre finanzielle Lage nicht unerheblich verbessert. Während die Einnahmen 1813/14 17 228 000 Pfund Sterling betrugen, beliefen sie sich 1822/23 auf 23 120 000. Es standen ihnen 18 082 000 Pfund Sterling Ausgaben und 1 694 000 Pfund Sterling Zinsen für die 29 382 000 Pfund Sterling betragende indische Schuld gegenüber. Somit verblieb ein Ueberschuß von 3 344 000 Pfund Sterling! Der Handel Indiens, der 1813/14 auf etwa 14 Millionen Pfund Sterling an Werth veranschlagt wurde, betrug 1822/23 mehr als 19 Millionen Pfund Sterling. Was der Governor General nicht hindern konnte, war der Rückgang des Eigenhandels der Company. Es zeigte sich nach der Aufhebung des Monopols, daß private Unternehmer doch weit rühriger und geschickter vorgingen als die Gesellschaft. Während diese 1814 für 826 500, 1820 für 971 000, 1823 für 458 500 Pfund Sterling Waaren nach Indien ausführte, belief sich der Umfang des Exports privater Kaufleute in denselben Jahren auf 1 854 600, 3 037 900, 3 416 200 Pfund Sterling. Zum Nachfolger Lord Moiras war George Canning, der 1816 bis 1820 das Amt des Präsidenten des Board of Control bekleidet hat, ausersehen. Er sah sich durch seine Ernennung zum Auswärtigen Minister bei Castlereaghs Tod an der Uebernahme des Postens verhindert, und Lord Amherst ging 1823 als Governor General nach Kalkutta. Noch hatte er sich kaum auf seinem Posten eingerichtet, so sah er sich in einen Krieg mit Birma verwickelt. — Dieser Staat war Mitte des 18. Jahrhunderts durch einen Aufstand des zu Pegu gehörigen Ava entstanden. Die Avaleute eroberten Rangoon, die Hauptstadt Pegus, nahmen Siam die Tenasserimküste ab und annektirten schließlich Arracan, Munnipoor und Assam. Bei diesen Kämpfen flüchteten viele Tausende Bewohner Arracans auf britisches Gebiet. Die Behörden versuchten sie erst auszuweisen. Als die friedlichen, in tiefstem Elend befindlichen Leute aber sich durchaus weigerten, in birmanisches Gebiet zurückzukehren, wurden sie in Chittagong angesiedelt, obwohl der Herrscher Birmas wiederholt ihre Auslieferung forderte. Führte dies schon zu Reibereien, so wurde die Lage noch schlimmer, als die Flüchtlinge, nachdem sie sich in Chittagong eingerichtet, die Birmaner anzugreifen begannen. Der König von Birma wurde so erbittert, daß er Bündnisse zur Vernichtung der Engländer zu schließen begann und Herbst 1823 Angriffe auf britisches Gebiet machte.

So ungern Lord Amherst den Krieg, zumal in ganz unbekanntem Gebiet und bei dem Sträuben der eingeborenen Truppen gegen Transport auf Schiffen, wodurch sie ihre Kaste verloren, unternahm, es blieb nichts übrig, als den Birmanen das Handwerk zu legen. Es wurde Mai 1824 eine ansehnliche Macht auf den Andamanen zusammengezogen und von dort aus Rangoon eingenommen. Ebenso glücklich war der Sturm auf ein befestigtes Lager der Birmanen am Irawaddy. Dann folgte jedoch eine Niederlage, die Briten mußten lange Zeit in Rangoon bleiben, und hier rafften Fieber und Mangel an frischer Nahrung viele dahin. Erst als Verstärkungen und Vorräthe aus Bengalen kamen und 11 000 Mann in Chittagong versammelt waren, konnte der Krieg kräftig geführt werden. Der König von Birma, welcher sich gefreut hatte, die Briten durch die Aufgabe Rangoons in eine Falle gelockt zu haben, gerieth nun in Bedrängniß. Assam, Cachar, Tenasserim und ein Theil Arracans fielen den Briten in die Hände, März 1825 mußte das birmanische Heer die Festung Donabew räumen, Anfang Dezember wurde es vollständig geschlagen. Trotz dieser Niederlagen gab der König den Kampf nicht auf. Erst als die Feinde vor Ava standen, bat er durch zwei amerikanische Missionare ernstlich um Frieden. Er mußte Arracan und Tenasserim abtreten, 1 Crore Rupien (etwa 1 Million Pfund Sterling) zahlen, alle Ansprüche auf Assam, Jyntia, Cachar und Munnipor, welche britische Schutzstaaten wurden, aufgeben und einen Residenten der Company bei sich aufnehmen.

Ebenso glücklich verlief ein Feldzug Ende 1825 und Anfang 1826 gegen den aufsässigen Rajpootenfürsten von Bhurtpoor. Die von General Lake seiner Zeit vergeblich belagerte Festung wurde erstürmt und dem Feinde ein Verlust von etwa 14 000 Mann zugefügt.

Während Amhersts Verwaltungszeit wurde Großbritannien zum ersten Male in die Streitigkeiten Rußlands mit den mittelasiatischen Reichen verwickelt. Bei einem Streit Persiens mit Rußland 1827 über die Kaukasusgrenze rief Ersteres Englands Hülfe auf Grund des Vertrages von 1814 an.*) Bei der entschiedenen Ablehnung Rußlands, eine Vermittelung der Briten zuzulassen, kam es zu einem Kampfe zwischen beiden Mächten, bei dem Persien unterlag, ohne

*) England hatte sich darin zu einer jährlichen Subsidie von 200 000 Goldtomauns verpflichtet, die zu Rüstungen gegen feindliche Angriffe dienen sollte. Der Schah versprach dagegen Bundesgenossenschaft gegen Afghanistan.

daß Großbritannien ernstlich eingegriffen hätte. Die Wirkung dieses Verhaltens war eine starke Schwächung des britischen Einflusses in Persien. Man tröstete sich indessen darüber mit dem Gedanken, daß die Verbindung mit einem so schwachen Staat wie Persien ohne Werth sei. — Im Ganzen widmete man damals in England diesen Fragen noch weniger Aufmerksamkeit als zuvor, da der Kampf um die Parlamentsreform die Gemüther ganz und gar erfüllte. Nur die finanziellen Angelegenheiten Indiens wurden einigermaßen im Auge behalten, und sie gerade waren nicht dazu angethan, besondere Freude zu wecken.

Es betrugen

	die Einnahmen Pfund Sterling	Ausgaben Pfund Sterling	Ueberschuß Pfund Sterling
1822/23	23 118 000	18 406 000	4 712 000
1827/28	22 863 000	21 974 000	889 000

Der kleine noch verbliebene Ueberschuß reichte nicht mehr zur Deckung der Zinsen der während des birmanischen Krieges erheblich angewachsenen Schuld. Von 29 388 000 Pfund Sterling, die mit 1 762 000 Pfund Sterling verzinst wurden, war sie 1827/28 auf 39 606 000 Pfund Sterling gestiegen, welche trotz einiger Zinsherabsetzungen 1 918 000 Pfund Sterling zur Verzinsung erforderten.

Schon infolge dieser schlechten Finanzlage war das Augenmerk des neuen Governor General Lord William Bentinck in erster Linie auf Einschränkung der Ausgaben und Stärkung der Einnahmequellen Indiens gerichtet. Die bewaffnete Macht wurde stark vermindert, die Zuschläge zum Sold der Offiziere für den Dienst im Felde wurden herabgesetzt und die Ausgaben der Verwaltung um etwa 1 553 000 Pfund Sterling eingeschränkt. Gleichzeitig wurden Maßnahmen zur Steigerung der Erträge des Opiummonopols und der Grundsteuern getroffen. Die Rechtspflege wurde durch Erweiterung der Vollmachten eingeborener Richter erleichtert. Ein Gesetz von 1829 verbot die Tödtung der Frauen verstorbener Hindoos, welche alljährlich in Hunderten von Fällen vorkam. Auch der Verbesserung der Verbindung Indiens mit dem Mutterlande wandte Bentinck seine Aufmerksamkeit zu. Da die Sendung von Dampfern ums Kap, die 1825 versucht wurde, eine zu geringe Zeitersparniß bedeutete, versuchte man einen Weg vom Mittelmeer zum Euphrat und dann auf diesem nach Indien herzustellen. Als hier die Wasserverhältnisse des Stromes und die Araberstämme Hindernisse bereiteten, wurde es mit einer Dampferlinie nach Suez und einer zweiten von Egypten nach England versucht. Damit wurde eine Abkürzung des Weges zwischen London und Bombay auf 45 Tage erreicht. Auch auf dem Indus und Ganges wurden Versuche mit Dampfschifffahrt gemacht. — Weniger erfolgreich waren die Anstrengungen zur Hebung des Handels Indiens. Das Sinken des Werthes der indischen Waaren und die Verdrängung der indischen Baumwollstoffe durch englische trugen die Schuld daran nicht minder wie der 1833 eintretende Zusammenbruch einer Menge englischer Firmen in Calcutta. Von 19 290 000 Pfund Sterling im Jahre 1822/23 fiel der Umfang des indischen Handels 1834/35 auf 17 329 000 Pfund Sterling. Die von der Company selbst betriebene Ausfuhr sank von 598 500 Pfund Sterling im Jahre 1825 auf 149 100 Pfund Sterling im Jahre 1832, während der private Export in derselben Zeit von 2 574 600 auf 3 601 000 Pfund Sterling stieg.

Trotz dieses Umstandes gelang es Lord Bentinck, die Finanzlage der Company wesentlich zu bessern. 1836 beliefen sich die Schulden nur noch auf 26 947 000 Pfund Sterling, die 1 426 000 Pfund Sterling Zinsen erforderten. Die Einnahmen, die 1829 sich auf 19 486 000 Pfund Sterling beliefen, stiegen zwar 1836 nur auf 19 543 000 Pfund Sterling, aber die Ausgaben sanken in dieser Zeit von 18 541 000 auf 15 991 000 Pfund Sterling, so daß 1836 an Stelle eines Defizits von über einer Million ein Ueberschuß von 1 442 000 Pfund Sterling erzielt wurde! — Daneben hat Lord Bentinck für Erhaltung von Ruhe und Ordnung im Lande gesorgt und das Schulwesen gefördert. Auf den Rath Macaulays erklärte er, trotz abweichender Ansicht der Orientalisten, Englisch für die amtliche Sprache Indiens. — 1834 stand der Ablauf der Charter der Company wieder bevor. In der britischen Handelswelt bestand überall das Verlangen, daß dieser Anlaß benutzt werde, um der Company nun auch das Monopol des Handels mit China abzunehmen. Von 1829 an wurden Petitionen von verschiedenen Städten her in diesem Sinne ans britische Parlament gerichtet. Wenngleich die Angelegenheit damals während der Kämpfe um die Parlamentsreform nicht sehr große Beachtung fand, wurden 1830 Ausschüsse beider Häuser des Parlaments mit Prüfung der Lage der Company und Indiens betraut. Die Minister enthielten sich dabei jeder Andeutung über ihre

Absichten. Trotz der Hindernisse, welche die wiederholten Auflösungen des Parlaments und die ausschließliche Beschäftigung der öffentlichen Meinung mit der Reformfrage zu jener Zeit den Untersuchungsarbeiten in den Weg legten, wurden sie Sommer 1832 zum Abschluß gebracht und dem Parlament vorgelegt. Das Ergebniß war Empfehlung der Aufhebung des Monopols für den Chinahandel. Es wurde festgestellt, daß die Company den allmählich unentbehrlich gewordenen Thee sich viel zu hoch bezahlen lasse und so auf Kosten des englischen Volkes alljährlich große Gewinne mache.*) Gebe man den Chinahandel frei, hieß es, so werde der Theepreis auf denselben Satz wie in Amerika und auf dem Kontinent sinken und guter Thee Jedermann zugänglich werden. Abgesehen davon sei ein neuer großer Aufschwung des britischen Handels zu erwarten, da die Company sich als unfähig erweise, diesen Geschäftszweig gehörig zu entwickeln. Die Gesellschaft wies demgegenüber vergeblich auf die in China sicher zu erwartenden Schwierigkeiten hin. Die gerade damals in England fühlbare Ueberproduktion erforderte Eröffnung neuer Märkte, und daß die Freigabe des Handels mit China zur Förderung der Ausfuhr besonders beitragen werde, darüber herrschte nur eine Stimme. Ende 1832 theilten daher die Minister Earl Grey und Charles Grant der Direktion der Company mit, daß bei Erneuerung der Charter Wegfall des Monopols für den Chinahandel unumgänglich sei. Die Gesellschaft begnügte sich, darauf zu erwidern, daß eine solche Maßnahme in erster Linie Großbritannien Schaden bringen dürfte. Es werde eine regelmäßige Zolleinnahme von etwa 3 300 000 Pfund Sterling jährlich einbüßen, der Thee werde schlechter und vielleicht nicht einmal billiger werden. Bei der Verranntheit der öffentlichen Meinung lohne es indessen nicht, sich dagegen zu sträuben. Sie beanspruche nur eine angemessene Frist, um ihre Vorräthe abzusetzen.

Was die weitere Verwaltung Indiens durch die Company betraf, so regte sich in dieser Hinsicht wenig Interesse für eine Aenderung im Publikum. Die Regierung fühlte sich nicht in der Lage, die Verwaltung selbst in die Hand zu nehmen. Die Minister schlugen daher der Direktion vor, es in dieser Hinsicht beim Alten

*) Von 1814/15 bis 1828/29 hat der Chinahandel der Company 15 414 000 Pfund Sterling Gewinn gebracht.

zu lassen. — Die Direktoren erklärten sich zwar bereit, den Vorschlag den Aktionären zu unterbreiten, sie äußerten indessen Zweifel, ob die Company nach Wegfall des Handelsgewinnes noch in der Lage sein werde, die Kosten der Verwaltung aufzubringen. Sie habe jährlich an Schuldzinsen, Pensionen, Gehältern, Verwaltungskosten ꝛc. in Großbritannien gegen drei Millionen Pfund Sterling zu zahlen. Bisher habe sie diese Summen meist durch Verkauf von Waaren aufgebracht. In Zukunft werde sie in baar Geld oder Wechseln zahlen müssen. Beides bedinge für sie und Indien große Nachtheile. Dazu komme noch der Theil der indischen Verwaltungskosten, welcher durch die Einnahmen nicht gedeckt werde, und der bisher aus dem Handelsgewinn bezahlt worden sei.*) In welcher Weise solle sich die Company in Zukunft helfen? Ehe sie sich daher zur Fortführung der Geschäfte entschließe, müsse ihr eine Unterstützung zur Deckung ihrer Ausgaben zugesichert werden!

Sachverständige erklärten die Bedenken der Company wegen Erschwerung ihrer in England zu leistenden Zahlungen für unbegründet. Der stetig zunehmende private Handel werde genügend Wechsel zu günstigem Kurse zur Verfügung stellen. Uebrigens würde auch eine gelegentliche Baargeldausfuhr ohne schädliche Nachwirkung sein. — Ebenso wurde den Behauptungen der Gesellschaft, daß sie aus dem Handelsgewinn Zuschüsse zu den Verwaltungskosten geleistet habe, kein Gewicht beigemessen. Ihre Gegner vertraten die Ansicht, daß die Company bei ihren Handelsgeschäften seit Langem nur Schaden gehabt und hauptsächlich zu dessen Deckung Schulden gemacht habe. — Eine Klarheit über diesen Punkt war bei der verwickelten Rechnungsführung der Gesellschaft in der That für die Zeit vor 1813 nicht zu erzielen. Zwischen 1813 bis 1829 hatte der Handel ihr allerdings manchmal bedeutenden Nutzen abgeworfen, doch nur darum, weil 1813 alle Schulden auf das Konto der Verwaltung gesetzt worden waren.

Von keiner Seite konnte jedoch in Abrede gestellt werden, daß die Gesellschaft einen begründeten Anspruch auf einen großen Besitz an Land, Baulichkeiten und durch Handel erworbenen Kapitalien in Indien hatte und berechtigt war, daraus einen gewissen Nutzen zu

*) In der Zeit von 1814/15 bis 1828/29 waren 4 762 000 Pfund Sterling aus Handelsgewinn zugeschossen worden.

beziehen. Um die Rechtsansprüche der Aktionäre mit den Interessen Großbritanniens und Indiens in Einklang zu bringen, ohne die Company zu schädigen, erschien es Parlament wie Regierung am besten, den Mitgliedern der Gesellschaft ein für allemal eine bestimmte Dividende zuzubilligen und dafür alle ihre Rechte und Besitz auf den Staat zu übernehmen. Nach einer bestimmten Zeit sollte es der Regierung freistehen, die Dividendenzahlung zu einem angemessenen Satze abzulösen.

Die Direktion der Company setzte diesem Plan keinen ernstlichen Widerstand entgegen. Nachdem ihr Handelsmonopol zerstört war, scheint sie die Hoffnung auf lange Fortdauer ihrer Stellung in Indien aufgegeben zu haben und war nur noch darauf bedacht, den Aktionären die Dividende und das Kapital sicher zu stellen. Sie erklärte sich mit Aufgabe der Rechte und des Besitzes der Gesellschaft gegen eine jährliche feste Zahlung von 630 000 Pfund Sterling an die Aktionäre*) und Aufsammlung eines Garantiefonds von 2 000 000 Pfund Sterling einverstanden. Die Regierung Indiens sollte der Company bis zur Ablösung ihres Kapitals verbleiben. Diese Forderungen waren dem Ministerium theilweise zu weitgehend, ebenso wie das Verlangen der Direktion nach einer Beschränkung der Vollmachten des Board of Control. Da indessen die Generalversammlung der Company dieselben Ansprüche stellte, gab es in verschiedenen Punkten nach.

Im Juni 1833 wurde die Angelegenheit dem Unterhaus vorgelegt. Mr. Grant empfahl mit Rücksicht auf die guten Ergebnisse der Herrschaft der Company während der letzten 40 Jahre, ihr auch fernerhin die Regierung zu überlassen. Die Nachtheile, welche die frühere kaufmännische Thätigkeit der Company mit sich gebracht hätten, fielen in Zukunft weg. Für Indien sei der Fortbestand der damaligen Verwaltung außerdem noch insofern von Nutzen, als das Parteiwesen des Mutterlands dort ohne Einfluß bleibe. Der Wegfall des Handelsmonopols sei durch die Entwickelung des britischen Handels bedingt und werde von der gesammten öffentlichen Meinung gefordert. Der Minister schlug nach weiterer Darlegung der gepflogenen Verhandlungen vor, der Company unter der Bedingung des Verzichts auf alle ihre Rechte und Besitzungen und auf Handels-

---

*) Es wurde dadurch diesen eine Dividende von $10\frac{1}{2}$ pCt. gesichert.

betrieb die Verwaltung Indiens für weitere 20 Jahre zu belassen. Zur Entschädigung für ihre Opfer solle der Company 40 Jahre lang jährlich ein Betrag von 630000 Pfund Sterling aus den Einnahmen Indiens gezahlt und zur Sicherstellung dieser Summe und zu ihrer Ablösung ein Garantiefonds von 12 Millionen Pfund Sterling angesammelt werden. Abgesehen hiervon schlug Mr. Grant noch Errichtung einer besonderen Presidency für die North Western Provinces Indiens, Verstärkung der Macht des Governor General, Vereinfachung und Verbesserung der indischen Gesetzgebung, Besserung der Stellung der Eingeborenen, allmähliche Abschaffung der Sklaverei u. dergl. vor.

So wenig das Parlament damals Interesse für die indischen Angelegenheiten hatte, es regte sich doch einiger Widerspruch gegen den Fortbestand der Herrschaft der Company. Es wurde darauf hingewiesen, daß ein großer Theil der Aktien Frauen, Kindern und Leuten gehöre, denen es nur auf die Dividende ankomme. Das Wirken der Gesellschaft wurde scharf verurtheilt. Bevölkerung, Handel und Finanzen Indiens seien im Verfall, nichts gedeihe als Verlegenheiten und Schulden. Diese Angriffe hinderten aber nicht, daß das Unterhaus die von Macaulay warm befürworteten Vorschläge Grants annahm.

Im Oberhaus wurden verschiedene Angriffe gegen den Plan laut. Besonders der Duke of Wellington trat sehr lebhaft für die Company ein. Die Mehrheit stand jedoch auch hier auf Seiten des Ministeriums. — Angesichts dieser Lage fügte sich die Generalversammlung der Company trotz heftigen Widerspruchs einzelner Aktionäre in den Willen der Regierung, und am 20. August 1833 wurde die neue East India Bill Gesetz. Die Company hörte als souveräne Handelsgesellschaft zu bestehen auf.*) Die Ernennung des Governor General und der verschiedenen Governors durfte nur noch mit Zustimmung der Regierung geschehen; die Insel St. Helena ging in den Besitz Großbritanniens über. Aufenthalt und Niederlassung sowie Landerwerb in Indien wurde das Recht jedes britischen Unterthanen. Die Gesellschaft war nur noch ein besonderes Organ der britischen Regierung.

---

*) Das Recht zum Handel mit China blieb ihr noch bis 1854.

Fünftes Kapitel.

Ausbau des indischen Reiches.

Der erste Governor General der neuen Aera war Lord Auckland. Es war sein wie der Company Wille, alle großen Aufwendungen zu vermeiden und besonders Kriegen aus dem Wege zu gehen. Die Verhältnisse gestatteten es indessen nicht, dieser Absicht treu zu bleiben. Indien wurde 1838 in einen Streit mit den Afghanen verwickelt. — Das alte Afghanenreich, welches von den Grenzen Persiens bis an Indien und das Meer reichte, war in den zwanziger Jahren infolge innerer Wirren in eine Anzahl Staaten zerfallen. So vortheilhaft dieser Zustand zuerst für die britische Herrschaft in Indien erschien, so bedenklich wurde er, als Persien, das seit 1828 ganz unter russischen Einfluß gerathen war, sich den Zwiespalt und die Schwäche der Afghanenstaaten zu Nutze zu machen begann. 1837 griff trotz verschiedener Vorstellungen Englands ein starkes persisches Heer unter Führung russischer Offiziere Herat, den Schlüssel von Afghanistan, an. Als Vorwand dienten Ausschreitungen von Sklavenhändlern in Herat und die Behauptung, daß es früher zum Perserreich gehört habe. Auf die Nachricht davon sandte Lord Auckland eine Gesandtschaft nach Cabul und verlangte die Ablehnung eines Bündnisses, das Rußland und Persien dem dortigen Herrscher, Dost Mohammed, geboten hatten. Der Letztere wäre nicht abgeneigt gewesen, diesem Wunsche zu entsprechen, wenn ihm britischerseits gleichzeitig Hülfe gegen einen etwaigen Angriff zugesichert worden wäre. Da die Briten davon nichts hören wollten, nahm Dost Mohammed die Anerbietungen Rußlands an.

Dieser Schritt erbitterte Lord Auckland derartig, daß er im Juni 1838 ein Geschwader nach dem persischen Meerbusen sandte, die Insel Charek besetzte und, obwohl die Perser die Belagerung Herats abbrachen, gegen Dost Mohammed Krieg erklärte. Er wollte den früheren, von Mohammed vertriebenen Herrscher Schah Sujah, der als Flüchtling auf britischem Gebiet lebte, nach Cabul zurückführen und das alte Afghanenreich zum Schutz gegen Persien und Rußland wiederherstellen. Als Bundesgenossen wurden der Herrscher der Sikhs im Punjab, Runjeet Sing, und die Emire von Sind gewonnen, deren Unabhängigkeit man anerkannte. Mit etwa

30000 Mann und ungeheuerem Troß überschritten die Briten Anfang 1839 den Indus sowie den Bolan-Paß und nahmen im April Candahar ein. Im Juni fiel die Festung Ghuznee den Angreifern in die Hände, und Dost Mohammed machte Friedensvorschläge. Da die Briten nicht darauf eingingen und seine Anhänger abfielen, floh er in die Berge. Cabul ergab sich im August 1839. Schah Sujah wurde auf den Thron gesetzt, die Hauptplätze wurden mit britischen Truppen belegt und das ganze Afghanistan kam unter den Einfluß der Verwaltung Indiens. Als 1840 auch noch Dost Mohammed nach einigen vergeblichen Widerstandsversuchen sich als Gefangener stellte, eine russische Expedition gegen Chiwa im selben Jahre gescheitert und es den Briten gelungen war, zwischen Chiwa und Rußland Frieden zu stiften, verwirklichte sich Lord Aucklands Plan, Großbritannien schien Herr von Mittelasien zu sein!*)

Schmerzlich wurde nur empfunden, daß die unter Schwierigkeiten aufgebrachten Einnahmen Cabuls kaum 15 Lakh betrugen und die Kosten der Verwaltung nicht deckten. Die Company mußte aus ihrem Beutel den größten Theil der militärischen Kosten decken. Versuche, einen Theil der Kosten durch Beschneidung der an einzelne Häuptlinge zur Unterdrückung des Räuberwesens gezahlten Summen wieder einzubringen, erwiesen sich als verfehlt. Sie steigerten nur die Unzufriedenheit, welche die Fremdherrschaft und die Sittenlosigkeit der englischen Beamten und Offiziere erregten. Die Behörden beachteten die Anzeichen dieser Mißstimmung und verschiedene Warnungen nicht, bis am 2. November 1841 der britische Gesandte Burnes mit 23 Europäern in seinem Hause überfallen und ermordet wurde. Diese Gewaltthat wurde das Signal eines allgemeinen Aufstandes, an dessen Spitze Akbar Khan, der Sohn Dost Mohammeds, stand. Die britischen Truppen sahen sich in ihrem Lager vor den Thoren Cabuls eingeschlossen; ihre Führer waren rathlos und erklärten sich bald bereit, alle Festungen und Geschütze gegen freien Abzug auszuliefern. Diese Abmachung scheiterte am Widerstand der Kommandanten der von den Briten besetzten Festungen, doch Sir William Macnaghten, der Vertreter Englands nach Burnes' Tod, verhandelte, da die Lebensmittel knapp wurden, weiter mit den

*) Gleichzeitig war Anfang 1839 das Gebiet von Aden, wo britische Schiffbrüchige gemißhandelt worden waren, besetzt und so ein neuer Stützpunkt im westlichen Asien gewonnen.

Afghanen. Er bot Hülfe gegen feindliche Stämme, erhebliche Baarzahlungen und Offiziere als Geiseln. Doch Alles dies genügte Akbar Khan nicht. Ende Dezember 1841 bemächtigte er sich verrätherischerweise Macnaghtens und seiner Begleiter bei einer Besprechung und tödtete Ersteren. Er flößte den englischen Truppen solche Angst ein, daß die Führer sich verpflichteten, Afghanistan völlig zu räumen, die Kanonen und Forts aufzugeben und 140000 Pfund Sterling für die zum Abzug nöthigen Vorräthe zu zahlen. Sie waren sogar bereit, die Frauen der englischen Offiziere auf Akbars Wunsch als Geiseln zurückzulassen! Nur der entschiedene Widerspruch der betreffenden Offiziere verhinderte dies.

Bei hohem Schnee und Kälte wurde am 6. Januar 1842 dem britischen Heer, bestehend aus 4500 Mann regulärer Truppen und 12000 Troßleuten, der Abzug gestattet. Der von zahlreichen Frauen und Kindern begleiteten Truppenmasse fehlte jede Ordnung und Disziplin. Der Marsch durch das feindliche Land, der Mangel an Lebensmitteln riefen bald vollständige Verwirrung hervor. Die den Briten folgenden Afghanen tödteten jeden Zurückbleibenden und griffen wiederholt den hülflosen Heerhaufen an. Die Frauen und Kinder sah man sich schließlich genöthigt, der Gnade Akbar Khans anzuvertrauen. Die Truppen wurden beim Weitermarsch gefangen oder niedergehauen. Mitte Januar 1842 war die ganze aus Cabul ausgezogene Macht vernichtet. Nur ein einziger Europäer schlug sich nach Jellalabad durch und meldete hier die furchtbare Kunde. Als Lord Auckland sie erhielt, war er im Begriff nach Europa abzureisen. Angesichts einer für den von der Company von Anfang an gemißbilligten Krieg gemachten Ausgabe von 8 Millionen Pfund Sterling und der bereits beschlossenen Räumung Afghanistans wagte er neue Anstrengungen für Rettung der sich noch haltenden Truppen nicht zu machen und überließ es seinem Nachfolger Lord Ellenborough, sich aus der Verlegenheit zu ziehen.

Der neue Governor General war von vornherein entschlossen, Afghanistan zu räumen, jedoch in einer Weise, daß deutlich zum Ausdruck komme, nicht Furcht, sondern freier Wille leite die Entschließung Englands. Eine 12 000 Mann starke Truppe unter General Pollock wurde nach Afghanistan geschickt, um den dort sich noch haltenden Besatzungen Hülfe zu bringen. Pollock kam zu spät, um Ghuznee zu retten. Aus Mangel an Wasser und Nahrungsmitteln ergab sich diese Festung Anfang März den Afghanen. Aber es gelang ihm, den Garnisonen von Jellalabad und Candahar Hülfe zu bringen. Der schwierige Khyberpaß wurde Anfang April glücklich überschritten, und ebenso gelang es, den Kojuckpaß zu überwinden. Nach der Vereinigung aller Abtheilungen wurden im September Cabul*) und Ghuznee wieder erobert und Akbar Khan geschlagen. Die von Letzterem gefangenen englischen Frauen und Kinder wurden befreit. Nachdem Akbar auch die letzten Gefangenen ausgeliefert hatte, wurde der von der britischen Regierung bestimmt befohlene Abzug ins Werk gesetzt. Um den Afghanen einen dauernden Denkzettel zu versetzen, zerstörten die Briten aber vorher nicht allein alle befestigten Plätze, die große Moschee und den Bazar von Cabul, plünderten das Letztere und tödteten Tausende von Bauern, sondern sie hieben auch die Fruchtbäume um und vernichteten die Felder. Im Oktober begann der Abmarsch. Auf den Thron in Cabul stieg wieder der von Lord Ellenborough in Freiheit gesetzte Dost Mohammed.

Eine Folge des verfehlten Afghanenkrieges waren Streitigkeiten mit den Fürsten des Industhales, dem Lande Sind. Da sie wiederholt während des Krieges sich sehr zweideutig verhalten hatten, wurde ihnen erst Kurrachee abgenommen. Als sie dann zu den Waffen griffen, vernichtete Sir Charles Napier 1843 ihre Macht und eroberte das ganze Gebiet, das eine Provinz Indiens wurde. Wenige Jahre später kam auch das benachbarte Punjab unter britischen Einfluß. Es herrschten hier nach dem Tode Runjeet Sings, der die Sikhs zu Macht und Ansehen gebracht hatte, Thronstreitigkeiten und Bürgerkrieg. Die verschiedenen Machthaber, die in kurzer Folge den Thron von Lahore bestiegen, waren aber einig im Haß gegen die Briten und versäumten nichts, um sich gegen eine Ueberrumpelung zu schützen. Ein Heer von 125 000 Mann mit über 200 guten Geschützen wurde allmählich aufgestellt, und seine Führer hegten die Hoffnung, damit die Briten überrennen zu können.

Die Letzteren zogen 1845 an der Grenze des Punjab in Ferozepore, Loodiana und Umballa etwa 30 000 Mann zusammen, und der Governor General begab sich persönlich zur Stelle, um die

*) Schah Sujah war im April bei einem Versuch, sich nach Jellalabad durchzuschlagen, getödtet worden.

Entwickelung der Dinge abzuwarten. Auf die Nachricht hiervon überschritten die Sikhs den die Grenze bildenden Fluß Sutlej und traten den Briten gegenüber. Am 18. Dezember kam es zu einem ersten Gefecht bei Mudkee und am 21. wurde eine ernste Schlacht ausgefochten. Obwohl trotz tapfersten Widerstandes die Sikhs beide Male unterlagen, behaupteten sie sich im Felde, bis Ende Januar 1846 der Verlust ihrer Artillerie bei Aliwal sie zwang, über den Sutlej zurückzugehen. Die Briten folgten ihnen im Februar. Eine Anzahl einflußreicher Häuptlinge ergab sich, und binnen wenigen Tagen baten die Machthaber von Lahore um Frieden. Sie zahlten 1½ Million Pfund Sterling Kriegskosten und traten an die Company das Land zwischen Sutlej und Ravi ab. Kashmir wurde ein selbstständiger Lehensstaat, und die politische Leitung des Punjab kam in die Hände eines britischen Residenten.

Als diese Erfolge im Nordwesten Indiens errungen wurden, hatten die Briten auch mit dem mächtigsten Staatswesen Asiens, mit China, einen nicht minder folgenreichen Kampf ausgefochten. Veranlaßt wurde er zuerst durch das Verlangen der britischen Beamten, die 1834 nach Erlöschen des Handelsmonopols der East India Company nach China gesandt worden waren, mit den chinesischen Behörden in unmittelbaren Verkehr zu treten. Die Chinesen hatten dieses Ansinnen rund abgelehnt und auch gegen die seit Ende des 18. Jahrhunderts entstandene Einfuhr von Opium aus Indien wiederholt Maßnahmen ergriffen. Als alle ihre Verbote vergeblich blieben, beschlagnahmten sie 1839 alles im Cantonflusse und an der Küste vorräthige Opium, etwa 20000 Kisten, im Werthe von 10 Millionen Dollars, und griffen die britische Niederlassung in Canton an. Zwei englische Fregatten eilten hierher zu Hülfe und beschossen die Chinesen. Diese antworteten Januar 1840 mit dem Verbot des britischen Handels überhaupt und Angriffen auf die englischen Handelsschiffe. Nun entsandten die Briten von Indien ein stattliches Geschwader mit 4000 Mann, besetzten die Chusan-Inseln und blockirten die Ostküste Chinas. Diese Machtentfaltung veranlaßte die Pekinger Regierung zu Verhandlungen. Doch waren sie nicht sehr ernst gemeint, denn, während sie schwebten, ordnete ein Kaiserliches Edikt Vernichtung aller britischen Schiffe und Unterthanen an der chinesischen Küste an. Die englische Flotte nahm daher Anfang 1841 die Forts am Cantonflusse weg, besetzte die

Insel Hongkong an seiner Mündung und griff die Stadt Canton selbst an. Die dortigen Behörden erkauften durch eine Zahlung von 5 Millionen Dollars Waffenstillstand. Dies hinderte indessen nicht, daß der Krieg an anderen Punkten fortdauerte. Amoy, Shanghai, Ningpo fielen neben anderen kleineren Städten den Briten in die Hände, zwei chinesische Heere wurden Anfang 1842 geschlagen und im Laufe des Sommers nach dem Falle Chin-Kiangs Nanking angegriffen.

Jetzt erst bekam die Regierung in Peking Angst. Sie begann mit dem britischen Bevollmächtigten Sir Henry Pottinger ernstgemeinte Verhandlungen und schloß am 29. August 1842 Frieden. China zahlte 21 Millionen Dollars Kriegsentschädigung, öffnete die Hafenstädte Kuangtong, Amoy, Futschau, Ningpo und Shanghai der Niederlassung und dem Handel aller Europäer und trat Hongkong ab. Nur die Erlaubniß zur freien Einfuhr des Opiums gegen bestimmte Zölle lehnte es auch jetzt ab, so daß dieser Handel auf Schmuggel angewiesen blieb. — Der Ausgang dieses Krieges war für British Indien nicht allein darum wichtig, daß seinem Handel mit China die Wege geebnet wurden, sondern vor Allem, weil sich dabei die Verrottung und Machtlosigkeit des großen Reiches klar gezeigt hatte, so daß man bei der indischen Politik keine besondere Rücksicht auf diesen Nachbar zu nehmen brauchte.

Die inneren Verhältnisse Indiens fanden unter den geschilderten Umständen während der Verwaltung Lord Ellenboroughs wie seines Nachfolgers Sir Henry Hardinge begreiflicherweise nicht allzuviel Aufmerksamkeit. Immerhin wurde eifrig an der Besserung des einheimischen Schulwesens und der Verwaltung gearbeitet. Die Binnenzölle wurden abgeschafft. An Stelle der persischen Sprache, welche bis Anfang der 40er Jahre die amtliche war, traten die einheimischen Idiome. Anstatt des den Hindus verhaßten Eides wurde 1848 eine feierliche Versicherung der Wahrheit eingeführt. Die von den Muselmanen im 16. Jahrhundert erfundene Wallfahrtsabgabe, welche die Briten beibehalten hatten, wurde abgeschafft und jede unmittelbare Verbindung der Regierung mit dem Brahmanenthum beseitigt. Kindermord, Wittwenverbrennung und dergleichen wurden streng verboten. Die Auswanderung von chinesischen Kulis wurde 1842 und 1844 strenger Ueberwachung unterstellt und Maßregeln für das Wohl der Leute getroffen. 1843 wurde der in Indien allgemein verbreiteten Haussklaverei ein Schlag versetzt, indem an die Gerichte Verfügung erging, Klagen von Herren in Sklavereiangelegenheiten abzulehnen, solche von Sklaven aber anzunehmen. Die Richter wurden 1845 verpflichtet, die Urtheilsgründe in der Muttersprache niederzulegen. Die Erkenntnisse wurden von Zeit zu Zeit veröffentlicht. Alle Engländer wurden außer in den Städten Calcutta, Bombay, Madras den Gerichten der Company unterstellt, während sie bis 1813 gar nicht, später nur in Bagatellsachen ihrem Urtheil unterworfen waren. Seitens des britischen Parlaments war auch eine vollständige Reform der indischen Gesetzgebung ins Auge gefaßt und schon Ende der 30er Jahre eine sachverständige Kommission, zu der unter Anderen Lord Macaulay und Cameron gehörten, mit der Abfassung eines Strafgesetzbuches betraut worden. Der Entwurf wurde an Sachverständige in Europa und Asien zur Begutachtung gesandt und das gesammte Material veröffentlicht. Die Company wußte aber die Einführung des ihr unbequemen neuen Gesetzes zu hintertreiben.

Von besonderer Bedeutung war der Beginn des Eisenbahnbaues in Indien. Nach langen Erörterungen beschloß man 1844 Errichtung einer Bahn von Calcutta nach dem Nordwesten und setzte die Vorarbeiten ins Werk. Die Company entschloß sich, den Unternehmern eine Zinsgarantie von 5 pCt. und Zollfreiheit für das erforderliche Bahnmaterial zu geben sowie den Grund und Boden frei zur Verfügung zu stellen. Bei den großen Schwierigkeiten, welche die Ueberschreitung der Flüsse Bengalens und die Gebirge im Norden bereiteten, vergingen aber noch Jahre, ehe der Bau begonnen wurde. Erst 1849 kam der erste Vertrag mit einer Aktiengesellschaft für den Bau der Bahn von Howrah (gegenüber Calcutta) bis Ranigong zu Stande.

Inzwischen war Januar 1848 an die Spitze der indischen Regierung der 1812 geborene Lord Dalhousie, der unter Robert Peel Vizepräsident des Board of Trade war, getreten. Ihm war es vorbehalten, den Ausbau des indischen Reiches und das Werk Wellesleys zu vollenden. Als er in Calcutta eintraf, herrschte in dem weiten Reiche Frieden. Die allgemeine Aufmerksamkeit war durch eine Anzahl Bankerotte in der Hauptstadt in Anspruch genommen. Noch waren jedoch nur wenige Monate verflossen, da brachen bedenkliche Unruhen unter den Sikhs aus. Zwei englische

Offiziere wurden in der Festung Mooltan zwischen Indus und Sutlej getödtet. Eine Strafexpedition züchtigte die Schuldigen, war aber nicht im Stande, die Stadt Mooltan einzunehmen. Die vom britischen Residenten zu Lahore gesandten Sikhtruppen gingen zum Feinde über, und es zeigte sich, daß die ganze Bevölkerung des Punjab zum Aufstand gegen die Briten entschlossen war. Umsonst hatten die Letzteren in Lahore alle Verdächtigen verhaftet und ihre Stellung nach Kräften befestigt. In der Grenzprovinz Peshawar, im Quellgebiet des Indus, brach im Herbst 1848 ein gefährlicher Aufstand aus. Der britische Resident und seine Begleitung wurden auf der Flucht durch ihre eigenen Truppen den Aufrührern ausgeliefert. Dost Mohammed mit den Afghanen versprach den Sikhs Hülfe, der Herrscher von Kashmir schloß sich ihnen ebenfalls an.

In Calcutta hatte man bis dahin mit ernstlichen Maßnahmen gezaudert, theils der Hitze wegen, theils, weil man die Dinge so weit gedeihen lassen wollte, daß man berechtigt war, das Punjab zu annektiren. Im Herbst 1848 erst hielt man den richtigen Zeitpunkt für gekommen. Lord Dalhousie begab sich zur Stelle, ein stattliches Heer wurde den Sikhs entgegengestellt, und nach einem Siege am Chenab die Stadt Mooltan erobert. Nach einer unentschiedenen Schlacht Mitte Januar 1849 bei Chilianwalla, die den Briten gegen 2400 Mann und 4 Kanonen kostete, erfochten sie am 21. Februar bei Guzerat einen vollständigen Sieg. Dost Mohammed floh hierauf mit seinen Reiterschaaren schleunigst über die Gebirge nach Cabul. Die zersprengten Sikhs ergaben sich am 12. März bei Rawal Pindi und lieferten ihre Häuptlinge aus. Wenige Tage später wurde Peshawar wieder besetzt, und der Krieg war zu Ende. Am 29. März 1849 wurde das Punjab zur Provinz des indischen Reiches erklärt. Der letzte Marajah Dhulip Sing erhielt eine Pension von 50 000 Pfund Sterling und wurde zur Erziehung nach England gesandt.*) Die gesammte Bevölkerung wurde entwaffnet, die Sklaverei abgeschafft, alle ruhestörenden Elemente gewaltsam beseitigt und eine Truppe von 11 000 Mann in der Provinz stationirt. An der Westgrenze wurden Reihen befestigter Posten angelegt und im ganzen Lande eine geordnete Zivilverwaltung eingeführt. Die Steuern wurden vereinfacht und

*) Der im Schatze zu Lahore gefundene große Diamant Koh-i-noor wurde der Königin von England übersandt.

herabgesetzt, Straßen- und Kanalbauten begonnen und das Schulwesen geordnet.

Denselben praktischen Blick wie bei der Organisation der Verwaltung des Punjab hat Lord Dalhousie in der Frage des indischen Eisenbahnwesens bewiesen. Im April 1853 entwarf er, veranlaßt durch verschiedene Anfragen der Company, einen vollständigen Plan für das Bahnnetz, der lange Zeit maßgebend geblieben ist. Er führte in der Denkschrift aus, wie England nur über 3276 weiße Beamte, 49 408 europäische Militärs und 1006 Privatleute, d. h. im Ganzen 53 690 Personen, in Indien verfüge. Wolle es damit dauernd 150 Millionen Eingeborene beherrschen und gegen Angriffe von außen gesichert bleiben, so bedürfe es eines guten Schienenwegnetzes. Nur so könne es rasch eine größere Truppenzahl an einen bedrohten Ort bringen. Abgesehen davon seien die Bahnen für die Hebung der Volkswirthschaft Indiens nöthig. Große Gebiete könnten jetzt ihre Erzeugnisse aus Mangel an billigen Verkehrsmitteln nicht absetzen, und die Baumwollkultur sei nicht im Stande, sich angemessen zu entwickeln. Als wichtigste Linie betrachtete der Lord die Strecke von Calcutta nach dem Nordwesten. Sie ermögliche nicht allein rasche Zurückweisungen von Angriffen der Afghanen, sondern erschließe auch die großen Kohlenlager Bengalens. Besondere militärische Wichtigkeit maß er der Bahn zwischen Bombay und Agra über Baroda und einer anderen von Bombay nach Madras bei. — Die Ausführung der Bahnen empfahl er Gesellschaften zu übertragen, nicht nur, weil sie billiger bauen und wirthschaften, sondern auch, um die Eingeborenen zu selbständigem Handeln zu erziehen und den Zufluß englischen Kapitals zu steigern.

1853 wurde als erste Bahn die Strecke Bombay—Kalian eröffnet. Die erste Telegraphenleitung zwischen Calcutta und Kidshari wurde 1852 in Betrieb gesetzt und ein Jahr später der Ausbau eines vollständigen Drahtnetzes begonnen. 1856 waren schon über 4000 Meilen Telegraphen dem Gebrauch übergeben. Um Zerstörungen durch Elephanten zu verhüten, waren die Drähte in einer Höhe von 16 Fuß gespannt. Die Herstellung kostete etwa 500 Rupien auf die Meile. — Ein weiteres Verdienst Lord Dalhousies war die Herstellung des Gangeskanals und die Verbesserung und Verbilligung des Postwesens. In ganz Indien wurde derselbe niedrige Portosatz (½ Penny) eingeführt.

Die Friedensarbeiten des Governor General wurden 1852 durch einen neuen Krieg mit Birma unterbrochen. Lord Dalhousie sah sich dazu gezwungen, so ungern er aufs Neue den Finanzen Indiens Lasten auferlegte. Die Birmanen hatten den britischen Residenten zu Ava so lange beleidigt und bedroht, bis sein Aufenthalt nach Rangoon verlegt und endlich der Posten ganz eingezogen wurde. Die Folge waren unausgesetzte Schädigungen des britischen Handels und 1851 sogar Gefangensetzung und Bestrafung zweier englischer Schiffer. Auf diesen Vorgang hin wurde das Geschwader unter Commodore Lambert nach Rangoon geschickt und Schadenersatz verlangt, den der König Anfang 1852 versprach. In Rangoon wurde auch ein neuer birmanischer Gouverneur eingesetzt, und die britischen Beschwerden wurden untersucht. Lambert fühlte sich indessen durch das Auftreten der Birmanen verletzt und entschloß sich trotz der ihm vom Governor General ertheilten Weisungen zu Gewaltmaßregeln. Er nahm alle britischen Unterthanen auf seine Schiffe und beschlagnahmte ein dem König gehöriges Schiff. Als die Birmanen Widerstand leisteten, verhängte er über die Küste Blockade und erbat neue Instruktionen in Calcutta. Lord Dalhousie rüstete nach einer nochmaligen vergeblichen Aufforderung an die Birmanen um Schadenersatz eine ansehnliche Macht aus, die Anfang April vor Rangoon erschien. An den König wurde zum letzten Male die Frage gerichtet, ob er durch Zahlung von 100 000 Pfund Sterling, Leistung des Ersatzes für den britischen Unterthanen zugefügten Schaden und Entschuldigung Frieden erkaufen wollte. Als von Rangoon nur mit Schüssen geantwortet wurde, schritt man zum Angriff. Martaban und Rangoon wurden im April erstürmt. Im Juni fielen Bassein, später Pegu und Prome den Briten in die Hände. Im Dezember 1852 erklärte der Governor General die Provinz Pegu zu einem Theil des britischen Reiches. Der König von Birma wurde auf das Gebiet von Upper Birma beschränkt, das man einstweilen sich selbst und inneren Streitigkeiten überließ. Ein förmlicher Friede wurde nicht abgeschlossen. Der König war nicht dazu zu bewegen, wenn er auch nicht in der Lage war, den Kampf fortzusetzen. Andererseits wollte Dalhousie nicht neue Menschenleben und mehr Millionen für die Eroberung Avas opfern. Er erklärte: „Ein Vertrag mit Birma ist gerade die Rohrfeder werth, mit der er geschrieben ist.“

Punjab und Birma waren nicht die einzigen Provinzen, um welche Dalhousie das britisch-indische Reich erweiterte. Unter seiner Verwaltung wurde auch der letzte halbselbständige Häuptling im Gebiete von Sind seiner Macht beraubt, Berar nach dem Tode des letzten Rajahs annektirt, ein weiterer Theil des Dekkan in britische Verwaltung genommen und schließlich auch der ausschweifende Fürst von Oude seines Besitzes enthoben. Im Ganzen hat dieser Governor General gegen 119 000 Quadratmeilen mit gegen 30 Millionen Einwohnern dem indischen Reiche gewonnen. Die Einnahmen Indiens betrugen 1847/48: 26 Millionen; 1853/54: 26 375 100; 1854/55: 30 Millionen Pfund Sterling. Von 1849/50 bis 1852/53 wurden jährlich Ueberschüsse von 360 000 bis 580 000 Pfund Sterling erzielt. Von da an verursachten die Kriege ständige Defizits. Die Schulden der Company erreichten um jene Zeit die Summe von 50 Millionen Pfund Sterling.

Im Jahre 1853 ist die Charter der East India Company zum letzten Male erneuert worden. Die Gesellschaft büßte bei dieser Gelegenheit fast alle ihr noch verbliebenen Rechte ein.*) Die Ernennung der höheren Beamten wurde ihr entzogen. Die Regierung besetzte diese Stellen fortan nach Maßgabe des Ausfalles der für den Civildienst in Indien geforderten Examina. Die Charter wurde auch nicht mehr für eine bestimmte Zeit erneuert, sondern das Parlament behielt sich vor, sie zu einem beliebigen Zeitpunkt aufzuheben. Die Zahl der Direktoren wurde von 24 auf 15 herabgesetzt. Der Governor General, welcher bis dahin neben seiner Oberaufsicht auch die Verwaltung Bengalens zu führen hatte, wurde nun davon entbunden. Das ihm von Alters her zur Seite stehende legislative Council erhielt einen Zuwachs durch vier Vertreter der Präsidentschaften sowie den Oberrichter und einen Richter des höchsten Gerichtshofes. Bengalen kam, wie die anderen Presidencies, unter einen Lieutenant Governor. Das Government General wurde für den größten Theil des Jahres nach Simla im Punjab verlegt, das schon seit Anfang des Jahrhunderts als Sommerfrische diente. Meerut in den Nordwestprovinzen wurde Hauptquartier der Artillerie. Auch die anderen Truppen wurden von Calcutta verlegt.

*) Im Parlament sprachen eigentlich nur Sir James Hogg, Mr. Hume und Lord Ellenborough zu ihren Gunsten.

Gegen Mitte der 50er Jahre wurde die Größe des britisch-indischen Reiches auf 1 166 682 Quadratmeilen mit 156 455 600 Bewohnern berechnet. Dieses große Gebiet führte 1851/52 Waaren im Werthe von 19 800 000 Pfund Sterling aus und für 12 400 000 Pfund Sterling ein, während 1811/12 die Einfuhr sich auf 1 460 000, die Ausfuhr auf 2 100 000 Pfund Sterling belaufen hatte. 1 486 200 Pfund Sterling mußten jährlich an Pensionen für entthronte Fürsten, Belohnungen und dergleichen gezahlt werden. Es erhielten z. B.:

der König von Delhi (Nachkomme des Mogul) 150 000 Pfund Sterling,
= Nabob von Bengalen . . . . 160 000 = =
= Nabob des Carnatic . . . . 116 540 = =
= Rajah von Tanjore . . . . 118 350 = =
die Familien Hyders und Tippoos . . . 63 954 = =
der Peshwa der Mahratten . . . . . . 80 000 = =

Das britisch-indische Heer zählte 289 529 Soldaten und Offiziere; nur 6170 Offiziere und 39 352 Unteroffiziere und Soldaten davon waren Europäer. Die Kosten dieser Armee beliefen sich jährlich auf etwa 10 180 000 Pfund Sterling. Dazu kam noch ein Geschwader von 33 Segel- und Dampfschiffen.

Die Letzteren wurden hauptsächlich zum Postdienst zwischen Bombay—Aden und Suez benützt. — Die Zahl der fest angestellten europäischen Civilbeamten*) belief sich 1851 nur auf 900, dazu kamen gegen 3000 diätarisch beschäftigte europäische Angestellte und etwa ebensoviel Eingeborene. Die höchsten Posten der Governors und Lieutenant Governors waren mit einem Einkommen von jährlich 10 000 Pfund Sterling und freier Wohnung ausgestattet. Die Mitglieder der Councils bezogen 8000, die Governments Secretaries 3600 Pfund Sterling. Die übrigen festen Stellen brachten 600 bis 3000 Pfund Sterling. Die eingeborenen Richter, in deren Händen die bürgerliche Rechtspflege fast vollständig lag, bezogen von 100 bis 720 Pfund Sterling im Jahre, je nach dem Grade.

*) Covenanted civil service.

Sechstes Kapitel.

Der Sepoyaufstand.

An Stelle Lord Dalhousies, der mit schwer erschütterter Gesundheit im Frühjahr 1856 heimkehrte*), trat Lord Canning, der dritte Sohn des berühmten Staatsmannes. Gleich von vornherein hatte er mit ungünstigen Verhältnissen zu kämpfen. Eine Choleraepidemie von noch nicht dagewesener Stärke suchte Indien heim und hauste im Sommer unter Weißen wie Eingeborenen. In der Stadt Agra allein sollen 15 000 Todesfälle vorgekommen sein. Der Seuche folgten Ueberschwemmungen in Bengalen und dem Punjab. Dann kam es zu einem Krieg mit Persien. Letzteres hatte durch Beleidigungen und Angriffe die britische Gesandtschaft 1855 veranlaßt, aus Teheran wegzugehen, und hatte im folgenden Jahre Herat angegriffen und besetzt. Auf Weisung von London wurde im Herbst 1857 die Flotte nach dem Persischen Golf gesandt und Buschir Anfang Dezember 1856 eingenommen. Gleichzeitig schlossen die Briten mit Dost Mohammed ein Bündniß gegen Persien, worin sie ihm eine Unterstützung von 120 000 Pfund Sterling jährlich zusagten, während er eine Anzahl britischer Offiziere in die Hauptplätze Afghanistans zuließ. Ohne seine Hülfe kam der Krieg jedoch schon Anfang 1857 nach einigen Niederlagen der persischen Truppen zu Ende. Der Schah entsagte allen Ansprüchen auf Herat und Afghanistan und versprach, bei künftigen Streitigkeiten mit Letzterem zunächst stets englische Vermittelung in Anspruch zu nehmen. — Einen ebenso glatten Ausgang nahm um jene Zeit ein Streit mit China. Letzteres hatte die vertragsmäßig versprochene Oeffnung Cantons trotz wiederholter Aufforderung nicht ausgeführt und sich gegen die britischen Behörden allerlei Beleidigungen erlaubt. Schließlich sah sich der britische Geschwaderkommandant veranlaßt, Ende 1856 Canton anzugreifen, wiederholt zu beschießen und Mengen chinesischer Fahrzeuge zu zerstören. Der britische Handel in anderen Plätzen Chinas wurde dadurch nicht beeinträchtigt. Lord Elgin erhielt als Führer einer besonderen Mission den Auftrag, eine Verständigung mit dem Pekinger Hof herbeizuführen.

*) Er starb 1860.

Während dieser Zeit, wie schon während der letzten Jahre der Verwaltung Dalhousies, waren wiederholt Meutereien der Sepoytruppen und kleine Unruhen im Lande vorgekommen. Obwohl Lord Dalhousie daraus Veranlassung genommen hatte, Stärkung der europäischen Fußtruppen von 31 zu 37 Bataillonen sowie der europäischen Artillerie zu verlangen, war nichts geschehen, und man maß der gelegentlichen Unzufriedenheit der Sepoys wenig Bedeutung bei. Diese Unzufriedenheit saß aber bereits tiefer, als die britische Verwaltung ahnte. Die seit längerer Zeit betriebene Begünstigung der christlichen Missionsbestrebungen und die christliche Propaganda verschiedener Offiziere hatte die mohammedanische wie heidnische Welt in tiefe Aufregung versetzt. Die Absetzung einer Anzahl alter indischer Fürstenhäuser, allerlei Gerüchte, die sich an die englischen Mißerfolge im Krimkriege knüpften, hatten die Mißstimmung vermehrt. Dazu waren 1856 noch andere Beschwerden getreten. Die bengalischen Sepoys rekrutirten sich durchweg aus Hindus besserer Kaste, denen ihre Religion verschiedene Beschränkungen in der Nahrung auferlegte und insbesondere das Betreten von Schiffen und Fahren auf See verbot. Dies machte sich natürlich oft im Dienste sehr störend fühlbar, und die Verwaltung Bengalens kam, wenn der Landweg zufällig unbenutzbar war, bei der Sendung von Truppen nach Birma oft in Verlegenheit. Um dem ein Ende zu machen, hatte Canning Juli 1856 verfügt, daß in Bengalen nur noch Rekruten eingestellt werden sollten, die sich bereit erklärten, überall und in jeder Weise Dienst zu thun. Es konnten danach nur noch Hindus tiefster Kaste in Frage kommen, mit denen die anderen jede nähere Berührung scheuten! Nicht genug damit, hatte der Governor General die bisher von den Sepoys genossene Portofreiheit abgeschafft und entzog Sepoys, die nicht außer dem Lande dienen wollten, die Aussicht auf Invalidenpension!

Schlimmer als alle diese Maßregeln wurde aber die Einführung des Enfieldgewehrs von den Hindus empfunden. Es gehörten dazu Patronen, welche mit Schweinefett geölt waren. Da der Soldat damals die Patrone abbeißen mußte, sollte der Hindu also das Fett eines unreinen Thieres berühren. Das bedeutete für den Hindu Verlust der Kaste und zeitliche wie ewige Verdammniß! Sobald dies bekannt wurde, entstand unbeschreibliche Aufregung unter den Hindus. Agitatoren griffen die Sache auf und behaupteten, die Engländer hätten die Einrichtung getroffen, um die Leute zu zwingen, Christen zu werden, und fanden nur zuviel Glauben. Die Anhänger des entthronten Fürsten benutzten die Stimmung, um den Haß gegen die Briten zu schüren. — Die Mißstimmung der Sepoys äußerte sich zuerst im Januar 1857 zu Barrackpore bei Calcutta, wo sie heimlich die Offiziershäuser in Brand steckten. Es tauchten bestimmte Nachrichten über Verschwörungen unter den indischen Soldaten gegen die Europäer auf, und verschiedene Offiziere riethen zu rascher Berücksichtigung der Klagen der Sepoys. Die Militärverwaltung ordnete in der That an, keine gefetteten Patronen auszugeben und es den Leuten zu überlassen, welches Fett sie brauchen wollten. Sie empfahl auch schleunigst, die Armee davon in Kenntniß zu setzen. Canning erachtete das Letztere aber für überflüssig, und er unterließ auch nachdrückliche Maßregeln gegen die unruhigen Truppen in Barrackpore. Selbst eine offene Meuterei im März wurde nur mit Auflösung des betreffenden Regiments und Entlassung der Soldaten bestraft.

Das Mißtrauen unter den Hindus wurde immer größer. Ihr Glaube, man wolle sie durchaus um ihre Kaste bringen und zu Christen machen, schlug so feste Wurzeln, daß sie glaubten, man mische Mehl aus den Knochen der ihnen zum Genuß verbotenen Kühe ins Mehl, versetze das Speisefett mit Schweineschmalz, thue solches ins Papier der Patronen und dergl. mehr. Zuverlässige Sepoys baten ihre Offiziere, die Uebungen mit den neuen Patronen einzustellen, da die große Masse trotz der Beseitigung des Fettens an ihrem Verdacht festhalte und nicht zu überzeugen sei. Lord Canning lehnte ein solches Zugeständniß indessen ab, da es als ein Zeichen der Schwäche ausgelegt werden könnte. — Nun begannen überall Brandstiftungen, und von Dorf zu Dorf wurden „Chapatties“ d. h. Kuchen aus Mehl und Wasser, getragen, wie man annimmt, als Warnung, daß die Regierung die heimische Religion vernichten wolle.

Alle diese und andere Erscheinungen wurden seitens der britischen Verwaltung so wenig beachtet wie die ungewohnte Geschäftigkeit des Adoptivsohnes und Erben des letzten Peshwa, des später so bekannten Nana Sahib (eigentlich Seereek Dhoondoo Punth). Dieser Mann war erbittert, daß die britische Regierung ihm nach des Peshwas Tode dessen Pension nicht zahlte, und hielt den Augenblick für gekommen, der Herrschaft der Fremden ein Ende zu machen.

Mit den entthronten Fürsten von Nagpore, Sattarah, Oude und Delhi sowie den Höfen von Petersburg und Teheran stand er seit Langem in Verbindung und besaß die Zusage russischer Hülfe. Im letzten Augenblick erregten seine Reisen in den Nordwestprovinzen den Verdacht eines englischen Beamten. Er warnte den Befehlshaber von Cawnpore, einer der Residenz Nana Sahibs benachbarten Stadt. Auch diese Warnung wurde jedoch in den Wind geschlagen. Selbst Delhi, der Sitz der seit Langem verdächtigen Erben des Großmogul, blieb beinahe gänzlich von britischen Truppen entblößt. Noch weniger Aufmerksamkeit widmete man der dem Durchschnitts-Engländer unverständlichen Angelegenheit in England. Hier beschäftigte man sich im Frühling 1857 nur mit der Feier des hundertsten Jahrestages der Schlacht von Plassey und verherrlichte die Thaten Clives bei großen Festen am 23. Juni.

Wenige Tage später kamen nie dagewesene Schreckensbotschaften aus Indien. Es zeigte sich plötzlich, daß Bengalen schon seit Wochen in Aufruhr war! Der Ausbruch begann am 3. Mai in Lucknow, der Hauptstadt von Oude. Vier irreguläre Sepoys drangen ins Quartier des Adjutanten und wollten ihn tödten. Nur seine Geistesgegenwart rettete ihn. Er benachrichtigte den Kommandeur Sir Henry Lawrence, der sofort seine europäischen Truppen und die regulären Sepoys zusammenrief und mit ihnen die Meuterer überraschte. Die meisten flohen. Sie wurden verfolgt und mit den Anderen gefangen gesetzt. Auf die Meldung davon begnügte sich Canning, ein unzuverlässiges Regiment in Barrackpore auflösen zu lassen. Da meuterten wenige Tage darauf Sepoys im großen Lager von Meerut. Eine Anzahl Leute, welche sich geweigert hatten, die alten Patronen zu brauchen, waren zu zehn Jahren Zwangsarbeit verurtheilt und am 9. Mai vor der Front ihrer Uniform entkleidet worden. Am folgenden Tage, einem Sonntag, griffen die anderen zu den Waffen, befreiten die Gefangenen, zündeten die Offiziershäuser an und fielen über die Weißen jedes Geschlechts und Alters her. Ehe die Offiziere zur Besinnung kamen und die starken europäischen Truppen der Station ins Feld stellten, waren die Aufrührer im Schutz der Nacht nach Delhi abmarschirt. An sofortige Verfolgung wagten die kopflosen Männer nicht zu denken. Als am nächsten Morgen hier voraneilende berittene Sepoys den Aufstand und das Nahen der Meuternden, die das Gefängniß erbrochen hatten, meldeten, regte es sich auch in der großen Stadt. Die Garden und Leute des Mogul erhoben sich gegen die englischen Offiziere, tödteten sie und ihre Angehörigen und fielen über die Europäer und über die eingeborenen Christen in der Stadt her. Die Telegraphenbeamten hatten gerade noch Zeit, die Behörden im Punjab zu benachrichtigen, dann mußten sie schleunigst fliehen. Nun empörten sich auch die in Delhi stationirten britischen Sepoytruppen und tödteten einen Theil ihrer Offiziere. Nur wenige Leute blieben den Ueberlebenden treu, welche in Erwartung baldiger Hülfe durch die europäischen Truppen in Meerut sich auf einer Bastion in Vertheidigungsstand setzten und Frauen und Kinder unter ihren Schutz nahmen. Während sie vergeblich auf Entsatz harrten, stürmten die Meuterer das große Munitionsmagazin in der Stadt. Die Briten, welche es einige Stunden vertheidigt hatten, sprengten es, als sie sich nicht mehr halten konnten, in die Luft. Gegen Abend sahen die Offiziere, in deren Schutz die Frauen und Kinder waren, ein, daß an längeren Widerstand nicht zu denken sei, und begannen mit ihren Schützlingen zu Wagen, zu Pferd oder zu Fuß die Flucht. Die Meisten kamen unterwegs nach schrecklichen Anstrengungen um. Nur Wenige wurden von gutmüthigen Hindus gerettet. Der Mogul nahm den Titel Padischah von Hindostan an.

Die Schreckenskunde von Meerut und Delhi überraschte Lord Canning vollständig. Er wollte sie zunächst nicht glauben. Als immer neue Telegramme jeden Zweifel unmöglich machten, rief er die von Persien heimkehrenden Truppen sowie die von Birma und Madras nach Calcutta, hielt die nach China bestimmten Soldaten an und ordnete Marsch der Sikh- und der englischen Bataillone des Punjab nach Delhi an. Auch der Oberbefehlshaber des britischen Heeres, General Anson, der in Simla sich gerade zu einem Jagdausflug rüstete, begann sich endlich zu regen und ging persönlich nach Umballa, wo einige Sepoyregimenter lagen. Der Governor General verlangte, daß er schleunigst gegen Delhi rücke und die Meuterer schlage. Er war aber mit den indischen Verhältnissen so wenig vertraut und fand bei seinen höheren Offizieren so wenig Entschlossenheit und Geschick, daß Wochen mit Vorbereitungen vergingen. Erst nachdem ihn ein Choleraanfall hinweggerafft und General Barnard den Befehl übernommen hatte, wurde der Marsch gegen Delhi begonnen, und mit Hülfe der Meeruter europäischen Truppen der Feind am 9. Juni vor Delhi geschlagen. Leider erwies es sich als unmöglich, die Stadt durch einen Handstreich zu nehmen. Es mußte eine langwierige Belagerung begonnen werden.

Während dessen machten die Meuterei der Sepoys und die Erhebung des Volks weitere Fortschritte. Die englischen Offiziere waren fast überall von der Treue ihrer Soldaten überzeugt und sträubten sich gegen ihre Entwaffnung, bis plötzliche Empörungen sie zu spät über ihre Blindheit aufklärten. Wo entschlossene und geschickte Offiziere und Beamte waren, glückte es, der Meuterer rasch Herr zu werden, in anderen Orten kam es zu gefährlichen Aufständen. Am besten zogen sich die Behörden im Punjab aus der Gefahr. Der dortige Befehlshaber John Lawrence verstand es, mit nur 600 Europäern 3000 zum Losschlagen bereite Sepoys in Lahore zu entwaffnen. In Peshawar wurde ein meuterndes Regiment zerstreut, und 120 Leute wurden gefangen genommen. Nachdem 40 davon vor geladene Kanonen gebunden und todtgeschossen und an einer anderen Stelle 280 Meuterer füsiliert worden waren, konnten alle Sepoys hier entwaffnet und durch Sikhs, die sich treu zeigten, ersetzt werden. John Lawrence war dadurch in Stand gesetzt, den Aufstand von Norden her zu bekämpfen und die Truppen vor Delhi zu verstärken.

In den Nordwestprovinzen zeigten sich die Behörden weniger geschickt. Nachdem eine Meuterei in Benares am 4 Juni mit Mühe niedergeschlagen worden war, versuchten sie einen Angriff der aufständischen Truppen in Allahabad mit indischen Sepoys abzuwehren. Der Erfolg war, daß die Letzteren ihre Offiziere tödteten, und daß alle Europäer in der Stadt ermordet wurden. Nur die Festung hielt sich, bis Hülfe kam. Kaum waren die Briten wieder Herren der Stadt, so kamen die schlimmsten Nachrichten aus Cawnpore. Hier, wo zahlreiche englische Kaufleute und viele Offiziersfamilien wohnten, bildeten vier Sepoyregimenter die Besatzung. Ihr Befehlshaber, Sir Hugh Wheeler, ein Mann, der seit 54 Jahren in Indien diente, hatte auf die ersten Nachrichten von den Meutereien hin, so gut es ging, Vorkehrungen zum Schutze der Europäer in seinem Lager getroffen. Da seine Bitten um Sendung europäischer Truppen erfolglos waren und er sichere Anzeichen für einen bevorstehenden Ausbruch unter seinen Leuten hatte, nahm er Ende Mai das Anerbieten des im benachbarten Bithoor wohnenden Nana Sahib, ihm einige Mahrattentruppen als Hülfe zu senden, an und übertrug ihnen die Bewachung der Kassen. In den nächsten Tagen kamen einige Abtheilungen englischer Truppen aus Bengalen. Ihr Erscheinen und die Kunde von dem Nahen weiterer Streitkräfte belebte den Muth der Briten, darunter 300 Frauen und Kinder, in Wheelers Lager aufs Neue. Man erblickte ein neues günstiges Zeichen darin, daß Nana Sahib mit seinem Hofstaat und seinen Mahrattentruppen nach Cawnpore übersiedelte und den Briten alle mögliche Aufmerksamkeit erwies. Niemand hatte den leisesten Verdacht gegen diesen Mann.

Da erhoben sich in der Nacht des 4. Juni die Sepoys und plünderten vereint mit den Mahratten die Kassen. Sie wollten mit dem Raub nach Delhi abziehen. Nana Sahib, der jetzt plötzlich die Maske abwarf, bewog sie jedoch, zu bleiben und mit ihm vereint das britische Lager, in dem große Schätze verborgen seien, anzugreifen. Von allen Seiten strömten ihm auf die Nachricht davon Schaaren Aufständischer zu, und es begann eine wochenlange Belagerung der Engländer. Jeder Europäer, der den Aufrührern in die Hände fiel, wurde grausam umgebracht. Trotz drückender Hitze und Mangel an Lebensmitteln schlugen die Belagerten alle Stürme ab. Nana Sahib, der im Ganzen bei den Indern wenig beliebt war und das Nahen von Entsatz fürchtete, wurde besorgt. Er versuchte es schließlich nochmals mit plumper List. In einem Briefe bot er Wheeler freien Abzug und Stellung von Booten auf dem Ganges, falls die Briten die Waffen niederlegten und alle Kriegsvorräthe auslieferten. Unbegreiflicherweise ging Wheeler darauf ein. Am Morgen des 27. Juni zog er mit allen Leuten und Schutzbefohlenen zum Ganges, wo sie auf 40 Booten untergebracht wurden. Kaum setzte sich die Flotille aber in Bewegung, so eröffneten die Sepoys ein lebhaftes Gewehrfeuer auf die Wehrlosen. Viele Boote geriethen in Brand, andere schlugen um. Nur einem gelang es, zu entkommen. Eine Anzahl Männer sowie 125 Frauen und Kinder kamen lebend ans Ufer. Die Ersteren wurden ohne Weiteres erschossen, die Letzteren nahm Nana Sahib als Gefangene in sein Haus.

Um dieselbe Zeit erlitten die Engländer zu Jhansi in Bundelkund ein ähnliches Schicksal, und in Lucknow, wo die regulären Sepoys zuerst sich treu gezeigt hatten, war Ende Mai gleichfalls ein allgemeiner Aufruhr ausgebrochen. Sir Henry Lawrence versuchte die Meuterer mit Hülfe seiner Europäer zu überwältigen. Aber sein

Versuch scheiterte. Nach Verlust von etwa 200 Mann wurde er gezwungen, sich in der Residenz zu verschanzen und dort eine wochenlange Belagerung auszuhalten. Ganz Oude erhob sich, überall wurden die Europäer grausam ermordet.

Die Aufgabe, den bedrängten Besatzungen in den Nordwestprovinzen Hülfe zuzuführen, fiel einem in Indien ergrauten Offizier, Henry Havelock, zu. Während er noch in Allahabad seine Vorbereitungen traf, erhielt er durch die vier Europäer, die allein dem Ueberfall der Boote entgangen waren, die Kunde von dem Falle Cawnpores. Dorthin setzte er zunächst seine Truppen, etwa 2000 Europäer und Sikhs, in Marsch, um wenigstens die Frauen und Kinder zu retten. Trotz Hitze, Cholera und Fieber wurde der Marsch rasch zurückgelegt. Nana Sahibs Reiter wurden bei Futtehpore Aung geschlagen, und Mitte Juli erlitt der Feind vor Cawnpore eine entscheidende Niederlage. Nana Sahib floh, die Stadt fiel Havelock in die Hand. Die Freude, die Gefangenen zu befreien, war den Siegern leider nicht vergönnt. Nana Sahib hatte alle Frauen und Kinder (etwa 200), die sich in seiner Hand befanden, im letzten Augenblick grausam ermorden und die nackten Leichen in einen trockenen Brunnen werfen lassen. Hier fand man die Reste der armen Opfer! — Kein Wunder, wenn nach den blutigen Ereignissen hier und in Delhi ein wüthender Rachedurst sich jedes Briten bemächtigte, wenn in England wie in Indien schonungslose Tödtung jedes Verdächtigen verlangt wurde, und angesehene Leute gefangene Meuterer zu pfählen oder lebendig zu verbrennen empfahlen. Disraeli erregte großen Anstoß, als er zur Besonnenheit und Gerechtigkeit mahnte und dagegen protestirte, daß britische Offiziere das Beispiel Nana Sahibs nachahmten!

Nach der Zerstörung von Nana Sahibs Schloß in Bithoor rückte Havelock gegen die Belagerer Lucknows vor. Doch Fieber, Dysenterie und Cholera wütheten dermaßen unter seinen 1500 Mann, daß er bald umkehren und in Cawnpore Verstärkungen abwarten mußte. Ehe sie anlangten, verfloß geraume Zeit, denn inzwischen waren verschiedene Aufstände in Behar ausgebrochen, welche erst von Calcutta aus niedergeworfen werden mußten. Mitte September endlich waren 3000 Mann in Cawnpore vereint, und Havelock sah sich in der Lage, vorzugehen. Binnen fünf Tagen wurde Lucknow erreicht, am 25. September erfocht sich seine Truppe durch die

Schaaren der Belagerer den Weg in die Residenz. Da es nicht möglich war, die dort befindlichen etwa 400 Frauen und Kinder sowie 600 Kranke ohne Vernichtung der Aufständischen sicher fortzuschaffen, blieb Havelock in der Residenz, bis im November eine starke Expedition unter Sir Colin Campbell erschien, welche die Belagerten befreite.

Inzwischen war nach monatelanger Belagerung Delhi am 20. September erobert und kurz darauf auch die in der Festung eingeschlossene Garnison von Agra befreit worden. Der letzte Mogul*) wurde vom Kriegsgerichte zu lebenslänglicher Gefangenschaft verurtheilt und nach Rangoon deportirt, wo er 1862 starb.

Damit war der Aufstand, der auch in anderen Provinzen bis Tanjore hinab zu vereinzelten Ausbrüchen geführt hatte, im Wesentlichen besiegt. 1858 wurde die Ruhe wieder vollständig hergestellt. Die Rädelsführer wurden, soweit sie den Briten in die Hände fielen, rücksichtslos gehangen. Nur Nana Sahibs, auf dessen Kopf ein Preis von 15 000 Pfund Sterling gesetzt war, konnte man nicht habhaft werden. Er soll nach einigen Nachrichten auf der Flucht umgekommen, nach anderen erst neuerdings gestorben sein. Die angeseheneren der von der Company pensionirten Fürsten, wie Sindia, der Nizam und Holcar sind so klug gewesen, sich von der aufständischen Bewegung fern zu halten. Auch die besseren Klassen der einheimischen Bevölkerung haben keinen Theil daran gehabt.

Siebentes Kapitel.

Aufhebung der East India Company.

Die erste Folge des Aufstandes war die Beseitigung der East India Company. Die durch die Hiobsposten aus Indien tief erregte öffentliche Meinung, welche über Vergangenheit wie Gegenwart der britischen Herrschaft dort gleich mangelhaft unterrichtet war, fand in ihrer Thätigkeit die einzige Ursache für das unerhörte Unglück. Alle Mißbräuche ihrer Verwaltung wurden hervorgesucht und allgemein ihre Aufhebung, Uebernahme der Regierung Indiens

*) Seine drei Söhne wurden bei der Gefangennahme erschossen.

durch die Krone gefordert. Bei der Stimmung der öffentlichen Meinung erachtete der damalige Premier Lord Palmerston es schon im Dezember 1857 für angezeigt, die Direktion davon in Kenntniß zu setzen, daß die Einziehung der Charter in Vorbereitung sei. Die Company fand es nicht mit Unrecht sehr überraschend, daß eine solche Maßnahme ins Auge gefaßt wurde, bevor irgend eine Untersuchung über die Ursachen der Bewegung und etwaige Schuld der britischen Behörden stattgefunden habe. Sie antwortete durch eine feierliche Petition ans Parlament, worin sie eine sorgfältige Untersuchung ihrer Verwaltung, der Ursachen des Aufstandes und der dagegen getroffenen Maßnahmen forderte. Die Petition wies darauf hin, daß jeder Schritt mit Wissen und Genehmigung der Regierung geschehen sei, und behauptete, daß der „Hof der Direktoren" für die Regierung die Unterstützung durch erfahrene, sachverständige und verantwortliche Rathgeber bedeutet habe. Es wurde endlich in dem Schriftstück auf den verhängnißvollen Eindruck des Verschwindens der Company bei den Indern hingewiesen und die vielfach verfochtene Ansicht bekämpft, als sei es Pflicht der Regierung, Indien nur zum Nutzen der Europäer zu regieren.

Dieser Widerstand war unter den damaligen Verhältnissen fruchtlos. Anfang 1858 brachte Lord Palmerston im Parlament eine Bill ein, wonach in Indien an Stelle der Company die britische Regierung treten, aller Besitz und Rechte der Gesellschaft auf sie übergehen und die Leitung der Geschäfte in die Hand eines Präsidenten und eines Councils aus acht Mitgliedern gelegt werden sollte. Die Letzteren sollten aus Beamten, die wenigstens zehn Jahre, und Privaten, die wenigstens fünfzehn Jahre in Indien gelebt hatten, gewählt werden und vor Ablauf ihres Amtes nur auf Verlangen des Parlaments absetzbar sein. Trotz einer großen Mehrheit, die auf Palmerstons Seite stand, wurde die Bill nicht Gesetz, da nach der ersten Lesung das Ministerium wegen anderer Fragen stürzte. Unter Palmerstons Nachfolger, Lord Derby, brachte Disraeli einen neuen Gesetzentwurf ein. Er wollte einem Staatssekretär für Indien ein Council von 18 Personen zur Seite stellen. Die Hälfte davon sollte ernannt, die andere aus Leuten, die mit Indien geschäftlich in näherer Berührung gewesen, theils durch die früheren indischen Beamten und indische Interessenten, theils durch die zu den Parlamentswahlen in London, Liverpool, Manchester, Glasgow und Belfast

Stimmberechtigten gewählt werden. Der Vorschlag fand wenig Anklang. Das Ministerium sah sich bald genöthigt, ihn fallen zu lassen, und als Lord Ellenborough, der frühere Governor General, damals Präsident des Board of Control, infolge eines Streites mit Canning gestürzt war, entschloß sich Derbys Sohn, Lord Stanley, im Juni, dem Hause eine neue Bill vorzulegen. Die Regierung empfahl darin Ernennung eines fünfzehnköpfigen Council of India als Berather des Staatssekretärs für Indien. Die erste Wahl sollte zum Theil durch das Ministerium, zum Theil durch die Direktion der Company erfolgen.*) In Zukunft fiel die Wahl ans Council und die Krone. Acht Stellen waren für Personen ausersehen, die in Indien zehn Jahre in amtlicher oder privater Stellung verbracht hatten.

Die Bill erfuhr am 24. Juni 1858 die zweite Lesung. Es wurde gegen verschiedene Punkte Widerspruch laut, doch ging von allen Anträgen nur der Gladstones durch, wonach die britischen Truppen nur mit Genehmigung des Parlaments außerhalb Indiens verwendet werden durften. Am 8. Juli wurde das Gesetz vom Unterhaus in dritter Lesung angenommen. Im Oberhaus wurden noch mancherlei Einwände erhoben. Der Erzbischof von Canterbury z. B. verlangte Aufhebung des Kastenwesens und gewaltsame Einführung des Christenthums, wie das der Wunsch aller Missionskreise war. Schließlich wurde aber der Entwurf des Ministeriums am 2. August 1858 Gesetz.

Am 1. September hielt der Court of Directors der Company seine letzte Sitzung. Die Aktionäre der Gesellschaft behielten ihre 10 pCt. Dividende,**) all ihr Besitz und alle ihre Verpflichtungen in Indien gingen, wie das bei den letzten Charterverlängerungen ja vorbereitet war, in die Hände des Staates über. Einige der Direktoren wurden Mitglieder des neuen Councils. In der Besetzung der wichtigeren Beamtenposten wurde nichts geändert. Kaum eine Stimme beklagte das Verschwinden der alten mächtigen Gesellschaft, der „John Company".***) Im November wurde die Königin in Indien als

*) Die Mitglieder erhielten je 1200 Pfund Sterling Gehalt und Pensionsberechtigung.

**) 1874 wurden die Aktionäre abgefunden und die Gesellschaft völlig beseitigt.

***) John Stuart Mill, damals Beamter der Company, war einer der lebhaftesten Befürworter ihres Fortbestehens.

Herrscherin ausgerufen, und Lord Canning erhielt die Würde des ersten Vizekönigs des britischen Reiches in Indien, amtlich Governor General genannt. Die Chefs der sechs höchsten Verwaltungsbehörden bildeten sein Ministerium, in dem er nicht allein den Vorsitz führte, sondern auch die auswärtigen Angelegenheiten bearbeitete.

Die Aufhebung der Company machte eine Umgestaltung des indischen Heeres nöthig, das bis dahin theils aus Truppen der Gesellschaft, theils aus Königlichen bestanden hatte, für welche verschiedene Kriegsartikel galten. Die Prüfung der ganzen Angelegenheit wurde im Sommer einer Kommission übertragen. Sie kam nach den beim Aufstande gemachten Erfahrungen zunächst zum Schluß, daß bis auf Weiteres die Zahl der europäischen Truppen in Indien auf 80 000 erhöht und die Eingeborenen-Artillerieregimenter abgeschafft werden müßten. Ueber die Frage, ob in Indien lediglich Königliche Truppen zu stationiren oder neben ihnen noch eine eigene, nur für den Dienst in dieser Kolonie bestimmte indische Armee zu belassen sei, bestand anfangs Meinungsverschiedenheit in der Kommission. Als jedoch plötzlich die europäischen Truppen der Company sich gegen den Uebergang in den Königlichen Dienst sträubten und in ungestümer Weise Abschluß neuer Verträge und neues Handgeld forderten, kam man zum Schluß, daß der Fortbestand einer solchen Lokaltruppe demoralisirend wirken und zu Unruhen führen könne. Trotz des Einspruchs Cannings, Sir John Lawrences und anderer Autoritäten wurde daher 1860 ein Gesetz für Verschmelzung der beiden Armeen erlassen. In die Eingeborenen-Regimenter wurden außer den treu gebliebenen Sepoys hauptsächlich Sikhs eingestellt.*) Die kleine Seemacht der Company bestand bis 1863 fort, dann wurde sie aufgelöst und die Küstenvertheidigung der Königlichen Marine übertragen.

Auch Verwaltung und Rechtspflege erfuhren bald wichtige Verbesserungen. Nach den bei der Company geltenden Bestimmungen erfolgte die Beförderung streng nach Maßgabe des Dienstalters, und eine Anzahl Stellen sollte in jeder Präsidentschaft nur mit den dort vorhandenen Anwärtern besetzt werden. Die Indian Civil Service Act von 1861 räumte mit diesen Grundsätzen auf. Außer in den Non Regulation Provinces**) sollten fortan alle höheren Posten nur

---

*) Jedes Eingeborenen-Regiment hat sieben europäische Offiziere.

**) Punjab, Oude, Central Provinces, Birma.

mit Anwärtern des Covenanted Service, d. h. solchen, die die vorschriftsmäßigen Prüfungen bestanden hatten, besetzt werden. Der Zulaß zu den Prüfungen war Jedermann offen gestellt.

Eine andere Act von 1861 regelte die Einrichtung der legislativen Councils. Der Vizekönig erhielt Vollmacht, seinen Beirath um sechs bis zwölf Mitglieder zu verstärken. Die Hälfte der Neuernannten sollte aus der Zahl der nicht im Dienst der Krone stehenden Personen genommen werden. Auf Grund dieser Bestimmung zog Canning vier Rajahs in das Council. — Es wurde der Körperschaft aber gleichzeitig untersagt, irgend welche anderen Dinge als die ihr vorgelegten gesetzgeberischen Arbeiten ohne Genehmigung des Vizekönigs zu erörtern. Kleinere Councils wurden den Governors von Bombay und Madras zur Seite gestellt. Ihre Beschlüsse bedurften jeder Zeit der Zustimmung des Vizekönigs. Dieser erhielt auch Vollmacht, Councils für Bengalen, die Nordwestprovinzen und Punjab zu errichten.*)

An Stelle der Presidencies ꝛc. traten acht Provinzen: Madras, Bombay, Bengalen, Nordwestprovinzen mit Oude, Punjab, Birma, Assam und Centralprovinzen. An der Spitze von Madras und Bombay stehen Governors und Councils, welche die Krone ernennt. Diese Governors dürfen mit dem Staatssekretär für Indien unmittelbar verkehren. Bengalen, Nordwestprovinzen, Punjab und Birma unterstehen Lieutenant Governors, welche der Vizekönig ernennt. In Assam und den Centralprovinzen sind Chief Commissioners die obersten Beamten. Außerdem giebt es noch, wie hier gleich erwähnt sein möge, Chief Commissioners in Coorg, Ajmere-Merwara, Britisch Beluchistan und den Andamaninseln.

Die höchsten Gerichtshöfe, welche die Krone und die Company in den Hauptstädten vertreten hatten, wurden abgeschafft und in Calcutta, Madras und Bombay je ein oberstes Gericht, bestehend aus einem Oberrichter und fünfzehn Richtern, eingesetzt. Auch Eingeborene sollten zu den Richterstellen zugelassen werden. Strafrecht und Prozeßverfahren erfuhren eine vollkommene Umgestaltung, das Erstere auf der Grundlage der Arbeiten jener Kommission, an der seiner Zeit Lord Macaulay theilgenommen hatte.

Von weniger glücklichen Wirkungen als diese Maßregeln war die Umgestaltung der indischen Finanzverwaltung. Die Nieder-

*) Das für Bengalen wurde 1862, die anderen 1886 und 1897 errichtet.

werfung des Aufstandes hatte sehr große Summen verschlungen. Das Militärbudget stieg von 11 Millionen Pfund Sterling im Jahre 1856/57 auf 20 im Jahre 1858/59, und dabei waren der Schaden und die an verschiedene Personen zu zahlende Entschädigung auf 29 Millionen Pfund Sterling zu veranschlagen. Bei einer Gesammteinnahme Indiens von 31 691 000 Pfund Sterling im Jahre 1856/57, 36 060 700 im Jahre 1858/59 bedeutete dies eine Last, die aus den bisherigen Steuerquellen nicht aufzubringen war. Die Schulden stiegen 1859/60 auf 96 307 400 Pfund Sterling, die 4 411 000 Pfund Sterling zur Verzinsung erforderten. An eine Erhöhung der Grundsteuer und der Erträge des Salzmonopols war nicht zu denken. Beide drückten die Bevölkerung schon aufs Aeußerste. Eine Steigerung der Einkünfte aus dem Opiummonopol ließ sich ebensowenig erwarten, da den Opiumerzeugern ohnehin nur der denkbar niedrigste Preis gezahlt wurde und die Größe des Absatzes völlig vom Bedarf in China abhing. Man griff also zu einer Steigerung der Einfuhrzölle und legte auf eine Anzahl Erzeugnisse Indiens Ausfuhrabgaben. Diese Maßregel bewirkte eine kleine Steigerung der Einnahmen (1859/60: 39 705 800 Pfund Sterling), schädigte aber Handel und Wandel in hohem Grade. Um Abhülfe zu schaffen, sandte die britische Regierung einen Beamten des Finanzministeriums, Wilson, einen der Führer der Antikornzoll-Liga, nach Indien und ernannte ihn zum Mitglied des vizeköniglichen Councils. Mr. Wilson schlug unter den obwaltenden Umständen Herabsetzung der Einfuhrzölle auf 10 pCt. des Werthes unter Belassung der Zuschläge bei Tabak und Spirituosen sowie Aufhebung der Ausfuhrabgaben und Ersatz durch eine Einkommensteuer vor. Die Letztere sollte 2 pCt. bei Einkommen von 20 bis 50 Pfund Sterling und 4 pCt. bei allen höheren betragen! Das Council ging darauf ein, und die neue Maßregel wurde 1860 in Kraft gesetzt. Sie erregte neue Unzufriedenheit nicht allein bei den ohnehin schon so schwer bedrückten Hindus, sondern auch bei erfahrenen Beamten. Einer von ihnen, der Governor von Madras, Sir Charles Trevelyan, veröffentlichte seinen Protest sogar in den Zeitungen. Lord Canning war so entrüstet über diesen Widerspruch, daß er die Absetzung des Governors veranlaßte; den erhofften Erfolg erzielten Wilsons Reformen aber nicht. Die Zölle, besonders auf britische Baumwollwaaren, zeigten sich noch immer als zu hoch und gegen des Mutterlandes Interesse gerichtet. Die Erhebung der Steuer von den Einkommen unter 50 Pfund Sterling erwies sich als so schwierig, kostspielig und von so bedenklichen wirthschaftlichen Folgen begleitet, daß man sie bald fallen lassen mußte. Auch die Besteuerung der Einkommen über 50 Pfund Sterling brachte im Laufe der ersten fünf Jahre zusammen nur 8 Millionen Pfund Sterling. Man hob sie 1865 auf und führte an ihrer Stelle 1867 eine Licence Tax von 8 Schilling auf 50 Pfund Sterling ein. Die Zölle wurden schon vorher bedeutend herabgesetzt.

Der von Wilson für seine Steuerpläne gewählte Zeitpunkt war so unglücklich wie nur möglich gewesen. Nicht allein suchte 1860/61 infolge von Dürre eine große Hungersnoth, der gegen 500 000 Menschen zum Opfer gefallen sein sollen, die Nordwestprovinzen heim, sondern in den Indigodistrikten Bengalens herrschten ernste Streitigkeiten zwischen den weißen Pflanzern und den gedrückten ländlichen Arbeitern,*) und eine Choleraepidemie suchte das Land heim. Dazu beeinflußte der amerikanische Bürgerkrieg sehr erheblich die indische Volkswirthschaft. Das anfängliche Steigen der Baumwollpreise hatte in Bombay zu wilder Spekulation und Börsenspiel Veranlassung gegeben. Beim raschen Sieg der amerikanischen Nordstaaten trat ein plötzlicher Preissturz ein, und in Bombay erfolgten Zusammenbrüche über Zusammenbrüche.

Trotz aller Sorgen und Hindernisse behielt Lord Canning die Hauptaufgaben der Verwaltung Indiens jeder Zeit fest im Auge. In erster Reihe förderte er den Ausbau des Eisenbahnnetzes. Mitte 1862 waren 1360 Meilen fertig und im Betrieb, weitere 3000 waren der Vollendung nahe. Allen Voraussagungen zum Trotz stiegen die Einnahmen von Jahr zu Jahr. Besonders der Verkehr der Eingeborenen zeigte die größte Lebhaftigkeit und brachte fast den dritten Theil der Einnahmen. Daneben wurde Bau von Wegen, Kanälen, Leuchtthürmen und anderen Anlagen von öffentlichem Interesse mit großem Eifer gefördert. Es trugen diese Bemühungen nicht wenig zur Förderung des Handels von Indien bei. Während 1834/35 die gesammte Einfuhr 5 154 100 Pfund Sterling, die Ausfuhr 8 088 100 Pfund Sterling Werth besessen hatte, bezifferten sich:

*) Die Missionare nahmen für die Arbeiter Partei. Einer übersetzte eine indische Satire auf die Pflanzer. Er wurde dafür zu Geldstrafe und Gefängniß verurtheilt!

	Die Einfuhr:	Die Ausfuhr:	
1855/56	auf 25 244 700	auf 23 639 400	Pfund Sterling
1859/60	„ 40 622 100	„ 28 889 200	„ „

An Baumwollgarn und -Geweben hatte England 1827 für 1 670 000 Pfund Sterling nach Indien ausgeführt. 1860 bezifferte sich diese Ausfuhr schon auf 12 425 700 Pfund Sterling. Die Ausfuhr wollener Stoffe aus Großbritannien hob sich in der gleichen Zeit von 301 000 auf 374 200 Pfund Sterling. Indien exportirte an roher Baumwolle 1822 nur 4 000 000 lbs nach England. Von da an ist seine Baumwollausfuhr dorthin und nach China erheblich gewachsen, 1851 auf 226 000 000, 1861 auf 369 000 000 lbs. An Wolle sandte Indien 1820 nur 8000 lbs nach dem Mutterlande, 1861: 20 000 000 lbs. Daneben zeigte auch der Export von Kaffee, Thee, Reis, Weizen bedeutende Fortschritte, wie nachfolgende Zusammenstellung beweist:

Ausfuhr aus Indien nach Großbritannien

	1836:	1846:	1856:	1860:	
Kaffee . .	140 200	—	4 760 800	4 645 100	lbs
Reis . .	24 700	118 447	14 050 700	557 200	grs
Weizen . .	1 200	680	1 427 100	1 770	grs
Jute, Hanf	17 950	190 660	766 460	682 300	cwts
Rohseide .	1 395 500	1 415 300	1 344 400	1 460 900	lbs
Thee . .	—	—	22 500	111 100	£

Gegen 50 Millionen Pfund Sterling britischen Kapitals waren zu Anfang der 60er Jahre in den indischen Eisenbahnen angelegt, etwa 6 in Fluß- und Seedampfschifffahrts-Unternehmungen, 14 in Banken, Pflanzungen, Kohlengruben, Fabriken und dergl.

Von nicht geringem Einfluß auf die wirthschaftliche Entwickelung Indiens war die weitere Oeffnung Ostasiens für den Weltverkehr, an der England zu Ende der 50er und zu Anfang der 60er Jahre einen hervorragenden Antheil genommen hat. Der Sepoyaufstand und die Verlegenheiten der Briten in Indien hatten die Chinesen 1857 zu neuen Ausschreitungen veranlaßt. Es waren britische Seeleute ermordet worden, und als auch die Franzosen gewisse Ansprüche erhoben hatten, war der Mandarin von Canton soweit gegangen, Preise auf die Köpfe „der englischen und französischen Hunde" zu setzen. Dies hatte zur Folge, daß Anfang 1858 die Briten den Krieg mit mehr Nachdruck wieder aufnahmen, Canton eroberten und den Mandarinen gefangen nahmen. Als von Peking auf alle Beschwerden keine Antwort erfolgte, zerstörte eine englisch-französische Flotte die Forts an der Mündung des Peihoflusses und bedrohte Tientsin und Peking. Erst jetzt entschlossen sich die Chinesen zum Nachgeben. Im Sommer 1858 bewilligten sie Oeffnung neuer Häfen für den fremden Handel, Einsetzung von fremden Konsuln an diesen Plätzen und Errichtung einer britischen Gesandtschaft in China.

Als im folgenden Jahre ein englischer und ein französischer Gesandter nach China kamen, um die Ratifikationen des Friedensvertrages in Peking auszutauschen, fanden sie jedoch eine wenig freundliche Aufnahme. Die wiederhergestellten und verstärkten Takuforts an der Mündung des Peiho wollten die 19 Kriegsfahrzeuge, welche die Gesandten begleiteten, nicht durchlassen. Als seitens der Engländer und Franzosen Gewalt gebraucht wurde, schossen die Chinesen einen Theil der Schiffe in den Grund und brachten den Angreifern schwere Verluste bei. England wie Frankreich erklärten hierauf China den Krieg. Nach Einnahme der Takuforts und Tientsins durch die vereinigten Flotten begann der Marsch gegen Peking. Die chinesische Regierung bat nun um Frieden. Kaum hatte jedoch die Unterzeichnung eines Waffenstillstandes stattgefunden, so bemächtigten sich die Chinesen verrätherisch des Sekretärs Lord Elgins und einiger englischer und französischer Offiziere. Auf die Kunde davon wurde dem chinesischen Heer eine Niederlage beigebracht und der Marsch nach Peking wieder aufgenommen. Die Stadt ergab sich und die überlebenden Gefangenen wurden von den Chinesen ausgeliefert. Zur Sühne für den Tod der Anderen, welche grausamen Mißhandlungen erlegen waren, wurde eine Anzahl großer Gebäude, darunter der Sommerpalast, zerstört. Das Ergebniß dieser Ereignisse war im Oktober 1860 die Ratifikation des Tientsiner Vertrages von 1858. Tientsin, Formosa, Hainan und zwei andere Häfen wurden dem europäischen Handel geöffnet. Ein kleines Gebiet auf dem Festland bei Hongkong wurde an England abgetreten. Das Reisen in China wurde Europäern erlaubt, freie Uebung christlicher Mission gestattet und eine ansehnliche Kriegsentschädigung gezahlt.

Um dieselbe Zeit war auch Japan dem europäischen Verkehr erschlossen worden. 1854 hatten die Vereinigten Staaten es gezwungen, ihrem Handel und ihrer Schifffahrt gewisse Rechte einzuräumen. 1858 war es Lord Elgin gelungen, gleichfalls einen Handelsvertrag abzuschließen. Fünf Häfen wurden dadurch dem britischen Handel geöffnet und das Reisen dort im Umkreis von 25 Meilen erlaubt. In Yedo wurde ferner ein britischer Gesandter zugelassen. Die Ermordung eines Beamten der britischen Gesandtschaft im Jahre 1862 und Ausschreitungen gegen verschiedene Europäer gaben den Anlaß zur Sendung einer britischen Flotte. Der an der Ermordung des Beamten schuldige Daimio Satsuma wurde durch sie 1863 mit Gewalt zur Genugthuung gezwungen.

Achtes Kapitel.

Das indische Kaiserreich.

Seit dem Uebergang der Verwaltung Indiens auf die großbritannische Regierung ist der Bestand der britischen Herrschaft nicht mehr ernstlich bedroht worden. Die Kriege, welche gelegentlich geführt worden sind, betrafen meist nur Grenzstreitigkeiten. Lord Elgin, der Nachfolger Cannings, sah sich durch Räubereien und Blutthaten einer fanatischen mohammedanischen Sekte der Wahabis, in den Vorbergen des Himalaya, gezwungen, dort einen Krieg zu führen. Die britischen Truppen kamen dabei im Umbeylapaß zeitweilig in große Gefahr. Es gelang aber, am Ende die Feinde völlig zu schlagen. Der Lord Elgin 1863 als Vizekönig folgende Sir John Lawrence, zwang den Räuberstamm der Bhutanesen an der Grenze Thibets zur Unterwerfung. Während der Verwaltungsthätigkeit Lord Mayos fand die Niederwerfung des räuberischen Stammes der Lushais an der Grenze Assams und Birmas statt. Es wurden dabei über 100 britische Unterthanen aus der Gefangenschaft befreit.*) Dem Vizekönig Lord Lytton fiel die Aufgabe zu, eine neue Auseinandersetzung mit den Afghanen durchzuführen. Sher Ali, der damalige Emir Afghanistans, hatte, als die Russen 1873 Chiwa besetzten, die Briten um militärische Unterstützung und ein enges Bündniß ersucht. Als der Vizekönig dazu keine Neigung zeigte, warf er sich den Russen in die Arme und lehnte die Zulassung einer englischen Mission in Cabul

*) Lord Mayo wurde 1872 auf den Andamanen von einem afghanischen Sträfling erstochen.

ab. Da er bei dieser Haltung hartnäckig verharrte, wurde ihm 1878 der Krieg erklärt. Der Emir floh nach Verlust verschiedener Schlachten nach Turkestan, wo er starb. Sein Sohn Yakub Khan erklärte sich Mai 1879 bereit, eine britische Gesandtschaft in Cabul aufzunehmen und die Leitung der auswärtigen Politik in ihre Hände zu legen. Dafür wurde ihm eine jährliche Zahlung von 60 000 Pfund Sterling und Vertheidigung gegen auswärtige Angriffe zugesichert.

Dieser Friede fand ein jähes Ende. Am 3. September 1879 wurde der britische Gesandte in Cabul mit allen seinen Leuten von fanatischen Soldaten ermordet. Ein neuer Feldzug fand statt. Schon am 12. Oktober wurde Cabul eingenommen, und ein schreckliches Strafgericht abgehalten. Yakub Khan wurde als Gefangener nach Indien gebracht. Ein Enkel Dost Mohammeds, Abdur Rahman Khan, erhielt die Würde des Emir, unterlag aber mit der britischen Hülfsmacht Anfang 1880 einem anderen Bewerber um den Thron. Ein entscheidender Sieg der Briten am 1. September brach die Macht seiner Feinde. Abdur Rahman bekam die Herrschaft wieder in seine Hand und mit Hülfe einer ihm 1883 bewilligten jährlichen britischen Unterstützung von 120 000 Pfund Sterling hat er sich auf dem Throne behauptet. Das unausgesetzte Vordringen der Russen in Mittelasien, die Eroberung von Merw Anfang 1884, die Erwerbung Sarakhs und die Bedrohung Herats gaben 1884 die Veranlassung zur Niedersetzung einer englisch-russischen Kommission für Bestimmung der Nordgrenze Afghanistans. Im letzten Augenblick schien die Sache scheitern zu sollen, da russische Truppen ein afghanisches Detachement bei Penjdeh März 1885 niedermachten. Dank der Bemühungen Gladstones kam jedoch 1887 eine Grenzfestsetzung zu Stande.

Von geringerer Bedeutung war ein Krieg mit dem Herrscher des noch unabhängigen Upper Birma. Da er trotz verschiedener Drohungen gegen britische Bürger sich Ausschreitungen zu Schulden kommen ließ, wurde 1885 seine Hauptstadt Mandalay besetzt und er als Gefangener fortgeschafft. 1886 wurde sein Land britische Provinz.

1895 entstanden Schwierigkeiten mit den Bewohnern von Chitral, einem zu Kashmir gehörigen Bergland. Da ihm wegen der Nähe der russischen Grenze besondere Bedeutung zukommt, wurde ein Feldzug mit Aufgebot großer Kräfte ins Werk gesetzt und das Gebiet erobert. Die Annexion erregte bei den benachbarten Bergvölkern

Unruhen. Fanatische Mullahs predigten hier den heiligen Krieg gegen die Briten, und im Sommer 1897 begannen neue Kämpfe an der Nordwestgrenze Indiens im Swatgebiete und später mit den Afridis und Orakzais.

Abgesehen von solchen Grenzkonflikten und gelegentlichen Unruhen unter der indischen Bevölkerung ist Großbritanniens Herrschaft in Indien seit dem Sepoyaufstand von keiner ernstlichen Gefahr mehr bedroht worden. Die Briten haben daher ihre volle Aufmerksamkeit dem Ausbau der Verwaltung und der Hebung des Wohlstandes des indischen Reiches widmen können.

Durch die Proklamirung der Königin von England am 1. Januar 1877 zur Kaiserin von Indien verlor Letzteres auch äußerlich den Charakter als britische Kolonie, doch hat dieser feierliche, im Beisein aller indischen Fürsten zu Delhi vollzogene Akt an der Verfassung Indiens, wie sie das Gesetz vom 2. August 1858 geregelt hat, wenig geändert. Die Regierung des indischen Kaiserreiches wird im Namen der Königin vom Secretary of State for India geführt, dem ein von ihm ernanntes Council von mindestens zehn auf je zehn Jahre gewählten Personen zur Seite steht. Wenigstens neun davon müssen zehn Jahre in Indien verlebt haben. Kein Mitglied des Council darf eine Wahl ins Parlament annehmen. Vor Ablauf der zehnjährigen Dienstzeit ist es nur auf Antrag beider Häuser des Parlaments absetzbar. Nur in Fragen der äußeren Politik und in eiligen oder sehr vertraulichen Dingen ist der Staatssekretär an den Beirath dieser Körperschaft nicht gebunden. Allwöchentlich hat sie wenigstens einmal zusammenzutreten.

Die ausführende Gewalt liegt in den Händen des „Council of the Governor General". Es besteht aus fünf Mitgliedern, welche die Krone ernennt. Der Letzteren steht es jedoch frei, auch dem Leiter der öffentlichen Arbeiter und dem Oberkommandeur Sitz und Stimme darin zu verleihen. An der Spitze des Council befindet sich der Governor General, der als „Governor General in Council" die Verordnungen und Gesetze erläßt. Zur Berathung gesetzgeberischer Maßnahmen ist das legislative Council vorhanden, bestehend aus den Mitgliedern des executiven Council und vierzehn vom Governor General zum Theil auf Vorschlag der Provinzialcouncils erwählten Personen. Von den Provinzen besitzen zwei, Madras und Bombay, je ein executives und ein legislatives; Bengalen und die North

Western Provinces nur ein legislatives Council. In den übrigen steht dem obersten Beamten kein Beirath zur Seite.

Britisch Indien zerfällt gegenwärtig in folgende Provinzen:

	Fläche Quadratmeilen.	Zahl der Distrikte.	Bevölkerung 1881.	Bevölkerung 1891.	Bevölkerung pro Quadratmeile. 1891.
Ajmere . . .	2 711	2	460 722	542 300	200
Assam . . .	49 004	13	4 881 400	5 476 800	112
Bengal . . .	151 543	47	66 750 500	71 346 400	471
Berars . . .	17 718	6	2 672 600	2 897 491	164
Bombay . . .	125 144	25	16 505 900	18 901 100	151
Burma . . .	171 430	36	—	7 605 500	44
Central Prov. .	86 501	18	9 838 700	10 784 200	125
Coorg	1 583	1	178 300	173 000	109
Madras . . .	141 189	21	30 827 100	35 630 400	252
N. W. Provinces und Oude . .	107 503	49	44 150 500	46 905 000	436
Punjab . . .	110 667	23	18 834 100	20 866 800	189
Quetta . . .	—	—	—	27 270	—
Andamans . .	—	—	14 620	15 600	—
	964 993	250	198 860 600	221 172 900	229

An der Spitze der Provinzen stehen Governors, Lieutenant Governors oder Chief Commissioners. Ihnen steht jederzeit ein Sekretariat, bestehend meist aus mehreren Beamten, zur Seite, in deren Händen die Führung der Geschäfte ruht.

Jede Provinz*) zerfällt in Bezirke (Divisions), an deren Spitze Commissioners stehen. Die Bezirke sind in Distrikte**) getheilt, deren Leitung in den Händen von Collector Magistrates oder Deputy Commissioners liegt. Diese Beamten sind gelegentlich gleichzeitig Richter. Meist sind aber besondere Richter vorhanden.

Ein großer Theil Indiens steht nicht unmittelbar unter britischer Verwaltung, sondern wird von einheimischen Fürsten regiert, denen

*) Die frühere Theilung in Regulation und Non Regulation Provinces ist mit der Zeit ziemlich verschwunden. Es werden überall dieselben Verwaltungsnormen angewandt.

**) Durchschnittlich 3840 Quadratmeilen groß mit 800 723 Bewohnern. Die Distrikte zerfallen in Unterabtheilungen, Taluks oder Tahsils genannt. In polizeilicher Hinsicht ist ganz Indien in Polizeikreise, Thanas, getheilt.

britische Residenten oder Agenten zur Seite stehen. Die Leitung aller auswärtigen Angelegenheiten ist diesen Fürsten entzogen, sie dürfen nur eine bestimmte Anzahl Soldaten halten, keine Europäer ohne besondere Erlaubniß in ihren Gebieten lassen und sind jederzeit absetzbar. Einige müssen jährlich Tribut zahlen, Anderen wird die Zahlung nachgesehen. Diese Form der Herrschaft hat sich so bewährt, daß in neuerer Zeit Gebiete, die lange unter direkter britischer Verwaltung standen, wieder an einheimische Fürsten gegeben worden sind, so 1881 Mysore und 1886 Gwalior. Umfang und Bevölkerung der indischen Lehensstaaten zeigt jetzt folgendes Bild:

	Quadratmeilen	Bevölkerung 1881	Bevölkerung 1891	Köpfe pro Quadratmeile
Haidarabad . .	82 698	9 845 500	11 537 000	140
Baroda . . .	8 226	2 185 000	2 415 300	294
Mysore . . .	27 936	4 186 100	4 843 500	173
Kashmir . . .	80 900	—	2 543 900	31
Rajputana . .	130 268	9 959 000	12 016 100	92
Central India .	77 808	9 387 100	10 318 800	133
Bombay States	69 045	6 926 400	8 059 200	117
Madras . . .	9 609	3 344 800	3 700 600	385
Central Prov. .	29 435	1 709 700	2 160 500	73
Bengal . . .	35 834	2 786 400	3 296 300	92
N. W. Prov. .	5 109	741 700	792 400	155
Punjab . . .	38 299	3 860 700	4 263 200	111
Shan Outposts .	—	—	2 900	—
	595 167	54 932 900	65 950 300	111
Ganz Indien .	1 560 160	253 793 500	287 123 300	184

Nach der Zählung von 1896 gab es in Indien 750 städtische Gemeinwesen (Municipal Towns) mit einer Bewohnerzahl von 15 693 600. Diese Gemeinwesen haben für Erhaltung der Straßen, Wasserleitungen, Entwässerung, Marktwesen und Gesundheitspflege zu sorgen. Mit Bewilligung der Provinzialregierung erheben sie die nöthigen Mittel durch Steuern. Es ist ihnen eine ziemlich ausgedehnte Selbstverwaltung zugestanden. Die Mehrzahl der Mitglieder der städtischen Körperschaften wird von den Steuerzahlern auf Grund der Local Self Government Acts 1882/84 gewählt und besteht vielfach aus Eingeborenen. 75 Städte haben mehr als 50 000 Ein=

wohner, 28 davon über 100 000. In 40 Städten zählt man 35—50 000, in 109: 20—35 000 Seelen. An Dörfern gab es 1891 nicht weniger als 343 052, welche unter 200, und 222 996, welche 200—500 Bewohner zählten.

Die Rechtspflege ist gegenwärtig folgendermaßen geordnet. In jeder der fünf Provinzen Madras, Bombay, Bengalen, Nordwestgebiet und Punjab besteht ein Obergericht, gegen dessen Urtheile Berufung ans Privy Council in London zulässig ist. In den Centralprovinzen Oude, Sind und Birma vertritt je ein Judicial Commissioner das Obergericht. In den oberen Gerichtshöfen sind gegen 450 Appellrichter thätig. Die Zahl der richterlichen Beamten Indiens betrug 1890 gegen 5600. Die Hälfte davon übte ihre Thätigkeit ehrenamtlich. Der größte Theil der Richter erster Instanz besteht aus Eingeborenen. Auch in den Appellhöfen sind sie nicht unerheblich vertreten. Das zur Anwendung kommende Recht sind die Beschlüsse der indischen Councils, britische Parlamentsacte, indisches und mohammedanisches Erb-, häusliches und Gewohnheitsrecht. Das einheimische Recht ist zum Theil durch den Indian Penal Code sowie durch die indischen Civil- und Strafprozeßordnungen festgelegt worden. — 1895 waren zur Strafvollstreckung 40 Centralstrafanstalten, 192 Distriktsgefängnisse und 496 kleinere Gewahrsame vorhanden. Die Zahl der Gefangenen belief sich auf 177 890. — Die indische Polizei zählte 1895 im Ganzen 147 094 Beamte, von denen 53 632 Feuerwaffen tragen.

Die Finanzen des indischen Reiches zeigen folgendes Bild:

	Einnahmen	Ausgaben	öff. Schuld	
1860*)	39 705 800	51 861 700	98 107 400	Pfund Sterling**)
1865	44 613 000	46 450 900	98 477 500	" "
1870	50 901 000	53 382 000	108 186 300	"
1875	50 570 100	50 250 900	130 335 500	"
1880	68 433 100	69 661 000	160 329 000	"
1885	70 690 600	71 077 100	174 524 100	"
1890	85 741 600	82 053 400	218 426 000	"
1894	95 187 400	94 494 300	232 286 800	"
1897	95 676 800	98 140 800	232 339 000	"

*) Die Jahre laufen seit 1866 vom 1. April—31. März.
**) 1 Pfund Sterling = 10 Rupien gerechnet.

Die wichtigsten Einnahmequellen sind neben der Grundsteuer das Eisenbahnwesen, die Erträge des Opium- und Salzmonopols und das Zollwesen. Es wurden daraus im Laufe der Jahre die nachstehenden Summen erzielt:

	Grundsteuer	Opium	Salz	Zölle	Eisenbahnen	Länge der Bahnen Meilen
	Pfund Sterling					
1870	20 622 800	—	6 106 200	2 610 700	—	—
1875	21 508 700	—	6 244 400	2 721 300	6 146 100	5 204
1881	21 948 000	etwa 7 700 000	7 375 600	2 361 300	14 323 000	9 884
1887	23 055 700	8 942 900	6 657 600	3 222 700	18 450 600	14 324
1892	23 965 700	8 012 300	8 636 100	4 142 700	23 192 100	17 709
1895	25 408 200	7 323 700	8 665 700	—	26 089 000	19 407
1897	23 953 500	5 816 200	8 421 800	4 491 900	20 682 400	—

Nach den Berechnungen britischer Sachverständiger ist der Steuerdruck, welcher auf der Bevölkerung Indiens lastet, gegenwärtig ein weit geringerer als zu den Zeiten der Moguls. Während in dem Zeitraum von 1593—1761 jährlich im Durchschnitt 60 Millionen Pfund Sterling durch das Mogulreich an Steuern eingetrieben wurden, darunter 32 Millionen allein an Grundsteuern, erhebt die britische Herrschaft im Jahre durchschnittlich nur 35—40 Millionen Pfund Sterling an Steuern. Die noch immer die erste Rolle spielende Grundsteuer beläuft sich im Durchschnitt auf zwei Schilling von jedem angebauten Acre Land, d. h. auf etwa ein Drittel des Ernteertrages. Während der Betrag dieser Steuer im vorigen Jahrhundert noch je nach dem Ergebniß der Ernte schwankte, ist ihre Höhe in Bengalen sowie in einem Theile von Madras und der Nordwestprovinzen nach den von Lord Cornwallis bestimmten Sätzen dauernd geregelt. Im übrigen Indien wird der Satz alle 12 bis 30 Jahre festgestellt. Die Bauern sind gegen Willkür der die Steuer eintreibenden Grundherren (Semindare) einigermaßen durch die Land Act von 1859 und die Bengal Tenancy Act und Rent Act von 1885 geschützt. Im Einzelnen herrschen hinsichtlich der Höhe und Erhebungsform dieser Steuer in den einzelnen Provinzen Indiens große Verschiedenheiten. An der Aufstellung zuverlässiger Kataster wird seit 1869 gearbeitet.

Was die Grundsteuer in Indien sehr lästig und fühlbar macht, ist besonders die häufige Wiederkehr von Hungersnöthen, die durch langes Ausbleiben von Regengüssen verursacht werden. Seit 1770 haben 23 solcher Nothstände verschiedene Theile Indiens heimgesucht. Bei der Noth von 1769/70 soll ein Drittel der Bevölkerung Bengalens dem Hunger erlegen sein. 1865/66 ist in gleicher Weise ein Viertel der Bewohner Orissas, 1876/78 ein Fünftel der Bewohner Mysores dem Mangel zum Opfer gefallen! Die Hungersnoth von 1876/78 zog ein Gebiet von 257 300 Quadratmeilen im südlichen und mittleren Indien mit 58¹/₃ Millionen Bewohnern in Mitleidenschaft. Um sie zu bekämpfen, mußten von Staats wegen längere Zeit täglich etwa 877 024 Personen gegen Lohn beschäftigt und 446 641 durch Almosen unterstützt werden. Es war ferner der Erlaß von gegen zwei Millionen Pfund Sterling Grundsteuern und im Ganzen ein Kostenaufwand von 11 194 300 Pfund Sterling erforderlich!

Diese bis dahin noch nie in solcher Ausdehnung über Indien hereingebrochene Heimsuchung gab Veranlassung zur Niedersetzung eines parlamentarischen Untersuchungsausschusses. Nach sorgsamen Arbeiten hat der Ausschuß 1880 seinen Bericht erstattet und zur Beseitigung der Ursachen der periodischen Mißernten umfassende Vorschläge gemacht, die größtentheils genehmigt und ausgeführt worden sind. Es handelt sich dabei in erster Reihe um Reservoir- und Bewässerungsanlagen sowie Bau von Bahnen, Kanälen und Wegen. In zweiter Linie kommt Verbesserung der Technik des Ackerbaues, Einführung lohnender Kulturen und Hebung der Forstwirthschaft in Betracht. Daneben lenkte die Untersuchungskommission das Augenmerk der Behörden auf bessere Vorbereitung und Rüstung der einzelnen Provinzen gegen plötzlich hereinbrechende Nothstände. In dieser Hinsicht wurden für alle davon gelegentlich bedrohten Landestheile eingehende Pläne ausgearbeitet, welche im Voraus alle von der Verwaltung zur Bekämpfung eines Nothstandes zu treffenden Maßnahmen vorsehen, die sogenannten „Famine Codes".

Die Anregungen des Untersuchungsausschusses haben auch in anderer Hinsicht reiche Früchte getragen. Das indische Bahnnetz ist seit 1881 so erweitert worden, daß selbst nach den abgelegensten Gegenden rasch Vorräthe befördert werden können, während sie früher bei Dürre aus Mangel an Futter und Wasser für die Zugthiere kaum erreichbar waren. Durch Reservoir- und Kanalanlagen wurden 1896 bereits 9 999 319 Acres unabhängig vom Regenfall mit Bewässerung versorgt. Da in Indien zwei Ernten im Jahre erzielt werden und außer den großen Bewässerungsanlagen auch noch zahlreiche kleinere vorhanden sind, können im Ganzen jährlich etwa 26 737 000 Acres Land künstlich mit Wasser versorgt werden. — Es ist ferner der Anbau und Export von Baumwolle, Thee, Jute, Indigo und Getreide in außerordentlichem Maße gefördert und dadurch für viele Menschen lohnender Verdienst geschaffen worden. Von den 188 921 010 Acres in Indien unter Anbau befindlichen Landes sind gegenwärtig 69 160 351 mit Reis, 18 530 832 mit Weizen, 84 227 474 mit anderen Körnerfrüchten bestellt, daneben aber dienen 12 844 062 dem Bau von Oelfrüchten, 9 600 616 dem von Baumwolle, 2 248 593 dem von Jute, 1 569 869 dem von Indigo und 406 478 dem von Thee! — Nicht weniger als 76 400 Quadratmeilen Forst sind in verschiedenen Provinzen für den Staat reservirt und in geregelte Verwaltung genommen worden. Es werden endlich erhebliche Summen für Schonung des Baumbestandes in den für Weidezwecken geöffneten Waldungen und auf den Pflanzungen ausgegeben.

Dies Alles hat jedoch nicht zu verhindern vermocht, daß in den Jahren 1896 und 1897 eine Hungersnoth von noch nicht dagewesener Ausdehnung die mittleren und nördlichen Provinzen Indiens heimgesucht hat. Nicht weniger als 504 000 Quadratmeilen mit 96 931 000 Bewohnern sind von diesem Nothstand in Mitleidenschaft gezogen worden, 52 696 000 Menschen befanden sich in hülfsbedürftiger Lage, während 1876/78 nur etwa 19 Millionen Menschen unterstützungsbedürftig waren! Nur der sorgsamen Verwerthung der früheren Erfahrungen und der durch die Famine Codes geschaffenen Organisation ist es zu danken gewesen, wenn dieser durch den Ausbruch von Cholera und Beulenpest verschärfte Nothstand verhältnißmäßig rasch überwunden worden ist. Nach vorläufiger Schätzung sind für Beschäftigung der Arbeitsfähigen und Unterstützung der anderen Nothleidenden 6 800 000 Pfund Sterling aufgewendet, 1 805 300 Pfund Sterling Steuern erlassen und 1 287 700 Pfund Sterling an Vorschüssen und Darlehen vertheilt worden!*) So geringfügig diese Summen im Vergleich zu der Größe des damit bekämpften Nothstandes sind, bedroht doch die Wiederkehr solcher

*) Die Pest hat nach der letzten Statistik von Ende September 1896 bis Ende Oktober 1898 in der Provinz Bombay 134 945 Todesfälle verursacht. Die Zahl aller Erkrankungen war 170 912.

Heimsuchungen die indische Volks- und Finanzwirthschaft in sehr bedenklicher Weise. Die große Masse der indischen Bevölkerung ist überaus arm. Schon in guten Jahren ist ein Fünftel der ländlichen Bevölkerung, d. h. 40—50 000 000 Personen, ungenügend ernährt. Der Rest ist etwas besser daran, sieht sich jedoch auch, wenn die Ernte ein Jahr lang mißräth, auf die Hülfe des Gelddarleihers oder des Staates angewiesen und kann die Grundsteuer nicht aufbringen. Jede neue Hungersnoth schwächt daher die Steuerkraft wie den Wohlstand des Volkes und greift die Wurzeln der britischen Herrschaft an.

Die Armuth der Bevölkerung stellt der kräftigen Entwickelung der inneren Steuern, die neben den Grundabgaben in verschiedener Form wie Accise, Stempelabgaben, Salzmonopol, Bewässerungsgebühren und dergl. erhoben werden, ein unübersteigliches Hinderniß entgegen. Die Verwaltung sieht sich darauf angewiesen, auf Steigerung der Zolleinkünfte und Hebung des Wohlstandes der Eingeborenen vermöge der Einführung lohnender Gewerbszweige hinzuarbeiten. Der Handel Britisch-Indiens zeigt nachstehendes Bild:

	Einfuhr	Ausfuhr	Ausfuhr von Roh-baumwolle	Jute	Thee	Weizen
	Pfund Sterling.					
1860	40 622 100	28 889 200	5 637 600	290 200	127 700	—
1865	49 514 200	69 471 700	37 573 600	1 307 800	301 000	—
1870	46 882 800	53 513 700	19 079 100	2 186 800	1 080 500	32 924
1875	44 363 100	57 984 500	15 257 300	3 246 800	1 963 500	491 400
1880	52 821 300	69 247 500	11 145 400	4 370 000	3 072 200	1 124 200
1885	69 591 200	84 989 500	13 286 300	4 661 300	4 157 300	6 316 000
1890	93 909 800	102 350 500	18 713 200	11 431 000	5 445 400	5 792 600
1895	86 304 100	118 605 700	8 708 200	14 740 200	7 988 500	2 556 200
1896	71 914 600	99 880 600	12 970 000	15 764 400	8 124 500	836 300

Abgesehen von der vermehrten Arbeitsgelegenheit, welche der Anbau von Baumwolle, Jute und Thee der Bevölkerung gewährt, ist man bestrebt, ihr durch Hebung der Industrie neue Erwerbsquellen zu eröffnen. Es befanden sich 1895 in Indien 147 Baumwollfabriken mit 3 844 300 Spindeln und 37 278 mechanischen Webstühlen in Betrieb. Sie beschäftigten täglich 146 244 Arbeiter. Dazu zählte man 28 Jute- und 1 Hanffabrik, die bei 216 139 Spindeln und 10 579 Stühlen 78 889 Arbeiter brauchten, sowie 6 Wollfabriken mit 530 Stühlen und 18 658 Spindeln; 8 Papiermühlen und verschiedene Brauereien. Es gab außerdem 172 Pflanzungs-, 63 Minengesellschaften, 11 Eisfabriken und 6 Zuckerraffinerien. Einer raschen Ausdehnung der Großindustrie in Indien steht allerdings die Furcht entgegen, durch sie die Ausfuhr des Mutterlandes und die Lage der arbeitenden Bevölkerung Großbritanniens zu schädigen!

Der größte Theil der Einnahmen des indischen Reiches wird durch die Militärlast verschlungen. Es werden hier gegenwärtig 74 299 europäische und 140 640 eingeborene Truppen unterhalten. Bei den Ersteren sind 3626, bei den Letzteren 5204 europäische Offiziere. Die Zahl der eingeborenen Offiziere beläuft sich auf 3209. Der Artilleriedienst wird fast gänzlich von Europäern besorgt. Neben 13 407 Europäern befinden sich nur 2088 Inder bei dieser Waffe. Dagegen stehen 5670 europäischen Kavalleristen 22 932 eingeborene gegenüber. Die Organisation der ganzen Macht hat seit 1857 stete Fortschritte gemacht. Alle Kommandobefugnisse einzelner Governments sind beseitigt, und die ganze Armee ist in 4 Kommandos, je unter einem Lieutenant General, der direkt dem Commander in chief untersteht, eingetheilt. Ein sorgsam geordnetes Transportwesen und ein guter Intendantur- und Medizinaldienst gestatten die rasche Bewegung des gesammten Heeres. In Aden, Karachee, Bombay, Hugli und Rangoon befinden sich starke Küstenbefestigungen und Torpedoboote. Im Innern sind stark befestigt: Quetta (Punjab) Rawal Pindi, Ferozepore sowie die Uebergänge des Indus und Chenab und die wichtigsten Punkte der Sind—Pishin-Bahn. Man hofft auf diese Weise das Reich gegen Angriffe von außen wie gegen Erhebungen im Innern gesichert zu haben. Trotz aller Sparsamkeit fordern diese Rüstungen einen sehr hohen Theil der Einnahmen Indiens. Das indische Budget sah 1896: 24 295 600 Pfund Sterling, 1897: 24 195 500 Pfund Sterling für militärische Zwecke vor, wobei die Aufwendungen für Befestigungen noch nicht gerechnet sind. — Die nicht unmittelbar unter britischer Herrschaft befindlichen Lehensstaaten Indiens besitzen zusammen 349 835 Soldaten und 4237 Geschütze. Nur 18 114 Mann davon, die in gewissen Fällen den britischen Truppen Hülfe zu leisten haben, sind einigermaßen modern ausgerüstet und organisirt. Sie stehen unter der Aufsicht von 18 britischen Inspektionsoffizieren.

Die Marine des indischen Reiches wird aus zwei Panzerschiffen, einem Depeschenschiff, 9 Torpedoschiffen, 8 Minenbooten und einer Anzahl von Transportfahrzeugen, Flußdampfern 2c. gebildet.

Schul- und Bildungswesen, welche früher ganz vernachlässigt waren, genießen jetzt steigende Aufmerksamkeit. Während 1858 nur 39 400, 1865: 67 100 Pfund Sterling für diese Zwecke verwendet wurden, betrug 1895 das Budget der Unterrichtsverwaltung 3 526 500 Pfund Sterling, welche durch städtische, Provinzabgaben und Schulgebühren aufgebracht wurden. Es werden aus der genannten Summe 5 Universitäten, in Calcutta, Madras, Bombay, Allahabad und im Punjab, eine Reihe Normalschulen für Lehrer, medizinische, technische, Kunstschulen und zahlreiche Volksschulen erhalten. Im Ganzen besitzt Indien jetzt 152 841 Schulen, die von 4 303 109 Schülern besucht werden. Von ihnen sind 21 948 öffentlich, 61 351 genießen öffentliche Unterstützung und 69 542 sind privat. Seit 1883 eine Kommission das Erziehungswesen Indiens des Näheren geprüft hat, wird besonders der Bildung der Frauen und der Mohammedaner, welche sich als am meisten zurückgeblieben erwiesen, große Aufmerksamkeit gewidmet. Immerhin ist noch jetzt der Prozentsatz der Analphabeten ein sehr hoher. Von den Kindern im schulfähigen Alter besuchen noch immer nur wenige die Schulen, von den Knaben etwa 20,82, von den Mädchen gar nur 2,19 pCt. Ein nicht unerheblicher Theil des Erziehungswesens liegt in den Händen der christlichen Missionen, die besonders seit 1813, wo der Widerstand der Company gebrochen wurde, in Indien wirken. Römische Katholiken, verschiedene protestantische Religionsgenossenschaften, Syrier, Armenier und Griechen wetteifern auf diesem Gebiete miteinander. Der Erfolg dieser humanen Bestrebungen ist trotz der hingebenden Arbeit der verschiedenen Missionsgesellschaften leider noch immer nicht groß. Von den 287 223 000 Bewohnern Indiens gehören erst 2 284 300 dem christlichen Glauben an. 1 315 200 der Bekehrten sind Katholiken, 295 000 Anglikaner, 40 400 Presbyterianer, 296 900 Dissenters, 63 900 Protestanten, der Rest: 201 600 griechisch-katholisch und dergl. Der größte Theil der Christen befindet sich in der Provinz Madras, nämlich 1 580 100. In Bengalen zählte man 192 400, in Bombay 170 000, in Birma 120 700. Der geringen Christenschaar stehen 207 731 700 Hindus, 7 131 300 Buddhisten und 57 321 100 Mohammedaner gegenüber!

So großartig der Aufschwung ist, den Indien unter britischer Herrschaft genommen hat, so geschickt seine Produktion in großem Maßstabe gesteigert worden ist, daß sie nicht allein den inneren

Bedarf deckt, sondern auch für den Weltmarkt von hoher Bedeutung ist, fehlt es doch in England und Indien nicht an sachverständigen Stimmen, welche durchgreifende Reformen für dringend erforderlich halten. Das Anwachsen der Staatsschulden, die eher zu- als abnehmende große Armuth der Masse des Volkes, die Gefahren, welche Großbritanniens Industrie und Handel von der billigen Arbeit in Indien drohen, werden als sehr bedenklich angesehen. Dazu kommt, daß in weiten Kreisen Angst vor dem steten Vordringen der Russen in Mittelasien besteht, wenngleich die besseren Elemente der Bevölkerung Indiens durchaus treu zu Großbritannien halten und von einer Wiederkehr der früheren einheimischen Willkürherrschaft nichts wissen wollen.

Neuntes Kapitel.

Die übrigen asiatischen Besitzungen Großbritanniens.

In naher Verbindung mit Indien, wenn auch unter besonderer Verwaltung, stehen Ceylon und die übrigen Besitzungen Großbritanniens in Asien.

Die Verwaltung Ceylons ist durch Gesetze von 1831 und 1833 geordnet. Dem Governor steht danach ein exekutives Council von 5 Mitgliedern und ein 17 Köpfe starkes legislatives Council zur Seite. Die 25 364 Quadratmeilen große Insel zählte 3 235 300 Bewohner, d. h. 118 auf die Quadratmeile. Sie ist in 9 Provinzen getheilt. 27 299 Bewohner sind Weiße oder Abkömmlinge von Weißen, der Rest setzt sich aus Singhalesen, Tamilen, Malayen und dergl. zusammen. Ackerbau und Pflanzungen bilden die wichtigsten Erwerbszweige. Die Finanzen der Kolonie zeigen ein nicht unbefriedigendes Bild. Es betrugen:

	Einnahmen	Ausgaben	Oeffentliche Schuld
			Pfd. Sterl.
1860 . . .	767 100	705 400	—
1865 . . .	978 400	838 100	450 000 „ „
1870 . . .	1 068 400	1 026 800	700 000 „ „
1875 . . .	1 354 100	1 220 100	623 700 „ „
1880 . . .	1 298 300	1 337 200	1 369 600 „ „
1885 . . .	1 186 000	1 182 300	2 284 000 „ „
1890 . . .	1 217 100	1 162 400	2 518 300 „ „
1895 . . .	1 158 400	1 187 800	3 723 500 „ „

Die Haupteinnahmequelle bilden auf Ceylon die Zölle. Sie

brachten 1885: 219 400, 1890: 284 000, 1895: 321 000 Pfund Sterling. Daneben ergeben die Bahnen, die Licenzen für den Verkauf von Spirituosen, Stempelabgaben und Salzmonopol erhebliche Summen. Die Vertheidigung der Kolonie liegt in den Händen des Mutterlandes, welches hier 2000 Mann stationirt hat, wofür die Insel jährlich 81 750 Pfund Sterling zahlt. Im Hafen von Trincomalee ist die britische Flotte stationirt. Dieser Fleck wie Colombo sind stark befestigt.

Unter Kultur befinden sich 2 077 000 Acres. 368 824 sind mit Thee, 23 003 mit Kaffee, 3979 mit Chininbäumen, 871 245 mit Kokospalmen, 30 882 mit Kakao, 40 679 mit Zimmet, 10 122 mit Tabak bestellt. Die Erzeugnisse dieser Pflanzungen bilden den Haupttheil der Ausfuhr. Der Handel Ceylons hat folgenden Umfang:

	Einfuhr	Ausfuhr	Ausfuhr von Kakao	Kaffee	Thee	
1880 . . .	5 013 400	4 742 600	—	—	—	Pfd. Sterl.
1885 . . .	4 231 100	3 354 600	22 300	885 100	213 300	" "
1890 . . .	4 731 800	3 834 500	59 700	396 500	1 717 400	" "
1895 . . .	4 668 200	4 278 400	62 200	297 000	2 721 200	" "

Die Zahl der Christen auf Ceylon belief sich 1891 auf 302 127. Für Schulzwecke werden erhebliche Aufwendungen gemacht. 1896 besuchten 175 600 Personen die verschiedenen Lehranstalten.

Von Ceylon aus wird die Inselgruppe der Maldiven verwaltet, die unter einem einheimischen Sultan stehen und etwa 30 000 Bewohner zählen.

Nicht weniger wichtig als Ceylon ist die Kolonie der Straits Settlements, welche sich aus der Ansiedelung in Singapore entwickelt hat und außer dieser Stadt jetzt Penang, Malacca, die Cocos Island und Christmas Island umfaßt, geworden. Die Kolonie zählt auf einer Fläche von 1472 Quadratmeilen 550 100 Bewohner. Ihre Finanzen haben sich rasch entwickelt:

	Einnahmen	Ausgaben	Schuld
1860 . . .	125 400	—	—
1865 . . .	377 900	375 200	
1870 . . .	278 200	262 300	—
1875 . . .	327 000	383 600	—
1880 . . .	442 700	382 300	89 200
1885 . . .	628 500	643 700	48 800
1890 . . .	711 500	626 200	5 800
1895 . . .	430 100	401 800	—

Die Einnahmen fließen vollständig aus Licenzen, Stempelabgaben, Hafengebühren, Landsteuern und Postdienst, da Singapore Zollfreiheit genießt. Diese Kolonie ist zu einem der wichtigsten Handelsemporien Asiens geworden, wie die Statistik ihres Handels ergiebt:

	Einfuhr	Ausfuhr	
1865 . . .	8 876 300	9 693 700	Pfund Sterling
1870 . . .	9 975 400	8 709 300	= =
1880 . . .	13 783 100	13 092 200	= =
1885 . . .	17 813 600	16 331 900	= =
1890 . . .	24 549 500	21 320 600	= =
1895 . . .	21 060 600	18 378 500	= =

1896 haben nicht weniger als 8728 europäische Schiffe von 6119400 Tonnen und 16732 einheimische Fahrzeuge von 583200 Tonnen die Häfen der Kolonie besucht.*)

An der Spitze der Verwaltung steht ein Governor mit einem Executive Council von 8 und einem Legislative Council von 17 Personen.

British North Borneo und die an der Nordwestküste Borneos gelegene Insel Labuan befinden sich unter der Leitung der British North Borneo Company. Englische Unternehmer hatten seit Langem ihr Augenmerk auf das reich bevölkerte, wenig bekannte und so gut wie unabhängige Borneo gerichtet. Nach vielen vergeblichen Versuchen war es James Brooke, der als britischer Agent und Führer einer gegen die Seeräuber Borneos dort stationirten Flottille thätig war, um 1842 gelungen, im Norden der Insel von dem Sultan von Brunei eine Landkonzession in Sarawak zu erlangen. Er übernahm als Vasall des Sultans die Regierung des Gebietes und setzte durch, daß Großbritannien mit dem Sultan von Brunei 1847 einen Freundschaftsvertrag schloß. Obwohl die Verträge von 1814 und 1824 mit Großbritannien den Niederlanden die Herrschaft über den ganzen indischen Archipel zusicherten, erhob die holländische Regierung gegen das Vorgehen der Briten keinen Einspruch und ließ Brooke unbehelligt. Sie regte sich erst, als 1877 Baron Overbeck und Sir Alfred Dent von den Sultanen von Brunei und Sulu eine

*) Singapore besitzt auch starke chinesische Einwanderung, 1895: 212 100, 1896: 199 200 Köpfe. Die Leute gehen von hier meist als Arbeiter nach britischen Pflanzungskolonien.

Konzession über ein Gebiet von etwa 30000 Quadratmeilen erwarben und dafür britischen Schutz nachsuchten. Die britische Regierung wies den Einspruch indessen mit der Begründung ab, daß der Vertrag von 1824 sich nicht auf Borneo beziehe, und ertheilte der von Dent ins Leben gerufenen British North Borneo Company unterm 1. November 1881 eine Royal Charter. Nachdem es der Gesellschaft gelungen war, noch Brookes Unterstützung zu erlangen und einige andere Konzessionen zu erwerben, wurde ihr Gebiet am 12. Mai 1888 formell zum britischen Protektorat erklärt. Die kleine Insel Labuan, von der man sich wegen ihrer Kohlenlager großen Nutzen versprach, wurde 1890 zum Gebiet der Company geschlagen.

Die Kolonie besitzt auf 31 136 Quadratmeilen etwa 180 000 Bewohner, meist Mohammedaner und Malayen. Auf Borneo sind etwa 1 Million Acres auf 999 Jahre zu Pflanzungszwecken verpachtet worden. Es bestehen darauf 13 Tabak- und 7 Kaffeeplantagen. Die Haupterzeugnisse sind vor der Hand Holz, Sago, Reis, Guttapercha &c. Der Export von Tabak besaß 1895: 1 176000, 1896: 1 372200 Dollars Werth. Auch Gold und Kohlen sind gefunden worden. Die Letzteren sind auf Labuan auch vorhanden. 1895 wurden 44 400 Tonnen davon ausgeführt. Borneo und Labuan sind mit Singapore telegraphisch verbunden. Die Company unterhält 350 eingeborene Soldaten mit europäischen Offizieren. Die Finanzen beider Gebiete liegen folgendermaßen:

	Einnahmen			Ausgaben		
	1892	1894	1896	1892	1894	1896
North Borneo Dollars	357 800	315 500	407 200	349 300	287 400	300 500
Labuan Pfund Sterling	6 300	4 000	5 500	4 800	4 500	5 400

Der Handel North Borneos betrug 1896 in Ausfuhr 2 473 700, in Einfuhr 1 882 100 Dollars, der Labuans in Ersterer 59 300, in Letzterer 70 700 Pfund Sterling. Die ebenfalls unter britischem Schutz stehenden Staaten Brunei und Sarawak haben eine Ausdehnung von zusammen etwa 53 000 Quadratmeilen. In Sarawak regiert der Neffe des Gründers des Staates, Sir Charles Brooke, seit 1868 Rajah. Das Land hatte 1896 Einnahmen von 508 700 Dollars, denen 565 700 Dollars Ausgaben gegenüberstanden. Es besitzt Lager von Kohlen, Edelmetallen und werthvollen Steinen. 1896 wurden Waaren für 3 557 800 Dollars aus-, für 3 701 300 Dollars eingeführt.

Aden, Perim, Somaliland, Sokotra, Kuria-Muria und die Bahreininseln besitzen ihren Hauptwerth für Großbritannien als Stützpunkte auf dem Wege durch den Suezkanal nach Indien. Aden und die Inseln Perim, Sokotra, Kuria-Muria stehen unter einem vom Government in Bombay abhängigen Residenten. Die Bahreininseln und Somaliland werden von besonderen Residenten verwaltet. Britisches Protektorat ist in Aden und Perim 1839, auf den Bahrein-Inseln 1867, in Sokotra 1876, an der Somaliküste 1884 proklamirt worden. Das Somaligebiet umfaßt 68 000 Quadratmeilen und besitzt die Häfen Zeila, Berbera, Bulhar, Zulia und Karam, die sämmtlich einen sehr ansehnlichen Handelsverkehr haben (1896/97 nicht weniger als 12 675 800 Rupien). Die übrigen Gebiete sind räumlich von geringer Ausdehnung. Doch kommt ihnen nicht allein strategischer, sondern zum Theil auch wirthschaftlicher Werth zu. Die Einfuhr Adens belief sich 1896/97 auf nicht weniger als 52 274 800, die Ausfuhr auf 41 544 800 Rupien. Es verkehrten hier in derselben Zeit 1256 europäische Schiffe von 2 416 200 Tonnen und 1503 einheimische von 48 400 Tonnen. Die Bahreininseln besitzen nicht unerhebliche Bedeutung wegen der Perlenfischerei, in der 400 Boote beschäftigt sind.

Eine ähnliche Bedeutung, wie Aden für die nördliche Straße nach Indien, besitzt Mauritius für den Weg ums Kap. Die 1810 den Franzosen abgenommene Insel ist 705 Quadratmeilen groß und enthält eine Bevölkerung von 371 600 Personen, meist Afrikanern, Chinesen und Mischlingen. Ihre Bedeutung erhellt aus folgenden Tabellen.

	Einnahmen	Ausgaben	Schuld	Einfuhr	Ausfuhr
	Pfund Sterling				
1860	553 400	500 800	—	2 769 200	2 259 600
1870	608 100	575 100	1 100 000	2 070 100	2 086 500
1880	782 100	757 300	807 500	2 210 100	3 656 600
1885	730 900	839 100	756 700	2 278 800	3 469 500
1890	777 400	770 500	781 100	2 606 100	2 786 700
1895	827 300	848 800	1 276 500	3 095 400	3 009 700

An der Spitze der Verwaltung steht ein Governor mit Executive Council von 7 und Legislative Council von 27 Mitgliedern. Zum Ersteren werden 2, zum Letzteren 10 gewählt. Im stark befestigten Hafen Port Louis sind etwa 1000 Mann Soldaten stationirt. Von den gegen 64 000 Pfund Sterling betragenden Aufwendungen für militärische Zwecke trägt Großbritannien etwa 40 000. Zu Mauritius gehören die Seychellen sowie die Inseln Rodriguez und Diego Garcia.

Von gleich großer politischer wie wirthschaftlicher Bedeutung ist für Großbritannien der Besitz von Hongkong.*) Diese anfangs nur aus der etwa 30 Quadratmeilen großen bergigen Insel bestehende Kolonie, zu der 1861 die gegenüberliegende Halbinsel Cowloon und neuerdings ein weiteres Stück Festland gekommen ist,**) hat eine staunenswerth rasche Entwickelung durchgemacht. Von 5000 Köpfen im Jahre 1841 ist die Bevölkerung 1848 auf 24 000, 1855 auf 72 000, 1861 auf 119 300, 1871 auf 124 100, 1881 auf 160 400, 1891 auf 221 400, 1895 auf 253 500 Personen gewachsen! Finanzen und Handel zeigen folgendes Bild:

	Einnahmen	Ausgaben	Schuld	Einfuhr von Großbritannien	Ausfuhr nach Großbritannien	
1860	94 100	72 300	—	—	—	Pfund Sterling
1870	190 600	183 500	—	—	—	" "
1880	222 900	197 500	—	—	—	" "
1885	260 800	337 700	—	—	—	" "
1890	415 600	399 000	200 000	—	—	" "
1893	—	—	—	1 803 800	836 700	" "
1895	517 900	580 200	640 300	1 908 800	759 400	" "
1896	—	—	—	1 822 000	797 100	" "

Ueber den Umfang des gesammten Handels dieser Kolonie veröffentlicht Großbritannien leider keine Statistik. Wie bedeutend er sein muß,***) ergiebt sich aus der Größe des Schiffsverkehrs Hongkongs. Es haben 1890: 298; 1895: 269 Dampfer diesen Hafen besucht. Abgesehen vom Küsten- und Dschonkenverkehr†) belief sich der Tonnengehalt der von Hongkong ausklarirten Schiffe

1875	auf	3 893 600	Tonnen.
1880	"	5 078 800	"
1885	"	7 699 000	"
1890	"	9 771 700	"
1895	"	11 525 500	"

*) Die Hauptstadt heißt amtlich Victoria.

**) In letzter Zeit ist auch das Gebiet von Wei-hei-wei in Nordchina unter britisches Protektorat gekommen.

***) Er wird auf wenigstens 45 Millionen Pfund Sterling veranschlagt.

†) Die Kolonie besaß 1892 selbst 52 000 Dschonken und wurde von 23 000 besucht.

Dem an der Spitze der Verwaltung stehenden Governor sind ein Executive Council aus 9 und ein Legislative Council aus 14 Personen beigegeben. Im Ersteren sitzen 2, im Letzteren 6 Nichtbeamte. Zwei von Letzteren sind Chinesen. Der Handelskammer und den Friedensrichtern steht die Wahl je eines Mitgliedes zu. Die militärische Besatzung der Kolonie besteht aus 2800 Mann und einer 100 Köpfe starken freiwilligen Artillerie. Einen Theil der Kosten sowie die des 20 Schiffe starken hier stationirten Geschwaders trägt Großbritannien.

Fünfter Theil.

Das britische Reich in Australasien.

Erstes Kapitel.

Gründung von New South Wales und Tasmania.

Der Ruhm der Entdeckung Australiens wird von verschiedenen seefahrenden Nationen in Anspruch genommen. Gestützt auf die Angaben einiger Karten des 16. Jahrhunderts und auf das damals schon weit verbreitete Gerücht vom Vorhandensein eines großen südlichen Erdtheils sind verschiedene französische und spanische Seefahrer als Entdecker von Australien bezeichnet worden. Die erste bestimmte Nachricht von diesem Welttheile enthält das 1597 veröffentlichte Werk des Holländers Cornelius Wytfliet: Descriptionis Ptolemaicae augmentum, worin es heißt, daß „die Terra Australis, das südlichste aller Länder, von Neu-Guinea durch eine schmale Straße getrennt ist. Ihre Ufer sind bisher wenig bekannt, da nach einer oder der anderen Reise dieser Weg aufgegeben worden ist und das Land selten besucht wird, außer wenn Schiffer durch Sturm dahin verschlagen werden. Die Terra Australis beginnt 2 oder 3 Grad südlich vom Aequator und wird von Manchen für so groß und ausgedehnt gehalten, daß, wenn sie völlig erforscht wäre, man sie als fünften Erdtheil betrachten würde."

Unter den Beamten und Seeleuten der verschiedenen kolonisirenden Völker scheint indessen eine so klare Kenntniß der Geographie jener Theile der Welt noch nicht verbreitet gewesen zu sein. Denn ein holländisches Schiff „Duyfhen", welches 1605 von Bantam abgeschickt wurde, um die Küste Neu-Guineas zu erforschen, fuhr an Australiens Gestaden entlang bis zum 13 ° südlicher Breite, immer im Glauben, noch die Ufer Neu-Guineas vor sich zu haben, und ein spanischer

Seemann, Pedro Fernandez de Quiros, welcher um dieselbe Zeit von Peru aus eine Fahrt zur Aufsuchung Australiens unternahm, hielt die Neuen Hebriden für den gesuchten Erdtheil. Sein Lieutenant Vaz de Torres, welcher den Irrthum entdeckte und die Reise nach Westen fortsetzte, fuhr um die Südküste Neu-Guineas herum und durch die Ende des 18. Jahrhunderts in England nach ihm benannte Wasserstraße, welche Australien von jener großen Insel trennt, ohne anscheinend Ersteres als das große südliche Festland zu erkennen. Erst aus dem Jahre 1616 liegen sichere Nachrichten von einem Besuche der australischen Küste durch Europäer vor. Das Schiff „Endraght" lief damals die Sharksbay an, und sein Kapitän Dirk Hartog pflanzte dort auf einer kleinen Insel einen Pfahl mit einer Tafel auf. Verschiedene holländische Schiffe besuchten in den folgenden Jahren den neuen Erdtheil. 1623 wurde durch sie der Golf von Carpentaria zu Ehren des damaligen Generalgouverneurs Carpenter, 1628 das Westgebiet zu Ehren des großen Staatsmannes „de Witts Land" getauft. Die Südküste nannten sie 1627 nach einem Schiffskapitän „Nuyts Land".

Die erste größere Forschungsreise nach Australien hat 1642 der Kapitän Abel Janszoon Tasman im Auftrage der holländisch-ostindischen Kompagnie ausgeführt. Er entdeckte zuerst jene große Insel, die er nach dem damaligen Generalgouverneur Van Diemensland benannte. Dann fand er nach Untersuchung einzelner Theile der australischen Südküste New-Zealand, welches er „Staates Land" taufte. Die holländische Regierung vertauschte später diesen Namen mit dem jetzt üblichen. — Weniger erfolgreich war eine zweite Reise, welche Tasman 1644 antrat. Er vermochte die Aufgabe, festzustellen, ob zwischen Neu-Guinea und Australien*) sowie zwischen diesem und Van Diemensland Wasserstraßen vorhanden seien, und die Ostküste des Erdtheils zu erforschen, nicht zu lösen!

Die Nachrichten über Natur und Bewohner Australiens scheinen die Holländer nicht befriedigt zu haben. Sie nannten zwar den neuen Erdtheil „Neuholland" und betrachteten ihn als Eigenthum, doch thaten sie keinen ernstlichen Schritt zu seiner Durchforschung und Besiedelung. Englische Piraten (Buccaneers) trieben gegen Ende des 17. Jahrhunderts in den australischen Gewässern ungestört ihr Wesen.

---

*) Die Entdeckung von Torres war den Holländern noch nicht bekannt!

Die Schilderungen eines dieser Abenteurer, William Dampier, die 1703 erschienen, lenkten die Aufmerksamkeit in England auf diesen abgelegenen Theil der Welt. Es fanden mehrere Fahrten englischer Seeleute nach Australien statt. Ihre Erfahrungen waren ebenso wenig ermuthigend wie die von den Holländern gemachten, und auch von dieser Seite wurde daher kein ernstlicher Vorstoß nach dieser Weltgegend unternommen. Erst dem großen Seefahrer James Cook war es vorbehalten, 1770, 1772 und 1776 die Ostküste Australiens und New-Zealand näher zu erforschen, die noch unklaren Fragen der Geographie Australiens zu lösen und über die Natur dieses Landes Klarheit zu schaffen. Diese Arbeiten sind für die Geschichte Australiens von entscheidender Bedeutung geworden.

Cook hatte 1770 bereits an verschiedenen Punkten der, wie erwähnt, den Holländern unbekannt gebliebenen Ostküste Australiens die englische Flagge gehißt, das Land New South Wales getauft und von ihm feierlich im Namen des Königs George III. Besitz ergriffen. Die englische Regierung widmete jedoch diesen Gebieten zunächst keine weitere Aufmerksamkeit. Sie erwartete von ihnen für den Handel bei ihrer Armuth und Entlegenheit keinen Nutzen und war vollauf mit den amerikanischen Angelegenheiten beschäftigt. Im Publikum fehlte es allerdings nicht an unternehmenden Geistern, welche gern Cooks Entdeckungen auf der Stelle ausgenutzt und Englands Einfluß auch in Wirklichkeit auf den neuen Welttheil ausgedehnt hätten. Wer konnte aber inmitten des Krieges Englands mit der halben Welt an Ausführung solcher weit aussehenden Pläne denken? Das Parlament erachtete die Zeit kolonialer Unternehmungen überhaupt schon für abgeschlossen. Als der Verlust der nordamerikanischen Kolonien 1781 zweifellos war, hob es das Council of Trade and Plantations und das Amt des Secretary of State for the Colonies als überflüssig auf. — Ostindien besaß ja eine eigene oberste Behörde, die verbleibenden afrikanischen und amerikanischen Gebiete wurden eines eigenen Ministeriums nicht für werth gehalten.

Die Handelswelt und verschiedene Staatsmänner theilten diese Muthlosigkeit der Volksvertretung nicht. Sie sahen sich ohne Weiteres nach Ersatz für die verlorenen Besitzungen um und hielten trotz aller vorhandenen Schwierigkeiten das von Cook besuchte und geschilderte ferne Gebiet eines ernstlichen Ansiedelungsversuches für werth. Allerdings verhehlten sie sich die Schwierigkeit, für ein so entlegenes, von der Natur stiefmütterlich bedachtes Land genügend Kolonisten zu finden, nicht. In dieser Hinsicht bot sich indessen gerade damals ein bequemer Ausweg: Die Gefängnisse waren überfüllt, die Verwaltung wußte nicht, was sie mit allen Sträflingen anfangen sollte.

Dieser Zustand war gleichfalls eine Folge des Abfalles der Amerikaner. Vor dem Unabhängigkeitskriege waren Tausende englischer Verbrecher jährlich nach den amerikanischen Kolonien deportirt worden und zwar, ohne daß die englische Regierung dafür auch nur einen Heller aufzuwenden brauchte. Wie im ersten Bande erwähnt, waren nämlich englische Verbrecher und Verbannte besonders seit der englischen Revolution in den Pflanzungskolonien Amerikas als Zwangsarbeiter ein sehr begehrter Artikel. Die Deportation war daher 1666 und 1670 für eine große Anzahl von Verbrechen gesetzlich eingeführt worden. Die Leute wurden einfach einem Unternehmer übergeben, der sie in Amerika meistbietend als Sklaven für 8 bis 20 Pfund Sterling pro Person verkaufte. Der Staat sparte dabei die Kosten der Gefängnisse und Verpflegung, und die amerikanischen Pflanzer waren zufrieden, Arbeitskräfte zu bekommen. 1779 war es damit vorbei, und bei der Unzulänglichkeit der Gefängnisse mußte die englische Regierung an einen Ausweg denken. Das Parlament ordnete eine Untersuchung an und beschloß alsdann 1783, daß die vorhandenen Verbrecher nach Plätzen innerhalb oder außerhalb der britischen Besitzungen deportirt werden sollten. In Vorschlag waren gekommen: Gibraltar, das Gambiagebiet und endlich die von Cook entdeckte Botanybay. Ueber die Unzulänglichkeit des ersten Platzes war der Untersuchungsausschuß nicht im Zweifel; Westafrika erschien wegen seines überaus ungesunden Klimas als unbrauchbar. Man war darüber einig, daß Deportation dahin lediglich Vollstreckung der Todesstrafe durch Malaria bedeuten würde. Ernstlich in Betracht kam also nur das von Joseph Banks empfohlene Australien. Doch wurde bei den ungeheuren Schwierigkeiten eines solchen Planes zunächst kein ernstlicher Schritt zu seiner Verwirklichung gethan.

Doch noch eine andere Folge des amerikanischen Krieges lenkte die Aufmerksamkeit der Engländer auf Australien. Wie früher erwähnt, befand sich die englische Regierung damals in der Nothwendigkeit, für zahlreiche Familien zu sorgen, welche aus Amerika verjagt worden waren, da sie im Kriege auf Seiten des Mutterlandes gestanden hatten. Man war in Verlegenheit, was man mit den vielfach aller Unterhaltsmittel beraubten, durch ihre Treue ins Unglück gestürzten Leuten thun sollte. Ein Mr. Matra, welcher später englischer Konsul in Tanger wurde, empfahl im August 1783 ihre Unterbringung in New South Wales, von dessen Besiedelung er sich große Vortheile für Englands Stellung in den Südseegewässern versprach. Es scheint, daß Mr. Matras Darlegungen nicht ohne Eindruck geblieben sind. Staatssekretär Lord Sydney (Thomas Townsend) besprach mit ihm Frühjahr 1784 die Angelegenheit und trat dem Vorschlag der Kolonisation des neuen Welttheils näher. Doch erwartete er nichts von freien Ansiedlern und kam wieder auf den Gedanken der Deportation zurück. So wenig dieser Plan Matra und anderen Freunden Australiens zusagen mochte, angesichts der Aussichtslosigkeit, auf andere Weise die Unterstützung der Regierung zu bekommen, stimmten sie jenem Gedanken doch bei in der Hoffnung, daß neben den Sträflingen bald auch freie Kolonisten in Australien Platz finden würden. Während sie freie Auswanderer zu werben suchten, bereitete Lord Sydney eine erste Sendung von Verbrechern nach Australien vor. Es wurde zwar nochmals an der Südwestküste Afrikas eine Untersuchung vorgenommen, ob dort nicht geeignete Plätze zur Entlastung der englischen Gefängnisse seien. Da sich dort aber nichts fand, so gingen die Maßregeln für Australien weiter.

Ein erfahrener Marinekapitain, Arthur Phillip,*) wurde zum Leiter der Expedition auserseheu, drei Kompagnien Soldaten, zwei Kriegs-, sechs Transport- und drei Frachtschiffe wurden mit den nöthigen Vorräthen für zwei Jahre ausgerüstet und Alles sorgsam vorbereitet. Minister Pitt nahm sogar an den Einzelheiten der Unternehmung lebhaften Antheil. Phillip entfaltete unermüdlichen Eifer und große Sorgfalt in der Aufstellung der Instruktionen für Unterbringung und Behandlung der Deportirten, Regelung aller etwaigen Schwierigkeiten unter dem Militär, Fürsorge für Verproviantirung u. s. w. Er behielt sich vor, falls Botanybay sich als ungeeignet erweise, die Strafkolonie an einem anderen Punkte anzulegen. Durch zwei Königliche Ordres vom 6. Dezember 1786 wurde die Ostküste Neuhollands endgültig als Ziel für die künftige Deportation erklärt und die Liste der mit der ersten Expedition dorthin zu befördernden Sträflinge

*) Seine Mutter war eine deutsche Sprachlehrerin, die einen Seemann geheirathet hatte.

festgesetzt. Ein Statut*) regelte alsdann zu Anfang 1787 die rechtlichen Befugnisse des Governors der Strafkolonie. Er erhielt dadurch die Befugniß, zur Aburtheilung von Verbrechen nach Bedarf einen Gerichtshof aus einem Juristen und sechs Offizieren zu berufen. Diesem Gericht sollte die Anklage stets schriftlich vorgelegt werden. Stimmenmehrheit entschied außer im Falle von todeswürdigen Verbrechen. Hierbei mußten fünf der Richter für Verurtheilung stimmen, sonst sollte die Genehmigung der englischen Regierung eingeholt werden. Als Norm galten die englischen Gesetze. Nur in Ausnahmefällen stand es dem Governor zu, ein mehr summarisches Verfahren zu wählen. Der Governor besaß in Fällen von Berufung die Befugnisse der zweiten Instanz. In seiner Hand lag ferner die gesammte Regelung der Verwaltung und des Unterhalts der zu gründenden Ansiedelung. — Besonders eingehend erwog Phillip noch vor der Abfahrt die Regelung des Verhältnisses der Sträflinge zu den australischen Eingeborenen. Im Einverständniß mit Sachkennern beschloß er, die Letzteren von den Deportirten aufs Strengste fernzuhalten und auch nach Ablauf der 7 bis 14jährigen Strafzeit eine Vermengung der Strafgefangenen mit den freien Kolonisten nicht zu dulden. Die Tödtung eines Eingeborenen sollte ebenso bestraft werden, wie wenn es sich um einen Weißen handelte. Phillip hegte die Absicht, Mörder und schwere Verbrecher nach Inseln zu senden, wo Menschenfresserei üblich sei, und sie dort ihrem Schicksal zu überlassen. Daß er die Einführung der Sklaverei in Australien nicht dulden werde, theilte er der Regierung unumwunden mit.

Mit etwa 550 männlichen und 200 weiblichen Gefangenen, 200 Marinesoldaten, 40 freien zu ihnen gehörigen Frauen und der nöthigen Schiffsmannschaft segelte Phillip am 13. Mai 1787 von England. Die zwölf Schiffe seines Geschwaders erreichten Anfang Juni wohlbehalten Teneriffa und am 5. August Rio de Janeiro. Hier wurden Sämereien und Pflanzen vieler Art an Bord genommen. Im Oktober nahm das Geschwader in Kapstadt dazu noch Vorräthe und 500 lebende Thiere verschiedener Art ein. Phillip reiste von hier aus auf dem schnellsten Schiff voraus und kam am 18. Januar 1788 in Botanybay an. Die anderen Fahrzeuge erschienen einen und zwei Tage später.

---

*) 27. Georg III. Cap. 11.

Der praktische Kapitän erkannte Botanybay sofort als ungeeignet. Der Hafen war den Ostwinden schutzlos geöffnet, der Boden zeigte sich arm und sumpfig, und es fehlte an guten Quellen. Ohne Weiteres machte er sich daher mit drei Booten auf, um eine von Cook erwähnte, aber nicht erforschte benachbarte Bay, Port Jackson, zu besichtigen. Hier fand er alle Wünsche erfüllt. Hinter der schmalen Einfahrt öffnete sich ein unvergleichlicher, auch landschaftlich herrlicher Hafen. In einer seiner Buchten, wo nahe am Meer ein reicher Quell floß, beschloß er die Niederlassung zu gründen. Er benannte den Fleck dem Lord Sydney zu Ehren mit dessen Namen. Am 24. Januar kehrte er nach Botanybay zurück und holte das Geschwader. Schon am 26. wurde in Sydney Cove die englische Flagge gehißt und mit der Landung begonnen. Gerade am selben Tage erschienen zwei französische Schiffe in Botanybay, die von den Engländern mit großem Mißtrauen betrachtet wurden. Ihr Führer La Perouse machte aber keine Miene, die englischen Kolonialpläne zu stören, und lehnte auch Aufnahme und Unterstützung einiger zu ihm geflüchteten Deportirten ab. In aller Ruhe konnte Phillip ein Stück Land lichten, Zelte aufschlagen und die Vorkehrungen zur Unterbringung der Sträflinge treffen. Am 7. Februar 1788 wurde die Ansiedelung feierlich eingeweiht. Der Governor wies die Deportirten, von denen gegen 40 unterwegs gestorben waren, in einer Ansprache auf die Gnade der Regierung hin, die ihnen nicht nur ihr verwirktes Leben geschenkt, sondern ihnen auch Gelegenheit gegeben habe, durch Fleiß und gutes Betragen sich wieder emporzuarbeiten, und versprach denen, die sich verheirathen und ein anständiges Leben beginnen würden, Unterstützung.

Die Befolgung seiner Worte lag nicht nur im Interesse der Sträflinge, sondern der ganzen Ansiedelung. Von den 350 freien Männern und Frauen war ja der größte Theil für Bewachung der Gefangenen und die Wirthschaftsführung unentbehrlich. An Urbarmachung des Landes, Anlage von Feldern und Häusern war ohne eifrige Arbeit der Deportirten nicht zu denken. Es wurde daher mit Freuden begrüßt, als gleich in erster Zeit 14 Ehen unter ihnen zu Stande kamen und noch mehr sich zum Verheirathen geneigt zeigten. Phillip verlangte schon bald nach der Ankunft Sendung weiterer weiblicher Gefangenen. Eine Anzahl der Ehepaare erhielt vom Governor Landstücke am Parramatta-Hill zugetheilt, um Ackerbau und Viehzucht zu treiben. Ein weiterer Versuch, die Deportirten sogleich zu selbständiger Arbeit zu bringen, wurde auf Norfolk Island gemacht, wohin Phillip noch im Februar 15 männliche und weibliche Gefangene mit nur drei Soldaten unter Lieutenant King sandte. Die Leute sollten sich auf die Verarbeitung des dort von Cook sehr häufig gefundenen Flachses verlegen, um so Kleidungsstoffe für die Kolonie zu bekommen. — King hat das Kolonisationswerk ebenso eifrig und geschickt wie Phillip in die Hand genommen. Schon im August 1788 hatte er mehrere Aecker mit Getreide und Gemüsen bepflanzt und die Flachsbereitung eifrig in Gang gebracht. Aber auf Norfolk Island wie in Sydney zeigte sich, daß es nicht möglich war, binnen Jahresfrist in ganz jungfräulichem Lande die nöthigen Lebensmittel zum Unterhalt Hunderter von Menschen zu erzeugen. Selbst freie Farmer bedurften, wie Phillip bald einsah, einer Unterstützung durch Lebensmittel und Arbeiter für die ersten zwei bis drei Jahre, und dabei leisteten nach seiner Erfahrung zwanzig freie Leute mehr als tausend Deportirte!

Der Governor erkannte schon in den ersten Monaten die Schwierigkeiten der Lage und verlangte dringend von der englischen Regierung Sendung von Lebensmitteln, erfahrenen Landwirthen und freien Ansiedlern, welche die Gefangenen als Arbeiter beschäftigen könnten. Doch lange Zeit verfloß, ehe einer seiner Wünsche erfüllt wurde. Mittlerweile hatte er mit unerhörten Schwierigkeiten zu kämpfen. Die Vorräthe wurden knapp, das mitgebrachte Vieh ging zum Theil durch Nachlässigkeit des Wächters verloren, die zuerst besäten Aecker trugen nichts. Aus Mangel an frischem Fleisch brach Skorbut aus. Bei den Soldaten zeigte sich Trunksucht und Unbotmäßigkeit. Viele Sträflinge entflohen. Einmal waren gegen 40 ins Innere entwischt, um, wie sie hofften, sich nach China durchschlagen zu können. Nicht selten kamen Meutereien und Diebstähle vor, und der Governor mußte Todesstrafen verhängen. Nach vergeblichen Versuchen, auf benachbarten Inseln Lebensmittel zu finden, wurde ein Schiff Ende 1788 nach Kapstadt geschickt, das Anfang Mai 1789 mit Vorräthen von dort in Sydney eintraf und so die Noth erleichterte. Von England war damals noch keinerlei Nachricht in Australien eingetroffen. Die Lage war so schlimm, daß selbst die Soldaten nicht mehr gehorchten. Eine ganze Anzahl hatte einen Einbruch in die Proviantschuppen versucht, und der Governor hatte sich, um ein abschreckendes Beispiel zu geben, genöthigt gesehen, sechs hinrichten zu lassen! Auch auf Norfolk Island, wohin weitere Deportirte und Soldaten gesandt worden waren, da die Verpflegung hier leichter erschien, war eine Verschwörung nur mit Mühe zu vereiteln gewesen.

Die aus Kapstadt geholten Vorräthe hielten nicht lange vor. Da von England fortgesetzt jede Sendung ausblieb, erreichte die Noth bald einen hohen Grad! Phillip selbst fürchtete wohl manchmal ein ähnliches Schicksal, wie es 1763 eine ähnliche französische Strafansiedelung in Cayenne gefunden. Obwohl auch dorthin Lebensmittel für zwei Jahre von der Regierung mitgegeben worden waren, kamen gegen 1500 Personen durch Hunger, Krankheiten und eine Sturmfluth um! — Im Februar 1790 wurde die Noth so arg, daß der Governor sich genöthigt sah, gegen 200 Sträflinge nach Norfolk Island zu senden, obwohl auch dort nichts weniger als Ueberfluß herrschte. Das Schiff sollte von da nach Batavia gehen, um Vorräthe zu kaufen, und Lieutenant King war beauftragt, über Batavia nach London zu reisen und auf schleunige Sendung von Hülfe zu drängen. Unglücklicherweise scheiterte das Schiff an der Norfolkinsel. Alle seine Vorräthe gingen verloren, die Bemannung wurde nur mit Mühe gerettet. Die Lage auf der Insel wurde infolge dessen so bedenklich, daß die Behörden Standrecht proklamirten und Todesstrafe auf jede Verletzung ihrer Befehle setzten. Für 498 Menschen waren nur etwa 450 Bushels Getreide, einige Schweine, Ziegen und Geflügel vorhanden! Nur das Erscheinen zahlreicher Seevögel, die auf der Insel Massen von Eiern legten, hat die Bewohner vom Tode gerettet. In Sydney stand es nicht viel besser. Ende März wurden hier die wöchentlichen Rationen auf 4 Pfund Mehl, 1½ Pfund Reis, 2½ Pfund Salzfleisch für jeden Mann und noch weniger für jede Frau festgesetzt. Als die Nachricht vom Scheitern des nach Batavia bestimmten Schiffes kam, wurden diese Rationen noch um die Hälfte geschmälert, und das einzige noch vorhandene kleine Schiff wurde nach Batavia gesandt, um Nahrungsmittel zu kaufen.

Phillip hatte bei allen Leiden nie den Muth verloren. Er setzte ununterbrochen den Bau von Häusern, Anlage von Feldern und Gärten, Fischfang, Salzgewinnung aus Meerwasser, Erforschung des Landes und Versuche, mit den Eingeborenen in friedliche Beziehungen zu treten, fort. Gottesdienst wurde regelmäßig abgehalten und Alles gethan, um das Leben der Deportirten erträglich zu gestalten. Aber die immer wachsende Noth erschwerte seine Aufgabe außerordentlich. Die Leute stahlen aus Hunger alles Erreichbare; Prügel und selbst Todesstrafe blieben dagegen wirkungslos. Nur das unerschütterliche Pflichtgefühl des Governors und seiner Offiziere rettete die Ansiedelung. — Endlich, am 3. Juni 1790, erschien von Sydney ein Schiff aus England. Nur leider brachte es wenig Vorräthe und dabei 220 neue weibliche Sträflinge!

Die Schuld, daß Hülfe so spät und unzureichend von England nach Sydney kam, lag an verschiedenen unglücklichen Zufällen. Schon im Juli 1789 war ein Schiff, im September ein zweites größeres mit Vorräthen nach Australien abgefertigt worden. Das Erstere segelte aber so langsam, daß es beinahe ein Jahr zur Reise brauchte, das zweite wurde bei Kapstadt wrack und konnte die Reise nicht fortsetzen. Erst ein Anfang 1790 abgeschicktes Schiff, das Ende Juni 1790 Sydney erreichte, brachte so viel Lebensmittel, daß wieder volle Rationen vertheilt werden konnten. — Die von London mitkommenden Instruktionen ermächtigten Phillip, allen sich etwa einfindenden freien Ansiedlern Land und eine Anzahl Sträflinge als Arbeiter zuzutheilen.*) Für Ersteres sollte nach fünf Jahren eine Quitrent gezahlt werden. Für die Sträflinge brauchten die Farmer nichts als den Unterhalt zu zahlen. Für die Regierung, die Kirchen, Schulen, Befestigungen u. s. w. sollten zwischen den verschiedenen Landkonzessionen Stücke vorbehalten werden.

Mit dem Kommen freier Einwanderer, welche der Governor dringend wünschte, hatte es damals aber noch gute Wege. Ende Juni langten nur neue Hunderte von Sträflingen auf drei Schiffen, meist krank, an. Gegen 270 waren unterwegs gestorben, beinahe 500 der Leute kamen krank an Land. Ein Theil der Deportirten wurde wieder nach Norfolk Island geschickt, wo die Noth Monate hindurch einen solchen Grad erreicht hatte, daß die Ordnung nur mit äußerster Strenge aufrecht zu erhalten gewesen war. Außer den Gefangenen hatten die Schiffe Rindvieh, Schweine und andere Haus-

*) 1792 erhielt der Governor auf seinen Antrag auch Erlaubniß, an Militärs und Civilbeamte, die sich ansiedeln wollten, ebenso wie an Deportirte, deren Strafzeit abgelaufen, Land und Zwangsarbeiter zu vergeben.

thiere gebracht; dazu begannen die angelegten Felder allmählich zu tragen, und immer mehr Leute verlegten sich auf den Landbau. Doch dauerte es noch längere Zeit, ehe Knappheit an Lebensmitteln in der neuen Kolonie zu den ungewöhnlichen Erscheinungen gehörte. Für die große Zahl von Deportirten, welche 1791 von England geschickt wurden, reichten die Vorräthe nicht. Wieder brach Noth in Sydney wie auf Norfolk Island aus, und nur Bezug von Nahrungsmitteln aus Indien rettete die Ansiedler. Die Sterblichkeit unter ihnen war kaum viel geringer als die auf den Transportschiffen, welche die Deportirten brachten. Governor Phillip hatte nicht allein mit diesen Umständen zu kämpfen, sondern auch mit der Unbotmäßigkeit der Marinesoldaten und später des für den Dienst in Australien eigens gebildeten New South Wales Corps und gelegentlichen Unruhen der durch Uebergriffe von Deportirten erbitterten Eingeborenen. Major Robert Roß, der im Rang dem Governor nächststehende Offizier, floß in seinen Briefen nach England von Klagen über das ganz werthlose Land, das niemals eine Niederlassung lohnen und höchstens nach 100 Jahren die Kolonisten ernähren werde, über. Er wie seine Untergebenen durchkreuzten die Anordnungen des Governor, wo es nur anging. Sie weigerten sich sogar offen, der Parlamentsact, auf Grund deren Phillip sein Amt ausübte, zu gehorchen, und behaupteten, sich nur nach ihren militärischen Gesetzen richten zu brauchen.

Zum Glück für den Governor zauderte die englische Regierung nicht, in diesen Streitigkeiten ohne Weiteres auf Phillips Seite zu treten. Im Oktober 1790 wurde eine eigene Truppe für New South Wales gebildet und dahin abgeschickt. Den Marinesoldaten wurde freigestellt, den Abschied zu nehmen oder sich in der Kolonie anzusiedeln. Den Unteroffizieren wurden 100, den Gemeinen 50 Acres mit Steuerfreiheit für fünf Jahre geboten. Nach Ablauf dieser Frist sollte von je 10 Acres jährlich eine Quitrent von 1 Schilling gezahlt werden. An die Spitze der neuen Truppe war ein Major Grose gestellt. — Allzuviele Marinesoldaten scheinen von der Gelegenheit zur Ansiedelung nicht Gebrauch gemacht zu haben. Auch unter den Sträflingen, deren Strafzeit ablief, fanden sich nur wenige, welche Lust hatten, in der Kolonie sich anzusiedeln. Fast alle wollten nach England zurück. Nur solche Gefangene, welchen der Governor in Anbetracht guter Führung die Bewirthschaftung von

Farmen oder Dienst in der Truppe übertrug, zeigten einige Brauchbarkeit. Phillip kam daher immer wieder auf seinen Wunsch nach Sendung freier Ansiedler zurück. Nach langem Zögern entschloß sich das Ministerium dazu. Die ersten fünf freien Kolonistenfamilien trafen indessen erst Anfang 1793, nach Phillips Abreise, in Sydney ein.

Phillip legte Dezember 1792 sein Amt nieder und kehrte nach England zurück, da die vielen Anstrengungen und Entbehrungen seine Gesundheit erschüttert hatten. Es waren damals bei Paramatta 316 und bei Toongabbe 696 Acres für die Krone, 690 für Privatleute unter dem Pflug. Von den 1703 Acres waren 1186 mit Mais, der Rest mit Weizen bestellt. Auch ein Weingarten von 3 Acres war von Phillip angelegt worden. Die Zahl der Kolonisten betrug 67, nur einer arbeitete aber erst für eigene Rechnung. An Vieh waren 23 Stück Rindvieh, 11 Pferde, 105 Schafe, 43 Schweine und eine Anzahl Ziegen vorhanden. —

Major Grose übernahm damals das Government. Er setzte sogleich für das etwas entlegene Paramatta einen Residenten in der Person des Offiziers John Mac Arthur ein, ordnete die Civilverwaltung im Widerspruch mit der seiner Zeit erlassenen Parlamentsact dem Militär unter und schaffte das Civilgericht überhaupt ab. Jeder Soldat erhielt Strafgewalt über die Gefangenen. Die gesteigerte Gewalt des Militärs und die Nachsicht, welche Grose den von Soldaten begangenen Verbrechen gegenüber bewies, hatten bei den eigenthümlichen Verhältnissen dieser Kolonie schwere Mißstände im Gefolge. Die stets vorhandene Neigung der Soldaten wie Sträflinge zu Spirituosen, mit der schon Phillip zu kämpfen gehabt hatte, machte sich immer mehr geltend. Die Ansiedler fanden es bald vortheilhafter, ihr Getreide zu Schnaps als zu Brod zu verarbeiten. Extraarbeiten waren von den Leuten überhaupt nur für Zahlung in Branntwein zu erlangen. Dazu nahmen unsittliche Beziehungen zwischen Militär und den weiblichen Deportirten überhand und vernichteten die Erfolge der früheren Bemühungen zur Erziehung friedlicher Farmerfamilien aus den Sträflingen. Bei der Ertheilung von Landbesitz an Offiziere wurden die Vorschriften der englischen Regierung nicht beachtet. Statt zweier Strafgefangener theilte Grose jedem Beamten und Offizier ohne Weiteres zehn als Arbeiter zu. Da sie für diese Leute weder Lohn noch Unterhalt zu zahlen brauchten, waren sie ohne Weiteres in eine viel günstigere Lage als freie Ansiedler versetzt, und sie wurden es noch mehr dadurch, daß der Governor ihnen weit mehr Land schenkte, als zulässig war. Grose begründete die letzteren Maßregeln mit der Nothwendigkeit, möglichst rasch die Erzeugung von Nahrungsmitteln im Lande zu steigern. Dieses Streben war bei der Kostspieligkeit des noch dazu damals durch den Krieg mit Frankreich erschwerten Bezuges der Vorräthe von außerhalb begründet. Daß er aber dabei soweit ging, den Offizieren und Beamten sogar Bezahlung von deportirten Arbeitern mit Branntwein zu gestatten, ist nicht zu rechtfertigen gewesen.

Zu jener Zeit war Norfolk Island in erfreulichem Aufblühen. Schon 1794 wurde dort soviel Getreide erzeugt, daß der Lieutenant Governor King 11 000 Bushel Mais für die Regierung ankaufen konnte. Es gab gegen 5000 Schweine, eine Wasser- und zwei Windmühlen. King hatte aber große Schwierigkeiten mit den anmaßenden und gewaltthätigen Soldaten seiner kleinen Besatzung, welche bei Grose stets volle Unterstützung fand, zu bestehen. Er konnte einer offenen Meuterei der Truppe sogar nur dadurch Herr werden, daß er sich mit Hülfe der zum Theil aus den Gefangenen hervorgegangenen Ansiedler der Waffen bemächtigte und dann die Rädelsführer nach Sydney sandte, was dort die größte Entrüstung beim Governor erregte.

Die Berichte über diese Vorgänge und die Abneigung Groses gegen die Bemühungen der wenigen Geistlichen in der Kolonie gaben dem damaligen Staatssekretär Dundas Veranlassung, sich nach einem besser geeigneten Governor für Sydney umzusehen. Im Dezember 1794 wurde Grose durch Captain Paterson ersetzt, bis im September 1795 der neue Governor Hunter, der schon 1787 Phillip begleitet hatte, eintraf. —

Der neue Governor machte der Uebermacht des Militärs ein Ende, führte die Civilgerichte wieder ein und ging gegen die eingerissenen Mißbräuche vor. Es unterstützte ihn dabei kräftig der 1794 eingetroffene Geistliche Samuel Marsden*), ein Mann von unzähmbarer Energie, dessen Name mit der Geschichte des fünften Erdtheils eng verknüpft ist. Die Herstellung von Spiritus in der Kolonie wurde unterdrückt, der Unsittlichkeit nach Kräften gesteuert. Doch

*) Geboren 1764.

die Trunksucht war so eingewurzelt, daß alle dagegen erlassenen Verbote wirkungslos blieben, und Hunter war nicht energisch und rücksichtslos genug, um seinen Vorschriften unbedingten Gehorsam zu erzwingen. Die Offiziere behielten sowohl die ihnen zu Unrecht überlassenen Arbeiter als das Land. Es waren damals im Ganzen 18 928 Acres vergeben, davon hatten Grose und Paterson allein 15 439 vertheilt. Ebensowenig wie dem Militär vermochte der Governor den Deportirten gegenüber seine Absichten durchzusetzen. Fälle von Entlaufen und Verbrechen durch Gefangene waren häufig. Zweimal vermochten sich solche sogar kleiner Schiffe zu bemächtigen und darauf Australien zu verlassen! Mißhandlung von Eingeborenen und Streitigkeiten mit ihnen waren an der Tagesordnung. — Den Farmern ging es trotz der hohen Preise der noch immer nicht für die zwischen 4000 und 6000 Personen zählende weiße Bevölkerung zureichenden Lebensmittel damals vielfach recht schlecht. Sie bewohnten meist elende Hütten und waren tief verschuldet. Der Grund waren weniger die sehr hohen Löhne als die Trunksucht, deren Befriedigung sehr theuer zu stehen kam. Für eine Gallone Spiritus wurden 2 bis 8 Pfund Sterling gefordert! Um die Lohnfrage zu regeln, führte Hunter 1797 eine Taxe ein. Danach war für Klärung eines Acres Waldland 1 Pfund Sterling 4 Schilling, für Erntearbeit 10 Schilling vom Acre festgesetzt. Jahreslohn sollte 10 Pfund Sterling, Tageslohn ohne Kost 2 Schilling 6 Pence, mit Kost 1 Schilling betragen! —

Vom Innern Australiens war gegen Ende des Jahrhunderts den Kolonisten noch recht wenig bekannt. Phillip war nicht über 30 Meilen ins Land hineingekommen. Die Blue Mountains wurden 1794 zum ersten Male von einigen Engländern betreten. Im Jahre darauf entdeckte man zum ersten Male am Nepean River Heerden von Rindern, die aus Thieren entstanden waren, welche in der ersten Zeit der Ansiedelung in den Busch entliefen. Dieser Entdeckung folgte 1797 der zufällige Fund eines Kohlenlagers bei Point Solander. 1797/98 fand der Schiffschirurg Baß auf einer Fahrt an der Küste in einem offenen Boot die Wasserstraße zwischen Festland und Vandiemensland.

Das wichtigste Ereigniß während des Government Hunters war die Einführung der Schafzucht in New South Wales durch den Offizier John Mac Arthur. Er hatte 1794 sechzig bengalische

Schafe aus Calcutta bezogen und bald darauf einige irische Schafe sich verschafft. Durch Kreuzung beider Rassen gelang es ihm, eine Art Schafe zu erzeugen, die Haare und Wolle gemischt trugen. Um feinere Wolle zu bekommen, ließ er sich 1797 durch befreundete Schiffsoffiziere einige Schafe von Kapstadt mitbringen. Zufällig waren dies feine Merinos, die dort gerade verkauft wurden. Diese Schafe und eine Anzahl gewöhnlicher später erworbener Kapschafe bildeten den Grundstock der Heerden, welche bald den Reichthum der Kolonie begründeten! Schon 1800 konnte Mac Arthur so gute Wolle nach London bringen, daß er den Erfolg seines Versuches gesichert sah.

Hunter hätte ebenso wie Phillip die Einstellung der Sendung von Strafgefangenen aus England sehr gern gesehen. Auch er fand die Nachtheile der Deportation nach verschiedenen Richtungen weit größer als ihren Nutzen. Was die Zeitgenossen von den Erfahrungen Englands auf diesem Gebiete berichten, ist in der That abschreckend. Schon die Ueberführung der Deportirten nach Australien gab zu großen Bedenken Anlaß. In dem Streben, nur recht viele Gefangene los zu werden und Geld für Gefängnisse zu sparen, stopfte die englische Regierung soviel wie nur irgend möglich der Unglücklichen auf die schlechten Transportschiffe. Während der monatelangen Fahrt starben fast regelmäßig Hunderte. Die besseren unter den Ueberlebenden und selbst Soldaten wurden durch den ständigen Verkehr mit dem schlimmsten Auswurf moralisch noch weiter heruntergebracht. Nicht selten entstanden unter ihnen Verschwörungen, und es bedurfte grausamer Strafen, um die Ordnung wieder herzustellen. Ganz besonders entmenscht und verdorben zeigten sich die in Massen zusammengepferchten weiblichen Sträflinge. Die Beamten wußten gar nicht, was sie mit ihnen anfangen sollten. Das Loos der wegen politischer Verbrechen mit den gemeinen Sträflingen zusammen deportirten Leute, wie z. B. der Schotten, welche gegen Ende des vorigen Jahrhunderts mit den französischen Revolutionären sich gegen England verschworen hatten, und der irischen Aufständischen, war unter solchen Umständen entsetzlich. — Die Bewachung und Beschäftigung der zu langen Strafen verurtheilten Leute in Australien war sehr schwierig und kostspielig. Wie erwähnt, waren Fluchtversuche, Verbrechen und Ausschreitungen aller Art an der Tagesordnung. Die bewachenden Truppen wurden durch die Verbrecher mitverdorben.

Grobe Unsittlichkeiten wurden offen begangen. Von energischer und williger Arbeit war keine Rede. Alle Governors waren über den geringen Werth der Sträflingsarbeit einig. Nur wenige der Deportirten zeigten Lust und Geschick zum Landbau und zur dauernden Ansiedelung. — Doch in England fand man es bequemer, die Verbrecher außer Landes zu schicken als Zuchthäuser zu bauen. Die Deportation wurde daher fortgesetzt und nur die Unterbringung der Leute auf der Fahrt mit der Zeit etwas verbessert.

Im Jahre 1800 wurde der zu schwache Governor Hunter durch den früheren Gefährten und Freund Phillips, den Captain King, ersetzt. King fand bei seiner Ankunft überall die gröbsten Mißbräuche im Schwange. Branntweinhandel wurde schwunghaft betrieben. Offiziere hielten ganze Lager von Spirituosen.*) Die Trunksucht war allgemein, und viele Farmer opferten diesem Laster Haus und Hof. Auch der Handel mit anderen Waaren lag ganz in der Hand einzelner Offiziere und Beamten, welche maßlose Preise forderten. — Es war das erste Bestreben des neuen Governors, diesem Unwesen zu steuern. Auf Grund der ihm in London ertheilten Weisungen verbot er im Herbst 1800 die Landung von Spirituosen ohne besondere Erlaubniß und den Handel damit. Nach Indien, von wo der Branntwein meist kam, erging Befehl, die Ausfuhr von Spirituosen nach Australien zu hindern. Binnen Jahresfrist wurden 32 000 Gallonen Spiritus und 22 000 Gallonen Wein zurückgeschickt. Nur geringe Mengen wurden von der Regierung gekauft und von ihr zu 4 bis 10 Schilling für die Gallone abgegeben. Dieser niedrige Preis minderte den Hauptanreiz zu diesem Handel, der außerdem jetzt nur noch mit Genehmigung des Governors und gegen Zahlung einer Licenz gestattet wurde. — Natürlich erregten die Maßnahmen Kings größte Entrüstung in der Kolonie. Verschiedene Offiziere und Beamte verließen sie in hoher Erbitterung, und es fanden zahlreiche Uebertretungen der neuen Vorschriften statt. Es war um so schwerer, ihnen zu steuern, als der Richter Atkins selbst zum Trunk neigte und ungern gegen Uebertretung der Spirituosengesetze einschritt. Allgemeine Gährung entstand unter den Offizieren und Soldaten, welche sich um ihre beste Einnahmequelle gebracht sahen und den Governor schon, weil er früher in der

---

*) Ueber 20 000 Gallonen lagerten in Sydney!

Marine gedient hatte, haßten. Sie bereiteten King alle möglichen Schwierigkeiten und nöthigten ihn endlich, die Militärs ausschließlich auf soldatische Befugnisse zu beschränken und selbst an Stelle seiner Leibgardisten einige befreite Deportirte zu setzen. — Die Zwistigkeiten zwischen Governor und Militär führten zu keinem offenen Streit. Als 1804 eine Anzahl irischer Deportirter sich empörte, schritten die Truppen sofort energisch ein und warfen die Bewegung nieder. Aber das Gedeihen der ganzen Ansiedelung litt unter der Uneinigkeit ihrer obersten Beamten, und die englischen Behörden verübelten es mit der Zeit King, daß der Streit kein Ende nahm und immer neue Klagen nach London gingen.

Während der Amtsthätigkeit Kings erschienen zwei französische Schiffe an der australischen Küste und versuchten dort Besitz zu ergreifen. In der 1807 von der französischen Regierung veröffentlichten Beschreibung der Reise der Schiffe „Géographe“ und „Naturaliste“ wurde das Land zwischen Kap Leeuwin im Westen und Kap Wilson im Süden als Terre Napoléon für Frankreich in Anspruch genommen, obwohl King sich den französischen Forschern gegenüber auf die älteren Rechte Englands berufen und gegen jede Flaggenhissung energisch protestirt hatte. Der Schritt Frankreichs bewirkte aber lediglich, daß die englischen Behörden die raschere Besiedelung verschiedener Punkte im Süden ins Werk setzten. Im Jahre 1803 wurde ein erster Ansiedelungsversuch in Port Phillip gemacht. Als der Platz sich nicht recht geeignet zeigte, wurden die dorthin von England gebrachten Deportirten nach der Südküste von Vandiemensland überführt, wo 1804 der Ort Hobarttown angelegt wurde. Fernere Posten wurden in Port Dalrymple im Norden Vandiemenslands und in Newcastle gegründet.

Noch folgenreicher als diese Schritte war das Verhalten Kings zu den Schafzuchtplänen Mac Arthurs. Infolge eines Duells mit einem Vorgesetzten war dieser 1801 nach England geschickt worden. Er hatte damals Wollproben von seinen Schafen mitgenommen, und als diese von Sachverständigen in London sehr günstig beurtheilt wurden, bat er die Regierung um Ueberlassung von Land und strafgefangenen Arbeitern in Australien, um die Wollzucht in größerem Maßstabe zu beginnen. Nach vielen vergeblichen Schritten erreichte er, vom Privy Council 1804 gehört zu werden. Lord Camden, der neue Staatssekretär, wies endlich Oktober jenes Jahres den

Governor an, Mac Arthur 5000 Acres gegen die übliche Quitrent für Weidezwecke auf immer zu überlassen und ihm als Schäfer Gefangene zu geben. Einige unternehmende Engländer, die sich Mac Arthur anschlossen, sollten ebenfalls Land erhalten. Als Mac Arthur 1805 in Sydney landete, suchte er sich Land in der Nähe des Mount Taurus aus, wo man die verwilderten Heerden gefunden hatte. Mit Hülfe der während seiner Abwesenheit von seiner Frau beaufsichtigten Heerden und weiterer Zuchtthiere, die er in England oder von King kaufte, begann er auf seinem Land, das er Camden Estate taufte, seine Wirthschaft. Dank der eifrigen Unterstützung durch den Governor glückte sein Unternehmen in vollem Maße, und bald begannen andere Kolonisten, seinem Beispiel zu folgen.

Mancherlei Schwierigkeiten bereitete die Regelung der Beziehungen der Weißen zu den Eingeborenen. In der ersten Zeit der Kolonie waren ja gelegentlich Ausschreitungen gegen Letztere vorgekommen, doch hatten Phillip und Hunter ernstliche Feindseligkeiten vermieden. King fand, daß er angesichts gelegentlicher Angriffe auf Kolonisten und Viehdiebstahl ohne Gewalt nicht auskommen könne, und erlaubte Mai 1801, alle Eingeborenen mit Gewalt aus den Distrikten Paramatta, Georges River und Prospect zu verjagen. Es führte dies zur straflosen Tödtung vieler Australneger, welche sich in der Nähe der Farmen blicken ließen, und gelegentlichen Ueberfällen der Letzteren durch die ihres Landes beraubten Eingeborenen. Bei der Zersplitterung der Letzteren in viele uneinige Stämme vermochten sie sich zu einheitlichem Widerstand aber nicht aufzuraffen und erlagen vereinzelt dem Hunger und den Gewehren der Engländer.

Die Deportirten bereiteten Kings Verwaltung gleichfalls ununterbrochene Sorgen. Nicht allein, daß fortwährend Fälle von Entweichen, nach Indien besonders, vorkamen, und daß gegen Grausamkeiten der Landbauer, welchen Gefangene überwiesen waren, eingeschritten werden mußte, entdeckte man auch unglaubliche Bestechungsfälle. Gegen 200 Deportirte hatten durch reichliche Geschenke Fälschung der Register seitens der Regierungssekretäre erreicht und so die Fristen ihrer Strafzeit bedeutend herabgesetzt! Es bedurfte energischer Strafen und Aufsichtsmaßregeln, um solchen Durchstechereien zu steuern. Der Governor sah sich genöthigt, eine Prüfung aller Landbesitztitel und sonstigen Papiere vorzunehmen und alle freien Personen mit besonderen Pässen zu versehen. Ohne fortwährende und strengste Aufsicht war die große Mehrzahl der Strafgefangenen zur Arbeit nicht zu bewegen. Die Erfolge der Fleißigen und Fügsamen unter ihnen, welche bald zu Wohlstand kamen, lockten die große Masse nicht zur Nachahmung. Besonders unverbesserlich erwiesen sich die aus London und zum Theil auch die aus Irland stammenden Frauen. Wenn sie sich verheiratheten, geschah es meist nur, um der strengeren Aufsicht zu entgehen. Immerhin hat King 167 Männer und 15 Frauen völlig und 326 Männer und 25 Frauen bedingungsweise während seiner Amtszeit begnadigt. Sechs Sträflinge wurden unter der Bedingung in Freiheit gesetzt, daß sie den Unterricht der Kinder in die Hand nähmen, da man keine anderen Lehrer hatte. 65 Gefangene wurden in die Truppe oder die Marine eingereiht. 21 Sträflinge wurden von King wegen verschiedener Verbrechen mit dem Tode bestraft. — Andere Schwierigkeiten schuf der Geldumlauf. Es war nöthig, den Kurs verschiedener fremder Münzen, die neben englischem Geld in Australien umliefen, durch Verordnung festzustellen und Aus- wie Einfuhr von Kupfermünzen zu verbieten. Auch der Zinsfuß mußte 1804 infolge zahlreicher Mißbräuche gesetzlich bemessen werden. Er wurde auf 8 pCt. festgelegt. King ging in seinem Streben, die Wohlfahrt des Ganzen zu fördern, sogar so weit, daß er verbot, beim Verkauf von Waaren mehr als 20 pCt. Nutzen zu nehmen und Brod anders als zu einem bestimmten Gewicht und aus bestimmtem Mehl zu backen. Er erlaubte nur solchen Personen, welche die Genehmigung der Behörde erhalten hatten, Ausübung des Schlächtergewerbes, regelte den Fleischpreis und schrieb die zu schlachtenden Thiersorten vor. Auch Wechsel- und Hypothekenwesen stellte er, um Wucher vorzubeugen, unter Regierungsaufsicht.

Im Jahre 1806 waren an Ländereien vergeben oder für die Krone reservirt: 165 882 Acres. Davon waren gelichtet: 20 000. Von ihnen waren 6000 mit Weizen, 4000 mit Mais, 1000 mit Gerste, 185 mit Kartoffeln bestellt. 433 dienten als Gartenland. Man erzielte im Durchschnitt vom Acre 16 Bushel Weizen oder 25 bis 30 Bushel Mais. Unter den Landbesitzern befanden sich 32 Civilbeamte mit 15 620, 35 Offiziere mit 20 697 Acres. An freien Ansiedlern waren 112 vorhanden, dazu noch 80 entlassene Soldaten und Matrosen und 13 in der Kolonie geborene Leute.

Von entlassenen Sträflingen besaßen 405 Land und zwar zusammen 18 666 Acres. Der Viehbestand der Kolonie war im selben Jahre folgender: 566 Pferde, 4790 Rinder, 23 110 Schafe, 2283 Ziegen, 7019 Schweine. Der Governor förderte Landwirthschaft und Viehzucht in jeder nur möglichen Weise. Jeder Niederlassung überwies er bedeutende Stücke Gemeindeland zum Nutzen der Gesammtheit. Dieses Land durfte nicht verkauft, sondern nur Gemeindemitgliedern als Weidegrund in Pacht (Lease) überlassen werden. Er traf Fürsorge, daß Land, welches Kindern gehörte, nicht ohne seine Genehmigung veräußert werden durfte, und sparte weder Belohnungen noch Ermahnungen, um die Farmer zur allgemeineren Anwendung des Pflugs zu bringen. Andere Bemühungen des Governors galten der Errichtung einer Bierbrauerei in Paramatta (1803), der Einführung von Flachs- und Wollspinnerei und -weberei, der Salzgewinnung ꝛc. Die weiße Bevölkerung der Kolonie erreichte 1806 eine Höhe von 9462 Köpfen. Davon waren 5172 Männer, 1701 Frauen, 2589 Kinder.

Ein schwerer Schlag traf die junge Ansiedelung im März 1806. Der Hawkesburyfluß schwoll damals so mächtig an, daß viele Felder vernichtet wurden und viele Ansiedler kaum das nackte Leben retteten. Hunderte von Pferden und Vieh waren ertrunken, das Schlimmste aber war die Vernichtung der Ernte, da die junge Ansiedlung nun wieder in Mangel an Nahrungsmitteln gerieth. Der Governor sah sich genöthigt, die Rationen der Sträflinge herabzusetzen und Reis aus Indien zu verschreiben. Ohne die in den Regierungsmagazinen aufgespeicherten Getreidemassen wäre es nicht möglich gewesen, die mehr als 1600 ihres Heims und Unterhalts beraubten Personen vor der ärgsten Noth zu schützen.

In London sind die großen Verdienste Kings anscheinend nicht voll gewürdigt worden. Man hatte dort in jenen Jahren so viele andere Sorgen, daß man Australien nicht viel Aufmerksamkeit schenkte. Die erwähnten Klagen der Militärs gegen King, die Beschwerden der Personen, welche sich durch die vom Governor für öffentliche Zwecke, besonders für ein Waisenhaus, eingeführten Zölle und Licenzen geschädigt fühlten, fanden in England mehr Gehör als seine ausführlichen Berichte. Als King um Ablösung von seinem Posten bat, wurde ohne Weiteres Juli 1805 ein Captain Bligh zu seinem

Nachfolger ernannt und nach Australien gesandt.*) Bligh war ein höchst schroffer und gewaltsamer Charakter. Als Führer eines Schiffes hatte er 1789 seine Mannschaft so erbittert, daß sie ihn mit 18 Genossen in einem offenen Boot im Stillen Meere aussetzte. Durch ein wahres Wunder war er damals gerettet worden; das Abenteuer hatte ihn aber nicht gebessert. Mitte August 1806 übernahm Bligh das Government von New South Wales. Sein Auftrag war, die Maßregeln Kings fortzusetzen und weiter durchzuführen, da es an Ueberschreitungen noch immer nicht fehlte und besonders der Branntweinhandel keineswegs ausgerottet war. Am guten Willen hat es ihm dazu wohl nicht gefehlt, aber durchaus am richtigen Verständniß. Durch prunkvolles Auftreten und unmenschliche Strenge machte er sich von vornherein unbeliebt. Als er sich davon überzeugte, schrieb er es dem Einfluß der Freunde seines Vorgängers zu und begann diese überall bei Seite zu schieben. Einige übelangesehene Personen bildeten seine ständige Umgebung und wurden von ihm in jeder Weise ausgezeichnet. Willkürakte verschiedener Art, Verhängung von Prügelstrafen (bis 1000 Hiebe) selbst über freie Leute, Wegbruch von Häusern, die an Stellen standen, welche der Governor anders verwenden wollte, Aeußerungen wie: „Damn the law; my will is the law", brachten nach und nach die ganze Kolonie in Aufregung. Die Unzufriedenheit wurde noch erhöht durch die 1807 vorgenommene zwangsweise Ueberführung der Kolonisten von Norfolk Island**) nach Port Dalrymple und Hobart Town in Vandiemensland, eine Maßregel, welche allerdings von London aus angeordnet war. Ihren Höhepunkt erreichte die Bewegung gegen den Governor infolge seines Streites mit dem Schafzüchter Mac Arthur. Schon bald nach seinem Amtsantritt erklärte er diesem, daß er die 5000 Acres auf Grund falscher Angaben erhalten habe, und daß er sie ihm nicht lasse. Auf Mac Arthurs Hinweis auf die Verfügung des Privy Council entgegnete er: „Damn

*) King ist 1808 in England an den Folgen der Strapazen in Australien gestorben. Es ist ihm später oft vorgeworfen worden, daß er seinen vier Söhnen je 300 bis 660 Acres Land gegeben hat. Spätere Governors haben ihre Familien weit reicher bedacht. Er selbst starb so arm, daß seine Wittwe die englische Regierung um Hülfe bat.

**) Da immer noch Leute auf der Insel blieben, wurde 1814 ihr Vieh getödtet und sie zwangsweise fortgeschafft.

the Privy Council, and damn the Secretary of State too! what have they to do with me!" Wenn er seine Drohung auch nicht ausführte, so äußerte Bligh sein Mißvergnügen doch bei jedem Anlaß. Als dann auf einem Mac Arthur gehörigen Schiff sich ein Deportirter versteckt hatte und daraus Weiterungen erwuchsen, benutzte dies der Governor, um Mac Arthur zu verhaften und vor Gericht zu bringen. Dieses Vorgehen und Gerüchte, daß Bligh den Gefangenen unter der Hand beseitigen wolle, brachte den Zorn der Offiziere des New South Wales Corps zum Ausbruch. Auf ihr Betreiben befreite der Major Johnston am 26. Januar 1808 Mac Arthur und entschloß sich dann auf dessen und anderer angesehener Kolonisten Vorstellungen, den Governor abzusetzen. Bligh wurde am Abend jenes Tages verhaftet und die wichtigsten Posten wurden neu besetzt. Die oberste Leitung der Geschäfte übernahm Johnston.

Das Verfahren gegen Mac Arthur wurde nun wieder aufgenommen und der Angeschuldigte einstimmig freigesprochen. Die Günstlinge Blighs, wovon einer ein entlassener Verbrecher war, dagegen erfuhren wegen verschiedener Missethaten schwere Verurtheilungen. Ueber das Vorgefallene berichtete Johnston zunächst unterm 2. Februar dem in Port Dalrymple befindlichen Colonel Paterson. Dieser behielt sich sein Urtheil vor, bis er Gelegenheit fände, nach Sydney zu reisen und die Sachlage an Ort und Stelle zu prüfen. Im April sandte Johnston dann eingehende Darlegungen nach London. Von der anfänglich beabsichtigten Mitsendung Mac Arthurs zur mündlichen Vertheidigung der Kolonie gegen Bligh nahm er Abstand. An seiner Stelle beauftragte er den Oberlandmesser Grimes mit persönlicher Berichterstattung. Als im Juli 1808 der zweite höhere Offizier des New South Wales Corps, Colonel Foveaux, nach Sydney kam, billigte er die von Johnston getroffenen Maßregeln vorbehaltlich der Entscheidung der englischen Regierung und lehnte die Aufforderung des gefangenen Governors, ihn wieder in sein Amt einzusetzen, ab. Auch Paterson wies derartige Anträge Blighs ab und übernahm im Januar 1809 trotz seiner Proteste das Government. Er setzte den Gefangenen einige Wochen später in Freiheit, aber nur, nachdem er feierlich versprochen hatte, sofort nach England abzureisen und dort das Urtheil der Regierung abzuwarten. Bligh versuchte zwar, als er erst auf einem Kriegsschiff sich befand, unter Bruch seines Wortes Gewalt anzuwenden und mit den Kanonen das Government wieder in seine Hände zu bekommen; er vermochte aber nichts auszurichten und segelte endlich nach London ab.

Die Entscheidung der englischen Regierung über das Vorgefallene wurde der Kolonie erst bekannt, als am 31. Dezember 1809 in der Person des Colonel Macquarie ein neuer Governor mit einer starken Truppenabtheilung in Sydney eintraf. Staatssekretär Lord Castlereagh ordnete die Heimsendung Johnstons in strengem Arrest und Ablösung des New South Wales Corps durch das Macquarie beigegebene 73. Regiment an. Bligh sollte sofort in Freiheit gesetzt und als Governor anerkannt, aber zugleich durch Macquarie abgelöst werden. Der Minister lehnte es ab, den Anklagen gegen Bligh Glauben zu schenken, und befahl gegen Johnston wegen Meuterei die Untersuchung einzuleiten. Alle nach Blighs Verhaftung vollzogenen Ernennungen und Landzuweisungen wurden für nichtig erklärt und alle früheren Beamten wieder in ihr Amt eingesetzt. Bligh, der mit seinem Schiff noch an der australischen Küste war, wurde zurückberufen und mit Auszeichnungen überhäuft. Wie wenig er indessen beliebt war, und wie lästig sein schwankender und unaufrichtiger Charakter, verbunden mit übermäßigem Selbstbewußtsein, sich fühlbar machte, entging auch Macquarie nicht und wurde von diesem nach London gemeldet. Trotz der hohen Gönnerschaft, deren sich Bligh in England erfreute, und die ihm in den nächsten Jahren immer höhere Ehren und Würden verschaffte, ist seinen Gegnern daher schließlich keine allzu schwere Strafe geworden. Mehrere wurden freigesprochen, und Johnston kam mit einfacher Kassirung davon. Am schlimmsten ist es Mac Arthur ergangen. Man verbot ihm den Aufenthalt in New South Wales, und erst 1817 konnte er nach Camden Estate, wo inzwischen seine Familie wirthschaftete, zurückkehren.

Die Lage des neuen Governors war leichter als die seiner Vorgänger. Statt des durch den langen Aufenthalt in der Strafkolonie verdorbenen Corps verfügte er über eine gute, ihm ergebene Truppe. Die Schwierigkeiten der ersten Besiedelung waren längst überwunden, der Landbau blühte kräftig auf, und die Ansiedelung machte immer weitere Fortschritte. 1810 zählte die Kolonie bereits 11 590 weiße Kolonisten, welche 12 442 Stück Hornvieh, 25 888

Schafe, 1134 Pferde rc. besaßen. 7615 Acres waren im Anbau. Die Zölle brachten jährlich gegen 8000 Pfund Sterling ein. Macquarie konnte daher seine Kraft fast ausschließlich der weiteren Entwickelung der Kolonie widmen. Er bewies dabei größten Eifer und, wie auch seine Gegner zugeben, meistens Geschick. Einer seiner ersten Schritte war Herstellung von Ordnung in Sydney. Er theilte die Stadt in Bezirke, führte Konstabler ein, regelte die Straßen und ihre Namen und verpflichtete jeden Hausbesitzer zur Anmeldung aller bei ihm wohnenden Personen. Eine Reihe Gebäude für öffentliche Zwecke wurde gebaut, öffentliche Promenaden angelegt, für Schulen gesorgt und 1816 die erste Bank ins Leben gerufen. 1819 entstand eine Sparbank. Andere Bemühungen galten der besseren Regelung der Rechtspflege und der Durchführung der Sonntagsruhe. Der Schöpfung eines Beiraths aus der Zahl der Beamten und Kolonisten, welche 1812 in Frage kam, zeigte sich Macquarie abgeneigt. Er hielt eine solche in allen anderen englischen Kolonien bestehende Einrichtung dort für ungeeignet.

Besondere Bemühungen verwandte der Governor auf Erforschung des Landes. Als er sein Amt antrat, beschränkte sich das besiedelte Gebiet von New South Wales auf die Grafschaft Cumberland und den Außenposten Port Hunter. Im Westen bildeten die Blue Mountains eine unübersteiglich scheinende Grenze. Der Wunsch nach Erweiterung des Weidefeldes führte zu neuen energischen Versuchen der Kolonisten, einen Weg durch die Berge nach dem Innern zu finden, und 1813 gelang dies. Hinter den Bergen zeigten sich unabsehbare Strecken fruchtbaren Landes. Macquarie entsandte auf die Meldung davon sogleich Feldmesser, um die neu entdeckten Gegenden zu besichtigen, dann besuchte er sie selbst und ließ alsbald eine Straße durch das Gebirge bauen. 1815 wurde sie bereits eröffnet und die Stadt Bathurst gegründet. Außer den Entdeckern der neuen Weideländer, welche je 1000 Acres zur Belohnung erhalten hatten, siedelten sich auch andere Viehzüchter dort an. 1817 wurde eine Expedition von der Regierung mit der Erforschung des Laufes der Flüsse Lachlan und Macquarie betraut. Es gelang infolge von Ueberschwemmungen nicht, diese Flüsse bis zum Ende zu verfolgen. — Man hatte damals vom Vorhandensein des Murray noch keine Kenntniß und glaubte, daß sie in einen Binnensee flössen. — Doch wurden so viele für die Kolonie werthvolle Beobachtungen auf dieser und anderen Forschungsreisen gemacht, daß sie für weitere Entwickelung der Ansiedelung sehr wichtig wurden. Andere erfolgreiche Bemühungen betrafen die weitere Erforschung der Küsten Australiens.

Während dieser Jahre begann die Ausfuhr von Schafwolle nach England sich langsam zu entwickeln. Die große Schwierigkeit, mit der sie zu kämpfen hatte, waren die hohen Frachtkosten. Jedes Pfund kostete bis London beinahe zehn Penny Fracht. Davon entfielen nur $4^1/_2$ auf den Seetransport! Da ein Pfund mittlerer Wolle im Durchschnitt nur mit zwei Schilling bezahlt wurde, blieb somit nur bei feinster Wolle, die bis zehn Schilling brachte, ein Nutzen für den Züchter. Den Eingeborenen versuchte Macquarie einen größeren Schutz als früher zu sichern. Er führte 1813 Kautionen für Schiffe ein, welche Südseeinseln besuchen wollten. Falls Ausschreitungen gegen Eingeborene vorkamen, verfielen die Kautionen. Verschiffung von Eingeborenen ohne ihre Zustimmung wurde verboten. Eingeborene Frauen durften ohne schriftliche Genehmigung des Governor nicht an Bord genommen werden. Er gründete auch eine Gesellschaft für Schutz und Erziehung der Australneger und rief Schulen ins Leben. Doch diese Bemühungen blieben vergeblich. Die Weißen setzten ihren Vernichtungskrieg gegen die Eingeborenen fort, und der Governor wagte es nicht, die Ausschreitungen exemplarisch zu bestrafen. Bei Rachezügen der beleidigten Neger blieb ihm nichts übrig, als Truppen zu senden und weitere Metzeleien vorzunehmen. Sein Anerbieten, den Eingeborenen Land zuzuweisen und Pässe zu geben, blieb fruchtlos.

Am meisten Aufsehen hat Macquaries Verhalten zu den Strafgefangenen erregt. Er ging von Anbeginn an von der Auffassung aus, daß der Deportirte, der seine Strafe abgedient, in alle Rechte des Freien eintreten müsse. Schon 1810 sprach er in einem Briefe seine Mißbilligung des Verhaltens seiner Amtsvorgänger und der freien Kolonisten aus, welche Freigelassene nicht als sozial gleichstehende Leute behandelten, und gab einem noch dazu wegen verschiedener Durchstechereien verdächtigen früheren Sträfling ein Amt. Trotz des Widerspruchs der Offiziere und Beamten zog er ihn und Andere seines Gleichen zu seiner Tafel. Es war und blieb Macquaries Auffassung, daß Australien in erster Linie für Deportirte bestimmt sei, daß es sich darum handele, ihnen hier eine neue Existenz zu gründen, und daß freie Einwanderer immer vor Augen haben müßten, daß sie in eine Sträflingskolonie kämen. Seien sie zu stolz, mit entlassenen Sträflingen zu verkehren, so möchten sie eine andere Heimath aufsuchen. Da der Staatssekretär Lord Bathurst diese Grundsätze nicht ausdrücklich mißbilligte, besetzte der Governor selbst höhere Posten mit früheren Strafgefangenen. Als das 46. Regiment sich weigerte, solche Beamte am Tisch seiner Offiziere zuzulassen, setzte der Governor seine Abberufung durch. Auch mit dem Geistlichen Marsden verfeindete er sich wegen zu weit gehender Begünstigung der Freigelassenen tödlich. Er ging soweit, einen entlassenen Verbrecher als Anwalt am Gericht zuzulassen. Erst als dieser Anwalt eine Reihe neuer Gesetzesübertretungen verübte und falschen Eides überführt wurde, lenkte er etwas ein. — Dieses Verhalten des Governors und der Umstand, daß er eines Tages soweit ging, freie Leute, die seinen Garten ohne Erlaubniß betreten hatten, ohne Weiteres peitschen zu lassen, erschütterte schließlich seine Stellung. Die Geprügelten u. A. beschwerten sich in London. Auf ihr Betreiben wurde eine parlamentarische Untersuchung an Ort und Stelle eingeleitet, deren Ergebniß eine neue Verfassung für Australien war.

Durch die Acte vom 19. Juli 1823 wurde die Gewalt des Governors sehr ernstlich beschnitten. Es wurde ihm ein von der Krone zu ernennendes Council, welches aus fünf bis sieben Mitgliedern bestehen sollte, zur Seite gesetzt, dem jedes Gesetz zur Zustimmung vorgelegt werden mußte. Nur im Fall eines Aufstandes konnte der Governor gegen den Willen des Councils Entscheidungen treffen. Falls die Mehrheit des Beiraths gegen ein Gesetz stimmte, mußte es der Krone zur Entscheidung vorgelegt werden. Ehe ein Gesetzentwurf vors Council kam, war er vom Chief Justice zu begutachten. Die Acte schuf ferner einen obersten Gerichtshof für New South Wales, führte Geschworenengerichte ein, regelte das Berufungswesen und traf Bestimmungen über Höhe und Art von Zöllen und Steuern. Der Governor erhielt die Vollmacht, Begnadigungen von Verbrechern vorbehaltlich der Genehmigung der englischen Regierung vorzunehmen. — Mit einem Worte, der Willkürherrschaft des Governors wurde ein Ende gemacht; an die Stelle militärischer trat bürgerliche Regierung. Die von Macquarie eingeführte Begünstigung der Deportirten gegenüber freien Ansiedlern fand ihren Abschluß. — Bevor die neue Gesetzgebung in Kraft trat, wurde der Governor abberufen und 1821 durch den Major General Sir Thomas Brisbane ersetzt.

Die Bevölkerung der Kolonie war in jenem Jahre bereits auf 38 778 Köpfe angewachsen. 32 267 Acres Land befanden sich in Kultur. Man zählte 102 939 Stück Hornvieh, 290 158 Schafe, 4564 Pferde im Lande. Brisbane wandte sein erstes Augenmerk der weiteren Erforschung und Erschließung des Erdtheils zu. Neue Expeditionen fanden den Murraystrom und drangen zu Lande von Sydney bis zur Südküste vor, erforschten die Küsten Nordaustraliens und Queenslands und gründeten die zum Theil nur einige Jahre aufrechterhaltenen Niederlassungen in Moretonbay (1824), Melville Island (Fort Dundas) und Rafflesbay (Fort Wellington). Nicht weniger verdienstvoll war die Schöpfung einer Sternwarte durch den Governor und die Einrichtung regelmäßiger Beobachtungen. Die Nachrichten von den großen fruchtbaren Gebieten des Innern und die Erfolge der ersten Kolonisten veranlaßten immer mehr freie Leute zur Auswanderung nach Australien. Brisbane legte ihnen keinerlei Hindernisse in den Weg. Während seine Vorgänger Ansiedelung im Innern ohne ihre besondere Genehmigung nicht erlaubten, öffnete er das Land bereitwillig auf längere Zeiträume für Weidezwecke. Einer von hervorragenden Männern Englands 1824 gegründeten Australian Agricultural Company, die eine Million Pfund Sterling Kapital aufbrachte, wurde eine Million Acres Land bei Port Stephens und in den Liverpool Plains überwiesen. Später erhielt diese Gesellschaft auch die Bewirthschaftung der Kohlengruben von Newcastle und ein Monopol der Kohlengewinnung für 31 Jahre. In seinem Streben, die Kolonie rasch empor zu bringen, ließ Brisbane den Ansiedlern gegenüber den Eingeborenen freie Hand. Er duldete nicht allein ihre Ausschreitungen, sondern ließ, falls die Schwarzen sich wehrten, ohne Weiteres Krieg gegen sie erklären und sie rücksichtslos ausrotten. Eine eigene berittene Polizeitruppe wurde zum Dienst gegen die Eingeborenen ins Leben gerufen.

Das neu eingerichtete Council trat im Sommer 1824 ins Leben. Neben den höchsten Beamten gehörten ihm einige angesehene Kolonisten an. Die Einführung der anderen Theile der neuen Gesetzgebung machte noch große Schwierigkeiten. Die Behörden weigerten sich, früheren Sträflingen volle Bürgerrechte zuzugestehen, und es entstanden daraus langwierige Streitigkeiten zwischen den freien Ansiedlern und den Zwangskolonisten. Die Entwickelung der Volkswirthschaft machte inzwischen unausgesetzt Fortschritte. 1825 waren schon 45 514 Acres im Anbau, und 411 600 Pfund Wolle wurden ausgeführt. Gegen 30 Schiffe betrieben von den Häfen von New South Wales aus Fischerei und Handel. Die Einnahmen erreichten eine Höhe von 71 682 Pfund Sterling.*) Allerdings deckte dies bei Weitem nicht die Ausgaben. Die Krone mußte nicht weniger als 425 350 Pfund Sterling zuschießen!

Vandiemensland gehörte damals nicht mehr zu New South Wales. Die dort gegründeten Ansiedelungen hatten sich so rasch entwickelt, daß das Gesetz von 1823 die Insel zu einer selbständigen Kolonie erklärte.**) Der Anlaß zur Gründung der dortigen Niederlassungen war in erster Linie, wie erwähnt, der Wunsch gewesen, einer französischen Besitzergreifung zuvorzukommen. Daneben hatte die englische Regierung es für nützlich erachtet, nicht zu große Mengen von Deportirten an einem Ort zusammenzubringen. Von beiden 1804 geschaffenen Strafkolonien Hobarttown und Port Dalrymple (Launceston) aus wurde die Insel rasch nach allen Richtungen erforscht und mit Wegen durchzogen. Hobarttown wurde 1812 zur Hauptstadt erklärt. Hungersnoth und Ueberschwemmungen sowie Ueberfälle entlaufener Sträflinge machten der durch die zwangsweise hingeschafften Kolonisten von Norfolk Island vergrößerten Einwohnerschaft von Vandiemensland mehrfach zu schaffen, doch entwickelten sich Ackerbau und Viehzucht so rasch wie auf dem Festland. Schon 1815 konnte man Lebensmittel nach Sydney ausführen; 1816 wurde in Hobarttown eine Zeitung gegründet. 1817 betrug die Zahl der Weißen über 3000. 1821 zählte man schon 7400 weiße Bewohner. Es waren über 14 000 Acres in Kultur, und die Kolonisten besaßen 180 000 Schafe, 35 000 Stück Hornvieh u. s. w. Drei Jahre später war die Bevölkerung bereits auf über 12 000 Köpfe angewachsen. Darunter waren 5470 männliche und 470 weibliche Deportirte, 266 Soldaten. Die rasche Zunahme der Bevölkerung war der freien Einwanderung zu danken, die sich gerade hierher mit Vorliebe wandte, obwohl der 1823 ans Ruder gekommene Governor Arthur freie Kolonisten nicht sehr gern sah. Die Schäden der Strafkolonisation in sittlicher und wirthschaftlicher Beziehung haben sich hier daher auch am frühesten so arg fühlbar gemacht, daß eine

*) 1821: 29 000 Pfund Sterling.

**) Die Trennung der Verwaltung der Insel von New South Wales ist 1825 in Kraft getreten.

förmliche Bewegung dagegen entstand und von hier (1835) zuerst lebhaft Einstellung der Sendung von Sträflingen befürwortet wurde. Die Eingeborenen sind hier ebenso rücksichtslos ausgerottet worden wie auf dem Festlande.

Der Nachfolger Brisbanes war Governor Darling, welcher 1825 in Sydney eintraf. Während seiner Amtsthätigkeit wurde das Feld der britischen Ansiedelungen aufs Neue bedeutend erweitert, und zwar hauptsächlich aus Furcht vor Gründung französischer Niederlassungen. Schon Anfang 1826 wies Lord Bathurst den Governor zur Besetzung von Western Port*) und Sharkbay an, wodurch die Kette der Ansiedelungen an den verschiedenen Seiten Australiens geschlossen werden sollte. Darling fand dies nicht ausreichend, da in dem seiner Zeit an Phillip ertheilten Auftrag das Gebiet von New South Wales im Westen ausdrücklich nur bis zum 129. Grad östlicher Länge ausgedehnt worden war. Er hielt eine besondere Erklärung ganz Australiens zur britischen Kolonie für nöthig. Den mit Besetzung von Western Port und King Georges Sund betrauten Offizieren trug er aber Protest gegen jeden französischen Ansiedelungsversuch auf. Diesen Vorkehrungen und der Anwesenheit verschiedener englischer Kriegsschiffe schrieb der Governor es zu, daß das französische Schiff „L'Astrolabe", welches damals Australien besuchte, sich nur auf wissenschaftliche Arbeiten beschränkte. Western Port wurde von den ersten Kolonisten als ungeeignet gefunden und Anfang 1828 wieder geräumt. Es meldeten sich zwar Privatleute, welche sich dort niederlassen wollten; nach dem Schwinden der von Frankreich drohenden Gefahr hatte Darling aber das Interesse für den Ort verloren und ging auf die ihm gemachten Vorschläge nicht ein. Die Kolonie in King Georges Sund, Albany, an der Südwestspitze Australiens, hat auch nur einige Jahre bestanden. — Andere Ansiedelungen wurden in Rafflesbay im Norden und am Swan River im Westen geplant. Es fanden Vermessungen und Untersuchungen der Plätze statt, doch es fehlte das Geld für ihre Besiedelung.

Da erbot sich ein Mr. Thomas Peel im Verein mit anderen Unternehmern, 10 000 freie Auswanderer nach dem Swan River zu schaffen, wenn er für die auf 300 000 Pfund Sterling veran-

*) Bei Port Phillip.

schlagten Kosten 4 Millionen Acres Land dort zugesprochen erhalte. Als dieser Plan sich nicht durchführbar zeigte, rief Peel mit Zustimmung der Regierung ein anderes kleineres Unternehmen ins Leben. Er erhielt zunächst 250 000 Acres überwiesen, wofür er sich verpflichtete, freie Ansiedler nach Westaustralien überzuführen und jedem bis zu 200 Acres zu geben, falls er bestimmte Aufwendungen dafür machte. Die Niederlassung wurde im Juni 1829 im Namen Peels von einem Captain Stirling, welcher 100 000 Acres erhielt, gegründet, und binnen 1½ Jahren kamen infolge verlockender Nachrichten in den Zeitungen dreißig Schiffe mit mehr als 1000 Auswanderern am Swan River an. Doch die Erfahrungen, welche sie machten, waren wenig erquicklich. Es fehlte den Kolonisten an Arbeitskräften, an Märkten und an Straßen. Je mehr Land Einer erworben hatte, um so schwieriger war seine Lage. Vielen Leuten blieb schließlich nur Verlassen der Ansiedelung übrig, um nicht Hungers zu sterben. Peel, der selbst mit gegen 200 Arbeitern sich angesiedelt hatte, verlor angeblich gegen 50 000 Pfund Sterling bei seinem Versuche. Es bedurfte langer Zeit, ehe diese Kolonie in geordnete Bahnen kam, zumal auch infolge grausamen Auftretens der Weißen hier lange Kämpfe mit den Eingeborenen ausbrachen.

Zweites Kapitel.

Die Tochterkolonien.

Die Verfassung Australiens erfuhr 1828 einige Abänderungen. Das gesetzgebende Council wurde von 5 bis 7 auf 10 bis 15 Mitglieder gebracht. Statt 3 erhielten 7 freie Kolonisten in ihm Sitz und Stimme. Außerdem wurde das Gerichtsverfassungswesen in einzelnen Punkten umgeformt. Mehr Aufsehen als diese Maßnahmen hat der Streit des Governors mit den vier in Sydney erscheinenden Zeitungen erregt. Gereizt durch einzelne Angriffe, beschränkte er 1827 und 1830 die Preßfreiheit und ging gegen die Redakteure mit Geld- und Freiheitsstrafen vor. — Verdienstlich war das energische Einschreiten gegen die vielen vor keinem Verbrechen zurückscheuenden Vagabunden, die „Bushranger". Um ihnen das Handwerk zu legen, wurde nicht allein die Polizei verstärkt, sondern 1830 auch die sofortige Verhaftung aller waffentragenden Persönlichkeiten und Todesstrafe für alle überführten Räuber und Einbrecher verfügt.

Die Zahl der Bushranger wäre damals bedeutend angewachsen und die Sicherheit der ganzen Kolonie ernstlich in Frage gekommen, wenn eine Empörung der seit 1824 wieder auf Norfolk Island beschäftigten Sträflinge, die 1827 ausbrach, geglückt wäre. Die dortigen Deportirten überfielen an einem Tage ihre Wächter und bemächtigten sich der Waffen. Durch einen Zufall gelang es ihnen nicht, die Garnison vollständig unschädlich zu machen. Die Offiziere konnten daher mit einem Theil der Truppen sofort gegen die Empörer aufbrechen. Diese flüchteten nach der kleinen Insel Phillip Island und wurden dort nach und nach getödtet oder wieder eingefangen. Auch eine Meuterei, die auf einem Transportschiff in jenem Jahre unter den Deportirten ausbrach, wurde durch glücklichen Zufall vereitelt. Derartige Vorfälle waren aber damals um so bedenklicher, als viele Soldaten nicht allein enge Freundschaft mit Deportirten unterhielten, sondern es sogar vorkam, daß sie Verbrechen begingen, um selbst aus Soldaten Strafkolonisten zu werden! Der Governor erachtete daher solchen Vorfällen gegenüber äußerste Strenge für angezeigt, obwohl ihm dies heftige Angriffe von einzelnen Offizieren und Kolonisten und sogar mehrfache Untersuchung durchs Parlament eintrug. Nach eingehender Prüfung wurde in England sein Verfahren als gerechtfertigt anerkannt.

Der Andrang von Auswanderern und die Nachfrage nach Land waren damals schon so erheblich, daß Darling es für nöthig fand, 1828 ein eigenes Landamt zu errichten. Die Bedingungen für Landerwerb waren dabei damals schon ziemlich hoch. Während in den ersten Jahren der Kolonie Freigelassene 30 Acres gegen 6 Pence, andere Ansiedler 100 Acres gegen 2 Schilling Quitrent nach Ablauf der ersten 10 Jahre erhalten hatten, war allmählich die Quitrent auf 3 Schilling von je 20 Acres und schließlich auf 5 pCt. vom geschätzten Werth des Landes gesteigert worden. Für je 100 Acres mußte außerdem anfänglich 1 Sträfling ernährt und erhalten werden; 1824 war diese Zahl auf 5 Sträflinge für je 100 Acres erhöht worden. — Weidepacht wurde nur für 6 Monate gewährt. — Governor Brisbane hob die kostenlose Gewährung von Land überhaupt auf. 1824 setzte er den Preis von Land auf 5 Schilling für 1 Acre fest! Außerdem war eine Quitrent von 2 Schilling für je

100 Acres zu zahlen. Diese Bedingungen verursachten indessen so große Nachfrage, daß sie bald wieder zurückgezogen wurden. 1831 wurde auf Anweisung von England aus Verkauf des Landes an dem Governor genehme Meistbietende zu mindestens 5 Schilling vom Acre eingeführt. Gewinnung von Edelmetallen und andere Rechte waren dabei immer der Krone vorbehalten! Doch auch diese Maßnahme blieb nicht lange in Kraft.

Die Bevölkerung von New South Wales belief sich 1831 auf 51 155 Weiße. Die regelmäßigen Einnahmen betrugen 100 000 Pfund Sterling; der Wollexport erreichte 1 500 000 Pfund, Fette wurden für etwa 100 000 Pfund Sterling ausgeführt. Die gesammte Einfuhr hatte einen Werth von 500 000 Pfund Sterling. In der ganzen Kolonie waren bereits 3 422 000 Acres Land verkauft und verpachtet. 1830 wurde in Sydney die erste höhere Schule gegründet. Die Kolonie, welche in den ersten 30 bis 40 Jahren ihres Bestehens dem Mutterlande etwa 10 Millionen Pfund Sterling gekostet hat, hatte jetzt die Kinderschuhe ausgetreten und entwickelte sich fortan selbständig immer rascher zu hoher Blüthe. Immer neue Ansiedlungen entstanden, immer stärker wurde die Einwanderung aus Europa, und immer größere Gebiete kamen in Bewirthschaftung. Aber es fehlte auch nicht an großen Schwierigkeiten, mit welchen der neue Pflanzstaat zu kämpfen hatte. An der Spitze stand die Regelung und Beseitigung des Deportationswesens und die Lösung der Landfragen.

Die Kolonie, welche zuerst nach Vandiemensland und den ersten Niederlassungen in Westaustralien und Queensland gegründet wurde, war **Victoria**. Schon 1803 war in dem Gebiete des jetzigen Victoria, wie erwähnt, der Versuch gemacht worden, am Gestade von Port Phillip eine Strafkolonie anzulegen. Der Führer der Expedition fand damals den Platz ungeeignet. 1825 wurde auf günstige Berichte von Leuten hin, die zu Lande von Sydney nach dem Süden vorgedrungen waren, eine Abtheilung Gefangene nach Westernport gesandt, aber nach wenigen Jahren wegen Mangels an Trinkwasser in der betreffenden Gegend wieder zurückgezogen. Nur einzelne Fischer und Schiffer lebten dauernd an der Südküste Australiens, bis 1834 englische Einwanderer an Portlandbay sich niederließen. Es war eine Familie **Henty**, welche 1829 an der Expedition nach dem Swan-River sich betheiligt, und, als es ihr dort nicht glückte, sich in Vandiemensland nach einem besseren Siedelungsgebiet umgesehen hatte. Die Behörden verweigerten anfangs die Erlaubniß zu der neuen Ansiedelung auf dem Festland, duldeten sie jedoch schließlich mit Rücksicht auf ein immer noch befürchtetes Eindrängen Frankreichs. Der Erfolg Hentys bildete den Anstoß für ein weiteres Unternehmen, welches sich wieder Port Phillip als Ziel ausersah. Ein in Paramatta bei Sydney geborener Mann John Batman, welcher seit 1821 in Kingston (Vandiemensland) lebte, begab sich im Mai 1835 mit verschiedenen Genossen nach der Südküste Australiens, besah sich das Land und kaufte von den Eingeborenen für Messer, Brillen, Tücher &c., sowie unter Zusage einer jährlichen Zahlung von 200 Pfund Sterling in Waaren zwei große Gebiete von zusammen etwa 600 000 Acres!

Auf Grund dieser Kaufverträge wurde eine Vereinigung verschiedener Ansiedler in Vandiemensland gegründet und eine erste Niederlassung in Geelong geschaffen. Die Verträge selbst wurden nach England gesandt, um ihre Anerkennung bei der Regierung durchzusetzen. Die damit betrauten Anwälte bezeichneten sie von vornherein als werthlos, da, im Falle das betreffende Gebiet englisch sei, die Eingeborenen ohne Genehmigung des Governors Land nicht veräußern dürften und im anderen Falle die Vereinigung überhaupt keinen Anspruch auf englischen Schutz habe. Die Mitglieder der Vereinigung zogen es daher vor, die Gnade der großbritannischen Regierung anzurufen und sich für ihre Erwerbung mit einer Entschädigung zu begnügen, zufrieden damit, daß England überhaupt die Anlage einer neuen Kolonie erlaubte.

Die Londoner Behörden waren anfangs dazu wenig geneigt, da sie die Kosten der Verwaltung scheuten und der beabsichtigten Niederlassung in Südaustralien nicht gern Wettbewerb schaffen wollten; doch es erwies sich als unmöglich, die von allen Seiten nach den neuen fruchtbaren Weidegründen herandrängenden Siedler gewaltsam davon fernzuhalten oder wieder fortzuschaffen. Im August 1835 hatte der Governor von New South Wales alles Land bei Port Phillip als Kronland erklärt und vor seiner Besetzung ohne Erlaubniß gewarnt; ein Jahr später erklärte er auf Grund einer in allgemeinen Ausdrücken gehaltenen Erlaubniß des Staatssekretärs das Gebiet der Kolonisation für geöffnet und setzte einen Captain Lonsdale als Police Magistrate ein! Die neue Niederlassung zählte damals gegen 200 Weiße, die 26 000 Schafe und einiges anderes Vieh besaßen und etwa 100 Quadratmeilen beanspruchten. Ende 1836 wurden auf Wunsch der Ansiedler eine kleine Truppe von 30 Mann, einige Konstabler und drei Landmesser nach Port Phillip gesandt, und damit eine geregelte Verwaltung eingeführt. Die Kosten sollten durch Landverkauf gedeckt werden. Das gesammte Gebiet wurde nämlich als Kroneigenthum angesehen und ausdrücklich bestimmt, daß die Besetzung von Ländereien ohne Erlaubniß der Regierung hier so wenig wie in New South Wales einen Rechtstitel gewähre; Land könne nur durch Kauf in Versteigerungen von der Regierung erworben werden.

Im Frühjahr 1837 ließ der Governor Bourke, welcher selbst von Sydney gekommen war und den Fleck für die Städte Melbourne und Williamstown ausgesucht hatte, den ersten öffentlichen Verkauf von Grundstücken an den Meistbietenden vornehmen. Die Zahl der Kolonisten belief sich damals schon auf 500, die der Schafe auf 100 000. Die Beziehungen zu den Eingeborenen waren hier besser als in den anderen Kolonien, sowohl dank dem besonnenen Auftreten der Gründer der Ansiedelung als vermöge des Umstandes, daß ein vor Jahrzehnten entlaufener Sträfling hier unter den Eingeborenen gelebt und zwischen ihnen und den Weißen verhandelt hatte. Es trug dies auch zum raschen Aufblühen der Niederlassung bei, welche bald regelmäßige Gerichtshöfe und einen „Superintendent" genannten obersten Beamten erhielt. Schon 1840 wurde die Stadt Portland gegründet, und 1842 erhielt Melbourne die städtische Verfassung. Die Bevölkerung erreichte 1840 schon die Höhe von 10 000 Köpfen.

Wenig später als Victoria wurde die Kolonie South Australia ins Leben gerufen. Die Entstehung war jedoch mit erheblich größeren Schwierigkeiten verbunden. Den Anlaß dazu gaben die günstigen Berichte, welche der Forschungsreisende Sturt, der von Sydney über Land zum Murray vordrang und diesen bis zur Mündung befuhr, 1830 über das von ihm gesehene Land veröffentlichte. Die Schilderungen bewogen eine Reihe unternehmungslustiger Leute in London, 1831 eine South Australian Land Company zu bilden. Es gehörten ihr eine Menge Parlamentsmitglieder an wie Angas, W. Hutt, H. Bulwer Lytton, Colonel Torrens. Ihr geistiger Leiter war ein mit Australien aus eigener Anschauung näher bekannter Mann, Edward Gibbon Wakefield, dessen Name damals weiteren Kreisen noch fremd war. Wakefield war 1826 wegen Entführung zu längerer Freiheitsstrafe verurtheilt gewesen und hatte so Veranlassung gefunden, dem Gefängnißwesen nähere Aufmerksamkeit zu widmen. Seine Schäden wie die vielfachen schlimmen Folgen der Deportation lagen ihm klar vor Augen, aber er sah eine Abhülfe nur, wenn Noth und Elend in England, welche zu den Verbrechen den meisten Anlaß gäben, durch Abnahme der Bevölkerung gemildert würden. Zu diesem Zwecke verlangte er planmäßige Leitung von Auswanderern nach neuen Gebieten. Er entwickelte diese Gesichtspunkte zum ersten Male in einer anonymen Broschüre, welche ein Freund, Robert Gouger, unter dem Titel: A letter from Sydney, the principal town of Australia 1829 herausgab. Hierin stellte er nach Schilderung der verschiedenen Schattenseiten von New South Wales und ihrer Ursachen einen Plan für erfolgreiche Kolonisation auf.

Danach sollte von allem bisher in Australien vergebenen Lande eine Grundsteuer erhoben und in Zukunft Land nur noch gegen Bar zu angemessenem Preise verkauft werden. Aus den Erträgen wollte er eine besondere Kasse zur kostenlosen Ueberführung englischer Arbeiter nach der Kolonie gebildet sehen. Es sollte Aufgabe der Verwaltung dieser Kasse sein, dafür zu sorgen, daß in jeder Ansiedelung nicht mehr, aber auch nicht weniger Arbeiter, als gebraucht würden, sich befänden. Zur Verwirklichung dieses Planes rief Wakefield 1830 eine Kolonisationsgesellschaft ins Leben, die in Wort und Schrift auf das Publikum wirkte und zunächst erreichte, daß Lord Goderich, der damalige Staatssekretär, die fernere kostenlose Vergebung von Land untersagte.

Die South Australian Company beabsichtigte, Wakefields Gedanken in allen Punkten zu verwirklichen; umsonst verhandelte sie aber mit der Regierung um Ertheilung einer Charter für South Australia. Man fürchtete in den Regierungskreisen, durch Gründung neuer Ansiedelungen in Australien die vorhandenen zu schwächen und sich große Schwierigkeiten aufzuladen. Außerdem wollte man Privatgesellschaften keine Gesetzgebungsrechte ertheilen. Jahre hindurch ging keiner der Staatssekretäre von diesem Standpunkt ab, doch die Freunde Wakefields blieben ebenso hartnäckig. 1834 wurde ihre Vereinigung noch vergrößert und South Australian Association genannt. Mehrere neue Parlamentsmitglieder, auch der Geschichts-Grote, wurden dafür gewonnen. Es fanden öffentliche Versammlungen statt, Flugschriften wurden veröffentlicht und private Einflüsse in Bewegung gesetzt. Damit wurde die Regierung auf Wakefields Gedanken aufmerksam gemacht und erreicht, daß das Parlament der Sache sich annahm. Es wurde geltend gemacht, daß bei der mächtig wachsenden Auswanderung South Australia doch bald besiedelt werden würde. Wolle man diese Kolonisten vor trüben Erfahrungen wie am Swan River schützen, so empfehle es sich, die neue Theorie versuchen zu lassen. Im Juli 1834 wurde im Unterhaus eine Bill zu Gunsten der South Australian Association eingebracht. Unter den wenigen Abgeordneten, welche an der Berathung theilnahmen, fehlte es nicht an solchen, welche gegen Ueberlassung so ausgedehnter Gebiete an eine private Gesellschaft, noch dazu von experimental philosophers, sprachen. Doch schließlich siegten die Freunde der Association, und mit Zustimmung des Duke of Wellington wurde im August die Krone ermächtigt, Provinzen in South Australia zu schaffen, Gesetzgeber dafür zu ernennen und das Land zu einem einheitlichen Preise von nicht weniger als 12 Schilling für den Acre verkaufen zu lassen. Die Ueberführung von Deportirten nach dieser Kolonie war in der Bill ausdrücklich verboten. Sobald eine Provinz mehr als 50 000 Seelen zählte, war der Krone das Recht vorbehalten, ihr eine Verfassung zu geben. Die Krone sollte durch Commissioners vertreten werden, welche aber gleichzeitig die eigentliche Seele des Unternehmens sein und eine Summe von 20 000 Pfund Sterling als Sicherheit hinterlegen sollten, um etwaige der Regierung erwachsende Kosten zu decken. Sie mußten sich ferner damit einverstanden erklären, daß, falls nach 10 Jahren South Australia weniger als 10 000 Bewohner zählte, die Krone eingreifen und den Grund und Boden ihrerseits verkaufen könne.

Das Colonial Office zögerte, den Parlamentsbeschluß auszuführen, doch im Mai 1835 erreichte die Association, nachdem sie die Wakefieldschen Pläne über Regelung des Angebots von Arbeitern ꝛc. hatte fallen lassen, daß die Krone acht Commissioners für South Australia, an der Spitze den Colonel Torrens, ernannte. Diese veröffentlichten einen Aufruf, worin die Schöpfung eines Fonds aus den Landkaufsgeldern zur Ueberführung von Arbeitern besonders betont war. Ein Captain Hindmarsh, Waffengefährte Nelsons, wurde zum Governor, Colonel Light zum Chef des Vermessungswesens, Robert Gouger zum Sekretär der zu gründenden Kolonie ernannt. Außerdem fand die Wahl eines Richters und eines Bevollmächtigten der Commissioners statt. Die Commissioners riefen die South Australian Company ins Leben und rüsteten drei Schiffe aus, welche Februar 1836 absegelten. Zwei landeten ihre Fahrgäste schon im Juli in Nepeanbay auf Kangaroo Island, wo die Ankömmlinge sich sogleich einzurichten begannen. Der Führer des dritten Schiffes, das erst im August ankam, Colonel Light, mißbilligte die Wahl des Platzes der Ansiedelung und brachte seine Begleiter an das Ufer des Torrens auf dem Festlande, wo jetzt Adelaide steht. Seine Wahl fand bei vielen Kolonisten keinen Anklang, und so entstand gleich zu Anfang über diesen in England nicht geregelten Punkt Streit unter den Einwanderern, von denen im Laufe des Jahres noch mehrere Hundert eintrafen. Der Governor fand den von Light ausersehenen Fleck nicht geeignet. Doch bei einer von ihm Anfang 1837 berufenen Versammlung der Kolonisten sprach sich die Mehrzahl für den Platz von Adelaide aus, und die Erbauung der Stadt wurde sogleich in die Wege geleitet. Mit welchem Vertrauen die Ansiedler ans Werk gingen, beweist der Umstand, daß allein im Jahre 1837 schon 64 358 Acres Land verkauft und dafür 43 151 Pfund Sterling vereinnahmt wurden! Weniger glücklich waren die Commissioners mit der Auswahl der Beamten. Diese befehdeten sich so lange untereinander, bis fast alle abberufen und durch andere ersetzt wurden. Auf die Entwickelung der Ansiedelung übte dieser Umstand indessen wenig Einwirkung aus. Immer mehr Einwanderer strömten ihr zu, rasch wurde das Innere erforscht, Landverbindung mit New South Wales hergestellt und Handel wie Gewerbe gefördert. Mitte 1839 waren schon etwa 250 000 Acres verkauft und dafür etwa 230 000 Pfund Sterling vereinnahmt. 1840 zählte man schon etwa 15 000 Ansiedler. Die regelmäßigen Einnahmen beliefen sich auf 30 000 Pfund Sterling im Jahr. Es gab 200 000 Schafe, 15 000 Stück Hornvieh; die Einfuhr hatte 303 000, die Ausfuhr 32 000 Pfund Sterling Werth. Schon 1837 wurden Geschworenengerichte in derselben Art wie in England von den Kolonisten eingeführt. 1840 schufen sie für Adelaide eine städtische Korporation.

Diese rasche Entwickelung der Ansiedlung hatte freilich auch unangenehme Wirkungen im Gefolge. Es entstand eine wüste Landspekulation, und die Löhne erreichten eine ungemessene Höhe. Gewöhnliche Arbeiter verdienten 5 bis 7, geschulte bis 50 Schilling am Tage! Diese Löhne lockten Leute von allenthalben ins Land, nicht zum Wenigsten entlassene Deportirte, deren Kommen Wakefield gerade hatte vermeiden wollen. Die Arbeit wurde vernachlässigt, da Grundstückspekulation mehr lockte.*) Dazu ließ sich die Verwaltung zu viel zu großen öffentlichen Arbeiten u. dergl. verleiten und bürdete der Kolonie bis 1840 eine Schuldenlast von 300 000 Pfund Sterling auf! — Nicht zum Wenigsten trugen die eigenen Freunde Wakefields zum Auftreten dieser Mißstände bei. Angas, der Leiter der South Australian Company, legte, unbekümmert um die Lehren Wakefields, das halbe Kapital der Gesellschaft in Grundstücken an und erzielte damit für sie großen Gewinn. Außerdem ließ er sie Walfischerei, Handel und Bankgeschäft treiben und schädigte durch Bewilligung eines Zinsfußes von 8 Prozent für Depositen den Unternehmungsgeist der Kolonisten! Die Commissioners thaten nichts, um der Landspekulation zu steuern, statt den Preis dauernd zu steigern und die Ausdehmung der Landstücke zu mindern, erhöhten sie die letztere und setzten die im Juni 1835 eingeführte Taxe von 1 Pfund Sterling für den Acre bald wieder auf 12 Schilling herab.

Die übermäßigen Ausgaben des Governors Gawler, welche dazu führten, daß die Commissioners die auf sie gezogenen Wechsel nicht einlösen konnten, waren die Veranlassung, daß die Regierung den genannten Beamten Ende 1840 abberief und die Verwaltung thatsächlich in eigene Hand nahm.

Drittes Kapitel.

Die Deportations- und Landfrage.

Während diese Vorgänge sich im Süden Australiens abspielten, wurde die Aufmerksamkeit der Behörden und Kolonisten von New South Wales besonders durch die Deportationsfrage in Anspruch genommen. 1833 waren von der auf 60 794 Köpfe angewachsenen Bevölkerung 16 151 Gefangene. 1836 betrug die Zahl der Letzteren

*) 1841 waren von 299 072 verkauften Acres nur 2503 in Anbau!

27 831! Außerdem gab es in Vandiemensland damals auch noch 16 968 und auf Norfolk Island 1200 Sträflinge! Die Anwesenheit zahlreicher Verbrecher wirkte in hohem Maße entsittlichend auf die Kolonisten, besonders auf die Jugend. Die freien Ansiedler sträubten sich entschieden, die entlassenen Sträflinge als ihres Gleichen anzusehen und ihnen Sitz und Stimme bei öffentlichen Angelegenheiten einzuräumen; die Sträflingskreise wieder verlangten Gleichstellung mit den freien Bürgern! Dazu wuchsen die Kosten der Strafanstalten immer mehr, je größer die Kolonie wurde und je höhere Ansprüche man an humane Behandlung der Leute machte. — Nicht allein diese Umstände wurden gegen das Deportationswesen geltend gemacht, sondern auch die Beobachtung, daß die Zahl der Verbrechen unter seinem Einfluß in England keineswegs abnahm, und daß in Australien so viele Strafthaten vorkamen, daß die Zahl der Hinrichtungen eine geradezu erschreckende Höhe erreichte! 1833 wurden in New South Wales 135 zum Tode verurtheilt, 69 hingerichtet. 1834 wurden 148 Todesurtheile gesprochen, 83 vollstreckt, 1835: 116 gesprochen, 71 vollstreckt! Die Zahl der Disziplinarstrafen belief sich 1833 auf 22 000. 247 Sträflinge wurden in einem Monat jenes Jahres mit 9874 Hieben bestraft! Der Richter Burton erklärte in einem Bericht Herbst 1835 diesen Zustand für unerträglich und führte ihn auf ungenügende Seelsorge für die Gefangenen und Gleichgültigkeit der Kolonisten, welche Gefangene beschäftigten, zurück.

Solche Thatsachen und Nachrichten von gefährlichen Aufständen, z. B. in Norfolk Island, erregten auch die öffentliche Meinung in England. Der Erzbischof von Dublin und andere hochgestellte Leute bezeichneten die Deportation geradezu als ein nationales Verbrechen. Man stecke die freien Kolonisten geradezu durch die Sträflinge an und schaffe einen Verbrecherstaat. Es wurde dadurch erreicht, daß 1837 das Unterhaus einen Ausschuß ernannte, welcher die ganze Angelegenheit prüfen sollte. Sir Robert Peel, Lord John Russell, Sir George Grey gehörten u. A. diesem Committee an, welches 1838 einen sehr gründlichen Bericht erstattete*). Dieses Aktenstück verdammte die Strafkolonisation unbedingt. Wenn es

*) Es sind danach im Ganzen nach New South Wales 75 200, nach Vandiemensland 27 759 Sträflinge deportirt worden.

auch den bei guten Herren befindlichen Gefangenen oder den weniger schweren Verbrechern, welche mit einem Erlaubnißschein (ticket of leave) sich in bestimmten Bezirken frei bewegen dürften und sogar Vermögen erwürben, verhältnißmäßig gut gehe, so schließe doch, hieß es darin, die ganze Deportation eine solche Kette seelischer und physischer Leiden in sich, demoralisire die davon Betroffenen gewöhnlich vollständig und würdige sie so zu Sklaven herab, daß das System zu verwerfen sei. Der Ausschuß stellte fest, daß in einzelnen Plätzen im Durchschnitt auf jeden Gefangenen jährlich 40 Hiebe mit der neunschwänzigen Katze entfielen und daß, trotz der größten Strenge, weder neuen Verbrechen vorgebeugt noch häufiges Entweichen der Gefangenen verhindert werden könnte. Angesehene Leute sprachen der Deportation jeden bessernden Einfluß ab. Sie sahen darin nur eine barbarische Strafform und eine Versorgung der anderen Kolonisten mit billigen Arbeitskräften auf Staatskosten. — Der Ausschuß empfahl daher auf Grund seiner Untersuchung: baldige Einstellung der Versendung von Sträflingen nach New South Wales und Vandiemensland, Errichtung von Zuchthäusern, endlich Bestrafung der Verbrecher in England und außerhalb durch Zwangsarbeit. Er bezeichnete es ferner als wünschenswerth, daß Verbrecher nach Ablauf ihrer Strafzeit das Land, in dem sie die Strafe verbüßt, verließen und bei dieser Auswanderung von Staatswegen unterstützt würden.

Die Berichte des Ausschusses erregten großes Aufsehen in Australien. Obwohl man hier schon seit Jahren um Aufhebung des Deportationswesens petitionirt hatte, fand man doch in den Aeußerungen des Parlamentes die Farben zu dunkel aufgetragen und fürchtete Abschreckung freier Auswanderer. Es wurde beim legislativen Council von Sydney um nochmalige Untersuchung und Richtigstellung der Urtheile über den Stand der Gesittung und Bildung in der Kolonie gebeten. Doch das Council begnügte sich mit einer Anzahl Resolutionen, in denen es die Verdienste der Ansiedler um die rasche Entwickelung Australiens anerkannte, die Mißerfolge der Deportation aber lediglich zufälligen Umständen und unzureichender Seelsorge zur Last legte. Diese Körperschaft behauptete, daß „nach ihrer Ansicht kein Strafsystem so billig, wirksam und erziehlich sei“ wie eine wohlgeordnete Ueberweisung von Sträflingen an Privatleute. Diese hätten das größte Interesse daran, den Sträfling zum tüchtigen Arbeiter heranzubilden, und Landbau und Viehzucht seien besonders geeignete Beschäftigungen hierzu.

Daß das Council mit dieser Aeußerung nur die Auffassung der um billige Arbeiter besorgten Kreise wiedergab, war in England wohlbekannt. Unbekümmert darum wurden daher von der Regierung alsbald Schritte ins Werk gesetzt. Schon 1839 wurde der Governor Gipps angewiesen, neu eintreffende Sträflinge nur nach Norfolk Island zu senden und diese Gefangenen an Privatleute nicht mehr zu überweisen. Durch eine Order in Council vom 22. Mai 1840 wurde dann New South Wales aus der Reihe der Strafkolonien gestrichen und außer Norfolk Island nur Vandiemensland darin belassen. Die Strafkolonie Moretonbay wurde schon 1839 aufgehoben, und im Sommer 1840 erklärte Lord John Russell, daß er die Deportation nach New South Wales für immer beseitigen werde. — Die Maßregel der englischen Regierung war nur halb. Denn noch gab es damals Tausende von Sträflingen in New South Wales, und bei der Fortdauer der Deportation nach Norfolk Island und Vandiemensland mußte der Zuwachs der Sträflingskolonisten noch fortdauern! Doch den zum Theil ja selbst aus diesen Kreisen hervorgegangenen Ansiedlern von New South Wales ging die Regierung schon viel zu weit. Sie empfanden es sehr schmerzlich, keine neuen Arbeiter mehr überwiesen zu erhalten, und sandten dringende Bitten nach England, daß die Strafkolonisation fortgesetzt werde! Mehr als 4000 Personen unterzeichneten die eine Adresse. Diese Schritte blieben jedoch fruchtlos. Weite Kreise in England waren entschlossen, mit dem Deportationswesen zu brechen. Trotz seiner Schrecken sahen Verbrecher darin keine Strafe, und man legte ihm die furchtbare Zunahme der Verbrechen in England während der Jahre 1805 bis 1841 mit zur Last. Während die Bevölkerung damals um 79 Prozent zugenommen hatte, war die Zahl der Verbrechen um 482 Prozent gestiegen, und von 1834 bis 1843 mußte man allein 39 844 Leute deportiren! Die Ueberlassung von Gefangenen an Privatleute wurde immer weiter eingeschränkt.

Die Beschränkung der Deportation hatte verschiedene wichtige Folgen für Australien. Zunächst sank die Nachfrage nach Land, da es an Arbeitern zu seiner Bewirthschaftung zu mangeln begann. Dies minderte die Einkünfte der Kolonie, und zur Füllung der Kassen wurde Eintreibung der vielfach rückständigen Quitrents er=

wogen. Kamen die Ansiedler schon dadurch und durch den Verlust billiger Arbeitskräfte in Verlegenheit, so geschah es noch mehr durch das bedeutende Sinken aller Lebensmittelpreise. Dieses war die Folge der geminderten Nachfrage von Seiten der Gefängnißverwaltung und der Minderung des Metallgeldvorraths, da die Krone nicht mehr so viel wie früher zu senden brauchte. 1841 fiel z. B. der Preis eines 2 Pfundbrotes von 7½ auf 4½ Pence. Daß die Löhne nicht in demselben Maße sanken, erschwerte die Lage der Farmer noch weiter, und es brach über sie eine schwere, Jahre dauernde Krisis herein, die durch Zusammenbruch verschiedener Banken verschärft wurde. Die Einfuhr aus England, welche 1840 einen Werth von 2200000 Pfund Sterling besaß, sank 1842 auf 855000. Der Metallvorrath der Regierungskasse in Sidney, der bis 1839 jährlich etwa 188000 Pfund Sterling betragen hatte, war 1842 völlig verschwunden. Die Landverkäufe brachten in diesem Jahr kaum 15000 Pfund Sterling ein! — Für diese Leiden entschädigte die britische Regierung die Kolonie durch Gewährung größerer Freiheit in Bezug auf die Verwaltung ihrer Angelegenheiten. Lord Stanley, der Colonial Secretary des Ministeriums Sir Robert Peels, erwirkte New South Wales 1842 parlamentarische Verfassung. Ohne Widerspruch gab das britische Parlament seine Zustimmung zu einem Gesetz, wonach die Kolonie ein legislatives Council von 36 Köpfen erhielt, von denen 12 durch die Krone ernannt, 24 von den Kolonisten gewählt werden sollten. Nicht mehr als die Hälfte dieser 24 durften Beamte sein. Jeder Hausbesitzer mit 20 Pfund Sterling jährlichem Einkommen und jeder Bauer mit Grundbesitz von mindestens 200 Pfund Sterling Werth erhielt das Recht, zu wählen. Jeder Grundbesitzer mit wenigstens 100 Pfund Sterling jährlichem Einkommen war wählbar. Das Council sollte jährlich mindestens einmal zusammentreten. Sechs seiner Mitglieder sollten im Bezirk Port Phillip gewählt werden.

Dieses Parlament sollte nach eigenem Ermessen die Gesetzgebung handhaben mit der Beschränkung, daß kein den Gesetzen Englands widersprechender Beschluß gefaßt werde. Es erhielt die Verfügung über die Einnahmen der Kolonie, abgesehen vom „Land Fund" und von einer Summe von 81 600 Pfund Sterling, die für die laufende Verwaltung bestimmt war. Der Governor durfte ohne Genehmigung des Councils keine Maßnahmen mehr treffen, dafür konnte er aber Beschlüsse dieses Parlaments, die er für ungeeignet hielt, ohne Weiteres bei Seite legen. Sträflinge, welche ihre Zeit abgesessen hatten oder begnadigt worden waren, erhielten dieselben politischen Rechte wie die freien Kolonisten. Die ersten Wahlen auf Grund dieser Verfassung fanden 1843 statt.

Auch die schwierige Landfrage erfuhr 1842 eine vorläufige Regelung. Gerade hier gingen die Wünsche und Absichten des Mutterlandes und der Kolonie am weitesten auseinander. Das Erstere wünschte, daß Landspekulation vermieden und nur so viel Land in Bewirthschaftung genommen werde, als den Bedürfnissen der Ansiedelung entsprach, um die Entwickelung vernünftiger Wirthschaft zu fördern und Platz für die Zukunft zu wahren. Den Kolonisten dagegen war es um rasche Ausnutzung des Augenblicks und möglichst hohen Gewinn zu thun. Das Gesetz von 1831 hatte zwischen den Wünschen der Kolonisten und denen der Regierung einen Ausgleich herbeiführen sollen. Der Mindestpreis von 5 Schilling für jeden Acre, der Verkauf an den Meistbietenden, die Beschränkung der Größe der an einen Mann zu verkaufenden Landstücke auf 9600 Acres, die Verpflichtung zur Zahlung von Quitrents waren darauf berechnet, die Landspekulation einzuschränken und wirklichen Ansiedlern das Feld offen zu halten. Doch wurde dieser Zweck damals nur unvollständig erreicht. In den Jahren 1831 bis 1835 wurden im Auktionswege nämlich nicht weniger als 585000 Acres verkauft und 202600 Pfund Sterling dafür vereinnahmt. Daneben wurden noch größere Gebiete ohne jede Erlaubniß und Zahlung auf eigene Faust von Viehzüchtern, sogenannten Squattern,*) in Weide genommen und ausgenutzt. Von Zahlung der Quitrents seitens der älteren Ansiedler war vielfach auch keine Rede. 1832 waren schon 16500 Pfund Sterling von solchen Abgaben rückständig, und die Summe dieser Rückstände nahm von da an immerwährend zu.

Der Governor versuchte dem Ueberhandnehmen der Squatter dadurch zu steuern, daß er 1833 durch Verordnung ausdrücklich den Grundsatz festlegte, daß eigenmächtige Besetzung von Land keinen Rechtstitel verleihe. Doch sein Schritt war vergebens, immer zahlreichere Viehzüchter versuchten ihr Heil im Innern, wenn es ihnen

*) Der Name ist ursprünglich in Nordamerika aufgekommen.

am Futter zu mangeln begann. Die englische Regierung, welche diese Ueberschreitung ihrer Anordnungen um so weniger gern sah, als zahlreiche blutige Zusammenstöße der Squatter mit den Eingeborenen und andere Unregelmäßigkeiten viel Lärm machten, ließ die Landfrage 1836 durch einen Ausschuß des Parlaments erörtern. Es wurden hier eine Menge Sachkenner und Interessenten, darunter auch Wakefield und Torrens, vernommen; das Ergebniß war aber nur die Empfehlung des Fortschreitens auf dem durch das Gesetz von 1831 eingeschlagenen Wege. Ueber die Höhe des zu fordernden Mindestpreises gingen die Ansichten weit auseinander. Torrens schlug 40 Schilling für den Acre vor, Andere erachteten schon 5 Schilling für zu hoch. Sie verwiesen darauf, daß hohe Landpreise immer mehr Leute zum Squatten veranlassen würden, wie es sich schon bis dahin gezeigt habe. Die Regierung schloß sich dieser Meinung an und ermächtigte den Governor von Sydney, die bisherigen Mindestpreise nach Bedarf noch zu ermäßigen. Eine Beschränkung des Squatterwesens wurde dadurch jedoch nicht erreicht. Immer neue Heerden wurden auf die großen Weidefelder des Innern geführt, und der Governor sah sich 1837 veranlaßt, dieses Vorgehen gegen Zahlung einer Licenz zu gestatten. Aus den Erträgen der Gebühr wurde eine Grenzpolizeitruppe besoldet, welche für Ordnung und Ruhe sorgte. 1839 zählte man bereits gegen 4400 Squatter mit 3300 Pferden, 233000 Stück Hornvieh und mehr als 1 Million Schafen! Der Viehbestand auf dem Kronland des Innern war somit nicht geringer als der in den älteren Theilen Australiens, und er wuchs weiter, obwohl damals die Licenz auf 10 Pfund Sterling jährlich erhöht und auf jedes Schaf eine Steuer von 1 Penny, auf Rinder von 3 und Pferde von 6 Pence gelegt wurde!

Hand in Hand mit der Ausbreitung des Squatterthums ging die Zunahme der Einwanderung. Nicht allein die Förderung, welche die Regierung der Uebersiedelung nach Australien zu Theil werden ließ, sondern auch die günstigen Erfahrungen der Kolonisten veranlaßten immer mehr Leute, ihr Heil im fünften Erdtheil zu versuchen. Diese starke Einwanderung steigerte die Nachfrage nach Land und belebte die Spekulation in Grundstücken trotz aller dagegen getroffenen Maßnahmen. 1836 wurden 389500, 1837: 368600, 1838: 315300, 1839: 285900, 1840: 189400 Acres verkauft. Der Landpreis wurde daher damals auf 12 bis 20 Schilling für den

Acre erhöht. Weniger infolgedessen als vermöge der Krisis, welche um jene Zeit über Australien hereinbrach, sank die Nachfrage nach Grundstücken 1840 auf 189400, 1841 auf 86300, 1842 auf 21900 Acres. Sie ging noch weiter zurück als 1842 ein neues Landgesetz in Kraft gesetzt wurde, wonach der Mindestpreis bei Landversteigerungen in ganz Australien 20 Schilling betragen und alle Grundstücke vorher vermessen und auf Karten verzeichnet werden sollten. Für Grundstücke in und bei Städten waren noch höhere Mindestpreise ins Auge gefaßt. Für öffentliche Zwecke und für die Eingeborenen sollten bestimmte Stücke Land zurückbehalten werden. 1843 wurden nur 4800, 1844: 4200, 1845: 7200, 1846: 7000 Acres Kronland verkauft!

Die Landfrage war es, welche die Aufmerksamkeit des 1843 ins Leben getretenen Legislative Council in erster Linie in Anspruch nahm. Der Governor Gipps war bestrebt, der weiteren Ausdehnung des Squatterthums vorzubeugen, während die Kolonisten in möglichst freier und ungehinderter Ausnutzung des Weidelandes eine Lebensfrage sahen. Ohne das Council zu fragen oder auch nur zu unterrichten, verordnete Gipps nun im April 1844, daß jeder Squatter eine Heimstätte von mindestens 320 Acres in Auktion kaufen müsse, wobei er etwaige Verbesserungen vergütet erhalten sollte. Jeder Squatter kam dadurch in Gefahr, von seiner Stätte durch irgend einen Anderen verdrängt zu werden. Diese Furcht und die Empörung darüber, daß der Governor eine so wichtige Anordnung ohne Mitwirkung des Councils traf, erregten in ganz Australien Aufregung. Meetings fanden statt, und ein allgemeiner Verband wurde ins Leben gerufen, um die Anordnung der Regierung zu bekämpfen. Petitionen an Königin und Parlament verlangten gewisse Sicherheiten für die Squatters und wiesen die Unbilligkeit der neuen Regelung nach. Gipps blieb indessen bei seiner Ansicht. Er erklärte in London, daß eine Fortsetzung des früheren Squattingsystems einfach auf Verschenkung des Landes hinauslaufe und die Krone des Grundbesitzes bald berauben würde. Unbekümmert um Klagen begann er auch die damals 55000 Pfund Sterling betragenden Rückstände der Quitrents einzutreiben. Nur in so weit wollte er den Squatters entgegen kommen, daß er jedem Käufer einer Heimstätte seine Weide für acht Jahre überlassen wollte. Der Staatssekretär Lord Stanley trat vollständig auf die Seite des Governors und erwirkte die Genehmigung der Königin für seine Anordnungen!

Es ist begreiflich, daß eine solche Entscheidung in Australien großen Zorn erregte. Die Agitation der Squatters und ihrer Freunde gegen die Maßnahmen der Regierung wurde noch stärker. Die Rechtslage kümmerte sie wenig; sie empfanden es als himmelschreiend, daß der Inhaber einer Weidelicenz kein Vorrecht vor jeder anderen Person besitzen sollte, und verlangten auch Erlaß der länger als sechs Jahre rückständigen Quitrents. Der Governor seinerseits stellte Erhebungen über die Persönlichkeiten der Hauptschreier an. Er fand, daß in einem Distrikt acht Leute unter acht Licenzen 1747000 Acres benutzten, während in demselben Gebiet neun Andere unter neun Licenzen nur 311000 Acres hatten. Die vier größten Viehzüchter in der Kolonie hatten 7750000 Acres und zahlten dafür nicht mehr Licenzgebühr als die vier kleinsten! Diese Thatsachen machten auf das Council keinen Eindruck. Es verlangte 1845 Aufhebung der Verordnung von 1844, Herabsetzung des Mindestpreises von Land, Ermäßigung der Licenzgebühren, Erlaß der mehr als sechs Jahre rückständigen Quitrents und Uebertragung der gesammten Landgesetzgebung ans Council. Einflußreiche Gönner unterstützten die Wünsche der Kolonisten in London. Lord Stanley wurde aber dadurch nicht irre gemacht. Er gab nur in Kleinigkeiten nach und ließ im Uebrigen Gipps' Verordnung in Kraft.

Der Sturz des Ministeriums Peel führte darin einen Umschwung herbei. Der Nachfolger Stanleys, Lord Grey, schenkte angesichts der Abnahme der Auswanderung den Australiern mehr Gehör und gestattete 1846 Ertheilung von Weidelicenzen mit Vorkaufsrecht für 14 Jahre. Der damals an Stelle von Gipps tretende neue Governor von New South Wales gewährte gleichzeitig bedeutende Erleichterungen in der Quitrentzahlung. Alles Land, für welches 20 Jahre lang die Quitrent gezahlt worden war, wurde davon befreit, die Rückstände wurden ermäßigt.

Die neue Landgesetzgebung bildete den Gegenstand einer Order of Her Majesty in Council vom 9. März 1847. Dadurch wurde das Gebiet der Kolonie in drei Gruppen getheilt: die settled, die intermediate und die unsettled Districts. Die Ausdehnung der zwei erstbezeichneten Gebiete wurde festgelegt und für diejenigen der zweiten und dritten Art dem Governor die Ermächtigung ertheilt, Blocks von 16000 oder 32000 Acres auf 8 oder 14 Jahre zu verpachten. Jeder Pächter erwarb das Recht, 640 Acres zum festen

Preis von 640 Pfund Sterling als Heimstätte zu erwerben und die Pacht nach Ablauf der 14 Jahre auf weitere fünf erneuert zu erhalten. Ueberdies durfte verpachtetes Weideland während der Pachtfrist an keinen Anderen als den augenblicklichen Pächter verkauft werden. Die Pacht sollte nach der Höhe der Viehzahl bemessen werden. Für eine Weide, genügend für 4000 Schafe, sollten 10 Pfund Sterling gezahlt werden.

Diese weitgehenden Bestimmungen, welche zu einer ungeheueren Landspekulation und tiefgreifenden Folgen für die Entwickelung der Kolonie geführt haben, waren den australischen Landbesitzern der settled Districts nicht ganz genehm. Ein Ausschuß des Legislative Council erklärte unter Hinweis auf das Sinken der Landverkäufe in den Jahren 1843 bis 1846 den Mindestpreis von 1 Pfund Sterling für den Acre für viel zu hoch. Der Bericht wies darauf hin, daß die Bevölkerung sich von 1837 bis 1846 mehr als verdoppelt habe (1837: 85000, 1846: 196000 Personen). Der Export sei von 760000 Pfund Sterling auf 1481000 Pfund Sterling angewachsen; der Schiffsverkehr von 400 Schiffen mit 80000 Tonnen auf 767 mit 141000 Tonnen. Die Landverkäufe aber seien von 368000 auf 7000 herabgesunken! Dabei seien von den etwa 25 Millionen Acres der Kolonie erst 5 Millionen veräußert; es sei also Grund und Boden in Fülle verfügbar. Der Ausschuß verlangte Herabsetzung des Mindestpreises auf 5 Schilling und Ertheilung des Rechtes an die Squatters, ihre ganze Weide zu diesem Preis zu erwerben, und wies darauf hin, daß ohne solche Bestimmungen die Mehrzahl der Kolonisten kein Land mehr kaufen, sondern sich mit den billigen Pachten begnügen werde. — Diese Anregung blieb ohne Folgen.

Während die Landfrage diese Regelung erfuhr, lebte die Deportationsangelegenheit nochmals auf. Das Unterhaus hatte 1841 Fortsetzung der Verbannung von Strafgefangenen nach den Kolonien verlangt. Es waren daher bis 1844 nicht weniger als 40 000 Verbrecher nach Vandiemensland geschafft worden. Als die Ansiedelung weitere Gefangene nicht mehr aufnehmen konnte, war die Anlage einer neuen Strafkolonie in Nordaustralien ins Auge gefaßt worden. Die Ausführung dieses Planes machte unvorhergesehene große Schwierigkeiten. Dies gab dem neuen Staatssekretär Gladstone den Anlaß, sich an New South Wales zu wenden und dem Council 1846 Zulassung neuer Sendungen von Sträflingen vorzuschlagen. Es war in der vertraulichen Depesche darauf hingewiesen, daß man in Port Phillip aus Arbeitermangel frühere Deportirte zulasse, daß allerlei Verbesserungen gegen früher geplant seien, und dergl. mehr. Ein Ausschuß des Council wurde mit der Frage betraut. Er stellte fest, daß mehr als 1800 frühere Sträflinge im Laufe von zwei Jahren durch Unternehmer oder auf eigene Hand nach Port Phillip gekommen seien, und daß Aehnliches in Sydney der Fall sei. Es wurde auch ermittelt, daß trotz des ausdrücklichen Verbotes Deportirte, welche in bedingter Weise freigelassen waren, sich in verschiedenen freien australischen Kolonien niedergelassen hatten. Dieser Umstand und der noch immer bei einzelnen Kolonisten rege Wunsch, billige gefangene Arbeiter zu bekommen, waren die Veranlassung, daß der Bericht des Ausschusses sich für Wiederaufnahme der Deportation nach New South Wales aussprach. Es wurden nur verschiedene Aenderungen gegen früher und Vertheilung der Gefangenen an Privatleute, was in Vandiemensland abgeschafft war, sowie gleichzeitige Sendung größerer Mengen von Frauen und freien Kolonisten gefordert. Die Kolonie sollte ein Drittel der Kosten tragen und die Verwaltung der Strafanstalten erhalten.

Bevor der Ausschuß sich noch geäußert hatte, entstand aber in Sydney und in ganz Australien lebhafte Agitation gegen den Plan. Meetings fanden statt, und Petitionen gegen die Deportation wurden an das Council und nach England gerichtet. Das Erstere sprach sich sehr lebhaft gegen die Vorschläge des Ausschusses aus, nur sieben Stimmen waren für Neubelebung der Strafkolonisation. Angesichts dieser Thatsache und des Sturzes Gladstones hielt man in Sydney die Angelegenheit für abgethan. Doch der neue Staatssekretär des Kolonialamtes, Earl Grey, erwies sich gleichfalls als Anhänger des Deportationswesens. Fortdauernde Klagen Vandiemenslands wegen Ueberfüllung der Insel mit Verbrechern sowie der Wunsch der Kolonisten Port Phillips nach gefangenen Arbeitern bewogen ihn, 1848 die Ordre in Council von 1840, welche der Deportation nach New South Wales ein Ende gemacht hatte, aufheben zu lassen und Einrichtung neuer Strafkolonien daselbst unter Beachtung der von dem erwähnten Ausschuß des Councils gestellten Forderungen in Aussicht zu nehmen.

Dieses Vorgehen erregte größte Entrüstung in Australien. Die

Folgen der Deportation in Vandiemensland und Norfolk Island wurden damals allgemein als höchst verderblich angesehen. Die Kolonisten theilten Darwins Auffassung, daß die Strafkolonisation unnütze Vagabunden zu tüchtigen Bürgern gemacht und, wenn sie auch als Strafe und Erziehungsmittel sich werthlos gezeigt, doch ein neues blühendes Staatswesen geschaffen habe, nicht. Sie hatten zu viel üble Wirkungen der massenhaften Einfuhr von Verbrechern vor Augen. Dazu protestirten die inzwischen eingewanderten freien Arbeiter gegen den Mitbewerb von Gefangenen. Der Zorn in Australien wuchs noch und breitete sich auch nach anderen Gegenden aus, als Earl Grey Ermächtigung der Königin zur Sendung von Sträflingen nach der Kapkolonie erwirkte und ein Schiff mit einigen hundert Gefangenen dahin abschickte. Die Bewohner von Capetown widersetzten sich aufs Aeußerste der Landung der Leute und setzten durch, daß das englische Parlament sich der Sache annahm und der Premierminister es für nicht räthlich erklärte, die Gefühle der Kapkolonisten zu verletzen. Earl Grey mußte sich zornig fügen. Er schrieb dem Governor von Capetown, daß er die Ausdrücke über das Betragen der Kolonisten nicht brauchen wolle, welche allein seinen Gedanken darüber Ausdruck geben könnten, bezeichnete dieses Verhalten des Kaps als Ablehnung einer Theilnahme an den Lasten des Reiches und verhehlte auch dem Governor seine Mißstimmung nicht. Er konnte aber nicht hindern, daß die Kapkolonie aus der Liste der Deportationsländer wieder gestrichen wurde.

Auch nach New South Wales hatte Grey bereits ein Schiff mit Sträflingen gesendet. Als es im Juni 1849 ankam, entstand hier nicht mindere Aufregung als in Südafrika. Ein Meeting fand am Hafen statt, lärmend wurde beim Governor protestirt. Doch es gab hier Leute, welche die Gelegenheit nicht ungenutzt lassen wollten, die Gefangenen in aller Stille mietheten und ins Innere schafften. In Melbourne zwang man dagegen ein Schiff mit Sträflingen, umzukehren. Im Jahre 1850 wurde die Bewegung gegen die Deportation in ganz New South Wales lebendig. 36 500 Personen petitionirten dagegen, und das Council beschloß, daß keine Sträflinge unter irgend welchen Bedingungen nach irgend einem Theil der Kolonie mehr geschafft werden dürften! Im April 1851 fügte sich Earl Grey dem Willen der Australier hier. Er hatte aber wenigstens durchgesetzt, daß Western Australia Deportirte aufnahm, und hoffte in Zukunft, Port Phillip oder Nordaustralien als Strafkolonie einrichten zu können. — In Vandiemensland war inzwischen auch eine große Bewegung gegen Fortsetzung der Deportation entstanden. Man verpflichtete sich gegenseitig, neu ankommende Sträflinge nicht mehr zu beschäftigen, und gründete einen großen Agitationsverband. Der Sturz Earl Greys im Jahre 1852 erleichterte den Gegnern der Strafkolonisation ihr Werk. Schon im November 1852 forderte die englische Thronrede das Parlament auf, Mittel zu suchen, um die Deportation nach Vandiemensland einzustellen, wo damals mehr als 20 000 meist schwere Verbrecher lebten. 1853 wurde in der That Aufhebung der Deportation nach Vandiemensland feierlich verkündet.

Es sind im Ganzen von 1788 bis 1839 nach New South Wales 59 788, von 1803 bis 1853 nach Vandiemensland 67 655 Personen deportirt worden. Das Sträflingselement bildete hier sonach einen recht ansehnlichen Theil der gesammten Bevölkerung, die bei New South Wales Anfang 1851 auf 187 200 Köpfe berechnet wurde. Sydney zählte um dieselbe Zeit 53 900 Bewohner. Die übrigen 79 Städte und Dörfer der Kolonie besaßen zusammen nur 33 300 Seelen.

Der Handel von New South Wales hat, wie nachstehende Tabelle ergiebt, in den 40er Jahren keine Fortschritte gemacht:

	Einfuhr	Ausfuhr
	Pfund	Sterling
1840:	2 600 600	1 270 800
1845:	985 500	1 092 300
1848:	1 182 800	1 155 000
1850:	1 333 400	1 357 700
1851:	1 563 900	1 796 900

Viertes Kapitel.

Australien 1840—1850.

Hand in Hand mit der Entwickelung von New South Wales und Vandiemensland ging diejenige der jüngeren australischen Kolonien.

Western Australia hatte sich, wie erwähnt, kurz nach der ersten Ansiedelung am Swan River in recht schlimmer Lage befunden. Es war den schwierigen Verhältnissen des entlegenen Gebietes zu wenig Rechnung getragen worden. Die Gründer hatten weder für Unterkunft der Leute noch für Vermessung des Landes gesorgt, nicht einmal ein sicherer Ankerplatz war festgestellt worden. Große Landstrecken waren den Beamten umsonst überwiesen, doch wußte lange Niemand, wo sein Besitz lag. Monate lang hatten die Leute mit allen Vorräthen, Vieh 2c. am Strande gelegen und waren massenhaft von den Unbilden der Witterung weggerafft worden. Der halbe Besitz der ersten Einwanderer ging nutzlos verloren, ehe sie überhaupt Hand ans Werk legen konnten. Jahre verflossen, ehe genügend Land vermessen war, um nur fünf Meilen von dem Hafen entfernt einen Grenzzaun anlegen zu können. Dazu kamen große Schwierigkeiten mit den Eingeborenen. Inzwischen zogen viele Ansiedler weg, und Nachschub erfolgte nach den schlimmen Erfahrungen der ersten Kolonisten nicht. Trotz alledem befand sich die Kolonie 1835 schon in erträglicher Lage. Neben den beiden zuerst angelegten Städten Perth und Freemantle gab es noch drei andere und eine Niederlassung am King Georges Sund. Schaf- und Pferdezucht hatten sich rasch entwickelt. Es gab nur wenig Beamte, aber schon eine wöchentlich erscheinende Zeitung. 1 600 000 Acres waren an Ansiedler vergeben, fast alle freilich umsonst. Die Einnahmen deckten dem entsprechend bei Weitem nicht die Kosten der Verwaltung.

Um die Auswanderung nach Western Australia zu fördern und die Kolonie in die Höhe zu bringen, wurde 1835 in London eine Western Australian Association besonders durch Bemühung eines Major Irwin gegründet. Außer australischen Interessenten gehörten Bewohner von Calcutta dazu, welche in Westaustralien eine Erholungsstation und Handelsniederlassung schaffen wollten. Die Bemühungen dieser Vereinigung verschafften Western Australia manche Vortheile, doch blieb seine Entwickelung sehr langsam. 1838 erhielten die Kolonisten das Recht, vier Mitglieder ins legislative Council zu wählen. Zwei Jahre später betrug die Zahl der Weißen 2300. — Da die bloße Agitation nicht genug Erfolg hatte, rief die Association 1841 eine richtige Aktiengesellschaft ins Leben, welche von Stirling das ihm einst zugewiesene Land billig kaufen und nach den von Wakefield, welcher zu den Direktoren gehörte, stets vertretenen Grundsätzen zu 1 Pfund Sterling für den Acre verkaufen wollte. Diese Absicht wurde nicht ausgeführt. Captain Grey, der gerade von

Australien in England eintraf, veranlaßte die Direktoren, eine neue Ansiedelung im Norden, wo bei Championbay gutes Land entdeckt sein sollte, ins Auge zu fassen. Es wurden 1841 noch nach diesem Punkte Auswanderer abgeschickt. Ihr Führer Clifton zog es vor, die Leute zunächst bei Port Leschenault anzusiedeln, wo nach vielen Schwierigkeiten eine kleine Kolonie Australind entstand, die aber bald durch Auflösung der Gesellschaft ihrer Lebensader beraubt wurde. — Ungeachtet aller Ungunst der Verhältnisse, begann Western Australia damals langsam emporzukommen. Die Bevölkerung wuchs 1843 auf 3800, 1848 auf 4600 Köpfe. Während 1834 nur 564 Acres angebaut wurden, waren 1848 schon 3300 in Kultur. Man zählte in diesem Jahre hier schon 157 000 Stück Vieh, davon 141 000 Schafe. Der Handelsumsatz war von 51 000 Pfund Sterling im Jahre 1835 auf 75 000 Pfund Sterling gewachsen. An Wolle wurden allein schon 301 000 Pfund (lbs) für 9600 Pfund Sterling exportirt. Die Einnahmen der Kolonie beliefen sich 1848 auf 10 700 Pfund Sterling, während die Verwaltungskosten etwa 30 000 Pfund Sterling betrugen. Außer Wolle erzeugten die Kolonisten auch Olivenöl, Wein und führten werthvolle Hölzer aus.

Alle diese Erwerbszweige litten unter dem Mangel an Arbeitskräften. Die wenigen dorthin kommenden mittellosen Weißen fanden sehr billig, weit unter dem Regierungspreise, Land bei den anfangs mit großen Landschenkungen bedachten Kolonisten und machten sich daher selbständig. Zur Heranziehung massenhafter Einwanderung war andererseits kein Geld da.

Das Council zog die Beförderung der Einwanderung von Deutschen, ferner von mittellosen Personen und endlich von Sträflingen schon 1846 in Erwägung, um dem Arbeitermangel abzuhelfen. Die englische Regierung that in den ersten Hinsichten keine Schritte. Um so bereitwilliger griff sie das Verlangen nach Deportirten auf. 1848 wurden mehrere Schiffsladungen davon nach Perth gesandt, wo man sich um diese Arbeitskräfte riß. Im Mai 1849 wurde Western Australia durch Order in Council zu einem Platz erklärt, nach dem Deportation zulässig sei, und im Jahre darauf sandte das Colonial Office eine Anzahl Ticket of Leave-Gefangener (bedingungsweise Begnadigter) nach der Kolonie.

Anfang 1852 waren schon 1500 Deportirte dort, die Hälfte davon bedingungsweise in Freiheit befindlich. Das englische Parlament bewilligte damals 86 000 Pfund Sterling für Errichtung der Strafanstalten in Western Australia. Diese Summen, die Ernennung neuer Beamten, Verstärkung der Besatzung u. s. w. brachten den Ansiedlern großen Vortheil. Es wurde immer mehr Land gekauft und in Anbau genommen. Auch freie Auswanderer strömten zahlreicher zu. Kohlenminen wurden entdeckt, Guanolager erschlossen und Perlfischerei begonnen. Die Strafkolonisation hat also hier wesentlich zur Förderung des Landes beigetragen. Allerdings wurde sie auch nicht in der Weise wie in New South Wales und Vandiemensland betrieben. Weibliche Gefangene wurden z. B. auf Wunsch der Kolonisten niemals hierher gesandt, und das Ticket of Leave-System möglichst ausgebildet. Man erlaubte diesen bedingungsweise begnadigten Leuten sogar, sich durch Zahlungen von 7 bis 25 Pfund Sterling, je nach der Länge der Strafzeit, freizukaufen. Die Kolonie, deren Einnahmen noch immer die Ausgaben nicht deckten, zog daraus nicht unerhebliche Einkünfte, wenn es auch Jahre dauerte, ehe die Begnadigten ihre Schuld abtrugen.

1859, als die gesammte Bevölkerung 15 000 Köpfe betrug, waren etwa 41 pCt. der Männer Sträflinge oder als Deportirte angekommen. In den meisten Orten gab es mehr solche Leute als Freie. Im Ganzen sind bis 1868 an Deportirten 9718 nach Western Australia geschafft worden. Damals wurde, wie später zu erwähnen sein wird, auch hier die Strafkolonisation aufgehoben.

1850 besaß die erst gegen 5000 Weiße betragende Bevölkerung der Kolonie 150 000 Schafe, 12 000 Stück Hornvieh, 3000 Pferde. Der Handel hatte einen Werth von 80 000 Pfund Sterling. Der Hauptausfuhrartikel war Wolle, von der 400 000 lbs jährlich verschifft wurden.

In Victoria, dem damaligen Port Phillip, waren bis zum Ende des Jahres 1841 nicht weniger als 205 748 Acres Land meist an den Höchstbietenden verkauft und 394 300 Pfund Sterling dafür erzielt worden. Der Wohlstand der Kolonie war so groß und die Zahl der Arbeitskräfte so gering, daß Löhne und Preise eine nie dagewesene Höhe erreichten. Für einen Ochsen wurden 12 bis 15 Pfund Sterling, für ein Pferd 100 Pfund Sterling und mehr, für ein Schaf 3 Pfund Sterling bezahlt. Mehl kostete 80 bis 100 Pfund Sterling für 2000 lbs. 10 sh wurde als kein besonders hoher Tagelohn betrachtet. Einfache Häuschen, mit vier Räumen, kosteten

150 bis 200 Pfund Sterling Jahresmiethe. Der Governor von New South Wales berichtete einmal nach London, daß Champagner in solchen Massen getrunken werde, daß man die Straße nach Melbourne auf Meilen mit den Flaschen pflastern könnte!

Die hohen Gewinne lockten natürlich zahlreiche Einwanderer ins Land und führten zu solcher Förderung von Ackerbau und Viehzucht, daß bald ein gewaltiger Preissturz eintrat. Schon 1843 fiel der Preis von Hornvieh auf 12 sh., von Schafen auf 1 sh. 6 d. Die Löhne gingen entsprechend zurück, und es kam zu einem großen Krach. Von 1842 bis 1844 stellten in Melbourne nicht weniger als 282 Geschäfte ihre Zahlungen ein. Trotz dieser Krisis erlitt die Entwickelung der Kolonie nur geringe Verzögerung. Der Umfang des Handels der Kolonie, welcher 1837 erst 121 000 Pfund Sterling erreicht hatte, stieg 1843 auf 341 000, 1845 auf 548 000, 1848 auf 1 049 000 Pfund Sterling. Die Zolleinnahmen hoben sich von etwa 3000 Pfund Sterling im Jahre 1837 auf 52 000 Pfund Sterling während des Jahres 1848. Die Gesammteinnahmen der Kolonie erreichten 1848 die Höhe von 144 000 Pfund Sterling. Nicht weniger als 59 000 Pfund Sterling davon wurden durch Landverkauf erzielt. 1850 betrugen die Einkünfte von Port Phillip sogar 260 000 Pfund Sterling, wovon mehr als die Hälfte auf Landverkäufe entfiel. Die Zölle brachten im genannten Jahre 76 000 Pfund Sterling ein. 35 400 Acres Land, d. h. etwa 554 Quadratmeilen, waren damals im Ganzen in der Kolonie seit ihrer Gründung vergeben. Die Bewohnerzahl belief sich auf 77 345 Personen. Die Ausgaben der Kolonie blieben um etwa 30 pCt. hinter den Einnahmen zurück. Bereits 46 gewerbliche Anlagen waren damals entstanden, 19 davon in Melbourne. Es waren darunter 14 Brauereien und 13 Gerbereien. Der Handel hatte einen Werth von 1 750 000 Pfund Sterling erreicht. Etwa 1 Million entfiel auf die Ausfuhr. Ihr wichtigster Artikel war Wolle. Während 1837 davon nur 175 000 lbs exportirt werden konnten, stieg der Umfang dieses Exports 1845 schon auf 5 415 000, 1849 auf 12 697 000 lbs. Man zählte in der Kolonie damals schon mehr als 1 Million Schafe.

Je mehr der Wohlstand von Port Phillip aber stieg, je gewaltigere Fortschritte diese Ansiedelung machte, um so lästiger empfanden die Kolonisten die Abhängigkeit von dem 600 Meilen entfernten Sydney. Sie behaupteten, daß das Council von New South Wales, nach dem sie ihre Vertreter senden mußten, von den Bedürfnissen Port Phillips nichts verstehe, und daß die so rasch erstarkte Kolonie eine eigene Vertretung brauche. Als wiederholte Eingaben in diesem Sinne nach England erfolglos blieben, entschlossen sich die unzufriedenen Wortführer der Kolonisten Port Phillips zu einem eigenartigen Schritt. Sie setzten durch, daß die Kandidaten für die sechs Abgeordnetensitze ihre Bewerbung zurückzogen, und wählten als einzigen Vertreter den englischen Staatssekretär Earl Grey! Nachträglich wurden allerdings doch noch Abgeordnete gewählt, aber die Demonstration verfehlte ihren Eindruck in England nicht. Das Board of Trade nahm sich der Sache Port Phillips an und auf sein Betreiben wurde 1850 die Ansiedelung zur selbständigen Kolonie unter dem Namen Victoria erhoben. Victoria erhielt dieselbe Verfassung wie die Mutterkolonie. Die Kolonisten sollten auch ²/₃ der Mitglieder des Councils wählen, während ¹/₃ von der Regierung ernannt wurde. Der Governor sollte ein Einkommen von 2000, der Oberrichter ein solches von 1500 Pfund Sterling beziehen.

South Australia. Zum Governor dieser Ansiedelung erwählte der Colonial Secretary Lord John Russel 1841 den Captain Grey, welcher in den Jahren 1837 bis 1839 eine erfolgreiche Forschungsreise im Westen und Nordwesten Australiens ausgeführt hatte. Grey fand die Kassen Adelaides leer und, trotzdem das englische Parlament die von dem früheren Governor der Kolonie gezogenen Wechsel nachträglich bezahlt hatte, noch eine große Schuldenlast vor. Um sich zu helfen, stellte Grey zunächst alle nicht dringenden Bauten ein, entließ zahlreiche Beamte, setzte die Löhne herab und verminderte die Ausgaben. Unter den betroffenen Kolonisten entstand allerdings große Entrüstung, doch der Governor kehrte sich nicht an ihr Geschrei und setzte bald eine Besserung der Verhältnisse durch. Die Leute wandten sich der lange vernachlässigten Feldarbeit zu, der Umfang des bebauten Landes stieg 1841 von 2500 auf 6700, 1842 auf 20 000 Acres, während die Bevölkerung in den zwei Jahren nur von 14 600 auf 17 000 Köpfe wuchs. Trotz aller Sparsamkeit und Energie Greys hatte South Australia aber noch lange an den Folgen der Mißwirthschaft seines Vorgängers zu leiden. Im Laufe von vier Jahren hatten dieser und die South Australian Commissioners das Land in eine Schuldenlast von 405 000 Pfund Sterling gestürzt, wovon das britische Parlament nur 155 000 Pfund Sterling getilgt hatte.

Grey hatte verlangt, daß England auch den Rest der Schulden decke. Die von ihm gezogenen Wechsel wurden aber in London nicht bezahlt und vielmehr eine parlamentarische Untersuchung über die Angelegenheit angestellt. Der 1842 das Amt des Staatssekretärs der Kolonien bekleidende Lord Stanley übernahm nur 44 000 Pfund Sterling der Schuld auf die englischen Kassen, den Rest deckte er durch Anleihen, welche zum Theil das Mutterland, zum Theil die Kolonie verzinsten. Obwohl diese Regelung durchaus der Billigkeit entsprach, war sie wenig im Sinne der Kolonisten, die schwer unter der Krisis litten. 1843 lag Alles so danieder, daß nur 598 Acres Kronland verkauft wurden.*) Bald aber fand ein Aufschwung statt, da plötzlich reiche Kupferlager entdeckt wurden und ein lohnender Bergbau begann.**) Von nun an strömten zahlreiche Einwanderer ins Land, der Bodenpreis stieg, und die Wirkungen der früheren Mißwirthschaft wurden rasch verwunden. — Die Zahl der Landverkäufe nahm stetig zu. 1844 wurden 3400 Acres für 5600 Pfund Sterling, 1845 schon 49 000 Acres für 52 900 Pfund Sterling, 1846 gar 59 000 Acres für 58 500 Pfund Sterling verkauft. Im folgenden Jahre erst zeigte sich ein Rückgang. Es wurden nur etwa 35 000 Acres für 36 000 Pfund Sterling und 1848 etwa 29 000 Acres für denselben Preis meist an Einwanderer aus England verkauft. Für erzhaltige Gebiete nahm die Kolonie von 1843 bis 1847 im Ganzen 70 000 Pfund Sterling ein. Mit dem Erfolg des Kupferbergbaues gingen die Steigerung des Ertrages der Landwirthschaft und die Zunahme der Bevölkerung Hand in Hand. Von 200 Köpfen im Jahre 1837, welche bis 1842 auf 14 600 angewachsen waren, hob sich die weiße Bewohnerschaft der Kolonie 1848 bis auf 38 600. Dazu zählte man 3700 Eingeborene. Die regelmäßigen Einnahmen der Kolonie beliefen sich 1844 auf 27 800 Pfund Sterling. 1846 erreichten sie bereits die Höhe von 48 000, 1849 von 94 200 Pfund Sterling. Den größten Theil davon lieferten die Zölle, deren Ertrag von 20 000 Pfund Sterling im Jahre 1844 auf 73 000 im Jahre 1849 gestiegen ist. Diesen Einnahmen standen

*) 1842 fanden in Adelaide 37 Bankerotte statt, und von 1915 Häusern der Stadt waren 642 völlig verlassen.

**) Die Entdecker der ersten Kupferlager kauften das betreffende Land von 80 Acres für 80 Pfund Sterling! In London bot man ihnen später dafür 27 000 Pfund Sterling.

1844 Ausgaben in der Höhe von 29 450, 1846 von 37 200, 1849 von 80 300 Pfund Sterling gegenüber. Von 1845 an deckten die regelmäßigen Einnahmen die an die Verwaltung der Kolonie gestellten Forderungen, und es ergab sich sogar ein Ueberschuß, der durch die unregelmäßigen Einnahmen aus Landverkäufen und dergl. eine sehr ansehnliche Höhe erreichte. Es waren somit Mittel nicht allein für Tilgung der Schuld, sondern auch für öffentliche Arbeiten vorhanden. Der Handel der Kolonie zeigte ziemlich erhebliche Schwankungen. Ihre Einfuhr, die 1839 die Höhe von 346 600 Pfund Sterling erreichte, betrug 1843 nur 109 000, 1844: 118 800, 1846: 330 000, 1849: 384 000 Pfund Sterling. Die Ausfuhr stieg von 16 000 Pfund Sterling im Jahre 1839 auf 80 800 im Jahre 1843. 1844 betrug sie 95 200, 1846: 312 800, 1849: 504 000 Pfund Sterling.

Die beiden Hauptgegenstände des Exports waren Wolle und Erze. Von Ersterer wurde 1839 für 8700 Pfund Sterling, 1843 schon für 45 500, 1846 für 106 500, 1849 für 98 500 Pfund Sterling ausgeführt. Die Erzausfuhr stieg von 128 Pfund Sterling im Jahre 1843 auf 142 200 im Jahre 1846 und 320 000 im Jahre 1849. Im letzteren Jahre betrug die Menge der verschifften Erze 17 000 Tonnen! Es waren Ende 1848 nicht weniger als 26 Bergwerksgesellschaften in South Australia mit Kupfergewinnung beschäftigt. Die Minen erwiesen sich theilweise als so reich, daß die South Australian Mining Company, der ein Theil der Burra-Burra-Mine gehörte, beispielsweise in 15 Monaten 1847/48 1000 pCt. Dividende auszahlte! — Es gab 1848 in der Kolonie 25 Mühlen, 14 Brauereien, 7 Gerbereien, 4 Maschinenfabriken, 3 Seifensiedereien und eine Menge anderer gewerblicher Anlagen. Die Zahl der Ackerbauer stieg von 873 im Jahre 1842 auf 1846 im Jahre 1848. Man zählte 1847 in der Kolonie 1705 Pferde, 56 375 Stück Hornvieh, 784 811 Schafe. — Die großen Fortschritte South Australias kamen natürlich auch der Gründerin der Kolonie, der South Australian Company, zu Gute. Ihre Einnahmen aus verpachtetem Land hoben sich 1849 auf 14 400 Pfund Sterling, während sie 1844 nur 5900 Pfund Sterling betragen hatten.

Der energische Governor Grey, welcher große Verdienste um die Kolonie erworben hat, wurde 1845 nach New Zealand versetzt. Unter seinen weniger bedeutenden Nachfolgern begann mit der wachsenden Bevölkerung und dem zunehmenden Wohlstand der Wunsch nach größeren politischen Rechten unter den Kolonisten laut zu werden. Bei Gründung der Kolonie hatte die Krone die Ertheilung einer Verfassung in Aussicht genommen, sobald die Bewohnerzahl 50 000 erreicht haben würde. 1842 bei Aufhebung des Amtes der South Australian Commissioners und der Regelung der Schulden der Kolonie war dem Governor ein Council von acht ernannten Mitgliedern beigegeben worden. Vier davon waren Beamte, vier vom Governor ausgewählte Kolonisten. Dieser Beirath vermochte natürlich wenig Einfluß zu üben, und der Governor konnte auch in Angelegenheiten, in denen die Kolonisten entschieden anderer Ansicht als er waren, seinen Willen durchsetzen. Um so freudiger wurde es daher begrüßt, als die englische Regierung 1850, nachdem die Bevölkerung die Kopfzahl von 50 000 erreicht hatte, in South Australia ein neues legislatives Council von 24 Mitgliedern schuf. Zwei Drittel davon wurden von den Kolonisten gewählt. Nur acht wurden vom Governor ernannt, und zwar durften nur vier aus der Zahl der Beamten genommen werden.

Die Kolonie Queensland verdankt ihre Entstehung dem Vordringen der Squatters von New South Wales. Von den Liverpool Plains aus schoben sie ihre Schafheerden beim Suchen nach neuen Weidegründen nach dem New England District und von dort bis zu den Darling Downs vor. So üppig diese Weidegründe waren, so störend war es für die Kolonisten, daß zwei unwegsame Bergketten sie vom Meere abschnitten und sie stets die lange Reise von und nach New South Wales machen mußten. Endlich gelang es ihnen, einen wenn auch schwierigen Paßweg nach Moretonbay aufzufinden. Aber hier war von Sydney aus die Strafkolonie Brisbane 1826 angelegt worden, und die Behörden verboten den Squatters, mit dem Platz in irgend welche Beziehungen zu treten. Erst die zeitweilige Einstellung der Deportation 1840 und die Aufhebung der Strafkolonie Brisbane führten hierin eine Aenderung herbei. Es wurden bessere Wege über die Berge hergestellt, und der Distrikt Moretonbay begann rasch aufzublühen. 1842 wurde das erste Land öffentlich verkauft, und es strömten Einwanderer aus Europa zu. Die Ansiedler sahen sich aber in ihren Erwartungen getäuscht, da es an Arbeitskräften vollständig mangelte. In ihrer Noth nahmen die Kolonisten von Moretonbay 1849 nicht allein die von Melbourne abgewiesenen englischen Sträflinge auf, sondern bezogen auch zum ersten Male chinesische Kulis. Da diese sich aber mit den Weißen nicht vertrugen, kam hier die Deportationsfrage nicht zur Ruhe, und immer aufs Neue verlangten die Kolonisten Loslösung von New South Wales und Errichtung einer großen Strafanstalt in Brisbane, um von dort Arbeiter zu beziehen. Daß die englische Regierung hierauf nicht einging, hatte seinen Grund damals nur darin, daß Western Australia sich zur Aufnahme der Sträflinge bereit erklärt hatte, wohin der Transport billiger war.

New Zealand ist lange der Tummelplatz von Abenteurern verschiedener Völker gewesen, bis 1814 der Reverend Samuel Marsden, der Kaplan von Parramatta bei Sydney, mit zwei Missionaren sich hinbegab und eine Missionsniederlassung gründete. Seinem Beispiel folgten andere Missionsgesellschaften, und es entstanden rasch aufblühende Christengemeinden. Nur hatten diese viel unter den Missethaten der weißen Abenteurer*), die an verschiedenen Küstenpunkten lebten, zu leiden. Die Beschwerden der Missionare gaben den Anlaß zu einem Imperial Statute von 1817, wonach alle Verbrechen, die Mannschaften oder Passagiere eines Schiffes begingen, in New South Wales abgeurtheilt werden konnten. In dem Gesetz war indessen keine Behörde für die Inselgruppe vorgesehen und jeden Anspruch auf ihren Besitz auszudrücken vermieden. Auch ein Act von 1823, welcher die Aburtheilung von Verbrechen britischer Unterthanen in New Zealand den Gerichten von New South Wales und Vandiemensland zuwies, sprach keinerlei Rechtsanspruch auf New Zealand aus. England lehnte sogar bestimmt jede Herrschaft darüber ab, als ein englischer Offizier a. D., französischer Herkunft, Baron de Thierry, im selben Jahre für ein für ihn durch einen Missionar, den er als Begleiter einiger New Zealander 1820 in Cambridge kennen gelernt hatte, gekauftes Gebiet englischen Schutz verlangte. Thierry wandte sich deshalb an die französische Regierung, fand aber bei ihr und seinen Landsleuten ebensowenig ernsthafte Unterstützung wie beim englischen Publikum und den Vereinigten Staaten, bei denen er schließlich sein Heil versuchte.

Mehr Erfolg schien den Bemühungen der Missionare, eine geordnete Kolonisation ins Leben zu rufen, zu blühen, als 1825 in

*) Diese Leute, besonders englische Schiffer, veranlaßten die Maoris oft zu Blutthaten und unterstützten sie dabei, um ihnen dann die abgeschnittenen und getrockneten tätowirten Köpfe, die in Europa gesucht waren, abzukaufen.

England ungeachtet des gegen die Südsee bestehenden Vorurtheils unter dem Patronat Lord Durhams eine Gesellschaft für New Zealand ins Leben trat. Schon 1826 entsandte das neue Unternehmen mit Billigung Huskissons, des Präsidenten des Board of Trade, eine Anzahl Auswanderer nach der Südsee und machte Landankäufe im Norden New-Zealands am Hokiangaflusse. — Zum Unglück herrschte in diesem Gebiete damals gerade Krieg, und die wilden Waffentänze der Maoris und die Erzählungen von den üblichen Grausamkeiten und Menschenfressereien erschreckten die Kolonisten, so daß die meisten das Land wieder verließen. Der Versuch, der 20 000 Pfund Sterling verschlungen hatte, blieb vergeblich wie alle anderen! Die Gründer der Gesellschaft, die Missionare und Spekulanten in Sydney, welche sämmtlich riesige Gebiete auf Neu Zealand im Laufe der Jahre erworben hatten, ließen jedoch nicht alle Hoffnung sinken. Sie hörten nicht auf, in London für die Besiedelung dieser Inseln Stimmung zu machen und Gerüchte über Kolonisationspläne Frankreichs, das die Südsee oft durch seine Schiffe besuchen ließ, auszusprengen. Als 1831 ein französisches Kriegsschiff in der Bay of Islands ankerte, bewogen die Missionare 13 Häuptlinge jener Gegend, König William IV. in einer Eingabe um Schutz für New Zealand gegen die Franzosen zu bitten.

Da gleichzeitig der Governor von New South Wales damals in London Anstellung eines Residenten auf den Inseln befürwortet hatte, um den rechtmäßigen Handel zu schützen, Gewaltthaten gegen die Eingeborenen entgegenzutreten und die Niederlassung entlaufener Sträflinge zu hindern, und vielleicht auch das Wiederaufleben kolonialer Bestrebungen in Frankreich, wie es sich in der Eroberung Algiers gezeigt hatte, in Großbritannien Einfluß übte, entschloß sich die Regierung, etwas zu thun. Ein Kolonist aus New South Wales, James Busby, wurde zum Residenten bei den verschiedenen Häuptlingen ernannt. Seine 500 Pfund Sterling betragende Besoldung sollte New South Wales ebenso wie eine Summe von jährlich 200 Pfund Sterling zu Geschenken an die Häuptlinge zahlen. Irgendwelche bewaffnete Macht wurde ihm freilich ebensowenig gegeben wie Jurisdiktion über britische Unterthanen. Seine Instruktion schrieb ihm vor, im Falle von ernsten Ausschreitungen britischer Seeleute nach Sydney zu berichten. Von dort würde er dann Vollmacht zur Verhaftung der Schuldigen erhalten. Es war allerdings gleich dabei bemerkt, daß sich die Verfolgung von Schuldigen bei der Umständlichkeit des Verfahrens nur empfehle, wenn man ihrer wirklich habhaft werden und sie zur Aburtheilung nach New South Wales schaffen könne.

Der Resident wurde bei seiner Ankunft in der Bay of Islands Mai 1833 feierlich begrüßt, erregte indessen bei den zuchtlosen europäischen Siedlern nur Spott. Sie nannten ihn das „Kriegsschiff ohne Kanonen." Busbys erste That war die Verleihung einer Nationalflagge an New Zealand und Einführung der Registrirung der dortigen Schiffe. Auf seine Befürwortung erkannte Großbritannien Ende 1834 die neue Flagge an. Nicht zufrieden damit, veranlaßte er Herbst 1835 fünfunddreißig Häuptlinge des Nordens von New Zealand, ein von ihm verfaßtes Schriftstück zu unterschreiben, worin sie als United Tribes of New Zealand sich als unabhängiges Staatswesen proklamirten und erklärten, daß sie jährlich eine Versammlung abhalten und dort die erforderlichen Gesetze machen würden. Die südlichen Stämme sollten zum Anschluß aufgefordert und der König von England gebeten werden, dem neuen Staat auch ferner seinen Schutz zu gewähren. Die vorläufige Regierung beabsichtigte Busby mit Unterstützung eines zur Hälfte aus Eingeborenen bestehenden Councils zu leiten, die Rechtspflege durch Europäer und Eingeborene auszuüben und für die Kosten einen Vorschuß in Großbritannien aufzunehmen. Nach 21 Jahren sollten Abgeordnete gewählt und aus ihnen ein Parlament gebildet werden.

Die Veranlassung zu diesem von den Kennern der Verhältnisse nur belachten Schritte Busbys war ein Schriftstück, das Baron Thierry 1835 aus Tahiti sandte und worin er als „Souverain New Zealands und König von Nuhahiva"*) seine baldige Ankunft ankündigte. Die Könige von Großbritannien und Frankreich sowie der Präsident der Vereinigten Staaten seien von seiner Absicht unterrichtet und damit einverstanden. Busby nahm dieses Schriftstück vollständig ernst. Er richtete zunächst nach seinem Empfang eine Proklamation an die britischen Unterthanen, worin er ihre Loyalität anrief und seine Absicht aussprach, die Häuptlinge über den beabsichtigten Eingriff in ihre Rechte aufzuklären. Dann schritt er zu der erwähnten Maßnahme und übermittelte die Proklamation der Häuptlinge nach London. Sir George Gipps hat sein Vorgehen

*) Eine Marquesasinsel.

einige Jahre später als ein „albernes und unautorisirtes“ bezeichnet. Der damalige Staatssekretär Lord Glenelg nahm indessen von der Proklamation ohne weitere Bemerkung Kenntniß und wies den Governor von New South Wales an, den Häuptlingen mitzutheilen, daß die britische Regierung ihnen stets Wohlwollen bewahren und, soweit es mit den Rechten Anderer und den Interessen britischer Unterthanen vereinbar, Schutz gewähren werde!

Thierry erwiderte die Proklamation Busbys mit einem Protest unter Hinweis darauf, daß Tasman schon lange vor Cook in New Zealand gewesen und Besitz davon ergriffen habe. 1837 bot er jedoch in Sydney dem britischen Governor Verzicht auf seine Souveränetätsansprüche für die Gewährung von Schutz an. Obwohl ihm dieser auch jetzt versagt wurde, ging er, begleitet von 93 europäischen Abenteurern, Anfang 1838 nach New Zealand und versuchte, das von ihm einst gekaufte Land in Besitz zu nehmen. Er erlitt dabei arge Enttäuschungen. Die Häuptlinge leugneten den Verkauf des von ihm beanspruchten großen Gebietes. Die weißen Ansiedler verlachten und seine Begleiter verließen ihn, als sie sahen, wie die Dinge lagen.*)

So utopisch dieses ganze Unternehmen war, der französische Name des Barons und die Thatsache, daß der Papst in New Zealand einen Franzosen als Missionsbischof ernannte, erweckte neue Besorgnisse vor französischen Plänen bei den britischen Interessenten.**) Wieder ergingen Gesuche um britisches Protektorat nach London. Die Regierung zeigte sich jedoch auch jetzt nicht geneigt, diesen Wünschen entgegen zu kommen. Das Parlament hatte 1836/1837 auf viele Klagen hin über Mißhandlung und Ausbeutung der Eingeborenen in New Zealand und anderswo eine Untersuchung veranstaltet, welche zu Aufsehen erregenden Ergebnissen geführt hatte. Der Ausschuß, in dem u. A. Buxton, George Grey, Gladstone saßen, war dadurch zu einer scharfen Verurtheilung der Ausbeutung weniger entwickelter Völker veranlaßt worden und hatte in seinem Bericht erklärt, daß die Vorsehung dem britischen Reiche seine Macht, Reichthum, Glück und andere Vorzüge zu höherem Zwecke verliehen

*) Thierry führte längere Zeit mit seiner Familie ein bescheidenes Dasein als Ansiedler. Später ging er nach den Sandwichinseln und lebte Ende der 50er Jahre in Auckland.

**) Es gab Anfang 1838 etwa 2000 britische Unterthanen auf New Zealand.

habe, als dadurch allein seinen Handel zu fördern und Kriegsruhm zu erhöhen. Seine Aufgabe sei Ausbreitung von Gesittung und Menschlichkeit, Frieden und Gottesglauben, nicht Raub des Landes hülfloser Eingeborener und Verbreitung von Sittenlosigkeit und Krankheiten!

Bei der strengen Befolgung solcher Grundsätze hätte es um die Aussichten der Briten in New Zealand schlecht gestanden. Fast Alle waren gerade damals bemüht, den „unabhängigen" Maoris ihren Besitz abzujagen. Für Gewehre, Tücher, Beile kauften sie ihnen ungeheuere Flächen auf dem Papier ab. Einer beanspruchte die ganze Nordküste der nördlichen Insel, ein Anderer 20 100 000 Acres auf Middle Island. Die Insel Kapiti in der Cooksstraße war von fünf Parteien gleichzeitig gekauft worden! Der Resident Busby, weit entfernt, diesen Manövern entgegenzutreten, erwarb selbst eifrig Land.*) Auch verschiedene Missionare haben große Landstrecken gekauft, und in Sydney wurden Verkäufe von Ländereien in New Zealand offen betrieben.

Diese Kreise, um deren Ansprüche es im Falle einer fremden Besitzergreifung schlecht gestanden hätte, blieben aber nicht müßig und waren ohne Unterlaß bestrebt, New Zealand vor einer Einmischung fremder Staaten sicher zu stellen. Und die Anwälte der Sache der Eingeborenen konnten sich schließlich auch der Nothwendigkeit einer gesetzlichen Regelung der Verhältnisse in diesem Theile der Welt nicht verschließen. Bei dem fortwährenden Zustrom von meist sehr bedenklichen Elementen kam es zu häufigen Zusammenstößen mit den Maoris, und das Werk der Mission wurde ernstlich bedroht. Der Kapitän eines englischen Kreuzers Hobson, der 1837 New Zealand besuchte, fand die Verhältnisse so bedrohlich, daß er Errichtung von Faktoreien in den Hauptansiedelungen und beim Government in Sydney Ernennung eines Beamten vorschlug, der den Schutz der britischen Interessen in die Hand nehmen solle, wie es schon Busby wiederholt vergebens befürwortet hatte.

Folgenreicher als alles dieses war die Thatsache, daß um dieselbe Zeit einflußreiche Kreise in England die Kolonisation New Zealands zum Gegenstand ihrer Aufmerksamkeit machten. An ihrer Spitze stand Edward Gibbon Wakefield, der wenige Jahre zuvor die Kolonisation South Australias in die Wege geleitet hatte. Ihn unter-

*) 48 150 Acres.

stützten Lord Durham, Francis Baring und verschiedene Abgeordnete. Im Mai 1837 bildeten sie eine Association for the Colonization of New Zealand, in der Absicht, von der Krone die Vollmacht zu erwerben, den Eingeborenen ihre Souveränetät und Ländereien abzukaufen und die Letzteren an Auswanderungslustige zu angemessenem Preise in England zu verkaufen. Die Zwecke der Vereinigung wurden noch im Laufe des Jahres in einer Broschüre näher dargelegt. Es waren hier eine Anzahl amtlich festgestellter Ausschreitungen gegen die Maoris und die bösen Wirkungen des bisherigen Zustandes auf die Eingeborenen geschildert und eine Reihe von Maßnahmen zu deren Gunsten vorgeschlagen. In erster Linie faßte die Association Verbot des Kaufes von Land durch Private ins Auge. — Der Premierminister Viscount Melbourne und Lord Howick bezeugten der Association ein gewisses Interesse, hielten jedoch die Angelegenheit im Sommer 1837 noch nicht für reif. Nach Eingang der Berichte Hobsons erklärte der damalige Secretary of State Lord Glenelg dem Lord Durham Ende 1837 amtlich, daß die Regierung nicht abgeneigt sei, der Vereinigung eine Royal Charter für eine Anzahl von Jahren zu ertheilen. Die Gesellschaft solle jedoch die Niederlassung nur mit freier Zustimmung der Häuptlinge gründen und die Krone Beamte ernennen, ohne deren Zustimmung kein Land von den Eingeborenen gekauft werden dürfe. Er behielt überdies der Krone eine Mitwirkung bei der Ernennung der Beamten und der Gesetzgebung vor, wahrte die Rechte der Eingeborenen und der Mission und verlangte zunächst Nachweis eines bestimmten Kapitals.

Diese Bedingungen waren der Association zu hart, zumal Glenelg ausdrücklich die Charter auf einen Theil New Zealands beschränken wollte und sich die Konzessionirung weiterer Gesellschaften vorbehielt. Sie brach die Verhandlungen ab und versuchte, durch das Parlament die Regierung zu größerem Entgegenkommen zu bringen. Auf ihr Betreiben beschäftigte sich das Oberhaus Anfang 1838 mit den ungeordneten Verhältnissen New Zealands und beauftragte einen Ausschuß mit Prüfung der Angelegenheit. Dieser Versuch mißglückte. Wohl nicht zum Wenigsten unter dem Einflusse einiger der Association feindlich gesinnter Missionare sprach sich der Untersuchungsausschuß nach Anhörung zahlreicher Sachkenner nur für eine Unterstützung der Missionsunternehmungen aus. Die Frage der Ausdehnung des britischen Kolonialbesitzes erklärte er der Entscheidung der Regierung anheimstellen zu müssen!

Nunmehr wandten sich die Mitglieder der Association an das Unterhaus. Im Juni 1838 brachten Francis Baring und Sir George Sinclair, während Lord Durham in Begleitung Wakefields seine Mission in Canada ausführte, eine Bill ein, wonach ähnlich wie früher in South Australia sechzehn Commissioners zur Uebernahme der Regierung New Zealands ernannt werden sollten. Das unbebaute Land sollte an Ansiedler verkauft und aus dem Erlös ein Auswanderungsfonds geschaffen werden. Es war in dem Gesetzentwurf ferner die Prüfung aller früheren Landerwerbungen durch die Commissioners und Uebernahme der Rechte der 1825 entstandenen Company, die Regelung des Steuerwesens und der Justizverwaltung vorgesehen. — Auch diesem Schritt war kein Erfolg beschieden. Die Regierung bekämpfte die Bill, da sie den Nachweis der nöthigen Geldmittel bei der Association und Bürgschaften für gerechte Behandlung der Eingeborenen vermißte, und die Mehrheit des Hauses lehnte sie ab. — Die Association löste sich daraufhin auf, und eine Zeit lang schlief die Sache ein!

Doch im Herbst 1838 kamen Durham und Wakefield nach England zurück und Letzterer nahm die Pläne wegen New Zealands auf der Stelle wieder auf. Unter seinem Einflusse beschloß Lord Glenelg Ende 1838, in New Zealand einen britischen Konsul zu ernennen und die dort von Weißen besiedelten Gebiete*) zu New South Wales zu schlagen. Gleichzeitig entstand eine New Zealand Company unter dem Vorsitz Lord Durhams mit einem Kapital von 100 000 Pfund Sterling. Sie warb Auswanderungslustige, verkaufte ihnen im Voraus Land und miethete ein Schiff, um sie nach New Zealand zu bringen. Die Führung der Expedition übernahmen Colonel Wakefield, ein Bruder, und E. J. Wakefield, ein Sohn des Schriftstellers. Unbekümmert um die feindselige Haltung des neuen Kolonialministers, Lord Normanby, wurde das Schiff abgesandt und nachher dem Ministerium davon und von den großen Plänen der Company Mittheilung gemacht. Wie sehr das Publikum Wakefield und seinen Freunden Vertrauen schenkte, ergiebt sich daraus, daß,

*) Eines davon, Kororarika, in der Bay of Islands, wo einige hundert Briten wohnten, hatte sich Mai 1838 eine eigene Regierung gegeben.

als am 1. Juni 1839 die Company, welche noch gar keinen nennenswerthen Besitz ihr eigen nannte, 110 000 Acres Landes zum öffentlichen Verkauf brachte, zahlreiche Bieter sich fanden und binnen Kurzem 99 990 Pfund Sterling in die Kasse der Gesellschaft flossen!

Es war dieses Vorgehen Wakefields, dem die öffentliche Meinung zujubelte, welches Lord Normanby bestimmte, plötzlich mit der Zauderpolitik zu brechen und die von Lord Glenelg Ende 1838 beschlossenen Maßnahmen eiligst ins Werk zu setzen. Unterm 15. Juni 1839 wurde der Governor von New South Wales angewiesen, alle von Großbritannien zu erwerbenden Gebiete in New Zealand unter seine Verwaltung zu stellen. Kapitän Hobson wurde erst zum Konsul, dann zum Lieutenant Governor für New Zealand ernannt und angewiesen, die Eingeborenen zu bewegen, die Souveränetät der Königin von England für ihr ganzes oder Theile ihres Gebietes anzuerkennen und sich zu verpflichten, Land nur noch an die Krone zu verkaufen. Normanby wie sein Nachfolger Lord John Russell hofften dadurch die Pläne der zu eigenmächtigen Company zu vereiteln. Hobson hatte besonders dringenden Auftrag, den Erwerb größerer Gebiete durch Landspekulanten zu hindern und dafür zu sorgen, daß den Eingeborenen alles für sie nothwendige Land bleibe. Es war ihm auch aufgetragen, alle von britischen Unterthanen gemachten Landankäufe durch eine Kommission prüfen zu lassen. Governor Gipps sollte die Genehmigung der als berechtigt anerkannten Titel vorbehalten bleiben.

Die Company ließ sich durch diese Haltung der Regierung nicht entmuthigen. Ihre Agenten waren rascher als die Königlichen Beamten. Schon am 16. August 1839 kam Colonel Wakefield in Queen Charlottes Sund an und begann einen Fleck zur Niederlassung zu suchen. Obwohl ihm die Missionare entgegenarbeiteten, gelang es ihm, mit Hülfe eines in New Zealand lebenden Seemanns an Cooks Strait durch drei Verträge ein Gebiet so groß wie Irland zu kaufen. Als Preis zahlte er außer Stoffen und allerlei Geräthen unter Anderem 200 Musketen, 1500 Flinten, Doppelgewehre, Pulver, Beile.*) Port Nicholson, wo Wellington gegründet wurde, wurde die Hauptniederlassung der Company. Ein Zehntel des gekauften Landes sollte für die Eingeborenen reservirt bleiben.

*) Die Waaren hatten etwa 9000 Pfund Sterling Werth.

Erst am 29. Januar 1840 traf der Lieutenant Governor Hobson, begleitet von einer Anzahl Beamten, in New Zealand ein. Mit Hülfe der Missionare bewog er die Häuptlinge in Waitangi, wo einst die Unabhängigkeit proklamirt worden war, und an verschiedenen anderen Orten, unter die Herrschaft Großbritanniens zu treten,*) und ging dann daran, sich mit der Company,**) welche inzwischen in Wellington eine eigene Regierung eingerichtet und Steuern zu erheben begonnen hatte, auseinanderzusetzen. Sein Sekretär Shortland erhielt Auftrag, mit 30 Soldaten nach Port Nicholson zu gehen, die dortige Regierung aufzuheben und den Eingeborenen das ihnen entrissene Eigenthum wieder zu geben. Die von Hobson gefürchteten Schwierigkeiten traten dabei nicht ein. Die Ansiedler erklärten, ihre Verwaltung nur vorläufig geregelt zu haben, nahmen Shortland freundlich auf und unterwarfen sich ohne Weiteres seinen Anordnungen. Die Wakefields versuchten sogar Hobson zu bewegen, den Sitz der Verwaltung von der Bay of Islands, wo er erst in Russell, dann in Auckland war, nach Wellington zu verlegen.

Die Behörden wollten aber von der Company nichts wissen.***) Governor Gipps und sein Council in Sydney, denen die neue Kolonie unterstand, trafen im Sommer 1840 Bestimmungen über den dortigen Landbesitz, die in erster Linie gegen die Company gerichtet waren. Es sollte danach von der Kommission für Prüfung der Besitztitel in New Zealand Niemandem mehr als ein Gebiet von 2560 Acres zugestanden und alles darüber Hinausgehende als Kron-

---

*) Wie nöthig es für England war, sich mit dieser Maßregel zu beeilen, beweist die Thatsache, daß August 1840 ein französisches Schiff mit Auswanderern in Akaroa (Middle Island) ankam und bald darauf auch ein französisches Kriegsschiff dort erschien. Die Veranstalter des Unternehmens, Kaufleute in Nantes, Bordeaux und Paris, hatten von der französischen Regierung Schutz zugesagt erhalten. Angesichts der britischen Besitzergreifung ließen sie ihre Pläne fallen.

**) Auf Einspruch Lord John Russells hatte die Company in London diese Absicht schon aufgegeben. Ihre Organe erhielten aber die entsprechenden Weisungen zu spät.

***) Unter den gegen die Company erhobenen Beschwerden befand sich auch die, daß sie 1840 die von ihr erworbenen, bis dahin herrenlosen kleinen Chatam Islands einer Hamburger Gesellschaft, an deren Spitze Syndikus Sieveking stand, verkaufen wollte. Der Verkauf wurde auf Betreiben der Gegner der Company von der britischen Regierung verboten. Näheres siehe bei Zimmermann, Geschichte der preußisch-deutschen Handelspolitik, S. 309.

land erklärt werden. Da die Company allein 20 Millionen von den etwa 46 Millionen Acres, die Europäer damals auf New Zealand als Eigenthum ansahen, für sich beanspruchte, hätte eine strenge Durchführung der Maßnahmen der Gesellschaft den Garaus bereitet.

Bei dieser Haltung der Regierung von New South Wales setzten die Freunde und Mitglieder der New Zealand Company zunächst Erlaß einer Bill durch das britische Parlament durch, welche die Trennung New Zealands von Australien ermöglichte. Auf Grund davon wurde unterm 16. November 1840 New Zealand zu einer besonderen Kolonie mit executivem und legislativem Council erhoben und das Landgesetz aufgehoben. Der Governor erhielt Vollmacht, Privatleuten und Gesellschaften unbebautes Land zu überlassen. Das Budget der neuen Kolonie war auf 20 000 Pfund Sterling berechnet, von denen die Hälfte durch Zölle und ein Viertel durch Landverkäufe aufgebracht, der Rest von England bezahlt werden sollte. — Gleichzeitig erklärte sich Lord John Russell bereit, der Company für 40 Jahre eine Royal Charter zu ertheilen und ihr nach Ermittelung ihrer Ausgaben für je 5 Schilling der Letzteren 1 Acre Land in New Zealand zu überweisen. Unterm 12. Februar 1841 erhielt die Gesellschaft in der That ihre Charter unter der Bedingung, daß sie binnen Jahresfrist ein Kapital von 200 000 Pfund Sterling nachwiese und auf weitere Landkäufe von den Eingeborenen verzichtete. Auf Grund der von ihr nachgewiesenen Ausgaben wurden ihr zunächst 646 240 Acres zugesprochen und weitere 350 784 in Aussicht gestellt.*)

Die Gesellschaft nahm nunmehr ihre Thätigkeit mit neuem Eifer auf. Von der Stadt Wellington in Port Nicholson aus wurde die Ansiedelung Wanganui gegründet. Durch eine Vereinigung, welche sich New Plymouth Company nannte und von der New Zealand Company 50 000 Acres gekauft hatte, wurde die Niederlassung in Taranaki und endlich durch die letztgenannte Gesellschaft die Kolonie Nelson ins Leben gerufen. Die Regierung in Auckland mußte trotz ihrer Abneigung gegen die Company fortwährend mit ihr rechnen. Alle Einwanderer strömten nach ihrem Gebiet statt nach den von der Regierung vermessenen Flecken. Unausgesetzter Streit zwischen

---

*) Die Theilnehmer der Association von 1825 sollen für ihre Rechte mit 45 000 Pfund Sterling abgefunden worden sein.

der Company und dem Government war die Folge. Der Governor wollte die Gültigkeit der Landkaufverträge der Gesellschaft nicht anerkennen; die Maoris, welche die Ländereien abgetreten hatten, beeilten sich, dementsprechend nachträglich alle Verkaufsabsichten zu leugnen.*) Es kam zu blutigen Zusammenstößen zwischen ihnen und den Ansiedlern, und Hobson stürzte, obwohl er 40 000 Pfund Sterling durch Landverkauf einnahm und 60 000 Pfund Sterling von London erhielt, das Land durch große militärische Aufwendungen in Schulden.

Trotz alledem entwickelte sich die Kolonie, 1842 hatte die Einfuhr 166 000, die Ausfuhr 18 000 Pfund Sterling Werth, die Zölle brachten 18 500 Pfund Sterling, man zählte 10 992 weiße Ansiedler, und es wurden bereits 9 Zeitungen im Lande gedruckt!

Hobson starb 1842. Es folgte ihm nach einigen Monaten, während deren sein Sekretär Shortland die Geschäfte führte, ein Captain Fitzroy als Governor. Dieser Mann wußte sich zwischen den verschiedenen auf ihn einstürmenden Interessenten nicht zu helfen. Um die Maoris zu gewinnen, hob er die Zölle auf; den Einwanderern erlaubte er, gegen eine Zahlung von 10 Schilling, später gar 1 Penny für den Acre an die Regierung, Land unmittelbar bei den Eingeborenen zu kaufen. Dadurch führte er nur neue Streitigkeiten herbei, ohne irgend Jemanden zufrieden zu stellen und Geld in die ganz erschöpften Kassen zu bekommen. Seine Stellung wurde noch erschwert dadurch, daß die New Zealand Company, welcher Lord Stanley, der Kolonialstaatssekretair des Ministeriums Peel, immer neue Schwierigkeiten in den Weg legte, und deren Thätigkeit durch die Unruhen in der Kolonie gelähmt war, in Geldverlegenheiten kam und ihre Geschäfte einstellte. Die Nachrichten von alledem machten den schlechtesten Eindruck. Und als nun gar noch ernste Unruhen ausbrachen und die Maoris Kororarika angriffen und niederbrannten, entstand in England ernste Besorgniß um das Schicksal der neuen Erwerbung.

Im Juni 1845 brachten die der Company befreundeten Whigs die Angelegenheit im Parlament zur Sprache. Vier Tage lang wurde die Sache erörtert. Die Redner bewiesen sämmtlich durch ihre Aeußerungen, daß sie von der wahren Lage der Dinge wenig unter-

---

*) Die amtliche Untersuchung durch einen Kommissar an Ort und Stelle bezeichnete 282 000 Acres als rechtmäßig durch die Company gekauft.

richtet waren. Einig war man aber in der Verdammung der bisherigen Politik. Die Folge war Ersatz des Governor Fitzroy durch den Governor von South Australia George Grey und Sendung von Geld, Schiffen und Mannschaften nach Auckland. — Grey traf im November 1845 dort ein. Er fand eine Schuld von 75 000 Pfund Sterling und eine zerfahrene, muthlose Verwaltung vor, während die Maoris überall Verschanzungen bauten und sogar an Anrufung auswärtiger Hülfe dachten. Da sein Versuch, die Aufständischen auf friedlichem Wege zu beruhigen, scheiterte, ging er energisch vor. Die Einfuhr von Waffen und Munition wurde verboten und die Macht der Maoris im Norden gewaltsam gebrochen. Ende Januar 1846 war an der Bay of Islands der Friede hergestellt. Im Laufe des Jahres und 1847 erfolgten zwar noch einzelne Ausbrüche. Sie wurden aber sämmtlich rasch niedergeschlagen.

Die während des Krieges gemachten Erfahrungen bewogen Grey zu durchgreifenden Reformen. Das Eingeborenenamt, an dessen Spitze ein Missionar stand, wurde aufgehoben und ein Offizier zum Native Secretary ernannt. Die Thatsache, daß Angehörige der Church Mission in den 20er und 30er Jahren von den Maoris 216 763 Acres Land erworben hatten, von denen ihnen 66 713 zugestanden worden waren, und daß die Aufständischen sämmtlich Anhänger dieser Mission waren, hatte den Governor gegen die Church Mission*) und wohl auch gegen die Mission im Allgemeinen mißtrauisch gemacht. — Die Fitzroysche Landgesetzgebung wurde aufgehoben und die nach ihrer Maßgabe abgeschlossenen Käufe einer genauen Prüfung unterworfen und meist rückgängig gemacht.

Eine weitere Folge des Krieges und der Mißwirthschaft, welche zu seinem Ausbruch beigetragen hatte, war der von Lord John Russell und Earl Grey**) Sommer 1846 herbeigeführte übereilte Beschluß des Parlaments, der New Zealand volle Selbstverwaltung gewährte. Die Kolonie sollte danach in zwei Provinzen getheilt werden, jede mit einem Lieutenant Governor, executiven und legislativen Council. An der Spitze des Ganzen sollte der Governor mit seinem Council und einem House of Representatives stehen. Die von

*) Diese Missionsgesellschaft verlangte damals von den Missionaren Verzicht auf ihr Land oder Austritt. Verschiedene, darunter Archdeakon H. Williams, zogen Letzteren vor!

**) War nicht verwandt mit Sir George Grey.

Europäern unbewohnten Gebiete sollten für die Maoris reservirt und unter besondere Verwaltung gestellt werden. Gleichzeitig ordnete das Ministerium Registrirung aller Landbesitztitel mit der Maßgabe an, daß die Rechte der Eingeborenen nur soweit anerkannt werden sollten, als sie das Land bearbeiteten.

Earl Grey hat diese Maßnahmen zum Theil aus Rücksicht auf die New Zealand Company getroffen, der er die Wege aufs Neue ebnen wollte. Er wollte sie durch die neue Gesetzgebung bis zu einem gewissen Maß dem Einfluß des Government in Auckland entziehen, um die Regierung in Stand zu setzen, ihr in der Landfrage entgegenzukommen. Seine Absicht scheiterte indessen am Widerspruch der New Zealander Verwaltung. Governor Grey und die Missionare erklärten es für unmöglich, die Eingeborenen ihrer Landansprüche zu berauben, ohne einen allgemeinen Aufstand heraufzubeschwören, und behaupteten, daß die volle Durchführung der neuen Verfassung, welche nur den des Lesens und Schreibens im Englischen kundigen Maoris Wahlrecht gab, dieselbe Wirkung haben würde. Es wurde nur zur Einrichtung zweier Provinzen geschritten. Die Einführung der neuen Volksvertretung unterblieb, und die Regierung billigte Governor Greys Anordnungen 1848, obwohl viele Kolonisten dagegen protestirten.

Der New Zealand Company wurde unter diesen Umständen in der Weise geholfen, daß ihr die Regierung 1846 und 1847 zwei Darlehen von zusammen 236 000 Pfund Sterling zinslos vorstreckte und 1847 ihr das gesammte Kronland in der Provinz New Munster bis Juli 1850 übertrug. Es war ihr nur die Beschränkung auferlegt, es nicht unter 1 Pfund Sterling für 1 Acre zu veräußern. Die Gesellschaft wurde auf diese Weise in den Stand gesetzt, die ganz erloschene Einwanderung nach New Zealand neu zu beleben. Unter ihrer Mitwirkung gründeten Mitglieder der Free Church of Scotland 1847 die Kolonie Otago und Angehörige der Church of England 1849 die Niederlassung Canterbury. — So erfreulich sich diese Ansiedelungen bald entwickelten, der Gesellschaft brachten sie keinen Nutzen, und 1850 sah die Direktion sich aus Mangel an Mitteln nicht mehr in der Lage, die Geschäfte fortzusetzen. Bei den vielen Unannehmlichkeiten, die das Bestehen der Company neben dem Government fortgesetzt bereitete, erschien es das Beste, die Gesellschaft abzufinden. Es geschah 1851 in der Weise, daß die Regierung ihr gegen Rückgabe der Charter die Schuld von 236 000 Pfund Sterling erließ und den Aktionären eine Entschädigung von 5 Schilling für jeden Acre ihres Besitzes, d. h. 268 000 Pfund Sterling, zusprach, welche die Kolonie aus ihren Landverkäufen zahlen sollte.*)

Diese Entscheidung hat viele Anfechtung in New Zealand erfahren. Sie wurde indessen von allen ruhigen Beurtheilern mit Freuden begrüßt, da so viele Schwierigkeiten aus dem Weg geräumt wurden.

Ein weiterer Fortschritt unter Sir George Greys Verwaltung war die Regelung der Finanzen der Kolonie. Von 1843 bis 1847 waren die Einkünfte aus Landverkauf auf unbedeutende Summen zusammengeschmolzen, und die gesammten eigenen Einnahmen New Zealands beliefen sich 1845 nur noch auf 12 800 Pfund Sterling, während sie 1841 die Höhe von 37 300 Pfund Sterling erreicht hatten. Von da an nahmen aber die Bezüge aus Landverkauf, Zöllen, Postwesen und Steuern regelmäßig zu. 1846 wurden 26 600, 1847: 43 200, 1848: 47 400, 1849: 50 400, 1850: 59 200 Pfund Sterling erzielt. Allerdings hätten diese Summen nicht zur Deckung der sehr erheblichen Kosten gereicht, welche die Niederwerfung des Aufstandes und die Beseitigung seiner Folgen verursachte. Für diese Zwecke hat die britische Militärverwaltung und das Parlament sehr ansehnliche Zuschüsse geleistet, so 1845: 200 000, 1846: 225 600 und von da bis 1850 jährlich 170 000 bis 190 000 Pfund Sterling. Um die Kosten der Besatzung herabzusetzen, welche Grey in jenen Jahren für unentbehrlich betrachtete, wurde in England aus entlassenen Soldaten schließlich 1847 ein eigenes Korps, die New Zealand Fencibles, gebildet und in vier Niederlassungen rund um Auckland angesiedelt. Jeder Mann erhielt ein Haus, das ihm sammt 5 Acres Land als Eigenthum zufiel, wenn er 7 Jahre diente. Die Offiziere erhielten 40 Acres und das Recht auf Kauf von 100.

*) Ein vollkommen klares Bild der Thätigkeit der Company läßt sich auch heute noch nicht gewinnen. Die vorliegenden Darstellungen sind durchweg gefärbt. Egerton meint in seiner Darstellung der britischen Kolonialpolitik, daß alle Theile zu tadeln sind. Die Gesellschaft sei allmählich zu einem schlecht geleiteten, gewöhnlichen Aktienunternehmen herabgesunken, aber nicht zum wenigsten, da ihr die nöthige Unterstützung der Regierung vorenthalten wurde. Das Colonial Office wollte die Eingeborenen schützen und dabei doch die Kolonisation fördern, ohne die wahre Sachlage zu kennen. Gibbon Wakefield und seine Freunde kamen dabei schließlich in den Verdacht, bloße Landspekulanten zu sein, was sie durchaus nicht waren.

Diese Einrichtung hat sich bewährt, und die Meisten der Leute sind in der Kolonie geblieben.

So gern die Kolonie diesen Bevölkerungszuwachs annahm, so lebhaft hat sie sich gegen die Einführung deportirter Verbrecher gesträubt, welche 1847 von der britischen Regierung vorgeschlagen wurde. Alle Ansiedelungen protestirten dagegen, und das Ministerium ließ seine Absicht 1849 fallen.

1851 betrug die weiße Bevölkerung der Kolonie schon 26 700 Köpfe neben 2158 Soldaten und ihren Familiengliedern. Die Zölle warfen bereits 43 600 Pfund Sterling ab; die Ausfuhr bezifferte sich 1849 auf 133 600, die Einfuhr auf 254 600 Pfund Sterling. 1853 belief sich Letztere auf 597 800, Erstere auf 303 200 Pfund Sterling. In der Bewirthschaftung von Europäern befanden sich 1851 bereits 40 625 Acres. Die Kolonisten hielten in jenem Jahr schon 2 333 000 Schafe, 34 700 Rinder, 16 200 Ziegen, 2800 Pferde. Die Maoribevölkerung, welche Anfang der vierziger Jahre auf 120 000 Köpfe veranschlagt wurde, zählte damals kaum noch die Hälfte.

Fünftes Kapitel.

Responsible Government in Australien.

Eine der wichtigsten Maßnahmen der kolonialen Verwaltung des Earl Grey war die Regelung der Verfassung der australischen Kolonien im Jahre 1850. Wie er in seinem Buche über die Kolonialpolitik des Ministeriums John Russell darlegt, veranlaßte ihn die lang erörterte Frage der Trennung der Kolonie Port Phillip von New South Wales, die Einführung der hier seit 1842 bestehenden Verwaltungsform auch in den anderen australischen Kolonien zu erwägen. Die Zeit dafür erachtete er bei der raschen Entwickelung dieser Gebiete in Victoria, Vandiemensland und South Australia durchaus für gekommen. In Western Australia schien der Augenblick auch nicht mehr fern, wo die Kolonie ihre Ausgaben aus eigenen Mitteln bestreiten und damit den Anspruch auf Verfügung über ihre Einnahmen erheben konnte. Schon 1847 setzte Grey den Governor von New South Wales von seinen Plänen in Kenntniß und theilte ihm mit, daß er in den australischen Kolonien nunmehr neben das legislative Council auch ein Oberhaus setzen und die Deputirten aus den städtischen Gemeinden hervorgehen lassen wolle. Als gegen diese beiden letzten Punkte lebhafter Widerspruch laut wurde, ließ er sie fallen, wie er sagt, weil „wenn eine Volksvertretung in einer Kolonie eingeführt ist, man ihre Form nicht ohne sehr gewichtige Gründe durchs Parlament gegen den Willen derer, denen sie bewilligt worden, ändern dürfe.“ Den ganzen Plan legte er zunächst dem seit langer Zeit mit kolonialen Dingen nicht mehr befaßten Committee of the Privy Council for Trade and foreign Plantations vor. Diese Körperschaft erstattete Anfang 1849 einen von Sir James Stephen abgefaßten Bericht. Es wurde darin Einführung einer Repräsentativverfassung in South Australia, Vandiemensland und dem von New South Wales abzutrennenden Victoria empfohlen. Als Muster sollte die in New South Wales 1842 eingeführte Verfassungsform gelten, da die öffentliche Meinung sie der in anderen Kolonien geltenden, der britischen entsprechenden Einrichtung eines Ober- und eines Unterhauses vorziehe. Der weitere Ausbau der Verfassung solle den Parlamenten dieser Kolonien mit Genehmigung des Mutterlandes vorbehalten bleiben. Um die Entwickelung des Gemeindewesens zu fördern, regte der Bericht Ueberlassung des der Krone zukommenden Antheils von den Einkünften aus Landverkauf an die District Councils an. — Besondere Aufmerksamkeit widmete das Committee der Regelung des Zolltarifs. Sein Bericht erachtete es für unthunlich, daß jede Kolonie das Zollwesen nach eigenem Ermessen ordne. Er empfahl vielmehr, daß in allen Kolonien derselbe Tarif gelte. Er solle vor der Hand durchs britische Parlament aufgestellt und erlassen werden, in Zukunft aber ebenso wie Post, Bahnwesen, Schiffahrt, Maß, Gewichte und Rechtsprechung der Regelung einer von den Legislaturen der verschiedenen Kolonien gewählten General Assembly unterliegen!

Auf Grund dieses Gutachtens wurde eine Bill entworfen und dem Parlament vorgelegt. Sie fand nach langen Debatten die Zustimmung des Unterhauses. Im House of Lords aber wurden die auf die Bildung einer General Assembly bezüglichen Bestimmungen als nicht genügend vorbereitet gestrichen. Am 5. August 1850 wurde die Bill unter dem Titel: an act for the better government of Her Majesty's Australian Colonies Gesetz. Die neue Kolonie Victoria, Vandiemensland und South Australia bekamen dadurch dieselbe Verfassung wie New South Wales, und es wurde bestimmt, daß Western Australia in gleicher Weise behandelt werden solle, sobald es die Kosten seiner Civilverwaltung selbst aufbringe. Das Wahlrecht wurde jedem 21 Jahre alten Besitzer von Land im Werthe von 100 Pfund Sterling, oder Miether eines Hauses oder Pächter eines Grundstückes von 10 Pfund Sterling jährlich ertheilt. Die Verfügung über die Zolleinnahmen kam in die Hände der Kolonien unter dem Vorbehalt, daß keine Differenzialzölle erhoben, Waaren zum Gebrauch der britischen Truppen nicht besteuert und die bestehenden Handelsverträge nicht verletzt würden.

Den Gedanken der Zusammengehörigkeit der australischen Kolonien suchte Lord Grey nach Einführung der neuen Verfassung dadurch lebendig zu halten, daß er den Governor von New South Wales zum Governor General und Governor jeder der vier Kolonien ernannte, während er an die Spitze von Victoria, Vandiemensland und South Australia Lieutenant Governors stellte. Die Einrichtung bewährte sich indessen nicht.*) 1855 trat an die Spitze jeder Kolonie ein Governor, und der von Sydney behielt bis 1861 nur den Titel Governor General ohne jede entsprechende Vollmacht.

Der Kolonie New Zealand war, wie erwähnt, eine ähnliche Verfassung wie den australischen Pflanzstaaten schon 1846 verliehen, aber nur theilweise in Kraft gesetzt worden. 1852 geschah dies nun, und gleichzeitig wurde die 1848 in zwei Provinzen getheilte Kolonie in sechs, später neun, jede mit eigenem Council, zerlegt. Ueber allen Provinzen stand die General Assembly, zusammengesetzt aus Governor, lebenslänglichem legislativen Council und House of Representatives.

Weitgehend wie diese Bestimmungen waren, stellten sie die Australier doch nicht zufrieden. Sie empfanden es unangenehm, daß die Zollerhebung noch in den Händen von Beamten lag, die von Großbritannien ernannt wurden; daß ihnen nicht die volle Verfügung über die Erträge der Kronlandverkäufe zugestanden war, sondern die britische Regierung noch immer die Hälfte zur Beförderung der Auswanderung einzog, und vor Allem, daß das Mutterland die Ernennung der höheren Beamten sich vorbehalten hatte! In Australien wie New Zealand wurde sogleich nach Einführung der neuen Ver-

---

*) Die eifersüchtigen Victorianer zahlten 1853 ihrem Lieutenant Governor 7000 Pfund Sterling Gehalt, während der Governor General 5000 erhielt!

fassung der Wunsch nach voller Selbstverwaltung, nach Einführung des „Responsible Government“ laut!

Diesen Wünschen ablehnend gegenüber zu treten, erschien den britischen Staatsmännern gefährlich. Die Bevölkerung Australiens enthielt so viele vor nichts zurückschreckende, unbändige, schlimme Elemente aus allen Staaten Europas und Amerikas, daß es gewagt gewesen wäre, mit ihr einen Streit heraufzubeschwören. Man zog vor, ihre Leidenschaften gegen die von ihr selbst gewählten Behörden und selbst geschaffenen Einrichtungen zu richten und den Vertreter der Königin in eine Stellung über und außerhalb der Parteien zu bringen. Nachdem 1851 die gesammte Zollverwaltung in die Hände der Kolonien gelegt, ihnen 1852 die Verwendung der Erträge der Goldfeldlicenzen überlassen und die Deportation, außer nach dem entlegenen Western Australia, abgeschafft war, wurde den australischen Regierungen vorgeschlagen, Entwürfe für die von ihnen für wünschenswerth erachtete Verfassung gemäß der ihnen durch die Act von 1850 ertheilten Vollmacht aufzustellen. Der damalige Staatssekretär für die Kolonien, Sir John Packington, sah dabei sogar von einem Drängen auf Gleichheit der Verfassungen in den verschiedenen Kolonien oder Klauseln für eine Bundesorganisation ab. Er verlangte nur, daß die canadische Verfassung zum Muster genommen und eine Civilliste für die Regierungen dauernd sicher gestellt werde.

Die Angelegenheit wurde der Gegenstand eifriger Berathungen von Ausschüssen der legislativen Councils in den vier australischen Kolonien. Vor Ablauf des Jahres 1854 hatten sie alle ihre Vorschläge nach London gerichtet. Die von South Australia und Tasmania erhielten ohne Weiteres die Königliche Genehmigung. Die von New South Wales und Victoria aber wurden dem Parlament vorgelegt, da sie neue Bestimmungen enthielten, welche ohne dessen Zustimmung nicht genehmigt werden konnten. Im Parlament erfuhren die beiden Entwürfe einige Abänderungen, mit denen sich die betreffenden Kolonien zufrieden gaben. Die britische Landverkauf-Act von 1842 wurde nunmehr aufgehoben, da diese Frage fortan der Gesetzgebung der Kolonien unterlag. Durch Act 18 und 19 Vict. Kap. 54 vom Jahre 1855 wurden die neuen Verfassungen der vier australischen Kolonien festgestellt.

Der wesentlichste Zug der neuen Verfassungen war, daß die Kolonien von dem Einkammer- zum Zweikammersystem übergingen.

In New South Wales wurde ein legislatives Council, bestehend aus 21 vom Governor ernannten, und eine Assembly aus 54 gewählten Mitgliedern eingeführt. Victoria schuf sich ein Council von 30, eine Assembly von 75 Mitgliedern. Beide Häuser wurden hier gewählt. In South Australia hatte man sich für ein ernanntes Council von 12, eine gewählte Assembly von 36 Abgeordneten entschieden, doch wurde schon 1856 für das Council die Zahl der Mitglieder auf 18 erhöht und ebenfalls die Wahl eingeführt. In Tasmania wurde für Council und Assembly gleichfalls das System der Wahl angenommen. Ersteres zählt jetzt 18, Letztere 37 Abgeordnete.

Für New Zealand wurde kein besonderes neues Verfassungsgesetz erlassen, da schon das von 1852 zwei Kammern vorsah. Man begnügte sich damit, nachdem die Frage in der Kolonie brennend geworden war, 1854 ausdrücklich das dortige Ministerium, das executive Council, der General Legislature verantwortlich zu erklären und die höchsten Beamtenstellen, wie in den australischen Staaten, durch Mitglieder der Legislature zu besetzen. Das Responsible Government war damit auch hier durchgeführt! Nur in der Eingeborenenfrage behielt sich Großbritannien damals das Verfügungsrecht vor. Erst 1862 verzichtete es darauf.

Die Entwickelung der australischen Kolonien hätte keine so raschen Fortschritte gemacht, wenn nicht zu Anfang der 50er Jahre die Verhältnisse hier durch Entdeckung reicher Goldfelder vollständig umgestaltet worden wären. Lange waren Gerüchte von Goldminen in diesem Theil der Erde verbreitet gewesen. Glauben hatten sie wenig gefunden. 1844 war von hervorragender sachverständiger Stelle aus in der Royal geographical Society erklärt worden, daß Steinproben aus der australischen Cordillere keine Spur von Gold aufwiesen. Die Entdeckung der kalifornischen Minen belebte den Eifer der Goldsucher aufs Neue. Ein Australier Hargraves, der 18 Monate in Kalifornien zugebracht hatte, verlegte sich 1851 auf Nachforschungen und fand am 12. Februar jenes Jahres Waschgold am Lewes Pond Creek. Er zeigte die Fundstelle einem von England gesandten Staatsgeologen, der sie im Mai für abbauwürdig erklärte. Nun begann eine lebhafte Bewegung nach jener Gegend. Schon am 1. Juni waren gegen 1000 Goldsucher am Werk.

Die juristischen Beiräthe der Regierung fanden, daß alle Edelmetallminen auf Kron- wie auf Privatbesitz dem Souverän gehörten, und forderten den Governor auf, schleunigst Standrecht zu erklären und das Goldgraben zu verbieten, um die ruhige Entwickelung der Kolonie nicht zu stören. Sir Charles Fitzroy, der damalige Governor von New South Wales, fand jedoch, daß er mit der zur Verfügung stehenden Macht gar nicht oder höchstens unter ganz unverantwortlich starken Menschenopfern der Bewegung steuern könnte. Er begnügte sich, für das Goldsuchen Licenzen, die monatlich 30 Schilling kosteten, auszugeben und zur Ueberwachung der Goldgräber Commissioners an Ort und Stelle einzusetzen. Je zwei Goldgräber erhielten zum Goldwaschen ein Stück Land von neun Fuß Breite zugewiesen. Für die Ausbeutung von wirklichen Goldadern wurde im August eine Abgabe von 10 pCt. des Werthes eingeführt. Damit wurden nicht nur der Regierung große Einkünfte zugeführt, sondern auch die Entwickelung Australiens in hohem Maße gefördert. Begann doch jetzt, als ein neues Goldfeld nach dem anderen gefunden wurde, eine Einwanderung, die der kalifornischen wenig nachstand.

Nicht nur in New South Wales, sondern auch in Tasmania, South Australia, New Zealand und vor Allem in Victoria wurde Gold entdeckt. In der letzteren Kolonie strömten solche Massen von Goldsuchern herbei, daß binnen zwei Jahren ihre Zahl der der gesammten Bevölkerung der Kolonie gleichkam. 1861 zählte New South Wales: 358 200, Victoria: 541 800, South Australia: 126 800, Tasmania: 90 200, New Zealand: 99 000 Bewohner. Dazu waren noch Western Australia mit 15 600 und Queensland mit 34 800 Seelen getreten.

Zu Anfang bereitete das Goldfieber den Verwaltungen allerdings viele Schwierigkeiten. Die meisten arbeitsfähigen Männer eilten in die Goldwäschereien und ließen ihre Familien oft hülflos zurück. Der Landbau litt, die Regierungen wußten nicht, wo sie Beamte hernehmen sollten. Trotz hoher Zulagen verließen die Unterbeamten ihre Stellen, um Gold zu suchen. Alle Dienstzweige kamen in Verlegenheit. In Victoria, wo das Goldfieber am größten war, sah man sich genöthigt, ein Regiment von England zu erbitten und zur Besetzung der Beamtenposten 200 pensionirte Gefangenenaufseher kommen zu lassen. Abgesehen hiervon dauerte es nicht lange, bis die Massen der Goldsucher sich gegen Zahlung der Licenz sträubten. Sehr viele fanden wenig oder nichts und konnten die hohen monatlichen Gebühren nicht aufbringen. So begannen sie eine Agitation dagegen unter Berufung darauf, daß sie im gesetzgebenden Körper nicht vertreten seien und dort ihre Interessen nicht geltend machen könnten. Man sah sich genöthigt, die Licenzgebühren bald erheblich herabzusetzen. Trotz dessen kam es im Herbst 1854 in den Goldfeldern Victorias zu einem kleinen Aufstand. Der Governor mußte alle verfügbaren Truppen gegen die Aufrührer senden. Es fand ein ernstlicher Kampf statt, bei dem gegen 30 der Goldgräber fielen und auch mehrere Soldaten ihren Tod fanden. Wie die Stimmung in der Kolonie war, ergiebt sich daraus, daß keine Jury die bei dem Kampfe gemachten Gefangenen verurtheilen wollte. — Die Licenzfrage wurde 1855 schließlich in der Weise geregelt, daß für das Jahr nur eine Gebühr von 1 Pfund Sterling erhoben wurde. Den Einnahmeausfall deckte man durch einen Ausfuhrzoll von 1/2 Krone für jede Unze Gold. Den Goldgräbern wurde ferner auch Wahlrecht verliehen.

Ganz Australien und New Zealand besaßen 1861 eine Bevölkerung von 1 266 400 Seelen bei einem Flächenraum, der auf 3 116 042 Quadratmeilen veranschlagt wurde. Die Finanzen der Kolonie zeigten folgendes Bild:

	Einnahmen	Ausgaben	Schuld	
1. New South Wales .	1 843 000	1 973 200	4 017 600	Pfund Sterling
2. Victoria	2 952 100	3 092 000	6 345 000	„
3. South Australia . .	575 500	492 100	850 500	„
4. Western Australia . .	67 200	81 000	1 700	„
5. Tasmania	315 700	337 900	—	
6. New Zealand . . .	782 000	—	600 700	„
7. Queensland	238 200	299 600	70 000	„
Summe .	6 773 900	—	—	Pfund Sterling.

Ueber den Umfang des Handels liegen nachstehende Angaben vor:

	Einfuhr	Ausfuhr	Ausfuhr von			
			Gold	Wolle	Getreide	
1.	6 391 500	5 594 800	2 010 200	1 798 200	94 000	Pfund Sterling
2.	13 532 400	13 828 600	9 080 500	2 095 200	—	„
3.	1 976 000	2 032 300	—	695 400	684 900	„
4.	147 900	95 700	—	—	—	
5.	954 500	905 400	—	326 400	81 900	„
6.	2 493 800	1 370 200	752 600	523 700	145	„
7.	967 900	709 500	3 900	613 000	—	„
Summe	26 464 200	24 536 800	—	—	—	Pfund Sterling.

In diesen Kolonien waren zusammen 747 900 Acres mit Weizen bestellt. Die Zahl des Hornviehs in ihnen belief sich auf 4 039 800, die der Schafe auf 23 741 500 Stück. Die größte Zahl der Letzteren war in Victoria (6 239 200). Dann kam New South Wales (5 615 000), Queensland (4 093 300), South Australia (3 038 300), New Zealand (2 761 300), Tasmania (1 714 409), Western Australia (279 500).

Seit der Bewilligung des „Responsible Government" in Australien und New Zealand haben, wie es die britischen Staatsmänner voraussahen, Streitigkeiten der parlamentarischen Körperschaften untereinander und mit den Ministern diese Kolonien in erster Linie beschäftigt. In den 20 Jahren 1856 bis 1876 sind in Victoria 18, in New South Wales und New Zealand 17, in South Australia 29 verschiedene Ministerien am Ruder gewesen! Wiederholt kam es zu ernsten Streitigkeiten in einzelnen Kolonien.*) In Victoria lehnte z. B. 1865 das Council die Bewilligung des Budgets ab. Der Governor trat auf Seiten der Assembly und ließ das für die laufenden Geschäfte nöthige Geld von einer Bank vorschießen. Dieses Auftreten trug ihm eine ernste Maßregelung von der britischen Regierung ein. Es wurde ihm ausdrücklich eröffnet: „daß es eine der ersten Pflichten des Vertreters der Königin ist, sich so fern als möglich und über allen persönlichen Streitigkeiten zu halten. Er solle sich stets so einrichten, daß er mit den Männern arbeiten könne, welche ihm der Gang der parlamentarischen Entwickelung als seine vertraulichen Berather an die Seite stelle."

Doch hat es zeitweilig auch nicht an Zwistigkeiten zwischen den australischen Kolonien und dem Mutterlande in neuerer Zeit gefehlt. Eine Einladung des Royal Colonial Institute, des bekannten britischen Kolonialvereins, an alle Kolonien wegen Beschickung einer Konferenz: „über die gegenwärtigen Beziehungen zwischen Mutterland und Kolonien" im Jahre 1869 gab in Victoria Anlaß zu Beschlüssen der Assembly, welche einer Lossagung von England recht nahe kamen. Mit großer Mehrheit wurde damals gegen Einmischung des britischen Parlamentes in die inneren Angelegenheiten Victorias, außer mit Zustimmung der Bevölkerung der Kolonie, Einspruch erhoben und alle Instruktionen der Königin durch den Staatssekretär als der „Unab-

*) Auf die Einzelheiten einzugehen, liegt außerhalb des Rahmens dieser Arbeit.

hängigkeit des Vertreters der Königin und als Verletzung der Grundsätze des Responsible Government wie der Verfassungsrechte der Kolonisten" bezeichnet! — Solche Sprache klang sehr bedrohlich; sehr ernst gemeint war sie aber schwerlich und sie veranlaßte die damalige britische Regierung nicht, das 1862 vom Parlament angenommene Programm der Rückziehung ihrer Truppen aus den Selbstverwaltung genießenden Kolonien aufzugeben. Obwohl die Regierung Victorias die Kosten für eine britische Truppenmacht zu übernehmen bereit war unter der Bedingung, daß die Abtheilung nicht aus der Kolonie gelegentlich abberufen werde, zog die britische Regierung 1870 alle Truppen zurück. Sie erklärte, auf keinerlei Bedingungen hinsichtlich der Verfügung über die Truppen eingehen zu können. Man fand in Großbritannien nicht mit Unrecht, daß sich volle Selbstregierung in den Kolonien mit dem britischen Kommando über die Truppen nicht vertrage, und daß die Responsible Government besitzenden Kolonien für eigene Vertheidigung im Innern und nach außen sorgen müßten.

Statt besonderer Freude erregte diese Maßregel in Australien, wo damals von zahlreichen Politikern eine volle Loslösung von England und Selbständigkeitserklärung befürwortet wurde, Zorn und Besorgnisse. Man sah plötzlich ein, wie hülflos man einem etwaigen Angriff von außen gegenüber stand, und welche Kosten eine genügende Rüstung erfordern werde. — Besonders schwer wurde das in New Zealand empfunden, wo die Reibungen zwischen der Kolonialregierung und der Krone am lebhaftesten gewesen waren. Der Hauptstreitpunkt war hier immer die Frage der Behandlung der Eingeborenen. Die Kolonisten und die Assembly verlangten darin freie Hand. Sie wünschten, den Maoris Landbesitz in großem Umfange wegzunehmen und Widerstand mit Gewalt niederzuschlagen. Die Regierung dagegen wollte das Interesse der Eingeborenen schützen und war durchaus abgeneigt, mit ihren Truppen und auf ihre Kosten hier neue Kriege zu führen. Sir George Grey, welcher 1861 den Governorposten New Zealands zum zweiten Male erhielt, schlug in London vor, den Wünschen der Kolonisten zu entsprechen und die Regelung der Maoriangelegenheiten ihnen zu überlassen. Das britische Ministerium entschloß sich, seinem Vorschlag 1862 zu entsprechen in der Absicht, dafür fortan keine Zuschüsse für militärische Zwecke zu leisten. Das war freilich nicht nach dem Sinne der New Zealander. Da man in England indessen fest blieb, ging die Kolonie schließlich auf den Vorschlag ein. Um die nöthigen Kosten aufzubringen, wurde Ende 1863 von der Kolonialregierung ein Gesetz gemacht, wonach aufständische Eingeborene ihres Landes verlustig erklärt wurden.

Zur Thatsache wurde die Rückziehung der britischen Truppen hier von 1866 an, nachdem in jahrelangen blutigen Kämpfen die Maoris, welche seit 1860 in Aufruhr waren, geschlagen und zum Frieden gezwungen waren. Die Kolonisten, welche sich von 1867 an einem neuen Maoriaufstand gegenüber sahen, verlangten Belassung von 1000 Mann unter zu vereinbarenden Bedingungen auf noch fünf Jahre in New Zealand. Als die britische Regierung dies ablehnte, entstand in der Kolonie, deren Hauptstadt seit 1865 Wellington wegen seiner Lage im Mittelpunkte geworden war, höchste Entrüstung. Man sprach von Lossagung von England, das der Kolonie den Schutz versage, und Anschluß an die Vereinigten Staaten. Schließlich fand man aber doch, daß die Verbindung mit Großbritannien den Interessen New Zealands am besten entspreche, und vergaß für einen Vorschuß von 1 000 000 Pfund Sterling auf längere Zeit alle Beschwerden.

Eine Frage in den Beziehungen Englands zu Australien, welche noch heute ihre Erledigung nicht gefunden hat, ist die Regelung des Verhältnisses der einzelnen Kolonien zu einander und ihrer Zollpolitik. Die britische Regierung hat den australischen Kolonien in letzterer Hinsicht, gerade so wie den nordamerikanischen, volle Freiheit gelassen und lediglich darauf gehalten, daß sie keine Differenzialzölle einführten oder Vertragsverpflichtungen Großbritanniens verletzten. Die ursprüngliche Absicht, ein allgemeines australisches Parlament zu schaffen und ihm die Aufstellung eines einheitlichen Tarifs für alle Kolonien zu übertragen, hat sie, wie erwähnt, schon zu Anfang der 50er Jahre fallen lassen. — In Australien selbst zeigte sich lange Zeit wenig Neigung zu einem Zusammengehen der verschiedenen Kolonien, und die Anregungen Victorias, welches eine Art Führerschaft zu erlangen versuchte, blieben erfolglos. — Dies änderte sich 1871. Angespornt durch das Beispiel Canadas, wünschten die Australier damals, einen Zollverein zu gründen. Sie verlangten auf einer Konferenz der verschiedenen Kolonien zu Melbourne, daß Großbritannien keine Handelsverträge schließe, welche die Einführung von Zollbegünstigungen der Kolonien untereinander hindern könnten, und daß es überhaupt den Kolonien die Regelung ihrer Handelsbeziehungen vollständig überlasse. Als sich Lord Kimberley, der damalige Staatssekretär der Kolonien, hiergegen ablehnend verhielt, fand 1873 eine neue Konferenz der australischen Kolonien statt, welche dieselben Forderungen stellte. Da die leitenden australischen Politiker hinter der Sache standen, fand das Ministerium Gladstone es nunmehr angebracht, nachzugeben. Durch die „Australian Colonies Duties Act 1873“ wurde jeder dieser Kolonien das Recht ertheilt, Differenzialzölle gegenüber einer anderen Kolonie einzuführen. Nur die Einfuhr aus Großbritannien oder fremden Staaten durften sie auch in Zukunft nicht durch Differenzialtarife treffen, und es war ihnen verboten, Vertragsverpflichtungen des Mutterlandes zu verletzen.

Praktische Folgen hatte die Maßregel nicht. Die einzelnen Kolonien waren so hartnäckig und eigensinnig, daß nicht einmal zwischen einzelnen auf einander eng angewiesenen Nachbarn eine Verständigung erreicht wurde! Auch auf der von allen australischen Staaten und New Zealand beschickten Konferenz zu Sydney im Jahre 1881 rückte die Angelegenheit nicht vorwärts. Die einzelnen Kolonien fuhren fort, sich nach Kräften zu chikaniren. — Die Ansprüche, welche Frankreich 1883 auf die Inselgruppe der neuen Hebriden erhob und die Erwerbung eines Theils Neu-Guineas und seiner Nachbarinseln durch Deutschland weckten ernsteres Streben nach einer näheren Verbindung der australischen Kolonien. Bei einer Konferenz, die Ende 1883 Abgeordnete aller australischen Kolonien in Sydney vereinigte, wurde die Schöpfung eines Federal Council beschlossen, in dessen Hand die gesetzgebende Gewalt in folgenden Angelegenheiten gelegt werden sollte: Beziehungen Australiens zu den Inseln des Stillen Ozeans; Einwanderung von Verbrechern; Fischerei; Verfolgung von Verbrechen, die in einer Kolonie begangen werden, in allen anderen; Fragen von allgemeinem australischen Interesse; Streitigkeiten zwischen den einzelnen Kolonien.

Durch die britische „Federal Council of Australasia Act 1885“ kamen die Beschlüsse der Konferenz in gesetzliche Kraft. Es wurde dadurch den australischen Kolonien anheim gestellt, das Federal Council ins Leben zu rufen, sobald vier von ihnen es wünschten. Der Beitritt und Wiederaustritt sollte allen Anderen nach Belieben freistehen. Jede Kronkolonie sollte das Recht haben, ins Federal Council einen Vertreter zu senden, den Selbstregierung genießenden Staaten waren zwei bewilligt. Der Sitz des Council sollte zwischen den verschiedenen Kolonien wechseln. Regelmäßige Sitzungen sollten mindestens alle 2 Jahre durch den Governor der an der Reihe befindlichen Kolonie einberufen, außerordentliche konnten jeder Zeit veranlaßt werden, wenn drei Kolonien es wünschten. Jeder Beschluß des Councils sollte der Genehmigung des Governors der Kolonie, in der es gerade tagte, unterliegen.

So wenig diese Bestimmungen die Selbständigkeit der einzelnen Kolonien berührten, haben sich schließlich weder New South Wales noch New Zealand dem Bunde angeschlossen. Das Federal Council, welches einige Sitzungen abgehalten, hat daher seinen Zweck nicht erfüllt.

Die Konferenz von Abgeordneten aller britischen Kolonien, welche 1887 in London stattfand und bei der ein Plan für die Vertheidigung der australasischen Kolonien zur See angenommen wurde, brachte den Gedanken eines australasischen Bundes wieder auf die Tagesordnung. Nach dem Konferenzbeschluß, der 1888 Gesetz wurde, unterhält Großbritannien auf der australasischen Station dauernd 7 Kriegsschiffe. Die australasischen Kolonien verzinsen die Anschaffungskosten mit 5 pCt. und steuern für den Unterhalt im Frieden jährlich bis 91 000 Pfund Sterling bei, während im Kriegsfall das Mutterland die Kosten trägt. Die Vertheidigung Australiens zu Lande bleibt den Kolonien überlassen! — Um darüber eine Verständigung herbeizuführen, regte New South Wales 1889 eine neue Konferenz an, die Anfang 1890 in Melbourne abgehalten wurde. Hierbei wurden lebhafte Anstrengungen gemacht, New South Wales und New Zealand zu bestimmen, dem Federal Council beizutreten. Als dies vergeblich war, einigte man sich auf Berathung der Verfassung eines näheren Bundes im folgenden Jahre.

Die neue Konferenz trat März 1891 in Sydney zusammen und löste ihre Aufgabe nach wochenlangen Arbeiten. Nach der von ihr entworfenen „Federal Bill" sollen an die Spitze des australasischen Bundes ein von Großbritannien ernannter Governor General und ein Parlament, bestehend aus Senat und Unterhaus, treten. Die Wahl der Senatoren wird in die Hände der Legislaturen der verschiedenen Kolonien, die der Abgeordneten des Unterhauses in die der Wähler gelegt. Für die Zahl der Abgeordneten soll die Größe der Bevölkerung jeder Kolonie maßgebend sein. Die Abgeordneten des Bundeskongresses dürfen nicht Mitglieder eines Kolonialparlaments sein. Fortan soll aller Verkehr mit der Regierung des Mutterlandes durch die Bundesbehörden erfolgen. Doch soll die Bundesregierung nicht wie in Canada in allen Angelegenheiten das Recht der Gesetzgebung besitzen, sondern nur in den ihr ausdrücklich übertragenen. In allen anderen Sachen behalten die einzelnen Kolonialregierungen volle Selbständigkeit. Das Zollwesen will die Federal Bill in die Hände der Bundesregierung legen. Sie soll einen einheitlichen Tarif für ganz Australien schaffen und durch ihre Beamten die Zölle erheben. Auch die Leitung des Post- und Telegraphenwesens, des Landheers, der Marine und des öffentlichen Gesundheitswesen sind als Gegenstände der Verwaltung des Bundes ins Auge gefaßt.

Bis zum heutigen Tage ist indessen dieser Bundesplan so wenig wie die früheren zur Ausführung gelangt. New Zealand findet es trotz mancher Schwankungen in der Auffassung seiner leitenden Politiker bedenklich, sich einer von seinem Gebiete viele hundert Meilen entfernten Bundesverwaltung unterzuordnen, und die meisten anderen Kolonien sträuben sich auch gegen die Schmälerung ihres Selbstbestimmungsrechtes. Die Gefahr eines Angriffes von außen erscheint ihnen allen so fern liegend, daß sie dieser Rücksicht nicht gern Opfer bringen wollen. Die Parlamente der verschiedenen Kolonien erachten es ferner für gefährlich, die Zollerhebung aus den Händen zu geben und sich so des Rechtes zu berauben, über diese Einnahmen nach dem jeweiligen Bedürfniß zu verfügen. Endlich scheuen diese Kolonien mit Rücksicht auf ihre, wie noch zu erwähnen sein wird, nichts weniger als blühende Finanzlage vor den Kosten zurück, welche die Einrichtung der Bundesregierung erfordern würde, und gegen welche die für die Angelegenheit wenig erwärmte öffentliche Meinung wahrscheinlich Einspruch erheben dürfte. — Die Vertreter der australischen Kolonien haben zwar noch auf verschiedenen Konferenzen 1895, 1897 und 1898 sich für Einführung der Bundesverfassung ausgesprochen. Praktische Folgen haben diese Beschlüsse aber nicht gehabt.

In Großbritannien steht man der Angelegenheit ruhig abwartend gegenüber. Es fehlt nicht an Stimmen, welche das Zustandekommen des australasischen Bundes als das Ende der britischen Herrschaft in diesen Kolonien ansehen. Andere sind der Ansicht, daß die Einigung dieser Kolonien für das Mutterland nicht gefährlicher sei als die der nordamerikanischen und der südafrikanischen. Sie meinen, daß die Vertretung ganz Australasiens durch einen High Commissioner in London an Stelle der verschiedenen Agenten die Beziehungen eher bessern und inniger gestalten werde. Die Zeiten seien vorbei, wo man es in Großbritannien für nöthig erachtete, auf Uneinigkeit und Schwäche der überseeischen Besitzungen zu sehen!

Die Zahl der britischen Besitzungen in Australasien hat während der zweiten Hälfte des Jahrhunderts verschiedenen Zuwachs erhalten. 1859 wurde der Moretonbay District auf Wunsch der Mehrheit der Bewohner von New South Wales losgelöst und unter dem Namen Queensland mit voller Selbstregierung ausgestattet. Ein Council von 41 durch die Krone ernannten und eine Assembly von 72 erwählten Mitgliedern traten mit einem Governor an die Spitze der Verwaltung.*) Die Bevölkerung war allerdings damals noch sehr gering, nur etwa 30 000 Köpfe. Von den 20 Städten und Dörfern zählte Brisbane, der größte Ort, 4000, der kleinste 55 Bewohner! Doch die Entdeckung von Goldminen führte ein rasches Zuströmen von Einwanderern herbei.

*) Die Instruktion, welche der Staatssekretär der Kolonien Lord E. B. Lytton dem zum Governor ausersehenen Sir George Bowen gab, ist noch heute von hohem Interesse. Es hieß darin: „Vermeiden Sie Einmischung in Parteistreitigkeiten. Seien Sie immer bereit, eine Vermittelung zu gewähren, und befleißigen Sie sich dazu vollster Unparteilichkeit. Geben Sie allen Parteien und allen Ministerien freiesten Spielraum. Studiren Sie die Eigenthümlichkeiten der Leute ... Verlieren Sie nie die Finanzfrage aus den Augen. Das Gedeihen aller Staaten richtet sich nach der Güte ihrer Finanzverwaltung. Suchen Sie sobald als möglich die Kolonisten von der Nothwendigkeit ihrer Selbstvertheidigung zu überzeugen. Sorgen Sie für gute Polizei. Für Erziehung und Religion werden die Kolonisten sorgen. Sorgen Sie aus allen Kräften dafür, daß die Kolonisten stolz auf ihr Mutterland bleiben. In Ihrer Kolonie sympathisirt man durchaus mit dem Ideal eines Gentleman. — Da Sie freie Presse haben, werden Sie Zeitungen haben, die ihre Freiheit mißbrauchen. Lachen Sie darüber, und seien Sie nie feinfühlig solchen Angriffen gegenüber! Seien Sie peinlich höflich gegen Herausgeber und Mitarbeiter der Zeitungen ... Je mehr Sie die Leute als Gentlemen behandeln, um so mehr werden sie sich als solche benehmen. — Menschen werden eben durchs Herz ebensoviel wie durch den Kopf regiert! — Zeigen Sie Antheil am Fortschritt der Kolonie. Züge von Güte, Großmuth, Energie, wenn erforderlich, Theilnahme für die Schwachen, Enthaltung von Rachsucht oder Verdrießlichkeit, Gleichmüthigkeit, das sind die Eigenschaften, die Gouverneure mächtig machen. Männer, die nur scharf und klug sind, können dabei schwache und verabscheute Beamte abgeben. — Eine Regel finde ich in allen Kolonien bestätigt: der Gouverneur, der am wenigsten arbeitet und am sorgfältigsten die Vielregiererei vermeidet, besitzt die meiste Autorität.

Zwingen Sie alle unteren Beamten zur Höflichkeit. Oeffentliche Diener schulden sie dem bescheidensten Bürger!"

Western Australia, die zurückgebliebenste der australischen Kolonien, hat 1890 Responsible Government erhalten. Während alle anderen australischen Pflanzstaaten zu Ende der 50er Jahre ihre Streichung aus der Reihe der Strafkolonien erreichten, hatte sich Western Australia zur Zulassung von Verbrechern, wie oben erwähnt, bereit erklärt. Die Arbeitskraft der Leute und die von der britischen Regierung für die Deportation aufgewendeten Summen kamen der Entwickelung der Niederlassung zu Statten. Der fortdauernde Zustrom von Sträflingen, die nicht selten entwichen oder nach Verbüßung der Strafe in andere Kolonien gingen, erregte aber Entrüstung bei den anderen australischen Staaten. 1864 beantragte Victoria geradezu Zwangsmaßregeln gegen Western Australia, um es an weiterer Aufnahme von Sträflingen zu hindern. Obwohl daraus nichts wurde, entschloß sich Großbritannien, den Wünschen der Australier entgegenzukommen. 1867 segelte das letzte Schiff mit Deportirten nach Australien ab! In Western Australia erregte dieser Entschluß des Mutterlandes große Bestürzung. Die durch Sträflingsarbeit reich gewordenen Kolonisten fürchteten vollen Ruin. Wenn auch ihre Besorgnisse übertrieben waren, hat die Niederlassung doch nicht die rasche Entwickelung der anderen genommen, und erst in letzter Zeit ist sie in die Lage gekommen, ihre Ausgaben aus eigener Tasche zu decken. Das Council besteht jetzt aus 24 und die Assembly aus 44 gewählten Mitgliedern.

1874 ist Fiji britische Kolonie geworden. Es besteht aus über 200 Inseln verschiedener Größe, von denen etwa 80 dauernd bewohnt sind. 1835 hatten sich Wesleyanische Missionare hier niedergelassen. Sie brachten den einflußreichsten Häuptling 1858 dazu, sich taufen zu lassen und britischen Schutz nachzusuchen. Als die großbritannische Regierung sich abgeneigt zeigte, diesem Ansinnen zu entsprechen, versuchte der Häuptling unter Beirath der Mission eine Art konstitutioneller Regierung nach dem Muster der britischen Kolonien einzurichten. Begreiflicherweise wurde nur ein Zerrbild europäischer Einrichtungen erreicht. Die Inseln gewannen inzwischen durch ihren Palmkernhandel und Baumwollenbau, besonders während des amerikanischen Bürgerkrieges, eine nicht unerhebliche Bedeutung. Trotz dessen wollte die britische Regierung von ihrer Erwerbung nichts wissen. Als 1869 das Gerücht ausgesprengt wurde, daß die Vereinigten Staaten davon Besitz ergreifen wollten, meinte Lord

Grenville, daß dies für Großbritannien weniger unvortheilhaft sein würde als die Uebernahme ihrer Regierung. In Australien theilte man aber diese Ansicht nicht. Auf der Konferenz von 1870 verlangten diese Kolonien einstimmig Annexion Fijis und setzten durch, daß Großbritannien eine Kommission mit Untersuchung der Angelegenheit betraute. Der Bericht der Commissioners fiel durchaus im Sinne der Australier aus. Ohne britische Besitzergreifung fürchteten die Kommissare Ruin der britischen Interessen. So wurde Ende 1874 die Inselgruppe unter britischen Schutz gestellt.

Der Mann, der am eifrigsten hierfür gearbeitet hat, war der nachmalige High Commissioner und Consul General for the Western Pacific, Sir John Thurston. Er war 1866 als Angestellter am Konsulat nach Fiji gekommen und 1872 Minister des sogenannten „Königs" der Inseln geworden. In dieser Stellung hat er den britischen Einfluß nach Kräften gefördert.

Die Regierung der neuen Kolonie wurde in die Hände eines Governors, eines executiven Councils aus 3 und eines legislativen Councils aus 6 Mitgliedern gelegt. Die eigentliche Herrschaft über die Eingeborenen blieb in den Händen der Häuptlinge. Die Steuern werden in Gestalt von einheimischen Erzeugnissen erhoben.

Für die Erwerbung New Guineas, soweit es nicht unter holländischer Herrschaft stand, herrschte lange Zeit weder in England noch in Australien Neigung. Erst als das Gerücht auftauchte, daß Deutschland nach Erwerb der Insel trachte, regte New South Wales 1876 ihre Annexion an. Die britische Regierung machte ihre Zustimmung von Uebernahme der Kosten der Verwaltung durch die Australier abhängig. Da diese hiervon nichts wissen wollten, blieb die Sache liegen, bis 1878 die vorgebliche Entdeckung von Gold in New Guinea neues Interesse für die Insel wach rief. Sehr bald zeigte sich, daß die gehegten Erwartungen sich nicht erfüllten, doch die immer wieder laut werdenden Warnungen vor deutschen Kolonialplänen in der englischen Presse ließen die Frage der Annexion der Insel nicht zur Ruhe kommen. — Anfang 1883 erbot sich Queensland telegraphisch, die Kosten der Verwaltung zu tragen. Lord Derby, der damalige Staatssekretär für die Kolonien, fand die schwierige Angelegenheit jedoch nicht spruchreif. Man scheute in England davor zurück, die Regelung der Angelegenheiten der Eingeborenen der großen Insel in die Hand der Kolonisten Queenslands zu legen. Nun sprach sich allerdings auch die australische Konferenz im Dezember 1883 für die Nothwendigkeit der Erwerbung New Guineas aus. Die Konferenz ließ aber wiederum die Frage der Kostendeckung unberührt. So kam es, daß zum großen Zorn der Australier 1884 Deutschland von dem nördlichen Theil der Insel Besitz ergreifen konnte. Großbritannien begnügte sich mit dem südöstlichen Theil New Guineas, über den es 1884 sein Protektorat aussprach. Nachdem 1887 Queensland sich bereit erklärt hatte, jährlich 15 000 Pfund Sterling beizusteuern, wurde 1888 das Gebiet zur britischen Kolonie erklärt. An die Spitze trat als Administrator*) der seit Jahren in Fiji als Arzt, später als Steuereinnehmer thätige R. William Mac Gregor.

Noch weniger nach den Wünschen der Australier ist die Regelung der Besitzverhältnisse in der Inselgruppe der New Hebrides verlaufen. Die britische Regierung hat sich 1878 mit Frankreich über sie in dem Sinne verständigt, daß kein Theil davon Besitz ergreifen solle. Die Australier verlangten wiederholt, daß England die Franzosen durch anderweitige Zugeständnisse bewegen solle, ihr Anrecht aufzugeben. Trotz aller Anstrengungen erreichten sie aber nichts als die Herstellung eines gemeinsamen Protektorats beider Mächte über die Inseln im Jahre 1887.

Die übrigen Besitzungen Großbritanniens im Stillen Ozean, welche es meist erst in letzter Zeit erworben hat, beanspruchen mehr politisches als wirthschaftliches Interesse.

Nicht minder staunenswerth wie die politische ist die wirthschaftliche Entwickelung Australiens in den letzten Jahrzehnten gewesen. Die Bevölkerung hat sich seit 1861 beinahe vervierfacht. Man zählte:

	Fläche Quadratmeilen	Bevölkerung 1861	1881	1895	Zahl der Eingeborenen
New South Wales	311 098	358 200	751 400	1 277 800	8 200
Victoria	88 198	540 800	862 800	1 181 700	500
South Australia .	903 690	126 800	279 800	357 400	3 100
Western Australia .	975 876	15 600	29 700	101 200	5 600
Tasmania . . .	26 215	89 900	115 700	160 800	keine
New Zealand . .	104 471	98 900	489 900	698 700	39 800
Queensland . . .	668 497	34 800	218 500	460 500	12 000
Summe	3 078 045	1 264 900	2 742 500	4 238 300	—
Fiji	7 740	—	127 000	120 200	—

*) Er erhielt später den Titel Lieutenant Governor.

Der Handel dieser Kolonien zeigt folgendes Bild:

	Einfuhr	Ausfuhr	Ausfuhr von Gold	Getreide	Wolle	Konf. Fleisch	Wein
	Pfund Sterling						
New South Wales:							
1865	9 928 500	8 191 100	2 766 800	202 400	2 253 100	1 100	—
1870	7 213 200	5 852 700	1 878 700	72 900	1 940 000	71 900	—
1875	13 490 200	13 671 500	2 094 400	119 700	3 193 800	91 500	—
1880	13 950 000	15 525 100	888 400	85 200	8 437 500	213 800	—
1885	23 737 400	16 750 100	1 456 000	71 600	7 678 200	317 600	—
1890	22 615 000	22 045 900	2 318 900	5 800	9 232 600	167 800	—
1895	15 992 400	21 934 700	3 145 400	5 400	9 976 000	694 700	—
Victoria:							
1865	13 257 500	13 150 700	6 999 500	—	3 315 100	4 600	—
1870	12 455 700	12 470 000	6 697 500	—	3 205 100	151 800	—
1875	16 685 800	14 766 900	4 656 900	—	6 096 900	134 800	—
1880	14 556 800	15 954 500	3 888 500	719 500	6 417 400	142 500	—
1885	18 044 600	15 551 700	4 309 400	462 800	5 028 000	100 200	47 900
1890	22 954 000	13 266 200	2 739 400	191 100	5 983 600	23 600	63 300
1895	12 472 300	14 547 700	3 750 700	511 200	5 151 100	240 400	72 900
South Australia:							
1865	2 927 500	3 129 800	—	1 194 800	974 300	—	—
1870	2 029 700	2 419 400	—	453 600	1 000 300	—	—
1875	4 208 800	4 805 000	—	1 650 500	2 066 200	—	—
1880	5 581 400	5 574 500	—	2 459 800	2 065 100	—	—
1885	5 435 700	5 514 600	—	1 591 400	1 671 700	—	28 100
1890	8 376 700	8 982 300	—	1 382 400	1 871 200	—	57 600
1895	5 680 800	7 352 700	—	445 400	1 880 500	—	63 100
Western Australia:							
1865	168 400	179 100	—	—	—	—	—
1870	213 200	200 900	—	—	—	—	—
1875	349 800	391 200	—		—	—	—
1880	353 600	499 100	—	—	—	—	—
1885	650 800	446 600	—	—	248 400	—	—
1890	874 400	671 800	86 600	—	261 300	—	—
1895	3 774 900	1 332 500	879 700	—	185 500	—	—
Tasmania:							
1865	762 300	880 900	—	81 900	331 600	—	—
1870	792 900	648 700	—	46 100	246 400	—	—
1875	1 185 900	1 085 900	—	56 000	433 500	—	—
1880	1 369 200	1 511 900	—	18 600	542 200	—	—
1885	1 757 400	1 313 600	—	3 300	260 400	—	—
1890	1 897 500	1 486 900	—	12 700	419 100	—	—
1895	1 094 400	1 373 000	—	25 700	202 300	—	—

	Einfuhr	Ausfuhr	Ausfuhr von				
			Gold	Getreide	Wolle	Konf. Fleisch	Kaninchenfelle
	Pfund Sterling						
New Zealand:							
1865	5 594 900	3 713 200	2 252 600	5 900	1 141 700	—	—
1870	4 693 000	4 822 700	2 163 900	137 400	1 703 900	—	—
1875	8 029 100	5 828 600	1 407 700	228 700	3 398 100	7 400	—
1880	6 162 000	6 352 600	1 220 200	887 200	3 169 300	38 500	—
1885	7 479 900	6 819 900	890 000	475 600	3 206 300	455 200	85 500
1890	6 260 500	9 811 700	751 300	936 900	4 150 500	1 228 700	111 800
1895	6 400 100	8 550 200	1 162 100	161 200	3 662 100	1 328 900	85 000
Queensland:							
1865	2 505 500	1 153 400	—	—	885 200	765	—
1870	1 536 700	2 006 600	—	—	1 026 000	63 000	—
1875	3 828 000	3 857 500	1 508 400	—	1 366 000	53 100	—
1880	3 087 200	3 448 100	820 500	—	1 387 500	79 200	—
1885	6 422 400	5 243 400	1 138 800	—	1 779 600	183 500	—
1890	5 066 700	8 554 500	2 282 400	—	2 524 700	147 200	—
1895	5 349 000	8 982 600	2 283 900	—	2 991 400	1 028 900	—
Ganz Australien:							
1865	35 145 000	30 398 500	—	—	—		
1870	28 880 800	28 421 800	—	—	—		—
1875	47 272 800	44 407 000	—	—			—
1880	45 060 600	48 866 100	—	—			—
1885	63 528 000	51 640 200	—	—	—		—
1890	68 045 000	64 819 600	—	—	—	—	—
1895	50 764 100	64 073 700	—	—	—	—	—
Fiji:							
1875	118 600	94 200	—	—	—	—	—
1880	185 700	229 500	—	—	—	—	—
1885	301 000	326 700	—	—	—	—	—
1890	208 900	364 500	—	—	—	—	—
1895	241 700	332 200	—	—	—	—	—

Weniger befriedigend hat sich die Finanzwirthschaft der australischen Kolonien entwickelt. Es beliefen sich:

	1865	1870	1875	1880	1885	1890	
			Pfund Sterling				
			Die Einnahmen:				
. Wales	2 237 200	2 575 800	4 121 900	4 904 200	7 587 300	9 494 500	9
oria . .	3 058 300	3 261 800	4 236 400	4 621 200	6 290 300	8 519 100	6 6
ith Austr.	1 089 200	860 100	1 143 300	2 027 900	2 389 000	2 623 900	2 6
t. Austr.	77 900	98 100	157 700	180 000	323 200	414 300	1 1
mania .	338 000	270 100	343 600	442 100	571 400	758 100	7
Zealand	1 525 800	1 732 900	2 813 900	3 285 000	3 859 900	4 208 000	4
ensland	631 400	786 300	1 261 400	1 612 300	2 720 600	3 211 700	3 4
z Austr.	8 958 000	9 584 800	14 078 500	17 073 000	23 734 100	29 250 000	28 5
. . . . .	—	—	16 400	80 600	76 600	66 800	
			Die Ausgaben:				
. Wales	2 314 700	3 298 300	3 341 300	5 560 000	8 561 900	9 408 500	9 9
oria . .	2 229 700	3 428 300	4 318 100	4 875 000	6 125 700	9 385 100	6 7
th Austr.	809 100	949 500	1 176 400	1 923 600	2 508 500	2 559 800	2 6
. Austr.	74 900	113 000	169 200	204 300	308 800	401 700	
mania .	358 400	282 600	333 700	415 100	586 500	722 700	
Zealand	2 906 300	2 697 300	3 481 900	4 019 800	4 282 900	4 081 500	4
ensland	459 000	827 200	1 404 100	1 673 600	2 869 300	3 706 000	3
z Austr.	9 147 400	11 596 600	14 174 900	18 671 700	25 243 800	30 260 700	26
. . . . .	—	—	41 500	91 100	92 200	60 800	
			Die Schulden:				
. Wales	5 749 600	9 861 100	11 470 600	14 903 900	35 564 200	46 009 400	58 0
oria . .	8 622 200	11 924 800	13 992 500	20 056 600	31 757 400	41 377 600	46
th Austr.	796 200	1 944 600	3 320 800	9 865 500	17 084 200	20 401 500	21
t. Austr.	1 700	—	135 000	361 000	1 288 100	1 367 400	3
mania .	—	1 268 700	1 489 400	1 943 700	3 177 000	6 028 900	7
Zealand	4 368 600	7 841 800	17 400 000	28 583 200	34 586 800	38 802 300	43
ensland	1 131 500	3 509 200	6 439 200	12 192 100	19 442 100	28 226 900	31
z Austr.	—	—	54 247 200	87 906 100	142 849 800	182 214 800	21
. . . . .	—	—	—	210 000	264 000	248 900	

Die Verschuldung der australischen Kolonien hat diesen amtlichen Angaben zufolge eine Höhe*) erreicht, welche der Indiens nahezu gleichkommt, während die Einnahmen Australiens nur etwa ein Viertel der indischen ausmachen! Das Auftreten unvermutheter Anforderungen

*) 1896: 216 381 600 Pfund Sterling.

an die Kassen Australiens könnte demnach sehr bedenkliche Folgen haben.

Das Eisenbahnnetz der australischen Kolonien hatte 1873, dem ersten Jahre, für welches vollständige Angaben vorliegen, eine Länge von 1497 Meilen. 1880 zählte man 4855; 1885: 8037; 1895: 13 787. Es entfielen 1895 auf New South Wales 2615 Meilen; auf Victoria: 3104; auf South Australia: 1742; auf das dazu gehörige Northern Territory: 146; auf Western Australia: 1145; auf Tasmania: 475; auf New Zealand: 2181; auf Queensland: 2379. In Victoria, dem Northern Territory und Queensland befinden sich alle Bahnen in Staatsbesitz. Die Privatbahnen in den anderen Kolonien haben nur geringe Ausdehnung mit Ausnahme von Western Australia, wo 573 Meilen Staatsbesitz sind, während sich 572 in privaten Händen befinden.

Die Telegraphenlinien Australiens besaßen 1895 eine Länge von 47 050 Meilen.

Wie die Statistik ergiebt, bilden noch heute Landbau und Viehzucht die Grundlage der Volkswirthschaft Australiens. Der Bergbau kommt in zweiter Stelle,*) die Industrie erst in dritter.

Von der Bedeutung des Ackerbaues und der Viehzucht giebt die Statistik das nachstehende Bild:

Es waren seit Beginn der Kolonisation bis 1896

in	veräußert(**)	verpachtet	es blieben verfügbar	unter Anbau
	Acres			
New South Wales	45 257 400	126 307 700	150 956 300	1 348 000
Victoria	23 090 600	—	33 155 000	2 864 000
South Australia	9 147 700	33 877 700	229 286 600	2 584 300
Western Australia	8 113 100	—	616 475 600	111 700
Tasmania	4 766 200	728 800	12 011 700	227 400
New Zealand	22 128 400	—	44 632 900	11 553 500
Queensland	12 850 800	—	413 211 200	336 700

*) Ueber Australiens Mineralreichthum vergl. Deutsches Handels-Archiv 1899, Februar II 53 ff.

**) Die Verfügung über das Kronland, welche mit der Einführung des Responsible Government in die Hände der Kolonialregierungen gelegt wurde, hat seitdem mannigfache Wandlungen erfahren. Das erstrebte Ziel, gleichzeitig die Ansiedelung in den Kolonien zu fördern, den Kassen Einnahmen zuzuführen und doch Spekulationen zu hindern, ist nirgends auch nur annähernd erreicht worden. Das Nähere ist zu ersehen in meinem Aufsatz in den Conradschen Jahrbüchern für Nationalökonomie und Statistik 1894/95.

in	bestellt mit Weizen Acres	Zahl der Pferde	Zahl des Hornviehs	Zahl der Schafe
New South Wales	866 100	510 600	2 226 100	48 318 700
Victoria	1 576 700	431 500 (1894)	1 883 900 (1894)	13 180 900 (1894)
South Australia .	1 067 800	192 300	688 500	6 402 500
Western Australia	31 400	57 500	199 700	2 248 900
Tasmania	74 500	29 400	157 200	1 640 500
New Zealand . . .	258 600	237 400	1 018 700	19 138 400
Queensland	35 800	452 200	6 507 300	19 593 600

Die Weizenproduktion Australiens ist starken Schwankungen unterworfen.

1880 wurden erzeugt 31 534 400 Bushels,
1883 „ „ 45 541 500 „
1890 „ „ 32 841 800 „
1895 „ „ 25 114 100 „
1896 „ „ 26 791 900 „

Neuerdings beginnt der Weinbau in allen Kolonien außer Tasmania und New Zealand einen bedeutenden Aufschwung zu nehmen. Von 16 100 Acres im Jahre 1882 ist die mit Wein bestellte Fläche 1896 auf 60 200 gestiegen. 1894 wurden 4 789 500 Gallons erzeugt.

Die gewerbliche Entwickelung Australiens zeigt 1896 nachstehendes Bild:

	Zahl der Betriebe mit mehr als 4 Arbeitern	Zahl der Arbeiter	Aufgewendetes Kapital
New South Wales	3 106	49 000	15 649 700
Victoria	2 838	46 300	12 317 200
South Australia .	756	12 400	—
Western Australia .	—	—	—
Tasmania	—	—	—
New Zealand . . .	2 459	27 300	5 796 000
Queensland	—	—	—

Dem Bildungswesen wird in Australien rege Aufmerksamkeit gewidmet. Es ist überall Schulzwang eingeführt, und in New South Wales, New Zealand, South Australia und Victoria sind Universitäten errichtet worden. Es sind überall höhere Schulen und mehrere große Bibliotheken neben zahlreichen volksthümlichen Büchersammlungen vorhanden.

Die Rechtspflege ist in ähnlicher Art wie in Großbritannien geordnet.

Die Militärmacht der einzelnen Kolonien ist unbedeutend. Einem kräftigen Angriff von außen vermöchten sie nicht zu widerstehen. 1896 befanden sich in New South Wales 621 Reguläre, 4826 Freiwillige, 580 Marine. Die Kosten betrugen 224 100 Pfund Sterling. New Zealand unterhielt 681 Reguläre, 7169 Freiwillige, 80 Marine. Kosten 196 900 Pfund Sterling. Queensland: 130 Reguläre, 4600 Freiwillige, 5 Schiffe. South Australia: 974 Reguläre, 385 Freiwillige, 1 Schiff. Tasmania: 13 Reguläre, 499 Freiwillige. Victoria: 379 Reguläre, 2986 Freiwillige, 329 Marine, 6 Schiffe. Western Australia: 1 Company, 650 Freiwillige, Kosten 12 600 Pfund Sterling.

Die britische Kolonialverwaltung und Kolonialpolitik im Allgemeinen.

Bewundernswerth wie die Erfolge der Briten auf kolonialem Gebiete im 17. und 18. Jahrhundert sind, ihre Kolonialpolitik unterscheidet sich nicht so wesentlich von derjenigen der anderen Kolonialmächte, wie es oft behauptet worden ist.*) Der Drang, die halb sagenhaften, reichen Gebiete Indiens und Ostasiens aufzufinden, hat die englischen Entdeckungsreisenden und Kolonisatoren ebenso wie die der anderen Völker mehr als ein Jahrhundert lang geleitet; die Hoffnung, Gold und edle Steine zu entdecken, beseelte die ersten Ansiedler New Englands nicht minder stark als einst die ersten spanischen Eroberer in Amerika. Die Privilegirung mächtiger Handels- und Kolonialgesellschaften, die Verleihung von Charters für ungeheuere Kolonialgebiete ist von englischer Seite durchaus nach spanischem Vorbild geschehen. In Bezug auf Zollwesen und Steuern, Handel, Landbau, Gewerbebetrieb haben die Briten während des 17. und 18. Jahrhunderts im Wesentlichen dieselben merkantilistischen Grundsätze wie Spanier, Franzosen, Holländer befolgt, und ihr Vorgehen in Indien und Afrika ist keineswegs von weiteren und erleuchteteren Gedanken getragen worden als das ihrer Mitbewerber. Wenn einzelne fortgeschrittene Geister gelegentlich neue Wege erdacht und empfohlen haben, sind ihre Vorschläge bei den Leitern der englischen Politik auf nicht fruchtbareren Boden gefallen als anderweitig. Der erste Theil dieses Buches bietet dafür mehr als ausreichende Beweise.

Was die ältere britische koloniale Thätigkeit vor der anderer Völker auszeichnet, ist nicht die Weisheit ihrer Leitung, sondern der

*) Vergl. z. B. Roscher und Jannasch: Kolonien, Kolonialpolitik und Auswanderung. Leipzig, 1885. S. 181 ff.

bewundernswerthe, nie der Anspornung bedürftige Wagemuth und Unternehmungsgeist, der tiefinnerliche Freiheitsdrang und Unabhängigkeitssinn sowie die staatsbildende Begabung des englischen Volkes. Dank diesen Eigenschaften ihrer Bevölkerung, welche der Regierung oft sehr unbequem waren, sind die New England-Kolonien so rasch zu blühenden, selbstbewußten Gemeinwesen erstarkt, haben alle fremden Elemente sich angepaßt und haben sich unbekümmert um alle verkehrten Regierungsmaßnahmen und vielfach gegen den Willen Englands nach ihren Bedürfnissen und Wünschen entwickelt. In Westindien, wo das Klima eine starke weiße Besiedelung ausschloß, konnten die Vorzüge der englischen Kolonisten nicht in gleicher Weise wie in New England zur Wirksamkeit kommen. In Indien und Afrika gar, wo Einwanderung englischer Bauern überhaupt nicht stattfand, lassen sich im 17. und 18. Jahrhundert wohl die Wirkungen der Weltmachtstellung Englands, aber nicht sein überlegenes kolonisatorisches Talent nachweisen.

Am besten ist es immer in den Kolonien gegangen, um welche sich die Regierung am wenigsten kümmerte. In den Kreisen der britischen Regierung selbst scheint man im 18. Jahrhundert davon durchdrungen gewesen zu sein. Verwaltete doch von 1724 bis 1748 das Amt des Leiters der amerikanischen Angelegenheiten ein Staatsmann, der nachgewiesener Maßen New England für eine Insel hielt, Jamaika im mittelländischen Meer liegend glaubte, und dergl. mehr.*) Als es zum Aufstand der New England-Kolonien kam, wurde vielfach in London behauptet, daß die Schuld daran nur die englischen Beamten trügen, welche die Berichte der Governors der Kolonien durchgesehen hätten, statt sie wie früher ungelesen zu den Akten zu legen.

In den Anfängen der britischen Kolonialpolitik war ein eigenes Organ für Leitung der sie betreffenden Angelegenheiten überhaupt nicht vorhanden. Die etwa auftauchenden Fragen allgemeiner Natur erledigte das königliche Privy Council. Die eigentliche Verwaltung überließ man den Interessenten. Erst Charles I. schuf ein dem Privy Council unterstehendes eigenes Council, zunächst für Virginien. Er erklärte es in dem betreffenden Aktenstück für unzulässig, die Regelung von staatlichen Fragen, wären sie auch noch so bedeutungslos, privaten Vereinigungen zu überlassen. Die neue Behörde scheint für seine Absichten sich nicht als aus-

*) Vergl. Band I. S. 176.

reichend erwiesen zu haben. 1634 übertrug er die oberste Leitung der Kolonien zwölf Commissioners, in deren Zahl sich zwei Erzbischöfe und der Lord Treasurer befanden. Diese Körperschaft hat die großen Freiheiten, welche die Kolonisten New Englands allmählich als ihr Recht in Anspruch nahmen, einzuschränken versucht,*) doch ohne Erfolg. Die englische Revolution fegte sie hinweg.

Das britische Parlament übertrug die Kolonialverwaltung 1643 einem Board of Commissioners, bestehend aus 5 Lords und 12 Abgeordneten des Unterhauses. Es gehörten dazu Oliver Cromwell, Lord Pembroke, Sir Henry Vane und Andere. An der Spitze stand als Governor in chief of all Plantations Lord Warwick. Als Charles II. den englischen Thron bestieg, ersetzte er die parlamentarische Körperschaft 1660 wieder durch ein Committee for the Plantations, das aus Mitgliedern des Privy Councils gebildet wurde. Neben ihm wurde als eigentliche Verwaltungsbehörde ein Council for the Plantations ins Leben gerufen. Dieses wurde 1672 mit dem ebenfalls 1660 gebildeten Council for Trade zu einer Behörde, dem Council for Trade and Plantations, vereinigt, dessen Leitung Lord Shaftesbury**) erhielt. Lange Dauer war ihm nicht beschieden. Schon 1675 trat an seine Stelle wieder ein Ausschuß des Privy Councils unter dem Namen: The Lords of the Committee for Trade and Plantations.

Erst William III. entschloß sich wieder ein eigenes Kolonialamt, Board of Trade and Plantations, 1695 ins Leben zu rufen. Diese Behörde, der J. Locke, der Earl of Bridgewater, J. Methuen angehörten, war auf die amerikanischen Angelegenheiten beschränkt, da die indischen von der East India Company erledigt wurden und die afrikanischen noch nicht in Betracht kamen. Die Leitung des Councils lag in den Händen des einen der zwei damals vorhandenen Secretaries of State, bis 1768 ein eigener Secretary of State for the American Department ernannt wurde. Diese Stellung wurde nach dem Abfall der New Englandkolonien aufgehoben. Von 1782 bis 1786 übernahm das Home Office die kolonialen Angelegenheiten. Dann wurde wieder das Committee of the Privy Council for Trade and Plantations ins Leben gerufen, bis der Ausbruch der Revolutionskriege Veranlassung wurde, daß 1794 der Kriegsminister die Kolonial-

*) Band I. S. 87 ff.
**) Ihm zur Seite stand der Philosoph John Locke.

verwaltung unterstellt erhielt. Das Committee for Trade and Plantations hörte 1801 überhaupt zu bestehen auf, und die Secretaries of War blieben bis 1854 an der Spitze der Kolonialverwaltung. Neben ihr stand seit 1784 unabhängig der Board of Control for East India, aus dem sich später das India Office entwickelte.

Der Verlust der New Englandkolonien, des werthvollsten Kolonialbesitzes Großbritanniens zu jener Zeit, hat die tiefgreifendsten Wirkungen auf Englands Kolonialpolitik geübt. Ihre Interessen und Wünsche traten eine Zeit lang in den Hintergrund. Es entstand die Bewegung gegen den Negersklaven-Handel in England. Unbekümmert um die Bedürfnisse Westindiens, erwärmte sich eine Menge hervorragender Männer Englands für das Loos der unglücklichen Afrikaner, während die Befürworter der Menschenrechte, der Freiheit, Gleichheit und Brüderlichkeit in Frankreich sich wenig um diese Unterdrückten kümmerten und ihr Wohl dem der weißen Kolonisten unterordneten. Als dann während der Revolutionskriege der gesammte überseeische Besitz Hollands und Frankreichs in die Gewalt der Briten kam und gleichzeitig ihre kolonialen Versuche in Westafrika und Australien über Erwarten glückten, hätten wohl viele Politiker die in der Negerfrage geschehenen Schritte gern rückgängig gemacht. Nun aber war die Jahre hindurch beförderte Bewegung nicht mehr niederzuschlagen. Man mußte sich ihr beugen und versuchen, die den englischen Besitzungen aus der Beseitigung der Sklavenzufuhr erwachsenden Nachtheile dadurch auszugleichen, daß man die anderen Kolonialstaaten dazu brachte, ebenfalls auf Verwendung von Sklaven zu verzichten.

Eine weitere Folge des Abfalls der Vereinigten Staaten war von ebenso großer Wirkung auf die neuere britische Kolonialpolitik. Jeder englische Staatsmann ist Jahrzehnte hindurch von ängstlicher Besorgniß erfüllt gewesen, daß eine oder die andere fortgeschrittene Kolonie das Beispiel der Vereinigten Staaten nachahmen und eines Tages sich vom Mutterland lossagen könnte. Die Behandlung Canadas, Australiens, Südafrikas war fast immer von diesem Hintergedanken geleitet. Der Bruch mit der merkantilistischen Handelspolitik wäre niemals so rasch und so gründlich vollzogen, den Kolonien niemals eine so weitgehende Freiheit auf den Gebieten der Verwaltung und des Handels gewährt worden ohne die erwähnte

Befürchtung.*) Der gegenwärtig leitende Gedanke aller britischen Kolonialpolitik, die überseeischen Besitzungen durchweg zu sich selbst regierenden, nach ihren Bedürfnissen handelnden Staatswesen heranzubilden, die mit dem Mutterland durch Interesse und Liebe, nicht durch Zwang verbunden bleiben, verdankt seine allmähliche Entstehung nicht zum wenigsten den Lehren des amerikanischen Freiheitskrieges!

Als zu Ende der 30er Jahre zuerst in Canada unter den Kolonisten die Forderung nach dem Recht größerer Selbstverwaltung, nach eigener Verfügung über die Einnahmen laut wurde, erregte dies in England lautesten Unwillen. Der König William IV. erklärte, daß er niemals seine Zustimmung zur Bildung des dortigen bisher vom Governor ernannten Council durch Wahlen geben werde. Der Duke of Wellington meinte, ebenso gut könnte man in der Armee oder auf Kriegsschiffen den Leuten Wahlrecht ertheilen.**) Lord Durhams, den Wünschen der Canadier entgegenkommende Vorschläge wurden von den Tories in der Quarterly Review 1839 als „unsinnig und kindisch" behandelt. Jede unwidersprochen bleibende Behauptung seines Berichtes würde die Entschuldigung für eine künftige Empörung abgeben! Nichtsdestoweniger wurde schon 1840 ein wesentlicher Theil der Wünsche der Canadier im Sinne der Vorschläge Lord Durhams erfüllt, und die mit der canadischen Verfassung gemachten Erfahrungen waren derart, daß 1850 der Capkolonie noch weitergehende Freiheiten ertheilt und 1855 in Australien den Kolonien volle Selbstverwaltung und Responsible Government zugestanden wurde. 1867 haben das in der Dominion of Canada vereinigte britische Nordamerika, 1872 die Capkolonie, 1893 Natal ebenfalls volles Responsible Government erhalten. Diese Kolonien wechseln nicht allein ihre Ministerien nach Belieben, ernennen ihre Beamten und regeln frei ihre Gesetzgebung, sondern sie besitzen auch volle Selbstbestimmung in den Fragen der Handelspolitik. Sogar eine Benachtheiligung des Mutterlandes in den Zöllen ist ihnen nicht verboten. Die Furcht, daß eine solche Freiheit der Selbstbestimmung die Kolonien zur Lossagung vom Mutterlande bringen würde, ist als

*) Earl Grey spricht es in seinem Werke: The colonial policy of J. Russells administration, I. S. 7 offen aus.

**) Vergl. S. 176.

irrig erkannt worden. Man erblickt jetzt vielmehr in dieser Freiheit die beste Bürgschaft für die Treue der Kolonien.*)

Mit der veränderten Behandlung kolonialen Besitzes im Laufe des 19. Jahrhunderts fielen natürlich die Vortheile, welche früher damit verknüpft waren, weg. Von Handelsvortheilen auf ihre Kosten, von Steuereinnahmen für des Mutterlandes Kassen, von Versorgung von Günstlingen und dergl. war nun keine Rede mehr. Die Kolonien kamen nur noch als Felder für den britischen Handel, britischen Unternehmungsgeist und die britische Auswanderung sowie in politischer Hinsicht in Betracht. Sie erforderten fast sämmtlich Jahre hindurch bedeutende Aufwendungen aus den Mitteln des Mutterlandes**), ohne ihm unmittelbar einen entsprechenden Nutzen zu bringen.

Dieser Umstand war es in erster Linie, welcher schon in den 20er und 30er Jahren ernste Zweifel am Nutzen von Kolonien überhaupt erweckte.***) 1823 schon behauptete D. Hume†) im Parlament, daß die Kolonien das Mutterland nicht stärkten, sondern schwächten, und empfahl, sie sich selbst zu überlassen. 1830 schrieb Sir Henry Parnell in seinem Buche Financial Reform: „Die Geschichte der Kolonien seit langen Jahren ist die einer Reihe von Verlusten und von Kapitalvergeudung. Wenn man zu den so verlorenen Millionen Privatkapital noch einige Hundert Millionen rechnet, die durch Steuern in England aufgebracht und für die Kolonien ausgegeben worden sind, erscheint der Gesammtverlust Englands, an dem seine Kolonien schuld sind, enorm.... Die Entdeckung der wahren Quellen des Reichthums läßt es als Wahnsinn erscheinen, Menschenleben und Millionen für Kolonien zu vergeuden." Er verlangte Aufgabe von Ceylon, Capland, Mauritius und Nordamerika. — Ganz ähnlich äußerte sich J. St. Mill in seinem Buch über Representative Government.††) Er behauptete, daß der Vortheil, den England für seinen Handel

*) Vergl. Lord Elgins Anschauungen S. 181.

**) Nach einem Parliam. Paper von 1835 betrug damals die jährliche Ausgabe für koloniale Zwecke etwa 2350000 Pfund Sterling.

***) Siehe Earl Greys Werk, I. S. 10.

†) Der Tory Dean Tucker hatte schon vorher stets Aufgabe der Kolonien empfohlen und volle Trennung von Amerika als das größte Glück bezeichnet, das England begegnen könnte.

††) Die gleichen Ansichten vertrat Sir George Cornwall Lewis.

und sein Ansehen aus den Kolonien ziehe, reichlich durch die Kosten und die Schwächung seiner Streitmacht aufgewogen werde. — Diese Stimmung gewann Verbreitung nicht allein infolge der großen Unkenntniß des Publikums von den wahren Zuständen in den überseeischen Besitzungen und ihrer Bedeutung für den englischen Handel und der lange Jahrzehnte von Niemand bedrohten Weltstellung Großbritanniens, sondern auch auf Grund der allgemeinen Ueberzeugung, daß die Kolonien in einem gewissen Stadium ihrer Entwickelung doch abfallen müßten.*) Dazu kam, daß die immer mehr Boden gewinnende Freihandelslehre koloniale Politik überhaupt verwarf und die Mißstimmung, welche die Aufwendungen auf diesem Gebiete erregten, verschärfte.

Das Parlamentsmitglied J. A. Roebuck schrieb 1849: „Es giebt Philosophen und Staatsmänner von nicht geringem Ansehen, welche unsere kolonialen Besitzungen als eine unnöthige Last betrachten. Sie halten sie für einen kostspieligen und gefährlichen Anhang des Reiches, den man nur aus Stolz und in einer falschen Vorstellung von dem daraus zu ziehenden Nutzen erhalte. Sie versichern mit Recht, daß bisher unsere Kolonien nur eine Quelle ewigen Streites mit anderen Völkern und von nutzlosen Ausgaben gewesen seien; daß es besser für uns wäre, keine Kolonien zu besitzen als ihretwegen fortwährend Unannehmlichkeiten und Geldverluste zu erdulden.“

Diese Auffassung hat die britische Politik in Südafrika**) während der 40er und 50er Jahre tiefgreifend beeinflußt und ist auch für die Behandlung der westafrikanischen Fragen lange Zeit maßgebend gewesen.

Hervorragende Stimmführer der Whigs, welche später in erster Linie im Zusammenhang mit den freihändlerischen Gedanken Reformen auch auf kolonialem Gebiet betrieben, haben allerdings die Abneigung gegen Kolonialpolitik im Allgemeinen nicht getheilt. Lord Durham, G. Wakefield, Charles Buller, H. Merivale, Earl Grey, Unterstaatssekretär Adderley und Lord John Russell wollten den überseeischen Besitzungen größere politische Freiheit und unbeschränkte Selbstverwaltung geben, um sie dadurch zu rascherer Entwickelung

*) Staatssecretär Huskisson sprach dies z. B. einmal 1828 ohne Umschweife aus. Die gleiche Ansicht vertritt Merivale. Lectures II. S. 291.

**) Siehe Seite 101 ff.

ihrer natürlichen Reichthümer zu veranlassen und zu nöthigen, ihre Ausgaben selbst zu bestreiten, aber sie waren weit davon entfernt, damit alle Kontrolle aus der Hand geben zu wollen.*) 1850 erklärte Lord John Russell es bestimmt als Pflicht Großbritanniens, seinen Besitz an Kolonien aufrecht zu erhalten. „Sie bilden einen Theil der Macht des Reiches und bieten dem Handel Häfen und Sicherheit.“ Wenn Leute ihre Aufgabe befürworteten, bedächten sie nicht, daß die Kolonien sich wahrscheinlich einfach an andere Staaten anschließen würden. Die Aussicht, daß einzelne Kolonien eines Tages so an Bevölkerung und Wohlstand erstarkten, daß sie sich unabhängig von England erklärten, sei noch fern. Jedenfalls dürfe diese Befürchtung England nicht abhalten, Alles zu thun, um sie in den Stand zu setzen, sich selbst zu regieren und ihren Wohlstand zu heben. Es behalte stets den Trost, „für das Glück der Welt“ gearbeitet zu haben. Dem bekannten Parlamentarier John Bright entgegnete er, als dieser über die Ausgaben für koloniale Zwecke herfiel, ziemlich scharf: „Wenn das ehrenwerthe Mitglied des Hauses gegen Verwandlung des großen Reiches in ein kleines nichts zu sagen hat, so habe ich etwas dagegen zu sagen!“

Während des Höhepunktes der Freihandelsbewegung, Ende der 50er und in den 60er Jahren, verließen die Wortführer der liberalen Partei den früheren Standpunkt und verlangten bei Ausbruch des indischen Aufstandes rundweg Bruch mit der den Grundsätzen des freien Handels widersprechenden kolonialen Politik überhaupt. Cobden schrieb 1857 an einen Freund: „Ich bin und war immer der Meinung, daß wir etwas Unmögliches versucht haben, als wir es unternahmen, Hunderte Millionen von Asiaten zu regieren. Gott und seine sichtbaren natürlichen Gesetze haben dem Erfolg eines solchen Planes unüberwindliche Hindernisse entgegengestellt.“ Um dieselbe Zeit äußerte er zu J. Bright: „Es wird ein glücklicher Tag sein, wenn England keinen Acre Land auf dem asiatischen Festland mehr besitzt.“ Das Vorgehen der Regierung, welche mit unmenschlicher Strenge die Erhebung der Sepoys niederschlug, mißbilligten Cobden und seine Freunde scharf. Man verderbe dadurch den Charakter des englischen Volkes auch zu Haus und entsittliche es, wie Griechen und Römer durch ihre asiatischen Eroberungen allen Maßstab für Recht und

---

*) Siehe Earl Greys Buch, I, 11 ff.

Sitte verloren hätten. — Hinsichtlich Canadas meinte Cobden 1865, daß dieser Besitz eine ewige Gefahr für die Beziehungen Englands zu den Vereinigten Staaten darstelle und im Falle eines Krieges mit Letzteren doch nicht zu halten sei. Es läge im Interesse Englands wie Canadas, das politische Band sobald als möglich zu lösen und sich auf Handelsbeziehungen zu beschränken! Derselben Ansicht war J. Bright, der 1867 im Parlament erklärte, man solle Canada volle Freiheit lassen, ob es seine Beziehungen zu England fortsetzen oder sich unabhängig erklären wolle. Wenn es einen Anschluß an die Vereinigten Staaten vorziehe, würde er auch das nicht bedauern. — Der radikalste Vertreter dieser Richtung war Professor Goldwin Smith, der 1863 das britische Kolonialreich als einen Traum für die Zukunft und eine Gefahr für die Gegenwart erklärte und den Gedanken der Lostrennung von England in Canada persönlich vertrat und predigte!

Verwirklicht sind derartige Gedanken von den am Ruder stehenden whigistischen Staatsmännern nicht worden. Nicht einmal die westafrikanischen Besitzungen, deren schlechtes Klima ungezählte Menschenleben kostete, und wo ewige Kriege die britischen Kassen in Anspruch nahmen, haben sie aufgegeben. Sie haben sich mit Verbilligung der Verwaltung und Verbot der Ausdehnung des bestehenden Besitzes begnügt und selbst diese Grundsätze nicht streng durchgeführt. Der Ausbau des Systems der Selbstregierung in den fortgeschritteneren Kolonien ist ihnen zwar oft als ein Verrath am britischen Reiche vorgeworfen worden. 1872 hat Disraeli sie beschuldigt, daß sie alle Klugheit, Geschicklichkeit und Energie auf Zerstückelung des Reiches verwendet hätten. Heutzutage steht es indessen als über jeden Zweifel erhaben fest, daß diese ihre Politik das britische Reich nicht geschwächt, sondern gefestigt hat.

Die natürliche Folge der Einführung voller verantwortlicher Regierung in verschiedenen Kolonien war die Rückziehung der britischen Truppen aus ihnen. Es erschien unbillig, daß England die Kosten für die militärische Macht in Gebieten tragen sollte, die ihrerseits nichts für englische Zwecke thaten. Wie ein Parlamentsausschuß 1859 feststellte, gab Großbritannien damals jährlich 3 968 500 £ für Truppen in den Kolonien aus, während diese nur 378 200 £ für diesen Zweck aufbrachten. Und dabei ergab sich als zweifellos, daß im Ernstfalle die Vertheidigungsanstalten in keiner

Kolonie ausgereicht hätten. 1861 wurde daher im Parlament empfohlen, den Selbstverwaltung genießenden Kolonien die Pflicht und Kosten ihrer Vertheidigung zu überlassen, und 1862 faßte das Unterhaus einen dahin gehenden Beschluß. Trotz des Sträubens einzelner Kolonien wurde die Maßregel während der folgenden zehn Jahre durchgeführt. Nur, falls die Kolonien erhebliche Zuschüsse zahlten, wurden ihnen englische Truppen zur Verfügung gestellt. Die Australier haben mit der Zeit sich auch zum Unterhalt der für sie nöthigen Kriegsschiffe entschließen müssen. — Die Befürchtungen, daß diese Maßregeln das Band zwischen Mutterland und Kolonien gefährlich lockern würden, haben sich durchaus nicht erfüllt. Die Kolonien empfinden es sehr angenehm, über ihre eigenen Truppen oder Milizen zu verfügen und keine Streitigkeiten mit den Befehlshabern britischer Truppen zu bestehen zu haben.

Als ein Verdienst werden heutzutage auch die Bemühungen der Whigs hinsichtlich der Ordnung der heimischen Kolonialverwaltung anerkannt. Die Unterstellung der Kolonien unter das Kriegsministerium, die ja während der Revolutionskriege berechtigt war, hat später arge Nachtheile gezeitigt. Die rasch wechselnden Secretaries of War*) hatten weder genügende Kenntnisse noch genügendes Interesse für die kolonialen Angelegenheiten. Lord Derby kennzeichnete einmal die Zustände im Kriegsministerium dadurch, daß er es das „Ministerium im Krieg mit allen Kolonien“ nannte. Alle Unregelmäßigkeiten, unnützen oder verfehlten Ausgaben wurden bemäntelt, indem man sie aus dem Fonds für außerordentliche Ausgaben der Armee deckte. Am liebsten sah man es in dieser Behörde, wenn man möglichst wenig von einer Kolonie hörte. „Adieu mein Lieber“, verabschiedete Lord Bathurst einst einen abreisenden Governor, „und lassen Sie uns sowenig wie möglich von Sich hören!“ Die im Kriegsministerium heimischen Ueberlieferungen und Grundsätze paßten oft sehr wenig für die Verhältnisse in den Kolonien. Civilbeamte und die Grundsätze bürgerlicher Freiheit wurden zu sehr in den Hintergrund gedrängt.

Auf der anderen Seite verlieh die Vereinigung der Kolonien mit dem Kriegsministerium dem jeweiligen Secretary of State for

*) Im Text sind die verschiedenen Secretaries for War and Colonies der Einfachheit halber nur als Secretaries for the Colonies bezeichnet worden.

war eine solche Macht und Einfluß, daß keine Partei gerne eine Aenderung sah. Erst 1854 entschloß man sich zur Trennung der beiden Geschäftskreise und schuf ein eigenes Kolonialministerium. Eine sehr wichtige, oft wohl maßgebende Rolle haben auch nach dieser Trennung die ständigen Unterstaatssekretäre für die Kolonien, die unter den ewig wechselnden Staatssekretären*) die Geschäfte führen, behalten, doch hat die Schöpfung des eigenen Kolonialamts sicherlich große Vortheile für die überseeischen Besitzungen Englands gehabt. Der Minister war doch nicht mehr wie früher derartig mit Geschäften überhäuft, daß er den meisten gar keine Aufmerksamkeit schenken konnte.**)

---

*) Liste der Secretaries of State for War and Colonies: 1801 Lord Hobart. 1804 Lord Camden. 1805 Lord Castlereagh. 1806 W. Windham. 1807 Lord Castlereagh. 1809 Lord Liverpool. 1812 Lord Bathurst. 1827 F. Robinson (Lord Ripon). 1827 W. Huskisson. 1828 Sir G. Murray. 1830 Lord Goderich (Lord Ripon). 1833 E. Stanley (Lord Derby). 1834 Spring Rice. 1834 Lord Aberdeen. 1835 C. Grant (Lord Glenelg). 1839 Lord Normanby. 1840 Lord J. Russell. 1841 Lord Stanley (Lord Derby). 1845 W. E. Gladstone. 1846 Lord Grey. 1852 Sir J. Packington. 1852 Duke of Newcastle.

Secretaries of State for the Colonies: 1854 Sir G. Grey. 1855 S. Herbert. 1855 Lord J. Russell; Sir W. Molesworth; H. Labouchere (Lord Taunton). 1858 Lord Stanley (Lord Derby). 1858 Sir E. B. Lytton. 1859 Duke of Newcastle. 1864 E. Cardwell. 1866 Lord Carnarvon. 1867 Duke of Buckingham. 1868 Lord Granville. 1870 Lord Kimberley. 1874 Lord Carnarvon. 1878 Sir M. Hicks Beach. 1880 Lord Kimberley. 1882 Lord Derby. 1885 Colonel Stanley. 1886 Lord Granville. 1886 E. Stanhope. 1887 Sir H. Holland. 1892 Lord Ripon. 1895 J. Chamberlain.

Under Secretaries of State for the Colonies: 1825 bis 1836 R. W. Hay. 1836 bis 1847 Sir J. Stephen. 1847 bis 1859 Herman Merivale. 1860 bis 1871 Sir F. Rogers (Lord Blachford). 1871 bis 1892 Sir R. Herbert. 1892 bis 1897 Sir R. Meade. 1897 E. Wingfield.

**) Wie wenig die Beamten auch in England immer die Zufriedenheit der Interessenten gewinnen konnten, beweist folgende Schilderung des witzigen Charles Buller aus den 40er Jahren: „In einer nach hinten gelegenen Räumlichkeit findet ihr das ganze Mutterland, das die Herrschaft ausübt und die wirkliche Verbindung mit den großen und weitzerstreuten Kolonien Britanniens unterhält. Wir kennen nicht Namen, Geschichte oder Thätigkeit des Individuums, in dessen beschränkter Persönlichkeit wir das Mutterland verkörpert sehen. Es wohnt bescheiden irgendwo in der Vorstadt von London mit dürftigen Mitteln. Der Kolonist, der zum Amte wandert, ahnt nicht, daß der Mann,

Die große Mehrheit des englischen Volkes hat nie die Abneigung einzelner Politiker gegen koloniale Politik getheilt. Was Roebuck 1849 über ihre Gefühle schrieb, gilt auch für später. Trotz aller theoretischen Darlegungen blieb die Masse der Bevölkerung stets vom Nutzen kolonialen Besitzes überzeugt und mißbilligte jede Maßnahme, die zu seinem Verlust führen konnte. Auch der Sieg der freihändlerischen Lehren führte in der Auffassung des Volkes keine Aenderung herbei. Hier verlangte man trotz Allem Ausdehnung der kolonialen Politik und engere Verbindung mit den Kolonien, nicht Lockerung oder Aufgabe dieses Besitzes. Besonders beliebt war lange Zeit der schon vor der amerikanischen Revolution aufgekommene Gedanke, jeder Kolonie die Sendung eines oder mehrerer Vertreter ins britische Parlament zu gestatten. Hiergegen sprachen

---

den er über eine Brücke gehen oder seinen Einspänner lenken sieht, oder mit dem er auf dem Dache des Omnibus des Morgens zusammentrifft, der wahre Herrscher der Kolonien ist.

Im Colonial-Office giebt es Räume mit veraltetem spärlichen Meublement, Bücherbrettern voll kolonialer Zeitungen, grüngedeckten Tischen und einigen alten verblichenen Stühlen, wo die, welche Jemand sprechen wollen, zu warten verdammt sind. Hier findet man seltsame, ängstlich blickende Leute, die in fieberhafter Ungeduld auf und ablaufen oder niedergeschlagen am Tisch sitzen, unfähig, in ihrer Aufregung sich mit etwas die Zeit zu vertreiben, und jedesmal aufspringen, wenn die Thür geht, in der Hoffnung, daß ihre Zeit gekommen. Das sind Leute mit kolonialen Beschwerden. Selbst die Kanzleidiener kennen sie, ihre Anliegen und deren Aussichtslosigkeit und sehen sie mitleidig an, wenn sie auffordern, ihr langes gewöhnliches Warten zu beginnen. . . . Einer ist ein abberufener Governor, kochend vor verletztem Stolz und wüthend über vereitelte Pläne; der Andere ein Richter, der abberufen ist, da er mit seiner Kolonie in Streit gerathen; wieder Einer ein Kaufmann, dessen Eigenthum durch irgendein Versehen oder Kniff zerstört worden; wieder ein Anderer bringt Beschwerden eines Kolonialparlaments; dann kommt eine Wittwe, die um eine Pension kämpft, von der ihre Existenz abhängt; endlich vielleicht ein Mann, der ein Projekt vorgelegt hat. Jeder von ihnen hat Stunden in dumpfem, ängstlichem Warten zugebracht. . . . Nach kurzer Konferenz sieht man ihn gewöhnlich mit sehr enttäuschtem Gesicht wiederkommen, das Amt verlassen und seinen einsamen Heimweg einschlagen, um zu verzweifeln oder vielleicht in seine Kolonie zurückzukehren und dort eine Empörung anzuzetteln. Diese Zimmer des Leids heißen die Seufzerkammern!"

Gibbon Wakefield, der besonders um Australien verdiente Schriftsteller und Kolonialunternehmer charakterisirte die englische Kolonialverwaltung der 30er und 40er Jahre folgendermaßen: „Unser koloniales Verwaltungssystem ist das bureaukratische, das dadurch verdorben ist, daß es auf freie Institu-

aber folgende Erwägungen. Ließ man neben dem allbritischen Parlament dann die Parlamente in den einzelnen Kolonien weiter wirken, so änderte dies wenig am Bestehenden. Schaffte man Letztere dagegen ab und unterwarf alle Kolonien dem allbritischen Parlament, so wurde dies vor Aufgaben gestellt, denen es nicht gewachsen war, die Verwaltung der Kolonien wäre ganz in die Hände der Bureaukratie gekommen, und außerdem konnte eine solche Maßnahme nur zur Empörung und Abfall der entwickelteren Besitzungen führen!*)

H. Merivale**) wie Adderley und Wakefield widersprachen lebhaft einem solchen Plan. Wakefield empfahl, statt dessen auf die ältere Einrichtung zurückzugreifen, wonach jede Kolonie einen eigenen Agenten in London unterhielt, der ihre Interessen dort vertrat. Im Uebrigen wollte er den Einfluß des Mutterlandes auf Leitung der

---

tionen gepfropft wurde. Es ist wie ein Baum ohne Wurzeln, dessen Stamm und Zweige sich nach jeder Richtung drehen lassen. Es schlägt eine Richtung ein, ändert sie aber sofort, wenn ein Interesse, eine Clique oder Verein sich ernstlich dagegen äußern. Einmal beeinflussen es die Vertreter Westindiens, im nächsten Augenblick die Antisklaverei-Gesellschaft! ... Da das Kolonial-Office seiner Schwäche sich bewußt ist, die daher kommt, daß eine öffentliche Meinung fehlt, die es bei guten Maßnahmen unterstützt und an schlechten hindert, da es seine Unbeliebtheit als bureaukratische Einrichtung in einem freien Staate kennt und weiß, wie leicht die freie Presse und die freien Institutionen dieses Landes benutzt werden können, um einen unangenehmen Druck zu üben, leistet es nur geringen Widerstand, wenn Jemand ihm nachdrücklich zu Leibe geht." Ueber die Kolonialbeamten sagt er: „In einem Punkte sind die Beamten einer bureaukratischen Kolonie stets einig, in einer Hinsicht halten sie stets zäh zusammen. Das ist der Gedanke, daß Kolonisten oder Ansiedler, Leute, die nach einer Kolonie kommen, um durch eigene Arbeit ihre Lage zu verbessern, eine untergeordnete Menschenklasse sind. Vereint vereiteln sie jeden Versuch der Ansiedler, Beamte zu werden oder einen Antheil an der Regierung der Kolonie zu erhalten." ... „Interessen besonderer Art, nicht Fähigkeiten geben in Downing-Street (Kolonial-Office) den Maßstab für Ernennung von Beamten in den Kolonien ab. Und die erwählten sind nur »gut genug für die Kolonien«, d. h. es sind Leute, die unfähig sind, in der Heimath ein Amt zu bekleiden oder sonst ihr Brot zu verdienen" Er beschuldigt zahlreiche Beamten, ihre Pflichten schwer verletzt zu haben. Wenn man nicht die ärgsten in der Stille veranlaßte, ihren Abschied zu nehmen, würden Amtsentsetzungen sehr häufig stattfinden müssen!

*) Adderley schrieb 1869: Die Kolonien würden sich nicht durch englische Abstimmung, wir nicht durch eine koloniale Steuern auflegen lassen!

**) Professor in Oxford, bevor er infolge seines Buchs über Kolonialpolitik ständiger Unterstaatssekretär wurde.

politischen, militärischen, Post-Angelegenheiten und die Verfügung über das Kronland beschränkt sehen.

Zu Anfang der 40er Jahre regte Colonel Torrens, zweifellos veranlaßt durch die Erfolge des deutschen Zollvereins, Herstellung eines vollen Zollverbandes zwischen England und seinen Kolonien an. Durch Kampfzölle sollten die fremden Staaten gezwungen werden, dem britischen Zollbund volle Gegenseitigkeit in den Tarifen zu gewähren. Sein Vorschlag fand entschiedenen Widerstand in den sachverständigen Kreisen. Merivale wies z. B. nach, daß die Kampfzölle in erster Linie Englands Handel und Industrie Schaden bereiten und andere Produktionsgebiete auf Kosten derer, gegen welche der Kampf geführt werde, begünstigen würden. Er meinte, es würde freilich nicht schwer fallen, einen kolonialen Zollverein auf breitester Basis zu schaffen. Es würden sogar unabhängige Staaten ihm beizutreten geneigt sein. Aber den Nutzen würden nur die Kolonien, den Schaden die britische Industrie und die britischen Konsumenten haben, wenn die Erzeugnisse einzelner Mitglieder des Vereins Zollschutz erforderten!

Der volle Sieg der Freihandelspolitik in England ließ alle Pläne wegen Stärkung der Verbindung mit den Kolonien auf politischem oder wirthschaftlichem Gebiete in den Hintergrund treten. Den Kolonien wurde volle Freiheit ertheilt, ihr Zollwesen ganz nach ihren Bedürfnissen zu regeln. Westindien und Canada durften mit den Vereinigten Staaten eigene Verträge schließen und des Mutterlandes Erzeugnisse schlechter als die amerikanischen stellen.*) Die australischen Staaten wurden nicht daran gehindert, sich untereinander mit Kampfzöllen zu schädigen und Maßnahmen zu treffen, um ihre Erzeugnisse vor den englischen im Zoll zu bevorzugen. Die Verbindung zwischen den mit verantwortlicher Regierung ausgestatteten Kolonien und dem Mutterlande wird heutzutage nur noch durch die von Letzterem entsandten Governors**) und die von den Kolonien in London unterhaltenen Agenten hergestellt. Nur in politischer und militärischer Hinsicht hat Großbritannien sich die Leitung vorbehalten. — Das Gefühl der Zusammengehörigkeit pflegen, abgesehen von der Litteratur, Kirche und Wissenschaft, im Wesentlichen ver-

---

*) Siehe S. 155 und 197.

**) Ueber die ihnen zugedachten Aufgaben siehe S. 177 und 371.

schiedene Vereine. Unter ihnen steht an der Spitze das 1868 entstandene Royal Colonial Institute, das der kräftige Nachfolger einer 1837 entstandenen Colonial Society, die sich 1855 in eine Association for the Australian Colonies verwandelte, geworden ist. Daneben wirken seit 1884 die Imperial Federation League und seit 1891 die United Empire Trade League.

Unter dem großen Eindruck, welchen in England der Eintritt Deutschlands in die Zahl der Kolonialmächte gemacht hat, ferner unter dem Einfluß der zunehmenden Schutzzollpolitik verschiedener Länder, besonders der Vereinigten Staaten, ist seit Anfang der 80er Jahre in England der Gedanke nach Herstellung einer engeren Verbindung mit den Kolonien wieder lebendig geworden. Die Letzteren sollen nicht allein dazu herangezogen werden, die militärische Macht des Mutterlandes zu stärken, sondern man möchte sie auch dazu benutzen, Englands gesammte gewerbliche Produktion aufzunehmen und es dafür mit den nöthigen Rohstoffen und Nahrungsmitteln zu versorgen. Das britische Reich würde dadurch unabhängig von der Zollpolitik anderer Staaten und erhielte zugleich natürlich eine weit größere Bewegungsfreiheit als jetzt, wo es stets mit den Maßnahmen seiner Hauptabnehmer und -Lieferanten zu rechnen hat.

Die Londoner Handelskammer forderte schon April 1885 die Regierung auf, der Frage eines Zollbundes näher zu treten und die Kolonien zur Prüfung der Frage und Aeußerung zu veranlassen. Anfang 1886 setzte sie einen Preis aus für den besten Plan einer allen Bedürfnissen entsprechenden Imperial Federation. Im Sommer desselben Jahres wurde von der genannten Körperschaft ein Kongreß der Handelskammern des ganzen Reiches anläßlich der damaligen Londoner Kolonialausstellung ins Werk gesetzt und dabei die Angelegenheit weiter erörtert. — Die Agitation hatte den Erfolg, daß die Thronrede von der Bewegung Notiz nahm und die Kolonialverwaltung in der That einen Meinungsaustausch mit den Kolonien einleitete. Das gab den Anlaß zu einer Konferenz, die am 4. April 1887 in London zusammentrat und von den selbständigen Kolonien wie von den wichtigsten Kronkolonien beschickt wurde. Die Erörterung einer Imperial Federation war allerdings von vornherein ausgeschlossen worden. Lord Salisbury meinte, „daß dies ein Gegenstand mehr für die Zukunft als für die Gegenwart sei". Vor der Hand sei der Gedanke etwas Nebelhaftes, das sich im Laufe der

Jahre abkühlen und in eine Form verdichten werde, in der es wahrscheinlich viele praktische und geschäftliche Folgen haben könne. Nur die Vertheidigung des Reiches und seines Handels im Kriegsfalle, die Förderung der wirthschaftlichen und sozialen Beziehungen zwischen Mutterland und Kolonien durch Entwickelung des Verkehrswesens wurden berathen. Dabei regten die Vertreter von Queensland und Kapland Einführung nicht eines vollen Zollvereins, für den sie die Zeit noch nicht gekommen erachteten, sondern eines Zollverbandes in der Art an, daß in allen Kolonien britische Waaren Zollvortheile vor denen fremder Länder genießen sollten. Der Vorschlag fand bei den Wortführern aller Kolonien außer New South Wales und Tasmania Anklang. Er entsprach dem Gutachten der Minderheit einer parlamentarischen Kommission, welche damals die Lage der britischen Volkswirthschaft erforscht und Vorzugszölle für die Erzeugnisse der Kolonien in England und umgekehrt empfohlen hatte.

Die englische Handelswelt erhob indessen lauten Einspruch gegen derartige Pläne, welche ihr die Grundlage der Ueberlegenheit Großbritanniens auf dem Weltmarkt zu erschüttern geeignet erschienen. Ihr Einfluß bewirkte, daß die Imperial Federation League den Gedanken des allgemeinen Zuschlagszolles fallen ließ und 1889 sogar ausdrücklich als unpraktisch erklärte. Auch in den Kolonien hegte die Masse der Bevölkerung für solche Maßnahmen wenig Sympathie. In Australien hatte man zunächst nur für engere handelspolitische Vereinigung der dortigen Kolonien Sinn. Nur in Canada, wo man gern Waffen gegen die Handelspolitik der Vereinigten Staaten gewinnen wollte, fand der Gedanke der Zuschlagszölle Beifall.

Es war nicht zum wenigsten der Einfluß canadischer Staatsmänner, welcher die Angelegenheit auf der Tagesordnung erhielt. 1891 wurde aufs Neue die Einberufung einer Kolonialkonferenz zur Berathung der Förderung des britischen Handels angeregt. Obwohl das Parlament einen darauf bezüglichen Antrag ablehnte, hatten die Wortführer der Bewegung doch die Genugthuung, daß der Premierminister Lord Salisbury sich grundsätzlich mit der Idee von Kampfzöllen gegen das Ausland und Begünstigung der britischen Erzeugnisse einverstanden erklärte.

Der Sturz des Ministeriums Salisbury machte bald darauf den Aussichten der Federationbewegung in England für längere

Zeit ein Ende. Die von Seiten der Londoner Handelskammer und Canadas unterhaltene Agitation wurde jedoch eifrig fortgesetzt. 1892 wurde im britischen Parlament bereits, wenn auch vergeblich, Kündigung aller Meistbegünstigungsklauseln in den bestehenden Handelsverträgen beantragt. Ein zweiter Kongreß der britischen Handelskammern wurde im selben Jahre in Scene gesetzt. 1894 fand auf Veranlassung Canadas in Ottawa eine Zusammenkunft von Vertretern aller Selbstregierung genießenden Kolonien statt, bei der allgemein die Herstellung eines engeren Verbandes der britischen Besitzungen und Begünstigung der britischen Waaren vor fremden als erforderlich bezeichnet wurde. — Die Anregung blieb erfolglos, doch die Canadier ließen nicht nach in ihrem Streben, der Handelspolitik der Vereinigten Staaten durch Zollmaßnahmen erfolgreicher als bis dahin entgegenzutreten. Sie beschlossen 1897, allen Staaten, die canadischen Erzeugnissen Zollfreiheit gewährten, besondere Zollbegünstigungen zu Theil werden zu lassen.*) Ein solcher Beschluß widersprach den von Großbritannien für sich und seine Kolonien Deutschland und Belgien gegenüber eingegangenen Verpflichtungen. Noch 1892 hatte es die Kündigung der betreffenden Verträge abgelehnt. Jetzt entschloß es sich dazu, nachdem auf einer 1897 zu London abgehaltenen Konferenz der Minister aller sich selbst regierenden Kolonien die Maßnahme dringend empfohlen worden war. — Der gegenwärtige Kolonial-Staatssekretär, Chamberlain, hat auf der erwähnten Konferenz auch die Frage einer engeren politischen und wirthschaftlichen Verbindung des Mutterlandes mit den Kolonien erörtert. Hierbei zeigte sich indessen, daß die Mehrheit der kolonialen Staatsmänner einer Aenderung des bestehenden Verhältnisses in politischer Hinsicht und einer Aufgabe auch nur eines Theiles der Bewegungsfreiheit nicht sehr geneigt ist. Sie wollten nur von engeren Verbänden der geographisch und wirthschaftlich zusammengehörigen Gebiete hören. Größere Opfer auf militärischem Gebiete wollten sie ebensowenig bringen, und auch in der Frage eines Zollvereins gingen sie über allgemeine zustimmende Worte nicht hinaus. — Der ganze Plan ist augenblicklich anscheinend wieder etwas in den Hintergrund getreten. Seiner Verwirklichung stehen doch noch sehr bedeutende Hindernisse entgegen, und sein Nutzen ist nichts weniger als zweifellos, wie schon ein Blick auf die Handelsstatistik beweist.

---

*) Siehe S. 198.

Der Handel Großbritanniens zeigt folgende Zahlen:

	Gesammt- Einfuhr	Gesammt- Ausfuhr	Einfuhr aus den Kolonien	Ausfuhr nach den Kolonien
	Pfund Sterling		Pfund Sterling	
1890	420 692 000	263 522 000	96 161 000	87 370 000
1891	435 441 000	247 235 000	99 464 000	85 956 000
1892	423 794 000	227 077 000	97 766 000	74 630 000
1893	404 688 000	218 095 000	91 769 000	72 015 000
1894	408 344 000	216 005 000	93 912 000	72 640 000
1895	416 689 000	225 890 000	95 530 000	70 002 000
1896	441 809 000	240 146 000	93 208 000	84 137 000

Der Handelsverkehr Großbritanniens mit den Kolonien stellt danach doch nur einen bescheidenen Bruchtheil seines gesammten Umsatzes dar. Neben ihm fallen die Beziehungen Großbritanniens mit anderen Staaten viel erheblicher, als die Vertreter der Federationpläne möchten, ins Gewicht:

Britischer Handel mit den	1895 Einfuhr	1895 Ausfuhr	1896 Einfuhr	1896 Ausfuhr
	Pfund Sterling		Pfund Sterling	
Verein. Staat.	86 548 000	27 948 000	106 347 000	20 424 000
Frankreich .	47 470 000	13 870 000	50 104 000	14 151 000
Deutschland .	26 992 000	20 586 000	27 585 000	22 244 000
Holland . .	28 419 000	7 375 000	29 261 000	8 333 000

Die britischen Kolonien zerfallen gegenwärtig, abgesehen von Indien, in drei Klassen:

1. **Kronkolonien**, in denen die britische Regierung Kontrole der Gesetzgebung und Verwaltung übt. Hierzu gehören Gibraltar und St. Helena, wo der Governor selbständig Gesetze erläßt. Ferner Ceylon, Mauritius, Hongkong, Labuan, Trinidad, Sta. Lucia, Fiji, wo dem Governor ein von der Krone kurzer Hand ernanntes Council zur Seite steht. Endlich Jamaica, Straits Settlements, Sierra Leone, Gambia, Gold Coast, Lagos, Grenada, Falkland Islands, Honduras, St. Vincent, Tobago. Hier ist das Council durch Reichs- oder Kolonialgesetz errichtet.*)

---

*) Ueber die Befugnisse der Councils vergl. S. 58. Ueber die Befugnisse der Governors 2c. siehe die in der Colonial Office List alljährlich abgedruckten Rules and Regulations.

2. Kolonien mit Parlament, aber ohne Responsible Government. Die britische Regierung besitzt die Kontrole der Beamten, übt aber nur ein Veto in Fragen der Gesetzgebung. Zu dieser Klasse gehören: Bahama, Barbados, Bermuda, British Guiana, Leeward Islands, Malta, Natal, Western Australia.

3. Kolonien mit Parlament und Responsible Government. Die britische Regierung besitzt das Veto in Fragen der Gesetzgebung, es steht ihr aber nur eine Kontrole über die Beamten außer dem Governor zu. Hierzu zählen: Canada, Cape of Good Hope, Newfoundland, New South Wales, Victoria, Queensland, Tasmania, South Australia, New Zealand.

Die oberste Leitung der Kolonien liegt im Londoner Colonial Office, an dessen Spitze der Secretary of State for the Colonies steht. Ihm beigegeben ist ein Parliamentary Under Secretary of State. Die eigentliche fortlaufende Verwaltung liegt in den Händen der ständigen Beamten. Sie setzen sich zusammen aus 1 Permanent Under Secretary, 3 Assistant Under Secretaries, 1 Chief Clerk, 6 Principal Clerks, welche an der Spitze der Departements stehen, 6 First Claß Clerks und 13 Second Claß Clerks. Von Letzteren sind je zwei, von Ersteren je einer in jedem Departement thätig. Daneben sind zahlreiche Bibliotheks-, Rechnungs-, Registraturbeamte 2c. thätig.

Die Verwaltung Indiens liegt in der Hand des India Office, dessen Entstehung und Zusammensetzung auf S. 260 geschildert ist.

Verzeichniß
der wichtigsten Quellen und Bearbeitungen.

Allgemeines.

Edgar Sanderson: The british empire in the XIX century. London, Glasgow, Edinburgh and Dublin. 1897/98.

Justin Mc. Carthy: A history of our own times. London 1881.

R. M. Martin: The british colonies, their History, extend etc. London and New York o. J.

C. P. Lucas: A historical geography of british colonies. Oxford 1888 ff.

Greswell: Growth and administration of british colonies. London 1898.

H. E. Egerton: A short history of british colonial policy. London 1897.

Cotton and Payne: Colonies and dependencies. (The english Citizen). London 1883.

Statistical Abstract for the several colonial and other possessions of the United Kingdom. Erscheint alljährlich seit 1862.

Colonial Office list. London. Erscheint alljährlich.

India Office list. London. Erscheint alljährlich.

Sir George Cornwall Lewis: Government of dependencies. 1841.

H. Merivale: Lectures on colonization and colonies delivered before the University of Oxford in 1839, 1840 and 1841. London 1841/42.

Torrens: The budget. On commercial and colonial policy. 1842.

J. A. Roebuck: The colonies of England. A plan for the government of some portion of our colonial possessions. London 1849.

E. G. Wakefield: A view of the art of colonization with reference to the british empire, in letters between a statesman and a colonist. London 1849.

Earl Grey: The colonial policy of Lord John Russell's administration. London 1853.

Sir C. B. Adderley: Review of the colonial policy of Lord J. Russell's administration. London 1869.

Sir Charles Dilke: Problems of Greater Britain. London 1890.

Sydney Smith Bell: Colonial administration of Great Britain. London 1859.
Alpheus Todd: Parliamentary government in the british colonies. London 1880.
A. Mills: On colonial constitutions. London 1891.
A. Zimmermann: Die gesetzliche Regelung des Grunderwerbs in den englischen, französischen und holländischen Kolonien. (Jahrbücher für Nationalökonomie und Statistik. III. Folge. 1894/95.)
Cunningham: The growth of english industry and commerce in modern times. Cambridge 1892.
C. J. Fuchs: Die Handelspolitik Englands und seiner Kolonien. Leipzig 1893.

Afrika.

Sir E. Hertslet: Map of Africa by Treaty. London 1894.
F. van Ortroy: Conventions internationales concernant l'Afrique. Bruxelles 1898.
E. Banning: Le partage politique de l'Afrique. Bruxelles 1888.
J. Scott Keltie: The partition of Africa. II. ed. London 1895.
Carl Graf Kinsky: Vademecum für diplomatische Arbeit auf dem afrikanischen Kontinent. Wien 1897.
Arrangements, actes et conventions concernant le nord, l'ouest et le centre de l'Afrique. 1881—98. Ed. du ministère des affaires étrangères. Paris 1898.
E. Rouard de Card: Les traités de protectorat conclus par la France en Afrique 1870—95. Paris 1897.
M. V. Deville: Le partage de l'Afrique. Paris 1898.
A. S. White: The development of Africa. London 1890.
Edgar Sanderson: Africa in the XIX. century. London 1898.
Proceedings of the Association for promoting the discovery of the interior parts of Africa. London 1791.
Eigth report of the directors of the African Institution read at the annual general meeting on the 23. of March 1814. London 1814.
Thomas Clarkson: History of the rise, progress ... of the abolition of the African slave trade by the British parliament. London 1808.
De la traite et de l'esclavage des noirs et des blancs. Paris 1815.
James Macqueen: The colonial controversy. Glasgow 1825.
James Bandinel: Some account of the trade in Slaves from Africa. London 1842.
R. Mohl: Die Aufhebung der Sklaverei in den englischen und französischen Kolonien. (Zeitschrift für die gesammte Staatswissenschaft. 1844.)
William B. Lawrence: Visitation and search. Boston 1858.
C. Garais: Das heutige Völkerrecht und der Menschenhandel. Berlin 1879.
L'esclavage en Afrique par un ancien diplomate. Paris Letouzey et Ané. 1890.

W. E. Burghardt du Bois: The suppression of the African Slave-trade to the United States. New York 1896.

J. K. Ingram: A History of slavery and serfdom. London 1895.

An Abstract of the evidence delivered before a select committee of the house of Commons 1790/91 on the part of the petitioners for the abolition of the Slave-trade. London 1792.

Klüber: Akten des Wiener Kongresses. Erlangen 1815–18.

Reports from the Committees 1847/48. Slave-trade. vol. XXII. Sess. 47/48.

Correspondence respecting Sir Bartle Frere's mission to the East Coast of Africa. 1872/73. London (parl. paper).

Communication from Dr. Kirk resp. the suppression of the land slave trade traffic in . . . Zanzibar. London 1876. (Parl. pap. Slave-trade 3.)

William Lloyd Garrison: The story of his life told by his children. London 1885.

J. C. Colquhoun: William Wilberforce. His friends and his times. London 1866.

Dr. H. Krummacher: William Wilberforce. Barmen 1891.

Report from the select Committee on te West Coast of Africa. Ordered by the house of Commons to be printed 5. August 1842.

West Coast of Africa. Copies or extracts of any acts of Parliament etc. defining the existing Civil and judicial constitutions of the british Settlements on the West Coast of Africa. Ord. to be printed 11. July 1855.

West Coast of Africa. Copy of the report of Colonel Ord, the commissioner appointed to inquire into the condition of the british Settlements. Ord. to be printed 29. March 1865.

Report from the Select Committee on Africa (Western Coast). Ord. to be printed 26. June 1865.

West Coast of Africa. Correspondence relative to the cession . . . of the dutch settlements on the West Coast of Africa. London 1872.

West Coast of Africa. Return of the revenue and expenditure of each of the british Settlements. Colonial Office 7. May 1872.

C. P. Lucas: The historical geography of the british colonies. III. West Africa. Oxford 1894.

A. F. Mockler-Ferryman: Imperial Africa. I vol. British West Africa. London 1898.

William Fox: A brief history of the Wesleyan missions on the Western Coast of Africa. London 1851.

Remarks on the colonization of the Western Coast of Africa by the free negroes of the United States. New York 1850.

African Memoranda relative to an attempt to establish a british settlement on the island of Bulama on the Western Coast of Africa in the year 1792. By captain Philip Beaver. London 1805.

B. Cruickshank: 18 years on the Gold Coast of Africa. London 1853.
A. B. Ellis: A history of the Gold Coast of West Africa. London 1893.
George Macdonald: The Gold Coast past and present. London 1898.
W. Reade: The story of the Ashantee Campaign. London 1874.
A. B. Ellis: The Tshi-speaking peoples of the Gold Coast of West Africa. London 1887.
— The Ewe-speaking peoples of the Slave Coast of West Africa. London 1890.
E. G. Ingram: Sierra Leone after a hundred years. London 1894.
Georg Mc Call Theal: History of South Africa. London 1888 ff.
J. Noble: Illustrated official handbook of the Cape and South Africa. London 1896.
W. C. Holden: History of the colony of Natal. London 1855.
Preliminary prospectus of the South African Company. London 1840.
Wills and Collingridge: The downfall of Lobengula. London 1894.
Archibald R. Colqhoun: Matabeleland. London (o. J.)
Sir H. H. Johnston: British Central Africa. London 1897.
P. L. Mc. Dermott: British East Africa or Ibea. London 1893.
Handbook of british East Africa. Prepared in the Intelligence division. War Office. London 1893.
Sir Gerald Portal and Rennell Rodd: The british Mission to Uganda in 1893. London 1894.
Sir R. Temple: The Victoria Nyanza railway. Fortnightly Review. 1892.
Report on Mombasa Victoria lake railway survey. London 1893.
Lugard: The rise of our East African empire. London 1893.
F. Adams: The new Egypt. London 1893.
J. C. Mc. Coan: Egypt as it is. London, Paris, New York. o. J.
A. Frhr. v. Fircks: Aegypten 1894. Berlin 1895.
H. Pensa: L'Egypte et le Soudan égyptien. Paris 1895.

Westindien.

H. de Poyen: Les guerres des Antilles de 1793 à 1815. Paris, Nancy 1896.
Bryan Edwards: The history of the british West Indies. V. ed. London 1819.
Froude: The English in the West Indies. London 1888.
O. T. Bulkeley: The lesser Antilles. London 1889.
J. Rodway: The West Indies and the spanish main. London 1896.
C. W. Eves: The West Indies. London 1897.
Report of the West India Royal Commission. London 1897.
J. Stephen: The Slavery of the british West India Colonies. London 1824.

James Macqueen: The colonial controversy containing a refutation of the calumnies of the anticolonists . . . Glasgow 1825.
The Jamaica movement for promoting the enforcement of the anti-slave treaties. London 1850.
G. W. Bridges: The annals of Jamaica. 2 vol. London 1828.
Musson and Roxburgh: The handbook of Jamaica. London, Jamaica.
V. L. Oliver: History of Antigua. London 1894.
Bermuda, a colony, a fortress and a prison. By a field officer. London 1857.
D. Morris: The colony of british Honduras. London 1883.
A. R. Gibbs: History of british Honduras. London 1883.
H. Dalton: History of British Guiana. London 1855.
Henry Kirke: 25 years in british Guiana. London 1898.
L. Crookall: British Guiana. London 1898.
Borde: Histoire de l'ile de Trinidad 1498–1797. Paris 1876.

Britisch-Nordamerika.

W. Kingsford: History of Canada. Toronto, London 1887–98.
J. G. Bourinot: Canada. London 1896.
Greswell: History of the dominion of Canada. Oxford 1890.
G. R. Parkin: The great Dominion. London 1895.
E. v. Hesse-Wartegg: Canada und Neu Fundland. Freiburg i. B. 1888.
L. Dussieux: Le Canada. Paris 1883.
Eugène Guénin: La Nouvelle France. Tome II. Paris 1898.
Canada Handbook. London 1894.
J. E. C. Munro: The Constitution of Canada. Cambridge 1889.
J. G. Bourinot: Manual of the Constitutional history of Canada. Montreal 1888.
G. M. Adam: The Canadian North West. Toronto 1885.
G. Bryce: Manitoba. London 1882.
Dawson: Canada and New Foundland. (Stanfords Compendium I.) London 1897.
D. W. Prowse: History of Newfoundland. London 1895.
Hatton and Harvey: New Foundland. London 1883.
W. Fraser Rae: Columbia and Canada. London 1878.
A. Begg: History of British Columbia. London 1894.
Archer Martin: The Hudsons Bay Company's Land Tenures. London 1898.
Report on the affairs of British North America from the Earl of Durham. 1839.

Britisch-Asien.

I. II. III reports of the select committee appointed by the court of directors of the East India company to take into consideration the export trade from Great Britain to the East Indies 1793.

Papers respecting the negociation with His Majesty's ministers for a renewal of the East India company's exclusive privileges. London 1813.

Report from the select committee on the affairs of the East India company. August 1832.

Mill: The history of british India. IV ed. by Wilson. London 1848.

H. H. Wilson: History of British India from 1805—1835. London 1848.

Horace St. John: History of british Conquests in India. London 1852.

Trotter: History of the british empire in India 1844—62. London 1866.

Malleson: An historical Sketch of the native States of India. London 1875.

de Valbezen: Les Anglais et l'Inde. Paris 1857.

J. Briggs: India and Europe compared. London 1857.

W. Cooke Taylor and Mackenna: Ancient and modern India. London 1857.

A. Mills: India in 1858. London 1858.

M. Martin: Progress and present state of British India. London 1862.

de Valbezen: Les Anglais et l'Inde. Paris 1875.

J. Talboys Wheeler: India under british rule. London 1886.

W. W. Hunter: The Indian Empire. London 1886.

Carstairs: British work in India. London and Edinburgh. 1891.

R. C. Dutt: England and India. London 1897.

Sir Courtenay Ilbert: The government of India. London 1898.

Peter Auber: Analysis of the constitution of the East India Company. London 1826.

J. W. Kaye: The administration of the East India Company. London 1853.

Fernand Delon: Etude sur les différentes chartes de la compagnie anglaise des Indes. Paris 1897.

Dacoitee in excelsis, or the spoliation of Oude by the East India Company. London.

Storrow: History of protestant missions in India. London 1884.

M'Gregor: The history of the Sikhs. London 1846.

Thackwell: Second Sikh war 1848/49. London 1851.

J. Harlan: A memoir of India and Avghanistaun. Philadelphia 1842.

Henry Mead: The Sepoy revolt. London 1857.

de Montalembert: Un débat sur l'Inde. Bruxelles 1858.

The History of the Indian Revolt. London 1859.

J. W. Kaye: A history of the Sepoy war in India 1857/58. V. ed. London 1870.

G. B. Malleson: History of the Indian Mutiny 1857/58. London 1878.

T. Rice Holmes: A history of the Indian Mutiny. London 1898.

Sir Arthur Cotton: The famine in India. London 1866.

W. W. Hunter: Famine aspects of Bengal districts. London 1874.

Sir H. Bartle Frere: On the impending Bengal famine. London 1874.

W. Digby: The famine campaign in Southern India 1876—78. London 1878.

Report of the Famine Commission 1880.

A. Zimmermann: Die letzte Hungersnoth in Indien. Zeitschrift für Socialwissenschaft. 1898.

Rouse: Dissertation concerning the Landed Property of Bengal. London 1791.

W. W. Hunter: Annals of rural Bengal. London 1872.

B. H. Baden-Powell: The land-systems of british India. Oxford 1892.

R. B. Buckley: Irrigation Works in India and Egypt. London 1893.

E. Davidson: The railways of India. London 1868.

J. Ferguson: Review of the planting and agricultural Industries. Colombo 1888.

E. L. Arnold: On the Indian hills or coffee-planting in Southern India. London 1893.

S. Baildon: The tea Industry in India. London 1882.

A. G. F. E. James: Indian Industries. London 1880.

Cl. J. Daniell: The industrial competition of Asia. London 1890.

Report of the Leprosy commission in India. National Leprosy fund. Calcutta 1893.

N. Chevers: A commentary on the diseases of India. London 1886.

E. J. Eitel: Europe in China. London-Hongkong 1895.

Mc Larty: Affairs of the colony. Being a history conc. the Strait Settlements. Penang 1893.

Papers relating to the affairs of Sulu and Borneo. London 1882.

Australasien.

R. H. Major: Early voyages to terra Australis. London 1859. Hakluyt society.

George Collingridge: The discovery of Australia. Sydney 1895. Kritik dazu von Ruge. Verhandlungen der Berliner Gesellschaft für Erdkunde. 1896.

G. W. Rusden: History of Australia. London 1883.

Edward Jenks: The History of the Australasian colonies. Cambridge 1895.

Sir Henry Parker: 50 years in the making of Australian history. London 1892.

F. Hutchinson: New South Wales. Sydney 1896.

W. Epps: Land systems of Australia. London 1894.

J. D. Lang: The coming event! or freedom and independence for the 7 united provinces of Australia. London 1870.

The Australian Handbook. (Erscheint jährlich.) London, Melbourne, Sydney, Brisbane, Perth and Cape Town.

E. Jenks: The government of Victoria. London 1891.

W. Westgarth: The colony of Victoria. London 1864.
G. W. Rusden: History of New Zealand. London 1883.
A. S. Thomson: The story of New Zealand. London 1859.
Edwin Hodder: The history of South Australia. London 1893.
J. D. Woods: The province of South Australia. Adelaide 1894.
H. S. Russell: The Genesis of Queensland. Sydney 1888.
J. Fenton: History of Tasmania. Hobart 1884.
C. P. Tiele: Western Australia. London 1894.
F. Hart: Western Australia in 1893. London 1894.
British New Guinea. Annual reports.
H. H. Romilly: The Western Pacific and New Guinea. London 1887.
H. S. Cooper: The Islands of the Pacific. London 1888.
W. Coote: Western Pacific Islands. London 1883.

Ueber jede Kolonie erscheinen jährlich ein oder mehrere Blaubücher. Von diesen sehr werthvollen, im Texte viel benutzten Veröffentlichungen sind hier nur die allerwichtigsten einzeln aufgeführt.

Gedruckt in der Königlichen Hofbuchdruckerei von E. S. Mittler & Sohn,
Berlin SW 12, Kochstraße 68–71.

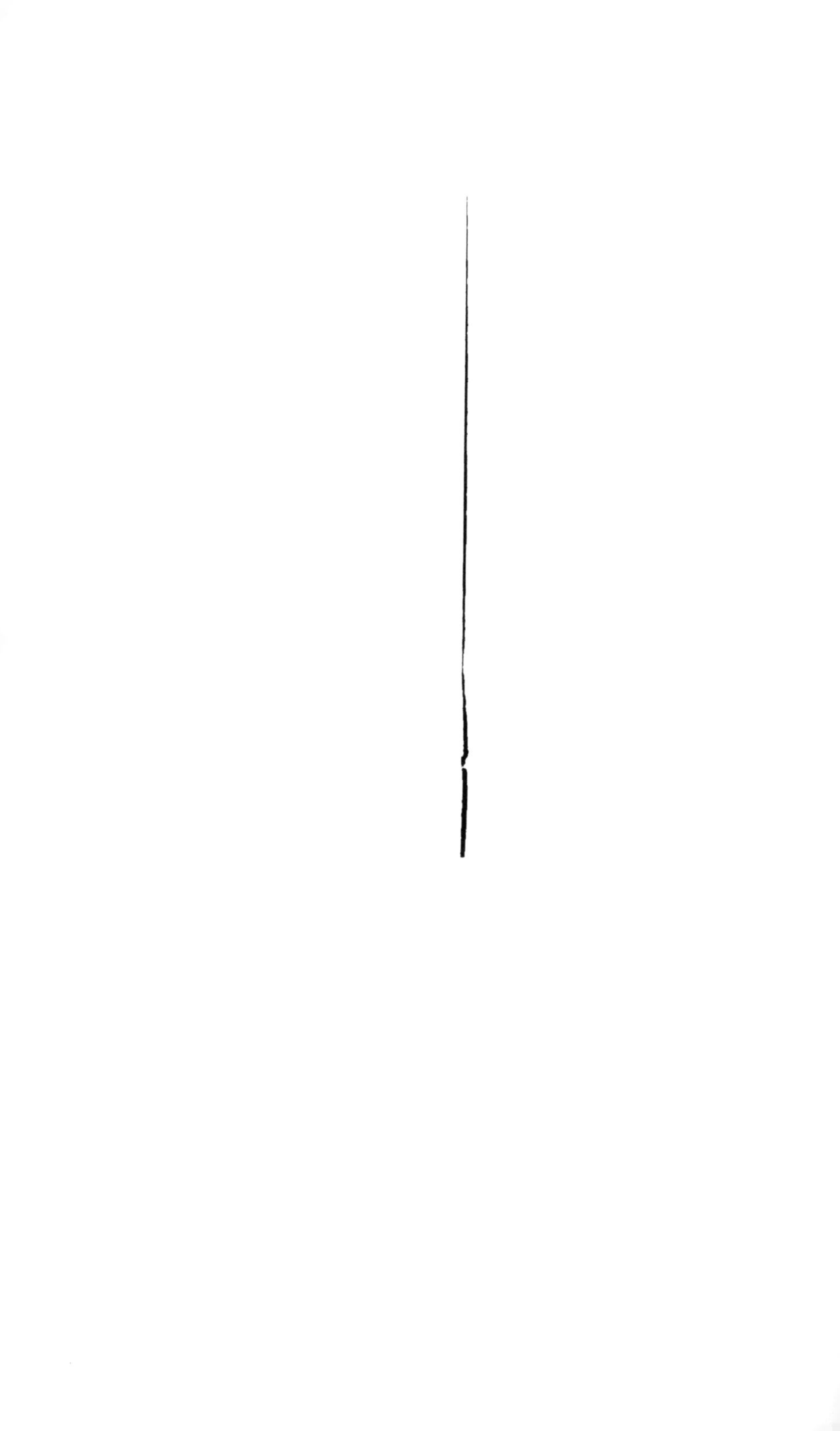